教师招聘考试真题精选

客观题3600道

教育理论基础

山香教师招聘考试命题研究中心　主　编

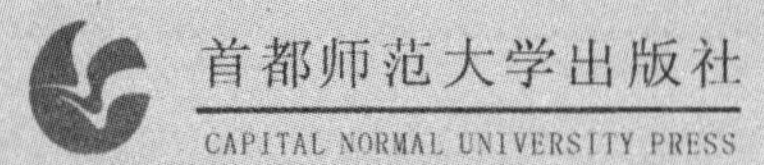

图书在版编目(CIP)数据

教育理论基础 / 山香教师招聘考试命题研究中心主编. — 北京 ：首都师范大学出版社，2017. 4(2022.12重印)
(教师招聘考试真题精选客观题3600道)
ISBN 978-7-5656-3451-2

Ⅰ. ①教… Ⅱ. ①山… Ⅲ. ①教育理论-中小学-教师-聘用-资格考试-习题集 Ⅳ. ①G451. 1-44

中国版本图书馆CIP数据核字(2017)第088812号

教师招聘考试真题精选客观题3600道
JIAOYU LILUN JICHU
教育理论基础
山香教师招聘考试命题研究中心　主　编

策划编辑　张文强
责任编辑　曹亮亮　王慕飞　　　封面设计　山香教育
首都师范大学出版社出版发行
地　址　北京市海淀区西三环北路105号
邮　编　100048
电　话　010-68418523(总编室)　　010-68982468(发行部)
网　址　http://cnupn.cnu.edu.cn
印　刷　河南黎阳印务有限公司
经　销　全国新华书店
版　次　2017年6月第1版
印　次　2022年12月第42次印刷
开　本　787mm×1092mm　1/16
印　张　41
字　数　1065千
定　价　80.00元

前言

近年来，教师招聘考试越来越"火热"，使得考生在参加教师招聘考试时面临着两大困境：一方面，随着广大考生对教师招聘考试的不断探索，笔试分数的差距在不断缩小；另一方面，教师招聘考试的试题难度和灵活性也在不断提高。

考生如何在严峻的教师招聘考试中脱颖而出呢？除了要具备扎实的专业知识外，短时间内系统、有针对性的复习和训练也是必不可少的。为了让更多的考生有针对性地备考，使复习更有方向、有条理，2022年，山香教师招聘考试命题研究中心的实力派老师在深入研究全国各地市教师招聘考情及近几年考试变化趋势的基础上，重新修订了《教师招聘考试真题精选客观题3600道·教育理论基础》这本图书，旨在帮助考生通过大量而有针对性的练习，不断提高备考效率。

本书具有以下特色：

紧扣真题　直击考点

本书由山香教师招聘考试命题研究中心的实力派老师在对历年真题深入分析的基础上，筛选了2017年至2022年全国各地有代表性的真题，包含了教师招聘考试中的五大客观题题型，内容涵盖教育学、心理学、教育心理学、教育政策法规、新课程改革、教师职业道德、教育教学技能七大部分。本书按照上述顺序对考题进行归类，能够让考生在做题的过程中全面掌握考试重点，把握命题趋势，提高实战能力。

权威解析　深刻有道

本书解析由山香教师招聘考试命题研究中心的实力派老师在潜心研究考情的基础上，详细讲解答题思路，极具参考性。同时，结合考生的理解误区和做题迷惑点，特设"易错提示""方法技巧"两个栏目。"易错提示"为易错易混点辨析，"方法技巧"为做题方法指导或知识点解读。这两个栏目大大提升了该书的实用性，起到为考生答疑解惑、指点迷津的目的。

限于时间及水平，本书难免会有疏漏之处，衷心希望各位专家、学者及读者朋友们批评指正。

编　者

目录

第一部分　教育学

第一章　教育与教育学

基础训练

一、单项选择题

1. [2022 河南]"今天的教育就是明天的经济，教育已经成为经济发展的杠杆"，这说明教育具有(　　)
A. 科学性　B. 生产性
C. 阶段性　D. 独立性

2. [2022 安徽]教育是"扎根于本能的不可避免的行为"，这种观念属于(　　)
A. 生物起源论　B. 心理起源论　C. 劳动起源论　D. 神话起源论

3. [2022 福建]主张最有价值的知识是科学，强调教育的任务是为完满生活做准备的教育家是(　　)
A. 斯宾塞　B. 乌申斯基　C. 夸美纽斯　D. 凯兴斯泰纳

4. [2022 江苏]第一次明确提出"不存在'无教学的教育'这个概念，正如反过来，我不承认有任何'无教育的教学'一样"的观点的是(　　)
A. 赫尔巴特　B. 杜威　C. 苏霍姆林斯基　D. 马卡连柯

5. [2022 安徽]我国现代史上第一本比较系统全面地阐述马克思主义教育理论的著作是(　　)(常考)
A.《新教育大纲》　B.《新民主主义论》
C.《教育改造与社会改造》　D.《教育史 ABC》

6. [2022 天津](　　)先生倡导教育必须"尚自然"与"展个性"，推行"思想自由、兼容并包"的办学原则。
A. 梁启超　B. 蔡元培　C. 陶行知　D. 郭沫若

7. [2022 内蒙古]"师严然后道尊，道尊然后民知敬学。"这是《学记》中提出的(　　)
A. 教学观　B. 教师观　C. 学生观　D. 知识观

8. [2022 山东]"六艺"教育的中心是(　　)(常考)
A. 书、数　B. 射、御　C. 礼、乐　D. 礼、书

9. [2022 天津]1996 年，联合国教科文组织提交了《教育——财富蕴藏其中》的报告，其中最核心的思想是教育应使受教育者学会学习，即教育要使学习者"学会认知""学会做事""学会共同生活"和(　　)
A. 学会沟通　B. 学会做人　C. 学会生存　D. 学会工作

10. [2022 内蒙古]下列活动中，不属于教育现象的是(　　)(常考)
A. 老鹰教小鹰飞翔　B. 父母教孩子认字
C. 教师带学生参观博物馆　D. 清明节组织学生去扫墓

11. [2022 山东]提出"千教万教教人求真，千学万学学做真人"的教育家是(　　)
A. 杨贤江　B. 陶行知　C. 蔡元培　D. 蒋梦麟

12. [2019 广东]原始社会时期的教育内容主要包括生产劳动和生活方式等的教育，现代社会的教育内容则体现为"五育并举"。这表明教育具有(　　)
A. 历史性　B. 永恒性　C. 社会性　D. 相对独立性

13. [2019 山东]"以僧为师，以吏为师"是古代(　　)的教育特征。
A. 中国　B. 埃及　C. 希腊　D. 罗马

14. [2018 陕西]注重身心和谐发展，以培育有文化、修养和多种才能的政治家和商人为教育目的的是(　　)
A. 印度　B. 罗马　C. 雅典　D. 斯巴达

15. [2020 广东](　　)是教育学史上第一个明确提出"教育性教学"概念的人，他把道德教育与学科知识教学统一在同一个教学过程中。
A. 赫尔巴特　B. 杜威　C. 夸美纽斯　D. 席勒

16. [2021 安徽]马克思主义教育理论关于教育起源的学说被称为(　　)
A. 生物起源说　B. 劳动起源说　C. 心理起源说　D. 神话起源说

17. [2018 内蒙古]提出以高难度、高速度、理论知识为主导进行教学的是(　　)
A. 凯洛夫　B. 赞科夫　C. 布鲁纳　D. 布卢姆

18. [2019 山东]下列强调在学习过程中要把学与思辩证结合起来的是(　　)
A. 不愤不启，不悱不发
B. 学而不思则罔，思而不学则殆
C. 吾尝终日不食，终夜不寝，以思，无益，不如学也
D. 博学于文

19. [2022 四川]法国社会学家利托尔诺认为，教育活动不仅存在于人类社会之中，而且也存在于人类社会之外，甚至存在于动物界。这种理论是(　　)(常考)
A. 教育的神话起源说　B. 教育的生物起源说
C. 教育的心理起源说　D. 教育的劳动起源说

20. [2020 内蒙古]教育与人类社会共存亡、同始终。这说明教育具有(　　)(常考)
A. 历史性　B. 阶级性　C. 永恒性　D. 相对独立性

21. [2022 四川]我国传统教育中处于中心位置的是(　　)
A. 教师　B. 学生　C. 教材　D. 教师和学生

22. [2017 陕西]我国封建社会的主要教育内容是(　　)
A."四书""五经"　B.《诗》《春秋》
C.《礼》《易》　D.《书》"六艺"

23. [2018 浙江](　　)认为教育与其他万事万物一样,都是由人格化的神所创造的,教育的目的就是体现神或天的意志,使人皈依于神或顺从于天。

A. 教育的神话起源说　　B. 教育的生物起源说

C. 教育的心理起源说　　D. 教育的劳动起源说

24. [2019 山东]在我国,"教育"一词最早起源于(　　)中的"得天下英才而教育之,三乐也"。(常考)

A.《论语》　B.《礼记》　C.《孟子》　D.《周易》

25. [2021 贵州]20世纪60年代,法国教育学家保罗·朗格朗提出(　　)理论。

A. 民主教育　B. 终身教育　C. 全民教育　D. 个性教育

26. [2020 内蒙古]与生产劳动相脱离的教育是(　　)

A. 原始社会教育　B. 奴隶社会教育　C. 近代教育　D. 现代教育

27. [2017 广西]教育现代化的核心目标是(　　)

A. 实现人的现代化　　B. 实现教育观念的现代化

C. 实现教育制度的现代化　　D. 实现教育内容的现代化

28. [2022 内蒙古]有名的"产婆术",即苏格拉底教学法,这种教学法分为三步,其中第二步是(　　)

A. 苏格拉底讽刺　B. 助产术　C. 定义　D. 推理

29. [2022 辽宁]下列属于孔子教育思想的是(　　)(常考)

A. "美德即知识"　　B. "温故知新"

C. "化性起伪"　　D. "亲知、闻知、说知"

30. [2019 吉林]著名生态学家、生物学家劳伦兹发现,刚出生的小鸭子会发生"印刻"现象,即模仿第一眼看到的动物并向其学习。这一观点支持了教育的(　　)

A. 神话起源说　B. 生物起源说　C. 劳动起源说　D. 心理起源说

31. [2020 广东]为了提高学生成绩,某班教师要求学生参加不同的补习班,导致学生压力过大,产生厌学情绪。上述事实表明教育具有(　　)

A. 个体发展功能　B. 社会发展功能　C. 正向功能　D. 负向功能

32. [2017 山东]最早实行义务教育的国家是(　　)

A. 法国　B. 英国　C. 德国　D. 美国

33. [2019 辽宁]"劳心者治人,劳力者治于人"的儒家思想把(　　)相隔离。

A. 教育与生活　B. 教育与政治　C. 教育与经济　D. 教育与生产劳动

34. [2020 湖北](　　)是近代德国著名的心理学家和教育学家,在世界教育史上被认为是"现代教育学之父"。(常考)

A. 杜威　B. 赫尔巴特　C. 班杜拉　D. 夸美纽斯

35. [2019 重庆](　　)建立了典型的政教合一的官学体系。

A. 西周时期　B. 西汉时期　C. 春秋时期　D. 隋唐时期

36. [2019 山西]我国唐朝学制中的"二馆"指的是(　　)(易混)

A. 博文馆和崇文馆　　B. 崇文馆和弘文馆

C. 崇文馆和学文馆　　D. 弘文馆和学文馆

37. [2020 广东]樊迟请学稼,子曰:"吾不如老农。"请学为圃,曰:"吾不如老圃。"樊迟出。子曰:"小人哉,樊须也!上好礼,则民莫敢不敬;上好义,则民莫敢不服;上好信,则民莫敢不用情。夫如是,则四方之民襁负其子而至矣,焉用稼?"上述典故体现了这一阶段的学校教育具有(　　)的特点。

A. 与生产劳动相结合　　B. 与生产劳动相脱离

C. 教育内容科学化　　D. 实现了大众化

38. [2022 山东]以下著作中提出"绅士教育"思想的是(　　)

A.《教育漫话》　B.《爱弥儿》　C.《巨人传》　D.《理想国》

39. [2019 内蒙古]古埃及设置最多的学校是(　　)

A. 古儒学校　B. 文士学校　C. 祭司学校　D. 武士学校

40. [2018 江西]下列关于我国古代封建社会的教育,表述不正确的是(　　)(易错)

A. 两汉时期,汉武帝设立太学为最高教育机构

B. 隋唐时期建立完备的官学体系"六学二馆"

C. 宋朝的主要教育内容为"四书""五经"

D. 清朝出现"八股文"并成为科举考试的固定格式

41. [2022 山东]《学记》提出"时教必有正业,退息必有居学",主张学习应有张有弛,既要进行有计划的正课学习,又要有课外活动和课后自习。这体现的教学原则是(　　)

A. 及时施教　B. 长善救失　C. 启发诱导　D. 藏息相辅

42. [2020 辽宁]认为我国现代教育的目的是"做人,做中国人,做现代中国人"的教育学家是(　　)

A. 陈鹤琴　B. 梁启超　C. 蔡元培　D. 陶行知

43. [2017 天津](　　)强调职前教育与职后教育的一体化、青少年教育与成人教育的一体化、学校教育与社会教育的一体化。

A. 终身教育　B. 继续教育　C. 终身学习　D. 合作学习

44. [2020 河南]陶行知生活教育理论的方法论是(　　)

A. 生活即教育　B. 教学做合一　C. 社会即学校　D. 活动中发展

45. [2020 天津]第一次把教育学作为一门独立的学科提出来的著作是(　　)(易混)

A.《大教学论》　　B.《论科学的价值与发展》

C.《论教育》　　D.《普通教育学》

46. [2020 山东]"自然教育"的思想渊源已久,(　　)在教育史上首次提出"教育遵循自然"的原则,注意到儿童心理发展的自然特点和发展阶段。

A. 卢梭　B. 亚里士多德　C. 昆体良　D. 柏拉图

47. [2018湖南]( )是教育实践活动的对象，是学习的主体，也是构成教育活动的基本要素。

A. 教育者 B. 受教育者 C. 教育影响 D. 教育规律

48. [2017广东]( )的教育思想散记在他的哲学著作《理想国》一书中。他以"理念说"为核心，建立了一整套包含形而上学、价值论及知识论的哲学系统。

A. 苏格拉底 B. 柏拉图 C. 亚里士多德 D. 康德

49. [2020山西]推动教育学发展的内在动力是( )(常考)

A. 教育法律 B. 教育问题 C. 教育现象 D. 教育制度

50. [2020黑龙江]主张"把一切知识教给一切人"的教育家是( )

A. 蔡元培 B. 卢梭 C. 康德 D. 夸美纽斯

51. [2022广东]在西方教育史上，( )不仅是第一位明确提出"教育心理学化"口号的教育家，也是第一位将"教育与生产劳动相结合"这一思想付诸实践的教育家。

A. 华生 B. 斯宾塞 C. 裴斯泰洛齐 D. 康德

52. [2020山西]引导学生将知识运用到实际中去，体现了赫尔巴特教学过程思想中的( )

A. 明了 B. 联合 C. 方法 D. 系统

53. [2019辽宁]强调读书应当反复阅读，直到成诵，并应加入读书者自身的思考与见解，贵在有疑的是"朱子读书法"中关于( )的要求。

A. 熟读精思 B. 居敬持志 C. 虚心涵泳 D. 切己体察

54. [2020山东]与"不愤不启，不悱不发"体现同样教学思想的是( )

A. 产婆术 B. 白板说 C. 教学相长 D. 泛智

55. [2017辽宁]在日常生活中，路边的公益性广告属于( )

A. 家庭教育 B. 学校教育 C. 狭义的教育 D. 广义的教育

56. [2018内蒙古]从孔子到孟子，我国教育在价值取向上，强调的是( )

A. 伦理教育 B. 知识教育 C. 能力教育 D. 劳动教育

57. [2019湖南]反映古希腊教育家亚里士多德的教育思想的著作是( )

A.《民主主义与教育》 B.《政治学》

C.《理想国》 D.《大教学论》

58. [2018四川]下列不属于批判教育学观点的是( )(易错)

A. 当代资本主义的学校教育是维护社会不公平和不公正的工具

B. 教育是在一定文化背景下进行的，因此教育过程就是一种历史文化过程

C. 教育现象不是中立和客观的，教育理论研究不能采用唯科学主义的态度和方法

D. 学校教育的功能是再生产出占主导地位的社会政治意识形态、文化关系和经济结构

59. [2019山东]下列人物中，主张人的所有自然禀赋都有待于发展，"人是唯一需要教育的动物"，教育的根本任务在于充分发展人的自然禀赋，使人人都成为自身，成为本来的自我，都得到自我的完善的是( )

A. 洛克 B. 康德 C. 王夫之 D. 梅伊曼

60. [2018河南]《大学》是我国至关重要的著作，它提出大学的终极目标是( )

A. 明明德 B. 止于至善 C. 化民成俗 D. 明人伦

61. [2019湖南]1939年，首位以马克思主义理论为指导，主编教育学专著的是( )

A. 凯洛夫 B. 赞科夫 C. 布鲁纳 D. 维果斯基

62. [2020河北]西方教育史上第一本教育著作是( )(易混)

A.《大教学论》 B.《普通教育学》 C.《雄辩术原理》 D.《民主主义与教育》

63. [2022四川]下列选项中，不属于教育的基本要素的是( )(常考)

A. 教育者 B. 学习者 C. 教育法律 D. 教育影响

64. [2019山东]( )是教育科学体系中的基础学科。

A. 教育哲学 B. 教育学 C. 教育社会学 D. 教育经济学

65. [2017广西]教材、教学参考书属于教育基本要素中的( )

A. 教育者 B. 受教育者 C. 教育内容 D. 教育活动方式

66. [2022辽宁]全人生指导教育思想的核心是"革命的人生观"，其出发点是引导青年走上革命的道路，过革命的人生。提出这一教育思想的是( )

A. 杨贤江 B. 陶行知 C. 晏阳初 D. 蔡元培

67. [2019福建]下列关于教育的阐述，正确的是( )

A. 学校产生于封建社会时期 B. 现代教育的公共性日益突出

C. 原始社会的教育具有阶级性 D. 从词源看，中文的"教育"有潜质引发之意

68. [2021山东]提出了发展性教学理论，强调教学过程的实质是促使学生获得一般发展的教育家是( )(常考)

A. 凯洛夫 B. 赞可夫 C. 苏霍姆林斯基 D. 马卡连柯

69. [2017四川]下列选项中，属于实用主义教育学观点的是( )(易混)

A. 教育过程即历史文化过程 B. 师生关系中以教师为中心

C. 教育过程与生活过程合一 D. 课程组织以学科知识体系为中心

70. [2019广东]在2018年世界人工智能大会上，16所国内外知名高校——美国麻省理工学院、新加坡南洋理工大学、澳大利亚悉尼大学、香港中文大学、清华大学、浙江大学等共同成立了世界顶尖人工智能学术交流平台。这体现了21世纪世界教育发展的( )趋势。

A. 全民化 B. 民主化 C. 全球化 D. 多元化

71. [2020山东]在西方教育史上，第一个明确提出把教育提高到科学的水平，将教育科学建立在人的心理活动规律的基础上的是( )

A. 康德 B. 赫尔巴特 C. 裴斯泰洛齐 D. 卢梭

72.［2020湖北］古希腊提出“助产术”的著名思想家是（　　）

A. 柏拉图　B. 亚里士多德　C. 苏格拉底　D. 昆体良

73.［2019山东］近年来，各种以“国学教育”为名传播三从四德等封建糟粕思想的民间培训不断见诸报端。在改革开放已四十多年的今天，这种现象说明（　　）

A. 民办教育培训应予以取缔　B. 三从四德的思想仍然具有生命力

C. 教育承担的开启民智的使命远未达成　D. 应积极推进科学教育取代国学教育

74.［2019山东］教育区别于其他社会现象的特点就在于教育（　　）

A. 是培养人的活动　B. 具有阶级性

C. 具有生产性　D. 是一种上层建筑

75.［2021河南］教育是人类所特有的社会现象，只要人类存在，就存在教育。这说明教育具有（　　）

A. 历史性　B. 强制性　C. 相对独立性　D. 永恒性

76.［2020福建］西周“六艺”中属于体育内容的是（　　）

A. 书　B. 乐　C. 御　D. 数

77.［2019河北］教育学的根本任务是（　　）

A. 研究教育现象　B. 揭示教育规律

C. 发现教育问题　D. 探寻教育逻辑

78.［2017四川］认为教育的最高目的是培养治理国家的哲学家，提出此观点的人是（　　）

A. 苏格拉底　B. 柏拉图　C. 亚里士多德　D. 昆体良

79.［2021山东］以培养忠于统治阶级的强悍的军人为教育目的的是古代的（　　）

A. 斯巴达　B. 雅典　C. 埃及　D. 巴比伦

80.［2021四川］以下教育家与其教育思想不匹配的是（　　）

A. 蔡元培——五育并举　B. 晏阳初——平民教育

C. 赞科夫——教学过程最优化　D. 裴斯泰洛齐——教育心理学化

81.［2022辽宁］教育史上两大对立学派——传统教育学派与现代教育学派的代表人物分别是（　　）（常考）

A. 凯洛夫和赫尔巴特　B. 洛克和赫尔巴特

C. 赫尔巴特和杜威　D. 赞科夫和杜威

82.［2017吉林］教育的本体功能是什么（　　）

A. 社会功能　B. 育人功能　C. 经济功能　D. 政治功能

83.［2021山西］（　　）是教育史上第一个正式提出的有关教育起源的学说，也是较早地把教育起源问题作为一个学术问题提出来的学说。

A. 教育的神话起源说　B. 教育的生物起源说

C. 教育的心理起源说　D. 教育的劳动起源说

84.［2019山东］在人文教育与科学教育的关系问题上，应坚持的是（　　）

A. 坚持人文教育为主　B. 坚持科学教育为主

C. 坚持人文教育与科学教育携手并进　D. 要看情况而定

85.［2020内蒙古］“自然主义教育”理论的倡导者是（　　）

A. 夸美纽斯　B. 卢梭　C. 裴斯泰洛齐　D. 斯宾塞

86.［2019广西］狭义的教育指的是（　　）

A. 个体教育　B. 家庭教育　C. 社会教育　D. 学校教育

二、多项选择题

1.［2022河南］赫尔巴特所代表的传统教育思想的核心内容一般被概括为（　　）（易混）

A. 课堂中心　B. 教师中心　C. 活动中心　D. 教材中心

E. 学校中心

2.［2022安徽］陶行知生活教育理论的主要观点是（　　）（易混）

A. 生活即教育　B. 社会即学校　C. 教育即生长　D. 教学做合一

3.［2022山东］下列选项中属于“七艺”内容的有（　　）

A. 几何　B. 射击　C. 文法　D. 辩证法

4.［2021广东］下列属于杜威“新三中心论”内容的有（　　）（易混）

A. “教师中心”　B. “课堂中心”　C. “经验中心”　D. “活动中心”

5.［2022山东］蔡元培提出了五育并举的思想，下列属于其“五育”的有（　　）

A. 美感教育　B. 劳动教育　C. 公民道德教育　D. 实利主义教育

6.［2020天津］从作用的呈现形式划分教育功能的类型，可分为（　　）（易混）

A. 个体功能　B. 社会功能　C. 显性功能　D. 隐性功能

7.［2021河南］赫尔巴特提出的教学的四个阶段包括（　　）

A. 应用　B. 联合　C. 系统　D. 明了

8.［2017内蒙古］对于获得知识的理解，墨家认为有三个方面的来源，即（　　）

A. “亲知”　B. “见知”　C. “闻知”　D. “说知”

9.［2019安徽］20世纪以来，在继承和批判近代传统教学的基础上，出现了很多教育学派别，关于其表述正确的有（　　）

A. 实验教育学主张用自然科学的实验法研究儿童及其与教育的关系

B. 文化教育学的代表人物有狄尔泰、杜威等人

C. 实用主义教育学主张“教育即生长，教育即生活”

D. 马克思主义教育学认为教育的根本目的是促使学生个体的个性发展

10.［2021贵州］古代教育的特点包括（　　）

A. 阶级性　B. 象征性　C. 专制性　D. 创造性

11. [2022贵州](　　)并称为现代教学的三大流派,其思想不仅代表了一个时代,而且影响着当代教学的理论和实践。

A. 发展性教学　　B. 结构主义教学　　C. 范例教学　　D. 最优化教学

12. [2021河南]关于春秋战国时期我国的教育,说法正确的有(　　)

A. 儒家、墨家的私学成为当时的显学　　B. 设立稷下学宫

C. 出现了百家争鸣的社会盛况　　D. 官学衰落、私学兴起

13. [2018湖南]教育学就是研究(　　)、揭示教育规律的科学。

A. 教育事实　　B. 教育现象　　C. 教育方针　　D. 教育问题

14. [2018山西]下列现象中,属于广义的教育现象的有(　　)

A. 看一部优秀的电视剧　　B. 听一首优美的曲子

C. 参加一场激烈的足球赛　　D. 新生儿紧握住手触碰到的东西

15. [2022辽宁]黄炎培早期职业教育思想更多以解决个人生计问题为重,认为职业教育的要旨有(　　)

A. "为个人谋生之准备"　　B. "为个人享乐之准备"

C. "为个人服务社会之准备"　　D. "为世界、国家增进生产力之准备"

16. [2019黑龙江]"生活中的磨难教育了我们"中的"教育"指的是(　　)

A. 正规教育　　B. 非正规教育　　C. 广义教育　　D. 狭义教育

17. [2020河南]教育的社会属性有(　　)

A. 永恒性　　B. 历史性　　C. 相对独立性　　D. 稳定性

18. [2020山东]在西方教育思想史上,被称为"里程碑著作"的有(　　)(常考)

A.《爱弥儿》　　B.《理想国》　　C.《普通教育学》　　D.《民主主义与教育》

19. [2017山东]从横向看,教育的基本形式有(　　)

A. 家庭教育　　B. 学校教育　　C. 自我教育　　D. 社会教育

E. 自然形态的教育

20. [2019河南]下列有关教育的论述出自《论语》的有(　　)

A. 不愤不启,不悱不发　　B. 教也者,长善而救其失者也

C. 教,上所施,下所效也　　D. 学而不思则罔,思而不学则殆

E. 其身正,不令而行;其身不正,虽令不从

21. [2017山东]下列不属于原始社会教育特征的是(　　)

A. 等级性　　B. 阶级性

C. 教育在学校中实施　　D. 教育在生产和生活中实施

22. [2020黑龙江]下列选项中,属于"四书"的是(　　)(常考)

A.《大学》　　B.《论语》　　C.《学记》　　D.《中庸》

23. [2020广东]赞科夫通过长期教学改革实验,提出了五条新的教学原则。下列属于这五条教学原则的有(　　)

A. 低难度原则　　B. 高速度原则

C. 使学生理解学习过程的原则　　D. 使全体学生都得到一般发展的原则

24. [2020辽宁]现代教育的特征主要有(　　)

A. 公共性和生产性　　B. 公益性和免费性

C. 科学性　　D. 国际性

25. [2021福建]属于古代社会教育特征的有(　　)

A. 官学与私学并行　　B. 教育普及制度化

C. 教育与生产劳动相分离　　D. 出现了专门的教育机构

26. [2019广东]教育社会现象是反映教育与社会关系的现象。下列选项中属于教育社会现象范畴的有(　　)

A. 教师的教学方法问题　　B. 毕业生的去向

C. 学校管理体制的改革　　D. 学生的心理健康问题

27. [2022河北]下列关于古代教育的说法,错误的是(　　)

A. 出现了学校

B. 打破了阶级性和等级性

C. 教育与生产劳动相融合

D. 教育具有道统性、专制性、刻板性、象征性等特征

28. [2021山东]文化教育学是19世纪末以来出现在德国的一种教育学说,其基本观点包括(　　)

A. 教育过程是一种历史文化过程

B. 教育研究必须采用精神科学或文化科学的方法

C. 教育的目的就是要促使社会历史的客观文化向个体的主观文化转变,培养完整的人格

D. 培养完整人格的主要途径是"陶冶""唤醒",建构对话的师生关系

29. [2021江西]下列关于教育的发展,表述正确的观点是(　　)(易错)

A. 中国隋唐时期,已经出现了完备的"六学二馆"的官学体系

B. "七艺"是中世纪骑士教育的主要内容

C. 普遍实施中等义务教育是近代社会教育的主要特征

D. 人文教育和科学教育携手并进是现代社会教育的特征

30. [2022河北]下列选项出自《学记》的有(　　)

A. "化民成俗,其必由学乎"　　B. "君子之教,喻也"

C. "教学相长"　　D. "时教必有正业,退息必有居学"

三、判断题

1.[2022河南]教育促进人的发展的功能是教育的派生功能或工具功能。（ ）

2.[2022天津]教育从其本质上看，是无意识培养人的个体活动。（ ）

3.[2022山东]泛智教育是指把一切事物教给一切人类的全部艺术。（ ）

4.[2022辽宁]教育的神话起源说将人类教育行为和动物养育行为混淆在一起，没有把握人类教育活动的社会性和目的性。（ ）

5.[2022河南]"学无止境""学海无涯"体现的现代教育理念是快乐学习。（ ）

6.[2022天津]洛克反对天赋观念，提出了"白板说"，认为人的心灵原来就像一块白板，没有一切特性，没有任何观念，天赋的智力人人平等。（常考）（ ）

7.[2018四川]人类的教育活动与动物的"教育活动"存在本质区别，这主要表现为人类的教育具有永恒性。（ ）

8.[2020黑龙江]孔子的学说以"仁"为最高道德标准。（ ）

9.[2022河南]教育的过程，在它自身以外没有目的，它就是它自己的目的。这是夸美纽斯关于教育目的的观点。（ ）

10.[2019广东]教育从产生开始就具有阶级性和等级性。（易错）（ ）

11.[2019湖南]学校教育是随着人类和人类社会出现的。（ ）

12.[2020宁夏]《论语》是孔子撰写的有关哲学、政治、伦理和教育的著作。（ ）

13.[2017四川]教育的生物起源说的代表人物是法国的利托尔诺和英国的沛西·能。（ ）

14.[2020湖北]终身教育主要是指成人教育。（ ）

15.[2017山西]捷克民主主义教育家夸美纽斯出版的《大教学论》是近代最早的一部系统论述教育问题的专著。（ ）

16.[2021浙江]西周学校教育的基本内容是六艺，即礼、乐、射、御、书、数。（ ）

17.[2021贵州]教育是有目的培养人的社会活动。（ ）

四、填空题

1.[2022浙江]把教育学建基于心理学和伦理学之上的首本教育著作是________的________。

2.[2019山东]春秋战国时期，中国出现了世界上第一部教育文献________，它从正反两方面总结了________家的教育理论和经验。

3.[2019江苏]"三人行，必有我师焉；择其善者而从之，其不善者而改之。"这句话是________提出的。

4.[2019辽宁]中国古代就有"不愤不启，不悱不发"的启发之说，提出这一思想的是________。

5.[2019福建]教育起源于日常生活中儿童对成人的无意识模仿，这是"________起源说"的观点。（常考）

6.[2020湖南]昆体良所著的________是世界上第一部研究教学法的著作。

7.[2019河南]教育产生于社会生活的需要，是社会继承和延续、人类生存和发展必不可少的手段，它也是一种培养人的________。

8.[2019河南]"师者，所以传道受业解惑也。"这句话出自韩愈的《________》。

9.[2019湖南]首先提出"让一切男女青年都接受教育"的普及教育思想的是捷克教育家________，他所著的________标志着教育学开始成为一门独立的学科。

10.[2019湖南]我国古代伟大的思想家和教育家________在教育对象上提出"有教无类"的观点。

五、案例选择题

案例 西方有位教育家认为，教育和培养是当政者应注意的一件大事。理想国中对儿童实行公养公育，婴儿一出生就被送入国立养育院。有公民身份的男女儿童的教育从音乐和讲故事开始，禁止不健康的东西。10岁时，所有的男女孩子都被送到乡下去受教育，除识字、阅读、道德教育外，还学习算术、几何、天文和音乐理论。20岁时，进行第一次筛选，被挑选出来的青年要能将学过的课程加以综合，以考察他们有无辩证法的天赋。30岁时，对第一次挑选出来的人进行再次筛选，被筛选出的人用五年的时间学习辩证法。35岁时再放到实际工作中锻炼。50岁时接受最后考验，从事管理国家事务并继续研究哲学。所以7～50岁都接受教育，这是终身教育的萌芽。他是对哲学的本体论研究作出重要贡献的古代哲学家，他把可见的"现实世界"与抽象的"理念世界"区分开来，认为"现实世界"不过是"理念世界"的摹本和影子，建立了本质思维的抽象世界。据此他认为，人的肉体是人的灵魂的影子，灵魂才是人的本质。

1.[2022广东]案例中提及的教育家是（ ）（单项选择）

A.柏拉图　B.夸美纽斯　C.杜威　D.洛克

2.[2022广东]该教育家是古代西方哲学史上（ ）的代表人物。在西方教育思想史上，其著作《理想国》被称为教育史上的三个里程碑之一。（单项选择）

A.辩证唯物主义　B.形而上学　C.客观唯心主义　D.主观唯心主义

3.[2022广东]该教育家认为，人的灵魂由三部分构成，其中表现为智慧的是（ ）（单项选择）

A.理性　B.意志　C.情感　D.行动

整合提升

一、单项选择题

1.[2022河南]在南京创立鼓楼幼稚园，成立中国第一个幼教研究中心的教育家是（ ）

A.陈鹤琴　B.陶行知　C.孙瑞雪　D.张雪门

2.[2022河南]（ ）是提出德育的重要作用，认为一个人要被人看重，被人喜爱，要使自己也感到喜悦，或者也还过得去，德行是绝对不可缺少的教育家。

A.康德　B.夸美纽斯　C.洛克　D.杜威

3.[2022浙江]南宋朱熹说:"读书无疑者,须教有疑,有疑者却要无疑,到这里方是长进。"这句话说明教师在教育过程中要( )

A.提出明确的目的、要求和思考题

B.教给学生读书的方法

C.善于引导学生在读书中发现问题和解决问题

D.适当组织学生交流读书心得

4.[2022辽宁]赞科夫提出的发展性教学原则中,"在学习时高速前进原则"强调( )(易错)

A.让儿童在一节课上做尽可能多的例题和练习

B.尽力使学生过紧张沸腾的精神生活

C.让系统知识在小学教学内容结构中占主导地位

D.教学要克服多余的重复和繁琐的讲解以及机械的练习

5.[2022河南]教育这一复杂现象的根本属性是( )

A.教育系统化　B.教育平等化　C.教育民主化　D.教育社会化

6.[2022浙江]下列关于教育活动结构的说法中,错误的是( )

A.学习者就是指学生

B.教育者就是促进个体社会化和社会个性化活动的人

C.学习者具有主观能动性

D.教育影响不仅仅包括信息的选择、传递和反馈

7.[2021安徽]苏格拉底方法作为学生和教师共同讨论、共同寻求正确答案的一种方法,有助于激发和推动学生思考问题的积极性和主动性,是西方最早的( )方法。

A.巩固性教育　B.民主性教育　C.主观性教育　D.启发式教育

8.[2020江苏]在课堂上,唐老师让已经掌握知识的学生上台讲解,结束后,讲解的学生发现有新认识。这体现的原则是( )(易错)

A.教学相长　B.长善救失　C.启发诱导　D.学不躐等

9.[2021贵州]( )提出了庶、富、教的观点,认为人口、财富和教育是立国的三个要素。

A.孟子　B.墨子　C.孔子　D.老子

10.[2021江西]关于教育,下列观点表述错误的是( )

A.斯宾塞提出,科学知识最有价值

B.亚里士多德提出,教育应该由国家负责

C.卢梭提出泛智教育,主张把一切知识教给一切人

D.福禄贝尔是教育史上第一个承认游戏对幼儿有教育价值的学者

11.[2020河北]首次把教育的三大组成部分即德育、智育、体育作明确区分的是( )

A.杜威　B.卢梭　C.洛克　D.裴斯泰洛齐

12.[2020山西]在古希腊"七艺"课程中,侧重自然科学的是( )

A.文法　B.修辞学　C.辩证法　D.算术

13.[2021贵州]荀子将儒者分为三个层次,提出教育者应当以培养( )为目标。(易错)

A.大儒　B.雅儒　C.鸿儒　D.俗儒

14.[2018吉林]夸美纽斯被誉为"捷克文化巨子之一",在世界教育史上,也被认为是一位伟大的教育改革家。他提出了"教育适应自然"的思想。下列关于"教育适应自然"思想,表述不正确的一项是( )

A.强调将人置于自然中去学习,反对学校教育

B.认为教育要遵循人的自然发展规律

C.认为人是自然的一部分,人都有相同的自然性,都应受到同样的教育

D.强调把广泛的自然知识传授给普通人的"泛智教育"

15.[2021辽宁]教育本质和教育结构在人类发展历史过程中有着相对的稳定性,这就决定了教育功能的( )

A.客观性　B.整体性　C.多样性　D.社会性

16.[2020河北]现代教育与传统教育的最大区别集中表现在( )

A.对社会的重视程度　B.受教育者在教育中的地位和价值上

C.学校教育的地位　D.家庭在教育中的地位

17.[2019湖北]书院作为中国古代民间教育机构,是由以下哪位创立成为正式的教育制度的( )

A.王阳明　B.朱熹　C.陆九渊　D.王安石

18.[2020山东]战国时期集讲学、著述、育才活动为一体,并兼有咨议作用的高等学府是( )

A.国学　B.太学　C.官学　D.稷下学宫

19.[2020广东]赫尔巴特以发展人的"多方面兴趣"为轴心设置相应的学科。其中,为使学生了解"是什么"的兴趣而设置的物理、化学、地理等学科属于( )(易错)

A.经验兴趣　B.宗教兴趣　C.审美兴趣　D.同情兴趣

20.[2022辽宁]王老师在讲完"二次函数"之后给学生布置了与这一知识点相关的5道练习题,希望学生通过实际练习之后,能系统地运用知识,更加熟练、牢固地掌握知识点。这一做法属于赫尔巴特四段教学法中的( )

A.明了　B.联想　C.系统　D.方法

21.[2018山西]在某本教育名著中,作者通过对主人公在不同年龄阶段的教育描述来表达所主张的"自然教育"思想,同时他还主张教育的目的是培养自由的人。这本名著及其作者指的是( )

A.《教育与文化》和斯普兰格　B.《爱弥儿》和卢梭

C.《教育漫话》和洛克　D.《教育学》和凯洛夫

22.[2017河北]教育学发展过程中存在"源"与"流"的关系问题,"源"是指教育实践,"流"是指(　　)

A. 教育实践　B. 教育理论　C. 教育现象　D. 教育事实

23.[2021山东]苏联教育家凯洛夫主编的《教育学》曾经对我国教育理论与实践产生过重大影响,其教育思想的主要特点是(　　)

A. 用心理学解释教学过程　B. 强调教学过程最优化

C. 强调知识的系统学习和教师的主导作用　D. 重视智力发展和创造性培养

24.[2019黑龙江]"教育在于发展健全的个性。"这句话的作者是(　　)

A. 赫尔巴特　B. 柏拉图　C. 夸美纽斯　D. 卢梭

25.[2020辽宁]苏格拉底的"问答法"是一种(　　)

A. 不平等的辩论方法　B. 平等的辩论方法

C. 以学生为主导的辩论方法　D. 以教师为主导的辩论方法

26.[2019广东]教育的劳动起源说是在直接批判生物起源说和心理起源说的基础上,在马克思历史唯物主义理论指导下形成的,其主要内容不包括(　　)

A. 生产劳动是人类最基本的实践活动

B. 教育起源于生产劳动过程中经验的传递

C. 生产劳动过程中的再次创造是最原始和最基本的教育形式

D. 生产劳动的变革是推动人类教育变革最深厚的动力

27.[2019山东]某教育家对教学与发展的相互关系问题进行了近三十年的研究,形成了独树一帜的教学论思想。该教育家认为:不管教学大纲编得多么好,男女青年在中学毕业后不可避免地要碰到他们不懂的科学发现和新技术。他们必须独立地并且迅速地弄懂不熟悉的东西并掌握它。只有具备一定的品质、有较高发展水平的人,才能更好地应付这种情况。该教育家是(　　)

A. 巴班斯基　B. 乌申斯基　C. 苏霍姆林斯基　D. 赞科夫

28.[2020江西]教育的生物起源论和心理起源论的共同特点是它们都否认了(　　)

A. 教育的社会性　B. 教育的自然性

C. 教育的阶级性　D. 教育的生产性

29.[2019河南]著名的教育学家苏霍姆林斯基有一个论断,教育的核心,就其本质而言,就在于(　　)

A. 循循善诱,以理服人　B. 注重培养学生正确的人生观

C. 让儿童始终体验到自己的尊严感　D. 关注学生的全面发展

30.[2022贵州](　　)把教育的作用概括为十六个字,即"建国君民,教学为先""化民成俗,其必由学"。

A.《论语》　B.《学记》　C.《中庸》　D.《大学》

31.[2020湖北](　　)是第一个把美育概念引入我国,并对美育的独特性质和独特地位作进一步阐述的思想家。(易混)

A. 蔡元培　B. 梁启超　C. 王国维　D. 黄炎培

32.[2020辽宁]《学记》中说:"相观而善之谓摩",这是指教学中要(　　)(常考)

A. 互相观察,互相模仿　B. 相互观摩、切磋

C. 互相观摩,从而变得善良　D. 注重教材教法分析

33.[2022河北]"玉不琢,不成器;人不学,不知义"体现了教育的(　　)

A. 个体功能　B. 社会功能

C. 经济功能　D. 政治功能

34.[2019河南]在古代,教育与经济发展的关系是(　　)

A. 经济先于教育的发展　B. 教育先于经济的发展

C. 教育与经济同步发展　D. 二者互不相干

35.[2020河北]当代教育呈现出全方位的作用,既有对个体发展的作用,也有对社会发展的作用。这体现了教育功能的(　　)

A. 社会性　B. 多样性　C. 整体性　D. 条件性

36.[2020辽宁]关于柏拉图的政治观,下列表述不正确的是(　　)(易错)

A. 哲学家处于统治地位

B. 军人居于辅助地位

C. 智慧、勇敢、节约、正义是理想国中的四种美德

D. 只有哲学家才能成为统治者

37.[2018山东]被誉为"平民教育家"的瑞士教育家(　　),提倡"爱的教育"。

A. 裴斯泰洛齐　B. 欧文

C. 福禄贝尔　D. 蒙台梭利

38.[2018辽宁]苏联教育家赞科夫的研究认为一般发展是以(　　)为核心的。(易错)

A. 知识　B. 能力　C. 智力　D. 情感

39.[2018辽宁]历史上被誉为第一个"发现儿童"的教育思想家是(　　)

A. 柏拉图　B. 孔子　C. 卢梭　D. 苏霍姆林斯基

40.[2018广西]生产劳动的经验被排斥在学校大门之外的现象发生在(　　)

A. 商业社会　B. 农业社会　C. 工业社会　D. 信息社会

41.[2017河南]卢梭自然主义教育理论中的"消极教育"是指(　　)

A. 教育作用有限　B. 教育在于等待儿童的成长

C. 教育对儿童发展难以发挥积极作用　D. 教育要遵循儿童本性,防范外界不良影响

42.[2022河北]某学校为促进学生学习,组织开展"学习大比拼"活动,发现学生的学习积极性和学习成绩有所提高,但参与班级活动的热情降低,学生之间人际关系变得紧张,这体现了教育的(　　)

A. 正向显性功能和负向隐性功能　B. 负向显性功能和负向隐性功能

C. 正向隐性功能和负向隐性功能　D. 正向显性功能和正向隐性功能

43.［2020天津］爷爷对八岁的孙女讲起他年轻时的故事："我们以前就读的是半工半读学校，就是上午上课，下午劳动，每天还挺忙，但却非常快乐。"我们可以推断，爷爷接受的教育属于（　　）（易错）

A. 非正规教育　B. 半正规教育　C. 正规教育　D. 业余教育

44.［2022辽宁］下列反映出教育具有相对独立性的是（　　）（易混）

A. 教育随着人类的产生而产生，随着人类灭亡而灭亡

B. 战国时期虽然战乱不断，但是却出现了教育思潮的高峰"百家争鸣"

C. 同一社会的不同历史阶段，教育的性质、目的、内容等各不相同

D. 不同社会形态的教育各有特点

45.［2019山东］教育内容是教育者与受教育者共同认识的（　　）

A. 主体　B. 客体　C. 教的主体　D. 学的主体

二、多项选择题

1.［2022河北］有关终身教育的说法，正确的是（　　）

A. 终身教育从学校毕业时开始　B. 终身教育包括正规教育和非正规教育

C. 成人教育和老年教育属于终身教育　D. 幼儿园之前的教育属于终身教育

2.［2022河北］学校教育的基本特征有（　　）

A. 职能的专门性　B. 组织的严密性

C. 作用的全面性　D. 内容的系统性

3.［2021山西］"道而弗牵，强而弗抑，开而弗达。道而弗牵则和，强而弗抑则易，开而弗达则思。和易以思，可谓善喻矣。"《学记》中的这句话教导教师在教学中应当（　　）

A. 督促勉励学生，但又不强制　B. 打开学生的思路，但又不给现成答案

C. 注重引导学生，但又不牵着学生的鼻子走　D. 尊重学生的主导地位，但又不放纵学生为所欲为

4.［2021山东］信息社会的生产工具已经从大机器时代进入到智能时代，迅猛发展的计算机技术和数字技术已经深刻地影响着人们的生产方式、管理方式、生活方式、行为方式乃至思维方式。与这种发展趋势相联系，信息社会的教育呈现出的特征主要有（　　）

A. 教育与生产劳动从分离走向结合　B. 教育的公共性日益突出

C. 教育的全球化趋势更加明显　D. 教育的终身化理念成为指导教育改革的基本理念

5.［2019山东］学习教育学的意义包括以下哪些方面（　　）

A. 有助于培养名师，了解国家的教育方针政策

B. 有助于树立正确的教育思想，提高贯彻教育方针的自觉性

C. 有助于树立热爱教育事业的专业思想，全面提高教师的素养

D. 有助于科学育人，提高从事基础教育工作的水平和能力

E. 有助于推动基础教育改革和教育科学研究

6.［2020四川］关于教育的基本要素，以下说法正确的有（　　）（易错）

A. 教育者是教育活动中"教"的主体

B. 受教育者是教育活动中"学"的主体

C. 教育者的教学风格是重要的教学手段

D. 教育活动方式是连接教育活动主体和客体的中介

E. 教育内容一般表现为课程、教科书、教学参考资料

7.［2017山西］下列属于狭义的教育表现形式的是（　　）

A. 小红是金华小学二年级的小学生

B. 小陈经常去隔壁邻居家学书法

C. 小黄以优异的成绩考入北大，成为一名大一新生

D. 小李用电脑学到了许多营销知识，成为公司的营销精英

8.［2022安徽］与古代社会的教育相比，现代社会的教育呈现的特征有（　　）

A. 教育与生产劳动相分离　B. 教育普及制度化

C. 科学教育与人文教育融合　D. 教育的民主化

9.［2019河南］下列属于英国资产阶级思想家、社会学家斯宾塞的教育观点和主张的有（　　）

A. 反对思辨，主张科学是对经验事实的描写和记录

B. 反对古典语言和文学的教育，特别重视体育

C. 主张一切教育教学中的被动、接受、吸收要让位于活动、表现、建构和创造

D. 主张启发学生学习的自觉性，反对形式教育，重视实科教育

10.［2020湖南］陶行知的"生活即教育"和杜威的"教育即生活"，二者的共同点有（　　）

A. 承认教育和生活之间存在密切联系　B. 承认教育对改造生活的重要作用

C. 认为生活含有重要的教育意义　D. 认为学校是社会生活的一种方式

E. 认为教育即经验的改造

11.［2020山东］杜威对西方哲学史中的"经验"概念进行了改造，这些改造包括（　　）

A. 拓展了经验的外延　B. 克服了经验与理性的对立

C. 强调经验过程中人的主动性　D. 强调经验是知识唯一来源的重要性

12.［2021河北］昆体良在《论演说家的教育》一书中主张，教学要根据儿童的年龄特点（　　），给学生以奖励、反对体罚等。

A. 因材施教　B. 量力而行　C. 授人以渔　D. 劳逸结合

13.［2017广东］教育活动由"教"和"学"构成，两者相互依存，因此，教育的主体性要素包括（　　）

A. 教育者　B. 教学场所　C. 教育媒体　D. 受教育者

14.［2019山东］陶行知的"生活即教育"，这一命题包括（　　）

A. 教育即生活　B. 对生活的理解

C. 对生活教育的内涵和本质的理解　D. 对生活与教育的关系的解释

15. [2018 山东]杜威针对传统的课程与教材不注重人们参与实践的倾向、脱离儿童经验生活、对知识条块化分割的弊端,从儿童发展的需要出发,认为课程与教材(　　)

A. 统一于儿童的生长与发展　　B. 要能引起儿童的兴趣

C. 要与社会生活联系起来　　D. 要符合儿童心理发展的顺序

16. [2017 内蒙古]终身教育的内涵包括(　　)

A. 适应工作　　B. 职业需要　　C. 铸造人格　　D. 发展个性

17. [2020 安徽]随着社会的发展,当代教育除了具备现代教育的一些特征之外,从世界范围来看,还呈现出一些新的发展趋势。这些趋势是(　　)

A. 教育终身化　　B. 教育全民化

C. 教育国际化　　D. 教育信息化

三、判断题

1. [2022 河南]陶行知主张以真正的社会生活,以民众改造社会和自然的全部社会实践作为教育内容,实行真正的生活教育。(　　)

2. [2022 辽宁]西周时期的政教合一、学在官府等都体现了古代教育的等级性。(易错)(　　)

3. [2021 山西]柏拉图最早提出自由教育并认为自由教育的实施必须具备两个条件:一是闲暇时间,二是自由学科。(　　)

4. [2020 山东]教育机会平等是要肯定每一个人都受到同等的教育,而且这种教育的进度和方法是适合每一个人特点的。(　　)

5. [2020 辽宁]教育学是随着人类社会的产生而产生,并随其发展而发展的。(　　)

6. [2019 广东]教育学作为一门知识的历史要比教育学作为一门学科的历史悠久得多。(　　)

7. [2017 广东]只有当社会的发展处于负向时,教育才会发挥负向功能。(　　)

8. [2020 宁夏]陶行知留学美国多年,师从杜威并深受其影响,他的生活教育理论是杜威教育理论的翻版。(　　)

9. [2019 辽宁]从本质上讲,机械的灌输也是一种"教育"。(　　)

10. [2019 江苏]著名教育家陈鹤琴先生在"活教育"理论中提出,"大自然,大社会都是活教材"。(　　)

11. [2021 广东]儒家在教育方面主张以自然主义教育为价值取向,以培养"圣人"为教育目标。(　　)

四、案例选择题

阅读下面的小故事回答后面的问题。

陶行知先生当校长时,看见一个男生用泥块砸班上的同学,陶先生制止以后,命令他放学后到校长室去。放学后,陶先生回到校长室,见那男生早已等着了,就笑着掏出一颗糖果送给他,说:"这是奖励给你的,因为你按时来到这里。"男生接过糖果后,陶先生又掏出第二颗糖果放到他的手里,说:"这是奖励你的,因为我不让你打人时,你立刻住手了,这说明你很尊重我,我应该奖你。"男生惊讶地看着校长,这时陶先生又掏出第三颗糖塞到男生手里,说:"我调查过了,你用泥块砸那些男生是因为他们欺负女生。你砸他们,说明你很正直善良,具有跟坏人作斗争的勇气,应该奖励你啊!"男生感动极了,他流着眼泪后悔地喊:"校长,我错了,我砸的不是坏人,而是同学。"

陶先生满意地笑了,他随即掏出第四颗糖果递过来说:"你正确地认识到自己的错误,我再奖励你一颗,我没有更多的糖了,我们的谈话也可以结束了。"

1. [2020 山东]明明男生打架应该接受批评,但陶先生却找出这么多实实在在的优点以表扬男生。他的表扬强化了学生(　　)的行为和品质。(多项选择)

A. 遵守时间　　B. 尊重老师　　C. 正直　　D. 勇于承认错误

2. [2020 山东]你认为陶先生的行为体现的教育智慧有(　　)(多项选择)

A. 从信任学生出发,寻找学生闪光点

B. 只有尊重学生,学生才能放下戒备之心,教育才可能发生

C. 老师肯定表扬学生的优点,学生能看到不足之处

D. 多用通俗易懂的道理让学生感到亲和和平易近人

3. [2020 山东]以下属于陶行知先生观点的有(　　)(多项选择)

A. 捧着一颗心来,不带半根草去

B. 在教师手里操着幼年人的命运,便操着民族和人类的命运

C. 先生不应该专教书,他的责任是教人做人;学生不应该专读书,他的责任是学习人生之道

D. 滴自己的汗,吃自己的饭,自己的事自己干,靠人靠天靠祖上,不算是英雄好汉

第二章　教育的基本规律

基 础 训 练

一、单项选择题

1. [2022河南]教育要适应人的发展的个别差异性规律,应该做到(　　)(常考)

A. 因材施教　B. 循序渐进　C. 教学相长　D. 防微杜渐

2. [2022安徽]"人性本善""万物皆备于我",这支持的人的身心发展的动因理论是(　　)(常考)

A. 外铄论　B. 内发论　C. 多因素论　D. 内外因交互作用论

3. [2022江苏]洛克的"白板说"反映了什么教育观(　　)

A. 内发论　B. 外铄论　C. 共同作用论　D. 相互作用论

4. [2022山东]荀子说:"干、越、夷、貉之子,生而同声,长而异俗,教使之然也。"这强调影响人的身心发展的因素是(　　)

A. 遗传　B. 环境　C. 个体主观能动性　D. 教育

5. [2022内蒙古]一个生而失聪的人,就不可能发展其听觉能力而成为音乐家。这说明(　　)

A. 遗传决定人的发展　B. 遗传为人的发展提供物质前提
C. 环境决定人的发展　D. 教育决定着人的发展

6. [2022四川]"橘生淮南则为橘,生于淮北则为枳",这句话将影响人发展的因素归结为(　　)

A. 遗传　B. 环境　C. 教育　D. 自我能动性

7. [2022山东]"拔苗助长""陵节而施"违背了个体身心发展的(　　)规律。(常考)

A. 不平衡性　B. 个别差异性　C. 阶段性　D. 顺序性

8. [2022河北]教育发展水平的最终决定性因素是(　　)(常考)

A. 生产力发展水平　B. 政治经济发展水平　C. 社会意识形态　D. 政党的政策

9. [2017四川]14世纪欧洲学校的课程有算数、几何、天文等,到16世纪增加了地理和力学,17世纪又增加了代数、三角、物理和化学等。这说明对教学内容变化产生影响的是(　　)

A. 生产力　B. 生产关系　C. 上层建筑　D. 政治经济制度

10. [2020贵州]"出淤泥而不染,濯清涟而不妖"说明(　　)

A. 社会环境对人的发展作用不大　B. 环境为人的发展提供了现实条件
C. 环境对人的发展的作用方式不同　D. 主观能动性对人的发展起决定作用

11. [2017山东]教育和经济的关系,总的来说是(　　)

A. 经济决定教育,教育反作用于经济　B. 教育决定经济,经济反作用于教育
C. 经济决定教育,教育对经济没有影响　D. 教育决定经济,经济对教育没有影响

12. [2021江西]相信每一个学生,特别是某些方面有缺陷的学生,通过其他方面的努力,能够达到正常发展水平。这是人的身心发展的(　　)对教育提出的要求。

A. 顺序性　B. 阶段性　C. 不均衡性　D. 互补性

13. [2022贵州]美国心理学家格塞尔提出的"成熟势力说",强调成熟机制对人的身心发展的决定作用,并通过(　　)来证明他的观点。

A. 双生子爬梯实验　B. 视崖实验　C. 恒河猴依恋实验　D. 三山实验

14. [2022安徽]"蓬生麻中,不扶而直;白沙在涅,与之俱黑。"这句话表明个体身心发展的主要影响因素是(　　)(常考)

A. 遗传素质　B. 外部环境　C. 个体主观能动性　D. 成熟程度

15. [2021安徽]学生因受到良好的教育和训练,未来能够根据社会需要,并结合个人的意愿与可能条件更换不同的工作地点和工作任务,这属于教育的(　　)(易混)

A. 社会横向流动功能　B. 社会纵向流动功能
C. 社会横向变迁功能　D. 社会纵向变迁功能

16. [2021江西]关于人的发展,下列观点不正确的是(　　)

A. 遗传素质的成熟程度为一定年龄阶段的人的身心发展提供了可能
B. 个体无法控制的社会环境,对人的发展的影响是盲目的、自发的
C. 所有学校教育都能对人的发展起主导作用
D. 主观能动性通过活动表现出来

17. [2018江苏]美国斯坦福大学的一项研究表明,儿童期的智力测验并不能正确地预测成年以后的工作成就,一个人的成就同早期智力的高低并无极大的相关。这说明(　　)

A. 遗传素质仅仅为人的身心发展提供了可能性
B. 遗传素质的成熟机制制约着人的身心发展
C. 遗传素质具有可塑性
D. 遗传素质的差异对人的身心发展具有决定性影响

18. [2017山西]现代教育发展的根本动因是(　　)

A. 政治需要　B. 科技进步　C. 生产力发展　D. 产业革命

19. [2020黑龙江]人的一生中存在两个高速发展期:新生儿期与青春期。这是身心发展(　　)规律的反映。

A. 顺序性　B. 阶段性　C. 不平衡性　D. 个别差异性

20. [2022广东]教师向学生传授知识,表明教育具有(　　)文化的功能。

A. 传递和保存　B. 选择　C. 更新　D. 创造

21. [2020内蒙古]政治经济制度决定着(　　)(易错)

①教育领导权　②受教育权　③教育目的　④教育结构　⑤教育内容

A. ①②③④　B. ①②④⑤　C. ②③④⑤　D. ①②③⑤

22.[2020江苏]个体身心发展的某一方面机能和能力最适宜形成的时期是(　　)

A. 发展关键期　　B. 机能期　　C. 发展期　　D. 差异期

23.[2018吉林]在20世纪70年代初，一位叫吉妮的美国女孩出生20个月后，被其父亲囚禁在小屋中达12年之久。在这期间，她既听不到声音，也看不到电视，而且只要她发出任何声音，便遭到父亲的毒打。她的母亲由于惧怕丈夫，很少与吉妮交谈。吉妮直到13岁时才被人发现，这时她完全不会说话。后来语言专家对其进行了长达7年之久的认真细致的语言训练，但是她的语言表达能力远比同龄儿童差。她不会使用冠词、代名词等，说出的句子仍是语法错误的句子。这体现了个体身心发展要(　　)

A. 避免"一刀切"　　B. 抓住关键期

C. 避免差异性　　D. 均衡

24.[2018内蒙古]某老师在课堂上给学生讲要"爱护自然，爱护生命，节约资源"，这体现了教育的(　　)

A. 政治功能　　B. 文化功能　　C. 经济功能　　D. 生态功能

25.[2022河北]影响教育事业发展规模和速度的根本因素是(　　)(常考)

A. 人口　　B. 生态环境　　C. 生产力　　D. 政治制度

26.[2020山西]同年龄的儿童具有不同的兴趣爱好和性格，这说明人的身心发展具有(　　)

A. 顺序性　　B. 阶段性　　C. 不均衡性　　D. 个别差异性

27.[2020江苏]人们常说的"聪明早慧""大器晚成"是指个体身心发展具有(　　)(常考)

A. 互补性　　B. 个别差异性　　C. 不平衡性　　D. 阶段性

28.[2019山西]教育的思想、制度、内容和方法，尽管受当时的政治经济制度和生产力发展水平的制约，但又与以往的教育有着渊源的关系，带有教育发展历程中的烙印。这反映出教育具有(　　)

A. 阶级性　　B. 历史继承性　　C. 民族性　　D. 社会性

29.[2019山东]有人认为"个体的心理发展是人类进化过程的复演"，从个体身心发展的成因而言，这属于(　　)

A. 内发论　　B. 外铄论　　C. 环境决定论　　D. 多因素相互作用论

30.[2020河南]在外部条件大致相同的课堂教学中，每个学生的学习需要和动机不同，对教学的态度和行为也各式各样。这反映了(　　)对学生身心发展的影响。

A. 社会环境　　B. 家庭背景　　C. 遗传素质　　D. 个体主观能动性

31.[2020河北]"平等的"开放式教育是(　　)的特点。

A. 网络教育　　B. 学校教育　　C. 社会教育　　D. 大众教育

32.[2020辽宁]教育是一种社会现象，它的发生和发展受社会发展规律的制约，教育社会性是教育现象的根本属性。其中，教育社会性最主要表现形式为教育的(　　)

A. 社会制约性　　B. 社会阶级性　　C. 社会历史性　　D. 社会科学性

33.[2018山西]小周的家乡为某小县城，他在北京的某一流大学完成了本科、硕士、博士阶段的学业后，选择留在北京工作。这体现了教育在(　　)方面的作用。

A. 减少人口数量，控制人口增长　　B. 提高人口素质，改变人口质量

C. 促进人口结构趋向合理化　　D. 促进人口迁移

34.[2020内蒙古]个体身心发展的互补性要求教育者要做到(　　)

A. 相互衔接　　B. 长善救失　　C. 循序渐进　　D. 教学相长

35.[2019吉林]"龙生龙，凤生凤"说明在人的身心发展过程中起重要作用的是(　　)

A. 环境　　B. 遗传　　C. 学校教育　　D. 主观能动性

36.[2022辽宁]下列不属于遗传决定论的代表人物的是(　　)(易混)

A. 孟子　　B. 高尔顿　　C. 孔子　　D. 斯金纳

37.[2017四川]有的人记忆力强，有的人感知力强，有的人语言表达能力强，有的人写作能力强。这说明人的发展具有(　　)

A. 顺序性　　B. 阶段性　　C. 不平衡性　　D. 个别差异性

38.[2020河北]教育具有自身的规律，对政治经济制度和生产力具有能动作用。这是教育的(　　)

A. 绝对独立性　　B. 相对独立性　　C. 历史继承性　　D. 生产性

39.[2020河南]把"基因复制"看作是决定人的一切行为的本质力量的教育学家是(　　)

A. 弗洛伊德　　B. 威尔逊　　C. 格塞尔　　D. 华生

40.[2022广东]受我国传统儒家文化思想的影响，在对待事物方面，我们提倡不偏不倚的"中庸之道"；在对待人才培养方面，我们强调"在明明德，在亲民，在止于至善"的教育根基。这说明文化主要影响着(　　)

A. 教育目的的确立　　B. 价值取向的选择

C. 教学手段的使用　　D. 教育思想的更新

41.[2019安徽]在优越的环境中，有人一无所成；在不利的环境中，有人却能逆境成才。这说明了(　　)

A. 人的发展不受环境的影响

B. 环境对人的影响取决于个体的主观能动性

C. 好的环境不利于人的发展，坏的环境对人的发展更有利

D. 个人发展是好是坏，完全由环境决定

42.[2019广西]下列表现中，不属于教育对个体发展的独特价值的是(　　)

A. 教育引导个体发展的方向　　B. 教育开发个体的特殊才能

C. 教育满足个体成名的欲望　　D. 教育唤醒个体生命的自觉

43.[2022河北]教育发展有时与社会发展水平并不同步，这体现了教育的(　　)

A. 民族性　　B. 继承性　　C. 永恒性　　D. 相对独立性

44. [2018重庆]人力资本理论看重教育的(　　)

A. 经济功能　　B. 政治功能　　C. 文化功能　　D. 科技功能

45. [2019河北]教育能传播思想、形成舆论,这体现了教育的(　　)(常考)

A. 政治功能　　B. 经济功能　　C. 文化功能　　D. 育人功能

46. [2019山西]小学时期,学生在学习方面的心理特点多表现为好奇多问,对一切新事物都感兴趣。而在中学时期,学生只关注自己感兴趣的事物。这说明人的身心发展具有(　　)

A. 阶段性　　B. 顺序性　　C. 互补性　　D. 不均衡性

47. [2022辽宁]教育与政治思想、哲学思想、伦理道德、宗教、文学、艺术等联系密切,但不是决定与被决定的关系。这说明教育具有(　　)

A. 精神文化性　　B. 历史性　　C. 相对独立性　　D. 民族性

48. [2019广东]下列各种教育类型中,对个人发展具有加速的特殊功能的是(　　)

A. 家庭教育　　B. 社会教育　　C. 自我教育　　D. 学校教育

49. [2019广东]教育可以再生产人的劳动能力,可以增加劳动力价值,还可以改变人的劳动能力的性质和形态,使劳动能力具有专门性。通常来说,一个国家人口的受教育范围越广,受教育程度越高,国民的综合素质就越高,劳动生产率就越高。这种观点主要体现了(　　)

A. 教育的经济功能　　B. 教育的文化功能

C. 教育的政治功能　　D. 教育的社会功能

二、多项选择题

1. [2022河北]教育对生产力的促进作用,主要体现在(　　)

A. 教育是劳动力再生产的重要手段　　B. 教育是科学知识再生产的重要手段

C. 教育可以促进社会民主　　D. 教育促进社会发展

2. [2022辽宁]强调人的发展主要依靠环境的刺激和要求,以及他人的影响和学校的教育等外在的力量是外铄论的观点,下列持该观点的人有(　　)(易混)

A. 霍尔　　B. 华生　　C. 孟子　　D. 斯金纳

3. [2022山东]关于教育和文化的关系,下列表述正确的是(　　)

A. 文化影响教育目的的确立　　B. 文化影响教育内容的选择

C. 文化影响教育的价值取向　　D. 文化影响教育教学方法的使用

4. [2021辽宁]与家庭教育、社会教育相比较,学校教育在人的发展中起主导作用,其原因是(　　)(常考)

A. 学校教育是有目的、有计划地培养人的活动

B. 学校教育对人的影响全面且系统

C. 学校教育有专门的老师来负责教育活动

D. 学校有运动场所、图书资料

5. [2020河南]个体身心发展的差异性是指由于人的先天素质、环境和教育以及自身的主观能动性的不同,导致人的身心发展存在个别差异。下列属于利用个体身心发展的差异性特点进行教学的有(　　)

A. 因材施教　　B. 采取弹性教学制度

C. 启发性教学　　D. 组织兴趣小组

6. [2021江西]关于人的发展,下列表述错误的是(　　)(易错)

A. 高尔顿认为"一两的遗传胜过一吨的教育"

B. 卢梭提出了著名的"白板说"

C. 吴伟士认为,人的发展等于遗传和环境的乘积

D. 董仲舒的"性三品"学说,突出"命定"因素在人发展中的作用

7. [2020内蒙古]某种意义上讲课程就是文化,文化发展对学校课程产生的影响主要体现在(　　)

A. 课程内容的丰富　　B. 国家对课程的控制权

C. 课程结构的更新　　D. 为课程改革提供物质基础

E. 课程改革由受教育者完成

8. [2022河北]教育的生态功能体现在(　　)

A. 树立建设生态文明的理念　　B. 普及生态文明知识

C. 提高劳动生产率　　D. 引导建设生态文明的活动

9. [2018黑龙江]下列哪些现象属于个体身心发展的互补性的表现(　　)

A. 盲人一般听觉灵敏　　B. 聪明的儿童常常学习不努力

C. 坚强的意志能战胜肢体残缺带来的困难　　D. 失去双手的人能用嘴写字

10. [2019山西]个体的主观能动性是影响人的身心发展的内在动力,主要表现为(　　)

A. 人作为主体是通过他自身的实践活动来参与和接受客观的影响,从而获得主体自身发展的

B. 人们按照自己的经验、需要等来对客观事物做出反应,并为了实现自己的意向,自觉地、有目的地开展自我控制和自我调节的活动

C. 能否正确处理教育者与受教育者的关系直接影响着受教育者主体性的充分发挥

D. 个体主观能动性的发挥可以摆脱客观规律的限制

三、判断题

1. [2022河南]正因为有了教育,文化才从一部分人传递给另一部分人,从一代人传递给另一代人,人类的文化才得以积累,才得以普及。(　　)

2. [2022山东]教学中的"一刀切"现象违背了个体身心发展的不平衡性。(易错)(　　)

3. [2022浙江]"近朱者赤,近墨者黑"体现了社会环境对人的影响。(常考)(　　)

4. [2022河北]影响人身心发展的诸多因素中,教育起决定作用。(常考)(　　)

5. [2022河北]教育决定社会政治发展。(　　)

6. [2017广东]教育可以通过传播思想来作用于一定的政治经济制度。 ( )

7. [2020安徽]很多国家都倡导教育先行，意味着教育越来越不受社会因素制约。 ( )

8. [2021广东]人的发展的阶段性启示教师要抓住学生发展的关键期，不失时机地采取有效措施，促进学生健康发展。 ( )

9. [2019重庆]遗传的作用大于教育的作用。 ( )

10. [2018山西]教育程度的提高客观上推迟了人们的初婚年龄和生育年龄，这体现了教育的经济功能。 ( )

11. [2020山西]遗传素质是造成人的发展的个别差异的原因之一，这属于外铄论的基本观点。 ( )

12. [2019辽宁]青少年社会化的主要场所是学校。 ( )

13. [2019广东]在任何时期，教育与生产力的发展都是同步的。 ( )

14. [2020黑龙江]遗传素质具有可塑性。 ( )

15. [2021河南]教学如果错过了关键期，就再也无法弥补。 ( )

16. [2018河南]人的性本能是最基本的自然本能，它是推动人的发展的潜在的、无意识的、最根本的动因，提出这一观点的学者是巴甫洛夫。 ( )

17. [2020广东]教育是科学知识再生产的主要途径，它使科学得以继承与系统化，在此基础上又使科学得以创新与发展。 ( )

18. [2020河南]遗传素质仅为人的发展提供物质前提而不能决定人的发展。 ( )

19. [2019山西]学校教育对人的社会化具有规范和自觉化的特殊功能。 ( )

20. [2019辽宁]人口的平均文化程度越高，人口出生率就越低，这体现了教育可以改变人口质量。 ( )

21. [2020河北]美国心理学家格塞尔著名的同卵双生子实验夸大了遗传的作用。 ( )

22. [2017湖南]"建国君民，教学为先。"这句话反映的是教育与文化的关系。 ( )

四、填空题

1. [2019江苏]影响人身心发展的因素有________、环境、学校教育和个体主观能动性等。

2. [2022福建]残疾学生身残志坚，用精神力量和意志来调节自身机体状态，使身心得以持续发展。该现象反映了个体身心发展的________规律。

3. [2022福建]近年来，福建许多中小学通过挖掘本地特色资源，开发了地方戏曲、油纸伞工艺等一系列校本课程，有效地促进了传统戏曲和手工艺的传承与普及。这体现了教育的________功能。

4. [2019河南]影响人发展的众多因素中，个体的________是影响人发展的内在动力。

5. [2020福建]影响人身心发展的主要因素中，提供必要的生物前提和发展潜在可能性的是________。

整合提升

一、单项选择题

1. [2022河北]人的身心发展速度快慢不一，呈现出加速和平缓交替发展的状态，这体现了身心发展的( )(易混)

A. 顺序性　B. 互补性　C. 不均衡性　D. 整体性

2. [2022河北]如果让六个月的婴儿开始学走路，不但徒劳，而且无益，同理，让四五岁的儿童学习高等数学，也难以成功。这说明( )

A. 遗传素质的成熟程度制约着人的发展过程　B. 遗传素质决定了人的发展

C. 遗传素质的差异对人的发展有影响　D. 遗传素质具有可塑性

3. [2022辽宁]王老师在教小学一二年级的学生时，考虑到他们的思维以形象思维为主，所以经常会采用一些形象生动的实物教具帮助教学；而在教五六年级的学生时，因为他们的抽象思维已有较大发展，所以会采用抽象模型作为教具。这是遵循个体身心发展( )规律的体现。

A. 稳定性　B. 个别差异性　C. 阶段性　D. 不平衡性

4. [2022四川]从教育的社会功能来看，一个人通过自学，从一名初级会计晋升为中级会计，这体现了( )(易混)

A. 社会变迁功能中的经济功能　B. 社会变迁功能中的政治功能

C. 社会流动功能中的横向流动功能　D. 社会流动功能中的纵向流动功能

5. [2022福建]如果产业结构和技术结构中的科技含量加大，劳动人口将流向第三产业，教育的类型和结构必然呈现多样化特点。这种现象体现了( )

A. 人口质量对教育发展的影响　B. 人口增长速度对教育发展的影响

C. 人口就业结构对教育发展的影响　D. 人口年龄结构对教育发展的影响

6. [2021安徽]因为教育有自身的特殊对象，所以教育具有自身的规定性，这一规定性就是( )

A. 生产性　B. 独立性　C. 发展社会　D. 培养人

7. [2018湖南]教育优先发展又称教育先行或教育超前发展，其内涵主要是指( )

A. 社会用于发展教育的投资要适当超越现有生产力和经济发展水平而超前投入

B. 教育发展要先于或优于社会上其他行业和部门而发展

C. 社会用于发展教育的投资要适当超越现有生产力和经济发展水平而投入，教育发展要先于社会上其他行业和部门而发展

D. 社会用于发展教育的投资要适当超越现有生产力和经济发展水平而超前投入，教育发展要先于或优于社会上其他行业和部门而发展

8. [2020广东]"返老还童"的字面意思是个体由衰老恢复青春，这明显违背了个体身心发展的( )

A. 顺序性　B. 阶段性　C. 不均衡性　D. 个体差异性

9.[2021安徽]古人常叹息:"黑发不知勤学早,白首方悔读书迟。"这说明人的发展具有(　　)

A. 差异性　　B. 可逆性　　C. 危险期　　D. 关键期

10.[2021安徽]下列关于人力资本理论的表述,错误的是(　　)

A. 人力资本是体现在社会产品生产和消费上的成本总和

B. 人力资本是对生产者进行教育、培训等支出及其接受教育的机会成本等的总和

C. 人力资本收益测算法是由西奥多·舒尔茨提出的

D. 人力资本理论强调教育及教育投资对国民经济增长的贡献率

11.[2020河北]人的身心发展特殊性的表现之一是人的身心发展具有(　　)

A. 主观性　　B. 普遍性　　C. 基础性　　D. 能动性

12.[2017陕西]在我国反腐倡廉的斗争中,出现了多个高学历、高职位的大贪官,他们都受过良好的教育,但依然成为了犯罪分子。这说明(　　)

A. 社会是一个"大染缸",人一进去就学坏　　B. 社会环境是人发展的条件性因素

C. 贪官们的遗传素质有缺陷　　D. 环境会决定人的发展方向

13.[2017广东]小明原来所在的班级内不求上进的学生较多,这些学生的行为影响了小明的学习热情。小明妈妈为了让孩子有个良好的学习环境,将小明转学到另一所学校中学风很好的班级,很快,小明的学习有了进步,成绩突飞猛进。该事例体现了(　　)在教育中的重要作用。

A. 遗传　　B. 家庭　　C. 环境　　D. 努力

14.[2020山东]诚实守信一直是我们传承的社会美德,这体现了教育的(　　)

A. 政治功能　　B. 文化功能　　C. 经济功能　　D. 人口功能

15.[2019广东]某学校邀请环保部门的专家来校举办讲座和培训班,这大大提高了师生的环保意识,大家学会了主动对垃圾进行分类,关心校园环境。这体现了教育的(　　)

A. 经济功能　　B. 政治功能　　C. 文化功能　　D. 生态功能

16.[2020辽宁]近年来,越来越多"一带一路"沿线国家的留学生来我国学习,并把中国文化带回自己的祖国。这反映了教育具有(　　)(常考)

A. 文化传承功能　　B. 文化制造功能

C. 文化更新功能　　D. 文化传播功能

17.[2019吉林]卢梭曾说:"在万物的秩序中,人类有它的地位;在人生的秩序中,童年有它的地位;应当把成人看作成人,把孩子看作孩子。"卢梭之所以这样说,是因为他看到了个体身心发展的(　　)规律。

A. 顺序性　　B. 阶段性　　C. 不均衡性　　D. 互补性

18.[2018山西]"寒门出贵子"这句话体现了教育的(　　)(易混)

A. 生态功能　　B. 社会纵向流动功能

C. 经济功能　　D. 社会横向流动功能

19.[2020河北]教育的根本任务是培养人,在一定社会中培养具有什么样政治方向、思想意识的人,是由(　　)决定的。

A. 政治制度　　B. 经济制度　　C. 生产力发展水平　　D. 教育规律

20.[2021浙江]多元智力发展理论主要说明人的发展具有(　　)

A. 顺序性　　B. 互补性　　C. 阶段性　　D. 个别差异性

21.[2017陕西]"学生是一张白纸,教师可以在上面画最新最美的图画",这句话体现了(　　)

A. 遗传决定论　　B. 环境决定论　　C. 辐合论　　D. 二因素论

22.[2020福建]两个八岁儿童,一个只能简单造句,另一个能写好短文。这体现了个体身心发展的(　　)(常考)

A. 差异性　　B. 顺序性　　C. 互补性　　D. 阶段性

23.[2022辽宁]通过对《文化采风》一课的学习,同学们意识到不同国家和民族不仅民族服饰、生活习惯和饮食习惯不同,思维方式和价值观念也有所不同。这体现了教育的(　　)

A. 政治功能　　B. 经济功能　　C. 生态功能　　D. 文化功能

24.[2020河北]教育要传授给受教育者"何以为生"的本领,这属于教育的(　　)

A. 个体享用功能　　B. 个体谋生功能　　C. 个体社会化功能　　D. 个体职业意识功能

25.[2017四川]蒸汽机时代要求工人具有初等教育水平,电气生产时代要求工人具有中等教育水平,自动化时代要求工人具有高中和专科教育以上水平。这说明影响人才培养规格的因素是(　　)

A. 生产力　　B. 生产关系　　C. 上层建筑　　D. 政治经济制度

26.[2020安徽]一个受过初等教育的工人可以使劳动生产率提高30%,而一个熟练工人进修一年后,劳动生产率比他在工厂工作一年提高1.6倍。这说明教育能(　　)

A. 使人口结构趋于合理　　B. 培养社会政治人才

C. 促进文化交流　　D. 促进经济增长

27.[2017广东]教育结构是指各级各类学校的比例关系和衔接方式,以及不同性质专业之间的比例构成,如大、中、小学的衔接关系,特殊学校与普通学校的比例关系等。制约着教育结构变化的是(　　)

A. 政治制度　　B. 社会文化　　C. 科技发展水平　　D. 生产力发展水平

28.[2020贵州]我国在世界各地开办孔子学院,向各国人民介绍中国文化。这表明教育具有文化(　　)(常考)

A. 创造功能　　B. 传播功能　　C. 筛选功能　　D. 更新功能

29.[2018山西]三国时期,诸葛亮在《诫子书》中提到"才须学也,非学无以广才,非志无以成学",这里所提到的影响人的发展的因素有(　　)

①遗传　　②教育　　③环境　　④个体主观能动性

A. ①②　　B. ②③　　C. ②④　　D. ①③

30. [2022河北]"时过然后学,则勤苦而难成",这一论述体现人的身心发展过程中存在(　　)

A. 高原期　　B. 敏感期　　C. 最近发展区　　D. 平原区

二、多项选择题

1. [2022山东]晋代傅玄提出"近朱者赤,近墨者黑"。下列内容中体现了环境因素对人的身心发展有重要影响的是(　　)(易错)

A. 染于苍则苍,染于黄则黄　　B. 出淤泥而不染

C. 蓬生麻中,不扶而直　　D. 龙生龙,凤生凤,老鼠的儿子会打洞

2. [2022辽宁]制约并影响教育内容、方法与手段的因素有(　　)(易混)

A. 社会政治经济制度　　B. 生产力

C. 科学技术　　D. 人口质量

3. [2021山东]教育的政治功能包括(　　)

A. 培养社会政治人才　　B. 促进社会政治变革

C. 提高社会政治文明水平　　D. 维系社会政治稳定

4. [2019山西]教育社会功能的主要特点有(　　)

A. 直接性　　B. 迟效性　　C. 超前性　　D. 潜在性

5. [2021安徽]个体社会化和个性化的统一主要表现为(　　)

A. 它们是人的发展不可缺少的两个方面

B. 二者在社会实践活动中实现统一

C. 人类社会发展的最终目的,是实现社会要求和个性发展的完美统一

D. 个体社会化代表社会利益,个体个性化代表"所有"个人的利益

6. [2021安徽]下列关于"教育的文化功能"的理解,正确的是(　　)

A. 教育促使文化在时间上传承和延续　　B. 教育促进文化在空间上扩散和流动

C. 教育主动对文化进行选择和净化　　D. 教育创新文化并推动其发展

7. [2018广西]小强妈妈望子成龙心切,小强一上幼儿园,才刚刚学会认字,就给他报了一个作文班。上小学后,明知道儿子不喜欢弹钢琴,还是给他报了钢琴兴趣班。这说明小强妈妈在教育过程中违背了儿童身心发展的(　　)(易错)

A. 互补性　　B. 差异性　　C. 稳定性　　D. 顺序性

8. [2020河北]学校教育具有的主要特点有(　　)

A. 目的明确　　B. 组织严密　　C. 环境优越　　D. 开放灵活

E. 方法随意

9. [2020广东]人的身心发展是一个有顺序的、持续不断的发展过程。下列有关心理机能的发展顺序,描述正确的有(　　)

A. 由具体形象思维到抽象逻辑思维　　B. 由意义记忆到机械记忆

C. 由无意注意到有意注意　　D. 由喜、惧等一般情感到理智感、道德感

10. [2017广东]学校是个体社会化的场所,学校教育是个体社会化的途径,学校教育主要通过以下哪些方面实现个体的社会化(　　)

A. 教育促进个体行为的社会化　　B. 教育促进个体思想意识的社会化

C. 教育培养个体的职业意识和角色　　D. 教育开发人的创造性,促进个体价值的实现

11. [2020山东]教育的经济功能是伴随着近代工业革命才出现的,并在当代社会更加突出。现代教育对经济发展的促进功能主要表现为(　　)

A. 教育使潜在的劳动力转变为现实的劳动力,促进经济的发展

B. 教育推进社会走向民主

C. 教育通过培养合格的公民和政治人才,为社会发展服务

D. 教育能够产生经济效益,是经济发展新的增长点

12. [2020辽宁]遗传决定论的主要代表性观点有(　　)

A. 基督教"原罪说"　　B. 柏拉图的人分"三等论"

C. 中国古代儿童观　　D. 洛克的"白板论"

13. [2021河南]从教育的角度看,反映了遗传因素对人发展的影响的有(　　)

A. 种瓜得瓜,种豆得豆　　B. 格塞尔的双生子爬楼梯实验

C. "一两的遗传胜过一吨的教育"　　D. "橘生淮南则为橘,生于淮北则为枳"

三、判断题

1. [2022河北]教育过程中,如果单纯强调人的自然性,就容易导致教育万能论。(　　)

2. [2022辽宁]人口数量决定着教育事业的可能规模,人口的增长速度也决定着教育事业发展应有的速度。(　　)

3. [2021山西]社会发展离不开人的发展,因此教育的个体发展功能首先表现为促进个体个性化的功能。(易错)(　　)

4. [2021四川]"哲学家与搬运夫之间的原始差别要比家犬与猎犬之间的差别小得多",这句话强调了遗传是人身心发展的决定性因素。(　　)

5. [2017四川]"朝为田舍郎,暮登天子堂"体现的是教育的变迁功能。(　　)

6. [2019广西]教育不是促进社会个性化的过程,而是加速个体社会化的过程。(　　)

7. [2020河北]"服民以道德,渐民以教化"体现了教育与人口的关系。(　　)

8. [2019吉林]教育的文化功能中,文化的交流是指某一社会文化共同体的文化向另一社会文化共同体的传输过程,是单向的。(　　)

9. [2018山西]人口增长速度比较快的地区,教育发展应以提高教育质量为重点。(易错)(　　)

10. [2020广东]教育对人口质量的提高,主要通过提高受教育者的知识、文化水平,发展其德、智、体诸方面的素质来实现。(　　)

第三章 教育目的与教育制度

基础训练

一、单项选择题

1.[2022河南]学校美育最高层次的任务是( )(常考)

A.形成学生创造美的能力　B.培养学生评价美的能力

C.提高学生感受美的能力　D.培养学生欣赏美的能力

2.[2022山东]“君子如欲化民成俗,其必由学乎”“古之王者,建国君民,教学为先”体现的教育目的观是( )(常考)

A.个人本位论　B.教育无目的论

C.社会本位论　D.科学本位论

3.[2022天津]把学生培养成具备( )和实践能力的新一代人才,是素质教育的时代特征。(常考)

A.创新精神　B.合作精神　C.个性发展　D.交往能力

4.[2022内蒙古]教育目的一经确立,就成为人们行动的指南。不仅为受教育者指明了发展方向,预定了发展结果,也为教育工作者指明了工作方向和奋斗目标。这体现了教育目的的( )

A.导向作用　B.激励作用　C.评价作用　D.调节作用

5.[2022四川]中国正式颁布的第一个现代学制是( )(易混)

A.壬寅学制　B.癸卯学制

C.壬子癸丑学制　D.壬戌学制

6.[2022辽宁]以下不属于建立学制的依据的是( )

A.人口发展状况　B.教育家的教育理念

C.青少年儿童身心发展规律　D.社会政治经济制度

7.[2019辽宁]( )是教育活动的出发点和依据,也是教育活动的最后归宿。

A.教育目的　B.教育媒介　C.教育理论　D.教育方法

8.[2019湖南]教育目的主要由两部分组成,一是规定人的身心素质的培养规格和质量,二是规定人的( )

A.社会价值　B.个人价值　C.素质结构　D.发展方向

9.[2021广东]所有学生在同样的学校系统中学习,从小学到大学的各级各类学校是相互衔接的。这属于( )的特点。

A.单轨制　B.三轨制　C.双轨制　D.分支型学制

10.[2019山东]从我国教育法规定的教育方针看,我国教育工作的性质和服务方向是( )

A.教育必须体现马克思主义关于人的全面发展学说

B.教育必须与生产劳动相结合

C.教育必须为社会主义现代化建设服务

D.教育必须培养劳动者

11.[2021浙江]( )是指国家或社会对教育所要造就的人的质量规格所做的总体规定与要求,具有调控、导向、评价功能。

A.教育方法　B.教育原则　C.教育目的　D.教育内容

12.[2017广西]体育的根本任务是( )(常考)

A.提高学生的身体素质　B.增强学生的组织纪律性

C.培养学生勇敢、坚强的道德品质　D.培养学生的团队精神

13.[2019山西]教育目的与教育方针的关系是( )

A.教育目的是教育方针的组成部分　B.教育目的包括教育方针

C.教育目的规定教育方针　D.教育目的是教育方针的指导原则

14.[2018吉林]李老师教导学生说:“社会主义现代化建设不但需要高级科学技术专家,而且迫切需要大量素质良好的中、初级技术人员、管理人员、技工和其他城乡劳动者。”由此可知,应大力发展( )

A.高等教育　B.中等教育　C.职业技术教育　D.初等教育

15.[2020山西]重视教育的社会价值,强调教育目的从社会出发,满足社会的需要,教育的价值以其对社会的效益来衡量。这种教育目的价值取向属于( )

A.个体本位论　B.社会本位论　C.国家本位论　D.外在目的论

16.[2020安徽]下面关于“素质教育”的描述,正确的是( )

A.素质教育就是要学生什么都学、什么都学好

B.素质教育要求教师必须成为学生的服务者

C.素质教育是面向全体学生的教育

D.素质教育会极大地影响升学率

17.[2020贵州]我国全面发展教育中,起保证方向和保持动力作用的是( )(易混)

A.智育　B.德育　C.体育　D.劳动技术教育

18.[2022广东]中国现代学制的建立始于清朝末期,( )的措施,开始了中国现代学制改革。

A.中学为体,西学为用　B.废科举,兴学校

C.忠君、尊孔、尚公、尚武、尚实　D.格物致知

19.[2021广东]德国教育家凯兴斯泰纳认为,国家的教育只有一个目的,那就是造就公民。该观点体现的教育目的的价值取向是( )(常考)

A.儿童本位论　B.社会本位论　C.个人本位论　D.教育无目的论

20. [2021河南]教师备课时写的某节课或某单元所要达到的教学期望和要求属于( )

A. 教学目标
B. 各级各类学校的培养目标
C. 课程目标
D. 教育总目的

21. [2021河南]借鉴日本学制,反映"中学为体,西学为用"的思想,规定不许男女同校,轻视女子教育,第一部由国家颁布并实行的学制系统是( )

A. 壬寅学制 B. 癸卯学制 C. 壬戌学制 D. 六三三学制

22. [2021福建]我国中小学目前实施的"六三三制",源于1922年10月全国教育会联合会讨论后公布的《学校系统改革案》。该案史称( )

A. 壬寅学制 B. 癸卯学制 C. 壬戌学制 D. 壬子癸丑学制

23. [2019吉林]在教育目的的价值取向问题上,主张教育是为了使人生活得更加充实幸福的观点属于( )

A. 个人本位论 B. 社会本位论 C. 知识本位论 D. 能力本位论

24. [2018河北]以美国学制为蓝本,一直沿用到全国解放初期的现代学制是( )

A. 癸卯学制 B. 壬寅学制 C. 壬子癸丑学制 D. 壬戌学制

25. [2018河南]"教育不应再限于学校的围墙之内"是( )阶段的教育主张。(常考)

A. 制度化教育
B. 现代教育
C. 前制度化教育
D. 非制度化教育

26. [2017陕西]制度化教育的核心标志是( )

A. 近代学校教育制度的建立
B. 学校的出现
C. 文字的出现
D. 终身教育的出现

27. [2021天津]下列哪项不属于校园文化的内容( )

A. 线上教学 B. 校风校貌 C. 校史文化 D. 班规班纪

28. [2018广西]我国教育目的的根本性质是( )

A. 培养劳动者
B. 为人民服务
C. 坚持社会主义方向
D. 培养全面发展的人

29. [2021安徽]素质教育强调在教育中每个人都能得到发展。因此,素质教育不同于应试教育,因为应试教育搞选拔性、淘汰性,只能照顾到一部分人,甚至是很少一部分人的发展。这说明素质教育与应试教育的区别在于( )

A. 面向全体学生
B. 培养学生的创新精神
C. 促进学生个性发展
D. 促进学生全面发展

30. [2017天津]( )的内容主要包括教育工作的指导思想、教育目的和实现教育目的的根本途径等。

A. 教育理念 B. 教育方针 C. 教育规划 D. 教育目标

31. [2021辽宁]教育的最高理想是通过( )体现出来的。

A. 教学目标 B. 培养目标 C. 教育目的 D. 课程目标

32. [2022四川]我国教育目的的理论基础是( )(常考)

A. 素质教育
B. 马克思主义关于人的全面发展学说
C. 应试教育
D. 陶行知的生活教育学说

33. [2022河北]人们不能随心所欲地制定或废止教育制度,必须依循一定的规律。这说明教育制度具有一定的( )

A. 客观性 B. 强制性 C. 价值性 D. 教育性

34. [2020天津]素质教育把( )作为重点,反映了新时代的要求。(常考)

A. 培养自主学习的能力
B. 培养学生的创新意识
C. 培养创新精神和实践能力
D. 培养学生的价值观、人生观

35. [2022辽宁]在学校文化中,主要以人或人际关系为基础构成的文化形态是( )

A. 学校精神文化 B. 学校制度文化 C. 学校物质文化 D. 学校组织文化

36. [2018陕西]下列选项中,属于影响教育目的确定的客观依据的是( )

A. 人的价值选择
B. 人的观念
C. 受教育者身心发展的规律
D. 人性假设

37. [2017广西]有计划、有组织、有系统地进行教育教学活动的专门场所是( )

A. 学校 B. 企业 C. 公司 D. 政府

38. [2022山东]教育目的的个人本位的价值取向的代表人物是( )(易混)

A. 赫尔巴特和裴斯泰洛齐
B. 孔德和涂尔干
C. 卢梭和裴斯泰洛齐
D. 夸美纽斯和杜威

39. [2018河北]素质教育的根本宗旨是( )

A. 提高国民素质 B. 贯彻教育方针 C. 培养四有新人 D. 适应市场经济需要

40. [2019广东]海伦·凯勒曾说:"如果我是大学的校长,我要设定一门'如何使用你的眼睛'的必修课,致力于让学生善于发现生活中被忽视的欢乐。"这体现了( )的重要性。

A. 德育 B. 美育 C. 智育 D. 体育

41. [2019吉林]在教学研讨会上,作为教研组组长的周老师多次强调:"作为老师,我们要寻找、研究一种适合儿童的教育,而不是挑选适合教育的儿童。"周老师的这一观点体现了( )

A. 素质教育以提高国民素质为根本宗旨
B. 素质教育是面向全体学生的教育
C. 素质教育是促进学生全面发展的教育
D. 素质教育是促进学生个性发展的教育

42. [2022河北]马克思关于人的全面发展学说认为,( )是造就全面发展的人的唯一方法。

A. 脑力和体力相结合
B. 智育和体育相结合
C. 知识与教育相结合
D. 教育与生产劳动相结合

43.[2020河南]下列有关我国学制的说法有误的是(　　)(易错)

A.壬子癸丑学制废除了读经讲经课,充实了自然科学知识,第一次规定男女可以同校

B.壬寅学制、壬戌学制都是以日本学制为蓝本的

C.癸卯学制是我国正式实施的第一个学制,其指导思想是“中学为体,西学为用”

D.我国的基础教育包括学前教育和普通中小学教育

44.[2019山东]素质教育区别于应试教育的根本所在是(　　)(常考)

A.创新能力的培养　　B.读写能力的培养

C.听说能力的培养　　D.交往能力的培养

45.[2019山东]狭义的教育制度是指(　　)

A.国民教育制度　　B.社会教育制度

C.高等教育制度　　D.学校教育制度

二、多项选择题

1.[2022山东]美育是培养学生健康的审美观,发展他们(　　)的能力,培养他们高尚的情操与文明素养的教育。

A.感受美　B.发现美　C.创造美　D.鉴赏美

2.[2022辽宁]教育目的一般包括(　　)

A.为谁培养人　　B.培养什么样的人

C.怎样培养人　　D.教育事业发展的基本原则

3.[2022河北]实施美育主要应遵循的原则有(　　)

A.形象性原则　B.情感性原则　C.活动性原则　D.差异性原则

4.[2017内蒙古]从存在形态上看,教育目的可以分为(　　)

A.应然的教育目的　　B.实然的教育目的

C.社会的教育目的　　D.学校的教育目的

5.[2017吉林]学校物质文化是校园文化的物质载体。下列属于学校物质文化的是(　　)

A.校园美化、绿化　　B.后勤保障设施

C.规章制度　　D.教学仪器

6.[2017辽宁]我国教育目的的基本精神包括(　　)

A.强调教育为社会主义现代化建设服务

B.要求学生在德智体美劳等方面全面发展

C.强调教育与生产劳动相结合是实现当前教育目的的根本途径

D.教育要适应社会发展需要

7.[2020广东]学校美育内容主要包括(　　)

A.生活教育　B.形式教育　C.理想教育　D.艺术教育

8.[2021山东]学校产生的条件主要有(　　)(常考)

A.社会生产水平的提高,为学校的产生提供了物质基础

B.脑力劳动与体力劳动的分离,为学校的产生提供了专门从事教育活动的人才

C.文字的产生和知识的记载,使人类的间接经验得以传递

D.国家机器的产生,需要专门的教育机构来培养官吏等

9.[2021河北]当代教育目的社会价值取向的确立应注意把握(　　)

A.人的社会化与个性化问题　　B.民族性与世界性问题

C.功利价值与人文价值问题　　D.适应与超越问题

10.[2018广西]素质教育的特征有(　　)

A.促进学生全面发展　　B.面向全体学生

C.促进学生个性发展　　D.面向多数学生

11.[2019河北]素质教育的任务包括(　　)

A.培养学生的学习能力　　B.培养学生的身体素质

C.培养学生的心理素质　　D.培养学生的社会素质

12.[2019广东]某学者认为教育就是要使受教育者成为社会需要的维护社会稳定的人,与该学者持相同教育目的观的是(　　)

A.涂尔干　B.凯兴斯泰纳　C.福禄培尔　D.马斯洛

13.[2018河南]学生文化具有过渡性和(　　)

A.外显性　B.多样性　C.非正式性　D.互补性

14.[2017山西]学制具体规定着(　　)

A.学校的性质　B.学校的任务　C.入学条件　D.修业年限

三、判断题

1.[2022河南]与单轨学制相比,双轨学制更利于教育的逐级普及。(　　)

2.[2022安徽]培养目标是国家教育目的在各级各类学校中的具体体现。(　　)

3.[2022辽宁]应试教育是以全面提高人的基本素质为根本目的,以尊重人的主体性和主动精神,以人的性格为基础,注重开发人的智慧潜能,注重形成人的健全个性为根本特征的教育。(　　)

4.[2021四川]教育目的是教育方针的政策性表达。(易错)(　　)

5.[2022贵州]教学目标与教育目的、培养目标之间是具体与抽象的关系。(　　)

6.[2018吉林]全面发展与独立个性二者不相互排斥。(　　)

7.[2020湖北]教育目的对一切教育工作都具有指导作用。(　　)

8.[2020河南]就学制的形态而言,我国的学制属于单轨制。(　　)

9.[2020安徽]美育就是艺术教育。(易错)(　　)

10.[2021广东]教学大纲是确定教育内容、选择教育方法、检查和评价教育效果的根据。(　　)

11. [2019湖北]培养学生审美感知能力是美育过程的起点。( )

12. [2017吉林]体育课是学校体育的基本组织形式。( )

13. [2021河南]全面发展并不是指德、智、体、美、劳各方面得到平均的发展。( )

14. [2020河北]"教育为生活做准备"思想的代表人物是卢梭。( )

15. [2020河南]我国教育史上首次纳入师范教育并实施的学制是壬寅学制。(易错) ( )

16. [2019广西]素质教育是对人发展质量上的一种关注。( )

17. [2019江苏]普通中小学教育的性质是义务教育。( )

18. [2018山东]当代教育的发展中,学历教育和非学历教育的界限在逐渐淡化。( )

19. [2020河南]在教育目的的价值取向上,我们应该反对个人本位论,拥护社会本位论。( )

20. [2021贵州]双轨制有两个平行的系列,这两轨既不相通也不相接。( )

四、填空题

1. [2020浙江]中国近代教育史上最早的学制是1902年的《钦定学堂章程》,又称________。

2. [2020江苏]教育必须为社会主义现代化建设服务,必须与________相结合。

3. [2020山西]构成人的素质的基本要素按其内容的性质可分为身体素质、心理素质和________。

五、案例选择题

案例 某小学开展全校学生参与的"趣味课堂""童心沙龙""兴趣社团"等系列教育活动,致力于打造"童年乐园",让学校成为一个寓教于乐的地方。校园内洋溢着欢声笑语,营造了生动活泼的学习氛围,学生们都好学乐学,德智体美等各方面都得到了一定程度的发展。

1. [2022山东]从实施素质教育的角度分析,下列选项正确的是( )(单项选择)

A. 素质教育就是多开展课外活动,多上文体课

B. 素质教育就是不要刻苦学习,"减负"就是不给或少给学生留课后作业

C. 素质教育就是要使教师成为学生的合作者、帮助者和服务者

D. 素质教育是以全面提高全体学生的基本素质为根本目的的

2. [2022山东]让每一个学生在学校都能得到自己的发展,这是检验教育者是否坚持( )的一块试金石。(单项选择)

A. 育人为本 B. 全面发展 C. 全体发展 D. 个体发展

整合提升

一、单项选择题

1. [2022河南]美术课上,周老师给大家布置任务,让同学们按照自己的理解和想象,画出心目中能够展现夏天形象的图画。周老师的教学符合美育的( )

A. 形象性原则 B. 创造性原则 C. 差异性原则 D. 情感性原则

2. [2022河北]下列有关教育目的的层次的划分,从抽象到具体排列正确的是( )

A. 课程目标—教育目的—培养目标 B. 教育目的—培养目标—课程目标

C. 培养目标—教育目的—课程目标 D. 培养目标—课程目标—教育目的

3. [2022辽宁]下列体现了美育的差异性原则的是( )(易混)

A. 根据学生的个性差异进行审美教育 B. 以情境教学为主要的教学方式

C. 引导学生掌握美的规则和美的显现形式 D. 引导学生将审美情感投入生活

4. [2022四川]关于教育目的对学校教育的影响,下列描述错误的是( )(常考)

A. 教育目的是学校办学的根本指导思想

B. 偏离了教育目的,教育质量就无从谈起

C. 教育目的规定着大部分学生发展的总方向

D. 教育目的对学校教育内容的选择起着调控作用

5. [2022广东]素质教育把全面提高学生素质、提高民族素质作为根本目的,在本质上是( )上的变革。

A. 教育模式 B. 教育政策 C. 教育价值取向 D. 教育方法

6. [2022辽宁]( )反对封建蒙昧主义强加于人的一切教育要求,提倡个性解放,尊重人的价值。

A. 社会本位论 B. 个人本位论 C. 教育无目的论 D. 国家本位论

7. [2021山西]我国的教育方针政策都是围绕培养德、智、体、美、劳等方面全面发展的社会主义建设者和接班人的目的而制定的,这表明教育目的具有( )

A. 选择作用 B. 控制作用 C. 导向作用 D. 评价作用

8. [2020辽宁]马克思关于人的自由而全面发展学说是在继承和发展历史上有关理论基础上的新的探索和科学概括,其现实意义不包括( )

A. 社会主义制度的建立为人的全面发展拓宽了道路

B. 要依据我国的特点尽可能地促进人的全面发展

C. 实现了人的自由发展是构建大同社会的基本内涵

D. 追求人的全面发展与实现人的自由发展必须和谐统一

9. [2021贵州]( )在全面发展教育中起着灵魂和统帅的作用,为其他各育提供了方向性的保证。

A. 智育 B. 美育 C. 德育 D. 体育

10. [2022广东]甲国的学制是:首先所有的孩子都进入公立幼儿园,然后再进入初等教育机构,在进入中学阶段时开始分化,学生们有的进入普通中学学习,有的进入专业技术学校学习。据此可知,该国的学制最可能是( )

A. 单轨型 B. 双轨型 C. 分支型 D. 混合型

11. [2020辽宁]马克思主义关于人的全面发展学说,在20世纪末中国教育界的具体实践是( )

A. 教育实验的热潮 B. 教育改革的实践 C. 素质教育运动 D. 教育国际化走势

12. [2017江苏]学校教育制度的建立,首先取决于社会生产力发展的水平和(　　)发展的状况。

A. 科学技术　B. 文化　C. 教育　D. 人口

13. [2019河北]学校体育能够使学生在劳累之后在体力和精神上得到恢复和放松,这体现了学校体育的(　　)(易错)

A. 娱乐功能　B. 教育功能　C. 健体功能　D. 价值功能

14. [2020天津]智育的任务之一是发展智力,包括观察力、想象力、思维力、记忆力和注意力,其中(　　)是决定性因素。

A. 想象力　B. 记忆力　C. 思维力　D. 注意力

15. [2021安徽]美是纯洁道德、丰富精神的重要源泉。下列关于美育的表述,错误的是(　　)(易错)

A. 美育是培养创新意识的教育　B. 美育专指学校音乐、美术、书法教育

C. 美育是丰富想象力的教育　D. 美育是审美教育、情操教育、心灵教育

16. [2020河北]"我们的儿童是我们国家未来的公民,也是世界的公民,他们将创造历史。"马卡连柯的这句话体现了他对教育目的所持的观点是(　　)

A. 社会本位论　B. 个体本位论　C. 知识本位论　D. 能力本位论

17. [2020辽宁]在教学过程中,素质教育强调的是(　　)的过程,而不是简单地获得结果。

A. 记忆知识　B. "发现"知识　C. 积累知识　D. 搜集知识

18. [2017内蒙古]实施素质教育的关键在于(　　)

A. 学校的条件　B. 教师的素质　C. 校长的领导　D. 良好的课程资源

19. [2019山西]学校文化建设的主力军是(　　)

A. 教育专家　B. 学校校长　C. 教职员工　D. 学生家长

20. [2019广西]为了增强教师职业认同感与自豪感,某校规定在每年的教师节举行新教师入职宣誓仪式。这种仪式属于学校的(　　)

A. 物质文化　B. 精神文化　C. 课堂文化　D. 制度文化

21. [2019山西]教育目的因社会发展各个历史时期的不同而在性质和内容上有所不同,也产生了不同类型的教育目的。人们通过接受教育获取许多知识和经验,在各种活动中能高效地完成任务。这属于(　　)

A. 价值性教育目的　B. 发展性教育目的

C. 功用性教育目的　D. 终极性教育目的

22. [2020山东]在素质教育的本质属性中,能体现素质教育灵魂的是(　　)(易混)

A. 主体性　B. 全面性　C. 发展性　D. 整体性

23. [2020山西]下列不属于形式化教育阶段特征的是(　　)

A. 教育主体确定　B. 教育对象相对稳定

C. 大抵有固定的活动场所　D. 明确规定各种制度,如入学制度、教学制度等

24. [2017吉林]诺笃尔普认为:"在事实上个人是不存在的,因为人之所以为人,只是因为他生活在人群之中,并且参加社会生活。"这种教育目的的价值取向是(　　)

A. 伦理本位论　B. 科学本位论　C. 社会本位论　D. 个人本位论

25. [2022贵州]我国和欧洲古代的许多思想家、教育家都有文学、音乐、绘画等文艺的教育思想。但是"美育"这一术语的出现,则是近代的事。德国启蒙运动时期的著名诗人席勒在其美学著作(　　)中首次提出"美育"一词。

A.《论美书简》　B.《艺术哲学》　C.《审美教育书简》　D.《美学》

26. [2017山东]下列属于校园显性文化的是(　　)

A. 校风　B. 班风　C. 校园活动仪式　D. 校园人际关系

27. [2018广东]学生对居室、日用品、服饰等方面按美的标准做出选择与合理的配置属于美育中的(　　)的能力。

A. 感受美　B. 欣赏美　C. 创造美　D. 鉴赏美

28. [2018江西]关于我国学制,下列表述正确的观点是(　　)

A. 我国古代学制萌芽于商朝

B. "壬寅学制"是由中央政府颁布并得到实施的第一个学制

C. "壬戌学制"规定课程无男女校的区别

D. 1996年的《中华人民共和国教育法》专门制定了我国的教育基本制度

29. [2019广东]赵校长多年来都认为不能让学生"死读书,读死书",教师应当尽量教给学生有利于他们生活、工作的科学知识。他认为通过这样的方式才能使学生幸福地学习和生活。赵校长的说法反映了教育目的论中的(　　)

A. 教育无目的论　B. 社会本位论　C. 辩证统一论　D. 个人本位论

30. [2021四川]某初二老师组织学生春游,让学生饱览"霞映飞泉,野舟横渡,柳覆长堤"的美景,提高了学生的审美素养。该老师采用的美育途径是(　　)

A. 大自然　B. 课堂教学　C. 日常生活　D. 课外艺术活动

二、多项选择题

1. [2022河南]下列对马克思主义关于人的全面发展的内涵,理解正确的是(　　)

A. 个人生产力全面的、普遍的发展　B. 个人才能的全面发展

C. 人的自由发展　D. 人的个性和志趣的均衡发展

2. [2022辽宁]下列关于教育目的的说法错误的有(　　)(易错)

A. 教育目的是不同层次和不同专业学校教育所要完成的具体任务

B. 教育目的具有导向、调控、评价的功能

C. 社会本位的教育目的论主要反映的是古代社会的特征和要求

D. 我国教育目的以杜威的教育无目的论为指导思想和理论基础

3.[2022河南]有教育者提出:“社会是人们赖以生存发展的基础,教育是培养人的社会活动,教育培养的效果只能以其社会功能的好坏来加以衡量,离开社会需要,教育就不能满足社会的需求。”下列教育家的主张与上述观点一致的是( )

A.孔德 B.凯兴斯泰纳 C.纳托普 D.裴斯泰洛齐

4.[2022辽宁]美育是我国素质教育的内容之一,对我国教育发展起着举足轻重的作用。下列选项中,属于美育途径的有( )(易错)

A.歌唱表演 B.美术展览 C.舞蹈练习 D.篮球比赛

5.[2019山东]孔子有不少关于美育的论述,蕴含着深刻而丰富的审美思想。下列能够体现孔子美育思想的是( )

A.兴于诗 B.成于乐 C.游于艺 D.立于礼

6.[2020天津]下列关于教育目的和教育方针的表述正确的是( )(易错)

A.教育方针是目的体系中的最高层次

B.教育目的是对教育性质和方向的规定

C.教育目的有着不同层次、不同类别教育的具体性和特殊性

D.教育方针从根本上规定了一个国家的人才发展的内容

7.[2021江西]下列关于素质教育,表述错误的观点是( )

A.教育自身存在不能够适应社会发展的问题是素质教育产生的重要背景

B.素质教育主要是面向健康的学生

C.素质教育不是一种具体的教育模式

D.素质教育就是要消灭考试制度

8.[2021安徽]下列关于我国教育目的的说法正确的有( )

A.我国教育目的的实现以素质发展为核心

B.我国教育目的的实现要确立和体现全面发展的教育观

C.我国确立教育目的的理论依据是马克思关于人的全面发展学说

D.我国确立教育目的的理论依据是素质教育理论

9.[2020山东]教育目的对教育活动的定向功能不仅内含对整个教育活动努力方向的指向性和结果要求,而且还含有对教育活动的具体规定性。下列观点符合教育目的定向功能的是( )

A.对教育社会性质的定向作用 B.对学生学习的定向作用

C.对人的培养的定向作用 D.对课程选择及其建设的定向作用

10.[2021江西]关于学制,下列表述正确的观点是( )

A.壬子癸丑学制规定了义务教育的年限

B.特殊学校和特殊班级的设立,可以不考虑学生一般的身心发展规律

C.义务教育年限的长短成为一个国家教育发展程度的重要标志之一

D.壬戌学制又称“五三三”制

11.[2020贵州]下列属于教育目的确立依据的有( )

A.学校的育人目标和办学特色 B.社会政治、经济和文化因素

C.制定者的教育理想和价值观 D.受教育者身心发展的特点和需要

12.[2021广东]下列关于“癸卯学制”特点的表述,正确的有( )(易混)

A.修业年限长

B.以美国学制为蓝本

C.第一次规定了男女同校

D.在课程设置上,特别注重读经,具有浓厚的封建性

三、判断题

1.[2022辽宁]对于人生终极意义、意趣及教育过程本身美学自由精神的追求属于美育的超越性功能。( )

2.[2018山东]素质教育是对特定阶段、特定学校提出的要求。( )

3.[2022河南]学科课程之外的课外活动、社会实践活动等,对智力的培育不重要。( )

4.[2017广东]教育目的的调控功能是指调控教育工作者的教育观念和行为。( )

5.[2017湖南]在实施素质教育的今天,对学生不能进行惩罚。( )

6.[2017吉林]美术课是对学生进行美育的唯一途径。( )

7.[2022辽宁]双轨制最明显的特点是体现了教育的公平性。(易错)( )

8.[2017广西]学校文化也称校园文化。( )

9.[2020四川]学校教育是一种制度化教育,在现代教育体系中,学校教育形态是教育的主体形态。( )

10.[2022安徽]社会美是人类社会实践的直接体现,也是中小学美育的核心内容。( )

11.[2021河北]壬戌学制的突出特点是教育年限长。( )

12.[2017山东]非制度化教育相对于制度化教育而言,其中最重要的改变是教育形式。( )

13.[2017山西]“体者,载知识之车寓道德之舍也”说明体育在人的全面发展教育中起导向和动力作用。( )

14.[2019广东]学生的全面发展,主要依赖于自身的努力,与教师文化知识的广泛性和深刻性关系不大。( )

15.[2020广东]美育是教育孩子发现美、理解美、追求美,让美的精神融入日常生活。( )

第四章　教师与学生

基础训练

一、单项选择题

1. [2022 河南]赵老师认为,有效教学的影响因素,就在于教师自己拥有的学科知识和将这些知识技能传递给学生的教育知识。据此推断赵老师的教师专业发展取向属于(　　)

A. 理性取向　　B. 教育取向　　C. 实践取向　　D. 生态取向

2. [2022 安徽]"自信心日益增强,由关注自我的生存转到更多地关注教学"的教师处于发展的(　　)

A. "非关注"阶段　　B. "虚拟关注"阶段

C. "任务关注"阶段　　D. "自我更新关注"阶段

3. [2022 江苏]"教学有法,教无定法"体现了教师职业的(　　)(常考)

A. 示范性　　B. 复杂性　　C. 创造性　　D. 长期性

4. [2022 山东]教师综合素质最突出的外在表现是(　　)

A. 专业知识　　B. 专业能力　　C. 专业理念　　D. 专业情感

5. [2022 天津]"以身立教""为人师表"体现了教师劳动的(　　)特点。

A. 示范性　　B. 复杂性　　C. 创造性　　D. 普遍性

6. [2022 河北]教师的根本任务是(　　)(常考)

A. 教学　　B. 班主任工作　　C. 德育　　D. 教书育人

7. [2022 辽宁]师范教育的诞生,标志着教师职业与发展进入(　　)

A. 职业化阶段　　B. 专业化阶段　　C. 专门化阶段　　D. 正式化阶段

8. [2022 天津]"是故学然后知不足,教然后知困。知不足,然后能自反也;知困,然后能自强也。"这体现了新型师生关系的哪个特点(　　)

A. 尊爱师长　　B. 民主平等　　C. 心理相容　　D. 教学相长

9. [2022 河北](　　)称教师是"人类灵魂的工程师"。

A. 夸美纽斯　　B. 苏霍姆林斯基

C. 加里宁　　D. 马卡连柯

10. [2019 四川]"才高八斗""学富五车"指的是教师的(　　)

A. 道德形象　　B. 人格形象　　C. 文化形象　　D. 专业形象

11. [2019 重庆]教师职业的最大特点在于职业角色的(　　)(常考)

A. 多样化　　B. 专业化　　C. 单一化　　D. 崇高化

12. [2019 湖北]明老师经常外出开会,班级管理完全交给学生,纪律井然有序。这一教师的管理类型最可能属于(　　)

A. 仁慈专断型　　B. 民主型　　C. 强硬专断型　　D. 放任型

13. [2018 江苏]青年教师小李刚入职就加入王老师主持的名师工作室,积极参与各项教研活动,很快适应了岗位工作。这表明小李老师在专业发展上注重(　　)

A. 自我反思　　B. 同伴互助　　C. 自我研修　　D. 脱产进修

14. [2020 山西]张老师在看到学生遇到危险时,不顾个人安危上前救助学生,这一行为对全体学生产生了积极影响。这体现了教师这一职业的(　　)特点。

A. 复杂性　　B. 示范性　　C. 创造性　　D. 主体性

15. [2020 辽宁]学高为师,身正为范,这意味着做教师应具备(　　)

A. 学问必须高于学生

B. 对学生下指令必须完全正确

C. 以身作则,不用教育学生,学生自然会做好

D. 本身要知识渊博,品行端正

16. [2021 安徽]下列关于学生的本质属性,说法不正确的是(　　)

A. 学生是有思想、有情感、有需求的独立个体,具有主观能动性

B. 学生可以对自己的学习活动进行调整和控制

C. 学生的学习过程就是知识接受或技能训练

D. 学生是发展中的人

17. [2018 内蒙古]教学过程中,你发现学生趴在桌子上,于是走到他面前,伸手摸他的额头,看其是否感冒发烧。这时你扮演的角色是(　　)

A. 研究者　　B. 管理者　　C. 传道、授业者　　D. 家长代理人

18. [2020 河北]"捧着一颗心来,不带半根草去"体现了陶行知先生具有(　　)

A. 高深的教育理论素养　　B. 过硬的教育功底

C. 崇高的职业道德素养　　D. 无私的公民奉献理念

19. [2021 浙江]学生的"向师性"和"模仿性"决定了教师劳动具有(　　)特点。

A. 示范性　　B. 创造性　　C. 长期性　　D. 艰苦性

20. [2017 山东]李岩将来想当一名科学家,他的数学老师却说:"你现在学数学都那么吃力,以后物理、化学肯定也学不好,一定不能把成为一名科学家作为人生目标。"数学老师的说法(　　)

A. 忽视了学生的主体性　　B. 忽视了学生的发展性

C. 忽视了学生的创造性　　D. 忽视了学生的差异性

21. [2020 河北]将教师成长阶段划分为"非关注""虚拟关注""生存关注""任务关注"和"自我更新关注"五个阶段的学者是(　　)

A. 邵宝祥　　B. 傅道春　　C. 王铁军　　D. 叶澜

22.[2019四川]当学生遇到成长的烦恼时,常能得到老师的鼓励和帮助。这说明教师是(　　)

A.社会的代言人　　B.知识的传播者

C.学生的领路人　　D.教学的主体

23.[2021河南]《师说》里的"道之所存,师之所存也"体现了(　　)的教师职业角色。(常考)

A.传道者　　B.授业解惑者　　C.研究者　　D.示范者

24.[2020湖南]我国古代思想家管仲说过:"一年之计,莫如树谷;十年之计,莫如树木;终身之计,莫如树人。"这反映了教师劳动的(　　)(常考)

A.复杂性　　B.创造性　　C.示范性　　D.长期性

25.[2019陕西]在教师管理学生的过程中,普遍受学生欢迎的管理模式是(　　)

A.对立型　　B.民主型　　C.放任型　　D.专制型

26.[2018山东]学生尤其是小学生极易出现"染于苍则苍,染于黄则黄"的现象。这反映的学生性格特点是(　　)

A.向师性　　B.依赖性　　C.可塑性　　D.独特性

27.[2018湖南]我国最早的师范教育产生于(　　)

A.清朝末期　　B.北洋政府时期

C.民国末期　　D.中华人民共和国成立初期

28.[2021江苏]"一把钥匙开一把锁"体现了教师劳动的(　　)(常考)

A.长期性　　B.示范性　　C.创造性　　D.复杂性

29.[2021江苏]教师怎样对待学生,取决于教师怎样看待学生,尤其是怎样理解学生与教师的关系。这就是老师的(　　)

A.学生观　　B.价值观　　C.发展观　　D.教育观

30.[2019福建]某教师教授《景阳冈》时发现学生积极性不高,便灵机一动,让学生替武松写一封求职自荐信,学生表现出浓厚的学习兴趣。这体现出教师劳动的(　　)

A.复杂性　　B.长期性　　C.创造性　　D.示范性

31.[2018山西]教师将自己的意志强加于学生,扼杀学生的学习兴趣,从而使学生被所谓的"标准答案"框住,压抑了学生创造的天性。这违背了学生(　　)的本质属性。

A.依赖性　　B.生成性　　C.自主性　　D.整体性

32.[2020内蒙古]学校的各种人际关系中,居于核心地位的是(　　)

A.师生关系　　B.上下级关系

C.教师与家长的关系　　D.同学关系

33.[2019河南]教师不仅要在课内、校内发挥影响力,还要进行家访,协调学校、家庭、社会的教育影响。这体现的教师劳动特点是(　　)

A.广延性　　B.长期性　　C.示范性　　D.复杂性

34.[2018江西]具有"表扬可能宠坏儿童,所以很少给予儿童表扬"典型特征的师生关系模式属于(　　)

A.专制型　　B.民主型　　C.放任型　　D.溺爱型

35.[2020广东]师生关系是指教师和学生为完成一定的教育教学任务,在教育、教学活动中结成的相互关系,包括彼此所处的地位、作用和态度等。下列关于师生关系的说法,错误的是(　　)(易混)

A.师生关系是教师要处理的多种人际关系中最重要、最基本的关系

B.师生关系在社会道德方面是授受关系

C.影响师生关系的核心要素是教师的素养

D.学校师生关系中最基本的关系是以直接促进学生发展为目标的教育关系

36.[2020天津]教师是教育教学活动的组织者、领导者,在教育过程中起(　　)

A.辅助作用　　B.主导作用　　C.支持作用　　D.诱导作用

37.[2021安徽]教师所使用的教具、教材,必须为教师自己所掌握,成为教师自己的东西,才能向学生传授。这体现了教师劳动的(　　)

A.长期性　　B.复杂性　　C.主体性　　D.示范性

38.[2019辽宁]当代教师质量集中体现在他们的(　　)上。

A.学历　　B.资格证书　　C.职称　　D.专业素养

39.[2018河北]"学高为师""良师必须是学者",这是强调哪一类知识对教师专业发展的重要性(　　)

A.本体性知识　　B.条件性知识　　C.实践性知识　　D.文化知识

40.[2018安徽]经过长时间的积累,教师会形成个性化的、独特的、富有规律性的做法。这些做法属于(　　)

A.本体性知识　　B.通识性知识　　C.条件性知识　　D.实践性知识

41.[2018河南]教师形象的核心是(　　)(易混)

A.文化形象　　B.道德形象　　C.人格形象　　D.政治形象

42.[2020辽宁]"其身正,不令而行;其身不正,虽令不从"体现了教师劳动的(　　)特点。(常考)

A.理想性　　B.示范性　　C.专业性　　D.长期性

43.[2017山东]教师的劳动成果是学生的品德、知识和能力,而非显性的物质财富。这说明教师的劳动具有(　　)特点。

A.创造性　　B.长期性　　C.间接性　　D.示范性

44.[2017河南]语文老师关于语言、文学方面的知识,属于教师知识结构中的(　　)

A.一般文化知识　　B.条件性知识

C.本体性知识　　D.实践性知识

45.[2020宁夏]教师职业道德的核心是(　　)

A.关爱学生　　B.为人师表　　C.爱岗敬业　　D.团结协作

46. [2020湖南]学生具有“向师性”的特点，教师的言行、为人处世的态度会潜移默化地影响学生。这反映出教师的何种职业角色(　　)(常考)

A. 示范者　　B. 传道者　　C. 学习者　　D. 心理医生

47. [2019辽宁]陶行知先生曾说：“做先生的，应该一面教一面学，并不是贩买些知识来，就可以终身卖不尽的。”因此，要做好学生的“引路人”，教师需具有(　　)

A. 理想信念　　B. 道德情操　　C. 扎实学识　　D. 仁爱之心

48. [2019山东]教师的表率作用主要体现在(　　)

A. 言行一致　　B. 衣着整洁　　C. 个人魅力　　D. 举止端庄

49. [2018山西]教师的教育专业素养除要求具有先进的教育理念、良好的教育能力外，还要求具有一定的(　　)(常考)

A. 交往能力　　B. 管理能力　　C. 学习能力　　D. 研究能力

50. [2022河北]语文教师所拥有的教育学、心理学方面的知识属于(　　)(常考)

A. 本体性知识　　B. 实践性知识

C. 条件性知识　　D. 通识性知识

51. [2021河南]教师要具有符合时代特征的学生观，这就要求教师要正确理解学生全面发展与个性发展的关系、全体发展与个体发展的关系以及(　　)

A. 智力发展与创造力发展的关系　　B. 现实发展与未来发展的关系

C. 智力发展与体力发展的关系　　D. 思想发展和心理发展的关系

52. [2022山东]教师首次被列入“专家、技术人员和有关工作者”类别的文件是(　　)

A. 1993年颁布的《中华人民共和国教师法》　　B. 国际劳工组织制定的《国际标准职业分类》

C. 1995年颁布的《教师资格条例》　　D. 2000年颁布的《<教师资格条例>实施办法》

53. [2020河北]教师职业社会地位的内在标准是教师职业的(　　)(易混)

A. 政治地位　　B. 经济地位　　C. 法律地位　　D. 专业地位

54. [2021河南]夸美纽斯曾说过，教师的职责是以自己为榜样去教育学生。在言谈举止、为人之道等方面，教师会对学生产生潜移默化的影响。这指的是教师的(　　)角色。

A. 传道者　　B. 朋友　　C. 示范者　　D. 管理者

55. [2019江苏]教师不仅要传授学生科学文化知识、训练技能、发展智力与培养能力，还要培养学生一定的思想品德，并促进其心理健康。这说明教师的劳动具有(　　)的特点。

A. 示范性　　B. 复杂性　　C. 主体性　　D. 创造性

二、多项选择题

1. [2022河北]教师应当具备的知识有(　　)

A. 学科专业知识　　B. 科学文化知识

C. 教育科学知识　　D. 实践性知识

2. [2022辽宁]教学相长是新型师生关系的特征之一，其含义包括(　　)

A. 教师的教可以促进学生的学　　B. 教师可以向学生学习

C. 教师与学生之间在心理上协调一致　　D. 学生可以超越教师

3. [2022山东]“把学生看成是具有独立意义的人”的基本含义是(　　)

A. 每个学生都是独立于教师的头脑之外，不以教师的意志为转移的客观存在

B. 学生是学习的主体

C. 学生是责权主体

D. 每个学生都有自身的独特性

4. [2022河南]发展学生的主体性应该(　　)(常考)

A. 建立民主和谐的师生关系，培养学生的自学能力

B. 培养学生主体参与课堂，获得体验

C. 尊重学生的个性差异，进行针对性教育

D. 教学目标要考虑社会发展需要

5. [2019辽宁]教师的教育机智主要体现在善于(　　)

A. 因势利导　　B. 随机应变　　C. 对症下药　　D. 掌握分寸

6. [2019内蒙古]以下哪些是“学生中心论”的代表人物(　　)

A. 凯洛夫　　B. 杜威　　C. 赫尔巴特　　D. 卢梭

7. [2020天津]教师的知识素养中，教师的学科专业知识素养作为本体性知识最为重要。其中，学科专业知识素养包括(　　)

A. 了解与该学科相关的知识　　B. 了解该学科领域的思维方式和方法论

C. 了解该学科的发展脉络　　D. 精通所教学科的基础性知识和技能

8. [2018山西]现代教育要求教师的知识不仅要“专”，而且要“博”，教师的专业知识应该建立在广博的科学文化知识的基础之上。这是(　　)

A. 科学知识日益融合和渗透的要求　　B. 青少年多方面发展的要求

C. 学科专业化发展的要求　　D. 学科研究成果的要求

9. [2020辽宁]新课程倡导的学生观是(　　)(常考)

A. 学生是发展的人　　B. 学生是独特的人

C. 学生是单纯抽象的学习者　　D. 学生是具有独立意义的人

10. [2021辽宁]教师劳动的特点有(　　)

A. 复杂性　　B. 示范性　　C. 创造性　　D. 专业性

11. [2020内蒙古]属于教师职业道德素养的是(　　)

A. 忠诚于人民教育事业　　B. 热爱学生

C. 严格要求自己，为人师表　　D. 集体协作精神

12. [2019辽宁]从课堂教学的空间构成来看,我国中小学基本上采用的是秧田形的座位排列形式。在这种座位排列形式中,坐在教室(　　)的学生参与课堂活动及与教师交流的时间和次数较多。

A. 前排　　B. 后排　　C. 中间　　D. 两边

13. [2018河南]联合国《儿童权利公约》的核心精神是维护青少年儿童的社会权利主体地位。这一精神的基本原则包括(　　)

A. 无歧视原则　　B. 儿童利益最佳原则

C. 尊重儿童观点与意见原则　　D. 尊重儿童尊严原则

14. [2018吉林]良好师生关系的构建是师生关系建立、调整和优化的过程。对教师来说,要建立民主、和谐亲密、充满活力的师生关系,可以采取的方式包括(　　)

A. 了解和研究学生　　B. 树立正确的学生观

C. 主动与学生沟通　　D. 公平对待学生

15. [2019河南]优秀教师的人格特征包括(　　)

A. 从事教育事业的使命感　　B. 稳定而持久的职业动力

C. 对工作的事业心与上进心　　D. 强烈的求知欲与兴趣

E. 良好的性格特质

16. [2017广西]新型的师生关系强调(　　)

A. 在心理上是相互排斥的关系　　B. 在地位上是上下级的关系

C. 在人格上是民主平等的关系　　D. 在道德上是互相促进的关系

17. [2019广东]之所以说教师职业具有创造性,是因为(　　)

A. 学生的学习往往是通过对教师的模仿来进行的

B. 教师在教学中需要因材施教

C. 教学情境往往是难以控制的

D. 学生的一举一动都反映着教师的影子

18. [2019山东]学生的主体性表现在(　　)

A. 创造性　　B. 自觉性　　C. 独立性　　D. 向师性

E. 依赖性

19. [2022辽宁]下列哪些选项表明教师的领导方式是放任型的(　　)(常考)

A. 教师一离开教室,班上的学生就开始说话　　B. 学生不仅道德差,学习也差

C. 学生不知道应该做些什么　　D. 学生喜欢学习,尤其喜欢同教师一道学习

20. [2021河北]教师个体专业发展的主要内容有(　　)

A. 专业理想的建立　　B. 专业知识的拓展

C. 专业能力的发展　　D. 专业自我的形成

三、判断题

1. [2022河南]教师的知识结构的核心是教育理论知识。(常考)　(　　)

2. [2022江苏]在教育过程中,学生处于主导地位。　(　　)

3. [2021河北]师生关系是一所学校的精神风貌、校风、教风、学风的整体反映,是一种重要的课程资源。　(　　)

4. [2017云南]中国古代的师生关系是民主平等的。　(　　)

5. [2019广西]学生是具有主体性的人,即学生的一切由学生做主。　(　　)

6. [2020黑龙江]教师的职业行为要求教师做到言传身教,体现了教师的示范者角色。　(　　)

7. [2020辽宁]教师劳动具有鲜明的示范性。　(　　)

8. [2021贵州]自我教育是教师个体专业化发展的最直接、最普遍的途径。(常考)　(　　)

9. [2020河南]学生是教育的客体,是自我教育和发展的主体,是发展中的人。　(　　)

10. [2019内蒙古]新时代对师生关系的认识不再是单纯意义上的"教师中心"或"学生中心"。　(　　)

四、填空题

1. [2020天津]习近平总书记号召全国广大教师做"四有"好老师,即有理想信念、有道德情操、有扎实学识、________。

2. [2019内蒙古]学生是学习的________,是具有能动性的教育对象。

3. [2019湖南]学生和老师在人格上是________的关系。

4. [2019湖南]在教育过程中,教师对突发性事件做出迅速、恰当的处理被称为"教育机智"。这反映了教师劳动的________特点。

5. [2018江苏]李老师善于同学生交流,能力强,威信高;学生的学习兴趣浓厚,愿意独立思考,与老师配合默契。这种师生关系属于________型师生关系。

6. [2019福建]师生关系反映的是教师与学生各自的角色、地位、行为方式和相互对待的________。

五、案例选择题

案例　班主任刘老师发现班上学生小冬独来独往,见到老师也远远躲开。刘老师运用社会测量法对班上的人际关系进行测量,发现他属于被忽略的人。为了消除小冬对自己的生疏感,刘老师经常邀请小冬和班上几位同学周末到家一起包饺子、拉家常。他鼓励小冬主动与同学、老师交流,积极参与集体活动。感动于刘老师的真心,慢慢地,小冬遇到学习困难时能主动请教老师,绘画获奖后也主动与老师、同学分享。

[2019广西]从建立良好师生关系策略的角度分析,上述材料中刘老师做到了(　　)(不定项选择)

A. 了解与研究学生　　B. 教学相长

C. 热爱、尊重学生　　D. 主动与学生交往

整合提升

一、单项选择题

1. [2022福建]某教师为培养学生晨诵暮读的习惯，带头在师生微信群早晚读书打卡，该行为体现的教师劳动特点是(　　)(常考)

A. 示范性　　B. 创造性　　C. 复杂性　　D. 长期性

2. [2022江苏]孙老师为了更好地将教育教学中的故事分享给同事，创建了班级微信朋友圈，用文字记录班级生活，其中写道："细读生之文字，方知己之困惑。师与生，何尝不是彼此促进？"下列最适合为此点赞的留言是(　　)

A. 藏息相辅　　B. 循序渐进　　C. 长善救失　　D. 教学相长

3. [2022内蒙古]教师不可能代替学生读书，代替学生感知，代替学生观察、分析、思考，代替学生明白任何一个道理和掌握任何一条规律。这表明(　　)

A. 学生是独立的主体　　B. 学生是学习的主体

C. 学生是责权主体　　D. 学生是教育的主体

4. [2022四川]教师节当天，李老师收到了孩子们亲手制作的贺卡，大家纷纷夸赞李老师是"人类灵魂的工程师""辛勤的园丁""照亮他人的蜡烛"等。可是有一封贺卡里却画了一个大眼睛的怪物，并写有"这就是我的班主任"几个字。李老师并没有因为孩子的恶作剧而生气，而是拿着贺卡自嘲道："老师如果真有一双这样的大眼睛就好啦。"顿时全班同学都笑作一团。这一举动主要体现了李老师的(　　)

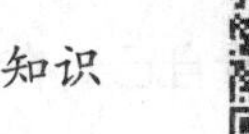

A. 表达能力　　B. 教育机智　　C. 移情体验　　D. 专业知识

5. [2022河北]学生的优秀和成功可以追溯到启蒙教育，这表明教师劳动具有(　　)

A. 创造性　　B. 长期性　　C. 连续性　　D. 示范性

6. [2021辽宁]教师的劳动很难得到明确的评价，这体现了教师劳动的价值具有(　　)(易错)

A. 模糊性　　B. 滞后性

C. 隐藏性　　D. 不确定性

7. [2018福建]乌申斯基说："如果你厌恶学生，那么，教育工作刚刚开始时就已经结束了。"这强调教师应具备(　　)

A. 高尚的师德　　B. 广博的文化素养

C. 专门的教育素养　　D. 扎实的学科素养

8. [2018福建]"亲其师，信其道"表明教育目标的顺利完成受师生之间的(　　)(易错)

A. 道德关系的影响　　B. 心理关系的影响

C. 组织关系的影响　　D. 非正式关系的影响

9. [2018江西]教学机智是教师面临复杂的教学情境时所表现出的一种敏感、迅速、准确的判断能力，其类型不包括(　　)

A. 处理教学失误的机智　　B. 处理学生失当行为的机智

C. 处理教学环境突变的机智　　D. 处理学校行政管理问题的机智

10. [2020宁夏]某校在实施一项帮助问题学生的特殊教育计划时，泄露了一些学生的家庭困难和个人生理缺陷等信息，导致这些学生的尴尬和不安，甚至有学生再也不愿意上学。根据联合国《儿童权利公约》，这所学校的做法违背了(　　)

A. 儿童最大利益原则　　B. 无歧视原则

C. 尊重儿童权利与尊严原则　　D. 尊重儿童观点原则

11. [2017陕西]随着学校结构的复杂和规模的扩大，教师职业开始向专门化方向发展。这出现在(　　)

A. 原始社会　　B. 奴隶社会

C. 封建社会　　D. 资本主义社会

12. [2020安徽]教师应该成为学科领域的"临床专家"，像名医那样进行"精神诊断""精准施治"和"科学组方"。这主要体现了教师的(　　)

A. 理论素养　　B. 能力素养　　C. 研究素养　　D. 道德素养

13. [2018福建]学生往往会"度德而师之"，因而要求教师应扮演好(　　)(常考)

A. 研究者角色　　B. 管理者角色

C. 示范者角色　　D. 授业、解惑者角色

14. [2020山西]教师在劳动过程中要解决知与不知、学与思、知与行等矛盾，这反映了教师劳动具有(　　)的特点。

A. 创造性　　B. 长期性　　C. 示范性　　D. 复杂性

15. [2021安徽]夏丏尊说："爱对于教育，犹如池塘之于水，没有水，便不能成为池塘；没有爱，便不能称其为教育。"这句话反映的是教师职业的(　　)

A. 长期性　　B. 伦理性　　C. 复杂性　　D. 创造性

16. [2019山东](　　)对师范生进行培养的模式，是中国第一次对即将任职的教师施以专门的培养。

A. 京师大学堂　　B. 南洋公学师范院

C. 成都高等师范学校　　D. 福建省立师范学校

17. [2019山西](　　)曾经说过："教师的人格，对于年轻的心灵来说，是任何东西都不能代替的、最有用的阳光；教育者的人格是教育事业的一切。"

A. 加涅　　B. 乌申斯基　　C. 班杜拉　　D. 布鲁纳

18. [2018山东]"师者，所以传道、授业、解惑也。"其所谓"道"具体指(　　)(易错)

A. 礼乐　　B. 礼法　　C. 仁义　　D. 天理

19. [2020安徽]一位教育家说:"谁要是自己还没有发展、培养和教育好,他就不能发展、培养和教育别人。"这说明(　　)

A. 教师的教影响学生的学　B. 教师的学影响教师的教

C. 学生的学影响教师的教　D. 学生的学影响教师的学

20. [2018广西]主张教师专业发展除了个人努力外,更大程度上依赖于教师学习团队的建设。这种观点属于教师专业发展的(　　)

A. 感性取向　B. 理智取向　C. 文化生态取向　D. 实践—反思取向

21. [2019山西]周老师在考察学生的时候,没有带主观预想的框框,认为学生都是可爱的,能设身处地地体验学生的行为,坚信没有教不好的学生,只有不会教的老师。这集中体现的学生观是(　　)

A. 评价性的学生观　B. 发展性的学生观　C. 被动性的学生观　D. 移情性的学生观

22. [2020天津]新冠病毒疫情当前,学生停课不停学,各个学校的老师开始学习使用各类直播软件,当起了网红,做起了直播,对学生进行在线教学。这说明教师劳动具有(　　)

A. 创造性　B. 复杂性　C. 示范性　D. 隐蔽性

23. [2020广东]孟子说,"得天下英才而教育之"是君子三乐之一,这体现了教师劳动的(　　)

A. 社会价值　B. 专业价值　C. 个人价值　D. 创造价值

24. [2022辽宁]下列哪项不属于"自我更新"取向教师专业发展的基本特征(　　)

A. 将自己的专业发展过程作为反思的对象

B. 强调教师不仅是专业发展的对象,更是自身专业发展的主人

C. 目标直接指向教师专业发展

D. 要求教师不具有发展的自主性,强调集体合作与发展

25. [2020天津]下列选项属于中小学生发展的时代特点的是(　　)(常考)

A. 稳定性和可变性　B. 顺序性和阶段性

C. 学习目的多元化、实用化　D. 科学与艺术的统一

26. [2018广东]根据最新的教育研究与理论发展趋势,以及新课程改革对教师提出的新要求,现代教师在教学过程中要扮演不同的角色,教师职业角色中最具核心性和基础性的角色是(　　)(易错)

A. 传道、授业者　B. 引导者　C. 管理者　D. 课程开发者

二、多项选择题

1. [2022河南]现代教师职业的特点有(　　)(易错)

A. 复杂性　B. 创造性　C. 教育性　D. 伦理性

E. 价值性

2. [2022内蒙古]教师建立良好师生关系需要(　　)

A. 树立正确的师生观　B. 提高教师自身素质

C. 发扬民主平等的精神　D. 正确处理师生矛盾

3. [2022河南]教师热爱学生有利于(　　)

A. 学生良好思想品德的培养

B. 创造积极愉快的学习氛围,使学生保持良好的学习状态

C. 增强学生从事各种学习的动力

D. 赢得学生的信任与敬重

4. [2021安徽]教师应承担的角色包括(　　)

A. 学生发展的引导者　B. 知识体系的组织者

C. 共生关系的对话者　D. 教育教学的研究者

5. [2021河北]教师的职业形象中,教师的内在精神包括(　　)

A. 工作态度　B. 精神风貌　C. 人际关系　D. 教师组织

6. [2020山东]师生关系是指教师和学生在教育教学过程中结成的相互关系,其类型包括(　　)

A. 以促进年轻一代成长为目标的社会关系　B. 以维持双方情感为目标的朋友关系

C. 以促进学生发展为目标的教育关系　D. 以维持和发展教育关系为目标的心理关系

7. [2020湖北]学生的本质属性包括(　　)(易混)

A. 学生是人　B. 学生是以学习为主要任务的人

C. 学生是发展中的人　D. 学生是社会中的人

8. [2020广东]下列教师在职提高的方式中,属于校外专业支援与合作的有(　　)(易错)

A. 教育叙事　B. 专家讲座　C. 校本培训　D. 业余进修

9. [2020四川]"教师的身体可以退出教育过程,精神却永远融入了学生的心灵,滋润着学生的未来生活,他是无法完全从学生那里隐退出去的。学生是教师内在素质的体现者,教师借学生之身巧妙地扩展着自己。在这里,学生的一举一动都反映出教师的影子,学生的生命就是教师的生命,学生的成败深切地牵动着教师的心灵。"这段话反映出的教师劳动的特征有(　　)

A. 示范性　B. 创造性　C. 复杂性　D. 长效性

E. 协作性

10. [2019河北]良好的师生关系具有(　　)功能。

A. 感化　B. 调节　C. 引动　D. 求同

三、判断题

1. [2022江苏]教师的教育专业素养中,良好的教育能力是教师成为一名优秀教师的第一要素。(　　)

2. [2021山西]"其身正,不令而行;其身不正,虽令不从。"从教师角度,可以理解为教师对学生下命令一定要正确。(　　)

3. [2019广东]"教师是人类灵魂的工程师"暗含了教育者与被教育者之间的改造与被改造的关系。(　　)

4.［2019 安徽］放任型的师生关系模式以开放、随意、互助为其心态和行为特征。（　）

5.［2017 广东］我国中小学课桌的摆放多呈“秧田式”，但是这种格局不利于师生之间的交往以及生生之间的交往。（　）

6.［2017 广东］教师尊重和接纳学生就是要赞同学生的所有行为。（　）

7.［2017 河南］学生作为教师教育活动的对象是相对的、暂时的，而作为自身生活、学习和发展的主体是绝对的、长期的。（　）

8.［2020 湖北］在西方，最早的教育工作者被称为“智者派”。（　）

9.［2017 云南］教师专业素质达到成熟水平的标志是具有先进的教育理念。（易错）（　）

10.［2019 广东］“教学相长”是教师和学生彼此收益、互惠互利、互动双赢的教学关系的重要体现。（　）

四、案例选择题

案例　王老师正在操场上给同学们上体育课，学生A和学生B突然吵了起来，然后扭打在一起。接着A的朋友C和B的朋友D、E也加入其中，其他的同学有的劝架，有的躲在一边窃窃私语。面对这样的混乱场面，王老师大吼了一声，同学们都停了下来，接着王老师责令A、B、C、D、E站到一边，并终止这五名学生的体育活动，A和C提出抗议，王老师说：“让你们站一边就站一边，不听我的话就是不行！”一直到下课，A、B、C、D、E都没能参加体育活动。下课了，所有学生一起回到教室开始上其他课。而王老师也匆匆开始了下一个班的体育课。这个事情已经过去两周了，王老师好像也忘了这件事。同学们说王老师就是这样，他从来不会听同学们说什么，王老师说怎么办就必须怎么办。

1.［2019 河北］案例中的师生关系（教师的领导方式）属于（　）（不定项选择）

A. 自由型　B. 民主型　C. 放任型　D. 平等型
E. 专制型

2.［2019 河北］案例中王老师的做法没有体现（　）（不定项选择）

A. 学生是发展的主体　B. 学生是完整的人
C. 学生是独特的人　D. 学生具有发展的潜力
E. 学生是教育活动的对象

3.［2019 河北］王老师对五位学生的处置侵犯了学生的（　）（不定项选择）

A. 名誉权　B. 学习权　C. 隐私权　D. 荣誉权
E. 生存权

4.［2019 河北］教师的言行对学生具有耳濡目染、潜移默化的作用。这体现了教师的（　）（不定项选择）

A. “传道者”角色　B. 学习者角色　C. 管理者角色　D. “心理医生”角色
E. 示范者角色

第五章　课　程

基 础 训 练

一、单项选择题

1.［2022 河南］从课程论的角度来说，教室里的图画、标语、黑板报属于（　）

A. 活动课程　B. 显性课程　C. 隐性课程　D. 学科课程

2.［2022 安徽］拉尔夫·泰勒的课程编制原理主要强调（　）

A. 教师对课程的再开发　B. 学生承担课程评价责任
C. 课程目标的主导作用　D. 课程审议机构的介入

3.［2022 福建］不能把教材看作为学生谋求职业做好准备的手段，也不能把它们看作对学生进行心智训练的材料，而应该把它们看作用来自我发展和自我实现的手段，不能使学生受教材的支配，而应该使学生成为教材的主宰。主张该观点的课程理论流派是（　）（易混）

A. 经验主义课程论　B. 存在主义课程论
C. 学科中心主义课程论　D. 社会改造主义课程论

4.［2022 山东］编写教材（教科书）的直接依据是（　）

A. 课程目标　B. 课程标准　C. 课程计划　D. 课程大纲

5.［2022 天津］展示学校办学宗旨和特色的课程是（　）（常考）

A. 校本课程　B. 地方课程　C. 国家课程　D. 学科课程

6.［2022 四川］班级管理规定属于（　）

A. 观念性隐性课程　B. 物质性隐性课程　C. 制度性隐性课程　D. 心理性隐性课程

7.［2022 辽宁］（　）是美国课程学者艾斯纳提出的一种目标取向，它关注学生的创造精神、批判思维，适合以学生活动为主的课程安排。

A. 表现性目标　B. 生成性目标　C. 行为目标　D. 普遍性目标

8.［2021 安徽］学校教学中提倡“用教材教”，而不是“教教材”。教材属于（　）

A. 课程计划　B. 课程标准　C. 课程资源　D. 课程目标

9.［2020 辽宁］制订教学计划的首要问题是（　）（常考）

A. 课程设置　B. 学科顺序　C. 课时分配　D. 学年编制

10.［2017 广东］（　）是指导整个课程编制过程的最为关键的准则，是特定阶段学校课程所要达到的预期结果。

A. 课程目标　B. 教育目的　C. 教学目标　D. 培养目标

11.［2020 山东］从课程功能的角度，可以把课程分为工具性课程、(　　)、技能性课程和实践性课程。

A. 理解性课程　B. 知识性课程　C. 练习性课程　D. 程序性课程

12.［2021 安徽］持有忠实取向的教师在课程实施中的角色往往是(　　)

A. 课程创生者　B. 课程开发者

C. 课程变革者　D. 课程执行者

13.［2019 吉林］布鲁纳认为，无论我们选教何种学科，都务必使学生理解该学科的基本结构，依此而建立的课程理论是(　　)

A. 百科全书式课程理论　B. 综合课程理论

C. 实用主义课程理论　D. 结构主义课程理论

14.［2020 安徽］把直接经验置于课程设计中心位置的课程理论流派是(　　)

A. 学科中心课程论　B. 学生中心课程论

C. 社会中心课程论　D. 问题中心课程论

15.［2017 云南］以具体的、可操作的行为陈述的课程与教学目标，它指明课程与教学过程结束后学生身上所发生的行为变化。这种目标取向是(　　)(易混)

A. 普遍性目标　B. 行为目标　C. 生成性目标　D. 表现性目标

16.［2020 山西］某教师在教授《路旁的橡树》一课时，将学生“学会关爱生命”拟定为教学目标之一。该教学目标属于(　　)

A. 过程与方法目标　B. 知识与技能目标

C. 价值观与方法目标　D. 情感态度与价值观目标

17.［2021 安徽］教师在校内应该注重自身的形象，其穿着打扮、言行举止都属于(　　)

A. 显性课程　B. 隐性课程　C. 学科课程　D. 校本课程

18.［2019 山西］下列关于要素主义课程理论的说法，错误的是(　　)

A. 课程的目的在于促进学生感性的发展　B. 以“人类共同文化要素”作为课程内容

C. 强调学科课程和教材的逻辑组织　D. 制定严格的学业成绩评价标准

19.［2020 山东］在东西方教育史上，最早提出“课程”一词的思想家是(　　)

A. 孟子　夸美纽斯　B. 孔颖达　夸美纽斯

C. 孟子　斯宾塞　D. 孔颖达　斯宾塞

20.［2020 河北］把课程分为理想的、正式的、理解的、运作的、经验的五个不同层次的课程论专家是(　　)

A. 古德莱德　B. 帕里斯　C. 斯金纳　D. 兰德

21.［2018 安徽］中小学课程不管过去、现在、未来都应是“不变的学问”，因此，学习者要认真地阅读那些经历了许多世纪仍广泛流传的经典著作。这种观点属于课程理论流派中的(　　)

A. 经验主义　B. 后现代主义　C. 永恒主义　D. 结构主义

22.［2017 广西］课程标准是学生经过学习以后应达到的(　　)

A. 最基本的水平标准　B. 最高的水平标准

C. 中等的水平标准　D. 特殊的水平标准

23.［2021 安徽］活动课程又称为“经验课程”“生活课程”，其主导价值在于(　　)(易混)

A. 培养和发展学生的共性

B. 传承人类文明，使学生掌握人类积累下来的文化遗产，让学生获得间接经验

C. 通过促进学生真切体验现实世界而获得直接经验

D. 使学生获得逻辑严密和条理清晰的文化知识

24.［2020 河北］教材编写、教学、评估和考试命题的依据是(　　)(常考)

A. 课程计划　B. 课程标准　C. 教科书　D. 教育目的

25.［2021 辽宁］注重培养学生的探究态度与能力，课程从问题的提出、方案的设计到实施以及结论的得出完全由学生自己来做的课程是(　　)

A. 基础型课程　B. 拓展型课程　C. 研究型课程　D. 发展型课程

26.［2017 广西］强调课程实施是按部就班地执行预定课程方案的过程，这种课程实施取向是(　　)

A. 忠实取向　B. 适应取向　C. 创生取向　D. 情感取向

27.［2019 河北］中小学实施“双基”教学，“双基”包括(　　)

A. 基础知识、基本技能　B. 基本理论、基本技能

C. 基础知识、基本理论　D. 基础理论、基本原理

28.［2019 辽宁］杨老师在讲《小马过河》这篇文章时，希望通过这篇课文的学习，让学生学会11个生字和词语，读准字音，认清字形，理解字意，并学会规范书写“棚、驮、磨、坊、趟、筋、试”这7个生字。这属于三维课程目标中的(　　)目标。

A. 知识与技能　B. 过程与方法

C. 情感态度与价值观　D. 能力与行为

29.［2020 山东］隐性课程是学校课程的重要构成，下列不属于制度性隐性课程的是(　　)(易混)

A. 教师教学风格　B. 学校组织机构　C. 班级管理方式　D. 学校管理体制

30.［2017 安徽］根据课程管理主体的不同，可把课程分为(　　)(常考)

A. 国家课程、地方课程、校本课程　B. 基础型课程、拓展型课程、研究型课程

C. 工具性课程、知识性课程、实践性课程　D. 小学课程、初中课程、高中课程

31.［2020 辽宁］以纲要形式编订的有关学科内容的教学指导性文件，被称为(　　)

A. 课程标准　B. 课程计划　C. 教材　D. 教科书

32.［2020 山西］课程内容组织形式中的(　　)是指教材内容要按照学科知识的逻辑序列，从已知到未知、从简到繁、从具体到抽象等先后顺序来组织编写。

A. 直线式　B. 螺旋式　C. 横向组织　D. 纵向组织

33. [2017广东](   )是把官方课程转化为运作课程的过程,是实现课程编订目标的基本途径。
A. 课程计划　B. 课程实施　C. 课程督导　D. 课程管理

34. [2018广西]学生可以参与编制的教材种类是(   )
A. 国家教材　B. 校本教材　C. 乡土教材　D. 地方教材

35. [2020湖南]我国义务教育阶段的课程计划具有普遍性、基础性和(   )的特点。(常考)
A. 强制性　B. 规范性　C. 指导性　D. 标准性

36. [2020辽宁]下列关于存在主义课程论的说法,错误的是(   )
A. 主要代表人物是弗莱雷　B. 主张课程以学生的需要来决定
C. 认为人文学科应该成为课程的重点　D. 强调教材是学生自我实现和自我发展的手段

37. [2022河北]主张课程内容的组织以儿童活动为中心,提倡"从做中学"的课程理论是(   )
A. 学科课程理论　B. 活动课程理论　C. 社会课程理论　D. 要素课程理论

38. [2018陕西]"要素主义课程论"与"结构主义课程论"主张的课程观是(   )
A. 学科中心　B. 活动中心　C. 经验中心　D. 儿童中心

39. [2022山东]从"课程计划预期的结果"转向"课程计划实际的结果"的课程评价模式是(   )(常考)
A. 目的游离评价模式　B. 目标评价模式
C. 过程评价模式　D. 成果评价模式

40. [2021四川]强调课程的丰富性、循环性、关联性和严密性的是(   )
A. 经验主义课程论　B. 学科中心主义课程论
C. 存在主义课程论　D. 后现代主义课程论

41. [2018陕西]1949年,(   )出版的《课程与教学的基本原理》被视为现代课程理论的奠基石。
A. 斯宾塞　B. 杜威　C. 博比特　D. 泰勒

42. [2020贵州]教师上课时所使用的课件、视频、投影、模型等教学资源属于(   )
A. 教材　B. 教案　C. 教科书　D. 学案

43. [2022辽宁]执行新的义务教育课程计划属于(   )
A. 课程设计　B. 课程编制　C. 课程实施　D. 课程评价

44. [2018河南]课程实施的首要基本条件资源是(   )
A. 教师　B. 学生　C. 教案　D. 教材

45. [2022广东](   )课程论重视发掘学生的人生价值,注重学生的情感反应,培养学生的自我责任意识。
A. 学科中心主义　B. 经验主义　C. 社会改造主义　D. 存在主义

46. [2021辽宁]教师检查自己教学质量的依据是(   )
A. 教材　B. 教科书　C. 课程标准　D. 课程计划

47. [2020辽宁]王老师在《位置与方向》的教案中确定的课程目标之一是:"通过解决实际问题,体会确定位置在生活中的应用和探索确定位置的有效方法。"这属于新课改三维目标中的(   )目标。
A. 知识与技能　B. 过程与方法　C. 认知与思维　D. 情感态度与价值观

48. [2019吉林]在教材编写过程中,课程内容前后反复出现,且后面内容是对前面内容的扩展和深化。这种教材编排方式是(   )
A. 直线式　B. 螺旋式　C. 分科式　D. 综合式

49. [2022河北]校风、学风是学校文化的重要组成部分,它们属于课程类型中的(   )
A. 学科课程　B. 国家课程　C. 隐性课程　D. 经验课程

50. [2022辽宁]新一轮基础教育课程改革中,关于义务教育阶段课程设置的说法正确的是(   )(常考)
A. 小学阶段以综合课程为主　B. 初中阶段以分科课程为主
C. 高中阶段开设综合课程　D. 高中阶段设置分科课程

51. [2020广东]按照课程资源的功能特点可将语文课程资源划分为素材性课程资源和条件性课程资源。下列属于条件性课程资源的是(   )(易混)
A. 语文活动的方法　B. 语文教学媒介
C. 语文知识　D. 情感态度和价值观

52. [2020内蒙古]为适应学生的个性差异而开发的课程类型是(   )
A. 选修课程　B. 必修课程　C. 学科课程　D. 综合课程

53. [2021河北]美国学者古德莱德归纳的课程中,由一些研究机构、学术团体和课程专家提出应该开设的课程属于(   )(易混)
A. 领悟的课程　B. 正式的课程　C. 理想的课程　D. 经验的课程

54. [2022辽宁]课程标准是(   )
A. 一种教育性经验　B. 学生直接的学习对象
C. 课程设置的整体规划　D. 国家对基础教育课程的基本规范和质量要求

55. [2020山西]在课程标准的组成部分中,统率课程标准的指导思想是(   )
A. 前言部分　B. 课程目标部分
C. 课程内容标准部分　D. 课程实施建议部分

56. [2017安徽]按呈现状态,可将课程分为(   )
A. 分科课程和综合课程　B. 必修课程和选修课程
C. 校内课程和校外课程　D. 显性课程和隐性课程

57. [2022河南]强调知识的内在逻辑和系统性,主张分科教学的是(   )
A. 经验主义课程论　B. 学科中心课程论
C. 存在主义课程论　D. 后现代主义课程论

58.[2018山东]班主任王老师在编制课程表时,将体育课和生产劳动课分开排。王老师遵循了课程表安排的(　　)

A.迁移性原则　　B.普遍性原则

C.整体性原则　　D.生理适宜原则

59.[2020山东]在资本主义迅速发展时期,为了批判当时占主导地位的古典学科,唤起人们对自然科学的热情,明确提出"什么知识最有价值"这一经典课程论命题的学者是(　　)

A.夸美纽斯　　B.斯宾塞　　C.康德　　D.杜威

60.[2019内蒙古]以下选项中,(　　)既是课程设计与实施的终点,又是课程设计与实施继续向前发展的起点。

A.课程目标　　B.课程计划　　C.课程实施　　D.课程评价

61.[2019广西]由背景评价、输入评价、过程评价和成果评价构成的教学评价是(　　)(常考)

A.CIPP模式　　B.泰勒模式　　C.外貌模式　　D.目标游离模式

62.[2021河北]多尔设想的后现代课程标准中,最重要的特征是(　　)

A.丰富性　　B.循环性　　C.关联性　　D.严密性

63.[2017广东]课程标准通常包括了几种具有内在关联的标准,主要有内容标准和表现标准。下列内容不符合课程标准内涵的是(　　)

A.它是按门类制定的

B.它规定本门课程的性质、目标、内容框架

C.它包括教学重点、难点、时间分配等具体内容

D.它提出指导性的教学原则和评价建议

64.[2019河北]1918年,美国学者博比特的(　　)出版,该书被看作是教育史上第一本课程理论专著。

A.《课程》　　B.《课程编制的原理》

C.《怎样编制课程》　　D.《儿童与课程》

二、多项选择题

1.[2022天津]基础型课程注重学生基础学力的培养,即培养学生作为一个公民所必需的以"三基"为中心的教育基础。"三基"是指(　　)(常考)

A.读　　B.写　　C.算　　D.画

2.[2022内蒙古]隐性课程是学校政策及课程计划中未明确规定的、非正式和无意识的学校学习经验,不作为获得特定教育学历或资格证书的必备条件。下列属于隐性课程的是(　　)(易错)

A.语文课程　　B.师生关系　　C.办学理念　　D.课外活动

3.[2022辽宁]美国著名教育家拉尔夫·泰勒明确提出了课程内容组织的三条原则,包括(　　)

A.连续性　　B.顺序性　　C.整合性　　D.适切性

4.[2022河北]课程计划的主要内容有(　　)

A.课程设置　　B.学科顺序　　C.教学设备　　D.学时分配

5.[2021辽宁]课程的设置受到多方面的制约。制约课程的因素主要包括(　　)(常考)

A.社会需求　　B.学科知识

C.学习者的身心发展需求　　D.课程理论

6.[2018广东]学科课程强调按照学科知识的逻辑体系来编制课程,这种课程的优点有(　　)

A.有利于人类文化的传递

B.重视知识逻辑,强调学生的需要和生活经验

C.具有高度的简约性,便于组织教学和评价

D.有利于发挥教师的主导作用,有利于提高教学效率

7.[2022贵州]综合课程是一种多学科的课程组织模式,它强调学科之间的关联性、统一性和内在联系。其课程的主导价值在于通过相关学科的集合,促进学生认识的整体性发展并形成把握和解决问题的全面视野与方法。下列课程中属于综合课程的有(　　)

A.核心课程　　B.融合课程　　C.潜在课程　　D.广域课程

8.[2022贵州]按课程的实施要求,课程类型可分为(　　)

A.必修课程　　B.选修课程　　C.显性课程　　D.隐性课程

9.[2020辽宁]基础型课程、拓展型课程、研究型课程三者关系密切,下列关于三者关系的叙述正确的有(　　)

A.基础型课程的教学是拓展型、研究型课程的学习基础

B.研究型课程的教学是拓展型课程的学习基础

C.拓展型、研究型课程的学习对基础型课程的学习起到促进作用

D.三者在统一的目标下,在不同层次的要求上功能互补递进

10.[2018吉林]隐性课程是学校政策及课程计划中未明确规定的、非正式和无意识的学校学习经验。心理性隐性课程包括(　　)(易混)

A.校园环境　　B.班级管理方式

C.师生特有的心态　　D.学校人际关系状况

11.[2020辽宁]确定课程目标的依据主要有______、______、______三个方面。(　　)

A.对学生的研究　　B.对教师的研究　　C.对社会的研究　　D.对学科的研究

12.[2019辽宁]教科书是课程计划与课程标准的具体化,下列关于教科书的作用说法正确的有(　　)

A.教科书是学生在学校获得系统知识、进行学习的主要材料

B.教科书是教师进行教学的主要依据

C.教科书是学生进一步扩大知识领域的基础

D.对教科书内容的掌握与否对教师是否能顺利完成教学任务起决定作用

13.[2017湖南]常用的课程评价模式有(　　)

A. 目标评价模式　　B. 目的游离评价模式

C. CIPP评价模式　　D. CSE评价模式

14.[2020山东]校本课程开发实质上是学校根据自己的教育哲学,为满足学生的实际学习需要,以教师为本,吸收有关人员参与,并以学校为基础进行民主开放的课程决策的过程。校本课程开发的优点主要有(　　)

A. 有利于实现教育目标　　B. 有利于推进学校的特色发展

C. 有利于提高教学的学术性　　D. 有利于促进学生的个性发展

15.[2018山西]课程实施的取向包括(　　)

A. 忠实取向　　B. 目标取向

C. 相互调适取向　　D. 创生取向

16.[2021安徽]校本课程开发是教育民主化的必然趋势。在校本课程开发中,应当坚持的基本理念主要有(　　)(常考)

A."学生为本"的课程理念　　B."决策分享"的民主理念

C."全员参与"的合作精神　　D."成绩为上"的评价理念

三、判断题

1.[2022辽宁]赫尔巴特是活动课程的主要代表人物。(　　)

2.[2021江苏]最早提出"隐性课程"这一概念的是美国教育家、课程理论专家布鲁纳。(　　)

3.[2022辽宁]校本课程即以学校为本位、由学校自己确定的课程,它与国家课程、地方课程相对应。(　　)

4.[2019吉林]活动课程是一种最古老、使用范围最广泛的课程类型,逻辑性、系统性和简约性是其最大的特点。(　　)

5.[2020广东]教科书是课程资源开发和利用的主要来源和依据。(　　)

6.[2020河南]课程是学校教育的核心,是学校培养未来人才的蓝图。(　　)

7.[2017四川]课程是学校开设的全部学科的总和。(　　)

8.[2019四川]显性课程和隐性课程互动互补、相互作用,在一定条件下可以相互转化。(　　)

9.[2022贵州]王老师上课时注重扩展课堂的知识资源,而不是按照教材按部就班地讲课。这种做法是正确的。(　　)

10.[2020安徽]课程随着社会生产力和科学文化水平的发展而变化,不受人的身心发展规律的制约。(　　)

11.[2017河北]教师确定教学目标需要认真研究学生,没有必要研究课程标准。(　　)

12.[2020湖南]课程目标是教学目标的载体和具体化。(　　)

13.[2018安徽]课程内容应结合学科内在的逻辑顺序和学生身心发展的特点来组织。(　　)

14.[2018吉林]李老师上课时注重用教材教而不是教教材,这种做法是正确的。(　　)

15.[2019四川]要素主义强调学校要开设名著课程,因为名著课程是实现教育目的的重要途径。(　　)

16.[2019山西]基础教育课程改革坚持"教材是范例"的观点,学生不必刻板地唯书唯圣、一味地接受教材的全部对象和内容。(　　)

17.[2020湖南]在实际教学中,教师应根据教学需要,灵活地、有创造性地使用教材。(　　)

18.[2017河南]课程标准是由教育行政部门制定的有关学校教育和教学工作的指导性文件。(　　)

19.[2019广东]课程的实施与其设计关系巨大,一般来说,课程设计得越好,实施起来就越容易,效果也就越好。(　　)

20.[2021山西]完整的课程标准包括前言、课程目标、内容标准、实施建议、附录五部分。(　　)

21.[2017山东]隐性课程虽然与显性课程相伴而生,但它对显性课程教育效力的影响却往往是消极的。(易错)(　　)

四、填空题

1.[2022浙江]新课程的三维目标是知识与技能、________、________。(常考)

2.[2019福建]在一定程度上,以学生的兴趣爱好和发展需要为中心的________课程可以弥补学科课程的不足。

3.[2019广东]实行________、________和学校三级课程管理,是我国课程管理体制的重大变革。

4.[2019河南]按课程资源空间分布的不同,大致可以把课程资源分为________。

5.[2019山东]从课程内容所固有的属性来划分,课程可分为________和________。(常考)

6.[2020福建]根据课程目标从人类的经验体系中选择出来,并按照一定的逻辑序列组织编排而成的知识体系和经验体系称为________。

五、案例选择题

案例　小学语文课文《传统节日》是一篇介绍汉族传统节日的歌谣,文后有一道选做题"我国很多民族都有自己的传统节日,你知道有哪些吗?"在上这节课之前,为了帮助学生了解本地少数民族的传统节日,某小学赵老师建议学生搜集家乡"三月三"节日期间活动的照片等材料。上课时,赵老师和学生学习课文内容之后,让学生分享了他们搜集的材料以及自己在传统节日期间的经历和见闻。

[2019广西]从课程资源开发和利用的角度来看,上述材料表明(　　)(不定项选择)

A. 乡土课程资源具有地域性特点

B. 师生的经验是重要的课程资源

C. 校外课程资源比校内课程资源更加重要

D. 利用课程资源可采取体验的方法

整合提升

一、单项选择题

1.［2022河南］张老师上生物课时经常带学生在校园观察不同的植物，为学生讲解每种植物的生长过程，并引导学生将有关植物分类知识编成册子。这体现了张老师是（　　）

A. 教育教学的研究者　　B. 行为规范的示范者

C. 专业发展的引领者　　D. 课程资源的开发者

2.［2022浙江］李老师让学生去公园里玩耍，并让学生回来后谈谈自己看到的有意思的事。这一课程目标属于（　　）（易错）

A. 普遍性目标　　B. 行为性目标　　C. 表现性目标　　D. 生成性目标

3.［2022辽宁］下列关于课程资源的说法错误的是（　　）

A. 教师和学生不是课程资源

B. 学校可根据地域性特点、学校传统和优势自主开发校本课程

C. 凡是有利于实现课程目标的各种因素都可以作为课程资源

D. 教材是课程资源的核心和主要组成部分

4.［2022河北］作为各学科的纲领性指导文件，在教学工作中发挥“组织者”作用的是（　　）

A. 课程计划　　B. 课程内容　　C. 课程标准　　D. 课程评价

5.［2022安徽］“经历”“感受”等历时性、过程性行为动词常用于课程的（　　）

A. 普遍性目标　　B. 体验性目标　　C. 表现性目标　　D. 行为目标

6.［2021广东］对于“三角形内角和为180°”这一知识点，小学时只要求学生测量、画图，中学则要求学生证明。这种课程内容的组织方式是（　　）（易混）

A. 直线式　　B. 螺旋式　　C. 纵向组织　　D. 横向组织

7.［2020河南］根据泰勒的课程研发理论，确定教育目标是课程开发的出发点。下列不属于其依据的因素的是（　　）

A. 对学习者自身的研究　　B. 对校外当代生活的研究

C. 学科专家的建议　　D. 对教师的研究

8.［2021广东］道德与法治教师在设计《家乡新变化》这一节的教案时，设计了如下教学目标，其中属于情感态度与价值观目标的是（　　）

A. 通过联系实际、合作探究的方法，了解家乡的变化

B. 了解家乡发生的巨大变化，知道如何为家乡发展做贡献

C. 养成留心观察生活的好习惯，在生活点滴中为家乡发展做贡献

D. 感受家乡的变化，为家乡发生的巨大变化而自豪，激发为家乡做贡献的愿望

9.［2021安徽］张老师要求学生在一个星期内读完《城南旧事》，列出自己印象最深的三件事，并说明理由。这一课程目标属于（　　）（易混）

A. 情感目标　　B. 行为目标

C. 生成性目标　　D. 表现性目标

10.［2017四川］在课程内容组织中，强调保护各种课程内容之间的横向联系，以便学生获得一种统一的观念，并把行为与所学课程内容统一起来。这体现了课程逻辑规则的（　　）

A. 连续性　　B. 顺序性　　C. 整合性　　D. 发展性

11.［2020广东］（　　）既是学校教育的产物，也是科学技术发展与分化的产物。至今，它在课程设置上仍是主流。

A. 经验课程　　B. 综合课程　　C. 活动课程　　D. 学科课程

12.［2021安徽］陶行知说：“学校无小事，处处是教育；教师无小节，处处是楷模。”学校的“小事”和教师的“小节”都属于（　　）

A. 显性课程　　B. 隐性课程　　C. 学科课程　　D. 综合课程

13.［2021辽宁］杜威认为：“附带学习可能比正式学习来得更根本、更重要。”这句话强调的是哪类课程的重要性（　　）

A. 选修课程　　B. 地方课程　　C. 显性课程　　D. 隐性课程

14.［2022山东］中小学开设的研学旅行课程属于（　　）

A. 选修课程　　B. 分科课程　　C. 隐性课程　　D. 活动课程

15.［2020辽宁］课程实践中，不适合评价“情感态度与价值观”目标达成度的方法是（　　）

A. 课堂观察　　B. 活动记录　　C. 标准化测验　　D. 课后访谈

16.［2022河北］某学校根据当地剪纸文化历史悠久的现实，在该校开设了剪纸、手工等课程。该课程属于（　　）

A. 国家课程　　B. 地方课程　　C. 校本课程　　D. 学科课程

17.［2019河北］下列选项中不属于课程标准性质的是（　　）

A. 可评估性　　B. 家长可参与性

C. 可完成性　　D. 可伸缩性

18.［2017广西］先学加减后学乘除，这种课程内容的组织方式是（　　）

A. 综合式　　B. 分科式　　C. 横向组织　　D. 纵向组织

19.［2017河北］在课堂教学层面，课程实施的核心是（　　）

A. 课程计划　　B. 教科书　　C. 学生　　D. 教师

20.［2018山西］低年级课程目标是高年级课程目标的基础，没有低年级课程目标的实现，就难以达到高年级的课程目标。这说明课程目标具有（　　）的特征。（易混）

A. 递进性　　B. 时间性　　C. 整体性　　D. 层次性

21. [2019 江西]关于课程基本理论,以下叙述错误的观点是(　　)(易错)

A. 按照课程的组织方式,可以把课程分为显性课程和隐性课程

B. 课程目标是培养目标的分解

C. 从课程评价的角度看,泰勒的目标评价模式着重采用的是总结性评价

D. 由中央政府负责编制、实施和评价的课程是国家课程

22. [2022 广东]按照课程资源的性质来分,博物馆和展览馆属于(　　)

A. 显性课程资源　　B. 隐性课程资源

C. 自然课程资源　　D. 社会课程资源

23. [2020 山东]芝加哥实验学校实施了诸如烹饪、缝纫和木工等课程,支撑这些课程开设的理论流派是(　　)

A. 社会改造主义课程论　　B. 存在主义课程论

C. 经验主义课程论　　D. 学科中心主义课程论

24. [2019 广东]近代以来,像夸美纽斯所倡导的"泛智课程",斯宾塞根据功利主义原则设置的课程等,都属于(　　)

A. 学科课程　B. 活动课程　C. 综合课程　D. 核心课程

25. [2021 浙江]根据实现课程方案程度的低和高来评价课程,这体现了(　　)

A. 忠实取向　B. 相互适应取向　C. 创生取向　D. 互补取向

26. [2021 辽宁]主张通过"内在奖励"的形式激励学生学习,重视发展学生的直觉思维,提倡发现法的课程理论是(　　)

A. 结构主义课程理论　　B. 永恒主义课程理论

C. 要素主义课程理论　　D. 后现代主义课程理论

二、多项选择题

1. [2022 辽宁]纵向组织是教育史上最有影响的课程内容组织原则。下列古语中,能体现该组织原则的有(　　)(易错)

A. "有教无类"　　B. "不陵节而施"

C. "如切如磋,如琢如磨"　　D. "先其易者,后其节目"

2. [2022 四川]相对于学科课程,活动课程的特点有(　　)(易混)

A. 强调解决问题的动态活动过程　　B. 在价值取向上偏向于社会本位

C. 备课难度小,容易实施与落实　　D. 注重通过经验的获得与重构来学习

E. 尊重学生的主体性并以此作为教学的出发点与目标

3. [2021 河南]新课程改革从教学大纲到课程标准,其价值取向出现了哪些变化(　　)

A. 由侧重知识层面走向关注整体素质　　B. 由统一、硬性的规定走向开放灵活的管理

C. 从精英教育走向大众教育　　D. 由学科知识本位走向学生发展本位

4. [2017 湖南]下列哪些属于新课程"三维目标"中的"情感态度与价值观"目标(　　)

A. "通过对本课的学习,掌握有效的学习方法"

B. "通过对本课的学习,理解不同学习策略的基本含义"

C. "通过对本课的学习,端正学习态度,养成良好的学习习惯"

D. "通过对本课的学习,激起探究自然科学的兴趣,产生强烈的求知欲望"

5. [2020 广东]国家课程有广义和狭义之分,无论是广义的国家课程还是狭义的国家课程,都集中体现了国家的意志,是决定一个国家基础教育质量的主要因素。国家课程的目的主要体现在(　　)等方面。

A. 确保所有学生学习的权利

B. 明确规定学生在接受学校教育期间应达到的标准

C. 提高学生在接受学校教育期间的连续性和连贯性

D. 为公众了解学校教育提供依据

6. [2019 山东]课程目标一般包括(　　)

A. 认知类　B. 技能类　C. 情感类　D. 应用类

7. [2020 山东]课程设计是一个科学的过程,课程设计的基础一般包括(　　)

A. 学生基础　　B. 社会基础

C. 学校基础　　D. 知识和信息基础

8. [2020 河北]国家课程具有的主要特征是(　　)

A. 权威性　B. 多样性　C. 强制性　D. 灵活性

E. 地域性

9. [2020 广东]在编制课程计划时,应依据科学的课程理论,处理好课程系统内部范畴的几个基本关系,这些基本关系包括(　　)

A. 基础课和提高课的关系　　B. 分科课和综合课的关系

C. 显性课程与隐性课程的关系　　D. 理论知识课与实践课的关系

10. [2019 山西]一位教育家曾写道:"学校课程中相关的真正中心,不是科学、不是文学、不是历史、不是地理,而是儿童本身的社会活动。"这种观点所体现的教育特征有(　　)

A. 主张以儿童的兴趣、动机、需要为中心组织课程

B. 这种课程组织形态是"课程单元",而不是知识的分科

C. 忽视了知识本身的逻辑顺序

D. 不能帮助儿童系统全面地学习科学文化知识

三、判断题

1. [2022 河南]课程目标层次设计,主要包括最高课程目标、中级课程目标、最低课程目标三个层次。(　　)

2.[2022四川]小学课程目标要求：一年级认识三角形的主要特征，二年级学习三角形三条边的关系。这说明课程目标具有层次性。（ ）

3.[2022河北]小学的“科学课程”属于综合课程。（ ）

4.[2021四川]教师的体态语言不属于课程资源。（ ）

5.[2018福建]隐性课程的影响是非预期、非计划性的，所以应尽量减少它对学生的影响。(易错)（ ）

6.[2019广东]普通高中课程一般由学习领域、科目、模块三个层次构成。（ ）

7.[2021河南]新课程要求实行国家、地方和学校三级课程管理，因此，学校要根据自身实际情况制定相应的课程标准。（ ）

8.[2020四川]课程的水平组织的基本标准是连续性和顺序性。(易混)（ ）

9.[2020黑龙江]学校可以对国家课程进行删减。（ ）

10.[2018江苏]校本课程开发包括“校本的课程开发”和“校本课程的开发”。（ ）

11.[2018河南]新课程的教材观强调教材是学生发展的“文化中介”。（ ）

12.[2021辽宁]校本课程开发是一个动态的不断完善的过程。（ ）

13.[2020湖北]教科书的使用对象是教师。（ ）

14.[2020山西]教学大纲规定了各门学科的目的、任务、内容、范围、体系、教学进度、时间安排以及对教学方法的要求。(常考)（ ）

15.[2019江苏]“STEM”课程是由科学、技术、艺术和数学等四门学科内容融合而成的课程。（ ）

16.[2020湖南]核心课程是以人类基本活动为主题而编制的课程系统。（ ）

17.[2018河南]教学计划规定了各学科的基本要求、各种活动的主要任务和基本要求等，还设置了“地方安排课程”。（ ）

18.[2017广东]课程是由一定的育人目标、特定的知识经验和预期的学习活动方式构成的一种动态的教育存在。（ ）

19.[2019内蒙古]有些地方推行STEAM、创客教育、研学旅行等课程，引导学生走出校门、走向社会，在真实、多元、跨学科的社会生活情境中学习。这些课程更突显理论性和实践性。（ ）

20.[2018河南]必修课程与选修课程的实质是学生“一般发展”与“个性发展”之间的关系。（ ）

21.[2017四川]杜威选择木工、金工、缝纫等直接经验形态的课程内容，是为了让学生获得职业技能。（ ）

第六章 教学

基础训练

一、单项选择题

1.[2022河南]在教学活动中，教师不能满足于“授人以鱼”，更要做到“授人以渔”。这说明教学中应该重视( )

A.传授学生知识 B.发展学生能力 C.培养学生个性 D.养成学生品德

2.[2022江苏]金老师为了突破教学重难点，播放了《创新名城，美丽古都》的宣传片，并让学生想象畅游美好南京时的感受。这种“情境教学法”的核心是( )

A.培养学生兴趣 B.发展学生个性 C.激发学生情感 D.营造学习氛围

3.[2022山东]教学过程的中心环节是( )(常考)

A.巩固知识 B.领会知识 C.检查知识 D.运用知识

4.[2022天津]教学的成败、教学质量的高低主要取决于( )环节的成败与质量的高低。

A.备课 B.上课 C.撰写教案 D.明确教学目标

5.[2022浙江]在教学过程中，数学几何部分的知识需要借助各种教具。这体现了教学的( )

A.启发性原则 B.直观性原则 C.循序渐进原则 D.理论联系实际原则

6.[2022辽宁]教师指导学生运用所学知识反复完成一定的操作活动，以形成技能技巧、培养能力和行为习惯的教学方法是( )

A.读书指导法 B.练习法 C.实习法 D.研究法

7.[2022河北]布鲁纳所倡导的“发现学习”的教学方法是一种( )(常考)

A.以直观感知为主的教学方法 B.以实际训练为主的教学方法

C.以探究活动为主的教学方法 D.以情感陶冶为主的教学方法

8.[2022江苏]《论语》中“不愤不启，不悱不发，举一隅不以三隅反，则不复也”遵循的教学原则是( )(常考)

A.因材施教原则 B.直观性原则 C.启发性原则 D.循序渐进原则

9.[2022天津]教学过程中，学生以( )为主。

A.获得直接经验 B.获得间接经验 C.进行社会实践 D.反思自省提升

10.[2020河北]“儿童中心主义”教育理论违背了( )

A.间接经验与直接经验相结合的规律 B.传授知识与发展智力相统一的规律

C.知识教学与思想教育相统一的规律 D.教师主导作用与学生主体作用相结合的规律

11. [2022 广东]我国最古老的教学组织形式是(　　)

A. 个别教学制　B. 班级授课制　C. 分组教学　D. 复式教学

12. [2021 安徽]王老师在学生入学之初，通过测验了解学生现有发展水平。这一教学评价属于(　　)

A. 诊断性评价　B. 形成性评价　C. 总结性评价　D. 过程性评价

13. [2020 安徽]教师在教学过程中有目的地创设具有一定情绪色彩的生动具体的场景，以引起学生的情感体验，帮助学生理解教材，并使学生的心理机能得到发展。这种教学方法是(　　)

A. 演示法　B. 练习法　C. 欣赏教学法　D. 情境教学法

14. [2020 宁夏]教育家第斯多惠说："一个坏的教师奉送真理，一个好的教师则教人发现真理。"这句话体现了教学的(　　)(常考)

A. 直观性原则　B. 启发性原则　C. 因材施教原则　D. 巩固性原则

15. [2021 安徽]为了普及教育，在人口居住分散、交通不便的山区会采取复式教学，复式教学的主要特点是(　　)

A. 直接教学和学生自主学习交替进行　B. 教师批改作业与学生做作业交替进行

C. 不同科目的老师在同一教室里交叉教学　D. 不同年级的学生编排在同一班级里学相同的内容

16. [2020 辽宁]教师通过展示各种实物、教具，进行示范性实验，或通过现代化教学手段，使学生获取知识的教学方法是(　　)(常考)

A. 实验法　B. 讲解法　C. 讨论法　D. 演示法

17. [2020 黑龙江]乌申斯基指出，儿童是依靠形式、颜色、声音和感觉来进行思维的，所以他主张在教学中遵循(　　)

A. 因材施教原则　B. 启发性原则　C. 巩固性原则　D. 直观性原则

18. [2018 湖南]王校长为了改革学校的教学组织形式，开始在初一年级进行试验，教师上课不再向学生系统地讲授教材，而只为学生分别指定自学的参考书、布置作业，由学生自学和独立完成作业，学生有问题时才请教老师指导。这种教学组织形式属于(　　)

A. 个别教学制　B. 班级授课制　C. 道尔顿制　D. 分组教学制

19. [2018 湖北]"多一把尺子，就多一个好学生"反映的评价观是(　　)

A. 评价是促进学生发展的动力　B. 评价应该关注过程

C. 评价标准应该多元化　D. 学生是评价的主体

20. [2020 湖北]学生在教师的指导下，为解决某个问题进行探讨、辩论，从而达到相互启发、集思广益的目的。这种教学方法是(　　)

A. 实习作业法　B. 讨论法　C. 演示法　D. 练习法

21. [2019 广东]电影《唐人街探案2》中，詹姆斯医生医术精湛，但是品行不良，接连杀害数人，威胁到公众的安全。类比在教学中，我们要注重教育过程的基本规律是(　　)

A. 间接经验与直接经验相统一　B. 掌握知识与发展能力相统一

C. 教师主导与学生主体有机结合　D. 传授知识与思想品德教育相统一

22. [2019 山东]在教学中，通过学生观察所学事物或教师语言的形象描述，引导学生形成对所学事物的清晰表象，丰富他们的感性认识，从而使他们能够正确理解书本知识和发展认识能力的是(　　)

A. 直观性原则　B. 启发性原则　C. 循序渐进原则　D. 巩固性原则

23. [2018 内蒙古]通过教学活动，学生可以"上知天文，下知地理"。这说明学生认识的对象是(　　)

A. 直接经验　B. 间接经验　C. 主观世界　D. 客观世界

24. [2021 江苏]教学工作的中心环节是(　　)(常考)

A. 学业水平检测　B. 备课　C. 上课　D. 课后辅导

25. [2021 广东]我国春秋时期的私学、汉代以后的书院和私塾采用的教学组织形式均是(　　)

A. 分组教学制　B. 道尔顿制　C. 班级授课制　D. 个别教学制

26. [2020 贵州]"读万卷书，行万里路"反映的教学原则是(　　)

A. 直观性原则　B. 启发性原则

C. 理论联系实际原则　D. 循序渐进原则

27. [2022 山东]把大班上课、小班讨论、个人自学三种教学形式结合起来的教学组织形式是(　　)(常考)

A. 道尔顿制　B. 特朗普制　C. 分组教学制　D. 班级授课制

28. [2022 辽宁]教师能系统、明确地联系实际讲解教学内容及其运用、操作，学生通过观察、思考与练习，能较好地掌握所学知识、技能。这属于教学的(　　)(易混)

A. 记忆水平　B. 理解水平　C. 探索水平　D. 研究水平

29. [2020 江西]以下教学评价不属于依据评价作用来划分的是(　　)

A. 总结性评价　B. 形成性评价　C. 诊断性评价　D. 外部评价

30. [2018 湖北]教学的根本目的是(　　)

A. 概念和原理的习得　B. 培养全面发展的人

C. 行为方式的养成　D. 心理和生理技能的提升

31. [2019 吉林]化学课上，张老师运用分子模型和挂图，帮助学生认识乙醛的分子结构。张老师采用的教学方法是(　　)

A. 实验法　B. 练习法　C. 实习作业法　D. 演示法

32. [2022 辽宁]阳光学校大力开发乡土教材，教材讲述发生在学生身边的自然地理、生产生活知识等，内容以日常生活为起点，使学生感到熟悉、有趣、难度适当。这符合(　　)的教学原则。

A. 循序渐进　B. 因材施教

C. 理论联系实际　D. 科学性与思想性相统一

33. [2019 内蒙古]教学过程三要素是指(　　)

A. 学生、教学目的、教学过程　B. 学生、教育方法、教学环节

C. 教师、学生、教学内容　D. 教师、学生、教育评价

34. [2020山西]教学的教育性主要体现在教学过程中要处理好(　　)

A. 教师教学主导和学生学习主体的关系　B. 掌握知识和提高能力的关系

C. 传授知识和培养思想品德的关系　D. 开发智力因素和非智力因素的关系

35. [2019山西]在教学过程中,教师指导学生体验客观事物的真善美的方法是(　　)

A. 参观法　B. 演示法　C. 情境教学法　D. 欣赏教学法

36. [2022广东](　　)属于教师教和学生学的共同活动,其目的是使学生在教师的指导作用下,积极主动地掌握系统的科学文化基础知识和基本技能,陶冶品德、美感,形成全面发展的个性。

A. 课堂教学　B. 学校教育　C. 素质教育　D. 课后辅导

37. [2021浙江]下列不属于以实际训练为主的教学方法是(　　)(常考)

A. 练习法　B. 实验法　C. 读书指导法　D. 实践活动法

38. [2017湖南]在教学中要做到"文以载道""教书育人",这体现了下列哪一项教学原则(　　)

A. 理论联系实际原则　B. 循序渐进原则

C. 科学性与思想性相统一原则　D. 直观性原则

39. [2019辽宁]目前我国小学教学中用得最普遍的教学方法是(　　)

A. 谈话法　B. 讨论法　C. 练习法　D. 讲授法

40. [2022天津]在教学任务中处于基础地位的是(　　)(常考)

A. 提升学生的智力水平　B. 传授基础知识和基本技能

C. 培养学生创新思维　D. 形成科学世界观和人生观

41. [2022贵州]陶行知提倡"小先生制",即让小孩子做教师,利用识字的小孩教不识字的小孩或成人,以解决师资奇缺的矛盾。其借鉴的是(　　)

A. 贝尔—兰喀斯特制　B. 道尔顿制　C. 班级授课制　D. 文纳特卡制

42. [2017吉林]取得教学成功的内因是(　　)

A. 教师的主导作用　B. 学校的管理作用　C. 教材的媒体作用　D. 学生的主体作用

43. [2018河北]教师在教学过程中就所学的知识向学生进行提问属于(　　)

A. 诊断性评价　B. 终结性评价　C. 绝对性评价　D. 形成性评价

44. [2017广西]教师组织学生到田间地头、工厂、博物馆、社区等进行教学,这种教学称为(　　)

A. 现场教学　B. 个别教学　C. 课堂教学　D. 探究教学

45. [2018安徽]以问题解决为中心,注重学生独立活动,着眼于创造性思维能力和意志力培养的教学模式为(　　)

A. 传递—接受教学模式　B. 自学—辅导教学模式

C. 引导—发现教学模式　D. 情境—陶冶教学模式

46. [2022安徽]教师在教学活动告一段落时,为检测学生学习成果而进行的评价属于(　　)

A. 诊断性评价　B. 形成性评价　C. 终结性评价　D. 个体内差异评价

47. [2018辽宁]构成教学过程的要素有很多,其中最基本的是教师、学生、教学内容和(　　)

A. 教学大纲　B. 教学理念　C. 教学手段　D. 教学规律

48. [2021江苏]赫尔巴特说:"我想不到任何无教育的教学。"这句话体现了(　　)(常考)

A. 教学永远具有教育性　B. 教学永远具有科学性

C. 教学永远具有思想性　D. 教学永远具有引导性

49. [2021河南]最早提出班级授课制理论的教育家是(　　)(常考)

A. 夸美纽斯　B. 赫尔巴特　C. 埃拉斯莫斯　D. 昆体良

50. [2018河南]探究式教学的基本程序是(　　)

A. 发现问题—提出问题—解决问题

B. 问题—假设—推理—验证—总结提高

C. 创设情境—提出假设—推理验证—总结提高

D. 确定问题—创设情境—自主学习—协作学习—效果评价

51. [2019天津]小学语文的教学往往是以字、词、句、段、篇的模式开展,这遵循的是(　　)

A. 直观性原则　B. 启发性原则　C. 巩固性原则　D. 循序渐进原则

52. [2021安徽]在教学活动中,创设一种情感和认知相互促进的教学环境,让学生在轻松愉快的教学气氛中有效地获得知识、丰富情感。这种教学模式称为(　　)

A. 尝试教学模式　B. 目标教学模式　C. 问题—探究模式　D. 情境—陶冶模式

53. [2019河南]教师在讲授《赤壁之战》一课时,注意引导学生分析其中的辩证法,对学生进行辩证唯物主义教学。这体现了讲授基本要求中的(　　)

A. 会进行强调　B. 要有启发性　C. 切中讲授的时机　D. 要有科学性和思想性

54. [2022河南]学完一单元知识后,老师根据重点语法与词汇编制试题,进行单元测试,测试的结果促使师生共同进步。这属于(　　)(易混)

A. 形成性评价　B. 配置性评价　C. 诊断性评价　D. 总结性评价

55. [2019重庆]在下列教学组织形式中,有利于高效率、大面积培养学生的是(　　)(常考)

A. 个别教学制　B. 班级教学制　C. 分组教学制　D. 道尔顿制

56. [2017河南]李老师在教《我爱故乡的杨梅》时,用多媒体播放江南水乡的美景,为学生设计真实、具体、生动的场景。该教师采用的教学法是(　　)

A. 情境教学法　B. 示范法　C. 演示法　D. 现场教学法

57. [2018河南]教师掌握教材有一个深化的过程,一般要经过(　　)三个阶段。

A. 懂、通、透　B. 明、练、透　C. 懂、透、化　D. 明、透、化

58. [2017广东]小学科学课上,教师给学生演示了如何通过显微镜观察植物的内部结构,获得有关植物的知识。这种教学方法属于(　　)(常考)

A. 演示法　B. 实验法　C. 参观法　D. 实习法

59.[2020河北]实质教育论(　　)(易混)

A.注重学习迁移　B.重视能力培养　C.提倡知识本位　D.利于全面发展

60.[2017安徽]以传授系统知识和培养基本技能为目标的教学模式是(　　)

A.传递—接受模式　B.自学—辅导模式　C.引导—探究模式　D.情境—陶冶模式

61.[2019贵州]林老师为了掌握教育教学情况,除学校统一的期中期末考试外,还会对学生日常学习过程中取得的成绩以及在情感态度策略方面的发展作出评价。这种评价方式属于(　　)

A.形成性评价　B.研究型评价　C.诊断性评价　D.终结性评价

62.[2018福建]教师按一定的教学要求提出问题让学生回答,通过问答、对话的形式引导学生思考、探究或获取知识,促进学生智能发展的教学方法是(　　)

A.讲授法　B.谈话法　C.讨论法　D.练习法

63.[2021辽宁]"独学而无友,则孤陋而寡闻"体现的教学方法是(　　)

A.演示法　B.讨论法　C.练习法　D.参观法

64.[2022天津]现在的中小学要求教师适时采用PPT演示进行教学,这体现了教学的(　　)

A.形象性原则　B.直观性原则　C.启发性原则　D.巩固性原则

65.[2020辽宁]中国最早采用班级授课制始于1862年清政府开办的(　　)

A.京师同文馆　B.京师大学堂　C.南洋公学　D.洋务学堂

66.[2017湖北]发现式教学法最大的缺点是(　　)

A.会导致学生注意力分散　B.会导致学生机械学习

C.不利于发展学生智力　D.过于耗费时间

67.[2018山东](　　)是当代运用教学方法的指导思想。

A.务必循序渐进,防止打乱顺序　B.坚持因材施教,避免无的放矢

C.提倡启发式,反对注入式　D.坚持思想性和科学性相统一

68.[2022辽宁]在应试教育的环境下,教师大多采用(　　)教学,无视学生在学习上的主观能动性,教师的角色仅仅是现成信息的传递者。

A.多元式　B.鼓励式　C.启发式　D.注入式

69.[2018山东]情境教学法和欣赏教学法都属于(　　)

A.以知识掌握为主的方法　B.以训练技能为主的方法

C.以引导探究为主的方法　D.以情感陶冶为主的方法

70.[2022辽宁]形式教育论和实质教育论反映的教学规律是(　　)

A.间接经验与直接经验相统一　B.教师主导与学生主体相统一

C.掌握知识与发展智力相统一　D.传授知识与思想品德教育相统一

71.[2019湖南]"不积跬步,无以至千里"借鉴到教育上,体现了教学应该遵循(　　)(易错)

A.循序渐进原则　B.巩固性原则　C.启发性原则　D.因材施教原则

72.[2019广东]教师在运用讲授法教学时,不能讲得"一览无余",要给学生的思维留下空间。这表明教师在讲授时要(　　)

A.讲究语言艺术　B.有趣味性　C.进行强调　D.有启发性

73.[2020宁夏](　　)是严密组织起来的传授系统知识、促进学生发展的最有效的形式。

A.教学　B.教育　C.自学　D.智育

74.[2019山西](　　)模式把学生座位排列成一行行、一列列,并使讲台成为教室的中心。在该模式中,学生拥有较为固定的座位,同学间的交往十分有限,是我国中小学普遍采用的课桌排列方式。

A."秧田式"　B."圆桌式"　C."半圆式"　D."马蹄式"

75.[2021山东]教学规律是指教学现象中客观存在的,具有必然性、稳定性、普遍性的联系。教学规律对教学活动具有规约作用,是制定教学原则的重要依据。体现"教师主导与学生主体相统一"教学规律的教学原则是(　　)

A.循序渐进原则　B.启发性原则　C.因材施教原则　D.量力性原则

76.[2020山西]"读书无疑者,须教有疑;有疑者,却要无疑,到这里方是长进"说明教学要遵循(　　)原则。

A.循序渐进　B.理论与实践结合

C.启发性　D.科学性与思想性相统一

77.[2020山东]微课是一种以视频为主要载体的新兴教学资源,从中小学生的注意时间考虑,微课时长一般为(　　)分钟。

A.1~3　B.5~8　C.15~20　D.30

78.[2019浙江]以下教学模式和代表人物相匹配的是(　　)

A.非指导性教学模式——布卢姆　B.发现学习教学模式——布鲁纳

C.掌握学习教学模式——瓦·根舍因　D.暗示教学模式——罗杰斯

79.[2018河南]在教育理论中,教育与教学的关系是(　　)

A.结果与过程的关系　B.整体与部分的关系

C.目标与手段的关系　D.内容与方法的关系

80.[2017安徽]根据评价所运用的方法和标准来划分,选拔性考试属于(　　)

A.绝对性评价　B.相对性评价　C.目标参照性评价　D.个体内差异评价

81.[2020辽宁]一节课中最基本的组成部分是(　　)

A.组织教学　B.讲授新教材　C.巩固新教材　D.检查复习

82.[2021河南]保加利亚医学博士洛扎诺夫20世纪60年代创立的一种利用联想、情境、音乐、游戏等强化教学效果的方法是(　　)

A.暗示教学法　B.纲要信号图表教学法

C.范例教学法　D.探究发现教学法

83. [2017 内蒙古]班级授课制的特征可以用以下哪几个字概括( )

A. 班、课、室　B. 师、生、课　C. 师、生、时　D. 班、课、时

84. [2019 山东]教学过程最基本的功能是( )

A. 传授知识　B. 形成技能　C. 培养智能　D. 发展个性

85. [2021 山西]抛锚式教学不同于通常课堂上以"知识传递"为目的的教学,其目的不是提高学生的分数,而是帮助学生提高达到目的的能力。下列关于其基本环节排列正确的是( )(易错)

A. 创设情境—搭建支架—自主学习—协作学习—效果评价

B. 确定问题—创设情境—协作学习—自主学习—效果评价

C. 创设情境—进入情境—协作学习—自主学习—效果评价

D. 创设情境—确定问题—自主学习—协作学习—效果评价

86. [2017 湖北]教师向学生叙述事实材料或描绘所讲对象的讲授方式称为( )

A. 讲解　B. 讲读　C. 讲述　D. 讲演

87. [2021 山东]关于教学阶段划分,教育史上曾有许多不同的观点和见解,其中不正确的是( )(易错)

A. 孔子——学、思、行的统一过程

B. 赫尔巴特——明了、联想、系统、方法四个阶段

C. 杜威——困难、问题、假设、验证、结论五个阶段

D. 凯洛夫——预备、提示、联想、系统、方法

88. [2019 黑龙江]在教育活动中,教师负责组织、引导学生沿着正确的方向,采用科学的方法,获得良好的发展。这句话的意思是说( )

A. 学生在教育活动中是被动的客体　B. 教师在教育活动中是被动的客体

C. 要充分发挥教师在教育活动中的主导作用　D. 教师在教育活动中不能起到主导作用

89. [2021 浙江]教育学家和心理学家杰罗姆·布鲁纳提倡让学生独立工作,自己主动发现问题、解决问题及掌握原理,实现认识过程。这属于( )

A. 发现式教学法　B. 整个教学法　C. 教学做合一　D. 自然教学法

90. [2018 陕西]在复习的过程中,老师指导学生掌握记忆方法,学会通过整理编排知识,写出提纲、口诀帮助记忆,体现的是( )教学原则的要求。

A. 巩固性　B. 理论联系实际　C. 量力性　D. 因材施教

91. [2021 山东]上课是教学工作的中心环节,是提高教学质量的关键,需要遵循"内容正确"的基本要求。正确的教学内容应体现( )

A. 科学性与人文性的统一　B. 专业性与艺术性的统一

C. 科学性与思想性的统一　D. 科学性与艺术性的统一

92. [2021 山西]有学生认为,掌握的知识越多,智力水平也就越高。他的观点是( )

A. 正确的,因为知识是发展智力的基础

B. 正确的,因为掌握知识就是为了发展智力

C. 错误的,因为智力决定掌握知识的快慢

D. 错误的,因为智力并不完全随着知识的掌握而自然发展起来

93. [2018 河南]教学的内容、方法、分量和进度要适合学生的身心发展,是他们能够接受的,但也要有一定的难度,需要经过努力才能掌握,以促进学生的身心发展。这条原则是( )

A. 因材施教原则　B. 启发性原则　C. 巩固性原则　D. 量力性原则

94. [2020 湖北]只考虑评价对象应达到的水平而不受评价对象在其特定整体中位置的影响,这种评价属于( )

A. 相对性评价　B. 绝对性评价　C. 终结性评价　D. 常模参照性评价

95. [2021 山西]教师在对一个年级的学生进行教学时,组织班里其他年级的学生自学或做作业,并有计划地交替进行。这种教学组织形式属于( )(常考)

A. 协作教学　B. 开放教学　C. 个别教学　D. 复式教学

96. [2019 广西]贾老师把学生的月考成绩从高到低排序,张贴在教室的公告栏里。这种对学生学业评价结果的处理办法( )

A. 能显著提高学生成绩　B. 会帮助学生改进学习方法

C. 会给学生带来学习压力　D. 能培养学生良好的学习习惯

97. [2020 广东]新授课、复习课、技能课都属于( )

A. 单一课　B. 综合课　C. 活动课　D. 实践课

98. [2021 河南]评价是为了促进学生的全面发展,发展性评价的核心是( )

A. 关注学生的学业成绩　B. 关注和促进学生的发展

C. 关注学生在群体中的位置　D. 帮助学生认识自我、建立自信

99. [2018 安徽]作业的布置与批改有其基本要求。以下不在"基本要求"之列的选项是( )

A. 及时批改　B. 分量适当　C. 不予反馈　D. 目的明确

100. [2020 辽宁]"不闻不若闻之,闻之不若见之"这句话反映了( )(常考)

A. 启发性原则　B. 直观性原则　C. 巩固性原则　D. 系统性原则

101. [2020 内蒙古]学校工作的中心环节是( )

A. 教学　B. 科研　C. 行政管理　D. 后勤保障

102. [2022 辽宁]学生在教师指导下,各自主动地在实验室内,根据拟定的学习计划,以不同的教材、不同的速度和时间进行学习,用以适应其能力、兴趣和需要,从而发展其个性。这种教学形式是( )(易混)

A. 道尔顿制　B. 特朗普制　C. 学习卡片制　D. 自治教学法

103. [2019 山东]教学过程最优化的教学思想是由( )提出的。

A. 赞科夫　B. 巴班斯基　C. 苏霍姆林斯基　D. 凯洛夫

104.[2019广东]为了更好地了解学生的知识水平，更好地开展教学，某小学各班在新学期开始时都进行了摸底考试，这种评价方式属于(　　)(常考)

A.诊断性评价　B.形成性评价　C.总结性评价　D.过程性评价

105.[2020山东]以直接感知为主的教学方法具有形象、直观、具体和真实的特点，能够激发和强化学生的学习兴趣，吸引和维持学生的学习注意力。下列属于以直接感知为主的教学方法的是(　　)

A.讲授法　B.谈话法　C.实习法　D.演示法

106.[2017河北]小学阶段的教学应侧重的教学方法是(　　)

A.讲演的方法　B.探究的方法　C.直观的方法　D.实习的方法

二、多项选择题

1.[2022河北]教学是一种特殊的认识过程，其特殊性表现在(　　)

A.认识的教育性　B.认识的交往性　C.认识的间接性　D.认识的简捷性

2.[2022河南]随着教学方法的改革，教学评价的理念也发生了深刻的变化。下列关于教学评价理念的说法正确的有(　　)

A.重视综合评价，关注个体差异　B.全面进行评价的目的是更好地选拔优秀学生

C.强调质性评价，定性与定量相结合　D.强调参与互动，自评和他评相结合

3.[2022内蒙古]教学过程中，教师的主导作用主要表现在(　　)

A.教师的指导决定着学生学习的方向、内容、进程、结果和质量，并起着引导、规范、评价和纠正的作用

B.支配学生对外界信息的选择

C.影响学生的个性及人生观、世界观的形成

D.影响学生的学习方式和学习主动性的发挥

4.[2022辽宁]选择教学方法的依据有哪些(　　)(常考)

A.教学目的和任务的要求　B.课程性质和教材特点

C.学生特点　D.教学时间、设备、条件

5.[2022河北]下列关于课外作业的说法正确的是(　　)

A.要符合课程标准规定的范围和深度　B.分量难度要适中

C.要具有典型意义和能启发学生思维　D.要一致不能因人而异

6.[2022辽宁]一堂课的成功与否，和教师的课前备课有很大关系，备课的内容包括(　　)(常考)

A.设计教法　B.了解学生　C.认清自己　D.钻研教材

7.[2022内蒙古]教学原则的正确使用是提高教学质量的重要保证，下列关于贯彻理论联系实际原则的基本要求，说法正确的是(　　)

A.正确处理知识教学与技能训练的关系　B.坚持课程计划和学科课程标准的统一要求

C.重视培养学生运用知识的能力　D.重视组织各种复习

8.[2021福建]教与学辩证统一关系中，以下观点正确的有(　　)

A.教师是教学中起主导作用的主体　B.学生是参与教学活动的学习主体

C.教学的中心是儿童，教师处于顾问地位　D.教学是"教师教"和"学生学"的矛盾统一过程

9.[2021江西]下列关于教学过程，表述不正确的观点是(　　)

A.教学过程是学生的一种特殊认识过程　B.教学过程是知与不知的矛盾转化过程

C.学生掌握知识就能够形成相应的能力　D.感知教材和领会教材属于教学过程的巩固阶段

10.[2018辽宁]领会知识是教学过程的中心环节，领会知识包括使学生(　　)

A.感知教材　B.分析教材　C.理解教材　D.体会教材

E.运用教材

11.[2020内蒙古]下列属于教学工作的基本环节的是(　　)

A.备课　B.布置作业和课外辅导

C.上课　D.学业成绩的检查与评定

12.[2019重庆]班级授课制的局限性包括(　　)(常考)

A.不利于照顾学生的个别差异　B.不利于因材施教

C.不利于充分发挥学生的主体性　D.不利于发挥教师的主导作用

13.[2021安徽]微课在中小学教学中应用广泛。下列关于微课的说法，正确是(　　)

A.微课选题一般以教学重点、难点为主　B.可以用手机制作微课

C.每节课只需要制作一个微课　D.微课只在课前使用

14.[2018四川]以下说法体现了启发式教学思想的有(　　)

A.人不知而不愠　B.问则疑，疑则思

C.不愤不启，不悱不发　D.教之而不受，虽强告之无益

E.道而弗牵，强而弗抑，开而弗达

15.[2019黑龙江]教学过程是一种特殊的认识过程，它区别于一般认识过程的显著特点是(　　)

A.间接性　B.引导性　C.简捷性　D.被动性

16.[2019辽宁]学生学业成绩的检查与评定是教师了解学生学习情况的重要途径。下列选项中，属于日常性学业成绩考查的有(　　)

A.课堂提问　B.会考　C.书面测验　D.书面作业

17.[2018山西]教学是一种特殊的认识、交往和实践活动。关于教学的特点，下列说法正确的有(　　)

A.教学由教与学两方面活动组成

B.学生的认识活动是教学中的重要活动

C.教学通过系统知识、技能的传授和掌握，促进学生身心发展

D.教学具有多种形态，是共性与多样性的统一

18. [2022辽宁]在班级课堂授课中,教师可以有目的、有计划地对全班学生进行教学。以下属于班级授课的优点的有(　　)(常考)

A. 有利于经济有效地大面积培养人才　　B. 有利于发挥教师的主导作用

C. 有利于学生单一发展　　D. 有利于满足学生的个体差异

19. [2019河北]以下属于我国中小学主要教学原则的有(　　)

A. 直观性原则　　B. 启发性原则　　C. 巩固性原则　　D. 因材施教原则

E. 循序渐进原则

20. [2022广东]在学习《植物生长素的发现》一课时,教师先介绍生长素发现过程的科学史,让学生了解科学家严谨的科学态度、不屈不挠的意志品质,而后组织学生到户外观察顶端优势现象,自己动手设计实验发现生长素的作用,参与园林花卉修剪。在学习理论知识的同时,培养学生参与社会实践活动的意识以及善于与他人合作的人文精神。这一案例体现了教学过程中(　　)的基本规律。

A. 直接经验与间接经验相结合　　B. 掌握知识与发展能力相统一

C. 传授知识与思想品德教育相统一　　D. 教师主导作用与学生主体作用相统一

21. [2022贵州]关于"教学评价"的表述,下列说法正确的有(　　)

A. 教学评价可分为相对评价、绝对评价和个体内差异评价

B. 教学开始前用诊断性评价,摸清学生情况,以便安排教学

C. 教学过程中用形成性评价,了解学习过程,调整教学方案

D. 教学完成后用总结性评价,检验学习效果,评定学习成绩

22. [2020河北]贯彻循序渐进教学原则的基本要求有(　　)(易错)

A. 针对学生特点进行有区别的教学　　B. 按教材的系统性进行教学

C. 因势利导,调动学生学习的主动性　　D. 解决好重点与难点的教学

E. 由浅入深、由易到难安排教学内容

23. [2020安徽]主要依据学生个人的学习成绩在该班学生成绩序列或常模中所处的位置来评价和决定学生的成绩的优劣,而不考虑是否达到教学目标要求的教学评价是(　　)

A. 相对性评价　　B. 绝对性评价　　C. 目标参照性评价　　D. 常模参照性评价

24. [2018山东]讲授法的基本形式是教师讲、学生听,具体来说又可分为哪几种形式(　　)

A. 讲述　　B. 讲读　　C. 讲解　　D. 解读

25. [2022河北]以语言传递为主的教学方法主要有(　　)(常考)

A. 欣赏法　　B. 谈话法　　C. 讲授法　　D. 实验法

26. [2020河北]中小学教师布置的作业包括(　　)

A. 阅读教材　　B. 演算习题　　C. 社会调查　　D. 写作文章

E. 绘制图表

27. [2022内蒙古]教师讲课时要做到内容正确,这是一堂好课最基本的要求。内容正确主要指(　　)

A. 教学方法得当,采用的教学方法富有启发性

B. 教学组织严密

C. 保证教材内容的科学性和思想性

D. 掌握好教材的重点和难点,并以重点和难点为突破口,带动学生掌握课程的基本内容

28. [2020黑龙江]教学评价的基本内容包括(　　)

A. 学生学业评价　　B. 课堂教学评价　　C. 教师评价　　D. 学生心理评价

29. [2019内蒙古]启发性教学原则的贯彻要求有(　　)

A. 重视组织各种复习　　B. 调动学生的主动性

C. 启发学生独立思考　　D. 发扬教学民主

E. 鼓励学生将知识创造性地运用于实际

30. [2020辽宁]教学评价是对教学工作质量所进行的测量、分析和评定,在教学过程中为了获得形成性评价,教师可以(　　)

A. 在课堂上对学生提问　　B. 进行课堂书面小测

C. 新学期开始时进行摸底考试　　D. 批改日常作业

31. [2021山东]教学规律具有必然性、稳定性、普遍性的联系,对教学活动具有制约、指导作用。下列属于教学过程中需要遵循的基本规律的是(　　)

A. 间接经验与直接经验相统一的规律　　B. 掌握知识与发展能力相统一的规律

C. 生活经验与课本知识相统一的规律　　D. 传授知识与思想教育相统一的规律

32. [2019黑龙江]贯彻思想性和科学性相统一的教学原则的要求有(　　)

A. 保证教学的科学性　　B. 结合教学内容的特点进行思想品德教育

C. 不断提高自己的业务能力和思想水平　　D. 正确选择直观教具和教学手段

33. [2017吉林]教学过程的结构,即教学过程的基本阶段包括(　　)(常考)

A. 激发学习动机　　B. 领会知识　　C. 巩固知识　　D. 运用知识

34. [2018山西]以下属于非智力因素的是(　　)

A. 动机　　B. 思维　　C. 意志　　D. 情感

三、判断题

1. [2022河南]强调学生的主体地位,就是否定教师的主导作用。(常考)　(　　)

2. [2022江苏]苏格拉底的"产婆术"体现了教学的巩固性原则。　(　　)

3. [2022辽宁]读书指导法强调以阅读的形式获取知识。　(　　)

4. [2022河北]各类学校进行全面发展教育、实现培养目标的基本途径是教学活动。　(　　)

5. [2017云南]在小学的课堂教学中,根据学生的年龄特点要尽可能运用直观教具,越多越好。　(　　)

6. [2018江苏]在新课改背景下教学评价的根本目的是形成新的评价制度。　(　　)

7.［2018 湖北］“拔苗助长”违背了因材施教的教学原则。（　）

8.［2017 广西］发展性评价要求淡化甄别和选拔。（　）

9.［2018 河北］教学过程只需要发挥教师的主导作用。（　）

10.［2019 广东］教学任务就是向学生传授知识。（　）

11.［2019 河南］在教学中，掌握知识和发展智力孰重孰轻？“实质教育论”重智轻知，而“形式教育论”重知轻智。（　）

12.［2021 山西］课外辅导是对课堂教学的补充，不能将主要的精力放在辅导上。（　）

13.［2020 安徽］教学模式即教学环节。（　）

14.［2019 山西］“由浅入深，由易到难，由简到繁”体现了直观性教学原则。（　）

15.［2020 河北］教学方法是教师为完成教学任务而采用的教的方法。（　）

16.［2018 江苏］讲授法是一种古老而落后的教学方法，当代教育应该抛弃它。（　）

17.［2017 湖南］谈话法是学校教育中最常用的方法之一，但此法若运用不当，就容易变成机械式问答。（　）

18.［2022 广东］形式教育论起源于古罗马，主要代表人物有赫尔巴特和斯宾塞。（易混）（　）

19.［2019 河北］发挥教师的主导作用是学生简捷有效地学习知识、发展身心的必要条件。（　）

20.［2018 安徽］教育就是智育。（　）

21.［2018 湖南］运用启发性原则的首要问题是调动学生学习的主动性。（　）

22.［2018 辽宁］学校教育工作要坚持“德育为主，全面安排”的原则。（　）

23.［2019 河北］个别教学一方面有利于因材施教，另一方面又存在教学效率低下的缺点。（　）

24.［2019 内蒙古］组织教学是在上课开始时进行的，目的在于使学生做好上课准备。（　）

25.［2019 山东］上课是教学工作的中心环节，是提高教学质量的关键。评价一堂好课的标准应以教师“教得好”为重要依据。（　）

26.［2020 黑龙江］教学永远具有教育性，这是教学活动的一条基本规律。（　）

27.［2018 辽宁］文纳特卡制这种教学组织形式是由美国教育家文纳特卡所制定的。（　）

28.［2019 河南］情境教学法由江苏省特级教师倪谷音首创。（易错）（　）

29.［2020 河南］教师在教学中的主导作用体现在要充分调动学生学习的积极性。（　）

30.［2018 江苏］苏联教育家赞科夫倡导使用发现法以培养学生的科学探索精神和创造能力。（　）

31.［2018 四川］教育活动中，如果没有受教育者发挥主导作用，就不会呈现好的效果。（　）

32.［2020 山东］作业的分量要适当，难度应该在教学的基础上尽量提高。（　）

33.［2022 江苏］在教学过程中，学生对客观世界的认知主要通过间接经验。（　）

34.［2019 山西］教学评价本身也是一种教学活动。（　）

35.［2017 广西］教学是学校进行全面发展教育的唯一途径。（　）

36.［2017 内蒙古］在教学中，学生是学习的主体，教师是主导。（　）

37.［2021 山西］夸美纽斯说过：“凡是需要知道的事物，都要通过事物本身来学习，应该尽可能把事物本身或代替事物的图像呈现给学生。”这体现了教学的量力性原则。（　）

38.［2017 山西］讲授法是中学教学常用的教学方法，讲授的语言要有条理性、简练性。（　）

39.［2019 广西］教与学各以对方的存在为自身存在的前提，二者相互依存、相互促进。（　）

40.［2018 河南］在班级授课制中，同一个班的每个学生的学习内容与进度必须一致。（　）

41.［2017 河北］巩固性原则又称为可接受性原则，是为了防止发生教学难度低于或高于学生实际程度而提出的。（　）

42.［2022 安徽］“纸上得来终觉浅，绝知此事要躬行。”所以学生学习间接知识没意义。（　）

43.［2022 广东］某学校按照学生年龄来编排班级的做法，属于外部分组教学。（易错）（　）

44.［2018 山东］抛锚式教学要求建立在有感染力的真实事件或真实问题的基础之上，也被称为“基于问题的教学”，其理论基础是建构主义教学理论。（　）

45.［2020 四川］翻转课堂利用丰富的信息化资源，将学习的决定权从教师转移给学生，因此教师的作用降低了。（　）

46.［2022 河南］课外辅导是课堂教学的必要补充，是适应学生个别差异、贯彻因材施教原则的重要措施。（　）

47.［2018 福建］教学的首要任务是引导学生掌握系统的科学文化基础知识和基本技能。（常考）（　）

48.［2021 山西］绝对性评价又称为目标参照性评价，是运用目标参照性测验对学生的学习成绩进行的评价，具有较强的甄选性特点，宜用于选拔人才。（　）

49.［2018 安徽］复式教学和小班教学是我国基础教育阶段普遍实行的基本教学组织形式。（　）

50.［2022 辽宁］直接经验是他人的认识成果，主要是指人类在长期认识过程中积累并整理而成的书本知识，学生以学习直接经验为主。（　）

四、填空题

1.［2022 江苏］钻研教材包括钻研________、钻研教科书和阅读有关参考用书。

2.［2022 浙江］“道而弗牵，强而弗抑，开而弗达”体现的是________原则。（常考）

3.［2018 河南］________是学校教育中最基本的活动，不仅是智育的主要途径，也是德育、体育、美育等的基本途径。

4.［2018 天津］学生在教育过程中处于________地位。

5.［2018 河南］教师作为教学活动的组织者和领导者，在教学过程中起的作用是________。

6.［2021 福建］根据一定教学目的，遵循一定教学过程规律制定的指导教学工作的基本要求为________。

7.［2018 河南］两种对立的教学方法指导思想是________和________。

8.［2019 辽宁］教育家乌申斯基认为“复习是学习之母”，他的观点反映了教学的________原则。

9. [2018河南]教师通过语言系统、连贯地向学生传授知识、表达情感的教学方法是________。

10. [2018河南]布鲁纳认为教学的目的就在于让学生掌握学科的________，在教学方法上采用________。

11. [2018福建]教学工作的起始环节是________。

12. [2019河南]________是教学的基本组织形式。

13. [2020河南]________是农村小学课堂教学的一种特殊形式。

五、案例选择题

案例 在教小学低年级古诗《所见》时，苏老师采用讲解与朗读等方法进行课堂教学，学生较好地理解了诗句的内容，但难以体会该诗描写的意境。于是，苏老师边播放背景音乐边描述诗中的场景，同时引导学生抓住诗中"骑""捕""闭""立"等动词，边诵读诗句边做出相应的动作，学生仿佛置身诗中描述的场景。学生通过动作去感知，通过表演大胆想象，不仅领悟到古诗文独特的意境之美，而且学习兴趣更浓厚了。

[2019广西]从教学方法的角度，上述材料中苏老师的教学运用了(　　)(不定项选择)

A. 讨论法　B. 情境教学法　C. 讲授法　D. 分层教学法

整合提升

一、单项选择题

1. [2022天津]小明数学成绩非常不理想，但数学老师发现小明的逻辑推理能力特别好，记忆能力稍微差一些。这种评价属于(　　)(易混)

A. 过程性评价　B. 相对性评价　C. 绝对性评价　D. 个体内差异评价

2. [2022山东]在科学课上，教师通过做水的加温和降温的实验，让学生观察水的"三态"变化。这种教学方法是(　　)(易混)

A. 实验法　B. 演示法　C. 讲授法　D. 讨论法

3. [2022安徽]马克思说："再生产科学所必要的劳动时间，同最初生产科学所需要的劳动时间是无法相比的，例如学生在一小时内就能学会二项式定理。"这说明教学过程具有(　　)

A. 直接性　B. 引导性　C. 简捷性　D. 创新性

4. [2022福建]根据历史学科教学的需要，老师组织学生到校史馆进行教学，该教学组织形式是(　　)

A. 个别教学　B. 现场教学　C. 复式教学　D. 走班制

5. [2022河南]2022年3月23日，"天宫课堂"第二课在中国空间站开讲，神舟十三号的3名航天员在绕地飞行的空间站以天地互动的形式演示了太空"冰雪"实验、液桥演示实验、水油分离实验、太空抛物实验，并介绍与展示了空间科学设施。在此过程中，3名航天员主要运用的教学方法是(　　)

A. 讲授法和演示法　B. 谈论法和实验法　C. 演示法和实验法　D. 讲授法和参观法

6. [2022安徽]赵老师在教学中一直尊重、爱护学生，并通过以身垂范赢得学生的尊重。赵老师遵守的教学原则是(　　)(易错)

A. 因材施教原则　B. 伦理性原则　C. 方向性原则　D. 循序渐进原则

7. [2022辽宁]李老师在给学生布置作业时，在课本作业以外，还经常布置诸如手工、问卷调查、一次孝行等作业。李老师布置作业遵循了(　　)的原则。

A. 在形式上体现新颖性和多样性　B. 在内容上突出单一性和简化性

C. 在容量上考虑量力性和差异性　D. 在评判上重视过程性和激励性

8. [2019江苏]当学生提出与老师不同的解题思路时，老师给予肯定和鼓励，使得更多学生善于表达自己的见解。这主要体现了教学过程的(　　)

A. 巩固性　B. 自由性　C. 启发性　D. 民主性

9. [2021山西]江老师以报告的形式在较长的时间内系统地为同学们讲授了洋务运动的内容，讲授时分析洋务运动的具体内容，旁征博引相关史实依据，从而得出洋务运动是封建统治者的自救运动的科学结论。这种讲授方法是(　　)

A. 讲述　B. 讲解　C. 讲读　D. 讲演

10. [2021安徽](　　)就是教师在同一时间以特定内容面向一个或几个学生进行教学。

A. 复式教学　B. 小组教学　C. 班级授课制　D. 个别教学

11. [2018四川]讲完"校园的绿地面积"后，王老师要求学生回家测量自家房间的面积。这种教育方法是(　　)

A. 实践探究法　B. 实验教学法　C. 实习作业法　D. 实物演示法

12. [2021江西]想知道学生在班级中的排名，应该使用(　　)评价。

A. 常模参照　B. 标准参照　C. 诊断性　D. 总结性

13. [2021安徽]一般来说，要求所有学生都完成的作业属于(　　)

A. 综合性作业　B. 弹性作业　C. 基础性作业　D. 实践性作业

14. [2021安徽]学习是一项艰苦的劳动，所以要培养学生吃苦耐劳的道德品质，这符合(　　)的教育规律。

A. 脱离知识可以进行思想品德教育

B. 强调传授知识可以忽略思想品德教育

C. 学生思想品德水平的提高可以为他们积极学习知识奠定基础

D. 学生思想品德水平的提高有利于其对科学文化知识的掌握

15. [2020河北]道尔顿制是一种典型的(　　)教学组织形式。

A. 自学辅导式　B. 教师讲授式　C. 系统学习式　D. 师生互动式

16. [2017四川]某校组织学生到红军长征中的战斗遗址接受爱国主义教育，该活动体现的教学方法是(　　)

A. 参观法　B. 读书指导法　C. 练习法　D. 实习作业法

17.[2020河北]"西邻有五子,一子朴,一子敏,一子盲,一子偻,一子跛;乃使朴者农,敏者贾,盲者卜,偻者绩,跛者纺。"这体现的教学原则是( )

A. 启发性原则　B. 因材施教原则　C. 循序渐进原则　D. 直观性原则

18.[2019内蒙古]下列关于教学方法和教学策略的关系,叙述正确的是( )(易错)

A. 教学策略受制于教学方法　B. 教学策略从层次上低于教学方法

C. 教学方法不受制于教学策略　D. 教学方法是教学策略的具体化

19.[2020河南]学校教师职称评定中,多年来存在着重视科研成果、轻视教学的倾向,我们可以用加大教学权重的方法来克服这种倾向。这突出了教育评价的( )

A. 调节功能　B. 导向功能　C. 激励功能　D. 诊断功能

20.[2021江西]关于教学组织形式,下列表述不正确的观点是( )(易错)

A. 班级授课制可以采用"马蹄式"安排学生座位

B. 个别教学有利于拔尖人才的培养

C. "走班制"实行大、小班上课的多种教学形式

D. 分组教学容易造成学生的心理不平衡

21.[2019广西]教科书在开展教学活动之前就已经存在,这表明教学内容有( )

A. 预成性　B. 思想性　C. 基础性　D. 时代性

22.[2020天津]教育家陶行知先生指出,"接知如接枝",体现的教学原则是( )(易错)

A. 启发性原则　B. 直观性原则　C. 系统性原则　D. 量力性原则

23.[2018江苏]在教《景泰蓝的制作》一文时,为丰富学生对景泰蓝的认识,高老师带学生去工厂参观其生产流程。这种教学方法是( )

A. 参观法　B. 实验法　C. 实习法　D. 演示法

24.[2018广西]以下不属于探究教学中学生获取知识基本阶段的是( )

A. 明确问题　B. 运用知识　C. 深入探究　D. 做出结论

25.[2019山东]下列关于学生学业成绩评定叙述正确的是( )

A. 评定学生学业成绩,一般采用百分制记分法和等级制记分法

B. 一般来说,题的数量多、便于给小分的,用等级制较便利

C. 题的数量不多,理解和灵活运用的题用百分制较方便

D. 在成绩评定时,不能把等级制换算成一定的分数

26.[2018吉林]某中学赵老师在平时的教育活动中,用合理科学的方法及时纠正学生们错误的认知和行为,以便他们获得良好的认知和发展。该案例表明( )

A. 学生在教育活动中是被动的客体

B. 教师完全控制教育活动

C. 要充分发挥教师在教育活动中的主导地位

D. 学生在教育活动中的主体地位得不到体现

27.[2022河北]陶行知曾用松树和牡丹比喻人:用松树的肥料培养牡丹,牡丹会瘦死;用牡丹的肥料培养松树,松树会被烧死。这一比喻运用到教学中,所体现的教学原则是( )(常考)

A. 直观性原则　B. 因材施教原则　C. 启发诱导原则　D. 循序渐进原则

28.[2020辽宁]讲授法是教师通过口头语言向学生传授知识、培养能力、进行思想教育的方法。某教师在进行新课程单元的讲授时,首先应该( )

A. 了解学生　B. 详述内容　C. 介绍讲授纲要　D. 介绍教法

29.[2017广西]教学内容应体现每门学科的基本概念、基本公式、基本原理。这说明教学内容具有( )

A. 思想性　B. 生成性　C. 基础性　D. 相关性

30.[2020山东]俗语所说的"矮个子里找高个"运用的是( )

A. 相对性评价　B. 形成性评价　C. 诊断性评价　D. 绝对性评价

31.[2019四川]形式教育论认为教育的目的在于发展学生的各种官能和能力。下列被形式教育论认为最有发展价值的学科是( )(易混)

A. 数学　B. 物理　C. 化学　D. 生物

32.[2018天津]在教学过程中,强调教师"吃透两头"所指的是充分认识学生以及( )

A. 充分理解教材　B. 认真备课　C. 严格管理学生　D. 真正关心学生

33.[2020河北]一天,孔子的学生子路问:"听到一个很好的主张,要立即去做吗?"孔子答:"家有父兄,怎能自作主张。"冉有问:"听到一个很好的主张,需立即去做吗?"孔子答:"当然应当立即去做。"公西华对此很不理解,孔子说:"冉有遇事畏缩不前,所以要鼓励他去做。子路遇事轻率,所以要加以抑制,使他谨慎。"此材料给教师的启示是( )

A. 根据学生的性格差异,因材施教　B. 根据学生的智力差异,因材施教

C. 根据学生的情感差异,因材施教　D. 根据学生的认知差异,因材施教

34.[2020广东]下列不属于传授—接受教学缺点的是( )

A. 忽视个别指导　B. 影响教学任务的完成

C. 容易出现注入式教学　D. 容易脱离社会生活实际

35.[2022安徽]通过典型的内容和方式,使学生从个别到一般,掌握带规律性的知识和方法,发展学生独立学习、独立解决问题能力的教学模式是( )

A. 范例教学模式　B. 发现教学模式　C. 暗示教学模式　D. 对话教学模式

36.[2022河南]在课堂教学中,教师就新内容编制了一些练习题让学生做,以判断学生的掌握程度。教师所运用的评价方法是( )(常考)

A. 形成性评价　B. 总结性评价　C. 配置性评价　D. 甄别性评价

37.[2018内蒙古]有人主张在教学过程中应为那些在测验中未达标的学生再次提供帮助,等他们矫正、掌握后再次测验,把两次测验成绩综合起来评价学生。这体现的教学评价原则是( )

A. 发展性原则　B. 客观性原则　C. 计划性原则　D. 指导性原则

38. [2019 江西]下列关于教学原则,表述不正确的观点是(　　)

A. 教师不断提高自身专业水平属于贯彻科学性与思想性相统一的原则要求

B. 教师的生动形象化语言的描述和比喻属于直观教学的方式

C. 解决好重点与难点的教学属于贯彻循序渐进原则的基本要求

D. 建立民主平等的师生关系属于贯彻因材施教原则的基本要求

39. [2020 山东]一位接受了亚里士多德或裴斯泰洛齐唯实论哲学思想的教师,在教学方法上最有可能采用(　　)(易错)

A. 启发式问答　　B. 直观教学法　　C. 问题解决教学　　D. 探究教学法

40. [2022 辽宁]张老师在物理实验课上提出一个问题:一杯开水和一杯冷水,同时放入冰箱,哪杯水先结冰?然后让学生提出猜想,并用实验来验证猜想,最后得出结论。在此过程中,张老师用到的教学方法是(　　)

A. 讲授法　　B. 谈话法　　C. 演示法　　D. 研究法

41. [2018 吉林]英语老师发现小童的单词发音存在很大的问题,为了解决小童的这一问题,英语老师最适合采用(　　)

A. 谈话法　　B. 实验法　　C. 读书指导法　　D. 练习法

42. [2022 河北]李老师在政治课教学时,结合时事新闻,让大家各抒己见。李老师运用的教学方法是(　　)(常考)

A. 讲授法　　B. 讨论法　　C. 谈话法　　D. 发现法

43. [2017 辽宁]特朗普制将大班课、小班课、个人独立研究所占的教学时间分配为(　　)(易错)

A. 1:2:1　　B. 4:2:4　　C. 2:2:4　　D. 2:4:2

44. [2018 广西]学校教学评价中最核心、最基本的活动是(　　)

A. 学生学业成就评价　　B. 学生综合素质评价

C. 学生身体素质评价　　D. 学生心理素质评价

45. [2021 河南]《学记》提出"语之而不知,虽舍之可也",其体现的教学原则是(　　)

A. 量力性原则　　B. 循序渐进原则

C. 因材施教原则　　D. 科学性与教育性相结合原则

46. [2019 河南]某教师在备课时按照课程标准的要求分别罗列出重点知识、必需知识、一般知识。该教师的备课符合教学原则要求中的(　　)

A. 按教材的系统性进行教学　　B. 由浅入深、由易到难、由简到繁

C. 抓主要矛盾,解决好重点与难点　　D. 将系统连贯性与灵活多样性结合起来

47. [2021 山西]为了激发学生的学习兴趣,王老师在讲解西瓜的生长时,带领学生们到西瓜地里真切地感受西瓜的生长环境,了解西瓜的生长特点。王老师贯彻的教学原则是(　　)

A. 直观性原则　　B. 科学性和思想性相结合原则

C. 循序渐进原则　　D. 巩固性原则

48. [2022 安徽]学生根据教学活动中预先制订的学习计划、自己的学习状况和兴趣愿望,"流动"到自己需要的班级进行学习。这种教学组织形式被称为(　　)

A. 走班制教学　　B. 复式教学　　C. 分组教学　　D. 现场教学

49. [2018 山东]期中考试成绩出来后,方方根据试卷得分高低分析了自己的强项和弱项,然后对症下药,重点攻破这些弱项。这体现了教学评价可以(　　)

A. 诊断教学问题　　B. 提供反馈信息

C. 调控教学方向　　D. 检验教学成果

50. [2020 河南]在对古文、外语、专业术语等进行准确的翻译时,或对疑难词语给出恰当的解释时,运用的教学方法是(　　)(易错)

A. 描述式讲述　　B. 解说式讲解

C. 解析式讲解　　D. 解答式讲解

二、多项选择题

1. [2022 河南]科学课老师给学生介绍了昆虫的概念后,呈现相关的标本和图片让学生分组观察,了解昆虫的生活习性,并在全班交流学习成果。该老师运用的教学方法有(　　)

A. 参观法　　B. 演示法　　C. 问答法　　D. 讨论法

E. 讲授法

2. [2022 福建]下列选项中体现巩固性教学原则的有(　　)(常考)

A. 不陵节而施　　B. 熟读而精思

C. 学而时习之　　D. 闻之不若见之

3. [2022 河北]上课是教学活动的中心环节,上好一堂课的基本要求有(　　)

A. 明确教学目标　　B. 用教科书教而不是教教科书

C. 建立民主、平等的师生关系　　D. 注重教学过程的生成性

4. [2022 河南]有效讲授的一个重要方面是要把握好讲授的时机。讲授的时机包括哪些(　　)

A. 为学生定向时　　B. 组织教学时

C. 学生出现误读时　　D. 学生分析理解难以到位时

5. [2020 山西]下列属于教学的辅助形式的是(　　)

A. 作业　　B. 参观　　C. 讲座　　D. 辅导

6. [2020 山东]上好每一节课是作为教师最基本的追求,一节好课的标准包括(　　)

A. 明确的教学目的　　B. 恰当的教学方法

C. 正确的教学内容　　D. 高效的教学结果

7. [2022 河南]教师在教学活动中,贯彻启发性原则应遵循的基本要求有(　　)

A. 激发学生积极思维　　B. 确立学生主体地位

C. 建立民主平等的师生关系　　D. 根据具体情况进行调整

8.[2022辽宁]设计教学法是美国教育学家克伯屈改进并大力推广的。下列关于设计教学法,说法正确的有(　　)(易错)

A.它主张废除班级授课制和教科书

B.它主张打破传统的学科界限

C.它的主要优点是重视系统知识,提高教学质量

D.它的重点是以专业课程代替活动课程

9.[2018内蒙古]关于"教学有法,教无定法,贵在得法"的理解,正确的是(　　)

A.教育教学活动是有规律可循的

B.教学的模式、方法等不是机械的、教条的

C.传统的教学方法已然不适合现代教学的要求

D.应该将各种方式、方法灵活、恰当地运用

10.[2017辽宁]学生学业评价的内容包括(　　)

A.情感学习评价　B.特长等级评价　C.认知学习评价　D.技能学习评价

E.身心状况评价

11.[2018河南]作业布置一般应遵循的原则有(　　)

A.在内容上突出开放性和探究性　B.在容量上考虑量力性和差异性

C.在形式上体现新颖性和多样性　D.在评判上重视过程性和激励性

12.[2020河南]现代教学中的教与学的关系主要体现为一种(　　)交往关系,是一种基于"对话"基础上的教学活动。

A.合作的　B.动态的　C.民主的　D.平等的

13.[2022内蒙古]教师备课可分为"备教材""备学生""备教法"。其中,"备学生"涉及(　　)

A.学生已有知识结构　B.学生已有认知能力

C.非智力因素　D.学生家庭情况

14.[2017广西]某小学英语教师在教学生记忆单词"family"时,告诉学生"family"是由"father and mother, I love you"六个单词的首字母组成的,由此,学生记住了"family"的拼写,也了解了家庭成员的构成关系。该教师在教学中贯彻的教学原则有(　　)

A.教学相长原则　B.巩固性原则　C.可接受性原则　D.教育性原则

15.[2020天津]中小学教学方法改革与发展的趋势是(　　)

A.现代化　B.心理学化　C.个性化　D.单一化

16.[2022河南]刘老师在进行操行评价时,采取了教师评价、学生自评、学生互评、家长参评的评价方式,针对学生学校表现、生生关系、家庭乃至社会的表现,对其进行全方位评价,以发现学生每一处细微的进步。刘老师的这一做法有利于实现(　　)

A.评价主体多元化　B.评价手段多元化　C.评价内容多样化　D.评价内容差异化

17.[2019贵州]在中小学教育质量综合评价指标框架中,学生的品德发展水平、学业发展水平、身心发展水平、兴趣特长养成、学业负担状况等方面是评价学校教育质量的主要内容。就学业负担状况来说,评价的关键指标是(　　)

A.课业难度　B.课业质量　C.实践能力　D.学习时间

18.[2020山东]谈话法是教师按照一定的教学目标向学生提出问题,要求学生回答,并通过问答的形式来引导学生获取或巩固知识的方法。运用谈话法,教师应做到(　　)

A.谈话方式要因人而异　B.准备好问题和谈话计划

C.善于把握提问时机和分寸　D.注意启发诱导学生

19.[2017内蒙古]学生学习的主要内容是间接经验。间接经验与直接经验相结合,反映了教学中(　　)的关系。

A.传授科学文化知识与丰富学生感性知识　B.理论与实践

C.知识与能力　D.知与行

三、判断题

1.[2022河北]对每个评价对象的过去与现在进行纵向比较的评价是常模参照评价。(　　)

2.[2022河南]"知之不若行之,学至于行之而止矣。行之,明也。"这一思想强调的教学原则是理论联系实际原则。(常考)(　　)

3.[2022河南]教师利用入学测验掌握新生的学习情况属于形成性评价。(　　)

4.[2021山西]在教育开始阶段应该让学生充分感知学习材料,以便学生被动地接受教育。(　　)

5.[2021河北]在教学中,教主要是一种外化过程,而学主要是一种内化过程。(　　)

6.[2017四川]任何教学活动都会受到一定价值观的制约,体现出一种价值的指引性。(　　)

7.[2019四川]凯洛夫认为教学过程的第一步是理解教材。(　　)

8.[2017山东]演示法的运用要紧密配合教学:演示前,要根据教学需要,做好教具等的准备;上课前,将教具等带入教室,以引起学生的注意。(　　)

9.[2020河南]讲解侧重说理而不是说事,目的在于帮助学生发展理论思维能力。(易错)(　　)

10.[2018广东]一个课题教学结束后,教师必须对这个课题的教学做全面的考虑和准备,再制订出课题计划。(　　)

11.[2017山东]讲解重在"讲",主要用于陈述性知识的介绍,帮助学生明确概念、认识规律、掌握原理。在数学、物理、化学等学科中,讲解的应用比较广泛。(易错)(　　)

12.[2020河南]一般来说,各种教学方法既有启发性质,又有注入性质。各种教学方法中的启发性因素的作用能否得到充分发挥,关键在于教师运用教学方法的指导思想是否正确。(　　)

13.[2020辽宁]"传授—接受"模式是现代教学中最具有代表性的教学模式之一。(　　)

14.[2020广东]学生评价是教育评价的重要领域之一,也是学校教育中每一位教师都必须实际操作的一项重要内容。(　　)

15.[2019河北]教学评价的标准应根据不同学科、不同课型的具体特点而有所差异。 ( )

16.[2018广西]现代教学在本质上是一种主体性教学。 ( )

17.[2018黑龙江]“大有大成,小有小成”体现的是循序渐进的原则。(易错) ( )

18.[2019广东]教学过程的人为性是指教学过程在其运行、演化的过程中所表现出来的各因素、各环节相互关联、共同发挥作用的特点。 ( )

19.[2019广西]在教学过程中,静态的教学内容不会在师生的相互作用中发生改变。 ( )

20.[2019重庆]最早提出“理论联系实际”这一教学原则的教育家是达尼洛夫和叶希波夫。 ( )

21.[2017广西]教学内容只可生成不可预设。 ( )

22.[2020河南]教学方法一旦形成后,就不会随着社会的变革而发生变化。 ( )

23.[2018河南]诊断性评价主要是针对在学习上存在问题障碍的学生,正常的学生不需要诊断性评价。 ( )

四、案例选择题

案例 2012年9月,杭州市小学为学生统一免费配发了“三斤半书包”。有人称之为作业改革的1.0版本,从最外显的书包重量上画出红线。

2014年初,杭州市某区制定出台了《中小学推进“一本作业本”的指导意见(试行)》,对教师选、编作业本提出具体要求,确保每门学科只配备一本巩固作业本。这是作业改革的2.0版本,从书包延伸到作业本,用数量控制的方式立规。

2017年9月,杭州市某区推出“小学生推迟半小时上学”的举措。2018年初,又开始推行初中生“晚十点不作业”措施,即只要家长签字,过了晚上10点没完成作业,孩子也可以去睡觉,这成为作业改革的3.0版本。

1.[2021河北]近年来,杭州市连续进行学生作业改革主要是为了( )(不定项选择)

A.体现学生自主学习、自主发展　B.展示中小学课程改革取得的成果

C.减轻中小学生过重的学业负担　D.突出作业在中小学教育中的地位

2.[2021河北]杭州市学生作业改革的作用主要有( )(不定项选择)

A.倒逼教师提升教学质量　B.保障学生身心健康成长

C.推动教育质量高位运行　D.促进学校规范管理制度

3.[2021河北]教师在布置作业时,应遵守的要求有( )(不定项选择)

A.内容科学合理　B.精心设计,突出重点

C.及时批改作业　D.分量适当,难易适度

4.[2021河北]2021年4月,教育部在《关于加强义务教育学校作业管理的通知》中指出,要严控书面作业总量,学校要确保小学3~6年级每天书面作业完成的时间平均不超过( )(不定项选择)

A.30分钟　B.60分钟　C.90分钟　D.120分钟

第七章　德　育

基础训练

一、单项选择题

1.[2022河北]“要尽可能多地要求一个人,也要尽可能地尊重一个人”,这体现了( )(常考)

A.疏导原则　B.尊重信任与严格要求相结合原则

C.导向性原则　D.因材施教原则

2.[2022山东]颜回说:“夫子循循然善诱人,博我以文,约我以礼,欲罢不能。”这说明德育工作要遵循( )(常考)

A.疏导原则　B.因材施教原则

C.方向性原则　D.长善救失原则

3.[2022四川]学生心理健康教育属于( )

A.德育　B.智育　C.体育　D.美育

4.[2022河北]德育过程与品德形成过程的关系是( )

A.一致的,可以等同　B.教育与发展的关系

C.相互促进的关系　D.相互包容的关系

5.[2022辽宁]个体社会化与社会规范个体化的过程需要解决的主要矛盾是( )

A.社会道德要求与学生现有品德发展水平之间的矛盾

B.社会道德要求与学生品德发展的现有需要之间的矛盾

C.学校德育要求与学生现有品德发展水平之间的矛盾

D.学生品德发展的新需要与其现有发展水平之间的矛盾

6.[2022四川]“长善救失”体现的德育原则是( )(常考)

A.疏导原则　B.理论与实践相结合原则

C.严格要求与尊重学生相结合原则　D.发扬积极因素、克服消极因素原则

7.[2022河北]科尔伯格的“三水平六阶段”道德发展理论,从德育模式上归类,属于( )

A.认知模式　B.价值澄清模式

C.体谅模式　D.社会学习模式

8.[2021山东]实施教育时,既要通过集体教育来影响个人,又要通过对个人的直接教育去影响集体。这一原则是教育家马卡连柯所倡导的( )(常考)

A.平行教育　B.自由教育　C.民主教育　D.常规教育

9.[2021安徽]熊老师在班级内开展文明卫生行为评比活动,对主动打扫卫生、爱护公共物品的学生予以奖励。熊老师运用的德育方法是(　　)

A.情感陶冶法　　B.说服教育法　　C.实际锻炼法　　D.品德评价法

10.[2018吉林]某班主任老师在与学生交往时经常"以德服人",这种德育方法是(　　)

A.说服教育法　　B.榜样示范法　　C.角色扮演法　　D.奖惩法

11.[2020辽宁]学校德育工作中经常采用的表扬与批评、奖励与处分的德育方法属于(　　)(常考)

A.说服教育法　　B.品德评价法　　C.榜样示范法　　D.情感陶冶法

12.[2018内蒙古]马卡连柯的"平行教育影响"是指(　　)

A.在家庭中教育　　B.在生活中教育　　C.在集体中教育　　D.在实践中教育

13.[2018贵州]德育工作中最基本、最广泛的方法是(　　)

A.榜样示范法　　B.说服教育法　　C.情感熏陶法　　D.实际锻炼法

14.[2020辽宁]活动和交往是学生品德形成的(　　)

A.关键　　B.基础　　C.内容　　D.途径

15.[2021广东]德育模式中认知模式主张(　　)

A.引导学生学会关心,学会体谅

B.促进儿童道德判断力的发展及其行为的发生

C.观察学习是行为获得的基本学习方法

D.教会学生如何分析不同的道德价值,善于在复杂的社会情境中做出明智的抉择

16.[2017河北]在德育中,"一把钥匙开一把锁"贯彻了哪条原则(　　)(常考)

A.正面教育原则　　B.集体教育原则　　C.知行统一原则　　D.因材施教原则

17.[2018陕西]个体生活的基础性道德要求是(　　)

A.政治品质　　B.行为规范　　C.基本道德　　D.文明习惯

18.[2019河北]德育原则是根据教育目的、德育目标和德育过程规律提出的要求。下列不符合导向性原则的是(　　)

A.学校德育培养符合社会主义的科学的世界观、人生观

B.德育目标必须符合新时期的方针、政策和总任务的要求

C.学校德育要把理想性与现实性结合起来

D.学校德育要求教育者要以身作则、严于律己

19.[2017山东]说服教育法的方式有语言文字说服和(　　)

A.事实说服　　B.理论说服　　C.直接说服　　D.间接说服

20.[2017内蒙古]德育过程从本质上说是(　　)统一的过程。

A.个体与环境　　B.个体与社会

C.个体与教育　　D.个体社会化与社会规范个体化

21.[2021安徽]道德教育的(　　)是当代德育理论中流行最为广泛、占据主导地位的德育学说,由皮亚杰提出,而后由科尔伯格进一步深化。

A.体谅模式　　B.认知模式

C.社会模仿模式　　D.价值澄清模式

22.[2022贵州]除教育者、受教育者外,下列属于德育过程构成基本要素的是(　　)(常考)

A.德育内容、德育方法　　B.德育内容、德育环境

C.德育内容、德育目标　　D.德育内容、德育要求

23.[2019山东]"齐风俗,一民心"反映德育的(　　)

A.社会性功能　　B.个体生存功能

C.个体享用功能　　D.经济性功能

24.[2020河南]教师自觉利用环境和自身教育因素,对学生进行熏陶和感染的德育方法是(　　)(常考)

A.实际锻炼法　　B.自我教育法　　C.榜样示范法　　D.陶冶教育法

25.[2020辽宁]"视其所以,观其所由,察其所安"最符合下列哪项德育原则(　　)

A.导向性原则　　B.尊重信任学生与严格要求学生相结合的原则

C.教育影响的一致性与连贯性原则　　D.因材施教原则

26.[2022贵州]德育工作中应主动协调多方面的教育力量,统一认识和步调,有计划、有系统地发挥教育的整体功能,培养学生正确的思想品德。这体现了德育的(　　)

A.导向性原则　　B.疏导原则

C.教育影响的一致性与连贯性原则　　D.依靠积极因素,克服消极因素原则

27.[2020山西]学校实施德育的基本途径是(　　)(常考)

A.教学　　B.社会实践活动　　C.班会　　D.时事政策学习

28.[2019内蒙古]有利于充分发挥教师的主导作用,启发学生在短期内获得大量的、系统的道德知识的途径是(　　)

A.思想政治课　　B.课外活动与校外活动

C.劳动　　D.少先队或共青团活动

29.[2020内蒙古]对学生进行德育的特殊途径是(　　)

A.劳动　　B.课外活动与校外活动

C.团队活动　　D.班主任工作

30.[2018山东]根据学生善于模仿、崇拜英雄的特点,我们可以使用(　　)

A.榜样示范法　　B.陶冶教育法　　C.说服教育法　　D.品德评价法

31.[2018河南]"学会关心"是下列哪一德育模式所强调的(　　)

A.认知模式　　B.体谅模式　　C.价值澄清模式　　D.社会模仿模式

32.[2020河北]说服教育法的基本要求有(　　)

A.扶志养气,锻炼意志　　B.长善救失,发扬民主

C.执行制度,委托任务　　D.明确目标,把握时机

33.[2020湖北]李明同学在生活中乐于助人,经常参加志愿者活动,王老师鼓励全班同学向李明同学学习,其运用的德育方法是(　　)

A.角色扮演法　　B.实际锻炼法

C.榜样示范法　　D.说服教育法

34.[2022贵州]下列属于贯彻疏导原则的基本要求的是(　　)

A.因势利导、循循善诱　　B."一分为二"地看待学生

C.针对学生的特征进行有区别的教学　　D.爱护、尊重和信赖学生

35.[2018山西]在德育方法中,学生最主要、最经常的锻炼方式是(　　),通过这种方式可以培养学生的优良品质,如责任心、义务感、主动精神、创造精神等。

A.社会活动　　B.学习活动　　C.生产劳动　　D.课外文体科技活动

36.[2020山西]在德育工作中,教师要善于依靠、发扬学生自身的积极因素,调动学生自我教育的积极性,克服消极因素,实现品德发展内部矛盾的转化。这说明德育工作要遵循(　　)

A.疏导原则　　B.尊重学生与严格要求学生相结合的原则

C.教育影响的一致性和连贯性原则　　D.长善救失原则

37.[2021河南]根据儿童的身心发展特点,不同学段的德育工作有相应的侧重点。其中,小学阶段的德育重点主要是(　　)

A.道德理想信念的培养与指导　　B.人生观价值观的选择与确立

C.日常行为习惯的培养与指导　　D.基本道德知识的理解与掌握

38.[2019湖北]鲁迅先生早年求学时,曾在自己的桌子角上刻了一个"早"字。这种德育方法是(　　)

A.自我教育法　　B.情感陶冶法　　C.实际锻炼法　　D.说服教育法

39.[2022广东]通过创设良好的情境,潜移默化地培养学生品德的方法是(　　)

A.陶冶法　　B.锻炼法　　C.榜样法　　D.说服法

40.[2022河北]针对学生思想品德形成过程中出现的曲折和反复现象,教师应该循循善诱,等待时机,这是贯彻德育过程中(　　)的具体要求。

A.德育过程是培养学生知、情、意、行的过程

B.德育过程是学生在活动和交往中形成思想品德的过程

C.德育过程是促使学生思想内部矛盾转化的过程

D.德育过程是学生思想品德长期和反复提高的过程

41.[2020辽宁]运用先进典型对学生进行思想品德教育,这种德育方法是(　　)

A.引导法　　B.榜样法　　C.谈话法　　D.讨论法

42.[2021河南]在德育过程中,体现马克思主义"一分为二"辩证认识学生的德育原则是(　　)(常考)

A.严格要求与尊重学生相结合　　B.发扬积极因素与克服消极因素相结合

C.理论和实践相结合　　D.集体教育与个别教育相结合

43.[2018浙江]中学生小王在老师的帮助下,通过主动地进行学习、自我反思、自我监控等来提升自己修养的德育方法是(　　)

A.说理教育法　　B.榜样示范法

C.陶冶教育法　　D.品德修养指导法

44.[2020河北]"让学校的每一面墙壁都开口说话。"这充分运用了下列哪一种德育方法(　　)(常考)

A.陶冶教育法　　B.榜样示范法　　C.实际锻炼法　　D.品德评价法

二、多项选择题

1.[2021广东]德育过程是提高学生自我教育能力的过程,自我教育能力主要由(　　)构成。

A.自我期望能力　　B.自我评价能力

C.自我调控能力　　D.自我认识能力

2.[2017内蒙古]体谅模式的特征有(　　)

A.人的本质是理性的　　B.坚持性善论

C.把培养健全人格作为德育目标　　D.大力倡导民主的德育观

3.[2018山东]我国学校德育的内容主要有政治教育、思想教育、道德教育、法制教育和心理健康教育,其中心理健康教育的内容主要包括(　　)(常考)

A.学习辅导　　B.生活辅导　　C.择业指导　　D.心理治疗

4.[2018辽宁]德育对个体的功能主要表现为(　　)

A.领导功能　　B.生存功能　　C.协调功能　　D.发展功能

E.享用功能

5.[2019山西]本学期,班主任赵老师决定让班上同学轮流做值周班长,当赵老师告诉王健轮到他做值周班长时,他不假思索地说:"我不想当!"这让赵老师很吃惊,赵老师经过耐心询问才知道王健是怕影响学习。王健最近已经多次拒绝参加班级活动,在班里造成了不良影响。此后,班级开展活动赵老师也有意不再找王健,但常常在班里郑重地表扬活动中表现好的学生,这样既鼓励了参加活动的学生,也促使王健逐渐认识到自己的不足。这一招还真灵,看到别人都积极参与班级活动,学习不受影响,王健被触动了,开始主动地参加班级活动。依据德育过程的相关理论,此材料体现了(　　)

A.德育过程是组织学生活动与交往的过程

B.德育过程需要教师不断地说服、灌输和要求

C.德育过程是统一家庭、学校、社会多方面影响的过程

D.德育过程是促进学生思想内部矛盾斗争的过程,是教育与自我教育的过程

6. [2021 辽宁]新时期学校德育的“三生教育”是指(　　)

A. 生存教育　　B. 生理教育　　C. 生活教育　　D. 生命教育

7. [2017 河南]德育过程是一个长期的、反复的、逐步提高的过程,其原因是(　　)

A. 由人类认识规律决定

B. 青少年处于成长时期,可塑造性强,其发展具有双向性

C. 社会、家庭的多种影响

D. 意识形态领域中斗争的复杂性

8. [2017 湖南]李老师经常组织学生利用课余时间参加公益活动,但总有学生不愿意参加,于是李老师会单独进行谈话与辅导。李老师在进行德育时使用了(　　)

A. 说服教育法　　B. 情感陶冶法

C. 实际锻炼法　　D. 品德评价法

9. [2019 山东]德育应“服从最强烈的人性冲动”,表明(　　)(易错)

A. 德育不能背离受教育者的道德认知规律

B. 德育应寓于情感教育之中

C. 仅靠理性推理,不注重情感而得来的道德毫无意义

D. 德育应重视道德行为习惯的训练

10. [2019 河北]下列有关德育过程的表述,正确的是(　　)

A. 德育过程是长期的、匀速直线上升的过程

B. 德育过程是学生在教师指导下的个体品德的自主建构过程

C. 德育过程是培养学生知情意行整体和谐发展的过程

D. 德育过程是提高学生自我教育能力的过程

11. [2019 广东]魏老师每次接手一个新班级前都会仔细研究每位学生的情况,查看前一阶段老师的评价,为每一名学生都量身定制一套德育方法,不重复也不超前。魏老师的以上做法体现的德育原则包括(　　)

A. 说理疏导　　B. 尊重学生与严格要求学生相结合

C. 教育影响的一致性与连贯性　　D. 因材施教

E. 发扬优点,克服缺点

三、判断题

1. [2022 河南]德育普遍存在于一切教学之中。(　　)

2. [2022 安徽]学生品德包含知、情、意、行四个要素,学校开展德育只能按照知、情、意、行的先后顺序进行。(常考)(　　)

3. [2022 天津]德育就是思想政治教育。(　　)

4. [2022 河北]班主任工作是对学生进行德育的重要途径之一。(　　)

5. [2020 湖南]“纸上得来终觉浅,绝知此事要躬行。”这句话体现了因材施教的德育原则。(　　)

6. [2018 湖南]德育个体性功能的最高境界是发展性功能。(　　)

7. [2019 吉林]德育的长善救失原则是指德育要循循善诱,以理服人,从提高学生认识入手,使他们积极向上。(　　)

8. [2017 辽宁]受教育者在德育过程中既是德育的客体又是德育的主体。(　　)

9. [2017 山东]“情通理不通”和“说话的巨人,行动的矮子”等现象说明德育过程受多方面因素的制约,这就要求德育过程可以具有多种开端,不一定恪守知、情、意、行的一般教育顺序。(　　)

10. [2019 河北]德育的社会发展功能主要指的是对个体品德心理结构的发展所起的作用。(　　)

11. [2018 山西]陶冶包括人格感化、环境陶冶和艺术陶冶等。(　　)

12. [2021 贵州]社会实践是对学生进行德育工作最基本、最经常、最有效的途径。(　　)

13. [2020 河南]知、情、意、行是品德的四个心理因素。其中“意”是学生思想品德形成与否的关键,也是衡量一个人思想品德水平高低的主要标志。(易错)(　　)

14. [2018 四川]德育是学校全体教育工作者的工作,而不是部分人的工作职责,所有教师都有对学生进行道德教育的责任。(　　)

15. [2018 广西]选择和运用德育方法首先要考虑的是学生的年龄特点和个性差异。(易错)(　　)

16. [2017 重庆]德育是青少年、儿童健康成长的条件和保证。(　　)

四、填空题

1. [2022 浙江]德育过程是对学生知、情、________、________的培养和提高过程。

2. [2019 江苏]“其身正,不令而行;其身不正,虽令不从”体现的德育方法是________。(常考)

3. [2019 河南]________是德育的永恒主题,在社会发展的不同历史时期具有不同的内容。

4. [2019 河南]德育过程是一个长期的、________、逐步提高的过程。(常考)

5. [2022 福建]“吾日三省吾身”“君子必慎其独”体现的德育方法是________法。

五、案例选择题

案例　学生使用手机问题已严重影响了课堂秩序和学风、班风。就此马老师召开了主题班会。班会上,学生们畅所欲言:“有手机方便我们住校生与家长联系。”“有的同学自习课和晚上熄灯后听音乐、玩游戏,影响了大家的学习和休息。”“有个别老师上课也接听手机为什么不管?”……经过讨论,利弊已明。马老师因势利导,与大家一起制定了使用手机的“约法三章”,并强调说:“我们要共同遵守,互相监督!”从此班里再也没有出现过手机“惹是生非”的现象。

[2019 广西]依据德育相关理论分析,马老师在处理使用手机问题时做到了(　　)(不定项选择)

A. 尊重与信赖学生　　B. 以身作则,做学生表率

C. 利用舆论力量影响学生　　D. 引导学生参加社会实践

整合提升

一、单项选择题

1. [2022河北]“苦其心志，劳其筋骨”体现的德育方法是(　　)(常考)

A. 实际锻炼法　B. 说服教育法　C. 榜样示范法　D. 情感陶冶法

2. [2022广东]许多学校都在星期一举行升旗仪式，开展国旗下讲话活动，届时全校师生都会参与。这是德育中开展(　　)的体现。

A. 文明礼貌、遵守纪律教育　B. 爱国主义教育
C. 革命理想和革命传统教育　D. 集体主义教育

3. [2022河北]李杰同学喜欢打击乐，一次数学课上忍不住用手指敲打桌子，被老师讽刺挖苦，赶出教室。该老师的做法违反了(　　)

A. 连贯性原则　B. 集体教育原则　C. 正面教育原则　D. 理论联系实际原则

4. [2022安徽]教师带领学生们观察生态建设小区，参与小区生态建设活动，使学生感受到建设美好家园的快乐，教师采用的德育方法是(　　)

A. 说服教育法　B. 榜样示范法　C. 实践锻炼法　D. 品德评价法

5. [2022辽宁]对于“犯错不自觉”的学生，黄老师引导他们注意总结生活经验和加强道德的实际锻炼，通过提高他们的自我控制和道德修养能力来进行教育。这反映了德育过程的哪项规律(　　)

A. 德育过程是一个长期的过程
B. 德育过程是一个反复的过程
C. 德育过程是促使学生的知、情、意、行互动发展的过程
D. 德育过程是促进学生的思想品德内部矛盾积极转化的过程

6. [2020河南]某校在开展“扫黑除恶”活动中，班主任仅上交德育处资料，未开展具体工作。其违反的德育原则是(　　)

A. 疏导性原则　B. 尊重学生原则
C. 长善救失原则　D. 知行统一原则

7. [2020江西]语文老师利用课程中语言文字的思想道德教育因素，潜移默化地对学生进行世界观、人生观和价值观的引导。该老师运用的学科德育渗透途径是(　　)

A. 挖掘教材的德育因素　B. 注重教法的德育效果
C. 发挥教师的道德示范　D. 加强教学的德育工作

8. [2018吉林]自我修养中的(　　)有利于引导学生确立奋斗目标，可用于自励、自警。这是修养的一种好方法，其效果取决于学生是否能够严于律己。

A. 立志　B. 学习　C. 反思　D. 箴言

9. [2018江西]在德育方法中，说服法是一种明示的方法，而(　　)则是一种暗示的方法。

A. 陶冶法　B. 榜样法　C. 锻炼法　D. 奖惩法

10. [2021江西]关于德育原则，下列观点错误的是(　　)

A. 严格要求学生就是对学生提出合理的要求
B. 有针对性地依据学生个性特点进行教育是贯彻长善救失原则的具体要求
C. 对学生进行正面赏识是贯彻疏导性原则的具体要求
D. 给后进生委托相应任务，实施直接锻炼是贯彻知行统一原则的要求

11. [2022河北]注重道德感染力和榜样的力量，强调情感沟通作用的道德教育模式是(　　)(易错)

A. 价值澄清模式　B. 认知发展模式
C. 社会学习模式　D. 体谅模式

12. [2017陕西]某师范教育学院联合团市委等多个部门招募小学教育、学前教育、教育技术和应用心理学等专业大学生志愿者，组建了志愿者团队——红领巾社区德育工作站，并鼓励有条件的社区充分发挥本社区内“五老”人员的帮带作用，共同参与社区内青少年儿童的德育工作。该师范教育学院的做法是在(　　)

A. 通过开展社区教育进行德育工作　B. 通过社区开展心理健康教育工作
C. 通过社区建立德育课堂　D. 借助外部力量创办德育学校

13. [2020辽宁]德育的个体发展功能的发挥应注意(　　)

A. 强调德育的外在强制性　B. 功能实现的间接性
C. 注重个体的享用性　D. 尊重学习个体的主体性

14. [2018福建]“仁言不如仁声(音乐)之入人深也”体现的德育方法是(　　)(易错)

A. 榜样法　B. 陶冶法　C. 锻炼法　D. 说服法

15. [2021江西]下列关于德育，表述不正确的观点是(　　)

A. 爱国主义教育在我国学校德育中处于核心地位
B. 思想品德教育过程即思想品德形成过程
C. 道德教育实质上就是教学生如何做人的教育
D. 社会的时代特征决定了德育内容的针对性

16. [2021辽宁]一位老师在召开主题班会后组织学生去敬老院慰问老年人，帮助他们打扫卫生，陪他们聊天，以增进学生们的爱心和责任心。这主要体现了德育的(　　)

A. 尊重学生原则　B. 正面教育原则
C. 严格要求原则　D. 知行统一原则

17. [2018辽宁]中小学德育倡导关心他人、助人为乐的理念，这体现了德育的(　　)的观点。

A. 体谅模式　B. 集体教育模式
C. 价值澄清模式　D. 认知模式

18.[2020四川]当学生之间产生了矛盾,教师往往教育学生要换位思考,站在对方的角度考虑。这属于德育中的(　　)

A. 认知模式　　B. 体谅模式

C. 社会行动模式　　D. 价值澄清模式

19.[2018江西]关于德育工作的表述,不正确的是(　　)

A.“学会学习”是心理健康教育的重要内容

B. 班级教育活动属于德育途径中的“实践育人途径”

C. 德育过程是促使学生思想内部矛盾转化的过程

D.“一分为二”看待学生是贯彻“长善救失”原则的基本要求

20.[2019山东]以下德育模式中将“学会选择”作为核心理论的是(　　)

A. 价值澄清模式　　B. 认知发展模式

C. 体谅模式　　D. 社会学习模式

二、多项选择题

1.[2022辽宁]本学期,某中学组织开展了“致青春”演讲比赛、“地震逃生”演练、“清明节缅怀革命先烈”祭扫等活动。该中学本学期开展的活动涉及的德育内容有哪些(　　)

A. 劳动教育　　B. 理想信念教育

C. 安全教育　　D. 爱国主义教育

2.[2022辽宁]德育过程是培养学生品德的过程,而品德是由知、情、意、行四个要素组成的,所以德育过程也即培养学生知、情、意、行的过程。根据这一规律,德育应做到以下哪些方面(　　)

A. 注重全面性,使四者全面而和谐地得到发展

B. 注重多开端性,具体问题具体分析

C. 注重理论性,传授给学生基本的道德知识、理论

D. 注重针对性,根据不同特点采用不同的德育方法

3.[2022内蒙古]情感陶冶法是我国中小学常用的德育方法,运用这种方法要注意(　　)

A. 检查和持之以恒　　B. 创设良好的情境

C. 坚持严格要求　　D. 与启发说服相结合

4.[2022辽宁]班主任王老师将要在下周二举行一次有关德育的主题班会,他要求每个小组准备一个主题并派代表进行发言。在收上来的众多发言稿中,符合这次班会的主题包括(　　)

A. 祖国与我　　B. 文明礼让,从我做起

C. 我的情绪我做主　　D. 如何成为一个数学小能手

5.[2021河南]关于四种德育模式的观点,下列对应正确的有(　　)(易混)

A. 认知模式——注重学生的道德认识　　B. 体谅模式——注重学生的道德情感

C. 社会模仿模式——注重学生的价值选择　　D. 价值澄清模式——注重学生的道德行为

6.[2019广东]下列对德育的理解错误的是(　　)(易错)

A. 德育决定了学校教育的性质

B. 德育的性质是由社会文化决定的

C. 德育与教育是两个不同的概念,没有关联

D. 在学校中德育只有通过思想品德课和其他学科教学展开

7.[2018河南]说服教育法的方式主要有(　　)

A. 灌输　　B. 疏导　　C. 模仿　　D. 奖惩

8.[2021江西]关于德育中的实践锻炼法,以下表述正确的有(　　)

A. 遵守纪律是一种实践锻炼　　B. 学习活动是学生最经常的实践锻炼方式

C. 它是解决道德上知行脱节的最重要方法　　D. 学生亲身参与了实践活动就能够产生实际效果

9.[2018广东]小军是家里的独生女,父母长辈对她都非常溺爱、百依百顺。然而学校的同学并不会像家里长辈那样迁就她,因此小军在学校里多次和同学发生冲突。班主任知道这一情况后,多次与小军进行单独谈话,并且鼓励小军多参加由学校组织的公益活动和集体活动,对于小军每次取得的进步,班主任都会给予肯定和鼓励。案例中班主任对小军进行德育时使用的方法包括(　　)

A. 说服教育　　B. 情感陶冶　　C. 实践锻炼　　D. 品德评价

三、判断题

1.[2022四川]组织学生参观革命纪念馆,通过看实物、听解说,用革命先辈的光荣事迹教育学生端正学习和生活态度。这采用了实际锻炼法对学生进行德育。(易错)　　(　　)

2.[2019广东]说服教育法具有强制性、愉悦性、隐蔽性、无意识交互作用性的特点。　　(　　)

3.[2017四川]学校的课程、教学中所采用的方法以及学校中每一样工作、学校生活中发生的每一件小事,都充满了进行道德教育的可能性。　　(　　)

4.[2017辽宁]德育是培养学生知情意行的过程,只要学生在道理上懂了,就一定会形成相应的品德,只要学生表现出相应的行为,就表明已经具备了相应的道德。　　(　　)

5.[2020广东]教师对成绩好的学生应放松要求。　　(　　)

6.[2020四川]数学课上,老师把某学生对数学题的创意性解法,冠以该同学的名字写在黑板上,该同学在课堂上介绍自己的解题思路,犹如做学术报告。说到精彩处,全班报以热烈的掌声,该同学连声道谢,班级呈现和谐合作的景象,这是一种德育渗透。　　(　　)

7.[2019河南]教师尊重学生的自由意志和道德自主性,意味着教师在德育过程中必须要保持价值中立。(易错)　　(　　)

四、案例选择题

案例　赵老师的班里有一位小周同学,平时不讲卫生乱扔纸屑,不遵守学校纪律,在自习课扰乱课堂秩序,纪律委员和劳动委员向赵老师反映情况。赵老师发现小周同学喜欢踢足球,恰逢学校组织足球比赛,赵老师就请小周同学作为队长带大家训练。小周同学尽心尽力,带领足球队最终获得全校

第一名。赵老师召开主题班会,表扬小周同学为班级体育工作做出的贡献,号召同学们向小周同学学习,加强身体锻炼,并在班会上对小周提出要求:不仅在体育方面做同学们的表率,在学习和卫生方面也应严格要求自己,争取成为大家的榜样。眼含热泪的小周同学在全班同学的掌声中答应了赵老师。班会开完后三天内,小周同学表现很好。可三天后,小周同学乱扔纸屑的行为没有出现,但又开始在自习课说话。赵老师和小周同学单独谈话,得知他上自习课时注意力不易集中,总忍不住东张西望和说话。赵老师针对小周同学的情况,请科任老师给他单独布置自习课的作业,鼓励他努力与不遵守纪律的念头作斗争。慢慢地,小周同学开始遵守纪律,认真学习,学习成绩也得到了大幅提高。

1. [2022 河北]开班会时,赵老师对小周同学提出的要求,体现的德育原则有(　　)(不定项选择)

A. 量力性原则　B. 科学性和思想性相统一原则

C. 教育影响的一致性与连贯性原则　D. 发扬积极因素,克服消极因素原则

2. [2022 河北]赵老师号召同学们向小周同学学习,属于德育方法中的(　　)(不定项选择)

A. 角色扮演法　B. 榜样示范法　C. 系统脱敏法　D. 修养指导法

3. [2022 河北]小周同学在开完班会三天后,又出现不遵守纪律的情况,体现了(　　)(不定项选择)

A. 德育过程是教育与自我教育相分离的过程

B. 德育过程是一个反复的、逐步提高的过程

C. 德育过程不是一蹴而就、一劳永逸的过程

D. 德育过程是知、情、意、行相互独立的过程

4. [2022 河北]中小学德育内容主要包括(　　)(不定项选择)

A. 道德教育　B. 思想教育　C. 政治教育　D. 法制教育

5. [2022 河北]德育过程中起主导作用的是(　　)(不定项选择)

A. 德育内容　B. 教育者　C. 受教育者　D. 德育方法

第八章　班级管理与班主任工作

基础训练

一、单项选择题

1. [2022 福建]在班级学习中和生活中,几位学生因为兴趣爱好相同,自发组建了环保公益活动小组。该小组属于(　　)

A. 积极型非正式组织　B. 娱乐型非正式组织

C. 消极型非正式组织　D. 破坏型非正式组织

2. [2022 山东](　　)是班主任工作的中心环节。(常考)

A. 了解和研究学生　B. 建立学生成长档案

C. 组织和培养班集体　D. 组织班会活动和集体活动

3. [2022 四川]无视学生的个别差异,以僵硬的对策为基础,只给予统一强制的指导,或一味地斥责、威胁的班主任领导方式属于(　　)

A. 管理型　B. 专制型　C. 放任型　D. 民主型

4. [2022 河北]班主任工作的前提和基础是(　　)(常考)

A. 组建班委会　B. 制定班级规章制度

C. 了解和研究学生　D. 开展实践活动

5. [2020 内蒙古]班主任在班级管理中的领导影响力主要表现在两方面,一是职权影响力,二是(　　)

A. 学术影响力　B. 个性影响力　C. 年龄影响力　D. 职称影响力

6. [2020 四川]班级发展的阶段中,集体自主活动阶段的特点是(　　)(易混)

A. 缺乏凝聚力和活动能力,对班主任依赖性强

B. 班级核心初步形成,班的组织与功能已较健全

C. 积极分子队伍壮大,形成了正确舆论与班风

D. 班级管理由班主任领导逐步过渡给班干部组织

7. [2020 辽宁]班级文化是班级中教师和学生共同创造出来的联合生活方式,不包括(　　)

A. 班级环境布置　B. 班级人际关系和班风

C. 班级制度与规范　D. 教师与个别学生的亲密关系

8. [2018 河北]班级成员在服从班集体的正确决定和承担责任的前提下,参与班级管理的模式是(　　)(常考)

A. 常规管理　B. 平行管理　C. 民主管理　D. 目标管理

9. [2020广东]高一四班的班主任善于倾听学生的想法,认真对待学生提出的意见,间接地培养学生自己管理自己的能力。该班主任的领导方式倾向于( )

A. 权威型　B. 民主型　C. 溺爱型　D. 放任型

10. [2017吉林]良好班集体形成的标志是( )(常考)

A. 有明确的奋斗目标　B. 有健全的组织系统和领导核心

C. 形成了正确的舆论和良好的班风　D. 有严格的制度和纪律

11. [2018陕西]下列方法中,不属于班主任了解和研究学生的主要方法的是( )

A. 观察法　B. 心理咨询法　C. 谈话法　D. 调查研究法

12. [2019河北]王老师通过制定和执行班规来管理班级活动,班级各项工作有条不紊。王老师的做法体现了( )

A. 目标管理　B. 常规管理　C. 民主管理　D. 平行管理

13. [2019安徽]下列角色中,班主任不能担任的是( )

A. 学生日常生活的包办者　B. 学生思想道德的教育者

C. 学生健康成长的引导者　D. 学校文化的建设者

14. [2020辽宁]班集体形成的基础是( )(常考)

A. 明确的共同目标　B. 平等、心理相容的氛围

C. 共同的生活准则　D. 一定的组织结构

15. [2022四川]学生自发组织的足球运动小组属于( )

A. 积极型正式组织　B. 消极型正式组织

C. 积极型非正式组织　D. 消极型非正式组织

16. [2021贵州]下列不属于后进生心理特征的是( )

A. 不适度的自尊心　B. 学习动机不强　C. 强烈的荣誉感　D. 意志力薄弱

17. [2019湖南]班主任既通过对集体的管理间接影响个人,又通过对个人的直接管理影响集体,从而把对集体和个人的管理结合起来的管理方式是( )(常考)

A. 平行管理　B. 目标管理　C. 民主管理　D. 常规管理

18. [2021福建]班主任对学生一个学期或一个学年内的思想品德、学习、劳动、文体活动和社会工作等的表现和发展情况的评价是( )(常考)

A. 操行评定　B. 诊断性评价　C. 形成性评价　D. 个体内差异评价

19. [2021安徽]三年级(2)班的班主任认为,目前是三年级(2)班培养班级骨干的重要时期,应当放手让班干部先组织和开展班级活动。由此可以推出三年级(2)班有可能处于班集体发展的哪一阶段( )

A. 初建期的松散群体阶段　B. 形成期的合作群体阶段

C. 成熟期的集体阶段　D. 发展期的集体阶段

20. [2018山西]班会是班主任或班委会对班级进行有效管理、指导和教育的重要途径和形式。班会一般可分为三类,即( )

A. 学习班会、活动班会、思想教育班会　B. 学习班会、临时班会、固定班会

C. 专题班会、德育班会、政治教育班会　D. 常规班会、生活班会、主题班会

21. [2020河北]当班主任接到一个教育基础较差的班级时,首先要做好的工作是( )

A. 确定班集体的发展目标　B. 建立班集体核心队伍

C. 建立班集体的正常秩序　D. 组织形式多样的集体活动

22. [2017陕西]最早使用"班级"这个概念的教育家是( )

A. 埃拉斯莫斯　B. 康德　C. 柏拉图　D. 杜威

23. [2018安徽]一般来说,学生操行评定的主要负责人是( )

A. 科任教师　B. 班主任　C. 班委会　D. 大队辅导员

24. [2022河北]班主任不干预班级管理工作,对学生不闻不问。这种领导方式是( )

A. 权威型　B. 民主型　C. 放任型　D. 专制型

25. [2021山西]( )的实质是在班级管理的全过程中,调动学生自我教育的力量,使人人都积极主动地参与班级事务。

A. 班级常规管理　B. 班级平行管理　C. 班级民主管理　D. 班级目标管理

26. [2022河北]班主任采用班干部轮换、定期评议、同学轮流值日等方式,激发学生的主人翁意识。这属于( )(易混)

A. 班级目标管理　B. 班级民主管理　C. 班级平行管理　D. 班级常规管理

27. [2021河南]班集体是( )发展的高级阶段。

A. 非正式群体　B. 宣传群体　C. 班级群体　D. 学习小组

28. [2022广东]( )是维持和控制学生在校生活的基本条件,是教师开展工作的重要保证。

A. 班集体的正常秩序　B. 班集体的发展目标

C. 班级教育活动　D. 良好的班风

29. [2019山东]班主任的工作重点和最为经常的工作是( )

A. 全面了解和研究学生　B. 整合各方面教育影响使其形成正向合力

C. 对学生进行品德教育　D. 教育学生努力学习

30. [2019广东]一般来说,在班级管理中存在三种风格类型的班主任:专制型、放任型、民主型。其中,放任型的班级管理风格会导致( )

A. 学生的自主性、能动性行为显著减少,依存性行为增多

B. 学生有目的的活动水平低下,违背团体原则的自发行为增多

C. 学生的行为较稳定,自主积极的行为较多

D. 学生循规蹈矩、战战兢兢地学习

31. [2017山西]面对班级中的后进生,教师应当采取的正确态度是(　　)

A. 弄清情况,分析原因,对症下药　　B. 直接与家长沟通

C. 不要特别关注,给予充分自由　　D. 以上都不对

32. [2018山东]班级教学管理的核心是(　　)

A. 教学思想管理　　B. 常规管理

C. 教学质量管理　　D. 对学生的管理

33. [2017辽宁]目标管理的班级管理方法是由美国的(　　)提出的。

A. 德鲁克　　B. 马卡连柯　　C. 杜威　　D. 布鲁纳

34. [2018河南]训练班级成员自己管理自己、自己教育自己、自主开展活动的最好载体是(　　)

A. 班主任　　B. 兴趣小组　　C. 少先队　　D. 班集体

35. [2017广东]班级教学管理的主要功能是(　　)(易混)

A. 实现教学目标,提高学习效率　　B. 维持班级秩序

C. 形成良好的班风　　D. 锻炼学生能力,学会自治自理

36. [2018陕西]下列选项中,有利于小学班级管理的是(　　)

A. 把分数作为衡量学生成就的主要指标　　B. 确立学生在班级中的主体地位

C. 班级管理制度缺乏活力　　D. 学生参与班级管理的程度较低

37. [2019山东](　　)是学校教育教学工作的基本单位,也是学习活动的基层组织。

A. 同桌　　B. 班级　　C. 小组　　D. 年级

38. [2021安徽]关于班主任在班级管理中的地位和作用,理解有误的是(　　)

A. 班级组织的领导者　　B. 班级建设的设计者

C. 班级活动的旁观者　　D. 班级人际关系的协调者

39. [2022广东]班主任与学生共同确定班级总体目标,然后转化为小组目标和个人目标,使其与班级总体目标融为一体,形成目标体系,以此推进班级管理活动、实现班级目标。这种班级管理的方法属于(　　)

A. 平行管理　　B. 常规管理　　C. 目标管理　　D. 民主管理

40. [2021河南]班主任工作的首要任务是(　　)(常考)

A. 提高学生的学业成绩　　B. 促进后进生转化

C. 协调授课教师做好教学工作　　D. 组织建立良好的班集体

二、多项选择题

1. [2022山东]班级管理的模式有(　　)

A. 分散管理　　B. 民主管理　　C. 目标管理　　D. 平行管理

2. [2021贵州]偶发事件处理原则有(　　)

A. 教育性原则　　B. 客观性原则　　C. 冷处理原则　　D. 有效性原则

3. [2019吉林]班级教学管理的内容有(　　)

A. 明确任务、目标　　B. 建立教学秩序

C. 建立管理指挥系统　　D. 指导学生学会学习

4. [2017山东]操行评定的一般步骤包括(　　)(常考)

A. 学生自评　　B. 小组评议　　C. 班主任评价　　D. 信息反馈

5. [2017河南]良好的班集体具有积极的作用,具体表现在(　　)

A. 有利于形成学生的群体意识　　B. 有利于培养学生的社会交往能力与适应能力

C. 有利于训练学生的自我教育能力　　D. 有利于老师控制全体学生

6. [2018山东]班级组织建构应当坚持哪些原则(　　)

A. 有利于教育的原则　　B. 目标一致原则

C. 有利于身心发展原则　　D. 小规模原则

7. [2020江西]班级管理的功能包括(　　)

A. 有助于实现教学目标,提高学习效率　　B. 有助于加强学生控制,保障班级发展

C. 有助于维持班级秩序,形成良好班风　　D. 有助于锻炼学生学习能力,学会自治自理

8. [2020辽宁]班级组织机构微观建制的形式有(　　)

A. 直线式　　B. 委员会制　　C. 直线职能式　　D. 职能式

9. [2020黑龙江]下列属于班级管理内容的有(　　)

A. 班级组织建设　　B. 班级目标管理　　C. 班级教学管理　　D. 班级活动管理

10. [2022广东]班级组织是由学生组成的正式组织,旨在实现班级组织的公共目标。这是一种制度化的人际关系。我国中小学班级的正式组织一般分为三个层次,即(　　)

A. 班干部　　B. 小组长

C. 小组一般成员　　D. 学生自发组织的公益活动小组

11. [2017山东]班集体的形成必须具备的基本特征是(　　)(常考)

A. 明确的共同目标　　B. 一定的组织结构

C. 共同生活的准则　　D. 集体成员之间平等、心理相容的氛围

12. [2021贵州]建立学生档案的环节有(　　)

A. 收集　　B. 整理　　C. 鉴定　　D. 保管

三、判断题

1. [2022河北]班级中的非正式组织会产生不良影响,班主任需要尽快消除这些组织。(易错)　(　　)

2. [2021江苏]教师担任班主任期间,应将班主任工作作为主业。　(　　)

3. [2019山西]满足学生发展的需要既是班级活动的出发点,又是班级活动的最终归宿。　(　　)

4. [2022辽宁]“班干部能做的班主任不做,学生能做的班干部不做”所体现的班级管理原则是全员激励原则。(常考)　(　　)

5.[2020河南]班级管理的实质是让每一个学生成为班级的主人。 ( )

6.[2020安徽]班主任进行个别教育就是做好学习困难学生的思想教育工作。 ( )

7.[2018湖南]班主任在班级管理中担任管理者的角色,而管理的对象就是全体学生。(易错) ( )

8.[2018安徽]班主任是班集体的教育者和组织者,对班集体的发展起主导作用。 ( )

9.[2019广东]班主任应当选拔学生成绩中的佼佼者作为班干部。 ( )

10.[2021浙江]班主任是学生班级的直接组织者、教育者和领导者。 ( )

四、案例选择题

案例 为了更好地管理班级,初三(一)班班主任高老师给班长丁浩然一个厚厚的笔记本,安排他专门记录全班同学的不良表现,如上课迟到、没交作业、不参加劳动、上课搞小动作等。学生私下里将这个笔记本称为"黑名单"。班会设在每周五下午,每次班会上高老师都专门拿出时间当众宣读"黑名单",以示警告。班内的"体育健将"刘轶男也曾榜上有名。一天上数学课时,窗外人声鼎沸,许多学生的注意力都被吸引到窗外,想知道外面发生了什么。正在上课的高老师当即要求学生们将注意力收回,高老师写完数学公式后,发现刘轶男还在看向窗外,于是大喊一声:"刘轶男,上课走神,记名字一次。"刘轶男吓了一跳,立马坐好,心里感到很委屈。两周后,学校秋季运动会开始了。刘轶男想花更多时间学习文化课,争取考上理想高中,就没有报名参加运动会。高老师也因为忙于学生竞赛,而把运动会的事项交由丁浩然负责。然而,运动会第一天结束后,一班的分数远远低于其他班级,高老师发现班里的"体育健将"刘轶男没有报名参加运动会。随后高老师回到班里,临时召开班会。班会上,高老师生气地说:"我们班上出了一个大能人呀,初一、初二还知道要参加运动会为班争光,现在高傲了,听说瞧不上学校里小小的运动会了,不屑参加……"刘轶男一下子懵了,不知所措。随后的半个小时里,高老师批评了刘轶男,认为他漠视班级荣誉,有能力为班级争光却不作为,甚至指责刘轶男"像你这种自私自利的人长大后是不会有出息的。"刘轶男默默地低下头。班会结束,高老师离开后,同学们就此事议论纷纷……

1.[2022四川]根据上述案例,下列说法正确的有( )(不定项选择)

A.高老师的管理方式属于民主型

B.高老师的管理理念和方式受传统学生观的影响

C.准确记录学生的不良行为可以有效促进班级管理目标的达成

D.学生有权自主选择是否参加运动会,教师不能强求学生参加

E.定期宣读具有不良行为的学生名单,有利于矫正学生的不良行为

2.[2022四川]该案例给我们的启示有( )(不定项选择)

A.班主任应联合其他任课老师在班级管理中形成合力

B.为了课堂教学和班级管理出成效,教师可以用尽一切手段

C.当体育活动和智育活动产生冲突时,学校可以优先满足智育活动

D.学生出现非期望行为时,教师只有调查清楚原因后,其矫正措施才能有效

E.学生是有意志、有情感的个体,教师在纠正其错误行为时要注意维护其尊严

整合提升

一、单项选择题

1.[2022河北]"没有规矩,不成方圆。"因此在组织和培养班集体时应( )

A.确立班集体的目标　　B.全面了解和研究学生

C.建立健全必要的班级规则　　D.开展丰富多彩的集体活动

2.[2022辽宁]王老师让班上的学生参与制定班规,在做出重要决策前同学生商量,举手表决。王老师的班级管理模式属于( )

A.强制型　　B.放任型　　C.民主型　　D.传统型

3.[2022河南]在班级建立之初,学生的注意力主要集中于了解班主任和任课教师,建立与同学的稳定关系。这一阶段的班级组织处于( )(易错)

A.个人属性之间的矛盾阶段　　B.团体要求与个人属性之间的矛盾阶段

C.团体要求架构内的矛盾阶段　　D.班级组织建立后的矛盾阶段

4.[2022山东]班级管理的核心工作是( )

A.加强对非正式群体的管理　　B.建设和培养良好的班集体

C.制定班级发展规划　　D.选拔好班干部

5.[2021安徽]某班组织了一次"中华民族的伟大复兴"主题教育活动,让学生在活动中感受我国五千多年的优秀文化和近代以来的巨大历史成就,在活动中提升学生的爱国情怀。这类班级活动属于( )

A.思想道德引领类班级活动　　B.学习提高类班级活动

C.个性发展类班级活动　　D.社会适应类班级活动

6.[2020湖北]马卡连柯说:"儿童集体里的舆论力量,完全是一种物质的、实际上可以感触到的教育因素。"这句话提示在教育过程中( )

A.要充分发挥班集体的教育功能,使之成为真正的教育力量

B.要通过转化个别学生,促进班集体的管理与发展

C.要制定规章制度管理好学生的日常行为

D.班主任要充分掌握管理的主动权

7.[2018河南]在班主任的地位和作用中,班主任最重要的角色是( )(易错)

A.学生的人生导师　　B.学生的精神关怀者

C.学生合法权益的保护者　　D.学生发展的重要他人

8.[2019广西]班主任教育工作的重点应该放在( )上。

A.班级教学活动　　B.班级日常管理活动

C.班级竞赛活动　　D.班级阶段性活动

9. [2020天津]小强入学前是个很顽皮的男孩子，看到班上同学都很听老师的话，他逐渐改正了自己的缺点，变成了听话的好孩子。这体现了班级的(　　)

A. 社会化功能　　B. 矫正功能

C. 满足需求的功能　　D. 诊断功能

10. [2020河北](　　)是班主任的日常工作内容，是班级工作的基础。

A. 建立制度　　B. 班级管理　　C. 操行评定　　D. 社会活动

11. [2022广东]班主任刘老师常以诚恳的态度、亲切的语言与学生在良好的氛围中交流内心的真实想法。刘老师采用的谈话方式是(　　)

A. 商讨式　　B. 谈心式　　C. 突击式　　D. 点拨式

12. [2022河北]关于班主任工作的意义，下列说法不正确的是(　　)

A. 班主任是班级的组织者、领导者　　B. 班主任是学生成长的教育者

C. 班主任是联系各任课教师的纽带　　D. 班主任是学生未来的创造者

13. [2017广西]班集体成为真正有效的教育手段，此时它处于班集体发展的(　　)(易错)

A. 初始阶段　　B. 形成阶段　　C. 规范阶段　　D. 成熟阶段

14. [2022辽宁]班级管理不能太松也不能太紧，避免“放则乱、紧则呆”的局面。这体现了班级管理的(　　)原则。

A. 效率性　　B. 适度性　　C. 实效性　　D. 规范性

15. [2019湖北]转化后进生，首先要做的是(　　)

A. 帮助后进生树立自信心　　B. 帮助后进生搞好学习

C. 做好家访，争取家长配合　　D. 帮助后进生改正缺点

16. [2018广西]对班集体的含义认识不正确的是(　　)

A. 班集体是一个特殊的学生主体　　B. 班集体是一个学生的文化心理共同体

C. 班集体是一个个性化的社会组织　　D. 班集体是具有自我教育能力的集体主体

17. [2018湖北]某中学八年级(2)班开展了以“厉害了，我的国”为主题的诗歌创作活动。从班级活动的目标和功能来划分，这类班级活动的类型属于(　　)(易混)

A. 思想道德引领型加社会适应型　　B. 学习提高型加综合实践型

C. 个性发展型加社会适应型　　D. 思想道德引领型加个性发展型

18. [2020广东]上课时，有些学生经常会以个性化的方式引起老师的注意，在同学面前出风头。这说明班级管理具有(　　)

A. 及时性　　B. 对象的特殊性　　C. 不可预测性　　D. 针对性

二、多项选择题

1. [2021江西]关于班主任，下列论述不正确的是(　　)(易错)

A. 我国中小学正式设立班主任的时间是1951年

B. 班主任应该进行个性化班级文化建设

C. 班主任可以通过对知情者的调查，从侧面了解学生

D. 班主任应该主动与家长联系，但可以不经常与学生所在的社区进行联系

2. [2021安徽]班级管理的有效性体现为(　　)

A. 强大的内聚力　　B. 良好的执行力

C. 充分的竞争力　　D. 积极的影响力

3. [2022辽宁]班集体的核心队伍由(　　)组成。(常考)

A. 学生家长　　B. 班主任　　C. 班干部　　D. 积极分子

4. [2020河南]下列选项中，属于班主任工作原则的有(　　)

A. 以身作则原则　　B. 自主原则

C. 学生主体原则　　D. 集体教育原则

5. [2020天津]班主任工作中的操行评定的目的包括(　　)

A. 教育学生奋发向上，肯定优点，找出缺点，指出努力的方向

B. 帮助家长全面了解子女在学校的情况，以便与教师密切配合，共同教育学生

C. 帮助班主任总结工作经验，找出问题并改进工作

D. 配合教育部门的规定，完成阶段性师德师风教育评定的各项要求

三、判断题

1. [2022广东]科任教师的主要职责是提升学生的学科成绩，而班主任的主要职责是关注学生的品德发展。(　　)

2. [2018广西]班级组织的健康发展在很大程度上取决于班主任对班级成员的认知和理解程度。(　　)

3. [2022辽宁]班主任在组织校外活动的过程中，要真正从锻炼、教育学生出发，抓落实，抓实效，不搞形式主义。(　　)

4. [2017山东]当代学校教育中的班主任必须实行由管理者角色向指导者角色的重心转移。(　　)

5. [2020广东]班级是一个以学习为中心的组织。(　　)

6. [2022广东]班主任又称“班级导师”，主要是强调班主任应该以管理者的身份进行工作。(　　)

第九章　课外、校外教育与三结合教育

基础训练

一、单项选择题

1. [2022河南]在课外活动中,学生摄影小组举办的摄影作品大赛属于(　　)

A. 学科活动　B. 科技活动　C. 艺术活动　D. 游戏活动

2. [2022辽宁]课外活动的内容不包括(　　)

A. 科技活动　B. 群众性活动

C. 文艺活动　D. 社会活动

3. [2022内蒙古]关于教师与家长的关系,下列说法不正确的是(　　)

A. 教师要了解、教育学生必须取得家长配合

B. 教师应帮助家长树立起对学生教育的信心

C. 尊重是教师与家长沟通合作的前提

D. 针对学生存在的问题,教师可以在家长面前数落孩子的不是

4. [2019广东]苏霍姆林斯基认为,课外、校外活动使"青少年迈上了科学思维的道路"。这说明课外、校外活动(　　)

A. 有利于发展学生智力,培养学生能力　B. 有利于发展学生的个性特长

C. 可促进学生身心的健康发展　D. 是进行德育的重要途径

5. [2017吉林]在课外活动中,学生自己组织、自己设计、自己动手,体现了课外活动的(　　)(常考)

A. 灵活性　B. 自愿性　C. 自主性　D. 实践性

6. [2020河北]课外、校外活动的基本形式是(　　)

A. 个别活动　B. 小组活动　C. 社区活动　D. 家庭活动

7. [2020内蒙古]教育活动要注意"三结合","三结合"的教育一般是指(　　)(常考)

A. 学校、家庭、社会教育三结合　B. 班主任、科任老师、家长教育三结合

C. 校长、教师、家长教育三结合　D. 家庭、环境、学校教育三结合

8. [2018陕西]存在于小学课堂教学活动之外、是学生多方面教育的有效形式、能够弥补课堂教学活动局限性的是(　　)

A. 班会　B. 家长会　C. 家访　D. 课外活动

9. [2020福建]有关部门在街道宣传栏张贴公益广告,向大众倡导垃圾分类。这种教育活动属于(　　)

A. 特殊教育　B. 社会教育　C. 学校教育　D. 通才教育

10. [2018河南]"养不教,父之过",我国历来重视亲子关系,重视父辈对子辈的家庭教育。下列关于家庭教育的说法,错误的是(　　)

A. 家庭教育是学校教育的基础和补充　B. 家庭是第一所学校,父母是第一任老师

C. 家庭教育内容更具有生活化的特点　D. 家庭教育占主导地位,影响孩子的一生

11. [2020山东]某班开展以"小发明、小创造"为主题的兴趣活动,这属于课外活动中的(　　)

A. 文艺活动　B. 体育活动　C. 科技活动　D. 游戏活动

12. [2017山东]从时间上看,相对其他教育形式来说,家庭教育的特点是(　　)

A. 开始最早,持续时间最短　B. 开始最早,持续时间最长

C. 开始较晚,持续时间最长　D. 开始较晚,持续时间较短

13. [2017辽宁]课外活动的主体是(　　)

A. 教师　B. 学生　C. 社会工作人员　D. 科技工作者

14. [2018陕西]学生在教师的帮助和指导下,根据个人的特长、能力水平和兴趣爱好独立地进行各种学习和实践活动的组织形式是(　　)

A. 个人活动　B. 小组活动　C. 群众性活动　D. 团体活动

15. [2018山西](　　)是学校与家庭取得联系的较为普遍的方式,学校在采取比较重大的措施时,要通过这种方式征求家长意见。

A. 互访　B. 家长会　C. 家长委员会　D. 独立谈话

16. [2020河北]课外活动与课堂教学在(　　)上是统一的。(常考)

A. 教育目的　B. 教育内容　C. 教育方法　D. 教育组织形式

17. [2019广东]某中学的"生物兴趣小组"提倡学生自由管理、自行设计、自由发展,在活动过程中,学生自己读书、汲取信息、找资料、做实验、搞活动,遇到困难问题,学生自己动脑思考分析,教师仅担任指导、辅助的角色,使学生的主观能动性得到了充分发挥。这突出体现了课外活动的(　　)

A. 灵活性　B. 自主性　C. 选择性　D. 多样性

18. [2019河北]家庭教育会直接或间接地影响子女的一生。家风的好坏往往要延续几代人,如"杏林世家""梨园之家""教育世家"等。这体现了家庭教育的(　　)

A. 情感性　B. 全面性　C. 稳定持久性　D. 权威性

二、多项选择题

1. [2021贵州]课外、校外教育是指在课程计划和学科课程标准外,利用课余时间对学生施行的各种(　　)的教育活动。

A. 有目的　B. 有计划　C. 有分类　D. 有组织

2. [2020辽宁]群众性活动是课外活动最普遍的一种活动形式,下列课外活动的形式属于群众性活动的有(　　)

A. 社会公益活动　B. 艺术小组活动　C. 参观、报告　D. 调查、旅行

3. [2018黑龙江]学校教育与家庭教育相互配合的方法有(　　)(常考)

A. 互访　　B. 民主评议　　C. 家长会　　D. 家长委员会

4. [2019山东]课外、校外教育活动的组织形式有(　　)

A. 群众性活动　　B. 小组活动　　C. 个别活动　　D. 亲子活动

E. 文体活动

5. [2018广西]实施课外活动的基本要求是(　　)

A. 有明确的目的　　B. 学生起主导作用

C. 充分发挥学生的主观能动性　　D. 要因地、因校制宜

三、判断题

1. [2022河北]"知子莫若父,知女莫若母。"这体现了家庭教育的全面性。(常考)　(　　)
2. [2020天津]课外教育是指在课程计划和学科课程标准之外开展的教育活动,所以选修课不属于课外教育。(易错)　(　　)
3. [2017江苏]与课堂教学相比,课外活动更有利于因材施教原则的实施。　(　　)
4. [2019广东]学校生活可以在一定程度上代替家庭生活,因为学校生活的规范性比家庭生活更强。　(　　)
5. [2017广西]课堂教学与课外活动是相辅相成的。　(　　)
6. [2021贵州]家庭教育具有先导性。　(　　)

四、案例选择题

案例　某小学开展"全面发展,学有特长"系列课外活动。其中,低、中、高年级分别以"折纸、纸编"制作、"手抄报"设计、"劳动智慧星"小发明创造为活动主题,同学们可以从自己的爱好出发,自愿参与各种活动。这些活动锻炼了同学们的动手动脑能力,唤起了他们的创作欲望。

[2019广西]从组织课外活动基本要求的角度分析,上述课外活动(　　)(不定项选择)

A. 有明确的目的　　B. 符合学生的年龄特点

C. 丰富多彩,新颖有趣　　D. 充分发挥了学生的积极性

整合提升

一、单项选择题

1. [2022辽宁]星火学校开展家庭教育讲座,向家长宣传国家教育政策法规,普及教育学和心理学知识。这属于学校对家庭教育的(　　)(易错)

A. 一般性指导　　B. 针对性指导　　C. 分类指导　　D. 个别指导

2. [2022福建]爷爷和小明在共同观看电视节目《中国诗词大会》时,爷爷向小明介绍了古诗词的写作背景。这种教育活动属于(　　)

A. 学校教育　　B. 家庭教育　　C. 社会教育　　D. 特殊教育

3. [2022辽宁]下列属于课外科学技术活动的是(　　)

A. 甲校根据学生的爱好,在校庆日当天举办音乐节

B. 乙校组织的学生围棋比赛和相关集训

C. 丙校举办的关于"双星伴月"天文奇观的知识普及讲座

D. 丁校开展"致敬袁隆平"主题团日系列活动

4. [2020山东]学生的学校生活与家庭生活最大的差别是(　　)

A. 教育性　　B. 强制性　　C. 指导性　　D. 支持性

5. [2020江苏]小明经常迟到,于是老师周末家访,以下错误的是(　　)

A. 家庭教育不可缺位　　B. 家校共育十分必要

C. 家访是家校沟通渠道　　D. 学校教育是家庭教育的补充

6. [2019江苏]某老师接到班上一名学生家长的电话,该家长跟老师抱怨,认为老师对孩子的某种错误行为的处理有失公正,为此老师约家长面谈,处理该问题。老师与家长会面时,首先应(　　)

A. 倾听,让家长充分地表达观点以及情绪

B. 告知,使家长了解学校相关的校规校纪

C. 解释,给家长详细解释处理此事的充分理由

D. 商讨,共同讨论如何缓解处罚对孩子的影响

7. [2018广西]学生进行课外阅读最适合的形式是(　　)

A. 个人活动　　B. 群众性活动　　C. 小组活动　　D. 各学科活动

8. [2020河南]"家校携手,共育学子"的理念,侧面反映了家庭教育的(　　)

A. 强制性　　B. 局限性　　C. 普及性　　D. 民主性

9. [2020辽宁]为了传承我国悠久的文化精髓,加深学生对书法艺术的了解,丰富学生的课余生活,某小学计划在本周课外活动时间举办书法大赛。在课外活动中举办书法大赛属于(　　)

A. 游戏活动　　B. 学科活动　　C. 科技活动　　D. 文体活动

10. [2017广西]实施课外活动最基本的要求是(　　)

A. 对学生进行统一考核　　B. 学生要有活动总结

C. 活动要统一分配小组　　D. 要满足学生的兴趣

11. [2020山西]课堂教学完全按照国家规定的课程计划、学科课程标准进行系统的知识传授和技能训练,所以很难照顾到学生的个别差异,而课外活动正好能弥补这一缺陷,更有利于(　　)

A. 发展学生个性　　B. 促进"温故知新"

C. 加强"教学相长"　　D. 坚持"循序渐进"

12. [2019广东]孩子从很小的时候就会模仿父母的行为,所以父母一定要做好榜样,表里如一。这体现的是家庭教育的(　　)

A. 先导性　　B. 权威性　　C. 感染性　　D. 针对性

13. [2018 山东]近年来,我国学校教育一直大力提倡课内活动与课外活动相结合。下列古语的表述能体现这一思想的是(　　)(常考)

A. 道而弗牵,强而弗抑,开而弗达　　B. 发然后禁,则扞格而不胜

C. 时教必有正业,退息必有居学　　D. 学而时习之,不亦说乎

二、多项选择题

1. [2019 广东]学校教育的主导作用能否实现,实现的程度如何,取决于学校教育内外的许多因素。下列属于学校外部因素的是(　　)

A. 社会影响与学校影响的一致性

B. 教育内容,特别是知识的质量和教师在教授过程中所采取方法的性质和水平

C. 教师的工作态度和责任心

D. 家庭教育与学校教育的配合、协调程度

2. [2021 山西]《学记》中记载:"大学之教也,时教必有正业,退息必有居学。"所谓"正业"就是指课堂教学,"居学"就是指课堂教学以外的活动。以下关于课外活动的论述,正确的有(　　)

A. 课外活动与课堂教学相比,具有很强的实践性

B. 课外活动不仅能在校外进行,也能在校内进行

C. 选修课是学生自己选择的课外活动

D. 课外活动就是综合实践活动

3. [2020 辽宁]家访是进行个别家庭教育指导的一种常用的有效方式,主要是解决个别儿童、青少年的家庭教育问题。实现有效家访的途径有(　　)

A. 确定家访对象,明确家访目标

B. 家访时间要尽量短,保证在一定时间内家访量最多

C. 家访时的谈话要严格按照事先列的提纲进行

D. 要做好家访记录并及时反馈

第十章　教育研究

基础训练

一、单项选择题

1. [2020 山西]被认为是"教师专业发展和自我成长的核心因素"的是(　　)(常考)

A. 自我发展　　B. 专业引领　　C. 自我反思　　D. 同伴互助

2. [2017 河南]教师提高研究技能的三种途径(　　)

A. 自主、合作、探究　　B. 阅读、合作、行动研究

C. 学习、讨论、创新　　D. 兴趣、发现、研讨

3. [2021 河南]身处教育实践第一线的研究者与受过专门训练的科学研究者密切合作,以教育实践中存在的某一问题作为研究对象,通过合作研究,再把研究结果应用到自身从事的教育实践中去的研究方法属于(　　)(常考)

A. 行动研究法　　B. 观察法　　C. 实验法　　D. 个案法

4. [2020 山东]学校要求教师相互听课、研讨问题,这体现了校本研究倡导的(　　)

A. 同伴互助　　B. 自我反思　　C. 专家引导　　D. 问题驱动

5. [2018 福建]在较长时间内,通过系统搜集特定个体的有关资料,研究其发展变化过程。这种研究方法是(　　)

A. 观察法　　B. 调查法　　C. 行动研究法　　D. 个案研究法

6. [2019 浙江]以下不属于行动研究特点的是(　　)

A. 为教育行动而研究　　B. 研究成果的广泛适用性

C. 在教育行动中研究　　D. 由教育行动者研究

7. [2019 福建]开展教育科学研究的第一个步骤是(　　)

A. 编制工具　　B. 提出课题　　C. 查阅文献　　D. 收集和分析数据

8. [2021 河南]下列选项中,不属于校本教研基本要素的是(　　)

A. 上级领导的正确指示　　B. 研究人员的专业引领

C. 教师个体的自我反思　　D. 教师集体的同伴互助

9. [2021 河南]在教育理论指导下,通过运用观察、列表、问卷、访谈、个案研究以及测验等方式,收集教育问题的资料,从而对教育的现状做出科学的分析认识,并提出具体工作建议的一整套实践活动的研究方法是(　　)

A. 导向研究法　　B. 调查研究法　　C. 教育规范研究法　　D. 教育培养研究法

10.［2019广东］教师在选定研究问题时一定要具体、适度，研究范围要明确界定，且（　　）

A. 宜小不宜大　　B. 宜宽不宜窄　　C. 宜旧不宜新　　D. 宜虚不宜实

11.［2020安徽］李老师每天都坚持写日记，记录自己当天的教育教学过程和事例，对自己的教学实践进行反思和改进。这种教育研究方法是（　　）

A. 历史研究法　　B. 教育实验法　　C. 调查研究法　　D. 叙事研究法

12.［2017广西］直接以自己的生产、科研、社会活动等实践为依据撰写出来的文献属于（　　）（易混）

A. 一次文献　　B. 二次文献　　C. 三次文献　　D. 检索性文献

13.［2021广东］观察法是学校教育中常用的研究方法，根据对观察的环境条件是否进行控制和改变，可将观察法分为（　　）

A. 定量观察与定性观察　　B. 直接观察与间接观察

C. 自然情境中的观察与实验室中的观察　　D. 参与式观察与非参与式观察

14.［2018吉林］想了解学生家长对小学生参加劳动所持的态度，最适宜的研究方法是（　　）

A. 教育调查法　　B. 教育观察法　　C. 教育实验法　　D. 教育叙事研究法

15.［2019河北］校本研究的主体是（　　）

A. 学校领导　　B. 学校教师　　C. 学生群体　　D. 研究机构人员

16.［2018山西］行动研究法是教育研究方法之一。有关行动研究法的缺点，下列说法正确的是（　　）

A. 无法将理论研究与实践问题结合起来，解决实际问题的有效性较差

B. 研究样本受具体情境的限制，缺少控制，影响研究的代表性

C. 对研究人员的语言技能、洞察力有较高要求

D. 研究结论一定会遇到伦理道德问题

17.［2018山东］针对研究问题，事先精心设计，规定好观察项目，选定观察对象，采用观察工具，在观察中写观察量表，并对观察资料进行分析。这种观察属于（　　）

A. 非结构性观察　　B. 结构性观察　　C. 定性观察　　D. 随机性观察

18.［2017山东］起源于人类学、社会学、民俗学等学科，建立在经验和直觉的基础上，以研究者本人作为研究工具，在与研究对象的互动中理解和解释其行为和意义建构的教育研究方法是（　　）

A. 行动研究法　　B. 质性研究法　　C. 观察法　　D. 教育叙事研究法

二、多项选择题

1.［2021贵州］下列属于原始文献的有（　　）

A. 专题述评　　B. 索引　　C. 论文　　D. 实验报告

2.［2020山东］校本教研是教师专业发展的重要途径。校本教研的基本特征是（　　）

A. 依赖专家力量　　B. 基于学校力量　　C. 在学校研究　　D. 为了学校研究

3.［2021河南］教育研究的基本性质包括（　　）

A. 文化性　　B. 价值性　　C. 系统性　　D. 主体性

4.［2018陕西］教育调查是了解教育情况，研究教育问题的基本方法，教育调查分为（　　）和个案调查。

A. 全面调查　　B. 重点调查　　C. 问卷调查　　D. 抽样调查

5.［2021河南］二次文献是对原始文献加工、整理，使之系统化、条理化的检索性文献，一般包括（　　）（易混）

A. 题录　　B. 书目　　C. 索引　　D. 提要

三、判断题

1.［2022浙江］行动研究的基本过程大致分为循序渐进的四个环节，即计划、行动、反思和考察。（易错）（　　）

2.［2019吉林］在教育科研工作中，要开展调查研究，则调查面应该尽可能拓宽，调查内容尽可能体现全面性、代表性，以获取与调查问题有关的各方面材料。（　　）

3.［2017广西］教育叙事研究必须以教育故事为载体。（　　）

4.［2018山东］个案法是研究者在自然状态下，对特殊或典型的案例进行全面、深入的调查和分析，来认识该案例的现状或发展变化的研究方法。它是教育研究中运用广泛的定量研究方法，也是描述性研究和实地调查的一种具体方法。（　　）

四、案例选择题

案例　思维导图是用图解的形式和网状的结构，加上关键词和关键图像，对信息进行储存、组织和优化的思维工具。江老师在知道朋友的女儿使用“思维导图”写作文获得成功后，针对班上同学害怕写作文的现状，决定尝试将“思维导图”应用于作文教育。他查阅有关“思维导图”的文献资料后，先引导学生画“思维导图”，然后引导学生利用“思维导图”进行写作。经过一段时间的训练，学生不再害怕写作文，作文中的叙述也变得言之有物和言之有序了。江老师遂将他的研究成果与同事分享。

［2017广西］从教师行动研究的角度分析，上述材料表明（　　）（不定项选择）

A. 江老师的研究符合教育行动研究的要求

B. “思维导图”的运用提高了学生的写作水平

C. 教育行动研究无需公开研究成果

D. 教育行动研究无需持续进行

整合提升

一、单项选择题

1.［2022安徽］以个体或更大的系统或组织为对象，对其进行详尽、系统的描述和研究，以帮助人们发现和解决问题，或促进现存理论进一步发展的研究方法是（　　）

A. 调查研究法　　B. 个案研究法　　C. 观察研究法　　D. 历史研究法

2. [2022 辽宁]在“双减”政策下,研究某小学课后延时服务的过程中存在的问题最适宜的研究方法是( )

A. 观察法 B. 实验法 C. 行动研究法 D. 调查法

3. [2022 山东]研究者通过搜集和分析研究对象的日常教育经历和体验,在解构和重构个体教育故事的过程中获得对个体经历的解释性理解。这种教育研究方法是( )

A. 教育调查研究 B. 教育行动研究

C. 教育叙事研究 D. 教育案例研究

4. [2019 吉林]某老师认为差生抄作业要比不交作业强,于是提出了“如何让差生抄作业”的课题。该老师的课题选择违反了教学的( )

A. 实践性 B. 时效性 C. 目标性 D. 科学性

5. [2020 安徽]“宁凿一口井,不挖一条沟”用于教育科研选题,要求选题的( )

A. “立足”要高 B. “射点”要准 C. “切口”要小 D. “方向”要正

6. [2021 安徽]问卷调查是常用的教育科学研究方法,使用该研究方法的第一个步骤是( )

A. 确定研究目标 B. 选择调查对象 C. 设计问卷 D. 发放问卷

7. [2019 辽宁]教育科研是以教育科学理论为武器,以教育领域中发生的现象为对象,以探索教育规律为目的的创造性的认识活动。关于教育科研的基本程序,下列最为恰当的是( )

A. 选定课题—申请立项—批准立项—制订方案—分析研究—撰写报告—申请结题—专家论证—专家鉴定—成果评奖—成果推广

B. 选定课题—申请立项—专家论证—批准立项—制订方案—分析研究—撰写报告—申请结题—专家鉴定—成果评奖—成果推广

C. 选定课题—申请立项—制订方案—专家论证—批准立项—分析研究—撰写报告—申请结题—成果评奖—成果推广

D. 选定课题—申请立项—制订方案—批准立项—专家论证—分析研究—撰写报告—申请结题—成果评奖—成果推广

8. [2018 广西]张老师积极参加学校的教学改革研究活动。经过一段时间的酝酿,他确定了“中国儿童教育发展研究”这一课题,这样的选题违背了教育研究选题的( )

A. 需要性原则 B. 科学性原则 C. 可行性原则 D. 创新性原则

9. [2020 山东]如果总体中每个个体被抽到的机会是均等的,并且在抽取一个个体之后总体内成分不变,那么这种抽样方法被称为( )

A. 简单随机抽样 B. 等距抽样 C. 分层随机抽样 D. 整群随机抽样

10. [2021 广东]教师利用已有的教研成果,为实际教学问题的解决提供可行的方案和实践方法。这属于教育研究中的( )(易错)

A. 基础研究 B. 实验研究 C. 行动研究 D. 开发研究

11. [2021 安徽]通过对以往事物的原因、结果或趋向进行分析,以帮助解释目前事件和预测未来事件的教育研究方法是( )

A. 实验研究 B. 比较研究 C. 相关研究 D. 历史研究

12. [2020 河北]以马克思主义理论为指导,重视研究对象发展的时间顺序和空间变换,是( )的基本要求。

A. 调查研究 B. 实践研究法 C. 历史研究法 D. 行动研究法

13. [2017 广西]为了研究小学生英语口语交际能力的影响因素,张老师首先查阅了大量的文献,然后确定了自变量和因变量,接着将“研究假设”表述为“班级规模与小学生英语口语交际能力呈负相关”,现正思考研究方法。当前张老师的课题研究处于( )环节。(易错)

A. 确定选题 B. 制订计划 C. 实施计划 D. 总结整理

14. [2018 河南]教育行动研究最关键、最核心的环节是( )

A. 实践尝试行动策略 B. 拟定解决问题的可能方案与策略

C. 分析所要研究的问题 D. 反馈与评价行动结果

二、多项选择题

1. [2021 山东]为了研究的需要,研究人员进入学校,随堂听课,这属于( )

A. 自然情境中的观察 B. 实验室中的观察

C. 直接观察 D. 间接观察

2. [2020 辽宁]关于教师从事教育研究的意义,以下描述正确的有( )

A. 有利于教师解决教育教学实际问题 B. 可以使课程、教学与教师真正融为一体

C. 可以促进教育科学发展 D. 是教师在完成本职工作中进行的

E. 可以促进教师持续的专业成长与发展

3. [2020 广东]教师在行动研究实践中,明确问题的方式有( )

A. 通过教育实践中面临的问题 B. 通过理论学习受到的启发

C. 通过他人成功经验的启示 D. 通过社会调查发现问题

4. [2019 内蒙古]访谈调查法是了解学生状况的一种方法,其类型有( )

A. 正式访谈、非正式访谈 B. 间接访谈、相互访谈

C. 个别访谈、团体访谈 D. 家庭访谈、社区访谈

第二部分　心理学

第一章　心理学概述

基础训练

一、单项选择题

1. [2022 福建]主张人的每一种经验都是一个整体，整体先于部分，整体大于部分之和的心理学流派是(　　)

A. 认知心理学　　B. 格式塔心理学

C. 人本主义心理学　　D. 机能主义心理学

2. [2020 山东]小狗听见主人叫它的名字时，就会跑到主人面前来，这种心理现象属于(　　)(易错)

A. 第一信号系统　　B. 第二信号系统　　C. 无条件反射　　D. 本能反射

3. [2020 江苏]下列对应关系中正确的是(　　)

A. 构造主义心理学——斯金纳　　B. 行为主义心理学——冯特

C. 人本主义心理学——安吉尔　　D. 机能主义心理学——杜威

4. [2019 湖北]两个人看见桌子上的半瓶水，一个学生说："只有半瓶了。"另一个学生说："还有半瓶呢！"这说明了心理对客观现实的反映具有(　　)

A. 真实性　　B. 被动性　　C. 客观性　　D. 主观性

5. [2018 河南]下列不属于反射活动的是(　　)(易错)

A. 草履虫的趋利避害反应　　B. 人的手被火烫便立即移开

C. 黑猩猩解决问题从而获取食物的行为　　D. 学生听到铃声进教室上课

6. [2019 山东]心理学作为一门独立的科学诞生于(　　)

A. 1879 年　　B. 1897 年　　C. 1789 年　　D. 1798 年

7. [2020 河北]下述哪项属于大脑左半球的功能(　　)

A. 绘画、绘图能力　　B. 建造能力　　C. 计算能力　　D. 音乐能力

8. [2019 江苏]听觉中枢位于大脑皮层的(　　)

A. 额叶　　B. 顶叶　　C. 颞叶　　D. 枕叶

9. [2021 天津]建立了世界上第一个心理学实验室，被称为"科学心理学之父"的心理学家是(　　)

A. 华生　　B. 詹姆士　　C. 冯特　　D. 铁钦纳

10. [2019 辽宁]周围神经系统由 12 对脑神经和(　　)对脊神经组成。

A. 11　　B. 21　　C. 31　　D. 35

11. [2018 安徽]心理学是研究心理现象及其发生发展规律的科学，心理现象又称(　　)

A. 心理过程　　B. 心理特征　　C. 心理活动　　D. 心理特质

二、多项选择题

1. [2018 辽宁]中枢神经系统包括(　　)

A. 脑　　B. 脑神经　　C. 植物性神经　　D. 脊髓

2. [2019 河南]下列选项中属于认知过程的有(　　)(常考)

A. 感觉　　B. 记忆　　C. 思维　　D. 信念

3. [2020 黑龙江]下列选项中属于心理过程的是(　　)

A. 认知过程　　B. 情绪情感过程　　C. 意志过程　　D. 动机过程

4. [2019 河南]下列属于个性心理特征的是(　　)

A. 认知　　B. 能力　　C. 气质　　D. 性格

三、判断题

1. [2021 贵州]人本主义学派是西方心理学的第三势力。(　　)

2. [2020 辽宁]注意是一种独立的心理现象。(常考)(　　)

3. [2019 河南]"谈梅生津"属于第二信号系统的条件反射。(　　)

4. [2018 内蒙古]需要、兴趣、情感、意志的形成属于社会发展。(　　)

5. [2017 河南]我们专心致志地看书时，对周围的情况"视而不见、听而不闻"是由于正诱导。(　　)

6. [2018 安徽]心理学源于哲学。(　　)

7. [2020 湖南]精神分析心理学主张研究无意识，被称为心理学的"第一势力"。(　　)

四、填空题

1. [2021 福建]科学心理观认为，心理是人脑对________的主观能动的反映。

2. [2021 江苏]人的心理的实质是________。

3. [2019 福建]神经系统结构和功能的基本单位是________。

整合提升

一、单项选择题

1. [2022 山东]在人的个性心理倾向性中，决定着一个人总的思想倾向的是(　　)

A. 需要与动机　　B. 信念与世界观

C. 自我意识　　D. 自我价值观

2. [2019 山东]心理状态是从心理过程向个性心理特征转化的(　　)环节。(易错)

A. 开端　　B. 外部　　C. 终端　　D. 中间

3. [2018 河南](　　)是人进行活动的基本动力,是个性结构中最活跃的因素,它决定着人对现实的态度和对认识活动对象的选择。(易混)

A. 能力　　B. 气质

C. 个性心理倾向性　　D. 个性心理特征

4. [2020 河北]4岁左右儿童的大脑皮层各区的突触密度已经达到顶峰,与成人相比约为(　　)

A. 150%　　B. 120%　　C. 80%　　D. 60%

5. [2019 内蒙古]现代心理学诞生和发展的两个重要历史渊源是哲学和(　　)

A. 社会学　　B. 生理学　　C. 人类学　　D. 物理学

6. [2018 安徽]心理状态是指人在某一时刻的心理活动水平。以下属于心理状态的是(　　)

A. 勤劳　　B. 心境　　C. 记忆　　D. 态度

7. [2021 辽宁](　　)是人们获得知识或应用知识的过程,或对信息进行加工的过程,是人的最基本的心理过程。

A. 认知过程　　B. 情绪过程　　C. 情感过程　　D. 意志过程

8. [2018 陕西]认知过程包括感觉、知觉、记忆、思维、想象等过程,其中认知过程的核心是(　　)

A. 感觉　　B. 知觉　　C. 思维　　D. 记忆

二、多项选择题

1. [2019 山西]下列活动属于第一信号系统的是(　　)

A. 望梅生津　　B. 谈虎色变　　C. 飞蛾扑火　　D. 鹦鹉学舌

2. [2019 河南]心理学研究的具体任务是(　　)

A. 描述和测量　　B. 理解和说明　　C. 预测和控制　　D. 探索和发现

三、判断题

1. [2019 河南]巴甫洛夫认为人的性本能是最基本的自然本能,它是推动人发展的潜在的、无意识的、最根本的动因。(　　)

2. [2018 河南]婴幼儿大脑皮层易于兴奋,不易抑制,所以控制自己的能力差。(　　)

第二章　认知过程

基础训练

一、单项选择题

编者按:因题量较大,特将本题型划分为2个题组,考生可分组进行训练。

题组1:第1~80题

1. [2022 安徽]小学低年级学生常混淆"b"和"d",根本在于(　　)发展不完善。

A. 大小知觉　　B. 深度知觉　　C. 方位知觉　　D. 运动知觉

2. [2022 福建]学生在背诵温庭筠的《望江南》时,通常更容易记住首句"梳洗罢,独倚望江楼"和末句"肠断白蘋洲",而中间句"过尽千帆皆不是,斜晖脉脉水悠悠"却容易混淆,这种现象是(　　)

A. 上下文效应　　B. 罗森塔尔效应　　C. 系列位置效应　　D. 蔡加尼克效应

3. [2022 河南]教室里一片喧哗声,教师突然放低声音或停止说话以引起幼儿的注意,这是利用了(　　)

A. 刺激物的新异性　　B. 刺激物的变化

C. 刺激物的运动　　D. 刺激物的对比

4. [2021 安徽]"新官上任三把火""开门红""下马威"体现的是社会知觉偏差中的(　　)(易错)

A. 首因效应　　B. 晕轮效应

C. 近因效应　　D. 投射效应

5. [2020 辽宁]梦是(　　)的一种特殊形式。

A. 无意识记　　B. 随意想象　　C. 不随意想象　　D. 有意识记

6. [2022 辽宁]在体育课上进行户外活动时,小明盯着太阳看了一会儿再看地面,觉得地面上出现了一团黑色的影子。这种现象属于(　　)

A. 感觉后效　　B. 感觉对比　　C. 感觉补偿　　D. 感觉适应

7. [2022 安徽]在正午和傍晚,因光线的不同,同一朵花的色彩也是不同的,但我们还是认为花的色彩没有发生变化,这体现了知觉的(　　)(常考)

A. 整体性　　B. 恒常性　　C. 理解性　　D. 选择性

8. [2021 安徽]观察的(　　)是指在观察中善于区分出事物细微而重要的特征的品质。

A. 客观性　　B. 目的性　　C. 精细性　　D. 敏锐性

9. [2019 山东]演讲采用的言语形式主要是(　　)

A. 书面言语　　B. 内部言语　　C. 对话言语　　D. 独白言语

10. [2020 辽宁]注视一个红色的对象一定时间以后，再将视线转到白色的背景上，看到一个蓝绿色的对象，这是(　　)造成的。

A. 视觉后像　　B. 闪光融合　　C. 联觉　　D. 遗觉表象

11. [2021 安徽]有些演员能够自拉自唱，或者边说话边打快板，这指的是(　　)

A. 注意的广度　　B. 注意的稳定性　　C. 注意的分配　　D. 注意的转移

12. [2021 广东]根据识记时对材料是否理解，学生对无意义音节、地名、人名、历史年代等的识记属于(　　)

A. 机械识记　　B. 意义识记　　C. 无意识记　　D. 有意识记

13. [2021 江苏]遗忘的进程受多种因素影响，以下表述正确的是(　　)

①学习者最先遗忘的往往是对其没有重要意义的材料

②一般情况下，学习者对于熟悉的情景材料遗忘较慢

③在学习程度相等的情况下，识记材料越多遗忘越慢

④适当的过度学习对学习者的记忆保持具有正向作用

A. ①②③　　B. ①②④　　C. ②③④　　D. ①②③④

14. [2021 安徽]阅读鲁迅先生的《孔乙己》时，脑海中浮现出一个站着喝酒、穿着长衫的人物形象。这种想象属于(　　)

A. 再造想象　　B. 创造想象　　C. 幻想　　D. 无意想象

15. [2021 河南]过度学习的记忆效果最好，那么小红花了十分钟刚好记住《山行》，她还需要继续背诵(　　)，才最有利于保持记忆。(常考)

A. 5 分钟　　B. 10 分钟　　C. 15 分钟　　D. 20 分钟

16. [2022 福建]从个体思维的发展来看，最先出现的思维是(　　)

A. 形象思维　　B. 抽象思维　　C. 动作思维　　D. 逻辑思维

17. [2021 浙江]之前小轩学习写毛笔字时，需要注意坐姿、书写规范和写字顺序，临摹十分钟就觉得很累了，但是现在给社区写了很多副春联，一个上午也不觉得疲倦，这种表现是(　　)

A. 无意注意　　B. 有意注意　　C. 有意后注意　　D. 随意注意

18. [2022 河北]初中阶段的学生在思考、分析问题时极易钻牛角尖，甚至陷入其中难以自拔，这说明初中生的思维具有(　　)

A. 片面性　　B. 表面性　　C. 深刻性　　D. 广阔性

19. [2020 辽宁]考试时的选择题是对识记材料的(　　)

A. 再认　　B. 编码　　C. 回忆　　D. 追忆

20. [2021 江苏]教师讲课时，一位小学生一会儿听教师讲，一会儿翻书看，一会儿在本子上写着什么。你认为这位小学生这时的注意状态是(　　)(易错)

A. 稳定的　　B. 起伏的　　C. 转移的　　D. 分散的

21. [2018 内蒙古]面对问题情境时，我们在短时间内产生的观念越多，说明我们思维的哪项指标发展的越好(　　)

A. 流畅性　　B. 变通性　　C. 独特性　　D. 精密性

22. [2021 安徽]看到天上的白云，根据它的变动，人们不由自主地把它想象为一群羊、一团棉花。这种想象属于(　　)

A. 无意想象　　B. 有意想象　　C. 再造想象　　D. 幻想

23. [2018 河北]古诗句“欢娱嫌夜短，寂寞恨更长”描写的心理现象是(　　)

A. 空间错觉　　B. 时间错觉　　C. 运动错觉　　D. 视觉错觉

24. [2022 天津]在《西游记》这部著作中，塑造了类似于“雷公”“电母”“风神”等人物形象，这属于想象中的(　　)加工方式。

A. 黏合　　B. 夸张　　C. 拟人化　　D. 典型化

25. [2020 山西]学生记忆数学公式、物理定律和化学方程式，这属于(　　)

A. 语词逻辑记忆　　B. 情绪记忆　　C. 形象记忆　　D. 动作记忆

26. [2019 广东]丁丁在物理课上学习了吸热、放热的知识后，明白了撒盐能使冰更快溶解。回家后看到妈妈正在解冻肉类，于是用盐帮妈妈更快速地解冻食物。这体现了(　　)(易混)

A. 比较　　B. 分类

C. 抽象　　D. 具体化

27. [2018 河南]人的注意会经常出现周期性的加强和减弱，所以应合理设置学生的上课时间，保证最佳的教学效果。这一现象反映了(　　)

A. 注意的稳定性　　B. 注意的广度　　C. 注意的分配　　D. 注意的转移

28. [2020 安徽]有些学生在上课时经常走神，被一些无关刺激吸引，大大降低了他们的学习效率。这属于(　　)

A. 注意的抑制　　B. 注意的转移　　C. 注意的分散　　D. 注意的分配

29. [2022 辽宁]高中选科后，小路对不再学习的科目的知识发生了遗忘，最适合解释这种遗忘原因的理论是(　　)

A. 干扰说　　B. 记忆痕迹衰退说　　C. 压抑说　　D. 提取失败说

30. [2019 山西]学生空间想象力发展的加速期或关键期出现在(　　)(易错)

A. 小学三年级之前　　B. 小学五、六年级　　C. 初中二、三年级　　D. 高中二、三年级

31. [2018 天津]从信息加工的观点看，记忆的基本过程是(　　)

A. 输入—编码—提取　　B. 编码—储存—提取

C. 储存—加工—提取　　D. 输入—加工—使用

32. [2020 辽宁]视觉的明适应是感受性的(　　)

A. 降低　　B. 提高　　C. 稳定　　D. 都不是

33. [2020山西]注意(　　)的大小主要取决于一个人已有的经验和知识。经验愈多,知识愈广,就愈善于组织所感知的对象,把它们联系成一个整体来感知。

A. 广度　B. 稳定性　C. 分配　D. 转移

34. [2022河南]为了帮助学生区分"燥""躁"二字,教师把偏旁部分标成红色,这符合(　　)

A. 知觉的选择性　B. 知觉的恒常性

C. 知觉的理解性　D. 知觉的整体性

35. [2019山东]对差别感受性与差别阈限关系的描述,下列说法正确的是(　　)

A. 差别阈限越小,差别感受性越大　B. 差别阈限与差别感受性呈正比关系

C. 差别阈限与差别感受性呈倒U型关系　D. 无论差别阈限如何变化,差别感受性都不变

36. [2022福建]学生读"枯藤老树昏鸦"时头脑中浮现相应的形象,这种现象属于(　　)

A. 幻想　B. 再造想象　C. 创造想象　D. 无意想象

37. [2020福建]运用数学知识求证某一定理的思维活动属于(　　)

A. 动作思维　B. 形象思维　C. 抽象思维　D. 发散思维

38. [2021河北]幼儿园刘老师在黑板上把松鼠画得很大,把牛画得比狗还小,给小朋友们造成了一定的错觉。这是由于刘老师忽视了知觉的(　　)所产生的。

A. 选择性　B. 整体性　C. 理解性　D. 恒常性

39. [2019河南](　　)是记忆的初级表现形式,是比回忆较为容易和简单的一种恢复经验的形式。例如:好友重逢,一眼就认出了对方;旧地重游,处处有熟悉之感。

A. 保持　B. 再认　C. 再现　D. 回忆

40. [2019山东]鲁迅在谈创作经验时说过,人物模特没有专门用过一个人,往往嘴在浙江,脸在北京,衣服在山西,是一个拼凑起来的角色。这种想象形式属于(　　)

A. 夸张　B. 典型化　C. 联想　D. 黏合

41. [2021广东]在记忆的基本过程中,(　　)是对识记内容的一种强化过程,使之能更好地成为人的经验。(易错)

A. 识记　B. 保持　C. 回忆　D. 再认

42. [2020安徽]人们思考和解决问题的思路朝一个方向聚敛前进,从而形成唯一的、确定的答案的思维过程是(　　)

A. 求同思维　B. 求异思维　C. 常规性思维　D. 创造性思维

43. [2017河北]研究表明,安静环境下我们可以听到20英尺以外钟表的滴答声,这种刚刚能够引起人们感觉的最小刺激量是(　　)

A. 绝对感觉阈限　B. 差别感受阈限

C. 绝对感受性　D. 差别感受性

44. [2019内蒙古]回忆高尔基的《海燕》时,头脑中浮现出课文的第一段和结尾部分,中间部分却模糊不清,这种现象可以用遗忘的(　　)来解释。(常考)

A. 干扰理论　B. 衰退理论　C. 压抑理论　D. 提取失败理论

45. [2018安徽]当我们在人群中寻找自己的朋友时,经常会把一些与朋友具有某些相似特征的人误认成朋友。这体现的是知觉的(　　)

A. 整体性　B. 恒常性　C. 选择性　D. 理解性

46. [2022广东]在一次数学课上,老师向同学们展示了一幅包含若干个黑色圆点的图画,然后请学生回答看到了什么?小宇说:"看到了一些黑点。"小兰说:"看到了一些黑点和图画。"这说明(　　)

A. 小宇注意的广度更好　B. 小兰注意的广度更好

C. 小宇注意的稳定性更强　D. 小兰注意的稳定性更强

47. [2022河北]老师引导学生观看山峰时展开积极的想象,令学生由山峰想到神女,这种想象是(　　)

A. 无意想象　B. 有意想象　C. 再造想象　D. 创造想象

48. [2017山东]语文课上,老师在范读课文时,配上一支轻音乐以加深学生对文章内容的理解与感悟。教师的做法反映了不同感觉的(　　)规律。

A. 适应　B. 对比　C. 相互影响　D. 错觉

49. [2019河南]刺激物之间的强度、形状、大小、颜色或持续时间等方面的差别特别显著,特别突出,就容易引起人的无意注意。例如:孩子群中站一个大人、万绿丛中一点红,都容易引人注意。这种引起无意注意的因素是(　　)

A. 刺激物的强度　B. 刺激物之间的对比关系

C. 刺激物的活动和变化　D. 刺激物的新异性

50. [2019广东]李同学参观了民俗文化展览后,记住了各种民俗服装的样式,这属于(　　)

A. 运动记忆　B. 情境记忆　C. 情绪记忆　D. 形象记忆

51. [2019河南]在没有月光的夜晚,我们仰视天空时,有时会发现一个细小而发亮的东西在天空游动。我们会误认为它是一架飞机,其实这是由星星引起的(　　)(易混)

A. 真动知觉　B. 动景运动　C. 游动效应　D. 运动后效

52. [2017安徽]下列关于观察的叙述正确的是(　　)

A. 观察是持久的知觉　B. 观察没有目的

C. 观察只限于视觉　D. 观察不需要计划

53. [2021天津]第一印象作用的机制是(　　)

A. 近因效应　B. 光环效应　C. 首因效应　D. 投射效应

54. [2019广东]语文老师在朗读课文《观潮》时声情并茂,读到描写潮水的声音大的语句时,老师朗读的声音也随之变大,学生们听得津津有味,连开小差的学生都不自觉地被吸引而认真听起来。这表明老师的朗读引起了学生的(　　)

A. 共鸣　B. 无意注意　C. 有意注意　D. 兴趣

55. [2022 辽宁]注意集中的情况下，错误减少，准确性和速度提高。另外，注意的分配和转移保证活动的顺利进行，并适应变化多端的环境。这体现的是注意的(　　)

A. 调节监督功能　　B. 选择功能

C. 保持功能　　D. 整合功能

56. [2017 安徽]神探狄仁杰在破案时常常能当机立断、迅速正确地做出判断，这凸显了他思维质量的(　　)(易混)

A. 广阔性　　B. 独立性　　C. 灵活性　　D. 敏捷性

57. [2022 山东]以下现象中，表明人的感受性可以通过训练得到提高的是(　　)

A. 入芝兰之室，久而不闻其香

B. 喝完药以后吃块糖，会觉得糖特别甜

C. 良言一句三冬暖，恶语伤人六月寒

D. 国井集团品酒师孙帅用坚持练就“舌尖上的工匠”

58. [2019 辽宁]在注视向一个方向运动的物体之后，如果将注视点转向静止的物体，你会看到静止的物体向相反的方向运动，这是(　　)

A. 诱导运动　　B. 自主运动　　C. 动景运动　　D. 运动后效

59. [2019 湖南]开展广泛的联想，举一反三、触类旁通，从多个角度提供解决问题的可能答案，可以培养学生思维的(　　)

A. 敏捷性　　B. 批判性　　C. 灵活性　　D. 深刻性

60. [2022 河南]人脑对直接作用于感觉器官的客观事物的整体属性的反映是(　　)

A. 感觉　　B. 反应　　C. 知觉　　D. 阈限

61. [2018 安徽]人们以词汇为中介，进行判断和推理的思维类型是(　　)

A. 直观动作思维　　B. 具体形象思维

C. 抽象逻辑思维　　D. 直觉思维

62. [2021 天津]学生在知觉几何图形的过程中，可以将一些画得不完整的几何图形补充完整，这体现了知觉的(　　)

A. 整体性　　B. 选择性　　C. 理解性　　D. 恒常性

63. [2019 重庆]教师常把形近字的相异部分用不同颜色的粉笔写出来，以引起学生的注意，其运用的感觉规律是(　　)

A. 感觉适应　　B. 感觉后像　　C. 感觉补偿　　D. 感觉对比

64. [2020 天津]人为避免不愉快的情绪或内心冲突而遗忘某些事件或人物的现象，被弗洛伊德称为(　　)

A. 认知性遗忘　　B. 干扰性遗忘

C. 动机性遗忘　　D. 消退性遗忘

65. [2019 重庆]学生对于如何骑自行车的记忆属于(　　)

A. 陈述性记忆　　B. 形象记忆　　C. 程序性记忆　　D. 情绪记忆

66. [2019 河北]根据思维的逻辑性，思维可以划分为(　　)

A. 直觉思维和分析思维

B. 直观动作思维、具体形象思维、抽象逻辑思维

C. 聚合思维和发散思维

D. 经验思维和理论思维

67. [2020 辽宁]从爱听童话、神话故事发展到爱听英雄模范故事，这是想象(　　)发展的表现。

A. 有意性　　B. 现实性　　C. 创造性　　D. 概括性

68. [2022 河南]人的心理状态能在时间上连续是(　　)的作用。

A. 思维　　B. 表象　　C. 记忆　　D. 想象

69. [2017 广东]很久以前学过的英语单词，某学生现在写也许写不出来，但是在阅读文章时遇见这些单词却可以再认出来。该学生的这种记忆属于(　　)

A. 内隐记忆　　B. 外显记忆　　C. 形象记忆　　D. 运动记忆

70. [2019 江苏]改变客观事物形象的某一部分，突出其特点，从而产生新的形象，这种想象加工方式是(　　)

A. 黏合　　B. 夸张　　C. 拟人化　　D. 典型化

71. [2021 河南]人在思维过程中，经常伴有表象的出现。例如，小学低年级学生在解决数的运算问题时，在很大程度上要有表象的参与；中学生在解决几何问题时，要依赖表象的支持。这表明(　　)

A. 表象为概念的形成提供感性基础　　B. 表象促进问题的解决

C. 表象是在头脑中形成的关于事物的形象　　D. 表象是形象思维的支柱

72. [2021 安徽]我们刚进入到闹市中时会感到声音嘈杂刺耳，甚至听不清旁边人说话的声音，而过了一会儿后就不觉得那么吵了。这种现象是(　　)

A. 感觉对比　　B. 感觉适应　　C. 感觉补偿　　D. 感觉后效

73. [2019 吉林]小明看书可以“一目十行”，而小华则“一目一行”。这反映了他们在哪种注意品质上存在差异(　　)

A. 注意广度　　B. 注意分配　　C. 注意稳定　　D. 注意转移

74. [2020 安徽]要求学生在规定的时间内尽可能多地写出偏旁为“木”的汉字，学生写出的汉字越多，越能体现其思维的(　　)

A. 独特性　　B. 敏捷性　　C. 灵活性　　D. 深刻性

75. [2020 宁夏]老师正在上课，一位迟到的学生推门而入，大家不约而同地朝门口看去，这种现象是(　　)(常考)

A. 无意注意　　B. 随意注意　　C. 有意注意　　D. 有意后注意

76. [2019吉林]学生在掌握整数、分数、小数的知识后，可以将其概括归纳为有理数。这是思维过程的(　　)(易混)

A. 具体化　B. 分析　C. 系统化　D. 抽象

77. [2021安徽]人们把那些"有羽毛的动物"统称为鸟类，这就是(　　)的过程。

A. 分析　B. 抽象　C. 分类　D. 概括

78. [2022安徽]把客观事物中从未结合过的元素，结合在一起形成新的形象，这种想象的加工方式属于(　　)

A. 黏合　B. 夸张　C. 拟人化　D. 典型化

79. [2019广东]某学生在与人交往时，把自己具有的某些不讨人喜欢、不为人接受的观念和性格等转移到别人身上，认为别人也是如此，以掩盖自己不受欢迎的特征。这种社会知觉偏差属于(　　)

A. 晕轮效应　B. 首因效应　C. 投射效应　D. 近因效应

80. [2021江苏]经历过创伤事件的人，头脑中还常常浮现出那悲惨的一幕，这种记忆是(　　)(易混)

A. 情绪记忆　B. 动作记忆　C. 情景记忆　D. 形象记忆

题组2：第81～178题

81. [2019重庆]闭卷考试时，学生在头脑中呈现问答题答案的心理活动属于(　　)

A. 识记　B. 保持　C. 再认　D. 回忆

82. [2021山西]晶晶把手表放在耳朵刚刚能听到的地方认真听，发现手表指针的声音听起来一会儿强一会儿弱。这属于(　　)现象。

A. 注意起伏　B. 注意分散　C. 注意转移　D. 注意分配

83. [2018安徽]嗅觉的适应一般表现为感受性的(　　)

A. 提高　B. 降低　C. 提高或降低　D. 没有变

84. [2020广东]下列措施有助于提高有意识记效果的是(　　)

A. 明确记忆的目的和任务　B. 增加材料的数量

C. 无需特殊的努力　D. 漫无目的地诵读多遍

85. [2020河南]下列有关注意的说法正确的是(　　)

A. 注意的分散和转移是个体无意识的行为　B. 注意最重要的功能是对活动的调节和监控

C. 有意后注意不应在课堂中出现　D. 有意注意也可以是没有目的的注意

86. [2017广东]小学生在学习汉字时，分别从音、形、义三个方面进行学习。这属于思维过程中的(　　)

A. 一体化　B. 综合　C. 分类　D. 分析

87. [2020河北]对遗忘的原因，有一种理论认为，遗忘是记忆痕迹得不到强化而逐渐减弱，以致最后消退的结果，这种理论称为(　　)

A. 干扰理论　B. 压抑理论　C. 提取失败理论　D. 消退理论

88. [2019辽宁]一个小学生在回答"什么是圆的"这一问题时，说出"老鼠洞是圆的""歌唱家在唱歌时的嘴是圆的"。这表明其思维具有(　　)(易混)

A. 流畅性　B. 变通性　C. 多维性　D. 独立性

89. [2019广东]下列现象体现了倒摄抑制的是(　　)

A. 背课文时发现中间段落往往是最难记住的

B. 一天中，人们一般在早晨和夜晚的记忆效果最佳

C. 学习英文字母后，之前学的拼音字母会读错

D. 头部受伤后，不能回忆起之前发生的事情

90. [2018陕西]小明考试时很紧张，有道题的答案总是想不起来，但是当他交卷之后，又想起了这道题的答案。这属于(　　)

A. 暂时性遗忘　B. 永久性遗忘　C. 一般性遗忘　D. 特殊性遗忘

91. [2019安徽]在记忆事物时，有的人可以过目不忘，而有的人则久难成诵。这种现象显示的记忆特征是(　　)

A. 记忆的敏捷性　B. 记忆的持久性　C. 记忆的准确性　D. 记忆的准备性

92. [2019山西]小明学习了一天后，感到非常疲惫、无趣，但一想到要在期末考试中取得好成绩便积极克服困难，继续将注意力放在学习上。这种注意属于(　　)(常考)

A. 无意注意　B. 有意注意

C. 无意后注意　D. 有意后注意

93. [2021安徽]小董回家和妈妈描述新老师的外貌特征，这种对见过的人的记忆属于(　　)

A. 语义记忆　B. 情景记忆　C. 短时记忆　D. 形象记忆

94. [2020河北]下列有关艾宾浩斯遗忘曲线的描述，错误的是(　　)

A. 德国心理学家艾宾浩斯采用自然科学的方法对记忆进行了实验研究

B. 遗忘的过程最初进展得很慢，以后逐渐变快

C. 艾宾浩斯最早研究了遗忘的发展进程

D. 保持和遗忘是时间的函数

95. [2018内蒙古]能够解释"舌尖现象"的理论是(　　)

A. 提取失败说　B. 经验干扰说　C. 动机压抑说　D. 痕迹衰退说

96. [2021山东]个体若长时间身处黑暗无光处，一旦来到光明处，眼睛会什么都看不到，但很快就能看清眼前的一切。这种现象是(　　)

A. 暗适应　B. 明适应　C. 后像　D. 闪光融合

97. [2021天津]小晶说当她听到小刀刮玻璃的声音时，就会觉得很冷，浑身不舒服。这种感觉现象是(　　)

A. 适应　B. 对比　C. 联觉　D. 综合

98.［2020 山东］摒弃以往的习惯思维方法，开创不同方向的能力，体现的是创造性思维的(　　)特点。

A. 独创性　B. 灵活性　C. 新异性　D. 流畅性

99.［2017 安徽］人类认识过程的开端是(　　)

A. 表象　B. 知觉　C. 感觉　D. 想象

100.［2019 山西］50分贝的声音小燕刚刚能够听到，当声音提高到60分贝时，小燕感觉到此刻分贝的声音与原来大小不一样。这10分贝的差距是(　　)

A. 绝对感受性　B. 绝对感觉阈限

C. 差别感受性　D. 差别感觉阈限

101.［2018 河南］能严格而精细地思考问题，冷静而客观地评价和自觉地控制自己的思维，不受自己的情绪和偏爱的影响的思维品质是(　　)

A. 广阔性　B. 深刻性　C. 独立性　D. 批判性

102.［2017 广东］下列俗语中，反映了晕轮效应的是(　　)(常考)

A.“路遥知马力，日久见人心”　B.“以己之心，度人之腹”

C.“情人眼里出西施”　D.“先入为主”

103.［2021 山西］从记忆类型来看，对哥伦布发现美洲这个事实的记忆属于(　　)

A. 形象记忆　B. 情景记忆　C. 语义记忆　D. 运动记忆

104.［2022 河北］根据艾宾浩斯遗忘曲线，为了提高学习效果，学生应该(　　)

A. 分散复习　B. 集中复习　C. 及时复习　D. 过度复习

105.［2021 四川］“触景生情”属于(　　)

A. 有意回忆、直接回忆　B. 有意回忆、间接回忆

C. 无意回忆、直接回忆　D. 无意回忆、间接回忆

106.［2019 山西］一个人将自己过去和现在的经历联系起来编成一个短剧，这一思维过程是(　　)

A. 综合　B. 分析　C. 抽象　D. 概括

107.［2017 山东］“心不使焉，则白黑在前而目不见，雷鼓在侧而耳不闻。”这说明人的心理过程离不开(　　)(易混)

A. 感知　B. 记忆　C. 注意　D. 思维

108.［2021 广东］“一声短笛斜阳外，知有渔舟泊柳阴”反映了人的思维具有(　　)

A. 间接性　B. 直接性　C. 概括性　D. 独创性

109.［2020 河南］课堂上，当老师读到“傣家竹楼”时，同学们头脑中出现了“傣家竹楼”的形象。这种形象属于(　　)

A. 重现　B. 表象　C. 闪回　D. 回忆

110.［2021 安徽］通过反复认识某种事物并在头脑中留下印象的过程称为(　　)

A. 识记　B. 再认　C. 回忆　D. 保持

111.［2020 山西］在一节课45分钟内，甲同学能够集中注意力30分钟，乙同学能够集中注意力20分钟。这说明甲同学注意的(　　)比乙同学好。

A. 转移　B. 分配　C. 广度　D. 稳定性

112.［2018 安徽］人们经历过的事物都会在头脑中留下痕迹，并且可以在一定条件下呈现出来，这是(　　)

A. 感觉　B. 知觉　C. 记忆　D. 思维

113.［2019 广东］善于深入地思考问题，抓住事物的规律和本质，预见事物的发展进程，揭示客观事物内含的多样性规定的深入层次。这属于思维的(　　)的表现。

A. 深刻性　B. 灵活性　C. 敏捷性　D. 独创性

114.［2018 河南］下列哪种记忆可以通过语言传授而一次性获得，它的提取往往需要意识的参与，如我们在课堂上学习的各种课本知识和日常生活常识都属于这类记忆(　　)

A. 动作记忆　B. 语义记忆　C. 陈述性记忆　D. 程序性记忆

115.［2019 山东］期末考试中，小明有一道填空题不会做，临近交卷时，小明鬼使神差地在横线上写了“0”，结果却给蒙对了，小明的这种思维属于(　　)

A. 直觉思维　B. 分析思维　C. 发散思维　D. 直观动作思维

116.［2019 陕西］整个小学时期，小学生的思维由以具体形象思维为主要形式过渡到以抽象逻辑思维为主要形式，但是思维仍带有(　　)

A. 很高的自觉性　B. 无自觉性

C. 很少的具体性　D. 很大的具体性

117.［2018 四川］小明在每次练习游泳时，都会想起换气要领“入水时嘴巴和鼻子同时出气，尽可能用力吹，达到吹出气泡的效果”。这属于(　　)

A. 情景记忆　B. 程序性记忆　C. 形象记忆　D. 自传性记忆

118.［2020 山东］“良言一句三冬暖，恶语伤人六月寒”，这句俗语的记忆方式属于(　　)

A. 形象记忆　B. 逻辑记忆　C. 情绪记忆　D. 动作记忆

119.［2022 河北］雕塑师在开工之前已在脑海中勾勒出已有形象，这是想象的(　　)

A. 预见功能　B. 补充功能　C. 替代功能　D. 再造功能

120.［2020 安徽］小明总有些新点子，在课堂上回答问题时，常常与众不同，切中要害，这体现了创造性思维的(　　)(易错)

A. 独特性　B. 变通性　C. 流畅性　D. 自制性

121.［2021 天津］看见一株茉莉花并能认识它，这时的心理活动是(　　)

A. 感觉　B. 知觉　C. 统觉　D. 思维

122. [2021山西]王老师在评讲数学月考试卷的最后一题时,书写的解题思路和解题过程占满了整个黑板,但李峰能关注到黑板上的大部分内容,这体现的注意品质是(　　)

A. 注意分散　　B. 注意转移　　C. 注意广度　　D. 注意分配

123. [2019辽宁]下列选项中不属于内部言语特点的是(　　)(易混)

A. 隐蔽性　　B. 简约性　　C. 情境性　　D. 与思维的相关性

124. [2021河南]小丁在考试中由于情绪高度紧张而忘记知识,这属于(　　)

A. 消退说　　B. 干扰说　　C. 压抑说　　D. 同化说

125. [2021天津]课堂上王老师说:"请大家动动脑筋,想想曲别针都有什么用途?"有的学生说可以挂窗帘、订书本,有的学生说可以加工成弹簧、加硫酸可制成氢气等。这个过程体现了同学们具有(　　)

A. 直觉思维　　B. 分析思维　　C. 辐合思维　　D. 发散思维

126. [2019安徽]以下描述属于注意分散的外部表现的是(　　)

A. 学生上课时不断做出无关动作　　B. 学生听课时呼吸变得轻微而缓慢

C. 学生在实验中不停地记录实验结果　　D. 学生在考试时认真思考并仔细演算

127. [2021山西]进入初中的小陈刚开始学物理的时候,只是为了应付学习任务,后来随着掌握的物理基础知识越来越丰富,他对物理产生了兴趣,凭着兴趣可以自然地将注意力集中到物理学习上。这种注意属于(　　)

A. 有意注意　　B. 无意注意

C. 有意后注意　　D. 无意后注意

128. [2020河北]"外行看热闹,内行看门道"体现了知觉的(　　)

A. 选择性　　B. 整体性　　C. 理解性　　D. 恒常性

129. [2021广东]吃梨时觉得梨很甜,但吃了糖之后接着吃梨,会觉得梨很酸。这一现象属于(　　)

A. 感觉适应　　B. 感觉后像　　C. 继时对比　　D. 同时对比

130. [2021浙江]小学生记忆发展的特点包括(　　)

①从外显记忆为主转变为内隐记忆为主　　②从无意记忆为主转变为有意记忆为主

③从机械记忆为主向意义记忆为主过渡　　④从具体形象记忆向抽象逻辑记忆方向发展

A. ①②③　　B. ②③④　　C. ①③④　　D. ①②③④

131. [2018天津]幼儿在家中和学校里看到了大量的桌子,掌握了"桌子"的概念。幼儿对"桌子"这个概念的学习方式是(　　)(易错)

A. 概念整合　　B. 概念同化　　C. 概念转变　　D. 概念形成

132. [2021江苏]"猎人进山只见猎物,樵夫进山只见树木"体现了知觉的(　　)

A. 选择性　　B. 整体性　　C. 理解性　　D. 恒常性

133. [2021天津]把枣树、苹果树、梨树等依据其根、茎、叶、果的共性统称为"果树",这是思维的(　　)的体现。

A. 概括性　　B. 间接性　　C. 广阔性　　D. 深刻性

134. [2021内蒙古]遗忘的发展是不均衡的,其规律是先快后慢,呈(　　)

A. 正加速型　　B. 零加速型　　C. 负加速型　　D. 倒U型

135. [2020河南]下列选项体现了创造性思维的灵活性特征的是(　　)

A. 开创不同的方向　　B. 短时间内产生大量的观念

C. 不落窠臼　　D. 透过现象看本质

136. [2020贵州]注意保持在某种事物或某种活动上的时间长短的品质是(　　)(常考)

A. 注意的广度　　B. 注意的分配　　C. 注意的稳定性　　D. 注意的转移

137. [2020安徽]我国唐代画家张璪可以"双管齐下",一只手画青翠葱郁的活松,另一只手画萎谢凋零的枯松,同时下笔,同时收笔,皆为佳作。这体现的是(　　)

A. 注意的广度　　B. 注意的分配　　C. 注意的稳定性　　D. 注意的转移

138. [2017广东]小学生的思维从以具体形象思维为主向以抽象逻辑思维为主过渡,是思维发展过程中的"飞跃"或"质变",在这个过渡中,存在着一个转折期,这个转折期也就是小学生思维发展的"关键年龄"。这个关键年龄一般在(　　)出现。

A. 三年级(约9~10岁)　　B. 四年级(约10~11岁)

C. 五年级(约11岁)　　D. 六年级(约11~12岁)

139. [2018湖南]小学生随着知识经验的积累、思维的发展、阅读技巧的形成,一次就能看到整个的句子,再往后,同时能注意到句和句之间的关系。这表明其(　　)

A. 注意的广度增大了　　B. 注意的稳定性提高了

C. 注意的分配增强了　　D. 注意的转移增强了

140. [2020内蒙古]创造性思维的核心是(　　)(常考)

A. 发散思维　　B. 聚合思维　　C. 形象思维　　D. 抽象思维

141. [2018广东]"刚刚戴上近视眼镜觉得不适应,久了就感觉不到了。"这属于感觉的(　　)

A. 明适应　　B. 听觉适应　　C. 温度觉适应　　D. 触压觉适应

142. [2020河南]某学生给自己的座右铭是:留住美好和感动,遗忘消极与不快。这其中的"遗忘"所体现的遗忘理论是(　　)

A. 干扰理论　　B. 动机遗忘理论

C. 提取失败理论　　D. 消退理论

143. [2018吉林]小学生小易在做作业时不易被人打扰,而小旺在做作业时很容易受其他同学的干扰,同学的一举一动都会分散他的注意。这反映了小易和小旺在(　　)上存在差异。

A. 注意的广度　　B. 注意的分配　　C. 注意的稳定性　　D. 注意的转移

144. [2020 内蒙古]注意是心理活动对一定事物的(　　)

A. 整体反应　　B. 个体反应　　C. 指向和集中　　D. 倾向性

145. [2018 内蒙古]学龄儿童获得概念的典型方式是(　　)(易混)

A. 概念形成　　B. 概念同化　　C. 概念分辨　　D. 概念运用

146. [2019 安徽]正在专心写作业的学生被要求去参加班会,这一活动变化要求学生进行注意(　　)

A. 分散　　B. 分配　　C. 起伏　　D. 转移

147. [2019 河北]"自以为是"是思维缺乏(　　)的表现。(易错)

A. 广阔性　　B. 批判性　　C. 深刻性　　D. 灵活性

148. [2018 河南]借助于想象我们可以"思接千载,视通万里""精骛八极,心游万仞"。这体现了想象的(　　)

A. 预见功能　　B. 补充功能　　C. 替代功能　　D. 调节功能

149. [2019 广东]某学生刚开始学跳舞时,注意了脚的动作,双手就一动不动;注意了手的动作,脚步就又乱了。这体现了该学生(　　)

A. 注意的转移能力差　　B. 注意的范围窄

C. 注意的稳定性差　　D. 注意的分配能力差

150. [2021 河南]先学习汉语拼音再学习英语后,会出现练习英语发音时经常与汉语拼音混淆的现象,出现这一干扰的原因是(　　)

A. 消退抑制　　B. 超限抑制　　C. 前摄抑制　　D. 后摄抑制

151. [2019 山东]防止遗忘的最根本方法是(　　)

A. 识记　　B. 联想　　C. 复习　　D. 训练

152. [2021 江苏]学习某概念前,王老师提供了许多能反映该概念特征的不同事例,引导学生发现这些事例的共同特征。这种获得概念的形式属于(　　)

A. 概念同化　　B. 概念顺应　　C. 概念形成　　D. 概念平衡

153. [2018 广东]把注意对象的映像或内容维持在意识中,以得到清晰、准确的反映,一直到活动目的完全实现为止。这体现了注意的(　　)

A. 选择功能　　B. 保持功能　　C. 调节功能　　D. 监督功能

154. [2019 安徽]圆月高挂,浮云飘动,人们却觉得月亮在动,而浮云不动,这一现象是(　　)

A. 动景运动　　B. 真正运动　　C. 自主运动　　D. 诱导运动

155. [2019 四川]琪琪在背诵语文课文的时候卡壳了,妈妈给她提示了一个字后,她立马流畅地背诵出来。可以解释这个现象的遗忘理论是(　　)(常考)

A. 消退理论　　B. 干扰理论

C. 提取失败理论　　D. 压抑理论

156. [2020 安徽]小学生在家长要求下一遍一遍地读自己根本不懂的古诗词,并记住了它们。这属于(　　)

A. 无意识记　　B. 意义识记　　C. 理解识记　　D. 机械识记

157. [2018 广东]"蚂蚁搬家蛇过道,明日必有大雨到,燕子低飞蛇过道,大雨马上就来到。"这句谚语体现的思维类型是(　　)

A. 经验思维　　B. 理论思维　　C. 直觉思维　　D. 发散思维

158. [2021 天津]警察根据搜集到的证据寻找案件真相;医生根据病人的各种症状下诊断;科学家根据多种因素的共同作用发现规律等,体现的是(　　)

A. 直觉思维　　B. 分析思维　　C. 辐合思维　　D. 发散思维

159. [2021 河南]小军上完一节语文课后,能很快为接下来的美术课做好准备,这反映的注意特征是(　　)

A. 注意的分配　　B. 注意的转移

C. 注意的保持　　D. 注意的广度

160. [2018 河南]幼儿正在教室里画画,教室外突然传来一阵喧哗声,孩子们不由自主地探头去看或侧耳倾听,这种现象属于(　　)

A. 注意的分配　　B. 注意的转移

C. 注意的广度　　D. 注意的分散

161. [2020 宁夏]一年级小学生在计算时,需借助头脑中的小棒等实物表象才能完成计算任务,这说明他的思维类型是(　　)(易混)

A. 动作思维　　B. 形象思维　　C. 抽象思维　　D. 发散思维

162. [2021 江苏]小丽曾经骑自行车摔伤过一次,非常严重,导致现在一听到自行车铃声她就会回忆起当时内心的害怕。这种记忆属于(　　)

A. 情绪记忆　　B. 逻辑记忆　　C. 形象记忆　　D. 动作记忆

163. [2020 辽宁]考试中因没有复习到而答不出、想不起来的问题叫(　　)性遗忘。

A. 暂时　　B. 永久　　C. 一般　　D. 特殊

164. [2021 河南]小可拿起书本后能迅速进入到书本知识的学习之中;小瑞拿起书本就只是在看书本,脑海中却浮想联翩,等他意识到走神时可能已经是半小时以后了。这反映了两人的(　　)差异。

A. 注意能力　　B. 想象能力　　C. 理解能力　　D. 创造能力

165. [2019 广东]进入小学三年级的佳佳在背诵唐诗时,会慢慢根据老师解释的诗句含义来记忆,不再像以前只是反复诵读记忆,这体现小学生的记忆特点是(　　)

A. 由无意记忆转向意义记忆　　B. 由机械记忆转向意义记忆

C. 由具体形象记忆转向抽象逻辑记忆　　D. 由意义记忆转向无意记忆

166. [2017天津]王红守在天文望远镜前足足盯了两个小时，要观察的小行星终于出现在视野里。这反映了注意的(　　)

A. 监督功能　　B. 选择功能　　C. 调节功能　　D. 保持功能

167. [2018广东](　　)是指不受某种固定的逻辑规则的约束，而直接去领悟研究对象的本质性规律。

A. 直觉思维　　B. 分析思维　　C. 抽象思维　　D. 形象思维

168. [2021天津]亮亮刚学会开车时很不熟练，开车时很紧张，但是后来随着开车次数的增多和开车技能的提高，亮亮开车已经非常熟练了，这时亮亮的注意属于(　　)

A. 无意注意　　B. 有意注意

C. 有意后注意　　D. 随意注意

169. [2019河南]同样一个灰色矩形，放在白色背景上看上去暗淡些，放在黑色背景上看上去明亮些。同一张灰色小方纸，放在蓝色背景上显得发黄，放在红色背景上显得发青。这种现象是(　　)(常考)

A. 感觉适应　　B. 视觉适应　　C. 同时对比　　D. 继时对比

170. [2021河南]在一个圆盘分成的各个扇形平面上，依次画上各不相同但又相互联系着的舞姿，当圆盘旋转时，即可看到连续运动的舞蹈动作，这体现了(　　)原理。

A. 动景运动　　B. 运动后效　　C. 自主运动　　D. 诱发运动

171. [2020河北]幼儿利用掰手指来数数，动作停止，他们的思维也就停止了。幼儿这种依赖实际动作的思维被称为(　　)(常考)

A. 创造表象思维　　B. 直观动作思维

C. 具体形象思维　　D. 抽象逻辑思维

172. [2020河南]学生在参观了科技馆之后脑子里像“过电影”一样，科技馆里的许多奇思妙想令他久久回味。这在心理学上属于(　　)

A. 再造想象　　B. 记忆表象　　C. 无意想象　　D. 记忆再认

173. [2021山东]“神机妙算”“诡计多端”体现的是思维的(　　)

A. 广阔性　　B. 独立性　　C. 逻辑性　　D. 灵活性

174. [2021天津]晓亮在步行街上漫无目的地闲逛，看着远处车水马龙的道路、道路两旁各具特色的商店以及街上各色各样的行人。这是(　　)的表现。

A. 程序记忆　　B. 感觉记忆　　C. 短时记忆　　D. 长时记忆

175. [2021辽宁]在学习游泳时，我们要根据教练的要求，记住某些关键动作要领，然后经过不断的实践练习，才能最终学会游泳。我们对游泳动作的记忆属于(　　)

A. 语义记忆　　B. 情景记忆

C. 陈述性记忆　　D. 程序性记忆

176. [2019河南]在噪音影响下，黄昏视觉的感受性会降低到受刺激前的20%；而轻微的肌肉动作或用凉水洗脸，可以使黄昏视觉的感受性提高。这种现象是(　　)

A. 不同感觉的相互影响　　B. 不同感觉的相互补偿

C. 同一感觉的相互作用　　D. 联觉

177. [2019山东]在百米竞赛的预备信号之后相隔很长时间再发出起跑信号，运动员就会受到明显的影响，这是因为运动员有(　　)(易混)

A. 注意的分配　　B. 注意的动摇　　C. 注意的持续性　　D. 注意的稳定性

178. [2018内蒙古]儿童和成人在注意力方面相比，下列说法错误的是(　　)

A. 注意力不稳定，容易分散　　B. 分配能力不强

C. 注意的范围较广泛　　D. 转移品质比较差

二、多项选择题

1. [2022山东]运动知觉分为真动知觉和似动知觉，下列属于似动知觉的有(　　)

A. 动景运动　　B. 诱发运动　　C. 自主运动　　D. 运动后效

2. [2021江西]关于感觉，下列表述错误的是(　　)

A. 暗适应是视觉感受性降低的过程

B. 明适应比暗适应要花费更长的时间

C. 刺激强度太强或太弱都不会产生感觉

D. 煤炭在晚上看起来比白天更黑，但不会认为这是两种煤炭，这是感觉对比

3. [2022福建]下列关于注意的描述，正确的有(　　)

A. 学生自习时专心致志，是有意注意的表现

B. 阅读时“一目十行”，表明注意转移能力强

C. 开车时眼观六路、耳听八方，表明注意分配能力强

D. 教师上课时声调抑扬顿挫，是利用无意注意规律组织教学

4. [2022辽宁]关于常见的社会知觉偏差，下列表述正确的有(　　)

A. 小可认为外表有魅力的张老师教学能力也一定强，这体现了晕轮效应

B. 杨老师在与学生交往时很注重第一印象，这是由于首因效应

C. “以小人之心，度君子之腹”反映的是投射效应

D. 东东对小唐最深的印象是多年前与他分别时的场景，这属于刻板效应

5. [2022四川]小学生注意的稳定性虽有一定发展，但抗干扰性差。针对这一特点，下列教师的做法正确的有(　　)

A. 将教室布置得丰富多彩　　B. 保持教室周围环境的安静

C. 适当运用直观材料或趣味性谈话　　D. 遇到重要内容时，加强语气，适当重复

E. 在讲授新知识时，说明学习的目的和意义

6. [2021山东]关于注意规律,说法正确的是(　)

A. 老师突然中断讲课,为引起分心学生的无意注意

B. 老师板书时用彩色粉笔,为了清晰醒目、突出重点,引起学生无意注意

C. 学生的间接兴趣越稳定,就越能对活动的对象产生有意注意

D. 让学生凭借无意注意来学习,利于克服学习中的困难

7. [2017安徽]引起无意注意的刺激物具有的特征包括(　)(常考)

A. 对比关系　B. 活动与变化　C. 强度　D. 新异性

8. [2018贵州]下列选项中,教师的行为属于正确应用无意注意规律的是(　)

A. 走到安静的教室门口时,故意使劲地咳嗽两声

B. 发现学生注意力不集中时,故意把音量提高

C. 利用彩色粉笔把黑板边缘装饰得格外的醒目

D. 教师突然中断讲课,引起分心学生的注意

9. [2020辽宁]知觉的基本特征是(　)

A. 整体性　B. 选择性　C. 理解性　D. 恒常性

10. [2021天津]人类的思维可以从不同角度进行分类,根据思维探索目标的方向不同,可以把思维分为(　)

A. 聚合思维　B. 发散思维

C. 形象思维　D. 抽象思维

11. [2020内蒙古]下列符合发散思维的是(　)

A. 一物多用　B. 先入为主　C. 一事多写　D. 一题多解

12. [2019河北]书面言语具有(　)的特点。

A. 随意性　B. 展开性　C. 反应性　D. 计划性

13. [2018福建]下列关于感觉规律的表述,正确的有(　)(常考)

A. 感觉有补偿现象　B. 感觉适应时感受性下降

C. 感受性与感觉阈限成反比关系　D. 感觉对比分为同时对比和继时对比

14. [2018河南]为了提高学生的意义记忆能力,教师可以采取的措施有(　)

A. 帮助学生很好地理解教材　B. 对高年级学生要教会他们良好的记忆方法

C. 要求学生不用太理解,反复诵读　D. 适当训练机械记忆能力以辅助意义记忆

15. [2020内蒙古]思维的基本形式包括(　)

A. 概念　B. 判断　C. 推理　D. 比较

16. [2020辽宁]下列现象属于注意的外部表现中的适应性运动的是(　)

A. 举目凝视　B. 心跳加速

C. 侧耳倾听　D. 屏息

17. [2020湖南]教师应依据记忆规律合理安排和组织教学,以下做法正确的是(　)

A. 控制每堂课的信息投入量,使学生处于良好的情绪和注意状态

B. 向学生提出具体的识记任务

C. 使学生理解所学内容,并将其系统化

D. 合理安排教学

18. [2021山东]下列关于遗忘说法错误的是(　)

A. 学习一段材料,一般总是开头和结尾部分容易记住,而中间部分则容易忘记,这种现象叫系列位置效应

B. 早晨学习效果一般较好,因为这个阶段学习不受倒摄抑制干扰

C. 最初遗忘进展快,以后渐慢,艾宾浩斯认为“保持和遗忘是时间的函数”

D. 记忆效果最好的过度学习是在恰能背诵之后多学150%左右

19. [2020辽宁]根据记忆时信息加工处理和储存方式的不同,把记忆分为(　)

A. 内隐记忆　B. 外显记忆　C. 陈述性记忆　D. 程序性记忆

20. [2018河南](　)是创造想象的一种特殊形式,体现了个人的愿望,是个人向往的形象,是创造性活动的准备阶段。(易混)

A. 科学幻想　B. 理想　C. 空想　D. 梦

21. [2021辽宁]按照心理学的研究,“鹤立鸡群”反映出的心理现象是(　)

A. 感觉对比　B. 无意注意　C. 兴趣　D. 注意的选择性

22. [2021山东]德国心理学家艾宾浩斯最早研究了遗忘的发展进程,提出“保持和遗忘是时间的函数”。根据艾宾浩斯的遗忘规律,下列陈述正确的有(　)

A. 遗忘的进程先快后慢　B. 遗忘的进程先慢后快

C. 遗忘在学习之后立即开始　D. 遗忘在学习一天后开始

23. [2019陕西]能够解释学生在学习中产生遗忘现象的学说有(　)

A. 干扰说　B. 压抑说　C. 衰退说　D. 同化说

24. [2020山东]注意品质是衡量一个人注意力好坏的标志。下列选项属于注意品质的是(　)

A. 注意的广度　B. 注意的分散　C. 注意的转移　D. 注意的稳定性

三、判断题

1. [2022安徽]一般而言,小学生的抽象逻辑思维能力,随着年龄的增长逐渐减弱。(　)

2. [2022辽宁]再造想象是不依据现成描述而独立地创造出新形象的过程。(　)

3. [2021江苏]有意想象分为再造想象、创造想象和幻想,幻想是与个人愿望相联系并指向现实的想象。(　)

4. [2021广东]注意的分配就是注意的范围,是指同一时间内能清楚地把握对象的数量。(　)

5. [2018河北]识记过程就是记忆过程。(　)

6.[2019湖南]通常情况下，最佳学习程度为100%，超过这个限度就会发生"报酬递减"现象。（　　）

7.[2020山西]知识经验丰富的人在其领域内有较高的直觉思维水平。（　　）

8.[2022河南]记忆的储存是将外在刺激的物理特征转换成抽象的、便于储存的心理表征的过程。（　　）

9.[2019湖北]"一俊遮百丑""一坏百坏"等观点体现了投射效应。（　　）

10.[2018广东]虽然产生错觉的条件存在，但通过主观努力是可以克服错觉的。（易错）（　　）

11.[2021广东]干扰说认为，遗忘是知识的组织和认知结构简化的过程。（　　）

12.[2018安徽]能够在较短的时间内记住较多的东西，就是记忆准确性良好的表现。（　　）

13.[2019广东]记忆由三个环节构成，识记是第一环节，保持是第二环节，再认或回忆是第三环节。（　　）

14.[2021河北]机械识记和意义识记的基本条件都是重复地感知材料。（　　）

15.[2022四川]记忆中的前摄抑制和倒摄抑制均属于学习中的迁移现象。（　　）

16.[2019广东]创造性思维完全等同于发散式思维。（　　）

17.[2020河南]让学生根据文章标题，猜测文中的具体内容，这种创造性训练方法是自我设计训练。（　　）

18.[2021江苏]幻想是想象的一种，是消极的。（　　）

19.[2018内蒙古]在面临问题时，人们通常是运用直观动作思维、具体形象思维和抽象逻辑思维中的一种思维来解决问题。（　　）

20.[2018河北]一般而言，分散复习的效果优于集中复习。（常考）（　　）

21.[2018广东]小学低年级学生经常采用机械识记的方法来学习。（　　）

22.[2019河南]记忆恢复现象常常在下列情况中出现：儿童比成年人更普遍；学习难度大的材料比学习容易的材料更容易出现；学习得不够熟练的材料比熟练的材料更易发生。（　　）

23.[2018辽宁]阅读文章时适当地做笔记是无意注意。（　　）

24.[2020广东]过度学习对那些必须长期准确回忆且又没有什么意义的操练信息最为有用，比如背乘法口诀。（　　）

25.[2019吉林]错觉是指没有相应的客观刺激时所出现的知觉体验。（　　）

26.[2021重庆]宠物狗能够分辨主人和陌生人的脚步声，这说明该宠物狗的绝对感觉阈限很高。（　　）

27.[2018福建]"想起母亲的笑脸"是一种想象。（　　）

28.[2021河北]有意注意是人的一种更为高级的特殊的注意形态。（　　）

29.[2019广东]学生在解题中未经逐步分析就对问题的答案做出合理的猜测、猜想等。这类思维属于分析思维。（　　）

30.[2018广东]再认或回忆是识记和保持的前提，识记和保持则是再认或回忆的结果。（　　）

四、填空题

1.[2021福建]在头脑中把抽象概括出来的概念、原理、理论应用到实际中的思维过程是________。

2.[2022浙江]思维的过程包括分析与综合、比较与分类、抽象与概括、具体化与系统化等。其中，________是思维的基本过程，也是思维过程的基本环节，其他过程都是由此派生出来的。（常考）

3.[2022福建]根据知觉反映客观事物的特征不同，知觉可分为空间知觉、时间知觉和________。

4.[2021江苏]小学生的思维以________为主，这是小学教育中必须贯彻直观性教学原则的依据。

5.[2021福建]当事物不在面前时，人们在头脑中出现的关于事物的形象称为________。

整合提升

一、单项选择题

1.[2021安徽]在语文教学中同时进行一对反义词的学习，在数学教学中同时学习加和减、乘与除等，都是（　　）的运用。

A.接近联想　B.相似联想　C.对比联想　D.因果联想

2.[2020天津]根据艾宾浩斯遗忘曲线，为了取得最好的记忆效果，第一个记忆周期应为（　　）分钟内。

A.5　B.20　C.40　D.60

3.[2021河北]研究表明，人的（　　）发展最早。

A.知觉能力　B.记忆能力　C.思维能力　D.判断能力

4.[2018广东]"看见一棵树被一幢房屋挡住，只露出一部分树枝和树叶，那么房屋肯定离我们更近。"这属于空间知觉中的（　　）（易混）

A.大小知觉　B.形状知觉　C.深度知觉　D.方位知觉

5.[2021河南]在教学时，教师应当提供必要的新异场景，激发学生的好奇心，最开始的注意引起阶段是通过（　　）的机制激活的。

A.大脑皮层　B.反射性需要

C.经典性条件反射　D.朝向反射

6.[2021天津]初中生的抽象思维开始占主导地位，但其思维在很大程度上（　　）

A.属于形象思维　B.属于理论型思维　C.属于辩证思维　D.属于经验型思维

7.[2019辽宁]记忆的信息加工过程包括编码、储存和提取，其中最关键的环节是（　　）

A.编码　B.储存　C.复述　D.提取

8.[2018河南]技术工人在对一台机器进行维修时，一边检查一边思考故障的原因，直到发现问题、排除故障为止。这一过程中（　　）占据主要地位。

A.直观动作思维　B.具体形象思维　C.抽象逻辑思维　D.直觉思维

9.[2018河南]学生新接触一个知识领域，觉得"万事开头难"的原因是未进行(　　)

A. 注意转移　　B. 注意分配　　C. 注意跳跃　　D. 注意调节

10.[2021天津]"毛笔"这个概念必须同时具有两个属性，"用毛制作的"和"写字的工具"。所以"毛笔"是一个(　　)

A. 析取概念　　B. 合取概念　　C. 关系概念　　D. 辐合概念

11.[2018吉林]从注意品质来看，"一心二用"是(　　)

A. 不可能的　　B. 不良品质　　C. 无条件的　　D. 有条件的

12.[2018陕西]小学低年级儿童没有经过训练，观察事物凌乱、缺乏系统性。这说明(　　)

A. 小学低年级儿童观察的顺序性差
B. 小学低年级儿童观察的目的性差
C. 小学低年级儿童观察的精确性差
D. 小学低年级儿童观察的判断力差

13.[2018陕西]小学中年级(8～10岁)儿童的概括水平处于(　　)

A. 直观形象水平
B. 形象抽象水平
C. 初步的本质抽象水平
D. 本质抽象水平

14.[2019河南]我们通常能够同时做几件事情，可以一边骑自行车一边欣赏路边的风景，可以一边看电视一边织毛衣。下列理论中可以解释这种现象的是(　　)(易混)

A. 过滤器理论
B. 多阶段选择理论
C. 认知资源理论
D. 双加工理论

15.[2018陕西]下列选项中，表述正确的是(　　)

A. 小学二年级儿童的有意注意还处在发展初期，水平很低
B. 小学五年级儿童的有意注意还处在发展初期，水平很低
C. 小学二年级儿童的有意注意有了进一步的发展，有意注意占主导地位
D. 小学高年级儿童的有意注意缺乏自觉性，表现为自己不能主动确立目的

二、多项选择题

1.[2021安徽]关系概念是指根据事物之间的相互关系形成的概念。下列属于关系概念的有(　　)

A. 毛笔　　B. 好孩子　　C. 高低　　D. 上下

2.[2019辽宁]关于内隐记忆与外显记忆，不正确的是(　　)(易错)

A. 内隐记忆受学习者知识加工深度的影响大于外显记忆
B. 内隐记忆保持时间长
C. 干扰因素容易对外显记忆产生影响
D. 内隐记忆保持时间短

3.[2021天津]当你去机场接待一位未曾见过的、准备来学校进行主题讲座的大学教授时，你会预先在头脑中设想这个教授的一些人物形象。这体现了知觉的(　　)的加工方式。

A. 拮抗　　B. 概念驱动　　C. 自上而下　　D. 自下而上

4.[2019山西]影响注意稳定性的重要因素有(　　)

A. 是否有明确的任务
B. 是否进行积极的思维活动
C. 活动的方式是否多样化
D. 个体的情绪和身体状况

三、判断题

1.[2022浙江]人的记忆发展就是从具体形象记忆到抽象记忆，早期，具体形象记忆占主导，到了后期，出现了抽象记忆。具体形象记忆到后期就没有意义了。(　　)

2.[2018吉林]我国心理学界多数人认为，思维无论从个体发展还是从种系发展来看，大致上经历四个阶段：即动作思维—形象思维—形式思维—辩证思维。(　　)

3.[2018河南]提取诱发遗忘的一般范式包括学习阶段、提取练习阶段、保持阶段和回忆阶段。(易错)(　　)

4.[2018广东]在小学生观察力的发展阶段中，在认识"对象总体"阶段，儿童能从意义上完整地认识整幅图画的内容，依据图画中所有事物的全部联系，完整地把握对象的总体，理解图画主题。(　　)

5.[2020河北]心理上开放、灵活的人，容易受首因效应的影响；而心理上保持高度一致、具有稳定倾向的人，容易受近因效应的影响。(　　)

四、案例选择题

案例　某版本小学数学四年级下册"乘法分配律"，面对真实的问题情境"四年级有6个班，五年级有4个班，每个班领取24根跳绳，四五年级一共要领取多少根跳绳"，教材给出两种解决问题的思路：一是先算四五年级一共有多少个班，即(6+4)×24=240(根)；二是先算四五年级各领取多少根跳绳，即6×24+4×24=240(根)。

在教学中，刘老师指导学生观察比较，让学生首先发现两种算法的结果相等。在此基础上，刘老师继续引导学生观察两个算式："结合前面学习的运算律，你有怎样的猜想？"学生经过思考发现乘法有交换律、结合律，这应该也是一个运算律，是乘法分配律。

当学生得出"乘法分配律"的猜想后，刘老师继续追问："乘法分配律成立吗？我们可以怎样验证？"在具有挑战性学习任务的引领下，学生想起了举例验证、画图验证、意义验证等方法，通过不同方法的验证，坚定了前面的猜想。

1.[2021河北]教学中，刘老师引导学生进行猜想。猜想和(　　)都是人脑对表象的加工、改造的基本形式。(多项选择)

A. 记忆　　B. 联合　　C. 夸张　　D. 拼合

2.[2021河北]刘老师在讲授"乘法分配律"过程中，运用的推理是(　　)(多项选择)

A. 演绎推理　　B. 归纳推理　　C. 类比推理　　D. 综合推理

第三章 情绪情感和意志过程

基础训练

一、单项选择题

1. [2022安徽]"有志者立长志,无志者常立志"这种现象反映了意志品质的(　　)

A. 独立性　　B. 果断性　　C. 坚持性　　D. 自制性

2. [2022福建]某学生得知自己获得编程竞赛一等奖的消息后,欣喜若狂、手舞足蹈,这种情绪状态是(　　)(常考)

A. 心境　　B. 热情　　C. 应激　　D. 激情

3. [2022辽宁]小静为数学竞赛熬夜准备了很久,但在考试当天起晚了,没能赶上第一场比赛,后续比赛也无缘参加。可小静却说:"塞翁失马,焉知非福。我终于可以好好休息几天了。"小静的这种应对挫折的方式属于(　　)

A. 宣泄　　B. 幽默　　C. 文饰　　D. 投射

4. [2020辽宁]"鱼,我所欲也;熊掌,亦我所欲也。二者不可得兼,舍鱼而取熊掌者也"属于动机斗争中的(　　)

A. 双趋冲突　　B. 双避冲突　　C. 趋避冲突　　D. 多重趋避冲突

5. [2021河南]小李在校园招聘会上收到一家工资很高的用人单位的招聘意向,但是公司要求经常出差,这让小李举棋不定。这种心理冲突是(　　)

A. 趋避冲突　　B. 双趋冲突　　C. 双避冲突　　D. 多重趋避冲突

6. [2021安徽]在公交车上,小华主动为一位老人让座,并感到很自豪。当时小华体验到的情感是(　　)

A. 道德感　　B. 美感　　C. 理智感　　D. 新异感

7. [2020福建]关于情绪、情感的描述正确的是(　　)(易混)

A. "喜者见之则喜"是一种激情

B. 暴怒时肌肉紧张、面红耳赤是一种应激

C. 在进行认知活动时有新发现的喜悦感是一种理智感

D. "先天下之忧而忧,后天下之乐而乐"是一种美感

8. [2021福建]个体应对挫折的积极反应方式是(　　)

A. 投射　　B. 逃避　　C. 退缩　　D. 升华

9. [2021广东]由于不愿意去上学,小朋友莉莉最近一段时间闷闷不乐,这是一种(　　)

A. 热情　　B. 心境　　C. 激情　　D. 应激

10. [2021福建]学生成功破解数学难题后产生的愉悦感属于(　　)

A. 美感　　B. 理智感　　C. 道德感　　D. 自我效能感

11. [2022河南]采取跑步、大声喊叫甚至痛哭一场来缓解心理压力的方式属于(　　)

A. 松弛训练　　B. 理性疗法　　C. 心理置换　　D. 合理宣泄

12. [2017河南]对缺乏信心和决心的学生,应注重培养其意志品质的(　　)(易混)

A. 自觉性　　B. 自制性　　C. 果断性　　D. 坚韧性

13. [2021辽宁]适度的紧张和焦虑促使个体积极思考并产生行动,达到成功解决问题的目的。这是情绪的(　　)

A. 适应功能　　B. 信号功能　　C. 组织功能　　D. 动机功能

14. [2018辽宁]一般而言,羞耻感和自尊心属于(　　)

A. 道德感　　B. 美感　　C. 理智感　　D. 心情

15. [2018河北]"化悲痛为力量"是以下哪种心理防御机制的表现(　　)

A. 升华作用　　B. 退化作用

C. 合理化作用　　D. 投射作用

16. [2017山东]下列选项中对少年期意志特点的描述,正确的是(　　)

A. 果断品质有所发展,反应快,行动快,很少有轻率行为

B. 自制能力有所增强,但自制力水平有局限性

C. 坚韧性接近成熟,其行为不容易虎头蛇尾

D. 自觉性完全成熟,做事不需要他人监督

17. [2020山西]某学生放学后不用家长催促,就能自己主动去做作业。这说明该学生意志的(　　)较好。

A. 果断性　　B. 自制性　　C. 自觉性　　D. 坚持性

18. [2020内蒙古]面对问题时经常举棋不定,是意志的(　　)差的表现。

A. 自觉性　　B. 果断性　　C. 坚韧性　　D. 自制性

19. [2019广东]在遇到不开心的事情时,张亮总是会去操场上踢一场球,将不开心的事情都释放出去,他这种情绪调节方法属于(　　)

A. 升华　　B. 补偿　　C. 宣泄　　D. 幽默

20. [2019山东]某学生学习成绩差,却经常购买各种名牌消费品,以求得心理上的满足。该生的这种心理防御方式属于(　　)

A. 升华　　B. 补偿　　C. 压抑　　D. 转移

21. [2020安徽]教师点头微笑、轻拍肩头表示赞赏,面部表情严峻表示不满或问题的严重性,这说明情绪和情感具有(　　)

A. 信号功能　　B. 动机功能　　C. 适应功能　　D. 维持功能

22. [2022 山东]小于因为个头矮小,经常遭到同学奚落。有一天又有同学取笑小于,小于反驳道:"我虽然个子没你高,但我学习比你好!"这体现了(　　)的心理防御机制。

A. 升华　　B. 否认　　C. 补偿　　D. 合理化

23. [2022 天津]张志同学爱冲动,意气用事,喜欢由着自己的性子来,这表明其缺乏意志的(　　)(易混)

A. 自觉性　　B. 果断性　　C. 坚韧性　　D. 自制性

24. [2020 河北]"手舞足蹈""捧腹大笑""手足无措"这样一些词语描述的是情感的(　　)

A. 生理特征　　B. 体态表情　　C. 两极性　　D. 个性特征

25. [2019 河南]"人逢喜事精神爽",这是受人的哪一情绪影响所致(　　)

A. 激情　　B. 心境　　C. 热情　　D. 应激

26. [2018 河南]情绪和情感对内驱力起着放大和增强的作用,适度的情绪兴奋,可以使人的身心处于活动的最佳状态,进而推动人们有效地完成工作和学习任务。这说明情绪和情感具有(　　)(易错)

A. 组织功能　　B. 动机功能　　C. 感染功能　　D. 健康功能

27. [2017 海南]袁老师中途接手某班的班主任时,发现有相当一部分学生在进行体育活动时总是叫苦叫累,哪怕运动量没有超出他们可以承受的范围也是如此。如果你是袁老师,可以在全班进行(　　)

A. 积极的情感教育　　B. 意志品质的培养　　C. 人际交往教育　　D. 良好的性格教育

28. [2018 陕西]"头悬梁,锥刺股"是一种(　　)的体现。

A. 意志　　B. 气质　　C. 性格　　D. 想象

29. [2018 河北]小雪非常喜欢印象派的绘画作品,当她看到印象派的代表作《草地上的午餐》《日出·印象》时,顿时心中非常喜悦。小雪此时的情感属于(　　)

A. 道德感　　B. 理智感　　C. 美感　　D. 成就感

30. [2022 山东]善于把已经开始了的事业进行到底,不达目的誓不罢休的意志品质是(　　)

A. 意志的坚韧性　　B. 意志的果断性　　C. 意志的自觉性　　D. 意志的自制性

31. [2019 辽宁]在现实生活中,人们常常把得不到的东西说成是不好的,这是一种(　　)

A. 甜柠檬心理　　B. 退行心理　　C. 否认心理　　D. 酸葡萄心理

32. [2018 安徽]意志的首要特征是(　　)

A. 自觉确定行动目的　　B. 对活动的调节作用

C. 克服内在困难　　D. 以随意动作为基础

33. [2018 河南]中学生晓华喜欢帮助有困难的人,他认为其他同学与他一样也喜欢帮助有困难的人。这种现象属于(　　)

A. 退行　　B. 投射　　C. 升华　　D. 文饰

34. [2019 江苏]"眼不见为净",从心理防卫的方法来看属于(　　)

A. 投射　　B. 否认　　C. 退行　　D. 升华

35. [2018 山东]一个被父母严厉责备的孩子,当着父母的面可能会"忍气吞声",但离开父母可能就摔桌子、板凳,或者拿小猫、小狗出气,心理学上将这种现象称为(　　)

A. 合理化　　B. 升华　　C. 投射　　D. 移置

36. [2018 陕西]人们在坚持自己的观点时会有强烈的热情,也会因为自己的认识违背了事实而感到羞愧。这些都是(　　)的体现。

A. 心境　　B. 心情　　C. 理智感　　D. 应激

37. [2022 浙江]贝贝在学校受到了惊吓而出现了吮吸手指、黏着老师等婴儿时期的行为,这种自我防御机制属于(　　)

A. 压抑　　B. 否认　　C. 退行　　D. 移置

38. [2019 广东]某学生在放学回家的路上突遇歹徒抢劫,这一突发事件使其心理上产生高度紧张和惊慌,这种在出乎意料的紧迫与危险的情况下引起的情绪状态称为(　　)(常考)

A. 心境　　B. 激情　　C. 应激　　D. 危机

39. [2017 江苏]"忧者见之则忧,喜者见之则喜"这句话主要体现情绪具有(　　)

A. 动机功能　　B. 感染功能　　C. 信号功能　　D. 组织功能

40. [2019 黑龙江]某中学的一次数学考试中,陈鹏是唯一满分的学生,当老师宣布考试成绩时,陈鹏内心非常高兴,但他却表现出若无其事的样子。这反映了青少年的情绪具有(　　)

A. 稳定性　　B. 持久性　　C. 掩饰性　　D. 短暂性

二、多项选择题

1. [2022 河南]下列选项中,不属于意志行动的有(　　)

A. 膝跳反射　　B. 背课文　　C. 口头禅　　D. 计算数学题

E. 吹口哨

2. [2022 辽宁]与自觉性相反的两个意志品质分别是(　　)

A. 受暗示性　　B. 优柔寡断　　C. 任性　　D. 独断性

3. [2021 天津]情绪状态包括心境、激情和应激,以下属于激情的表现的是(　　)

A. 学校组织班级拔河比赛,三年级(1)班获得第一名,同学们欢呼雀跃

B. 亮亮因为期中考试成绩好,连着几天都很高兴

C. 听老师说下周要测验,同学们显得忧心忡忡

D. 听到南京大屠杀的历史事实,同学们义愤填膺

4. [2020 河南]不良的意志品质包括(　　)

A. 患得患失　　B. 人云亦云

C. 审时度势　　D. 一意孤行

5.[2021安徽]下列属于道德感的是(　　)

A.理智感　B.责任感　C.自豪感　D.美感

6.[2021河南]与自制性相反的意志品质有(　　)(易混)

A.任性　B.优柔寡断　C.怯懦　D.动摇性

7.[2020辽宁]情绪和情感的功能主要有(　　)

A.适应功能　B.动机功能　C.组织功能　D.信号功能

三、判断题

1.[2022辽宁]情感具有情境性和动摇性,而情绪则具有稳定性和深刻性。(　　)

2.[2022天津]义务感、责任感和成就感对儿童和青少年尤为重要。(　　)

3.[2017重庆]情感伴随认识过程产生,它会反作用于认识过程,成为认识过程的动力或者阻力。(　　)

4.[2019福建]婴儿通过微笑、哭闹获得成人的关注,体现的是情绪的组织功能。(　　)

5.[2020黑龙江]人的情绪情感不是无缘无故凭空产生的,而是由一定的刺激引起的。(　　)

6.[2020河北]李哲爱好广泛,恰逢本周六晚上既有足球赛,又有演唱会,他都想去看。由于时间冲突,他很矛盾。李哲面临的是双避式冲突。(　　)

7.[2018河南]意志的自觉性是指坚持不懈地克服困难,永不退缩的品质,这种品质也叫毅力或顽强性,是其他三种品质的综合表现或总结。(　　)

8.[2021广东]情绪和情感是人对客观事物的态度体验和相应的行为反应,它反映的是主体需要和外界客观事物之间的关系。(　　)

四、填空题

1.[2019山东]从情感的社会内容角度来看,人类的情感有________、美感、________。

2.[2020河南]人的情绪是以________为中介的反映形式;情绪最重要的外部指标是________。

整合提升

一、单项选择题

1.[2021江苏]教师应该教给儿童调节不良情绪的具体方法,其中能运用内部语言的形式来调节情绪的方法是(　　)

A.转换认知法　B.自我暗示法

C.注意转移法　D.适当宣泄法

2.[2020辽宁]随着知识经验的积累,儿童情感的分化逐渐精细、准确。以笑为例,小学儿童除了会微笑、大笑外,还会羞涩地笑、偷笑、嘲笑、冷笑等。这说明小学儿童情感的(　　)得到发展。

A.丰富性　B.深刻性　C.可控性　D.稳定性

3.[2020山东]同一件事情,不同的人会有不同的情绪体验。在饥饿的情况下发现半个馒头,甲觉得很高兴:"还有半个馒头呢!"乙觉得很沮丧:"怎么就剩半个馒头了"。这一现象反映了情绪特征的(　　)(易混)

A.主观性　B.感染性　C.情境性　D.两极性

4.[2021重庆]山林里的老虎比关在动物园笼子里的老虎更让人恐惧,能直接解释这一情绪的理论是(　　)

A.情绪的行为理论　B.坎农—巴德的丘脑情绪理论

C.沙赫特的激活归因情绪理论　D.阿诺德—拉扎勒斯的认知评价情绪理论

5.[2019河北]关于情绪与情感的关系,以下表述错误的是(　　)

A.情感离不开情绪　B.情绪离不开情感

C.情绪是情感的基础和内部表现　D.情感是情绪的深化和本质内容

6.[2019河南]考试失利时认真分析失败原因,重新确定努力方向,这种对待挫折的方式是(　　)

A.合理宣泄　B.适当放松　C.心理补偿　D.认知重组

7.[2019广东]郝帅被选中参加歌唱比赛,在即将上场时,郝帅却因为紧张而颤抖,个人状态不佳。此时,老师为了缓解郝帅的紧张情绪就对郝帅说:"你就把台下的观众想象成蘑菇。"在这一情境中,老师采用的情绪调节的策略是(　　)(易错)

A.回避和接近策略　B.控制和修正策略

C.注意转换策略　D.认知重评策略

二、多项选择题

1.[2022山东]情绪的维度,即情绪所固有的基本特征有(　　)

A.激动性　B.强度　C.紧张度　D.感染性

2.[2019河南]下列关于情绪性质的表述中,正确的是(　　)

A.情绪与动机关系不是很密切　B.情绪是主观意识经验

C.情绪状态不容易控制　D.情绪为刺激所引起

三、判断题

1.[2020河南]婴儿出生时,不具备独立生存的能力和语言能力,他们渴了、饿了会哭,这体现了情绪的适应功能。(　　)

2.[2018河南]"人逢喜事精神爽"说明了情绪对人的言行总是起积极的作用。(　　)

第四章 个性心理

基础训练

一、单项选择题

1. [2022安徽]根据斯腾伯格的三元智力理论,在智力成分中起核心作用的是( )
A. 元成分 B. 操作成分 C. 知识获得成分 D. 情境成分

2. [2022河南]下列选项中,不属于非智力因素的是( )
A. 责任感 B. 道德感 C. 意志力 D. 注意力

3. [2022辽宁]对声音、节奏、单词的意义较为敏感的学习者,其哪项智力占优势( )
A. 人际智力 B. 言语智力 C. 空间智力 D. 内省智力

4. [2019河南]就一个测验的优劣而言,最为重要的指标是( )(常考)
A. 信度 B. 效度 C. 区分度 D. 难度

5. [2022福建]某学生的实际年龄为10周岁零10个月,根据斯坦福—比奈智力量表测得其智龄为13岁整,该学生的比率智商为( )
A. 92 B. 111 C. 120 D. 129

6. [2021河南]诚实或虚伪、勇敢或怯懦、谦虚或骄傲、勤劳或懒惰等描述的是个体的( )
A. 性格特征 B. 能力特征 C. 气质特征 D. 认知特征

7. [2021河南]高中生安然平时安静沉稳,喜欢沉思,考虑问题全面,情绪不易外露,善于忍耐和克制自己,但反应缓慢,对新环境的适应能力较差。该生的气质类型最可能是( )
A. 多血质 B. 胆汁质 C. 黏液质 D. 抑郁质

8. [2018河北]小江学习刻苦认真,虽然基础并不好,但他遇到困难时总能勇往直前,不达目的不罢休,因此他的学习成绩在班里一直名列前茅。这体现了小江性格的( )特征。
A. 态度 B. 理智 C. 意志 D. 情绪

9. [2017广东]同样是努力学习,有些学生只是为了获得老师或家长的赞许,并不在意自己是否真正掌握了知识;而有些学生则是对学习内容本身较为感兴趣。这种现象体现了动机具有( )
A. 激活功能 B. 指向功能 C. 调节功能 D. 维持功能

10. [2019广东]丽丽在日常学习及与同学交往的过程中,精力旺盛,热情直率,意志力坚强,勇敢,乐于助人,思维敏捷,但准确性差,则丽丽的气质类型最有可能属于( )(常考)
A. 胆汁质 B. 多血质
C. 抑郁质 D. 黏液质

11. [2022河南]为了获得优秀的成绩而努力,为了取得他人的赞扬而勤奋工作,为了摆脱孤独而结交朋友。这体现了动机的( )
A. 激活功能 B. 指向功能 C. 维持功能 D. 调节功能

12. [2020内蒙古]马斯洛需要层次理论的最高层次需要是( )
A. 安全需要 B. 尊重需要 C. 爱和归属的需要 D. 自我实现的需要

13. [2020江西]( )是个体在生活过程中形成的对现实稳定的态度以及与之相适应的习惯化的行为方式。
A. 能力 B. 性格 C. 气质 D. 个性

14. [2019河南]个体善于觉察并区分他人的情绪、动机、意向及感觉。这种能力属于加德纳多元智能理论中的( )
A. 人际智能 B. 自然观察智能 C. 语言智能 D. 逻辑—数学智能

15. [2020河北]人的所有需要中,最基本、最原始,也是最强有力的需要是( )
A. 生理需要 B. 安全需要 C. 尊重需要 D. 求知需要

16. [2022山东]科学家擅长的是什么智力( )
A. 内省智力 B. 语言智力 C. 人际智力 D. 逻辑—数学智力

17. [2020辽宁]如果高水平的学生在测验项目上能得高分,而低水平的学生只能得低分,那么就说明该测验的( )高。
A. 效度 B. 信度 C. 难度 D. 区分度

18. [2018辽宁]美国心理学家加德纳认为人的智力结构是由多种因素构成的,他提出了( )
A. 智力三维结构模型 B. 智力因素说
C. 智力的PASS理论 D. 多元智力理论

19. [2019河南]同一班级的学生,在其他条件相同的情况下,掌握一门学科知识或技能的快慢、难易、深浅和巩固程度不同,这表现出个人( )
A. 气质的差异 B. 性格的差异 C. 能力的差异 D. 动机的差异

20. [2018山东]小雨是个敏感、细心的女孩,同时她又多疑、孤僻、多愁善感、不善于和同学交往,同学们都叫她"林妹妹"。小雨的气质类型属于( )(常考)
A. 胆汁质 B. 多血质 C. 黏液质 D. 抑郁质

21. [2021山西]某学生怕老师,说明他在班上最缺少马斯洛所说的哪一种需要的满足( )
A. 归属与爱的需要 B. 自尊需要
C. 求知需要 D. 自我实现的需要

22. [2019河北]张老师编制了一份算数试卷对小学生进行考查,由于卷中出现了一些生字而影响了学生的数学考试成绩。这说明这份试卷的( )
A. 实用性差 B. 可信度低 C. 有效性差 D. 区分度低

23. [2019辽宁]在下列需要中,不属于社会性需要的是(　　)

A. 成就需要　B. 交往需要　C. 权利需要　D. 成长需要

24. [2020河北]作为一名班主任,应善于观察学生,通过分析学生的言行举止,了解他们的想法和目的。这说明班主任应具有很高的(　　)(易错)

A. 人际智力　B. 自知智力　C. 言语智力　D. 内省智力

25. [2022河北]学生渴望充分发挥自己的潜能,希望自己越来越成为所期望的人物,完成与自己能力相称的一切活动。根据马斯洛的需要层次理论,这属于(　　)

A. 自我实现的需要　B. 尊重的需要

C. 求知的需要　D. 审美的需要

26. [2020辽宁]一个人做事认真细致,这是性格的(　　)特征的表现。

A. 态度　B. 意志　C. 情绪　D. 理智

27. [2020宁夏]如果在这次招聘考试中能够很好地测出你所具备的教师素养和专业水平,则表明该考试具备很好的(　　)

A. 难度　B. 区分度　C. 效度　D. 信度

28. [2020河南]下列选项属于加德纳提出的多元智力范围的是(　　)

①数学运算与逻辑思考的能力　②有效地理解别人及其关系以及与人交往的能力

③感知音调、旋律、节奏的能力　④独处、反思的能力

A. ①②④　B. ①③④　C. ①②③　D. ①②③④

29. [2020辽宁]黏液质类型的人,其高级神经活动类型的基本特征是(　　)

A. 强、平衡、灵活　B. 强、平衡、不灵活

C. 强、不平衡　D. 弱型

30. [2020山东]我们常说的"江山易改,禀性难移"说明了(　　)

A. 性格的可塑性　B. 气质的可塑性

C. 性格的稳定性　D. 气质的稳定性

31. [2019安徽]下列各种能力中,属于一般能力的是(　　)

A. 写作能力　B. 绘画能力　C. 体育能力　D. 想象能力

32. [2019山东]人的认识的倾向性是(　　)

A. 兴趣　B. 需要　C. 动机　D. 理想

33. [2018天津]在批改语文试卷时,会有三位老师对作文进行批改,这一做法是为了保证评分的(　　)(易错)

A. 信度　B. 效度　C. 难度　D. 区分度

34. [2017湖南]教师自编测验时,要想提高测验的区分度,最重要的是控制好试题的(　　)

A. 难度　B. 效度　C. 信度　D. 题量

35. [2021山西]下列关于马斯洛的需要层次理论的表述,错误的是(　　)

A. 需要层次越低,力量越强,潜力越大

B. 安全需要属于低级需要

C. 高级需要直接关系到个体的生存,因此也叫缺失需要

D. 需要层次理论强调人的动机是由人的需求决定的

36. [2018江西]比纳—西蒙量表是世界上第一个标准化智力测验量表,产生于(　　)

A. 1896年　B. 1905年　C. 1916年　D. 1923年

37. [2018山东]下列标准化测验中不属于智力测验的是(　　)

A. 斯坦福—比纳量表　B. 韦克斯勒量表

C. 瑞文测验　D. 明尼苏达测验

38. [2020山西]智力的核心是(　　)

A. 注意力　B. 思维力　C. 创造力　D. 观察力

39. [2020山东]小张非常喜欢登山、跑步等需要长久坚持的运动,曾多次参加马拉松比赛并取得好成绩。小张的气质特征最有可能是(　　)

A. 胆汁质　B. 多血质　C. 黏液质　D. 抑郁质

40. [2019湖北]"宝剑锋从磨砺出,梅花香自苦寒来"说明性格会受以下哪一因素影响(　　)

A. 遗传　B. 集体　C. 家庭　D. 个人努力

41. [2021内蒙古]某学生智力年龄为10岁,实际年龄为8岁,按斯坦福—比纳量表的智力计算公式,该生的智商是(　　)

A. 80　B. 100　C. 125　D. 81

42. [2019广西]在电视节目《最强大脑》中,有的选手表现出了超强的处理数字系列、空间视觉等方面的能力。依据卡特尔的智力理论,说明这些选手具有超强的(　　)(常考)

A. 流体智力　B. 经验性智力　C. 晶体智力　D. 情境性智力

43. [2018福建]吉尔福特提出的智力结构理论是(　　)

A. 二因素理论　B. 群因素理论　C. 三维智力理论　D. 多元智力理论

44. [2019山东]遗传素质是能力发展的(　　)

A. 动力系统　B. 生物前提　C. 心理基础　D. 核心成分

45. [2019安徽]某学生学习了习近平总书记在纪念五四运动100周年大会上的讲话后,决心将个人理想与中国梦相结合,努力学习,报效祖国。根据马斯洛的需要层次理论,该生的需要属于(　　)

A. 生理需要　B. 安全需要　C. 归属与爱的需要　D. 自我实现的需要

46. [2019广东]温馨的家庭氛围和良好的同伴关系有助于儿童获得成功的社交技巧,有利于儿童社会价值的获得以及认知和健康人格的发展。根据马斯洛的需要层次理论,这是因为儿童的(　　)得到了满足。(常考)

A. 生理的需要　B. 审美的需要　C. 认知的需要　D. 归属与爱的需要

47.［2019山东］某人的高级神经活动呈现出典型的强、平衡、不灵活特征。下列关于此人行为的描述合理的是（　　）（易混）

A. 思维敏捷但不求甚解，善于交往但交情浅薄

B. 沉默寡言但内心细致，表情平淡但交情深厚

C. 多愁善感但体验深刻，不善交际但踏实稳重

D. 思维灵活但粗枝大叶，为人率直但感情用事

48.［2018辽宁］从社会文化和实践中习得的解决问题的方法的能力是（　　）

A. 流体智力　B. 多元智力　C. 言语智力　D. 晶体智力

49.［2020广东］王源能够顺利而高效地利用语言描述事件、表达思想并与人交流。根据加德纳的多元智力理论，王源最可能倾向于选择的职业是（　　）

A. 记者　B. 演奏家　C. 工程师　D. 航海家

50.［2021山东］对多方面的事物或活动具有的兴趣是（　　）

A. 直接兴趣　B. 间接兴趣　C. 中心兴趣　D. 广阔兴趣

51.［2018广东］在学习立体几何的时候，有些同学能够非常迅速地接受并绘制出三维立体图形，而有些同学则要经过很长时间才能慢慢接受。这体现了学生在（　　）方面的差异。

A. 言语智力　B. 空间智力　C. 运动智力　D. 人际智力

52.［2021河北］美国卡特尔的智力形态论认为，一般人的流体智力发展达到顶峰的时期是（　　）

A. 12～18岁　B. 20～30岁

C. 35～45岁　D. 50～60岁

53.［2019广西］不同儿童的智力差异主要在于不同的智力组合，而单纯依靠使用纸笔的标准化考试来区分儿童智力的高低是片面的。持此观点的心理学家是（　　）

A. 斯腾伯格　B. 斯皮尔曼　C. 加德纳　D. 韦特海默

54.［2021辽宁］学生小辉在两个月内进行了两次数学测验，得到的分数大致相等，这表明两次测验的（　　）较高。

A. 信度　B. 效度　C. 难度　D. 区分度

二、多项选择题

1.［2022辽宁］下列属于多血质气质特点的有（　　）

A. 敏捷好动　B. 善于忍耐

C. 在学习和工作上肯动脑，主意多　D. 善于人际交往

2.［2022河南］晶体智力是对个体从社会文化中习得的解决问题的方法进行应用的能力，对此下列表述正确的是（　　）（易混）

A. 晶体智力需要较少的专业知识　B. 晶体智力在人类整个一生中都在增长

C. 处理空间视觉感的问题需要运用晶体智力　D. 晶体智力受后天经验的影响较大

3.［2022辽宁］吉尔福特认为，智力是一个由不同方式对不同信息进行加工的各种能力的综合系统，是一个包括（　　）的三维结构。

A. 方式　B. 内容　C. 操作　D. 成果

4.［2018辽宁］斯腾伯格的三元智力理论包括（　　）

A. 分析能力　B. 创造能力

C. 演绎能力　D. 实践能力

5.［2018河南］美国哈佛大学发展心理学家加德纳提出的多元智力理论（　　）

A. 直接影响教师形成积极乐观的“学生观”

B. 直接影响教师重新建构“智力观”

C. 认为智力是以语言能力和逻辑—数理能力为核心的

D. 能帮助教师树立新的“教育观”

6.［2022河北］关于能力、知识和技能，下列叙述正确的有（　　）

A. 知识越多，技能就越强，能力也就越强

B. 能力直接影响人们掌握和运用知识技能的快慢、深浅、难易和巩固程度

C. 三者紧密相连，相辅相成

D. 能力是在掌握知识、技能的过程中形成和发展起来的

7.［2019河南］气质是人的心理活动的动力特征，它表现为心理活动的（　　）

A. 强度　B. 速度　C. 灵活性　D. 指向性

8.［2017湖南］学习兴趣是推动学生学习的强大内驱力，故教师要注重培养学生的学习兴趣。下列培养兴趣正确的做法有（　　）

A. 明确每节课教学内容的目的和意义　B. 开展丰富多彩的课外活动

C. 通过诱导帮助学生获得成功以培养兴趣　D. 把学生其他原有的兴趣迁移到学习上来

9.［2020辽宁］根据个人心理活动的倾向性，可以把人的性格分为（　　）

A. 独立型　B. 外倾型　C. 内倾型　D. 顺从型

10.［2020河南］根据多元智力理论可知，空间感知能力强的人，适合从事的职业有（　　）

A. 律师　B. 画家　C. 航海家　D. 飞行员

E. 建筑师

11.［2019内蒙古］美国心理学家吉尔福特于1967年提出了智力的三维结构说，他认为智力因素由操作、内容和产品三个维度组成。其中，操作包括（　　）（易错）

A. 记忆　B. 行为　C. 辐合思维　D. 发散思维

12.［2021福建］下列关于性格和气质的说法，正确的是（　　）

A. 气质是先天的，性格是后天的　B. 气质无好坏之分，性格有优劣之别

C. 不同的气质可以形成相同的性格　D. 气质会影响性格的形成和发展速度

13. [2019 山东]按照马斯洛的需要层次理论,一旦得到满足,由此产生的动机就会消失的需要有(　　)(常考)

A. 生理、安全的需要　　B. 归属与爱的需要

C. 尊重的需要　　D. 认知与审美的需要

14. [2020 辽宁]以能力的功能作为划分标准,可以把能力分为(　　)

A. 认知能力　　B. 创造能力　　C. 操作能力　　D. 社交能力

三、判断题

1. [2022 辽宁]"尺子可以用来度量长度,但不能用来度量重量,即便每次度量的结果都完全一样"。这表明测量的效度低则信度一定低。(　　)

2. [2022 山东]性格是人格中具有核心意义的成分。(　　)

3. [2021 天津]一般来说,人们的气质无好坏之分,每一种气质类型各有其长处,而性格就有优劣之分。(　　)

4. [2019 江苏]考试评价中常说的"信度",是指评价工具能够测量到其所要测量的对象的程度。(　　)

5. [2021 河南]"人生天地间,各自有禀赋,为一大事来,做一大事去。"正体现了加德纳的多元智力理论观点:每个人都有优势功能。(　　)

6. [2020 安徽]"高分低能现象"说明知识与能力是完全不同的,二者没有任何联系。(　　)

7. [2018 广东]由于性格结构具有完整性的特点,所以了解一个人的某一种特征就一定能推测出其他特征。(　　)

8. [2018 河南]气质和性格两者是彼此联系、相互制约的,性格可以制约气质的表现。(　　)

9. [2020 河南]果果能歌善舞,琴棋书画无所不通,说明其兴趣具有倾向性。(　　)

10. [2017 广东]性格的理智特征是指个体自觉地确定目标,调节支配行为,从而达到目标的性格特征。(　　)

11. [2019 湖北]《三国演义》中的猛将张飞暴躁易怒,他的气质类型更倾向于多血质。(　　)

四、填空题

1. [2021 福建]性格是指表现在人对现实的________和相应的行为方式中的比较稳定的、具有核心意义的个性心理特征。

2. [2020 湖南]动机的________功能是指动机使机体的活动针对一定的目标或对象。

3. [2019 江苏]卡特尔认为________智力受后天经验的影响比较大,是依据我们已有的知识和技能去解决问题的。

4. [2019 内蒙古]________是最早采用智力年龄来表示智力水平的智力量表。

5. [2019 江苏]美国哈佛大学发展心理学家加德纳提出的________理论,有利于教师更好地理解和实践新课程所倡导的学生评价。(常考)

五、案例选择题

案例　小佳的家人对她十分宠爱,她生性柔弱,做事磨蹭。一天,老师因为她做作业磨蹭而批评她后,她无法接受,哭了很久,也不愿意去上学了。

1. [2018 河南]从气质特征的类型上看,小佳的气质偏重于(　　)(不定项选择)

A. 多血质　　B. 黏液质　　C. 抑郁质　　D. 胆汁质

2. [2018 河南]以下对小佳这类学生的教育策略,正确的有(　　)(不定项选择)

A. 对小佳这种娇生惯养的学生,老师要抓住其弱点,严厉批评

B. 要培养小佳做事麻利,意志坚强,乐观积极的人格品质

C. 老师要把小佳培养成其他气质特征的人

D. 学校教育与家庭教育相结合,帮助小佳发挥气质特征的长处

案例　小明的父母都从事房地产开发工作。因为父母工作的原因,小明从小到大跟着父母去过不少地方,每个地方待了不到两三年就又要到另一个城市去。父母工作忙,小明与父母的沟通也不多,每次到了一个新的地方进入当地学校读书,小明就又要适应一个新环境。而当小明刚刚熟悉起来,可能又要离开了。刚入学时,小明的成绩挺好,可是几年下来,成绩一落千丈,他自己很烦恼,父母也很担忧。

3. [2019 河南]从马斯洛的需要层次理论来看,小明的哪种基本需要没有得到满足(　　)(不定项选择)

A. 生理需要　　B. 安全需要

C. 归属与爱的需要　　D. 尊重需要

4. [2019 河南]假如你是小明的老师,你会如何帮助小明摆脱困境提高成绩(　　)(不定项选择)

A. 帮助小明转变心态,把精力放到学习知识、提高技能上来

B. 帮助小明提高环境适应能力,建立对这种生活的适应感

C. 帮助小明结交新朋友,开始新生活

D. 帮助小明发展多方面的兴趣爱好

整合提升

一、单项选择题

1. [2018 内蒙古]人的各种行为活动,如饮食、学习、创造性都要以需要为推动力,这说明需要具有(　　)特点。

A. 对象性　　B. 动力性　　C. 差异性　　D. 社会性

2. [2020 河北]动机产生并依赖于需要,下列属于需要的是(　　)(易错)

A. 水　　B. 饥渴　　C. 寻求水源　　D. 喝水

3.［2022 安徽］热爱集体，关心他人，大公无私，正直善良，勤俭节约等词描述的是人性格的（　）

A. 态度特征　B. 意志特征　C. 情绪特征　D. 理智特征

4.［2019 山西］智力测验的效度系数一般在（　）

A. 0.1～0.3 之间　B. 0.3～0.6 之间　C. 0.6～0.8 之间　D. 0.9 以上

5.［2019 辽宁］对中国儿童和国外儿童智力发展差异的研究，最理想的智力测验工具是（　）

A. 韦氏智力测验　B. 比纳智力测验

C. 瑞文智力测验　D. 中国比纳智力测验

6.［2019 河北］意志型性格类型的特点是（　）（易错）

A. 目的明确，自觉支配行动　B. 善于思考，三思而后行

C. 情绪易波动，并左右行动　D. 独立性强，善于思考

二、多项选择题

1.［2021 安徽］元认知的训练可以提高学生的智力发展水平，其训练的方法主要有（　）

A. 自我提问法　B. 暗示教育法　C. 相互提问法　D. 知识传授法

2.［2020 湖南］多元智能理论是新课程标准改革的理论基础之一，关于其观点正确的有（　）

A. 多元智能中的各种智力不是以整合的方式存在的，而是相对独立的

B. 每个学生都有一种或数种优势智能，只要教育得法，每个学生都能成为某方面的人才

C. 不同的教学内容需要运用相同的教学技术，以促进学生的全面发展

D. 纸笔测验是评估学生解决实际问题能力的最佳方式

3.［2019 内蒙古］为什么仅有 1% 的人能够达成自我实现？下列说法正确的有（　）

A. 自我实现的需要容易被压抑、控制、更改和消失

B. 许多人不敢正视他们关于自我实现所需要的那种知识

C. 文化环境强加于人的规范会阻碍一个人的自我实现

D. 自我实现属于成长性需要，其发展和持续成长依赖于自己的潜力

三、判断题

1.［2021 广东］内容效度是指测验题目对有关内容或行为取样的适用性，从而确定测验是否是所欲测量的行为领域的代表性取样。（　）

2.［2019 广东］测验难度水平使测验分数分布范围最大时，测验信度才会最高。（易错）（　）

第三部分　教育心理学

第一章　教育心理学概述

基础训练

一、单项选择题

1.［2022 山东］（　）是教学内容的载体，是教学内容的表现形式，是师生之间传递信息的工具。

A. 教学内容　B. 教学媒体　C. 教学环境　D. 教学过程

2.［2022 山东］下列属于教育心理学初创阶段的是（　）

A. 杜威的教育改革实验　B. 桑代克出版的《教育心理学》

C. 布鲁纳的课程改革　D. 赞科夫的《教学与发展》

3.［2021 河南］我国第一本《教育心理学》教科书的编写者是（　）

A. 陶行知　B. 廖世承　C. 蔡元培　D. 潘菽

4.［2022 山东］教育心理学的研究核心是（　）

A. 教师心理　B. 学生心理　C. 教学心理　D. 学习心理

5.［2021 山西］1903 年，美国心理学家（　）出版了《教育心理学》，这是西方第一本以“教育心理学”命名的专著。

A. 杜威　B. 加涅　C. 乌申斯基　D. 桑代克

6.［2019 广西］20 世纪 60 年代初心理学家布鲁纳发起了（　）（常考）

A. 行为主义运动　B.“反思性教学”的实验研究

C. 课程改革运动　D.“教学与发展”的实验研究

7.［2018 陕西］运用标准化心理量表对被试进行测量，从而了解其心理特点的方法称之为（　）

A. 观察法　B. 实验法

C. 教育经验总结法　D. 测验法

8.［2018 山东］下列关于观察法的优点，说法错误的是（　）（易错）

A. 可以观察到被试在自然状态下的行为表现，所获结果比较真实

B. 可以真实地观察到行为的发生、发展

C. 能够把握当时的全面情况、特殊的气氛和情境

D. 收集资料时间短且真实

9.[2021 贵州](　　)是指在教育心理学的研究过程中,所采用的研究手段与方法应能促进被试心理的良性发展。

A.教育性原则　　B.客观性原则

C.发展性原则　　D.理论联系实际原则

10.[2018 吉林]从 20 世纪 60 年代开始,教育心理学逐渐成为一门具有独立理论体系的学科。这一时期人本主义心理学家(　　)提出了"以学生为中心"的主张。

A.罗杰斯　　B.孟禄　　C.桑代克　　D.杜威

11.[2019 内蒙古]美国心理学家华生为了研究儿童的恐惧心理,在儿童抚摸小白兔时大声敲锣,结果使这个儿童不但对白兔产生了畏惧心理,甚至对其他白色的东西也产生了畏惧心理。这种行为违反了教育心理学研究的哪项原则(　　)

A.客观性原则　　B.教育性原则

C.理论联系实际原则　　D.系统性原则

12.[2017 吉林]某中学老师围绕中学生网瘾问题,采用问卷、谈话、座谈等方式收集资料,并对所收集的资料进行定量、定性的分析,找出中学生网瘾的成因并提出建议。这种研究方法为(　　)

A.调查法　　B.观察法　　C.实验法　　D.个案研究法

13.[2017 山东]为了了解学生在日常学习活动中的进步情况,我们应当采用的研究方法是(　　)

A.实验法　　B.练习法　　C.观察法　　D.发现法

二、多项选择题

1.[2021 贵州]教育心理学对教育实践具有(　　)的作用

A.描述　　B.解释　　C.预测　　D.控制

2.[2019 辽宁]教育心理学采用的研究方法有(　　)

A.调查法　　B.观察法　　C.实验法　　D.作品分析法

E.个案法

3.[2017 山东]教育心理学的发展经历了(　　)

A.独立时期　　B.初创时期　　C.发展时期　　D.成熟时期

E.完善时期

4.[2019 山东]学生作为一种影响因素,主要从(　　)两方面影响学与教的过程。(常考)

A.群体差异　　B.个体差异

C.性别差异　　D.学习方式差异

5.[2018 辽宁]教育心理学有自身独特的研究课题,即(　　)

A.如何教　　B.如何管　　C.如何学　　D.怎样评价

E.学与教之间的相互作用

三、判断题

1.[2022 四川]教育心理学中学习与教学的五要素包括学生、教师、教学内容、教学媒体和教学环境。(　　)

2.[2021 内蒙古]教育心理学是教育学和心理学的交叉学科,但它有自身独特的研究课题。(　　)

3.[2018 河南]教育心理学的研究对象是学校教育、教学情境中人的心理。(　　)

四、填空题

1.[2019 湖北]实验法是心理科学研究中应用最广、成就最大的一种方法,主要分为________实验法和________实验法。

2.[2020 山西]教育心理学研究的系统过程是由学习过程、________和评价/反思过程这三种活动过程交织在一起组成的。

整合提升

一、单项选择题

1.[2020 河南]在教学过程中,按照研究目的控制某些条件,以引起某种心理活动从而进行研究的方法是(　　)

A.实验室实验法　　B.自然实验法

C.单组实验法　　D.等组实验法

2.[2018 山西]以下关于测验法的描述,不正确的是(　　)

A.是相关研究常用的方法　　B.可以从中得出因果性结论

C.能对心理进行定量化的分析　　D.可同时分析多个变量之间的相关程度

3.[2019 河北]教育心理学探讨的主要问题是(　　)

A.教育的本质、目的　　B.教育的任务、原理

C.教育的内容、方法　　D.教育过程中师生互动时的心理现象

二、多项选择题

1.[2021 天津]教育心理学的研究对象包括(　　)

A.教育教学过程中的心理现象和规律　　B.现代教育教学活动与变化规律

C.学习者的学习特点、过程和规律　　D.学习者的心理现象和规律

2.[2019 河南]教育心理学诞生的心理学背景包括(　　)(易错)

A.教育心理化运动　　B.心理测量运动

C.儿童研究运动　　D.冯特的科学心理学

3. [2020 山东]1903年，美国心理学家桑代克出版了《教育心理学》一书，这是西方第一本以教育心理学命名的著作，标志着教育心理学的诞生。1913～1914年该书发展为三大卷《教育心理大纲》，这一著作奠定了教育心理学的内容体系，它包括的三部分内容是(　　)

A. 人类的本性　　B. 学习心理

C. 教师心理　　D. 个别差异

4. [2018 广西]在教育心理学的发展期，美国教育心理学界产生了许多有关学习方面的理论，它们是(　　)

A. 维特罗克的生成学习理论　　B. 斯金纳的操作性条件作用理论

C. 托尔曼的认知—目的说　　D. 格式塔学派的完形理论

三、判断题

1. [2019 广东]在观察记录方法中，比日记描述法在内容上更全面，在时间上更长久，在记录上更详细的记录方法是轶事记录法。(　　)

2. [2018 广西]教育心理学是一门基础研究和应用研究并重的学科。(　　)

第二章　心理发展及个别差异

基础训练

一、单项选择题

1. [2022 内蒙古]某同学能够认清"我是谁"，根据埃里克森的人格发展阶段理论，他的人格发展处于(　　)(常考)

A. 勤奋感对自卑感阶段　　B. 自主感对羞耻感阶段

C. 主动感对内疚感阶段　　D. 自我同一性对角色混乱阶段

2. [2022 辽宁]根据弗洛伊德的观点，在人格结构中，(　　)是人与外部世界的媒介，它适应环境中的一些条件和限制，代表人的学习、训练和经验。

A. 本我　　B. 自我　　C. 超我　　D. 社会我

3. [2022 辽宁]以下选项中最能体现"最近发展区"的是(　　)

A. 文文的爸爸希望他在竞赛中得第一

B. 十岁的悠悠已经掌握了2500个汉字

C. 初中生小贾在化学老师的帮助下掌握了推断题的解题技巧

D. 因长期接触电子产品，小唐的视力与同龄的孩子差距明显

4. [2022 山东]皮亚杰认为儿童的发展是依靠相互沟通和交流进行的，下列选项中不属于皮亚杰提出的影响心理发展的因素是(　　)

A. 成熟　　B. 社会经验　　C. 自然经验　　D. 活动

5. [2022 四川]喜欢与人有联系的情境，愿意选择与人有关的社会工作，这类人的认知风格是(　　)

A. 场依存型　　B. 场独立型

C. 整体性策略　　D. 系列性策略

6. [2022 广东]在小冲学会吃饭之后，妈妈每次给小冲喂饭的时候，小冲都会选择自己来吃不让妈妈喂。小冲最有可能处在(　　)的发展阶段。

A. 主动感对内疚感　　B. 勤奋感对自卑感

C. 信任对怀疑　　D. 自主对羞怯

7. [2022 河南]小轩在老师上课提问时，经常没有弄清题意便抢先回答，他的认知风格属于(　　)(常考)

A. 沉思型　　B. 场独立型

C. 场依存型　　D. 冲动型

8.[2022 内蒙古]在心理机能形成的过程中，最先发展的是感觉、知觉，然后是情绪、情感，最后发展抽象思维，这体现了心理发展的什么特点(　　)

A. 连续性和阶段性　　B. 定向性和顺序性

C. 不平衡性　　D. 差异性

9.[2021 山东]如果学生在进入中学以后仍缺乏主见，在做选择和判断时过分遵从父母、教师或其他权威人士的期望或建议，依照他们的决定行动，很少或从不尝试按照自己的想法进行探索。根据玛西亚自我同一性理论的四种状态，其自我同一性状态属于(　　)(易错)

A. 同一性达成　　B. 同一性早闭

C. 同一性弥散　　D. 同一性延缓

10.[2022 江苏]父母对孩子充满爱和期待，积极地投入孩子的养育中，但是却忽略了孩子的社会责任，很少对孩子提出要求或施加任何控制，这类教育方式是(　　)

A. 放纵型　　B. 专制型　　C. 权威型　　D. 忽视型

11.[2022 辽宁]小果上小学以来，逐渐体会到持之以恒的能力与成功之间的关系，而且随着社交范围的扩大，同伴的相互作用变得越来越重要。这一阶段小果面临的发展危机主要是(　　)

A. 亲密感对孤独感　　B. 勤奋感对自卑感

C. 主动感对内疚感　　D. 角色同一性对角色混乱

12.[2021 山东]根据皮亚杰的观点，人在认识周围世界的过程中，形成自己独特的认知结构，这被叫作(　　)

A. 图式　　B. 同化　　C. 顺应　　D. 平衡

13.[2021 河北]小楠考试没有考好，虽然父母没有责怪她，但从良心上讲，她还是感觉对不起父母。这一内疚感是由(　　)引发的。

A. 本我　　B. 自我　　C. 超我　　D. 现实的我

14.[2021 湖南]根据埃里克森的人格发展阶段理论，"儿童发展出面对不同任务时的胜任感，尤其在学习上；否则，儿童会认为自己没有能力，不可能成功"是对(　　)冲突阶段特征的描述。

A. 自主感对羞怯感　　B. 主动感对内疚感

C. 勤奋感对自卑感　　D. 同一性对角色混乱

15.[2021 山西]当同学小军嘲笑花花的外貌时，花花没有生气，很好地控制住了自己的情绪。花花的做法体现了自我意识中的(　　)

A. 自我认识　　B. 自我体验　　C. 自我调节　　D. 自我评价

16.[2021 陕西]在获取知识时，有的学生善于阅读，有的学生善于倾听；有的反应快而粗放，有的反应慢而精细；有的喜欢安静环境，有的在喧闹环境中不易受影响。这种学习者的特征差异是(　　)

A. 学习策略差异　　B. 学习方法差异

C. 学习风格差异　　D. 学习行为差异

17.[2020 广东]在课堂学习中，(　　)的学生表现得小心谨慎。教师要多创造发言的机会，鼓励他们在课堂上勇敢地表现自己，锻炼胆量的同时提高口语表达能力。

A. 场独立型　　B. 场依存型　　C. 沉思型　　D. 冲动型

18.[2021 辽宁]小明很容易适应环境，且他善于学习系统化、条理化的材料，喜欢与同伴一起讨论或进行协作学习，因此很受大家欢迎。小明的认知风格可能属于(　　)

A. 场独立型　　B. 场依存型　　C. 冲动型　　D. 沉思型

19.[2020 湖南](　　)认为，学生早年还不能使用语言这个工具来组织自己的心理活动，心理活动的形式是直接的、不随意的、低级的、自然的。学生只有掌握语言这个工具，心理活动才能转化为间接的、随意的、高级的、社会历史的。

A. 埃里克森　　B. 弗洛伊德　　C. 维果斯基　　D. 桑代克

20.[2021 安徽]在埃里克森看来，若学龄期(6～12岁)儿童心理发展困难，则容易导致其产生(　　)(常考)

A. 孤独感　　B. 羞耻感　　C. 自卑感　　D. 内疚感

21.[2020 河南]对于认知风格属于场依存型的学生，适合的教学方法是(　　)

A. 提供无结构的材料让学生自己探索

B. 多鼓励学生自学

C. 给学生充分的时间，让其总结出结构性的知识

D. 给学生提供一些明确的指导和讲解

22.[2021 广东]小军的头脑中具备这样一个概念："会动的事物是有生命的。"有一天他看到纸飞机在飞、在动，但是他知道纸飞机是没有生命的。这时他认识到不是所有会动的事物都是有生命的。根据皮亚杰的认知发展理论，小军的认知过程属于(　　)

A. 组织　　B. 顺应　　C. 图式　　D. 平衡

23.[2019 辽宁]下列不属于个体能力差异的是(　　)

A. 天才儿童　　B. 大器晚成　　C. 多愁善感　　D. 过目不忘

24.[2020 辽宁]皮亚杰认为，(　　)是儿童把新的刺激物纳入已有图式中的认知过程，是图式发生量的变化的过程。

A. 平衡　　B. 成熟　　C. 顺应　　D. 同化

25.[2021 福建]一般而言，场独立型学生偏好的学习方式是(　　)

A. 外在学习　　B. 接受学习　　C. 模仿学习　　D. 自主学习

26.[2020 四川]根据皮亚杰的认知发展理论。以下说法正确的是(　　)

A. 具体运算阶段的孩子应更多地接受抽象思维训练

B. 前运算阶段的孩子能够从多个维度对事物进行判断

C. 教学过程中呈现给孩子的教学材料不能超过其发展水平

D. 具有自我调节作用的平衡化过程在认知发展中起关键作用

27. [2019广西]心理学家研究发现,人和动物的某些行为和能力的发展有一个最佳时间段,如果在此时给予适当的良性刺激,会促进其行为与能力得到更好的发展。这一最佳时间段称为( )

A. 关键期 B. 萌芽期 C. 高原期 D. 潜伏期

28. [2018河北]人们常说:“三岁看大,七岁看老。”这句话反映了人格的( )

A. 社会性 B. 稳定性 C. 整体性 D. 独特性

29. [2019江西]两个14岁的少年,一个人的抽象逻辑思维已获得较好的发展,而另一个还离不开具体形象的支持。这是学生认知发展的( )体现。(易混)

A. 连续性与阶段性 B. 定向性与顺序性

C. 不平衡性 D. 差异性

30. [2021安徽]小丽上中学以后,常常觉得自己不漂亮、身材差等,从而讨厌自己,并表现出自卑和缺乏信心。这体现了小丽自我意识的哪一方面( )

A. 生理自我 B. 社会自我 C. 心理自我 D. 性别自我

31. [2019河南]“我好开心啊,今天我当值日生,老师表扬了我”这句话反映的是学生自我意识中的( )

A. 自我认识 B. 自我监控 C. 自我调节 D. 自我体验

32. [2021贵州]下列哪一个时期是学生生理发育的第二个高峰期,其个体具有半成熟、半幼稚的特点( )

A. 童年期 B. 少年期 C. 青年初期 D. 成年期

33. [2018山西]个体心理的发生与发展,必须以生理发育、变化、成熟为物质基础,即个体生理的发展变化,例如,人脑机能的生长、发育和成熟,是心理发展的( )

A. 前提 B. 重要条件 C. 主导 D. 生理基础

34. [2020山东]学生学习数学新知识时,将原有算术图式发展为代数图式,运用新图式可正确解决代数题,实现图式上的新平衡。这在皮亚杰心理学理论中被称为( )

A. 同化 B. 顺应 C. 组织化 D. 平衡

35. [2021安徽]处于这个阶段的学生不仅能运用经验—归纳方式进行逻辑推理,而且能运用假设—演绎推理的方式来解决问题。“这个阶段”是指( )

A. 感知运动阶段 B. 前运算阶段

C. 具体运算阶段 D. 形式运算阶段

36. [2018辽宁]根据皮亚杰的认知发展阶段理论,客体永久性出现在认知发展的( )

A. 感知运动阶段 B. 前运算阶段

C. 具体运算阶段 D. 形式运算阶段

37. [2019内蒙古]2岁是口头言语发展的关键期,这表明心理发展具有( )

A. 顺序性 B. 阶段性 C. 差异性 D. 不平衡性

38. [2019广西]5岁的小明总是围着妈妈问“为什么太阳会发光?”“为什么蚂蚁会搬家?”……依据埃里克森的人格发展阶段理论,小明所处的发展阶段是( )

A. 自主感对羞耻感 B. 主动感对内疚感

C. 勤奋感对自卑感 D. 自我同一性对角色混乱

39. [2019江苏]“人心不同,各如其面”是指人格的( )特征。

A. 稳定性 B. 独特性 C. 整体性 D. 社会性

40. [2018江苏]人格是指决定个体的外显行为和内隐行为,并使其与他人的行为有稳定区别的( )

A. 行为系统 B. 意识特点 C. 综合心理特征 D. 品德与修养

41. [2021贵州]一般认为IQ低于( )为智力落后。

A. 60 B. 70 C. 80 D. 100

42. [2021浙江]根据埃里克森心理社会发展阶段论,应着重培养小学低年级阶段儿童的( )

A. 信任感 B. 自我调整 C. 亲密感 D. 勤奋感

43. [2020山东]一般认为,自我意识包含自我认识、自我体验和自我调控。其中,自我体验是自我意识的情绪成分,是主观的我对客观的我所持有的一种情绪体验,反映了主体我的需要与客体我的现实之间的关系。个体自我体验中最主要的成分是( )(易混)

A. 自信 B. 自尊 C. 自豪 D. 自满

44. [2020天津]对待儿童非常严厉,缺少温情,要求儿童绝对服从,为使儿童服从,他们常常运用惩罚和剥夺爱的策略,这是( )的教养方式。

A. 专制型父母 B. 放纵型父母 C. 忽视型父母 D. 权威型父母

45. [2018山东]张老师问铭铭:“铭铭,你有妹妹吗?”铭铭迅速回答:“有。”紧接着张老师问铭铭:“你妹妹叫什么名字啊?”“欣欣。”“欣欣有姐姐吗?”“没有。”根据皮亚杰的儿童认知发展阶段理论,铭铭的思维处于( )(常考)

A. 感知运动阶段 B. 前运算阶段 C. 具体运算阶段 D. 形式运算阶段

46. [2019四川]儿童在某一时期会觉得世界上所有的事物都是有生命的。不小心撞到了椅子,会小心翼翼地把椅子扶起来,并且摸着椅子自言自语:“不痛不痛,伤口快好。”打碎杯子,会可怜兮兮地问妈妈:“妈妈,杯子死掉了吗?”根据皮亚杰的认知发展理论,儿童此时可能处于( )(常考)

A. 感知运动阶段 B. 前运算阶段 C. 具体运算阶段 D. 形式运算阶段

47. [2019山东]学生在从事新的学习时,原有的身心发展水平对新的学习的适应性,称为( )

A. 学习 B. 成熟 C. 学习准备 D. 知识准备

48. [2018天津]根据皮亚杰的研究,初中生的思维处于具体运算阶段向形式运算阶段过渡的时期。针对这一发展特点,教师在教学中应加强对学生( )

A. 运算能力的培养 B. 操作能力的培养

C. 具体思维能力的培养 D. 抽象思维能力的培养

49. [2019四川]个体对外界信息的感知、注意、思维、记忆和解决问题时偏爱的信息加工方式是(　　)

A. 认知风格　　B. 性格　　C. 人格　　D. 气质

50. [2021广东]针对某一问题,搜集或综合信息与知识,运用逻辑规律,缩小解答范围,直至找到最适当且唯一正确的解答,这种认知方式属于(　　)

A. 冲动型　　B. 辐合型　　C. 发散型　　D. 场独立型

51. [2018辽宁]强调"人的高级心理是受人类文化历史制约"的心理学家是(　　)

A. 弗洛伊德　　B. 华生　　C. 皮亚杰　　D. 维果斯基

52. [2020广东]根据埃里克森的社会发展理论,处于(　　)阶段的孩子开始追求出于自我利益和动机的活动,如当妈妈在洗衣服时,孩子帮妈妈递过洗衣粉,他便认为自己是在做一件很重要的事情,起到了举足轻重的作用。

A. 自主感对羞怯感　　B. 勤奋感对自卑感

C. 主动感对内疚感　　D. 角色同一性对角色混乱

53. [2021安徽]小朱在春游的时候看到湖面上游着一只白天鹅,他以为是自己在爷爷家看到的鸭子,就开心地大叫:"看,是鸭子。"根据皮亚杰的认知发展理论,小朱的认知过程属于(　　)

A. 同化　　B. 顺应　　C. 组织　　D. 平衡

54. [2020四川]有的人对他人充满怀疑,对世界缺乏信任;有的人有很好的安全感,能够相信周围的人。根据埃里克森的发展理论,这更有可能是由哪一阶段的发展差异造成的(　　)

A. 婴儿期　　B. 幼儿期　　C. 儿童期　　D. 青年期

55. [2019内蒙古]"我喜欢晚上做作业"这句话描述的是学习者的(　　)特征。(常考)

A. 认知发展特征　　B. 学习风格　　C. 学习兴趣　　D. 学习动机

56. [2020河北]一般来说,如果一个人的智商分数是100,说明这个人的智力处于(　　)

A. 超常　　B. 低常　　C. 中下　　D. 中等

57. [2018安徽]下列属于智力发展的群体差异的是(　　)

A. 早慧或大器晚成　　B. 天才或智力落后

C. 想象发达或记忆超群　　D. 种族、性别或年龄差异

58. [2019山东]学生心理发展具有四个基本特征,其中(　　)是指在心理发展过程中,当某些代表新特征的量累积到一定程度时,就会取代旧特征而处于优势的主导地位。

A. 定向性　　B. 差异性　　C. 平衡性　　D. 阶段性

二、多项选择题

1. [2022内蒙古]下列关于最近发展区的表述正确的是(　　)

A. 教学应为学生提供有适当难度的内容,让学生"跳一跳,够得着"

B. 教学应走在儿童现有发展水平的前面

C. 最近发展区的教学为学生提供了发展可能性

D. 最近发展区要在一个动态的环境中进行测查

2. [2021黑龙江]根据皮亚杰的认知发展阶段理论,具体运算阶段的儿童的思维特点包括(　　)

A. 可逆性　　B. 守恒　　C. 单一性　　D. 泛灵论

E. 去自我中心性

3. [2018天津]下列哪些属于少年期表现出的总体性的阶段特征(　　)

A. 思想品德的形成　　B. 内心世界的发现

C. 自我意识的觉醒　　D. 独立精神的加强

4. [2020黑龙江]皮亚杰将儿童的认知发展划分为(　　)(常考)

A. 感知运动阶段　　B. 前运算阶段

C. 具体运算阶段　　D. 形式运算阶段

5. [2020河南]下列关于"最近发展区理论"在教育中的作用和意义表述正确的有(　　)

A. 最近发展区即儿童现有心理机能的发展水平与在成人指导和帮助下所能达到的解决问题的水平之间的距离

B. 在教学中要承认每个儿童都有发展的可能性

C. 教育应该超前于发展,创造最近发展区,推动或加速儿童内部的发展过程

D. 教育者要为不同的儿童创造最近发展区

6. [2018河南]根据埃里克森的心理社会发展理论,儿童成长和接受教育时期的危机冲突有(　　)

A. 自主感对羞耻感与怀疑　　B. 亲密感对孤独感

C. 勤奋感对自卑感　　D. 自我同一性对角色混乱

7. [2020内蒙古]个人的自我意识主要包括三种心理成分,分别是(　　)

A. 自我认识　　B. 自我体验

C. 自我行动　　D. 自我控制

8. [2019山西]弗洛伊德的人格结构层次包括(　　)

A. 本我　　B. 自我　　C. 真我　　D. 超我

9. [2019山东]下列关于自我意识的描述,正确的是(　　)

A. 自我意识包括三种成分:自我认识、自我体验和自我监控

B. 个体自我意识的发展经历了从生理自我到心理自我再到社会自我的过程

C. 生理自我在3岁左右基本成熟

D. 自我意识发展有两次飞跃:1~3岁和青春期

10. [2018天津]下列关于儿童在前运算阶段所出现的"自我中心"的说法,正确的是(　　)(易混)

A. 儿童只会从自己的立场与观点去认识事物

B. 不能将自己的观点与别人的观点相协调

C. 儿童利己主义的一种表现

D. 如当自己的汤是热的时,就认为别人的汤也是热的

11. [2020江西]以下关于关键期的说法正确的是(　　)

A. 关键期是个体对某种刺激特别敏感的时期

B. 过了关键期,同样的刺激对个体影响很小

C. 4～5岁是学习书面语言的关键期

D. 关键期是绝对的,一旦错过关键期,再努力学习,也无济于事

三、判断题

1. [2022江苏]根据埃里克森的人格发展阶段理论,中学生的心理发展任务是发展自我同一性。(　　)

2. [2022安徽]皮亚杰认为,儿童一般在小学阶段获得守恒概念。(　　)

3. [2021广东]根据埃里克森的发展理论,对于六到十二岁的儿童,教师应该积极地训练儿童适应社会、掌握今后生活所必需的知识和技能。(　　)

4. [2021安徽]根据皮亚杰的理论,在良好的外界环境下,学生的认知发展可以从前运算阶段直接跨越至形式运算阶段。(　　)

5. [2021内蒙古]心理发展是个体从出生到成年期间所发生的心理变化。(　　)

6. [2021湖南]皮亚杰提出,在儿童思维发展的所有特征中最重要的是可逆性。(　　)

7. [2020广东]埃里克森认为个体发展是持续一生的,而不是在成年早期就结束了。(　　)

8. [2017山西]图式是指有组织的知识结构,是对范畴的规律性作出编码的一种形式。(　　)

9. [2019河南]中学阶段同辈群体对人格发展的影响在某种程度上甚至超过父母。(　　)

10. [2020宁夏]人格是在先天禀赋的基础上形成的,不受社会文化的影响。(易错)(　　)

11. [2021河南]学习风格只是影响学生的学习方式,并不会影响学生个人的智力水平。(　　)

12. [2020安徽]从广义上来说,一切偏离常态的儿童都是特殊儿童。(　　)

13. [2018四川]根据埃里克森的心理发展阶段理论,繁殖—停滞阶段中提到的繁殖感是指繁衍下一代的需要。(　　)

14. [2021贵州]男女的智力结构存在差异。(　　)

15. [2020内蒙古]具体运算阶段的儿童的思维是以命题形式进行的。(易混)(　　)

16. [2018四川]在小学阶段,游戏是儿童的主导活动,对儿童的心理发展具有重要作用。(　　)

17. [2018四川]根据皮亚杰的认知发展阶段理论,教会两到三岁的孩子有意识地谦让玩具几乎是不可能的。(　　)

18. [2019河南]自卑的人往往对自己缺乏客观、清醒的认识,无法悦纳自己。(　　)

19. [2018四川]儿童的发散思维在三到四岁出现第一个增长期,七到八岁出现第二个增长期,这说明儿童心理的发展具有差异性。(　　)

20. [2020湖南]皮亚杰认为,平衡化是人心理发展的决定因素。(　　)

21. [2018内蒙古]在人际交往中关注他人的言行举止,并能够根据不同的情境调整自己言行的认知类型属于场依存型。(　　)

四、填空题

1. [2021湖南]勤奋对自卑是埃里克森的心理社会发展理论中的第________个阶段。

2. [2020福建]皮亚杰认为适应包括同化和________两个过程。

3. [2019江苏]皮亚杰在有关儿童认知发展的研究中,发现儿童只能从自我中心的角度看待问题的著名实验是________。

五、案例选择题

案例　小刚和小松是一对好朋友,两人从小学到中学一直在一个班,几乎形影不离,在学习上你追我赶,一直都不相上下,但各有侧重,小刚更喜欢安静地看书并独自做读书笔记,小松更愿意在老师指导下学习。升入初三,学校调换了班主任老师,一个学期后,小松的成绩下滑得很厉害,而小刚的成绩则波动不大,家长追问小松原因,小松说:"原来的班主任老师对我很好,经常鼓励我,可新班主任太严厉,整天不苟言笑,看到他我就害怕。"而小刚则说:"班主任是谁无所谓,学习本身就很有意思啊。"

1. [2019四川]针对此案例,下列说法正确的是(　　)(不定项选择)

A. 小松更喜欢有严密结构的教学活动　　B. 小刚和小松拥有不同的认知风格

C. 小松在学习上易受暗示,学习欠主动　　D. 小刚在学习中加工信息的方式是深层加工

E. 初三阶段教师期望效应的影响比其他阶段更明显

2. [2019四川]根据认知风格的相关研究,下列说法正确的有(　　)(不定项选择)

A. 小刚的认知风格是场独立型　　B. 小刚更擅长的学科是社会科学类

C. 小刚的认知风格依赖于内在主体感觉　　D. 小刚的认知风格依赖于外在的客观事物

E. 小刚的学习以"视觉—言语"通道为主

案例　下面是一位14岁男生的日记摘抄

大人们常说"少年不识愁滋味",其实他们并不了解我们。不到两年,我长高了,吃得多了,有了自己的主见,而不再是"小小少年"。但是在父母眼里,我仍然还是个孩子。逛公园、逛商店或外出散步,妈妈还是像过去一样,拉着我的手,生怕我会走丢似的。要是被同学看见了,真是丢死人了。更让我苦恼的是,妈妈总是事无巨细地管着我,每天骑车上学时妈妈总是不断地唠叨:"在马路上多加小心!"晚上做完作业,刚打开电视想看看体育新闻,妈妈又会问:"作业做完了吗？早点休息,明天一大早还得上学呢!"运动鞋想买阿迪达斯,妈妈却非要买耐克的……

走进教室,我总觉得有几十双眼睛在盯着我;跟女同学打个招呼会感到脸红心跳;一次考试取得好成绩会欣喜若狂,一次考试考砸了会垂头丧气;为了一个小问题,会与同学争得面红耳赤;当答不出老师的提问时,又会觉得羞愧难当……

在同学的眼中,我帅吗？在老师和同学的心目中,我是一个好学生吗……

尽管有这么多烦恼,父母却浑然不知,有时候想和他们交流,但又总觉得有些难以启齿。真不知道该向谁诉说。仔细观察班上的其他同学,虽然他们表面上显得若无其事,但似乎又都与我有同样的问题、困惑和迷茫……

3. [2019内蒙古]该14岁男生处于(　　)(不定项选择)

A. 危险期　　B. 心理断乳期　　C. 青春期　　D. 自我发展期

4. [2019内蒙古]该案例反映了青少年心理变化的哪些特点(　　)(不定项选择)

A. 自我意识的发展　　B. 生理发育

C. 情绪情感的发展　　D. 认知发展

5. [2019内蒙古]从案例中男生"欣喜若狂、垂头丧气、难以启齿和希望倾诉"等词中可以看出他的哪些情绪和情感特征(　　)(不定项选择)

A. 外向性　　B. 内向性和表现性共存

C. 两极性　　D. 叛逆性

整合提升

一、单项选择题

1. [2022四川]学前儿童的思维继承着婴儿动作思维的特点,但形象思维也开始发展起来;小学中、低年级儿童的思维以形象思维为主,但又有了抽象思维的发展。这主要说明儿童的心理发展具有(　　)

A. 阶段性　　B. 连续性

C. 不平衡性　　D. 个别差异性

2. [2022山东]老师要求小明和小青画一个"精确"的椭圆,第一次画椭圆时没有给参照,第二次画椭圆时老师才画了一个精确的椭圆轮廓,让两人能随时检查自己画得是否够准确。小明两次画得同样好,小青第二次画得比第一次好很多,小青和小明的认知风格有可能(　　)(常考)

A. 都是场依存型　　B. 分别是场依存型和场独立型

C. 都是场独立型　　D. 分别是场独立型和场依存型

3. [2022河南]晓东在暑假报了游泳班,每天需坐公交车到游泳馆,晓东能考虑到速度、距离、时间之间的关系,合理安排出发时间。根据皮亚杰的认知发展阶段论,晓东处于(　　)

A. 感知运动阶段　　B. 前运算阶段

C. 具体运算阶段　　D. 形式运算阶段

4. [2021河南]根据塞尔曼对儿童观点采择能力的研究,儿童能够意识到,每个人不仅知道别人有不同的观点,而且能够意识到别人的观点,这属于(　　)

A. 社会和传统体系的观点采择　　B. 自我反省的观点采择

C. 社会信息的观点采择　　D. 相互的观点采择

5. [2021重庆]维果茨基认为,(　　)的出现表明儿童的符号系统已经开始内化。

A. 手势语　　B. 自我中心言语

C. 语言获得装置　　D. 内部语言

6. [2021山西]教师不同的态度会对学生人格有不同的影响。张老师是个"老好人",对学生实行"放养"式管理,上自习课的时候学生吵闹也不会对学生进行惩罚,只是等待他们安静下来,张老师这样的态度会使学生形成(　　)的人格特点。

A. 情绪紧张,冷淡,攻击性强,自制力弱　　B. 无组织纪律性,无团体目标

C. 情绪稳定,态度积极友好,有领导能力　　D. 易怒,侵犯性强

7. [2022河北]依据皮亚杰的认知发展理论,处于前运算阶段儿童的典型游戏类型是(　　)

A. 象征游戏　　B. 练习游戏　　C. 结构游戏　　D. 规则游戏

8. [2021安徽]小魏在做数学应用题时,善于采用发散性思维,能从多个视角对问题进行全面思考,兼顾到解决问题的各种可能性,小魏的信息加工方式属于(　　)

A. 继时性加工　　B. 同时性加工

C. 表层认知加工　　D. 深层认知加工

9. [2020河北]解决问题时,倾向于按照问题的逻辑顺序,一步一步地解决子问题,只有在学习过程快结束时,才对所学的内容形成一种比较完整的看法,这属于(　　)的学生。

A. 沉思型　　B. 冲动型　　C. 整体型　　D. 系列型

10. [2019山西]某小学生说自己是善良的,因为他把东西分享给了同伴或其他人,但并不能理解"善良的人在某些场合也会抢别人的东西"。这说明该学生的自我意识正处于(　　)的发展阶段。(易错)

A. 自我评价　　B. 自我体验　　C. 自我控制　　D. 自我概念

11. [2019湖北]学生不愿听取父母的意见,却又希望从父母那里得到精神上的理解。这一现象体现了其心理的(　　)(易混)

A. 反抗性和依赖性　　B. 闭锁性和开放性

C. 高傲和自卑　　D. 否定童年和眷恋童年

12. [2019广西]学外语时小文喜欢多听多说,不太关心具体单词的拼写和句型结构。由此可知小文是一个(　　)

A. 动觉型学习者　　B. 视觉型学习者

C. 触觉型学习者　　D. 听觉型学习者

13. [2019吉林]随着身心的迅速发展,中学生开始积极尝试脱离父母的保护和管理,渴望自己的行为像成人一样,不愿意被当作孩子看待。这说明中学生的心理发展具有(　　)

A. 不平衡性　　B. 独立性　　C. 闭锁性　　D. 动荡性

二、多项选择题

1. [2021广东]影响人格形成和发展的环境因素有(　　)

A. 家庭因素　　B. 思维因素　　C. 社会因素　　D. 学校教育因素

E. 认知教育因素

2. [2021 重庆]自我意识的调节作用有哪些表现(　　)

A. 心理活动的转移　　B. 启动行为

C. 心理过程的加速或减速　　D. 制止行为

3. [2020 天津]学习的准备状态包括个体的(　　)

A. 心理稳定状态　　B. 生理发展状态

C. 能力发展状态　　D. 学习动机状态

4. [2018 天津]下列关于小学生自我评价能力的发展的描述,正确的有(　　)(易混)

A. 从顺从他人的评价发展到有一定独立见解的评价

B. 从评价较为稳定到评价较为不稳定

C. 从比较笼统的评价发展到能够对自己多方面的优缺点进行评价

D. 从评价外部特征发展到具有评价内心品质的初步倾向

5. [2020 广东]学生发展的不平衡性主要指生理成熟与心理成熟的不平衡和发展速度的不平衡。下列属于学生心理成熟的标志有(　　)

A. 性机能的成熟　　B. 不依赖他人

C. 具有独立思考的能力　　D. 较稳定的自我意识与个性的形成

三、判断题

1. [2021 浙江]维果斯基认为决定儿童语言获得的因素不是经验和学习,而是先天遗传的语言能力。(　　)

2. [2019 广西]人格的各个特征不是孤立存在,而是错综复杂、交互作用的,这体现了人格的共同性。(　　)

3. [2019 河南]根据埃里克森的新精神分析品德理论,在勤奋—自卑阶段,对儿童影响最大的因素是母亲。(　　)

4. [2020 河南]学生对信息进行加工的深度存在表层加工和深层加工两种方式,深层加工有利于侧重理解的考试,表层加工有利于侧重事实学习和记忆的考试。(　　)

第三章　学习理论

基础训练

一、单项选择题

1. [2022 河北]下列属于负强化的是(　　)(常考)

A. 对犯错的学生罚站　　B. 完成作业就可以出去踢球

C. 正确回答问题就可以获得一朵小红花　　D. 正确回答问题就可以不抄试卷

2. [2022 辽宁]唐老师强调"从做中学",允许学生犯错误,并鼓励学生从错误中学习,这样获得的知识才会终生不忘。唐老师的观点和(　　)的观点一致。

A. 联结学习理论　　B. 社会学习理论

C. 操作性条件作用理论　　D. 经典性条件作用理论

3. [2022 江苏]汤老师讲解一个知识后,出示了两道习题,让学生当堂完成。其做法依据的是学习的(　　)

A. 准备律　　B. 练习律　　C. 效果律　　D. 遗忘律

4. [2022 四川]在良好的班级氛围中,某学生自发产生的积极行为被肯定,他良好的行为习惯逐渐形成。能很好地解释这一现象的理论是(　　)

A. 经典性条件反射理论　　B. 操作性条件反射理论

C. 精神分析学习理论　　D. 符号学习理论

5. [2022 四川]奥苏贝尔提倡在教学中采用"先行组织者"这一技术,其实质是(　　)

A. 强调直观教学　　B. 引导学生的发现行为

C. 激励学生的学习动机　　D. 强调新旧知识的相互联系

6. [2022 浙江]小鸥上课举手回答问题,答错后受到了老师的批评,之后班上的同学就很少举手回答问题。这种现象体现了观察学习的(　　)(易错)

A. 习得效应　　B. 抑制效应　　C. 去抑制效应　　D. 反应促进效应

7. [2020 天津]由于一个特定的刺激而习得的反应与一个不同但类似的刺激建立联系的过程称之为(　　)

A. 刺激分化　　B. 条件反射　　C. 刺激泛化　　D. 反应泛化

8. [2019 广东]李老师经常对进步的学生给予奖励,发小红花、小礼品。这对学生的教育起到了很好的效果。李老师的做法依据的学习理论是(　　)

A. 人本主义学习理论　　B. 建构主义学习理论

C. 认知主义学习理论　　D. 行为主义学习理论

9. [2019 广东]现在越来越多的学校在教学上都强调让教师引导学生使用某些方法或策略来解答问题,或者给学生某个问题,让他们通过网络、图书馆等自己寻找答案。这种学习方式属于( )

A. 接受学习 B. 发现学习 C. 深度学习 D. 观察学习

10. [2019 江苏]下列说法不正确的是( )

A. 桑代克认为学习就是刺激—反应之间的联结

B. 布鲁纳认为学习就是形成操作性条件反射的过程

C. 班杜拉认为学习主要是观察学习

D. 加涅认为学习过程就是一个信息加工的过程

11. [2021 天津]先行组织者教学策略是给学习者提供( )(易混)

A. 图式 B. 经验 C. 认知框架 D. 思维模式

12. [2020 广东]学生学习重力和重力加速度两个概念之间的关系的学习属于( )

A. 信号学习 B. 刺激—反应学习

C. 连锁学习 D. 规则学习

13. [2018 河南]加涅认为学习的最初阶段是( )(易错)

A. 习得阶段 B. 领会阶段 C. 保持阶段 D. 动机阶段

14. [2020 山东]如果一个学生没有达到自己预期的学习目标,即使没有受到外部惩罚,他也会感到心里难受,并在后续学习中加倍努力,以达到自己的预期目标。依据班杜拉的社会学习理论,最适宜解释这种现象的概念是( )

A. 替代强化 B. 自我强化 C. 替代奖赏 D. 自我奖赏

15. [2020 江西]布鲁纳认为,教学的最终目标在于理解学科的( )

A. 认知结构 B. 基本结构 C. 基本思想 D. 方法论

16. [2022 山东]桑代克的迷笼实验证明了学习是( )

A. 形成刺激和反应联结的过程 B. 形成认知完形

C. 形成认知结构 D. 形成条件反射

17. [2019 辽宁]先于学习材料呈现的一个抽象概括水平较高的引导性材料是( )

A. 先行组织者 B. 程序教学 C. 上位学习 D. 表征学习

18. [2019 广东]下列属于经典性条件作用的是( )

A. 告诉小朋友,先喝完药才可以吃糖

B. 小花回答问题后得到了表扬,于是回答问题的次数增加

C. 每次想到第二天要考试小明就有些心烦意乱

D. 小黄做了坏事后被关禁闭,之后他就不敢再犯了

19. [2017 河北]即使不给予强化或奖励,学习也能发生。这种学习是( )

A. 潜伏学习 B. 替代学习 C. 试误学习 D. 意义学习

20. [2020 辽宁]罗杰斯提出的"以学生为本""让学生自发地学习""排除对学习者自身的威胁"的教学原则属于( )

A. 结构主义课程模式 B. 发展性教学模式

C. 最优化教学模式 D. 非指导性教学模式

21. [2020 福建]美国心理学家布鲁纳认为,学习的实质在于( )(常考)

A. 构造一种完形 B. 主动形成认知结构

C. 建构自己知识的过程 D. 形成刺激与反应的联结

22. [2018 陕西]人本主义心理学家罗杰斯认为,学习方式主要有( )

A. 无意义学习和机械学习 B. 无意义学习和理解学习

C. 机械学习和有意义学习 D. 无意义学习和有意义学习

23. [2022 山东]以下属于有意义学习的客观条件有( )

A. 学习材料本身必须具有逻辑意义 B. 学习者认知结构里要有适当知识

C. 必须具有有意义学习的心向 D. 要主动地去形成认知结构

24. [2020 山西]建构主义认为,( )是由学习者自己建构起来的,它无法通过直接的传递而实现。

A. 外部的信息 B. 社会的文化 C. 知识的意义 D. 已有的经验

25. [2018 陕西]建构主义强调学生是信息加工的主体,是( )(易混)

A. 意义的主动建构者 B. 知识的被动接受者

C. 知识的灌输对象 D. 知识的存储器

26. [2021 内蒙古]教师通过表扬积极发言的小明来鼓励全班同学踊跃发言。该教师使用的强化类型是( )

A. 直接强化 B. 自我强化 C. 替代强化 D. 延时强化

27. [2018 山西]1970 年,加涅根据学习的繁简水平不同,提出了八类学习。其中,( )即经典性条件作用,学习对某种信号做出某种反应。其过程为:刺激—强化—反应。

A. 信号学习 B. 连锁学习 C. 辨别学习 D. 概念学习

28. [2022 安徽]桑代克的迷箱实验中,饿猫学会碰压按钮打开箱门的学习属于( )

A. 概念学习 B. 规则或原理学习 C. 信号学习 D. 刺激—反应学习

29. [2022 安徽]下列属于学习现象的是( )

A. 膝跳反射 B. 疲劳启动作变形

C. 暗适应 D. 背诵唐诗

30. [2020 山西]布鲁纳是美国著名的认知教育心理学家,他强调学科结构的重要性,提出了认知结构学习理论和( )

A. 程序教学法 B. 非指导性教学模式

C. 掌握学习模式 D. 发现学习教学法

31. [2018陕西]美国著名教育心理学家加涅认为人类的学习现象极其复杂，通过研究，他提出的学习结果有(　　)

A. 三类　　B. 四类　　C. 五类　　D. 六类

32. [2021河北]学生学习体操动作，这种学习属于(　　)

A. 信号学习　　B. 连锁学习　　C. 辨别学习　　D. 语言联结学习

33. [2021广东]根据加涅的学习水平分类理论，下列属于规则学习的是(　　)

A. 学习三角形的概念　　B. 学习三角形的面积公式

C. 学习区别两个相似的汉字　　D. 学习利用所学过的公式去完成几何证明题

34. [2022山东]按照意识水平的参与程度，可将学习分为(　　)

A. 机械学习和有意义学习　　B. 内隐学习和外显学习

C. 接受学习和发现学习　　D. 有意义学习和无意义学习

35. [2021江苏]在引导学生复习回顾"三角形"的概念、性质、研究方法等内容后，再指导学生学习"等腰三角形"。这一做法符合著名教育心理学家奥苏贝尔学习理论中的(　　)策略。

A. 项目学习　　B. 元认知　　C. 表现性学习　　D. 先行组织者

36. [2022河南]阳阳的数学成绩比语文成绩好，她学习数学的积极性更高，这符合桑代克学习理论的(　　)

A. 练习律　　B. 准备律　　C. 强化律　　D. 效果律

37. [2018辽宁]格式塔学派的苛勒提出了"顿悟学习"的概念是基于(　　)实验。

A. 猫开笼门　　B. 小白鼠走迷宫　　C. 鸽子拉杆取食　　D. 黑猩猩取香蕉

38. [2018河南]罗杰斯的"有意义学习"与奥苏贝尔的"有意义学习"的区别在于(　　)(易混)

A. 前者强调的是新旧知识要有联系，后者强调学习者对知识的兴趣

B. 前者强调知识与个人经验、兴趣的关系，后者强调新旧知识存在联系

C. 前者强调新旧知识的联系，后者不关注这种联系

D. 前者强调个人兴趣，后者强调学习者主动学习

39. [2020辽宁]"学习过程就是尝试错误的过程"，这一观点属于哪种学习理论(　　)

A. 行为主义　　B. 认知主义　　C. 人本主义　　D. 建构主义

40. [2020四川]在数学课上，学生每次出错时，王老师都注重对学生的引导，积极鼓励学生动脑思考，让学生感受到学习的乐趣，班级学习氛围日益浓厚。这体现的是桑代克学习定律中的(　　)

A. 准备律　　B. 练习律　　C. 效果律　　D. 同化律

41. [2020天津]某学生观看电影《医生的假日》后，对医生产生了敬佩之情，立志成为一名优秀的医生，根据加涅的学习结果分类，这属于(　　)

A. 智力技能的学习　　B. 态度的学习

C. 运动技能的学习　　D. 言语信息的学习

42. [2019山东]按照加涅学习结果的分类，智慧技能的学习、态度的学习分别属于(　　)

A. 动作技能领域；认知领域　　B. 动作技能领域；情感领域

C. 认知领域；动作技能领域　　D. 认知领域；情感领域

43. [2020山东]在某强化程序中，得到强化之前的反应数量是变化的、不可预期的。该强化程序是(　　)(易错)

A. 固定时距强化　　B. 固定比率强化

C. 变化时距强化　　D. 变化比率强化

44. [2020安徽]"学生不是空着脑袋走进教室的"，这是(　　)

A. 行为主义学生观　　B. 新行为主义学生观

C. 建构主义学生观　　D. 人本主义学生观

45. [2020山东]如果一个心理学家的研究对象是具有经验的人，研究关心的是个人的创造性、对个人和社会有意义的问题以及如何提高人的尊严和价值，则该心理学家最有可能属于的学派是(　　)

A. 行为主义学派　　B. 认知主义学派

C. 精神分析学派　　D. 人本主义学派

46. [2020山东]"其身正，不令而行；其身不正，虽令不从。"可以解释这一现象的学习理论是(　　)(常考)

A. 观察学习理论　　B. 信息加工学习理论

C. 建构主义学习理论　　D. 有意义学习理论

47. [2020广东]社会认知理论认为，对自我效能感的形成影响最大的因素是(　　)

A. 直接经验　　B. 替代经验　　C. 言语说服　　D. 情绪唤醒

48. [2020广东]课程既要基于学科，又要超越学科，面向真实世界，从而使教学始于课堂，走出课堂，融于社会，这一观点属于(　　)的课程观。

A. 建构主义　　B. 认知主义　　C. 行为主义　　D. 人本主义

49. [2019湖北]学生将狮子、老虎、豹子归纳为"猛兽"。这样的学习属于(　　)学习。

A. 发现　　B. 连锁　　C. 概念　　D. 辨别

50. [2021辽宁]某物理老师在讲授《机械运动》时，用"小小竹排江中游，巍巍青山两岸走"来引入，并提出"为什么青山会在两岸走"的问题，使学生形成学习期望。根据加涅提出的学习过程八阶段理论，此时学生处于(　　)

A. 动机阶段　　B. 领会阶段

C. 习得阶段　　D. 保持阶段

51. [2021内蒙古]某生会背诵九九乘法口诀，并懂得"三三得九"就是3个3相加之和是9。这种学习属于(　　)

A. 信号学习　　B. 连锁学习　　C. 机械学习　　D. 有意义学习

52.［2020河北］教师不是传递客观而确定的现成知识，而是激发出学生原有的知识经验，促进知识经验的"生长"，促进学生知识的建构。持上述观点的理论流派是（　　）

A. 行为主义学习理论　　B. 存在主义学习理论

C. 建构主义学习理论　　D. 人本主义学习理论

53.［2019广东］加涅认为学习是一个有始有终的过程，这些过程可分为若干阶段，每个阶段需要不同的信息加工。其中，（　　）是学生习得的信息经过复述、强化后，以语义编码的形式进入长时记忆的贮存阶段。（易错）

A. 获得阶段　　B. 动机产生阶段　　C. 概括阶段　　D. 保持阶段

54.［2020山东］下列不属于建构主义学习理论倡导的学习方式的是（　　）

A. 情境学习　　B. 探究式学习　　C. 个别化学习　　D. 支架式教学

55.［2020河南］下列属于认知主义学习理论的是（　　）（常考）

A. 桑代克的联结—试误学习理论　　B. 斯金纳的操作性条件作用理论

C. 巴甫洛夫的经典性条件作用理论　　D. 苛勒的完形—顿悟学习理论

56.［2018辽宁］在教育心理学发展历史上，主张把行为主义的S-R公式改为S-O-R公式的是（　　）

A. 桑代克　　B. 斯金纳　　C. 班杜拉　　D. 托尔曼

57.［2021辽宁］奥苏贝尔从学习进行的方式、学习材料与学习者原有知识的关系两个维度对认知领域的学习进行了分类。根据该分类，下列属于机械的接受学习的是（　　）

A. 记乘法表　　B. 科学研究

C. 运用公式解题　　D. 设计实验

58.［2020河北］赵老师对课堂上个别喜欢扮鬼脸的学生，采取故意不理会的做法。赵老师的做法属于（　　）

A. 弱化　　B. 逃避　　C. 惩罚　　D. 消退

59.［2018广西］斯金纳的迷箱实验发现：小白鼠在迷箱中乱窜，无意中触到迷箱中传送食物的杠杆而获得食物，后来多次同样的行为得到相同的结果，小白鼠按压杠杆的频率迅速增加。这表明对个体行为塑造起作用的是（　　）

A. 分化　　B. 强化　　C. 泛化　　D. 类化

60.［2021陕西］认为学习知识的最佳方式是发现学习的心理学家是（　　）

A. 布鲁纳　　B. 奥苏贝尔　　C. 斯金纳　　D. 班杜拉

61.［2020山西］提出认知结构学习论的心理学家是（　　）

A. 奥苏贝尔　　B. 布鲁纳　　C. 加涅　　D. 桑代克

62.［2020辽宁］提出学习过程应始终以人为本，必须重视学习者的意愿、情感、需要等的学习观的是（　　）

A. 罗杰斯　　B. 布鲁纳　　C. 班杜拉　　D. 斯金纳

63.［2018广东］通过外部因素对学习行为予以强化属于（　　），如奖励与惩罚便是学习中常用的两种强化形式。（易混）

A. 直接强化　　B. 替代强化　　C. 自我强化　　D. 他人强化

64.［2017广东］在经验传递系统中，学生主要是接受前人的经验，而不是亲身去探索、总结经验。这体现了学生学习的（　　）

A. 直接性　　B. 目的性　　C. 间接性　　D. 集体性

65.［2019河北］学习必须使个体产生行为或行为潜能的变化，这种变化是由（　　）

A. 经验引起　　B. 自然成熟引起　　C. 遗传引起　　D. 充足活动引起

66.［2020广东］某学生学会了"8"字形溜冰。根据加涅的学习结果分类理论，这说明该学生掌握了（　　）（常考）

A. 言语信息　　B. 智慧技能　　C. 认知策略　　D. 动作技能

67.［2020天津］小萌上课总是睡觉，得知此事后，班主任取消了一次小萌观看学校文艺汇演的资格，之后她很少在课堂上睡觉了，这是运用了（　　）的行为塑造原理。

A. 正强化　　B. 负强化　　C. 正惩罚　　D. 负惩罚

68.［2020河南］学习者将所学的新知识与自己已有的知识建立了实质性的、合乎逻辑的联系，这属于（　　）

A. 接受学习　　B. 发现学习　　C. 有意义学习　　D. 机械学习

二、多项选择题

1.［2022内蒙古］以下观点属于建构主义学习观的是（　　）

A. 学习的主动建构性　　B. 学习的情境性　　C. 学习的接受性　　D. 学习的动态性

2.［2022福建］根据心理学中关于学习的界定，下列属于学习结果的有（　　）

A. 学生画力学分析图　　B. 小邱看到酸梅流口水

C. 小赵看到穿白大褂的医生就害怕　　D. 个体出生时的啼哭行为和抓握反射

3.［2022安徽］建构主义学习理论倡导的教学模式包括（　　）

A. 交互式教学　　B. 程序式教学　　C. 支架式教学　　D. 情境式教学

4.［2018重庆］下列选项中，属于发现学习的特点的有（　　）

A. 学生的任务是发现事物的意义　　B. 花的时间较长

C. 以定义的方式呈现学习材料　　D. 花的时间较短

5.［2018辽宁］班杜拉认为一个完整的学习过程包括（　　）

A. 注意　　B. 保持　　C. 复现　　D. 动机

6.［2019山东］学生的学习特点有（　　）

A. 以直接经验的掌握为主线　　B. 以间接经验的掌握为主线

C. 计划性和组织性　　D. 目的性

E. 被动性

7. [2020黑龙江]学生根据地图方位来回忆省级行政区的名称，这一过程不属于(　　)的学习。(易错)

A. 言语信息　　B. 智慧技能　　C. 认知策略　　D. 动作技能

8. [2020安徽]小学生学习有进步，老师就奖励其一张“点赞卡”。这种强化属于(　　)

A. 内部强化　　B. 外部强化　　C. 负强化　　D. 正强化

9. [2019辽宁]心理学家加涅根据学习结果的不同把学习分为(　　)(常考)

A. 言语信息　　B. 智慧技能　　C. 认知策略　　D. 动作技能

E. 知识经验

10. [2020山西]布鲁纳的认知结构学习理论认为，学习的三大过程包括(　　)

A. 领会　　B. 评价　　C. 转化　　D. 获得

11. [2019山东]按照奥苏贝尔对学习的分类，尝试解决“走迷宫”问题是(　　)

A. 有意义学习　　B. 机械学习　　C. 接受学习　　D. 发现学习

12. [2020河南]下列属于学习现象的有(　　)(易错)

A. 视觉适应　　B. 图式改变　　C. 形成条件反射　　D. 习惯化和去习惯化

13. [2021广东]在平时的教学中，善于运用强化可以得到良好的教学效果，关于教师在运用强化时的注意事项，下列说法正确的有(　　)

A. 小步子前进，分阶段设立目标，并对目标予以明确规定和表述

B. 当学生实施了某种好的行为后，要及时反馈，及时采用强化方法

C. 为确保公平公正，对不同的学生均采取相同的强化措施

D. 在教学过程中，负强化的效果往往比正强化的效果好，应多采取负强化

14. [2021河北]根据斯金纳的学习理论，现实生活中的口头表扬属于(　　)

A. 正强化　　B. 内部强化　　C. 原始强化　　D. 条件强化

15. [2020山东]下列陈述中，属于人本主义心理学家提出的促进意义学习的条件的有(　　)

A. 以学生为中心，突出学习者在教学过程中的中心地位

B. 让学生觉察到学习内容与自我的关系

C. 让学生身处一个和谐的、融洽的、被人关爱和理解的氛围

D. 要从做中学

16. [2019河南]斯金纳提出“程序教学”的原则包括(　　)

A. 延时反馈原则　　B. 小步子原则　　C. 积极反应原则　　D. 自定步调原则

17. [2019山东]下列关于惩罚与负强化关系的描述，正确的有(　　)(易混)

A. 二者都使不良行为的发生概率降低

B. 惩罚是撤销一个愉快的刺激，负强化是给予一个愉快的刺激

C. 正惩罚是给予一个不愉快的刺激，负强化是撤销一个不愉快的刺激

D. 惩罚使不良行为发生的概率降低，负强化使好的行为发生的概率增高

三、判断题

1. [2022辽宁]顿悟是指新的信息与原有的知识产生联系，突然领悟，并在头脑中产生新的意义的过程。(　　)

2. [2022四川]班杜拉认为，人类学习的实质是认知学习。(　　)

3. [2022安徽]心理学家华生根据学生学习内容的不同，把学习分为接受学习和发现学习。(　　)

4. [2019河南]支架式教学是建立在有感染力的真实事件、真实问题基础上的教学。(　　)

5. [2019江苏]从强化理论的观点来看，撤销之前对学生纪律处分的做法属于正强化。(　　)

6. [2022河南]奥苏贝尔认为，学生学习的主规律是有意义的发现学习。(　　)

7. [2018山西]罗杰斯认为，促进学习的关键不在于教师的教学技能、课程设计、教学设备资源等，而在于教师和学生的关系。(　　)

8. [2018山西]消退是一种强化的过程，其作用在于降低某种反应在将来发生的概率。(　　)

9. [2019广东]替代性学习是通过观察别人而进行的学习，人类的大部分学习是替代性学习。(　　)

10. [2017辽宁]学生对相似的、容易混淆的英文单词分别作出正确的反应属于概念学习。(　　)

11. [2019内蒙古]“上行下效、耳濡目染”属于观察学习。(　　)

12. [2017广东]刺激泛化和刺激分化是互补的过程，泛化是对事物的差异的反应，分化则是对事物的相似性的反应。(易混)(　　)

13. [2021河北]奖励是影响学习的主要因素，这是斯金纳效果律的观点。(　　)

14. [2020河南]机械学习在掌握材料的全面性、准确性、巩固性以及速度等方面均优于有意义学习。(　　)

15. [2021河南]对“榜样学习”的教育效应做出合理解释的心理学理论是班杜拉的观察学习理论。(　　)

16. [2019山东]从本质上看加涅的刺激—反应学习就是巴甫洛夫的经典条件反射。(　　)

17. [2018安徽]通过白鼠走迷宫实验，托尔曼揭示了“潜伏学习”的存在。(　　)

18. [2019贵州]建构主义学习观认为，教师是学生学习的指导者。(　　)

19. [2018江苏]接受学习不一定是有意义学习。(　　)

20. [2017陕西]桑代克的实验研究对后继研究有重要的启发作用，他提出的学习的效果律逐渐发展为今天的学习动机，而练习律逐渐演化为强化理论。(易混)(　　)

21. [2019广东]加涅将学习水平由高到低分为八个层次，其中最高层次是辨别学习。(　　)

22. [2021内蒙古]作为教师，应慎用惩罚，因为惩罚只能让学生明白什么不能做，但并不能让学生知道什么能做，应该怎么做。(　　)

23. [2017山东]依据奥苏贝尔的有意义学习理论，学习材料的逻辑意义能确保产生有意义学习。(　　)

24. [2019黑龙江]行为主义学习理论认为，一切学习都是通过条件作用，在刺激和反应之间建立直接联结的过程。(　　)

25.[2020天津]学生看到电视上的暴力行为没有受到惩罚,甚至还伴随着满意的结果,这使学生非常容易受到替代强化,导致攻击性行为的增加。( )

26.[2020黑龙江]学习的认知理论强调学习是外在心理结构的形成、丰富或改组的过程。( )

27.[2019河南]对学生的行为进行奖励时,应注意避免外部奖励对内部兴趣的破坏。( )

四、填空题

1.[2022福建]班杜拉把行为强化分为直接强化、替代强化和________。

2.[2019辽宁]在识字教学中,要使学生正确区分相似、相近字,那么在教学时应重视让学生在学习过程中对所学的字进行________。

3.[2019河南]奥苏贝尔认为,影响接受学习的关键因素是认知结构中适当的起固定作用的观念的可利用性,为此,他提出了"________"的教学策略。

4.[2019河南]学习的信息加工模式说明,学习是________之间相互作用的结果。

5.[2018内蒙古]提出操作性条件反射原理与程序性教学的是________。

6.[2020山西]我国心理学家对学习的分类是________、技能的学习和行为规范的学习。(常考)

五、案例选择题

请根据建构主义学习理论,回答第1~2题。

案例 化学老师在一次上课中发现,同学们对新学习的化学知识存在一知半解、难以灵活运用的现象。

1.[2021广东]为了加深同学们对知识的理解,化学老师最适宜采取的方式是( )(单项选择)

A.重新上一次课 B.用题海战术帮同学们加深理解

C.勾画出重点让同学们反复背诵 D.引导同学们用新知识去解释生活中的一些现象

2.[2021广东]下列观点不符合建构主义学习理论的是( )(单项选择)

A.学习者不是被动的信息吸收者

B.强调学生经验世界的差异性和丰富性

C.知识能够精确地概括世界的法则

D.认为"情境""协作""会话交流"和"意义建构"是学习环境中的四大要素

整合提升

一、单项选择题

1.[2022四川]通过教学和训练,学生掌握了"行程问题"的解题方法,之后对于"行程问题"中的"相遇问题""追赶问题"等都能很顺利地解决。根据加涅的学习分类,这一水平的学习属于( )

A.连锁学习 C.规则学习 B.概念学习 D.解决问题的学习

2.[2022辽宁]当学生已经习得一条规则时,就会表现出受规则支配的行为。根据加涅的学习结果分类,这属于( )的学习。

A.智慧技能 B.言语信息 C.认知策略 D.态度

3.[2021广东]小丽看到同桌小明举手大声回答问题受到老师表扬后,得出"大方勇敢的孩子被人喜欢"的结论,因此她在体育课上勇敢地在同学和老师的面前做示范,这属于( )的观察学习。

A.直接 B.抽象性 C.综合性 D.创造性

4.[2021江西]操作性条件反射与经典性条件反射的区别,不包括( )(易错)

A.反应的后天性与先天性 B.新的S-R联结是否形成

C.强化物是否出现在新的反应前 D.无条件刺激是否明确

5.[2022山东]闻一知十、举一反三反映了条件作用的( )

A.分化 B.获得 C.保持 D.泛化

6.[2019山东]人本主义心理学家罗杰斯从心理的现象主义观出发,提出了自己的人格理论,认为人性本善,人具有一种自然成长的力量,人基本上是朝着成熟、社会化和自我实现的人格方向发展的。下列为罗杰斯的人格理论中最主要的结构概念的是( )

A.自我 B.自我实现 C.自我预期 D.自我效能

7.[2022河南]童童刚入幼儿园午休,老师不在就哭闹。第一天,老师将其哄睡前,告诉他明天中午自己睡。第二天童童哭一会儿就睡了,第三天没哭就睡了。老师运用的是( )

A.正强化 B.负强化 C.惩罚 D.消退

8.[2019山东]强化程式是指个体反应受到强化的时机和频次。现实生活中,有人特别喜欢购买各种彩票,从强化的程式看,彩票采用的奖励机制属于( )

A.连续强化 B.定比强化 C.变比强化 D.变时强化

9.[2021辽宁]将预设的材料按照逻辑顺序分为不同的单元,并且将其内容组织成一系列的问题与答案,只有在正确地回答了来自前一个单元的问题之后,学生才能学习新的单元。这种教学组织形式的理论依据是( )

A.程序教学 B.认知结构教学 C.非指导性教学 D.主知主义教学

10.[2019山东]如果某中学生多次经历考试失败,则很有可能每当听说或感到要考试时,就会非常焦虑。按照巴甫洛夫的理论,这种现象说明学生在考试和焦虑之间建立起了( )(易错)

A.一级条件作用 B.一级泛化 C.高级条件作用 D.高级泛化

11.[2018山东]生成学习理论认为,学习是学习者主动地建构内部心理表征的过程。生成学习理论的提出者是( )

A.布鲁纳 B.维特罗克 C.加涅 D.斯皮罗

12.[2019广东]"认为学习是人们通过感觉、知觉得到的,是人脑主体对客观事物的组织和加工"属于( )学习理论的观点。

A.行为主义 B.建构主义 C.人本主义 D.认知主义

13.［2020江苏］知识学习的认知过程主要是思维过程，正是思维在学习过程中的概念化或类型化的活动，才使人们弄懂了所觉察到的大堆杂乱的事实。该观点属于（　　）

A. 联结理论　　B. 条件反射学说　　C. 认知理论　　D. 人本主义学习观

14.［2021陕西］学习者在已有知识经验的基础上，通过新旧知识经验之间反复的、双向的相互作用过程中形成新的意义，从而丰富自己的知识，这种学习观是（　　）

A. 行为主义学习观　　B. 认知主义学习观

C. 人本主义学习观　　D. 建构主义学习观

15.［2019安徽］学生学了加减乘除四则运算规则后，解答出老师布置的应用题。此时，学生主要获得的是（　　）（易混）

A. 动作技能　　B. 智慧技能　　C. 言语信息　　D. 认知策略

16.［2020山西］下列关于布鲁纳的认知结构教学理论的说法，表述正确的组合项是（　　）

①教学的主要目的是发展学生的智力

②让学生学习学科的基本结构，即某一知识领域内的基本概念、原理和定律等

③强调意义学习

④选择适合学生认知结构的教学方法，使知识结构和学生的认知结构相匹配，促进学生学习

⑤根据学生的发展水平、知识背景等现状，选择最佳顺序呈现教学内容

⑥促进学生成为一个完善的人

A. ①②④⑤　　B. ①③④⑤　　C. ②③⑤⑥　　D. ①②④⑥

17.［2021山西］经过一段时间的强化学习，小吴终于能够正确区分类似于“洗”和“冼”、“祗”和“祇”这些形相近而意不同的汉字了。上述能力属于（　　）（易混）

A. 习得与应用规则的能力　　B. 习得与应用高级规则的能力

C. 辨别能力　　D. 获得与应用概念的能力

18.［2019河南］人本主义的有意义学习的特征不包括（　　）

A. 参与性　　B. 自发性　　C. 渗透性　　D. 排他性

19.［2018山西］教师在教学过程中，通过改变讲话的声调和手势动作引起学生的注意，从而使学生能够有效地进行选择性知觉。根据加涅的信息加工学习理论，此时学生处于学习的（　　）

A. 动机阶段　　B. 领会阶段　　C. 反馈阶段　　D. 概括阶段

20.［2019河南］联结学习理论认为学习是通过条件作用，在刺激和反应之间建立直接联结的过程，个体学到的是习惯，是（　　）

A. 练习的结果　　B. 学习的结果

C. 反复练习和强化的结果　　D. 巩固的结果

21.［2019山东］被烤土豆发出的香味吸引，幼儿用手拿烤土豆时，他不仅可以学到“烫”这一词语的意义，更学会了以后对所有刚出炉的东西都要当心，并且迅速学到的这些内容和意义都会长期保留在孩子的记忆中。这一陈述体现的学习理论是（　　）

A. 罗杰斯的有意义学习理论　　B. 奥苏贝尔的有意义学习理论

C. 托尔曼的符号学习理论　　D. 班杜拉的社会学习理论

22.［2020广东］根据布鲁纳的观点，注重知识基本结构、原理、概念的教学的作用不包括（　　）

A. 可以使学科更容易理解　　B. 可以提高学生的学习成绩

C. 可以促进学生的学习迁移　　D. 可以使科学知识更易于记忆

23.［2020天津］将他人的经验通过掌握、占有，转化为自己的经验，这种学习是（　　）

A. 意义学习　　B. 机械学习　　C. 发现学习　　D. 接受学习

24.［2021广东］班杜拉认为榜样有三种形式，其中通过语言或影视图像而呈现的榜样属于（　　）

A. 活的榜样　　B. 符号榜样　　C. 诫例性榜样　　D. 理想榜样

25.［2019山东］依据班杜拉的观察学习理论，替代性强化发生在观察学习过程中的（　　）（易错）

A. 注意过程　　B. 保持过程　　C. 动作再现过程　　D. 动机过程

26.［2019广东］网络游戏的火爆离不开年轻人的支持，它们在给青少年带来刺激和欢愉的同时，也展现给身心尚未成熟的孩子们大量血腥暴力的画面，为他们的暴力意识与行为提供了参照和模仿的机会。这种观点与（　　）较为一致。

A. 社会学习理论　　B. 认知同化理论

C. 信息加工理论　　D. 精神分析理论

27.［2019河南］李老师要求学生“不写完作业不能出去玩”，用禁止“出去玩”来减少学生“不写作业行为”的发生。根据斯金纳的强化理论，这属于（　　）

A. 呈现性惩罚　　B. 发展性惩罚　　C. 移除性惩罚　　D. 任意性惩罚

二、多项选择题

1.［2021山东］班杜拉认为观察学习是人学习的重要形式，下列关于观察学习特点的描述，正确的是（　　）

A. 观察学习依赖于直接强化　　B. 观察学习不一定具有外显的行为反应

C. 观察学习具有认知性　　D. 观察学习是无条件的

2.［2020河南］在教学中，教师要成为学生建构意义的帮助者。下列做法恰当的是（　　）

A. 激发学生的学习兴趣，帮助学生形成学习动机

B. 创设符合教学内容要求的情境和提示新旧知识之间联系的线索

C. 提出恰当的问题以引起学生的思考和讨论

D. 直接呈现所教问题的最终结果，并告诉学生记下就行了

3.［2019山东］奥苏贝尔认为，每门学科都有一个分层次的概念和命题结构。包容性较高的抽象概念为新知识和概念提供了固着点，新的观念只有与已有的、起固定作用的观念联系起来时，才能有效地促进学习和保持。因此，在呈现正式学习材料之前，应该先呈现与学习材料有关联但同时又更一

般、更概括的概念或原理,即先行组织者。乔伊斯等人在奥苏贝尔先行组织者技术的基础上,提出了先行组织者教学模式,按照该模式,下列属于先行组织者呈现阶段任务的是(　　)

A. 阐明课程目的　　B. 举例

C. 明确材料　　D. 提供前后关系

4. [2019广东]加涅将智慧技能分成了四类,分别是辨别、概念、规则和高级规则,并指出四类之间存在层次关系。下列关于这四类的层次关系的说法正确的有(　　)(易混)

A. 高级规则的学习以简单规则学习为先决条件

B. 规则学习以概念学习为先决条件

C. 知觉辨别以概念学习为先决条件

D. 概念学习以高级规则学习为先决条件

5. [2021河北]罗杰斯倡导的"有意义的自由学习"冲击了传统教育理论,推动了教育改革运动的发展,其主要表现有(　　)

A. 突出情感在教学活动中的地位和作用　　B. 以学生"自我"完善为核心

C. 把教学活动的重心从教师引向学生　　D. 人的潜能是自我实现,而不是教育的作用使然

6. [2017内蒙古]奥苏贝尔认为,学习者接受知识的心理过程表现为(　　)

A. 在认知结构中能找到能同化新知识的有关观念

B. 在认知结构中能找到能改变新知识的有关观念

C. 找到新知识与起固着点作用的观念的相同点

D. 找到新旧知识的不同点

7. [2019河南]下列关于罗杰斯以自由为基础的自由学习原则的说法,正确的有(　　)

A. 人性本恶,且不是所有人都有学习潜力　　B. 教材有意义且符合学生的目的才会产生学习

C. 在较少压力的教育情境下才能有效学习　　D. 重视生活能力学习以适应变动的社会

三、判断题

1. [2021河北]抛锚式教学模式是通过镶嵌式教学以及学习共同体中成员间互动、交流进行的。(　　)

2. [2021内蒙古]学生学习是一种有意义学习,它不仅是再现、继承知识,更是向未知领域进军、不断探索的过程。(　　)

3. [2019河南]根据强化物的来源划分,食物、衣服等是一级强化物,名声、地位、权力等是二级强化物。(易混)(　　)

4. [2018吉林]学习时主体自身必须发生某些变化,这些变化使学习者获得了新的行为模式。(　　)

5. [2019山东]苛勒通过黑猩猩实验,认为智慧能完成迂回任务。(　　)

6. [2020河南]辨别学习既包括一些简单的辨别,如对不同形状、颜色的物体分别作出不同的反应,也包括复杂的多重辨别,如对相似的、易混淆的单词分别作出正确的反应。(　　)

四、案例选择题

案例　随着社会的飞速发展和二胎时代的到来,家长"望女成凤""望子成龙"的希望没有丝毫的减退。家长们都不希望自己的子女输在起跑线上,在幼儿园阶段就已经纷纷攀比起来,尤其是部分家长的"神童"情结泛滥。他们给孩子报了大量的补习班,导致这些孩子在掌握了大量的知识的同时也出现了一些问题,比如自理能力差、贪玩、人际交往能力欠缺,甚至出现自杀等悲剧。这一现象引起了家长、教师以及学校的反思。

1. [2018山东]家长们追求"神童"模式的培养,只注重知识的学习而忽略了学生情感、社会性等多方面的发展。这种做法违背的理论是(　　)(不定项选择)

A. 行为主义学习理论　　B. 认知主义学习理论

C. 人本主义学习理论　　D. 建构主义学习理论

2. [2018山东]在"神童"模式的培养下曾发生过一个13岁的学生自杀的悲剧。13岁正值青少年发展的黄金时期,这一时期会出现各种各样的危机,这个时期又被称为(　　)(不定项选择)

A. 危险期　　B. 关键期　　C. 心理断乳期　　D. 依恋期

3. [2018山东]案例中"家长们给孩子报大量的补习班"的做法,忽视了孩子的(　　)(不定项选择)

A. 智力差异　　B. 人格差异　　C. 性别差异　　D. 兴趣差异

4. [2018山东]根据上述案例,教师在实际教学中应该(　　)(不定项选择)

A. 把握教育的"度",既要给予学生无限的关怀又要严格要求

B. 密切关注学生的心理健康状态,对有心理问题的学生及时疏导

C. 对于叛逆学生的不良行为应严厉批评教育

D. 家校合作,帮助家长树立正确的成才观

案例　某学校会议上,校长点名批评某些老师无论是在课上还是在课下都不与学生沟通,不重视良好师生关系的培养和维持。有老师认为自己只是来讲课的,没有精力去跟学生打交道。但是校长却认为,如果师生关系不良,那么学生上你的课都会觉得烦,自然也不会对你讲授的知识抱有多大的积极性。

5. [2019广东]上述案例中的校长最可能支持(　　)的学习理论。(单项选择)

A. 斯金纳　　B. 华生　　C. 康德　　D. 罗杰斯

第四章　学习心理

基础训练

一、单项选择题

编者按：因题量较大，特将本题型划分为4个题组，考生可分组进行训练。

题组1：第1~80题

1. [2022内蒙古]为帮助学生掌握知识的概括，某教师在讲惯性时，不仅列举了固体具有惯性，还列举了液体和气体也具有惯性，使学生形成"物体都具有惯性"的观念，该教师运用了(　　)

A. 正例　　B. 反例　　C. 变式　　D. 比较

2. [2022天津]周恩来总理求学时就立下"为中华之崛起而读书"的志向，这表明其学习动机的类型是(　　)(常考)

A. 内部学习动机　　B. 自我提高内驱力

C. 远景的间接性学习动机　　D. 社会交往动机

3. [2022辽宁]多多觉得乱扔垃圾是不好的行为，应该被禁止。这属于(　　)

A. 道德认知　　B. 道德意志　　C. 道德情感　　D. 道德行为

4. [2020河北]一种学习中习得的一般原理、方法、策略和态度等迁移到另一种学习中去的是(　　)

A. 一般迁移　　B. 具体迁移　　C. 垂直迁移　　D. 水平迁移

5. [2022山东]不同知识类型在头脑中有不同的表征方式，其中以命题和命题网络进行表征的是(　　)

A. 程序性知识　　B. 陈述性知识　　C. 策略性知识　　D. 缄默性知识

6. [2022山东]学生考试总是失败，最后就觉得自己没有办法成功了，这种现象被塞里格曼称为(　　)

A. 归因偏差　　B. 奖励的隐蔽性代价　　C. 习得性无助　　D. 学习倦怠

7. [2022江苏]教师上课的走动和手势，增加了学生的感知效果，这依据的感知规律是(　　)

A. 强度律　　B. 差异律　　C. 活动律　　D. 组合律

8. [2022四川]在教学过程中，张老师运用了歌谣口诀法教学生学习，这种学习策略属于(　　)

A. 组织策略　　B. 复述策略　　C. 精加工策略　　D. 资源管理策略

9. [2022河北]短时记忆的容量有限，为了使其包含更多的信息，可采用的方式是(　　)

A. 感觉登记　　B. 注意　　C. 组块　　D. 复述

10. [2021江西]在学校教育中，应根据学生的年龄、性别、种族等特点，运用不同学习动机类型来激发学生学习动机。提出该观点的心理学家是(　　)

A. 布鲁纳　　B. 斯金纳　　C. 苛勒　　D. 奥苏贝尔

11. [2022内蒙古]一个孩子在听了"海因茨偷药"的故事后，说："海因茨应该去偷药，谁让那个药剂师那么坏，便宜一点不就好了吗。"依据科尔伯格的道德发展阶段理论，这个孩子处于(　　)(常考)

A. 服从与惩罚取向阶段　　B. 相对功利取向阶段

C. 寻求认可取向阶段　　D. 遵守法规取向阶段

12. [2021广东]学生在物理中学习了"平衡"的概念后，就会对以后学习化学平衡、生态平衡、经济平衡、心理平衡产生影响。从迁移的方向看，这属于(　　)

A. 正迁移　　B. 负迁移　　C. 顺向迁移　　D. 逆向迁移

13. [2022山东]鲁迅把《红楼梦》当中的人物关系汇总成人物一览表，这种学习策略是(　　)

A. 组织策略　　B. 监控策略　　C. 计划策略　　D. 调节策略

14. [2021浙江]学生把PULL记成PUSH，老师告诉他可以把PULL后面两个L看成是两个钩，用来拉东西。这运用了(　　)

A. 形象联想法　　B. 谐音联想法

C. 位置记忆法　　D. 关键词法

15. [2021贵州]皮亚杰认为，(　　)是儿童从他律道德向自律道德转化的分水岭。

A. 8岁　　B. 10岁　　C. 12岁　　D. 14岁

16. [2021福建]阅读小说后加深对已学词句的理解，这属于(　　)

A. 顺向正迁移　　B. 顺向负迁移　　C. 逆向正迁移　　D. 逆向负迁移

17. [2021浙江]学生在练习投篮技术时，成绩时而提高，时而下降，时而停顿，这是动作技能练习的(　　)现象。(易错)

A. 高原　　B. 反馈　　C. 起伏　　D. 倒退

18. [2021福建]下列属于程序性知识的是(　　)

A. 三角形的内角和等于180°　　B. 三角形有三条边，三个内角

C. 三角形的两边之和大于第三边　　D. 在△ABC中，∠A=30°，∠B>50°，求∠C的度数

19. [2021贵州]最早关于迁移的理论是(　　)

A. 形式训练说　　B. 相同要素说　　C. 概括化理论　　D. 关系理论

20. [2021贵州]将失败归因于(　　)的学生容易产生习得性无助感。

A. 运气不好　　B. 不够努力　　C. 缺少能力　　D. 工作难度大

21. [2021江苏]"复习中突遇问题，百思不得其解。搁置一段时间后，突然产生灵感，问题迎刃而解"。这一心理现象称为(　　)

A. 高原现象　　B. 思维定势　　C. 酝酿效应　　D. 功能固着

22. [2021贵州]问题解决是一个复杂的过程，其关键阶段是(　　)

A. 发现问题　　B. 提出假设　　C. 理解问题　　D. 检验假设

23. [2022江苏]学习迁移产生的客观必要条件是(　　)

A. 学生的智力水平　　B. 学习的理解和巩固程度

C. 学习对象之间的共同要素　　D. 学习的方法

24. [2021广东]谢老师在学习安装一个书架时,需要参照说明书上的步骤进行尝试,并时刻想着每一个步骤,头脑中还会形成一个个画面,如想象"给4寸的螺丝拧上螺帽"是怎样的。谢老师处于动作技能形成的(　　)

A. 认知阶段　　B. 联结阶段　　C. 练习阶段　　D. 自动化阶段

25. [2021江西]关于韦纳的归因理论,以下表述正确的是(　　)(易错)

A. 所有稳定性因素都是内在因素　　B. 所有内在因素都是稳定性因素

C. 所有内在因素都是可控因素　　D. 所有可控因素都是内在因素

26. [2018江西]在化学学习中,钾、钠等属于同一抽象和概括层次的金属元素在学习中互相影响。这种学习的迁移叫作(　　)

A. 水平迁移　　B. 垂直迁移　　C. 顺向迁移　　D. 逆向迁移

27. [2017山西]下面有关操作技能特点的表述,正确的是(　　)

A. 物质性、协调性、简缩性　　B. 适应性、协调性、简缩性

C. 物质性、外显性、展开性　　D. 观念性、协调性、适应性

28. [2017四川]乐乐在学习篮球的过程中,运球动作和上篮动作常常互相干扰,关注运球时就容易错过最佳上篮位置,关注上篮动作时又容易运球失误。乐乐的篮球技能属于动作技能形成阶段中的(　　)

A. 认知阶段　　B. 自动化阶段　　C. 计划信息阶段　　D. 联系形成阶段

29. [2017陕西]在动作技能的形成阶段中,从学习者的角度看,(　　)主要是理解学习任务,形成目标表象和目标期望。

A. 认知阶段　　B. 联结形成阶段　　C. 自动化阶段　　D. 活动的定向阶段

30. [2022江苏]有个同学先学了"鸟"的概念,再学"百灵鸟"这一动物,属于(　　)

A. 下位学习　　B. 上位学习　　C. 表征学习　　D. 命题学习

31. [2019山东]科尔伯格利用经典的道德情境"海因茨偷药救妻"的故事考察个体的品德发展。假设某学生针对海因茨是否应该偷药的回答是:"海因茨不应该偷药,因为偷药就无法实现其自身的道德准则。"按照科尔伯格的理论,该学生的品德发展水平达到了(　　)

A. 使他人愉快和帮助他人的定向阶段

B. 尽义务、重权威和维持现有社会秩序的定向阶段

C. 墨守法规和契约的定向阶段

D. 良心或原则的定向阶段

32. [2022四川]有孩子认为,因急事闯红灯违反了交通规则,扰乱了社会秩序,是不对的。这个孩子的道德发展水平处于(　　)

A. 前习俗水平　　B. 习俗水平　　C. 后习俗水平　　D. 前道德水平

33. [2017山西]关于陈述性知识,下列说法正确的是(　　)

A. 主要反映活动的具体过程和操作步骤　　B. 说明做什么和怎么做

C. 可用来区别和辨别事物　　D. 是一种实践性知识

34. [2019四川]为了记住"帽子、雪山、房屋、猫、信封"等词语,而进行"你戴上帽子去爬雪山,雪山上有间房屋,里面有一只猫在抓信封"这样的联想。这运用的学习策略是(　　)(常考)

A. 复述策略　　B. 组织策略　　C. 精加工策略　　D. 计划和监控策略

35. [2022内蒙古]以下对练习曲线表述不正确的是(　　)

A. 开始进步快

B. 中间有一个明显的、暂时的停顿期,即高原现象

C. 后期进步较快

D. 总趋势是进步的,但有时出现暂时的退步

36. [2017山西]合作学习体现了资源管理策略中的(　　)

A. 时间管理策略　　B. 学习环境管理策略

C. 努力管理策略　　D. 他人支持策略

37. [2022天津]丽丽在上课的时候偷吃东西,小琪发现后提醒她说:"上课的时候,不允许吃东西,你别再违反规定了。"但丽丽依然我行我素,不听从小琪的劝告。为此,小琪觉得丽丽不是好学生。根据科尔伯格的道德发展阶段理论,小琪的道德发展属于(　　)阶段。

A. 相对功利的道德定向　　B. 惩罚和服从的道德定向

C. 遵守法规取向　　D. 寻求认可取向

38. [2018福建]以求知作为目标,从知识的获得中得到满足,这种学习动机是(　　)

A. 外部动机　　B. 认知内驱力　　C. 附属内驱力　　D. 自我提高内驱力

39. [2022河北]看到与自己水平差不多的人考上大学,就会增强自己考上大学的信心。这种自我效能感源自(　　)

A. 个体自己成功和失败的经验　　B. 替代性经验

C. 言语说服　　D. 情绪唤醒

40. [2020山西]数学老师在教应用题时一再强调学生要看清题目,必要时可以画一些示意图。这样做的目的是帮助学生(　　)(易错)

A. 牢牢记住题目内容　　B. 很好地完成对问题的心理表征

C. 有效地监控解题过程　　D. 熟练地使用计算技能

41. [2019四川]将学期报告分解成一个个小任务，如选择题目、查阅资料、制订纲要等来逐步解决，这种方法属于问题解决方法中的(　　)

A. 类比思维法　　B. 手段—目的分析法

C. 爬山法　　D. 逆推法

42. [2017陕西]在常用的精加工策略中，(　　)就是学习者在头脑中创建一幅熟悉的场景，在这个场景中确定明确的路线，在这条路线上确定一系列特定的点，然后将要记忆的内容全部视觉化，并按顺序和路线把各个点联系起来的一种方法。

A. 首字连词法　　B. 形象联想法　　C. 谐音联想法　　D. 位置记忆法

43. [2019河南]提升学生的自我效能感，可以从以下几个切入点考虑，其中(　　)形成的自我效能感不易持久。

A. 直接经验　　B. 替代经验　　C. 言语劝说　　D. 情绪唤醒

44. [2020福建]下列属于元认知策略的是(　　)

A. 做笔记　　B. 列提纲　　C. 设置学习目标　　D. 统筹安排学习时间

45. [2022天津]在操作技能形成中，把模仿阶段习得的动作固定下来，并形成一体化的动作称为(　　)

A. 操作模仿　　B. 操作内化　　C. 操作整合　　D. 原型定向

46. [2022辽宁]在教一个数学公式时，教师引导学生思考新公式是如何从以前的公式推导出来的，以帮助学生更好地记忆和掌握新公式。这种方法是(　　)

A. 关键词法　　B. 语义联想法　　C. 视觉联想法　　D. 位置记忆法

47. [2019河南]手机的开机密码忘记了，我们逐个尝试，终于找回了密码，这属于(　　)

A. 启发式　　B. 推理式　　C. 算法式　　D. 演绎式

48. [2021河南]根据科尔伯格的理论，道德发展的最高阶段是(　　)

A. 社会契约取向阶段　　B. 普遍原则的道德定向阶段

C. 工具性的相对主义取向阶段　　D. 法律和秩序取向阶段

49. [2022辽宁]欢欢总是积极主动地完成老师布置的任务，从不抱怨，喜欢老师夸自己是个踏实的“好学生”。由此可见，欢欢处于(　　)

A. 服从与惩罚道德定向阶段　　B. 寻求认可取向阶段

C. 社会契约取向阶段　　D. 良心定向阶段

50. [2020河南]皮亚杰通过一些“对偶故事”的观察实验，揭示了儿童道德判断的发展过程。他认为，儿童道德认知发展经历的过程是(　　)

A. 自主到自立　　B. 本我到超我　　C. 自我到超我　　D. 他律到自律

51. [2018广东]小明的父母都是大学教授，小明为了像父母一样成为大学教授，经常利用假期学习理论知识。根据学习动机分类，小明的学习动机是(　　)

A. 认知内驱力　　B. 附属内驱力　　C. 成就内驱力　　D. 自我提高内驱力

52. [2018天津]知识是主体通过与环境相互作用而获得的(　　)

A. 感受与体验　　B. 前人经验　　C. 记忆的内容　　D. 信息及其组织

53. [2021辽宁]动作技能形成的标志是(　　)

A. 熟记理论知识　　B. 练习次数达标

C. 模仿操作　　D. 熟练操作

54. [2020内蒙古]某学生认为考试成功是自己学习能力强，这是将成功归因为(　　)的因素。(常考)

A. 内部、不稳定、可控　　B. 外部、稳定、可控

C. 内部、稳定、不可控　　D. 外部、不稳定、不可控

55. [2021广东]根据成就动机理论，力求成功者最可能选择成功概率为(　　)的任务。

A. 25%　　B. 50%　　C. 75%　　D. 100%

56. [2021四川]在玩捉迷藏的游戏时，丽丽没有找到合适的藏身之处，被斌斌抓住了。丽丽说：“我还没藏好，你不能抓我。”她不愿意认输。斌斌说：“我们做游戏前约定好了数到10就开始找，你自己没藏好，不能怪我。”由此可推知，丽丽的品德发展处于(　　)

A. 权威阶段　　B. 公正阶段

C. 可逆性阶段　　D. 自我中心阶段

57. [2018江苏]态度的认知成分是指个体对态度对象所具有的带有评价意义的(　　)

A. 知识经验　　B. 观念和信念　　C. 道德认识　　D. 道德观

58. [2020湖南]运用在语文学习中掌握的阅读规律、写作技巧，可以有效地促进英语阅读能力和写作能力的提高。这种迁移属于(　　)

A. 垂直迁移　　B. 特殊迁移　　C. 一般迁移　　D. 逆向迁移

59. [2022河北]“学会如何学习”实质上是指(　　)

A. 培养对学习的浓厚兴趣　　B. 学会在适当的条件下应用适当的认知策略

C. 掌握系统的科学概念与原理　　D. 掌握大量而牢固的言语信息

60. [2021广东]小丽在跟伙伴们玩耍时，发现一名婴儿被反锁在了私家车内。面对该名婴儿的哭喊声，他们为该不该砸碎车窗、立刻救出婴儿而发生争执。最终小丽站出来说：“我们把车窗砸碎吧，为了救人砸坏车窗没有错！”根据皮亚杰的道德认知发展理论可知，小丽的道德认知最可能处于(　　)

A. 无律道德阶段　　B. 契约道德阶段

C. 自律道德阶段　　D. 他律道德阶段

61. [2017天津]有的学生看到锐角、直角、钝角等图形中都有两条交叉的线，就认为角是由两条交叉的线组成的。这属于(　　)

A. 理性概括　　B. 感性概括　　C. 形象直观　　D. 知识迁移

62.[2020内蒙古]以词汇、实物、图片、图表、图形等为内容的学习均属于(　　)

A. 概念学习　　B. 命题学习　　C. 符号学习　　D. 并列结合学习

63.[2019河南]许多调查表明,品德不良青少年的转化过程大体上要依次经历(　　)三个阶段。

A. 忏悔—顿悟—转变　　B. 醒悟—转变—自新

C. 顿悟—自新—转变　　D. 认知—醒悟—自新

64.[2020湖南]化学老师在讲解各种化学反应时,利用绘制表格图形的方法告诉学生科学合理地运用箭头连线等方式建立知识结构,这是运用了以下哪种学习策略(　　)(常考)

A. 组织策略　　B. 精细加工策略　　C. 计划策略　　D. 时间管理策略

65.[2018天津](　　)是学生掌握知识的中心环节。

A. 迁移　　B. 背诵　　C. 理解　　D. 应用

66.[2020辽宁]创造性培养在学习者的学习活动中占据着重要地位。当学习者开始关心"这个主意是否具有新颖性"时,说明学习者很可能处于创造性的(　　)

A. 准备阶段　　B. 酝酿阶段　　C. 明朗阶段　　D. 验证阶段

67.[2020天津]利用观看图片、图表、模型、幻灯片、电影等进行的直观教学是(　　)

A. 实物直观　　B. 言语直观　　C. 模像直观　　D. 形象直观

68.[2020河北]儿童在知道"菠菜""萝卜"和"洋葱"等概念之后,再学习"蔬菜"的概念,这种学习是(　　)(常考)

A. 上位学习　　B. 下位学习　　C. 组合学习　　D. 归属学习

69.[2020天津]就动作技能的学习而言,"见者易,学者难"这句话强调的是(　　)对动作技能学习的重要性。

A. 练习　　B. 观察　　C. 理解　　D. 言语指导

70.[2017河南]把个体已有知识经验用于解决作业中或实际生活中的问题,指的是(　　)

A. 知识的应用　　B. 学习过程　　C. 课题类化　　D. 定势影响

71.[2019天津]学习若干概念之间的关系,掌握句子表达的意义的学习属于(　　)

A. 命题学习　　B. 符号学习　　C. 概念学习　　D. 派生类属学习

72.[2022河南]新课改要求教师注重激发学生的学习兴趣、好奇心,巧妙创设问题情境,将学习内容与学生的生活背景、知识背景联系起来,促进学生的学习。这种做法是为了提高学生的(　　)

A. 情感内驱力　　B. 认知内驱力

C. 自我提高内驱力　　D. 附属内驱力

73.[2018天津]低年级学生通过借助香蕉、苹果的图片等代替物来进行数学运算,这属于(　　)(易错)

A. 物质化活动　　B. 内部言语活动　　C. 物质活动　　D. 活动的定向

74.[2022安徽]下列选项中能够激起学生的内部动机的是(　　)

A. 教师的赞赏　　B. 父母的奖励　　C. 有趣的材料　　D. 同学的钦佩

75.[2021广东]根据加里培林提出的智慧活动按阶段形成的理论,某一阶段智慧活动的完成是只看到嘴动,听不到声音。这个阶段最有可能是(　　)

A. 内部言语活动阶段　　B. 无声的外部言语阶段

C. 物质化活动阶段　　D. 活动的定向阶段

76.[2017陕西]学习迁移中的(　　)是指难度和复杂程度基本属于同一水平的学习之间的相互影响,如正弦、余弦概念的相互影响。

A. 具体迁移　　B. 一般迁移　　C. 横向迁移　　D. 垂直迁移

77.[2019天津]在心智技能形成过程中,心智活动的实践模式向头脑内部转化,由物质的、外显的、展开的形式变成观念的、内潜的、简缩的形式的过程称为(　　)

A. 原型定向　　B. 原型操作　　C. 原型内化　　D. 原型启发

78.[2018广东]林浩每次做完好事,父母都会夸他是个好孩子,为了经常得到表扬,林浩总是积极主动帮助他人。按照科尔伯格对道德发展阶段的划分,林浩此时处于(　　)(易错)

A. 前习俗水平　　B. 习俗水平　　C. 可逆性阶段　　D. 公正阶段

79.[2019河北]问题解决的首要环节是(　　)

A. 提出假设　　B. 发现问题　　C. 理解问题　　D. 检验假设

80.[2019河北]陈述性知识的最小单元是(　　)

A. 概念　　B. 命题　　C. 表象　　D. 图示

题组2:第81～160题

81.[2019河南]以下关于动作技能的培养方法,错误的是(　　)

A. 了解动作技能形成的特征　　B. 加强学生的言语表达训练

C. 理解任务的性质和情境　　D. 示范与讲解

82.[2019安徽]某学生通过努力学习考取心仪的学校。根据奥苏贝尔的观点,该学生的学习动机是(　　)

A. 认知内驱力　　B. 人际关系内驱力　　C. 附属内驱力　　D. 自我提高内驱力

83.[2021广东]拿破仑滑铁卢兵败被流放到圣赫勒拿岛后,他的一位善于谋略的密友通过秘密方式给他捎来一副用象牙和软玉制成的国际象棋。拿破仑爱不释手,一个人默默下起了象棋,打发着寂寞痛苦的时光。象棋被摸光滑了,他的生命也走到了尽头。拿破仑死后,这副象棋经过多次转手拍卖。后来一个拥有者偶然发现,有一枚棋子的底部居然可以打开,里面塞有一张如何逃出圣赫勒拿岛的详细计划。这个案例中,拿破仑之所以没有发现象棋中的玄机是受到(　　)的影响。

A. 感觉统合　　B. 注意转移　　C. 记忆再现　　D. 思维定势

84. [2021辽宁]在影响品德学习的一般条件中,(　　)指的是个体由于过去的经验,对所面临的人或事可能会具有某种肯定或否定、趋向或回避、喜好或厌恶等内心倾向性,这种事先的心理准备或态度定势常常支配着人对事物的预料与评价,进而影响着是否接受有关的信息和接受的量。

A. 同伴群体　　B. 态度定势　　C. 道德认知　　D. 社会风气

85. [2018江西]皮亚杰将儿童道德发展划分为四个阶段,其中,8~10岁的儿童属于哪一阶段(　　)

A. 权威阶段　　B. 可逆性阶段　　C. 公正阶段　　D. 自我中心阶段

86. [2021广东]临近期末考试,学校图书馆人数爆满,平时玩手机,看平板追剧的现象基本不存在了,大家都在认真复习,避免期末考试挂科。这种学习动机属于(　　)

A. 附属内驱力　　B. 认知内驱力　　C. 近景性动机　　D. 远景性动机

87. [2017山东]下列关于操作整合的特点的描述,不正确的是(　　)(常考)

A. 动作可以表现出一定的灵活性、稳定性和精确性,但当外界条件发生变化时,动作的这些特点都有所降低

B. 各个动作成分趋于分化、精确,整体动作趋于协调、连贯,各动作成分间的相互干扰减少,多余动作也有所减少

C. 听觉控制不起作用,逐渐让位于视觉控制

D. 疲劳感、紧张感降低,心理能量不必要的消耗减少,但没有完全消除

88. [2019河南]学习策略是学习者制订的学习计划,由(　　)

A. 意识和能力构成　　B. 规则和技能构成

C. 认知策略构成　　D. 经验和方法构成

89. [2022河南]学过电子琴的人再学钢琴就比较容易,这是(　　)

A. 水平迁移　　B. 垂直迁移　　C. 逆向迁移　　D. 负迁移

90. [2017四川]在历史课上,同学们学习了鸦片战争的起源、发展、结果等知识。按照知识的分类,这属于(　　)

①陈述性知识　　②程序性知识　　③直接经验　　④间接经验

A. ①③　　B. ①④　　C. ②③　　D. ②④

91. [2019广西]每当学习上遇到困难,小李便向同学或老师请教,她采用的学习策略属于(　　)

A. 组织策略　　B. 认知策略　　C. 元认知策略　　D. 资源管理策略

92. [2020河南]小王在阅读《庐山的云雾》时,调动多种感官去理解课文。其运用的是(　　)(易混)

A. 组织策略　　B. 复述策略　　C. 元认知策略　　D. 精加工策略

93. [2022河南]小菲报名参加了英语演讲比赛,为了加强练习,小菲每天早上会早起半小时到学校英语角进行英语朗诵或模拟对话。这属于什么学习策略(　　)

A. 组织策略　　B. 监控策略　　C. 计划策略　　D. 资源管理策略

94. [2021广东]在解答数学方程问题时,我们首先要知道等式两边平衡的规则。从知识的分类上看,数学规则属于________,解答方程的过程属于________。(　　)

A. 陈述性知识;陈述性知识　　B. 陈述性知识;程序性知识

C. 程序性知识;陈述性知识　　D. 程序性知识;程序性知识

95. [2019广西]小赵把冒险当作勇敢,做出违反纪律的事情,其原因是他缺乏(　　)

A. 正确的道德认识　　B. 积极的道德体验

C. 良好的道德意志　　D. 高尚的道德动机

96. [2020四川]以下符合班杜拉自我效能感理论的观点是(　　)

A. 强化方式会影响自我效能感　　B. 替代性经验会影响自我效能感

C. 个体对行为结果的期待就是自我效能感　　D. 学生的行为结果优异便会提高自我效能感

97. [2021山东]在操作技能形成的过程中,许多不同成分的动作被组合成连续的整体动作,其中不涉及新的动作的增加,只是各动作成分的重新组合,重新排列,这种迁移类型属于(　　)

A. 逆向性迁移　　B. 同化性迁移　　C. 顺应性迁移　　D. 重组性迁移

98. [2018山西]在数学课上,老师先讲了轴对称图形,在此基础上提出圆是轴对称图形,这种学习是(　　)

A. 符号学习　　B. 上位学习　　C. 下位学习　　D. 并列结合学习

99. [2019江西]认为"产生迁移的关键是学习者在两种活动中概括出它们之间的共同原理"属于(　　)的观点。

A. 形式训练说　　B. 相同要素说　　C. 概括化理论　　D. 关系转换说

100. [2021山东]美国社会心理学家班杜拉认为,自我效能感是"人们对自身能否利用所拥有的技能去完成某项工作行为的自信程度",自我效能感的培养是教师对学生心理教育的重要内容。以下提高学生自我效能感的方式不包括(　　)

A. 小步子教学,帮助学生逐步积累成功经验

B. 树立榜样,引导学生学习榜样的良好行为

C. 提供展现学生个人能力的机会,增加学生自信心

D. 营造紧张氛围,让学生处于高度竞争性学习环境

101. [2019江西]下列关于学习动机理论,表述不正确的观点是(　　)

A. 在韦纳的归因理论中,外部因素都是不可控的

B. 学习动机与学习效果的关系并不总是一致的

C. 马斯洛认为人的基本需要由高到低依次排列,只有低一级的需要得到完全满足之后,才会进入更高一级的需要

D. 在班杜拉的自我效能感理论中把强化分为直接强化、替代强化及自我强化

102.[2019山东]道德情感是个体伴随着道德认识而产生的一种内心体验。如果某学生在校园内,将喝完奶的奶盒随手扔掉,此行为恰巧被老师看到,该学生马上感到非常不好意思。该生此时的情感体验最有可能属于(　　)

A.直觉的道德情感　　B.想象的道德感情

C.理想的道德情感　　D.伦理的道德情感

103.[2021江西]高创造性者的个性因素不包括(　　)

A.能容忍模糊与错误　　B.比一般人更爱幻想

C.很少考虑自己在他人心目中的形象　　D.以简单的方式处理复杂的问题

104.[2020辽宁]小学生学写新字时,先听教师的讲解,再观察教师的书写示范。这时的技能学习阶段处于(　　)阶段。

A.操作定向　　B.操作模仿　　C.操作整合　　D.操作熟练

105.[2020江西](　　)是操作技能不可缺少的关键环节,也是操作技能形成的基本途径。(常考)

A.指导　　B.发现　　C.练习　　D.反馈

106.[2022浙江]个体难以清楚陈述、只能借助于某种作业形式间接推测其存在的知识,主要用来解决做什么和怎么做的问题的知识是(　　)

A.感性知识　　B.理性知识　　C.描述性知识　　D.程序性知识

107.[2018内蒙古]迁移的概括化理论认为,迁移发生的主要原因是(　　)

A.心理官能得到训练　　B.在先前学习中获得了一般原理和原则

C.两种学习活动中有共同的成分　　D.对两种学习之间存在关系的突然领悟

108.[2020辽宁]学习策略一定要适合于学习目标和学生的类型。教师要针对学生的年龄、已有的知识水平以及学习动机类型,帮助学生选择学习策略或改善对其学习不利的学习策略。这主要体现了学习策略教学应遵循(　　)原则。

A.特定性　　B.过程性　　C.分解性　　D.生成性

109.[2022河南]小李为了提高自己的学习效率,制订了一份学习计划,细化到每个时间段的学习内容,这属于(　　)

A.认知管理策略　　B.精细加工策略　　C.元认知策略　　D.资源管理策略

110.[2021河南]某学生由于太想考取好成绩,而答不出自己十分熟悉的问题,出现这种现象的原因是(　　)

A.提取线索不足　　B.动机程度过低　　C.动机程度过高　　D.题目难度过大

111.[2020河北]在科学课上,李老师为了帮助学生认识植物,带领学生去植物园参观,观察教材上展示的各种植物最真实的形态。李老师的做法属于(　　)

A.模像直观　　B.实物直观　　C.言语直观　　D.表象直观

112.[2021河北]在操作技能形成阶段中,多余动作消失这一特点是在(　　)阶段。

A.操作整合　　B.操作定向　　C.操作模仿　　D.操作熟练

113.[2020天津]学生们在学会了写"火"字后,有助于学习写"燚"字,这属于(　　)

A.负迁移　　B.一般迁移　　C.具体迁移　　D.纵向迁移

114.[2018陕西]科尔伯格认为大多数青少年和成人的道德推理处于(　　)

A.前习俗水平　　B.习俗水平　　C.后习俗水平　　D.社会契约水平

115.[2017湖南]学生已经有"四边形"的概念,现在要学习"平行四边形"。这是一种(　　)(易混)

A.派生类属学习　　B.相关类属学习

C.借鉴类属学习　　D.并列类属学习

116.[2019内蒙古]内控型学生通常将个人成败的原因归结于(　　)

A.身心状况　　B.努力程度　　C.运气好坏　　D.任务难度

117.[2021河北]品德内化是指在思想观点上与他人的思想观点一致,将自己所认同的思想和自己原有的观点、信念融为一体,构成一个完整的(　　)

A.新观点　　B.认知结构　　C.价值体系　　D.策略系统

118.[2019山西]长时记忆最主要的编码形式是(　　)

A.听觉编码　　B.视觉编码　　C.表象编码　　D.语义编码

119.[2021四川]小明认为道德就是要做别人喜欢的事,他的道德发展阶段属于(　　)

A.前习俗水平　　B.习俗水平　　C.后习俗水平　　D.后道德水平

120.[2018河南]以下有关迁移的说法正确的是(　　)

A.迁移就是因为一种学习而使另一种学习更顺利

B.必须有两种或两种以上的学习发生时,才能产生迁移

C.先前的学习对后来的学习产生影响,称为逆向迁移

D.个体所学的经验影响着相同情境的任务操作,这属于近迁移

121.[2020辽宁]以下案例中体现了自我效能感的是(　　)

A.李同学将这次考试的成功原因归结为自己运气好

B.裴同学就算在考试中失败了也不退缩,继续努力学习

C.张同学觉得自己没有必要掌握这门技术

D.王同学觉得自己能完成这项工作,所以十分努力

122.[2019广东]陈述性知识也叫做描述性知识。回答下列问题所用的知识不属于陈述性知识的是(　　)(常考)

A."今天是星期二吗?"　　B."《离骚》是谁写的?"

C."英国的首都在哪里?"　　D."饺子该怎么做?"

123. [2022江苏]小明因偷吃糖打破1个碗，小刚因帮忙洗碗打破15个碗，根据道德判断发展水平，认为小刚更坏的是(　　)

A. 中学生　B. 小学生　C. 学前儿童　D. 无法确定

124. [2020河北]某生在学习上总是提前制订好计划，根据目标安排学习进程，及时总结不足并进行针对性的改进。这种学习策略属于(　　)

A. 精加工策略　B. 资源管理策略

C. 组织策略　D. 元认知策略

125. [2018山西]反馈在操作技能的学习过程中的作用十分关键，其中(　　)的作用尤为明显。

A. 检查反馈　B. 逆向反馈　C. 过程反馈　D. 结果反馈

126. [2019内蒙古]通常把对解决问题有启示作用的相似事物称为(　　)(常考)

A. 定势　B. 迁移　C. 变式　D. 原型

127. [2022江苏]徐老师在学生做完习题后，叮嘱他们："好记性不如烂笔头，要将容易遗忘的知识记录在笔记本中，还要及时复习。"其中，记笔记的行为属于(　　)

A. 复述策略　B. 精细加工策略

C. 组织策略　D. 元认知策略

128. [2022四川]孙老师上语文课时，要求学生用自己的话写出注释。孙老师使用的教学策略是(　　)

A. 复述策略　B. 精加工策略　C. 组织策略　D. 联想策略

129. [2022浙江]红红对画画感兴趣而努力学习画画；梦梦为了得到英语老师的夸奖而努力学习英语。红红和梦梦的学习动机分别是(　　)

A. 内部动机　外部动机　B. 内部动机　内部动机

C. 外部动机　内部动机　D. 外部动机　外部动机

130. [2019山西]某学生在做应用题时，首先就是读题干，通过题干他知道了这道题需要解决什么方向的问题。这说明该学生处于解决问题过程中的(　　)阶段。

A. 理解问题　B. 发现问题　C. 提出假设　D. 检验假设

131. [2018河南]以下现象不属于学习迁移的是(　　)

A. 由于经常打篮球，小陈的跳高能力很不错

B. 学会骑自行车后，学会骑摩托车的速度特别快

C. 由于画画画得很好，小张在美术社表现很出色

D. 由于从小喜欢剪草，小王长大后成为了一名出色的理发师

132. [2019河南]学生在交往活动中，学会了持什么样的态度会被同伴集体所接受，那么反过来，这种态度又会让其去适应不同类型的集体的交往活动，这体现的态度功能是(　　)

A. 过滤功能　B. 调节功能　C. 价值表现功能　D. 适应功能

133. [2017山东]平时我们所说的"举一反三""触类旁通""闻一知十"等属于学习迁移，学生迁移能力的形成有赖于教学，促进迁移的有效教学需要考虑(　　)(常考)

①精选教材　②合理编排教学内容

③合理编排教学方式　④教授学习策略，提高迁移意识

A. ①②④　B. ①②③④　C. ②③④　D. ②④

134. [2021江苏]一个学生的学习迁移会受他的学习意图或学习倾向的影响，这种现象属于(　　)

A. 经验泛化的作用　B. 学习定势的作用

C. 分析概括的作用　D. 相同要素的作用

135. [2019河南]当问题的初始状态可以引发出许多途径，而其中只有很少一些途径能达到目标，这时运用问题解决方法中的(　　)最有用。(易混)

A. 选择性搜索　B. 手段—目的分析法

C. 逆推法　D. 爬山法

136. [2018江苏]品德是个体依据一定的社会道德准则规范自己行动时表现出来的心理倾向和特征，它是(　　)

A. 比较不稳定的　B. 受先天因素制约的

C. 时稳时变的　D. 比较稳定的

137. [2020山西]按照迁移性质的不同，学习迁移可以分为(　　)

A. 正与负迁移　B. 纵向与横向迁移

C. 普遍与特殊迁移　D. 顺向与逆向迁移

138. [2020天津]"知识就是力量"这一命题所表达的观念，在知识的分类体系中属于(　　)

A. 陈述性知识　B. 程序性知识　C. 系统性知识　D. 策略性知识

139. [2021河北]教师应该帮助学生形成(　　)

A. 能力归因　B. 努力归因　C. 运气归因　D. 任务难度归因

140. [2021河北]在学校学习中，技能的学习以(　　)的掌握为前提。

A. 感性知识　B. 理性知识　C. 陈述性知识　D. 程序性知识

141. [2019山西]某学生学习了"升国旗、唱国歌是一种爱国行为"，后面又学习了"保护环境也是一种爱国行为"，对原有的爱国行为概念进行了扩充。这属于(　　)

A. 上位学习　B. 并列结合学习

C. 派生类属学习　D. 相关类属学习

142. [2020河南]小张老师在教学《为人民服务》一课时，要求学生分段、概括段落大意、写出自己的阅读感悟。其采用的认知策略是(　　)

A. 组织策略　B. 精加工策略　C. 情感策略　D. 复述策略

143. [2019山西]( )认为学习的内容不重要，重要的是所学材料对官能训练的价值。例如，利用记忆官能进行回忆活动，利用思维官能从事思维活动。

A. 关系转换说　B. 形式训练说　C. 共同要素说　D. 经验类化说

144. [2020辽宁]实验研究在教育心理学的研究活动中占有重要地位，下列不属于早期关于迁移理论研究的实验是( )

A. 桑代克的"形状知觉"实验　B. 苛勒的"小鸡觅食"实验

C. 托尔曼的"白鼠走迷宫"实验　D. 贾德的"水下击靶"实验

145. [2018安徽]下列主要依靠心智技能完成的任务是( )

A. 体操训练　B. 提问　C. 抄笔记　D. 织毛衣

146. [2020安徽]学生通过已知的"脊椎动物"概念理解"无脊椎动物"概念，这属于( )(易错)

A. 上位学习　B. 下位学习　C. 中位学习　D. 并列结合学习

147. [2022四川]小霞常说："妈妈说的就是对的！""老师说这样做不行，你不能这样做！"根据皮亚杰的道德发展阶段理论，小霞最有可能处于( )

A. 公正阶段　B. 可逆性阶段　C. 权威阶段　D. 自我中心阶段

148. [2018四川]小刘在日常生活中既能驾驶自己的汽车，也能驾驶其他不同型号的小轿车。小刘对不同类型汽车驾驶技术的迁移属于( )

A. 高路迁移　B. 中路迁移　C. 低路迁移　D. 下路迁移

149. [2020天津]认为适中的动机水平，最有利于激发学习动机的理论是( )

A. 成就动机理论　B. 自我效能感理论

C. 需要层次理论　D. 耶克斯—多德森定律

150. [2017广东]体操课上，老师要求每位同学自行编排出一套新的体操动作，菲菲将课上学习到的体操动作进行适当的调整组合，重新编排出一套新的体操。这属于学习的( )现象。

A. 重组性迁移　B. 同化性迁移　C. 顺应性迁移　D. 抑制性迁移

151. [2017四川]某老师认为，通过做大量的应用题可以提高学生的思维能力，从而提高学生在考试中应用题的作答正确率。该老师的观点主要受以下哪一迁移理论的影响( )(常考)

A. 关系理论　B. 共同要素说　C. 概括化理论　D. 形式训练说

152. [2018内蒙古]( )决定迁移的可能性及迁移的程度。

A. 材料的相似性　B. 原有认知结构的特征

C. 学习的心向与定势　D. 迁移的媒体

153. [2021河北]在主题班会上，王老师与学生讨论乱扔垃圾的危害，达成了"不乱扔垃圾"的共识，并要求大家互相监督。这种品德培养的方法是( )

A. 共同商讨　B. 价值辨析　C. 群体约定　D. 有效说服

154. [2018吉林]李老师是一位经验丰富的小学科学老师，有一次上课，她拿着一个回形针提问学生回形针的用途，所有的学生都认为回形针就是用来夹文件的。于是李老师给同学们播放了一个视频，视频中回形针可以用来做手机支架、书包拉链头等。学生的这种现象属于( )

A. 定势　B. 功能固着　C. 原型启发　D. 迁移

155. [2017四川]某学生的成就动机不强，老师想提高其动机。根据阿特金森的理论，以下做法不正确的是( )

A. 增加诱因价值　B. 增加练习强度

C. 提高学生的成就需要　D. 提高学生的期望水平

156. [2018陕西]中学生品德发展的显著特点之一是( )

A. 形成道德信念和道德理想　B. 道德观念的认识处于感性阶段

C. 品德结构矛盾冲突　D. 道德情感淡漠

157. [2017山西]心理定势对于问题的解决所具有的作用是( )

A. 消极作用　B. 积极作用

C. 积极作用和消极作用兼而有之　D. 几乎没有作用

158. [2017广东]"万绿丛中一点红"说明红花在一片绿草中更容易被区别开来，这体现了感知规律的( )(常考)

A. 强度律　B. 差异律　C. 活动律　D. 协同律

159. [2019河南]关于我国青少年道德情感发展的一般趋势，下列说法不正确的是( )

A. 道德情感的不同范畴的发展不是同步的

B. 道德情感的发展是在一个维度上展开的

C. 从小学二年级到初中二年级呈现逐步上升趋势

D. 不同性别的中小学生的道德情感的发展趋势基本一致

160. [2019河南]不同个体对自己的能力有不同的看法，这种对能力的潜在认识会直接影响到个体对目标的选择，这体现的是( )的观点。

A. 期待价值理论　B. 动机的归因理论　C. 成就目标理论　D. 自我功效论

题组3：第161～240题

161. [2017湖南]小明制订了一周的详细学习计划，规定了学习时应该做什么不做什么、先做什么后做什么、用什么方式做、做到什么程度等诸多方面的问题。这主要体现的是学习策略的( )特征。

A. 被动性　B. 过程性　C. 时效性　D. 抽象性

162. [2020山西]李老师教学生如何解一元二次方程，并讲解了具体过程和操作步骤。李老师传授的属于哪种知识( )

A. 描述性知识　B. 陈述性知识　C. 策略性知识　D. 程序性知识

163.[2020辽宁]按照阿特金森的成就动机理论,最好的成就动机模式是(　　)

A. 高希望成功倾向和低避免失败倾向的结合

B. 高希望成功倾向和高避免失败倾向的结合

C. 低希望成功倾向和低避免失败倾向的结合

D. 低希望成功倾向和高避免失败倾向的结合

164.[2022四川]叶老师是某小学一年级的数学老师,他在发给学生的奖状上写着"祝贺你,通过努力取得了本次口算比赛的一等奖"。这是引导学生将口算比赛的成功归因于(　　)

A. 内部的、稳定因素　　B. 外部的、稳定因素

C. 内部的、不稳定因素　　D. 外部的、不稳定因素

165.[2020广东]某学生在掌握进位加法的运算技能后,不再需要借助于小棍、手指等工具,就可以口算出答案。根据加里培林的智慧技能学习过程理论,该学生处在(　　)

A. 内部言语活动阶段　　B. 无声的外部言语活动阶段

C. 出声的外部言语活动阶段　　D. 物质化活动阶段

166.[2021河北]态度的行为成分是指准备对某对象作出某种反应的(　　)

A. 行为方式　　B. 意向或意图　　C. 行为习惯　　D. 语言或行为

167.[2020四川]高三下学期学习任务重,作业多,为了有更多的学习时间,林林总是把给妈妈打电话、看教育新闻等活动安排在食堂排队打饭、吃饭的时候。林林的这种安排属于学习策略中的(　　)

A. 计划策略　　B. 组织策略　　C. 调节策略　　D. 资源管理策略

168.[2020内蒙古]在学习过程中,学习者采用在主题句下画线的方法来帮助学习。这种学习策略属于(　　)

A. 组织策略　　B. 精加工策略　　C. 资源管理策略　　D. 复述策略

169.[2019广东]小贺在某次考试中考到了班级第一名,她认为这次能考这么好主要是因为运气好,很多不会做的题目都蒙对了。根据韦纳的归因理论,这属于(　　)的归因。(常考)

A. 不稳定、外在、不可控　　B. 不稳定、内在、可控

C. 稳定、外在、可控　　D. 不稳定、外在、可控

170.[2020山东]如果学生已经学习了质量与能量、遗传结构与变异等概念之间的关系,现在要学习需求与价格之间的关系,它们之间虽然没有类属关系,但也内含着另外的关系——后一变量随前一变量的变化而发生变化。这种学习属于(　　)

A. 派生下位学习　　B. 相关下位学习

C. 上位学习　　D. 并列结合学习

171.[2020河南]小张老师在教《丰碑》这一课时,声音洪亮。他所依据的感知规律是(　　)

A. 强度律　　B. 差异律　　C. 活动律　　D. 组合律

172.[2017山西]把在一元一次方程的解法中获得的规则运用到一元一次方程不等式的问题解决中,解释这种迁移现象的最佳理论是(　　)

A. 形式训练说　　B. 经验类化说　　C. 相同要素说　　D. 关系转换说

173.[2021河北]不利于培养教学实际中问题解决能力的是(　　)

A. 设置难度适当的问题　　B. 帮助学生正确表征问题

C. 指导学生从记忆中提取信息　　D. 由教师提问要求学生配合

174.[2019吉林]小华初中时成绩不错,但中考失利,拿钱上高中后,觉得自己能力不行,考不上大学。这体现了(　　)是影响自我效能感的因素之一。

A. 替代经验　　B. 言语暗示

C. 情绪唤醒　　D. 个人自身行为的成败经验

175.[2017河北]一般而言,学生的成就动机来源于三种需要。下列选项中,不属于成就动机源泉的需要是(　　)

A. 认知的需要　　B. 交往的需要

C. 自我提高的需要　　D. 学习过程派生的附属需要

176.[2020河北]"亲其师,信其道"体现了(　　)的作用。

A. 道德认识　　B. 道德情感　　C. 道德动机　　D. 道德意识

177.[2018山西]创设问题情境的核心是(　　)

A. 熟悉教材　　B. 了解学生

C. 实施启发式教学　　D. 多种形式创设问题情境并贯彻始终

178.[2018广东]小乐善于观察生活,好奇心强,乐于探索他所不熟悉的领域。每当小乐遇到不能理解的知识时,他总是积极借助互联网、工具书、图书馆等来寻求答案。可见小乐善于使用(　　)

A. 时间管理策略　　B. 环境管理策略　　C. 学业求助策略　　D. 努力管理策略

179.[2021内蒙古]创造一个故事,将所要记忆的信息编在一起的学习策略属于(　　)

A. 复述策略　　B. 精加工策略　　C. 组织策略　　D. 元认知策略

180.[2021辽宁]数学课上学生们在学习了分数乘法后再去进行分数加减法计算时,有的学生竟然将分子与分子、分母与分母分别相加减,这一迁移属于(　　)

A. 正迁移　　B. 逆向迁移　　C. 负迁移　　D. 纵向迁移

181.[2019陕西]根据记忆在头脑中保持时间的长短,记忆可分为瞬时记忆、短时记忆和长时记忆。短时记忆的容量有限,大体上为(　　)个组块。

A. 7±2　　B. 10±2　　C. 12±2　　D. 16±2

182.[2022江苏]有些同学在期末复习时,根据学习材料间的内容关系,采用思维导图的方式来帮助记忆,这种记忆策略叫(　　)

A. 复述策略　　B. 组织策略　　C. 类比策略　　D. 归纳策略

183. [2021 辽宁]人们看到用筷子演奏的大提琴表演后深感震惊，这是因为看到筷子一般只能想到夹食物这一用途，想不到可以作为乐器演奏歌曲，这种现象属于( )

A. 功能固着　B. 原型启发　C. 思维发散　D. 功能变通

184. [2020 湖南]小吴把在考试中取得好名次视为获得家长夸奖的途径，因而努力学习，这种学习动机属于( )(常考)

A. 附属内驱力　B. 认知内驱力　C. 内部求知欲　D. 自我提高内驱力

185. [2019 广东]某学生在演算进位加法时，已经不再需要默念公式和法则，而是在头脑中出现几个关键词，随之而来的就是自动化的操作，这说明该学生的心智技能处于( )

A. 活动定向阶段　B. 物质活动或物质化活动阶段

C. 无声的外部言语活动阶段　D. 内部言语活动阶段

186. [2019 江苏]在知识的学习过程中，掌握同类事物的共同的关键特征和本质特征属于( )

A. 概念学习　B. 意义学习　C. 命题学习　D. 符号学习

187. [2017 山东]根据迁移过程的内在心理机制的不同，迁移可分为( )

A. 正迁移和负迁移　B. 水平迁移和垂直迁移

C. 一般迁移和具体迁移　D. 同化性迁移、顺应性迁移和重组性迁移

188. [2020 河北]说粤语的人很难说好普通话，主要受( )的影响。

A. 正迁移　B. 原型　C. 负迁移　D. 心向

189. [2017 河南]以下不属于有效进行知识概括的基本方法的是( )

A. 配合运用正反例　B. 正确运用变式

C. 科学地进行比较　D. 让学生参与直观过程

190. [2019 河北]在科尔伯格有关儿童道德判断发展的研究中，遵守法规和秩序定向阶段属于( )(常考)

A. 前习俗水平　B. 习俗水平　C. 中习俗水平　D. 后习俗水平

191. [2021 辽宁]新学期开始了，杨老师发现学生们还没“收心”，无法进入良好的学习状态。于是，她将全班学生分成若干学习小组，以卓越小组、优秀组长、进步之星等评选来激发学生们的学习热情。杨老师激发学生学习动机的措施是( )

A. 创设问题情境　B. 开展竞赛评比　C. 学习动机迁移　D. 及时反馈结果

192. [2019 江西]奥苏贝尔认为，获得新知识意义的三种同化模式不包括( )

A. 概念学习　B. 总括学习　C. 类属学习　D. 并列结合学习

193. [2021 辽宁]临近期末，小明认为只要自己坚持每天练习一篇算术题，一定能在数学考试中取得好成绩，根据班杜拉的自我效能感理论，小明的效能感属于( )

A. 成就期待　B. 目标期待　C. 结果期待　D. 效能期待

194. [2020 辽宁]操作技能形成的标志是达到熟练操作，操作的熟练程度可以通过熟练化操作所反映的特征来测量，熟练化操作具有的特征不包括( )

A. 意识调控增强　B. 能利用细微线索

C. 动觉反馈作用加强　D. 形成运动程序的记忆图式

195. [2018 江西]人们对自己是否能够成功从事某一成就行为的主观判断称为( )

A. 自我期待感　B. 自我归因感　C. 自我预期感　D. 自我效能感

196. [2020 广东]通过学习，谢某能直接在头脑中默算出某计算题的结果。这说明谢某处于心智技能形成的( )阶段。

A. 原型定向　B. 原型操作　C. 原型内化　D. 原型保持

197. [2017 湖南]用类比的方法，将陌生的概念转化为自己熟悉的知识，这种学习策略是( )

A. 精加工策略　B. 资源管理策略

C. 组织策略　D. 调节策略

198. [2021 四川]在培养学生阅读技能的教学中，教师有很多方式方法，如：“指读”“大声阅读”“齐读”等，从智力技能形成阶段看，能够“默读”的学生处于( )

A. 内部言语活动阶段　B. 活动的定向阶段

C. 物质化活动阶段　D. 无声的外部言语活动阶段

199. [2020 辽宁]教师在培训中要向学生阐明策略教学的目的和原理，使其领会。同时，教他们何时、何地、为何使用策略，给他们充分的运用学习策略的机会，并指导他们分析和反思策略使用的过程与效果。这体现了学习策略训练原则中的( )

A. 主体性原则　B. 内化性原则

C. 特定性原则　D. 效能性原则

200. [2018 内蒙古]自动化的操作如走路、穿衣等动作，不能称之为问题解决，是因为此类活动缺少( )

A. 目的性　B. 序列性　C. 认知性　D. 情境性

201. [2018 内蒙古]操作( )是操作技能形成的高级阶段，是操作技能转化为能力的关键环节。

A. 定向　B. 规则　C. 熟练　D. 练习

202. [2022 山东]先学习杠杆的力臂原理，再学习定滑轮，得知定滑轮的实质是等臂原理，这种学习属于( )

A. 上位学习　B. 下位学习　C. 并列学习　D. 结合学习

203. [2021 辽宁]学生张亮乱扔垃圾，被老师教育后改正了，可是过了一段时间后，他的老毛病又犯了，老师应该加强其( )的培养。

A. 道德认识　B. 道德情感　C. 道德意志　D. 道德行为

204. [2021 黑龙江]品德的心理结构中最具动力色彩的是(　　)

A. 道德意志　B. 道德行为　C. 道德情感　D. 道德认识

205. [2021 广东]某儿童认为好的行为就是帮助别人、使别人愉快、受他人赞许的行为,根据科尔伯格的品德发展阶段理论,该儿童处于(　　)

A. 前习俗水平:惩罚和服从的定向阶段　B. 前习俗水平:工具性的相对主义的定向阶段

C. 习俗水平:人际关系和谐协调的定向阶段　D. 习俗水平:"法律与秩序"的定向阶段

206. [2021 陕西]1903年教育心理学家桑代克以大学生为被试,训练他们对平行四边形的面积进行估算,结果发现被试对矩形的面积估算更准确了,但对圆形和不规则图形的面积估算没有影响。能解释上述现象的学习迁移理论是(　　)

A. 形式训练说　B. 相同要素说　C. 概括说　D. 关系说

207. [2018 河北]先有一个目标,它与之前的状态之间存在着差别,人们认识到这个差别,就要想出某种办法采取活动来减小差异。这种解决问题的方法或策略是(　　)

A. 算法策略　B. 逆向工作法　C. 尝试错误法　D. 手段—目的分析法

208. [2018 广东](　　)指的是人们对道德活动中产生的各种关系以及如何处理这些关系的行为准则认识的反映。

A. 道德评价　B. 道德判断　C. 道德观念　D. 道德伦理

209. [2020 河南]儿童将"猫"这个词在头脑中与猫的形象建立起相应的等值关系,这属于(　　)

A. 表征学习　B. 概念学习　C. 命题学习　D. 意义学习

210. [2020 辽宁]功能固着影响人的思维,其典型的实验是(　　)

A. 邓克尔的"盒子—蜡烛问题"实验　B. 卢钦斯的量杯实验

C. "经济项链问题"实验　D. 问题情境实验

211. [2022 河北]教师在讲解"雪花"概念时,通过抛撒大量碎纸片引导学生体会下雪场景,这体现了直观性教学原则中的(　　)

A. 实物直观　B. 模像直观　C. 言语直观　D. 网络直观

212. [2019 广东]某儿童开始意识到自己与他人可以发展互相尊重的平等关系,如"你让我遵守,你也必须遵守",根据皮亚杰的道德发展阶段理论,该儿童处于(　　)

A. 前道德阶段　B. 权威阶段　C. 自律道德阶段　D. 公正道德阶段

213. [2018 吉林]人们经常借助于外在的具体形式,如画图表、路线图等表征问题,这个过程是问题解决中的(　　)阶段。(常考)

A. 发现问题　B. 理解问题　C. 提出假设　D. 验证假设

214. [2018 山东]人头脑中出现的"学习时如何有效记忆,解决问题时如何明确思维方向"等属于(　　)

A. 陈述性知识　B. 程序性知识　C. 策略性知识　D. 感性知识

215. [2021 湖北]精细加工策略可以帮助学生将他们已经知道的东西和要学习与记忆的东西联系起来。通过对材料进行精细加工或补充,学生可以建构起材料的意义并沿着记忆连续体存储新信息。以下情形属于精细加工策略的是(　　)

A. 语文老师在讲解唐诗时提倡"书读千遍,其义自见"

B. 数学老师常采用画示意图的方式来帮助学生理解题目

C. 英语老师在讲解单词"gas"时让学生默写词义辅助理解

D. 物理老师在讲解完光学原理后让学生复述

216. [2020 江西]某学生在学习井冈山精神的内容时,各取一字"坚定信念、艰苦奋斗、实事求是、敢闯新路、依靠群众、勇于胜利"读成"艰苦事,敢考虑"来帮助记忆,这里应用的学习策略是(　　)

A. 记忆术　B. 做笔记　C. 提问　D. 生成性学习

217. [2019 广东]某小学要求学生每周一必须全体穿着校服入校,否则会给予一定处罚,学生张某为了避免受到处罚而穿上了校服。这体现了态度形成过程中的(　　)现象。

A. 依从　B. 认同　C. 内化　D. 接受

218. [2018 黑龙江]教师在直观教学时,应用"变式"方法的目的在于(　　)

A. 激发兴趣　B. 引起注意　C. 丰富想象力　D. 分化概念

219. [2017 河北](　　)是学习者信息加工的方法和技术,有助于有效地从记忆中提取信息。

A. 认知策略　B. 元认知策略　C. 管理策略　D. 调节策略

220. [2020 天津]科学家通过研究苍蝇发明了蝇眼透镜,其中促进科学家问题解决的主要因素是(　　)

A. 问题表征　B. 迁移　C. 定势　D. 原型启发

221. [2017 天津]以下选项中,不属于短时记忆特点的是(　　)(常考)

A. 信息原始　B. 时间很短　C. 易受干扰　D. 意识清晰

222. [2022 山东]人在解决一系列相似的问题之后,常常出现一种以相同的方式方法解决新问题的倾向,这种现象被称为(　　)

A. 思维定势　B. 功能固着　C. 锚定效应　D. 思维阻抑

223. [2021 河南]学生把握问题的性质和关键信息,在头脑中形成问题空间的过程是(　　)

A. 理解问题　B. 发现问题　C. 提出假设　D. 验证假设

224. [2019 广东]学生学习分子运动时,对一瓶水与一瓶酒精混合后装不满两瓶的实验难以理解,赵老师通过与"一桶核桃和一桶大豆倒在一起,还是两桶吗?"进行类比,使得学生豁然开朗,明白了水与酒精混合体积缩小是由于分子之间有空隙。案例中,赵老师运用了(　　)

A. 复述策略　B. 精加工策略　C. 组织策略　D. 监控策略

225. [2019 山西]曾子曰:"吾日三省吾身。"这句话启发我们在培养道德行为的方法中,(　　)具有重要作用。(易错)

A. 道德讨论　B. 移情作用　C. 道德自律　D. 群体约定

226.[2017 山东]对于操作技能和心智技能的区别,下列描述不正确的是(　　)

A.操作技能的对象是具体的物质实体,心智技能的对象是观念性的

B.操作技能的执行过程是外显的,心智技能的执行过程是内潜的

C.操作技能的动作可以合并,心智技能的动作不能合并

D.操作技能的动作不能合并,必须切实执行,心智技能的动作可以合并

227.[2021 江苏]王伟晚上在家复习功课时,忽然灯灭了,他根据物理课上所学的知识,推测可能是保险丝断了,然后检查了闸盒里的保险丝。检查保险丝属于问题解决过程中的(　　)阶段。

A.发现问题　B.理解问题　C.提出假设　D.检验假设

228.[2020 山东]主张个体对原理、方法掌握得越好,在新情境中的学习迁移就越好的学习迁移理论是(　　)

A.形式训练说　B.相同要素说　C.概括化理论　D.三维迁移理论

229.[2018 河南]随着学习任务难度的增加,动机的最佳水平的变化趋势是(　　)(常考)

A.逐渐提高　B.逐渐下降　C.几乎不变　D.完全不变

230.[2020 河北]由深刻的道德认识、强烈的道德情感和坚强的道德意志凝铸而成,道德认识转化为道德行为的中介是(　　)

A.道德信念　B.道德规则　C.道德原则　D.道德理想

231.[2017 天津]默读、心算、口算等智力活动不像操作活动及外部言语那样必须将动作实际做出或一一说出每个词,而是不完全的、片断的,是高度省略和简化的。这主要反映了心智技能的(　　)

A.结构的简缩性　B.对象的观念性　C.执行的潜在性　D.操作的减省性

232.[2021 江苏]下列学习动机中,(　　)属于内部动机。

A.万般皆下品,唯有读书高　B.为中华之崛起而读书

C.书中自有黄金屋,书中自有颜如玉　D.读书是一种乐趣

233.[2020 山西]在教学中不断变换同类事物的非本质属性,以便突出本质属性的方法称为(　　)

A.变化　B.改变　C.变式　D.突出

234.[2021 重庆]评价和衡量一个人道德发展水平的根本标志是(　　)

A.道德认知　B.道德情感　C.道德意志　D.道德行为

235.[2021 山西]小刚是一名四年级小学生,不爱学习,喜欢打游戏,然后班主任知道后利用游戏与学习的关系,希望把小刚的注意力从游戏引到学习上。从学习动机的角度来看,该老师的做法正确的有(　　)

A.满足小刚的需要以更好地促进其求知需求

B.适宜运用竞争手段去激发小刚对学习的积极性和求知欲

C.促进学生学习动机的迁移,即从游戏转向学习

D.创造学习情境,以激发小刚对学习的好奇心和求知欲

236.[2019 吉林]在学习完新的古诗后,老师及时带领学生对诗中的生字进行了回忆,并让他们对整首古诗进行了默写。这种学习策略属于(　　)(常考)

A.复述策略　B.精加工策略

C.组织策略　D.资源管理策略

237.[2019 河南]某人通过练习掌握动作技能时,动作尚忙乱紧张,呆板而不协调,并出现多余动作,也难以觉察自己动作的全部情况,因此自己不易发现错误。这时他处于动作技能形成的(　　)

A.动作的认知和定向阶段　B.动作的联系阶段

C.动作的协调和完善阶段　D.自动化阶段

238.[2019 吉林](　　)的主要内容是词汇学习,如通过反复的学习,学生会用"猪"或"pig"来代表他看到的这种家畜。

A.意义学习　B.符号学习　C.命题学习　D.规则学习

239.[2021 内蒙古]学习"直角三角形是一种特殊的三角形",这种学习属于(　　)

A.词汇学习　B.符号学习　C.概念学习　D.命题学习

240.[2019 陕西]迁移的程度取决于两种情境中相同要素的多寡。相同要素越多,迁移程度越高;相同要素越少,迁移程度越低。以上观点属于迁移的(　　)

A.形式训练说　B.相同要素说

C.经验类化说　D.关系转换说

题组 4:第 241～318 题

241.[2019 河南]在实际活动中,态度的认知成分、情感成分、行为成分所占的比重不同,当个体参与比较具体的社会环境时,态度的(　　)成分起很大的作用。

A.认知　B.情感　C.行为　D.认知和情感

242.[2022 山东]下列选项中,属于结构不良问题的是(　　)

A.根据路程推测行驶时间　B.根据背景估算照片中人物身高

C.估算某一形状不规则物体的体积　D.评价某年轻教师课堂教学效果

243.[2019 河北]尊老爱幼是一个人最基本的道德素养,只有人人都付出一点儿爱,世界才会变得更美好。出于这一认识,在乘坐公交车时主动让座,属于(　　)

A.偶像认同　B.自我认同　C.价值认同　D.个体认同

244.[2018 内蒙古]知识学习是创造性产生的(　　)

A.前提　B.必要前提　C.基础　D.标志

245.[2020 河南]某学生非常喜欢数学,所以上数学课时非常认真。这种学习动机属于(　　)(常考)

A.自我提高内驱力　B.认知内驱力

C.附属内驱力　D.生理内驱力

246. [2018浙江]老师说“一斤棉花重,还是一斤铁重”时,穆丽丽不假思索地选择铁重,老师又问“你确定吗?”穆丽丽点了点头。这说明穆丽丽解决问题时受到的影响因素是( )

A. 功能固着　B. 原型启发　C. 心理定势　D. 垂直迁移

247. [2020湖南]在“全民禁毒宣传月”系列活动中,学生认识了国家禁毒委员会的禁毒标志,知道它是由“禁”字变形而成的和平鸽图案,象征着中国国家禁毒委员会为保护人类健康和幸福,维护国际社会的安宁而战。这种学习属于( )

A. 概念学习　B. 命题学习　C. 符号学习　D. 混合学习

248. [2019河南]“学生之所以学习,是因为在学习过程中可以得到奖赏、赞扬和优异的成绩等报偿”,持这种观点的学习动机理论是( )

A. 归因理论　B. 麦克里兰的学习动机理论

C. 阿特金森的成就动机理论　D. 强化理论

249. [2018辽宁]俗话说“艺高人胆大”体现在动机理论中属于( )

A. 归因　B. 驱力理论　C. 本能　D. 自我效能感

250. [2018内蒙古]下列关于学习策略的说法,不正确的一项是( )

A. 凡是有助于提高学习效果和效率的程序、规则、方法、技巧及调控方式均属于学习策略

B. 学习策略等于具体的学习方法,是学习方法的集合体

C. 学习策略不能与具体的学习方法截然分开,要借助具体的学习方法表现出来

D. 学习策略是调节如何学习、如何思考的高级认知能力,是会不会学习的标志

251. [2019河南]学校教育中,迁移主要发生在( )领域。(易错)

A. 学习　B. 态度　C. 认知　D. 动作技能

252. [2018重庆]问题解决的第一步是( )

A. 理解和表征问题阶段　B. 尝试解答阶段

C. 评价结果阶段　D. 执行计划阶段

253. [2019河南]在社会规范学习与道德品质发展的研究中,班杜拉的研究重点是( )

A. 道德认识　B. 道德情感　C. 道德意志　D. 道德行为

254. [2020福建]水下击靶实验说明了迁移理论的( )

A. 形式训练说　B. 共同要素说　C. 关系转换说　D. 经验类化说

255. [2021内蒙古]下列哪一项属于问题解决( )

A. 回忆一个人的名字　B. 幻想自己是科学家

C. 用一个词造句　D. 荡秋千

256. [2020广东]下列属于直接推动学习行为的原因和内部动力的是( )(常考)

A. 学习时间　B. 学习环境　C. 学习动机　D. 学习兴趣

257. [2018内蒙古]通过原型操作,学生不仅有了程序性知识,而且通过实际操作获得了完备的( ),这就为原型内化奠定了基础。

A. 经验定向　B. 动觉映像　C. 视觉映像　D. 听觉映像

258. [2019广东]班里总是有部分学生学习态度很端正,成绩却始终提不上去。王老师对这些学生很是苦恼,于是经常出一些比较简单的试题来让他们作答,以提高他们的自信心。王老师遵循的学习策略的训练原则是( )

A. 生成性原则　B. 特定性原则　C. 有效监控原则　D. 个人效能感原则

259. [2019重庆]学生可以把老虎钳当作锤子用,也可以用缝制衣服的棉线去裁纸。这说明学生克服了( )(常考)

A. 意志品质的限制　B. 功能固着的限制

C. 认知经验的限制　D. 性格特征的限制

260. [2019四川]王老师能根据学生的学习活动判断学生使用的是什么样的学习策略。这说明学习策略具有( )

A. 主动性　B. 迁移性　C. 外显性　D. 内隐性

261. [2019广东]心理学家大卫·艾肯德认为:“家长没有办法控制青少年所看到和所听到的一切。”所以在尽可能控制不良信息对青少年影响的同时,应培养和增强青少年对形形色色的信息的鉴别能力。这种鉴别能力属于( )

A. 道德意志　B. 道德行为　C. 道德情感　D. 道德认识

262. [2020河北]小明对“为什么偷东西是不对的”这一问题的回答是“被抓住会挨打”,由此可以判断其道德认知发展处于( )

A. 前习俗水平　B. 习俗水平　C. 后习俗水平　D. 超习俗水平

263. [2022山东]在学校中,人们发现尽管有的学生在别人面前表现得贪玩、不在乎考试,但私下里却偷偷努力拼命学习。因为在这些学生看来,如此做法,成功,使其成绩更有价值更能说明其能力过人;失败,也可以为自己找到很好的理由,不会被视为无能。按照动机的自我价值理论,这类学生的学习动机属于( )

A. 高驱低避型　B. 高驱高避型

C. 低驱低避型　D. 低驱高避型

264. [2018陕西]下列选项中,为促进学习迁移而发生的教学策略是( )

A. 加强基础知识和基本技能训练,使学生新旧知识融合,实现举一反三,触类旁通

B. 创设问题情境,激发学生的求知欲和好奇心

C. 充分利用反馈信息,妥善进行奖惩

D. 根据作业难度,恰当控制动机水平

265.[2019辽宁]一年级的学生会产生对高年级学生地位的羡慕，而对于老师的眼神却不会过多注意。随着年龄的增长，他们的社会性动机及其作用才随之增长，如注意到自己在班级中的地位，渐渐地学会与其他同学比较等。这体现了(　　)影响学习动机的形成。

A.需要与目标结构　　B.成熟与年龄特点

C.性格特征与个别差异　　D.焦虑程度

266.[2018河南]根据反映活动的形式不同，可以将知识分为(　　)

A.感性知识和理性知识　　B.具体知识和抽象知识

C.符号知识和概念知识　　D.陈述性知识和程序性知识

267.[2021内蒙古]如果一个学生将自己的失败归因于个体稳定的—不可控的内部特征时，他会产生一种(　　)的观念。(易混)

A."我太笨了"　B."我不够努力"　C."问题太难"　D."我运气不佳"

268.[2021内蒙古]老师在讲授"圆形"概念时，通过向学生描述"推碾子磨豆子"的具体形象帮助学生理解这一抽象概念，这位老师所使用的直观手段属于(　　)

A.实物直观　B.模像直观　C.语言直观　D.表象直观

269.[2021湖南]根据动作过程中外部情境是否变化，可将动作技能分为(　　)

A.操作器具的动作技能和徒手技能　　B.连续的动作技能和不连续的动作技能

C.开放性技能和封闭性技能　　D.连续动作技能和开放性技能

270.[2019辽宁]学习动机中最活跃的成分是(　　)

A.学习兴趣　B.学习意义　C.学习态度　D.学习期待

271.[2018河南]根据韦纳的归因理论，如果学生把成功归因为自己的能力，学生会感到(　　)

A.惊喜和感激　　B.满意和自豪

C.内疚和无助　　D.学习没有积极性

272.[2019河北]玩一颗红珠子可以换十颗绿珠子、一颗绿珠子可以换十颗蓝珠子的游戏，可以帮助孩子学习数学中的十进制，这属于(　　)

A.零迁移　B.正迁移　C.重组性迁移　D.负迁移

273.[2018山东]小学后期、初中时期学生的学习动机主要是(　　)

A.学习的兴趣　B.赢得地位　C.得到物质奖励　D.获得同学赞赏

274.[2018山西]由学习活动的社会意义或个人前途等原因引发的学习动机称作(　　)

A.远景的间接性动机　　B.社会性动机

C.近景的直接性动机　　D.志向性动机

275.[2019河北]"m"像两个小门洞，这种利用具体事物记汉语拼音的记忆方法属于(　　)(易混)

A.视觉联想法　B.位置记忆法　C.形象联想法　D.语义联想法

276.[2019河南]下列选项中关于学生奖励和惩罚的观点正确的是(　　)

A.多使用外部奖励不会削弱内部动机　　B.惩罚比奖励的效果更好

C.奖励和惩罚不需要考虑个别差异　　D.奖励比惩罚的效果更好

277.[2021湖南]根据心智技能的实践模式，把主体在头脑中建立起来的活动程序计划，以外显的操作方式付诸实践阶段，这是(　　)

A.原型启发　B.原型定向　C.原型操作　D.原型内化

278.[2017山西]"两位亲人掉入水中，应该先救哪个？"这个常见的问题是延伸自心理学家科尔伯格提出的(　　)故事。

A.模棱两可　B.矛盾观念　C.进退维艰　D.道德两难

279.[2018山东]李红学习了英语语法后，加深了对以前学过的中文语法的理解。这种现象属于(　　)

A.负迁移　B.垂直迁移　C.顺向迁移　D.逆向迁移

280.[2018陕西]学习动机中的两个基本成分是学习需要和(　　)(常考)

A.学习兴趣　B.学习期待　C.学习能力　D.学习习惯

281.[2018山东]为了促进迁移，教师注重提高学生的认知结构水平，这依据的迁移理论是(　　)

A.形式训练说　　B.共同要素说

C.关系转换说　　D.认知结构迁移论

282.[2018陕西]美国心理学家班杜拉通过实验提出的培养学生良好品德的重要方法是(　　)

A.说服教育法　　B.榜样示范法

C.角色扮演法　　D.群体约定法

283.[2019河北]言语直观是通过唤起学生头脑中的(　　)而起作用的。

A.想象　B.记忆　C.表象　D.思维

284.[2022山东]某学生一旦认定了某个偶像，就会模仿并追随偶像的行为，按照态度形成的阶段，这属于(　　)

A.依从阶段　B.认同阶段　C.内化阶段　D.服从阶段

285.[2021天津]把所学的经验迁移到与原初的学习情境比较相似的情境中，这是(　　)

A.正迁移　B.顺向迁移　C.近迁移　D.水平迁移

286.[2021天津]阅读技能、写作技能、运算技能属于(　　)

A.学习技能　B.认知技能　C.操作技能　D.应用技能

287.[2020河南]学习了钠、镁、铝等元素的性质和特征之后，再学习铜、铁、锌等概念就比较容易，这类学习属于(　　)(常考)

A.派生类属学习　　B.相关类属学习

C.并列结合学习　　D.命题学习

288. [2021 江苏]在教学中讲授“果实”的概念时,既选择可食用的果实,也选择不可食用的果实,如棉籽等,这样才有利于学生准确地掌握“果实”的概念。这是运用了(　　)的方法。

A. 正例与反例配合　　B. 比较

C. 变式　　D. 直观

289. [2021 内蒙古]学生根据生物钟安排学习活动属于学习策略中的(　　)

A. 认知策略　　B. 资源管理策略

C. 组织策略　　D. 元认知策略

290. [2019 河北]知识获得的首要环节是(　　)

A. 知识应用　　B. 知识直观　　C. 知识概括　　D. 知识保持

291. [2019 辽宁]做数学试题时,对于每一道计算题,小芳总能想出两种以上可能的计算方法。“想出两种以上可能的计算方法”属于问题解决的(　　)阶段。(易混)

A. 发现问题　　B. 解决问题　　C. 明确问题　　D. 提出假设

292. [2019 湖南]历史课中对历史事件、历史人物的学习,地理课中对地形地貌和地理位置的学习是(　　)

A. 符号学习　　B. 命题学习　　C. 概念学习　　D. 上位学习

293. [2017 内蒙古]心智技能形成中出声的外部言语阶段、不出声的外部言语阶段和内部言语阶段可以合称为(　　)

A. 原型定向　　B. 原型模仿　　C. 原型操作　　D. 原型内化

294. [2019 重庆]儿童已经知道了“篮球、羽毛球、铅球、实心球、跳绳……”等概念,通过学习明白了这些都是“体育器材”,这种学习称为(　　)(常考)

A. 上位学习　　B. 下位学习　　C. 并列结合学习　　D. 命题学习

295. [2018 山西]以下表述不利于个体创造力发展的是(　　)

A. 家庭民主,父母对孩子不专制

B. 孩子养成了听话顺从的习惯

C. 个体精力充沛,有信任自己控制自己的能力

D. 教师具有独立性和创造性

296. [2021 湖南]活动方式具有高度的适应性,在执行方面能达到高度的完善和自动化的阶段是(　　)

A. 操作定向　　B. 操作模仿　　C. 操作熟练　　D. 操作整合

297. [2017 江苏]在技能的练习过程中,往往会出现进步的暂时停顿现象,这就是练习曲线上所谓的“高原现象”。下列帮助学生突破“高原现象”的做法错误的是(　　)

A. 分析原因,采取新方法　　B. 积极鼓励,增强其信心

C. 增强学习动机,提供充分有效的反馈　　D. 增强练习强度,用集中练习来代替分散练习

298. [2021 内蒙古]态度的核心成分是(　　)

A. 认知　　B. 情感　　C. 动力　　D. 行为

299. [2017 安徽]技能达到操作熟练阶段时,动作的特点是(　　)

A. 稳定但不够灵活　　B. 流畅而协调

C. 仍需视觉专门监控　　D. 体力消耗没有降低

300. [2021 安徽]受面包放入发酵剂后产生多孔变得松软的启发,人们制造出泡沫橡胶。这种解决问题的过程与方法属于(　　)

A. 抽象思维　　B. 功能固着　　C. 原型启发　　D. 思维定势

301. [2021 江西]关于记忆,下列观点不正确的是(　　)

A. 瞬时记忆加以注意能转入短时记忆

B. 短时记忆是经过加工之后的记忆

C. 长时记忆是保持一分钟以上的记忆

D. 瞬时记忆、短时记忆和长时记忆中,短时记忆的容量最小

302. [2020 内蒙古]“举一反三”和“触类旁通”说的是(　　)

A. 学会学习　　B. 学习迁移　　C. 创造学习　　D. 发现教学法

303. [2019 辽宁]儿童在家庭中养成的爱劳动的行为习惯也会在学校中表现出来,这是(　　)

A. 知识迁移　　B. 技能迁移

C. 态度迁移　　D. 行为规范迁移

304. [2021 天津]小明同学以往的每次考试都不理想,这次期末考试终于取得了不错的成绩,如果老师对小明同学此次考试成功归因于(　　),将能获得最佳的教学效果。

A. 努力　　B. 能力　　C. 运气　　D. 考试难度

305. [2019 河北]学习动机包括两个基本成分,其中占主导地位的是(　　)

A. 学习需要　　B. 学习期待　　C. 学习方法　　D. 学习过程

306. [2021 广东]学生孟某在记忆一次绝对值不等式的解集:$|x|>a$,$x<-a$或$x>a$;$|x|<a$,$a>x>-a$这一知识点时,将其记作:“大鱼取两边,小鱼取中间”。这种学习策略属于(　　)

A. 调节策略　　B. 资源管理策略

C. 组织策略　　D. 精细加工策略

307. [2020 内蒙古]吹拉弹唱属于(　　)

A. 识记技能　　B. 心智技能　　C. 操作技能　　D. 认知技能

308. [2019 四川]中学生小张认为遵守交通法规是人人应尽的责任和义务。根据科尔伯格的道德发展阶段论,小张的道德判断处于(　　)(易混)

A. 惩罚与服从取向阶段　　B. 相对功利取向阶段

C. 寻求认可取向阶段　　D. 社会契约取向阶段

309. [2018陕西]小明语文成绩好,他认为是语文老师讲得好;数学成绩不好,他认为是数学老师讲得不好。小明是倾向于( )

A. 稳定性归因的人　　B. 非稳定性归因的人

C. 外部归因类型的人　　D. 内部归因类型的人

310. [2019河北]只要有一个启动信号,个体就能迅速准确地按照程序连贯完成整个动作系列。这属于菲茨与波斯纳三阶段模型中的( )

A. 认知阶段　　B. 联系形成阶段

C. 活动定型阶段　　D. 自动化阶段

311. [2019广西]黑格尔说:"一个人做了这样或那样一件合乎伦理的事,还不能说他是有德的;只有当这种行为方式成为他性格中的固定要素时,他才可以说他是有德的。"这表明品德具有( )(易错)

A. 社会性　　B. 稳定性　　C. 统一性　　D. 可变性

312. [2019山东]在现实生活中,我们不难发现,有人认为自己所从事的活动或活动结果由自身具有的内部因素决定;也有人认为自己的活动或活动结果受难以预料的力量主宰,如受命运、运气、机遇和他人的摆布。这种个体对影响自己生活与命运的那些力量的看法,在心理学上称为( )

A. 动机归因　　B. 控制点　　C. 成就归因　　D. 失败归因

313. [2019河北]知识的领会从整体上来说,主要是通过对教材的( )这样两个认识环节实现的。

A. 理解与概括　　B. 直观与概括

C. 理解与分析　　D. 直观与分析

314. [2019山西]某学生在一种情境中抽取出了一种规则、原理、图式、范例等,然后运用于新的情境,这属于学习迁移中的( )

A. 零迁移　　B. 负迁移　　C. 逆向迁移　　D. 高路迁移

315. [2021江西]学生中流传的俏皮话"大考大玩、小考小玩、不考不玩"体现了( )(常考)

A. 耶克斯—多德森定律　　B. 皮格马利翁效应

C. 罗森塔尔效应　　D. 晕轮效应

316. [2018河北]伦理道德发展走向成熟,可以较自觉地运用道德原则调节自己的行为,这出现在学生发展的( )

A. 学前阶段　　B. 小学阶段　　C. 初中阶段　　D. 高中阶段

317. [2018河南]九宫格中每格中间均有一个黑点,现要求将九个黑点用一笔连起来,而小亮却认为这九个黑点组成了正方形,无法完成这一要求。小亮产生这一认知的原因是( )

A. 受到表征方式的影响　　B. 受到思维定势的影响

C. 受到无关信息的影响　　D. 受到功能固着的影响

318. [2017广东]操作模仿阶段的动作特点不包括( )

A. 动作的稳定性、准确性、灵活性较差　　B. 各动作要素之间的协调性好

C. 主要靠视觉控制　　D. 完成动作的速度较慢

二、多项选择题

1. [2022山东]奥苏贝尔认为,所有的有意义学习都必然包含迁移。他认为影响迁移的认知变量有( )

A. 系统性　　B. 可利用性

C. 稳定性　　D. 可辨别性

2. [2022内蒙古]下列属于调节策略的是( )

A. 学习者意识到他不理解课文的某一部分,退回去读困难的段落

B. 在阅读困难或不熟悉的材料时放慢速度

C. 测验时跳过某个难题,先做简单的题目

D. 考试时监视自己的速度和时间

3. [2022山东]根据皮亚杰的道德发展阶段理论,5~8岁儿童的道德认知一般服从外部规则,下列说法正确的是( )

A. 会认为一个帮妈妈做事打碎一打碗的小朋友比淘气打碎一个碗的小朋友更应该受到惩罚

B. 5~8岁儿童的认知发展属于他律阶段

C. 这个阶段的儿童认为规矩是不变的,不理解规矩是人创造的

D. 评价是非时,非好即坏、非善即恶

4. [2022天津]关于如何培养学生的创造性,以下选项表述正确的有( )

A. 保护学生的好奇心　　B. 鼓励独立性和创新精神

C. 给学生提供具有创造性的榜样　　D. 重视培养直觉思维能力

5. [2022福建]阿特金森认为,成就动机包括( )

A. 成长动机　　B. 交往动机

C. 力求成功动机　　D. 避免失败动机

6. [2020湖南]下列属于心智技能的有( )

A. 计算机老师不看键盘,迅速地打字　　B. 自习课上学生各自默读课文

C. 张军列方程解应用题　　D. 小赵在体育馆练习攀岩

7. [2020河南]复述策略是一种促进陈述性知识学习的策略,分为识记过程中的复述策略和保持过程中的复述策略。下列属于保持过程中的复述策略的是( )(易混)

A. 复习形式多样化　　B. 及时复习

C. 排除相互干扰　　D. 分散复习与集中复习相结合

8. [2020 内蒙古]品德的心理结构包括(　　)

A. 道德认识　B. 道德情感　C. 道德修养　D. 道德行为

9. [2019 四川]下列人物和理论对应不正确的有(　　)

A. 罗特——控制点理论　B. 维纳——完形顿悟理论

C. 阿特金森——动机归因理论　D. 班杜拉——自我效能理论

E. 德韦克——成就目标理论

10. [2021 河南]下列属于迁移理论的是(　　)

A. 形式训练说　B. 概括化理论　C. 多元智力理论　D. 相同要素说

11. [2020 辽宁]元认知由(　　)组成。

A. 元认知知识　B. 元认知体验　C. 元认知监控　D. 元认知反应

12. [2021 贵州]下列属于精加工策略的有(　　)(常考)

A. 关键词法　B. 列提纲　C. 做笔记　D. 画线

13. [2019 内蒙古]元认知策略有以下几种(　　)

A. 计划策略　B. 复述策略　C. 调节策略　D. 监控策略

E. 组织策略

14. [2019 河北]瞬时记忆的特点包括(　　)

A. 具有鲜明的形象性

B. 信息保持时间极短

C. 记忆容量较大，几乎进入感官的所有信息均可被登记

D. 可保持数天

15. [2021 安徽]自我效能感是指人们对自己能否成功地从事某一成就行为的主观判断。自我效能感的功能主要体现在哪些方面(　　)

A. 决定人们对活动的选择及对该活动的坚持性

B. 决定人们对活动结果的满意程度

C. 影响新行为的获得和习得行为的表现

D. 影响活动时的情绪

16. [2020 辽宁]技能的学习及其掌握对于学生来说具有特别重要的意义，主要包括(　　)

A. 技能的掌握是进行学习活动的必要条件　B. 技能的形成有助于对有关知识的掌握

C. 技能的形成有助于智力、能力的发展　D. 技能的掌握有助于提高学习效率

17. [2019 安徽]生活中遇到的很多问题，比如"儿童吃什么益智，喝什么健康"等问题，看似简单却不容易解答，因为这类问题属于(　　)(常考)

A. 有固定结构的问题　B. 无固定结构的问题

C. 有固定答案的问题　D. 无固定答案的问题

18. [2017 重庆]可以划分学习动机的维度有(　　)

A. 学习动机的社会意义　B. 学习动机起作用时间的长短

C. 动机起作用的大小　D. 动机产生的诱因来源

19. [2019 河南]每一个问题都必须包含以下几种成分(　　)

A. 目的　B. 个体已有的知识　C. 障碍　D. 假设

E. 方法

20. [2022 山东]下列道德定向阶段中，处于习俗水平阶段的是(　　)

A. 维护权威和社会秩序定向　B. "好孩子"定向

C. 社会契约定向　D. 普遍道德原则定向

21. [2018 吉林]研究表明，创造性与智力的关系并非成简单的线性关系，二者既有独立性，又在某种条件下具有相关性。其基本关系主要表现为(　　)

A. 低智力不可能具有高创造性

B. 高智力一定具有高创造性

C. 低创造性者的智力水平可能高，也可能低

D. 高创造性者的智力水平可能高，也可能低

22. [2018 辽宁]依据迁移内容的抽象和概括水平不同，迁移可分为(　　)

A. 水平迁移　B. 顺向迁移　C. 逆向迁移　D. 垂直迁移

23. [2022 内蒙古]要根据不同的学习内容，选择合适的动机水平。一般来说(　　)

A. 较容易的内容选择较低的动机水平　B. 较容易的内容选择较高的动机水平

C. 较难的内容选择较低的动机水平　D. 较难的内容选择较高的动机水平

24. [2021 天津]下列选项中，属于心智技能的培养要求的是(　　)

A. 确立合理的智力活动原型　B. 激发学习的积极性和主动性

C. 注意原型的完备性、独立性和概括性　D. 注意学生的个别差异

25. [2019 广西]韦纳归因理论的维度包括(　　)(常考)

A. 外倾性　B. 控制点　C. 稳定性　D. 可控性

26. [2019 山东]皮亚杰在其《儿童的道德判断》一书中，根据其理论和大量临床研究的事实，分析了儿童对游戏规则的理解及遵守过程，并通过对偶故事法的观察实验，将儿童的品德发展划分为几个阶段，这些阶段包括(　　)

A. 自我中心阶段　B. 权威阶段　C. 可逆性阶段　D. 公正阶段

27. [2022 河南]下列选项中，属于操作技能培训要求的有(　　)

A. 适当的练习　B. 完备的原型　C. 准确的示范　D. 清晰的动觉

E. 有效的反馈

28. [2018山东]能否发现问题取决于(　　)

A. 认知过程　　B. 主体的知识经验

C. 主体活动的积极性　　D. 主体的求知欲望

29. [2022安徽]在奥苏贝尔看来，指向学业行为的内驱力包括(　　)

A. 认知内驱力　　B. 自我提高内驱力

C. 人际关系内驱力　　D. 附属内驱力

30. [2017河南]根据归因理论的观点，有利于激发学生学习动机的做法是让学生明白(　　)

A. 努力是成功的条件　　B. 成功是运气的作用

C. 成功是能力的作用　　D. 努力是有效的

31. [2019广东]知识的保持是知识学习的重要环节，下列做法有利于头脑更好地保持知识的是(　　)

A. 间隔一段时间重复识记知识　　B. 运用记忆术帮助识记

C. 适当过度学习　　D. 对记忆材料进行深加工

32. [2020黑龙江]学习动机影响学习活动，其功能主要有(　　)

A. 离散　　B. 指向　　C. 调节　　D. 激发

33. [2021河南]如果学生认为"学习是一件快乐的事"，那么他就会喜欢学习，并愿意为学习安排时间。这体现的态度心理结构有(　　)

A. 认知成分　　B. 行为意向成分　　C. 情感成分　　D. 知觉成分

34. [2017山东]学生获得附属内驱力的条件是(　　)(易错)

A. 学生与家长或教师具有依附关系

B. 学生从所博得的赞许中获得派生地位

C. 学生努力使自己的行为获得家长或教师的赞许

D. 与同学保持较好的人际关系

35. [2020辽宁]提高学生知识储备的数量与质量可以从(　　)方面入手。

A. 加强教学量的输出　　B. 帮助学生牢固记忆知识

C. 提供多种变式　　D. 建立知识网络结构

36. [2020湖南]创设问题情境是激发学生的求知欲和好奇心的一种十分有效的方法。在创设问题情境的过程中，教师应遵循哪些原则(　　)

A. 问题要小而精　　B. 问题要与学生实际生活经验相关联

C. 问题要有适当的难度　　D. 问题要有启发性

37. [2022广东]学生在学习之后，总会为自己的成败寻找一些原因，所以教师在教学中要加强归因指导、帮助学生建立积极的自我概念。下列说法正确的有(　　)

A. 所有归因都有利于激发学生的学习动机

B. 良好的归因模式有利于激发学生的学习动机

C. 不良的归因模式导致学生总把失败归因于个人能力太差，产生习得性无助

D. 自我概念水平高的学生往往把成功归因于个人的能力和努力程度

E. 自我概念水平低的学生往往把失败归因于努力不够

38. [2020辽宁]下列关于品德的描述，错误的是(　　)

A. 品德是一种个体心理现象　　B. 品德具有道德评价意义

C. 品德就是道德　　D. 品德就是个性

E. 品德的心理结构包括知、情、意、行

39. [2020江西]影响迁移的因素有(　　)(易错)

A. 相似性　　B. 原有的认知结构

C. 学习的定势　　D. 外界的提示与帮助

40. [2019山东]品德与道德的区别主要表现为(　　)

A. 研究范畴不同　　B. 影响的因素不同

C. 表征方式不同　　D. 性质不同

41. [2022河南]自我效能感指个人对自己是否有能力完成某一行为所进行的推测与判断，班杜拉认为个人自我效能感的影响因素有(　　)

A. 言语劝说　　B. 情绪唤醒　　C. 替代经验　　D. 个人直接经验

42. [2018吉林]态度总是指向一定的对象，态度的对象包括(　　)

A. 人　　B. 物　　C. 事件　　D. 观念

43. [2017河南]在教育教学中，应如何运用感知规律(　　)(常考)

A. 对于强度律，教师应突出强调那些低强度但重要的要素

B. 对于差异律，教师应注意对象与背景的差异性

C. 对于活动律，教师应注意以活动变化的形式呈现对象

D. 对于组合律，教师应注重对教材的编排，分段分节

44. [2022河南]影响态度与品德形成的外部条件有(　　)

A. 态度定势　　B. 同伴群体　　C. 社会风气　　D. 认知失调

E. 教养方式

45. [2020河南]在学校教育情境中，教师可以通过(　　)措施来激发学生的外部学习动机。

A. 进行积极的评价　　B. 设置明确、具体、适当的学习目标

C. 创设问题情境　　D. 及时反馈学习结果

46. [2020福建]影响问题解决的因素有(　　)

A. 定势　　B. 知识经验　　C. 功能固着　　D. 问题的特征

47.[2022河南]程序性知识是有关"怎么办"的知识。下列选项中属于程序性知识的有(　　)(常考)

A.语文中的句子规则　B.数学中的运算技能

C.物理中的基本原理　D.体育中的动作技巧

E.化学中的元素符号

48.[2021河北]学生品德不良行为形成的客观原因主要有(　　)

A.家庭风气不正　B.父母教育不当

C.自控能力不强　D.社会环境不良

49.[2021辽宁]问题解决有多种途径,但问题解决有其共同的基本特征。下列属于问题解决特征的有(　　)

A.问题情境性　B.目标指向性　C.操作序列性　D.认知操作性

50.[2018陕西]在复述过程中经常使用到的具体策略有(　　)

A.及时复习　B.集中复习和分散复习相结合

C.多种形式的复习相结合　D.多种感官协同记忆

51.[2021陕西]学生受外部学习动机支配的行为有(　　)

A.学生因为喜爱数学而认真学习数学　B.学生为了获得老师的表扬而认真学习

C.学生为了考试取得好成绩而认真学习　D.学生为了赢得同学的尊重而努力学习

52.[2017辽宁]下列属于技能的特点的有(　　)

A.是经过学习得来的　B.技能和知识没有本质的不同

C.技能是合乎规则的活动方式　D.技能和一般的随意运动差不多

E.技能学习不需要已有知识经验的支撑,直接学习就可以

53.[2021内蒙古]培养良好态度与品德的方法有(　　)

A.有效的说服　B.价值辨析　C.利用群体约定　D.激发潜能

E.树立良好的榜样

54.[2019重庆]下列属于陈述性知识的有(　　)

A.成语　B.万有引力定律　C.时间　D.计算数学题

55.[2019内蒙古]根据认知心理学家的观点,问题解决阶段包括(　　)

A.发现问题　B.发挥才能　C.理解问题　D.提出假设

E.检验假设

56.[2020内蒙古]学生习得的平行四边形的知识对学习梯形知识很有帮助。这种现象属于(　　)(易错)

A.正迁移　B.负迁移　C.顺向迁移　D.逆向迁移

E.垂直迁移

57.[2019重庆]小军为了得到父母的奖励而努力学习。这种学习动机属于(　　)

A.低级的学习动机　B.高级的学习动机

C.外部学习动机　D.内部学习动机

58.[2019山东]下列属于我国教育心理学家提出的心智技能的形成阶段的是(　　)

A.认知阶段　B.联结阶段

C.原型内化阶段　D.原型操作阶段

E.原型定向阶段

59.[2018内蒙古]原有认知结构对迁移的影响主要表现有(　　)

A.学习者是否具有积极的心智　B.学习者是否具有相应的背景知识

C.学习者是否具有相应的认知技能或策略　D.原有认知结构的概括水平

60.[2021广东]下列属于影响知识理解的客观因素的有(　　)

A.学生学习材料的内容与形式　B.教师言语的提示与指导

C.学生原有的知识经验背景　D.学生主动理解的意识与方法

61.[2019广东]每次考试后程明都会仔细分析自己的试卷,找出进步或者落后的原因,这类归因既包括内在的也包括外在的。下列属于内在的归因因素的有(　　)

A."今天出门的时候摔跤了,所以运气不好,连考试也没有发挥好"

B."能力有限,这就是我真实的水平"

C."最近身体不好,提不起精神,没来得及好好复习"

D."题目太难了,根本没见过"

62.[2018天津]某学生想采用启发式策略来解决遇到的难题,他可以采用的启发式策略有(　　)(常考)

A.爬山法　B.手段—目的分析法　C.算法　D.逆向搜索法

63.[2021内蒙古]心智技能与操作技能相比,有(　　)特点。

A.对象具有观念性　B.执行具有内潜性

C.结构具有简缩性　D.动作具有外显性

E.运用具有闭合性

64.[2018内蒙古]创设问题情境,激发学生的学习积极性,要求教师的学习内容与学生已有水平之间构成一个适当的跨度。下列选项中,创设问题情境的基本要求有(　　)

A.熟悉教材　B.掌握教材的结构

C.了解新旧知识之间的内在联系　D.了解学生已有的认知结构状态

65.[2021湖南]组织策略指的是整合所学新知识之间、新旧知识之间的内在联系,形成新的知识结构,包括(　　)等。

A.列提纲　B.利用图形、图表　C.PQ4R法　D.语义联想法

66. [2020 广东]在排球教学中,学生在学习正面上手发球后学习正面扣球的技能,会学得更快,这种迁移属于(　　)

A. 横向迁移　B. 纵向迁移　C. 正迁移　D. 负迁移

67. [2019 广西]言语说服是中小学生良好品德培养的常用方法之一,而有效的说服方式包括(　　)

A. 有效地利用正反论据　B. 导之以行和持之以恒

C. 以理服人和以情动人　D. 考虑原有的态度观点,逐步提高要求

68. [2017 辽宁]长时记忆的编码方式是(　　)

A. 物理特性编码　B. 言语听觉特性编码

C. 语义编码　D. 表象编码

69. [2018 河南]关于小学生道德发展特点的描述,下列说法正确的是(　　)

A. 10 岁以下的儿童道德判断基本是受他自身以外的价值标准支配

B. 10 岁以下的儿童认为规则(规范)是由权威人士(家长、教师)制定的,是不可改变的,要严格地遵守它们

C. 10 岁以上的儿童基本处于自律道德发展阶段

D. 10 岁以上的儿童认为判断一个行为不仅要看后果,也要看意向

70. [2019 山东]下列关于学习中成就动机的说法正确的是(　　)(常考)

A. 自我提高内驱力属于内部动机

B. 在儿童早期,附属内驱力在动机结构中所占的比重最为突出

C. 认知内驱力、自我提高内驱力、交往内驱力在动机结构中所占的比重是比较稳定的

D. 它由认知内驱力、自我提高内驱力、附属内驱力组成

71. [2017 吉林]学习策略的训练要遵循的原则有(　　)

A. 内化性原则　B. 理论联系实际原则

C. 特定性原则　D. 生成性原则

72. [2021 湖南]根据卡文顿的自我价值理论,正确的是(　　)

A. 该理论能够很好地解释潜意识行为与很多娱乐消遣行为

B. 小华特别渴望成功,同时又特别害怕失败,他可能属于高趋高避型

C. "高趋低避型"学生又称为"成功定向者"

D. "低趋低避型"学生又称为"逃避失败者"

73. [2021 湖南]上位学习,也称总括学习,是指在认知结构中原有的几个观念的基础上学习一个包容性程度更高的命题,即原有的观念是从属观念,而新学习的观念是总括性观念,下列属于上位学习的有(　　)

A. 先学习"油",再学习"汽油""柴油""菜籽油""玉米油""花生油"等

B. 儿童在知道"桌子""椅子""凳子"等概念之后,再学习"家具"这个概念

C. 在学习正方体、长方体的体积计算公式后,再学习一般柱体的体积计算公式

D. 三角形的学习和四边形的学习

74. [2019 河南]以下属于品德心理结构特征的有(　　)

A. 统一性与差异性　B. 各成分具有层次性

C. 各成分发展的顺序性与连续性　D. 稳定性与可变性

75. [2019 内蒙古]影响创造性发展的因素有(　　)

A. 生理基础　B. 知识经验

C. 社会文化和教育观念　D. 人格特征和认知习惯

76. [2018 河南]下列关于交互式教学模式的表述,正确的是(　　)(易错)

A. 交互式教学的中心是小组讨论

B. 教师和学生轮流承担教的角色

C. 主要由激发、讲演、练习、反馈和迁移等环节构成

D. 在阅读、数学问题解决和写作等方面,学生两两配对进行学习

77. [2020 辽宁]下列属于正迁移的是(　　)

A. 数学审题技能的掌握对物理、化学审题的影响

B. 在学校爱护公物的言行影响在校外规范自己的行为

C. 在外语学习中,词汇的掌握对阅读的影响

D. 学习汉语字母发音对英语字母发音的影响

78. [2020 黑龙江]下列选项中,属于道德情感的表现形式的是(　　)(常考)

A. 直觉的道德情感　B. 想象的道德情感

C. 伦理的道德情感　D. 观念的道德情感

79. [2018 内蒙古]有效进行学习策略教学的条件主要表现为(　　)

A. 原有知识背景　B. 元认知发展水平

C. 自我效能感　D. 有一套外显的可操作的技术

三、判断题

1. [2022 辽宁]结果期待指一个人是否确信自己能够成功地进行带来某一结果的行为。(　　)

2. [2022 四川]一般而言,学生先前成功的经验会提高自我效能感,多次失败的经验会降低自我效能感。(　　)

3. [2022 浙江]小牛判断事情总是从个人利益出发,认为对自己好的就是好的,对自己不好的就是不好的。小牛的道德发展水平处于前习俗水平。(　　)

4. [2022 河南]最稳定的学习动机是认知内驱力。(　　)

5.[2022河南]学生把考试失败归因为能力因素，易产生习得性无助感，使其自暴自弃、放弃努力。 ( )

6.[2022安徽]学习任务越难，学习动机越强，学习效果越好。 ( )

7.[2018吉林]"习得性无助"学生的自我效能感低，对自己完成学习任务的能力持怀疑和不确定的态度，因而倾向于制定较低的学习目标以避免获得失败的体验。 ( )

8.[2018广东]技能是个体在所获得的知识的基础上，运用某种活动方式构成技能形成与发展的必要环节，属于生理活动范畴。 ( )

9.[2019江苏]小红知道花儿很好看但不能摘的道理，这标志着她相应的道德品质已经形成。( )

10.[2019河北]创造性是少数人的天赋。 ( )

11.[2020四川]学习了金属的热胀冷缩原理后，很容易掌握各种金属的一般特征，这是一种具体的迁移。 ( )

12.[2021辽宁]教师表扬学生应采取慎重态度，一般来说，对依赖性强、容易焦虑学生的表扬效果好于对自信学生的表扬效果。 ( )

13.[2020黑龙江]"富贵不能淫，贫贱不能移，威武不能屈"体现了态度与品德形成的认同阶段。 ( )

14.[2018辽宁]在感觉记忆中信息主要以语义形式存储。 ( )

15.[2020辽宁]陈述性知识包括智慧技能、动作技能和认知策略。 ( )

16.[2019四川]小轲看到童童通过努力语文成绩提升了8名，为此大受鼓舞，觉得自己只要认真努力，语文成绩也能有大的进步。这一案例中小轲自我效能感的提升是受到了间接经验的影响。 ( )

17.[2020山西]按照安德森对智慧技能的分类，智慧技能的学习阶段可分为认知阶段、联结阶段和自动化阶段。 ( )

18.[2017山东]教学技能这一程序性知识的获得首先要经过陈述性知识的获得阶段，即必须知道"是什么"和"为什么"；然后才能正确和有效地解决"如何做"和"怎么办"的问题。 ( )

19.[2018广西]品德的形成与发展是个体与社会环境相互作用并不断内化的过程。 ( )

20.[2022安徽]中小学生的附属内驱力不会随着年龄的增长发生变化。 ( )

21.[2019吉林]只有在问题解决者的思维活动处于积极并且紧张的状态时，才最容易产生原型启发。 ( )

22.[2019河南]平行四边形知识的掌握影响着菱形的学习属于自上而下的迁移。 ( )

23.[2017四川]概括化理论强调学习者发现学习任务中共同成分的重要性。 ( )

24.[2020黑龙江]皮亚杰运用"海因茨偷药"的故事研究道德发展阶段。(常考) ( )

25.[2019安徽]赵老师为了调动学生的学习兴趣，让每次单元测验成绩最高的学生轮流当课代表。这种做法激发的是学生的内部学习动机。 ( )

26.[2021安徽]技能的掌握与陈述性知识无关。 ( )

27.[2021江苏]迁移是一种学习对另一种学习的积极影响。 ( )

28.[2018福建]并列结合学习比上位学习和下位学习更简单、容易。(常考) ( )

29.[2017四川]通过对原则的演绎、推广和应用，而确认某些特殊事例隶属于该原则之内。这种学习即奥苏贝尔提出的上位学习。 ( )

30.[2017广东]学生因在学习过程中遇到自己无法克服的困难向他人或物体(借助字典、参考书等)请求帮助的行为，是一种依赖性的表现。 ( )

31.[2019河南]知识的表征是指信息在人脑中的存储和呈现方式，它是个体知识学习的关键。 ( )

32.[2018山东]学习策略知识不是孤立的，不能脱离专门知识。 ( )

33.[2018山西]美国心理学家科尔伯格研究证明，人的道德认知的发展经历了从前习俗水平到习俗水平，再到后习俗水平的发展过程。 ( )

34.[2021江苏]高原现象是指在技能形成过程中，练习的中期出现的进步暂时停顿或退步的现象。 ( )

35.[2018内蒙古]小学低年级学生常常靠数手指来完成计算活动，这表明他们此时的智力技能处于活动的定向阶段。 ( )

36.[2020安徽]考试时，学生跳过一些难题，先作答简单的题目，这种学习策略属于元认知策略。 ( )

37.[2019湖南]迁移实质上是新旧经验的整合过程。 ( )

38.[2018重庆]开车、跳舞、滑冰等属于连续的动作技能。 ( )

39.[2021四川]在数学学习中，学生做了例题后面的练习题后有助于再做同样类型的题，但对做不同类型的题则有消极影响。这是功能固着对问题解决的影响。 ( )

40.[2017山西]思维是从问题开始的，但是，只有当人具有解决问题的需要和动机时，他才可能以进取的态度寻求解决问题的方法和步骤。 ( )

41.[2020黑龙江]一个人渴望在考试中得到高分，并且为此而努力，那么得高分是他的主导性动机。 ( )

42.[2021四川]根据维纳的归因理论，学生将考试结果不好归因于自己不够努力，会降低自我效能感。 ( )

43.[2018广西]处在可逆性道德阶段的儿童往往表现为不服从权威，我行我素。 ( )

44.[2018安徽]动作技能的形成需要长时间的反复练习，因此练习的次数越多越好。 ( )

45.[2020山西]人借助于内部言语在头脑中进行的，按照合理的、完善的方式组织起来的智力活动方式称为心智技能。 ( )

46.[2021内蒙古]中学生小强认为自己是祖国未来的栋梁,必须要努力学习,长大后为祖国奉献自己一份力量,小强的这种学习动机属于远景的直接性动机。( )

47.[2019河南]任何一种学习策略都有自己的优缺点,学习策略训练必须要结合学习内容和学生实际。( )

48.[2021内蒙古]智力是创造力的充要条件。( )

49.[2019河南]学生品行不良有多种形式,如攻击行为、逃学、网络成瘾、赌博等,其产生的原因一般都是客观方面(即社会环境)的影响。( )

50.[2021山西]在动作技能学习中,练习就是指不断地重复。( )

51.[2019山东]记忆中的前摄抑制和倒摄抑制不是迁移现象。( )

52.[2020山东]先前学习对后继学习的影响称为逆向迁移,后继学习对先前学习的影响称为顺向迁移。( )

53.[2017河北]技能没有好坏之别,习惯有好坏之分。(常考)( )

54.[2018内蒙古]心理学中的学习策略就是我们日常学习生活中所说的学习方法。( )

55.[2018江苏]心理学研究表明,焦虑不利于学习。( )

56.[2021湖南]在态度形成的过程中,认同的实质是对榜样的模仿,其出发点是试图与其一致。( )

57.[2018河北]为当"三好学生"而学习,是一种内部学习动机。( )

58.[2018广东]从迁移发生的方向来看,"学生在一种学习情境中抽取出了一种规则、原理、范例、图式,然后应用于新的情境中"属于低路迁移。( )

59.[2019广东]学生尚未表现出对学习有适当的兴趣或动机之前没必要推迟学习活动。( )

60.[2018江苏]两种学习材料之间相似度越是接近就越容易产生迁移。( )

61.[2019山东]触类旁通本质上就是奥苏贝尔所说的下位派生学习。( )

62.[2019河南]经验的概括水平越低,迁移的范围越小,效果越差。(易错)( )

63.[2021广东]韦纳认为,归因于努力相比于归因于能力,无论成功或失败,都会引发更强烈的情绪体验。( )

64.[2019广东]启发式策略这一问题解决方法中,爬山法常用于几何证明题中。( )

65.[2017陕西]学习期待是个体对学习活动所要达到的目标的客观估计。( )

66.[2019广东]陈述性知识的形成以掌握程序性知识为必要条件。( )

67.[2018山西]知识和技能可以迁移,但是行为规范和态度则不可以迁移。( )

68.[2019天津]复述策略的主要作用是维持注意于目前的学习材料中并将学习材料储存在长时记忆中。(易错)( )

69.[2020广东]外部动机是由外部诱因所引起的动机,动机的满足不在活动之内,而在活动之外。( )

70.[2021山西]概念学习以表征学习为前提,又为命题学习奠定基础。( )

四、填空题

1.[2022福建]冯忠良认为,心智技能的形成要经历原型定向、原型操作和________三个阶段。

2.[2019天津]成就动机理论认为,________倾向于选择非常容易或者非常困难的任务。

3.[2019福建]问题解决策略包括算法策略和________策略。

4.[2019河南]________是个体依据一定的社会道德准则规范行动时表现出来的比较稳定的心理特征和倾向。

5.[2020福建]学生品德由认知、情感、________和行为四个基本要素组成。

6.[2020浙江]奥苏伯尔等人把动机分为________、自我提高内驱力和附属内驱力。

7.[2019辽宁]老师教学时用"山巅一寺一壶酒"来帮助学生识记圆周率3.14159,这一记忆方法是________。

8.[2019河南]苏联心理学家加里培林于1959年系统地提出了心智技能按阶段形成的理论,认为心智技能是通过实践活动的"________"而实现的。

9.[2019河南]一般认为,影响创造性的因素主要有环境、智力和________。

五、案例选择题

根据以下案例,回答第1~2题。

案例 洋洋正备战中考,近一段时间她总是遇到"瓶颈",虽然很努力,但是在复习时各种印象、思路、经验复杂地交织在一起,难以分清彼此,越想努力梳理清楚越觉得难以突破,力不从心。洋洋感到很苦恼,于是向班主任求助。

1.[2022辽宁]洋洋的这种情况被称为( )(单项选择)

A. 应激反应　B. 倒摄抑制　C. 刺激泛化　D. 高原现象

2.[2022辽宁]针对此案例,下列解决方法中不恰当的一项是( )(单项选择)

A. 改进复习方法　B. 强调情感关怀

C. 学会自我反思　D. 适当增加压力

阅读以下案例,回答第3~5题。

案例 小贺最近的几次考试成绩都不理想,他认为"自己根本不是学习的料",于是听任失败,情绪低落甚至自暴自弃。

3.[2019广东]小贺的这种归因维度属于( )(单项选择)

A. 稳定的、内在的、不可控的　B. 不稳定的、内在的、可控的

C. 不稳定的、外在的、不可控的　D. 不稳定的、内在的、不可控的

4.[2019广东]小贺这种心理状态是( )(单项选择)

A. 忧愁感　B. 焦虑感　C. 习得性无助　D. 认知功能障碍

5. [2019广东]为帮助小贺缓解这种心理状态,下列干预的策略错误的是(　　)(单项选择)

A. 积极评价小贺,培养他的自控信念　　B. 创设良好环境,营造和谐师生关系

C. 引导小贺对成败进行正确的归因　　D. 保证爱的持续,避免有差异地发展

阅读材料,完成第6~7题。

案例　贾德在1908年所做的"水下击靶"实验,是经验类化说的经典实验。他以五年级和六年级学生作为被试,把他们分为两组。要求他们练习用标枪投中水下的靶子。主试给第一组学生充分解释水的折射原理,而不对第二组学生说明水的折射原理,他们只能从尝试中获得一些经验。在开始投掷练习时,靶子在水下1.2英寸处,两组学生的成绩相同。接着,条件变化了,水下1.2英寸处的靶子被移到水下4英寸处。这时两组学生的成绩便表现了明显的差异:没有了解折射原理的学生,他们投掷水下1.2英寸靶子时的练习不能帮助改进投掷水下4英寸的练习,错误持续发生;而了解了折射原理的学生则迅速适应了水下4英寸的条件,投掷水下4英寸靶子的练习成绩更好。

6. [2021重庆]贾德的实验解释了学习迁移的原因。下列选项中,能正确描述贾德的迁移理论的有(　　)(多项选择)

A. 迁移是无条件的,自动发生的

B. 两种学习存在共同成分是迁移发生的关键

C. 学习者能概括出两种学习的共同成分是迁移发生的关键

D. 概括化的经验或原理在迁移中有重要作用

7. [2021重庆]下列有关教师促进学习迁移的教学措施中,符合贾德迁移理论的措施有(　　)(多项选择)

A. 重视基本原理的教学

B. 加强教材中概念、原理和各章节之间的联系

C. 关注难度训练,学习越难的材料,迁移越容易

D. 培养和提高学生的概括能力

阅读以下案例,回答第8~9题。

案例　李同学成绩优异,他在平时的练习中碰到难题时,总是用充足的时间来考虑,权衡各种解题方法后从中选出最佳方案,因而错误较少;考试时,他也十分注意根据考试时间相应地调整自己的做题速度。

8. [2019广东]根据上述材料,李同学的学习方式属于(　　)(单项选择)

A. 触觉—动觉偏好型　　B. 场依存型

C. 沉思型　　D. 冲动型

9. [2019广东]李同学在考试时使用的学习策略主要是(　　)(单项选择)

A. 复述策略　　B. 监视策略　　C. 组织策略　　D. 精细加工策略

整合提升

一、单项选择题

1. [2022广东]生物课上,王老师在讲解孟德尔的杂交实验时,引入了"生活中有的人是单眼皮,有的人是双眼皮"的例子,加深学生对这章内容的理解。王老师采用的这种促进知识保持的方法是(　　)

A. 过度学习　　B. 组块化编码　　C. 深度加工　　D. 及时复习

2. [2020山西]某学生对英语有着浓厚的兴趣,教师引导其继续学习。这种主要考虑如何使学生原有的学习需要得到满足的培养学生学习动机的方式属于(　　)

A. 间接发生途径　　B. 直接发生途径

C. 直接转化途径　　D. 间接转化途径

3. [2021广东]问题根据其内容特性可分为概念性问题、经验性问题和价值问题。下列属于经验性问题的是(　　)

A. 初中生该不该早恋　　B. 在冰面上行走时如何防滑

C. 长方体的表面积与体积之间存在什么关系　　D. 小学生张某的学习积极性如何

4. [2022河南]晓晓在阅读课文时常常自我提问:"我清楚课文表达的内容了吗?我抓住课文的重点了吗?"这种学习策略属于(　　)

A. 组织策略　　B. 复述策略　　C. 监控策略　　D. 计划策略

5. [2019山东]学习中所谓的"举一反三""触类旁通"是知识的(　　)在理解中的表现。(易错)

A. 系统化　　B. 概括化　　C. 变式　　D. 比较

6. [2019广西]教师通过创设一定的情境,让学生站在他人的角度,考虑他人的心理反应,理解他人的态度和情感。这种培养学生良好品德的方法称为(　　)

A. 移情训练　　B. 道德概念分析　　C. 价值澄清　　D. 奖惩控制

7. [2019江西]下列关于品德心理,表述错误的观点是(　　)

A. 根据不同的教育环境与学生年龄特点,可以选择知、情、意、行中任一个因素作为教育的开端

B. 改变品德不良行为的过程有依从、认同、内化三个阶段

C. 费斯廷格认为认知失调是品德形成和改变的先决条件

D. 随着受教育程度的提高,个体的道德认知能力与判断能力都有所提高

8. [2021辽宁]家庭环境中的不良因素是导致学生不良行为的主要原因之一。下列选项中,属于家庭结构不良因素的是(　　)

A. 家长对子女宽严失度　　B. 家庭教育中家长重智轻德

C. 错误的家教态度与方式方法　　D. 父母离异的家庭环境

9.[2021河南]概念教学是引导学生边观察、边说、边思考,使抽象概念逐步形成学生内部言语的过程。为防止学生出现概括不全面的情况,教师应向学生呈现( )

A.正例 B.反例 C.变式 D.规则

10.[2021河北]操作技能的教学方法一般宜采用( )

A.示范与讲解相结合的方法 B.发现法

C.讲解法 D.示范法

11.[2019江西]下列关于程序性知识,表述不正确的观点是( )

A.程序性知识与平常所说的技能类似

B.形成程序性知识的关键是对操作方法的熟练掌握

C.程序性知识一般是过度学习,比陈述性知识牢固

D.程序性知识的意识控制程度较高,激活速度较慢

12.[2019山东]有一种动机理论主张,人的行为取决于他在某一特定的情景中预期将会发生什么,以及他对此事结果的价值或重要性的认识。该理论是( )

A.S-O-R理论 B.S-R驱力理论

C.预期—价值理论 D.成败归因理论

13.[2019广东]奥苏贝尔提出的问题解决模式认为,( )是解决问题的核心。(易错)

A.填补空隙过程 B.明确问题的目标和已知条件

C.呈现问题情境命题 D.验证假设

14.[2019河南]根据学习的信息加工过程模式,下列关于学习策略的分类正确的是( )(易错)

A.促进选择性注意的策略,如自我提问、做读书笔记、记听课笔记等

B.促进短时记忆的策略,如记忆术、双重编码、提高加工水平等

C.促进新知识长期保存的策略,如复述、记笔记,将输入的信息形成组块等

D.促进新信息内在联系的策略,如列表比较新旧知识的异同,把新知识应用于解释新的例子等

15.[2021辽宁]学生们在练习舞蹈动作时,教练会对学生们的动作进行一些点评和指导,学生们接受的这种信息属于( )

A.增补的反馈 B.固有的反馈 C.随机练习 D.区别练习

16.[2019吉林]道德情感带有倾向性,使个体乐于接受某种道德概念或原则,而拒绝另一些道德概念或原则。这说明道德情感具有( )(易错)

A.激发作用 B.引导作用 C.强制作用 D.监督作用

17.[2021湖南]归因训练第一阶段是( )

A.创设情境 B.让学生对自己的成败进行归因

C.了解学生的归因倾向 D.引导学生进行积极归因

18.[2020河北]我们常说:"学生不但要掌握知识,而且要获得技能。"此处的"知识"概念与信息加工心理学中的( )大致相对应。

A.书本知识 B.陈述性知识 C.言语知识 D.程序性知识

19.[2020四川]儿童道德行为发展的重要转折期是( )

A.幼儿园时期 B.小学低年级 C.小学中年级 D.小学高年级

20.[2021天津]小明在学校的数学计算测验中成绩优秀,购物时却不能正确地计算金额,适合解释这一现象的迁移理论是( )

A.建构主义迁移理论 B.产生式迁移理论

C.人本主义理论 D.关系转换理论

21.[2021山西]学业求助策略是指当学生在学习上遇到困难时,向他人请求帮助的行为。下列说法错误的是( )

A.掌握执行性求助策略的学生,通常选择独立实现目标而非依赖他人帮助

B.掌握工具性求助策略的学生,能够自觉选择和控制别人对他的帮助

C.执行性求助的目的是获得答案或者尽快完成任务

D.工具性求助的特点是他人提供思路和工具

22.[2022四川]下列迁移理论中,完全忽略了主体因素对学习迁移产生影响的是( )

A.共同要素论 B.形式训练说 C.概括化理论 D.关系理论

23.[2018吉林]记笔记是阅读和听讲中用得较为普遍的精加工策略,老师可以向学生传授5R笔记法,又名康奈尔笔记法。下列选项中不属于"5R"的是( )

A. Record B. Recite C. Review D. Remember

24.[2020山东]王国维在其《人间词话》中指出:"古今之成大事业、大学问者,罔不经过三种之境界:'昨夜西风凋碧树。独上高楼,望尽天涯路。'此第一境界也。'衣带渐宽终不悔,为伊消得人憔悴。'此第二境界也。'众里寻他千百度,蓦然回首,那人却在,灯火阑珊处。'此第三境界也。"从动作技能的形成过程来看,下列现象与王国维所说的第二境界相对应的是( )

A.高原现象 B.停滞现象 C.起伏现象 D.突进现象

25.[2018河北]在动作技能学习早期阶段,教师的示范不宜过快。这种现象最恰当的解释是( )

A.人的短时记忆容量有限 B.学习应循序渐进

C.防止过早出现疲劳 D.先要有准备动作

26.[2020广东]鲁班被带齿的丝茅草划破了皮肤而发明了锯子。这属于培养创造性思维的( )

A.局部改变法 B.棋盘法 C.清单法 D.比拟法

27.[2019江西]下列关于学习策略,表述正确的观点是( )

A.篇幅短小或内在联系密切的材料,适于采用分段识记

B. 画线与圈点批注结合使用是一种复述策略

C. 阅读时集中注意、考试时掌控自己的速度和时间等是元认知策略中的调节策略

D. 在学生遇到学习困难时,向他人请求帮助是学习环境管理策略

28. [2019 广东]在开展教学时,邓老师总是从学生的认知需求出发,安排一些学生认为重要的生活事件,以及一些令人感兴趣的轶事和实例作为教学内容,使学生能够积极思考、主动学习。邓老师这么做的目的在于(　　)

A. 创设问题情境,培养学生逆向思维

B. 增强学习本身的趣味性,激发学生内部学习动机

C. 帮助学生建立合适的目标,丰富学生的成功体验

D. 合理编排教学内容,促使学生学会迁移

29. [2017 湖南]下列哪一项不属于科尔伯格关于儿童道德发展的观点(　　)

A. 个体道德认知发展可分为三大发展水平、六个发展阶段

B. 社会环境和教育能改变儿童道德发展各个阶段出现的先后顺序

C. 道德发展的过程是一个不断解决道德冲突的过程

D. 道德的发展源于个体的社会实践活动,源于主体和道德情境的相互作用

30. [2017 湖南]安德森的产生式迁移理论是(　　)的现代翻版。

A. 关系转换说　B. 经验内化说　C. 相同要素说　D. 形式训练说

31. [2018 广东]动作技能的形成过程一般分为认知阶段、联系形成阶段和自动化阶段三个阶段。认知阶段的主要任务是(　　)

A. 领会动作技能的基本要求　B. 使适当的刺激与反应形成联系

C. 技能的局部动作被综合成更大的单位　D. 使肌肉运动的感受作用占主导地位

32. [2018 陕西]根据学习策略所起的作用,丹瑟洛把学习策略分为(　　)(易错)

A. 中策略和小策略　B. 认知策略和资源管理策略

C. 认知策略和元认知策略　D. 基础策略和支持策略

33. [2018 广东]作为教师应该了解青春期是学生心智发育的重要阶段,下列关于中学生品德发展特征的说法正确的是(　　)

A. 自我意识减弱　B. 品德结构更为完善

C. 品德发展趋向幼稚　D. 不具有道德行为习惯

二、多项选择题

1. [2022 山东]根据阿特金森的观点,属于高成就动机者特点的是(　　)

A. 选择中等难度的任务,并全力以赴　B. 活动目的明确,对成功充满信心

C. 愿意尝试新事物,不惧怕失败　D. 以交往的亲疏关系来选择工作伙伴

2. [2021 天津]动作技能的形成需经历的阶段包括(　　)

A. 泛化阶段　B. 直观化阶段　C. 分化阶段　D. 自动化阶段

3. [2021 山西]学生的态度和品德特征与家庭的教养方式有密切联系,下列情形中孩子更容易产生不良敌对行为的有(　　)

A. 家长行为举止端正庄重　B. 家庭中无人管教

C. 家长无原则地溺爱　D. 家长严厉有余,爱抚不足

4. [2017 广东]对学生心智技能的培养必须注意的问题有(　　)

A. 激发学习的积极性与主动性　B. 注意原型的完备性、独立性和概括性

C. 适应培养阶段的特征,正确使用言语　D. 建立稳定清晰的动觉

5. [2019 河南]基于对理解过程的分析,维特罗克强调为促进学生的理解,教师应引导学生主动建构关系。下列教学策略有利于建构当前所学内容的不同部分之间联系的是(　　)

A. 画关系图　B. 背诵　C. 提问题　D. 列小标题

6. [2019 河南]下列学习动机理论的观点中,属于认知主义观点的是(　　)(易错)

A. 成就动机理论　B. 需要层次理论　C. 成败归因理论　D. 自我效能感理论

7. [2020 山东]学习动机的自我决定理论认为,自我决定是一种关于经验选择的潜能,是在充分认识个人需要和环境信息的基础上,个体对行动所做出的自由选择,自我决定不仅是个体的一种能力,而且是个体的一种需要,个体的基本心理需要有(　　)

A. 胜任感　B. 自主性　C. 安全感　D. 归属感

8. [2017 山东]根据韦纳的归因理论,下列说法正确的是(　　)

A. 将成功归因于努力将使学生更加努力从而提高其学习动机

B. 将成功归因于任务太容易将使学生产生侥幸心理从而降低其成就动机

C. 将成功归因于运气将使学生保持自信心从而提高其成就动机

D. 将成功归因于他人的帮助将使学生自信心加强,从而提高其成就动机

9. [2019 河南]阿特金森提出成就动机的构成有两种成分:一是追求或希望成功的意向,表现出趋向目标的行动;另一种是害怕失败的意向,想方设法逃脱成就活动,尽力回避预料的失败结果。其中,追求成功倾向的构成要素有(　　)

A. 追求成功的动机　B. 获得成功的可能性

C. 避免失败的可能性　D. 成功的诱因值

10. [2019 山东]根据动机的成就目标理论,下列说法正确的有(　　)(易混)

A. 持有能力实体观的人容易形成的成就目标是成绩目标

B. 持有能力增长观的人容易形成的动机模式是掌握模式

C. 具有学习目标的人容易形成的动机模式是无助模式

D. 具有成绩目标的人容易形成的动机模式是掌握模式

11. [2018 内蒙古]小乐在课堂上常常提出与数学老师不同的解题思路和方法，数学老师总是带着赞许的目光听他分析，虽然有时候问题解决不了，但是老师会告诉他如何去查找有关的信息，并鼓励同学们大胆进行猜测，小乐的直觉思维能力得到解放，班里的同学们的学习热情高涨。数学老师在培养学生们的创造性方面采取了哪些措施(　　)

A. 创造了宽松的心理环境　　B. 改革了考试制度

C. 解除了学生个体对答错问题的恐惧心理　　D. 重视非逻辑思维能力

12. [2018 山东]下列有关学习策略的说法，正确的是(　　)

A. 复述主要被用来进行信息的选择和获取　　B. 组织和同化主要被用来进行建构和整合

C. 自我检查属于元认知策略　　D. 克服考试焦虑不属于任何学习策略

13. [2018 山西]学校为了激励学生能在学业上取得优异的成绩，为全年级前二十名的学生发放奖学金，并对获得奖学金的学生进行全校通报表扬。下列对于该学校的做法认识正确的有(　　)

A. 该做法有利于维持一部分学生的学习动机

B. 该做法能够提升全校学生的课业成绩

C. 该做法会使部分成绩较差的学生没有成就感

D. 该做法有利于培养学生的全面发展

三、判断题

1. [2019 山东]一般来说，高创造性的学生都是适应良好的学生。(　　)

2. [2022 山东]认知失调是态度改变的充分且必要条件。(　　)

3. [2021 内蒙古]形式训练说认为，迁移是心理官能得到训练而发展起来的，进行官能训练时，关键在于训练的内容。(　　)

4. [2019 吉林]在道德培养的过程中，移情是最具有动力特征的因素。(　　)

5. [2018 山西]学生阅读课文时能读出"言外之意"，说明他在运用组织策略。(　　)

6. [2018 山西]根据认知加工理论的观点，对知识的加工越精细、越充分，识记的效果就越好。(　　)

7. [2021 河南]典型的事实和生动的例子是一门学科中最具有广泛迁移价值的材料。(　　)

8. [2018 广东]一个学习动机很强或达到最佳动机水平的学生，一定能表现出高质量的学习行为。(　　)

9. [2019 河南]儿童道德的发展所经历的一系列阶段，形成了一个与成熟有关，并由成熟决定的固定的发展顺序；儿童道德发展的过程也是一个从不自觉到自觉、从单纯受外部环境的支配到受行为主体自我控制的过程。(易错)(　　)

10. [2018 内蒙古]顺向迁移有助于新知识的理解和掌握，逆向迁移有助于已有知识的巩固和完善。(　　)

11. [2019 河南]学习动机与学习目的之间一般是一一对应的，通常一个学习动机对应一个学习目的。(　　)

第五章　教学心理

基础训练

一、单项选择题

1. [2022 辽宁]常模参照测验的特点不包括(　　)

A. 适用于调查性测验　　B. 侧重于测查个体之间的成绩差异

C. 最终成绩的评定由绝对标准决定　　D. 所选的题目具有较大的区分度

2. [2022 江苏]有经验的教师总是根据班级特点，建立一些常规。学生一旦养成习惯，他们就不会感到有外在的约束，这属于(　　)

A. 教师促成的纪律　　B. 自我促成的纪律

C. 任务促成的纪律　　D. 集体促成的纪律

3. [2022 浙江]掌握学习理论认为，学生能力上的差异并不能决定他们能否成功掌握教学内容，而在于他们的(　　)

A. 学习积极性　　B. 学习自觉性　　C. 学习时间　　D. 智力水平

4. [2022 河南]学生通过阅读不同的诗歌，能够认识诗歌中现实主义和浪漫主义的特点。根据布卢姆对认知领域目标的划分，这属于(　　)

A. 认知水平　　B. 领会水平　　C. 综合水平　　D. 评价水平

5. [2019 广东]一个月前，李老师的家庭发生了重大变故。事假结束后，李老师回到学校继续开展教学工作。可是同学们普遍感受到李老师不在状态，导致课堂气氛比较压抑，学生课堂学习的效果较差。这一现象体现了(　　)对课堂气氛的影响。

A. 教师的领导方式　　B. 教师的期望

C. 教师的情绪状态　　D. 教师的认知风格

6. [2022 河南]课堂上，两个学生交头接耳，崔老师边讲课边向两位学生走去，还故意提高了讲课的音量，这两名学生立刻端坐好继续听课。这属于处理课堂纪律问题的(　　)

A. 反复提示　　B. 应用后果

C. 惩戒不良行为　　D. 非言语线索

7. [2021 广东]按照布卢姆的教学目标分类，"知道具体事实""知道方法与过程"属于认知领域教学目标中的(　　)

A. 知识　　B. 理解　　C. 应用　　D. 分析

8.［2019 山东］李老师对小明的家长说："您的孩子的成绩高出全班成绩平均数一个标准差，算是中等以上水平。"这种教育评价方式是（　）

A. 标准参照评价　B. 常模参照评价　C. 平均参照评价　D. 标准差评价

9.［2019 天津］有些课题主要包含高度有结构的知识和技能（如数学、物理、化学、语法等），如果教学目标是要求学生尽快地掌握这种知识和技能，则易于采用（　）

A. 合作学习策略　B. 师生互动策略

C. 以学生为中心的发现学习策略　D. 以教师为中心的讲授策略

10.［2021 山东］学生能用光的折射、反射原理理解和解释海市蜃楼，按照布卢姆对认知领域教学目标的划分，这属于（　）水平的目标。

A. 认知　B. 理解　C. 应用　D. 评价

11.［2018 河南］将教学目标分成认知、情感和动作技能三个领域的教育家是（　）（常考）

A. 布卢姆　B. 皮亚杰　C. 加涅　D. 辛普森

12.［2021 河南］群体对成员的吸引力和成员之间的相互吸引力是指（　）

A. 课堂气氛　B. 班级人际关系　C. 群体规范　D. 群体凝聚力

13.［2018 天津］课堂情境结构包括班级规模的控制、课堂常规的建立和（　）

A. 教室的布置　B. 教师的行为表现

C. 学生学习方式的改进　D. 学生座位的分配

14.［2019 山东］课堂气氛往往有其独特性，不同的课堂往往有不同的气氛。即使是同一个课堂，也会形成不同教师的（　）

A. 教学风格　B. 教学方法　C. 气氛区　D. 教学氛围

15.［2021 河北］分配学生座位时，教师最值得关心的是（　）

A. 对课堂纪律的影响　B. 学生听课效果

C. 后进生的感受　D. 对人际关系的影响

16.［2017 河北］根据对竞争利弊的分析，我们认为，有利于集体主义的培养，同时也是学校教育所推崇的是（　）

A. 群体内竞争　B. 群体间竞争　C. 个人间竞争　D. 个人与群体竞争

17.［2021 辽宁］刘老师在班级时学生不声不响，她离开后学生就开始说话，这说明刘老师的领导方式最可能是（　）

A. 民主型　B. 专制型　C. 忽视型　D. 放任型

18.［2017 广东］（　）的非正式学生群体，对学校正式群体、组织的发展有促进作用。对于这种非正式群体应加以保护和利用，对其核心人物可以适当授权，不仅让他组织他的团体开展一些有意义的公开活动，还可以让他成为班委会或学校正式组织的成员。

A. 积极型　B. 中间型　C. 消极型　D. 破坏型

19.［2019 吉林］标准化成就测验是指由专家或学者们编制的适用于大规模范围内评定个体（　）的测验。

A. 学业成就水平　B. 能力形成　C. 知识结构　D. 智力发展

20.［2019 河南］价值观念系统的组织属于（　）的教育目标。

A. 认知领域　B. 操作技能领域　C. 动作技能领域　D. 情感领域

21.［2018 陕西］课堂问题行为的类型有两大类，一类是品行方面的问题行为，另一类是人格方面的问题行为。下列选项中，属于人格方面的问题行为是（　）

A. 破坏性行为　B. 不服从行为　C. 攻击性行为　D. 孤僻退缩行为

22.［2017 内蒙古］课堂管理的基本功能是（　）

A. 教育功能　B. 维持功能　C. 促进功能　D. 发展功能

23.［2021 河北］教学策略都是针对教学目标的每一具体要求而制定的，具有与之相对应的方法、技术和实施程序，并转化为教师和学生的具体行动，这说明教学策略具有（　）

A. 指向性特征　B. 操作性特征　C. 综合性特征　D. 灵活性特征

24.［2019 广东］下列不能促进良好课堂气氛的营造的是（　）

A. 建立和谐的课堂人际关系　B. 运用灵活多样的教学方式

C. 采用专制的领导方式　D. 给予学生合理的期望

25.［2021 辽宁］张老师平时上课喜欢扫视班上的学生。喜欢与学生保持目光接触，这样学生都感觉自己被他盯着不敢开小差。张老师的行为属于课堂上预防不良行为中的（　）

A. 明察秋毫　B. 一心多用　C. 关注局部　D. 转换管理

26.［2018 广西］研究表明，对课堂管理有直接影响的是（　）（常考）

A. 教师的领导风格　B. 班级规模　C. 班级的性质　D. 对教师的期望

27.［2020 河南］在英语教学中，老师给学生布置了写两篇英语短文的课后作业任务，从教学目标分类的角度看，教师的作业属于（　）

A. 理解目标　B. 分析目标　C. 综合目标　D. 评价目标

28.［2021 江苏］在课堂纪律形成的原因与类型中，以"别人也这么干"为理由而从事某件事属于（　）

A. 自我促成的纪律　B. 任务促成的纪律　C. 教师促成的纪律　D. 集体促成的纪律

29.［2018 河南］对学习内容达到掌握的程度，通常意味着完成（　）的评价项目。

A. 50%～60%　B. 60%～70%　C. 70%～80%　D. 80%～90%

30.［2020 广东］教师对学生的课堂学习漠不关心，导致学生情绪压抑，注意力分散，这一课堂氛围属于（　）

A. 积极型　B. 消极型　C. 对抗型　D. 混合型

31.［2019 内蒙古］教学目标设计的首要依据是（　）

A. 学生的实际　B. 社会的实际　C. 教师的实际　D. 教学内容的实际

32. [2018天津]课堂里某种占优势地位的态度和情感的综合状态被称为(　　)(常考)

A. 集体凝聚力　B. 课堂规范　C. 人际关系　D. 课堂气氛

33. [2018山西]让学生以自己的水平和速度进行学习的一种教学模式是(　　)

A. 个别化教学　B. 指导教学　C. 合作教学　D. 情境教学

34. [2021湖南]在做课堂练习时,若老师下来巡视,有些学生会在老师经过身边时挡住题目,导致做题效率低,甚至做不出来,这种现象属于(　　)

A. 社会抑制　B. 社会惰化　C. 去个性化　D. 群体极化

35. [2021安徽]小敏刚刚来到一个新班级,看到班上的同学每次上课前都会提前把课本拿出来翻看,小敏便认为自己也需要这样做,于是小敏在上课前也会提前翻看课本,这种情况下,小敏遵循的纪律属于(　　)的纪律。

A. 教师促成　B. 集体促成　C. 任务促成　D. 自我促成

36. [2019山东]合作学习最有效的小组人数是(　　)人。

A. 2~3　B. 4~6　C. 8~9　D. 6~8

37. [2019山东]标准化成就测验具有客观性、计划性和(　　)(易错)

A. 可靠性　B. 公平性　C. 有效性　D. 可比性

38. [2018山西]影响群体与每个成员行为发展变化的力量的总和就是(　　)

A. 群体压力　B. 群体动力　C. 群体凝聚力　D. 群体规范

39. [2017江西]人们在活动中自发形成的,未经任何权力机构承认或批准而形成的群体称为(　　)

A. 非正式群体　B. 非正式团体

C. 正式群体　D. 正式团体

40. [2017湖南]某课堂上,学生将注意力指向与课程内容无关的对象,不信任老师所教授的内容,随意插嘴,老师为了维持课堂纪律而被迫中断教学。该课堂心理气氛属于(　　)

A. 防卫型　B. 积极型　C. 对抗型　D. 消极型

41. [2021辽宁]新学期之前,某校对入学学生进行了一次摸底考试,该校行为属于教学设计步骤中的(　　)程序。

A. 进行教学分析　B. 确定起点行为

C. 设计解决教学难题的方法　D. 划分教学重难点

42. [2019辽宁]在多人"起哄"的时候,平时文雅的学生也会表现的粗鲁无礼。这种现象是(　　)

A. 从众　B. 服从　C. 屈从　D. 去个性化

43. [2019山东]竞争是指个体或群体充分实现自身的潜能,力争按优胜标准使自己的成绩超过对手的过程。适度竞争不但不会影响到学生间的人际关系,而且还会(　　)

A. 养成竞争意识　B. 提高学习和工作的效率

C. 要求教师管理公正　D. 促进团结协作

44. [2019江苏]不能遵守公认的正常行为规范和道德标准,不能正常与人交往和参与学习的行为,叫作(　　)

A. 差生行为　B. 问题行为　C. 逆反行为　D. 心理障碍

45. [2020山东]作为教学的一部分,课堂管理能够教给学生一些行为准则,并促成学生的行为从他律到自律的转变,这说明课堂管理具有(　　)

A. 维持功能　B. 缓冲功能　C. 发展功能　D. 解释功能

46. [2020山西]王老师通过协调课堂内的各种人际关系而有效地实现预定教学目标,这反映了王老师的(　　)能力。(常考)

A. 课堂控制　B. 课堂凝聚力　C. 课堂管理　D. 课堂气氛

47. [2018山西]已经形成的群体规范对群体的成员会产生一种心理上的压迫力,叫群体压力。在群体压力下有可能出现从众与反从众的现象,下列不属于反从众现象的是(　　)

A. 遵守群体规范　B. 削弱群体凝聚力

C. 导致群体涣散　D. 使群体集思广益

48. [2018陕西]创设良好课堂气氛的条件是(　　)

A. 建立和谐的课堂人际关系　B. 教师多讲课,学生少发言

C. 对学生严加看管　D. 减少学生人数

49. [2020河南]根据布卢姆认知领域目标分类方法,下列教学目标处于"综合"水平的是(　　)(易混)

A. 让学生设计出科学实验程序　B. 让学生将《荷塘月色》的结构分解出来

C. 演示能量守恒定律在生活中的应用　D. 辨别现实主义与自然主义各自的特征

50. [2019内蒙古]班级规模会影响课堂管理,以下说法中错误的是(　　)

A. 班级越大,情感纽带的力量越强　B. 班级越大,成员间相互交往的频率越低

C. 班级越大,越容易形成各种非正式小群体　D. 班级越大,成员间个别差异越大

51. [2021贵州]直接教学是以(　　)为中心,在教师指导下使用结构化有序材料的课堂教学策略。

A. 学生　B. 学习过程　C. 学习成绩　D. 以上都不是

52. [2018内蒙古]下列说法不正确的是(　　)(常考)

A. 问题行为是个教育性概念,主要是针对学生的某一种行为而言的

B. 只有差生有问题行为

C. 优秀生也有可能发生问题行为

D. 问题行为影响学生的身心健康

二、多项选择题

1. [2022辽宁]下列属于布卢姆提出的认知领域教育目标的有(　　)

A. 分析　B. 领会　C. 评价　D. 定势

2.[2022福建]根据课堂纪律形成的途径,课堂纪律分为(　　)

A.集体促成的纪律　B.教师促成的纪律　C.任务促成的纪律　D.自我促成的纪律

3.[2017广西]课堂管理的目标可以概括为(　　)(常考)

A.为学生争取更多的时间学习　B.为教师争取更多的时间教学

C.帮助学生自我管理　D.争取使更多的学生投入学习

4.[2021辽宁]在引导与帮助学生进行合作方面,教师要特别注意的是(　　)

A.激发学生的合作动机　B.指导学生学会合作技巧

C.提高学生社会交往能力　D.保证每个成员都积极参与集体学习

5.[2019河南]教学设计的依据包括(　　)

A.教学的实际需要　B.学生的需要和特点

C.教师的教学经验　D.现代教学理论

6.[2019江苏]影响课堂管理的因素有(　　)(常考)

A.教师的领导风格　B.班级规模　C.班级的性质　D.学校的规章

E.对教师的期望

7.[2017内蒙古]合作学习在设计与实施上必须具备的特征有(　　)

A.分工合作　B.密切配合　C.各自尽力　D.社会互动

E.团体过程

8.[2021河北]当前学校课堂上常常有不少学生偷偷玩手机,从有利于教学的角度,教师可采取的做法有(　　)

A.不予理会继续教学　B.点名提醒玩手机的学生学习

C.调整教学方式方法,吸引学生注意力　D.利用手机应用开展教学

9.[2020河南]社会心理学家舒茨在1958年提出了人际关系的三维理论,他认为,每个个体在人际互动过程中,都有三种基本的需要,即(　　)

A.情感的需要　B.尊重的需要　C.包容的需要　D.支配的需要

10.[2021辽宁]班级群体凝聚力的高低直接影响班级建设,影响班级群体的行为和班级群体功能的发挥。与凝聚力低的班级群体相比,凝聚力高的班级群体一般具有的特点有(　　)

A.成员的沟通和交往更为频繁

B.成员进行较多正面的、友善的言语及非言语沟通

C.成员具有较强的归属感,在集体活动中出席率较高

D.成员较难遵循群体的规范和目标

11.[2018吉林]下列符合小学生人际关系特点的是(　　)

A.人际交往逐渐丰富起来　B.与同伴的交往明显增多

C.与父母的关系不再亲密　D.师生关系异常紧张

12.[2019内蒙古]正确对待非正式群体,应做到(　　)

A.对于积极型的非正式群体,要支持和保护

B.对于破坏型的非正式群体,要教育

C.对于中间型的非正式群体,要引导

D.对于消极型的非正式群体,要争取

13.[2021湖南]下列关于课堂气氛描述正确的是(　　)

A.消极的课堂气氛通常以学生的紧张,拘谨,心不在焉,反应迟钝为基本特征

B.课堂气氛与教师对学生的期望有关

C.良好的课堂气氛是课堂教学得以顺利进行的重要保障条件

D.积极的课堂气氛是恬静与活跃、热烈与深沉、宽松与严谨的有机统一

三、判断题

1.[2022辽宁]课堂上的从众一般是群体规范的结果。(　　)

2.[2021内蒙古]非正式群体在班级管理中只有消极作用。(　　)

3.[2021山西]发现教学、情境教学、合作学习都属于以学生为中心的教学策略。(　　)

4.[2019河南]课堂教学管理不利于减少学生的课堂问题行为。(　　)

5.[2019广西]有效的课堂管理能够提高学生的参与度,减少破坏性行为,增加教学时间的使用效率,并最终提高学生的学业成就。(　　)

6.[2018吉林]教学设计要从“为什么学”入手,确定学生的学习需要和学习目标。(　　)

7.[2019内蒙古]竞争有可能使一部分学生过度紧张和焦虑,容易忽视活动的内在价值与创造性。(　　)

8.[2019河南]无论在什么条件下,他人在场总是会提高工作效率。(常考)(　　)

9.[2017山西]教学设计中首要考虑的问题是教学方法的选择。(　　)

10.[2018河南]教学目标对整个教学活动具有导向、激励和评价的功能。(　　)

四、填空题

1.[2018内蒙古]课堂教学效率的高低取决于教师、学生和________三大要素的相互协调。

2.[2018山西]以布卢姆为代表的教育家将教学目标分为三大领域,包括认知领域、动作技能领域和________。

整合提升

一、单项选择题

1.[2022辽宁]学生在课堂上交头接耳属于(　　)的课堂问题行为。

A.人格型　B.过度型　C.情绪型　D.行为型

2. [2022河南]赵老师上课时经常先提出问题，让学生思考一会儿，然后再叫学生回答，以使学生的心理活动更好地维持在教学活动中。赵老师所采用的课堂管理模式是(　　)

A. 团体警觉　B. 替代强化　C. 最小干预　D. 处理转换

3. [2021河北](　　)是教学设计最关键的环节，是教学设计的主体部分，其质量高低直接影响教学活动的成败。

A. 教学内容设计　B. 教学方法设计

C. 教学目标设计　D. 教学评价设计

4. [2021广东]合作学习一般需要具备五个要素，其中，(　　)是小组合作是否有效的关键所在。

A. 社交技能　B. 积极的相互依赖

C. 小组自加工　D. 面对面的促进性相互作用

5. [2019辽宁]李老师在课堂上为了让学生记住"蚯蚓"的字形，就跟学生们说："蚯蚓是一种虫子，所以两个字都是虫字旁。蚯字的半边是'丘'而不是'兵'，是因为蚯蚓没有脚，所以下面没有两点。"李老师在此处采用的教学策略是(　　)(易错)

A. 创设学习和应用事实性知识的情境　B. 呈现事实性知识

C. 提示学生回忆原有相关知识　D. 提供记忆指导

6. [2021山西]教学策略是教学设计的组成部分，有多方面的含义，其中，教师在教学过程中采取的师生相互作用方式、方法与手段的展开过程属于(　　)

A. 教学活动的调控过程　B. 教学活动的元认知过程

C. 教学方法的评价过程　D. 教学方法的执行过程

7. [2019广东]张老师把大部分时间花在教学上而非纪律管理上，当学生上课比较吵闹时，他一个简单的提醒即可解决问题。这种课堂类型属于(　　)

A. 无法应对型　B. 贿赂学生型

C. 铁腕手段型　D. 与学生合作型

8. [2021广东]在计算机辅助教学模式中，(　　)的教学目的不在于向学生传授新知识，而在于使学生通过做大量的习题，巩固知识、形成技能。

A. 模拟　B. 对话　C. 操作与练习　D. 问题求解

9. [2020黑龙江]学生在课堂上表现出发呆、心不在焉、胡思乱想等注意力涣散的行为属于课堂问题行为中的(　　)

A. 外向性问题行为　B. 内向性问题行为

C. 行为过度问题行为　D. 寻求注意问题行为

10. [2019山东]在教师职业生涯中，教龄7～18年的主体特征是(　　)(易错)

A. "适应"和"发现"　B. "重新评价"和"自我怀疑"

C. 保守期　D. "平静"或"伤感"

11. [2018广东]下列哪一种表现属于班级内非正式群体盲目消极的一面(　　)

A. 使班集体生活充满友谊与欢乐　B. 成员的积极性易调动

C. 成员志趣相投、感情融洽　D. 过分热衷于小群体活动而不关心班集体

12. [2019广东]课堂教学中发问的策略使用得当，才能像抛砖引玉一样，引发学生的思维，与学生开展有效的"对话"。下列有关发问策略，说法错误的是(　　)

A. 问题清晰，措辞精练、具体明了

B. 一次应提问多个问题

C. 与学业有关问题的发问频率应维持在较高水平

D. 保证高认知水平问题的适当比例

13. [2020辽宁]某次班会上，班主任林老师说道："生活中很多事情和活动都有自己的一些规则，这些规则可以让每个参与者都能更好地进行活动。现在，我们这么多人在一个教室里也需要一些'规则'来让课堂的教与学能灵活而又有秩序地进行下去，所以，我们有必要一起制定出合理有效的规则来。"接下来，林老师就让学生把自己的想法写在纸条上，然后收上来共同对这些想法进行讨论、梳理、修改，整理出有代表性的作为课堂上的"规则"，让大家遵守。这种课堂规则的形成方法是(　　)

A. 移植替代法　B. 参照制定法

C. 自然形成法　D. 引导制定法

14. [2021广东]下列不属于学生产生课堂不良行为的主要原因的是(　　)

A. 教师的注意　B. 同伴的注意

C. 家长的言语刺激　D. 避免不愉快的状态或活动

15. [2019河南]教学活动设计应该提倡求疑、创新。这体现出(　　)

A. 教学目标的多重性　B. 教学资源的构建性

C. 教学过程的生成性　D. 教学内容的开放性

16. [2020广东]教师在设计教学方案时，可以在教学方案中突出某一教学方法的运用、某一部分教学内容的讲述、某一种新教学环境的设计，从而使教学活动重点突出，特色鲜明，富有层次感。这体现了教学设计的(　　)

A. 指导性　B. 操作性　C. 易控性　D. 凸显性

17. [2020河南]学生成长记录袋的基本成分是(　　)

A. 学生每学期的考试成绩　B. 获奖情况

C. 教师评语　D. 学生作品

18. [2021广东]在幼儿园和小学低年级阶段，教师进行课堂管理的关键是(　　)

A. 直接教授课堂规则和程序　B. 花较多的时间监控和维持管理系统

C. 如何建设性地处理课堂混乱　D. 如何激励那些对社会生活更感兴趣的学生

二、多项选择题

1. [2022辽宁]下列选项中,属于小组合作学习的基本要素有(　　)

A. 实施小组评价与奖励的机制　　B. 个人责任的明确

C. 均等的成功机会　　D. 组内同质,组间异质

2. [2019河南]关于课堂管理模式,下列说法正确的是(　　)

A. 权威型管理模式认为整个课堂由教师负责

B. 放任型管理模式强调学生的自由,让学生自己做主、自己负责

C. 行为矫正管理模式认为学生已有的良好行为是通过学习获得的

D. 集体过程管理模式强调的是学生个体的作用

3. [2018山西]关于学生同辈群体交往的类型,下列说法正确的有(　　)(易错)

A. 班干部与普通学生为完成教师规定的任务而进行的互动属于正式交往

B. 学生之间根据教师的倡议而进行的互帮互助属于正式交往

C. 学生之间的非正式交往是等距离进行的

D. 班级中的非正式小群体对学生的个性发展没有积极意义

4. [2018内蒙古]群体规范会使群体成员产生惰性,这不利于群体成员(　　)的发展。

A. 从众行为　　B. 积极性　　C. 创造性　　D. 认同功能

5. [2020黑龙江]教师对学生课堂问题行为处理的基本策略有(　　)

A. 积极防范　　B. 行为矫正　　C. 负向强化　　D. 必要的惩戒

三、判断题

1. [2022浙江]成长档案袋评价是一种综合性评价。(　　)

2. [2021山西]课堂气氛是课堂管理的核心因素,也是课堂活动中的着眼点。(　　)

3. [2019湖南]一般来说,群体间竞争的效果取决于群体间的合作。(　　)

4. [2017江苏]课堂教学是实施教育的主要方式,教师的核心工作就是进行有效的课堂教学。(　　)

第六章　心理健康教育与教师职业心理

基础训练

一、单项选择题

1. [2022辽宁]叶老师更多地把关注点放在如何提高学生成绩、备课是否充分等方面上,表明其专业发展处于(　　)阶段。(常考)

A. 关注生存　　B. 关注情境　　C. 关注学生　　D. 关注发展

2. [2021江苏]下列做法属于在学科教学中渗透心理健康教育的是(　　)

A. 营造积极向上的班级文化氛围　　B. 注意在体育课上对学生合作精神的培养

C. 组织丰富多彩的课外活动　　D. 设立班级心理健康委员

3. [2022河南]周老师根据教学过程的不同阶段,做好课前的计划与准备,课堂的反馈与调节,课后的反思与评价。这说明周老师具备较强的(　　)

A. 教学监控能力　　B. 教学认知能力

C. 教学操作能力　　D. 教学管理能力

4. [2022安徽]某学生临近考试时,不能集中注意力,知觉范围变窄,心慌意乱,极度紧张,甚至考完后都松弛不下来。这种心理状态是(　　)

A. 抑郁　　B. 焦虑　　C. 癔症　　D. 强迫

5. [2021天津]一名小学生,上课不敢主动举手回答问题,一旦当他主动举手回答问题时,教师就给予表扬、鼓励,渐渐地他养成了勇于举手回答问题的行为方式。在这个过程中,教师采用了(　　)

A. 示范法　　B. 行为塑造法　　C. 惩罚法　　D. 强化法

6. [2022四川]郑老师发现小礼同学非常害怕在全班同学面前发言,于是在语文"课前三分钟"给他安排了一系列的任务。先是让他坐着向同组的同学读一段阅读材料,如此练习一周后要求他在小组内站起来读,第三周让他只报告阅读材料的重点而不逐字逐句地读,最后逐步让他走到讲台上向全班同学作报告。郑老师采用的方法是(　　)

A. 行为塑造法　　B. 系统脱敏法　　C. 肯定性训练　　D. 代币奖励法

7. [2018江西](　　)是指教师的人格、能力、学识上使学生感到尊敬和信服的精神感召力量。

A. 教学效能感　　B. 教学能力　　C. 教师威信　　D. 教师榜样

8. [2021山东]按照美国心理学家法贝的观点,如果一个教师的职业倦怠表现为在高压力下放弃努力,借此减少对工作的投入来求得心理平衡,则该教师的职业倦怠属于(　　)(易混)

A. 低挑战型　　B. 狂热型　　C. 情绪衰竭型　　D. 精疲力竭型

9. [2019辽宁]心理咨询与辅导的基本方法是(　　)

A. 评估性会谈　　B. 系统脱敏法　　C. 行为契约法　　D. 心理测验法

10. [2017天津](　　)是心理健康教育的专门性活动之一。

A. 情绪辅导　　B. 团体辅导　　C. 交往辅导　　D. 性心理辅导

11. [2018湖南]教学反思是教师成长与发展的途径之一。下列选项中不属于布鲁巴奇等人提出的反思方法的是(　　)

A. 理性思考　　B. 详细描述　　C. 交流讨论　　D. 行动研究

12. [2019内蒙古]学校心理辅导的目标有两个方面,一是学会调适,二是(　　)(常考)

A. 促进健康　　B. 预防危机　　C. 寻求发展　　D. 学会适应

13. [2021河南]健康是现代社会人们追求的重要目标,拥有健康并不意味着拥有一切,但失去健康则意味着失去一切。健康应包括(　　)

A. 躯体健康、心理健康、社会适应良好和道德健康

B. 躯体健康、心理健康和社会适应良好

C. 躯体健康

D. 躯体健康和心理健康

14. [2019广东]小李成绩一直较差,为了提高成绩,暑假一直在家补习,在开学后的一次测验中考了不错的分数,然而老师却对小李的进步持怀疑态度,认为他是作弊才得到高分,这大大打击了小李的学习积极性,使得小李的成绩更加差了。这体现了(　　)

A. 自我应验效应　　B. 维持性期望效应

C. 木桶效应　　D. 近因效应

15. [2018河南]教师获得威信所必需的心理品质是良好的认知能力和(　　)

A. 专业素养　　B. 心理状态　　C. 道德品质　　D. 性格特征

16. [2017河南]对学生进行心理辅导工作,让当事人自己运用学习原理进行自我分析、自我监督、自我强化,以改变自身行为的方法是(　　)

A. 行为塑造法　　B. 强化法　　C. 示范法　　D. 自我控制法

17. [2019山西]父母均为大学教师的小英从小受家庭的影响,很重视学习。在初中期间,当她看书学习时,旁边如果有人讲话,她就特别反感。进入高中后,小英成绩优秀,担任了班长。但同学们都认为她自以为是,什么工作都必须顺着她,一些同学很讨厌她,为此她感到十分苦恼。如果小英同学找你诉说心中的烦恼,你应该从什么角度来对她进行辅导(　　)

A. 学习心理　　B. 个性心理　　C. 情绪心理　　D. 交往心理

18. [2017河南]亮亮害怕上学,一进校门就惶恐不安,千方百计地逃学旷课,其心理问题属于(　　)

A. 学校恐惧症　　B. 过度焦虑反应

C. 学习困难综合征　　D. 厌学症

19. [2019辽宁]儿童厌学症的主要表现是(　　)

A. 缺少学习技能　　B. 过度焦虑

C. 注意力缺陷　　D. 对学习不感兴趣

20. [2018江西]下列选项中,不属于教师职业心理特征的是(　　)

A. 教师的认知特征　　B. 教师的示范特征

C. 教师的人格特征　　D. 教师的行为特征

21. [2019安徽]某教师近半年来刻意与学生保持距离,态度冷漠。该教师表现出的职业倦怠特征是(　　)(常考)

A. 情绪耗竭　　B. 去人性化　　C. 个人成就感低　　D. 自我效能感低

22. [2021江苏]心理学上通常把教师期望的预言效应称为(　　)

A. 定势效应　　B. 晕轮效应　　C. 罗森塔尔效应　　D. 首因效应

23. [2021江苏]某学生害怕在社交场合讲话,担心自己会因双手发抖、脸红、声音发颤、口吃而暴露自己的焦虑,觉得自己说话不自然,因而不敢抬头,不敢正视对方的眼睛。这种心理症状是(　　)

A. 恐惧症　　B. 抑郁症　　C. 强迫症　　D. 焦虑症

24. [2017吉林]与新手型教师相比,专家型教师的课时计划简洁、灵活、以学生为中心,并具有(　　)

A. 系统性　　B. 预见性　　C. 结构性　　D. 实效性

25. [2019广东]同样是上楼梯时不小心跌了一跤,丹丹坐在地上呜呜咽咽地哭起来,平平则马上爬起来,边揉膝盖边告诉自己"没关系"。根据美国心理学家艾利斯的ABC理论,丹丹和平平的不同表现是因为(　　)

A. 事件　　B. 信念　　C. 感受　　D. 结果

26. [2018陕西]个体在获得与应用听、说、读、写或数学能力方面有明显的困难,这种失调来自个体的内部原因,一般认为是由中枢神经系统的功能异常引起的。这属于(　　)

A. 人格障碍　　B. 学习障碍　　C. 情绪障碍　　D. 多动障碍

27. [2020河北]对于一个过分害怕猫的学生为了让他不怕猫,可以让他先看猫的照片,谈论猫;远远观看关在笼中的猫,再让他靠近笼中的猫;最后让他抚摸猫,抱猫,消除对猫的惧怕反应。这是一种(　　)

A. 代币奖励法　　B. 行为塑造法　　C. 系统脱敏法　　D. 肯定性训练

28. [2017内蒙古]新教师更多关注课堂中的细节,专家型教师很少谈论课堂管理问题和自己的教学是否成功。这是反映二者在(　　)方面的差异。(易错)

A. 课时计划　　B. 教学过程　　C. 课后评价　　D. 教学策略

29. [2021山西]根据伯利纳的教师成长五阶段论,(　　)是教师发展的基本目标,在这个阶段教师能够有意识地选择教学内容、理清教学重点、制订可行的教学计划。

A. 高级新手水平　　B. 熟练水平　　C. 胜任水平　　D. 专家水平

30. [2021山西]根据艾利斯的ABC理论,人的不合理观念常常具有绝对化的要求、过分概括的评价及糟糕至极的结果三个特征。下列说法体现了"绝对化要求"的是(　　)

A."我没考上大学,一切都完了"

B."我这次考试一定要考年级第一"

C."在全校师生面前演讲时忘词是一件非常可怕的事"

D."如果我这次考试失败了,那我的整个人生就没有希望了"

31. [2019吉林]王老师是初二(2)班的物理老师,他坚定地认为只要自己努力教学,就能提高学生的学习效果,因此就以最大的热情投入到物理教学工作中。这说明王老师具有较好的(　　)

A.教学认知能力　B.教学操作能力　C.教学效能感　D.教学应变能力

32. [2019广东]在日常的教育教学活动中,方老师发现,某些学生在谈话时眼睛不敢看对方。那么对于这类学生,方老师采用的最好方法是(　　)(易混)

A.全身松弛训练　B.肯定性训练　C.系统脱敏法　D.暂时隔离法

33. [2018山东]下列有关心理健康的说法,正确的是(　　)

A.焦虑症是一种精神疾病,焦虑对人的心理健康没有好处

B.各国对心理健康的标准具有一定的界定

C.心理健康与不健康并没有明确的界限

D.心理健康的标准是客观的、不变的

34. [2019山东]教学效能感是指教师对于自己影响学生学习活动和学习结果的能力的一种主观判断。下列选项不属于教学效能感的是,教师认为(　　)

A."教师如何教应该基于学生学的规律"　B."教学生一杯水,教师应该有一桶水"

C."我的教学质量很高"　D."我能调动学生的学习动机"

35. [2019河南]在课堂教学中,教师是否具有一定的(　　),是检验其能否发挥主导作用、完成教学目标、提高教学效果的重要标志。(易错)

A.教学认知能力　B.教学操作能力

C.教学监控能力　D.教学研究能力

36. [2018辽宁]根据心理辅导的两个目标,心理辅导可分为调适性辅导和(　　)

A.矫正性辅导　B.发展性辅导　C.改善性辅导　D.成长性辅导

37. [2017内蒙古]心理健康至少包含两层含义:一是无心理疾病;二是(　　)

A.智力发育正常　B.自我意识正确

C.人际关系协调　D.积极发展的心理状态

38. [2019天津]教师出现无法应对外界超出个人能力和资源的过度要求而产生的身心耗竭状态,属于教师心理问题中的(　　)

A.适应不良　B.职业倦怠　C.人际交往障碍　D.职业心理问题

39. [2021山西]邓老师在教新知识前,会用与新知识有联系的"先行组织者"策略进行教学,以提高学生的学习效果。邓老师采用教学策略进行教学是教师(　　)的体现。

A.教学监控能力　B.教学认知能力

C.教学反思能力　D.教学操作能力

40. [2018山西]学生心理健康教育的主要场所是(　　)

A.学校　B.家庭　C.社会　D.工作单位

41. [2020河北]在教师角色形成的(　　)阶段,会将教师角色的社会要求转化为个体需要,形成教师职业特有的自尊心和荣誉感。

A.角色认知　B.角色认同　C.角色信念　D.角色奉献

42. [2022河北]张老师在教育活动中,注意观察学生的差异和个体需要,思考教育工作是否适合学生成长需要。张老师处于教师成长的(　　)

A.关注生存阶段　B.关注学生阶段

C.关注自我阶段　D.关注情境阶段

43. [2019天津]通过不断强化逐渐趋近目标的反应,来形成某种较复杂的行为,这是个体心理辅导的(　　)(易混)

A.代币奖励法　B.行为塑造法　C.自我控制法　D.认知调试法

44. [2020河北]下列关于小学生心理辅导,说法错误的是(　　)

A.心理辅导的基本目标是学会调适

B.预防功能是初级功能,发展功能则是高级功能

C.教育活动只需立足于心理健康的一般问题即可

D.心理辅导是面向全体学生、为全体学生服务的

45. [2021天津]小明总觉得自己没带课本,上学之前常常会反复检查书包。他的这种行为属于(　　)

A.强迫行为　B.强迫观念　C.强迫恐惧　D.焦虑

46. [2019广西]最近三个月小东情绪低落,总是闷在宿舍里,原来喜欢打篮球,现在也提不起兴趣,甚至还产生了轻生的念头。小东的表现具有(　　)

A.躁狂倾向　B.焦虑倾向　C.抑郁倾向　D.自闭倾向

47. [2020内蒙古]衡量教师是否成熟的主要标志是能否自觉地关注(　　)(常考)

A.教材　B.生存　C.学生　D.情境

48. [2019河南]教师威信形成的精神动力是(　　)

A.具备良好的教育教学意识和心理结构

B.严格要求自己和勇于批评与自我批评

C.加强教师的仪表、言语、举止和生活作风建设

D.保持与学生良好的交往和沟通

49.[2020河北]抑郁症的主要特征是持久的(　　)

A.焦虑　B.紧张　C.情绪低落　D.注意障碍

50.[2019重庆]教师体验并接受角色所承担的社会责任和义务,以此衡量和调控自己的行为,称之为(　　)

A.关注生存阶段　B.角色认知阶段

C.角色认同阶段　D.角色信念阶段

51.[2019广东]为了防止考试焦虑的发生,学校咨询人员可以提前较长时间就对学生进行集体辅导,讲授自我放松、缓解紧张的方法。这属于学校咨询与辅导的(　　)任务。

A.缺陷矫正　B.早期干预　C.问题预防　D.发展指导

52.[2019广东]高考前夕,由于考虑到高三学生复习压力大,某校组织高三年级学生到附近的森林公园进行了一次徒步活动,这属于通过(　　)对学生进行心理辅导。

A.课程教学　B.课外活动　C.班主任工作　D.互动

二、多项选择题

1.[2022内蒙古]教师可以采用多种形式和方法,促进自身的专业发展,主要有(　　)

A.观摩和分析优秀教师的教学活动　B.开展微格教学

C.进行专门训练　D.反思教学经验

2.[2022天津]教师威信反映了良好的师生关系,是成功扮演教育者角色、顺利完成教育使命的重要条件,那么树立教师威信的途径有(　　)

A.具备良好的道德品质　B.注意良好仪表、风度和行为习惯

C.给学生以良好的第一印象　D.师生平等交往

3.[2017陕西]下列选项中,关于焦虑与学习的说法正确的是(　　)

A.焦虑状态对学习仅有负面作用　B.学习中的焦虑与教师对学生的评定关系不大

C.焦虑可分为正常焦虑、低度焦虑和高度焦虑　D.高度焦虑会影响学生的学习活动

4.[2018广东]某学校面向全体学生制订心理健康教育计划,将心理教育工作与德智体美劳相结合,采用丰富多彩的活动方式对学生进行心理健康教育,充分调动了学生在心理健康活动中的积极性和主动性,学生对学校的心理健康教育工作评价很高,认为学校提供的平台让他们有所收获。这所学校的心理健康教育体现了(　　)

A.保密性原则　B.全体性原则

C.主体性原则　D.整合性原则

5.[2019辽宁]学校心理健康教育的任务有(　　)

A.积极引导,满足需要　B.适时辅导,正面强化

C.介入治疗,矫正行为　D.及时发现,有效调节

E.批评教育,严密监控

6.[2021山西]下列属于学校开展心理辅导教育途径的有(　　)

A.A校每周为各班设置一节心理健康教育课

B.蒋老师在班会课上为同学们开展心理辅导教育

C.B校聘请心理健康老师为同学们开展心理健康讲座

D.街道社区为留守学生进行暑期心灵关爱活动

7.[2019内蒙古]行为改变的基本方法有(　　)

A.强化法　B.示范法　C.系统脱敏法　D.自信训练法

8.[2019山西]学习困难是小学儿童常见的心理问题,一般而言,学习困难的标准包括(　　)

A.学习过程表现异常　B.人际关系不良

C.学业不良　D.智力正常

9.[2017广东]教师威信是教师的教育教学行为对学生影响所产生的众望所归的心理效应,体现着凝聚力、吸引力、号召力和影响力。一般而言,教师威信的内容包括(　　)(易错)

A.形象威信　B.学识威信　C.情感威信　D.人格威信

10.[2019辽宁]学校心理素质教育工作,除了遵循素质教育的一般原则外,有其自身的特殊原则。心理素质教育应该遵循的主要原则包括(　　)

A.活动性原则　B.情境性原则　C.主体性原则　D.静态性原则

11.[2020内蒙古]心理健康是一种持续、良好的心理状态与过程,主要表现为(　　)

A.良好的社会适应能力　B.有效发挥个人的身心潜力

C.具有生命的活力　D.具有积极的内心体验

12.[2017天津]职业倦怠的典型特征主要表现为(　　)(常考)

A.耗竭感　B.去人性化　C.个人成就感低　D.人际关系障碍

13.[2018河南]下列选项中属于教师教学能力的是(　　)

A.教学认知能力　B.教学操作能力

C.自我反省能力　D.教学监控能力

14.[2021重庆]教师职业角色的形成可以分为(　　)等几个阶段。

A.教师角色的认知　B.教师角色的认同

C.教师角色的强化　D.教师角色的信念

15.[2019河南]研究发现,专家型教师与新手型教师的差异主要表现在(　　)(常考)

A.课前指导　B.课堂教学过程　C.课后评价　D.课时计划

E.学年计划

16.[2019河南]教师对学生的期望是否达到预期效应,取决的因素包括(　　)

A.教师自身的因素　B.学生的人格特征

C.学生的自我意识　D.学生的归因风格

17.［2021山东］因为没有完成作业受到老师批评的学生，会产生许多想法。下列学生想法中属于不合理信念的是（　　）

A. 我没有完成作业是我的不对，我下次一定保质保量完成

B. 我真是个没用的人，连作业都完不成

C. 我已经很努力地做了，就是做不完，我不配做学生

D. 受到老师批评，我很没面子，我讨厌这个老师

18.［2021河南］考试焦虑症是中学生常见的一种心理疾病，它对学生考试时的正常发挥、考出理想成绩产生消极的影响。下列关于中学生考试焦虑症的处理，正确的是（　　）

A. 缓解考试焦虑症可结合心理治疗与药物治疗

B. 可用系统脱敏法减轻考试焦虑症的症状

C. 为避免考试焦虑症加重，应合理减轻学生的学业压力

D. 考试焦虑症的主要成因是学生内部压力，应只着重调整学生心态

19.［2019山东］国内外的研究表明，人的心理健康水平大致分为三个等级，即（　　）

A. 一般常态心理　B. 人格心理障碍　C. 轻度失调心理　D. 严重病态心理

三、判断题

1.［2022山东］教师课堂教学能力的集中体现是教学认知能力。（　　）

2.［2022浙江］教师期望效应有利于学生的发展，教师应当保持对学生的期望。（　　）

3.［2022安徽］心理健康的个体不会产生消极情绪。（　　）

4.［2020黑龙江］"经验+反思=成长"公式是由布鲁纳提出的。（　　）

5.［2020黑龙江］网络成瘾又称网络依赖，是指不健康的、病态的、强迫性的过度使用互联网的行为。（　　）

6.［2018广西］研究表明，教学效能感高的教师对学生寄予较高的期望，认为自己对学生的成长负有责任并相信自己能教好学生。（　　）

7.［2017山西］新手型教师与专家型教师的主要区别在于二者的知识量不同。（　　）

8.［2019内蒙古］学校心理健康教育的目的是诊治有心理问题的学生。（常考）（　　）

9.［2021四川］心理学家艾利斯提出的ABC理论中，A是指事件造成的情绪结果。（　　）

10.［2019重庆］教师职业心理素质是教师专业发展过程中表现出来的并直接影响教育教学效果的相对稳定的心理品质。（　　）

11.［2018吉林］多动症是小学生中最为常见的一种以注意力缺陷和活动过度为主要特征的行为障碍综合征。（　　）

12.［2021内蒙古］从根本上来说，教师威信来自学生对教师的畏惧心理。（　　）

13.［2018山西］教师对学生思想的认可与学生成绩有正相关趋势，教师的批评或不赞成与学生的成绩之间存在着负相关。（　　）

14.［2017湖南］处罚法能消除不良行为，强化法能培养新的适应行为。因此，两者结合使用会更有效。（易错）（　　）

15.［2019河北］我们认为教学反思就是回顾一节课的教学过程。（　　）

16.［2018贵州］教学反思是教师成长的有效途径之一。（　　）

17.［2020河北］课堂上，老师让同学们数一数课文中的人物数目，小明总是要一遍一遍地数，唯恐不准确。小明可能有强迫症心理问题。（　　）

18.［2019河南］教师的威信实质上反映了一种良好的师生关系。（　　）

19.［2018湖北］"没有查出病就是健康"的观点实质上忽视了人的心理健康。（　　）

四、填空题

1.［2019天津］处于________阶段的教师，最担心的问题是："学生喜欢我吗？""同学们怎么看我？"等。

2.［2018山西］人的健康不仅要有健康的身体，还要有________。

五、案例选择题

案例　一次作文讲评课上，学生小强的作文被评为优秀作文，按照惯例获得优秀作文评价的学生，要到讲台上朗读自己的作文。小强由于口吃，平时就不怎么跟同学交流，在讲台上就更紧张了，一开口朗读就遭到了其他同学的哄笑，小强停止了朗读，站在讲台上保持沉默，一动不动，台下的同学都紧紧注视着小强，看到这一情景，我发话了……

1.［2020河南］学生小强的主要心理问题是（　　）（单项选择）

A. 学习上的不如意　B. 强烈的自卑感　C. 情感上的孤独　D. 自我意识不健全

2.［2020河南］教师接下来应该说（　　）（单项选择）

A. 都笑什么笑，谁再笑就出去

B. 小强朗读得确实不够好，但他的作文还是很棒的，请大家耐心听

C. 小强先回自己座位上，班长上去帮助他朗读

D. 小强有点害羞，请大家闭上眼睛用自己的耳朵去听他朗读的作文

案例　章校长向前来取经的同仁们介绍了本校应对教师职业倦怠的做法，他说道：我们学校领导班子非常重视教师队伍建设及教师心理素质的提高，通过组织老师学习和领会2018年出台的《关于全面深化新时代教师队伍建设改革的意见》中有关"教师地位的超优先性""不断提高地位待遇，真正让教师成为令人羡慕的职业"等精神，大家深切感受到了国家对教师队伍建设前所未有的重视。同时，我们也注意转变工作作风，主动关心老师，为老师提供深造及参与学校民主管理的机会，帮助他们解决一些实际困难，增强老师的获得感和幸福感。还邀请专家对老师进行心理辅导，让老师学会压力应对和情绪管理，以阳光心态努力工作……

3.［2019广西］依据教师职业心理相关理论分析此材料，缓解教师职业倦怠的做法有（　　）（不定项选择）

A. 提高教师的地位待遇　B. 教师要提高自身抗压能力，保持良好心态

C. 给教师合理的角色定位　D. 改善学校管理方式

整合提升

一、单项选择题

1. [2022 四川]初中生小燕近半年来总是觉得很疲倦，尽管她并没有做什么特别消耗体力的事。每天早上醒来想到要上学就会觉得很难受，但她还是坚持上学。在学校的时候她感到难以集中注意力去学习，尽管她会要求自己反复看课本、写作业，似乎所有的字词都认识，但连成句子却莫名其妙地看不懂。她每天都熬夜到很晚，效率却很低，考试成绩也不怎么样。周末明明知道还有几张试卷要完成，她却躺在床上看了一天的电视剧。小燕的父母也反映她最近总是出现腹泻、头痛和易发脾气的情况。这一系列表现表明小燕最有可能存在(　　)

A. 焦虑障碍　　B. 抑郁障碍　　C. 行为问题　　D. 品德问题

2. [2021 内蒙古]专家型教师比新手型教师在学生自发的讨论中更可能提出教学反馈，这主要体现两者在(　　)方面的差异。

A. 课时安排　　B. 教学过程　　C. 策略应用　　D. 课后评价

3. [2020 辽宁]在心理辅导中，小学生有时会把辅导老师当成自己的父母，以获得情感的满足。这种心理现象属于(　　)(易混)

A. 共情　　B. 移情　　C. 同情　　D. 亲情

4. [2021 山西]教师不仅对不同年龄组的学生有着不同的期望，即使对同一个学生的不同时期也存在不同的期望，这体现了教师期望效应的(　　)特点。

A. 暗示性　　B. 层次性　　C. 情感性　　D. 单一性

5. [2017 广东]一开始就以人数众多的学生为对象，进行正规的一个课时的课堂教学，对于经验较少的新老师来说，是一件困难的事。在这种情况下，最佳的处理方法是采取(　　)

A. 教学决策训练　　B. 教学反思训练

C. 微型教学　　D. 教学观摩

6. [2020 辽宁]小丽在学校填写了一份心理健康调查问卷，心理老师发现她有几项心理特征的测量值偏离总体平均数，为此找到她谈话，进一步了解小丽的心理健康状态。这里心理老师判断小丽的心理是否健康的标准是(　　)

A. 临床模式　　B. 统计常模　　C. 主观感受　　D. 心理成熟

7. [2020 广东](　　)是最基本的反应技术，是每个团体辅导者必须掌握的基本技能。(易混)

A. 倾听　　B. 澄清　　C. 释义　　D. 总结

8. [2020 广东]某初中生心态失常，多余动作增加，甚至出现了意念飘忽、行为冲动、定向困难等现象，处于不能自主的状态。该学生面临的主要心理问题是(　　)

A. 烦恼过度　　B. 过分急躁　　C. 情感倒错　　D. 情感脆弱

9. [2019 江西]下列关于教师职业心理特征的观点，表述正确的是(　　)

A. 教师教学的有效性与其智力水平有很大的相关

B. 在具有一定的知识和能力基础上，能对教育和教学工作产生重要影响的是教师的工作态度

C. 教师如果灵活、多样地呈现教学内容，学生的捣乱行为会少一些，但也容易分散学生的注意力

D. 教师在课堂上的所有活动均要围绕教学任务进行，不需根据课堂中出现的问题调整教学节奏和教学行为

10. [2019 山东]教师都有自己的个性。黑尔(Heil)依据教师的个性将教师分为烦躁型、胆怯型和高度整合型三种类型。下列选项中最有可能不属于高度整合型教师的特点的是(　　)

A. 坚守规则　　B. 自控　　C. 有条理　　D. 目的性强

11. [2019 内蒙古]以下关于教师职业心理素质特点的描述中，错误的是(　　)

A. 教师的心理素质具有可培养的特点　　B. 教师的职业心理素质是单一维度的结构

C. 教师职业心理素质处于动态发展之中　　D. 教师心理素质的形成具有个别化、阶段性特点

12. [2018 山东]根据有关调查，我国中学阶段青少年学生出现苦闷情绪时，除了“闷在心里，不与别人说”的学生之外，向伙伴求助者最多，占32%；向父母求助者次之，占13%；向教师求助者最少，只占4%。从这一数据可以看出，学生同辈群体对青少年学生的心理健康具有(　　)

A. 保护功能　　B. 缓冲作用　　C. 引导作用　　D. 发展功能

13. [2021 湖南]周老师经常在课后深入到学生当中去，通过特定的问题和学生进行沟通和交流，找出一些实际存在的问题，制定出相应的教学预案，这说明周老师哪一能力较好(　　)

A. 教学归因　　B. 教学迁移　　C. 教学反思　　D. 教学操作

14. [2019 辽宁]老师对好动且难以自控的学生采取的矫正方法是(　　)

A. 谈话沟通　　B. 行为矫正　　C. 情绪疏导　　D. 认知调整

15. [2019 广东]中小学开展心理健康教育时，对学生心理问题的教育与辅导采用综合模式，对学生心理问题的分析从整体、全局、多方面的角度进行，把内外因、主客观、家庭社会学校和个人诸因素综合起来。这体现出的原则是(　　)(易混)

A. 系统性原则　　B. 同一性原则

C. 活动性原则　　D. 全体性原则

16. [2018 广东]为更好地进行心理健康教育，某学校决定从新生入校起就为他们建立心理档案。下列关于心理档案的有关说法，错误的是(　　)

A. 建档人员必须经过专门训练　　B. 心理档案不得扩散

C. 心理档案不得作为学生品行评定的依据　　D. 各任课教师可以随时查看学生的心理档案

17. [2020 四川]某学生的某个奋斗目标没有实现，心理受到严重挫伤，老师对其进行心理辅导，让他转移目标，减轻了挫败感。这种心理辅导方法是(　　)

A. 松弛法　　B. 移情法　　C. 移置法　　D. 系统脱敏法

18. [2018广东]心理健康教育能针对学生已经产生的现实问题，提供具体的个别心理咨询和辅导，帮助学生排除心理困扰，使他们重新自信地面对生活。这主要体现了心理健康教育的(　　)

A. 发展性功能　　B. 萌芽性功能　　C. 预防性功能　　D. 补救性功能

19. [2021安徽]课堂上，针对学生的心理健康问题，教师提出具体有效的方法，组织学生通过参与讨论来感受、理解和选择。这种方法是(　　)

A. 判断鉴别　　B. 寻求发展　　C. 反思体验　　D. 策略训练

20. [2021广东]学校心理咨询根据所解决问题的不同可分为三类，其中(　　)的目的是为了更好地认识自己，充分发挥潜能，提高学习与生活的质量。

A. 心理发展咨询　　B. 心理适应咨询　　C. 心理障碍咨询　　D. 团体心理咨询

21. [2020广东]教育者只有先对学生做动态的分析，比较过去与现在，再预测未来，这样才能弄清学生心理健康问题的来龙去脉，从而更深刻地了解学生。这体现了学生心理健康教育的(　　)

A. 发展性原则　　B. 尊重性原则　　C. 主体性原则　　D. 整体性原则

22. [2019河南]为了使教师对自己教学的各环节有一个准确而客观的认识，可以使用以下哪种教学质量监控方法(　　)

A. 专业培训法　　B. 现场指导法　　C. 教学反馈法　　D. 角色改变法

23. [2018广西]萧老师在教学过程中，除了注重教学内容的科学性和思想性，还想方设法使学生时刻处于良好的情绪状态，从而保证教学活动顺利进行。这些做法表明萧老师扮演的是(　　)

A. 心理健康调节者的角色　　B. 朋友的角色

C. 榜样的角色　　D. 知识传授者的角色

24. [2017江西]下列关于教师教学效能感的描述，正确的是(　　)

A. 好的教学设备条件能促进教师的个人教学效能感

B. 差的校风会降低教师的一般教学效能感

C. 教师的教学效能感对学生的学习成就没有多大的预测力

D. 教师的价值观和自我概念是影响教学效能感的关键

二、多项选择题

1. [2022四川]学校心理健康教育是学校素质教育的重要组成部分。当前中小学校心理健康教育的基本任务有(　　)

A. 立德树人，培养良好品德　　B. 开发智力，促进能力发展

C. 培养主体意识，形成完善人格　　D. 干预心理问题，促进和维护心理健康

E. 养成良好行为习惯，提高社会适应能力

2. [2021湖南]教师心理健康的标准有(　　)

A. 人际关系和谐　　B. 认同教师角色

C. 具有教育的独创性　　D. 脱离周围现实环境

3. [2021内蒙古]在进行心理辅导时，辅导教师与受辅导学生之间的人际关系特点有积极关注和(　　)

A. 倾听　　B. 尊重　　C. 真诚　　D. 同感

4. [2017广西]研究表明，容易产生职业倦怠的是(　　)

A. A型人格的教师　　B. B型人格的教师

C. 外控型教师　　D. 低自尊教师

5. [2020辽宁]以下行为属于中小学生的发展性心理问题的有(　　)

A. 王林平时成绩不错，一到考试就特别紧张焦虑，发挥不好

B. 李丽的性格十分怯懦，平时不怎么跟同学玩

C. 张宇只要看书、上课就犯困，一到下课时间就很精神

D. 周浩的智力较平常小孩更低

6. [2019天津]学校心理健康教育工作模式适宜采用(　　)

A. 诊疗模式　　B. 发展模式　　C. 教育模式　　D. 文化模式

7. [2020内蒙古]新手型教师的特点包括(　　)(易错)

A. 非常重视课前准备　　B. 课堂调控能力强

C. 注重周围人对自己的评价　　D. 充满热情活力

8. [2019天津]优秀教师的自我效能感表现为(　　)

A. 对学生有正向的期望　　B. 对学生的学习负有责任

C. 认为从事教学活动很有价值　　D. 有个人成就感

9. [2018山东]关于心理测试，下列说法正确的是(　　)

A. 学校心理测试可以是集体测试，也可以是单一测试

B. 通过心理测试，可以进行科学研究，了解学生的心理状态

C. 心理测试的目的可以是筛查有问题的学生，做好预防工作

D. 对学生进行心理测试是为了做好学校的宣传工作

10. [2020辽宁]青春期常见的消极心理表现有(　　)

A. 烦恼　　B. 孤独　　C. 表态　　D. 偏激

三、判断题

1. [2019吉林]听课观摩是教师教学反思的形式之一，也是教师实现自我监控的最直接、最简易的方式。(　　)

2. [2017四川]人本主义认为，心理治疗的目的是使心理疾病患者能自由地实现他自己的潜能，成为功能完善者。(　　)

3. [2018山东]健康模式的心理评估旨在了解个体健康状态下的心智能力及自我实现的倾向。(　　)

第四部分　教育政策法规

第一章　教育法律基础

基础训练

一、单项选择题

1. [2022 四川]从教育法规的纵向层次看,《中华人民共和国教师法》属于(　　)

A. 教育基本法　　B. 教育单行法

C. 教育行政法规　　D. 教育行政规章

2. [2019 重庆]教育民事法律关系的特征是(　　)

A. 纵向性　　B. 不平等性　　C. 从属性　　D. 横向性

3. [2017 陕西]教育法律关系主体、客体、内容三者密切联系,相互制约,缺一不可,任何一个改变会导致原有法律关系的(　　)

A. 消失　　B. 变更　　C. 消灭　　D. 产生

4. [2022 四川]某校校长因违纪受到记过处分,这属于(　　)(易错)

A. 行政处分　　B. 行政处罚　　C. 民事处罚　　D. 刑事处罚

5. [2021 内蒙古]下列关于教师与学生之间法律关系的说法,不正确的是(　　)

A. 教育与被教育的关系　　B. 管理与被管理的关系

C. 保护与被保护的关系　　D. 控制与被控制的关系

6. [2018 陕西]教育基本法,也称为"教育宪法"或"教育母法",是我国教育改革与发展的根本大法,由(　　)制定并通过。

A. 全国人民代表大会　　B. 全国人民代表大会常务委员会

C. 国务院　　D. 教育部

7. [2017 山东]国家机关及其工作人员以及社会团体和广大公民在自己的实际活动中使法律规范得到实现指的是(　　)

A. 法律的遵守　　B. 法律的适用　　C. 法律的制定　　D. 法律的实施

8. [2020 河北]下列法律或条例,由国务院制定的是(　　)

A.《中华人民共和国宪法》　　B.《中华人民共和国义务教育法》

C.《教师资格条例》　　D.《中华人民共和国教育法》

9. [2018 山西]根据我国《宪法》的规定,国务院有权规定和发布(　　)

A. 教育法律　　B. 教育行政法规　　C. 教育规章　　D. 教育单行法律

10. [2021 四川]允许当事人在法律许可范围内协商解决,并具有补偿性的法律责任类型是(　　)

A. 刑事法律责任　　B. 民事法律责任

C. 行政法律责任　　D. 违宪法律责任

11. [2019 吉林]《中华人民共和国教育法》明确规定:"中华人民共和国公民有受教育的权利和义务。公民不分民族、种族、性别、职业、财产状况、宗教信仰等,依法享有平等的受教育机会。"这体现了《中华人民共和国教育法》的(　　)

A. 方向性原则　　B. 公益性原则

C. 平等性原则　　D. 终身性原则

12. [2020 河南]教师申诉包括(　　)三个环节。

A. 提出、受理、处理　　B. 提出、受理、决定

C. 申请、审查、处理　　D. 申请、审查、决定

13. [2018 重庆]我国《义务教育法》规定,适龄儿童、少年的父母或者其他法定监护人应当依法保证其按时入学接受并完成义务教育。这种法律规范属于(　　)

A. 禁止性规范　　B. 义务性规范　　C. 授权性规范　　D. 奖励性规范

14. [2018 四川]以下属于正式意义上的法的渊源的是(　　)(易混)

A. 道德　　B. 习惯　　C. 条约　　D. 政策

15. [2018 河南]教育法律关系是一种(　　)

A. 管理与被管理的关系　　B. 教育与被教育的关系

C. 权利与义务的关系　　D. 规范与教育的关系

16. [2019 天津]教师在合法权益受到侵害时,依照法律的规定,向法定主管机关申诉理由,请求处理的制度,称为(　　)

A. 教师行政复议　　B. 教师申诉制度

C. 教师行政诉讼　　D. 教师调解制度

17. [2018 四川]我国教育行政执法的主体是(　　)

A. 各级法院　　B. 各级检察院

C. 各级教育行政机关　　D. 地方各级人民政府

18. [2021 四川]教师提出教育行政救济时,不能提出(　　)

A. 行政申诉　　B. 行政复议　　C. 行政赔偿　　D. 行政诉讼

19. [2018 天津]在我国,明确提出实行学生申诉制度的法律是(　　)

A.《中华人民共和国教师法》　　B.《中华人民共和国教育法》

C.《中华人民共和国义务教育法》　　D.《中华人民共和国未成年人保护法》

20.[2018陕西]教育法律责任主要可分为行政法律责任、民事法律责任和刑事法律责任三种,其中最重要的是(　　)

A.行政法律责任　B.民事法律责任　C.刑事法律责任　D.以上均不是

21.[2019广东]教育法律关系中两个最重要的主体是(　　)

A.教育部门和下属学校　B.教育机构和非教育机构

C.教师和学生　D.教育领导和教师

22.[2018广东]根据《中华人民共和国义务教育法》的规定,禁止用人单位招用应当接受义务教育的适龄儿童、少年。这体现了法律的(　　)(易混)

A.社会作用　B.预测作用　C.强制作用　D.指引作用

23.[2017陕西](　　)是指公民、法人或其他组织认为教育行政机关的具体行为侵犯其合法权益,依法向上级机关或法律法规规定的其他政府机关提出重新处理的申请,由行政复议机关依法对该教育行政行为的合法性和适当性进行审查并做出处理决定的法律法规制度。

A.教育行政复议制度　B.教师申诉制度

C.教育民事诉讼制度　D.受教育者申诉制度

24.[2021河北]教育法律救济的根本目的是(　　)

A.避免伤害　B.避免纠纷　C.获得赔偿　D.补救受害者的合法权益

25.[2019湖南]在整个教育法律体系中,(　　)处于"母法"和"根本大法"的地位。(常考)

A.《中华人民共和国宪法》　B.《中华人民共和国教育法》

C.《中华人民共和国教师法》　D.《中华人民共和国未成年人保护法》

26.[2017山西]教育法规所具有的教育作用主要体现在(　　)

A.判断、衡量人们的教育行为

B.保障各种教育主体的教育权利得以实现

C.指引人们按照国家的目的和要求开展教育活动

D.通过法规的实施从正负两个方面来对人们产生教育作用

27.[2020河北]李正同学上课玩手机,被王老师发现,王老师没收了他的手机。李正课后多次找王老师要回手机,王老师都以各种借口拒绝,李正可以采取的法律途径是(　　)

A.申诉和仲裁　B.申诉和诉讼　C.复议和诉讼　D.复议和仲裁

28.[2018山西]在教师申诉的程序中,教育行政部门应当在接到申诉书的次日起(　　)日内,作出处理。(常考)

A.15　B.20　C.25　D.30

29.[2019重庆]教育法律关系产生的前提是(　　)

A.教育法律规范的存在　B.教育法律对象的存在

C.教育法律制度的存在　D.教育法律意识的存在

30.[2019山东]按照教育法规体系的纵向结构,下列法律法规不属于教育单行法的是(　　)

A.《中华人民共和国教育法》　B.《中华人民共和国教师法》

C.《中华人民共和国职业教育法》　D.《中华人民共和国高等教育法》

31.[2021四川]我国《中学生日常行为规范》《小学生守则》只适用于中、小学生,《中等专业学校教师职务试行条例》只适用于中等专业学校的教师。这体现了教育法规实施的(　　)

A.时间效力　B.空间效力　C.形式效力　D.对人的效力

二、多项选择题

1.[2020河北]教育法律责任的归责要件是(　　)(常考)

A.有违反法律责任的损害行为　B.有损害事实的存在

C.行为人主观有过错　D.过错行为与损害后果之间具有因果关系

2.[2020河南]《中华人民共和国教育法》规定,学校、教师可以对学生家长提供家庭教育指导。这种规范属于(　　)

A.义务性规范　B.强制性规范　C.任意性规范　D.授权性规范

3.[2018广东]相对于其他形式的申诉制度,教师申诉制度的特征有(　　)

A.法定申诉制度　B.专门性的权利救济制度

C.诉讼意义上的行政申诉制度　D.特定性的信访制度

E.非诉讼意义上的民事或行政申诉制度

4.[2021重庆]下列选项中,哪些属于地方性教育法规(　　)

A.《学校卫生工作条例》　B.《湖北省义务教育暂行条例》

C.《重庆市义务教育条例》　D.《高等学校命名暂行办法》

5.[2018湖北]教育法律救济的渠道包括(　　)

A.行政渠道　B.司法渠道　C.仲裁渠道　D.调解渠道

6.[2019河南]教育法规具有(　　)功能。

A.规范　B.标准　C.预示　D.强制

7.[2020河南]学校作为法人的主要特点有(　　)

A.公益性　B.民事活动范围的有限性

C.财产权的受限性　D.盈利性

8.[2018广东]教育法作为一般社会规范和法律所具有的特点有(　　)(易错)

A.国家意志性　B.强制性　C.规范性　D.普遍性

E.广泛性

三、判断题

1.[2022四川]《中华人民共和国义务教育法》和《中华人民共和国教师法》处于同一法律效力等级。(　　)

2.[2022河南]学校对违反校纪校规的学生给予的惩罚类型属于行政处分。( )

3.[2020四川]只要产生了法律纠纷,就可以实施法律救济。(易错) ( )

4.[2021四川]《教育法》中对违法责任做出规定的规范,属于教育法律规范的调整性规范。( )

5.[2018山西]地方性法规应由地方人民代表大会和地方政府制定。( )

6.[2019河南]教育行政执法是一种具有国家意志性的活动,也是一种具有强制性的活动,具有主动性和执法主体多元性的特征。( )

7.[2018山西]在教育法律关系的构成要素中,主体是指教育法律关系的权利和义务所指向的对象,如物、行为和智力成果。( )

8.[2019山西]构成教育法律责任的前提条件是有损害事实。( )

整合提升

一、单项选择题

1.[2018河南]有关法律规定:"对使用特殊音响警报和红色回转警灯的警车,其他车辆应当避让。"这体现了行政职权的什么特征( )

A.优益性　B.强制性　C.单方性　D.执行性

2.[2019四川]在教师聘任法律关系中,受聘教师具体享有哪些权利、履行哪些义务是固定的,与之对应,聘任者具体享有哪些权利、履行哪些义务也是固定的。依据教育法律关系主体是否完全特定化,这种教育法律关系的类型是( )

A.平权型教育法律关系　B.隶属型教育法律关系

C.绝对教育法律关系　D.相对教育法律关系

3.[2019山西]幼儿园园舍、设施不符合国家卫生和安全标准,妨害幼儿身体健康或者威胁幼儿生命安全的,若情节严重,教育行政部门可以责令其停止招生。这属于教育行政处罚中的( )

A.人身自由罚　B.行为罚　C.财产罚　D.声誉罚

4.[2018河北]下列属于教师申诉范围的是( )(易错)

A.政府行政部门侵犯其合法权益　B.企业单位侵犯其合法权益

C.事业单位侵犯其合法权益　D.个人侵犯其合法权益

5.[2020四川]关于教育行政赔偿的特征,以下说法错误的是( )

A.侵权行为源于违法行政　B.教育行政赔偿的主体是国家

C.教育行政赔偿是一种法律责任　D.侵权主体为国家机关、社会团体和公民

6.[2019山西]教育法区别于其他社会规范和法律的主要特点是( )

A.强制性　B.规范性　C.普遍性　D.柔软性

7.[2018河南]教育司法活动的灵魂和生命是( )

A.合理合法　B.公开公平　C.尊重事实　D.公正准确

8.[2021四川]四位同学为我国公民受教育权的时间起点进行争论。你认为谁的说法是正确的( )(易错)

A.甲说从出生开始　B.乙说从年满6周岁开始

C.丙说从年满14周岁开始　D.丁说从年满18周岁开始

二、多项选择题

1.[2020河南]以下哪些处罚种类属于教育行政处罚( )

A.警告、罚款　B.责令停止招生

C.撤销教师资格　D.吊销办学许可证

2.[2019河南]下列四个选项均为阐述教育执法原则的内容,请选出其中正确的答案( )(易混)

A.国家教育法规优先于地方教育法规　B.单项教育法规优先于总的教育法规

C.一般教育法规优先于特别教育法规　D.后定的教育法规优先于先定的教育法规

三、判断题

1.[2017四川]在我国,凡是中央国家机关制定的教育法律、教育行政法规和其他规范性文件,除非有特殊规定,一经公布施行,就在我国的全部领域内发生效力。( )

2.[2021重庆]法律创制的结果是一系列规范性的法律文件,在一个习惯法国家中,法律的创制主要是通过立法实现的,法律的表现形态是制定法。( )

3.[2018四川]教师活动中的所有社会关系都要由教育法来调整。( )

4.[2018河南]教育法规定的法律责任的基本特征之一是:行政法律责任的追究机关及追究程序具有多元性。( )

5.[2020四川]从我国公民具有的受教育权利来看,我国公民接受高等教育的权利属于非基本权利。( )

6.[2021四川]根据我国的教育立法体制,地方有权根据本地区的需要制定相应的规范性教育法规文件。( )

第二章 依法执教与教师违法(侵权)行为预防

基础训练

一、单项选择题

1. [2022河南]某教师因为学生没有完成作业而对学生进行罚款,这种行为侵犯了学生的( )

A. 人身权 B. 受教育权 C. 名誉权 D. 财产权

2. [2022内蒙古]一些学校或教师为了掌握学生的某些思想动态,背着学生检查学生的电子邮件、日记等信息,这样的行为涉嫌侵犯学生的( )

A. 知情权 B. 人格尊严权 C. 隐私权 D. 名誉权

3. [2019辽宁]下列情形中,违反依法执教要求的是( )

A. 甲教育局要求辖区内所有的学生在播放国歌和升国旗时都要行注目礼

B. 乙学校要求本校所有的学生在上课期间都穿着校服

C. 教师丙在教师节期间收取学生家长赠送的购物卡

D. 教师丁在课堂上教授学生识别低俗、诈骗网站的方法

4. [2018河南]某教师把学生的优秀作文收集起来,未经学生允许私自将学生的作文编入自己编著的《优秀作文集》中,对该老师的做法叙述正确的是( )

A. 该老师的做法侵犯了学生的隐私权 B. 该老师的做法侵犯了学生的著作权

C. 该老师的做法侵犯了学生的荣誉权 D. 该老师的做法侵犯了学生的财产权

5. [2020广东]小周是一个品学兼优的好孩子。张老师因要求小周参加自己的培训班被拒绝,就在期末操行评定上给了小周差评。由此可见,张老师侵犯了小周的( )(常考)

A. 受教育权 B. 人身自由权 C. 财产权 D. 隐私权

6. [2020山西]某教师当着全班同学的面辱骂兵兵为傻子,该教师侵犯了兵兵的( )

A. 隐私权 B. 健康权 C. 人格尊严权 D. 人身自由权

7. [2020内蒙古]学生在学校各项权利中最主要、最基本的一项权利是( )(常考)

A. 受教育权 B. 生命健康权

C. 人格尊严权 D. 人身自由权

8. [2018河北]电影《致青春》中小商店的店主丢失了商品,怀疑是刚刚买东西的学生小北偷走的,对其进行了搜身,店主的这种行为( )

A. 正确,维护了自身的财产权 B. 错误,侵犯了小北的人格尊严权

C. 错误,侵犯了小北的人身自由权 D. 错误,侵犯了小北的生命健康权

9. [2022山东]暑假开学时,学生王某未按时完成作业,教师罚其去教室外补作业,这侵犯了学生的什么权利( )

A. 人身权 B. 受教育权 C. 财产权 D. 隐私权

10. [2019辽宁]公民权利中最重要、最基本、内涵最为丰富的一项权利是( )

A. 人身权 B. 受教育权 C. 隐私权 D. 身心健康权

11. [2019河北]小刚贪玩没有完成作业,班主任王老师很生气,放学后把他单独留在教室里补作业。其间,王老师突然想起家里有事要办,看小刚还没有补完作业,王老师就把教室的门上了锁,留小刚一个人在里面。张老师的这种做法( )

A. 违法,侵犯了小刚的受教育权 B. 违法,侵犯了小刚的人身自由权

C. 违法,剥夺了小刚的自由时间 D. 不违法

12. [2020河北]某学校擅自将吴同学的照片及学习成绩变化情况刊登在宣传材料上广为散发,用来宣传学校的教学水平。该学校的做法侵犯了吴同学的( )(常考)

A. 名誉权 B. 姓名权 C. 健康权 D. 隐私权

13. [2020天津]依法执教就是指教师在教育教学活动中,按照教育法律的规定,依法行使权利,自觉履行义务,逐步使教育教学的工作走上( )

A. 体制化和正常化 B. 体制化和规范化

C. 法制化和规范化 D. 正常化和法制化

14. [2017陕西]关于教师殴打未成年学生的行为,下列表述错误的是( )

A. 教师未能履行关心和爱护学生的义务

B. 教师滥用了自身的权利,侵犯了学生的人身权

C. 教师违反了《中华人民共和国教育法》《中华人民共和国教师法》和《中华人民共和国未成年人保护法》的有关规定

D. 如造成学生轻度受伤,教师应当承担相应的行政法律责任、民事赔偿责任和刑事法律责任

15. [2019贵州]家长已经明确告知老师,芳芳患有严重的心脏病,但老师并没有阻止芳芳参加800米长跑集训,结果芳芳在集训中猝死,该老师的行为( )

A. 触犯了刑法 B. 侵犯了学生的人格尊严权

C. 属于不作为侵权 D. 不违法,但属于道义上的责任

16. [2021山东]某老师常把犯错学生关在办公室反省,不允许其参加课外活动,老师的行为侵犯了学生的( )

A. 人格尊严权 B. 人身自由权 C. 生命健康权 D. 个人名誉权

17. [2021内蒙古]学校评定奖学金,小伟成绩非常好,但因跟班主任关系不太好,而被班主任取消资格。班主任侵犯了小伟的( )

A. 健康权 B. 人格尊严权 C. 荣誉权 D. 财产权

二、多项选择题

1. [2022河南]邹老师提问小军背诵课文,小军不会背。邹老师便让小军把课文抄十遍,小军利用午休和课间,直到放学后1小时才抄完。邹老师这样做侵犯了小军的(　　)

A. 健康权　　B. 人格尊严权　　C. 休息权　　D. 受教育权

2. [2019黑龙江]下列行为侵犯了学生人格尊严权的有(　　)

A. 讽刺学生　　B. 谩骂学生　　C. 批评教育学生　　D. 不给学生解释的机会

E. 威胁学生

三、判断题

1. [2020河南]饮食安全事故属于教师的不作为违法侵权。(　　)

2. [2018河北]教师对学生实施的侵权行为产生的责任必须由教师本人承担。(　　)

整合提升

一、单项选择题

1. [2020山西]刘老师是一位教学严谨认真负责的年轻老师。一天,在他的课堂上,男同学小李用手机给班上的女同学发短信表达感情,刘老师发现后收缴了其手机,还将小李的短信向全班同学宣读,并指责其"道德败坏,思想堕落"。下课后小李向刘老师要手机,刘老师说:"这是证据,要交到学校德育处,暂不能归还。"若依法依规评判刘老师解决此次事件的做法,以下六种说法中均为不正确说法的组合项是(　　)

①学生课堂上玩手机,刘老师有权利收缴手机

②刘老师批评的话语侵犯了学生的人格尊严权

③刘老师收缴手机的行为侵犯了学生的财产权

④作为老师不能以违法的方式对待学生的违纪行为

⑤未经学生同意翻看短信,刘老师的行为侵犯了学生的隐私权

⑥刘老师的处理方法没有不妥之处

A. ①⑥　　B. ②③⑤　　C. ①②⑤　　D. ②③④⑤

2. [2018江西]依法执教原则的具体要求不包括(　　)

A. 模范执行国家的政策法令　　B. 自觉遵守社会主义纪律

C. 在实践中努力锻炼和形成良好的道德品质　　D. 廉洁自律,抵制不良社会风气的侵蚀

二、判断题

1. [2021重庆]保护未成年人的合法权益就是防止和制止侵害未成年人的行为发生,并对已被侵害的未成年人予以救济。(　　)

2. [2018河南]教师看到学生在校外被社会群体殴打但未进行制止,即构成不作为侵权。(　　)

第三章　现行主要的教育法律法规

基础训练

一、单项选择题

1. [2022山东]第一次从法律角度确认了教师职业专业地位的是(　　)

A.《中华人民共和国教育法》　　B.《中华人民共和国义务教育法》

C.《教师资格条例》　　D.《中华人民共和国教师法》

2. [2022四川]某地区教育行政部门将区域内的学校分为重点学校和非重点学校,严重破坏了教育公平。根据《中华人民共和国义务教育法》的规定,上级人民政府或者其教育行政部门应对直接负责的主管人员和其他直接责任人员依法(　　)

A. 给予行政处分　　B. 追究刑事责任

C. 追究民事责任　　D. 给予行政处罚

3. [2022浙江]下列不属于教师的义务的是(　　)(常考)

A. 关心、爱护全体学生,尊重学生人格

B. 不断提高思想政治觉悟和教育教学业务水平

C. 参加专业的学术团体,在学术活动中充分发表意见

D. 批评和抵制有害于学生健康成长的现象

4. [2022四川]《中华人民共和国未成年人保护法》规定,保护未成年人,应当坚持最有利于未成年人的原则。处理涉及未成年人事项,应当(　　)

①尊重未成年人人格尊严　　②听取未成年人监护人的意见

③适应未成年人身心健康发展的规律和特点　　④保护与教育相结合

A. ①②③　　B. ①③④　　C. ②③④　　D. ①②④

5. [2021江西]下列关于教育法律法规的论述不正确的是(　　)(易错)

A.《中华人民共和国教师法》是1995年9月1日起施行的

B. 对于品行不良、侮辱学生造成恶劣影响的教师可以撤销其教师资格

C.《中华人民共和国义务教育法》是教育单行法律

D.《中华人民共和国教育法》第十九条规定:国家实行九年制义务教育制度

6. [2021贵州]对使用假教师资格证的,一经查实,按弄虚作假、骗取教师资格处理,(　　)内不得重新申请认定教师资格。

A. 1年　　B. 3年　　C. 4年　　D. 5年

7. [2021浙江]以下与《中华人民共和国义务教育法》规定不符的是(　　)

A. 对违反学校管理制度的学生,学校应当予以批评教育,屡教不改者可以开除

B. 学校应当把德育放在首位,寓德育于教育教学之中,开展与学生年龄相适应的社会实践活动

C. 国家实行教科书审定制度,教科书的审定办法由国务院教育行政部门规定

D. 特殊教育学校(班)学生人均公用经费标准应当高于普通学校学生人均公用经费标准

8. [2021河南]我国首次以法律形式明确规定"国家实行教师资格制度"的文件是(　　)

A.《教师资格条例》　　B.《教师资格认定的过渡办法》

C.《<教师资格条例>实施办法》　　D.《中华人民共和国教师法》

9. [2021福建]《中华人民共和国教育法》规定,国务院和地方各级人民政府领导和管理教育工作的原则是(　　)

A. 集中管理、分工负责　　B. 分类管理、分工负责

C. 授权管理、分工负责　　D. 分级管理、分工负责

10. [2022福建]教师故意不完成教育教学任务给教育教学工作造成损失的,由所在学校、其他教育机构或者教育行政部门给予(　　)(常考)

A. 民事赔偿或解聘　　B. 刑事处罚或解聘

C. 行政处罚或解聘　　D. 行政处分或解聘

11. [2021广东]根据我国《教师法》的规定,教师的待遇建立正常晋级增薪制度,具体办法由(　　)规定。

A. 各学校　　B. 国务院

C. 当地财政部门　　D. 当地教育行政部门

12. [2022辽宁]为了(　　),建设具有良好思想品德修养和业务素质的教师队伍,促进社会主义教育事业的发展,制定《中华人民共和国教师法》。

A. 规范学校管理工作　　B. 弘扬尊师重教风尚

C. 保障教师的合法权益　　D. 提高教师的社会地位

13. [2021广东]根据我国《教师资格条例》的规定,下列教师的行为应被相关部门撤销教师资格证的是(　　)

A. 甲弄虚作假、骗取教师资格　　B. 乙衣着邋遢,上课时间抽烟

C. 丙经常占用学生休息时间讲解习题　　D. 丁只关注学习成绩优异的学生

14. [2021河南]我国《义务教育法》规定,县级以上人民政府及其教育行政部门应当促进学校均衡发展,缩小学校之间办学条件的差距,不得将学校分为重点学校和非重点学校。学校不得分设重点班和非重点班。这条规定有利于(　　)

A. "后进生"的教育而不利于优秀学生的培养　　B. 我国实现教育公平

C. 培养学生的诚信意识　　D. 学生享有受教育权

15. [2022山东]小刚七岁了,到了该入学的年龄,但因对学校教育不满意,小刚父母联络了几位家长,请了家庭教师在家进行授课。对于小刚父母的做法,下列说法正确的是(　　)

A. 小刚父母应当向当地教育部门审批备案

B. 小刚父母的做法是自觉自愿的,谁也无权干涉

C. 当地教育行政部门应该责令小刚父母进行改正

D. 小刚父母应该受到法律制裁

16. [2021安徽]下列哪项不属于学生应当履行的义务(　　)(常考)

A. 小杜努力学习,完成规定的学习任务　　B. 小薇遵守所在学校的管理制度

C. 小董遵守学生行为规范,尊敬师长　　D. 小熊完成规定的学业后获得相应的学业证书

17. [2022四川]我国义务教育实行的管理体制是(　　)

A. 国务院领导,省、自治区、直辖市人民政府统筹规划实施,市级人民政府为主管理

B. 国务院领导,省、自治区、直辖市人民政府统筹规划实施,县级人民政府为主管理

C. 教育部领导,省、自治区、直辖市教育行政部门统筹规划实施,市级教育行政部门为主管理

D. 教育部领导,省、自治区、直辖市教育行政部门统筹规划实施,县级教育行政部门为主管理

18. [2022内蒙古]各级人民政府对家庭经济困难的适龄儿童、少年免费提供(　　)并补助寄宿生生活费。

A. 教科书　　B. 衣物　　C. 文具　　D. 练习册

19. [2022河南]学校侵犯了教师的合法权益,受理教师申诉的机关是(　　)

A. 当地人民政府　　B. 当地检察院　　C. 当地法院　　D. 主管的教育行政部门

20. [2022河南]教师享有按时获取工资报酬,享受国家规定的福利待遇以及(　　)的权利。

A. 双休日休假　　B. 寒暑假期的无薪休假

C. 双休日带薪休假　　D. 寒暑假期的带薪休假

21. [2017河北]县级人民政府教育行政部门应当均衡配置本行政区域内学校师资力量,组织校长、教师的(　　),加强对薄弱学校的建设。

A. 学习和培训　　B. 沟通和合作　　C. 培训和流动　　D. 交流和互访

22. [2019重庆]学生依据《中华人民共和国教育法》享有的权利是(　　)(易混)

A. 遵守学生行为规范　　B. 参加教育教学计划安排的各种活动

C. 完成规定的学习任务　　D. 遵守学校的管理制度

23. [2022河南]按照《中华人民共和国教育法》的规定,结伙斗殴、寻衅滋事,扰乱学校及其他教育机构教育教学秩序或者破坏校舍、场地及其他财产的,由(　　)来处罚。

A. 学校　　B. 教育主管部门　　C. 家长　　D. 公安机关

24. [2018广东]学校和教师在教师资格认定的过程中,因为学校的过错行为而产生的法律后果由(　　)承担。

A. 学校　　B. 教师　　C. 教育行政部门　　D. 人民政府

25. [2021安徽]根据我国《教育法》的有关规定,下列说法错误的是(　　)

A. 国家鼓励和扶持学校在不影响正常教育教学的前提下开展勤工俭学和社会服务,兴办校办产业

B. 国家财政性教育经费、社会组织和个人对教育的捐赠,必须用于教育,不得挪用、克扣

C. 学校及其他教育机构中的教学辅助人员和其他专业技术人员,实行教育职员制度

D. 以财政性经费、捐赠资产举办或者参与举办的学校及其他教育机构不得设立为营利性组织

26. [2022河南]在一次学校组织的义务劳动中,学生小明不慎造成腿部韧带拉伤,那么小明的医疗费用由谁来承担(　　)

A. 小明本人　　B. 小明的监护人

C. 小明的学校　　D. 小明的监护人和学校

27. [2020天津]某学校因教育设施管理不当,发生重大伤亡事故,学校负责人钱某应承担(　　)(易错)

A. 民事责任　　B. 刑事责任　　C. 违宪责任　　D. 行政责任

28. [2021重庆]《学生伤害事故处理办法》规定,学生伤害事故应当遵循一定的原则,及时、妥善地处理。具体原则不包括(　　)

A. 依法　　B. 客观公正　　C. 合理适当　　D. 隐私保护

29. [2020四川]张平系某校中学教师,因故意犯罪被处三年有期徒刑,丧失教师资格。按照《中华人民共和国教师法》,以下说法正确的是(　　)

A. 张平刑满后可恢复教师资格　　B. 张平终身不能取得教师资格证

C. 张平刑满后可重新考取教师资格证　　D. 张平刑满五年后可重新考取教师资格证

30. [2020湖南]根据我国《教师法》,下列表述不正确的是哪一项(　　)

A. 教师制止有害于学生的行为或者其他侵犯学生合法权益的行为属于其应当履行的义务

B. 教师的平均工资水平应当不低于或者高于国家公务员的平均工资水平,并逐步提高

C. 我国《教师法》仅适用于在各级各类学校中专门从事教育教学工作的教师

D. 国家鼓励非师范高等学校毕业生到中小学或者职业学校任教

31. [2017河北]国家实行(　　)制度:中国公民凡遵守宪法和法律,热爱教育事业,具有良好的思想品德,具备本法规定的学历或者经国家教师资格考试合格,有教育教学能力,经认定合格的,可以取得教师资格。

A. 教师资格　　B. 教师竞聘上岗　　C. 教师选拔　　D. 教师淘汰

32. [2021天津]下列选项中,不属于学校的权利的是(　　)(易混)

A. 按照章程自主管理

B. 对受教育者颁发相应的学业证书

C. 遵照国家有关规定收取费用并公开收费项目

D. 聘任教师及其他职工,实施奖励或者处分

33. [2020江西]《中华人民共和国义务教育法》第三十五条规定,学校和教师按照确定的教育教学内容和课程设置开展教育教学活动,保证达到国家规定的(　　)要求。

A. 全面发展　　B. 教书育人　　C. 素质教育　　D. 基本质量

34. [2021天津]根据《中华人民共和国教育法》的规定,教育应当坚持立德树人,对受教育者加强(　　)教育,增强受教育者的社会责任感、创新精神和实践能力。

A. 中国特色社会主义　　B. 社会主义核心价值观

C. 集体主义　　D. 爱国主义

35. [2021山西]下列开拆、查阅未成年人的信件、日记、电子邮件或者其他网络通讯内容的情形中,违反我国《未成年人保护法》相关规定的是(　　)

A. 因国家安全或者追查刑事犯罪依法进行检查

B. 无民事行为能力未成年人的父母或者其他监护人代未成年人开拆、查阅

C. 紧急情况下为了保护未成年人本人的人身安全

D. 完全民事行为能力未成年人父母因顾虑未成年人的异性交往问题

36. [2017湖南]根据我国《教育法》的规定,我国实行(　　)的学校教育制度。

①学前教育　②初等教育　③中等教育　④高等教育　⑤成人教育

A. ②③④　　B. ②③④⑤　　C. ①②③　　D. ①②③④

37. [2020山西]下列说法正确的是(　　)

A. 义务教育是根据法律规定,适龄儿童和青少年选择接受的教育

B. 义务教育在中国得到全面普及

C. 我国《教师法》规定教师的平均工资水平应当不高于或者低于国家公务员的平均工资水平

D. 现代学制改革重在延长义务教育年限

38. [2021山西]父母最近发现小君做作业时总是玩手机,心不在焉,甚至不想和父母沟通。一次,母亲无意间发现小君在社交网站上与一群不良青年有瓜葛,从其手机中的交谈内容还发现,这群不良青年正在蛊惑小君吸食毒品。根据我国《预防未成年人犯罪法》,小君父母应当立即将情况报告给(　　)

A. 法院　　B. 居委会　　C. 公安机关　　D. 教育部

39. [2021河北]《中华人民共和国教育法》做出明确规定,学校的教学及其他行政管理,由(　　)负责。

A. 校长　　B. 上一级教育主管部门

C. 班主任　　D. 教职工代表大会

40. [2021河南]对实施欺凌的未成年学生,学校应当根据(　　),依法加强管教。

A. 被欺凌学生的诉求　　B. 欺凌行为的性质和程度

C. 欺凌行为的类型和原因　　D. 公安机关的要求

41.[2020内蒙古]义务教育是国家统一实施的所有适龄儿童、少年必须接受的教育,是国家必须予以保障的(　　)事业。

A.长期性　　B.社会性　　C.公益性　　D.强制性

42.[2018江西]根据《中华人民共和国教育法》的规定,任何组织或个人在国家教育考试中组织作弊,情节严重的,处(　　)拘留。(易混)

A.三日以上十日以下　　B.五日以上十五日以下

C.七日以上二十日以下　　D.十日以上三十日以下

43.[2020河北]学生小蒋隐瞒了自己的病史,体育课上她旧病复发而摔倒磕伤,被紧急送往医院。对于小蒋所受的伤害,(　　)应承担责任。

A.学校　　B.小蒋监护人　　C.体育教师　　D.班主任

44.[2021天津]11岁的小强去网吧查资料,根据《中华人民共和国未成年人保护法》的规定,网吧(　　)

A.允许小强进入但不超过两小时　　B.不用阻止小强进入

C.不允许小强进入　　D.要求小强由成年人带领进入

45.[2017江苏]我国《教师法》对教师身份的定位是(　　)

A.公务员　　B.知识分子　　C.专业人员　　D.国家干部

46.[2019安徽]将每年九月十日定为教师节的法律是(　　)

A.《中华人民共和国教育法》　　B.《中华人民共和国义务教育法》

C.《中华人民共和国教师法》　　D.《中华人民共和国未成年人保护法》

47.[2021广东]小乐在学校组织的校外活动中不慎受伤,后经教育行政部门调解,小乐父母与学校就事故处理达成了协议,但事后家长又对协议内容不满而反悔。根据我国《学生伤害事故处理办法》的规定,对此,学校可以(　　)

A.依法提起诉讼　　B.申请行政复议

C.请仲裁机关仲裁　　D.请教育行政部门重新调解

48.[2020广东]下列关于义务教育的相关说法,错误的是(　　)

A.适龄儿童、少年免试入学

B.凡年满五周岁的儿童,其父母或者其他法定监护人应当送其入学接受并完成义务教育

C.县级人民政府教育行政部门应采取措施防止适龄儿童、少年辍学

D.县级人民政府教育行政部门对本行政区域内的军人子女接受义务教育予以保障

49.[2019山西]根据《中华人民共和国义务教育法》的规定,国家实行教科书审定制度。为学生选用教科书的审定办法由(　　)规定。

A.教科书出版主管部门　　B.国务院教育行政部门

C.地方各级人民政府　　D.地方人民政府行政部门

50.[2020内蒙古]根据《教师资格条例》的规定,参加教师资格考试有作弊行为的,其考试成绩作废,不得再次参加教师资格考试的年限是(　　)(常考)

A.1年　　B.3年　　C.5年　　D.8年

51.[2019湖北]标志着我国进入全面"依法治教"新时期的法律是(　　)

A.《中华人民共和国教师法》　　B.《中华人民共和国义务教育法》

C.《中华人民共和国教育法》　　D.《中华人民共和国高等教育法》

52.[2018江苏]教师在教育教学中应当(　　)对待学生,关注学生的个体差异,因材施教,促进学生的充分发展。

A.耐心　　B.个性　　C.平等　　D.分层次

53.[2019广东]根据我国《教育法》的规定,下列不属于设立学校及其他教育机构,必须具备的基本条件的是(　　)

A.有组织机构和章程　　B.有优秀的教师和一定数量的学生

C.有符合规定标准的教学场所及设施、设备等　　D.有必备的办学资金和稳定的经费来源

54.[2021江西]14岁的刘某在放学路上遭遇车祸,经抢救无效后不幸身亡。根据《学生伤害事故处理办法》,认定学校(　　)

A.承担全部责任　　B.承担次要责任

C.不承担法律责任　　D.承担主要责任

55.[2018江西]下列关于《中华人民共和国教育法》的表述,不正确的是(　　)

A.《中华人民共和国教育法》是我国教育的根本大法,也是依法治教的根本大法

B.《中华人民共和国教育法》于1995年3月18日起施行

C.《中华人民共和国教育法》是国家全面调整各类教育关系,规范我国教育工作的基本法律

D.其他单行教育法规的制定和实施都要以《中华人民共和国教育法》为依据

56.[2018天津]《中华人民共和国义务教育法》第一条规定,为了保障适龄儿童、少年接受义务教育的权利,保证义务教育的实施,提高全民族素质,根据(　　),制定本法。

A.《中华人民共和国宪法》和《中华人民共和国教育法》

B.《中华人民共和国宪法》和《中华人民共和国未成年人保护法》

C.《中华人民共和国宪法》和《中华人民共和国预防未成年人犯罪法》

D.《中华人民共和国教育法》和《中华人民共和国未成年人保护法》

57.[2018河南]《中华人民共和国义务教育法》第三十四条规定,教育教学工作应当符合教育规律和学生身心发展特点,面向全体学生,教书育人,将德育、智育、体育、美育等有机统一在教育教学活动中,注重培养学生(　　),促进学生全面发展。

A.辩证分析问题的能力、创新能力和实践能力　　B.团队合作的能力、创新能力和实践能力

C.沟通能力、创新能力和实践能力　　D.独立思考能力、创新能力和实践能力

58.[2020河北]被剥夺政治权利的人,已经获得的教师资格证书由(　　)收缴。

A.县级以上人民政府教育行政部门　　B.县级以上人民政府

C.省级人民政府教育行政部门　　D.省级人民政府

59.[2020山西]《中华人民共和国教师法》颁布于(　　)年。

A.1993　　B.1995　　C.1996　　D.1998

60.[2017河北]对未完成义务教育的未成年犯和被采取强制性教育措施的未成年人应当进行义务教育,所需经费由(　　)给予保障。

A.国家　　B.社会　　C.学校　　D.人民政府

61.[2020广东]根据《学生伤害事故处理办法》的规定,下列情形学校不承担责任的是(　　)(易错)

A.学校发现小刘擅自离校,但未通知家长,后小刘在外遭遇车祸

B.李老师在课间看到有学生在走廊打闹,未做提醒,后学生发生意外受伤事故

C.小美患有心脏病,但其家长及本人均未告知学校,某日小美在课堂上突发疾病,后经抢救无效去世

D.周老师罚班上违纪学生在烈日下跑步,结果其中一个学生中暑晕倒

62.[2018辽宁]根据《中华人民共和国教师法》的规定,中小学教师和职业学校教师享受(　　)

A.公务员同等待遇　　B.教龄津贴和其他津贴

C.职务津贴和教龄津贴　　D.职务津贴和绩效津贴

63.[2018广东]根据《中华人民共和国教育法》的规定,下列不属于学校及其他教育机构应当履行的义务的是(　　)

A.遵照国家有关规定收取费用并公开收费项目

B.聘任教师及其他职工,实施奖励或者处分

C.依法接受监督

D.维护受教育者、教师及其他职工的合法权益

64.[2018河北]地方人民政府对违反《中华人民共和国教师法》规定,拖欠教师工资或者侵犯教师其他合法权益的,应当(　　)

A.责令其立即改正　　B.责令其限期改正

C.依法追究刑事责任　　D.给予直接责任人员行政处分

65.[2017山东]负责认定教师资格的部门或学校,对符合认定条件的教师颁发相应的教师资格证书,颁发教师资格证书的时限是自受理期限终止之日起(　　)内。

A.10日　　B.15日　　C.30日　　D.60日

66.[2020河北]根据《中华人民共和国义务教育法》规定,自行实施义务教育的,应当经(　　)批准。

A.国务院教育行政部门　　B.省、自治区、直辖市人民政府教育行政部门

C.县级以上人民政府教育行政部门　　D.县级人民政府教育行政部门

67.[2020内蒙古]根据我国《教师法》的规定,各级人民政府应该采取措施,加强教师的思想政治教育和业务培训,改善教师的工作条件和生活条件,保障教师的合法权益,提高教师的(　　)地位。

A.政治　　B.经济　　C.法律　　D.社会

68.[2020山西]《中华人民共和国教育法》中明确规定,我国教育的性质和方针是(　　)

A.教育必须为社会主义现代化建设服务、为社会生活服务

B.教育必须为社会主义现代化建设服务、为人民服务

C.教育必须为社会主义物质文明建设服务、为精神文明建设服务

D.教育必须为社会主义建设服务、为人的发展服务

69.[2021内蒙古]教育行政部门取缔了一批违反国家规定私自招收未成年学生的私立学校。教育行政部门这一行政行为的法律依据是(　　)

A.《中华人民共和国教育法》　　B.《中华人民共和国教师法》

C.《中华人民共和国未成年人保护法》　　D.《中华人民共和国预防未成年人犯罪法》

70.[2021河南]根据我国《义务教育法》的有关规定,下列表述错误的是(　　)

A.适龄儿童应当在户籍所在地择优免试入学

B.自行实施义务教育的社会组织,应当经县级人民政府教育行政部门批准

C.新建居民区需要设置学校的,应当与居民区的建设同步进行

D.学校校长应当符合国家规定的任职条件

71.[2021天津]放学途中,12岁的小明与同学小华发生争执,不慎将小华的眼睛打伤。小华所受的伤害应当由(　　)(易错)

A.小明自己独立承担事故赔偿责任

B.小明的监护人承担事故相应的赔偿责任

C.小明的监护人和小明所在的学校共同承担赔偿责任

D.小华的监护人承担事故全部责任

72.[2021山东]《中华人民共和国义务教育法》规定,教科书根据(　　)编写,内容力求精简,精选必备的基础知识、基础技能,经济实用,保证质量。

A.国家课程标准和学生身心特点　　B.国家建设发展需要

C.教育规律和学生身心特点　　D.国家教育方针和课程标准

73.[2021内蒙古]依据我国《教师法》,教师最基本的权利是(　　)

A.管理学生权　　B.科研学术活动权

C.民主管理权　　D.教育教学权

74.[2019四川]某教师积极参加学校工会活动,并对学校的改革发展建设献策,该教师行使的权利是(　　)

A.教育教学权　　B.控告检举权　　C.民主管理权　　D.进修培训权

75. [2021内蒙古]某初级中学违反国家有关规定向学生收取补课费,有权责令该校退还所收费用的是(　　)

A. 教育行政机关　　B. 纪检部门

C. 公安机关　　D. 物价部门

76. [2020湖北]《中华人民共和国义务教育法》规定,凡是年满六周岁的适龄儿童、少年因身体状况需要延缓入学或者休学的,其父母或者其他法定监护人应当提出申请,由(　　)批准。

A. 当地乡镇人民政府或者县级人民政府教育行政部门

B. 当地中小学、村委会或者居委会等一线基层部门

C. 当地乡镇人民政府或者省级人民政府教育行政部门

D. 当地县级人民政府或者省级人民政府教育行政部门

77. [2022四川]我国义务教育的年限是(　　)

A. 5年　　B. 9年　　C. 10年　　D. 12年

78. [2019河北]根据我国《未成年人保护法》的规定,对违法犯罪的未成年人坚持(　　)的原则。(常考)

A. 教育为主、惩罚为辅　　B. 惩罚为主、教育为辅

C. 教育与惩罚并重　　D. 开除学籍

79. [2020四川]课间,九岁的小陈在关门时,夹伤了同班同学小黄的手,医务室老师认为伤势严重,需送往医院治疗,小黄要求小陈付医药费,但怕父母责备,请求老师不要告诉父母自己受伤的事。从教育法的角度来看,班主任老师最佳的做法是(　　)

A. 不告诉小黄家长,并主张学校负担医药费

B. 告知双方家长,并主张小陈的家长负担医药费

C. 不告诉小黄家长,并主张小陈的家长负担医药费

D. 告知双方家长,并主张双方家长共同负担医药费

80. [2020内蒙古]某学生在学校放假期间,擅自翻越学校围墙摔倒在地,导致腿部受伤,经治疗花去医疗费5000元。对于该名同学受到的伤害,下列表述正确的是(　　)(常考)

A. 学校没有过错,无需承担赔偿责任　　B. 学校没有过错,但要承担部分赔偿责任

C. 学校存在过错,应当承担全部赔偿责任　　D. 学校存在过错,应当承担部分赔偿责任

81. [2018河北]国务院和地方各级人民政府用于实施义务教育财政拨款的增长比例应当(　　)财政经常性收入的增长比例,保证按照在校学生人数平均的义务教育费用逐步增长,保证教职工工资和学生人均公用经费逐步增长。

A. 低于　　B. 不低于　　C. 高于　　D. 不高于

82. [2019山西]下列做法没有违反《中华人民共和国义务教育法》对学校的有关规定的是(　　)

A. 甲小学同意接收具有接受普通教育能力的残疾适龄儿童小王随班就读

B. 乙小学为了方便教学管理,把教学班级分为重点班和非重点班

C. 丙小学发现一名六年级学生经常欺负其他弱小同学并屡教不改,决定开除该学生

D. 丁小学选用未经审定,由自己老师参与编写的教科书

83. [2020广东]发生学生伤害事故,属于重大伤亡事故的,教育行政部门应当按照有关规定及时向(　　)报告。

A. 同级人民政府和上一级教育行政部门　　B. 主管教育行政部门及有关部门

C. 上级人民政府和主管教育行政部门　　D. 教育管理委员会和公安部门

84. [2020河北]我国为提高全民族素质而颁布的法律是(　　)

A.《中华人民共和国家庭教育法》　　B.《中华人民共和国义务教育法》

C.《中华人民共和国教师法》　　D.《中华人民共和国高等教育法》

85. [2020山西]以下不属于《学生伤害事故处理办法》的适用范围的是(　　)(易混)

A. 学校组织的校外活动　　B. 学生自行组织的校外活动

C. 在学校实施的教学活动　　D. 学生宿舍

二、多项选择题

1. [2022内蒙古]学校应当把德育放在首位,寓德育于教育教学之中,开展与学生年龄相适应的社会实践活动,形成(　　)相互配合的思想道德教育体系,促进学生养成良好的思想品德和行为习惯。

A. 个体　　B. 家庭　　C. 学校　　D. 社会

2. [2022河南]发生学生伤害事故时,学校与受伤害学生或学生家长可以采取的解决途径有(　　)

A. 双方书面请求政府部门进行裁决　　B. 双方书面请求主管教育行政部门调解

C. 双方通过协商解决　　D. 未成年学生的监护人依法直接提起诉讼

3. [2021河北]《中华人民共和国未成年人保护法》指出,国家保障未成年人的(　　)等权利。

A. 生存权　　B. 选举权　　C. 受保护权　　D. 参与权

4. [2022内蒙古]人民政府教育督导机构对(　　)等进行督导,督导报告向社会公布。

A. 义务教育工作执行法律法规情况　　B. 教育教学质量

C. 教科书审定　　D. 义务教育均衡发展状况

5. [2019贵州]近年来,校园安全引发高度关注,某县人民政府和学校认为及时消除安全隐患,预防事故发生是工作的重中之重,所采取的以下措施中正确的有(　　)

A. 学校建立、健全安全制度和应急机制　　B. 学校对学生进行安全教育并加强管理

C. 县政府定期对学校校舍安全进行检查　　D. 县政府及时维修、改造需维修、改造的校舍

6. [2022四川]下列人员中,可以参加义务教育教科书编写的有(　　)

A. 学科专家　　B. 中学教师

C. 国家机关工作人员　　D. 教科书审查人员

E. 教育行政部门工作人员

7.［2019河南］根据《中华人民共和国教育法》的相关规定，以下说法正确的是(　　)

A.国家教育考试必须由国家批准的实施教育考试的机构承办

B.国家教育考试可以以公民个人名义承办

C.国家实行国家教育考试制度

D.国家教育考试由国务院教育行政部门确定种类

8.［2021重庆］根据《未成年人保护法》相关规定，不允许或不适宜未成年人进入的场所有(　　)

A.歌厅舞厅　　B.成人酒吧　　C.棋牌会所　　D.文化中心

9.［2020辽宁］根据法律规定，国务院和县级以上地方人民政府根据实际需要，设立专项资金，扶持(　　)实施义务教育。(常考)

A.农村地区　　B.民族地区　　C.城市地区　　D.乡镇地区

10.［2017重庆］《中华人民共和国义务教育法》明确规定，义务教育必须贯彻国家的教育方针，实施素质教育，提高教育质量，使适龄儿童、少年在(　　)等方面全面发展，为培养有理想、有道德、有文化、有纪律的社会主义建设者和接班人奠定基础。

A.品德　　B.智力　　C.体质　　D.劳动

11.［2020广东］根据《中华人民共和国教育法》的相关规定，"以(　　)举办或者参与举办的学校及其他教育机构不得设立为营利性组织。"

A.财政性经费　　B.捐赠资产　　C.个人投资　　D.外商投资

12.［2019内蒙古］在我国，取得教师资格的条件有哪些(　　)

A.中国公民、有教育教学能力

B.有良好的思想道德品质

C.有规定的学历或者经国家教师资格考试合格

D.有专业知识和正确的教育理念

13.［2020天津］教师有下列情形之一的，由所在学校、其他教育机构或者教育行政部门给予行政处分或者解聘的情况包括(　　)

A.故意不完成教育教学任务给教育教学工作造成损失的

B.体罚学生，经教育不改的

C.品行不良，影响恶劣的

D.侮辱学生，影响恶劣的

14.［2022内蒙古］根据《中华人民共和国义务教育法》规定，有下列情形之一的，依照有关法律、行政法规的规定予以处罚(　　)

A.胁迫或者诱骗应当接受义务教育的适龄儿童、少年失学、辍学

B.教科书循环使用

C.出版未经依法审定的教科书

D.非法招用应当接受义务教育适龄儿童、少年

15.［2020山西］根据《中华人民共和国教育法》规定，广播、电视台(站)应当开设教育节目，促进受教育者(　　)素质的提高。

A.体育运动　　B.文化　　C.思想品德　　D.科学技术

16.［2019陕西］根据《中华人民共和国教育法》的规定，受教育者的平等权利主要表现在(　　)

A.入学方面　　B.成绩方面　　C.升学方面　　D.就业方面

17.［2020内蒙古］国家建立统一的义务教育教师职务制度。教师职务分为(　　)

A.初级职务　　B.中级职务　　C.高级职务　　D.特级职务

18.［2020江西］学生伤害事故的范围仅限于对(　　)的伤害。(易混)

A.生命权　　B.财产权　　C.身体权　　D.健康权

19.［2020河北］根据《中华人民共和国教育法》，我国教育的基本原则有(　　)

A.教育公益性原则　　B.推广普通话原则

C.奖励突出贡献原则　　D.建立和完善终身教育体系原则

E.对受教育者进行政治思想道德教育的原则

20.［2018河北］按照《中华人民共和国教师法》的规定，对侮辱，殴打教师的，根据不同情节应(　　)

A.给予行政处分或者行政处罚　　B.造成损害的，责令赔偿损失

C.教育教育就行　　D.情节严重，构成犯罪的，依法追究刑事责任

21.［2021山东］2021年修正的《中华人民共和国教育法》第七条，教育应当继承和弘扬(　　)，吸收人类文明发展的一切优秀成果。

A.中华民族优秀的历史文化传统　　B.中华优秀传统文化

C.革命文化　　D.社会主义先进文化

22.［2020河北］《中华人民共和国义务教育法》规定(　　)

A.实施义务教育，不收学费、杂费　　B.适龄儿童、少年免试入学

C.未经审定的教科书，不得出版、选用　　D.学校不得分设重点班和非重点班

23.［2021河南］教育对外交流应遵循的原则有(　　)

A.独立自主　　B.资源共享　　C.平等互利　　D.相互尊重

24.［2022河北］根据《中华人民共和国未成年人保护法》的规定，未成年人的父母或者其他监护人应当履行的职责包括(　　)

A.对未成年人进行安全教育　　B.妥善管理和保护未成年人的财产

C.为未成年人订立婚约　　D.对未成年人实施家庭暴力

25.［2019河北］根据我国《义务教育法》的规定，学校违反国家规定收取费用的(　　)(易错)

A.由县级人民政府教育行政部门责令退还所收费用

B.由县级人民政府教育行政部门给予通报批评

C.由县级人民政府教育行政部门责令限期改正

D.对直接负责的主管人员和其他直接责任人员依法给予处分

26. [2022河南]根据《学生伤害事故处理办法》的规定，学校对未成年学生负有的职责有(　　)

A. 安全管理职责　　B. 自救教育职责

C. 法定监护职责　　D. 安全教育职责

E. 安全保护职责

三、判断题

1. [2022河南]由于教师个人行为导致他人合法权利受损，学校也要承担责任。(　　)

2. [2021广东]国家实行教育与宗教相分离。(　　)

3. [2022辽宁]中等及中等以下教育由国务院和省、自治区、直辖市人民政府管理。(　　)

4. [2022内蒙古]教师考核结果是受聘任教、晋升工资、实施奖惩的依据。(　　)

5. [2020广东]根据《中华人民共和国义务教育法》的相关规定，社会公共文化体育设施应当为学校开展课外活动提供便利。(　　)

6. [2019福建]学校组织师生参加社会公益活动，必须以不影响正常教育教学活动为前提。(　　)

7. [2020河南]中小学教师和职业学校教师享受教龄津贴和其他津贴，具体办法由全国人大常委会会同有关部门制定。(　　)

8. [2017河北]社会组织或者个人依法举办的民办学校实施义务教育的，依照我国《民办教育促进法》有关规定执行。(　　)

9. [2018广东]教师在科学研究、社会服务等方面成绩优异的，由所在学校予以表彰、奖励。(　　)

10. [2020河南]张某对海鲜严重过敏，张某的父母没有告知学校，张某在学校食堂食用海鲜后出现呕吐、腹痛、腹泻等反应，学校依法不用承担相应责任。(　　)

11. [2022内蒙古]未成年人的父母或者其他监护人不得使未满十六周岁的未成年人脱离监护单独生活。(　　)

12. [2018吉林]假如王老师主动要求去到少数民族地区和边远贫困地区从事教育教学工作，那么地方各级人民政府不应当予以补贴。(　　)

13. [2020广东]根据《中华人民共和国义务教育法》的相关规定，适龄儿童、少年的父母或者其他监护人有权决定是否让适龄儿童、少年接受义务教育。(常考)(　　)

14. [2019黑龙江]《中华人民共和国教育法》的适用范围为中华人民共和国境内的各级各类教育，军事学校教育由中央军事委员会根据《中华人民共和国教育法》的原则规定，宗教学校教育由国务院另行规定。(　　)

15. [2022安徽]《中华人民共和国未成年人保护法》规定，对未成年人的信件、日记、电子邮件，任何组织或者个人不得隐匿、毁弃。(　　)

16. [2020河北]国家禁止非师范高等学校毕业生到中小学或者职业学校任教。(　　)

17. [2020广东]教育应当继承和弘扬中华民族优秀的历史文化传统，吸收人类文明发展的一切优秀成果。(　　)

18. [2021重庆]国家支持、鼓励和组织教育科学研究，推广教育科学研究成果，促进教育质量提高。(　　)

19. [2020黑龙江]教师的基本权利是管理学生权。(常考)(　　)

20. [2019福建]经某省认定颁发的教师资格证书在其他省不适用。(　　)

21. [2018广东]县级以上地方各级人民政府及其教育行政部门可因经济原因将公办学校变为私立学校。(　　)

22. [2020安徽]《中华人民共和国未成年人保护法》所称未成年人是指未满18周岁的公民。(　　)

23. [2017山东]参加继续教育是中小学教师的权利和义务。(　　)

24. [2019广东]我国实行教师资格、职务、聘任制度，通过考核、奖励、培养和培训，提高教师素质，加强教师队伍建设。(　　)

25. [2021河北]网络游戏服务提供者不得在每日二十二时至次日八时向未成年人提供网络游戏服务。(　　)

26. [2022广东]幼儿园、校外培训机构不得对学龄前未成年人进行学前教育。(　　)

27. [2017广东]学校和其他教育机构应当逐步实行教师聘任制，实施教师聘任制的步骤、办法由国务院教育行政部门规定。(　　)

28. [2018吉林]王老师为惩罚班上几名调皮的男同学，对他们实施了较为严重的体罚，已构成犯罪，但考虑到王老师是第一次实施体罚，且主观上是为学生着想，因此可免除其刑事责任。(　　)

29. [2020河南]取得初级中学教师资格，应当具备中等师范专科学校毕业及其以上学历。(易错)(　　)

30. [2019山西]教师的聘任应当遵循双方地位平等的原则，由教育行政主管部门和教师签订聘任合同，明确规定双方的权利、义务和责任。(　　)

31. [2019广东]根据我国《教育法》的规定，国家制定学前教育标准，加快普及学前教育，构建覆盖城乡，特别是农村的学前教育公共服务体系。(　　)

32. [2019福建]教师可以通过教职工代表大会或者其他形式，参与学校的民主管理。(　　)

33. [2019广东]国家财政性教育经费、社会组织和个人对教育的捐赠，必须用于教育，不得挪用、克扣。(　　)

34. [2019广东]农村义务教育所需经费，由中央人民政府根据国务院的规定分项目、按比例分担。(　　)

35. [2019安徽]发生学生伤害事故，学校与受伤害学生或者学生家长不得以协商方式解决。(　　)

36. [2021四川]15岁的王某非常顽劣，因与校外学生打架致人重伤，被判刑半年。刑满释放后的王某要求回学校继续读完初三，学校有权拒绝王某的就读申请。(　　)

37. [2020广东]学校不得聘用受过处分的人担任工作人员。(　　)

38. [2017广东]提供符合国家安全标准的教育教学设施和设备是教师应当履行的一项义务。(　　)

39.[2021江苏]对违法犯罪的未成年人,实行教育、感化、挽救的方针,坚持教育为主、惩罚为辅的原则。 ( )

40.[2017山西]学校仅对发生在校园范围内的学生伤害事故依法承担相应的责任,对学生在校外场所发生的学生伤害事故,学校不承担责任。(易错) ( )

41.[2019湖南]学校应把智育放在首位,寓智育于教育教学之中。 ( )

42.[2018广东]图书馆、博物馆、体育馆(场)等社会公共文化体育设施,以及历史文化古迹和革命纪念馆(地),应当让教师、学生免费进入,为受教育者接受教育提供便利。 ( )

43.[2021内蒙古]义务教育学校可以不接收具有接受普通教育能力的残疾适龄儿童、少年随班就读。 ( )

44.[2020广东]根据我国《教育法》的规定,教育是社会主义现代化建设的基础,国家保障教育事业优先发展。 ( )

45.[2017湖南]教师应当制止有害于学生的行为或者其他侵犯学生合法权益的行为,批评和抵制有害于学生健康成长的现象。 ( )

46.[2017广东]教师的考核应当客观、公正、准确,校长在听取学生的意见后便可做出判断。 ( )

47.[2020黑龙江]任何组织或者个人不得招用未满十八周岁的未成年人。 ( )

48.[2022广东]教师退休或者退职后,享受国家规定的退休或者退职待遇。 ( )

49.[2018广东]国家机关应当为教师的社会调查和社会实践提供方便,给予协助,但企业事业单位和其他社会组织则不需要给予其协助。 ( )

50.[2018山西]聘任教师担任一定的职务一般任期为三年。 ( )

51.[2021河北]游艺娱乐场所设置的电子游戏设备,除国家法定节假日外,不得向未成年人提供。 ( )

52.[2017广东]学校对教师考核的内容一般包括思想道德和业务水平两个方面,并把教师的业务水平作为教师职称评定的最重要依据。 ( )

四、填空题

1.[2022福建]《中华人民共和国教育法》第三十一条规定,学校及其他教育机构应当按照国家有关规定,通过以教师为主体的________等组织形式,保障教职工参与民主管理和监督。

2.[2022江苏]《中华人民共和国未成年人保护法》规定:父母或者其他监护人应当关注未成年人的生理、________状况和行为习惯。

3.[2021福建]《中华人民共和国义务教育法》第十九条规定,县级以上地方人民政府根据需要设置相应的实施________教育的学校(班),对视力残疾、听力语言残疾和智力残疾的适龄儿童、少年实施义务教育。

4.[2019山东]我国义务教育的三个特征是________、________、________。

5.[2018山西]中华人民共和国的公民有受教育的________。

6.[2021福建]《中华人民共和国教师法》规定,取得教师资格的人员首次任教时,应当有________期。

7.[2019江苏]《中华人民共和国教育法》颁布于________年。

8.[2019福建]根据《中华人民共和国义务教育法》第二十七条规定,对违反学校管理制度的学生,学校应当予以批评教育,不得________。

9.[2019安徽]________是我国教育史上第一部关于教师的单行法律。

10.[2017福建]根据《中华人民共和国教育法》第六条规定,教育应当坚持________,对受教育者加强社会主义核心价值观教育,增强受教育者的社会责任感、创新精神和实践能力。

11.[2018山西]《中华人民共和国教育法》第一条规定:"为了发展教育事业,提高全民族的素质,促进社会主义物质文明和精神文明建设,根据________,制定本法。"

整合提升

一、单项选择题

1.[2022广东]我国《教育法》规定,国务院和县级以上地方各级人民政府应当向( )报告教育工作和教育经费预算、决算情况,接受监督。

A.上级人民代表大会或者其常务委员会　B.全国人民代表大会或者其常务委员会

C.本级人民代表大会或者其常务委员会　D.本级党的纪律检查委员会

2.[2020河南]以下情形中,符合相关教育法律规定的是( )(易混)

A.为了保护在校学生隐私,老师不得以任何方式向学生监护人透露成绩

B.经过多年研究,吴老师编写了一套教科书,自费印刷给学生使用

C.家长带5周岁的可可去报名,可可被小学拒绝入学

D.小凯高考作弊,没收小抄后老师继续让他考试

3.[2020广东]下列关于《中华人民共和国教师法》的说法中,正确的有( )个。

①每年九月十日为教师节

②中小学教师资格由市级以上地方人民政府教育行政部门认定

③取得小学教师资格,应当具备中等师范学校毕业及其以上学历

A.0　B.1　C.2　D.3

4.[2022广东]小霞是一个早产儿,出生时因病毒感染,导致其双耳失聪,等小霞到小学入学年龄时,其父母应该( )

A.送小霞到当地小学就读　B.送小霞到特殊教育学校就读

C.向当地乡镇人民政府申请休学　D.送小霞去技术院校学习技术

5.［2020河南］中午放学后，刘敏和几位同学到学校门口李老师开的餐馆里就餐，由于食材变质，刘敏和同学们出现了腹泻。则对此事件应当承担主要责任的是（　　）（易错）

A. 李老师　B. 学校　C. 市场监管局　D. 刘敏

6.［2019江西］下列关于义务教育，表述不正确的观点是（　　）

A. 德国是推行义务教育最早的国家

B. 我国《宪法》首次以法律形式确定在我国普及初等义务教育

C. 义务教育的本质特征是具有免费性

D. 义务教育的教材价格由有关部门按照微利原则确定

7.［2020河南］下列关于学生遭受人身伤害的处理原则表述不正确的是（　　）

A. 由校园中的无民事行为能力或限制民事行为能力的学生造成的学生伤害事故，应当由造成伤害的学生的监护人来承担相应的赔偿责任

B. 因学校教师或者其他工作人员实施与其职务无关的个人行为造成的学生伤害事故，应由致害人依法承担相应的责任

C. 未成年学生在学校开展的对抗性或者具有风险性的体育竞赛活动中发生意外伤害的，学校应承担相应的责任

D. 学校安排学生参加活动，因提供交通工具、食品及其他消费与服务的经营者，或者学校以外的活动组织者的过错造成的学生伤害事故，有过错的当事人应当依法承担相应的责任

8.［2018天津］学生伤害事故的责任，其确定依据是（　　）（常考）

A. 相关当事人的经济条件、责任的承担能力

B. 相关当事人的过错性质、程度和悔过态度

C. 相关当事人的行为与损害后果的因果关系

D. 相关当事人的态度与损害后果的严重程度

9.［2019广西］下列关于教师资格证取得的说法，正确的是（　　）（易错）

A. 申请人普通话水平达到一级乙等以上标准

B. 申请人因过失犯罪被判刑不能取得教师资格

C. 受委托的高等学校可以受理教师资格认定申请

D. 外国人在中国境内任教的，可以申请教师资格

10.［2019山东］下列有关教育法律法规的表述不正确的是（　　）

A.《中华人民共和国教师法》对教师权利与义务做出了全面规定

B. 根据我国《未成年人保护法》，教师对学生进行体罚是违法行为

C. 1995年颁布的《教师资格条例》规定，持有国家教师资格证者才可以被聘任

D.《中华人民共和国义务教育法》是2006年正式颁布实施的

二、多项选择题

1.［2022内蒙古］以下情况不能获得教师资格证的有（　　）

A. 不具备教师法规定的教师资格学历的公民　B. 被剥夺政治权利

C. 故意犯罪受到有期徒刑以上刑事处罚的　D. 师范类高校毕业生

2.［2021山东］以下行为违反《中华人民共和国未成年人保护法》的是（　　）

A. 某老师有抽烟嗜好，在校不上课时抽几支

B. 被撤销监护人资格的父母不再负担抚养费用

C. 小明17周岁，去饭店打工补贴家用

D. 初中老师当着全班同学读某同学的情书，公开对其进行批评教育

3.［2019山东］某学校的下列行为中，符合《中华人民共和国教育法》相关规定的有（　　）

A. 举行教师评优及年度考核活动　B. 开展教职工宿舍环境整治活动

C. 开展教师继续教育活动　D. 将学生的奖学金用于校园绿化建设

E. 组织教师外出旅行

4.［2017广东］中国义务教育"统一性"中的统一包括要制定统一的义务教育阶段（　　）（易错）

A. 教科书设置标准　B. 教学标准

C. 经费标准　D. 建设标准

E. 学生公用经费的标准

5.［2017湖南］根据《学生伤害事故处理办法》的规定，下列说法正确的有（　　）（常考）

A. 所有学校对在校的未成年学生都应承担监护责任

B. 学生应当遵守学校的规章制度和纪律，在不同的受教育阶段，应当根据自身的年龄、认知能力和法律行为能力，避免和消除相应的危险

C. 学生有特异体质或者特定疾病，由于参加了某种其不适宜参加的教育教学活动而发生伤害事故的，学校应承担事故责任

D. 学生在自行乘车上学途中遭遇车祸，学校行为并无不当的，学校不承担事故责任

6.［2019山东］学校事故作为一种侵权行为，应具有以下哪些特征（　　）

A. 学校或教师基于故意而实施的行为　B. 学校或教师侵害学生的合法权益

C. 侵害行为的侵害对象是学生的人身权　D. 必须是学校或者教师基于过错而实施的行为

7.［2020辽宁］关于教师聘任制度的说法，下列叙述正确的是（　　）

A. 聘任合同具有法律效力，只对所聘教师有约束力

B. 聘任制度应体现按需分配的原则

C. 聘任制度应体现按劳分配的原则

D. 聘任是一种法律行为，它确立的是双方的法律关系

8. [2020河南]监护人的职责是(　　)

A. 保护被监护人的身体健康,照顾被监护人的生活

B. 管理和保护被监护人的财产,代理被监护人的民事活动,在被监护人合法权益受到侵害或与人发生争执时,代理其进行诉讼

C. 对被监护人进行管理和教育,对被监护人损害他人合法权益的行为,依法承担民事责任

D. 不管不问

9. [2020广东]我国下列公民中,依法享有接受义务教育权利的有(　　)

A. 小红,朝鲜族,8岁　　B. 小满,汉族,6岁,父亲被刑拘

C. 小李,汉族,7岁,全家信奉基督教　　D. 小明,汉族,10岁,丧失听觉

10. [2018山西]学校给韩老师下达了新学期的教学任务,为了保障韩老师顺利完成教学任务,学校应当(　　)

A. 为韩老师提供符合国家安全标准的教育教学设施

B. 强制韩老师加班

C. 对韩老师的创造性工作给以鼓励

D. 支持韩老师制止学生打架的行为

11. [2018广东]关于对教师依法进行表彰,下列说法正确的是(　　)(常考)

A. 只对在升学考试中,其所教学生取得优异成绩的教师进行表彰

B. 领导不能把对教师的表彰名额作为索取贿赂的筹码

C. 应当注重民主推选,以教师的工作实绩为依据

D. 应当对德育工作优秀的教师进行表彰

E. 只能在教师节进行表彰

12. [2018辽宁]根据《中华人民共和国教育法》的规定,我国现代教育的基本制度包括(　　)

A. 学校教育制度　　B. 学业证书制度

C. 学位制度　　D. 国家教育考试制度

三、判断题

1. [2019广东]发生学生伤害事故,情形严重的,为不影响学校正常秩序,学校可暂缓几日后再向当地人民政府报告。(　　)

2. [2019山西]根据教育法律的归责原则,过错责任是指以过错作为归责的构成要件和归责的最终要件,同时以过错作为确定行为人及其监护人责任范围的重要依据。(　　)

第四章　教育热点及政策

基础训练

一、单项选择题

1. [2022安徽]教育部等七部门印发的《关于加强和改进新时代师德师风建设的意见》中指出,评价教师队伍素质的第一标准是(　　)

A. 师德师风　　B. 教学水平　　C. 师生关系　　D. 学历职称

2. [2022辽宁]习近平总书记主持召开中央全面深化改革委员会第二十二次会议时强调,要把(　　)紧紧抓在手上,深入开展社会主义核心价值观教育,抓好学生德育工作,把弘扬革命传统、传承红色基因深刻融入到学校教育中来。

A. 经济工作　　B. 科学文化工作　　C. 人才工作　　D. 思想政治工作

3. [2022内蒙古]《中小学教师违反职业道德行为处理方法》中对中小学教师的处分包括警告、记过、降低岗位等级或撤职、开除。其中,记过期限为(　　)

A. 6个月　　B. 12个月　　C. 18个月　　D. 24个月

4. [2022河南]2022年4月,教育部印发新修订的义务教育课程方案和语文等16个课程标准,以习近平新时代中国特色社会主义思想为指导,落实(　　)根本任务,强调育人为本,依据培养要求,明确义务教育阶段培养目标。(常考)

A. 深化教育改革　　B. 立德树人

C. 促进教育公平　　D. 教书育人

5. [2022安徽]《关于进一步减轻义务教育阶段学生作业负担和校外培训负担的意见》指出,小学三至六年级与初中书面作业平均完成时间分别不超过(　　)

A. 30分钟　60分钟　　B. 60分钟　90分钟

C. 90分钟　120分钟　　D. 120分钟　150分钟

6. [2022辽宁]某校教师周某存在抚摸、故意触碰学生身体特定部位等猥亵行为,依据《未成年人学校保护规定》,他将面临怎样的惩罚(　　)

①开除或者解聘

②警告或者严重警告

③有教师资格的,由主管教育行政部门撤销教师资格,纳入从业禁止人员名单

④涉嫌犯罪的,移送有关部门依法追究责任

A. ①②③　　B. ②③④　　C. ①③④　　D. ①②④

7.[2022内蒙古]2014年9月9日,习近平总书记在同北京师范大学师生代表座谈时提出,(　　)是教书育人、播种未来的指路明灯。

A.扎实学识　　B.道德情操　　C.正确理想信念　　D.仁爱之心

8.[2022河南]教育部发布的《关于大力推进幼儿园与小学科学衔接的指导意见》指出要强化衔接意识,幼儿园与小学协同合作,科学做好入学准备和入学适应,促进儿童顺利过渡。这里的衔接是指(　　)

A.双向衔接　　B.科学衔接　　C.合理衔接　　D.系统衔接

9.[2022江苏](　　),是办好教育的根本保证。

A.在全社会开展"四史"宣传教育　　B.加强新时代知识产权强国建设

C.加强党对教育工作的全面领导　　D.深入实施新时代人才强国战略

10.[2022浙江]落实立德树人根本任务的关键课程是(　　)

A.思想政治理论课　　B.通识课　　C.自然科学课　　D.心理健康课

11.[2021山东]《中华人民共和国国民经济和社会发展第十四个五年规划和2035年远景目标纲要》提出,十四五时期,高等教育毛入学率达到(　　)

A.70%　　B.65%　　C.60%　　D.55%

12.[2022河南]教育部等八部门联合印发的《新时代基础教育强师计划》提出到2025年,建成一批国家师范教育基地,形成一批可复制可推广的教师队伍建设改革经验,培养一批(　　)中小学教师和教育领军人才。(易混)

A.名师层次　　B.硕士层次　　C.教育家型　　D.研究型

13.[2022天津]根据《未成年人学校保护规定》,学校不得组织、安排学生从事抢险救灾、参与危险性工作,不得安排学生参加(　　)活动及其他不宜学生参加的活动。

A.竞赛性　　B.商业性　　C.户外参观　　D.教学计划外

14.[2022辽宁]下列关于校规校纪的说法正确的是(　　)

A.未经公布的校规校纪不得施行

B.校规校纪应由家长委员会制定

C.校规校纪须经主管教育部门审议通过

D.班级舆论是校规校纪在一个班级的具体表现

15.[2021安徽]《中共中央 国务院关于全面加强新时代大中小学劳动教育的意见》指出:"注重围绕增加劳动知识、技能,加强家政学习,开展社区服务,适当参加生产劳动,使学生初步养成认真负责、吃苦耐劳的品质和职业意识。"这一内容要求针对的学段是(　　)

A.小学低年级　　B.小学中高年级　　C.初中　　D.普通高中

16.[2021江西]《中共中央 国务院关于全面深化新时代教师队伍建设改革的意见》中提出,要把提高教师(　　)和职业道德水平摆在首要位置,把社会主义核心价值观贯穿教书育人全过程。

A.思想政治素质　　B.学科专业水平　　C.个人综合素质　　D.个人创新能力

17.[2021安徽]《中国学生发展核心素养》以培养"全面发展的人"为核心,包括的六大素养是(　　)

①人文底蕴、科学精神　　②学会学习、健康生活

③责任担当、实践创新　　④国际视野、爱国情怀

A.①②③　　B.①②④　　C.①③④　　D.②③④

18.[2020安徽]中共中央、国务院印发的《中国教育现代化2035》指出,2035年推进教育现代化的主要发展目标之一是(　　)

A.全面普及初中阶段教育　　B.全面普及高中阶段教育

C.全面普及高等教育　　D.全面普及小学教育

19.[2022河南]2021年3月教育部等六部门印发了《义务教育质量评价指南》,其中践行为党育人、为国育才使命,促进义务教育公平发展和质量提升体现的基本原则是(　　)

A.坚持正确方向　　B.坚持以评促建

C.坚持育人为本　　D.坚持问题导向

20.[2020安徽]《中共中央 国务院关于全面加强新时代大中小学劳动教育的意见》指出,坚持党的领导,围绕培养担当民族复兴大任的时代新人,着力提升学生综合素质,促进学生全面发展、健康成长。这属于劳动教育的(　　)

A.重大意义　　B.指导思想　　C.基本原则　　D.教育体系

21.[2021山东]2020年12月23日,教育部颁布《中小学教育惩戒规则(试行)》,将教育惩戒纳入法治轨道。《中小学教育惩戒规则(试行)》首次对教育惩戒的概念进行了定义,认为教育惩戒是一种(　　)

A.管理方式　　B.评价方式　　C.惩罚方式　　D.教育方式

22.[2020山西]下列属于《新时代中小学教师职业行为十项准则》中对于"坚持言行雅正"的要求的是(　　)

A.不得歧视、侮辱学生　　B.忠于祖国,忠于人民

C.落实立德树人根本任务　　D.不得与学生发生任何不正当关系

23.[2019福建]《中共中央 国务院关于全面深化新时代教师队伍建设改革的意见》在战略意义中强调,教育发展的第一资源是(　　)

A.教师　　B.知识　　C.制度　　D.技术

24.[2020山西]实施教育行政处罚的机关,除法律、法规另有规定的外,必须是(　　)的教育行政部门。

A.国务院　　B.省人民政府

C.地(市)级以上人民政府　　D.县级以上人民政府

25.[2020安徽]《新时代中小学教师职业行为十项准则》明确提出,落实立德树人根本任务,遵循教育规律和学生成长规律,因材施教,教学相长。这体现的行为准则是(　　)(易混)

A.自觉爱国守法　　B.潜心教书育人

C.坚持言行雅正　　D.规范从教行为

26.[2019贵州]我国第一个以教育现代化为主题的中长期战略规划是(　　)

A.《中国教育现代化2030》　　B.《中国教育现代化2035》

C.《中国教育现代化2045》　　D.《中国教育现代化2050》

27.[2020贵州]2019年6月23日,《中共中央　国务院关于深化教育教学改革全面提高义务教育质量的意见》明确提出"制定实施细则,明确教师(　　)。"(常考)

A.教育惩戒权　　B.惩罚权　　C.教育惩罚权　　D.教育权

28.[2022安徽]《中共中央　国务院关于全面加强新时代大中小学劳动教育的意见》要求,中小学劳动教育课每周不少于(　　)

A.1课时　　B.2课时　　C.3课时　　D.4课时

29.[2018安徽]2018年1月,中共中央、国务院印发的《关于全面深化新时代教师队伍建设改革的意见》,确立公办中小学教师作为(　　)特殊的法律地位。

A.教学管理人员　　B.社会职能人员

C.行政管理人员　　D.国家公职人员

30.[2021河南]依据《中小学教师违反职业道德行为处理办法》(2018年修订),下列不属于对教师进行处分的是(　　)

A.警告　　B.记过　　C.降低岗位等级　　D.通报批评

31.[2022河北]根据《中华人民共和国职业教育法》的规定,职业学校教育分为(　　)

A.初等职业学校教育和高等职业学校教育　　B.中等职业学校教育和高等职业学校教育

C.初等职业学校教育和优等职业学校教育　　D.初等职业学校教育和中等职业学校教育

32.[2022安徽]"了解幼小和小初衔接阶段小学生的心理特点,掌握帮助小学生顺利过渡的方法"属于《小学教师专业标准(试行)》专业知识中的(　　)

A.通识性知识　　B.学科知识

C.教育教学知识　　D.小学生发展知识

33.[2022河北]根据《中华人民共和国家庭教育促进法》的规定,组织有关部门统筹建设家庭教育信息化共享服务平台的单位是(　　)

A.省级以上人民政府　　B.市级人民政府

C.县级人民政府　　D.乡镇人民政府

二、多项选择题

1.[2022安徽]《深化新时代教育评价改革总体方案》指出,新时代教育评价改革要遵循的主要原则是(　　)

A.坚持立德树人　　B.坚持问题导向

C.坚持科学有效　　D.坚持文凭优先

2.[2022福建]依据《中小学教育惩戒规则(试行)》规定,学生违反校规校纪,情节较重或者经当场教育惩戒拒不改正的,学校可以实施的教育惩戒措施包括(　　)(易错)

A.承担校内公益服务任务

B.由学校德育工作负责人予以训导

C.安排接受专门的校规校纪、行为规则教育

D.暂停或者限制学生参加游览、校外集体活动以及其他外出集体活动

3.[2022河南]《关于深化教育教学改革全面提高义务教育质量的意见》提出坚持"五育"并举,全面发展素质教育的具体措施有(　　)

A.加强劳动教育　　B.突出德育实效　　C.提升智育水平　　D.强化体育锻炼

E.增强美育熏陶

4.[2021安徽]《关于加强和改进新时代师德师风建设的意见》中提出了坚持尊重规律的基本原则,即遵循(　　),注重高位引领与底线要求结合、严管与厚爱并重,不断激发教师内生动力。

A.社会发展规律　　B.教育规律

C.教师成长发展规律　　D.师德师风建设规律

5.[2021江西]《新时代中小学教师职业行为十项准则》的基本内容包括(　　)

A.坚定政治方向　　B.传播优秀文化

C.严格要求学生　　D.加强安全防范

6.[2022内蒙古]《关于加强和改进新时代师德师风建设的意见》指出:要将师德师风建设要求贯穿教师管理全过程。严格考核评价,落实师德第一标准。将师德考核摆在教师考核的首要位置,坚持(　　),提高评价的科学性和实效性,全面客观评价教师的师德表现。

A.多主体多元评价　　B.以事实为依据

C.定性与定量相结合　　D.突出规则立德

7.[2021福建]根据《中国学生发展核心素养》,下列属于实践创新的核心要点的有(　　)

A.勤于反思　　B.劳动意识　　C.问题解决　　D.自我管理

8.[2022辽宁]以下学校行为违反《未成年人学校保护规定》的有(　　)

A.甲小学所在街道拟建一大型实体书店,学校安排学生在元旦假期参加开工剪彩活动

B.乙中学将学生带入校园的智能手机统一收缴并销毁

C.丙学校将学生成绩以私聊的方式告知学生家长

D.丁学校以品行不端为由拒收转校生小明

9.[2022天津]习近平总书记在同北京师范大学师生代表座谈时,曾经引用了《荀子·大略》中的"国将兴,必贵师而重傅;贵师而重傅,则法度存"。这说明(　　)

A.中华民族有尊师重教、崇智尚学的优良传统　　B.教育是民族振兴、社会进步的重要基石

C.党和国家高度重视教育事业和教师发展　　D.当今国际竞争的实质是教育和人才的竞争

10.［2022 内蒙古］2018年9月10日，习近平总书记在全国教育大会上的讲话中指出："思想政治工作是学校各项工作的生命线，各级党委、各级教育主管部门、学校党组织都必须紧紧抓在手上。"切实加强思想政治工作，必须将其贯穿教育教学全过程，实现（　　）（易混）

A. 全员育人　　B. 全程育人　　C. 全面育人　　D. 全方位育人

11.［2022 河南］《新时代基础教育强师计划》要求，以提升教师（　　）为重点，筑基提质、补短扶弱、做优建强、全面提高教师培养培训质量，整体提升中小学教师队伍教书育人能力素质，促进教师数量、素质、结构协调发展，为构建高质量教育体系奠定坚实的师资基础。

A. 思想政治素质　　B. 师德师风水平

C. 教研探究能力　　D. 教育教学能力

12.［2020 山西］中共中央、国务院印发的《中国教育现代化 2035》提出了推进教育现代化的八大基本理念，其中包括（　　）

A. 更加注重知行合一　　B. 更加注重共建共享

C. 更加注重以智为先　　D. 更加注重面向人人

13.［2022 四川］习近平总书记在与北京师范大学师生代表座谈时，对教师的工作性质做了重要定位：教师重要，就在于教师的工作是（　　）的工作。

A. 塑造灵魂　　B. 塑造生命　　C. 塑造人　　D. 塑造精神

E. 塑造道德

14.［2020 江西］《中共中央 国务院关于深化教育教学改革全面提高义务教育质量的意见》对"促进信息技术与教育教学融合应用"做了规定，提出要（　　）

A. 提升教师教学水平　　B. 推进"教育+互联网"发展

C. 加快数字校园建设　　D. 加强信息化终端设备及软件管理

15.［2022 河北］教育部颁布《中小学教育惩戒规则（试行）》，下列属于明确禁止的不当教育行为的是（　　）

A. 以击打、刺扎等方式直接造成身体痛苦的体罚

B. 因个人或者少数人违规违纪行为而惩罚全体学生

C. 指派学生对其他学生实施教育惩戒

D. 超过正常限度的罚站、反复抄写，强制做不适的动作或者姿势

三、判断题

1.［2021 江苏］扭转教育功利化倾向，就要坚决克服唯分数、唯升学、唯文凭、唯论文、唯帽子等现象。（　　）

2.［2021 广东］学生扰乱教育教学秩序，影响他人的，教师可以采取必要措施，将学生带离教室或者教学现场，并予以教育管理。（　　）

3.［2021 重庆］中小学防治学生欺凌和暴力的直接负责人之一是班主任。（　　）

4.［2021 河南］教师可以组织学生、家长以民主讨论的形式共同制定班规，并报告给学校进行备案后施行。（　　）

5.［2020 山东］到2035年，教师综合素质、专业化水平和创新能力大幅提升，培养造就数以万计的骨干教师、卓越教师、教育家型教师。这是《关于全面深化新时代教师队伍建设改革的意见》中提出的目标任务。（　　）

6.［2020 广东］大中小学每学年设立劳动周，可在学年内或寒暑假自主安排，以个人劳动为主。（　　）

7.［2021 河南］小学高年级、初中和高中阶段的学生违规违纪情节严重或者影响恶劣的，学校可给予超过一周的停课或者停学，要求家长在家进行教育。（　　）

整合提升

一、单项选择题

1.［2022 山东］国家政策规定中小学生每天在校体育锻炼时长是多少（　　）

A. 半小时　　B. 一小时　　C. 一个半小时　　D. 两小时

2.［2022 河北］2021年，全国教育支出3.76万亿元，比上年增长3.5%。自2012年以来，国家财政性教育经费支出占GDP比例连续10年超过（　　）

A. 2%　　B. 5%　　C. 4%　　D. 3%

3.［2020 河北］依据《学校卫生工作条例》，下列不属于学校卫生工作主要任务的是（　　）

A. 监测学生健康状况

B. 对学生进行健康教育，培养学生良好的卫生习惯

C. 改善学校卫生环境和教学卫生条件

D. 对遗传性疾病进行预防和治疗

4.［2020 山西］《中共中央 国务院关于深化教育教学改革全面提高义务教育质量的意见》中提出了全面提高义务教育质量的主要任务。下列选项中，不属于《意见》中提出的主要任务的是（　　）

①坚持"五育"并举，全面发展素质教育

②健全充满活力的教育体制

③强化课堂主阵地作用，切实提高课堂教学质量

④按照"四有好老师"标准，建设高素质专业化教师队伍

⑤把改革创新作为教育发展的强大动力

⑥深化关键领域改革，为提高教育质量创造条件

A. ①②　　B. ②⑤　　C. ③④　　D. ⑤⑥

5.［2020 河南］教职工代表大会人员组成中，教师代表一般应占（　　）左右。

A. 40%　　B. 50%　　C. 60%　　D. 67%

6. [2020内蒙古]根据《关于进一步加强学校体育工作的若干意见》,中小学生每天校园体育活动时间应达到( )

A. 0.5小时　　B. 1小时　　C. 1.5小时　　D. 2小时

7. [2021安徽]依据《中学教师专业标准(试行)》可知,在教师专业能力领域中,合理处理课堂偶发事件属于( )

A. 教学设计能力　　B. 教学实施能力

C. 教育教学评价能力　　D. 反思与发展能力

二、多项选择题

1. [2021河北]中小学教师专业标准在"专业能力"中提出的基本要求有( )

A. 尊重学生个体差异　　B. 善于自我调节情绪

C. 有效调控教学过程　　D. 妥善应对突发事件

2. [2020广东]根据《学校体育工作条例》的规定,下列关于体育教师的说法正确的有( )

A. 体育教师应当热爱学校体育工作

B. 学校按照教学计划中体育课授课时数所占的比例和开展课余体育活动的需要配备体育教师

C. 对体育教师的职务聘任、工资待遇应当与其他任课教师同等对待

D. 体育教师组织课间操(早操)、课外体育活动和课余训练、体育竞赛一般不计算工作量

3. [2018广东]国务院于2018年1月印发的《关于全面深化新时代教师队伍建设改革的意见》中提到的教师队伍建设的基本原则有( )

A. 确保方向　　B. 突出师德　　C. 统一政策　　D. 强化保障

三、判断题

1. [2022辽宁]"双减"是指要有效减轻义务教育阶段学生过重作业负担和校外培训负担。 ( )

2. [2020广东]各级各类学校应当把应急知识教育纳入教学内容,对学生进行应急知识教育,培养学生的安全意识和自救与互救能力。 ( )

3. [2019江苏]2018年1月,中共中央、国务院颁布了《关于全面深化新时代教师队伍建设改革的意见》,这是新中国成立以来,党中央出台的第一个专门面向教师队伍建设的里程碑式政策文件。 ( )

第五部分　新课程改革

基础训练

一、单项选择题

1. [2022辽宁]学校课程要以充分的灵活性适应于地方社会发展的需要,以显著的特色性适应于学校的办学宗旨和方向。这体现的新课程结构特征是( )

A. 均衡性　　B. 独立性　　C. 综合性　　D. 选择性

2. [2022河北]新课程改革的核心理念是( )(常考)

A. 提高课堂教学效果　　B. 切实减轻学生的学习负担

C. 以学生发展为本　　D. 培养学生的实践能力

3. [2022辽宁]新课程改革规定从小学至高中设置综合实践活动并作为必修课程,以下属于综合实践活动的是( )(常考)

A. 体育活动　　B. 文艺晚会　　C. 研究性学习　　D. 演讲竞赛

4. [2022天津]教育改革的核心内容是( )

A. 课程改革　　B. 教学方法改革

C. 教育理念　　D. 教育目标

5. [2021河南]新课程改革倡导( )的课程评价。(常考)

A. 强调学生学会学习　　B. 立足过程,促进发展

C. 强调新的学习方式　　D. 突出甄别和选拔功能

6. [2020河北]新课程改革倡导建立促进学生( )的评价指标体系。

A. 全面发展　　B. 学业成绩　　C. 学科竞赛　　D. 社会活动

7. [2020广东]综合实践活动的主题、活动方式、活动过程,都是学生在教师的指导下,从他们的现实生活情境中确定和设计的。这体现了综合实践活动的( )特点。(易混)

A. 综合性　　B. 实践性　　C. 开放性　　D. 自主性

8. [2021安徽]( )是新课程倡导的现代学习方式的首要特征,与传统学习方式相比,二者在学生的具体学习活动中表现为:"我要学"和"要我学"。

A. 独立性　　B. 主动性　　C. 体验性　　D. 独特性

9. [2021安徽]新课程改革注意培养学生的( ),如语文、英语、音乐等科目,要敢于大胆地演说、表演节目、回答问题等。

A. 专门技能　　B. 理性精神　　C. 表达能力　　D. 延伸能力

10.[2021河南]学生在开展以"保护绿水青山"为主题的综合实践活动过程中,自己选择老师,自己查阅资料、确定活动方案,自己呈现活动结果。这体现出综合实践活动的(　　)

A.综合性　B.开放性　C.自主性　D.实践性

11.[2020宁夏]学生基于自身兴趣,在教师指导下确定研究专题,主动地解决问题的学习是(　　)

A.创作学习　B.研究性学习　C.小组学习　D.实践学习

12.[2021江苏]新课改基础教育的要求是(　　)要达到的基本素质要求。

A.每个学生　B.特殊学生　C.部分学生　D.大部分学生

13.[2021安徽]新课程改革的主要任务是:更新观念、转变方式、重建制度。在新课改所要完成的三大主要任务中,(　　)是核心任务。

A.教师课堂教学方式的改革　B.转变学生的学习方式

C.改变学生在学校里的生存条件　D.重新建立教育评价制度

14.[2020辽宁]新一轮基础教育课程改革在具体目标上提出,改变课程内容"繁、难、偏、旧"和过于注重书本知识的现状,精选(　　)必备的基础知识与技能。

A.终身学习　B.全面教育　C.终身教育　D.全民教育

15.[2020辽宁]2001年开始的新课程改革是中华人民共和国成立以来的第(　　)次规模较大的课程改革。

A.六　B.七　C.八　D.九

16.[2021河南]新课程教学改革要求我们首先确立起(　　)(常考)

A.以课堂教学为中心的教学观念

B.与新课程相适应的、体现素质教育精神的教学观念

C.教师为主导、学生为主体的教学观念

D.先进的教学观念

17.[2019广东]李老师是小学五年级某班的语文老师兼班主任,他认为学生的学习时间很紧张,因此总是占用体育课给学生补习语文。李老师虽然是出于好心,但是其做法违背了新课改的(　　)原则。

A.稳定性　B.选择性　C.综合性　D.均衡性

18.[2020辽宁]新课改中,教育观念的转变主要是指(　　)

①教育功能观的转变　②评价观的转变　③学生观的转变　④教学观的转变　⑤教师观的转变

A.①②③　B.②③④　C.①②③④　D.①②③④⑤

19.[2020天津]新课程改革提倡的学习方式是自主学习、合作学习、探究学习,改变过去那种单纯的(　　)的学习方式。

A.讲授式　B.教学式　C.思考式　D.接受式

20.[2021四川]新课程改革中被强调为"平等中的首席"的教育要素是(　　)

A.教师　B.学生　C.教学内容　D.教学手段

21.[2018河南]新课程改革所倡导的现代学习方式的核心特征是(　　)

A.体验性　B.交互性　C.独立性　D.主动性

22.[2018河南]基础教育课程改革要以邓小平同志关于(　　)和江泽民同志"三个代表"重要思想为指导。

A.教育要面向现代化、面向世界、面向未来　B.教育要面向现代化、面向学生、面向未来

C.教育要面向科学化、面向世界、面向未来　D.教育要面向现代化、面向世界、面向发展

23.[2022辽宁]综合实践活动作为必修课,在我国实施的学段范围是(　　)

A.自学前班至高中三年级　B.自小学一年级至高中三年级

C.自小学三年级至高中三年级　D.自初中一年级至高中三年级

24.[2018河南]探究学习的实施过程是(　　)(易错)

A.计划—问题—研究—解释—反思　B.问题—计划—研究—解释—反思

C.问题—计划—研究—反思—解释　D.计划—问题—解释—研究—反思

25.[2020辽宁]《基础教育课程改革纲要(试行)》指出,建立以教师自评为主,(　　)共同参与的评价制度,使教师以多种渠道获得信息,不断提高教学水平。

A.校长、教师、学生　B.校长、教师、家长

C.校长、教师、学生、家长　D.教育行政部门、校长、教师、学生

26.[2018河南]俗话说:"知之者莫如好之者,好之者莫如乐之者。"这句话体现的课程理念是(　　)

A.关注学生对知识的收获　B.关注学生的情感生活和情感体验

C.关注学生的健康成长　D.关注学生的情感生活和人格养成

27.[2019山西]课程改革的焦点主要是协调(　　)两者之间的关系。

A.国家发展需要与学生发展需要　B.教师发展需要与学生发展需要

C.学校发展需要与教师发展需要　D.国家发展需要与教育发展需要

28.[2021河南]在新课程改革中,教师的教学行为发生的变化是(　　)(易混)

A.在对待教学关系上,新课程强调教导、答疑

B.在对待与其他教育者的关系上,新课程强调独立自主精神

C.在对待自我上,新课程强调反思

D.在对待师生关系上,新课程强调权威、批评

29.[2020河南]有些教师认为,课程内容改革的主体是教育专家,与中小学教师无关。这种认识忽视了(　　)

A.教师是学生学习的促进者　B.教师是课程的建设者和开发者

C.教师是教育教学的研究者　D.教师是社区型的开放的教师

30. [2019广东]为了解决日常学习中遇到的问题,很多班级采用小组式学习模式,有利于同学之间互助学习。这体现了新课程提出的( )

A. 自主学习　B. 合作学习　C. 探究学习　D. 创造学习

31. [2021河南]新课程改革中教师角色将发生转变,下列表述正确的是( )

A. 从教师与学生的关系看,新课程要求教师应该是学生学习的模仿者

B. 从教学与研究的关系看,新课程要求教师应该是教育教学的研究成果推广者

C. 从教学与课程的关系看,新课程要求教师应该是课程的建设者和开发者

D. 从学校与社区的关系来看,新课程要求教师应该是学者型的独立的教师

32. [2018内蒙古]下列不属于新课程改革的具体目标的是( )

A. 优化课程结构　B. 更新课程内容

C. 转变学习方式　D. 提升课程理论

33. [2017河北]课程改革从实质上讲,就是课程的( )问题。

A. 综合化　B. 系统化　C. 理论化　D. 现代化

34. [2020河南]教师作为学生学习的( ),是教师最明显、最直接、最富时代性的角色特征,也是教师角色的核心特征。

A. 引路人　B. 促进者　C. 合作者　D. 服务者

二、多项选择题

1. [2022辽宁]现代学习方式的基本特征包括( )(常考)

A. 独立性　B. 独特性　C. 体验性　D. 问题性

2. [2021河南]下列哪些属于新课程所倡导的教学观( )

A. 教学最主要的就是课程传递和执行的过程

B. 教学是师生交往、积极互动、共同发展的过程

C. 教学重过程甚于重结论

D. 教学更为关注人而不只是学科

3. [2021广东]下列属于基础教育课程改革的具体目标的有( )

A. 改变课程管理过于集中的状况,实行国家、地方、学校三级课程管理

B. 改变课程内容"繁、难、偏、旧"和过于注重书本知识的现状,加强课程内容与学生生活以及现代社会和科技发展的联系

C. 改变课程过于注重知识传授的倾向,强调形成积极主动的学习态度

D. 改变课程评价过分强调甄别与选拔的功能,发挥评价促进学生发展、教师提高和改进教学实践的功能

4. [2021河南]新课程倡导的新的学习方式主要有( )(常考)

A. 自主学习　B. 讨论学习　C. 探究学习　D. 合作学习

5. [2019河南]我国基础教育课程改革倡导"自主学习",其特点有( )

A. 自主学习是一种主动学习　B. 自主学习是一种独立学习

C. 自主学习是一种研究性学习　D. 自主学习是一种元认知监控的学习

6. [2020辽宁]新课程在培养学生能力方面倡导( )(常考)

A. 培养学生主动参与、乐于探究、勤于动手的能力

B. 培养学生收集和处理信息的能力、获取新知识的能力

C. 培养学生分析和解决问题的能力

D. 培养学生获得知识的一致性和统一性

7. [2020江苏]( )是课程改革的出发点。

A. 以人为本　B. 强调"知识与技能"的提高

C. 教学质量的提升　D. 以学生的发展为本

8. [2018河南]我国基础教育课程改革的整体趋势是( )

A. 科学性与人文性融合　B. 个性化与多样化交织

C. 分层推进,加快过渡　D. 从"双基"到"四基"

9. [2020辽宁]下列说法中,反映当代世界各国课程改革的共同趋势的有( )(常考)

A. 重视课程内容的综合化　B. 重视基础学科的结构化

C. 重视课程建设的标准化　D. 重视个别差异

10. [2021辽宁]"为了每位学生的发展"是新课程改革的核心理念。"为了每位学生的发展"的基本含义包括( )(常考)

A. 关注学生作为"整体的人"的发展　B. 统整学生的生活世界和科学世界

C. 寻求学生主体对知识的建构　D. 致力于塑造学生的消费观

11. [2020天津]关于现代教学的新观念说法正确的是( )

A. 从重视学法向重视教法转变　B. 从重视知识传授向重视能力培养转变

C. 从重视结果向重视过程转变　D. 从重视继承向重视创新转变

12. [2021河南]新课程结构区别于现行课程结构的三个基本特点是( )(常考)

A. 均衡性　B. 综合性　C. 选择性　D. 系统性

三、判断题

1. [2022贵州]新课程改革倡导"以人为本"的学生观,这里的"人"是指教师。( )

2. [2022河南]贯彻新课程以人为本的教育理念,首先应该实现学生自主选择课程。( )

3. [2020宁夏]新课程改革的核心目标是课程结构的转变。( )

4. [2018吉林]基础教育课程改革强调加强课程内容与学生生活以及现代社会和科技发展的联系,关注学生的学习兴趣和经验。( )

5.[2018湖北]自主学习,就是学生自学,突出学生的主体地位,教师不需要介入和指导。(易错)　(　　)

6.[2018湖南]新课程改革从单纯注重传授知识转变为引导学生学会学习、学会合作、学会生存、学会做人,这是实现课程结构的转变。　(　　)

7.[2019江苏]新课程倡导的学习方式是研究性学习、体验性学习和实践性学习,不主张接受式学习。　(　　)

8.[2019河南]研究性学习是一种学习方式,而不是一种课程形态。　(　　)

9.[2020山西]新课程改革倡导以学生的学习成绩为本。　(　　)

10.[2021山西]"师道尊严"的师生关系在今天的新课程改革中受到了责难,新课改认为师生之间的关系是一种交往对话的平等关系。　(　　)

11.[2020辽宁]新一轮的课程改革,就是对传统教学的彻底改变。　(　　)

四、填空题

1.[2018江苏]"为了每位学生的发展"就是要使学生成为一个"整体的人","整体的人"包括人的完整性和________两层含义。

2.[2020河南]新课程认为教学过程的本质是________。

3.[2019天津]新课程改革提倡师生新关系,新课程中具有现代师生关系的模式是________。

整合提升

一、单项选择题

1.[2022河南]随着信息社会的飞速发展,学生获得知识的途径多元化,教师不再是学生唯一的知识源。这就要求教师不能简单地把知识传授作为自己的主要任务和目的,而应成为学生学习的(　　)

A.指导者和促进者　　B.组织者和管理者

C.平等中的首席　　D.反思者与研究者

2.[2021江西]我国第八次课程改革是规模最大、影响最为深广的课程改革,以下观点不属于本次课程改革价值追求的是(　　)

A.我国课程体系必须追求国际性与民族性的内在统一

B.课程体系应该为学生创设促进个性发展的社会情境

C.谋求部分条件优越的适龄儿童享受高质量的基础教育

D.自由的日常交往视为重要的课程资源

3.[2019天津]新课程评价对课程的实施起着重要的导向和(　　)作用。(易错)

A.价值衡量　　B.方向把控

C.专业指导　　D.质量监控

4.[2019河南]下列选项中,不属于综合实践活动课程实施过程的是(　　)

A.选取课题　　B.活动导入　　C.活动展开　　D.活动总结

5.[2022贵州]新课程改革中提到关注人是新课程的核心理念,下列关于新课程改革的表述,不正确的一项是(　　)

A.新课程要使学生发展成为一个整体的人

B.关注学生对知识的掌握程度,重视学生的考试成绩

C.关注学生的个性发展

D.新课程改革的理论基础是人本主义教育思潮、建构主义教育思潮、多元智力理论

6.[2021山西]当前,在我国基础教育新课程体系中,"综合实践活动"课程是一门与各学科课程有着本质区别的新课程,是我国基础教育课程体系的结构性突破。下列有关综合实践活动的说法,错误的是(　　)

A.是一种以学生的经验与生活为核心的实践性课程

B.是新的基础教育课程体系中设置的选修课程

C.活动有指定领域与非指定领域之分

D.社区服务与社会实践是综合实践活动的四大指定领域之一

7.[2021安徽]"学生是否具有浓厚的兴趣,对学习是否具有好奇心和求知欲"属于从学生的(　　)来评价课堂的教学质量。(易混)

A.情绪状态　　B.注意状态　　C.交往状态　　D.生成状态

8.[2020河南]我国幅员辽阔,各地经济文化发展存在较大差异性,这就要求在设计课程结构时,必须具有(　　)

A.选择性　　B.差异性　　C.变通性　　D.整体性

9.[2019湖南]下列关于探究性学习的说法不正确的是(　　)

A.在各种科目中都可以开展探究学习　　B.不同学段对探究的水平有不同的要求

C.把探究性学习与现代技术相结合　　D.探究性学习的评价应以总结性评价为主

二、多项选择题

1.[2022河南]新课程改革的基本理念是(　　)

A.以学生发展为本　　B.培养环境意识

C.减轻学生学习负担　　D.以创新精神和实践能力培养为重点

2.[2021山西]新课程倡导自主学习、探究学习和合作学习,下列体现了新课程学习方式的有(　　)(易错)

A."知之者不如好之者,好之者不如乐之者"

B."自为之,不若与人为之;与少为之,不若与众为之"

C."有匪君子,如切如磋,如琢如磨"

D."独学而无友,则孤陋而寡闻"

3. [2020河南]新一轮基础教育课程改革中,哪些做法体现了课程体系在整体上谋求走向综合化( )

A. 密切课程内容与日常生活的联系

B. 从小学三年级至高中设置非学科的"综合实践活动"课程

C. 设置许多"综合性学科",推进课程综合化,对旧有课程结构进行改造

D. 各分科课程都尝试综合化改革,强调科学知识同生活世界的交汇、理性认识同感性经验的融合、知识学习和知识运用的结合

4. [2022山东]"新课改"强调的观点有( )

A. 要给学生一杯水,老师要有一桶水　　B. 自主学习、合作学习

C. 师生共成长　　D. 教师是学生成长的促进者

5. [2017河南]下列哪些环节可以组织学生合作学习( )(易错)

A. 在教学内容的重点和难点处　　B. 在教学内容的易混淆处

C. 在思维的交锋处　　D. 在思维的发散处

6. [2021河南]新课程所强调的教学反思被认为是教师专业发展和自我成长的核心因素,下列行为属于教学反思的是( )

A. 教师在教学前思考教学内容的深度和范围是否适合

B. 教师在教学过程中,根据学生的反馈对教学计划进行调整

C. 帮助学生检视反思自我,明了自己想要学习什么和获得什么

D. 教师根据执行教学计划的情况,反思采用其他的活动和方法是否更有效

7. [2020辽宁]新课程改革加强了思想品德教育的针对性和实效性,主要体现在( )(易错)

A. 加强德育课程的建设　　B. 在各门课程中渗透德育

C. 建立新的教学方式　　D. 设置综合实践活动为必修课

8. [2020河南]教师在教学中作为促进者的角色的特征包括( )

A. 积极地旁观　　B. 给学生心理支持

C. 知识传播　　D. 帮学生培养自律能力

9. [2020辽宁]新课程改革所倡导的师生关系,应该是( )

A. 民主的　　B. 平等的　　C. 对话的　　D. 互动的

三、判断题

1. [2020辽宁]在新课程中,课程评价主要是为了"选拔适合教育的儿童",从而促进儿童的发展。( )

2. [2020安徽]课程改革与开发由政府和教育专家负责,一线教师负责落实。( )

3. [2018湖南]新课程强调将学生学习的过程转化为形成正确价值观的过程,其价值观是指将知识转化为巨大的经济利益。( )

4. [2022四川]从"应试教育"转向"素质教育",说明当代教学从重视知识传授转为重视能力培养。( )

5. [2020河南]学生学习方式上的转变是对未来教师最大的挑战。( )

6. [2021河南]新课程观下,课程就是指文本课程,即教学计划、教学大纲、教科书等文件。(常考)( )

7. [2019湖南]探究性学习的核心是问题。( )

8. [2018山东]教师由教书匠转变为教育家的主要条件是坚持学习课程理论和教学理论。(易错)( )

9. [2019广东]"自主学习"就是学习主体自立、自为、自律的学习。( )

四、案例选择题

案例　在上科学课《指南针》时,肖老师不再使用讲授的方式,而是让学生观察指南针的结构和特点。学生边观察边记录,十分投入。交流成果时,学生纷纷发表自己的看法。这时,肖老师发现小彤欲言又止,显得有些紧张,就鼓励她说:"你记录了这么多,说说你的看法吧。"小彤回答时只讲了一点。肖老师问道:"怎么只讲了一点呢?"小彤说:"其他同学讲到的,我就没有重复,只是做了补充。"肖老师说:"非常好!"接着,学生进行小组探究,了解了指南针的结构和特点。下课时,肖老师对学生的探究活动进行了总结,并表扬了同学们认真学习的态度。

[2019广西]依据新课程的基本理念,上述案例中肖老师的教学值得肯定的有( )(不定项选择)

A. 注重学习方式的转变　　B. 创建富有个性的学校文化

C. 促进学生个体对知识的建构　　D. 通过鼓励帮助学生建立自信

第六部分　教师职业道德

基础训练

一、单项选择题

1.［2022河北］体罚学生违背了教师职业道德中(　　)的要求。

A. 热爱祖国　B. 爱岗敬业　C. 清正廉洁　D. 关爱学生

2.［2022辽宁］教师的职业性质和活动特点决定了教师的一举一动、一言一行、待人处世的态度乃至气质、性格不仅会对学生产生影响,还会通过学生对家庭和社会起潜移默化的作用。这表明教师职业道德具有(　　)

A. 高度的自觉性　B. 明显的示范性　C. 强烈的时代性　D. 广泛的利他性

3.［2022山东］在我国《中小学教师职业道德规范》中,以下不属于"为人师表"的内容的是(　　)

A. 关心集体,团结协作　B. 保护学生安全,维护学生合法权益

C. 衣着得体,举止文明　D. 自觉抵制有偿家教,不利用职务之便谋取私利

4.［2022河南］师德的灵魂是(　　)(常考)

A. 加强修养　B. 关爱学生　C. 认真教学　D. 提高业务水平

5.［2022山东］爱岗敬业是教师职业的(　　)(易混)

A. 基本要求　B. 内在要求　C. 本质要求　D. 必然要求

6.［2022河南］教师不断提高自己的政治思想觉悟,这属于(　　)

A. 教师荣誉　B. 教师技能　C. 教师公正　D. 教师义务

7.［2021安徽］教师通过自我约束、自我监督,更好地培养了教师职业道德情感、意志和信念。这属于哪一种教师职业道德修养方法(　　)

A. 加强学习　B. 开展批评与自我批评

C. 努力做到"慎独"　D. 学习先进人物

8.［2021江苏］"教师着装要表达的信息是尊严而不是刻板,是美丽而不是妖艳,是自信而不是寒碜,是高雅而不是富贵,是大方而不是怪异。"这主要是教师职业道德规范中(　　)的要求。

A. 爱岗敬业　B. 为人师表　C. 关爱学生　D. 教书育人

9.［2020辽宁］很多教师从一定程度上将自己的劳动喻为"良心活",说明教师职业道德具有(　　)

A. 自觉性　B. 严格性　C. 示范性　D. 深远性

10.［2021河南］有的班主任利用考试分数给学生排名次,并把它作为安排调整座位和评价学生的唯一标准。这违反了《中小学教师职业道德规范》中的(　　)(易混)

A. 爱国守法　B. 教书育人　C. 爱岗敬业　D. 关爱学生

11.［2018陕西］教师职业道德的基本范畴主要包括:教师义务、教师良心、(　　)、教师荣誉等。

A. 教师公正　B. 教师公平　C. 教师正义　D. 教师正当

12.［2019内蒙古］苏联教育家苏霍姆林斯基告诫教师:"请你记住,你不仅是自己学科的教员,而且是学生的教育者、生活的导师和道德的引路人。"这反映了教师职业道德的(　　)特点。

A. 教育的专门性　B. 教书和育人要求的一致性

C. 内容的全面性　D. 功能的多样性

13.［2020河北］教师进行人格修养最好的策略是(　　)

A. 取法乎上　B. 取法乎中　C. 取法乎下　D. 无法即法

14.［2020辽宁］重新修订的《中小学教师职业道德规范》中,"爱岗敬业"要求教师"忠诚于人民教育事业";"教书育人"进一步明确了教育要以学生的发展为中心。这些要求都体现了新的规范坚持(　　)的基本原则。

A. 以人为本　B. 继承与创新相结合

C. 广泛性与先进性相结合　D. 倡导性要求与禁行性规定相结合

15.［2018湖南］下列不属于《中小学教师职业道德规范》中对教师的要求的是(　　)(常考)

A. 爱国守法　B. 自强不息　C. 为人师表　D. 爱岗敬业

16.［2020辽宁］教师的师德修养,只有在(　　)中才能得到不断的充实、提高和完善。

A. 学习　B. 交往　C. 思考　D. 实践

17.［2022贵州］(　　)是教师职业道德修养的根本途径。

A. 与同事沟通　B. 学习　C. 实践　D. 参考他人经验

18.［2020辽宁］在教师职业道德的基本要素中,(　　)是对教师这一职业的追求和向往,它是形成职业态度的基础,也是实现职业目标的精神动力。

A. 职业纪律　B. 职业理想　C. 职业作风　D. 职业义务

19.［2021安徽］在古今教育发展的长河中,教师职业道德的内容越来越丰富,涉及教师职业劳动的各个方面,充分体现了教师职业道德内容的(　　)

A. 典范性　B. 全面性　C. 双重性　D. 针对性

20.［2022贵州］教师对自身职业劳动的看法和采取的行为是指(　　)

A. 教师职业技能　B. 教师职业态度　C. 教师职业纪律　D. 教师职业作风

21.［2020河南］备好每一份教案,上好每一节课,阅好每一份作业,体现了教师职业道德规范中的(　　)(常考)

A. 团结协作　B. 关爱学生　C. 爱岗敬业　D. 爱国守法

22.［2020辽宁］从教师个体职业良心形成的角度看,教师的职业良心首先会受到(　　)(常考)

A. 社会生活和群体的影响　B. 教育对象的影响

C. 教育法规的影响　D. 教育原则的影响

23.[2020河北]2008年我国重新修订的中小学教师职业道德文件名称是(　　)

A.《中小学教师职业道德要求(试行草案)》　B.《中小学教师守则》

C.《中小学教师职业道德规范》　D.《中小学教师职业道德规范(试行)》

24.[2021江苏]教师要以身作则、为人师表,这体现了教师职业道德的哪种特点(　　)

A.行为的典范性　B.意识的自觉性

C.影响的深远性　D.境界的高层次性

25.[2021河北]教师从事职业活动最强大的精神动力和根本目的是(　　)

A.职业责任感　B.职业正义感　C.职业荣誉感　D.职业幸福感

26.[2021河南]下列哪项属于教师职业道德对教育善恶的专门体现和专门要求(　　)

A.行为的典范性　B.要求的双重性　C.适用的针对性　D.内容的全面性

27.[2020河南]从教师的(　　)来看,新时期教师职业道德具有示范性的特点。

A.职业及个人素养　B.社会地位　C.人格评价　D.社会责任

28.[2019重庆]小学教师薛某参与奶制品销售商对学生销售牛奶的商业活动,并收取回扣。薛某的这种做法违背了教师职业道德规范中的(　　)

A.爱岗敬业　B.关爱学生　C.教书育人　D.为人师表

29.[2018河南]教师职业道德的价值蕴含不包括(　　)

A.教育价值　B.文化价值　C.经济价值　D.伦理价值

30.[2020河北]教师专业发展的不竭动力是(　　)

A.关爱学生　B.教书育人　C.终身学习　D.爱岗敬业

31.[2021安徽](　　)是教师在从事教育劳动过程中应遵守的规章、条例、守则等。

A.教师职业理想　B.教师职业态度　C.教师职业技能　D.教师职业纪律

32.[2018广东](　　)是教师的基本职责。

A.爱国守法　B.关爱学生　C.教书育人　D.爱岗敬业

33.[2021河北]是否具备(　　)是衡量教师职业道德素质高低的重要标志。(易混)

A.坚定的职业道德信念　B.坚强的职业道德意志

C.真诚的职业道德情感　D.良好的职业道德行为

34.[2021河北]教师职业道德在全社会道德体系中处于(　　)和主干地位。

A.重要　B.首要　C.核心　D.主导

35.[2020山西]教师职业道德中的(　　)是完成本职工作的前提基础。

A.依法执教　B.终身学习　C.关爱学生　D.为人师表

36.[2021河北]在学校教育中,教师处理教育活动各种关系的行为准则是(　　)

A.教师职业标准　B.教师专业标准

C.教师职业道德　D.教师教育原则

37.[2017山西]在教师职业道德的自我修养中,“慎独”作为修养方法,就是(　　)(常考)

A.在无外界监督的情况下,坚持自己的道德理念,自觉按道德要求行事

B.一个人用慎重的态度对待自己

C.在自我的世界里孤芳自赏

D.独自面对自己的种种不足

38.[2019湖北]许多优秀的边远地区教师,不怕条件艰苦,不计个人得失,坚定不移地战斗在教育岗位上,其中的一个重要原因就是他们(　　)

A.有高尚的职业道德目标　B.有良好的职业道德和行为习惯

C.有稳定的职业道德情感　D.有坚定的职业道德信念

39.[2020河南]某物理教师利用工作之便,让本班学生去自己家有偿补课,该教师的行为违反了教师职业道德规范中的(　　)(常考)

A.教书育人　B.关爱学生　C.为人师表　D.爱岗敬业

40.[2019重庆]加里宁说:“教师一方面要贡献出自己的东西,另一方面又要像海绵一样,从人民中、生活中和科学中吸取一切优良的东西,然后再把这些优良的东西贡献给学生。”这表明教师应(　　)

A.教书育人　B.终身学习　C.为人师表　D.爱岗敬业

41.[2020辽宁]教师职业道德评价的原则是(　　)

A.及时性原则　B.科学性原则　C.前瞻性原则　D.预见性原则

42.[2018河南]教师职业道德修养的最终目的是培养良好的(　　)

A.职业道德行为习惯　B.职业道德认知

C.职业道德情感　D.职业道德意志

43.[2021河北]教师职业道德最基本、最重要的作用是(　　)

A.调节作用　B.导向作用　C.促进作用　D.教育作用

44.[2017湖南]下列哪一项不是师德规范中“爱岗敬业”的具体要求(　　)(常考)

A.忠诚于人民教育事业　B.对工作高度负责

C.认真备课上课　D.崇尚科学精神

45.[2021河南]我国教师职业道德的基本原则是(　　)

A.严于律己,爱岗敬业　B.忠于人民教育事业

C.乐于助人,为人师表　D.甘于奉献教育事业

46.[2020河南]教师在履行教育义务的活动中,最主要、最基本的道德责任是(　　)(常考)

A.依法执教　B.教书育人　C.爱岗敬业　D.团结协作

47.[2019广西]教师承担着教书育人,培养社会主义事业建设者和接班人,提高民族素质的使命。这一使命决定了教师职业道德具有(　　)

A.境界的高层次性　B.意识的自觉性　C.行为的典范性　D.内容的全面性

48. [2019广东]一位小学数学教师教授“千克的初步认识”，在用教具天平称量粉笔时，忘了拆去天平托盘下的胶垫，出现了对同一支粉笔第一次称重为100克，第二次称重为10克的情况，而该教师把两次测量的10倍之差向学生解释为天平这种测量工具的误差。该教师的处理方法违反了(　　)的职业道德。

A. 爱国守法　B. 爱岗敬业　C. 关爱学生　D. 终身学习

二、多项选择题

1. [2022河南]教师职业道德的构成因素有(　　)

A. 教师职业技能　B. 教师职业纪律

C. 教师职业责任　D. 教师职业理想

E. 教师职业态度

2. [2022山东]师德的核心内容有(　　)

A. 关爱学生　B. 爱岗敬业　C. 教书育人　D. 为人师表

3. [2022辽宁]“教书育人”这一职业道德规范要求教师(　　)(常考)

A. 遵循教育规律，实施素质教育　B. 循循善诱，诲人不倦，因材施教

C. 培养学生良好品行，促进学生全面发展　D. 以考试成绩安排学生座位

4. [2022辽宁]教师职业道德修养的基本原则有(　　)

A. 动机与效果相统一　B. 个人与集体相统一

C. 认知与行为相统一　D. 自律与他律相统一

5. [2021广东]下列属于《中小学教师职业道德规范》中关爱学生的要求的有(　　)(常考)

A. 对学生严慈相济，做学生的良师益友　B. 关心学生的健康，维护学生的权益

C. 不讽刺、挖苦、歧视学生　D. 认真备课上课，认真批改学生作业

6. [2019河南]教师幸福是教育工作者在教育教学过程中，由于感受到目标和理想的实现，而获得的精神上的满足。以下属于其特征的有(　　)

A. 具有有限性　B. 具有个体性　C. 具有集体性　D. 具有给予性

E. 具有被给予性

7. [2020辽宁]教书育人之所以成为教师的天职，主要基于(　　)

A. 教书育人是建设精神文明的需要

B. 教书育人是实施素质教育的需要

C. 教书育人概括了教师最根本的社会职责

D. 教书育人是教育方针和培养目标对教师行为的根本要求

8. [2020辽宁]《中小学教师职业道德规范》中关于“爱国守法”所规定的具体职业行为要求有(　　)

A. 全面贯彻国家教育方针　B. 自觉遵守教育法律法规

C. 不得有违背党和国家方针政策的言行　D. 依法履行教师职责权利

9. [2018河南]李老师在做班主任期间，在家校联系中，除了平时和家长保持电话联系外，同时利用休息时间到个别学生家里家访，让家长及时了解学生的情况，还给家长讲些教育学生的知识，以便更好地教育孩子。根据《中小学教师职业道德规范》的相关规定，李老师的行为(　　)

A. 凸显了爱岗敬业精神　B. 体现了严谨治学的要求

C. 符合为人师表的要求　D. 符合关爱学生的要求

10. [2020湖南]教师职业道德对教师教育行为的调节主要是通过(　　)来实现的。(常考)

A. 社会舆论　B. 传统习惯　C. 内心信念　D. 国家强制

11. [2019辽宁]加强师德修养的意义包括(　　)

A. 有利于形成优厚的薪酬制度　B. 有利于做好教育工作

C. 有利于教师道德品质的完善　D. 有利于弘扬社会主义风尚

12. [2021山西]师德情感是指教师心理上对师德规范所产生的一种爱憎、好恶、荣辱、美丑等的情感体验，是师德意识的一部分。以下属于师德情感的有(　　)

A. 正义感　B. 自豪感　C. 荣誉感　D. 幸福感

13. [2022河南]与其他职业道德相比，教师职业道德的特殊性体现在(　　)

A. 意识的自觉性　B. 行为的示范性

C. 情感的真实性　D. 影响的深远性

三、判断题

1. [2022河南]教师职业道德既是一种行为规范，又是一种文化现象。(　　)

2. [2022安徽]根据《中小学教师职业道德规范(2008年修订)》的规定，“潜心钻研业务，勇于探索创新，不断提高专业素养和教育教学水平”属于终身学习。(常考)(　　)

3. [2022河北]不认真辅导学生，敷衍塞责，违背了教师职业道德规范中“爱岗敬业”的要求。(　　)

4. [2022河南]教师职业道德的内在要求是关爱学生。(　　)

5. [2018黑龙江]教师荣誉对教师道德行为的取向具有导向和制约作用。(　　)

6. [2020黑龙江]教师职业道德和其他职业道德的区别是爱岗敬业。(易错)(　　)

7. [2018山东]教师职业道德高低的试金石是教书育人。(　　)

8. [2021广东]教师职业道德的功能具有多样性，其中社会促进功能是最基本、最主要的功能。(　　)

9. [2019山东]教师职业道德建设是一件牵动千家万户并影响千秋万代的大事，所以说教师职业道德的影响具有广泛性和深远性。(　　)

10. [2020辽宁]教师职业道德修养的最高层次是“慎独”。(常考)(　　)

11. [2018吉林]教师的灵魂在师德，师德的灵魂在于教师对学生的爱。(　　)

12. [2020湖南]教师公正是教育公正的核心内容。(　　)

13. [2018四川]师德对教师的行为起着规范和评价的作用。(　　)

14. [2020河北]《礼记》中"师也者,教之以事而喻诸德者也"体现了教师职业道德要求的全面性特点。( )

15. [2018山西]教师只要在课堂教学中按其职业道德的要求行事就可以了。( )

四、填空题

1. [2019河南]教师荣誉即社会对教师的道德行为的价值所做出的公认的客观评价和教师对自己行为的价值的________。

2. [2019河南]教师公正也就是教师的教育公正,是指教师在教育和教学过程中,________地对待和评价每一位学生。

3. [2019江苏]《中小学教师职业道德规范》要求教师树立________的理念,扩展知识视野,更新知识结构。

4. [2019山东]2008年修订的《中小学教师职业道德规范》包括________、________、________、________、________、________。

5. [2019江苏]新修订的《中小学教师职业道德规范》共六条,体现了教师职业特点对师德的本质要求和时代特征,________是贯穿其中的核心和灵魂。

6. [2019安徽]"循循善诱,诲人不倦,因材施教"体现了________的师德规范。

7. [2019安徽]"学为人师,行为世范"体现了________的教师职业道德。

整合提升

一、单项选择题

1. [2022辽宁]良好的师德修养不是与生俱来的,下列不能提升教师职业道德修养的是( )

A. 加强学习树立正确的世界观和人生观　B. 在教育实践中认识师德观念

C. 接受家长的馈赠和意见　D. 虚心向先进教师学习

2. [2022内蒙古]在一节数学课上,一位教师公开批评一位学生说:"学不好数学,还想当科学家?"该教师的行为违反了教师职业道德规范中( )的要求。

A. 关爱学生　B. 教书育人　C. 爱岗敬业　D. 为人师表

3. [2022河南]韩愈提出教师应"以身立教",这样的教师才会"其身亡而教存"。这体现了教师职业道德中的( )

A. 学而不厌,诲人不倦　B. 师爱

C. 以身作则,为人师表　D. 职业信念

4. [2022河南]加里宁说:"既然你们在今天、明天、后天就得把你们所有的一切都奉献出去,但同时你们如果不日新月异地补充自己的知识、力量和精力,那么你们的任何东西都留不下来了。"这体现了教师职业道德规范中的( )

A. 爱国守法　B. 终身学习　C. 教书育人　D. 为人师表

5. [2022辽宁]林老师班上有一名随班就读的智障学生小舒。在帮助小舒掌握知识的同时,林老师还随机地渗透了帮助他人、与他人友好合作等情感教育;在班级活动中,林老师从不把他当智障学生对待,鼓励他参加广播操比赛、队列比赛、英语比赛等,同学们也都热情地帮助他。林老师的做法遵循了( )的教师职业道德规范。

A. 为人师表和团结协作　B. 爱国守法和求实创新

C. 爱岗敬业和终身学习　D. 关爱学生和教书育人

6. [2022河南]要求教师以公正不倚的态度来对待学生和处理好各种人际关系的道德情感属于( )

A. 自豪感　B. 幸福感　C. 正义感　D. 荣誉感

7. [2019山东]教师对自己从事的教育工作及其社会意义有明确而深刻的认识,并表现出较高的热情、较强的责任心和职责意识。这是教师职业道德中( )的体现。

A. 鲜明的继承性　B. 严格的标准性　C. 独特的示范性　D. 高度的自觉性

8. [2019四川]与其他职业道德相比,下列对于教师职业道德的描述不正确的是( )

A. 教师职业道德对人的影响更深更广　B. 教师职业道德对人的影响更具示范性

C. 教师职业道德的调节方式更具他律性　D. 社会各方面对教师职业道德的要求更高

9. [2019山东]与其他职业道德相比,师德具有的特殊价值是( )(常考)

A. 伦理价值　B. 激励价值　C. 经济价值　D. 规范性价值

10. [2020河北]"一生清贫,坚守三尺讲台"突出体现了教师的( )

A. 道德认识　B. 道德意志　C. 道德行为　D. 道德情感

11. [2020山东]某教师对学生们说:"成绩好是衡量你们学业成功的标志,我们教师的责任就是让每位同学考上理想的大学。"该教师的说法违背职业道德规范中的( )

A. 爱岗敬业　B. 关爱学生　C. 教书育人　D. 廉洁从教

12. [2021广东]张老师在教学过程中以平等和宽容的心态对待学生,尊重每个学生的兴趣与需求、观点与看法。张老师遵循了教师职业道德原则中( )的要求。

A. 教育人道主义原则　B. 教育民主原则

C. 集体主义原则　D. 教书育人原则

13. [2020山西]( )是教师在履行自己职业责任的过程中产生的一种使命感。

A. 职业良心感　B. 职业荣誉感　C. 职业幸福感　D. 职业义务感

14. [2021广东]师德内化的最高层次是( ),这种师德内化是建立在对道德原则的本质理解和坚信不疑基础上的,是近于完美的师德内化。

A. 遵守师德规范

B. 不接受师德规范

C. 将师德升华为自身的道德信念

D. 具备自主的道德信仰并充当师德的推行者、捍卫者

15.［2020辽宁］教师职业道德规范体系是由教师职业道德原则、教师职业道德规范和教师职业道德范畴等方面共同构成的，其中处于核心和首要地位的是（　　）

A. 教师职业道德规范　　B. 教师职业道德原则

C. 教师职业道德范畴　　D. 教师职业道德修养

16.［2020山西］（　　）是关系到能否教育好学生，培养好人才的大问题，是衡量教师职业道德水准高低的一个起码尺度。（易混）

A. 教书育人　　B. 乐于奉献　　C. 严谨治学　　D. 团结协作

17.［2019四川］下列教育家与其提出的教师职业道德思想匹配不正确的是（　　）（易错）

A. 孟子——教者必以正

B. 捷尔任斯基——谁爱孩子，孩子就爱他

C. 荀子——礼者，所以正身也；师者，所以正礼也

D. 蔡元培——肯说真话，敢驳假话，不说狂话

18.［2017江西］苏霍姆林斯基认为："教师成为学生道德上的指路人，并不在于他时时刻刻都在讲道理，而在于他对人的态度，能为人师表，在于他有高度的道德水平。"这一论述阐明了教师职业道德具有（　　）

A. 鲜明的继承性　　B. 强烈的责任性

C. 独特的示范性　　D. 严格的标准性

19.［2019广东］下列不属于中小学教师必须养成的职业道德习惯的是（　　）

A. 热情主动　　B. 宽容公正　　C. 善于合作　　D. 美丽高贵

20.［2018江西］以下不属于新时期教师职业道德规范的特征的是（　　）

A. 体现以人为本的理念　　B. 坚持继承与创新相结合

C. 倡导严慈相济的理念　　D. 他律与自律相结合

21.［2021山西］"以身教者从，以言教者讼。"这说明教师应遵守（　　）的职业道德规范。

A. 廉洁从教　　B. 关爱学生　　C. 教书育人　　D. 为人师表

22.［2018陕西］教师职业道德评价的一般标准是（　　）

A. 至善标准　　B. 真假标准　　C. 美丑标准　　D. 善恶标准

23.［2021四川］朱熹曾经说过："无一事而不学，无一时而不学，无一处而不学。"这句话体现了教师职业道德规范的（　　）

A. 为人师表　　B. 终身学习　　C. 爱岗敬业　　D. 关爱学生

24.［2020河北］语文课上，每当讲到一些文人墨客、科学家的故事时，杜老师总会拓展这些人物是如何热爱祖国、积极探索、献身事业的。这表明杜老师做到了（　　）

A. 爱国守法　　B. 爱岗敬业　　C. 终身学习　　D. 教书育人

25.［2022辽宁］《师说》中的"师者，所以传道受业解惑也"与《礼记》中的"师也者，教之以事而喻诸德者也"，这两句话体现了教师职业道德的哪项基本原则（　　）（常考）

A. 集体主义原则　　B. 忠于人民教育事业原则

C. 教书育人原则　　D. 教育民主原则

26.［2020河北］某班主任在家长会上帮商家推广了一种"心算"教材，但并未强制家长们购买。该班主任的做法（　　）

A. 凸显了敬业精神　　B. 违背了师德规范

C. 违反了教学规律　　D. 体现了务实求真

27.［2019河南］（　　）是激励教师实现职业道德目标的动力。

A. 职业正义感　　B. 职业义务感　　C. 职业荣誉感　　D. 职业责任感

28.［2021河北］教师职业道德素质的培养应以（　　）为主。

A. 学校约束　　B. 政府规定　　C. 学生监督　　D. 教师自律

二、多项选择题

1.［2021安徽］下列哪些体现了教师乐教勤业的职业道德基本原则（　　）

A. 坚持集体利益与个人利益的辩证统一

B. 尊重和理解自己的教育对象

C. 热爱教育工作，把教育工作当成崇高的事业来追求

D. 勤奋努力地从事教育工作

2.［2022辽宁］师德评价的基本要求包括（　　）

A. 坚持评价的实践性　　B. 坚持评价的客观性

C. 坚持评价的主体性　　D. 坚持评价的动态性、发展性

3.［2019广东］教师本身具有高尚的道德、信念、情感意志和行为，对学生的世界观、人生观、审美观的形成和完善，起着潜移默化的塑造作用。这就要求教师必须（　　）

A. 树立远大的理想　　B. 具有诚实正直的品质

C. 以身立教　　D. 具有勤奋好学的作风

4.［2022辽宁］良心是发自内心的道德责任感，在教育工作开始之前，教师的良心会行使对准备采取的教育行为的"预审权"，向教师自己发出（　　）等疑问。（易错）

A."这样的行为合适吗"　　B."学生会因此受到伤害吗"

C."这样的行为有益于学生成长吗"　　D."该行为达到预期的效果了吗"

5.［2020江西］教师职业道德修养的特点包括（　　）

A. 内省性　　B. 自主性　　C. 实践性　　D. 持恒性

6.［2018山西］根据《中小学教师职业道德规范（2008年修订）》，以下教师的做法不太恰当的是（　　）

A. 李老师工作兢兢业业，对学生不敷衍塞责

B. 张老师教书努力遵循教育规律，实施素质教育，可由于自身能力有限，做得还不太好

C. 谢老师为人正派，廉洁奉公，尊重同事，尊重家长，偶尔有些学生课业不好也会帮忙辅导学生功课，做有偿家教

D. 赵老师课上得很好，学生很喜欢她，她也经常督促学生进行学习，但由于工作与家庭事务繁忙，很久没学习，也不重视自身的学习

7. [2021 山西]教师职业道德修养是指教师为了培养高尚的师德所进行的(　　)及其达到的师德水平和程度。

A. 自我锻炼　　B. 自我评价　　C. 自我教育　　D. 自我陶冶

8. [2020 辽宁]伴随社会、经济、文化发展及教育思想的转变，师德内涵不断融入了哪些新的东西(　　)

A. 具有鲜明时代特色的思想　　B. 具有鲜明时代特色的流行文化

C. 具有鲜明时代特色的观念　　D. 具有鲜明时代特色的道德意识

9. [2022 河南]师德一方面基于社会客观存在，另一方面师德又是已内化到教师个体心理品质结构中、实际制约教师个体教育教学行为的心理品质。它的特征有(　　)(易错)

A. 个体性　　B. 强制性　　C. 隐涵性　　D. 统一性

E. 显在性

三、判断题

1. [2020 辽宁]教师对优秀学生的偏爱是自然的、无可非议的。(　　)
2. [2020 四川]教师职业道德的一切内容都围绕教书育人而展开。(　　)
3. [2018 河南]衡量教师职业道德水平高低的客观依据是职业道德理想。(常考)(　　)
4. [2022 广东]师德是高于一般社会公众道德水准的职业道德。(　　)
5. [2019 河南]教师职业道德在本质上表现为教师职业行为中的向善和"应当"的价值取向。(　　)
6. [2017 四川]教师职业道德修养伴随教师一生。(　　)
7. [2018 山西]教师的职业道德不仅是教师职业区别于其他职业的根本标志，也是教师职业行为的精神基础，更是教师职业人生发展的内在动力。(　　)
8. [2019 四川]教师职业道德是在教师职业劳动产生之后逐渐形成的。(　　)
9. [2022 广东]在一次地震中，谭老师付出生命护住了自己的学生。谭老师勇于献身的精神源于教师高尚的职业理想与坚定的职业信念。(　　)
10. [2022 贵州]教育人道主义原则是现代教育的重要特征，也是现代教育区别于维护人的依赖关系的封建教育的标志之一。(　　)
11. [2021 河南]教育人道主义原则是指教师用自己的言行做出榜样，成为学生效仿的楷模。(　　)
12. [2020 四川]教师职业道德修养与仪表修饰无关。(易错)(　　)
13. [2021 河南]陶行知说，在教师手里操着幼年人的命运，便是操着民族和人类的命运。这要求教师要终身学习。(　　)
14. [2020 山西]教师职业道德具有强烈的责任性，是教师自觉、积极职业态度形成的基础，是教师教育、教学和自身发展的重要精神动力。(　　)
15. [2019 广东]终身学习的教师职业道德是社会主义的集体主义原则在教师职业道德上的具体体现。(　　)
16. [2020 河南]教师职业道德评价最根本的指导思想是社会主义方向性。(　　)

四、案例选择题

案例　半个多月来，山西某中学的英语老师张老师一直在"跪着"上课，这是怎么回事？

今年2月底，张老师的左脚骨折，在家休息了一个月，担心会耽误孩子们的学习进度，脚伤还没有痊愈，她就回到了学校。

每天两节英语课，大约90分钟，她基本是"跪"在凳子上讲课。"跪着"讲课，不仅膝盖不舒服，也不利于血液循环，时间长了脚还会肿。脚受伤后，上厕所不方便，张老师在学校不敢多喝水。

虽然坐着上课，有利于脚伤的恢复，但张老师说：坐着上课，无法看到所有学生，不方便与学生进行课堂交流和互动。"跪着"讲课没什么大不了，我只是做了任何一个老师都可能会做的事。

张老师的脚伤还没有痊愈，走路多了，脚会肿，走路快了，脚会疼，同学们就扶着她走路，帮她拿东西、倒水。在张老师看来，"跪着"上课不值一提，反而是学生们的行为，更让她感动。

1. [2021 河北]张老师"跪着"上课的做法，符合《中小学教师职业道德规范(2008年修订)》中(　　)对教师提出的基本要求。(不定项选择)

A. 爱国守法　　B. 爱岗敬业　　C. 因材施教　　D. 廉洁奉公

2. [2021 河北]张老师"跪着"上课主要是为了(　　)(不定项选择)

A. 强化意志教育，树立良好形象　　B. 增强课堂效果，保证教学质量

C. 规范教学秩序，维持课堂纪律　　D. 关注全班同学，重视师生互动

3. [2021 河北]张老师与学生之间具有良好的师生关系。理想的师生关系具有的基本特征有(　　)(不定项选择)

A. 尊师爱生，相互配合　　B. 民主平等，和谐亲密

C. 共享共创，教学相长　　D. 学生主导，对话频繁

4. [2021 河北]我国有千千万万名教师默默地坚守在教育教学岗位上，辛勤耕耘。荣获"全国脱贫攻坚楷模"称号，被评为"感动中国2020年度人物"的优秀教师是(　　)(不定项选择)

A. 邓家军　　B. 叶嘉莹　　C. 张桂梅　　D. 支月英

第七部分　教育教学技能

基础训练

一、单项选择题

1.［2018辽宁］设计一份好的教学方案，其核心是（　　）（常考）

A. 提出教学目标　B. 设计教学过程　C. 选择教学方法　D. 规划板书内容

2.［2020山西］教学实践中最基本、最常用的一种教案形式是（　　）

A. 表格式教案　B. 记叙式教案　C. 卡片式教案　D. 议论式教案

3.［2022辽宁］从板书形象化程度的角度看，板书主要有六种表现形式。其中（　　）能清楚地反映出授课内容的逻辑思路和层次，便于学生把握教学的主要观点。（易混）

A. 表格式板书　B. 语词式板书　C. 要点式板书　D. 线条式板书

4.［2017河南］最常见的、几乎适用于所有学科的板书形式是（　　）

A. 词语式板书　B. 表格式板书　C. 纲要式板书　D. 线索式板书

5.［2020河南］教学反馈是教师在课堂教学中，有意识地收集和分析教与学的状况，并作出相应反应的教学行为。其作用主要表现为（　　）

A. 激励、调控、媒介、评估　B. 激励、调控、导向、预测

C. 激励、调控、媒介、预测　D. 激励、评价、媒介、预测

6.［2021山东］老师在进行《真菌》一节的教学时，展示了几幅自然界中奇形怪状的真菌图片，用以激发学生兴趣，自然引入正题。这种导入方式是（　　）

A. 复习导入　B. 设疑导入　C. 直观导入　D. 情境导入

7.［2020广东］课堂导入是为了有效引导学生进入学习状态，引出教学的主题。下列选项中对课堂导入的操作不正确的是（　　）

A. 导入要符合学生的实际水平　B. 导入的目的要明确

C. 为加强导入的效果，要延长导入时间　D. 导入的内容要与问题相结合

8.［2019河南］反映教学内容中有关诠释性、延伸性信息，提示有关零散的知识，一般随教学进程的发展随写随擦或择要保留的板书是（　　）

A. 系统板书　B. 辅助板书　C. 基本板书　D. 主板书

9.［2019吉林］在讲述《飞夺泸定桥》时，李老师利用多媒体向学生展示泸定桥的相关照片。这属于（　　）

A. 简介导入　B. 设疑导入　C. 直观导入　D. 趣味导入

10.［2019广东］针对教材特点，直接揭示学习目标和学习内容的导课方式，称为（　　）

A. 温故知新式　B. 巧设悬念式　C. 开门见山式　D. 直观演示式

11.［2019河北］以学生原有的生活经验为出发点，教师通过生动而富有感染力的讲解、谈话或提问引起回忆，从而引导学生发现问题的导入方法是（　　）

A. 直观导入　B. 事例导入　C. 经验导入　D. 直接导入

12.［2019广东］生物课上，教师问道："构成生物体结构和功能的基本单位是什么？"学生回答："细胞。"这种提问类型属于（　　）（常考）

A. 记忆型提问　B. 综合型提问　C. 应用型提问　D. 理解型提问

13.［2021河南］教师通过生动而富有感染力的朗读，引起学生丰富的联想和想象，使其情不自禁地进入学习情境中。这种导入方法是（　　）

A. 直接导入　B. 经验导入　C. 情境导入　D. 故事导入

14.［2019河北］中小学最常见的结课方式是（　　）

A. 归纳总结法　B. 拓展延伸法　C. 设置悬念法　D. 比较异同法

15.［2019河北］把教学的具体细节明白地写出来，以便上课时做到心中有数，有的放矢。这体现了教案编写的（　　）

A. 自然性原则　B. 明确性原则　C. 系统结构原则　D. 过程性原则

16.［2020黑龙江］教师在课上用击鼓传花的方式引入了课堂内容。这采用了（　　）

A. 直接导入　B. 游戏导入　C. 问题导入　D. 情境导入

17.［2017江西］说课最基本的内容是（　　）

A. 说学生　B. 说教法　C. 说教材　D. 说程序

18.［2017广西］下列选项不属于说课对象的是（　　）

A. 领导　B. 同行　C. 学生　D. 教研人员

19.［2017河南］以集体备课为主要形式，为突出重点、难点，寻找解决问题的方法而进行的说课是（　　）

A. 研讨性说课　B. 示范性说课　C. 检查性说课　D. 评比性说课

20.［2020山东］在整个教学技能的系统中，最重要的核心技能应该是（　　）技能。（常考）

A. 备课　B. 学习指导　C. 课堂教学　D. 教学反思

二、多项选择题

1.［2022辽宁］提问行为由（　　）构成。

A. 发问环节　B. 候答环节　C. 叫答环节　D. 理答环节

2.［2021河南］课堂教学导入的目的有（　　）

A. 明确学习任务　B. 激发学习兴趣　C. 引起学习动机　D. 复习上节课内容

E. 增强新旧知识之间的联系

3.［2019广东］**教学片段：**

师：同学们，五年级下册的“中国古典名著之旅”让我们领略了四大名著的魅力，其实在世界文学宝库里，还有许多外国名篇名著，也深受各国人民的喜爱，成为人类共同的精神财富。让我们走进第四组课文，阅读经典作品，与世界文学大师交流，了解不同国家多样的文化，今天，我们学习的是《卖火柴的小女孩》。

上述教学片段中，该教师运用的课堂教学技能有（　　）

A. 导入　　B. 讲授　　C. 提问　　D. 演示

E. 小结

三、判断题

1.［2019河北］一般来说，课堂导入的时间以3到5分钟为宜。（　　）

2.［2021河南］正确表述教学目标是实现教学目标的基础和前提。（　　）

3.［2019河北］预见性在说课中占有突出地位，是整个说课的灵魂。（　　）

整合提升

一、单项选择题

1.［2022河南］运用复习导入、练习导入属于（　　）

A. 直接导入　　B. 衔接导入　　C. 审题导入　　D. 设疑导入

2.［2022辽宁］教师需掌握基本的教学技能，（　　）是指教师在课堂教学中，利用黑板以凝练的文字语言、图表和符号等形式，传递教学信息的教学行为方式。

A. 教学语言技能　　B. 演示技能

C. 教态变化技能　　D. 板书技能

3.［2021广东］政治教师在课堂上问道：“根据你所选择的证据，是资本主义国家还是社会主义国家的生活水平更高？”这类提问属于（　　）（易混）

A. 应用型提问　　B. 分析型提问　　C. 记忆型提问　　D. 评价型提问

4.［2021广东］语文教师在讲解贺知章的《咏柳》前，引导学生回忆与春天有关的名句，学生们回答：“春眠不觉晓，处处闻啼鸟”“好雨知时节，当春乃发生”……教师因势利导：“不知细叶谁裁出，二月春风似剪刀，让我们一起来品味感受《咏柳》”。该教师所运用的导课方式属于（　　）

A. 释题导入　　B. 直接导入　　C. 设疑导入　　D. 复习导入

5.［2019山东］某语文老师在讲解《左忠毅公逸事》一课时，提问道：“文章一开头先交代‘风雪严寒’的天气有什么必要？把这几个字去掉好不好？”并让学生思考讨论，组织语言回答。这种提问方式属于（　　）

A. 正问式提问　　B. 逆问式提问　　C. 比较式提问　　D. 创造式提问

6.［2022广东］在学习《散步》一课前，王老师先给学生展示了生活中人们散步的幻灯片，然后用优美的语言导入新课：“我们在田野散步：我，我的母亲，我的妻子和儿子。简单的人物介绍，他们之间会发生什么样的故事呢？”学生纷纷感到好奇，继续阅读文章内容。王老师使用的导入方式是（　　）

A. 直观导入　　B. 练习导入　　C. 悬念导入　　D. 游戏导入

7.［2021辽宁］关于编写教案的一般要求，下列说法正确的是（　　）

A. 编写教案时，难点越多越好

B. 编写教案即罗列知识，应详细列出课堂教学中需要讲授的全部知识要点

C. 编写教案时，应以教学大纲、教学内容、基本教材为依据

D. 针对不同专业及不同层次的学生编写同一个教案

8.［2021河南］在讲授《愚公移山》时，张老师通过提问“愚公年龄多大了”来考查学生对“年且九十”中“且”的含义的理解。这种提问属于（　　）（易错）

A. 直问　　B. 复问　　C. 顺问　　D. 曲问

9.［2019广东］将讲述的内容进行概括，提炼出要点，按逻辑层次加以编排，体现出论点、论据之间的内在联系的板书格式属于（　　）

A. 提纲式　　B. 摘要式　　C. 线索式　　D. 图示式

10.［2019河北］如果要巧妙引入新课，使学生在不知不觉中获得新知，往往采取（　　）（易错）

A. 先讲后书　　B. 先书后讲　　C. 边讲边书　　D. 视情况而定

11.［2021河南］课堂上，老师对小明的回答进行了口头表扬，鼓励其他小朋友要向他学习，对他的表现进行强化。这属于教学强化中的（　　）类型。

A. 标志强化　　B. 语言强化　　C. 动作强化　　D. 活动强化

12.［2019广东］据研究，人们对处于不同位置内容的观察频度是不同的，对位于（　　）的内容的观察频度最高。因此，板书时可将最重要的内容安排在此位置上。

A. 左上　　B. 左下　　C. 右上　　D. 右下

13.［2019河南］（　　）是教学过程不可缺少的环节，把这一环节留给学生，有利于发挥学生的主体作用，树立学生自主意识，激发学生学习的兴趣，调动学习积极性。

A. 板书　　B. 板演　　C. 板画　　D. 展示

14.［2022辽宁］在上《社戏》一课时，李老师播放了一首歌曲《童年》，轻松活泼的歌曲将每个人带回了天真烂漫的童年，引起了学生对童年生活的美好回忆。这种导入新课的方法属于（　　）

A. 直接式导入法　　B. 图片导入法

C. 激疑导入法　　D. 多媒体导入法

15.［2020河南］数学老师在黑板上列出例题演算，并在例题基础上推导出相应公式。这种教学板书类型属于（　　）

A. 板书　　B. 板演　　C. 板画　　D. 板展

二、多项选择题

1. [2018河北]下列有关板书的行为中,不恰当的做法是(　　)(易错)

A. 不写或少写板书　　B. 根据不同的教学目的设计不同的板书

C. 将所教的内容统统写在黑板上　　D. 对难度较大的概念、公式等先书后讲

2. [2020山西]下列师生沟通中的体态恰当的有(　　)

A. 时而微笑　　B. 不时点头　　C. 用手指戳　　D. 保持善意的目光

3. [2019广东]在学生回答问题有困难、不能作答或回答不完全时,教师应适时介入,一般包括(　　)(易错)

A. 核查学生是否明白问题的意思

B. 鼓励学生尽快作出回答或完成教学指示

C. 切勿提示问题的要点、关键或答案的结构

D. 在学生没听清题意时,原样重复所提问题

4. [2020河南]课堂教学板书是指在教师上课期间以书面语言进行教学的有效方式。下列属于课堂教学板书的特点的是(　　)

A. 直观性　　B. 组织性　　C. 启发性　　D. 概括性

5. [2022辽宁]教师的下列理答行为中,正确的有(　　)

A. 对回答正确的学生及时予以表扬

B. 对做出错误回答的学生,予以指正

C. 对于拒答的学生,不予理睬,直接跳过,转问另一位学生

D. 对于回答正确的后进生,做出具体的表扬

6. [2021河南]课堂提问是中小学课堂教学中普遍采用的一种教学方法,它对于激发学生的思维、活跃课堂气氛、集中学生的注意力、巩固所学的知识以及培养学生口头表达能力,都起到积极的作用,但无效提问也会影响整体教学效率,不利于学生对课程知识的掌握。在课堂教学中,正确运用提问技能应做到(　　)

A. 提问目的要明确　　B. 提问的态度要温和自然

C. 提问的问题要有深度　　D. 要恰当选择提问对象

三、判断题

1. [2019广东]刘老师在教《狼牙山五壮士》时不直接问学生“战士”和“壮士”的区别,而故意将“壮士”写成“战士”,让学生发现然后进行辨析。刘老师采用的提问形式是互问型提问。(　　)

2. [2018河北]教师只要准备了丰富多彩的多媒体课件,就可以不要板书了。(　　)

3. [2021河南]教师的基本板书要能体现教学目的与教学内容内在联系的重点、难点和关键点,能表现教学中心内容的基本事实、基本思想。(　　)

4. [2021河南]教学目标是教师期望引起学生知识结构和行为的变化,因此教学目标的表述必须是内隐的。(　　)

5. [2017广东]图文式板书形象直观且突出重点,有利于调动学生的学习积极性和主动性。(　　)

6. [2019广东]为了节省时间,教学板书以学生能识别为优,不必追求形式上的美观。(　　)

四、案例选择题

阅读以下教学案例,回答1~3题。

一位政治老师在讲“事物发展的趋势”时,先提问学生:“什么是发展?”在学生回答了“发展”之后,教师这样引渡到新课:“同学们,既然一切事物都是在变化发展的,而发展就是新事物代替旧事物,那么,新事物为什么会代替旧事物?新事物代替旧事物的过程是否一帆风顺?如果不是一帆风顺那又是怎样的呢?”让学生思索片刻后,教师接着讲:“今天我们这节课所要学习的知识就是解决这些问题的……”

1. [2020广东]该教师使用的课堂导入的方法是(　　)(单项选择)

A. 利用游戏,创设情境　　B. 联系旧知,提示新课

C. 动手操作,亲身体验　　D. 故事吸引,启迪思考

2. [2020广东]要想取得良好的教学效果,教学导入需要遵循的原则不包括(　　)(单项选择)

A. 导入要合情入理　　B. 导入要简洁明快

C. 导入要因课制宜　　D. 导入要以教师为中心

3. [2020广东]案例中的教师并没有直接告诉学生问题的答案,而是在提问后让学生思索片刻再接着讲。这体现了教学讲授的(　　)原则。(单项选择)

A. 启发性　　B. 精讲　　C. 生动易懂　　D. 巩固性

第一部分　教育学

第一章　教育与教育学

基础训练

答案速查

1~5	BAAAA	6~10	BBCCA	11~15	BABCA	16~20	BBBBC
21~25	AAACB	26~30	BACBB	31~35	DCDBA	36~40	BBABD
41~45	DAABB	46~50	BBBBD	51~55	CCAAD	56~60	ABBBB
61~65	ACCBC	66~70	ABBCC	71~75	CCCAD	76~80	CBBAC
81~86	CBBCBD			1~5	ABD ABD ACD CD ACD		
6~10	CD ABCD ACD AC ABC			11~15	ABC ABCD BD ABC ACD		
16~20	BC ABC ABD ABCDE ADE			21~25	ABC ABD BCD ACD ACD		
26~30	BC BC ABCD AD ABCD			1~5	××√××		
6~10	√×√××			11~17	××√×√√√		

一、单项选择题

1. B 【解析】本题考查现代教育的特点。现代教育的生产性日益突出。现代教育越来越与人类的物质生产结合起来，越来越与生产领域发生密切的、多样化的关系；生产的发展也越来越对教育系统提出新的要求。今天的教育就是明天的经济。教育的消费是明显的消费，潜在的生产；是有限的消费，扩大的生产；是今日的消费，明日的生产。教育已经成为经济发展的杠杆。

2. A 【解析】本题考查教育的起源学说。生物起源论的代表人物有法国的**利托尔诺**和英国的**沛西·能**。其中，沛西·能曾说，教育是"扎根于本能的不可避免的行为"。他认为，教育是与种族需要、种族生活相适应的、与生俱来的本能。

3. A 【解析】本题考查斯宾塞的教育思想。斯宾塞是英国著名的实证主义者，他反对思辨，主张科学是对经验事实的描写和记录。他提出教育的任务是为完满生活做准备。至于如何为完满的生活做准备，斯宾塞主张，科学知识应该在教育中占主导地位。由此他提出了著名的论点："什么知识最有价值？一致的答案就是科学。"

4. A 【解析】本题考查赫尔巴特的教育思想。在西方教学史上，赫尔巴特**第一次提出了"教育性教学"**的概念。赫尔巴特指出："不存在'无教学的教育'这个概念，正如反过来，我不承认有任何'无教育的教学'一样。"

5. A 【解析】本题考查我国的第一本马克思主义教育学著作。A项：杨贤江的《新教育大纲》(1930年)是**我国现代史上第一本比较系统全面地阐述马克思主义教育理论的著作**。

B项：毛泽东的《新民主主义论》是马克思主义教育理论与中国教育实践特别是革命根据地教育实践相结合的重要理论成果，是中国特色马克思主义教育理论的早期纲领性文献。

C项：恽代英在《教育改造与社会改造》等著述中，阐述了教育在社会改造中的重要作用，同时也批判了教育救国论夸大教育作用的观点。

D项：杨贤江的《教育史ABC》是我国最早运用历史唯物主义观点和方法研究教育史的著作。

6. B 【解析】本题考查蔡元培的教育思想。蔡元培的教育思想可以概括为：(1)提倡完全人格教育；(2)力倡"尚自然、展个性"教育；(3)主张教育独立，推行"思想自由，兼容并包"的办学原则。

7. B 【解析】本题考查《学记》中的教师观。"师严然后道尊，道尊然后民知敬学"出自《学记》，意思是：老师受到尊敬，然后真理学问才会受到敬重。真理学问受到尊敬，然后人民才会敬重学问，认真学习。这体现了《学记》所倡导的尊师重道的教师观。

8. C 【解析】本题考查"六艺"教育的中心。"六艺"是西周各级各类学校教育的基本学科，具体指礼、乐、射、御、书、数。其中，**礼乐教育是"六艺"教育的中心**。

9. C 【解析】本题考查教育的四大支柱。1996年，国际21世纪教育委员会向联合国教科文组织提交了《教育——财富蕴藏其中》的报告，其中最核心的思想是教育应使受教育者学会学习，即教育要使学习者"学会认知""学会做事""学会共同生活(学会合作)"和"学会生存"。这一思想很快被全球各国所认可，并被称为教育的四大支柱(或学习化社会的四大支柱)。故选C项。

10. A 【解析】本题考查教育的本质属性。教育的本质属性是育人，即教育是一种有目的地培养人的社会活动，动物界不存在教育。故老鹰教小鹰飞翔不属于教育现象，选A项。

方法技巧：做此类试题时，谨记"三不原则"：动物的学习、动物之间的本能活动不是教育，如幼猴学跳跃、母鸡带小鸡；人的先天本能活动不是教育，如新生儿吮吸母乳、膝跳反射；无目的的偶然发生的影响不是教育，如孩子偶然被火灼烧而获得关于火的知识。

11. B 【解析】本题考查陶行知的教育思想。陶行知师承杜威、孟禄等，他曾说过："**千教万教教人求真，千学万学学做真人**。"他以"爱满天下""捧着一颗心来，不带半根草去"的精神为教育奉献出了毕生的心血。毛泽东称颂他为"**伟大的人民教育家**"，宋庆龄赞誉他为"**万世师表**"。

12. A 【解析】教育的社会属性的具体内容如下表所示：

社会属性	内涵
永恒性	教育是人类所特有的社会现象，与人类社会共始终
历史性	不同时期的教育有不同的历史形态和特征
继承性	不同时期的教育有共同特点，前后相继
长期性	无论从一个教育活动完成的角度，还是从一个个体的教育生长的角度，其时间周期都比较长
相对独立性	教育有其自身的规律，可以"超前"或"滞后"于当时的社会发展
生产性	教育是生产性活动，与其他生产活动相比，在对象、过程与结果等方面有自己的特殊性
民族性	教育在具体的民族或国家中进行，有其民族性特征

由上表可知，历史性强调不同时期的教育有不同点。题干中，原始社会和现代社会的教育内容不同，这说明教育具有历史性。所以答案选A项。

13. B 【解析】"以僧为师""以吏(书)为师"是古代埃及教育的一大特征。

14. C 【解析】古代雅典在西方最早形成体育、德育、智育、美育和谐发展的教育，教育内容比较丰富，教育方法也比较灵活，教育目的是培养有文化、有修养和多种才能的政治家和商人。

15. A 【解析】本题考查赫尔巴特的教育思想。**教育性教学**是赫尔巴特教育学体系的核心，在教育史上他第一个明确提出这一概念，把道德教育与学科知识教学统一在同一个教学过程中。

16. B 【解析】本题考查劳动起源说。劳动起源说是在马克思历史唯物主义理论指导下形成的，认为教育起源于人类所特有的生产劳动。故马克思主义教育理论关于教育起源的学说被称为劳动起源说。

17. B 【解析】赞科夫提出了发展性教学理论的五条教学原则，即高难度、高速度、理论知识起主导作用、理解学习过程、使所有学生包括“差生”都得到一般发展的原则。

18. B 【解析】“学而不思则罔，思而不学则殆”的意思是：只学习却不思考就会迷茫，只思考却不学习就会疑惑。这句话强调了在学习过程中要把学与思辩证地结合起来。A项强调启发式教学，C项强调思要建立在学的基础之上，D项强调要广泛地学习文化知识，均不符合题意。

19. B 【解析】本题考查教育的起源学说。教育的生物起源学说的代表人物是法国社会学家、哲学家利托尔诺与英国教育学家沛西·能。利托尔诺在《各人种的教育演化》一书中认为，教育活动不仅存在于人类社会之中，而且也存在于人类社会之外，甚至存在于动物界。不仅在脊椎动物中存在，甚至在非脊椎动物中也存在。故本题选B项。

20. C 【解析】本题考查教育的社会属性。教育具有永恒性。教育是人类所特有的社会现象，它是一个永恒的范畴。只要人类社会存在，就存在着教育。教育与人类社会共始终。故选C项。

21. A 【解析】本题考查我国传统教育的中心。在我国传统教育中，教师在教学中处于中心位置，为课堂的主体与权威。

22. A 【解析】我国封建社会时期的教育内容是**四书五经(“四书”是《大学》《中庸》《论语》《孟子》的合称，“五经”是《诗》《书》《礼》《易》《春秋》的合称)**。

23. A 【解析】题干所述为教育的神话起源说的观点。教育的生物起源说认为教育是一种生物现象，而不是人类所特有的社会现象。教育的心理起源说认为教育起源于日常生活中儿童对成人的无意识模仿。教育的劳动起源说认为教育起源于人类所特有的生产劳动。

24. C 【解析】在我国，一般认为**“教育”一词最早见于《孟子·尽心上》中的“得天下英才而教育之，三乐也”**。

易错提示：“教育”一词的最早出处与最早对“教育”一词进行解释的出处是易混淆的知识点。考生在做题时，需注意题干的关键词或题干的意思是“最早使用”“最早出现”还是“最早解释”。

25. B 【解析】本题考查终身教育理论的提出。终身教育是由法国成人教育专家保罗·朗格朗在1965年联合国教科文组织召开的国际成人教育大会上正式提出来的。

26. B 【解析】本题考查奴隶社会教育的特征。奴隶社会里，出现了专门从事教育工作的教师，产生了学校教育。教育从社会活动中分化出来，成为独立的形态。这一时期世界各国教育表现出的共同特征有：(1)学校教育成为奴隶主阶级手中的工具，具有鲜明的阶级性；(2)**学校教育与生产劳动相脱离和相对立**；(3)学校教育趋于分化和知识化；(4)学校教育制度尚不健全。故选B项。原始社会、近代社会、现代社会的教育都是与生产劳动相结合的。

27. A 【解析】教育现代化既以人的现代化为出发点，也以人的现代化为归宿。这是教育现代化的核心目标所在。

28. C 【解析】本题考查苏格拉底的“产婆术”。苏格拉底以其雄辩和与青年智者的问答法著名。这种问答法亦称“产婆术”，它分为三步：第一步，**苏格拉底讽刺**。他认为这是使人变得聪明的一个必要的步骤，因为除非一个人很谦逊，“自知其无知”，否则他不可能学到真知。第二步，**定义**。在问答中经过反复诘难和归纳，从而得出明确的定义和概念。第三步，**助产术**。引导学生自己进行思索，自己得出结论。所以C项正确。

易错提示：由于翻译途径不同，也有人将苏格拉底的产婆术的步骤总结为如下四个：讽刺(讥讽)、助产术、归纳、定义。考生可根据语境进行具体分析。

29. B 【解析】本题考查孔子的教育思想。孔子总结了温故知新的教学原则，提出“温故而知新，可以为师矣”。B项正确。A项，“美德即知识”是苏格拉底教育思想的一个重要内容。C项，荀子认为，人的贵贱、愚智、贫富都取决于后天的教育和学习，教育在人的发展中起着“化性起伪”的作用。D项，对于获得知识的理解，墨子认为，人的知识来源可分为三个方面，即“亲知”“闻知”和“说知”。

30. B 【解析】生物起源说认为，教育是一种生物现象，而不是人类所特有的社会现象。刚出生的小鸭子会发生“印刻”现象，说明生物界也存在“教育”，这种观点支持了教育的生物起源说。

31. D 【解析】本题考查教育功能的划分，具体如下：

分类依据	类型	含义
作用的对象	个体发展功能	教育对个体发展的影响和作用
	社会发展功能	教育对社会发展的影响和作用
作用的方向	正向功能	教育有助于社会进步和个体发展的积极影响和作用
	负向功能	教育阻碍社会进步和个体发展的消极影响和作用
作用的呈现形式	显性功能	依照教育目的、任务和价值，教育在实际中所出现的与之相符合的结果
	隐性功能	非预期的且具有较大隐藏性的功能
性质	保守功能	教育具有自身的结构，具有内在的稳定性和自身的逻辑性，不随社会的变化而变化，表现出教育重复、封闭、保守的一面
	超越功能	通过教育的自我更新和变革，促进和引领人类社会的发展

题干中，“学生压力过大，产生厌学情绪”这一事实是学校教育给个体发展带来的消极影响和作用，表明教育具有负向功能。因此，本题答案选D项。

32. C 【解析】德国于1619年颁布了世界上第一项义务教育法令，是世界上最早实行义务教育的国家。

33. D 【解析】题干引文出自《孟子·滕文公上》：“或劳心，或劳力；劳心者治人，劳力者治于人；治于人者食人，治人者食于人：天下之通义也。”意为：有的人从事脑力劳动，有的人从事体力劳动；脑力劳动者统治人，体力劳动者被人统治；被统治者养活别人，统治者靠别人养活：这是通行天下的原则。这是孟子关于社会分工的思想，孟子认为脑力劳动与体力劳动的分工是必要的，通过分工，使人分居不同的职业，尽其所能。这说明中国传统儒家思想把教育与生产劳动相隔离。

34. B 【解析】本题考查赫尔巴特在世界教育史上的地位。赫尔巴特是康德哲学教席的继承者，近代德国著名的心理学家和教育学家，在世界教育史上被认为是**“现代教育学之父”**或**“科学教育学的奠基人”**。

35. A 【解析】西周时期建立了典型的政教合一的官学体系，其显著特征是“学在官府”，又称之为“学术官守”。

36. B 【解析】唐代中央官学主要包括“六学”和“二馆”。六学是国子学、太学、四门学、律学、书学、算学。二馆分别是**崇文馆、弘文馆**。

37. B 【解析】本题考查古代社会学校教育的特点。题干中孔子的教育内容偏重社会人事和文事，轻视生产劳动，体现了这一阶段的学校教育与生产劳动相脱离的特点。

38. A 【解析】本题考查教育著作。洛克认为，教育目的就是培养绅士，而这种培养只能通过家庭教育，由此提出了**“绅士教育论”**。在其著作**《教育漫话》**一书中，他详细论述了绅士教育的内容及方法。卢梭在其代表作《爱弥儿》中系统阐述了他的自然主义教育思想，拉伯雷在其代表作《巨人传》中揭露了法国16世纪封建社会的黑暗现实，柏拉图在其代表作《理想国》中论述了教育与政治的关系。

39. B 【解析】古代埃及开设最多的是文士学校。文士精通文字，能写善书，执掌治事权限，较受尊重。“学为文士”是一般奴隶主阶级追求的目标。

40. D 【解析】明朝出现“八股文”并成为科举考试的固定格式。故D项表述错误。

41. D 【解析】本题考查《学记》中的教学原则。《学记》提出的教学原则之一是藏息相辅,认为正课学习与课外练习必须兼顾,课内与课外相结合,相互补充。《学记》指出:"大学之教也,时教必有正业,退息必有居学。"

42. A 【解析】本题考查陈鹤琴的教育思想。陈鹤琴把旧教育看作死教育,他针对旧教育理论脱离实际、学校脱离社会、教学脱离儿童实际的弊端,提出了"教活书、活教书、教书活;读活书、活读书、读书活"的口号,鲜明地挑起了"活教育"的大旗。他的"活教育"理论可分为目的论、课程论和教学论三部分。目的论首先是:"做人,做中国人,做现代中国人"。

43. A 【解析】20世纪60年代以后提出的终身教育思想,强调职前教育与职后教育的一体化、青少年教育与成人教育的一体化、学校教育与社会教育的一体化。

44. B 【解析】本题考查陶行知的教育思想。在陶行知的生活教育理论中,"生活即教育"是生活教育理论的**本质论及核心**,"社会即学校"是生活教育理论的**范围论**,"教学做合一"是生活教育理论的**方法论**。故选B项。

45. B 【解析】本题考查教育学作为一门独立学科的提出。1623年,培根发表了《论科学的价值与发展》一文,第一次把教育学作为一门独立的学科提出来,并把教育学理解为"指导阅读"的学科。

46. B 【解析】本题考查亚里士多德的教育思想。亚里士多德在教育史上首次提出了**"教育遵循自然"**的观点,主张按照儿童心理发展的规律对儿童进行分阶段教育,提倡对儿童进行和谐的教育。

47. B 【解析】教育者、受教育者(学习者)和教育媒介(教育影响)是构成教育活动的基本要素。其中,受教育者是教育的对象及学习的主体。

48. B 【解析】柏拉图的教育思想集中体现在其代表作《理想国》中。

49. B 【解析】本题考查推动教育学发展的内在动力。教育问题是人们从大量教育现象中提出来、作为认识和研究对象的课题。科学研究始于问题,教育学就是通过研究这些现象、问题,揭示教育背后所存在的客观规律,作为教育者进行教育的依据和指南。教育问题是推动教育学发展的**内在动力**。

50. D 【解析】本题考查夸美纽斯的教育思想。夸美纽斯从他的民主主义的"泛智"思想出发,提出了普及教育的思想。所谓"泛智",就是指把一切有用的东西教给一切人,并使其智慧得到普遍发展。所以题干这一主张是夸美纽斯提出的。

51. C 【解析】本题考查裴斯泰洛齐的教育思想。在西方教育史上,裴斯泰洛齐是**第一个明确提出"教育心理学化"**口号的教育家。另外,裴斯泰洛齐虽不是第一个提出教育与生产劳动相结合思想的人,但却是西方教育史上**第一个将这一思想付诸实践**的教育家,并在自己的实践活动中推动和发展这一思想。

52. C 【解析】本题考查赫尔巴特的教学过程思想。赫尔巴特认为任何教学都必须经历四个阶段:(1)"明了(清楚)",指把新教材分解为各个构成部分,并和意识中相关的观念即已经掌握的知识进行比较;(2)"联合(联想)",即建立新旧观念的联系,使学生在新旧观念的联系中继续深入学习新教材;(3)"系统",即学生在教师的指导下,在新旧观念联系的基础上进行深入思考,寻求结论和规律;(4)"方法",即通过实际练习,运用系统的知识,使之变得更熟练、更牢固。引导学生将知识运用到实际中去,即重视学生的实际练习,体现的是赫尔巴特教学过程思想中的"方法"。

53. A 【解析】朱熹强调读书穷理,他的弟子汇集他的训导归纳为"朱子读书法"六条,即循序渐进、熟读精思、虚心涵泳、切己体察、着紧用力、居敬持志。其中,熟读精思即读书既要熟读成诵,又要精于思考。题干所述符合"朱子读书法"中关于熟读精思的要求。

54. A 【解析】本题考查启发诱导的教学思想的体现。"不愤不启,不悱不发"意为:不到他努力想弄明白而不得的程度不要去开导他;不到他心里明白却不能完善表达出来的程度不要去启发他。这体现的是启发诱导的教学思想。苏格拉底的"产婆术"即向学生提出问题让学生回答,通过问答、对话的形式来引导学生思考、探究,获取或巩固知识,这也体现了启发诱导的教学思想。故选A项。

55. D 【解析】广义的教育,指增进人的知识与技能、发展人的智力与体力、影响人的思想观念的活动。广义的教育包括社会教育、学校教育和家庭教育。题干中的公益性广告属于广义教育中的社会教育。

56. A 【解析】孔子学说的核心是"仁"和"礼",孟子认为教育的目的在于"明人伦",二者在教育的价值取向上,都强调伦理教育。

57. B 【解析】亚里士多德的教育思想主要体现在他的著作《政治学》中。A项是杜威的著作,C项是柏拉图的著作,D项是夸美纽斯的著作。

58. B 【解析】批判教育学的基本观点有:(1)当代资本主义的学校教育是维护现实社会的不公平和不公正的工具,是造成社会差别、歧视和对立的根源;(2)学校教育的功能就是再生产出占主导地位的社会政治意识形态、文化关系和经济结构;(3)人们已经对这种事实上的不平等和不公正丧失了"意识",将之看成一个自然的事实,而不是某些利益集团故意制造的结果;(4)批判教育学的目的就是要揭示看似自然事实背后的利益关系,对教师和学生进行"启蒙",以达到意识"解放"的目的;(5)教育现象不是中立的、客观的,而是充满利益纷争的,因此教育理论研究不能采取唯科学主义的态度和方法,仅仅依靠收集、整理、统计一些数据来进行,而要采用实践批判的态度和方法,通过真实教育行动揭示具体教育生活中的利益关系,使之从无意识的层面上升到意识的层面。A、C、D项均属于批判教育学的观点。B项属于文化教育学的观点。

59. B 【解析】康德在他的哲学里,探究道德的本质,充分肯定了个人的价值。他力图通过教育实现他的哲学理想,改造社会。他认为,人的所有自然禀赋都有待于发展才能生存,"人是唯一需要教育的动物",教育的根本任务在于充分发展人的自然禀赋,使人人都成为自身,人人都成为本来的自我,得到自我完善。题干描述的是康德的教育主张。

60. B 【解析】《大学》中提出"大学之道,在明明德,在亲民,在止于至善",这是儒家对大学教育目的和为学做人目标的纲领性表达,其中大学教育的终极目标是"止于至善"。

61. A 【解析】1939年苏联教育家凯洛夫以马克思主义理论为指导思想,编写了《教育学》一书。该书系统地总结了苏联20世纪二三十年代的教育经验,被公认为**世界上第一部马克思主义的教育学著作**。

62. C 【解析】本题考查西方教育史上的第一本教育著作。昆体良的《雄辩术原理》是**西方最早**的教育著作,也被誉为古代西方的**第一部教学法论著**。故选C项。《大教学论》被认为是**近代第一本教育学著作**,《普通教育学》被认为是**第一本现代教育学著作**。考生要注意区分。

63. C 【解析】本题考查教育的基本要素。教育由**教育者、学习者和教育影响**三个要素构成。故本题选C项。

64. B 【解析】教育学是庞大教育科学体系中的基础学科。教育科学是有关教育问题的各种科学理论的学科群,它包含教育社会学、教育经济学、教学论、课程论、教育技术学等。

65. C 【解析】王道俊、郭文安主编的《教育学(第7版)》中提出,教育活动都具有教育者、受教育者、教育内容和教育活动方式等基本要素。其中,教育内容是指教育者引导受教育者在教育活动中学习的前人积累的经验。它主要是根据教育目的和青少年学生发展的特点选编的、最有教育价值的科学文化基础知识,一般体现为课程、教科书、教学参考资料。故教材、教学参考书属于教育基本要素中的教育内容。

66. A 【解析】本题考查杨贤江的教育思想。杨贤江提出了关于青年教育的"全人生指导"思想。"全人生指导"思想的核心是:教育青年树立正确的人生观,引导他们走上革命的道路。他教育青年应该树立积极向上的人生观,要对人类做出贡献,这样的人生观,是无产阶级的人生观,革命的人生观。

67. B 【解析】学校产生于奴隶社会，A项错误；原始社会的教育具有无阶级性，C项错误；从词源看，西文的"教育(education)"有潜质引发之意，D项错误。

68. B 【解析】本题考查赞科夫(赞可夫)的教育思想。苏联教育家赞科夫通过近二十年的小学教学改革实验，出版了《教学与发展》一书。他把学生的一般发展作为教学的出发点，提出了发展性教学理论的五条教学原则，即高难度、高速度、理论知识起主导作用、理解学习过程、使所有学生包括"差生"都得到一般发展的原则。

69. C 【解析】实用主义教育学的基本主张有：(1)教育即生活，教育的过程与生活的过程是合一的；(2)教育即学生个体经验持续不断的增长；(3)学校是一个雏形的社会；(4)课程组织应以学生的经验为中心；(5)师生关系应以儿童为中心，而非以教师为中心；(6)教学过程注重学生的独立发现和体验，尊重学生发展的个体差异。A项属于文化教育学的观点，B、D项表述不符合实用主义教育学的主张，所以，本题答案选C项。

70. C 【解析】国内外知名高校成立平台加强人工智能方面的学术交流，体现了教育发展的全球化趋势。

71. C 【解析】本题考查裴斯泰洛齐的教育思想。在西方教育史上，裴斯泰洛齐是第一个明确提出"教育心理学化"口号的教育家。所谓"教育心理学化"就是把教育提高到科学的水平，将教育科学建立在人的心理活动规律的基础上。

72. C 【解析】本题考查"助产术"的提出者。苏格拉底是古希腊哲学家，以其雄辩和与青年智者的问答法著名。这种问答法亦称"产婆术"或"苏格拉底法"。故题干所述思想家为苏格拉底。

73. C 【解析】以"国学教育"为名传播三从四德等封建糟粕思想的民间培训不断被报道的现象，说明有的人不能正确区分传统思想中的精华与糟粕，没有明辨是非的能力，容易盲目相信一些培训老师的话，故这种现象说明教育承担的开启民智的使命远未达成。

74. A 【解析】教育的本质属性是育人，即教育是一种**有目的地培养人**的社会活动，这是教育区别于其他事物现象的根本特征。

75. D 【解析】本题考查教育的社会属性。教育的永恒性是指，教育是人类所特有的社会现象，它是一个永恒的范畴。只要人类社会存在，就存在着教育。D项正确。

76. C 【解析】本题考查西周的教育内容——"六艺"。六艺中，书即文字教育；乐，包括音乐、诗歌、舞蹈教育；御即以驾兵车为主的军事技术教育；数即简单的计算教育。故本题选C项。

77. B 【解析】教育学是研究教育现象和教育问题，揭示教育规律的一门科学。**揭示教育规律是教育学的根本任务。**

78. B 【解析】柏拉图认为教育与政治有着密切的联系。他指出，教育的目的应该是通过培养哲学家来实现理想的社会，这就是教育的最终目的(或最高目的)。

79. A 【解析】本题考查古代社会的教育。斯巴达教育以军事体育训练和政治道德灌输为主，教育内容单一，教育方法也比较严厉，其教育目的是**培养忠于统治阶级的强悍的军人**。

80. C 【解析】本题考查各教育家及其教育思想。蔡元培比较系统地提出了五育并举的思想，即军国民教育、实利主义教育、公民道德教育、世界观教育和美感教育。故A项正确。

晏阳初被誉为"国际平民教育之父"。他主张乡村平民教育，提出了"四大教育"(文艺教育、生计教育、卫生教育、公民教育)和"三大方式"(学校式、家庭式、社会式)。故B项正确。

苏联教育家赞科夫把学生的一般发展作为教学的出发点，提出了发展性教学理论的五条教学原则。教学过程最优化理论是由巴班斯基提出的。故C项错误。

在西方教育史上，裴斯泰洛齐是第一个明确提出"教育心理学化"口号的教育家。故D项正确。

81. C 【解析】本题考查传统教育学派与现代教育学派的代表人物。杜威的教育学说提出以后，西方教育学便出现了以赫尔巴特为代表的传统教育学派和以杜威为代表的现代教育学派的对立局面。所以，C项正确。

82. B 【解析】教育的本质是培养人，是教育者通过教育活动、运用教育内容促进受教育者的发展。因此，促进人的发展是教育的**本体功能**。**派生功能**是指教育的社会功能，包括经济功能、政治功能、文化功能等。

83. B 【解析】本题考查教育的起源学说。教育的生物起源说是教育学史上**第一个正式提出**的有关教育起源的学说，也是**较早地把教育的起源问题作为一个学术问题**提出来的学说，标志着在教育起源问题上开始转向科学解释。

84. C 【解析】进入20世纪50年代后，科学教育与人文教育的结合便成了西方主要发达国家教育的一个共识和追求，因而也成为现代教育研究的一个共同课题。所以在人文教育与科学教育的关系问题上，应当坚持人文教育与科学教育携手并进。

85. B 【解析】本题考查"自然主义教育"理论的倡导者。卢梭认为教育的任务应该使儿童"归于自然"，这是其自然主义教育的核心。他的教育著作《爱弥儿》系统阐述了他的**自然主义教育思想**。故"自然主义教育"理论的倡导者是卢梭。

86. D 【解析】**狭义的教育指学校教育**，是教育者依据一定的社会要求，依据受教育者的身心发展规律，有目的、有计划、有组织地对受教育者施加影响，促使其朝着所期望的方向发展变化的活动。

二、多项选择题

1. ABD 【解析】本题考查赫尔巴特的旧三中心论。赫尔巴特强调系统知识的传授，强调课堂教学的作用，强调教材的重要性，强调教师的权威作用和中心地位，形成了传统教育**"课堂中心""教材中心""教师中心"**的特点。

易错提示：新旧三中心是常考点也是易混点，考生要抓住"旧三中心的重心是教师、新三中心的重心是学生"这一点，并且围绕这一重心进行延伸记忆，例如与教师讲课相关的是教材(书本)、课堂，与学生学习相关的是活动和经验，这样就能区分新旧三中心。

2. ABD 【解析】本题考查陶行知的生活教育理论。陶行知提出的生活教育理论包括："生活即教育"(生活教育理论的本质论及核心)、"社会即学校"(生活教育理论的范围论)、"教学做合一"(生活教育理论的方法论)。故本题选A、B、D三项。另外，杜威认为，教育即生活，教育即生长，教育即经验的改组或改造。

3. ACD 【解析】本题考查七艺的内容。"七艺"包括**"三科(三艺)"(文法、修辞、辩证法)**和**"四学"(算术、几何、天文、音乐)**。

4. CD 【解析】本题考查杜威的"新三中心论"。杜威的理论是现代教育理论的代表，区别于传统教育"课堂中心""教材中心""教师中心"的"旧三中心论"，他提出了**"儿童中心(学生中心)""活动中心""经验中心"的"新三中心论"**。

5. ACD 【解析】本题考查蔡元培的五育并举思想。蔡元培比较系统地提出了五育并举的思想，即：军国民教育、实利主义教育、公民道德教育、世界观教育和美感教育。

6. CD 【解析】本题考查教育功能的分类。教育功能从作用呈现的形式来分，可划分为显性功能和隐性功能。教育功能从作用的对象来分，可划分为个体功能和社会功能。故本题选C、D两项。

7. ABCD 【解析】本题考查赫尔巴特的教学四阶段论。赫尔巴特认为任何教学都必须经历四个阶段，即明了、联合(联想)、系统、方法(应用)。

8. ACD 【解析】墨翟是墨家的代表人物，对于获得知识的理解，他认为，人的知识来源可分为三个方面，即"亲知""闻知"和"说知"。

9. AC 【解析】文化教育学的代表人物主要有狄尔泰、斯普兰格、利特，杜威是实用主义教育学的代表人物之一，故B项错误。马克思主义教育学认为教育的根本目的是促进学生个体的全面发展，故D项错误。

10. ABC 【解析】本题考查古代教育的特点。古代东西方的教育虽然在具体内容和形式上存在许多差异，但也有一些共同特征：阶级性、道统性、等级性、专制性、刻板性、象征性。

11. ABC 【解析】本题考查现代教学的三大流派。赞科夫提出的发展性教学、布鲁纳提出的结构主义教学和瓦·根舍因提出的范例教学并称为现代教学的三大流派，其思想不仅代表了一个时代，而且影响着当代教学的理论和实践。

12. ABCD 【解析】本题考查春秋战国时期我国的教育。春秋战国时期，官学衰微，私学兴起，冲破了“学在官府”的限制，使教育的对象由贵族扩大到平民。D项正确。战国时期，养士之风大盛。各家各派都不同程度地开展教育活动，其中，儒墨两家的影响最大，成为当时的显学。A项正确。稷下学宫是养士的一个缩影，它是一所由官家举办、私家主持的学校，其特点是学术自由。B项正确。春秋战国时期，私学的发展是我国教育史、文化史上的一个重要里程碑，直接促成了百家争鸣的社会盛况。C项正确。

13. BD 【解析】教育学是研究教育现象和教育问题、揭示教育规律的一门科学。

方法技巧：关于教育学的研究对象，集中表现为三种观点：第一种是“教育现象”；第二种是“教育问题”，第三种是“教育现象和教育问题”。这三种观点都是比较常见的，以第三种观点最为常见。考生可根据具体情况进行具体分析。

14. ABC 【解析】广义的教育指增进人的知识与技能、发展人的智力与体力、影响人的思想观念的活动。A、B、C三项能够从不同角度对学生产生影响，属于广义的教育现象。D项属于新生儿的本能反应，不属于教育现象。

15. ACD 【解析】本题考查黄炎培的教育思想。黄炎培早期职业教育思想更多以解决个人生计问题为重，认为职业教育的要旨有三：“为个人谋生之准备”“为个人服务社会之准备”“为世界、国家增进生产力之准备”。

16. BC 【解析】非正规教育是对有组织的教育机构以外的所有从事教育活动的统称。广义的教育，指增进人的知识与技能、发展人的智力与体力、影响人的思想观念的活动，它包括社会教育、学校教育和家庭教育。由题干中的“生活中”可知，这种教育指非正规教育和广义的教育。

17. ABC 【解析】本题考查教育的社会属性。教育的社会属性有：(1)永恒性；(2)历史性；(3)继承性；(4)长期性；(5)相对独立性；(6)生产性；(7)民族性。D项排除。

18. ABD 【解析】本题考查西方教育思想史上的三个里程碑著作。在西方教育思想史上，柏拉图的《理想国》和卢梭的《爱弥儿》、杜威的《民主主义与教育》被称为**三个里程碑**。

19. ABCDE 【解析】教育的基本形式有横向和纵向之分，具体划分如下：

划分标准	基本形式	
纵向	原始教育现象、古代教育现象、近代教育现象、现代教育现象和当代教育现象	
横向	学校教育	在学校中进行的各级各类教育
	家庭教育	家庭成员之间的相互教育，多指父母或其他年长者对儿女辈进行的教育
	社会教育	在校外儿童教育机构和校外成人文化教育机构进行的教育
	自我教育	人们自我组织的自学活动，以及自省、自修行为
	自然形态的教育	渗透在生产、生活过程中的口授身传生产、生活经验的现象

本题考查的是横向角度的划分，由上表可知，本题五项全选。

20. ADE 【解析】A项为孔子提出的启发诱导思想，D项为孔子提出的学思结合思想，E项为孔子提出的以身作则的教育原则。B项出自《学记》，C项出自许慎的《说文解字》。

21. ABC 【解析】原始社会的教育具有非独立性、自发性、全民性(普及性)、广泛性、无等级性(平等性)、无阶级性和原始性。此外，学校最早产生于奴隶社会，故A、B、C项都不属于原始社会教育的特征。

22. ABD 【解析】本题考查“四书”。**“四书”是《大学》《中庸》《论语》《孟子》这四部著作的总称。**

23. BCD 【解析】本题考查赞科夫发展性教学理论的五条教学原则。苏联教育家赞科夫通过近二十年的小学教学改革实验，出版了《教学与发展》一书。他把学生的一般发展作为教学的出发点，提出了发展性教学理论的五条教学原则，即**高难度、高速度、理论知识起主导作用、理解学习过程、使所有学生包括“差生”都得到一般发展的原则**。故答案选B、C、D三项。

24. ACD 【解析】本题考查现代教育的特征。在总体上，现代教育呈现出一些全新的特征：生产性、公共性、科学性、未来性、革命性、国际性、终身性。B项不属于现代教育的特征，所以，答案选A、C、D三项。

25. ACD 【解析】本题考查古代社会教育的特征。古代东西方社会教育的共同特征有：(1)专门的教育机构和专职的教育人员；(2)鲜明的阶级性与严格的等级性；(3)教育内容更加丰富；(4)教育与生产劳动的分离和对立；(5)教育方法崇尚书本、呆读死记、强迫体罚、棍棒纪律；(6)官学和私学并行的教育体制；(7)个别施教或集体个别施教的教学组织形式。故A、C、D项属于古代社会教育的特征。B项属于现代社会教育的特征。

26. BC 【解析】教育现象包括教育社会现象和教育认识现象。教育社会现象是反映教育与社会关系的现象，比如学校布局的调整、教师工资的增长或拖欠、毕业生的去向、学校管理体制的改革等。教育认识现象是反映教育与学生认识活动(学习活动)关系的现象，比如学生的思想方法问题、学习问题、心理健康问题，教师的教学方法问题等，都属于这类现象。当然，有些教育现象既是教育社会现象，又是教育认识现象，比如制订教学计划、进行课程改革等。B、C项属于教育社会现象范畴，A、D项属于教育认识现象范畴，答案选B、C两项。

27. BC 【解析】本题考查古代教育。A项，古代社会的教育一般指奴隶社会的教育和封建社会的教育。我国最早的学校出现于夏朝，商朝有了比较正规的学校教育场所。这一时期我国处于奴隶社会时期。故A项说法正确。B、D项，古代东西方教育的共同特征具体表现为：阶级性、道统性、等级性、专制性、刻板性和象征性。故B项说法错误，D项说法正确。C项，古代社会的教育与生产劳动相脱离和相对立。故C项说法错误。综上所述，本题选B、C项。

28. ABCD 【解析】本题考查文化教育学的基本观点。文化教育学的基本观点主要有：人是一种文化的存在，人类历史是一种文化的历史；教育过程是一种历史文化过程；教育研究必须采用精神科学或文化科学的方法；教育的目的就是要促使社会历史的客观文化向个体的主观文化转变，并将个体的主观世界引向博大的客观文化世界，培养完整的人格；培养完整人格的主要途径就是“陶冶”与“唤醒”；建构对话的师生关系。

29. AD 【解析】本题考查教育的历史发展。A项，唐代从中央到地方形成了相当完备的官学教育体系，六学二馆组成了中央官学的主干。故A项正确。

B项，中世纪西欧形成了骑士教育和教会教育两种著名的封建教育体系。骑士教育的教育内容是**“骑士七技”**：骑马、游泳、击剑、打猎、投枪、下棋、吟诗。教会教育的教育内容是**“七艺”**。故B项错误。

C项，近代社会教育的特征之一是初等义务教育的普遍实施。故C项错误。

D项，现代社会教育的特征之一是人文教育与科学教育携手并进。故D项正确。

30. ABCD 【解析】本题考查《学记》的教育思想。《学记》开篇阐述了教育的目的：“建国君民，教学为先”“君子如欲化民成俗，其必由学乎。”其总结的教学原则主要包括：(1)教学相长。“是故学然后知不足，教然后知困。知不足然后能自反也，知困然后能自强也。故曰：教学相长也。”(2)尊师重道。(3)藏息相辅。“大学之教也，时教必有正业，退息必有居学。”(4)豫时孙摩。(5)启发诱导。“故君子之教，喻也。”(6)长善救失。故本题四项全选。

三、判断题

1. × 【解析】本题考查教育的功能。教育促进人的发展的功能是教育的**本体功能**。教育促进社会发展的功能是教育的派生功能或工具功能。

2. × 【解析】本题考查教育的本质属性。教育的本质属性是育人,即教育是一种有目的地培养人的社会活动,这是教育区别于其他事物现象的根本特征。

3. √ 【解析】本题考查泛智教育。夸美纽斯在《大教学论》一书中贯穿了他的"泛智"教育思想,探讨了"把一切事物教给一切人类的全部艺术"。

4. × 【解析】本题考查教育的起源学说。教育的神话起源说认为,教育与其他万事万物一样,都是由人格化的神(上帝或天)所创造的,教育目的就是体现神或天的意志,使人皈依于神或顺从于天。这种观点是根本错误的、非科学的。生物起源说认为教育是一种生物现象,而不是人类所特有的社会现象,这种观点的根本性错误在于没有把握人类教育的目的性和社会性,从而没能区分人类教育行为与动物养育行为之间质的差别,仅从外在行为的角度而没有从内在目的的角度来论述教育的起源问题,从而把教育的起源问题生物学化。

5. × 【解析】本题考查现代教育理念。"学无止境""学海无涯"都强调学习是没有终点的,要活到老、学到老,所以它们体现的现代教育理念是终身学习,而不是快乐学习。故本题说法错误。

6. √ 【解析】本题考查洛克的教育思想。洛克反对天赋观念,提出了**"白板说"**。他认为人的心灵原来就像一块白板,没有一切特性,没有任何观念,天赋的智力人人平等。他明确指出:"我们日常所见的人中,他们之所以或好或坏,或有用或无用,十分之九都是他们的教育所决定的。人之所以千差万别,便是由于教育之故。"

7. × 【解析】教育是人类社会特有的现象,动物界不存在教育活动。人类的教育活动与动物所谓的"教育活动"存在本质区别,这主要表现为人类的教育具有社会性和意识性。

8. √ 【解析】本题考查孔子的教育思想。"仁"被孔子视为最高的道德准则,也是他学说的中心思想。他经常谈论"仁",在《论语》中"仁"字出现109次。"仁"最通常的意思就是"爱人",也就是承认别人的资格,把人当作人来爱。"爱人"并不是不分善恶而普遍地爱一切人,而是以"仁"为基本准则,有所爱也有所憎。

9. × 【解析】本题考查教育无目的论。教育无目的论是由**杜威**提出来的。他在《民主主义与教育》中指出:"教育的过程,在它自身以外没有目的,它就是它自己的目的。""教育无目的论"并非主张真正教育无目的,而是认为无教育过程之外的"外在"目的。夸美纽斯主张神学的教育目的论。

10. × 【解析】原始社会的教育具有自发性、全民性、广泛性、无等级性和无阶级性,是原始状态下的教育机会均等,只因年龄、性别和劳动分工不同而有差别。所以,教育并不是从产生开始就具有阶级性和等级性。

方法技巧:教育的阶级性并不是从来就有的,而是从人类社会产生了阶级以后才出现的,并将随着阶级的消亡而消失。阶级性产生于奴隶社会。等级性是阶级性的强化,产生于封建社会。

11. × 【解析】只要人类社会存在,教育就存在。教育是随着人类和人类社会的出现而出现的。学校教育产生于奴隶社会。

12. × 【解析】本题考查《论语》的作者及主要内容。《论语》是孔子弟子及其门人记录孔子言行的语录体著作,约成书于战国初期。所以题干表述错误。

13. √ 【解析】法国社会学家利托尔诺和英国教育学家沛西·能是"生物起源说"的代表人物。

14. × 【解析】本题考查终身教育。终身教育是适应科学知识的加速增长和人的持续发展要求而逐渐形成的一种教育思想和教育制度,包括各个年龄阶段的各种方式的教育。因此,把终身教育等同于成人教育或职业教育是片面的。

15. √ 【解析】夸美纽斯于1632年出版的《大教学论》被认为是**近代第一本教育学著作**。

16. √ 【解析】本题考查西周学校教育的基本内容。西周时期的学校教育以"六艺"为基本学科,即礼、乐、射、御、书、数。题干说法正确。

17. √ 【解析】本题考查教育的本质属性。**教育的本质属性是育人**,即教育是一种有目的地培养人的社会活动,这是教育区别于其他事物现象的根本特征。

四、填空题

1. 赫尔巴特 《普通教育学》　　2.《学记》 儒
3. 孔子　　4. 孔子
5. 心理　　6.《雄辩术原理》(《论演说家的教育》或《论演说家的培养》)
7. 社会活动　　8. 师说
9. 夸美纽斯 《大教学论》　　10. 孔子

五、案例选择题

1. A 【解析】本题考查柏拉图的教育思想。柏拉图认为,教育和培养是当政者应注意的一件大事。理想国的建立和保持,端赖于教育;一个人得到的培养如果不合适,那么最好的天赋所得到的结果甚至会比差的天赋还要坏。理想国中对儿童也实行公养公育,婴儿呱呱坠地后即被送入国立养育院。有公民身份的男女儿童的教育从音乐和讲故事开始,歌词、曲调和故事内容都要经过严格审查,禁止不健康的东西。10岁时,所有的男女孩子都被送到乡下去受教育,除识字、阅读、道德教育外,还学习算术、几何、天文和音乐理论。20岁时,进行第一次筛选,被挑选出来的青年要能将学过的课程加以综合,以考察他们有无辩证法的天赋。30岁时,根据第一次挑选出来的人在学习、作战和工作中的表现,进行第二次筛选和考试,被筛选出的人用五年的时间学习辩证法。35岁时再放到实际工作中锻炼。50岁时在实际工作锻炼中和知识学习中成绩优异并通过考试的人接受最后考验,从事管理国家事务并继续研究哲学。理想国中教育的最高目标是培养哲学家兼政治家——哲学王。这种教育贯穿人的一生。学习和实际锻炼始终紧密结合。此外,柏拉图的理念论是古代西方本体论哲学的代表。

2. C 【解析】本题考查柏拉图的教育思想。柏拉图哲学的本体论被称为"客观唯心主义",他是西方客观唯心主义的奠基人。在西方教育思想史上,柏拉图的《理想国》和卢梭的《爱弥儿》、杜威的《民主主义与教育》被称为三个里程碑。

3. A 【解析】本题考查柏拉图的教育思想。柏拉图认为灵魂是由理性、意志、情感三部分构成的,理性是灵魂的基础。**理性表现为智慧**,意志表现为勇敢,情感表现为节制。

整合提升

答案速查

1~5	ACCDD	6~10	ADACC	11~15	CDAAA	16~20	BBDAD
21~25	BBCCB	26~30	CDACB	31~35	CBAAB	36~40	CACCB
41~45	DACBB			1~5	BCD ABCD ABC CD BCDE		
6~10	ABDE AC BCD ABD ABC			11~15	ABC ABD AD BCD ABCD		
16~17	ABCD ABCD			1~5	√××××		
6~11	√×××√×						

一、单项选择题

1. A 【解析】本题考查陈鹤琴的教育思想。陈鹤琴主张幼儿教育要中国化、科学化,并身体力行在南京创办了**第一所幼儿教育的实验中心——鼓楼幼稚园**,进行中国化、科学化的幼儿园实验,总结并形成了系统的、有民族特色的学前教育思想。

2.C 【解析】本题考查洛克的教育思想。在洛克的绅士教育理论体系中，德育居于首要地位。因为在他看来，德行是一个绅士必须具备的最重要的品质。他说："我认为在一个人或者一个绅士的各种品性之中，德行是第一位的，是最不可缺少的。他要被人看重，被人喜爱，要使自己也感到喜悦，或者也还过得去，德行是绝对不可缺少的。"

3.C 【解析】本题考查朱熹的教育思想。题干引文意为：读书没有疑问的，一定要教他发现疑问，发现了疑问还要解决疑问，到了这一步学问才算是有了长进。因此，教师在指导学生读书时，要善于引导学生发现问题和解决问题。故选C项。

4.D 【解析】本题考查赞科夫的发展性教学原则。赞科夫提出的发展性教学原则中，以高速度进行教学的原则要求"不断地向前运动"，反对多余的重复和繁琐的讲解以及机械的练习，以节约时间，加快进度。

5.D 【解析】本题考查教育的根本属性。**教育的社会性是教育的根本属性**。教育是人类社会特有的现象，是培养人的社会活动。教育主要通过语言和文字进行，而语言和文字都是人类社会的产物，是人类社会特有的。教育从其他社会活动中分化出来后，担负起独立的社会职能，成为专门传递社会生活经验和培养人的社会活动，最终目的是使人社会化。

6.A 【解析】本题考查教育活动的结构。一般认为，构成教育活动的基本要素是教育者、受教育者(学习者)和教育影响。受教育者既包括在校学习的学生，也包括各种形式成人教育中的学习者。故A项说法错误。教育者是指能够在一定社会背景下促进个体社会化和社会个性化活动的人。故B项说法正确。从法律角度看，受教育者是教育活动的自然人，他们与教育者是平等的，在接受思想、品德、知识、技能、行为以及智慧、性格等方面的影响时具有主观能动性。故C项说法正确。教育影响即教育活动中教育者作用于学习者的全部信息，既包括了信息的内容，也包括了信息选择、传递和反馈的形式，是内容与形式的统一。故D项说法正确。

易错提示：教育者≠教师；学习者(受教育者)≠学生。

7.D 【解析】本题考查苏格拉底方法。产婆术即"苏格拉底方法"，作为学生和教师共同讨论、共同寻求正确答案的一种方法，有助于激发和推动学生思考问题的积极性和主动性，将内部已有的知识引出来。这一教育方法是**西方最早的启发式教育方法**。故本题选D项。

8.A 【解析】本题考查《学记》中的教学原则。学生通过讲解已经掌握的知识从而获得新的认识，体现的是教学相长的原则。

9.C 【解析】本题考查孔子的教育思想。孔子提出了庶、富、教的观点，认为人口、财富和教育是立国的三个要素。其中，庶和富是实施教育的先决条件，只有在庶和富的基础上开展教育，才会取得社会成效。故本题选C项。

10.C 【解析】本题考查各教育家的教育观点。斯宾塞在教育内容方面，主张科学知识最有价值。故A项正确。亚里士多德的教育观点基本上承袭柏拉图，认为教育应该由国家负责，受国家控制。故B项正确。卢梭提出了"自然主义教育"，夸美纽斯提出了"**泛智"教育**思想，主张"把一切事物教给一切人"。故C项错误。福禄贝尔提出要让儿童在游戏中得到发展，他是教育史上**第一个承认游戏的教育价值的人**。故D项正确。

11.C 【解析】本题考查洛克的教育思想。在人的全面发展问题上，洛克首次把教育的三大组成部分即德育、智育、体育作了明确区分，并把实际教育的锻炼贯穿其中，形成了一套以资产阶级的事业、生活，尤其是获取个人幸福为主要要求的教育理论体系，具有明显的资产阶级功利主义色彩。

12.D 【解析】本题考查古希腊的"七艺"课程。古希腊教育中的"七艺"，实际上是以人文科学为主体的。文法、修辞、辩证法、音乐，直至今日都是主要的人文学科。所以，A、B、C三项排除，答案选D项。

13.A 【解析】本题考查荀子的教育思想。荀子认为，教育的目的是培养贤能之士，使得"始乎为士，终乎为圣人"。荀子把当时的儒者分为三个层次：俗儒、雅儒和大儒。"俗儒"学得儒学的外表，仅会把先王之道与诗书礼义当作教条，且人格低下，不敢有任何自己的志向。"雅儒"知道礼义诗书精神，尊贤畏法，言行符合礼法要求，是荀子所要培养的基本人才。"大儒"知识广博、知通统类，能够自觉遵守礼义法度和社会道德规范，能够自如地面对从未见过的新事物、新问题，执法志坚而无所凝滞，这是荀子教育的最高目标。教育者应当以**大儒**为培养目标，故本题选A项。

14.A 【解析】夸美纽斯强调教育的自然性，自然性首先是指人也是自然的一部分，人都有相同的自然性，都应受到同样的教育；其次是说教育要遵循人的自然发展的原则，尊重人的自由发展；最后是说要进行把广泛的自然知识传授给普通人的"泛智教育"，而不是仅强调宗教教育。A项表述错误。

15.A 【解析】本题考查教育功能的特征。教育功能的特征有：客观性、社会性、多样性、整体性和条件性。

(1)客观性。教育功能不是主观臆想的，它是由教育的本质和教育系统的结构所决定的。只有教育本质和教育结构的变化，才能引发教育功能的变化。教育本质和教育结构在人类发展历史过程中有着相对的稳定性，这就决定了教育功能的客观性。

(2)社会性。教育功能随社会历史条件的变化而变化。

(3)多样性。教育对社会方方面面的作用，决定了教育功能的多样性。

(4)整体性。教育功能的整体性不仅表现在教育系统内部的协调一致，还表现在教育与社会系统的整体联动。

(5)条件性。教育功能的实现是需要条件的：一是要符合教育自身的规定和规律，二是需要现实提供适合功能发挥的条件。

由上述内容可知，题干所述决定了教育功能的客观性，答案选A项。

16.B 【解析】本题考查现代教育与传统教育的区别。就教育与人的关系而言，现代教育与传统教育最大的区别集中表现在受教育者在教育中的地位和价值上。现代教育思想认为，作为人的受教育者在教育中具有崇高的地位，个人的需要、兴趣、价值、尊严、发展特性和规律以及个人的合法权益，等等，都应得到充分的尊重。在社会越来越文明和人道的今天，教育在这方面的进步程度，也越来越成为衡量一个国家教育现代化水平的根本标志之一。

17.B 【解析】书院即中国古代的民间教育机构，开始只是地方教育组织，最早出现在唐朝，成为正式的教育制度则是由**朱熹**创立的，发展于宋代。

18.D 【解析】本题考查稷下学宫的性质。**稷下学宫**是战国时期齐国的一所由官家举办而由私家主持的特殊形式的学校，它是一所集讲学、著述、育才活动为一体并兼有咨议作用的高等学府。

19.A 【解析】本题考查赫尔巴特的课程体系。赫尔巴特认为，为了培养"善良的人"，即忠于普鲁士君主制的人，课程的编制应以作为认识对象的"客观的文化遗产"的各门科学为基础，并以发展人的"多方面兴趣"为轴心，设置以下相应的学科：(1)经验兴趣——了解事物"是什么"的兴趣。相应地应设自然、物理、化学、地理等学科，使学生获得自然的认识。(2)思辨兴趣——进一步思考事物"为什么"的兴趣。相应地应设数学、逻辑学、文法等学科，以锻炼学生的思维能力。(3)审美兴趣——对各种事物、自然界、艺术品和"善行"的体验和审美评价的兴趣。相应地应设文学、图画、音乐等学科，以培养学生艺术鉴赏力和审美情感。(4)同情兴趣——在人际交往中产生的兴趣。相应地应设本国语、外国语(古典语与现代语)学科，以培养友爱、谅解精神。(5)社会兴趣——在人际交往中建立广泛联系的兴趣。相应地应设公民、历史、政治、法律等学科，以培养合群精神。(6)宗教兴趣——认识人与神的关系的兴趣。相应地应设神学。因此，A项符合题意。

20.D 【解析】本题考查赫尔巴特的四段教学法。赫尔巴特认为任何教学都必须经历四个阶段：(1)明了，主要是把新教材分解为各个构成部分，并和意识中相关的观念即已经掌握的知识进行比较；(2)联合(联想)，即建立新旧观念的联系，使学生在新旧观念的联系中继续深入学习新教材；(3)系统，即学生在教师的指导下，在新旧观念联系的基础上进行深入思考，寻求结论和规律；(4)方法，即通过实际练习，运用系统的知识，使之变得更熟练、更牢固。题干中的王老师在讲完知识点后，给学生布置了相关的练习题，让学生通过练习从而更加熟练、牢固地掌握知识点，这属于赫尔巴特四段教学法中的方法阶段。

21. B 【解析】卢梭在《爱弥儿》的前4卷中把受教育者划分为4个年龄阶段，并提出了各个阶段身心发展的特征及相应的教育任务与方法，他主张通过家庭教育或自然教育培养"自然人"。所以，题干所述的教育名著及其作者是《爱弥儿》和卢梭。

22. B 【解析】教育学发展的"源"在教育实践。教育实践不仅是教育理论的源泉，而且是检验教育理论正确与否的标准。但当某一**教育理论**形成以后，就成为影响以后教育思想发展的**"流"**，成为现成的思想体系，反过来指导教育实践的发展。

23. C 【解析】本题考查凯洛夫的教育思想。凯洛夫是苏联著名的现代教育理论家，长期从事教育科学研究工作，其教育思想主要体现在他主编的《教育学》中。他重视让学生掌握系统的科学文化知识，肯定课堂教学是学校工作的基本组织形式，**强调教师在教育和教学中的主导作用**。C项正确。

24. C 【解析】在教育的概念问题上，古今中外的思想家和教育家有着不同的认识。其中，捷克大教育家夸美纽斯认为："教育在于发展健全的个性。"题干所述为夸美纽斯对"教育"的定义。

25. B 【解析】本题考查苏格拉底的"问答法"。苏格拉底的"问答法"实际上是一种**师生平等的辩论方法**。他从不给学生现成的答案，而是让学生通过自己的探索、理解去得到结论，通过与学生的问答、交谈、讨论甚至争辩的方法来向学生传播自己的观点和思想。

26. C 【解析】教育的劳动起源说的主要内容如下：(1)生产劳动是人类最基本的实践活动；(2)教育起源于生产劳动过程中经验的传递；(3)生产劳动过程中的口耳相传和简单模仿是最原始和最基本的教育形式；(4)生产劳动的变革是推动人类教育变革最深厚的动力。C项表述不符合劳动起源说的主要内容，所以答案选C项。

27. D 【解析】赞科夫对教学与发展的相互关系问题进行了近三十年的研究，形成了独树一帜的教学论思想。赞科夫说："不管教学大纲编得多么好，男女青年在中学毕业后不可避免地要碰到他们不懂的科学发现和新技术。他们必须独立地并且迅速地弄懂不熟悉的东西并掌握它。只有具备一定的品质、有较高发展水平的人，才能更好地应付这种情况。"

28. A 【解析】本题考查教育的生物起源论和心理起源论的共同特点。生物起源论的局限是没有把握人类教育的目的性和社会性，把教育的起源问题生物学化；心理起源论的局限是把人类有意识的教育行为混同于无意识模仿，否定了教育活动的目的性和意识性，同样导致了教育的生物学化，否认了教育的社会属性。因此，教育的生物起源论和心理起源论的共同特点是都否认了教育的社会性。

29. C 【解析】著名的教育学家苏霍姆林斯基认为："只有教师关心学生的人的尊严感，才能使学生通过学习而受到教育。教育的核心，就其本质来说，就在于让儿童始终体验到自己的尊严感。"

30. B 【解析】本题考查《学记》的内容。《学记》是《礼记》中的一篇。它成书于战国后期，是中国古代教育文献中最早、体系比较严整而又极有价值的代表作，是先秦时期儒家教育思想和经验的总结，是我国古代教育史上的一份极为珍贵的遗产，也是世界教育史上最早出现的自成体系的教育学专著。《学记》把教育的作用概括为十六个字："建国君民，教学为先""化民成俗，其必由学"。

31. C 【解析】本题考查我国美育的发展。近代史上第一个把美育概念引入中国并对美育的性质和地位进行深入研究的是王国维。故选C项。

易错提示：在我国近代史上，"美育"的发展离不开两个人物——王国维和蔡元培。考生应注意区分二者对"美育"的贡献。一般我们认为，王国维是第一位把美育概念引入中国，并对美育的性质和地位进行了深入研究的人。而在我国教育领域，"美育"一词的流传应归功于蔡元培，他主持教育工作时发表了《对于教育方针之意见》，提出"以美育代宗教"的主张。

32. B 【解析】本题考查《学记》中的教育思想。"相观而善之谓摩"即在教学中同伴之间要相互学习，讨论切磋，取长补短，共同进步。这说明教学中要相互观摩、切磋。

33. A 【解析】本题考查教育的功能。题干引文的意思是：玉不打磨雕刻，不会成为精美的器物；人若是不学习，就不懂得礼仪，不能成才。这句话强调的是教育对个体发展的意义。

34. A 【解析】古代社会，由于农业社会经济发展缓慢、科技水平较低，教育主要是再现与继承知识和经验的功能，学校教育也主要是为特权阶层服务，少数统治阶层人才的培养以牺牲大多数人的发展为条件，教育难以真正适应社会发展进步的要求，与社会发展相比，教育呈现出"后行"的特点。

35. B 【解析】本题考查教育功能的特征。教育功能具有多样性。在社会发展的不同阶段，因对教育认识的不同，教育功能的重点也自然会有所不同。当代教育呈现出全方位的功能，既有对个体发展的功能，也有对社会发展的功能。在个体发展功能中，既有个体社会化功能，也有个体个性化功能；在社会发展功能中，既有政治功能，也有经济功能、文化功能，以及人口功能、生态功能等。教育对社会方方面面的作用，决定了教育功能的多样性。故选B项。

36. C 【解析】本题考查柏拉图的政治观。柏拉图的政治理想是建立一个理想的国家，这个国家由三种人组成：第一种是爱智慧、掌握了真理的哲学家，他们是统治者；第二种是具有勇敢美德的军人，他们辅佐执政者；第三种是具有节制美德的手工业者和农民，他们要服从统治者的意志。如果每个人都能各司其职，就体现了正义原则。**智慧、勇敢、节制和正义**，是理想国中的四种美德。C项表述错误。

37. A 【解析】裴斯泰洛齐是瑞士杰出的教育家，被誉为**"平民教育家"**，他提倡**爱的教育**，认为儿童对母亲的爱是道德教育最基本的要素。裴斯泰洛齐是提倡"爱的教育"和实施"爱的教育"的典范。故题干所述教育家为裴斯泰洛齐。

38. C 【解析】赞科夫的"一般发展"指的是个体**以智力为核心**的包括情感、意志、个性以及集体主义精神在内的总体发展。

39. C 【解析】卢梭对儿童的认识对教育界具有启蒙的意义，他被人们誉为**第一个"发现儿童"的人**。

40. B 【解析】农业社会里，学校教育与生产劳动相脱离。不劳而获的统治阶级掌握着学校教育权，他们不允许在学校中向自己的子弟传递那些只有被统治阶级才需要的生产知识和技能。生产劳动的经验一开始就被排斥在学校的大门之外。

41. D 【解析】卢梭提出了"消极教育"，所谓"消极教育"即成人的不干预、不灌输、不压制和让儿童遵循自然率性发展。但"消极教育"并非无所作为，还有两件事要做：(1)观察自由活动中的儿童，了解他的自然倾向和特点；(2)防范来自外界的不良影响。

42. A 【解析】本题考查教育的功能。根据教育作用的方向，可将教育功能分为正向功能和负向功能。根据教育作用的呈现形式，可将教育功能分为显性功能和隐性功能。将教育功能的方向和形式结合起来，又可将教育功能划分为四类，即正向显性功能、正向隐性功能、负向隐性功能以及负向显性功能。题干中学校"组织开展'学习大比拼'活动"是有目的的，并且促进了学生的发展，这体现了教育的正向显性功能；"参与班级活动的热情降低，学生之间人际关系变得紧张"是不在预期之中的，是对学生发展的消极作用，因此题干所述内容也体现了教育的负向隐性功能。

43. C 【解析】本题考查半工半读学校的性质。根据教育活动的规范程度,教育形态可以分为正规教育和非正规教育。正规教育是指由教育部门认可的教育机构(学校)所提供的有目的、有组织、有计划、由专职人员承担的,以影响入学者的身心发展为直接目标的全面系统的训练和培养活动,它有一定的入学条件和规定的毕业标准,通常在教室(课堂)环境中进行,使用规定的教学大纲、教材,其特点是统一性、连续性、标准化和制度化。非正规教育是指在正规教育体制以外所进行的有目的、有计划、有组织的教育和培训活动。学校教育属于正规教育,题干中的半工半读学校也是学校的一种形式,因而这种教育也属于正规教育。

44. B 【解析】本题考查教育相对独立性的表现。教育的相对独立性是指教育有其自身的规律,可以"超前"或"滞后"于当时的社会发展。B项战国时期出现了教育思潮的高峰"百家争鸣",说明当时的教育超前于政治经济发展水平,反映了教育的相对独立性。A项表明教育与人类社会共始终,反映了教育的永恒性。教育的历史性是指教育是一种历史现象,在不同的社会或同一社会的不同历史阶段,教育的性质、目的、内容等各不相同。CD两项均反映了教育的历史性。

45. B 【解析】教育者是教育过程中**"教"的主体**;受教育者是教育过程中**"学"的主体**;教育内容是教育者和受教育者共同的客体。

二、多项选择题

1. BCD 【解析】本题考查终身教育。终身教育突破了正规学校的框架,把教育看成是人一生中连续不断的学习过程,是人们在一生中所受到的各种培养的总和,实现了从学前期到老年期的整个教育过程的统一。终身教育既包括正规教育,又包括非正规教育,包括了教育体系的**各个阶段**和**各种形式**。因此,幼儿园之前的教育、幼儿园教育、基础教育、高等教育、成人教育、老年教育等都属于终身教育。故BCD三项正确,A项错误。

2. ABCD 【解析】本题考查学校教育的基本特征。学校教育的基本特征包括:(1)职能的专门性;(2)组织的严密性;(3)作用的全面性;(4)内容的系统性;(5)手段的有效性;(6)形式的稳定性。

3. ABC 【解析】本题考查《学记》中的教育思想。题干引文的意思是:要引导学生而不要牵着学生走,要鼓励学生而不要压抑他们,要指导学生学习门径,而不是代替学生作出结论。所以,A、B、C三项符合题意。学生在教学中处于主体地位,要尊重学生的主体地位,D项表述错误。

4. CD 【解析】本题考查信息社会教育的特征。信息社会的教育呈现出以下特征:(1)学校将发生一系列变革;(2)教育的功能将进一步得到全面理解;(3)教育的国际化(全球化)与教育的本土化趋势都非常明显;(4)教育的终身化、全民化和全纳教育的理念成为指导教育改革的基本理念。A、B项为工业社会教育的特征。故本题答案为C、D项。

5. BCDE 【解析】学习教育学的意义包括:(1)有助于树立正确的教育思想,提高贯彻教育方针的自觉性;(2)有助于树立热爱教育事业的专业思想,全面提高教师的素养;(3)有助于科学育人,提高从事基础教育工作的水平和能力;(4)有助于推动基础教育改革和教育科学研究。

6. ABDE 【解析】本题考查教育活动的基本要素。教育活动的基本要素包括教育者、受教育者、教育内容和教育活动方式等。其中,教育者是教育活动中"教"的主体。受教育者是教育活动中"学"的主体。教育内容是指教育者引导受教育者在教育活动中学习的前人积累的经验,一般体现为课程、教科书、教学参考资料。教育活动方式是指教育者引导受教育者学习教育内容所选用的交互活动方式。教育者、受教育者是教育活动的主体,教育内容是师生传承的精神客体,要使三者形成一个有目的地培养人的教育活动,必须选用并通过一定的中介——教育活动方式才能实现。故A、B、D、E项正确。教学风格是一个教师在教学中能够熟练应用的、比较成熟的、富有成效的教学模式和教学技术,它包括一个教师特有的教学思想、教学观念、教学方法、教学语言、教学风度和教学手段。故C项错误。

7. AC 【解析】**狭义的教育指学校教育**,是教育者依据一定的社会要求,依据受教育者的身心发展规律,有目的、有计划、有组织地对受教育者施加影响,促使其朝着所期望的方向发展变化的活动。A、C两项属于学校教育也即狭义教育的范畴,B、D两项属于广义的教育范畴。

8. BCD 【解析】本题考查现代社会教育的特征。与古代社会的教育相比,现代社会的教育主要呈现的特征有:(1)培养全面发展的人由理想走向实践;(2)教育与生产劳动相结合日趋密切;(3)教育普及制度化,教育形式、手段多样化;(4)教育实施的法制化和民主化;(5)人文教育与科学教育携手并进;(6)教育日益显示出开放性和整体性。故A项不选。

9. ABD 【解析】斯宾塞是英国著名的实证主义者,他反对思辨,主张科学是对经验事实的描写和记录。他强调生理学、卫生学、数学、机械学、物理学、化学、地质学、生物学等实用学科的重要性,反对古典语言和文学的教育。此外,他还特别重视体育。在教学方法方面,他主张启发学生学习的自觉性,反对形式教育,重视实科教育。C项为实验教育学的代表人物之一拉伊的观点。

10. ABC 【解析】本题考查陶行知"生活即教育"和杜威的"教育即生活"的共同点。陶行知的"生活即教育"和杜威的"教育即生活"的相同点是:(1)承认教育和生活之间存在着密切的联系,反对将教育与生活分离;(2)认为生活含有重要的教育意义;(3)承认教育对改造生活的重要作用。D、E两项均是杜威的实用主义教育思想。

11. ABC 【解析】本题考查杜威的经验观。"经验"是西方哲学史中的一个重要概念,杜威理论中"经验"的意义与前人有异,杜威对其做了若干改造。首先,克服了经验与理性的对立;其次,拓展了经验的外延;再次,强调经验过程中人的主动性。

12. ABD 【解析】本题考查昆体良的教育思想。昆体良从自己的实践经验出发,对古希腊以来的教育思想作了系统总结,在他的《论演说家的教育》一书中主张对儿童进行早期训练,教学要根据儿童的年龄特点因材施教和量力而行,要劳逸结合和给学生以奖励、反对体罚。

13. AD 【解析】在构成教育活动的基本要素中,教育者是教育过程中"教"的主体,受教育者是教育过程中"学"的主体,故教育的**主体性因素**是教育者和受教育者。

14. BCD 【解析】"生活即教育"是陶行知生活教育理论的核心。这一命题包括三个方面的内容:对生活的理解,生活与教育的关系,生活教育的内涵和核心。

15. ABCD 【解析】杜威从儿童发展的需要出发,对课程与教材提出了要求:(1)课程与教材必须与儿童的生长和发展相统一;(2)课程与教材本身应充满内在的兴趣;(3)课程与教材是社会性的;(4)课程与教材要符合儿童心理发展的顺序。

16. ABCD 【解析】国际21世纪教育委员会在其向联合国教科文组织提交的《教育——财富蕴藏其中》的报告中,对终身教育的内涵做了揭示:终身教育固然要重视其在使人适应工作和职业需要方面的作用,然而,这决不意味着人就是经济发展的工具。除了人的工作和职业需要之外,终身教育还应该重视铸造人格、发展个性,使每个人的潜在才干和能力得到充分的发展。

17. ABCD 【解析】本题考查当代教育的发展趋势。当今世界的教育发展变革呈现出如下几个方面的走向或趋势:(1)教育全民化;(2)教育终身化;(3)教育民主化;(4)教育信息化;(5)教育个性化;(6)教育国际化。(具体内容参见曹树真、韩冰清主编的《教育学教程》)

三、判断题

1. √ 【解析】本题考查陶行知的教育观点。陶行知认为,杜威的"教育即生活"只是把社会生活引入学校,还不是真正的社会生活,仍然是一种"鸟笼式"的生活教育。他主张以真正的社会生活,以民众改造社会和自然的全部社会实践作为教育内容,实行真正的生活教育。

2. × 【解析】本题考查古代社会教育的特征。古代社会的教育具有阶级性,学校教育为统治阶级所垄断,只有统治阶级的子弟才可以进入学校接受教育。西周时期的政教合一和学在官府等都说明学校教育为统治阶级所垄断,这体现了古代教育的阶级性,而非等级性。

3. × 【解析】本题考查自由教育思想。文雅教育,亦称"自由教育",是西方教育史上的一种教育观点和教育理想。它最早由亚里士多德提出,是其教育思想的重要组成部分。亚里士多德认为,人之所以为人的最本质特征就在于人具有理性,能够进行正确的思维、理解、判断。人只有充分运用和发展理性,才能获得身心的自由发展。要实现文雅教育,需要具备两个基本条件:闲暇时间和自由学科。

4. × 【解析】本题考查教育机会平等的内涵。教育机会平等是要肯定每一个人都能受到适当的教育,而且这种教育的进度和方法是适合个人的特点的。

5. × 【解析】本题考查教育学的产生与发展。教育学是随着社会的发展和人类教育经验的丰富而逐渐形成和发展起来的一门学科,它并不是随着人类社会的产生而产生的。

6. √ 【解析】教育实践孕育了作为一门知识的教育学。教育学作为一门知识的历史要比教育学作为一门学科的历史悠久得多。

7. × 【解析】对任何社会、任何时期的教育来说,正向和负向的功能都存在,只不过比重不同而已。

8. × 【解析】本题考查陶行知生活教育理论与杜威教育理论的关系。陶行知早年留学美国,师从杜威并深受其教育思想影响。回国后,他创造性地把杜威的教育哲学与中国的教育实际相结合,提出了生活教育理论,即"生活即教育""社会即学校""教学做合一",这是对杜威"教育即生活""学校即社会""从做中学"的改造,并不是杜威教育理论的翻版,所以题干表述不正确。

9. × 【解析】教育是在一定社会背景下发生的促使个体的社会化和社会的个性化的实践活动。如果片面地强调个体社会化的一面,强调个体发展需要和社会发展需要无条件一致,忽视个性心理特征和个性培养,就会出现机械的"灌输"。尽管灌输在一定意义上可以作为教育的一种方法或形式,但从本质上而言,机械的灌输不是"教育"。

10. √ 【解析】"活教育"的课程论指导原则是把书本知识与儿童的直接经验相结合,"大自然、大社会都是活教材"。

11. × 【解析】本题考查我国古代教育思想。道家认为人类在社会和自然之中,一切活动最终都必须取法于"道"。教育也不能例外,也要遵循自然规律,按自然规律施教,"唯道是从"。因此,以自然教育为价值取向的是道家。此外,道家的理想人格(也即教育培养目标)是自然无为、自知之人的"圣人",追求精神的绝对自由。

四、案例选择题

1. ABCD 【解析】本题考查对材料的理解。案例中的四块糖分别是在学生做出了遵守时间、尊重老师、正直、勇于承认错误的行为后作为强化物奖励给学生的。因此,这些表扬强化的是学生遵守时间、尊重老师、正直、勇于承认错误的行为和品质。

2. ABC 【解析】本题考查陶行知的教育智慧。面对犯错误的男孩,陶先生并没有批评指责他,而是从信任学生出发,通过奖励糖果的方法表扬男孩的优点,启发学生自己意识到自身存在的问题,从而改正错误。故A、B、C三项符合题意。D项与题意无关。

3. ABCD 【解析】本题考查陶行知的观点。A、B、C、D四项均属于陶行知的观点。

第二章 教育的基本规律

基础训练

答案速查

1~5	ABBDB	6~10	BDAAD	11~15	ADABA	16~20	CABCA
21~25	DABDC	26~30	DBBAD	31~35	AADBB	36~40	DDBBA
41~45	BCDAA	46~49	ACDA	1~5	AB BD ABCD ABC ABD		
6~10	AB AC ABD ACD ABC			1~5	√×√××		
6~10	√××××			11~15	×√×√×		
16~22	×√√√×√×						

一、单项选择题

1. A 【解析】本题考查个体身心发展的个别差异性的教育要求。**个体身心发展的个别差异性要求教育必须因材施教**,充分发挥每个学生的潜能和积极因素,有的放矢地选择适宜、有效的教育途径和方法手段,使每个学生都能得到最大的发展。

2. B 【解析】本题考查个体身心发展的动因理论。内发论强调**内在因素**,如"需要""成熟",强调人的身心发展的力量主要源于人自身的内在需要,身心发展的顺序也是由身心成熟机制决定的。孟子是中国古代内发论的代表人物,他认为人的本性是善的,"万物皆备于我"。故本题选B项。

3. B 【解析】本题考查个体身心发展的动因理论。外铄论认为人的发展主要依靠**外在的力量**,诸如环境的刺激和要求、他人的影响和学校的教育等。英国哲学家洛克提出"白板说",认为人的心灵犹如一块白板,它本身没有内容,可以任意涂抹。这种观点强调外在力量的影响,属于外铄论的观点。故选B项。

4. D 【解析】本题考查影响个体身心发展的主要因素。题干的意思是:吴国、越国、东夷、北貉之人,刚生下来啼哭的声音都是一样的,长大后风俗习惯却各不相同,就是教育使他们如此的。故题干内容强调了教育对人的身心发展的影响。

5. B 【解析】本题考查影响人的身心发展的因素。总体看来,影响人的身心发展的因素主要有遗传、环境、教育(学校教育)和个体主观能动性等。其中,遗传素质是人的身心发展的物质前提,人的身心发展必须有正常的遗传素质为基础,发展才有可能。没有这个前提,任何发展都不可能,或者某些遗传素质有缺陷,某种发展可能就永远不能实现,如一个生而失聪的儿童,就不可能发展其听觉能力而成为音乐家。故选B项。ACD三项说法错误。

6. B 【解析】本题考查影响人发展的因素。"橘生淮南则为橘,生于淮北则为枳"的意思是:橘子生长在淮河以南就是橘子,生长在淮河以北就变成枳了。这说明同样一种东西,生长的环境不同,结果也会不一样。这体现了环境对人发展的影响。

7. D 【解析】本题考查个体身心发展的规律。个体身心发展的顺序性是客观的、不以人的意志为转移的,教育工作要遵循这种顺序性,**循序渐进**地促进人的发展。"拔苗助长"是指违反事物的发展规律,急于求成;"陵节而施"是指超过人的接受能力而进行教育。两者都违背了个体身心发展的顺序性规律,故选D项。

8. A 【解析】本题考查生产力对教育发展的影响和制约。生产力发展水平是教育发展的物质基础,生产力发展水平是教育发展最终的决定性因素。

9. A 【解析】生产力发展水平制约着教育的内容、方法与手段。从14世纪到17世纪,随着生产力的发展水平不断提高,教育的内容也不断增加,这体现了生产力的发展水平对教育内容的影响。

10. D 【解析】本题考查影响个体身心发展的因素。个体的主观能动性是人的一种内在需要和动力,是一种寻求发展的积极动机和渴望。所以,个体的主观能动性是人的身心发展的内在动力,也是促进个体发展从潜在的可能状态转向现实状态的决定性因素。逆境可以成才,"同流而不合污""出淤泥而不染""威武不能屈"等典故反映出人的主观能动性在个体发展中的作用。

11. A 【解析】教育与经济的关系,总的来说,是经济决定教育,教育反作用于经济。故选A项。

12. D 【解析】本题考查个体身心发展的规律。人的身心发展的互补性规律是指机体某一方面的机能受损甚至缺失后,可通过其他方面的超常发展得到部分补偿,互补性既存在于生理机能与生理机能之间,也存在于心理机能与生理机能之间。个体身心发展的互补性要求教育工作者要树立信心,相信每一个学生,特别是暂时落后或某些方面有缺陷的学生,通过其他方面的补偿性发展,都可以达到与一般正常学生一样的发展水平。故题干的表述体现的是人的身心发展的互补性对教育提出的要求。

13. A 【解析】本题考查格塞尔的"成熟势力说"。格塞尔通过**双生子爬梯实验**证明了他的**"成熟势力说"**,故本题答案选A项。B项,视崖实验是研究婴幼儿的深度知觉的实验。C项,恒河猴实验是研究依恋关系的实验。D项,三山实验是研究自我中心性的实验。

14. B 【解析】本题考查影响个体身心发展的主要因素。题干引文出自荀况的《劝学》,意思是:蓬草长在麻地里,不用扶持也能挺立住;白沙混进了黑土里,就会变得和土一样黑。这句话常用来形容环境对个体的影响,即体现了外部环境在个体身心发展中的重要性。

15. A 【解析】本题考查教育的社会功能。教育的社会功能主要有两种:教育的社会变迁功能与教育的社会流动功能。教育的社会流动功能,按其流向可分为横向流动功能与纵向流动功能。其中,教育的**社会横向流动功能**是指,社会成员因受到教育和训练而提高了能力,可以根据社会需要,结合个人意愿与可能,更换其工作地点、单位等,做水平的流动,改变其环境而不提升其在社会阶层或科层结构中的地位,亦称水平流动。故本题选A项。

16. C 【解析】本题考查影响个体身心发展的因素。学校教育对人的发展的主导作用是有条件的。并不是所有学校教育都能对人的发展起主导作用,也不是学校教育在任何时候都能对人的发展起主导作用。故C项说法过于绝对。

17. A 【解析】一个人的成就同早期智力的高低并无极大的相关说明遗传素质为人的发展提供了可能性,但不能决定人的发展。

18. B 【解析】科技进步是现代教育发展的**根本动因**。科学技术是第一生产力,现代教育正是人们在自觉适应以科技进步为基础的现代化大生产和现代社会生活要求的过程中发展起来的,它反映了科技进步的需要。

19. C 【解析】本题考查个体身心发展的规律。个体身心发展的不平衡性的表现有:一方面是指身心发展的同一方面的发展速度,在不同的年龄阶段是不平衡的;另一方面是就个体身心发展的不同方面而言的。题干所述表明身心发展的同一方面的发展速度在不同的年龄阶段是不平衡的,这反映的是身心发展的不平衡性规律。

20. A 【解析】本题考查教育的文化功能。教育的文化功能之一是教育能够传承文化。教育可以传递和保存文化。人类文化不可能通过遗传的方式延续,只能通过传递方式发展下去,而教育是文化传递和保存最为基本和最为有效的手段。题干中的教师向学生传授知识,使文化能够得以传递和保存,表明教育具有传递和保存文化的功能。

21. D 【解析】本题考查教育的社会制约性。社会政治经济制度决定教育的领导权、受教育权、教育目的、教育内容的取舍、教育体制。生产力的发展水平制约着教育结构的变化。故④排除,本题答案选D项。

22. A 【解析】本题考查关键期的概念。所谓**关键期**,就是指人的某种身心潜能在人的某一年龄段有一个最好的发展时期。研究认为,关键期既包括有机体需要刺激的时期,也包括有机体对某种刺激最敏感的时期。因此,关键期也叫敏感期、最佳期。所以,题干所述这一时期是发展关键期。

23. B 【解析】吉妮错过了学习语言的关键期,即使后来语言专家对她进行了长达7年的语言训练,她的语言表达能力还是远不如同龄儿童。这说明个体的身心发展要抓住关键期。

24. D 【解析】老师通过传授生态和环境知识,可以影响学生的生态意识,引发学生自觉保护环境的行为,这体现的是教育的生态功能。

25. C 【解析】本题考查生产力对教育发展的影响和制约。**生产力的发展水平制约着教育发展的规模和速度**。总的来说,教育发展的规模与速度,取决于生产力发展所提供的物质条件和生产力发展对教育事业所提出的要求。故选C项。

26. D 【解析】本题考查个体身心发展的规律。人的身心发展具有个别差异性,具体表现之一为不同个体所具有的个性心理不同,如同年龄的儿童具有不同的兴趣、爱好和性格等。题干所述体现了人的身心发展的个别差异性。

易错提示:个体身心发展的个别差异性和不平衡性是易混点。个体身心发展的不平衡性强调同一个体,包含两层含义:(1)同一方面不同速;(2)不同方面不同步。个体身心发展的个别差异性强调不同个体或群体之间的差异。考生要注意根据题干进行辨别。

27. B 【解析】本题考查个体身心发展的规律。个体身心发展的个别差异性的表现之一是:不同个体同一方面的发展速度和水平不同。如有些人**"少年得志"**,有些人则**"大器晚成"**。

28. B 【解析】教育的思想、制度、内容和方法,尽管受当时的政治经济制度和生产力发展水平所制约,但又是从以往的教育发展而来的,都与以往的教育有着渊源的关系,都带有自己发展历程中的烙印,也就是说,教育具有历史继承性。

29. A 【解析】题干观点出自霍尔,他认为"一两的遗传胜过一吨的教育",个体心理发展是人类进化过程的简单重复,个体心理发展由种系发展决定(**复演说**)。这属于内发论的观点。

30. D 【解析】本题考查影响个体身心发展的主要因素。个体的主观能动性是一种寻求发展的积极动机和渴望,是人的身心发展的内在动力。题干中的"学生的学习需要和动机不同,对教学的态度和行为也各式各样"即反映了个体主观能动性对学生身心发展的影响。

31. A 【解析】本题考查网络教育的特点。网络教育可以从两个方面理解:一方面是指网络技术应用于教育中;另一方面是指在网络上构建"网络学校",为学习者提供前所未有的开放的学习环境。传统学校教育与网络教育的区别如下:

传统学校教育	网络教育
"金字塔形"的等级制教育	"平等的"开放式教育
其优劣标准依据掌握在他人手中的"筛选制度"	其优劣标准依据掌握在自己手中的"兴趣选择"
较严格意义上的"年龄段教育"	"跨年龄段教育"或者"无年龄段教育"
存在着时空限制	跨时空的教育

由上表可知,"平等的"开放式教育是网络教育的特点。故选A项。

32. A 【解析】本题考查教育社会性的最主要表现形式。教育的社会性是教育这一永恒的社会现象的根本属性。教育的社会制约性是教育社会性的最主要的表现形式。

33. D 【解析】受过教育的人口更容易做远距离迁移,小周毕业后选择留在北京工作体现了教育促进人口迁移的功能。

34. B 【解析】本题考查个体身心发展的互补性的教育要求。个体身心发展的互补性要求教育者:(1)树立信心,相信每一个学生,特别是暂时落后或在某些方面有缺陷的学生,通过其他方面的补偿性发展,都会达到与一般正常学生一样的发展水平;(2)掌握科学的教育方法,发现学生的优势,**扬长避短**、**长善救失**,激发学生自我发展的信心和自觉。故选B项。

35. B 【解析】"龙生龙,凤生凤"强调的是遗传因素对个体身心发展的作用。

36. D 【解析】本题考查个体身心发展的动因。遗传决定论的代表人物有**孟子**、**弗洛伊德**、**威尔逊**、**高尔顿**、**格塞尔**、**霍尔**等。孔子提出了"生而知之"的观点,他认为,人的才智愚劣是生来就有的,且是无法改变的,这属于遗传决定论的观点。斯金纳认为,人的行为乃至复杂的人格都可以通过外在的强化或惩罚手段来加以塑造、改变、控制或矫正,这种观点属于环境决定论。所以D项正确。

37. D 【解析】题干的表述体现了不同的人不同方面的发展存在差异,即人的发展具有个别差异性。

38. B 【解析】本题考查教育的相对独立性。教育的相对独立性是指教育具有自身独特的发展规律和能动性。题干表述的是教育的相对独立性的概念。

39. B 【解析】本题考查内发论的主要代表人物及其观点。弗洛伊德认为人的**性本能**是最基本的自然本能。威尔逊把**"基因复制"**看作是决定人的一切行为的本质力量。格塞尔强调成熟机制对人的发展的决定作用。华生是外铄论的代表人物,他说:"给我一打健康的婴儿,不管他们祖先的状况如何,我可以任意把他们培养成从领袖到小偷等各种类型的人。"故选B项。

40. A 【解析】本题考查文化对教育的影响。文化影响教育目的的确立。教育目的的确立,除了取决于社会政治经济制度和生产力发展水平以外,还受文化的影响。例如,我国古代封建社会的主流文化是以儒学为核心的伦理型文化,这种文化反映在人才培养上,就强调教育目的是"在明明德,在亲民,在止于至善"。

41. B 【解析】人对环境的反应是能动的。社会环境是人发展的外部条件,但是个体受环境的影响不是消极被动的,而是积极能动的实践过程。环境对人的发展的影响要通过个体的主观努力和社会实践活动才能实现。有的人在良好的环境中却没有什么成就,甚至走向与环境要求相反的道路;有的人在恶劣的环境中却能"出淤泥而不染",成为很有作为的人。B项正确。A、C、D项表述均错误。

42. C 【解析】教育对个体发展的独特价值包括:(1)引导个体发展的方向;(2)提升个体发展的速度;(3)开发个体的特殊才能;(4)唤醒个体生命的自觉。C项不属于教育对个体发展的独特价值。

43. D 【解析】本题考查教育的相对独立性。教育的相对独立性的表现包括:(1)教育自身的历史继承性。(2)教育与社会发展的不平衡性。教育受一定社会的生产力发展水平和政治经济制度制约、决定,但与社会生产力发展水平和政治经济制度的改变并非完全同步,具有与社会发展的不平衡性。(3)教育与其他社会意识形式的平行性。故教育与社会发展水平不同步,体现了教育的相对独立性。

44. A 【解析】人力资本理论认为,教育不但是一种消费活动,也是一种投资活动。教育投资是人力资本的核心,是一种可以带来丰厚利润的生产性投资。所以,人力资本理论看重的是教育的经济功能。

45. A 【解析】教育的政治功能的表现之一即教育通过传播思想、形成舆论作用于一定的政治经济制度。

46. A 【解析】个体身心发展的阶段性是指个体身心发展在不同的年龄阶段会表现出不同的总体特征及主要矛盾,面临着不同的发展任务。题干所述说明学生在小学时期和中学时期有不同的心理特点,体现了人的身心发展具有阶段性。

47. C 【解析】本题考查教育的相对独立性的表现。教育的相对独立性的表现之一是教育与其他社会意识形式的平行性。教育作为社会意识形态中的一种意识形式,与社会意识形态中的其他意识形式,如政治思想、哲学观念、伦理道德、宗教、文学、艺术等,有着密切的联系,这种联系不是决定与被决定的关系,而是相互影响的平行性关系。

48. D 【解析】学校教育具有加速个体发展的**特殊功能**。首先,学校教育目标明确、时间相对集中、有专人指导并进行专门训练,所以能加快个体身心发展的速度。其次,学校教育使个体处于一定的学习群体中,个体之间发展水平有差异,有助于促进个体的发展。再次,如果学校教育能正确判断学生的最近发展区,这种加速会更明显、更富有成效。

49. A 【解析】教育可以提高劳动力的质量和素质,使之获得一定劳动部门认可的技能和技巧,成为发达的和专门的劳动力。这是教育再生产劳动力的表现之一,所以题干所述体现的是教育的经济功能。

二、多项选择题

1. AB 【解析】本题考查教育对生产力的促进作用的表现。教育对生产力的促进作用主要体现在:(1)教育是劳动力再生产的重要手段;(2)教育是科学知识再生产的重要手段。故选A、B两项。

2. BD 【解析】本题考查外铄论的代表人物。外铄论的主要代表人物有**荀子**、**洛克**、**华生**、**斯金纳**等。霍尔和孟子是内发论的代表人物。

3. ABCD 【解析】本题考查教育与文化的关系。教育与文化的关系包括文化对教育的影响和教育对文化发展的作用两个方面。其中,文化对教育的影响表现为:(1)文化对教育具有价值定向作用;(2)文化发展促进学校课程的发展;(3)文化影响教育目的的确立;(4)文化影响教育内容的选择;(5)文化影响着教育教学方法的使用。选项表述均正确。

4. ABC 【解析】本题考查学校教育在人的身心发展中起主导作用的原因。学校教育在人身心发展中起主导作用的原因有:(1)学校教育是有目的、有计划、有组织地培养人的活动;(2)学校有专门负责教育工作的教师,相对而言效果较好;(3)学校教育能有效地控制和协调影响学生发展的各种因素。

5. ABD 【解析】本题考查个体身心发展的个别差异性的教育要求。个体身心发展的个别差异性要求教育必须**因材施教**,充分发挥每个学生的潜能和积极因素,有的放矢地选择适宜、有效的教育途径和方法手段,使每个学生都能得到最大的发展。如在教学中**采取弹性教学制度**、**采取能力分组**、**组织兴趣小组**等。C项排除。

6. AB 【解析】本题考查关于人的身心发展的理论。霍尔提出"一两的遗传胜过一吨的教育",高尔顿是遗传决定论的创始人,他认为个体的发展及其个性品质早在基因中就决定了,发展只是这些内在因素的自然展开,环境只起引发作用。故A项错误。洛克提出了"白板说",卢梭提倡"自然主义教育"。故B项错误。吴伟士(武德沃斯)认为,人的发展等于遗传与环境的乘积。故C项正确。董仲舒提出"性三品说",突出了"先天""命定"性因素在人的发展中的作用。故D项正确。

7. AC 【解析】本题考查文化对课程的影响。文化对课程的影响主要体现在两个方面:(1)课程内容的丰富;(2)课程结构的更新。

8. ABD 【解析】本题考查教育的生态功能。教育的生态功能表现在:(1)树立建设生态文明的理念;(2)普及生态文明知识,提高民族素质;(3)引导建设生态文明的社会活动。C项体现了教育的经济功能,故不选。

9. ACD 【解析】个体身心发展的互补性一方面是指机体某一方面的机能受损甚至缺失后,可通过其他方面的超常发展得到部分补偿。另一方面,互补性也存在于心理机能与生理机能之间。人的精神力量、意志、情绪状态对整个机能起到调节作用,能帮助人战胜疾病和残缺,使身心依然得到发展。A、C、D三项均体现了个体身心发展的互补性特征。

10. ABC 【解析】个体的主观能动性是影响人的发展的内在动力,这种能动性主要表现为:(1)人作为主体是通过他自身的实践活动来参与和接受客观的影响,从而获得主体自身发展的。(2)人们按照自己的认识、经验以及需要、兴趣等来对客观事物做出反应,并为了实现自己的意向,自觉地、有目的地开展自我控制和自我调节的活动。(3)能否正确处理教育者与受教育者的关系直接影响着受教育者主体性的充分发展和发挥。

三、判断题

1. √ 【解析】本题考查教育的文化功能。教育是一种有效的文化传递方式。正因为有了教育,文化才从一部分人传递给另一部分人,从一代人传递给另一代人,人类的文化才得以积累,才得以普及。

2. × 【解析】本题考查个体身心发展的规律。个体身心发展在不同的年龄阶段表现出不同的总体特征及主要矛盾,面临着不同的发展任务,这就是身心发展的阶段性。个体身心发展的阶段性规律,决定了教育工作必须根据不同年龄阶段的特点分阶段进行。如果不顾学生的年龄特征和接受能力,在教育工作中搞**"一刀切""一锅煮"**,让孩子同成年人一样地听报告、搞活动、开批判会,把对儿童和青少年的教育"成人化",就违反了个体身心发展的阶段性规律。故题干说法错误。

3. √ 【解析】本题考查影响个体身心发展的因素。"近朱者赤,近墨者黑"的意思是靠近朱砂的就会变红,靠近墨的就会变黑。比喻接近好人会让自己也变好,接近坏人会让自己也变坏。这说明了社会环境对人的发展的影响。

4. × 【解析】本题考查影响个体身心发展的主要因素。总体看来,影响个体身心发展的因素主要有遗传、环境、教育和个体主观能动性等。其中,教育对人的发展特别是对年青一代的发展起着**主导作用和促进作用**。个体的主观能动性是人的身心发展的内在动力,也是促进个体发展从潜在的可能状态转向现实状态的决定性因素。故题干表述错误。

5. × 【解析】本题考查教育对社会政治经济制度的影响。教育对社会政治经济制度起着巨大的影响作用,但不是决定作用。社会政治经济制度发展的根本动力是生产力与生产关系的矛盾运动,教育在这种矛盾运动中只起加速或延缓作用,而不起决定作用。故题干说法错误。

6. √ 【解析】教育的政治功能的表现之一即教育通过传播思想、形成舆论作用于一定的政治经济制度。

7. × 【解析】本题考查对教育先行的理解。**教育先行**又称为"教育超前发展""教育优先发展",是指在一定的生产力发展条件下,为了发展经济必须注意首先发展教育。教育要先行,需要超前于经济建设,是由教育本身的特点决定的。需要注意的是,"教育先行"不能盲目先行,需要符合本国经济发展水平和需求,教育归根接底还是要受本国社会因素的制约。故题干表述错误。

8. × 【解析】本题考查人的发展的规律。人的发展的阶段性要求教育要从学生的实际出发,尊重不同年龄阶段学生的特点,并根据这些特点提出不同的发展任务,采用不同的教育内容和方法,进行有针对性的教育。人的发展的不平衡性要求教育要掌握和利用人的发展的成熟机制,抓住发展的关键期,不失时机地采取有效措施,促进学生健康地发展。

9. × 【解析】影响人的身心发展的因素是多方面的。遗传素质是人的身心发展的**物质前提**,环境为个体的发展提供了多种可能,而教育作为特殊的环境对人的身心发展起主导和促进作用,个体主观能动性是人的身心发展的内因和动力。这些因素彼此关联、相互配合,共同发挥作用,促进人的身心发展。因此,不能说遗传的作用大于教育的作用。

10. × 【解析】受教育程度高,在校学习时间就延长,毕业后又面临就业压力,使初婚年龄推迟,育龄期相应缩短。这是教育之所以能起到控制人口增长作用的原因之一。题干所述体现的是教育的人口功能。

11. × 【解析】本题考查个体身心发展的动因。外铄论认为人的发展主要依靠外在的力量,诸如环境的刺激和要求、他人的影响和学校的教育等。题干所述肯定了遗传素质对人的发展的作用,属于内发论的基本观点,而不属于外铄论的基本观点。

12. √ 【解析】影响个体社会化的因素包括家庭、学校、同伴群体、大众传媒、职业组织、社区等。不同的年龄阶段,社会化的主导因素不同。学校是青少年社会化的主要场所,它作为青少年教育的专门机构,负有促进青少年社会化的职责。

13. × 【解析】教育与生产力的发展不完全同步,存在着教育超前或教育滞后的现象。

14. √ 【解析】本题考查遗传素质在人的发展中的作用。"用进废退"和"获得性遗传"说明遗传素质具有一定的可塑性,它会随着环境、教育的改变和人类实践活动的深入等作用而逐渐发生变化。

15. × 【解析】本题考查关键期的内涵。关键期就是指人的某种身心潜能在某一年龄段有一个最好的发展时期。它既包括有机体需要刺激的时期,也包括有机体对某种刺激最敏感的时期。因此,也叫敏感期、最佳期。关键期并不是绝对的,错过关键期之后,经过补偿性学习仍有可能得到发展,只是难度要大些。故题干说法是错误的。

16. × 【解析】奥地利精神分析学派的创始人弗洛伊德认为人的性本能是最基本的自然本能,它是推动人发展的潜在的、无意识的、最根本的动因。

17. √ 【解析】本题考查教育的科技功能。科学知识的再生产有多种途径,学校教育是科学知识再生产的最主要途径。教育对于科学知识再生产,其作用一方面在于科学的继承与积累,把前人创造的科学知识加以总结和系统化,一代一代地传下去;另一方面在于科学的扩大再生产,把前人创造的科学知识传授给新的一代,使他们能够站在前人的肩膀上,有所发现、有所创新,生产出更新的科学成果。简言之,教育是科学知识再生产的主要途径,它使科学得以继承与系统化,在此基础上又使科学得以创新与发展。

18. √ 【解析】本题考查遗传素质对个体身心发展的影响。遗传素质是人的身心发展的前提,为人的发展提供了可能性,但不能决定人的发展。

19. √ 【解析】学校教育对人的社会化具有规范与自觉化的特殊功能。学校教育按照社会对个体的基本要求对个体发展的方向与方面做出社会性规范,通过开展各种教育活动使学生达到规范的目标。

20. × 【解析】教育有助于帮助人们树立新的社会价值观和婚育观,有助于接受人口教育,从而提高自觉实行计划生育的自觉性与意识。题干反映的是教育可以改变人口数量。

21. √ 【解析】本题考查对格塞尔同卵双生子实验的理解。格塞尔通过双生子爬梯实验证明了他的"成熟势力说",强调成熟机制对人的发展的决定作用。他认为,胎儿的发育大部分是由基因制约的,这种由基因制约的发展过程的机制就是成熟。格塞尔的观点属于遗传决定论,夸大了遗传的作用。

22. × 【解析】**"建国君民,教学为先"**意为:建设国家,统治人民,首先要设学施教。这句话体现了教育为社会培养合格的成员和公民的重要性,反映的是教育与政治的关系。

四、填空题

1. 遗传(遗传素质)　　2. 互补性

3. 文化　　4. 主观能动性

5. 遗传(遗传素质)

整 合 提 升

答案速查

1~5	CACDC	6~10	DDADA	11~15	DBCBD	16~20	DBBAD
21~25	BADBA	26~30	DDBCB	1~5	AC BC ABCD BCD ABC		
6~10	ABCD BD ABC ACD ABC			11~13	AD ABC ABC		
1~5	×√×××			6~10	××××√		

一、单项选择题

1. C 【解析】本题考查个体身心发展的规律。个体发展的不平衡性(不均衡性)主要指生理成熟与心理成熟的不平衡和发展速度的不平衡。一般来说,生理的成熟要早于心理的成熟。个体的发展速度在整个发展进程中也不是匀速前进的,而是呈现出**加速与平缓交替发展**的状态,体现出发展过程中量变与质变的辩证统一。题干中强调身心发展速度快慢不一,体现了个体身心发展的不平衡性(不均衡性)。

2. A 【解析】本题考查遗传因素对个体身心发展的影响。个体的遗传素质是逐步发展成熟的。遗传素质的成熟程度,为一定年龄阶段的身心发展提供了限制与可能,制约着年青一代身心发展的过程及其阶段。教育必须按照遗传素质发展的水平进行,超越或落后于遗传素质成熟水平都不利于人的发展。因此,让六个月的婴儿学走路徒劳无益,让四五岁的儿童学习高数也难以成功。

3. C 【解析】本题考查个体身心发展的规律。个体身心发展的阶段性是指,个体身心发展在不同的年龄阶段表现出不同的总体特征及主要矛盾,面临着不同的发展任务。个体身心发展的阶段性规律,决定了教育工作必须**根据不同年龄阶段的特点分阶段进行**。题干中的王老师根据不同年龄阶段学生身心发展的不同特点,选择不同的教具辅助教学,这体现了王老师遵循个体身心发展的阶段性规律。

4. D 【解析】本题考查教育的社会功能。教育的社会流动功能,按其流向可分为横向流动功能与纵向流动功能。其中,教育的社会纵向流动功能是指,社会成员因受教育的培养与筛选,能够在社会阶层、科层结构中做纵向的提升,包括职称晋升、职务升迁、薪酬提级等,以提高其社会地位及作用,亦称垂直流动。题干中,"从一名初级会计晋升为中级会计"即职称晋升,就体现了社会流动功能中的纵向流动功能。

5. C 【解析】本题考查人口对教育发展的影响和制约。人口的就业结构制约着教育发展。人口的就业状况取决于一定地区的生产力发展水平,特别是产业结构和技术结构,但它又必然会对教育发展产生影响。例如,如果生产力发展水平低,大多数劳动者集中在第一和第二产业就业,此时的教育发展水平就十分有限,教育的类型结构也比较单一。相反,如果生产力中的科技含量加大,劳动人口流向第三产业,教育发展就必然有良好的环境和条件,教育的类型和结构也必然呈现多样化特点。

6. D 【解析】本题考查教育的相对独立性的内涵。教育的相对独立性首先是指教育具有自身独特的发展规律和能动性。其次教育具有自身的规定性,因为教育有自身的特殊对象,所以教育具有自身的规定性,这一规定性就是培养人。

7. D 【解析】教育优先发展有两个内涵:其一是社会用于发展教育的投资要适当超越于现有生产力和经济发展水平而超前投入;其二是教育发展要先于或优于社会上其他行业和部门而先行发展。

8. A 【解析】本题考查个体身心发展的规律。个体身心发展的顺序性是指人的身心发展是一个**由低级到高级、由简单到复杂、由量变到质变**的连续不断的发展过程。"返老还童"明显违背了个体身心发展的顺序性。

9. D 【解析】本题考查关键期的内容。题干的意思是:年少时不知要早早地勤奋学习,到老时会后悔读书太晚了。这句话表明学习具有关键期,错过了关键期再来学习就太迟了。故答案选D项。

10. A 【解析】本题考查人力资本理论的内容。1960年,美国经济学家、诺贝尔经济学奖获得者西奥多·舒尔茨以《人力资本投资》为题的演讲,使"人力资本"成为当今经济学、教育理论中最重要的范畴。人力资本是指体现在人身上的资本,是对生产者进行教育、培训等支出及其接受教育的机会成本等的总和,以人的劳动能力的高低和可使用程度作为衡量依据。舒尔茨提出了人力资本收益测算法,强调了教育及教育投资对国民经济增长的贡献率,将教育作为促进经济增长、发展社会经济的重要支撑点。故A项表述错误。(具体内容参看项贤明主编的《教育学原理》)

11. D 【解析】本题考查人的身心发展特殊性的表现。人的身心发展具有自身的特点,突出表现在以下两个方面:(1)人的身心发展具有能动性;(2)人的身心发展是在社会实践过程中实现的。故选D项。

12. B 【解析】社会环境为个体的发展提供了多种可能,使遗传提供的发展可能变成现实,但环境不决定人的发展。题干所述体现了社会环境是人发展的条件性因素。A、C、D项表述均不正确。

13. C 【解析】题干中的小明在不求上进的学习环境中,学习热情受到了影响,而转学到学风很好的班级之后,学习成绩突飞猛进,这体现了环境在教育中的重要作用。

14. B 【解析】本题考查教育的文化功能。文化的传承是文化得以延续和发展的基本前提。文化的表现形式有多种,包括物质文化、制度文化和精神文化。对于前两种文化,可以借助物质实体,以外在化的方式保存下来。而人类文化的核心——精神文化,尤其是民族的文化传统、思维方式等,是不能通过物化的形式体现出来的,而只能通过人的培养,体现在每个人的思想意识和认识中。诚实守信的社会美德能够传承至今,体现了教育对文化的传承功能。

15. D 【解析】教育的生态功能就是教育对保护自然环境、促进可持续发展和建设生态文明所起的积极作用。具体表现在:(1)通过环境教育提高人们保护自然环境的责任意识,培养人们的绿色生活习惯;(2)通过发展创造科学技术,提高人们解决环境问题的能力,有效地解决生态问题;(3)形成可持续发展的理念和生态文明的理念。该校举办的环保讲座和培训班,提高了师生的环保意识,使大家学会了垃圾分类。这是教育的生态功能的表现。

16. D 【解析】本题考查教育的文化功能。教育通过传播文化,使不同国家和民族的文化相互交流、交融,促进文化的优化和发展。题干强调留学生教育使中国文化得以传播,体现了教育的文化传播功能。

17. B 【解析】个体身心发展在不同的年龄阶段表现出**不同的总体特征及主要矛盾**,面临着**不同的发展任务**,这就是身心发展的阶段性。教育工作必须从学生的实际出发,针对不同年龄阶段的学生,提出不同的具体任务,采取不同的教育内容和方法,既不能把小学生当中学生看待,也不能把初中生和高中生混为一谈。把对儿童和青少年的教育"成人化",就违反了个体身心发展的阶段性规律。故题干中卢梭的观点表明他看到了个体身心发展的阶段性规律。

18. B 【解析】教育的社会纵向流动功能是指社会成员因受教育的培养与筛选,能够在社会阶层、科层结构中做纵向的提升,包括**职称晋升、职务升迁、薪酬提级**等,改变了其社会层级地位与作用。"寒门出贵子"体现了社会阶层的变动,也即体现了教育的社会纵向流动功能。

方法技巧:理解教育的横向流动功能和纵向流动功能时,考生应注意:横向流动功能又称水平流动,无阶层或地位变动;纵向流动功能又称垂直流动,有阶层或地位变动。

19. A 【解析】本题考查教育的社会制约性。社会政治制度制约和决定着教育目的和教育内容。教育的根本任务是培养人。在一定社会中培养具有什么样政治方向、思想意识的人,是由政治制度所决定的。(具体内容参见成有信主编的《教育学原理》)

20. D 【解析】本题考查个体的身心发展规律。个体发展的个别差异性规律要求教育必须因材施教,充分发挥每个学生的潜能和积极因素,有的放矢地选择适宜、有效的教育途径和方法手段,使每个学生都能得到最大的发展。加德纳提出了多元智力理论,他认为人的智力结构中存在着七种相对独立的智力(后发展为九种),这几种智力在每个人身上的组合方式是多种多样的,每个人在不同领域的智力发展水平是不同步的。因此教师应树立因材施教的教学观,要善于针对不同智力特点的学生,尤其是要根据学生智力结构中的优势智力,采用多元化的教学模式和教学方式,使不同的学生都能得到最好的发展。故多元智力理论主要说明人的发展具有个别差异性,答案选D项。

21. B 【解析】英国哲学家洛克是环境决定论的代表人物之一,他提出了"白板说",认为人的心灵犹如一块白板,它本身没有内容,可以任意涂抹。题干的描述类似于"白板说"的观点,属于环境决定论。

22. A 【解析】本题考查个体身心发展的规律。个体身心发展的个别差异性,是指个体之间的身心发展以及个体身心发展的不同方面之间,存在着发展程度和速度的不同。其表现有:(1)不同儿童同一方面的发展速度和水平不同;(2)不同儿童不同方面的发展存在着差异;(3)不同儿童所具有的个性心理不同;(4)个别差异也表现在群体间。题干中两个同岁儿童语言表达能力的不同说明不同儿童同一方面的发展速度和水平不同,这体现了个体身心发展的个别差异性。

23. D 【解析】本题考查教育的社会功能。教育的文化功能之一是教育能够传播、交流和融合文化。教育通过传播文化,使不同国家和民族的文化相互交流、交融,促进文化的优化和发展。题干中的学生通过对《文化采风》一课的学习,了解到了不同国家和民族的民族服饰、生活习惯、饮食习惯、思维方式和价值观念是不同的,这体现了教育传播文化的功能,也即体现了教育的文化功能。

24. B 【解析】本题考查教育的个体功能。具体分析如下:

A项,教育的个体享用功能是指教育成为个体生活的需要,受教育过程是需要满足的过程,在满足需要的过程中,求知欲得到实现,并获得高层次的精神享受,进而获得自由和幸福。A项不符合题意。

B项,教育的个体谋生功能是指通过教育使学生获得一定的职业知识和技能,为他们谋生创造条件。教育的个体谋生功能,一方面可以通过个体社会化,将社会文化行为规范传递给新生一代,使他们获得未来社会生活或职业生活中相应的角色和意识,以便他们在进入社会生活时能尽快地适应新环境;另一方面教育要传授**"何以为生"的本领**。所以B项正确。

C项,教育的个体社会化功能表现在:教育促进个体思想意识的社会化,教育促进个体行为的社会化,教育培养个体的职业意识和角色。C项不符合题意。

D项,个体职业意识功能是教育的个体社会化功能的表现之一,不符合题意。

25. A 【解析】从蒸汽机时代到电气生产时代再到自动化时代体现了生产力的发展,不同生产力发展水平要求工人具有不同的教育水平,这说明**生产力的发展水平制约着人才培养的规格**。

26. D 【解析】本题考查教育的经济功能。教育具有促进经济增长的作用。教育是以培养人为己任的社会活动,而在生产力三要素中,人是最关键、最能动的因素。教育能够通过自身的独有功能提高劳动力的劳动熟练程度,进而提高劳动生产率,促进经济的发展。有研究证明,一个受过初等教育的工人可以使劳动生产率提高30%;而一个熟练工人进修一年后,劳动生产率比他在工厂工作一年提高1.6倍。故题干所述内容说明教育能促进经济增长。

27. D 【解析】生产力的发展促使经济结构产生各种变化,从而也决定了教育结构的变化。社会必须根据生产力发展水平以及在此基础上形成的经济结构,采取与之相适应的教育结构,生产出一定数量和质量的人才,才能满足生产力发展的需要。

28. B 【解析】本题考查教育的文化功能。教育通过传播文化,使不同国家和民族的文化相互交流、交融,促进文化的优化和发展。我国在世界各地开办孔子学院,向各国人民介绍中国文化,这表明教育具有文化传播功能。

29. C 【解析】题干引文的意思是:增长才干必须刻苦学习。不努力学习就不能增长才智,不明确志向就不能在学习上获得成就。这里所提到的影响人的身心发展的因素是教育和个体主观能动性。

30. B 【解析】本题考查关键期。关键期也叫敏感期、最佳期,就是指人的某种身心潜能在人的某一年龄段有一个最好的发展时期。在这一时期内,对个体某一方面进行训练可以获得最佳成效,并能充分发挥个体在这一方面的潜力。错过了关键期,训练的效果就会降低,甚至永远无法补偿。"时过然后学,则勤苦而难成"的意思是:错过了学习时机,事后补救,尽管勤奋刻苦,也较难成功。这说明人的身心发展过程中存在关键期,教育教学应抓住关键期,以求在最短的时间内取得最佳的效果。

二、多项选择题

1. AC 【解析】本题考查影响个体身心发展的主要因素。A项的**"染于苍则苍,染于黄则黄"**的意思是:一块白色的丝布,把它放到青色的染缸中,白丝就变成了青色;把它放到黄色的染缸中,就又变成了黄色。这体现了环境对人的身心发展的影响。C项的**"蓬生麻中,不扶而直"**的意思是:蓬草长在麻地里,不用扶持也能挺立。这体现了环境对人的身心发展的影响。B项体现了个体主观能动性对人的身心发展的影响。D项体现了遗传对人的身心发展的影响。

2. BC 【解析】本题考查教育的社会制约性。生产力的发展促进了科学技术的发展与更新,从而也要求教育内容不断调整与更新。同时,生产力的提高也在不断地促进教学方法、手段、组织形式的更新与发展。科技的发展促使教学内容不断更新、课程体系不断变化。同时,随着科学技术的迅猛发展,教育的方法和手段也得以改进。社会政治经济制度影响教育内容的选择,但对教育方法和手段不起作用。人口的质量影响教育质量,与教育内容、方法与手段无关。故A、D项不选。

3. ABCD 【解析】本题考查教育的政治功能。教育的政治功能包括:(1)维系社会政治稳定;(2)提高社会政治文明水平;(3)促进社会政治变革;(4)培养社会政治人才。

4. BCD 【解析】教育主要是通过培养人来实现其社会功能的,教育的这一根本性特征使教育的社会功能具有**间接性、隐含性、潜在性、迟效性和超前性**的特点。

5. ABC 【解析】本题考查个体社会化和个性化的统一。个体社会化和个性化的统一主要表现在:(1)它们是人的发展不可缺少的两个方面;(2)二者在社会实践活动中实现统一;(3)人类社会发展的最终目的,是实现社会要求和个性发展的完美统一;(4)当代中国,在科学发展观的指导下,实现经济、社会和人的全面、协调、可持续发展。故本题选A、B、C三项。D项是个体社会化和个性化的对立的表现之一。

6. ABCD 【解析】本题考查教育的文化功能。教育的文化功能包括:(1)教育的文化传承功能。教育是保存文化的有效手段。教育的文化保存和延续功能有两种方式:其一是纵向的文化传承,表现为文化在时间上的延续;其二是横向的文化传播,表现为文化在空间上的流动。(2)教育的文化选择功能。(3)教育的文化融合功能。(4)教育的文化创造功能。故本题四项全选。

7. BD 【解析】小强刚上幼儿园,才刚刚学会认字,小强妈妈就给他报了一个作文班,这违背了儿童身心发展的顺序性规律;明知道儿子不喜欢弹钢琴,还给他报了钢琴兴趣班,没有做到因材施教,这违背了儿童发展的个别差异性规律。

8. ABC 【解析】本题考查学校教育的特点。一般认为,学校教育具有三个特点:(1)教育目的明确,无论是教学还是其他教育活动都有明确的教育目的;(2)教育组织严密,学校教育由受过专门训练的教师承担教育任务,学生相对稳定,具有较严密的教育活动计划和较为完善的学校教育制度;(3)教育环境优越,学校是专门的教育场所,一般具有比较齐全的教育设备、图书资料和活动场地。

9. ACD 【解析】本题考查人的身心发展的规律。人的身心发展是一个有顺序的、持续不断的发展过程。其中,心理机能的发展顺序是：**由具体形象思维到抽象逻辑思维，由机械记忆到意义记忆，由无意注意到有意注意，由喜、惧等一般情感到理智感、道德感**。B项描述错误。

10. ABC 【解析】学校是个体社会化的场所，学校教育是个体社会化的途径，学校教育主要通过以下方面实现个体的社会化：(1)教育促进个体思想意识的社会化；(2)教育促进个体行为的社会化；(3)教育培养个体的职业意识和角色。D项是学校教育促进个体个性化的表现。

11. AD 【解析】本题考查教育的经济功能。现代教育对经济发展的促进功能主要表现在以下三个方面：(1)教育使潜在的劳动力转变为现实的劳动力，促进经济的发展；(2)教育生产科学技术，促进经济的发展；(3)教育能够产生经济效益，是经济发展新的增长点。故A、D两项正确。B、C两项体现的是教育的政治功能。

12. ABC 【解析】本题考查遗传决定论的代表性观点。遗传决定论有代表性的观点包括柏拉图的人分"三等论"、基督教的"原罪说"和中国古代的性善性恶论，等等。中国古代儿童观，是围绕对人性的认识展开的，主要形成了三种代表性的观点：(1)以孟子为代表的性善论；(2)以荀子为代表的性恶论；(3)董仲舒、韩愈提出的性分上中下三等的观点。洛克的"白板论"属于环境决定论。故答案选A、B、C三项。

13. ABC 【解析】本题考查遗传对人的发展的影响的体现。遗传素质是人的身心发展的前提，为人的发展提供了可能性，但不能决定人的发展。格塞尔的双生子爬梯实验强调了遗传素质的成熟机制对人的发展的决定作用。A、B、C项都强调了遗传对人的发展的影响，D项反映了环境对人的发展的影响。

三、判断题

1. × 【解析】本题考查人的本质观。片面强调人的自然性，就会形成遗传决定论的教育思想；单纯强调人的社会性，也可能导致环境决定论。这两种倾向在教育思想史上都不乏先例。马克思主义在这个问题上坚持人的自然性与社会性的统一，因此，才使教育观摆脱了以往的片面性。故题干表述错误。

2. √ 【解析】本题考查人口对教育的影响。人口对教育的影响表现在：一定程度上，人口的数量决定着教育事业的可能规模，人口的增长速度决定着教育事业发展应有的速度；入学者已有的水平、师资队伍的素质影响教育质量；人口的年龄、性别、区域、民族等结构影响着教育的布局、教育的类型与层次结构；人口的流动对教育工作也提出挑战。

3. × 【解析】本题考查教育的个体发展功能。在马克思看来，社会性是人的本质所在。人的发展首先是社会性的发展，因此教育的个体发展功能首先表现为**促进个体社会化的功能**。

4. × 【解析】本题考查影响个体身心发展的因素。遗传，也叫遗传素质，是指从上一代继承下来的生理解剖上的特点，如机体的形态、结构以及器官和神经系统的特征等。人的发展就是在人类特有的遗传素质基础上展开的。遗传素质是人的身心发展的前提，为人的发展提供了一定条件。但人与人之间的差别并不大，正如马克思所说："哲学家与搬运夫之间的原始差别要比家犬与猎犬之间的差别小得多。"另外，遗传提供条件是一回事，这些条件在后天是否得以发挥是另外一回事。遗传的缺欠，是可以采取一定形式补救的。可见，任何人的才智都是先天与后天，各种因素综合构成的。遗传素质可以为形成某些智能提供条件，但能否实现这种可能，关键还取决于一个人的努力。遗传不能决定一个人的发展。

5. × 【解析】教育的社会流动功能是指社会成员通过教育的培养、筛选和提高，能够在不同的社会区域、社会层次、职业岗位、科层组织之间转换、调整和变动，以充分发挥其个性特长，展现其智慧才能，实现其人生抱负。题干的意思是：早上你还是一个乡村野夫，(因为读书，因为机缘)到晚上就能进入朝廷入将拜相，吃皇粮了。这体现了教育的社会流动功能。

6. × 【解析】学校教育(教育)对人身心发展的促进作用表现为促进**个体个性化与个体社会化**两方面。题干说法过于片面。

7. × 【解析】本题考查教育与政治的关系。教育能够通过传播思想、形成舆论作用于一定的政治经济制度。"服民以道德，渐民以教化"的意思是：用道德使百姓顺服，用教育感化百姓，使百姓逐渐受到感染。这说明教育能够通过传播思想意识，影响社会的风俗习惯和道德面貌等，为一定的政治经济服务，体现了教育与政治的关系。

8. × 【解析】文化的传播，一般是指某一社会文化共同体的文化向另一社会文化共同体的传输过程，是单向的；而文化的交流，则是两个或两个以上文化共同体的文化相互传播的过程，是双向的或多向的。

9. × 【解析】在人口增长速度快的地区，教育发展应以扩大规模、满足数量需求为战略重点；而在人口增长速度较为平缓且经济发展有保障的地区，教育发展则应以提高教育质量为战略重点。

10. √ 【解析】本题考查教育的人口功能。教育对社会人口质量的提高、数量的调节控制具有作用。教育对人口质量的提高，主要通过提高受教育者的知识、文化水平，发展其德智体诸方面的素质来实现。教育对人口数量的调节控制作用，主要表现在对社会生育观和政府的人口政策的宣传教育上。故题干表述正确。

第三章　教育目的与教育制度

答案速查

1～5	ACAAA	6～10	BAAAC	11～15	CAACB	16～20	CBBBA
21～25	BCADD	26～30	AACAB	31～35	CBACA	36～40	CACAB
41～45	BDBAD			1～5	ACD AB ABCD AB ABD		
6～10	ABC BCD ABCD BCD ABC			11～14	BCD AB BCD ABCD		
1～5	×√××√			6～10	√√×××		
11～15	√√√××			16～20	√×√×√		

一、单项选择题

1. A 【解析】本题考查学校美育最高层次的任务。美育的任务有很多，其中，**形成创造美的能力是美育最高层次的任务**。

2. C 【解析】本题考查有关教育目的确立的理论。"君子如欲化民成俗，其必由学乎"意为君子如果要教化百姓，形成良好的风俗习惯，一定要从教育入手。"古之王者，建国君民，教学为先"意为古代的君王建立国家，治理民众，都把教育当作首要的事情。这两句话强调了教育的目的是为社会培养合格的成员和公民，使受教育者社会化。教育以社会的稳定和发展为最高宗旨。故体现了社会本位的教育目的观。

3. A 【解析】本题考查素质教育的时代特征。素质教育是以培养创新精神和实践能力为重点的教育。作为国力竞争基础工程的教育，必须培养**具有创新精神和实践能力**的新一代人才，这是素质教育的时代特征。故选A项。

4. A 【解析】本题考查教育目的的作用。教育目的一经确立，就成为人们行动的指南。它不仅为受教育者指明了发展方向，预定了发展结果，也为教育工作者指明了工作方向和奋斗目标。教育政策的制定、教育制度的确立、教育内容的取舍、教育方法和手段的选择、教育效果的评价，都是以教育目的为依据和前提的。因此，教育目的无论是对教育者还是对受教育者都具有目标导向作用。故选A项。

5. A 【解析】本题考查旧中国的学制沿革。A项,壬寅学制是中国近代教育史上**最早由国家正式颁布**的学制系统,虽然正式公布,但并未实行。B项,癸卯学制是中国近代教育史上**第一部由国家颁布的并在全国实行**的学制系统,成为中国近代教育走向制度化、法制化阶段的标志。C项,壬子癸丑学制明显反映了资产阶级在学制方面的要求,是我国教育史上**第一个具有资本主义性质**的学制。D项,壬戌学制又称"新学制""六三三学制",该学制一直沿用到全国解放初期。综上所述,本题选A项。

6. B 【解析】本题考查建立学制的依据。建立学制的依据有:(1)生产力发展水平和科学技术发展状况;(2)社会政治经济制度;(3)青少年儿童身心发展规律;(4)人口发展状况;(5)文化传统;(6)本国学制的历史发展和国外学制的影响。B项不包括在内。

7. A 【解析】教育目的是整个教育工作的核心,是教育活动的**依据和评判标准、出发点和归宿**,在教育活动中居于**主导地位**。

8. A 【解析】教育目的一般由两部分组成:一是就教育所要培养的人的**身心素质**做出规定,即提出受教育者在知识、智力、品德、审美、体质诸方面的发展要求,以期受教育者形成某种个性结构;二是就教育所要培养的人的**社会价值**做出规定,即指明这种人符合什么社会的需要或为什么阶级的利益服务。

9. A 【解析】本题考查现代学制的类型。现代学制主要有三种类型:一是双轨学制,二是单轨学制,三是分支型学制。其中,单轨制的特征是所有学生在同样的学校系统学习,可以由小学升入中学、大学,各级各类学校互相衔接。

10. C 【解析】我国新时期的教育方针的内容一般包括以下三个组成部分:(1)教育的性质和服务方向,即"教育必须为社会主义现代化建设服务",这指明了我国教育的社会主义性质和服务方向;(2)教育目的,即"培养德、智、体等方面全面发展的社会主义事业的建设者和接班人",它规定了学校教育培养人才的质量和规格;(3)实现教育目的的根本途径,即"必须与生产劳动相结合"。所以,C项符合题意。

11. C 【解析】本题考查教育目的的概念和功能。一般来讲,教育目的是指国家或社会对教育所要造就的人的质量规格所做的总体规定与要求。具体来讲,教育目的是指教育活动所要达到的预期结果,是人们对受教育者达成状态的期望,即人们期望受教育者通过教育在身心诸方面发生什么样的变化,或者产生怎样的结果。教育目的具有导向功能、调控功能和评价功能。故选C项。

12. A 【解析】**增强学生体质是学校体育的根本任务**,这是学校体育与学校其他活动最根本的区别。

13. A 【解析】教育方针的内容主要包括教育工作的指导思想、教育目的和实现教育目的的根本途径等。其中,**教育目的是教育方针中的核心和基本的内容**。故A选项正确。其他三项表述均错误。

14. C 【解析】题干所说的这些迫切需要的人员,由职业教育培养得来,所以应大力发展职业技术教育。

15. B 【解析】本题考查有关教育目的的确立的理论。社会本位论认为,确立教育目的的根据是社会的要求,个人的发展必须服从社会需要,因为个人生活在社会中,受制于社会环境。教育的目的是为社会培养合格的成员和公民,使受教育者社会化,社会价值高于个人价值,教育质量和效果可以用社会发展的各种指标来评价。题干所述强调教育的目的要满足社会需要,以社会效益来衡量教育的价值,故属于社会本位论。

16. C 【解析】本题考查素质教育的相关内容。素质教育的内涵之一是素质教育是面向全体学生的教育。故C项正确。A项是对素质教育使学生全面发展的误解,B项是对素质教育所倡导的"学生的主动发展"和"民主平等的师生关系"的误解,D项是对素质教育内涵的误解。

17. B 【解析】本题考查全面发展教育各组成部分之间的关系。一般认为,我国全面发展教育中,德育对其他各育起着**保证方向和保持动力**的作用,它体现了社会主义教育的方向,是"五育"的**灵魂**;智育则为其他各育的实施提供了**认识基础**;体育则是实施各育的**物质保证**;美育和劳动技术教育是德育、智育、体育的具体运用和实施。故选B项。

18. B 【解析】本题考查中国现代学制的改革。中国现代学制的建立是从清末开始的,"废科举,兴学校"的措施,开始了中国现代学制改革。

19. B 【解析】本题考查教育目的的价值取向。社会本位论认为,教育的目的是为社会培养合格的成员和公民,使受教育者社会化,社会价值高于个人价值,教育质量和效果可以用社会发展的各种指标来评价。凯兴斯泰纳认为教育的目的就是造就公民,体现的教育目的的价值取向为社会本位论。

20. A 【解析】本题考查教学目标的概念。有人认为,教育目的由四个层次构成:(1)国家或社会所规定的教育总目的;(2)各级各类学校的培养目标;(3)课程目标;(4)教学目标。其中,教学目标是指教师在实施课程计划过程中,在完成某一阶段(如一节课、一个单元或一个学期)的教学工作时所期望达到的要求或结果。题干所述符合教学目标的概念。故本题选A项。

21. B 【解析】本题考查旧中国的学制沿革。"癸卯学制"主要承袭了日本的学制,是中国近代教育史上第一部由国家颁布的并在全国实行的学制系统,成为中国近代教育走向制度化、法制化阶段的标志。该学制明文规定教育目的是**"忠君、尊孔、尚公、尚武、尚实"**,明显反映了**"中学为体,西学为用"**的思想。另外,"癸卯学制"还规定不许男女同校,轻视女子教育。故题干所述的学制系统为癸卯学制。

22. C 【解析】本题考查我国现代学制的演变。1922年9月,教育部在北京专门召开了学制会议,会议对全国教育会联合会所提出的学制系统改革案稍作修改,又交于同年10月在济南召开的教育会联合会第八届年会征询意见,最终于11月1日以大总统令公布了《学校系统改革案》。这就是1922年的"新学制",或称"壬戌学制",由于采用的是美国式的六三三分段法,又称"六三三学制"。故题干所述为壬戌学制。

23. A 【解析】个人本位论认为确立教育目的的根据是人的本性,教育的目的是培养健全发展的人,发展人的本性,挖掘人的潜能,增进受教育者的个人价值,个人价值高于社会价值,而不是为某个社会集团或阶级服务。"教育是为了使人生活得更加充实幸福"表明更重视个人的价值,这种观点属于个人本位论的观点。

24. D 【解析】1922年,在北洋军阀统治下,留美派主持的全国教育会联合会以美国学制为蓝本,颁布了"壬戌学制"。国民党政府于1928年就该学制做了些修改,但基本继承了"壬戌学制",并一直沿用到全国解放初期。

25. D 【解析】非制度化教育所推崇的理想是:**"教育不应再限于学校的围墙之内。"**

26. A 【解析】制度化教育主要指的是正规教育,而正规教育的主要标志是近代以学校系统为核心的教育制度,故本题选A。

27. A 【解析】本题考查校园文化的内容。校园文化包括校园物质文化、校园精神文化和校园组织与制度文化。(1)校园物质文化是看得见、摸得着的东西,如校园设施等。(2)校园精神文化是校园文化的核心内容,也是校园文化的最高层次,主要包括校风、学风、教风、班风和学校人际关系等。(3)校园组织与制度文化作为校园文化的内在机制,包括学校的传统、仪式、规章制度等。所以,B、C、D项属于校园文化的内容,答案选A。

28. C 【解析】坚持社会主义方向是我国教育目的的根本性质和特点。

29. A 【解析】本题考查素质教育与应试教育的区别。素质教育与应试教育的教育对象不同:素质教育面向全体学生,尊重每一个学生;应试教育重视高分学生,忽视大多数学生尤其是差生。题干中,素质教育强调每个人都得到发展;应试教育只照顾到一部分人的发展。这说明素质教育与应试教育的区别在于面向全体学生。故本题选A项。

30. B 【解析】教育方针的内容主要包括教育工作的指导思想、教育目的和实现教育目的的根本途径等。

31. C 【解析】本题考查教育目的的意义。教育目的是整个教育工作的核心,是教育活动的依据和评判标准、出发点和归宿,在教育活动中居于主导地位。同时它也是全部教育活动的主题和灵魂,是教育的**最高理想**。

32. B 【解析】本题考查我国教育目的的理论基础。马克思阐述了关于**人的全面发展学说**，这一学说是我国确立教育目的的**理论依据和基础**。

33. A 【解析】本题考查教育制度的特点。教育制度具有客观性，其制定虽然反映着人们的一些主观愿望和特殊的价值需要，但是，人们并不是也不可能随心所欲地制定或废止教育制度，某种教育制度的制定或废止，有它的客观基础和发展的规律性。故题干所述内容体现了教育制度的客观性。

34. C 【解析】本题考查素质教育的内涵。素质教育的内涵包括：(1)素质教育是**面向全体学生**的教育；(2)素质教育是**促进学生全面发展**的教育；(3)素质教育是**促进学生个性发展**的教育；(4)素质教育是**以培养创新精神和实践能力为重点**的教育。故C项正确。

35. A 【解析】本题考查学校文化。学校精神文化是学校文化的核心部分，包括学生文化和教师文化，主要是以人或人际关系为基础构成的文化形态。

36. C 【解析】确立教育目的的客观依据主要有：(1)社会生产力和科学技术发展水平；(2)一定社会经济、政治制度和文化背景；(3)历史发展进程；(4)受教育者身心发展的规律。所以，答案选C项。

易错提示：考生在区分制定教育目的的客观依据与主观依据时，可把主观依据和"人"联系起来；可把客观依据和"社会"联系起来。需要注意的是，"受教育者的身心发展的规律"这一依据虽然也与"人"相关，但强调的是发展规律，故属于客观依据。

37. A 【解析】学校始于人类知识及其传播的专门化要求，是有计划、有组织、有系统地进行教育教学活动的重要场所。

38. C 【解析】本题考查个人本位论的代表人物。个人本位论的代表人物有**孟子、卢梭、裴斯泰洛齐、福禄贝尔、马利坦、赫钦斯、奈勒、马斯洛、萨特**等。C项当选。A项中的赫尔巴特以及B项中的孔德和涂尔干属于社会本位论的代表人物。D项中的夸美纽斯属于神学的教育目的论的代表人物，杜威属于教育无目的论的代表人物。

39. A 【解析】1999年6月13日，《中共中央国务院关于深化教育改革，全面推进素质教育的决定》指出："实施素质教育，就是全面贯彻党的教育方针，以提高国民素质为根本宗旨，以培养学生的创新精神和实践能力为重点，造就'有理想、有道德、有文化、有纪律'的、德智体美等全面发展的社会主义事业建设者和接班人。"所以，A项符合题意。

40. B 【解析】题干中海伦·凯勒认为学校教育应致力于让学生善于发现生活中被忽视的欢乐，善于发现生活中的美，这体现了美育的重要性。

41. B 【解析】素质教育倡导人人有受教育的权利，强调在教育中每个人都得到发展，而不是只注重一部分人，更不是只注重少数人的发展。周老师的话体现了素质教育是面向全体学生的教育。

42. D 【解析】本题考查马克思关于人的全面发展学说。马克思主义关于人的全面发展学说是我国确定教育目的的理论依据和基础。该学说认为**教育与生产劳动相结合是"造就全面发展的人的唯一方法"**。

43. B 【解析】本题考查我国学校教育制度的相关内容。壬戌学制以美国学制为蓝本，采用的是美国式的六三三分段法，即小学六年、初中三年、高中三年，所以B项表述错误。

44. A 【解析】创新能力的培养是素质教育的核心，是**素质教育区别于应试教育的根本所在**。

45. D 【解析】狭义的教育制度指学校教育制度，简称学制，是一个国家各级各类学校的总体系，具体规定各级各类学校的性质、任务、要求、入学条件、修业年限及它们之间的相互关系。

二、多项选择题

1. ACD 【解析】本题考查美育的概念。美育是培养学生健康的审美观，发展他们感受美、鉴赏美、创造美的能力，培养他们高尚的情操与文明素养的教育。

2. AB 【解析】本题考查教育目的的内涵。教育目的一般只包括**"为谁培养人""培养什么样的人"**的问题；而教育方针除此之外，还含有"怎样培养人"的问题和教育事业发展的基本原则。所以C、D项不选。

3. ABCD 【解析】本题考查实施美育应遵循的原则。实施美育应遵循以下原则：(1)形象性原则；(2)情感性原则；(3)活动性原则；(4)差异性原则；(5)创造性原则。

4. AB 【解析】从教育目的的存在形态上看，有实然的教育目的和应然的教育目的之分。

5. ABD 【解析】学校物质文化是指学校物质环境所构成的一种文化。学校所处的物质环境，如学校建筑、校园布局、教学设备、图书馆等，都属于学校物质文化的范围。故A、B、D三项均属于学校物质文化。C项属于学校制度文化。

6. ABC 【解析】现阶段我国教育目的的基本精神包括：(1)坚持社会主义方向性。要求培养的人是社会主义事业的建设者和接班人。(2)坚持全面发展。要求学生在德、智、体、美、劳等方面全面发展，要求坚持脑力与体力两方面的和谐发展。(3)培养独立个性。(4)教育与生产劳动相结合，这是实现我国教育目的的根本途径。(5)注重提高全民族素质。D项与题意无关。

7. BCD 【解析】本题考查美育的内容。对学生实施美育，既可以通过德育、智育、体育，运用其中相应的内容进行，也可以独立地对学生的美感或表现美、创造美的能力作专门的培养，但从体现美的本质角度看，学校美育内容主要包括三个方面：形式教育、理想教育和艺术教育。

8. ABCD 【解析】本题考查学校产生的条件。学校产生的条件有：(1)生产力的发展以及社会生产水平的提高，为学校的产生提供了物质基础；(2)脑力劳动和体力劳动相分离，为学校的产生提供了专门从事教育活动的知识分子；(3)文字的创造与知识的积累，为学校教育活动的开展提供了有效的教育手段与充分的教育内容；(4)国家机器的产生，需要专门的机构来培养官吏和知识分子来为统治阶级服务。

9. BCD 【解析】本题考查教育目的社会价值取向的确立应注意的问题。教育目的社会价值取向的确立应注意的问题包括：(1)以可持续发展的理念为指导；(2)适应与超越问题；(3)功利价值和人文价值的问题；(4)民族性与世界性问题。A项属于教育目的人的价值取向的确立应注意的问题。故选BCD三项。

10. ABC 【解析】素质教育是**面向全体学生**的教育，是**促进学生全面发展**的教育，是**促进学生个性发展**的教育。D项表述错误。

11. BCD 【解析】素质教育有三大基本任务：第一大任务是培养学生的身体素质；第二大任务是培养学生的心理素质；第三大任务是培养学生的社会素质。

12. AB 【解析】题干所述为教育目的的社会本位论的观点，A、B项为社会本位论的代表人物，C、D项为个人本位论的代表人物。所以，A、B项人物与题干中的学者持相同的教育目的观。

13. BCD 【解析】学生文化的基本特征包括：(1)过渡性；(2)非正式性；(3)多样性；(4)互补性。此外，学生文化还具有调适性。

14. ABCD 【解析】学制是一个国家各级各类学校的总体系，具体规定各级各类学校的性质、任务、要求、入学条件、修业年限及它们之间的相互关系。

三、判断题

1. × 【解析】本题考查现代学制的类型。从小学直至大学、形式上任何儿童都可以入学的单轨学制有利于教育的逐级普及。双轨制的两轨之间互不相通，互不衔接，不利于教育的普及。

2. √ 【解析】本题考查教育目的的层次结构。各级各类学校的培养目标是根据国家的教育目的制定的某一级或某一类学校、某一专业对人才培养的具体要求，是国家的教育目的在不同教育阶段、不同级别的学校、不同专业方向的具体化。因此,可以说,各级各类学校的培养目标是国家教育目的在各级各类学校中的具体体现。故题干说法正确。

3. × 【解析】本题考查素质教育的概念。素质教育,是依据人的发展和社会发展的实际需要,以全面提高人的基本素质为根本目的,以尊重人的主体性和主动精神,以人的性格为基础,注重开发人的智慧潜能,注重形成人的健全个性为根本特征的教育。

4. × 【解析】本题考查教育目的与教育方针的关系。教育方针是最高国家权力机关根据政治、经济要求,明令颁布实行的一定历史阶段教育工作的总的指导方针或总方向。它反映了一个国家教育的根本性质、总的指导思想和教育工作的总方向等要素,是教育目的的政策性表达,具有政策的规定性,在一定时期内具有必须贯彻的强制性。

5. √ 【解析】本题考查教学目标与教育目的、培养目标之间的关系。教学目标是教育目的和培养目标在教学活动中的进一步具体化。教学目标与教育目的、培养目标之间是具体与抽象的关系。

6. √ 【解析】全面发展的教育同"因材施教""发挥学生的个性特长"并不是对立的、矛盾的。人的发展应是全面、和谐、具有鲜明个性的。

7. √ 【解析】本题考查教育目的的意义。教育目的贯穿教育活动的全过程,对一切教育活动都有指导意义,也是确定教育内容、选择教育方法和评价教育效果的根本依据。

8. × 【解析】本题考查我国现行学校教育制度的类型。从类型上看,我国现行学制是从单轨学制发展而来的**分支型学制**。

9. × 【解析】本题考查美育的相关内容。美育是培养学生健康的审美观,发展他们感受美、鉴赏美、创造美的能力,培养他们高尚的情操与文明素养的教育。从体现美的本质角度看,学校美育的内容主要包括形式教育、理想教育和艺术教育三个方面。所以美育不能等同于艺术教育。题干表述错误。

10. × 【解析】本题考查教育目的的意义。教育目的反映了一定社会对受教育者的要求,是教育工作的出发点和最终目标,也是确定教育内容、选择教育方法、检查和评价教育效果的根据。

11. √ 【解析】培养学生审美感知能力是美育过程起点,培养学生审美判断能力是美育过程的进一步发展,发展学生的创造才能,把感受美、鉴赏美的能力用于实践是美育过程的最终目的。

12. √ 【解析】**学校体育的根本任务是增强学生体质,基本组织形式是体育课。**

13. √ 【解析】本题考查对"全面发展"的理解。全面发展不能理解为要求学生"样样都好"的平均发展,也不能理解为人人都要发展成为一样的人。

14. × 【解析】本题考查教育准备生活说的代表人物。斯宾塞是教育要为未来的生活做准备的倡导者。他在《什么知识最有价值》中明确提出,教育目的是为"完满的生活"做准备,教育的主要任务就是教会人们怎样生活,教会他们运用一切能力。

15. × 【解析】本题考查旧中国的学制沿革。壬寅学制和癸卯学制都由普通教育、师范教育、实业教育三大系统组成,但是壬寅学制没有实行,我国教育史上首次纳入师范教育并实施的学制是癸卯学制。所以题干的说法是错误的。

16. √ 【解析】素质教育就是对人发展质量上的一种关注,是对人发展实际水平和程度的一种实质性的强调。

17. × 【解析】**普通中小学教育的性质是基础教育**,它的任务是培养全体学生的基本素质,为他们学习做人和进一步接受专业(职业)教育打好基础,为提高民族素质打好基础。

18. √ 【解析】随着学校教育的不断扩展,入学机会的不断增加,大众的教育需求得到了极大的满足。终身教育的理念逐渐被人们广泛接纳,并影响着制度化教育体系的变革与发展。在一次性教育向终身教育转变的过程中,以获得文凭为受教育目的的程度逐渐降低,通过教育补充知识、丰富人生的目的越来越强,社会教育的程度越来越高,学历教育与非学历教育的界限逐渐淡化。

19. × 【解析】本题考查有关教育目的确立的理论。从理论上讲,个人本位论与社会本位论具有同等的合理性与同等的局限性。教育目的中个人价值与社会价值的权衡与选择,要受具体的社会历史条件的制约,是随社会历史条件的变化而有所变化与侧重的。社会需要与个人发展是辩证统一的,教育目的必须体现这种辩证统一的关系。

20. √ 【解析】本题考查双轨制的内容。双轨制的学校系统分为两轨,一轨是学术教育,为特权阶层子女所占有,学术性很强,学生可升到大学以上;另一轨是职业教育,为劳动人民的子弟所开设,属生产性的一轨。双轨制有两个平行的系列,这两轨既不相通,也不相接。

四、填空题

1. 壬寅学制　　2. 生产劳动

3. 社会文化素质

五、案例选择题

1. D 【解析】本题考查素质教育相关知识。素质教育是依据人的发展和社会发展的实际需要,以全面提高全体学生的基本素质为根本目的,以尊重学生主体性和主动精神,以人的性格为基础,注重开发人的智慧潜能,注重形成人的健全个性为根本特征的教育。D项说法正确。A项是对素质教育形式化的误解,B项是对素质教育使学生生动、主动和愉快发展的误解,C项是对素质教育所倡导的"学生的主动发展"和"民主平等的师生关系"的误解。

2. A 【解析】本题考查育人为本思想。教师在教育教学过程中要关注学生的个性差异,根据学生的特点提供个性化的教育,让全体学生在原先水平上都得到发展。这需要教育者真诚地对待每一位学生,尤其对所谓学习成绩差或行为有偏差的学生绝不能放弃,而要让每一个学生在学校都能得到自己的发展,这是检验教育者是否坚持"育人为本"的一块试金石。

整合提升

答案速查

1~5	BBACC	6~10	BCCCC	11~15	CAACB	16~20	ABBCD
21~25	CADCC	26~30	CCCDA	1~5	ABC AD ABC ABCD ABC		
6~12	ACD BD ABC ACD AC BCD AD			1~5	√××××		
6~10	×××√×			11~15	××××√		

一、单项选择题

1. B 【解析】本题考查美育的原则。实施美育主要应遵循形象性原则、情感性原则、活动性原则、差异性原则、创造性原则。其中,美育的创造性原则是指对学生进行美育不是让学生消极、被动、静观地接受美的形式,而是应当引导他们积极主动地、富有想象力和创造性地感知、理解和创造美。题干中周老师让学生按照自己的理解和想象,画出心目中能够展现夏天形象的图画,说明周老师注重引导学生创造美,这一教学符合美育的创造性原则。

2. B 【解析】本题考查教育目的的层次结构。有人认为,教育目的由四个层次构成:一是国家的教育目的;二是各级各类学校的培养目标;三是课程目标;四是教学目标。从教育目的到教学目标是抽象到具体的关系,后者是前者的具体化,只有实现了具体的教学目标,才能达到实现教育的总目的的要求。故B项正确。

3. A 【解析】本题考查美育的原则。美育的差异性原则是指,对学生进行美育应当根据学生的年龄特征、个性差异及审美情趣的不同,选择不同的内容和方式进行,使他们的审美情趣、爱好与创造才能得到自由的发展。贯彻差异性原则要注重下述要求:(1)要尊重和爱护儿童爱美的天性;(2)**要根据学生的个性差异进行审美教育**。故本题答案选

A项。B项体现了美育的活动性原则,C项体现了美育的形象性原则,D项体现了美育的情感性原则。

4. C 【解析】本题考查教育目的的作用。教育目的对学校教育的实施有重要意义。(1)定向作用。教育目的规定了学校教育和学生发展的根本方向,是学校办学的根本指导思想,也是学生发展的总方向,是学校教育工作的起点和归宿,并制约其全过程。(2)调控作用。教育目的规定了学校教育培养人才的基本质量规格,对学校教育的内容和活动方式起选择、协作、调节和控制作用。(3)评价作用。学校的办学质量以及学生的发展质量如何,可以有很多的标准来衡量,但根本标准乃是教育目的。一般来说,凡是遵循并实现了学校教育目的的学校,其教育质量就高。相反,偏离了教育目的,其教育质量就不可能高。故C项描述错误。

5. C 【解析】本题考查素质教育相关知识。在本质上,素质教育不是一种具体的教育模式,而是一种教育价值取向。素质教育在课程设置、教育内容、教育方法、教育制度、教育评价方式等方面都引起了巨大的变化。素质教育改变了过去忽视教育本体价值、片面追求教育工具价值的教育价值取向,以科学的方式来处理教育价值之间的冲突,主张在充分实现本体价值的基础上去最大限度地实现工具价值,从而在教育价值取向上引起了重大的变革。因此,从更深层次的角度来分析,素质教育在本质上是教育价值取向上的变革。

6. B 【解析】本题考查有关教育目的确立的理论。"个人本位论"从人的本性、本能的需要出发,认为教育目的在于使人成为人,使人性得以发展,使人性得以完善化;个人的价值高于社会的价值。这种个人本位的教育目的学说,在不同的历史时期不尽相同,在剥削阶级占统治地位的社会里,作为反对社会对人的摧残,反对教育上宗教神学对人的思想禁锢,反对封建蒙昧主义,反对封建主义强加于人的一切教育要求,提倡人的个性解放,尊重人的要求和人的价值,都有着历史进步意义。

7. C 【解析】本题考查教育目的的作用。教育目的对教育工作具有导向作用。教育目的不仅为受教育者指明方向、预定发展结果,也为教育工作者指明工作方向和奋斗目标。我国的教育方针政策都是围绕培养社会主义建设者和接班人的目的而制定的,这表明教育目的具有导向作用。

8. C 【解析】本题考查人的自由而全面发展学说的现实意义。马克思关于人的自由而全面发展学说是在继承和发展历史上有关理论基础上的新的探索和科学概括,其现实意义包括:(1)社会主义制度的建立为人的全面发展拓宽了道路;(2)要依据我国的特点尽可能地促进人的全面发展;(3)人的全面发展是构建社会主义和谐社会的基本内涵;(4)追求人的全面发展与实现人的自由发展必须和谐统一。C项不属于马克思关于人的自由而全面发展学说的现实意义。

9. C 【解析】本题考查全面发展教育各组成部分之间的关系。"五育"各有其相对独立性并相互影响、相互促进。这具体表现在:(1)德育在全面发展教育中起着**灵魂与统帅作用**,为其他各育提供了方向性的保证;(2)智育在全面发展教育中起着前提和支持作用,为其他各育提供了知识基础和智力支持;(3)体育在全面发展教育中起着基础作用,为其他各育提供物质基础;(4)美育在全面发展教育中起着动力作用;(5)劳动技术教育可以综合德智体美各育的作用,是实现个体与社会协调统一、和谐发展的纽带和桥梁。故本题选C项。

10. C 【解析】本题考查现代学制的类型。分支型学制前段是单轨,后段分叉,介于双轨学制和单轨学制之间。在起点不分轨,所有的孩子都进入公立幼儿园,然后进入初等教育机构,到了中学阶段便开始分流,学生有的进入普通中学学习,有的进入职业学校,有的进入师范学校、医科学校等专业技术学校。无论哪种学校的优秀毕业生都能升入相应的高等学校学习,显示了分支型学制没有阶级、没有等级差别的优越性。因此,C项正确。

11. C 【解析】本题考查素质教育。20世纪末在中国开始的"素质教育"运动实质上是马克思主义关于人的全面发展学说的具体实践。

12. A 【解析】学校教育制度的建立,首先取决于一个国家的生产力发展水平和科学技术发展状况。在生产力发展水平很低、以手工劳动为主、自然科学的各个部门还没有从自然哲学中分化出来的奴隶社会,不可能出现技术学校;封建社会不可能出现电力、航空等现代专业技术学校。到了资本主义社会,由于机器的采用、大工业的出现、自然科学的空前发展,不仅要求培养出各种专门人才,而且要求训练出熟练工人,于是各种职业技术学校也就适应社会的需要而产生。

13. A 【解析】学校体育的功能包括:(1)健体功能。健体功能首先是指对身体机能的促进作用;其次,体育活动可以改善和提高神经和中枢神经系统的工作能力;再次,体育活动还可以提高人体对自然环境的适应能力。(2)教育功能。教育功能可以理解为体育的价值功能,这具体表现在体育活动对德育、智育和美育的促进上。(3)**娱乐功能**。娱乐功能是指学校体育能够使学生在劳累之后在体力和精神上得到恢复和放松。所以A项正确。

14. C 【解析】本题考查智力的概念。智力也即智能,是使人能顺利完成某种活动所必需的各种认知能力的有机结合,它包括观察力、记忆力、注意力、想象力和思维力等成分,并**以思维力为核心**。

15. B 【解析】本题考查美育的相关表述。中共中央办公厅、国务院办公厅印发的《关于全面加强和改进新时代学校美育工作的意见》指出:美是纯洁道德、丰富精神的重要源泉。美育是审美教育、情操教育、心灵教育,也是丰富想象力和培养创新意识的教育,能提升审美素养、陶冶情操、温润心灵、激发创新创造活力。故A、C、D三项正确。学校美育课程以艺术课程为主体,主要包括音乐、美术、书法、舞蹈、戏剧、戏曲、影视等课程。B项错误。

16. A 【解析】本题考查有关教育目的确立的理论。社会本位的教育目的论主张教育的目的是为社会培养合格的成员和公民,使受教育者社会化,社会价值高于个人价值,教育质量和效果可以用社会发展的各种指标来评价。由题干所述可知,马卡连柯认为教育目的是培养合格的社会公民,这属于社会本位论的观点。

17. B 【解析】本题考查素质教育的相关内容。在教学过程中,素质教育强调的是"发现"知识的过程,而不是简单地获得结果,强调的是创造性地解决问题的方法和探究精神的形成。

18. B 【解析】教育方针规定了学校的培养目标即"培养德智体美劳全面发展的社会主义建设者和接班人"。完成这一目标的直接施行者是教师。所以实施素质教育的关键在教师,关键要提高教师的素质。

19. C 【解析】学校领导、教职工、学生,都是创造学校文化的主体。学校文化建设的关键人物是校长;教职工是学校文化建设的主力军;学生是教育的对象,是学校文化作用的对象,反映着学校文化产品或成果的质量水平。

20. D 【解析】学校的传统、仪式和规章,一般统称为学校制度文化。学校仪式是学校的某种固定化的活动程序和形式。学校仪式一般是在学校的要求下产生的,受教师文化的影响较大,具有一定程度的强制性,是教师教育学生的一种有效的工具。题干中该学校规定的新教师入职宣誓仪式每年在固定的时间举行,属于制度文化。

21. C 【解析】人在各种活动中的功能和用途,可以看作人从事或作用于各种事物的活动性能,简称人的功用性。功用性教育目的就是教育在发展人从事或作用于各种事物的活动性能方面所预期的结果,内含对人的功能性发展的指向和要求,在教育实践中以能力、技能技巧等方面的具体要求呈现出来。功用性教育目的的根本就是要解决人在各种活动中的实际能力和作用效能的开发与提升,发展和增强人在各种活动中行为的有用性和功效性。由题干中的"高效地完成任务"可判断这种教育目的属于功用性教育目的。

22. A 【解析】本题考查素质教育的本质属性。素质教育的主体性,即教育要着眼于人的发展,要努力创造适合儿童的教育,而不是选拔适合教育的儿童。教育过程中要充分体现学生的主体地位。教育者要有科学的学生观,在教育教学过程中,教师要尊重学生、热爱学生,教育要着力促进每一位学生的发展提高。学生是一个完整的人,更是一个发展成长中的人。学生的主体地位是一个逐渐实现的过程。**主体性是素质教育的根本要求,是素质教育活的灵魂**。所以答案选A项。

23. D 【解析】本题考查形式化教育阶段的特征。形式化教育阶段的特征包括:(1)教育主体确定;(2)教育对象相对稳定;(3)形成系列的文化传播活动,所传播的文化逐渐规范化;(4)大抵有固定的活动场所和或多或少的设备;(5)由以上种种因素结合而形成独立的社会活动形态。而D项属于制度化教育阶段的特征,故选D项。

24. C 【解析】社会本位论强调社会价值高于个人价值,认为确立教育目的的根据是社会的要求,个人的发展必须服从社会需要,因为个人生活在社会中,受制于社会环境。题干中诺笃尔普强调社会的价值,属于社会本位的教育目的观。

25. C 【解析】本题考查席勒的美学著作。席勒在《审美教育书简》(又称《美育书简》)中首次提出了"美育"一词,系统阐述了他的美育思想。

26. C 【解析】校园显性文化包括校园物质环境,如校舍建筑、校园场地布置、校园活动仪式等。在校园中,存在着一个无形的环境,如校风、班风、人际关系等,也同样体现出学校的文化积淀,成为极具教育意义的隐性文化。故C项属于校园显性文化,其他三项属于校园隐性文化。

27. C 【解析】个体把自己独特的美感用各种不同的形式表达出来,这就是对美的创造。创造美的能力包括艺术美的创造,也包括现实美的创造。对于大多数人来说,创造美的能力首先是创造现实生活中美的能力。例如,按照美的规律对自己的劳动条件和劳动产品进行设计和加工;对居室、日用品、服饰等方面按美的标准做出选择与合理的配置;以自己的行为、表情、语言、仪态等方面的优美表现创造交际方式的美等。因此,题干所述属于美育中的创造美的能力。

28. C 【解析】我国古代学制萌芽于西周。壬寅学制是我国颁布的第一个现代学制,但并未实行。壬戌学制规定从小学到大学,实行男女同校同班,课程无男女校的区别。1995年3月18日,经第八届全国人民代表大会第三次会议审议通过的《中华人民共和国教育法》列专章专门规定了我国的教育基本制度。C项表述正确,其他三项表述均错误。

29. D 【解析】个人本位论重视人的价值、个性的发展及其需要,把人的个性发展及需要的满足视为教育的价值所在。赵校长的观点是个人本位论的体现。

30. A 【解析】本题考查美育的途径。美育的途径有三:(1)通过课堂教学和课外文化艺术活动进行美育;(2)通过大自然进行美育;(3)在日常生活中进行美育。题干中的老师让学生在春游过程中饱览大自然的美景,提高了学生的审美素养,这表明老师是通过大自然进行美育的。故本题选A项。

二、多项选择题

1. ABC 【解析】本题考查马克思主义关于人的全面发展的内涵。人的全面发展具有丰富的内涵:(1)人在物质生产生活中的劳动能力的全面发展。个人生产力的全面、普遍的发展指的是将个体发展成"各方面都有能力的人,即通晓整个生产系统的人"。这种劳动能力的发展既表现为人的体力和智力的全面发展,又表现为人的才能和志趣的全面发展。(2)人的才能的全面发展。(3)人自身的全面发展。(4)人的自由发展。D项"均衡发展"的说法错误。

2. AD 【解析】本题考查教育目的的相关内容。培养目标指不同层次和不同专业学校教育所要完成的具体任务。A项错误。教育目的的功能的说法较多,其中之一就是教育目的具有导向、调控、评价的功能。B项正确。社会本位的教育目的论的基本主张是以社会的稳定和发展为教育的最高宗旨,教育目的应当依据社会的要求来决定。社会本位的教育目的论主要反映的是古代社会的特征和要求。C项正确。我国教育目的以马克思主义关于人的全面发展学说为指导思想和理论基础。D项错误。

3. ABC 【解析】本题考查有关教育目的确立的理论。社会本位论认为,确立教育目的的根据是社会的要求,个人的发展必须服从社会需要;社会价值高于个人价值,教育质量和效果可以用社会发展的各种指标来评价。题干表述符合社会本位论的观点。社会本位论的代表人物主要有荀子、柏拉图、赫尔巴特、涂尔干、纳托普、凯兴斯泰纳、孔德、巴格莱等。所以ABC三个教育家的主张与题干观点一致。裴斯泰洛齐是个人本位论的代表人物。

4. ABCD 【解析】本题考查美育的途径。通过艺术学科教学和课外文艺活动进行美育是美育的重要途径。艺术的形式很多,有音乐、舞蹈、绘画、诗歌、散文、小说、戏剧、电影、电视等,故歌唱表演、美术展览和舞蹈练习都是美育的途径。此外,根据青少年喜爱运动的性格特点,学校体育便很自然地成为培养青少年心灵美独特而有效的手段。例如,在篮球比赛中,同学们表现出的"宁失一球,不伤战友"的高尚道德情操;在运动会上,为了集体荣誉,运动员不惜一切,奋力拼搏,表现出的强烈的集体荣誉感。这些,都是通过学校体育中的美育,使学生表现出美的人体运动,从这个角度来说,**学校体育是培养青少年艺术美的一个方面**。故篮球比赛也属于美育途径。

5. ABC 【解析】孔子有不少关于美育的论述,蕴含着丰富而深刻的审美思想。他最早提出"志于道,据于德,依于仁,游于艺"和"兴于诗,立于礼,成于乐"的教育主张。其中,"游于艺"是指学习乐器、音律、多种才艺;"成于乐"是指用音乐来完善人的性情的陶冶;"兴于诗"是指通过学诗来振奋人的精神。孔子提倡的艺教、乐教、诗教均属于美育范畴。

6. ACD 【解析】本题考查教育目的与教育方针的关系。教育目的与教育方针既有联系又有所不同。在层次上,教育方针是一个国家教育发展和人才培养的最高行动指针,是目的体系中的最高层次,一定时期一个国家(特别是中央集权制国家)只能有一个教育方针。故A项正确。在具体内涵上,教育方针从最宏观、最根本的方面规定了一个国家的教育性质和教育方向、人才发展的内容和质量要求,以及实现方针要求的途径。故B项错误,D项正确。教育目的是在方针的规定下或依据方针而对某一层次所要培养的人才规格做出的具体规定,它往往有着不同层次、不同类别教育的具体性和特殊性。故C项正确。(具体内容参见柳海民主编的《教育学原理(第2版)》)

7. BD 【解析】本题考查素质教育的相关内容。我国素质教育产生的背景有:(1)当代社会对高素质人才的需求;(2)教育自身存在不能适应社会发展的问题;(3)信息化社会知识总量急剧增长,知识更新速度空前加快;(4)对教育的认识的深化。故A项说法正确。素质教育是面向全体学生的教育。故B项说法错误。素质教育不是一种具体的教育模式,而是一种教育价值取向。故C项说法正确。D项是对考试的误解,是实施素质教育的误区之一。故D项说法错误。

8. ABC 【解析】本题考查我国教育目的的相关内容。教育目的的实现的理性把握包括:(1)要以素质发展为核心;(2)要确立和体现全面发展的教育观。故A、B两项说法正确。马克思阐述了关于人的全面发展学说,这一学说是我国确立教育目的的理论依据和基础。故C项说法正确,D项说法错误。

9. ACD 【解析】本题考查教育目的的定向功能。教育目的的定向功能具体体现为:(1)对教育社会性质的定向作用;(2)对人的培养的定向作用;(3)对课程选择及其建设的定向作用;(4)对教师教学的定向作用。B项不符合教育目的的定向功能的表现。

10. AC 【解析】本题考查学制的相关内容。壬子癸丑学制规定:"初等小学四年,为义务教育。"故A项正确。特殊学校、特殊班级的设立也要考虑学生一般的身心发展规律。故B项错误。义务教育制度是伴随大工业生产的发展逐渐实行的。进入当代社会以后,各发达国家不但普遍实施了义务教育,而且其年限在不断延长。义务教育年限的长短成为一国教育发展程度的标志之一。故C项正确。"壬戌学制"采用美国式的六三三分段法,即小学六年、初中三年、高中三年,因此又称"新学制"或"六三三学制"。故D项错误。

11. BCD 【解析】本题考查确立教育目的的依据。确立教育目的的依据包括:(1)社会政治、经济、文化因素;(2)人的身心发展特点与需求;(3)教育目的的制定者的教育理想和价值观。(具体内容参见孙式武、于淑君主编的《小学教育概论》)

12. AD 【解析】本题考查癸卯学制的特点。癸卯学制的最大特点是修业年限长，从小学堂至大学堂要21年，至通儒院要26年，A项说法正确。癸卯学制主要承袭了日本的学制，B项说法错误。癸卯学制规定不许男女同校，第一次规定了男女同校的是壬子癸丑学制，C项说法错误。在课程设置上，癸卯学制特别注重读经，具有浓厚的封建性，D项说法正确。

三、判断题

1. √ 【解析】本题考查美育的超越性功能。美育的超越性功能即美育的超美育功能。以蔡元培“以美育代宗教说”为代表的中外美育理论及实践，对于人生终极意义、意趣及教育过程本身美学自由精神的追求等美育“超美育功能”或价值的认识，在某种意义上已是一种世界潮流。

2. × 【解析】素质教育是我国教育改革和发展的**长远方针**，是我国各级各类教育追求的**共同理想**，并不是对特定阶段、特定学校提出的要求。

3. × 【解析】本题考查智育的途径。文化课教学之外的课外活动、社会实践活动等对智力的培育十分重要。课外活动、社会实践活动等作为智育工作的一部分，突出的贡献在于学以致用，巩固文化课中知识、技能的学习，并强化接受智育的动机。实践证明，许多操作性的智力如动手能力的培养等主要应通过课外活动的方式去实现。

4. × 【解析】教育目的的调控功能就调节控制的对象而言，既包括对教育工作者教育观念、教育行为的调控，也含有对受教育者的调控，体现为对学生的外部调控和学生的自我控制。题干表述片面。

5. × 【解析】素质教育并不是否定惩罚，而是要奖惩结合、宽严相济。当不良行为出现时，应给予必要的惩罚，但应严格避免体罚或变相体罚。惩罚不是最终目的，给予惩罚时，还要给学生指明改正的方向。

6. × 【解析】美育是培养学生健康的审美观，发展他们感受美、鉴赏美、创造美的能力，培养他们高尚的情操与文明素养的教育。美术课是美育的重要途径，但不是唯一途径，其他学科教学也是进行美育的途径。

7. × 【解析】本题考查双轨制的特点。**双轨学制具有明显的等级性**，各社会阶层接受教育的机会是不均等的，损害了教育平等，背离了现代教育要求民主化的精神。**单轨制最明显的特点是体现了教育的公平性**。题干表述错误。

8. × 【解析】学校文化与校园文化虽只有一字之差，但其内涵和外延都有极大的不同。从内容上讲，学校文化强调的是一种整体性，用特定的价值统整着学校中的一切文化表现形式，而校园文化在实践中的内涵主要体现在校园环境中的特定文化活动，即学校课程之外的教育活动，如社团活动、艺术节、科技节等。校园文化可以看作是学校文化的一个子系统。

9. √ 【解析】本题考查学校教育的相关内容。学校教育是一种制度化的教育，在现代教育体系中，学校教育形态是教育的主体形态。教育学理论中所揭示的教育规律大都是以学校教育为核心的。

10. × 【解析】本题考查美育的内容。美育的内容可划分为艺术美、社会美、科学美和自然美四个方面。其中，社会美作为美的具体表现形态之一，是社会实践的直接体现，而艺术教育是美育的核心内容。故题干说法错误。

11. × 【解析】本题考查旧中国的学制。**癸卯学制的突出特点是教育年限长**，共26年。如果6岁入学，中学毕业为20岁，读完通儒院则是32岁。壬戌学制在学校系统上，将全部学校教育分为3段5级：初等教育段为6年，中等教育段为6年，高等教育段为4～6年。

12. 【解析】非制度化教育相对于制度化教育而言，改变的不仅是教育形式，更重要的是**教育理念**。

13. 【解析】在人的全面发展教育中，德育起着导向和动力作用，体育是实施各育的物质保证。故题干表述错误。

14. 【解析】实施素质教育，促进学生的全面发展，在一定程度上取决于教师文化知识的广泛性和深刻性。

15. √ 【解析】本题考查美育相关知识。从细处说，美育是教育孩子发现美、理解美、追求美，让美的精神融入日常生活；从大处说，美育是以美育人、以文化人，让中华美育为文化自信筑基。

第四章　教师与学生

基础训练

答案速查

1～5	ACCBA	6～10	DCDCC	11～15	ABBBD	16～20	CDCAB
21～25	DCADB	26～30	CACAC	31～35	CAAAB	36～40	BCDAD
41～45	ABCCA	46～50	ACADC	51～55	BBDCB		
1～5	ABCD ABD ABC ABC ABCD			6～10	BD ABCD AB ABD ABCD		
11～15	ABCD AC ABCD ABCD ABCDE			16～20	CD BC ABC BC ABCD		
1～5	××√××			6～10	√√√√√		

一、单项选择题

1. A 【解析】本题考查教师专业发展的取向。教师专业发展主要有三种取向：理智取向（理性取向）、实践—反思取向、文化生态取向。其中，理性取向认为，教师的专业发展就是教师接受充足的学科知识与教育知识。有效教学的影响因素就在于教师自己拥有的学科知识和将这些知识、技能传递给学生的教育知识。

2. C 【解析】本题考查“自我更新”取向的教师专业发展阶段论。“自我更新”取向的教师专业发展阶段论认为教师专业发展分为“非关注”阶段、“虚拟关注”阶段、“生存关注”阶段、“任务关注”阶段、“自我更新关注”阶段五个阶段。其中，处于“任务关注”阶段的教师，随着教学基本“生存”知识、技能的掌握，**自信心日益增强，由关注自我的生存转到更多地关注教学，由关注“我能行吗”转到关注“我怎样才能行”**。

3. C 【解析】本题考查教师劳动的特点。教师劳动的创造性主要表现在：(1)因材施教。(2)教学方法上的不断更新。**“教学有法，教无定法”**是对教师劳动创造性的最好注脚。(3)教师需要“教育机智”。故C项正确。

4. B 【解析】本题考查教师综合素质最突出的外在表现。教师的专业能力是教师综合素质最突出的外在表现，也是评价教师专业性的核心因素。

5. A 【解析】本题考查教师劳动的特点。教师劳动的示范性指教师的言行举止，如人品、才能、治学态度等都会成为学生学习的对象。该特点要求教师必须以身作则、为人师表。故选A项。

6. D 【解析】本题考查教师的根本任务。教师是学校教育工作的主要实施者，**根本任务是教书育人**。

7. C 【解析】本题考查教师职业的发展历史。教师职业的专门化阶段以专门培养教师的教育机构的出现为标志。近代，随着教育的制度化，教育教学工作日益成为一种越来越重要的专门的职业，独立师范教育的诞生使教师职业迎来了它的专门化发展阶段。

8. D 【解析】本题考查我国新型师生关系的特点。我国新型师生关系的特点主要为尊师爱生、民主平等、教学相长、心理相容。其中，教学相长是指在教育过程中，教师的教促进学生的学，学生的学促进教师的教，教与学是相互促进的，“学然后知不足，教然后知困”。故题干所述体现了新型师生关系的教学相长的特点。

9. C 【解析】本题考查加里宁的名言。加里宁称教师是“人类灵魂的工程师”。

10. C 【解析】**教师的文化形象是教师形象的核心**。传统的教师文化形象是传统文化的传递者、维护者，所谓**“才高八斗”“学富五车”**皆是教师的典型文化特征。

11. A 【解析】教师职业的最大特点在于职业角色的多样化。

12. B 【解析】民主管理型的教师善于和集体共同制订计划和做出决定，在不损害集体的情况下，很乐意给个别学生以帮助、指导，尽可能鼓励集体的活动，给予客观的表扬和批评。学生的典型反应是：喜欢学习，喜欢和别人尤其是教师一道工作；学习的质和量都很高，相互鼓励，且独自承担某些责任；不论教师在不在课堂，要改正的问题很少。题干中的学生在明老师不在的情况下，能做到纪律井然有序，这体现出教师的管理类型最可能属于民主型。

13. B 【解析】王老师主持的名师工作室是教师分享知识、共同研究和探讨问题的同伴互助形式，小李老师加入其中，积极参与各项教研活动，很快适应了岗位工作，表明小李老师在专业发展上注重同伴互助。

14. B 【解析】本题考查教师劳动的特点。教师劳动的示范性指教师的言行举止，如人品、才能、治学态度等都会成为学生学习的对象。张老师不顾个人安危救助学生的行为对全体学生产生了积极影响，体现了教师劳动的示范性。

15. D 【解析】本题考查教师的素养。“学高为师，身正为范”的意思是：知识渊博所以成为教师，品德高尚所以成为模范和榜样。这意味着教师本身要知识渊博，品行端正。

16. C 【解析】本题考查学生的本质属性。学生并不是单纯的、抽象的学习者，而是有着丰富个性的完整的人。学习过程并不是单纯的知识接受或技能训练，而是伴随着交往、创造、追求、选择、意志努力、喜怒哀乐等的综合过程，是学生整个内心世界的全面参与。故C项说法不正确。

17. D 【解析】“我”走到学生面前，伸手摸他的额头，看其是否感冒发烧，此时主要是在关心学生的身体健康，扮演的是学生家长代理人的角色。

18. C 【解析】本题考查对陶行知教育名言的理解。题干中陶行知先生**“捧着一颗心来，不带半根草去”**的教育理念体现了教师的奉献精神，表明陶行知具备崇高的职业道德素养。故选C项。

19. A 【解析】本题考查教师劳动的特点。教师劳动的示范性指教师的言行举止，如人品、才能、治学态度等都会成为学生学习的对象。教师劳动的示范性特点是由学生的“向师性”和模仿性的心理特征决定的，故选A项。

20. B 【解析】数学老师从李岩现在数学学习上的表现推断其以后物理、化学学习困难，否定了学生巨大的发展潜能，忽视了学生是发展中的人，没有用发展的观点认识学生。

21. D 【解析】本题考查“自我更新”取向教师专业发展阶段论的提出者。叶澜等人从“自我更新”取向角度对教师专业发展阶段进行了深入研究，将它划分为“非关注”阶段、“虚拟关注”阶段、“生存关注”阶段、“任务关注”阶段和“自我更新关注”阶段。

22. C 【解析】教师是学生的领路人。教师不仅能够帮助学生获得知识和技能，而且能够“塑造”学生的心灵。当学生遇到成长的烦恼时，教师通过对学生的鼓励和帮助，“塑造”学生的心灵，引领学生健康成长。题干所述即说明教师是学生的领路人。

23. A 【解析】本题考查教师的职业角色。题干引文译为：道理存在的地方，就是老师存在的地方。教师负有传递社会道德传统、价值观念的使命，题干所述体现了教师职业角色中的“传道者”角色。故本题选A项。

24. D 【解析】本题考查教师劳动的特点。题干引文的意思是：作一年的打算，最好是种植五谷；作十年的打算，最好是种植树木；作终身的打算，最好是培育人才。教师的劳动成果是人才，而人才培养的周期比较长。把一个人培养成为能够独立生活、能够服务社会、能够为人类做出贡献的合格人才，不是一朝一夕之功。这体现了教师劳动的长期性特点。

25. B 【解析】民主型讲究师生平等，是普遍受学生欢迎的管理模式。

26. C 【解析】学生具有可塑性。学生处于长知识、长身体的时期，也是他们的品德、人格正在形成的时期，各方面尚未成熟，具有很大的发展潜力，而且尚未定型，极容易受外部环境因素的影响，具有**“染于苍则苍，染于黄则黄”**的特点。

27. A 【解析】我国最早的师范教育产生于清末。1897年，盛宣怀在上海开办**“南洋公学”**，分设上院、中院、师范院和外院。其中的师范院即中国最早的师范教育，外院则是师范院的附属小学。师范教育的产生，使教师的培养走上专门化的道路。

28. C 【解析】本题考查教师劳动的特点。教师劳动创造性的主要表现之一是因材施教。“一把钥匙开一把锁”说明教师要对不同的学生施以不同的教育，也就是要对学生进行因材施教。这体现了教师劳动的创造性。

29. A 【解析】本题考查学生观的概念。教师怎样对待学生，取决于教师怎样看待学生，尤其是教师怎样理解学生与教师的关系，这就是教师的学生观问题。

30. C 【解析】教师劳动创造性的主要表现之一是教学方法上的不断更新。该教师通过改变教学方式激发学生的学习兴趣，体现了教师劳动的创造性特点。

31. C 【解析】学生具有自主性，它表现在学生不仅具有自觉性，而且能自行确定或选择符合自身需要、特点和条件的目标和行动方式，并能在实现目标的行动中自我监督和调控。教师将自己的意志强加给学生，这就违背了学生的自主性。

32. A 【解析】本题考查师生关系的地位。在教育活动过程中，教师与其他方方面面的人结成了多层次的关系，如教师与学生之间的关系、教师与教师之间的关系、教师与学生家长之间的关系、教师与教育管理人员之间的关系、教师与教辅人员之间的关系、教师与社会各方面人士之间的关系等。其中，**最核心的关系是师生关系**。故选A项。

33. A 【解析】广延性是指空间的广延性。教师没有严格界定的劳动场所，课堂内外、学校内外都可能成为教师劳动的空间，这个特点是由影响学生发展因素的多样性决定的。学生的成长不仅受学校的影响，还受社会和家庭的影响。教师不能只在课内、校内发挥影响力，还要走出校门，协调学校、社会、家庭的教育影响，以便形成教育合力。

易错提示：教师劳动的长期性和广延性是容易混淆的知识点，两者的区别在于：广延性强调空间，无严格界定的劳动场所；长期性强调时间，人才培养周期长、教育影响迟效。

34. A 【解析】强硬专断型的教师，对学生严加监视，要求学生即刻无条件地接受一切命令，他认为表扬可能宠坏学生，所以很少表扬学生；认为没有教师的监督，学生就不可能自觉学习。所以题干所述师生关系模式属于专制型。

35. B 【解析】本题考查师生关系相关知识。师生在教育内容的教学上结成授受关系，师生在社会道德上是互相促进的关系。故B项说法错误。

36. B 【解析】本题考查教师的作用。教师的作用包括：(1)教师是人类文化的传播者，在社会的发展和人类的延续中起桥梁与纽带作用；(2)教师是人类灵魂的工程师，在塑造年青一代的品格中起着关键性作用；(3)教师是人的潜能的开发者，对个体发展起促进作用；(4)教师是教育工作的组织者、领导者，在教育过程中**起主导作用**。故选B项。

37. C 【解析】本题考查教师劳动的主体性特点。教师劳动的主体性指教师自身可以成为活生生的教育因素和具有影响力的榜样。对于教师来说，首先，教育教学过程就是教师直接用自身的知识、智慧、品德影响学生的过程。再者，教师劳动工具的主体化也是教师劳动主体性的表现。教师所使用的教具、教材，也必须为教师自己所掌握，成为教师自己的东西，才能向学生传授。故本题选C项。

38. D 【解析】一名教师是否真正具备从事教师职业的条件，能否正确履行教师角色，根本上还在于教师的专业素养。教师的专业素养是当代教师质量的集中体现，主要包括教师的学科专业素养、教师的教育专业素养、教师的人格特征，以及教师良好的职业道德素质。

39. A 【解析】题干所述说明教师必须具备精深的学科专业知识，即强调了本体性知识对教师专业发展的重要性。

40. D 【解析】教师的实践性知识是基于教师个人的经验积累,在对待和处理教育问题时体现出的个人特质和教育智慧。题干所述属于实践性知识。

41. A 【解析】教师是以文化为中介来与学生发生关联,对学生产生实质影响,并实现对社会的文化功能的。文化不仅提供了教师形象确立的源泉、材料,而且使教师形象设计与塑造有自己的个性。所以,**教师的文化形象是教师形象的核心**。

42. B 【解析】本题考查教师劳动的特点。题干大意为:自我品行端正了,即使不发布命令,老百姓也会去实行;若自身品行不端正,即使发布命令,老百姓也不会服从。用在教育中,这反映了教师劳动的示范性的特点。

43. C 【解析】教师劳动的间接性指教师的劳动不直接创造物质财富,而是以学生为中介实现教师劳动的价值。教师劳动的结晶是学生,是学生的品德、学识和才能,待学生走上社会,由他们来为社会创造财富。

44. C 【解析】教师的知识结构中,本体性知识主要是指**特定的学科知识**,如语文知识、数学知识。语文老师关于语言、文学方面的知识属于语文学科知识,也即属于教师知识结构中的本体性知识。

45. A 【解析】本题考查教师职业道德的核心。**热爱学生是教师职业道德的核心**,是教师高尚道德品质的表现。综合题干描述及选项设置,本题答案选择A项。

46. A 【解析】本题考查教师职业角色。示范者角色强调教师的言行是学生学习和模仿的榜样。学生具有可塑性和向师性的特点,教师的言谈举止、行为方式、为人处世的态度等都会对学生产生耳濡目染、潜移默化的影响,因此,教师是学生学习的最直接榜样。题干的描述反映出教师的示范者角色。

47. C 【解析】做好学生"引路人",扎实学识是基础。陶行知先生曾说:"做先生的,应该一面教一面学,并不是贩买些知识来,就可以终身卖不尽的。"教师应积极面对挑战,树立终身学习理念,既努力提升自身学识能力,又要学会在具体的教育情境之中创造性地应用知识、解决问题,时刻保有理论、知识、技能的源头活水。

48. A 【解析】身教重于言教,教师要做到身教,最基本的要求是:凡是要求学生去做的,教师一定要身体力行,做到言行一致,发挥表率作用。

49. D 【解析】教师的教育专业素养包括以下几个方面:具有先进的教育理念、具有良好的教育能力以及具有一定的研究能力。

50. C 【解析】本题考查教师的知识素养。本体性知识,即特定学科及相关知识,是教学活动的基础;条件性知识,即认识教育对象、开展教育活动和研究所需的**教育科学知识和技能**,如教育原理、心理学、教学论、学习论、班级管理、现代教育技术等;实践性知识,即课堂情境知识,体现教师个人的教学技巧、教育智慧和教学风格,如导入、强化、发问、课堂管理、沟通与表达、结课等技巧。一般文化知识(通识性知识),即人文社会科学类知识、自然和劳动技术类知识等普通文化知识。语文教师所拥有的教育学、心理学知识属于条件性知识。

51. B 【解析】本题考查教师的教育专业素养的内容。符合时代特征的学生观要求教师全面理解学生的发展,理解学生的全面发展与个性发展、全体发展与个体发展、现实发展与未来发展的关系。

52. B 【解析】本题考查教师职业相关知识。在国际劳工组织制定的《国际标准职业分类》中,教师被列入了"专家、技术人员和有关工作者"的类别中。

53. D 【解析】本题考查教师职业的社会地位。教师职业的社会地位是通过教师职业在整个社会中所发挥的作用和所占有的地位资源来体现的,主要包括政治地位、经济地位、法律地位和专业地位。

A项,教师职业的政治地位是指教师职业在国家或民族的政治生活中所处的地位和所起的作用,表现为教师政治身份的获得、教师自治组织的建立、教师的政治参与度和政治影响力等。

B项,教师的经济地位是指将教师职业与其他职业相比较,其劳动报酬(包括工资、奖金及医疗、保险、退休金等)的差异状况及其经济生活状态。它是教师社会地位的最直观表现。

C项,教师的法律地位是指法律赋予教师职业的权利、责任。

D项,教师职业的专业地位是教师职业社会地位的**内在标准**。它主要是通过其从业标准来体现,有没有从业标准和有什么样的从业标准是教师职业专业地位高低的指示器。故选D项。

54. C 【解析】本题考查教师的职业角色。教师的示范者角色表明教师的言行是学生学习和模仿的榜样。学生具有可塑性和向师性的特点,教师的言谈举止、行为方式、为人处世的态度等都会对学生产生耳濡目染、潜移默化的影响。因此,题干所述指的是教师的示范者角色。

55. B 【解析】题干所述体现了教师劳动任务的复杂性,这是教师劳动的复杂性的表现之一。

二、多项选择题

1. ABCD 【解析】本题考查教师的知识素养。教师的知识素养包括:(1)政治理论修养;(2)精深的学科专业知识;(3)广博的科学文化知识;(4)必备的教育科学知识;(5)丰富的实践性知识。

2. ABD 【解析】本题考查教学相长的含义。教学相长包括三层含义:(1)教师的教可以促进学生的学;(2)教师可以向学生学习;(3)学生可以超越教师。C项属于心理相容的含义。

3. ABC 【解析】本题考查"把学生看成是具有独立意义的人"的基本含义。把学生看成是具有独立意义的人,包含三层基本含义:(1)每个学生都是独立于教师的头脑之外,不以教师的意志为转移的客观存在;(2)学生是学习的主体;(3)学生是责权主体。D项是"学生是独特的人"的基本含义之一。

4. ABC 【解析】本题考查培养学生主体性的措施。培养学生主体性的措施有:(1)建立民主而和谐的师生关系,重视学生自学能力的培养;(2)重视培养学生主体参与课堂,让学生获得主体参与的体验,尤其让学生体验成功;(3)尊重学生的个性差异,对学生进行具有针对性的教育。D项与题意无关。

5. ABCD 【解析】教育机智可以用四个词语概括:**因势利导、随机应变、掌握分寸、对症下药**。

6. BD 【解析】**"学生中心论"**的代表人物有法国的卢梭和美国的杜威。凯洛夫和赫尔巴特是**"教师中心论"**的代表人物。

7. ABCD 【解析】本题考查学科专业知识的内容。精深的学科专业知识(本体性知识)是教师知识结构的核心,也是教师向学生传授知识的必备基础。主要包括:(1)精通所教学科的基础性知识和技能;(2)了解与该学科相关的知识;(3)了解该学科的发展脉络;(4)了解该学科领域的思维方式和方法论。

8. AB 【解析】教师的知识不仅要"专",而且要"博",教师的专业知识应建立在广博的科学文化知识的基础之上。这是因为:(1)科学知识日益融合和渗透的要求;(2)青少年多方面发展的要求;(3)教师的任务是教书育人。

9. ABD 【解析】本题考查新课程倡导的学生观。新课程提倡的学生观的主要观点包括:(1)学生是发展中的人,要用发展的观点认识学生;(2)学生是独特的人;(3)学生是具有独立意义的人。

10. ABCD 【解析】本题考查教师劳动的特点。关于教师劳动的特点的说法有很多,王道俊、郭文安主编的《教育学》认为,教师劳动的特点有:复杂性、示范性、创造性、专业性。

11. ABCD 【解析】本题考查教师的职业道德素养。教师应具备的职业道德素养包括:(1)对待事业:忠于人民的教育事业;(2)对待学生:热爱学生;(3)对待集体:团结协作;(4)对待自己:为人师表。

12. AC 【解析】秧田形的座位排列形式下,坐在前排和中间的学生由于与教师距离较近,正好处在与教师交流的有效区域内,因此参与课堂活动及与教师交流的时间和次数明显比坐在教室后排和两边的学生多。

13. ABCD 【解析】1989年11月20日联合国大会通过的《儿童权利公约》的核心精神,正是维护青少年儿童的社会权利主体地位。这一精神的基本原则有儿童利益最佳原则、尊重儿童尊严原则、尊重儿童观点与意见原则和无歧视原则。

14. ABCD 【解析】建立民主平等、和谐亲密、充满活力的师生关系，对于教师来说有以下几种策略：了解和研究学生；树立正确的学生观；热爱、尊重学生，公平对待学生；主动与学生沟通，善于与学生交往；努力提高自我修养，健全人格。

15. ABCDE 【解析】优秀教师的人格特征表现在：(1)从事教育工作的使命感；(2)稳定而持久的职业动力；(3)对工作的事业心与上进心；(4)获取成就的动机与欲望；(5)求知的欲望与兴趣；(6)良好的性格特质；(7)对教育教学具有高度的自我调节和完善能力。选项表述均属于优秀教师的人格特征。

16. CD 【解析】新型的师生关系强调师生在心理关系上是心理相容的，在地位上是平等的，故A、B项错误。

17. BC 【解析】教师要塑造的人是发展中的有差异的人，在教学过程中教师要因材施教，同时教学情境也是复杂多变的，还需要一定的"教育机智"，故BC项符合题意。

18. ABC 【解析】学生的主观能动性(主体性)主要表现在三个方面：自觉性，也称主动性；独立性，也称自主性；创造性。

19. BC 【解析】本题考查教师的领导方式。持放任自流型领导方式的教师认为学生爱怎样就怎样；很难做出决定，对学生管理没有明确目标；不鼓励学生，也不反对学生；不参加学生的活动，也不提供帮助或方法。这种领导方式下的学生道德差，学习也差；有许多"推卸责任""寻找替罪羊""容易激怒"的行为；没有合作，谁也不知道该做些什么。所以BC项表明教师的领导方式是放任型的。A项表明教师的领导方式是专断型的，D项表明教师的领导方式是民主型的。

20. ABCD 【解析】本题考查教师个体专业发展的内容。全国十二所重点师范大学联合编写的《教育学基础(第3版)》中提出，教师个体专业发展的具体内容包括：(1)专业理想的建立；(2)专业知识的拓展；(3)专业能力的发展；(4)专业自我的形成。故选ABCD四项。

三、判断题

1. × 【解析】本题考查教师的知识结构。**精深的学科专业知识(本体性知识)是教师知识结构的核心**，也是教师向学生传授知识的必备基础。

2. × 【解析】本题考查学生在教育过程中的地位。学生在教育过程中处于**主体地位**。学生既是认识的客体，又是认识的主体，是主体与客体的统一体。故题干表述错误。

3. √ 【解析】本题考查师生关系的作用。师生关系是一种重要的课程资源和校园文化。师生关系是教育教学实践中形成的一种课程资源，具有重要的德育功能、心理功能和认知价值。同时，师生关系作为学校中最基本、最重要的人际关系，是一所学校的精神风貌、校风、教风、学风的整体反映和最直观反映。师生关系作为校园文化的组成部分，对学校精神文化的建设、对学生在校的发展和今后的成长都起着重要的作用。

4. × 【解析】中国古代的师生关系受等级制度的影响，强调师道尊严，教师的权威地位得以建立。民主平等是现代师生关系的特点。

5. × 【解析】学生是具有主体性的人，有自己的主动性、选择性、需要性和意志性，可以依靠自己的独立思考主导自己的行为。但同时，学生也是教育的对象，是不成熟的人，具有主体性并不意味着学生的一切都由学生做主。

6. √ 【解析】本题考查教师职业角色。教师的"示范者角色"体现在：(1)教师的言行是学生学习和模仿的榜样；(2)优秀教师还是其他教师学习的模范，是社会各界学习的模范。教师"言传身教"体现的是教师的示范者角色。

7. √ 【解析】本题考查教师劳动的特点。教师劳动与其他劳动相比一个最大的特点，就在于教师主要是用自己的思想、学识和言行，通过示范的方式去影响学生。"教师本人是学校里最重要的师表，是最直观的最有效益的模范，是学生最活生生的榜样。"教师是学生的导师和引路人，无论是传授知识还是培养品德，都需要教师作示范和表率。所以题干表述正确。

8. √ 【解析】本题考查教师专业发展的途径。教师专业发展的途径主要包括师范教育、新教师的入职培训、教师的在职培训和教师的自我教育。其中，教师的自我教育就是专业化的自我建构，它是**教师个体专业化发展最直接、最普遍的途径**。

9. √ 【解析】本题考查学生的特点。学生的特点有：(1)学生是教育的对象(客体)；(2)学生是自我教育和发展的主体；(3)学生是发展中的人。所以题干表述正确。

10. √ 【解析】新时代对师生关系的认识不再是单纯意义上的"教师中心"或"学生中心"，而是从更深入和更全面的角度考查师生关系。

四、填空题

1. 有仁爱之心　　2. 主体
3. 平等　　4. 创造性
5. 民主　　6. 态度

五、案例选择题

ACD 【解析】题干中的刘老师运用社会测量法对班上人际关系进行测量，体现了其主动了解与研究学生；刘老师主动邀请小冬和其他同学周末到家里包饺子、拉家常，并对其进行鼓励，体现了其热爱、尊重学生和主动与学生交往。B项材料未体现。

整合提升

答案速查

1～5	ADBBB	6～10	AABDC	11～15	CBCDB	16～20	BBCBC
21～26	DACDCA			1～5	ABCDE ABCD ABCD ABCD AB		
6～10	ACD ABC BD AD ABCD			1～5	××√×√		
6～10	×√√×√						

一、单项选择题

1. A 【解析】本题考查教师劳动的特点。教师劳动的示范性是指教师的言行举止，如人品、才能、治学态度等都会成为学生学习的对象。为了培养学生良好的学习习惯，该教师以身作则，带头在师生微信群早晚读书打卡，体现了教师劳动的示范性。

2. D 【解析】本题考查教学相长。教学相长包括三层含义：(1)教师的教可以促进学生的学；(2)教师可以向学生学习；(3)学生可以超越教师。孙老师的话表明教师与学生是相互促进的，所以D项符合题意。

3. B 【解析】本题考查现代学生观。现代学生观倡导学生是具有独立意义的人。把学生看成是具有独立意义的人，主要包含三个方面的含义：(1)学生是独立的主体。每个学生都是独立于教师的头脑之外，不以教师的意志为转移的客观存在。(2)学生是学习的主体。教师不可能代替学生读书，代替学生感知，代替学生观察、分析、思考，代替学生明白任何一个道理和掌握任何一条规律。教师只能让学生自己读书，自己感受事物，自己观察、分析、思考，从而使他们自己明白事理，自己掌握事物发展变化的规律。(3)学生是责权主体。故选B项。

4. B 【解析】本题考查教育机智。教育机智是教师在教育教学过程中的一种特殊定向能力，是指教师能根据学生新的特别是意外的情况，迅速而正确地做出判断，随机应变地采取及时、恰当而有效的教育措施解决问题的能力。题干中的李老师能够采用自嘲的方法来巧妙地处理孩子的恶作剧，就体现了李老师的教育机智。

5. B 【解析】本题考查教师劳动的特点。教师的劳动具有长期性。长期性指人才培养的周期比较长，教育的影响具有迟效性。教师对学生所施加的影响，往往要经过很长的时间才能见效果。学生的优秀和成功可以追溯到启蒙教育，教师的某些影响对学生终身都会起作用，体现的正是教师劳动的长期性。

6. A 【解析】本题考查教师劳动的价值。教师劳动的价值具有模糊性、滞后性、隐蔽性。

(1)模糊性。一个学生的成长与进步，是由遗传、家庭、社会、教师以及学生个人努力等多种因素作用的结果，人们很难准确地指出学生的变化是由哪方面的因素引起的。正是这种模糊性，很难使教师的劳动得到明确的评价。

(2)滞后性。教师的劳动价值，要在学生进入社会，并为社会做出贡献之后才能最终得到体现。而一旦体现出来，教师及其劳动已成为过去，常常被人淡忘。

(3)隐蔽性。教师劳动所创造的价值，是作为一种潜在的价值因素寓于学生身上的，只有借助于学生行为表现的外显，或对社会做出的贡献才能得到证明，缺乏自明性。所以，教师劳动的价值往往很难为人们所充分了解、正确评价，并给予恰当报酬。

综上所述，题干所述体现了教师劳动的价值具有模糊性。答案选A项。D项为无关选项，可以排除。

7. A 【解析】高尚的师德应包括热爱学生、教书育人、为人师表和团结协作等内容。依照题干可知教师应该热爱学生，具备高尚的师德。

8. B 【解析】"亲其师，信其道"的意思是：一个人只有在亲近、尊敬自己的师长时，才会相信、学习师长所传授的知识和道理。在教学过程中，师生的心理情感总是伴随着认识、态度、情绪、言行等的相互体验而形成亲密或排斥的心理状态。不同的情绪反应对学生课堂上参与的积极性和学习效率有着重大影响。这体现了师生之间的心理关系对教育目标顺利完成的影响。

9. D 【解析】教学机智的类型包括：(1)处理教学失误的机智；(2)处理学生失当行为的机智；(3)处理教学环境突变的机智；(4)处理学生意外回答的机智。D项不属于教学机智的类型。

10. C 【解析】本题考查《儿童权利公约》提倡的四项原则。家庭困难、生理缺陷属于学生的私人信息，学校泄露学生的私人信息违背了尊重儿童权利与尊严原则。故本题答案选择C项。

11. C 【解析】在封建社会，随着学校结构的复杂和规模的扩大，教师职业开始向专门化方向发展。

12. B 【解析】本题考查教师的教育能力素养。教育能力素养主要指保证教师顺利完成教育、教学任务的基本操作能力。这要求教师善于从事各种教育、教学活动，成为教育方面的"临床专家"，能够像医生那样进行"分析""诊断"和"开处方"，解决教育教学中的各种问题。故题干所述体现了教师的能力素养。(具体内容参见王道俊、郭文安主编的《教育学(第7版)》)

13. C 【解析】"度德而师之"的意思是：衡量(一个人的)德行是否能够服人，然后向其学习。这说明教师在教育教学工作中应扮演好示范者角色，成为学生学习和模仿的榜样。

14. D 【解析】本题考查教师劳动的特点。教师的劳动过程是一个复杂的矛盾运动过程。在劳动过程中，教师要解决知与不知、学与思、知与行等矛盾。所以，题干所述反映了教师劳动的复杂性。

15. B 【解析】本题考查教师职业的特点。教师职业具有价值性、伦理性、复杂性、教育性和创造性等特点。其中，伦理性是指，教育是成就人生命的事业，教师对学生的爱既是教育的目的，也是教育的条件。教育是人影响人的过程，教师对教育的爱、对学生的爱是教育不可或缺的基础。恰如夏丏尊先生所说的："爱对于教育，犹如池塘之于水，没有水，便不能成为池塘；没有爱，便不能称其为教育。"教师只有爱教育事业、爱学生，才能对教育有真诚的投入，主动钻研教学，促进学生发展。(具体内容参看项贤明主编的《教育学原理》)

16. B 【解析】1897年，盛宣怀在上海创办的南洋公学师范院，即中国最早的师范教育机构。南洋公学师范院对师范生进行培养的模式，是**中国第一次对即将任职的教师施以专门的培养**。

17. B 【解析】乌申斯基曾说，教师的人格对于年轻的心灵来说，是任何东西都不能代替的、最有用的阳光，教育者的人格是教育事业的一切。只有人格才能影响人格的形成和发展，因此教师健全而高尚的人格是教育的基础。

18. C 【解析】韩愈总结了以往教师工作的经验，提出："师者，所以传道、授业、解惑也。"他规定教师工作的三项任务都有它特定的时代内容。所谓"传道"，是儒家的仁义之道，以达到治国平天下的目的。所谓"授业"，是儒学的"六艺经传"与古文。所谓"解惑"，是解决学"道"与"业"过程中的疑问。本题答案选C项。(具体内容参看孙培青主编的《中国教育史》)

19. B 【解析】本题考查对教育名言的理解。第斯多惠要求教师必须具有高度的知识水平，他说：正如没有人能把自己所没有的东西给予别人一样，谁要是自己还没有发展、培养和教育好，他就不能发展、培养和教育别人。所以，教师应有顽强的学习精神，热爱自己的专业，不断充实和提高自己。"谁要是自己还没有发展、培养和教育好"体现的是教师的学。"他就不能发展、培养和教育别人"体现的是教师的教。故题干所述说明教师的学影响教师的教。

20. C 【解析】文化生态取向认为教师专业发展不仅仅依靠个人努力，更大程度上依赖于"教学文化"或"教师文化"为其工作提供意义、支持和身份认同，其主要方式是通过学习团队建设进行协同教学、合作教研，实现共同发展。

21. D 【解析】教师的移情性学生观产生于积极的移情作用。持移情性学生观的教师认为，孩子是天真、可爱的，都是可以教育成人的。他们能深入了解学生，在考察学生时，不带主观预想的框框，能设身处地地体验学生的所作所为，耐心细致地观察、分析、了解学生的内心世界，不论是聪明的、笨拙的、听话的或顽皮的学生，都能以同情、真诚、热爱、关怀的态度对待，他们坚信，没有教育不好的学生，只有不会教育的教师。

22. A 【解析】本题考查教师劳动的特点。教师劳动的创造性主要表现在以下三个方面：(1)因材施教；(2)教学方法上的不断更新；(3)教师需要"教育机智"。教师学习使用直播软件并对学生进行在线教学说明了教师在教学方法上的更新，体现了教师劳动的创造性。

23. C 【解析】本题考查教师劳动的价值。教师劳动具有极其丰富的个人价值，有一般劳动所享受不到的乐趣。这种乐趣来自学生平日的点滴进步，来自桃李满天下，来自学生毕业后对社会的贡献。难怪孟子说"君子有三乐"，"得天下英才而教育之"便是其中一乐。

24. D 【解析】本题考查"自我更新"取向教师专业发展的基本特征。有研究者指出，"自我更新"取向的教师专业发展与其他教师专业发展相比较，有自身的特点：(1)将自己的专业发展作为反思的对象。(2)强调教师不仅是专业发展的对象，更是自身专业发展的主人。(3)目标直接指向教师专业发展。即"以个人的专业结构为本，把教学工作看作一种专业，教师作为专业人员应追求个人专业结构的不断改进"。D项表述不属于"自我更新"取向教师专业发展的基本特征。

25. C 【解析】本题考查中小学生发展的时代特点。中小学生发展的时代特点包括：(1)身体发育水平持续提高，身体素质持续下降；(2)学习目的多元化、实用化；(3)价值观念多元化，具有较高的职业理想和务实的人生观；(4)自我意识增强，具有一定的社会交往能力；(5)心理问题和行为问题增多；(6)网络生活成为大部分中小学生生活的重要组成部分。故C项说法正确。学生发展的一般规律包括：(1)顺序性和阶段性；(2)稳定性和可变性；(3)不均衡性；(4)个别差异性；(5)整体性。其中，整体性规律要求教学要着眼于学生的整体性，促进学生的一般发展，注意做到认知因素与非认知因素、意识与潜意识、科学与艺术的统一。故A、B、D三项体现的是学生发展的一般规律。(具体内容参看全国十二所重点师范大学联合编写的《教育学基础(第3版)》)

26. A 【解析】文化知识传递者的角色是教师职业角色中**最具核心性和基础性的角色**,也是教师职业得以产生发展并延续到今天的根本原因。故选A项。

二、多项选择题

1. ABCDE 【解析】本题考查现代教师职业的特点。有学者认为,现代教师职业具有价值性、伦理性、复杂性、教育性和创造性等特点。

2. ABCD 【解析】本题考查良好师生关系的建立。建立良好师生关系,教师应做到:(1)树立正确的师生观;(2)提高教师自身的素质;(3)发扬民主平等的精神;(4)正确处理师生矛盾。

3. ABCD 【解析】本题考查教师职业道德素养。教师职业道德素养中,热爱学生是做好教育工作的重要条件,主要原因有:(1)教师热爱学生有助于学生良好思想品德的培养;(2)教师热爱学生有利于增强学生从事各种学习的动力;(3)教师热爱学生有利于创造积极、愉快的学习氛围,使学生保持良好的学习状态;(4)教师热爱学生还有利于赢得学生的信任与敬重。选项表述均正确。

4. ABCD 【解析】本题考查教师应承担的角色。教师应承担的角色包括:(1)学生发展的引导者;(2)知识体系的组织者;(3)共生关系的对话者;(4)教育教学的研究者;(5)不断发展的学习者。故本题选A、B、C、D四项。(具体内容参看项贤明主编的《教育学原理》)

5. AB 【解析】本题考查教师的职业形象。教师的职业形象是通过其内在精神和外在事物显现出来的,内在精神包括职业的精神风貌、工作态度、敬业精神、创新精神等;外在事物表现为教师节日、教师组织、教师着装等。教师个人的形象包括对学生的态度、工作态度、道德水平、教学水平、人际关系等。故选AB两项。C项属于教师的个人形象,D项属于教师职业形象的外在事物。

6. ACD 【解析】本题考查师生关系的类型。师生关系的类型包括:(1)以年轻一代成长为目标的**社会关系**;(2)以直接促进学生发展为目标的**教育关系**;(3)以维持和发展教育关系为目标的**心理关系**。

7. ABC 【解析】本题考查学生的本质属性。学生的本质属性包括:(1)学生是人;(2)学生是发展中的人;(3)学生是一个完整的人;(4)学生是以学习为主要任务的人。故本题选A、B、C三项。

8. BD 【解析】本题考查校外专业支援与合作的主要形式。教师在职提高的途径主要包括教学反思、校本培训、校外专业支援与合作等形式。其中,校外专业支援与合作的主要形式有:(1)跨校合作,包括学校与学校、学校与大学或师范院校的合作;(2)专家指导,包括专家讲座、报告等;(3)政府教育部门和教研机构组织的各类专业培训,包括短期培训、脱产进修、业余进修等。故B、D项属于校外专业支援与合作。(具体内容参见王道俊、郭文安主编的《教育学(第7版)》)

9. AD 【解析】本题考查教师劳动的特点。教师劳动的长效性是指教师劳动所产生的效果会对学生长期起作用,不会随学生学业的结束而消失。题干中,教师的精神无法完全从学生那里隐退出去,体现了教师劳动的长效性。由于学生对教师往往有一种特殊的信任感和依恋感,又朝夕与教师相处,教师的一言一行都会成为学生的榜样。学生这种"向师性",加上模仿性强等特点,便决定了教师的劳动具有示范性的特征。题干中"学生的一举一动都反映出教师的影子",体现了教师劳动的示范性。

10. ABCD 【解析】良好的师生关系充满着教师对学生的热爱,也渗透学生对教师的爱戴,它具有巨大的教育功能,包括:(1)感化功能;(2)调节功能;(3)引动功能;(4)求同功能。

三、判断题

1. × 【解析】本题考查教师的教育专业素养。作为教师,敬业是使其他素养成为可能的重要特征,也是其成为一名优秀教师的第一要素。也就是说,热爱教育事业,是做好教育工作的基本前提。

2. × 【解析】本题考查对教育名言的理解。题干引文出自孔子,意思是:自我品行端正了,即使不发布命令,老百姓也会去实行;若自身品行不端正,即使发布命令,老百姓也不会服从。从教师的角度即强调以身作则的重要性,并不包含教师对学生下命令一定要正确的意思。

3. √ 【解析】"工程师"是工业社会的技术职称。将教师比喻为"工程师",是从教师对儿童进行主流社会意识形态和道德价值取向影响方面具有直接作用的意义上说的。"工程师"说法的前提是把学生看成了工业产品,教育者与被教育者之间的关系被看成是改造与被改造的关系。

4. × 【解析】民主型的师生关系模式以开放、平等、互助为其主要心态和行为特征。放任型的师生关系模式以**无序、随意、放纵**为其心态和行为特征。

5. √ 【解析】我国中小学课桌的摆放多呈"秧田式",教师讲台置于块状空间的正前方,这种格局阻隔了师生之间的交往及生生之间的交往。

6. × 【解析】教师对学生的尊重与接纳不是对学生无理性、无信念的溺爱和迁就,对学生的尊重和接纳并不等于赞同学生的不良行为。

7. √ 【解析】现代教育中的主体教育思想的观点之一是学生是自身生活、学习和发展的主体,这主要表现在三个方面:(1)学生作为教师教育活动的对象或客体是相对的、暂时的,而作为自身生活、学习和发展的主体是绝对的、长期的;(2)学生是有着主观意志的自己生命的主体,他们应该享有一定的自主选择和自我发展的权利;(3)学生是有着自己特定的学习与发展方式的自己成长的主体。题干所述属于现代教育中的主体教育思想的观点。

8. √ 【解析】本题考查西方最早的教师。在西方,古希腊时期出现的**"智者派"**是最早的教师,以教授无知的人,使其有知识而生存。

9. × 【解析】具有教育智慧是教师专业素质达到成熟水平的标志。

10. √ 【解析】在教学过程中,教与学两方面互相影响和促进,都会得到提高。教师和学生都能够在双方共同建构的教学活动中不断进行吸纳、总结、反思,形成彼此收益、互惠互利、互动双赢的教学关系。"教学相长"正体现了这一点。

四、案例选择题

1. E 【解析】专制型师生关系中,教师教学责任心强,但不讲求方式方法,不注意听取学生的意愿和与学生的协作;学生对教师只能唯命是从,不能发挥独立性和创造性,学习是被动的。题干中的王老师从来不会听同学们说什么,他说怎么办就必须怎么办,这属于专制型的师生关系。

2. ABCD 【解析】案例中的王老师采用专制型的领导方式,将学生看作是教育实践活动的对象,是被教育者、被组织者和被领导者。A、B、C、D项均未体现。

3. B 【解析】学习权是指学生有权利在义务教育年限内,在校学习和教育教学过程中,教师不得以任何借口随意侵犯或剥夺学生参加学习活动,诸如听课、作业等的权利。王老师剥夺五位学生参加体育活动的权利,侵犯了学生的学习权。

4. E 【解析】示范者角色的表现之一是:教师的言行是学生学习和模仿的榜样。学生具有可塑性和向师性的特点,教师的言谈举止、行为方式、为人处世的态度等都会对学生产生耳濡目染、潜移默化的影响,因此,教师是学生学习的最直接榜样。

第五章　课　程

基础训练

答案速查

1 ~ 5	CCBBA	6 ~ 10	CACAA	11 ~ 15	BDDBB	16 ~ 20	DBADA
21 ~ 25	CACBC	26 ~ 30	AAAAA	31 ~ 35	ADBBA	36 ~ 40	ABAAD
41 ~ 45	DACAD	46 ~ 50	CBBCA	51 ~ 55	BACDA	56 ~ 60	DBDBD
61 ~ 64	ADCA			1 ~ 5	ABC BC ABC ABD ABCD		
6 ~ 10	ACD ABD AB ACD CD			11 ~ 16	ACD ABC ABCD ABD ACD ABC		
1 ~ 5	××√×√			6 ~ 10	√×√√×		
11 ~ 15	××√√×			16 ~ 21	√√××√×		

一、单项选择题

1. C 【解析】本题考查课程类型。隐性课程是学校情境中以间接的、内隐的方式呈现的课程。它的表现形式有四种，其中**物质性隐性课程包括学校建筑、教室的设置、校园环境等**。教室里的图画、标语、黑板报属于教室设置，会对学生产生潜移默化的影响，属于隐性课程中的物质性隐性课程。

2. C 【解析】本题考查泰勒的课程编制原理。泰勒认为目标是有意识地想要达到的目的，也就是学校教职员工期望实现的结果。教育目标是选择材料、勾画内容、编制教学程序以及制定测验和考试的准则。泰勒的课程编制原理主要强调课程目标的主导作用。

3. B 【解析】本题考查主要课程理论流派。存在主义课程理论的主要代表人物之一美国学者奈勒认为，不能把教材看作为学生谋求职业做好准备的手段，也不能把它们看作对学生进行心智训练的材料，而应当把它们看作用来自我发展和自我实现的手段；不能使学生受教材的支配，而应该使学生成为教材的主宰。

4. B 【解析】本题考查课程标准相关知识。课程标准规定了学科的教学目标、任务，知识的范围、深度和结构，教学进度以及有关教学方法的基本要求，是编写教科书和教师进行教学的**直接依据**，也是衡量各科教学质量的重要标准。

5. A 【解析】本题考查课程的类型。从课程设计、开发和管理的主体来看，课程可分为国家课程、地方课程与校本课程。国家课程的主导价值在于通过课程体现国家的教育意志；地方课程的主导价值在于通过课程满足地方社会发展的现实需要；校本课程的主导价值在于通过课程展示学校的办学宗旨和特色，提升学校的办学水平，促进学生的个性发展。故选A项。学科课程的主导价值在于传承人类文明，强调使学生掌握、传递和发展人类积累下来的文化遗产。

6. C 【解析】本题考查隐性课程的表现形式。隐性课程的主要表现形式有：(1)观念性隐性课程。包括隐藏于显性课程之中的意识形态，学校的校风、学风，有关领导与教师的教育理念、价值观、知识观、教学风格、教学指导思想等。(2)物质性隐性课程。包括学校建筑、教室的布置、校园环境等。(3)**制度性隐性课程**。包括学校管理体制、学校组织机构、班级管理方式、班级运行方式。(4)心理性隐性课程。主要包括学校人际关系状况，师生特有的心态、行为方式等。因此，班级管理规定属于制度性隐性课程。

7. A 【解析】本题考查课程目标取向的分类。课程目标取向主要包括：(1)普遍性目标取向。(2)行为目标取向。(3)生成性目标取向。(4)表现性目标取向。**表现性目标**是美国学者艾斯纳提出的一种目标取向，它指在教育情境的种种际遇中每一学生个性化的创造性表现。表现性目标关注学生的创造精神、批判思维，适合以学生活动为主的课程安排。

8. C 【解析】本题考查课程资源的相关内容。课程资源是课程建设的基础，它包括教材以及学生家庭、学校和社会生活中一切有助于学生发展的各种资源。教材是课程资源的核心和主要组成部分。故答案选C项。

9. A 【解析】本题考查课程计划(教学计划)的首要问题。**开设哪些科目(课程设置)是课程计划(教学计划)的中心和首要问题。**

10. A 【解析】课程目标是根据教育宗旨和教育规律而提出的具体价值和任务指标，是课程本身要实现的具体目标和意图。它是确定课程内容、教学目标和教学方法的基础，是**整个课程编制过程中最为关键的准则**。

11. B 【解析】本题考查课程的分类。从课程功能的角度划分，课程可分为工具性课程、知识性课程、技能性课程和实践性课程。

12. D 【解析】本题考查课程实施的取向。课程实施的三种取向是：(1)忠实取向；(2)相互调适取向；(3)创生取向。其中，课程实施的忠实取向认为，设计好的课程是不能改变的，课程实施的过程应该是忠实地执行课程计划的过程。持有忠实取向的教师在课程实施中的角色往往是课程的执行者。故答案选D项。

13. D 【解析】结构主义课程理论以学科结构为课程中心，认为人的学习是认知结构不断改进与完善的过程，因此，学科基本结构的学习对学习者的认知结构发展最有价值。布鲁纳的这句话体现了结构主义课程理论的观点。他还是结构主义课程理论的创始人和代表人物。

14. B 【解析】本题考查主要课程理论流派。学生中心课程理论(儿童中心课程理论)是以儿童的现实生活特别是活动为中心来编制课程的理论。该理论强调实践活动，重视学生通过亲自体验获得直接经验，认为教育应以儿童实际经验为起点，从做中学。故题干所述的课程理论流派为学生中心课程论。

15. B 【解析】行为目标具体、明确，便于操作、评价，它指明了课程与教学过程结束后学生身上所发生的行为变化。

16. D 【解析】本题考查三维课程目标。情感态度与价值观目标强调在教学过程中激发学生的情感共鸣，引起积极的态度体验，形成正确的价值观。题干中该教师将学生"学会关爱生命"拟定为教学目标之一，这属于情感态度与价值观目标。

17. B 【解析】本题考查课程类型。隐性课程是不在课程计划中反映的、不通过正式教学进行的，对学生的知识、情感、意志、行为和价值观等方面起潜移默化的作用，促进或干扰教育目标的实现。教师的穿着打扮、言行举止都会对学生产生潜移默化的影响，甚至引发学生的模仿，属于隐性课程。

18. A 【解析】要素主义课程取向者认为，课程的目的在于理智和道德训练，促进社会进步和民主，让公民在理智和道德训练中保存人类文化遗产。课程的内容是**"人类共同文化要素"**。该取向关注学科课程和教材的逻辑组织，注重教师权威下的接受式学习，还强调制定严格的学业成绩评价标准。故A项表述错误。

19. D 【解析】本题考查"课程"的词源。在我国，"课程"一词始见于唐宋期间。唐朝**孔颖达**在《五经正义》里为《诗经·小雅·巧言》中"奕奕寝庙，君子作之"一句注疏："维护课程，必君子监之，乃得依法制也。"这是"课程"一词在汉语文献中的最早显露。在西方，"课程"一词最早出现在英国教育家**斯宾塞**的《什么知识最有价值》一文中。

20. A 【解析】本题考查古德莱德关于课程的定义。美国著名课程论专家**古德莱德**在《课程探究：课程实践之研究》专著中提出了课程的五个层次。他认为，可以区分出五个不同层次的课程：(1)理想的课程；(2)正式的课程；(3)理解的课程；(4)运作的课程；(5)经验的课程。

21. C 【解析】以赫钦斯为代表的永恒主义课程理论认为教育内容或课程涉及的第一个根本问题就是：为了实现教育

目的，什么知识最有价值或如何选择学科。永恒主义的回答是：具有理智训练价值的传统的**“永恒学科”**的价值高于实用学科的价值。永恒学科首先是那些经历了许多世纪而达到古典著作水平的书籍。所以，题干所述体现了永恒主义课程理论的观点。

22. A 【解析】课程标准主要规定某一学段或年级的所有学生在教师的帮助下或在自己的努力下都能达到的要求，它是面向全体学生的共同的、统一的基本要求，而不是最高要求。

23. C 【解析】本题考查活动课程的主导价值。活动课程以开发与培育主体内在的、内发的价值为目标，旨在培养具有丰富个性的主体。学生的兴趣、动机、经验是经验课程的基本内容。其主导价值在于**使学生获得关于现实世界的直接经验和真切体验**。故C项说法正确。A项属于必修课程的主导价值；B项属于学科课程的主导价值；D项属于分科课程的主导价值。

24. B 【解析】本题考查课程标准的功能。**国家课程标准是教材编写、教学、评估和考试命题的依据，是国家管理和评价课程的基础**。应体现国家对不同阶段的学生在知识与技能、过程与方法、情感态度与价值观等方面的基本要求，规定各门课程的性质、目标、内容框架，提出教学建议和评价建议。

25. C 【解析】本题考查课程类型。研究型课程注重**培养学生的探究态度和能力**。这类课程从问题的提出、方案的设计到实施以及结论的得出，完全由学生自己来做，重研究过程甚于注重结论。

26. A 【解析】课程实施的忠实取向认为，设计好的课程是不能改变的，课程实施的过程应该是忠实地执行课程计划的过程。题干中“按部就班地执行”体现了课程实施的忠实取向的特点。

27. A 【解析】“双基”即基础知识、基本技能。

28. A 【解析】知识与技能目标强调基础知识和基本技能的获得。题干中杨老师的教学目标注重学生对字词的掌握，强调学生对基础知识的获得，属于三维目标中的知识与技能目标。

29. A 【解析】本题考查隐性课程的表现形式。隐性课程的主要表现形式中，观念性隐性课程包括隐藏于显性课程之中的意识形态，学校的校风、学风，有关领导与教师的教育理念、价值观、知识观、教学风格、教学指导思想等；制度性隐性课程包括学校管理体制、学校组织机构、班级管理方式、班级运行方式。故A项不属于制度性隐性课程。

30. A 【解析】从课程设计、开发和管理的主体来看，课程可分为国家课程、地方课程与校本课程。

31. A 【解析】本题考查课程标准的概念。课程标准是课程计划中每门学科**以纲要的形式编写的、有关学科教学内容的指导性文件**，是课程计划的分学科展开。

易错提示：考生易混淆课程计划和课程标准的概念，理解时需注意：课程计划一般是宏观上的指导，课程标准一般是对某一具体学科的指导。

32. D 【解析】本题考查课程内容的组织形式。纵向组织，又称垂直组织、序列组织，是指按照知识的逻辑序列，由已知到未知、由简单到复杂等先后顺序组织编排课程内容。

33. B 【解析】课程实施即将已经编定好的课程付诸实践的过程，它是达到预期的课程目标的基本途径。

34. B 【解析】校本课程开发要以教师为主体，形成一个由校长、研究专家、学生及学生家长和社区人士共同开发课程的合作共同体。因此，学生可以参与校本教材的编制。

35. A 【解析】本题考查我国义务教育阶段的课程计划的基本特征。我国义务教育阶段的课程计划的基本特征包括：**强制性、普遍性和基础性**。

36. A 【解析】本题考查存在主义课程理论的观点。存在主义课程理论的主要代表人物是奈勒。该课程理论流派的主要观点包括：(1)课程最终要由学生的需要决定；(2)教材是学生自我实现和自我发展的手段；(3)人文学科应该成为课程的重点。弗莱雷是社会改造主义课程理论的代表人物，A项错误。

37. B 【解析】本题考查主要课程理论流派。活动课程理论主张以儿童的现实生活特别是活动为中心来编制课程，教育应以儿童实际经验为起点，从做中学。一切学习都要通过“做”，由“做”而得到的知识才是真正的知识。

38. A 【解析】学科中心课程论主要包括结构主义课程理论、要素主义课程理论和永恒主义课程理论等。故选A项。

39. A 【解析】本题考查课程评价的主要模式。目的游离评价模式是由美国学者斯克里文针对目标评价模式的弊病而提出来的。他主张把评价的重点从**“课程计划预期的结果”**转向**“课程计划实际的结果”**上来。评价除了要关注预期的结果之外，还应关注非预期的结果。评价的指向不应该只是课程计划满足目标的程度，而且更应该考虑课程计划满足实际需要的程度。

40. D 【解析】本题考查后现代主义课程论。多尔在分析和批判泰勒模式的基础上，把他设想的后现代课程标准概括为“4R”，即丰富性、循环性、关联性和严密性。故本题选D项。

41. D 【解析】1949年，泰勒的《课程与教学的基本原理》出版，该书被视为**现代课程理论的奠基石**。

42. A 【解析】本题考查教材的内容。教材可以是印刷品(包括教科书、教学指导用书、补充读物、图表等)，也可以是音像制品(包括幻灯片、电影片、录音带、录像带、磁盘、光盘等)。所以，教师上课时所使用的课件、视频、投影、模型等教学资源属于教材。

43. C 【解析】本题考查课程实施的概念。课程实施就是把新的课程计划付诸实践的过程，也可以说是把书面的课程转化为具体教学实践的过程。所以，执行新的义务教育课程计划属于课程实施。

44. A 【解析】教师不仅决定课程资源的鉴别、开发、积累和利用，是素材性课程资源的重要载体，而且自身就是课程实施的**首要的基本条件资源**。

45. D 【解析】本题考查存在主义课程论的观点。存在主义课程论重视发掘学生的人生价值，注重学生的情感反应，在反对学科中心主义课程设置的唯智、唯学方面，带来了新鲜空气。它注重以学生为中心，培养学生的自我责任意识，鼓励教师与学生进行精神交流，有利于建立和谐的师生关系。

46. C 【解析】本题考查课程标准的意义。课程标准规定了学科的教学目标、任务，知识的范围、深度和结构，教学进度以及有关教学方法的基本要求，是编写教科书和教师进行教学的直接依据，也是衡量各科教学质量的重要标准。教师应将课程标准作为检查自己教学质量的依据。

47. B 【解析】本题考查三维课程目标。新课程背景下的课堂教学，要求根据各学科教学的任务和学生的需求，从知识与技能、过程与方法、情感态度与价值观三个维度出发设计课程目标。“知识与技能”目标强调基础知识和基本技能的获得，相当于传统的“双基教学”。“过程与方法”目标突出的是让学生**“学会学习”**，使学生获得知识的过程同时成为获得学习方法和能力发展的过程。“情感态度与价值观”目标强调教学过程中激发学生的情感共鸣，引起积极的态度体验，形成正确的价值观。题干中的课程目标突出的是让学生“学会学习”，属于过程与方法目标。

48. B 【解析】螺旋式是指在不同单元乃至阶段或不同课程门类中，使课程内容重复出现，逐渐扩大知识面，加深知识难度，即同一课程内容前后重复出现，前面呈现的内容是后面内容的基础，后面内容是对前面内容的不断扩展和加深，层层递进。题干所述教材编排方式即螺旋式。

易错提示：考生易混淆直线式和螺旋式，做题时需注意：直线式和螺旋式都是由浅到深不断推进的，区别在于直线式课程内容前后不重复，而螺旋式课程内容则会重复出现，逐步推进和扩展。

49. C 【解析】本题考查隐性课程的主要表现形式。隐性课程是学校情境中以间接的、内隐的方式呈现的课程。隐性课程的主要表现形式有：(1)观念性隐性课程，包括学校的校风、学风，有关领导与教师的教育理念、价值观、知识观、教学风格、教学指导思想等。(2)物质性隐性课程。(3)制度性隐性课程。(4)心理性隐性课程。故校风和学风属于隐性课程中的观念性隐性课程，答案选C项。

50. A 【解析】本题考查义务教育阶段的课程结构。《基础教育课程改革纲要(试行)》在课程结构方面提出,整体设置九年一贯的义务教育课程。**小学阶段以综合课程为主;初中阶段设置分科与综合相结合的课程**。高中阶段不属于义务教育阶段。A项正确。

51. B 【解析】本题考查课程资源的类型。按课程资源的功能特点区分,有素材性课程资源和条件性课程资源。素材性课程资源包括知识、技能、经验、活动方式与方法、情感态度与价值观以及培养目标等。A、C、D三项均属于素材性课程资源。条件性课程资源包括与课程实施有关的人力、物力和财力,以及时间、场地、媒体、设备、设施和环境,还有对于课程本质的认识状况等。B项属于条件性课程资源。

52. A 【解析】本题考查课程类型。选修课程是指依据不同学生的特点与发展方向,允许个人选择的课程,是为适应学生的个性差异而开发的课程。

53. C 【解析】本题考查古德莱德关于课程的定义。美国学者古德莱德归纳出五种不同的课程:(1)**理想的课程**,即由一些研究机构、学术团体和课程专家提出应该开设的课程;(2)正式的课程,即由教育行政部门规定的课程计划和教材等;(3)领悟的课程,即指任课教师所领会、理解的课程;(4)实行的课程,即在课堂中实际展开的课程;(5)经验的课程,即学生实际体验到的东西,称作"生定课程"。故选C项。

54. D 【解析】本题考查课程标准。课程标准是国家课程的基本纲领性文件,是国家对基础教育课程的基本规范和质量要求。

易错提示:(1)从本质上说,课程是一种教育性经验体系;(2)课程计划是课程设置的整体规划。

55. A 【解析】本题考查课程标准的结构。课程标准一般由说明(或前言)、课程目标、课程内容和课程实施建议等部分组成。**说明部分**,扼要阐释课程的性质与意义、课程的基本理念与价值诉求、课程的设计思路与总体框架(或结构),这是统率课程标准的指导思想。

56. D 【解析】从课程的呈现状态或对学生的影响方式来看,课程可以分为显性课程与隐性课程。

57. B 【解析】本题考查主要课程理论流派。学科中心课程理论认为知识是课程的核心,主张课程要分科设置,分别从有关科学中选取一定的材料,组成不同学科,分科进行教学。每门学科的教材要根据科学的系统性、连贯性进行编制。所以题干所述符合学科中心课程理论的特点。

58. D 【解析】安排课程表要遵循生理适宜原则。该原则是指课程表的安排要考虑到学生的生理特点,使学生的大脑功能和体能处于高度优化的状态。将体育课和生产劳动课分开排,有利于使学生的体能处于高度优化的状态,王老师遵循的是课程表安排的生理适宜原则。

59. B 【解析】本题考查"什么知识最有价值"这一命题的提出者。19世纪,随着资本主义近代工业的突飞猛进,科学技术也日益显示出其重要性并走向兴盛。面对工业化对个人掌握基本文化知识和技能的客观要求与古典经院式教育根深蒂固的矛盾,英国实证主义哲学家斯宾塞提出了"什么知识最有价值"这一著名命题,开创了课程发展的新时代。

60. D 【解析】课程评价既是课程设计与实施的终点,又是课程设计与实施继续向前发展的起点。

61. A 【解析】CIPP模式由美国学者斯塔弗尔比姆于1966年提出。它由四种评价组合而成:**背景评价、输入评价、过程评价和成果评价**。

62. D 【解析】本题考查后现代主义课程论。后现代主义课程论的代表人物多尔在分析和批判泰勒模式的基础上,把他设想的后现代课程标准概括为"4R",即丰富性、循环性、关联性和严密性。其中,严密性是"4R"中最重要的。故选D项。

63. C 【解析】课程标准包括以下内涵:(1)它是按门类制定的;(2)它规定本门课程的性质、目标、内容框架;(3)它提出了指导性的教学原则和评价建议;(4)**它不包括教学重点、难点、时间分配等具体内容**;(5)它规定了不同阶段学生在知识与技能、过程与方法、情感态度与价值观等方面所应达到的基本要求。C项表述不符合课程标准的内涵。

64. A 【解析】一般认为,美国学者博比特在1918年出版的《课程》一书,标志着课程作为专门研究领域的诞生,这也是**教育史上第一本课程理论专著**。

二、多项选择题

1. ABC 【解析】本题考查"三基"的内容。基础型课程注重培养学生的基础学力,注重学生对科学文化基础知识和基本技能的掌握,同时获得智力的发展和能力的培养,即培养学生作为一个公民所必需的以"三基"(读、写、算)为中心的基础教养。故ABC三项正确。

2. BC 【解析】本题考查隐性课程。隐性课程的主要表现形式有:(1)观念性隐性课程。包括隐藏于显性课程之中的意识形态,学校的校风、学风,有关领导与教师的教育理念、价值观、知识观、教学风格、教学指导思想等。(2)物质性隐性课程。(3)制度性隐性课程。(4)心理性隐性课程。主要包括学校人际关系状况,师生特有的心态、行为方式等。故BC项属于隐性课程。显性课程是指学校有目的、有计划地实施的各门学科课程和课外活动。故AD项属于显性课程。

3. ABC 【解析】本题考查泰勒提出的课程组织的原则。泰勒认为组织学习经验时必须符合的主要准则是:(1)**连续性**,对于一些重要的目标,要让学生有机会反复涉及以便理解和掌握;(2)**顺序性**,主要指正确安排难易深浅的顺序;(3)**整合性**,指课程经验之间的横向联系,这些经验的组织应该有助于学生获得一种统一的观点,并把自己的行为与所学习的课程要素有机统一起来。

4. ABD 【解析】本题考查课程计划的内容。在基本内容上,课程计划主要是指教学科目的设置(课程设置)、学科顺序(课程开设顺序)、课时分配(教学时数)、学年编制和学周安排。

5. ABCD 【解析】本题考查制约课程的因素。总的来说,**社会(社会需求)、知识(学科知识水平)、儿童(学习者身心发展的需求)**是制约学校课程的三大因素。此外,**课程理论**也是制约课程的因素。

6. ACD 【解析】学科课程过多考虑知识的逻辑和体系,不能完全照顾学生的需要和兴趣。故B项错误。

7. ABD 【解析】本题考查综合课程的形式。"相关课程""融合课程""广域课程""核心课程"都是综合课程的形式,隶属综合课程,只不过综合的程度以及设计的思路略有差异。C项是隐性课程。

8. AB 【解析】本题考查课程类型。从对学生的学习要求的角度或者课程的实施要求来划分,课程可分为必修课程与选修课程。另外,从课程的表现形式或者影响学生的方式来划分,课程可分为显性课程与隐性课程。

9. ACD 【解析】本题考查基础型课程、拓展型课程、研究型课程三者之间的关系。基础型课程的教学是拓展型课程、研究型课程的学习基础,拓展型课程的教学是研究型课程的学习基础,而从一定程度上来说,拓展型、研究型课程的学习,对基础型课程的教与学两方面都起着至关重要的增益促效的基础作用。各类型、各科目课程在教育过程中虽然任务不同、层次要求不同,但都具有渗透性、综合性。从课程目标来说,基础型、拓展型、研究型课程在统一的目标下,在不同层次的要求上功能互补递进,全力形成一个整体。B项错误。

10. CD 【解析】心理性隐性课程主要包括学校人际关系状况,师生特有的心态、行为方式等。校园环境属于物质性隐性课程,班级管理方式属于制度性隐性课程。

11. ACD 【解析】本题考查确定课程目标的依据。确定课程目标的依据包括:(1)学习者的需要(对学生的研究);(2)当代社会生活的需求(对社会的研究);(3)学科知识及其发展(对学科的研究)。B项不属于确定课程目标的依据。

12. ABC 【解析】教科书是教师进行教学的主要依据,是学生在学校获得系统知识、进行学习的主要材料,也是学生进一步扩大知识领域的基础。熟练地掌握教科书的内容是教师顺利完成教学任务的重要条件。因此,D项说法错误。

13. ABCD 【解析】课程评价的主要模式:(1)目标评价模式;(2)目的游离评价模式;(3)CIPP评价模式;(4)CSE评价模式。

14. ABD 【解析】本题考查校本课程开发的优点。校本课程开发,有利于"教育目标的实现""教育决策民主化""课程实施的改进""教育公平的达成""学校特色的形成""学生个性发展"和"教师专业发展"等。削弱学术性是校本课程开发的局限之一,C项说法错误。

15. ACD 【解析】课程实施有三种取向:忠实取向、相互调适取向、创生取向。

16. ABC 【解析】本题考查校本课程开发的理念。校本课程开发的理念包括:(1)**"学生为本"的课程理念**;(2)**"决策分享"的民主理念**;(3)校本课程开发的主体是教师而不是专家;(4)**"全员参与"的合作精神**;(5)校本课程开发的基础:善于利用现场课程资源;(6)个性化是校本课程开发的价值追求;(7)校本课程开发的性质:国家课程的补充;(8)校本课程开发的运作:同一目标的追求。故本题选A、B、C三项。

三、判断题

1. × 【解析】本题考查活动课程的主要代表人物。杜威是活动课程的主要代表人物。赫尔巴特是学科课程的主要代表人物。赫尔巴特根据他的多方面兴趣的理论,构建起了多方面的课程,建立起规范化的"学科"课程与教学形态。

2. × 【解析】本题考查隐性课程的最早提出者。"隐性课程"一词是由**杰克逊**在1968年出版的《班级生活》一书中首先提出的。所以题干表述错误。

3. √ 【解析】本题考查校本课程的概念。有说法认为,校本课程即以学校为本位、由学校自己确定的课程,它与国家课程、地方课程相对应。

4. × 【解析】**学科课程**是指以文化知识(科学、道德、艺术)为基础,按照一定的价值标准,从不同的知识领域或学术领域选择一定的内容,根据知识的逻辑体系,将所选出的知识组织为学科的课程类型。它是**最古老、使用范围最广泛**的课程类型。逻辑性、系统性和简约性是学科课程最大的特点。

5. √ 【解析】本题考查课程资源相关知识。教科书是教学内容的主要来源,就经常性、便捷性和功能性而言,在各类课程资源中教科书位居核心地位。教师对教科书进行加工处理就是在进行课程资源的开发和利用。

6. √ 【解析】本题考查课程的意义。课程涉及教师教什么和学生学什么的问题,它是学校教育的核心,是学校培养未来人才的蓝图。

7. × 【解析】"课程"即各级各类学校为了实现培养目标而规定的**学习科目及其进程的总和**。

8. √ 【解析】题干的描述体现出显性课程与隐性课程之间的关系。这种互动互补、相互作用的关系,使得某些课程由显性不断向隐性深层发展,学校课程的内容不断丰富。

9. √ 【解析】本题考查课程资源的开发与利用。教材是重要的课程资源,学生的生活经验、教师的教学经验也是课程资源,学生间的学习差异、师生间的交流启发乃至学生在课堂上出现的错误也都是有效的课程资源。教师要善于整合各种教学资源,为课程价值的实现和学习中的生成提供良好的平台。只有具备了这样宽广的视野,创造性地使用教材才不会偏离正轨。故王老师的做法是正确的。

10. × 【解析】本题考查制约课程的因素。课程是随着社会的发展而演变的。课程要反映一定社会的政治、经济的要求,受一定社会生产力和科学文化发展水平以及受教育者身心发展规律和特点的制约。故题干说法有误。

11. × 【解析】课程标准规定了学科的教学目标、任务,知识的范围、深度和结构,教学进度以及有关教学方法的基本要求,是编写教科书和教师进行教学的直接依据。教师确定教学目标,也要研究课程标准。

12. × 【解析】本题考查课程目标与教学目标的关系。教学目标是课程目标的载体,教学目标是课程目标的具体化,只有将课程目标转化为一系列具体的可操作的教学目标时,课程目标才能得以落实,并通过一系列的教学目标的达成,使得课程目标最终得以实现。故题干说法错误。

13. √ 【解析】逻辑顺序就是指根据学科本身的系统和内在的联系来组织课程内容。心理顺序就是指按照学生心理发展的特点来组织课程内容。在教学中要把学科的逻辑顺序与学生的心理顺序统一起来。

14. √ 【解析】新课程改革倡导教师"用教材教",而不是简单地"教教材"。教师完全可以而且应该根据学生的情况来处理教材。因此,李老师的做法是正确的。

15. × 【解析】永恒主义者比较重视名著课程,认为它是实现教育目的的最好途径。要素主义认为课程的内容应该是人类文化的**"共同要素"**,学科课程是向学生提供经验的最佳方法。

16. √ 【解析】基础教育课程改革坚持"教材是范例"的观点。教材不是学生必须完全接受的对象和内容,而是引导学生利用已有的知识和经验,主动探索知识的发生与发展,引起学生认知分析,理解文化,反思、批判和构建意义的中介。

17. √ 【解析】本题考查新课程的教材观。根据新课标的教材使用建议,教师要善于结合实际需要,灵活地和有创造性地使用教材,对教材的内容、编排顺序和教学方法等方面进行适当的取舍或调整。

18. × 【解析】课程计划是根据一定的教育目的和培养目标,由教育行政部门制定的有关学校教育和教学工作的指导性文件。

19. √ 【解析】课程实施即将已经编定好的课程付诸实践的过程,它是达到预期的课程目标的基本途径。一般来说,课程设计得越好,实施起来就越容易,效果也就越好。

20. √ 【解析】本题考查课程标准的结构。完整的课程标准一般由说明(或前言)、课程目标、课程内容标准、课程实施建议和附录五部分组成。

21. × 【解析】隐性课程所产生的影响可能是消极的,也可能是积极的。

四、填空题

1. 过程与方法 情感态度与价值观
2. 活动
3. 国家 地方
4. 校内课程资源和校外课程资源
5. 学科课程 活动课程
6. 课程内容

五、案例选择题

ABD 【解析】赵老师建议学生搜集家乡"三月三"节日期间活动的照片等材料,体现了乡土课程资源的地域性特点,故A项正确。赵老师让学生分享材料、经历和见闻,结合学生的实际生活经验,采用体验的方法来帮助学生了解本地少数民族的传统节日,故D项正确。赵老师通过让学生自己搜集材料并分享自己搜集的材料以及自己的所见所闻等方式来组织课程,就说明了师生的经验是重要的课程资源,故B项正确。C项表述错误。

整合提升

1~5	DCACB	6~10	BDDDC	11~15	DBDDC	16~20	CBDDA
21~26	ADCAAA			1~5	BD ADE ABCD CD ABCD		

6~10	ABCD ABD ABC ABD ACD	1~5	××√××
6~10	√××××√	11~15	√√×√×
16~21	√×√×√×		

一、单项选择题

1. D 【解析】本题考查教师的角色。课程资源是指课程设计、实施和评价等整个课程教学过程中可以利用的一切人力、物力以及自然资源的总和,包括教材、教师、学生、家长以及学校、家庭和社区中所有有利于实现课程目标,促进教师专业成长和学生有个性的全面发展的各种资源。教师要充分开发和利用各种课程资源,成为课程资源的开发者。题干中张老师充分利用校内的植物资源进行生物课教学,体现了课程资源开发者的角色。

2. C 【解析】本题考查课程目标取向。表现性目标指在教育情境的种种遭遇中每一个学生个性化的创造性表现。它关注学生的创造精神、批判思维,适合以学生活动为主的课程安排。它期望的不是学生反应的一致性,而是反应的多样性、个体性。让学生谈"自己看到的有意思的事"关注的是学生的个性化发展和创造性表现,故题干所述属于表现性目标。

3. A 【解析】本题考查课程资源的相关内容。课程资源是指课程设计、实施和评价等整个课程教学过程中可以利用的一切人力、物力以及自然资源的总和,包括**教材、教师、学生、家长以及学校、家庭和社区**中所有有利于实现课程目标,促进教师专业成长和学生个性的全面发展的各种资源。教师和学生也是课程资源,A项错误。B项表述符合课程资源开发和利用的因地制宜原则。广义的课程资源指有利于实现课程目标的各种因素,C项正确。教材是课程资源的核心和主要组成部分,是教学活动的媒介和载体,也是教师开展教学活动的主要依据,还是教师和学生共用的实践教学活动的有效工具。D项正确。

4. C 【解析】本题考查课程标准。课程标准是各学科的纲领性指导文件,发挥着教学工作的"组织者"作用,可以确保不同的教师有效地、目标一致地、连贯地开展教学工作。

5. B 【解析】一般来说,完整的课程目标体系包括三类:结果性目标、体验性目标和表现性目标。其中,体验性目标,即描述学生自己的心理感受、情绪体验应达成的目标。它在设计中所采用的行为动词往往是历时性的、过程性的。体验性目标包含3个水平:经历(感受)水平、反应(认同)水平、领悟(内化)水平。在经历(感受)水平所使用的行为动词主要有经历、感受、参加、尝试等。故本题选B项。

6. B 【解析】本题考查课程内容的组织形式。课程内容的组织形式有直线式与螺旋式、纵向组织与横向组织、逻辑顺序与心理顺序等。其中,螺旋式是指在不同单元乃至阶段或不同课程门类中,**使课程内容重复出现,逐渐扩大知识面,加深知识难度**,即同一课程内容前后重复出现,前面呈现的内容是后面内容的基础,后面内容是对前面内容的不断扩展和加深,层层递进。题干中"三角形内角和为180°"这一知识点在小学和中学阶段重复出现,且难度不断加深,符合螺旋式的课程内容组织方式的特点。

7. D 【解析】本题考查泰勒课程研发理论中教育目标的确定依据。泰勒认为,确定教育目标是课程研制的出发点,课程研制的整个过程都取决于预定的教育目标,目标是课程的灵魂。他认为"目标即有意识的选择的目的,也就是学校教职员所向往的结果",并认为这种目的和结果的确定需要三个来源:对学习者自身的研究,对校外当代生活的研究,学科专家的建议。故D项不属于泰勒的课程研发理论中教育目标的确定依据。

8. D 【解析】本题考查三维课程目标中的情感态度与价值观目标。情感态度与价值观目标强调教学过程中激发学生的情感共鸣,引起积极的态度体验,形成正确的价值观。由D项中的"自豪""激发为家乡做贡献的愿望"可知,D项属于情感态度与价值观目标。

9. D 【解析】本题考查课程目标取向的类型。课程目标取向通常包括普遍性目标、行为目标、生成性目标(形成性目标)、表现性目标。其中,表现性目标与强调统一性的行为目标不同,它强调每位学生学习的个性化、多元化。它只是为学生提供活动的场所、活动的主题,并不预先规定学生学习的最终目标,是一种开放自由的设计。如"在一个星期内读完《红与黑》,讨论时列出你印象最深的三件事""用你喜欢的方式,有感情地朗读这篇课文并与大家分享你最感兴趣的故事情节"等。故本题选D项。

10. C 【解析】泰勒认为,组织学习经验必须符合的主要准则之一是整合性,即课程经验之间的横向联系,这些经验的组织应该有助于学生获得一种统一的观点,并把自己的行为与所学习的课程要素有机统一起来。

11. D 【解析】本题考查学科课程相关知识。学科课程的历史悠久,影响深远,既是学校教育的产物,也是科学技术发展与分化的产物。至今,它在课程设置上仍是主流。

12. B 【解析】本题考查隐性课程的内涵。隐性课程,也被称为非正式课程、非官方课程、潜在课程、隐蔽课程、无形课程、自发课程等,是不在课程计划中反映的、不通过正式教学进行的,对学生的知识、情感、意志、行为和价值观等方面起潜移默化的作用,促进或干扰教育目标的实现。题干中的"小事"和"小节"都会对学生产生潜移默化的作用,故都属于隐性课程。

13. D 【解析】本题考查课程的类型。隐性课程亦称潜在课程、自发课程,是学校情境中以间接的、内隐的方式呈现的课程。在历史上,最早涉及隐性课程研究的学者,可能要推到杜威及其学生克伯屈。早在20世纪初,杜威就曾指出:"有一种意见认为,一个人所学习的仅是他当时正在学习的特定的东西,这也许是所有教育学中最大的错误了。"由此,杜威将与具体知识内容的学习相伴随的,对所学内容及学习本身养成的某种情感、态度的学习称为"附带学习(连带学习)"。杜威强调,附带学习可能比正式学习来得更为根本、更为重要。

14. D 【解析】本题考查课程类型。中小学生研学旅行是由教育部门和学校有计划地组织安排,通过集体旅行、集中食宿等方式开展的研究性学习和旅行体验相结合的校外教育活动,是学校教育和校外教育衔接的创新形式,是教育教学的重要内容,是综合实践育人的有效途径。学校根据学段特点和地域特色,逐步建立小学阶段以乡土乡情为主、初中阶段以县情市情为主、高中阶段以省情国情为主的研学旅行活动课程体系。因此,研学旅行课程属于活动课程。

15. C 【解析】本题考查不同课程目标所适用的评价方法。情感态度与价值观目标注重考查学生在不同方面的表现,了解学生情感态度状况及变化,采用的主要评价方式有课堂观察、活动记录、课后访谈等。C项适合评价"知识与技能"目标。

16. C 【解析】本题考查课程类型。校本课程(学校课程),是学校在确保国家课程和地方课程有效实施的前提下,针对学生的兴趣和需要,结合学校的传统和优势以及办学理念,充分利用学校和社区的课程资源,自主开发或选用的课程。题干中的"剪纸、手工等课程"就属于该校结合当地文化传统开设的校本课程。

17. B 【解析】课程标准作为教材编写、教学、评估和考试命题的依据,具有**可评估性、可理解性、可完成性、可伸缩性**等性质。所以,B项不属于课程标准的性质。

18. D 【解析】纵向组织,是指按照知识的逻辑序列,**由已知到未知(要求课程内容的呈现由浅入深、由易到难)、由简单到复杂、由具体到抽象**等先后顺序组织编排课程内容。先学加减后学乘除,这说明课程内容是由易到难、由简单到复杂呈现的,这种课程内容的组织方式是纵向组织。

19. D 【解析】许多研究表明,教师是课程实施成功的决定性力量,特别是在课堂教学层面,**教师成为课程实施的核心**。

20. A 【解析】课程目标的特征如下：

特征	内涵
整体性	各级各类的课程目标是相互关联的，而不是彼此孤立的
阶段性	课程目标是一个多层次和全方位的系统，如小学课程目标、初中课程目标、高中课程目标
持续性	高年级课程目标是低年级课程目标的延续和深化
层次性	课程目标可以逐步分解为总目标和从属目标
递进性	低年级课程目标是高年级课程目标的基础，没有低年级课程目标的实现，就难以达到高年级的课程目标
时间性	随着时间的推移，课程目标会有相应的调整

根据上表，题干所述表明课程目标具有递进性，故选A项。

21. A 【解析】按照课程的组织方式，可以把课程分为分科课程与综合课程；按照课程的呈现方式，可以把课程分为显性课程和隐性课程。A项叙述错误。

22. D 【解析】本题考查课程资源的类型。根据课程资源的性质，课程资源可分为自然课程资源和社会课程资源。其中，社会课程资源突出“人工性”和“自觉性”，如为了保存和展示人类文明成果的公共设施——图书馆、博物馆、展览馆等。D项正确。

23. C 【解析】本题考查主要课程理论流派。杜威是经验主义课程论的代表人物，他提出课程必须与儿童的生活相沟通，应该以儿童为出发点、为中心、为目的，理想的课程应该促进儿童的生长和发展，这也是衡量课程价值的标准。课程的内容不能超出儿童经验和生活的范围，而且课程要考虑到儿童的需要和兴趣，否则不能引起儿童学习的动机，也就不能有自发的活动。为此，杜威曾在芝加哥实验学校实施了诸如烹饪、缝纫和木工等课程，这些活动是儿童已经在生活中熟悉和喜欢的。

24. A 【解析】夸美纽斯所倡导的“泛智课程”，赫尔巴特根据人的“六种兴趣”设置的课程，斯宾塞根据功利主义原则设置的课程，都属于学科课程。

25. A 【解析】本题考查课程实施的取向。课程实施的取向主要有三种：(1)**忠实取向**，指课程实施是按部就班地执行预定课程方案的过程。依据这一取向，预定课程方案的实现程度，就是衡量课程实施成功与否的基本标准。课程方案实现程度高，则课程实施成功；而课程方案实现程度低，则课程实施失败。坚持忠实取向的课程实施者，强调忠实执行、按部就班，难以对课程方案做出变革。(2)**相互调适取向**，指课程实施是预定课程方案与学校情境之间相互适应的过程。(3)**创生取向**，指课程实施是师生在具体情境中，联合缔造新的教育经验的过程。故选A项。

26. A 【解析】本题考查结构主义课程理论的观点。布鲁纳在《教育过程》一书中提出了一系列关于课程改革的主张，学术界称他的这些主张为“结构主义课程论”。他的主张归纳起来有以下几点：(1)强调使学生掌握学科的基本结构；(2)认为任何学科都能够以某种方式教给任何年龄的任何儿童；(3)**主张通过“内在奖励”的形式激励学生学习**；(4)**重视发展学生的直觉思维**；(5)**提倡“发现法”**。故选A项。永恒主义课程理论强调“永恒学科”是课程的核心。要素主义课程理论认为课程的内容应该是人类文化的“共同要素”。后现代主义课程理论把课程当作一个不断展开的动态过程，重视个体在课程实践中的体验，强调学习者通过理解和对话寻求意义、文化和社会问题。

二、多项选择题

1. BD 【解析】本题考查课程内容的纵向组织原则。纵向组织是指教材内容要按照学科知识的逻辑序列，从已知到未知、从简到繁、从具体到抽象等先后顺序来组织编写。B项“不陵节而施”体现了循序渐进的教学原则，D项的意思是：先从容易砍的地方下手，然后再砍坚硬的树节之处。这两项都强调遵循一定的先后顺序。故B项和D项都体现了纵向组织的原则，答案选BD两项。A项“有教无类”是孔子关于教育对象的主张，强调不分贵贱，人人都可以接受教育。C项比喻学习和研究问题时互相讨论，取长补短。

2. ADE 【解析】本题考查活动课程的特点。活动课程亦称经验课程，是指围绕着学生的需要和兴趣、以活动为组织方式的课程形态，即以学生的主体性活动经验为中心组织的课程。

A项：活动课程强调解决问题的动态活动的过程，注重教学活动过程的灵活性、综合性、形成性，因人而异的弹性，以及把课程资源作为解决问题的工具，反对预先确定目标的观念。故A项正确。

B项：从价值上看，学科课程的价值取向偏向于社会本位主义，故B项错误。

C项：活动课程对教师要求过高，不易实施与落实，极易产生偏差，学生也往往学不到预期的系统的科学基础知识。故C项错误。

D、E两项：活动课程注重通过经验的获得与重构来学习；尊重学生的主动精神并以此作为教学的出发点与目标。故DE两项说法正确。

3. ABCD 【解析】本题考查从教学大纲到课程标准在价值取向上的变化。从教学大纲到课程标准，其价值取向出现了以下变化：(1)由精英教育走向大众教育；(2)由学科知识本位走向学生发展本位；(3)由侧重认知层面走向关注整体素质；(4)由指导教师教学工作走向指导课程实施与开发；(5)由统一的、硬性的规定走向开放的、灵活的管理。

4. CD 【解析】情感态度与价值观目标强调教学过程中激发学生的情感共鸣，引起积极的态度体验，形成正确的价值观。C、D项的描述属于情感态度与价值观目标。

5. ABCD 【解析】本题考查国家课程的目的。国家课程的目的主要有以下四个方面：(1)确保所有学生学习的权利；(2)明确规定学生在接受学校教育期间应达到的标准；(3)提高学生在接受学校教育期间的连续性和连贯性；(4)为公众了解学校教育提供依据。所以A、B、C、D四项均正确。(具体内容参见任平、孙文云主编的《现代教育学概论(第3版)》)

6. ABCD 【解析】一般认为，课程目标由四部分组成：认知类、技能类、情感类、应用类。

7. ABD 【解析】本题考查课程设计的基础。课程设计的基础有：(1)客观基础，最关键的可称为客观基础的因素有三个，即社会发展的要求(社会基础)、学生成长的需要(学生基础)和知识增长的影响(知识基础)；(2)思想基础，主要包括哲学基础、社会学基础和心理学基础。故A、B、D三项正确。

8. ABC 【解析】本题考查国家课程的特征。国家课程亦称“国家统一课程”，是自上而下由中央政府负责编制、实施和评价的课程，具有**权威性、多样性和强制性**等特征。故选A、B、C三项。

9. ABD 【解析】本题考查课程计划的编制。课程计划编制的原则之一是依据科学的课程理论，处理好课程系统内部范畴的几个基本关系，体现基础性和多样性。这些基本关系包括：基础课与提高课，分科课与综合课，理论知识课与实践课，必修课与选修课。

10. ACD 【解析】活动中心课程论是一种实用主义的课程价值观，代表人物是美国实用主义教育家杜威，他反对分科教学，主张以儿童的兴趣、动机和需要为中心来组织课程。杜威曾写道：“学校课程中相关的真正中心，不是科学、不是文学、不是历史、不是地理，而是儿童本身的社会活动。”他认为教育即生活，而生活离不开活动，所以要求以活动为中心来开展课程，叫作“活动课程”。这种课程的组织形态是“**工作单元**”的形态，而不是知识的分科。它尊重了儿童现实的需要和兴趣，有利于培养学生的主体性和个性发展，但忽视了知识本身的逻辑顺序，不能帮助儿童学习系统的全面的科学文化知识，降低了教学质量。B项错误。

三、判断题

1. × 【解析】本题考查课程目标的层次与结构问题。课程目标设计涉及目标的标高层次问题。从标高看，课程目标层次设计主要有两个层次:一是最高课程目标;二是最低课程目标。

2. × 【解析】本题考查课程目标的特征。课程目标的特征包括:(1)整体性。(2)阶段性。(3)持续性。(4)层次性。课程目标可以逐步分解为总目标和从属目标。(5)递进性。低年级课程目标是高年级课程目标的基础,没有低年级课程目标的实现,就难以达到高年级的课程目标。(6)时间性。题干中对小学一、二年级的课程目标的不同要求说明了课程目标具有递进性。故题干说法错误。

3. √ 【解析】本题考查课程的分类。从课程内容的组织方式来划分,课程可分为分科课程与综合课程。其中,综合课程是指打破传统的学科课程的知识领域,组合**两门或两门以上学科领域**而构成的一门学科。小学“科学课程”是一门综合课程,综合了自然科学各个领域和技术领域中最基础的知识和技能,涉及自然现象、生活常识、天文、地理等内容。

4. × 【解析】本题考查课程资源的类型。根据课程资源的物理特性和呈现方式,课程资源可分为文字资源、实物资源、活动资源和信息化资源。其中,活动资源内容广泛,包括教师的言语活动和体态语言、班级集体和学生社团的活动、各种集会和文艺演出、社会调查和实践活动,以及师生之间、学生之间的交往,等等。充分开发与利用活动课程资源,有利于打破单一的课堂接受教学模式,使学生在掌握知识的过程中,增进社会适应和社会交往,养成健全的人格。

5. × 【解析】隐性课程具有潜在性和非预期性,通常体现在学校和班级的情境之中,包括物质情境、文化情境、人际情境。这些情境对学生起潜移默化的影响和作用,有时这些影响甚至超过有意安排的课程活动。故不应减少隐性课程对学生的影响。

6. √ 【解析】在课程的具体设置上,根据《普通高中课程方案(实验)》,高中阶段的课程结构分为三个层次:最上层为**学习领域**;学习领域下设**科目**;科目下设**模块**。学习领域、科目和模块构成了新的高中课程的基本结构。

7. × 【解析】本题考查三级课程管理。2001年颁布的《基础教育课程改革纲要(试行)》明确规定实行国家、地方和学校三级课程管理体制。制定基础教育课程标准是国家对课程的管理内容之一,学校无权制定课程标准。

8. × 【解析】本题考查课程组织的基本标准。课程组织的基本标准包括垂直组织的标准和水平组织的标准。所谓垂直组织,是指将各种课程要素按纵向的发展序列组织起来。**课程的垂直组织有两个基本标准,即“连续性”和“顺序性”**。所谓水平组织,是指将各种课程要素按横向(水平)关系组织起来。**课程的水平组织的基本标准是“整合性”**。

9. × 【解析】本题考查国家课程的管理权限。国家课程是由中央教育行政机构编制和审定的课程,其管理权限属中央级教育机关。学校无权对国家课程进行删减。所以,题干表述错误。

10. √ 【解析】校本课程开发包括**“校本课程的开发”**与**“校本的课程开发”**两层含义,前者把“校本课程”看作“学校课程”,看作校本课程开发活动的“产品”或结果;后者的重心则放在“校本”上,指的是“基于学校”的所有课程开发,既包括学校课程的开发,又包括国家课程和地方课程的“校本化”。

11. √ 【解析】新课程理念下的教材,其根本特征是“范例性”,即把教材看成是引导学生认知发展、生活学习、人格构建的一种范例,而不是学生必须完全接受的对象和内容。因此,新课程的教材观强调教材是学生发展的**“文化中介”**,是师生进行对话的“话题”,师生进行教学活动的目的不是记住“话题”本身,而是通过以此话题为中介进行的交往,最终使师生双方在交往中获得发展。

12. √ 【解析】本题考查校本课程开发。校本课程开发是一个动态的不断完善的过程,在此过程中,校长、教师、课程专家、学生以及家长和社区人士共同参与学校课程计划的制定、实施和评价活动。

13. × 【解析】本题考查教科书的使用对象。教科书的使用对象虽包括教师,但更主要的应是学生。

14. √ 【解析】本题考查教学大纲的概念。“教学大纲”是一门课程的纲要结构,是以纲要的形式规定有关学科内容的指导性文件,它规定了各门学科的目的、任务、内容、范围、体系、教学进度、时间安排以及对教学方法的要求等,教学大纲是国家对各科教学内容所规定的统一要求,是编制教材的直接依据和进行教学工作、考核教学效果的基本指南。(具体内容参见陈玉琨等著的《课程改革与课程评价》)

15. × 【解析】“STEM”课程是将**科学(Science)**、**技术(Technology)**、**工程(Engineering)**、**数学(Mathematics)**四门学科进行跨学科式整合的课程。

16. √ 【解析】本题考查核心课程的内涵。核心课程要求以人类基本活动为主题而编制课程系统,在实质上是活动课程的发展。(具体内容参见袁仕勋、吴永忠主编的《教育学新编》)

17. × 【解析】1992年颁布的《九年义务教育课程计划》把“教学计划”更名为“课程计划”。新的课程计划与原来的教学计划相比,增加了计划的灵活性,把统一性和多样性结合起来,改变了原教学计划只有一种统一要求的单一模式,这首先表现在新课程计划除有国家统一设置的课程外,新增加了**“地方安排课程”**。故题干表述错误。

18. √ 【解析】课程是由一定的育人目标、特定的知识经验和预期的学习活动方式构成的一种动态的教育存在。从育人目标的角度看,课程是一种培养人的蓝图;从课程内容的角度看,课程是一种适合学生身心发展规律的、连接学生直接经验和间接经验的、引导学生个性全面发展的知识体系及其获取的路径。

19. × 【解析】STEAM、创客教育、研学旅行等课程,引导学生走出校门、走向社会,在真实、多元、跨学科的社会生活情境中学习。这些课程更突显综合性和实践性。

20. √ 【解析】必修课程是根据人的发展和社会发展需要制定的、所有学生都必须学习的科目。选修课程是针对必修课程的不足之处提出来的,是为发展学生的兴趣、爱好和个性特长而开设的课程。必修课程与选修课程之间的关系实质上是**共性发展(一般发展)与个性发展**的关系。

21. × 【解析】杜威及其夫人在“杜威学校”为学生设计了四大类直接经验的课程内容:(1)手工制作类的课程内容,如木工、金工、缝纫、烹调、园艺等;(2)语言社交类的课程内容,如游戏、俱乐部、表演等;(3)研究与探索类的课程内容,如历史研究、自然研究、专业化活动研究等;(4)艺术类的课程内容,如乐队活动、乡村音乐会等。在杜威看来,选择这些直接经验形态的课程内容,不是为了让儿童“消遣”,也不是为了获得“职业技能”,而是为儿童“提供一种研究的途径”,是儿童生活的需要。故题干的说法错误。

第六章 教 学

基础训练

答案速查

1~5	BCBBB	6~10	BCCBD	11~15	AADBA	16~20	DDCCB
21~25	DABCD	26~30	CBBDB	31~35	DCCCD	36~40	ACCDB
41~45	ADDAC	46~50	CCAAB	51~55	DDDAB	56~60	ACACA
61~65	ABBBA	66~70	DCDDC	71~75	ADAAB	76~80	CBBBB
81~85	BADAD	86~90	CDCAA	91~95	CDDBD	96~100	CABCB
101~106	AABADC			1~5	ABCD ACD ACD ABCD ABC		
6~10	ABD AC ABD CD AC			11~15	ABCD ABC AB BCDE ABC		

16～20	ACD ABCD AB ABCDE ACD	21～25	ABCD BDE AD ABC BC
26～30	ABCDE CD ABC BCDE ABD	31～34	ABD ABC ABCD ACD
1～5	××√√×	6～10	××√××
11～15	×√×××	16～20	×√×√×
21～25	√×√××	26～30	√××××
31～35	××√√×	36～40	√×√√√
41～45	×××√×	46～50	√√×××

一、单项选择题

1. B 【解析】本题考查教学过程的基本规律。“授人以鱼,仅供一饭之需;授人以渔,则终身受用无穷。”这说明教师不仅要教给学生知识,更重要的是发展学生的能力。所以,教师在教学中应该重视发展学生能力。

2. C 【解析】本题考查情境教学法的核心。情境教学法的核心在于**激发学生的情感**。运用情境教学法的关键是根据教学任务、班级特点及教师本人素质,选择创设情境。

3. B 【解析】本题考查教学过程的中心环节。教学过程的阶段包括:(1)激发学习动机;(2)领会知识;(3)巩固知识;(4)运用知识;(5)检查知识。其中,**领会知识是教学过程的中心环节**。领会知识包括使学生感知和理解教材。

4. B 【解析】本题考查上课的意义。教师教学工作包括五个基本环节:备课、上课、作业的布置与反馈、课外辅导和学业成绩的检查与评定。其中,上课是整个教学工作的中心环节,教学的成败、教学质量的高低主要取决于上课的成败与质量的高低。故选B项。

5. B 【解析】本题考查教学原则。直观性原则是指在教学活动中,教师应尽量利用学生的多种感官和已有的经验,通过各种形式的感知,使学生获得生动的表象,从而比较全面、深刻地掌握知识。运用直观性原则需注意:(1)正确选择直观教具和教学手段;(2)重视运用言语直观;(3)直观教具的演示要与语言讲解结合起来。故题干所述体现了教学的直观性原则,选B项。

6. B 【解析】本题考查教学方法。练习法是学生在教师指导下运用知识去反复完成一定的操作以形成技能技巧的一种教学方法。题干描述的是练习法的概念,考生可从题干中的“反复”“操作”等关键词来判定。

7. C 【解析】本题考查教学方法。以探究活动为主的教学方法主要有发现法、研究法等。其中,发现法又叫发现教学法或发现学习法。它是指教师在教学中只给学生提供事例、问题,或创设一定的情景,不给现成的结论和答案,而是让学生通过独立思考和探索,自己发现事实中蕴藏的原理或概念,以促进其发展的一种教学方法。**故布鲁纳倡导的“发现学习”属于以探究活动为主的教学方法**。A项,以直观感知为主的教学方法主要有演示法和参观法两种。B项,以实际训练为主的教学方法主要有练习法、实验法、实习作业法和实践活动法。D项,以情感陶冶为主的教学方法主要包括欣赏教学法和情境教学法两种。

8. C 【解析】本题考查教学原则。题干引文意为:教导学生,不到他想弄明白而不得的时候,不去开导他;不到他想说却说不出来的时候,不去启发他;如果他不能举一反三,就不要再反复地教他了。这遵循的是启发性教学原则。

9. B 【解析】本题考查教学过程的基本规律。教学过程的基本规律之一是间接经验与直接经验相结合(间接性规律)。人们认识客观事物主要有两条途径:一是获取直接经验,即通过亲自探索、实践所获得的经验;二是获取间接经验,即他人的认识成果,主要是指人类在长期认识过程中积累并整理而成的书本知识。教学活动是学生认识客观世界的过程,要**以间接经验为主、直接经验为辅**,将二者有机结合起来。故选B项。

10. D 【解析】本题考查儿童中心论的弊端。儿童中心论认为教育的目的在于促进儿童的成长,因此教育要从学生的兴趣和需要出发,整个教育过程要围绕儿童进行。这种观点过分夸大了学生的主观能动性,忽视了学生是教育对象这一基本事实,也就忽视教师的主导作用,违背了教师主导作用与学生主体作用相结合的规律。

11. A 【解析】本题考查教学组织形式。在教学史上先后出现的影响较大的教学组织形式有个别教学制、班级授课制、分组教学和道尔顿制等。其中,个别教学制是我国最古老的教学组织形式。

12. A 【解析】本题考查诊断性评价的具体运用。诊断性评价是在学期开始或一个单元教学开始时,为了了解学生的学习准备状况及影响学习的因素而进行的评价。题干中的王老师在学生入学之初,通过测验了解学生现有发展水平,就属于对诊断性评价的运用。

13. D 【解析】本题考查情境教学法的概念。情境教学法是指在教学过程中,教师有目的地引入或创设具有一定情绪色彩的生动具体的场景,以引起学生一定的情感体验,从而帮助学生理解教材,并使学生的心理机能得到发展的教学方法。

14. B 【解析】本题考查我国中小学主要的教学原则。启发性原则是指在教学活动中,教师要调动学生的主动性和积极性,引导他们通过独立思考、积极探索,生动活泼地学习,自觉地掌握科学知识,提高分析问题和解决问题的能力。第斯多惠的这句话强调教师要启发学生发现真理,这是启发性原则的典型体现。

15. A 【解析】本题考查复式教学的主要特点。复式教学是把两个或两个以上年级的学生编在一个班级里,由一位教师在同一节课内,分别用不同的教材,交叉地对不同年级学生进行教学的组织形式。这一教学组织形式主要设置在人口居住分散、交通不便、学龄儿童少、教师少的农村地区。复式教学具有**直接教学和自主作业交替进行**的特点。故本题选A项。

16. D 【解析】本题考查常用的教学方法。演示法是指教师配合讲授和谈话,通过向学生展示实物、**直观教具**,**做示范性实验或采用现代化教学手段**的方式,使学生获取知识的教学方法。

17. D 【解析】本题考查我国中小学主要的教学原则。乌申斯基从儿童心理特征出发,强调直观性原则的重要性。他认为教学不应建立在抽象的观念和词句上面,而应建立在儿童直接感知的具体形象上面。儿童年龄越小,就越要注重直观教学。他说:“一般说来,儿童是依靠形式、颜色、声音和感觉来进行思维的。”他主张对年幼儿童的教学,一开始就应当通过提示实物、画片,讲故事把儿童引向活泼谈话的途径,逐步发展儿童的思维和语言。所以,乌申斯基主张在教学中遵循直观性原则。

18. C 【解析】道尔顿制是由美国教育家柏克赫斯特创建的一种新的教学组织形式。运用这种方法时,教师不再讲授,只为学生指定自学参考书、布置作业,由学生自学和独立完成作业后,向老师汇报学习情况和接受考查。根据题干所述,王校长推行的这种教学组织形式属于道尔顿制。

19. C 【解析】“尺子”在教学评价中相当于标准,**多一把尺子就是多一个评价学生的标准**,题干意在指出评价标准应该多元化。

20. B 【解析】本题考查常用的教学方法。讨论法是全班或小组成员在教师的指导下,围绕某一中心问题发表自己的看法和见解,从而进行相互学习的一种方法。讨论法的优点在于通过对所学内容的讨论,学生之间可以集思广益,互相启发,加深理解,提高认识;同时还可以激发学生的学习热情,培养学生对问题的钻研精神并训练学生的语言表达能力。故选B项。

21. D 【解析】詹姆斯医生接连杀害数人说明其思想品德出现问题,故在教育过程中应贯彻传授知识与思想品德教育相统一的规律。

22. A 【解析】直观性原则是指在教学活动中,教师应尽量利用学生的多种感官和已有的经验,通过各种形式的感知,使学生获得生动的表象,从而比较全面、深刻地掌握知识。题干中,通过学生的观察及教师语言的描述,引导学生形成清晰表象,从而使他们能够正确理解书本知识和发展认识能力体现了该原则的内涵。

易错提示：考生易混淆直观性原则和理论联系实际原则的运用，做题时需注意，直观性原则通常需要借助感官，使学生能够通过获取直接经验和感性认识来理解抽象概念；而理论联系实际原则更多地借助于学生的生活经验来理解和掌握知识，并且能够学以致用。

23. B 【解析】题干的描述体现了学生认识的范围突破了他们个人生活的狭小范围，表明了学生的认识对象是间接经验，具有间接性。

24. C 【解析】本题考查教学工作的中心环节。**上课是整个教学工作的中心环节**，是教师教和学生学的最直接体现，是提高教学质量的关键。所以答案选C项。

25. D 【解析】本题考查教学组织形式。个别教学是教师分别对个别学生进行传授与指导的教学组织形式。古代教学基本采用这种形式。中国春秋时期的私学，汉代以后的书院和私塾，都是对学生逐个进行教学。近代实施班级授课以来，在一部分教学中有时还继续采用个别教学形式，如在中医、音乐、美术、研究生等教学中。

26. C 【解析】本题考查理论联系实际原则的运用。理论联系实际原则是指教师在教学中，应使学生从理论与实际的结合中来理解和掌握知识，并引导他们运用新获得的知识去解决各种实际问题，培养他们分析问题和解决问题的能力。"读万卷书，行万里路"表明既要注重理论知识的学习，又要重视结合实践，是理论联系实际原则的典型体现。

27. B 【解析】本题考查教学组织形式。特朗普制是美国教育家劳伊德·特朗普于20世纪50年代提出的一种教学组织形式。这种教学组织形式把大班上课、小班讨论、个人自学结合起来，以灵活的时间单位代替固定统一的上课时间，以大约20分钟为计算课时的单位。

28. B 【解析】本题考查教学的几种水平。根据现代教学理论的研究，教学可分为三种水平：记忆水平、理解水平和探索水平。记忆水平的教学的主要特点是：教师照本宣科、一味灌输，不会引导启发，学生则停滞在机械掌握、一知半解上，不能保证教学质量。理解水平的教学的主要特点是：教师能系统、明确地联系实际讲解教学内容及其运用、操作，学生通过观察、思考与练习，能较好地掌握所学知识、技能。题干所述内容属于理解水平的教学的主要特点，故答案选B项。探索水平的教学的主要特点是：教师注重启发、诱导、激励，善于提出发人深思、能挑战学生智慧的问题；学生能主动质疑、辨析、独立思考、发表个人见解，进行探究与论争；师生协力，集思广益，推动探取真知的教学活动不断深入；师生双方的主动性都得到发挥，对教学都感到有收获、有乐趣、很眷恋。

29. D 【解析】本题考查教学评价的基本类型。从不同的角度和标准出发，教学评价可以划分为不同的类型：(1)**依据评价的作用，教学评价可以分为形成性评价、诊断性评价、总结性评价**；(2)按照评价活动参照的标准，教学评价可以分为相对性评价、绝对性评价、个体内差异评价；(3)按照评价主体，教学评价可以分为自我评价(内部评价)、他人评价(外部评价)。故D项不属于依据评价作用来划分的教学评价类型。

30. B 【解析】教学以培养全面发展的人为根本目的。

31. D 【解析】演示法是指教师通过展示实物、教具和示范性的实验来说明、印证某一事物和现象，使学生掌握新知识的一种教学方法。演示所使用的工具可分为四大类：实物、标本、模型、图片的演示；图表、示意图、地图的演示；实验演示；幻灯片、电影、录像的演示。张老师上课使用的分子模型和挂图都属于直观教具，他采用的教学方法是演示法。

32. C 【解析】本题考查中小学主要的教学原则。理论联系实际原则是指教师在教学中，应使学生从理论与实际的结合中来理解和掌握知识，并引导他们运用新获得的知识去解决各种实际问题，以培养他们分析问题和解决问题的能力。贯彻这一原则的要求之一是**补充必要的乡土教材**。阳光学校大力开发乡土教材，教材内容联系学生日常生活实际，这符合理论联系实际的教学原则。

33. C 【解析】教学过程的三要素说认为，教师、学生、教学内容是构成教学过程的基本要素。

34. C 【解析】本题考查教学过程的基本规律。**教育性规律**即传授知识与思想品德教育相统一的规律。所以教学的教育性体现在教学过程中要处理好传授知识和培养思想品德的关系。

35. D 【解析】欣赏教学法是指在教学过程中指导学生体验客观事物的真善美的一种教学方法。题干所述是欣赏教学法的概念。

36. A 【解析】本题考查教学的定义。教学是在教育目的规范下，教师的教与学生的学共同组成的一种活动。学生在教师有目的、有计划的指导下，积极主动地掌握系统的科学文化基础知识和基本技能，发展能力，增强体质，陶冶品德、美感，形成全面发展的个性。因此，A项符合题意。

37. C 【解析】本题考查教学方法的分类。以实际训练为主的教学方法主要有练习法、实验法、实习作业法、实践活动法四种。读书指导法是以语言传递为主的教学方法。故选C项。

38. C 【解析】"文以载道""教书育人"都强调在传授知识的同时，注重对人的教化。这体现的是科学性和思想性(教育性)相统一的教学原则。

39. D 【解析】讲授法是整个教学方法体系中运用最多、最广的一种方法。

40. B 【解析】本题考查教学的任务。教学的一般任务包括：(1)引导学生掌握科学文化基础知识和基本技能；(2)发展学生智能，特别是培养学生的创新精神和实践能力；(3)发展学生体能，提高学生身心健康水平；(4)培养学生高尚的审美情趣和审美能力；(5)培养学生具备良好的道德品质和个性心理特征，形成科学的世界观。其中，教学的首要任务是使学生掌握系统的科学文化基础知识，形成基本技能、技巧，其他任务的实现都是在完成这一任务的过程中和基础上进行的。因此，传授基础知识和基本技能在教学任务中处于基础地位。故选B项。

41. A 【解析】本题考查教学组织形式。贝尔—兰喀斯特制也称为导生制，它以班级为基础，但教师不直接面向班级全体学生，教师先把教学内容教给年龄较大的学生，而后由他们中间的佼佼者——导生去教年幼的或成绩较差的其他学生。陶行知提出的"小先生制"，是利用识字的小孩教不识字的小孩或成人，这与"贝尔—兰喀斯特制"的做法类似，故其借鉴的是贝尔—兰喀斯特制。

42. D 【解析】在教学中，学生是学习的主人，具有主观能动性，教师的主导作用要依赖于学生主体作用的发挥，学生的主体作用是教学成功的内因。

43. D 【解析】形成性评价是在教学过程中为改进和完善教学活动而进行的对学生学习过程及结果的评价，它包括在一节课或一个课题的教学中对学生的口头提问和书面测验。故教师在教学过程中就所学知识向学生进行提问属于形成性评价。

44. A 【解析】现场教学是教师根据教学目的和要求，组织学生进行实地考察、研究，使学生获取新知识，巩固、验证旧知识的一种教学方法。题干的描述体现了现场教学的内涵。

45. C 【解析】问题—探究式(引导—发现式)教学模式是指在教师的引导下，学生通过对实际问题的独立研究来发现、获取知识。这是一种以解决问题为中心，注重学生独立活动，着眼于创造性思维能力和意志力培养的教学模式。

46. C 【解析】本题考查教学评价的基本类型。终结性评价也称为总结性评价，指在某一阶段(学年或学期)教学结束以后，为检验学生的学习成果而进行的评价。该评价注重考查学生掌握某门学科的整体程度，概括水平较高，测验内容范围较广，常在学期中或学期末进行。故本题选C项。

47. C 【解析】一般认为，教师、学生、教学内容和教学手段是构成教学过程的基本要素。

48. A 【解析】本题考查教学过程的基本规律。在教学过程中，学生掌握科学文化知识和提高思想品德修养水平是相辅相成的。知识是思想品德形成的基础。学生思想品德修养水平的提高有赖于其对科学文化知识的掌握。正如赫尔巴特说的"我不承认有任何无教育的教学"，教学永远具有教育性。所以本题答案选A项。

49. A 【解析】本题考查班级授课制的产生与发展。1632年,捷克教育家**夸美纽斯出版的《大教学论》**最早从理论上对班级授课制做了阐述,为班级授课制奠定了理论基础。

50. B 【解析】探究式教学的基本程序是**问题—假设—推理—验证—总结提高**,即首先创设一定的问题情境,提出问题,然后组织学生对问题进行猜想和做假设性的解释,再设计实验进行验证,最后总结规律。

51. D 【解析】循序渐进原则是指教师要严格按照科学知识的内在逻辑和学生的认知发展规律进行教学,使学生掌握系统的科学文化知识,能力得到充分的发展。贯彻循序渐进原则要求教师按照学生的认识顺序,由浅入深、由易到难、由简到繁地进行教学。"字、词、句、段、篇"的顺序符合这一贯彻要求,故题干所述遵循的是循序渐进原则。

52. D 【解析】本题考查情境—陶冶教学模式的内涵。情境—陶冶教学模式是指在教学活动中,创设一种情感和认知相互促进的教学环境,让学生在轻松愉快的教学气氛中有效地获得知识的同时陶冶情感的一种教学模式。

53. D 【解析】教师结合课文,注意引导学生分析其中的辩证法,对学生进行辩证唯物主义教学。这表明教师教授的内容要有科学性和思想性,使学生在获得科学知识的同时,思想上又有所提高。

54. A 【解析】本题考查教学评价的类型。形成性评价是在教学过程中为改进和完善教学活动而进行的对学生学习过程及结果的评价。它包括在一节课或一个课题的教学中对学生的口头提问和书面测验。形成性评价的目的不是注重成绩的评定,而是使师与生都能及时获得反馈信息,更好地改进教与学,以促进教师和学生的发展、提高。题干中的"单元测试""促使师生共同进步"符合形成性评价的概念。因此,本题选A。

55. B 【解析】班级授课制的优点之一是**有利于经济有效地大面积培养人才,提高教学效率**。

56. A 【解析】情境教学法是指在教学过程中,教师有目的地引入或创设具有一定情绪色彩的生动具体的场景,以引起学生一定的情感体验,从而帮助学生理解教材,并使学生的心理机能得到发展的教学方法。题干中的老师利用多媒体为学生创设了真实、具体、生动的场景,这体现了对情境教学法的运用。

57. C 【解析】教师掌握教材有一个深化的过程,一般要经过**懂**、**透**、**化**三个阶段。

58. A 【解析】演示法是指教师通过展示实物、教具和示范性的实验来说明、印证某一事物和现象,使学生掌握新知识的一种教学方法。题干的描述体现的是演示法。

易错提示:在复习过程中,演示法中的实验演示与实验法容易造成混淆,考生可结合以下内容进行理解:实验演示——教师做实验,学生看;实验法——学生做实验,教师指导。

59. C 【解析】本题考查实质教育论的观点。实质教育论认为教学的主要任务在于**传授给学生有用的知识**,至于学生的智力则无需进行特别的培养和训练。因此,实质教育论提倡知识本位,答案选C项。

60. A 【解析】传递—接受式教学模式以传授系统知识、培养基本技能为目标。故本题选A项。

61. A 【解析】形成性评价是在教学过程中为改进和完善教学活动而进行的对学生学习过程及结果的评价。题干中,林老师的教学评价发生在学生日常学习过程中,目的是掌握教育教学情况,这种评价符合形成性评价的概念。

62. B 【解析】谈话法也叫问答法,它是教师按一定的教学要求提出问题让学生回答,通过问答、对话的形式来引导学生思考、探究、获取或巩固知识,促进学生智能发展的方法。题干描述的是谈话法的概念。

63. B 【解析】本题考查常用的教学方法。"独学而无友,则孤陋而寡闻"的意思是:自己一个人冥思苦想,不与友人讨论,就会学识浅薄,见闻不广。这句话表明在教学中要相互学习,讨论切磋,取长补短,共同进步。这反映在教学方法上,就是强调讨论法的重要性。

64. B 【解析】本题考查教学原则。直观性原则是指在教学活动中,教师应尽量利用学生的多种感官和已有的经验,通过各种形式的感知,使学生获得生动的表象,从而比较全面、深刻地掌握知识。直观手段一般分为三大类:实物直观、模像直观和言语直观。实物直观主要利用感性材料,如观察标本、演示实验、到工厂实地参观访问等;模像直观主要利用模型与图像,如图片、图表、幻灯片、电影、录像、电视等;言语直观主要利用生动形象的言语。故采用PPT演示进行教学体现了直观性教学原则,选B项。

65. A 【解析】本题考查我国最早采用班级授课制的学校。我国最早采用班级授课制的是清政府于1862年设于北京的**京师同文馆**。

66. D 【解析】发现式教学法的弱点在于对于同样的教学内容,它花费的时间比较多,这是它无法完全取代讲授法的重要原因。

67. C 【解析】**提倡启发式,反对注入式,是当代运用教学方法的指导思想。**

68. D 【解析】本题考查应试教育的教学方式。注入式是一种"填鸭式"的教学方法,是指教师从主观出发,把学生看成单纯接受知识的容器,向学生灌注知识,无视学生在学习上的主观能动性。在这种思想的指导下,教师在教学中仅仅起了一个现成信息的载负者和传递者的作用,而学生则仅仅起着记忆器的作用。应试教育采用的就是注入式教学方式。

69. D 【解析】以情感陶冶为主的教学方法主要包括欣赏教学法和情境教学法两种。

70. C 【解析】本题考查教学过程的基本规律。形式教育论只强调训练学生的思维形式,忽视知识的传授;实质教育论只重视向学生传授对实际生活有用的知识,忽视对学生认识能力的训练。这两种观点都是片面的,教学中应当把二者有机地结合起来。所以形式教育论和实质教育论反映的教学规律是掌握知识与发展智力相统一规律。

71. A 【解析】循序渐进原则是指教师要严格按照科学知识的内在逻辑和学生的认知发展规律进行教学,使学生掌握系统的科学文化知识,能力得到充分的发展。"不积跬步,无以至千里"强调知识必须一点一滴地积累,学习要循序渐进,持之以恒,不可好高骛远。这体现了教学应该遵循循序渐进原则。

72. D 【解析】在运用讲授法时要讲究策略和方式,教师讲授要有启发性,讲的内容要清楚,但不要"一览无余",要给学生留下思维的空间。

73. A 【解析】本题考查教学的意义。教学是传播系统知识、促进学生发展的最有效的形式,是社会经验的再生产、适应并促进社会发展的有力手段。

74. A 【解析】我国中小学课桌的摆放多呈"秧田式",教师讲台置于块状空间的正前方,这种格局阻隔了师生之间的交往及生生之间的交往。

75. B 【解析】本题考查我国中小学主要的教学原则。启发性原则是指在教学活动中,教师要调动学生的主动性和积极性,引导他们通过独立思考、积极探索,生动活泼地学习,自觉地掌握科学知识,提高分析问题和解决问题的能力。它是教师主导作用与学生主体作用相统一的规律在教学中的反映。

76. C 【解析】本题考查主要的教学原则。题干引文的意思是:读书没有疑问的,要教他发现疑问;有了疑问的,通过寻求答案,再达到没有疑问的境界,这样才是有长进了。从无疑到有疑再到无疑,这是一个启发诱导的过程,体现的是教学的启发性原则。

77. B 【解析】本题考查微课相关知识。教学视频是微课的核心组成内容。根据中小学生的认知特点和学习规律,微课的时长一般为**5~8分钟**,最长不宜超过10分钟。

78. B 【解析】非指导性教学模式的代表人物是罗杰斯,掌握学习教学模式的代表人物是布卢姆,暗示教学模式的代表人物是洛扎诺夫。

79. B 【解析】教学与教育是一种部分与整体的关系。教育包括教学,教学只是学校进行教育的一个基本途径。除教学外,学校还通过课外活动、生产劳动、社会活动等途径向学生进行教育。

80. B 【解析】相对性评价主要依据学生个人的学习成绩在该班学生成绩序列或常模中所处的位置来评价和决定他的

成绩的优劣，而不考虑是否达到教学目标的要求，具有甄选性强的特点，可以作为**选拔人才**、**分类排队的依据**。选拔性考试属于相对性评价。

81. B 【解析】本题考查课的结构。一般来说，构成课的基本组成部分有组织教学、检查复习、讲授新教材、巩固新教材、布置课外作业等。其中，**讲授新教材是教学过程中最主要、最基本的部分，是一节课的核心环节**。

82. A 【解析】本题考查暗示教学法。暗示教学法是指运用暗示手段激发个人心理潜力，提高学习效率的一种教学方法。它由保加利亚医学博士洛扎诺夫提出。题干描述的是洛扎诺夫的暗示教学法。

83. D 【解析】班级授课制的基本特点包括：(1)以班为单位集体授课，学生人数固定。(2)按课教学。"课"是教学活动的基本单元，一般分为单一课和综合课。(3)按时授课。把每一"课"规定在固定的单位时间内进行，这个单位时间称为"课时"，课与课之间有一定的间歇和休息。故班级授课制的特征可以概括为**班**、**课**、**时**。

84. A 【解析】传授知识是形成技能、培养智能和发展个性的基础，因而是教学过程最基本的功能。

85. D 【解析】本题考查抛锚式教学的基本程序。抛锚式教学的基本程序是：**创设情境—确定问题—自主学习—协作学习—效果评价**。

86. C 【解析】讲述是教师向学生描绘学习的对象、介绍学习的材料、叙述事物产生变化的过程。题干的描述体现了讲述的内涵。

87. D 【解析】本题考查教学过程理论。公元前6世纪，孔子把学习过程概括为"**学—思—行**"(也有说法认为是"学—思—习—行")的统一过程。A项正确。19世纪德国教育家赫尔巴特提出教学过程由"**明了、联合(联想)、系统、方法**"四阶段构成(后发展为五个阶段)，这一理论标志着教学过程理论的形成。B项正确。19世纪末，美国实用主义教育家杜威认为，教学过程是学生直接经验的不断改造和增加的过程，是"从做中学"的过程，并提出了**困难、问题、假设、验证和结论**的五步教学法。C项正确。20世纪40年代，苏联教育家凯洛夫提出了**感知**、**理解**、**巩固**、**运用**四个教学阶段。D项错误，故本题选D。

88. C 【解析】题干所述主要强调了教师的主导作用，因此，题干的意思是要充分发挥教师在教育活动中的主导作用。

89. A 【解析】本题考查布鲁纳倡导的教学方法。发现法通常称作发现学习或问题教学法，就是让学生通过独立工作，自己主动发现问题、解决问题及掌握原理的一种教学方法。它是由美国心理学家布鲁纳所倡导的。故选A项。

90. A 【解析】贯彻巩固性原则要求教师组织好学生的复习工作，教会学生记忆的方法；通过扩充、改组和运用知识的过程来巩固知识。题干所述体现了巩固性原则的贯彻要求。

91. C 【解析】本题考查上好课的基本要求。教学内容准确即要保证教学内容的科学性和思想性，体现科学性与思想性的统一。

92. D 【解析】本题考查教学过程的基本规律。知识和智力是两个不同的概念，知识是人们对客观世界的认识，智力是人们认识客观事物的基本能力。知识的多少与才能的高低并不等同，知识和运用知识的能力也并不相同。智力并不完全是随着知识的掌握而自然发展起来的。所以，D项正确。

A项：掌握知识是发展智力的基础，但是掌握知识与发展智力并不成正比，并不是掌握的知识越多，智力水平越高。A项错误。

B项：掌握知识并不单单是为了发展智力，还包括促进学生德体美等的全面发展，B项错误。

C项：智力影响掌握知识的快慢，但并不能完全决定掌握知识的速度，C项错误。

93. D 【解析】量力性原则是指教学的内容、方法、分量和进度要适合学生的身心发展，使他们能够接受，但又要有一定的难度，需要他们经过努力才能掌握，以促进学生的身心发展。题干所述为量力性原则的概念。

94. B 【解析】本题考查教学评价的基本类型。绝对性评价又称为目标参照性评价，是运用目标参照性测验对学生的学习成绩进行的评价，它主要依据教学目标和教材编制试题来测量学生的学业成绩，判断学生是否达到了教学目标的要求，而不以评定学生之间的差异为目的。绝对性评价**只考虑评价对象应该达到的水平**，而不受评价对象在其特定整体中位置的影响。故选B项。

95. D 【解析】本题考查复式教学。复式教学是把两个或两个以上不同年级的学生编在一个教室里，由一位教师分别用不同的教材，在一节课里对不同年级的学生进行教学的一种特殊组织形式。它的主要特点是直接教学和学生自学或做作业交替进行。题干中教师的教学组织形式符合复式教学的特点。D项正确。

A项，协作教学是由教师、实验教学人员、视听教学人员和图书资料人员组成教学小组，共同研究拟订教学计划，然后分工合作，协力完成教学计划。

B项，开放教学强调尊重儿童的天性、兴趣和需要，强调儿童的自然发展，不拘传统教学的结构，没有固定教学计划、教材和教室，不同年龄、不同程度的儿童聚集在一起，根据各自的爱好选择各种学习活动。

C项，个别教学是教师针对不同学生的情况进行个别辅导的教学组织形式。

96. C 【解析】贾老师对学生的月考成绩进行排名并将排名张贴在公告栏的行为，侵犯了学生的隐私权，会给学生带来学习压力。

97. A 【解析】本题考查课的类型。单一课即一节课内主要只完成一项教学任务，单一课又可细分为以传授新知识为目的的新授课，以巩固复习已学知识为目的的复习课，以培养技能、技巧为目的的练习课、实验课，以检查学生知识、技能、技巧为目的的检查课等。新授课、复习课、技能课主要完成一项教学任务，属于单一课。

98. B 【解析】本题考查发展性评价的核心。学生的发展是一个过程，促进学生的发展同样是一个过程，发展性评价的核心是关注学生的发展、促进学生的发展。而要实现这种发展性评价的功能，主要就是突出评价的过程性，即通过对学生发展过程的关注和引导，在一定目标的指引下通过评价改进教学，不断促进学生的发展。

99. C 【解析】布置作业要求作业反馈清晰、及时，C项不属于布置作业的基本要求。

100. B 【解析】本题考查主要的教学原则。题干引文大意为：没有听到不如听到，听到不如亲眼看到。这句话强调学生的直观感知，体现了直观性原则。

101. A 【解析】本题考查学校工作的中心环节。**教学是学校工作的中心环节**，学习是学生在学校里的首要任务。

102. A 【解析】本题考查教学组织形式。道尔顿制是一种彻底的适应个性的教学方法。此法是要废除班级授课制，指导每个学生各自学习不同的教材，以发展其个性。其目的是废除年级和班级教学，学生在教师指导下，各自主动地在实验室(作业室)内，根据拟定的学习计划，以不同的教材、不同的速度和时间进行学习，用以适应其能力、兴趣和需要，从而发展其个性。

103. B 【解析】巴班斯基提出了教学过程最优化理论。他认为，应该把教学看作一个系统，从系统的整体与部分之间、部分与部分之间，以及系统与环境之间的相互联系、相互作用之中考察教学，以便最优处理教育问题。

104. A 【解析】诊断性评价是在学期开始或一个单元教学开始时，为了了解学生的学习准备状况及影响学习的因素而进行的评价。它包括各种通常所称的**摸底考试**。所以，某小学各班在新学期开始时进行的摸底考试属于诊断性评价。

105. D 【解析】本题考查常用的教学方法。以直观感知为主的教学方法具有形象性、具体性、直接性和真实性的特点，主要有**演示法和参观法**两种。A、B项属于以语言传递为主的教学方法，C项属于以实际训练为主的教学方法。故选D项。

106. C 【解析】小学生年龄偏小，知识储备和经验较少，注意力集中时间较短，老师应该侧重运用直观的方法。

二、多项选择题

1. ABCD 【解析】本题考查教学过程的本质。教学过程作为一种特殊的认识过程,其特殊性表现在:(1)认识对象的间接性与概括性;(2)认识方式的简捷性与高效性;(3)教师的引导性、指导性与传授性(有领导的认识);(4)认识的交往性与实践性;(5)认识的教育性与发展性。

2. ACD 【解析】本题考查现代教学评价理念。当前课程评价发展的基本特征有:(1)重视发展,淡化甄别与选拔,实现评价功能的转变;(2)重综合评价,关注个体差异,实现评价指标的多元化;(3)强调质性评价,定性与定量相结合,实现评价方法的多样化;(4)强调参与与互动,自评与他评相结合,实现评价主体的多元化;(5)注重过程,终结性评价与形成性评价相结合,实现评价重心的转移。B项表述不符合现代教学评价理念。

3. ACD 【解析】本题考查教师的主导作用的表现。教师的主导作用表现在:教师的指导决定着学生学习的方向、内容、进程、结果和质量,起引导、规范、评价和纠正的作用;教师的教影响学生学习方式及学习主动性的发挥,影响学生的个性及人生观、世界观的形成。

4. ABCD 【解析】本题考查选择教学方法的依据。选择与运用教学方法的基本依据有:(1)教学目的和任务的要求;(2)课程性质和特点;(3)每节课的重点、难点;(4)学生年龄特征;(5)教学时间、设备、条件;(6)教师业务水平、实际经验及个性特点。此外,教学方法的选择与运用还受教学手段、教学环境等因素的制约。

5. ABC 【解析】本题考查布置课外作业的要求。布置作业的要求包括:(1)作业内容符合课程标准的要求;(2)考虑不同学生的能力需求;(3)分量适宜、难易适度;(4)作业形式多样,具有多选性;(5)要求明确,规定作业完成时间;(6)作业反馈清晰、及时;(7)作业要具有典型意义和举一反三的作用;(8)应有助于启发学生的思维,含有鼓励学生独立探索并进行创造性思维的因素;(9)尽量同现代生产和社会生活中的实际问题结合起来,力求理论联系实际。D项表述不符合"考虑不同学生的能力需求""作业形式多样"的要求。

6. ABD 【解析】本题考查备课的内容。教师备课要做好三方面的工作,即**钻研教材、了解学生、设计教法**,也即**备教材、备学生、备教法**,还要写好三种计划,即**学年(或学期)教学计划、课题(或单元)计划、课时计划(教案)**。C项排除。

7. AC 【解析】本题考查理论联系实际教学原则的贯彻要求。贯彻理论联系实际原则的要求:(1)重视书本知识的教学,在传授知识的过程中注重联系实际;(2)重视引导和培养学生运用知识的能力;(3)加强教学的实践性环节,逐步培养与形成学生综合运用知识的能力,进行"第三次学习";(4)正确处理知识教学与能力训练的关系;(5)补充必要的乡土教材。故选AC项。B项为因材施教原则的贯彻要求。D项为巩固性原则的贯彻要求。

8. ABD 【解析】本题考查教与学的辩证统一关系。教学是教与学矛盾统一的过程,教和学是互为条件而存在的,又是相互影响、相互促进的。教师和学生是教学活动中的主体,教师是教的主体,在教学活动中起主导作用;学生是学的主体,在教学活动中发挥主体作用。在教学中只有把教师的主导作用与学生的主体作用很好地结合起来,才能很好地完成教学任务。故A、B、D项表述均正确。C项忽视了教师的主导作用,表述错误。

9. CD 【解析】本题考查教学过程的相关内容。教学过程是学生的一种特殊认识过程,这是教学过程的特殊规定性的表现之一。故A项正确。

在教学过程中,教师的教与学生的学是对立统一的辩证关系,是教与学矛盾转化的过程,是知与不知的矛盾转化过程。故B项正确。

知识的多少与才能的高低并不等同,知识和运用知识的能力也并不相同。**智力并不完全是随着知识的掌握自然发展的**。故C项错误。

教学过程大致分为五个阶段:心理准备阶段、领会阶段、巩固阶段、运用阶段和检查效果阶段。其中,教学过程的领会阶段包括感知、理解教材。故D项错误。

10. AC 【解析】领会知识包括使学生感知和理解教材。

11. ABCD 【解析】本题考查教学工作的基本环节。教学工作包括五个基本环节:备课、上课、作业的布置与反馈、课外辅导和学业成绩的检查与评定。

12. ABC 【解析】班级授课制的局限性包括:(1)不利于照顾个别差异;(2)不利于发挥学生的主体性;(3)不利于理论联系实际;(4)不利于实现教学的灵活性。班级授课制有利于发挥教师的优势和主导作用。D项排除。

13. AB 【解析】本题考查微课。微课的选题一般是学科内容中的某一个知识点(如重点、难点、易错点、易混淆点、典型习题例题等)。故A项说法正确。微课以微视频的形式将知识展现出来。微视频的制作灵活、多样,可以用录屏软件加PPT制作,也可以用手机等摄像设备制作。故B项说法正确。一节课并非只限于一个微课,要根据教学需要来制作微课。故C项说法错误。根据微课的授课内容和性质,适当安排微课的使用时间:恰当安排在课前自学、课中辅导或课后总结中。故D项说法错误。因此,本题选AB两项。

14. BCDE 【解析】"人不知而不愠"的意思是:别人不了解我,我却不怨恨。这句话体现的是高尚的品德修养。

15. ABC 【解析】教学过程作为一种特殊的认识过程,其特殊性表现在:(1)认识对象的间接性与概括性;(2)认识方式的简捷性与高效性;(3)教师的引导性、指导性与传授性(有领导的认识);(4)认识的交往性与实践性;(5)认识的教育性与发展性。

16. ACD 【解析】日常性学业成绩考查的常用方式有**日常观察、课堂提问、书面测验和书面作业检查**。

17. ABCD 【解析】教学的特点有以下几方面:(1)教学以培养全面发展的人为根本目的,教学通过系统知识、技能的传授和掌握,促进学生身心发展;(2)教学由教与学两方面组成,教学是师生双方的共同活动;(3)学生的认识活动是教学中的重要组成部分;(4)教学具有多种形态,是共性与多样性的统一。

18. AB 【解析】本题考查班级授课的优点。班级授课制的优点包括:(1)有利于经济有效地大面积培养人才,提高教学效率。(2)它以"课"为教学活动单元,能保证学习活动循序渐进,有利于学生获得系统的科学知识。(3)有利于发挥教师的主导作用。(4)有利于发挥学生集体的教育作用。(5)有利于学生德、智、体多方面的发展。(6)有利于进行教学管理和教学检查。故AB两项符合题意,C项表述错误。班级授课制不利于因材施教,不能满足学生的个体差异,故D项不属于班级授课制的优点。

19. ABCDE 【解析】我国中小学主要的教学原则有:(1)思想性(教育性)和科学性相统一的原则;(2)理论联系实际原则;(3)直观性原则;(4)启发性原则;(5)循序渐进原则;(6)巩固性原则;(7)因材施教原则;(8)量力性原则。

20. ACD 【解析】本题考查教学过程的基本规律。题干中的教师先介绍生长素发现过程的科学史,而后组织学生到户外观察顶端优势现象,自己动手设计实验,体现了直接经验与间接经验相结合的规律。教师在介绍生长素发现过程的科学史时,让学生了解科学家严谨的科学态度、不屈不挠的意志品质,在学习理论知识的同时,培养学生参与社会实践活动的意识以及善于与他人合作的人文精神,体现了传授知识与思想品德教育相统一的规律。教师在教授知识的过程中,充分发挥学生主体参与教学的能动性,组织学生自己动手设计实验,参与园林花卉修剪,体现了教师主导作用与学生主体作用相统一的规律。综上所述,A、C、D三项符合题意。

21. ABCD 【解析】本题考查教学评价。根据教学评价采用的标准,可将教学评价分为绝对性评价、相对性评价和个体内差异评价。A项正确。根据教学评价的作用,可以分为诊断性评价、形成性评价和总结性评价。诊断性评价是在学期开始或一个单元教学开始时,为了了解学生的学习准备状况及影响学习的因素而进行的评价。形成性评价是在教学过程中为改进和完善教学活动而进行的对学生学习过程及结果的评价。总结性评价也称为终结性评价,是在一个大的学习阶段、一个学期或一门课程结束时对学生学习结果的评价。BCD项表述均正确。综上所述,本题四项全选。

22. BDE 【解析】本题考查贯彻循序渐进教学原则的要求。贯彻循序渐进原则的要求有:(1)按教材的系统性进行教学;(2)抓住主要矛盾,解决好重点与难点;(3)由浅入深,由易到难,由简到繁。A项为贯彻因材施教原则的要求,C项为贯彻启发性原则的要求。

23. AD 【解析】本题考查教学评价的基本类型。相对性评价又称为常模参照性评价,是运用常模参照性测验对学生的学习成绩进行的评价,它主要依据学生个人的学习成绩在该班学生成绩序列或常模中所处的位置来评价和决定他的成绩的优劣,而不考虑是否达到教学目标的要求。绝对性评价又称为目标参照性评价(标准参照性评价),是运用目标参照性测验对学生的学习成绩进行的评价。

24. ABC 【解析】讲授法可分**讲读、讲述、讲解和讲演**四种形式。

方法技巧:关于讲授法的形式,不同学者有不同的说法。一般认为,讲授法可分为讲述、讲解、讲读和讲演(讲座)四种形式。此外,劳凯声将讲授法分为三种形式:讲述、讲读、讲解。韩延明等人认为讲授法包括讲述、讲解、讲读、讲演、讲评五种形式。考生在做题时需要根据题干选项设置,进行合理选择。

25. BC 【解析】本题考查以语言传递为主的教学方法。以语言传递为主的教学方法主要包括讲授法、谈话法、讨论法、读书指导法四种。故选BC两项。A项,欣赏教学法是以情感陶冶为主的教学方法。D项,实验法是以实际训练为主的教学方法。

26. ABCDE 【解析】本题考查作业的形式。作业的形式有多种,主要包括:(1)阅读作业,如复习、预习教科书,**阅读人文和科学读物**;(2)口头作业,如口头回答、朗读、复述、背诵;(3)书面作业,**如演算习题、作文、绘图**;(4)实践作业,如观察、实验、测量、**社会调查**等。故A、B、C、D、E项均属于作业的形式。

27. CD 【解析】本题考查上好课的基本要求。上好课的基本要求包括:(1)教学目的明确;(2)教学内容正确;(3)教学方法得当;(4)教学组织严密;(5)教学语言清晰;(6)双边活动积极。其中,教师讲课时做到内容正确,这是一堂好课最基本的要求。内容正确有两方面的含义:首先,教师的讲授要保证教材内容的科学性和思想性;其次,教师的讲授要掌握好教材的重点和难点,并以重点和难点为突破口,带动学生掌握课程的基本内容。故选CD项。

28. ABC 【解析】本题考查教学评价的基本内容。教学评价主要包括对学生学习结果的评价和对教师教学工作的评价,也可以划分为**学生学业评价、课堂教学评价和教师评价**。

29. BCDE 【解析】启发性教学原则的贯彻要求有:(1)加强学习的目的性教育,调动学生学习的主动性(这是贯彻启发性原则的首要问题);(2)设置问题情境,启发学生独立思考,培养学生良好的思维方法和思维能力;(3)让学生动手,培养学生独立解决问题的能力,鼓励学生将知识创造性地运用于实际;(4)发扬教学民主。A项属于巩固性教学原则的贯彻要求。

30. ABD 【解析】本题考查形成性评价的具体运用。形成性评价是在教学过程中为改进和完善教学活动而进行的对学生学习过程及结果的评价。它包括在一节课或一个课题的教学中对学生的口头提问和书面测验。故A、B、D三项都属于形成性评价。C项属于诊断性评价。

31. ABD 【解析】本题考查教学过程的基本规律。教学过程的基本规律有:间接经验与直接经验相结合(间接性规律),教师主导作用与学生主体作用相统一(双边性规律),掌握知识和发展智力相统一(发展性规律),传授知识与思想品德教育相统一(教育性规律)。

32. ABC 【解析】思想性(教育性)和科学性相统一的教学原则是指教学要以马克思主义为指导,授予学生科学知识,并结合知识教学对学生进行社会主义品德和正确人生观、科学世界观教育。贯彻此原则的要求:(1)教师要保证教学的科学性;(2)教师要结合教学内容的特点进行思想品德教育;(3)教师要通过教学活动的各个环节对学生进行思想品德教育;(4)教师要不断提高自己的业务能力和思想水平。D项体现的是贯彻直观性教学原则的要求。

33. ABCD 【解析】教学过程的基本阶段包括:激发学习动机、领会知识、巩固知识、运用知识和检查知识。

34. ACD 【解析】智力是人的一种综合认识能力,包括**注意力、观察力、记忆力、想象力和思维力**等因素。非智力因素则包含了除智力以外的所有其他心理因素,如**动机、兴趣、情感、意志和性格**等。B项属于智力因素,故不选。

三、判断题

1. × 【解析】本题考查教师主导作用和学生主体地位的关系。教师主导作用是针对能否引导学生积极学习与上进而言的。学生的主体性调动得怎样,学习的效果怎样,是衡量教师主导作用发挥得好坏的主要标志。因此,强调学生的主体地位,并不就是否定教师的主导作用。

2. × 【解析】本题考查教学原则。苏格拉底的“产婆术”是指在与学生谈话的过程中,并不直截了当地把学生所应知道的知识告诉他,而是通过讨论、问答甚至辩论方式来揭露对方认识中的矛盾,逐步引导学生自己最后得出正确答案。这体现了启发性教学原则。所以题干表述错误。

3. √ 【解析】本题考查读书指导法。读书指导法是指教师指导学生通过阅读教科书和其他参考书,以获得知识、巩固知识、培养学生自学能力的一种方法。题干所述符合读书指导法的内涵。

4. √ 【解析】本题考查教学的意义。教学是进行全面发展教育、实现培养目标的基本途径,为个人全面发展提供科学的基础和实践,是培养学生个性全面发展的重要环节。

5. × 【解析】运用直观教具有助于小学生全面、深刻地掌握知识,但直观教具并不是越多越好,而是要适当运用。

6. × 【解析】教学评价的根本目的是促进学生的发展。

7. × 【解析】“拔苗助长”违背了循序渐进的教学原则。

8. √ 【解析】发展性评价提倡评价的根本目的在于促进发展,淡化原有的甄别与选拔功能。

9. × 【解析】在教学过程中,不能只重视教师的作用,忽略学生学习的主动性和创造性,也不能只强调学生的作用,使学生陷入盲目探索状态,学不到系统的知识,要把二者有机地结合起来。

10. × 【解析】教学的任务有很多,向学生传授知识只是教学的任务之一。

11. × 【解析】形式教育论认为教学的主要任务在于发展学生的智力,是**重智轻知**的。实质教育论认为教学的主要任务在于传授给学生有用的知识,是重知轻智的。

12. √ 【解析】本题考查课外辅导。课外辅导的要求包括:(1)从辅导对象的实际出发,确定辅导内容和措施;(2)明确辅导只是对课堂教学的补充,不能将主要精力放在辅导上。

13. × 【解析】本题考查教学模式的概念。教学模式是指反映特定教学理论的逻辑轮廓,为实现某种教学任务建立起来的相对稳定而具体的教学活动结构。教师的教学工作包括五个基本环节(即基本程序):备课、上课、作业的布置与反馈、课外辅导和学业成绩的检查与评定。故题干说法有误。

14. × 【解析】由浅入深、由易到难、由简到繁地进行教学是贯彻循序渐进原则的要求之一,体现了循序渐进原则。

15. × 【解析】本题考查教学方法的概念。教学方法是为完成教学任务而采用的方法,它包括**教师教的方法和学生学的方法**,是教师引导学生掌握知识技能、获得身心发展而共同活动的方法。

16. × 【解析】讲授法是最普遍、历史最悠久的教学方法,它可以充分发挥教师的主导作用,使学生在短时间内获得大量系统的科学知识,并且能结合知识传授进行思想品德教育。当代教育不应该抛弃它。

17. √ 【解析】教师在运用谈话法时,应注意启发诱导,否则很容易变成机械式问答。

18. × 【解析】本题考查形式教育论的起源地与代表人物。形式教育论起源于**古希腊**,形成于17世纪,盛行于18~19世纪。其代表人物是**英国的洛克和瑞士的裴斯泰洛齐**。形式教育论认为教学的主要任务在于通过开设希腊文、拉丁文、逻辑、文法和数学等学科发展学生的智力,至于学科内容的实用意义则是无关紧要的。实质教育论起源于古希腊和古罗马，其代表人物是德国的赫尔巴特和英国的斯宾塞。因此，题干说法错误。

19. √ 【解析】发挥教师的主导作用是学生简捷有效地学习知识、发展身心的必要条件。因为教师作为教育者，受过专门训练，精通所教的专业知识，“术业有专攻”，了解学生的身心发展，懂得如何组织和进行教学。对缺乏知识和能力的学生来说，只有借助于教师的教导和帮助，才能以简捷有效的方式掌握人类创造的文化科学知识，迅速提高自己的身心发展水平，成为社会需要的人才。

20. × 【解析】教育与智育是整体与部分的关系，智育只是教育的一个组成部分，教育还包括德育、美育、体育、劳动技术教育等。因此，不能把教育等同于智育。

21. √ 【解析】加强学习的目的性教育，调动学生学习的主动性，是贯彻启发性原则的首要问题。

22. × 【解析】教学是学校教育的中心工作，学校教育工作必须坚持**“教学为主，全面安排”**的原则。

23. √ 【解析】个别教学由于教师只同个别学生发生联系，对学生采取个别对待的方式，因此，它一方面有利于因材施教；另一方面又有教学效率低下的弊端。

24. × 【解析】组织教学并不只在上课开始时进行，而是**贯穿在教学过程的各个环节中**，直到下课。

25. × 【解析】衡量一堂课的标准不仅要看教师教得怎么样，更要看学生学得怎么样，要看在单位时间内学生的学习质量和学习效率。

26. √ 【解析】本题考查教学过程的基本规律。教学永远具有教育性，这就是教学的教育性规律，也即传授知识与思想品德教育相统一。这是教学活动的基本规律之一。题干表述正确。

27. × 【解析】文纳特卡制是美国人**华虚朋**于1919年在芝加哥市郊文纳特卡镇公立学校实行的教学组织形式。

28. × 【解析】情境教学法由江苏省特级教师**李吉林**首创，愉快教学法由上海特级教师**倪谷音**首先倡导。

29. √ 【解析】本题考查教师主导作用与学生主体作用相统一的规律。**教师主导作用是针对能否引导学生积极学习与上进而言的**。学生的主体性调动得怎样，学习的效果怎样，是衡量教师主导作用发挥得好坏的主要标志。所以题干表述正确。

30. × 【解析】美国教育家布鲁纳倡导使用发现法以培养学生的科学探索精神和创造能力。

31. × 【解析】教育活动中，如果没有受教育者积极参加，发挥其主观能动性，教育活动就不会呈现好的效果。

32. × 【解析】本题考查布置作业的要求。布置作业的要求之一是作业的分量要适当，要做到时间和难易适度，大多数学生经过一定努力能够独立完成，避免负担过重。

33. √ 【解析】本题考查间接经验与直接经验相结合的教学规律。人们认识客观事物主要有两条途径：一是获取直接经验；二是获取间接经验，即他人的认识成果。以间接经验为主是教学活动的主要特点。学习间接经验是学生认识客观世界的基本途径。

34. √ 【解析】教学评价本身就是教学活动的一个有机组成部分。

35. × 【解析】教学是学校进行全面发展教育的主要途径而不是唯一途径。

36. √ 【解析】教师是教学活动的领导者、组织者，是学生学习的指导者和学习质量的检查者，在教学过程中起主导作用。学生是学习的主人(主体)，具有主观能动性。

37. × 【解析】本题考查教学原则。直观性原则是指在教学活动中，教师应尽量利用学生的多种感官和已有的经验，通过各种形式的感知，使学生获得生动的表象，从而比较全面、深刻地掌握知识。题干中，夸美纽斯的话强调要利用学生的多种感官来进行学习，体现了直观性教学原则。

38. √ 【解析】我国中学常用的教学方法有讲授法、谈话法、讨论法、读书指导法、演示法、参观法、练习法、实验法和实习作业法。运用讲授法的基本要求之一就是要讲究语言艺术。教师在讲授时语言要准确、精练、清晰，使学生清晰地了解教师所要讲的内容。故题干表述正确。

39. √ 【解析】教与学、教师与学生的关系是贯穿在整个教学过程中的最基本的关系。教与学各以对方的存在为自身存在的前提，二者相互依存、相互作用、相互促进。

40. √ 【解析】在班级授课制中，同一个班的每个学生的学习内容与进度必须一致，但开设的各门课程，特别是在高年级，通常由具有不同专业知识的教师分别担任。

41. × 【解析】量力性原则又称可接受性原则，是指教学的内容、方法、分量和进度要适合学生的身心发展，使他们能够接受，但又要有一定的难度，需要他们经过努力才能掌握，以促进学生的身心发展。这一原则是为了防止发生教学难度低于或高于学生实际程度而提出的。

42. × 【解析】本题考查学习间接知识的意义。直接知识是个人通过直接参与实践活动而获得的知识；间接知识是从书本上或从他人那里获得的知识。直接知识和间接知识相结合这一规律要求我们在教学中必须以间接知识为主，使直接知识与间接知识有机地结合起来。因此，学生学习间接知识是有意义的。“纸上得来终觉浅，绝知此事要躬行”体现的是学生进行实践的重要性。故题干说法错误。

43. × 【解析】本题考查分组教学。分组教学是指在按年龄编班或取消按年龄编班的基础上，根据学生能力、成绩分组进行编班的教学组织形式。分组教学有外部分组和内部分组、能力分组和作业分组等。其中，外部分组即**取消按年龄编班**，按学生的能力或某些测验成绩编班。故题干表述错误。内部分组即在按年龄编班的班级内，再根据学生的成绩将他们分成若干个不同的小组。

44. √ 【解析】抛锚式教学要求建立在有感染力的真实事件或真实问题的基础上，所以有时也被称为“实例式教学”或“基于问题的教学”或“情境性教学”。抛锚式教学的理论基础是建构主义。

45. × 【解析】本题考查翻转课堂。翻转课堂是指重新调整课堂内外的时间，将学习的决定权从教师转移给学生。它利用丰富的信息化资源，让学生逐渐成为学习的主角。但这并不意味着教师作用的弱化，相反，教师是决定翻转课堂的关键因素，其作用更加重要。

46. √ 【解析】本题考查课外辅导的意义。课外辅导是上课(课堂教学)的必要补充，是适应学生个别差异、贯彻因材施教的重要措施。

47. √ 【解析】**教学的首要任务是使学生掌握系统的科学文化基础知识，形成基本技能、技巧**，其他任务的实现都是在完成这一任务的过程中和基础上进行的。

48. × 【解析】本题考查绝对性评价。绝对性评价又称为目标参照性评价(标准参照评价)，是运用目标参照性测验对学生的学习成绩进行的评价。它主要依据教学目标和教材编制试题来测量学生的学业成绩，判断学生是否达到了教学目标的要求，而不以评定学生之间的差异为目的。绝对性评价可以衡量学生的实际水平，了解学生对知识、技能的掌握情况，宜用于升级考试、毕业考试和合格考试。它的缺点是**不适用于甄选人才**。相对性评价具有甄选性强的特点，因而可以作为选拔人才、分类排队的依据。

49. × 【解析】现代教学的基本组织形式是班级授课制，这也是我国基础教育阶段普遍实行的基本教学组织形式。

50. × 【解析】本题考查间接经验与直接经验相结合的规律。人们认识客观事物主要有两条途径：一是获取直接经验，即通过亲自探索、实践所获得的经验；二是获取**间接经验**，即他人的认识成果，主要是指人类在长期认识过程中积累并整理而成的书本知识。教学活动是学生认识客观世界的过程，要以间接经验为主、直接经验为辅，将二者有机结合起来。所以，题干表述错误。

四、填空题

1. 学科课程标准　　2. 启发性

3. 教学

4. 主体

5. 主导作用

6. 教学原则

7. 注入式　启发式

8. 巩固性

9. 讲授法

10. 基本结构　发现法

11. 备课

12. 班级授课制

13. 复式教学

五、案例选择题

BC 【解析】题干中的苏老师采用讲解与朗读等方法进行课堂教学，帮助学生理解诗句内容，运用了讲授法，故C项正确。苏老师又通过创设情境，使学生仿佛置身诗中描述的场景，以此来引导学生领悟古诗文的意境，运用了情境教学法，故B项正确。

整 合 提 升

答案速查

1～5	DBCBA	6～10	BADDD	11～15	CACCA	16～20	ABDBB
21～25	ABABA	26～30	CBCCA	31～35	AAABA	36～40	AADBD
41～45	DBBAA	46～50	CAABB	1～5	BDE BC ABCD ACD ABCD		
6～10	ABC ABC AB ABD ACD			11～15	ABCD BCD ABCD BCD ABC		
16～19	AC ABD ABCD ABD			1～5	×√××√		
6～10	√××√×			11～15	×√√√√		
16～20	√×××√			21～23	×××		

一、单项选择题

1. D 【解析】本题考查教学评价。根据评价采用的标准，教学评价可以分为绝对性评价、相对性评价和个体内差异评价。其中，个体内差异评价是对被评价者的过去和现在进行比较，或将评价对象的不同方面进行比较。题干中，数学老师将小明的逻辑推理能力和记忆能力两个不同方面进行比较，属于对个体内差异评价的运用。

2. B 【解析】本题考查常用的教学方法。演示法是指教师通过展示实物、教具和示范性的实验来说明、印证某一事物和现象，使学生掌握新知识的一种教学方法。题干中，教师通过示范性的实验让学生观察水的“三态”变化，是对演示法的运用。

3. C 【解析】本题考查教学过程的特殊性。教学过程不同于一般的认识过程，它具有以下特殊性：(1)间接性。(2)引导性。(3)简捷性。学生掌握知识的认识过程是简捷的、高效的，是一种科学知识的再生产。学生在一小时内就能学会二项式定理，这说明教学过程是简捷的、高效的。(具体内容参见项贤明主编的《教育学原理》)

4. B 【解析】本题考查教学组织形式。现场教学是指教师把学生带到**事物发生、发展的现场**进行教学活动的形式。它可以以班级为单位，也可以以小组或个人为单位，通常需要有关现场人员的参加。该历史老师把学生带到校史馆进行历史课教学，就是一种现场教学。个别教学是教师针对不同学生的情况进行个别辅导的教学组织形式。复式教学是把两个或两个以上不同年级的学生编在一个教室里，由一位教师分别用不同的教材，在一节课里对不同年级的学生进行教学的一种特殊组织形式。走班制是指学生根据教学活动中预先制订的学习计划和自己的兴趣愿望，以“走班”为形式，“流动”到自己需要的班级进行学习的一种组织形式。

5. A 【解析】本题考查常用的教学方法。讲授法是教师运用口头语言系统连贯地向学生传授知识、技能，发展学生智力的教学方法。演示法是指教师通过展示实物、教具和示范性的实验来说明、印证某一事物和现象，使学生掌握新知识的一种教学方法。3名航天员在空间站演示了各种实验，展示了空间科学设施，运用的是演示法；展示空间科学设施的同时进行语言讲解与介绍，运用的是讲授法。

6. B 【解析】本题考查教学原则。有学者认为，用于指导教学的教学原则主要有方向性原则、循序渐进原则、因材施教原则和伦理性原则。其中**伦理性原则**是指教师在教学过程中处理师生关系时，要遵循当代社会的伦理规范。教师要尊重学生，爱护学生，并通过以身垂范赢得学生的尊重。题干所述体现了赵老师遵守了伦理性教学原则。故B项正确。

7. A 【解析】本题考查布置作业的原则。布置作业的原则有：(1)在内容上突出开放性和探究性；(2)在容量上考虑量力性和差异性；(3)**在形式上体现新颖性和多样性**；(4)在评判上重视过程性和激励性。李老师布置的作业形式多样，除传统的课本作业之外，还有手工、问卷调查、一次孝行等实践作业，体现了作业形式的新颖性和多样性。

8. D 【解析】老师肯定和鼓励学生提出的不同的解题思路，体现了教师的民主，也即体现了教学过程的民主性。

9. D 【解析】本题考查讲授法的形式。讲授法可分为讲读、讲述、讲解和讲演四种。讲读是指教师把讲解和阅读材料内容有机结合起来的一种讲授方式。讲述是指教师运用生动形象的语言，叙述、描绘所要讲的知识内容的一种讲授方式。讲解是指教师对所要讲的知识内容进行解释、说明、分析、论证的一种讲授方式。讲演又叫讲座，是指对某一事件或事物作深入广泛的叙述和论证，并得出科学结论的一种讲授方式。江老师以报告的形式在较长时间内系统地为同学讲授洋务运动的内容，这种讲授方法是讲演。

10. D 【解析】本题考查个别教学的内涵。个别教学就是教师在同一时间以特定内容面向一个或几个学生进行教学。这种教学组织形式办学规模小、速度慢、效率低，但却能较好地适应个别差异。

11. C 【解析】实习作业法是指教师根据学科课程标准要求，指导学生运用所学知识在课上或课外进行实际操作，将知识运用于实践的教学方法。这种方法在自然学科的教学中占有重要的地位，如数学课的测量练习、生物课的植物栽培和动物饲养等。王老师运用的教学方法就是实习作业法。

12. A 【解析】本题考查教学评价的基本类型。常模参照性评价(相对性评价)是运用常模参照性测验对学生的学习成绩进行的评价，它主要依据学生个人的学习成绩在该班学生成绩序列或常模中所处的位置来评价和决定他的成绩的优劣，而不考虑是否达到教学目标的要求。该评价具有甄选性强的特点，因而可以作为选拔人才、分类排队的依据。因此，想知道学生在班级中的排名，应该使用常模参照评价。故本题选A项。

13. C 【解析】本题考查基础性作业的内涵。基础性作业目的在于完成课程标准要求的基本训练，帮助学生掌握教材内容及相关知识。基础性作业要难易适度，数量适中，以大多数学生经过努力能够完成为标准。故答案选C项。

14. C 【解析】本题考查传授知识与思想品德教育相统一规律的内容。思想品德修养水平的提高可以为学生积极地学习知识提供动力。学习活动是一项十分艰苦的脑力劳动，在学习过程中必然会遇到各种各样的困难，这就需要学习者必须有明确的学习目的、强烈的学习欲望和较高的思想觉悟。在教学中，教师要不断培养、提高学生的思想品德水平，引导他们将个人的学习与社会发展、祖国前途联系起来，充分调动他们学习的主动性、积极性，这是学生获取知识的重要保证。故本题选C项。

15. A 【解析】本题考查道尔顿制。道尔顿制是美国教育家柏克赫斯特创建的一种教学组织形式。运用这种方法时，教师不再讲授，只为学生指定自学参考书、布置作业，由学生自学和独立完成作业后，向老师汇报学习情况和接受考查。这是一种典型的**自学辅导式**的教学组织形式。

16. A 【解析】参观法又称现场教学，是教师根据教学目的和要求，组织学生进行实地考察、研究，使学生获取新知识，巩固、验证旧知识的一种教学方法。组织学生到红军长征中的战斗遗址接受爱国主义教育属于参观法。

17. B 【解析】本题考查因材施教教学原则的使用。题干引文的意思是:西边邻居家有五个儿子。一个儿子老实,一个儿子聪明,一个儿子瞎,一个儿子驼背,一个儿子瘸。就让老实的务农,聪明的经商,瞎子卜卦算命,驼背的搓麻绳,瘸子纺线,五个儿子都不为衣食发愁。因材施教原则是指教师在教学中,要从课程计划、学科课程标准的统一要求出发,面向全体学生,同时又要根据学生的个别差异,有的放矢地进行有差别的教学,使每个学生都能扬长避短,获得最佳的发展。西邻五子的故事说明根据每个人的特点施以不同的教育,即可取得良好的效果。这体现了因材施教的教学原则。

18. D 【解析】教学方法是更为详细、具体的方式、手段和途径,它是教学策略的具体化,介于教学策略与教学实践之间,教学方法要受制于教学策略。教学展开过程中选择和采用什么方法,受教学策略的支配。教学策略从层次上高于教学方法。故答案选D项。

19. B 【解析】本题考查教育评价的功能。教育评价的导向功能是指教育评价本身所具有的引导评价对象朝着理想目标前进的功效和能力。通过教育评价的导向功能,可以**引导某项教育活动朝着正确的方向发展**。题干中通过"加大教学权重"来克服教师职称评定中的错误倾向,即通过教育评价的导向功能,引导教师职称评定回归正确方向。

20. B 【解析】本题考查教学组织形式。A项,从教学场所来看,班级授课一般在教室、实验室中进行,比较固定。课堂中的座次也相对固定。但学生座次安排可采用不同的形式,如秧田式、圆桌式、马蹄式和会议式等。故A项说法正确。

B项,个别教学又称个别辅导,是教师针对不同学生的情况进行个别辅导的教学组织形式。它更有利于**因材施教**,而不是拔尖人才的培养。故B项说法错误。

C项,走班制的形式是:(1)学科教室和教师固定,学生流动上课;(2)实行大、小班上课的多种教学形式;(3)小组合作学习的方式。故C项说法正确。

D项,分组教学的优点是能很好地适应学生的个别差异,可激发学生的学习兴趣,发展学生的特长,也有利于拔尖人才的培养。但分组教学在实施中也有许多问题和困难,如按成绩分组、编班后,容易造成学生心理不平衡和出现一些矛盾。故D项说法正确。

21. A 【解析】教学内容是从人类已有精神成果中选择出来的精华。它不是由教师和学生(尤其不是由学生)根据自己的兴趣、爱好和愿望决定的,而是根据教学目的事先确定的,表现为经"政府部门指定或政府部门所设专门的审定机构认可的教育文本(如教科书)",而且在教师和学生开展教学活动之前,就已经存在了。这体现了教学内容的预成性。

22. B 【解析】本题考查直观性原则的具体运用。"接知如接枝"的意思是:我们必须有从自己经验里发出来的知识做根,然后别人的知识才能接得上去。倘使自己对于某事毫无经验,我们决不能了解或运用别人关于此事之经验。直观性原则的意义就在于,通过提供给学生直接经验或利用学生已有的经验,帮助他们掌握原本生疏难解的理论知识,陶行知先生所说的"接知如接枝",正是这个道理。

23. A 【解析】参观法又称现场教学,是教师根据教学目的和要求,组织学生进行实地考察、研究,使学生获取新知识,巩固、验证旧知识的一种教学方法。高老师使用的教学方法是参观法。

24. B 【解析】问题/探究教学中学生获取知识的基本阶段有:(1)**明确问题**;(2)**深入探究**;(3)**做出结论**。

25. A 【解析】评定学生学业成绩,一般采用百分制记分法和等级制记分法。A项正确。一般来说,题的数量多、便于给小分的用百分制较便利;题的数量不多,开卷、理解和灵活运用的题目用等级制较方便;等级制可以换算成一定的分数。

26. C 【解析】题干中教师的行为是发挥教师主导作用的体现。该案例表明要充分发挥教师在教育活动中的主导地位。

27. B 【解析】本题考查教学原则。因材施教原则是指教师在教学中,要从课程计划、学科课程标准的统一要求出发,面向全体学生;同时又要根据学生的个别差异,有的放矢地进行有差别的教学,使每个学生都能扬长避短,获得最佳的发展。它强调针对学生的特点进行有区别的教学。用松树的肥料来培养牡丹,牡丹会瘦死;用牡丹的肥料培养松树,松树会被烧死。这一比喻反映到教学中,就是启示教师要根据学生特点进行有区别的教学,体现了因材施教的原则。

28. C 【解析】本题考查讲授的相关知识。一般来说,讲授大体分为三个阶段,第一阶段:介绍讲授纲要;第二阶段:详述内容;第三阶段:综述要点。故C项正确。(具体内容参看全国十二所重点师范大学联合编写的《教育学基础(第3版)》)

29. C 【解析】教学内容的基础性在知识迅猛发展的时代越发重要。教学内容如果简单地追随科学技术的发展,一味地"添加"所谓"新"知识,不仅教学时间不允许,而且会使教学内容日益膨胀,加重学生的学习负担,从根本上说也不利于学生掌握知识、发展智力。解决知识增长的唯一途径只能是使学生获得更具派生性、生产性和解释力的基础知识,正如布鲁纳所说:"不论我们选教什么学科,务必使学生理解学科的基本结构。"而基本结构,就是指普遍而强有力的适用性的结构。其具体表现就是每门学科的基本概念、基本公式、基本原则、基本法则等。题干所述是教学内容基础性的表现之一。

30. A 【解析】本题考查教学评价的基本类型。相对性评价又称为常模参照性评价,是运用常模参照性测验对学生的学习成绩进行的评价,它主要依据学生个人的学习成绩在该班学生成绩序列或常模中所处的位置来评价和决定他的成绩的优劣,而不考虑是否达到教学目标的要求。"矮个子里找高个"即运用了相对性评价。

31. A 【解析】形式教育论认为**形式学科(如希腊文、拉丁文、数学、逻辑学等)或古典人文课程**最有发展价值;实质教育论认为**与人类的世俗生活密切相关的实质学科(如物理、化学、天文、地理、法律)或实科课程**最有价值。

32. A 【解析】备课过程中的"吃透两头"是指**"吃透教材"**和**"吃透学生"**。"吃透教材"是指教师要熟悉所教学科的教学内容、知识体系以及明确教材的重点、难点;"吃透学生"是指教师要了解学生的个性特点、学习基础、学习兴趣、学习风格等。所以答案选A项。

33. A 【解析】本题考查因材施教的教育思想。针对同一个问题,孔子根据子路和冉有不同的性格,对他们提出不同的建议,这体现了教师在教学中要根据学生性格差异进行因材施教。

34. B 【解析】本题考查传授—接受教学的缺点。传授—接受教学存在着严重缺点:(1)由于以书本知识学习为主,易脱离社会生活实际,使学生感到抽象、死板、难以理解;(2)常常是教师讲得多,学生活动得少,容易出现注入式教学;(3)注重面向集体,忽视个别指导,不易使每个学生都能理解,都得到较好的发展;(4)容易忽视教学民主,忽视学生主动性、创造性和独立思考能力的培育与发展。B项是问题—探究教学的缺点之一。

35. A 【解析】本题考查常用的教学模式。范例教学是通过典型的内容和方式,使学生从个别到一般,掌握带规律性的知识和方法,发展学生独立学习、独立解决问题能力的一种教学策略。故A项正确。

36. A 【解析】本题考查教学评价的基本类型。形成性评价是**在教学过程中**为改进和完善教学活动而进行的对学生学习过程及结果的评价。形成性评价的目的不是注重成绩的评定,而是使师与生都能及时获得反馈信息,更好地改进教与学,以促进教师和学生的发展、提高。题干中,该教师的评价发生在课堂教学中,目的是判断学生对新内容的掌握程度,进而调整教学,这种评价符合形成性评价的特点。

37. A 【解析】发展性原则强调教学评价应着眼于学生的学习进步与动态发展,着眼于教师的教学改进和能力提高,以调动师生的积极性,提高教学质量。布卢姆主张在教学过程中应为那些在测验中未达到标准要求的学生,再次提供时间与帮助,等待他们矫正、掌握后再次测验,并把两次测验成绩综合加以评定,给学生挽回失误的机会,帮助他们赶上去。评价应是鼓励师生、促进教学的手段,而不是整人的工具。

38. D 【解析】建立民主平等的师生关系属于贯彻启发性原则的基本要求。

39. B 【解析】本题考查教学方法相关知识。一位接受了亚里士多德或裴斯泰洛齐唯实论哲学前提的教师,在认识论上必然认为认识来源于人们对物体的感觉,通过对感觉材料的抽象才能形成与现实物体相应的概念,因此,这位教师在教学活动中肯定会强调直观性原则,并利用各种方式充分刺激学生感官。

40. D 【解析】本题考查教学方法。研究法是学生在教师的指导下通过独立的探索,创造性地解决问题,获取知识和发展科研能力的方法。题干中的张老师提出问题后,让学生提出猜想,并用实验验证猜想,最后得出结论,也即让学生做出假设,通过实验和验证等活动来获取科学知识,这种教学方法是研究法。故本题答案选D项。A项讲授法是教师运用口头语言系统连贯地向学生传授知识、技能,发展学生智力的教学方法。B项谈话法是教师按一定的教学要求提出问题让学生回答,通过问答、对话的形式来引导学生思考、探究、获取或巩固知识,促进学生智能发展的方法。C项演示法是指教师通过向学生展示实物、直观教具,做示范性实验或采用现代化教学手段的方式,使学生获取知识的教学方法。这三项都不符合题意,故排除。

41. D 【解析】练习法是中小学各科教学普遍采用的教学方法。练习法的种类有说话的练习,解答问题的练习,绘画、制图的练习,作文和创作的练习,运动与文娱技能、技巧的练习。小童的单词发音问题属于说话方面的问题,适合采用练习法来解决。

42. B 【解析】本题考查教学方法。讨论法是指全班或小组成员在教师的指导下,围绕某一中心问题发表自己的看法和见解,从而进行相互学习的一种方法。题干中的李老师让大家围绕时事新闻各抒己见,就体现了对讨论法的运用。

43. B 【解析】特朗普制中三种教学形式的时间分配大致为:大班上课占**40%**,小班研究讨论占**20%**,个别作业占**40%**。

44. A 【解析】学生学习活动的结果主要反映在学业成就上,课程设计和教学活动的目标和效果,是通过学生的学业成就直接反映出来的。因此,**学生学业成就的评价**,是课程与教学评价中最核心、最基本的活动。

45. A 【解析】本题考查教学原则。量力性原则是指教学的内容、方法、分量和进度要适合学生的身心发展,使他们能够接受,但又要有一定的难度,需要他们经过努力才能掌握,以促进学生的身心发展。“语之而不知,虽舍之可也”的意思是:如果老师开导了(学生)还是不懂,那么暂时放弃开导,也是可以的。这在一定程度上表明教学的内容、方法、分量和进度要适合学生的身心发展,使他们能够接受。这体现了量力性原则。

46. C 【解析】贯彻循序渐进教学原则的要求之一是**抓主要矛盾,解决好重点与难点**。循序渐进并不意味着教学要面面俱到、平均使用力量,而是要求区别主次、分清难易、有详有略地教学,这样才能提高质量。教师将知识区分罗列、分清主次,符合该项原则的贯彻要求。

47. A 【解析】本题考查教学原则。直观性原则是指在教学活动中,教师应尽量利用学生的多种感官和已有的经验,通过各种形式的感知,使学生获得生动的表象,从而比较全面、深刻地掌握知识。王老师在讲解西瓜的生长时,带领学生到西瓜地真切感受西瓜的生长环境,了解西瓜的生长特点,使学生获得生动的表象。这贯彻的是直观性教学原则。

48. A 【解析】本题考查教学组织形式。走班制是指学生根据教学活动中预先制订的学习计划和自己的兴趣愿望,以“走班”为形式,“流动”到自己需要的班级进行学习的一种组织形式。

49. B 【解析】教学评价可以提供反馈信息。对于学生而言,肯定的评价可以进一步激发学生学习的积极性,提高学习兴趣,否定的评价则可以帮助学生发现错误及其“症结”之所在,以便在教师的指导下“对症下药”,及时纠正。题干中方方的一系列行为体现了教学评价的这一功能。

50. B 【解析】本题考查讲授的基本形式——讲解。讲解主要包括三种方式:解说式、解析式、解答式。**解说式讲解**即引导学生从情境中接触概念,从感知到理解概念,或者把已知与未知联系起来,说明事物的本质属性和基本特征。如对古文、外语、专业术语进行准确的翻译,对疑难词语给出恰当的解释。这种方式多用于文科教学。所以答案选B项。解析式讲解即解析和分析规律、原理和法则。解答式讲解即先从事实材料中引出或直接提出问题,接着明确解决问题的标准,再提出解决问题的办法,进行比较、择优,进而提出论据开展论证,通过逻辑推理得出结果,最后进行总结。这种方式以解答问题为中心,具有一定的探索性。描述式讲述在文科课程中用于刻画人物、描绘环境、介绍细节、渲染气氛、表达感情等;在理科课程中,描述式用得较少,比如用极少的时间描述与课题内容密切相关的科学家或发明家的某一经历或业绩。(具体内容参见王晞等编著的《课堂教学技能》)

二、多项选择题

1. BDE 【解析】本题考查常用的教学方法。讲授法是教师运用口头语言系统连贯地向学生传授知识、技能,发展学生智力的教学方法。科学课老师给学生介绍昆虫的概念主要是通过口头语言进行的,运用的是讲授法。演示法是指教师通过展示实物、教具和示范性的实验来说明、印证某一事物和现象,使学生掌握新知识的一种教学方法。科学课老师呈现相关的标本和图片让学生分组观察,运用的是演示法。讨论法是全班或小组成员在教师的指导下,围绕某一中心问题发表自己的看法和见解,从而进行相互学习的一种方法。科学课老师让学生在全班交流学习成果,就是围绕昆虫的生活习性发表自己的见解,运用的是讨论法。

2. BC 【解析】本题考查巩固性教学原则的体现。巩固性原则是指教师在教学中要引导学生在理解的基础上牢固地掌握基本知识和基本技能,而且在需要的时候,能够准确无误地呈现出来,以利于知识技能的利用。B项是朱子读书法六条之一,意思是读书要多读几遍,并且要多思考;C项是孔子提出的教育方法,意思是:学到知识后按时温习并实践练习。这两项都含有及时巩固的意思,体现了巩固性教学原则。A项体现的是循序渐进教学原则,D项体现的是直观性教学原则。

3. ABCD 【解析】本题考查上好一堂课的基本要求。上课是整个教学活动的中心环节,是提高教学质量的关键环节。上好一堂课的基本要求包括:(1)明确教学目标;(2)用教科书教而不是教教科书;(3)建立民主、平等的师生关系;(4)注重教学过程的生成性。

4. ACD 【解析】本题考查讲授的时机。把握好讲授的时机,是有效讲授的一个重要方面。讲授的时机包括:(1)**为学生定向时**,必须讲;(2)**学生分析理解难以到位时**,必须讲;(3)**学生出现误读时**,必须讲。

5. ABCD 【解析】本题考查教学的辅助形式。现代教学的辅助形式主要有**作业、参观、讲座、辅导**等。(具体内容参见王道俊、郭文安主编的《教育学(第7版)》)

6. ABC 【解析】本题考查一堂好课的标准。关于一堂好课的标准,不同版本的参考书有不同的说法,有学者认为一堂好课的标准包括:(1)要有明确的教学目的;(2)正确的教学内容;(3)恰当的教学方法;(4)富有表现力的语言和整洁的板书;(5)严密组织的教学过程。

7. ABC 【解析】本题考查贯彻启发性教学原则的基本要求。在教学活动中贯彻启发性原则,对教师有以下几个基本要求:(1)激发学生的积极思维;(2)确立学生的主体地位;(3)建立民主、平等的师生关系。因此,ABC三项正确。(具体内容参见施璐、马晓蓉、王靖晶主编的《教育学》)

8. AB 【解析】本题考查设计教学法。设计教学法主张废除班级授课制和教科书,打破传统的学科界限,教师不直接向学生传授知识和技能,而是指导学生根据自己已有的知识和兴趣,自行组成以生活问题为中心的综合性学习单元。学生在自己设计、自己负责的单元活动中获得有关的知识和能力。设计教学法的重点是**以活动课程代替学科课程**,使学生在活动中获得对知识的整体认知。其主要缺陷是**忽视系统知识,影响教学质量**,而且在教学实施过程中困难很多,难以落实。CD项表述不符合设计教学法的内涵。

9. ABD 【解析】“教学有法”是指我们的教育教学活动是有规律可遵循、有法则可遵守、有模式可遵照的,是有可以掌握的基本方法、基本规律的。“教无定法”指的是教学的模式、方法、技能等不是机械的、教条的,而是灵活多变、富有个性、充满灵性的。“贵在得法”指的是教师应将各种教学方法、手段、技巧等恰如其分、灵活巧妙地应用于具体的教学情景中。

10. ACD 【解析】学习活动主要包含认知活动、技能活动和情感活动三个基本领域,因此,学生的学业评价也从这三个领域展开。

11. ABCD 【解析】布置作业的原则包括:(1)在内容上突出开放性和探究性;(2)在容量上考虑量力性和差异性;(3)在形式上体现新颖性和多样性;(4)在评判上重视过程性和激励性。

12. BCD 【解析】本题考查教与学的关系。现代教学中的教与学的关系主要体现为一种**动态的、平等的、民主的**交往关系,是一种基于“对话”基础上的教学活动。

13. ABCD 【解析】本题考查备课。备学生要了解学生的知识基础状况,以此作为以后教学的依据和制订教学计划的参考。A项正确。备学生需要了解学生的学习能力实际(如接受能力、理解能力、自学能力、动手能力等)。B项正确。备学生要了解学生的内在特点,分析学生的个性品质、智力因素和非智力因素等。C项正确。备学生还要了解学生的家庭情况和思想状况。学生的家庭情况和思想状况不仅直接影响着他们的学习情绪,而且与学习的内容有一定的关系。D项正确。故ABCD四项全选。

14. BCD 【解析】英语教师通过对新单词的拆分,建立了新旧知识之间的联系,让学生更好地记忆单词,体现了巩固性原则;教师将抽象的单词拆分理解,符合学生的接受能力,体现了量力性原则,即可接受性原则;教师在教授学生英语单词的同时,也教育学生要爱自己的父母,体现了教书与育人的统一,体现了教育性原则。

15. ABC 【解析】本题考查中小学教学方法改革与发展的趋势。中小学教学方法改革与发展的趋势包括:(1)教学方法**现代化**;(2)教学方法**心理学化**;(3)教学方法**个性化**。(具体内容参见柳海民主编的《教育学原理(第2版)》)

16. AC 【解析】本题考查现代教育评价。现代教育评价倡导评价主体多元化,从单方转为多方,强调被评价者成为评价主体中的一员,建立学生、教师、家长、管理者、社区和专家等共同参与、交互作用的评价制度。刘老师的评价中,“教师评价、学生自评、学生互评、家长参评的评价方式”有利于实现评价主体多元化。现代教育评价倡导评价内容综合化,重视知识以外的综合素质的发展,尤其是创新、探究、合作与实践等能力的发展,以适应人才发展多样化的要求。刘老师针对学生学校表现、生生关系、家庭乃至社会的表现,对其进行全方位评价,有利于实现评价内容多样化。

17. ABD 【解析】在学业负担状况方面,主要考查学生的客观学习负担和主观学习感受,可以通过学习时间、课业质量、课业难度、学习压力等关键性指标进行评价,促进减轻学生过重的课业负担,提高学习的有效性和学习乐趣。

18. ABCD 【解析】本题考查谈话法的运用要求。教师运用谈话法需做到:谈话方式要因人而异,准备好问题和谈话计划,善于把握提问时机和分寸,注意启发诱导学生,谈话结束后做好归纳小结。

19. ABD 【解析】间接经验与直接经验相结合,反映了教学中传授系统的科学文化知识与丰富学生感性知识的关系、理论与实践的关系、知与行的关系。

三、判断题

1. × 【解析】本题考查教学评价的类型。根据评价采用的标准,教学评价可以分为绝对性评价、相对性评价和个体内差异评价。相对性评价又称为常模参照性评价,是运用常模参照性测验对学生的学习成绩进行的评价。个体内差异评价是以评价对象自身状况为基准,对评价对象进行价值判断的评价方法。例如,把某学生的学业成绩的过去和现在进行纵向比较评价,从而评价该生学习成绩的进步情况,或者把该学生所修的各门课程的成绩进行横向比较,从而找出该生学习各门课程之差异。故题干说法错误。

2. √ 【解析】本题考查教学原则。理论联系实际原则是指教师在教学中,应使学生从理论与实际的结合中来理解和掌握知识,并引导他们运用新获得的知识去解决各种实际问题,培养他们分析问题和解决问题的能力。题干这一思想出自荀子,意思是:知道了不如亲自实践,做到知行合一也就达到极致了。通过实践,就能明白事理。这一思想强调理论联系实际原则。

3. × 【解析】本题考查教学评价的基本类型。形成性评价是在教学过程中为改进和完善教学活动而进行的对学生学习过程及结果的评价。它包括在一节课或一个课题的教学中对学生的口头提问和书面测验。诊断性评价是在学期开始或一个单元教学开始时,为了了解学生的学习准备状况及影响学习的因素而进行的评价。教师利用入学测验掌握新生的学习情况属于诊断性评价。

4. × 【解析】本题考查教学过程的阶段。教学过程大致分为以下五个阶段:(1)激发学习动机;(2)领会知识(感知教材和理解教材);(3)巩固知识;(4)运用知识;(5)检查知识。在教育开始阶段应该激发学生的学习动机,提高学生学习的积极性,使学生积极主动地接受教育。

5. √ 【解析】本题考查对教学概念的理解。中外学者在对教学概念的理解上,虽然存在认识上的差异,但也有共同之处。(1)都强调教师教与学生学的结合或统一,即教师教和学生学是同一活动的两个方面,是辩证统一的。首先,教不同于学,在课堂教学情境中,教主要是教师的行为,学主要是学生的行为。教师与学生之间存在着差异,教与学之间也存在着差异。教主要是一种外化过程,而学主要是一种内化过程。其次,“教”和“学”相互依存,相辅相成。(2)都明确了教师教的主导作用和学生学的主体地位。(3)都指出了教学对学生全面发展的促进功能。

6. √ 【解析】教学的教育性主要体现为一种价值指引性,表现为教学总会受到一定价值观的影响和制约。

7. × 【解析】凯洛夫提出了感知、理解、巩固、运用四个教学阶段,第一步是感知。

8. × 【解析】演示要紧密配合教学,过早拿出直观教具,演示完不及时收好教具,都会分散学生注意。

9. √ 【解析】本题考查讲授法的形式。讲授法可分为讲述、讲解、讲读和讲演四种形式。其中,讲述是指教师运用生动形象的语言,叙述、描绘所要讲的知识内容的一种讲授方式。讲解是指教师对所要讲的知识内容进行解释、说明、分析、论证的一种讲授方式。与讲述相比,**讲解侧重于讲理而不是说事**,其目的在于帮助学生发展理论思维能力。(具体内容参看王晞等编著的《课堂教学技能》)

10. × 【解析】一个课题教学开始前,教师必须对这个课题的教学做全面的考虑和准备,再制订出课题计划。

11. × 【解析】**讲解重在“解”,主要应用于程序性知识的介绍**,帮助学生明确概念、认识规律、掌握原理。在数学、物理、化学等学科中,讲解的应用比较广泛。

12. √ 【解析】本题考查教学方法的运用。一般来说,各种教学方法既有启发性质,又有注入性质,是一把“双刃剑”。各种教学方法的启发性因素的作用能否得到充分发挥,显示出它应有的功效,关键在于教师运用教学方法的指导思想是否正确。

13. √ 【解析】本题考查教学模式。学生掌握知识的阶段主要有两种模式:一种是以师生授受知识为特征的**传授/接受教学**;另一种是以学生主动探取知识为特征的**问题/探究教学**。

14. √ 【解析】本题考查学生评价。学生评价是指在一定教育价值观的指导下,根据一定的标准,运用科学的方法、技术,对学生的思想品德、学业成绩、身心素质、情感态度等的发展过程和状况进行描述和判断的活动。学生评价是教育评价的重要领域,也是每一位教师必须实际操作的一项重要内容。

15.√ 【解析】评价标准的确立要考虑它的可行性或现实性,在制定评价标准或指标体系时,一定要从实际出发,考虑被评价对象的特点或被评价内容的性质。例如,对学生而言,并不存在一个适用于所有学科、所有年龄阶段学生的学习评价标准,任何一个评价体系都有它的适用范围,都有它的局限性。

16.√ 【解析】教学在本质上是一种主体性教学,它以塑造和建构主体自身为其活动领域。

17.× 【解析】朱熹曾经说过:"圣贤施教,各因其材,小以小成,大以大成,无弃人也。"这体现的是因材施教原则。

18.× 【解析】教学过程的人为性是指教学过程乃由人的活动所形成的事物。人的活动是有意识、有目的的,是社会性和文化性的存在。教学过程的人为性具体表现为教学过程的主体目的性、结构生成性和社会文化性。题干描述的是教学过程的整体性的内涵。

19.× 【解析】静态的内容表现在课程计划、课程标准及教科书中。静态的内容一旦进入师生共同参与的教学活动中,就成为动态的、现实的内容。换言之,在教学过程中,静态的教学内容会在师生的相互作用中生成动态的教学内容。

20.√ 【解析】1957年,苏联教育学家达尼洛夫和叶希波夫编著的《教学论》首先提出了"理论联系实际"这一教学原则。

21.× 【解析】教学内容既可以预设,也可以生成,是预设与生成的统一。

22.× 【解析】本题考查教学方法的选择和运用。教学方法不是一成不变的,而是随着教学实践的内外部条件的变化以及教育教学的发展而不断变化和发展的。也就是说,教学目的和任务、教学内容、时代要求和生产力的发展水平,是影响教学方法发展的直接因素。但是,教学方法并不是被这些因素消极决定的,教学方法一旦形成之后,就具有相对的稳定性和独立性,并非简单地随着不同社会变革的不同而变化。所以,题干表述错误。

23.× 【解析】诊断性评价是在学期开始或一个单元教学开始时,为了解学生的学习准备状况及影响学习的因素而进行的评价。诊断性评价不仅仅可以辨别造成学生学习困难的原因,还能检查学生的学习准备程度,以此对学生进行适当安置。

四、案例选择题

1.C 【解析】本题考查材料分析能力。杭州市连续进行的作业改革从源头上减轻了学生作业的数量,在保障教育质量的同时减轻了中小学生过重的学业负担,故选C项。该市推出的"一本作业本"等举措是课程改革的一个切入点,通过作业的改革,可以带动区域内教学方式的变革和课程实施的推进。故B项不选。AD两项案例中未体现,故不选。

2.ABCD 【解析】本题考查材料分析能力。"一本作业本"等作业改革措施从源头上减轻了学生作业的数量,同时也倒逼老师去精选、精批作业,倒逼课堂转型。故选AC两项。通过减轻书包重量、作业数量以及规定作业时间,有利于学生身心健康发展,故选B项。有关作业改革的指导意见的出台及举措的推出,为学校和教师在作业布置上提供了相应的指导,有利于促进学校规范管理制度,故选D项。

3.ABCD 【解析】本题考查布置作业的要求。布置作业的要求有:(1)布置作业要有目的、有重点,作业内容符合课程标准的要求;(2)考虑不同学生的能力需求;(3)分量适宜、难易适度;(4)作业形式多样,具有多选性;(5)要求明确,规定作业完成时间;(6)作业反馈清晰、及时;(7)作业要具有典型意义和举一反三的作用;(8)应有助于启发学生的思维,含有鼓励学生独立探索并进行创造性思维的因素;(9)尽量同现代生产和社会生活中的实际问题结合起来,力求理论联系实际。故选ABCD四项。

4.B 【解析】本题考查《关于加强义务教育学校作业管理的通知》。《关于加强义务教育学校作业管理的通知》强调,要严格控制书面作业总量,提高作业设计质量。要求小学一二年级不布置书面家庭作业,小学其他年级每天书面作业完成时间平均不超过60分钟;初中每天书面作业完成时间平均不超过90分钟。故选B项。

第七章 德 育

基础训练

答案速查

1~5	BAABA	6~10	DAADB	11~15	BCBBB	16~20	DCDAD
21~25	BAADD	26~30	CAADA	31~35	BDCAB	36~40	DCAAD
41~44	BBDA			1~5	ABC BCD ABC BDE AD		
6~11	ACD ABCD AC BC BCD CD			1~5	√××√×		
6~10	××√√×			11~16	√××√×√		

一、单项选择题

1.B 【解析】本题考查德育原则。德育的尊重信任学生与严格要求学生相结合的原则是指,在德育过程中,教育者既要尊重信任学生,又要对学生提出严格的要求,把严和爱有机地结合起来,使教育者的合理要求转化为学生的自觉行动。在德育工作中尊重信任与严格要求是辩证统一的,尊重信任是严格要求的前提,正如苏联教育家**马卡连柯**所说:"要尽量多地要求一个人,也要尽可能地尊重一个人。"

2.A 【解析】本题考查德育原则。**疏导原则**是指进行德育时要循循善诱、以理服人,从提高学生认识入手,调动学生的主动性,使他们积极向上。疏导原则也就是**循循善诱原则**。我国古代教育家孔子很善于诱导他的学生,其弟子颜回曾这样称赞道:"夫子循循然善诱人,博我以文,约我以礼,欲罢不能。"

3.A 【解析】本题考查德育内容。根据1988年、1994年和1996年中共中央颁布的有关决定,我国学校德育内容主要有**政治教育、思想教育、道德教育和心理健康教育**。故本题选A项。

4.B 【解析】本题考查德育过程与品德形成过程的关系。德育过程与思想品德形成过程是**教育与发展**的关系。德育过程的最终目标是使受教育者形成一定的思想品德。品德形成属于人的发展过程,德育过程是对品德的形成与发展过程的调节与控制。德育只有遵循人的品德形成发展规律,才能有效地促进人的品德形成与发展。

5.A 【解析】本题考查德育过程的主要矛盾。德育过程从本质上说是个体社会化与社会规范个体化的统一过程。德育过程的主要矛盾是教育者代表社会所提出的道德要求同受教育者现有道德水平之间的矛盾。

6.D 【解析】本题考查德育原则。依靠积极因素、克服消极因素的原则(长善救失原则)是指在德育工作中,教育者要善于依靠、发扬学生自身的积极因素,调动学生自我教育的积极性,克服消极因素,以达到长善救失的目的。故本题选D项。

7.A 【解析】本题考查德育模式。德育的认知模式是由瑞士学者皮亚杰提出,而后由美国学者科尔伯格进一步深化的。该模式假定人的道德判断力按照一定的阶段和顺序从低到高不断发展,道德教育的目的就在于促进儿童道德判断力的发展及其行为的发生。故"三水平六阶段"的道德发展理论从德育模式上归类,属于德育的认知模式。

8.A 【解析】本题考查平行教育原则。集体教育和个别教育相结合原则(平行教育原则)是苏联教育家马卡连柯成功教育经验的总结。马卡连柯指出:教师要影响个别学生,首先要去影响这个学生所在的集体,然后通过集体和教师一道去影响这个学生,便会产生良好的教育效果。

9.D 【解析】本题考查德育方法。品德评价法是通过对学生品德进行肯定或否定的评价而予以激励或抑制,促使其品德健康形成和发展的德育方法。它包括奖励、惩罚、评比和操行评定等。题干中的熊老师通过开展文明卫生行为评比活动,对主动打扫卫生、爱护公共物品的学生予以奖励,就运用了品德评价法。

10. B 【解析】班主任老师以自身为榜样,对学生进行德育,体现了对榜样示范法的运用。

11. B 【解析】本题考查常用的德育方法。品德评价法是通过对学生品德进行肯定或否定的评价而予以激励或抑制,促使其品德健康形成和发展的德育方法。它包括**奖励、惩罚、评比和操行评定**等。由题干中的“表扬与批评”“奖励与处分”可知,这属于品德评价法。

12. C 【解析】“平行教育原则”是苏联教育家马卡连柯成功教育经验的总结。马卡连柯指出:教师要影响个别学生,首先要去影响这个学生所在的集体,然后通过集体和教师一道去影响这个学生,便会产生良好的教育效果。因此,马卡连柯的“平行教育影响”是指在集体中教育。

13. B 【解析】说服教育法是通过摆事实、讲道理,使学生明辨是非、善恶,提高道德认识,形成正确道德观点的方法。在德育工作中,说服教育法是运用**最为广泛也是最基本**的一种方法。

14. B 【解析】本题考查品德形成的基础。活动和交往是学生品德形成的**基础和源泉**。

15. B 【解析】本题考查德育模式。认知模式假定人的道德判断力按照一定的阶段和顺序从低到高不断发展,道德教育的目的就在于促进儿童道德判断力的发展及其行为的发生。故选B项。A项是体谅模式的主张,C项是社会模仿模式的主张,D项是价值澄清模式的主张。

16. D 【解析】因材施教原则是指教育者在德育过程中,应根据学生的年龄特征、个性差异以及品德发展现状,采取不同的方法和措施,加强德育的针对性和实效性。“一把钥匙开一把锁”体现了因材施教原则的内涵。

17. C 【解析】基本道德是个体生活的基础性道德要求。基本道德往往是历史上传承下来为人类社会广泛接受的道德规范。

18. D 【解析】贯彻导向性原则的要求有:(1)坚持正确的政治方向;(2)德育目标必须符合新时期的方针政策和总任务的要求;(3)要把德育的理想性和现实性结合起来。ABC项均符合导向性原则的要求。D项为知行统一的德育原则的贯彻要求。

19. A 【解析】说服教育法的方式有两类:第一类是**运用语言文字**进行说服教育的方式,如讲解、报告、谈话、讨论、辩论、读书指导等;第二类是**运用事实**进行说理教育的方式,主要包括参观、访问和调查。

20. D 【解析】德育过程从本质上说是个体社会化与社会规范个体化的统一过程。

21. B 【解析】本题考查德育模式。道德教育的认知模式是当代德育理论中流行**最为广泛、占据主导地位**的德育学说,它是由瑞士学者皮亚杰提出,而后由美国学者科尔伯格进一步深化的。

22. A 【解析】本题考查德育过程的构成要素。德育过程通常由教育者、受教育者、德育内容和德育方法四个相互制约的要素构成。

23. A 【解析】德育的社会性功能指的是学校德育能够在何种程度上对社会发挥何种性质的作用。题干描述的是古代中国德育的社会性功能。因为,古代中国是一个特别重视道德教化的国度,德育一直是统治者“齐风俗,一民心”“齐家治国平天下”的工具。

24. D 【解析】本题考查常用的德育方法。陶冶教育法是教师利用环境和自身的教育因素,对学生进行潜移默化的熏陶和感染,使其在耳濡目染中受到感化的德育方法。故答案选择D项。

25. D 【解析】本题考查德育原则。“视其所以,观其所由,察其所安”是孔子提出的了解学生的方法,要求根据学生的不同特点进行有区别的教育,体现了因材施教原则。

26. C 【解析】本题考查德育原则。教育影响的一致性和连贯性原则是指在德育工作中,教育者应主动协调多方面教育力量,统一认识和步调,有计划、有系统、前后连贯地教育学生,发挥教育的整体功能,培养学生正确的思想品德。

27. A 【解析】本题考查德育的基本途径。思想品德课(思想政治课)与其他学科教学是学校有目的、有计划、系统地对学生进行德育的**基本途径**。故选A项。

28. A 【解析】直接道德教学是指通过开设专门的道德课程向学生系统地、有计划地、有目的地教授德育知识。我国中小学开设的思想品德课及大学开设的政治课都属于这种直接的道德教学。题干所述为这类德育途径的优点,故答案选A项。

29. D 【解析】本题考查德育的途径。班主任工作是学校对学生进行德育的一个**重要而又特殊**的途径。

30. A 【解析】运用榜样示范法符合青少年学生**爱好学习、善于模仿、崇拜英雄、追求上进**的年龄特点。

31. B 【解析】体谅模式的特色之一是有助于教师较全面地认识学生在解决特定的人际—社会问题时可能遭到的种种困难,以便更好地帮助学生学会关心。因此,**“学会关心”**是体谅模式所强调的。

32. D 【解析】本题考查运用说服教育法的基本要求。运用说服教育法的要求有:(1)明确目的性和针对性;(2)富有知识性、趣味性;(3)注意时机;(4)以诚待人。故选D项。A项属于自我修养指导法的要求,B项属于品德评价法的要求,C项属于实际锻炼法的锻炼方式。

33. C 【解析】本题考查常用的德育方法。榜样示范法是用榜样人物的优秀品德来影响学生的思想、情感和行为的德育方法。王老师鼓励全班学生学习李明同学的优秀品质,运用的是榜样示范法。

34. A 【解析】本题考查德育原则。疏导原则是指进行德育时要循循善诱,以理服人,从提高学生认识入手,调动学生的主动性,使他们积极向上。疏导原则也就是循循善诱原则。贯彻这一原则的要求:(1)讲明道理,疏通思想;(2)因势利导,循循善诱;(3)以表扬、激励为主,坚持正面教育。故A项正确。B项是依靠积极因素、克服消极因素的原则(长善救失原则)的贯彻要求,C项是因材施教原则的贯彻要求,D项是尊重信任学生与严格要求学生相结合的原则的贯彻要求。

35. B 【解析】实践锻炼的方式有很多,主要有学习活动、社会活动、生产劳动和课外文体科技活动等。其中**学习活动**是学生最主要、最经常的锻炼方式。

36. D 【解析】本题考查德育原则。长善救失原则是指在德育工作中,教育者要善于依靠、发扬学生自身的积极因素,调动学生自我教育的积极性,克服消极因素,实现品德发展内部矛盾的转化。

37. C 【解析】本题考查小学阶段的德育重点。小学阶段是学生行为习惯养成的关键期,小学生具有很强的可塑性。因此,小学德育的重点是**培养学生良好的道德行为习惯**。

38. A 【解析】自我教育法是指学生在教育者的引导和启发下,根据道德教育的目标和要求,在自我意识的基础上产生积极进取之心,经过自觉学习、自我反思和自我行为调节,不断完善自身品德的方法。自我教育包括学习、立志、座右铭、自我评价、慎独等多种形式。鲁迅先生刻“早”字提醒自己守时,体现的德育方法是自我教育法。

39. A 【解析】本题考查常用的德育方法。陶冶法是通过创设良好的情境,潜移默化地培养学生品德的方法。A项当选。锻炼法是有目的地组织学生进行一定的实际活动,以培养他们的良好品德的方法。榜样法是以他人的高尚思想、模范行为和卓越成就来影响学生品德的方法。说服法是通过摆事实、讲道理,使学生提高认识,形成正确观点的方法。

40. D 【解析】本题考查德育过程的规律。德育过程的规律之一是德育过程是学生思想品德长期和反复提高的过程。根据这一规律,教师应做到:(1)要确立终身德育的理念。(2)要善于在德育中反复抓、抓反复,锲而不舍。学生的思想品德在形成过程中会出现曲折和倒退现象,教师面对此情况,不要气馁,因为这是个体品德发展中的正常现象。根据题干中的“曲折”“反复”“循循善诱”等关键词,可以判断本题答案选D项。

41. B 【解析】本题考查常用的德育方法。榜样示范法是用**榜样人物的优秀品德**来影响学生的思想、情感和行为的德育方法。"先进典型"即榜样人物,这种教育方法属于榜样示范法。

42. B 【解析】本题考查德育原则。依靠积极因素、克服消极因素的原则是指,在德育工作中,教育者要善于依靠、发扬学生自身的积极因素,调动学生自我教育的积极性,克服消极因素,以达到长善救失的目的。依靠积极因素,克服消极因素的原则是对立统一规律在德育中的反映,它要求教育者要用一分为二的观点,全面分析,客观地评价学生的优点和不足。所以,体现马克思主义"一分为二"辩证认识学生的德育原则是发扬积极因素与克服消极因素相结合原则。

43. D 【解析】品德修养指导法是指教师指导学生自觉主动地进行学习、自我反省,以实现思想转化及行为控制的方法。题干所述是运用品德修养指导法的体现。

44. A 【解析】本题考查常用的德育方法。陶冶教育法是教师利用环境和自身的教育因素,对学生进行潜移默化的熏陶和感染,使其在耳濡目染中受到感化的德育方法。"让学校的每一面墙壁都开口说话"强调使学生在学校环境中耳濡目染提升品德,属于陶冶教育法。

二、多项选择题

1. ABC 【解析】本题考查自我教育能力的构成。学生的自我教育能力是学生品德赖以形成的内部因素,也是学生品德发展程度的一个主要标志。自我教育能力主要由自我期望能力、自我评价能力和自我调控能力构成(也有说法认为,自我教育能力主要由自我评价、自我激励和自我调控能力构成)。

2. BCD 【解析】体谅模式的特征有:(1)坚持性善论;(2)坚持人具有一种天赋的自我实现趋向;(3)把培养健全人格作为德育目标;(4)大力倡导民主的德育观。A项属于认知模式的特征。

3. ABC 【解析】心理健康教育主要有三方面的内容,即**学习辅导、生活辅导和择业指导**。

4. BDE 【解析】德育的个体性功能可以描述为德育对个体生存、发展、享用产生影响的三个方面。

5. AD 【解析】说服教育法是德育的重要方法,但一味地运用说服、灌输而不顾学生实际,不看时机,也并不能起到理想的教育效果,B项错误;C项说法正确,但与题干无关。因此,答案选A、D项。

6. ACD 【解析】本题考查"三生教育"。新时期学校德育的"三生教育"是**指生存教育、生活教育、生命教育**。

7. ABCD 【解析】德育过程是一个长期的、反复的、逐步提高的过程,其原因包括:(1)德育过程的长期性是由人类认识规律决定的。(2)青少年正处于成长时期,可塑性比较强,思想不成熟,其发展也具有双向性,某一阶段出现某些倒退是正常的,这使得德育过程是一个反复的持续的过程。(3)德育过程中,学生除了接受学校的有目的有计划有组织的正规教育影响外,还受到来自社会的、家庭的多种影响,这些影响中难免会有负向的,因而一个人思想品德提高过程中出现反复是正常的。(4)当前意识形态领域中斗争的复杂性,也使得对学生社会主义品德的培养是长期的、反复的过程。故本题选ABCD。

8. AC 【解析】题干中的李老师"组织学生利用课余时间参加公益活动"是对实际锻炼法的运用,而对不愿意参加公益活动的同学单独进行谈话与辅导是对说服教育法的运用。

9. BC 【解析】德育应"服从最强烈的人性冲动"是情感派的理论主张。情感派认为,情感是德育的构成性要素,而且在德育中起着本源的作用。舍弃情感,仅靠理性推理而来的道德,在情感派看来简直就是毫无意义的。情感论者虽然并不是完全否认认知在德育中的作用,但他们认为理性的作用仅在于发现真伪,德育的根本应植根于情感的培养。认知派启示我们德育不能背离受教育者的道德认知规律,行为派启示我们德育应重视良好行为习惯的训练。所以答案选B、C项。

10. BCD 【解析】德育过程是一个长期的、反复的、逐步提高的过程。故A项表述不正确。

11. CD 【解析】"研究每位学生的情况""量身定制"体现出魏老师贯彻了因材施教原则;"查看前一阶段老师的评价""不重复也不超前"体现出魏老师贯彻了教育影响的一致性和连贯性原则。

三、判断题

1. √ 【解析】本题考查德育的途径。德育途径主要包括直接的道德教学和间接的道德教育两大类。直接的道德教学包括思想品德课和时事政治课。间接的道德教育包括思想教育之外的其他各科教学、课外活动和校外活动、团队协作活动、劳动教育等教学形式。所以,德育普遍存在于一切教学活动之中。

2. × 【解析】本题考查德育过程的基本规律。学生的思想品德由知、情、意、行四个心理因素构成。德育过程一般以知为开端,以行为终结。但由于社会生活的复杂性、德育影响的多样性等因素,在德育具体实施过程中,又**具有多种开端**,可根据学生品德发展的具体情况,或从导之以行开始,或从动之以情开始,或从锻炼品德意志开始,最后达到使学生品德在知、情、意、行几方面和谐发展的目的。故题干说法错误。

3. × 【解析】本题考查德育的概念。德育即品德教育的简称,是以人生活的意义及规范的内在建构和外在体现为根本旨要,对人品德给予多方面教化培养的各种教育活动的总称。它具有广义和狭义之分。狭义的德育仅指道德教育;广义的德育,除道德教育外,还包括涉及人成长生活的其他品德内容,如思想教育、政治教育、法制教育、生命教育、人格教育、心理品质教育等。故题干说法错误。

4. √ 【解析】本题考查德育途径。我国学校的德育途径是广泛多样的,具体包括:(1)思想品德课(思想政治课)与其他学科教学;(2)社会实践活动;(3)课外、校外活动;(4)共青团、少先队组织的活动;(5)校会、班会、周会、晨会、时事政策的学习;(6)班主任工作。其中,班主任工作是学校对学生进行德育的一个重要而又特殊的途径。通过班主任,学校可以强有力地管理基层学生集体,更好地发挥上述各个德育途径的作用。

5. × 【解析】本题考查德育原则。知行统一原则是指教育者在进行德育时,既要重视对学生进行系统的思想道德的理论教育,又要重视组织学生参加实践锻炼,**把提高认识和行为养成结合起来**,使学生做到言行一致。"纸上得来终觉浅,绝知此事要躬行"意为书本上得到的知识毕竟比较肤浅,要透彻地认识事物还必须亲自实践。这句话体现了知行统一原则。

6. × 【解析】德育的个体性功能可以描述为德育对个体生存、发展、享用发生影响的三个方面。其中,享用性功能是德育个体性功能的**最高境界**。

7. × 【解析】疏导原则是指进行德育时要循循善诱、以理服人,从提高学生认识入手,调动学生的主动性,使他们积极向上。

8. √ 【解析】受教育者包括受教育者个体和群体,他们都是德育的对象。在德育过程中,受教育者既是德育的客体,又是德育的主体。

9. √ 【解析】"情通理不通"和"说话的巨人,行动的矮子"等现象说明知、情、意、行在发展方向和水平上常处于不平衡状态,这就要求我们在德育过程中可以具有多种开端,即不一定恪守知、情、意、行的一般教育顺序,而是根据具体情况,深入分析青少年的思想实际和年龄特征,或从训练行为开始,或从陶冶情感开始,或从锻炼意志开始,最终达到学生知、情、意、行的全面、和谐发展。

10. × 【解析】德育的社会性功能指的是学校德育能够在何种程度上对社会发挥何种性质的作用。具体来说,主要指学校德育对社会政治、经济、文化等发生影响的**政治功能、经济功能、文化功能**等。而德育的个体性功能是指德育对受教育者个体发展能够产生的实际影响,可以描述为德育**对个体生存、发展、享用产生影响**的三个方面。其中,德育的个体发展功能主要指的是对个体品德心理结构的发展所起作用的功能。题干所述为德育的个体发展功能。

11. √ 【解析】陶冶教育法包括人格感化、环境陶冶和艺术陶冶等。

12. × 【解析】本题考查德育的途径。我国中小学德育途径是广泛多样的,包括:思想品德课(思想政治课)与其他学科教学,社会实践活动,课外、校外活动,共青团、少先队组织的活动,校会、班会、周会、晨会、时事政策的学习,班主任工作。其中,**思想品德课之外的其他各科教学**是德育最经常、最基本、最有效的途径,社会实践活动是学校德育不可缺少的重要途径。

13. × 【解析】本题考查学生思想品德的四个基本因素。"行"指思想品德方面的行为,是人们在一定的思想品德的认识、情感和意志的支配下的行动。它是学生思想品德形成与否的关键,也是衡量一个人思想品德水平高低的主要标志。所以题干表述错误。

14. √ 【解析】如果继续坚持认为德育是学校的一项工作,就应特别强调,德育是学校全体教育工作者的工作,而不是一部分人的工作和专有的权利。德育是教师的天职,是每一个教育工作者义不容辞的责任。

15. × 【解析】德育目标是德育工作的预期结果,德育方法是为实现德育目标服务的,所以选择德育方法,首先要考虑德育目标的要求。

16. √ 【解析】德育的意义包括:(1)德育是社会主义现代化建设的重要条件和保证;(2)德育是青少年、儿童健康成长的条件和保证;(3)德育是实现我国教育目的的基础和保障。题干所述为德育的意义之一。

四、填空题

1. 意　行　　　　2. 榜样示范法

3. 爱国主义教育　　　　4. 反复的

5. 品德修养指导(自我修养)

五、案例选择题

ABC 【解析】当学生使用手机问题已严重影响了课堂秩序和学风、班风时,马老师召开了主题班会,与学生共同制定并遵守使用手机的"约法三章",做到了尊重与信赖学生,故A项正确。学生反映"有个别老师上课也接听电话为什么不管?"马老师接受该建议,与学生共同遵守相关约定,体现了以身作则,做学生表率,故B项正确。教师与学生共同制定使用手机的规定并互相监督,在班级营造了良好的舆论,做到了利用舆论力量影响学生,故C项正确。

整合提升

1~5	ABCCD	6~10	DADAB	11~15	DADBB	16~20	DABBA
1~5	BCD ABD BD ABC AB			6~9	BCD AB ABC ACD		
1~5	××√××			6~7	√×		

一、单项选择题

1. A 【解析】本题考查德育方法。实际锻炼法是有目的地组织学生参加各种实际活动,使其在活动中锻炼思想、增长才干、培养优良的思想和行为习惯的德育方法。题干引文的意思是:使他的心志痛苦,使他的筋骨受劳累。这体现的是实际锻炼法。

2. B 【解析】本题考查德育内容。爱国主义教育是培养学生热爱祖国的感情,使学生形成保卫祖国、维护祖国统一和利益的坚强意志的教育。每周一举行的升旗仪式和国旗下的讲话活动,有助于增强学生的民族自豪感,培养学生的爱国主义精神,属于开展爱国主义教育的表现。

3. C 【解析】本题考查德育原则。正面教育原则,强调在德育中,以客观的事实、先进的榜样和表扬鼓励为主的方法教育和引导学生,重视调动学生心理上的积极因素,尊重学生的心理情绪和人格,而不是简单粗暴地批评指责。该老师在发现学生的问题后,没有教育和引导学生遵守课堂纪律,而是直接将学生赶出教室,处理方式简单粗暴,既没有尊重学生情绪和人格,也没有调动学生的积极因素,违反了正面教育原则。

4. C 【解析】本题考查德育方法。实践锻炼法是有目的地组织学生参加各种实际活动,使其在活动中锻炼思想、增长才干、培养优良的思想和行为习惯的德育方法。锻炼的方式主要是学习活动、社会活动、生产劳动和课外文体科技活动。题干中的教师采用的就是实践锻炼法。

5. D 【解析】本题考查德育过程的基本规律。德育过程是促进受教育者思想品德内部矛盾的积极转化的过程。受教育者思想内部的矛盾斗争是思想品德形成和发展的根本动力。解决德育过程的主要矛盾,落实在受教育者的思想品德上,必须促进受教育者思想品德发展的内部矛盾的积极转化,正确解决三种性质不同的矛盾:(1)认识性质的矛盾;(2)能力性质的矛盾;(3)思想性质的矛盾。其中,能力性质的矛盾是由于受教育者思想道德能力不强、未能履行思想道德要求而出差错产生的矛盾。在这种矛盾中,受教育者常常是"犯错而不自觉"。对于这种矛盾,必须引导受教育者注意总结生活经验和加强思想道德的实际锻炼,通过提高其自我控制和思想道德修养能力来解决。由题干表述可知,D项正确。(具体内容参见王作亮、张典兵所著的《教育学原理》)

6. D 【解析】本题考查我国中小学主要的德育原则。知行统一原则是指教育者在进行德育时,既要对学生进行系统的思想道德教育,又要重视组织学生参加实践,把提高认识和行为养成结合起来,使学生做到言行一致。题干中的班主任只上交资料,未开展"扫黑除恶"的具体工作,违反了知行统一原则。

7. A 【解析】本题考查学科德育渗透的途径。学科德育渗透的途径包括:(1)**挖掘教材的德育因素**。各科教材中不同程度地存在一些德育因素,即"文以载道",教师应该把蕴含在各学科知识中的德育因素挖掘出来,寓德于教。语文、历史、地理等课要利用课程中语言文字、传统文化、国土常识等丰富的思想道德教育因素,潜移默化地对学生进行世界观、人生观和价值观的引导。(2)注重教法的德育效果;(3)发挥教师的道德示范。所以,题干中该语文老师运用的学科德育渗透途径是挖掘教材的德育因素。

8. D 【解析】自我修养一般包括立志、学习、反思、箴言、慎独等。其中,**箴言**是指引导学生确立奋斗目标,选出有针对性的格言、箴言做座右铭,用以自励、自警,经常对照自己、长期坚持,以提高修养水平。这是修养的一种好方法,其效果取决于学生是否能够严于律己。(具体内容参看王道俊、郭文安主编的《教育学(第7版)》)

9. A 【解析】陶冶法是指通过创设一定的情境,让学生在情境中自然而然地进行潜移默化的感化和熏陶,从而使他们的道德情感和心灵得到完善的一种方法。这种方法与说理法具有明显的区别。**说理法是明示的方法,陶冶法是暗示的方法**。陶冶法的特点是:既不向学生讲授系统的道德知识,也不对他们提出明确的道德要求,而是寓教育于生动的情境之中,通过预先设置的情境来感化和熏陶他们。这种方法既无强制性的措施,也难有立竿见影的特殊功效。

10. B 【解析】本题考查德育原则。B项是贯彻因材施教原则的具体要求,而不是贯彻长善救失原则的具体要求。B项表述错误。

11. D 【解析】本题考查德育模式。体谅模式把道德情感的培养置于中心地位,其主要观点包括:(1)根据学生的需要来确定道德教育课程;(2)道德教育应促进发展成熟的社会判断和行为;(3)注重道德感染力和榜样的作用;(4)反对用高度理性化的方法进行道德教育。故选D项。

12. A 【解析】广义的德育泛指所有有目的、有计划地对社会成员在政治、思想与道德等方面施加影响的活动,包括社会德育、社区德育、学校德育和家庭德育等方面。题干中该师范教育学院的做法属于社区德育的范畴,是在通过开展社区教育进行德育工作。

13. D 【解析】本题考查德育个体发展功能的发挥应注意的问题。德育个体发展功能的发挥应注意两个问题:一是个体发展功能的发挥必须充分尊重学习个体的主体性,否则就会阻抑这一功能的正常发挥;二是品德发展实质上是人的文明化或社会化,因此,通过必要的规范学习与价值学习,以形成一定的品德,乃是发挥个体发展功能的重要内容。故选D项。在理解德育的社会性功能时,要充分注意德育社会性功能实现的间接性。

14. B 【解析】"仁言不如仁声(音乐)之入人深也"的意思是:仁德的言辞不如使风俗变得淳厚的音乐深入人心。这里强调的是对人进行潜移默化的熏陶和感染,使其在耳濡目染中受到感化的德育方法,也即陶冶教育法。

15. B 【解析】本题考查德育的相关内容。A项,在我国,爱国主义教育是德育的永恒主题,是我国学校德育中最重要的内容,处于核心地位。故A项说法正确。

B项,德育过程(思想品德教育过程)与品德形成过程是两个完全不同的概念。两者是**教育与发展的关系**。故B项说法错误。

C项,道德教育是培养和发展学生基本道德品质的教育。这种教育实质上是教学生如何做人的教育。故C项说法正确。

D项,选择德育内容的依据之一是当前的时代特征,它决定了德育内容的针对性。故D项说法正确。

16. D 【解析】本题考查我国中小学主要的德育原则。知行统一原则是指教育者在进行德育时,既要重视对学生进行系统的思想道德的理论教育,又要重视组织学生参加实践锻炼,把提高认识和行为养成结合起来,使学生做到言行一致。题干中的这位老师先是召开主题班会,提高学生的思想道德认识,然后又组织学生去敬老院慰问老年人,使学生通过实践加深认识,增强情感体验,这体现了知行统一的德育原则。

17. A 【解析】德育的体谅模式认为道德教育重在提高学生的人际意识和社会意识,引导学生学会关心。题干所述内容体现了体谅模式的观点。

18. B 【解析】本题考查德育的体谅模式。体谅模式是从自我的感受出发以体谅他人为主而展开的道德教育,是道德教育领域中独具特色的模式。简单地说,它就是一种换位思考的模式。教师教育学生换位思考,站在对方的角度考虑,就是要学生学会关心、体谅他人,这属于德育的体谅模式。

19. B 【解析】《中小学德育工作指南》中把班级教育活动这一德育途径称作**"活动育人途径"**;把社会实践活动这一德育途径称作**"实践育人途径"**。故B项说法错误。心理健康教育的具体目标包括使学生学会学习和生活,正确认识自我,提高自主自助和自我教育能力等。A项正确。C项属于德育的基本规律之一。贯彻长善救失原则的要求之一是教育者要用一分为二的观点,全面分析和了解学生,客观地评价学生的优点和不足。D项正确。

20. A 【解析】价值澄清模式是一种尊重学生自由选择价值观的权利,以培养学生对价值观的反省能力、选择能力为重点的德育模式。

二、多项选择题

1. BCD 【解析】本题考查德育内容。"致青春"演讲比赛属于理想信念教育,"地震逃生"演练属于安全教育,"清明节缅怀革命先烈"祭扫活动属于爱国主义教育。

2. ABD 【解析】本题考查德育过程的基本规律。德育过程是培养学生知情意行的过程,这一规律的要求有:(1)德育要有**全面性**,促进知情意行的和谐发展。开展德育活动时,就应该注意全面性,兼顾知情意行各要素,不能厚此薄彼,有所偏废。(2)德育要有**多开端性**,要具体问题具体分析。在品德的发展过程中,知、情、意、行四个因素的发展往往是不平衡的,而且每个学生品德发展的具体情况也存在个别差异,表现出来的品德面貌或品德问题不尽相同。这就要求针对品德结构中诸因素发展不平衡的状况,灵活处理,有的放矢,因材施教。(3)德育要有**针对性**,对知情意行采取不同的方式方法。品德的知、情、意、行各有不同的特点,对它们的培养不能一概而论,不能用同样方式、方法来对待,应该采取不同的方式、方法来进行。C项不包括在内。

3. BD 【解析】本题考查情感陶冶法的运用要求。运用情感陶冶法的要求:(1)创设良好的情境;(2)教育者的人格感化;(3)与启发说服相结合;(4)引导学生参与情境的创设。故选BD两项。AC两项属于运用实际锻炼法的要求。

4. ABC 【解析】本题考查德育内容。A项体现了爱国主义教育,这是我国德育的永恒主题,符合班会主题。我国学校德育内容主要有政治教育、思想教育、道德教育和心理健康教育。B项属于道德教育,符合班会主题。C项属于心理健康教育,符合班会主题。D项属于智育,不符合班会主题。

5. AB 【解析】本题考查德育模式。社会模仿模式注重学生的道德行为,价值澄清模式注重学生的价值选择,C、D项对应错误。

6. BCD 【解析】德育具有决定学校教育性质的功能,德育的性质及其在人的发展中的作用,从根本上决定了学校教育的性质,故A项正确。德育的性质是由**特定的社会经济基础**决定的,B项错误。教育包括德育,二者有关联,C项错误。德育的途径多种多样,思想品德课与其他学科教学只是学校有目的、有计划、系统地对学生进行德育的基本途径,D项错误。

7. AB 【解析】说服教育法是教育者通过说理传道,使学生明辨是非善恶,以培养学生道德认知的方法。说服方式有**灌输**和**疏导**两种。灌输是指教师通过讲解、报告等形式,系统地讲授政治、思想、道德方面的原理原则和行为规范。疏导是指教师通过讨论、对话形式,引导学生辨别真假、善恶和美丑,培养学生道德判断和道德评价能力。(具体内容考生可参考由四川教育出版社出版,靳玉乐、李森主编的《现代教育学》)

8. ABC 【解析】本题考查实践锻炼法。实践锻炼的类型包括:(1)组织活动。这里的活动包括学习活动、课外活动、社会实践活动、生产劳动等。其中,学习活动是学生最经常的实践锻炼方式。(2)执行制度。通过引导学生遵守一定的制度,特别有助于培养学生的组织性、纪律性、顽强的意志和严格要求自己的好习惯,故遵守纪律是一种很重要的实践锻炼。(3)委托任务。故A、B项正确。实践锻炼法是解决道德上知行脱节的最重要方法。故C项正确。实践锻炼法要求学生参与实践活动。但是,亲身参与实践活动并不意味着就一定能够产生实际效果。故D项错误。

9. ACD 【解析】班主任"多次与小军进行单独谈话"运用的是说服教育法,"鼓励小军多参加由学校组织的公益活动和集体活动"运用的是实践锻炼法,"对于小军每次取得的进步,班主任都会给予肯定和鼓励"运用的是品德评价法。

三、判断题

1. × 【解析】本题考查德育方法。说服教育法又叫说理教育法,是通过语言说理,使学生明晓道理、分清是非、提高品德认识的德育方法。这是一种坚持正面理论教育和正面思想引导,增强辨别是非能力,促进道德发展的重要方法。说服教育法的方式包括:(1)运用语言文字进行说服教育的方式,如**讲解、报告、谈话、讨论、辩论、读书指导**等;(2)运用事实进行说服教育的方式,主要包括**参观、访问和调查**。由题干中的"参观革命纪念馆""看实物""听解说"等可知,这采用了说服教育法对学生进行德育。故题干说法错误。

2. × 【解析】说服教育法具有**非强制性**。**情感陶冶法**是自觉地创设良好的教育情境,使受教育者在道德和思想情操方面受到感染、熏陶的方法,其特点是非强制性、愉悦性、隐蔽性、无意识交互作用性。

3. √ 【解析】我国学校德育途径是广泛多样的,其中基本途径是思想品德课(思想政治课)与其他学科教学。此外,学校的思想工作、管理工作、辅助性服务工作等,也是学校德育不容忽视的渠道。总之,学校的课程、教学中所采用的方法以及学校中每一样工作、学校生活中发生的每一件小事,都充满了进行道德教育的可能性。

4. × 【解析】我们既不能认为,只要学生在道理上懂了,就一定会形成相应的品德;也不能认为,只要学生表现出相应的行为,就表明已经具备了相应的道德。我们对学生应该注意晓之以理、动之以情、导之以行、持之以恒,使儿童品德中的知、情、意、行四者相辅相成,全面而和谐地得到发展。

5. × 【解析】本题考查德育的严格要求与尊重学生相结合原则。贯彻严格要求与尊重学生相结合原则的基本要求之一是教师要严格要求学生。没有要求就没有教育,在一定意义上说,德育就是对学生品德发展的引导和规范,主要表现为对学生的严格要求。对学生的缺点和错误,尤其是对那些"好学生"的缺点和错误,不能视而不见、姑息纵容,或因其年轻事小而原谅不究,要注重防微杜渐。要懂得,溺爱、以俊掩丑、重"赏识"轻"要求"或把"放任"当"宽容",都不利于培养学生良好的品德。故题干表述错误。

6. √ 【解析】本题考查德育渗透的相关知识。各学科的德育渗透要求不一样,因而渗透的方法也不一样。数学中渗透德育的方法有:(1)通过介绍数学家的事迹、数学典故等进行爱国主义教育。(2)从概念、定理、公式等内容的教学中进行辩证唯物主义教育。(3)在教学中对学生进行审美教育。(4)从数学教学中培养学生严谨的工作作风、坚强的意志品质和勇于创新的精神。题干中"创意性解法""介绍自己的解题思路,犹如做学术报告"等表明了老师对学生勇于创新的精神和严谨的工作作风的培养。这是一种德育渗透。

7. × 【解析】教师尊重学生的自由意志和道德自主性,并不意味着教师在德育过程中应保持价值中立的立场。在价值日益多元化的时代,尤其是在价值相对主义的冲击下,教师更应该坚守**理性的价值观**,诚实而负责任地向学生表达个人与社会的道德经验,引导学生尊重人类共同生活的基本价值,倡导师生间、生生间在平等、相互尊重、相互理解、宽容的氛围中就价值问题展开坦诚而深入的对话,与学生一起持一种开放而有底线的价值立场,营造容纳不同价值取向而又有共同生活准则的教育氛围。

四、案例选择题

1. D 【解析】本题考查德育原则。"发扬积极因素,克服消极因素"原则是指在德育工作中,教育者要善于依靠、发扬学生自身的积极因素,调动学生自我教育的积极性,克服消极因素,以达到长善救失的目的。赵老师抓住小周同学喜欢踢足球并且为班级体育工作做出贡献这一积极因素,对小周在学习和卫生方面提出了要求,从而对小周进行转化教育,体现了发扬积极因素、克服消极因素的原则。

2. B 【解析】本题考查德育方法。榜样示范法是用榜样人物的优秀品德来影响学生的思想、情感和行为的德育方法。小周同学为班级体育工作做出了贡献,赵老师号召同学们向小周同学学习。这属于对榜样示范法的运用。

3. BC 【解析】本题考查德育过程的基本规律。德育过程是一个长期的、反复的、逐步提高的过程,主要体现在:(1)德育过程是一个长期的过程。(2)德育过程是一个反复的、逐步提高的过程。学生正处于成长期,世界观尚未形成,思想很不稳定,品德发展容易出现反复。这就要求教育者要正确认识和对待这种现象,持之以恒、耐心细致地教育学生,引导学生在反复中逐步前进。案例中,小周同学在开完班会三天后,就又出现不遵守纪律的情况,说明学生的品德发展容易出现反复,对学生的德育过程不是一蹴而就的,它往往要经历一个发展过程。故选BC两项。AD两项表述错误,不选。

4. ABCD 【解析】本题考查中小学德育的内容。我国学校德育内容主要有政治教育、思想教育、道德教育、法制教育和心理健康教育。故ABCD四项皆可选。

5. B 【解析】本题考查德育过程的结构。德育过程通常由教育者、受教育者、德育内容和德育方法四个相互制约的要素构成。其中,教育者是德育过程的**组织者**、**领导者**,在德育过程中起**主导作用**。

第八章 班级管理与班主任工作

基础训练

答案速查

1~5	ACBCB	6~10	CDCBC	11~15	BBAAC	16~20	CAABD
21~25	CABCC	26~30	BCACB	31~35	ACADA	36~40	BBCCD
1~5	BCD ABCD ABCD ABCD ABC			6~10	ABC ACD ACD ACD ABC		
11~12	ABCD ABCD			1~5	×√√××		
6~10	××√×√						

一、单项选择题

1. A 【解析】本题考查非正式组织。学生的非正式组织有四种类型:(1)**积极型**。这种群体的价值目标与班级正式群体的价值目标是一致的,是班级正式群体的补充。例如,学生自发组织的文艺活动小组、公益活动小组、体育活动小组等。(2)娱乐型。同学们由于情绪上的好感和消磨课余闲暇时间的需要而聚集在一起,他们的主要目的是好玩、有趣。(3)消极型。这种群体会自觉、不自觉地与班主任、班委会发生对立,如破坏纪律、发牢骚、不参加集体活动等。(4)破坏型。这类群体已经游离出正式组织,他们没有是非善恶标准,凭借一种所谓的江湖人的欲望、勇气和胆量而作为,常常对班级组织产生破坏甚至震慑作用。题干中的环保公益活动小组是学生自发组织的,与班级正式群体的价值目标一致,属于积极型非正式组织。

2. C 【解析】本题考查班主任工作的中心环节。**组织和培养班集体是班主任工作的中心环节**,班主任应有计划、有组织地在短时间内有效地组建班集体。

3. B 【解析】本题考查班主任的领导方式。班主任的领导方式包括专制型、民主型和放任型三种。其中,专制型的领导方式属于支配性指导。持专制型领导方式的班主任无视学生的个别差异,以僵硬的对策为基础,只给予统一强制的指导,或一味地斥责、威胁。故本题选B项。

4. C 【解析】本题考查班主任工作的前提和基础。**了解和研究学生是班主任工作的前提和基础**,是做好班级工作的先决条件,也是班级教育过程中有效开展各项工作必不可少的基本环节。

5. B 【解析】本题考查班主任在班级管理中的影响力。班主任在班级管理中的影响力主要表现在两个方面:一是班主任的权威、权力和地位构成的职权影响力;二是班主任的个性特征与人格魅力构成的**个性影响力**。

6. C 【解析】本题考查班集体的发展阶段。一个班的几十个学生,从刚组建的群体发展为坚强的集体,一般要经过如下阶段:(1)组建阶段;(2)核心初步形成阶段;(3)集体自主活动阶段。其中,集体自主活动阶段的特点是,积极分子队伍壮大,学生普遍关心、热爱班集体,能积极承担集体工作,参加集体的活动,维护集体的荣誉,形成正确的舆论与良好的班风。A项属于组建阶段的特点,B、D项属于核心初步形成阶段的特点。

7. D 【解析】本题考查班级文化。班级文化是班级中教师和学生共同创造出来的联合生活方式。它包括三种状态:最为显性的**班级环境布置**,最为隐性的**班级人际关系和班风**,以及处于中间状态的**班级制度与规范**等。故选D项。

8. C 【解析】班级民主管理是指班级成员在服从班集体的正确决定和承担责任的前提下参与班级全程管理的一种管理方式。故C项正确。

9. B 【解析】本题考查班主任的领导方式。班主任的领导方式一般可以分为三种类型:权威型、民主型、放任型。采用权威型领导方式的班主任侧重于在**领导与服从**的关系上实施影响。采用民主型领导方式的班主任则比较**善于倾听学生的意见**,不以直接的方式管理班级,而是**以间接的方式**引导学生。而采用放任型领导方式的班主任主张对班级管理**不做过多干预**,以容忍的态度对待班级生活的冲突,不主动组织班级活动。题干中班主任采用的是民主型的领导方式。

10. C 【解析】**正确的舆论和良好的班风是班集体形成的重要标志。**

11. B 【解析】班主任了解和研究学生的具体方法主要有:观察法、谈话法、调查法、书面材料分析法等。心理咨询法不属于班主任了解和研究学生的主要方法。

12. B 【解析】班级常规管理是指通过制定和执行规章制度来管理班级的经常性活动。题干中的王老师通过制定和执行班规来管理班级活动的做法体现了常规管理。

13. A 【解析】班主任不能做学生日常生活的包办者。

14. A 【解析】本题考查班集体形成的基础。**明确的共同目标**是班集体形成的基础。当班级成员具有共同的目标定向时,群体成员在实现目标的过程中便会在认识上、行动上保持一致,相互之间形成一定的依存性。

15. C 【解析】本题考查班级的非正式组织。班级的非正式组织是源于班级组织的个人属性层面的人际关系,是学生在共同的学习与活动中基于成员间的需求、能力、特点的不同,从个人的好感出发而自然形成的。学生的非正式组织有积极型、娱乐型、消极型、破坏型四种类型。其中,积极型非正式组织的价值目标与班级正式群体的价值目标是一致的,是班级正式群体的补充。例如,学生们自发组织的文艺活动小组、公益活动小组、体育活动小组等。因此,学生自发组织的足球运动小组属于积极型非正式组织。

16. C 【解析】本题考查后进生的心理特征。后进生通常指那些学习积极性不高、学习成绩暂时落后、不太守纪律的学生。后进生一般具有如下心理特征:(1)不适度的自尊心;(2)学习动机不强;(3)意志力薄弱。先进生的心理特征:(1)自尊心强,充满自信;(2)强烈的荣誉感;(3)较强的超群愿望与竞争意识。故本题选C项。

17. A 【解析】班级平行管理是指班主任既通过对集体的管理去间接影响个人,又通过对个人的直接管理去影响集体,从而把对集体和个人的管理结合起来的管理方式。题干的描述体现了班级平行管理的内涵。

18. A 【解析】本题考查操行评定的内涵。**操行评定**是以教育目的为指导思想,以“学生守则”为基本依据,对学生一个学期内的学习、劳动、生活、品行等方面进行的小结与评价。题干所述符合操行评定的内涵。

19. B 【解析】本题考查班集体的发展阶段。一般来说,一个班集体从其初建到成熟,是一个连续的动态的过程,需要依次经过三个动态发展的阶段:(1)初建期的松散群体阶段。(2)形成期的合作群体阶段。这一时期,班主任在班级活动的组织上主要起一个指导的作用。在班主任指导下,班干部可以较独立地组织班级活动。因此,形成期是班主任培养班级骨干的重要时期。(3)成熟期的集体阶段。由题干所述可知,三年级(2)班可能处于班集体形成期的合作群体阶段。

方法技巧:关于班集体的发展阶段,不同学者有不同的看法,以下列举三种常见的说法,考生可进行对比记忆,在考试时,根据试题所采用的说法,灵活应对。

续表

说法一	组建阶段	**对班主任有很大的依赖性**,需要班主任亲自指导和监督才能开展活动
	核心初步形成阶段	积极分子不断涌现,班的核心初步形成,活动的组织、开展由班主任过渡到班干部
	集体自主活动阶段	形成正确舆论与良好班风,班组织自主开展活动
说法二	初建期的松散群体阶段	**对班主任依赖性较强**,班集体工作主要靠教师指挥,是班主任工作**最繁忙的时期**,也是班主任工作能力**经受考验的关键期**
	形成期的合作群体阶段	班中开始涌现出热心为大家服务的同学,班干部也开始发挥核心作用,班级的凝聚力开始显现。班主任在班级活动的组织上主要起一个指导的作用。**形成期是班主任培养班级骨干的重要时期**
	成熟期的集体阶段	班级已有明确的、共同认可的奋斗目标,班集体形成良好的舆论氛围和民主团结的风气
说法三	组建阶段	班主任是班级的核心和动力,班集体对班主任有较大的依赖性
	形核阶段	同学之间开始相互了解,在班主任的引导培养下,涌现出一批积极分子开始协助班主任开展各项工作
	发展阶段	多数学生能够互相严格要求,教育要求已转化为集体成员的自觉需要,学生已能自己管理和教育自己
	成熟阶段	集体开始成为真正的教育手段。班集体成为教育的主体,自觉地向集体成员提出任务与要求,自主地开展集体活动

20. D 【解析】班会一般有三类,即**常规班会、生活班会和主题班会**。

21. C 【解析】本题考查班集体的形成与培养。任何一个班集体的形成,都会经历组建、形成、发展的过程。在班集体的培养过程中,班集体的正常秩序是维持和控制学生在校生活的基本条件,是教师开展工作的重要保证。因此,教师在班集体的组建阶段,就应着手正常秩序的建立工作,特别是当接到一个教育基础较差的班级时,首先就要做好这项工作。

22. A 【解析】文艺复兴时期的著名教育家**埃拉斯莫斯**最先提出“班级”一词。

23. B 【解析】班主任是学生操行评定的主要负责人。

24. C 【解析】本题考查班主任的领导方式。放任型领导方式属于不干预性指导。在放任型领导方式下,班主任对班级管理不做过多干预,以容忍的态度对待班级生活的冲突,不主动组织班级活动。学生有目的的活动水平低下,违背团体原则的自发行为增多。从题干中的“不干预”“不闻不问”可知,这种领导方式是放任型,故本题答案选C项。

25. C 【解析】本题考查班级管理的模式。班级民主管理是指班级成员在服从班集体的正确决定和承担责任的前提下参与班级全程管理的一种管理方式。班级民主管理的实质是在班级管理的全过程中,调动学生自我教育的力量,使人人都积极主动地参与班级事务。

26. B 【解析】本题考查班级管理的模式。班级民主管理是指班级成员在服从班集体的正确决定和承担责任的前提下,参与班级全程管理的一种管理方式。它可以通过建立班级民主管理制度来实行,如干部轮换制度、定期评议制度、值日生制度、值周生制度、民主教育活动制度等。根据题干中的“班干部轮换”“定期评议”“轮流值日”等关键词可知,班主任采用的是班级民主管理模式。

27. C 【解析】本题考查班集体与班级群体的关系。班集体是班级群体发展的高级阶段。班集体既属于班级群体的范畴,但又不同于一般的班级群体。

28. A 【解析】本题考查班集体的形成与培养。**班集体的正常秩序**是维持和控制学生在校生活的基本条件,是教师开展工作的重要保证。教师在班集体的组建阶段,就应着手正常秩序的建立工作,特别是当接到一个教育基础较差的班级时,首先就要做好这项工作。

29. C 【解析】对学生进行思想品德教育是班主任的工作重点和经常性的工作。

30. B 【解析】放任型的领导方式属于不干预性指导,班主任容忍班级生活的种种冲突,更无意组织班级活动,回避学生的主动精神。学生在无指导的班级生活中,有目的的活动水平低下,违背团体原则的自发行为增多。

31. A 【解析】摸清情况、分析原因、区别对待是教师进行个别教育工作的基本要求之一。

32. C 【解析】教学是学校的中心工作,教学质量管理是班级教学管理的核心。

33. A 【解析】目标管理是由美国管理学家**德鲁克**提出来的。

34. D 【解析】班集体是训练班级成员自己管理自己、自己教育自己、自主开展活动的**最好载体**。

35. A 【解析】实现教学目标,提高学习效率是班级教学管理的主要功能。

方法技巧:关于班级管理的功能,考生可结合关键词进行记忆:主要抓教学、基本是秩序、重要在学生。

36. B 【解析】建立以学生为本的班级管理机制是解决当前我国学校班级管理中存在的问题的重要策略,这项策略的重要内容之一就是确立学生在班级中的主体地位。因此,答案选B项。

37. B 【解析】班级是学校行政体系中最基层的行政组织,是开展教学活动的基本单位。

38. C 【解析】本题考查班主任在班级管理中的地位和作用。在班级管理中,班主任行使着多种职能,扮演着多重角色:(1)班主任是班级建设的设计者;(2)班主任是班级组织的领导者;(3)班主任是协调班级人际关系的主导者(艺术家)。C项理解错误。

39. C 【解析】本题考查班级目标管理的概念。班级目标管理是指班主任与学生共同确定班级总体目标,然后转化为小组目标和个人目标,使其与班级总体目标融为一体,形成目标体系,以此推动班级管理活动、实现班级目标的管理方法。

40. D 【解析】本题考查班主任工作的首要任务。**组织建立良好的班集体是班主任工作的首要任务**。班集体不仅是学校进行教育教学活动的基本单位,而且是学生成长的摇篮、活动的基地、自我教育的课堂。因此,每个班主任在接手一个班级后,都把组织建立班集体作为自己工作的首要任务。

二、多项选择题

1. BCD 【解析】本题考查班级管理的模式。班级管理的模式有四种:班级常规管理、班级平行管理、班级民主管理、班级目标管理。

2. ABCD 【解析】本题考查偶发事件处理的原则。班级偶发事件处理的原则有:(1)教育性原则;(2)目的性原则;(3)客观性原则;(4)针对性原则;(5)启发性原则;(6)有效性原则;(7)一致性原则;(8)可接受原则;(9)因材施教原则;(10)冷处理原则。故A、B、C、D四项全选。

3. ABCD 【解析】班级教学管理的内容包括:(1)明确教学管理的目标和任务;(2)建立行之有效的班级教学秩序;(3)建立班级管理指挥系统;(4)指导学生学会学习。

4. ABCD 【解析】操行评定的一般步骤包括:(1)学生自评;(2)小组评议;(3)班主任评价;(4)信息反馈。

5. ABC 【解析】班集体的教育作用具体表现为:(1)有利于形成学生的群体意识;(2)有利于培养学生的社会交往能力与适应能力;(3)有利于训练学生的自我教育能力。

6. ABC 【解析】班级组织建构的原则包括:(1)有利于教育的原则;(2)目标一致的原则;(3)有利于身心发展的原则。

7. ACD 【解析】本题考查班级管理的功能。班级管理的功能包括:(1)有助于实现教学目标,提高学习效率;(2)有助于维持班级秩序,形成良好的班风;(3)有助于锻炼学生能力,学会自治自理。

8. ACD 【解析】本题考查班级组织机构微观建制的形式。班级组织机构微观建制的形式有三种:(1)直线式;(2)职能式;(3)直线职能式。

9. ACD 【解析】本题考查班级管理的内容。班级管理的内容包括班级组织建设、班级制度管理、班级教学管理、班级活动管理。B项属于班级管理的模式。

10. ABC 【解析】本题考查班级正式组织的层次。我国中小学班级的正式组织一般分为三个层次:第一层是对全班工作负责的角色,即**班干部**;第二层是对小组工作负责的角色,即**小组长**;第三层是只对自身的任务负责的角色,即**小组一般成员**。

11. ABCD 【解析】班集体必须具备以下四个基本特征:(1)明确的共同目标;(2)一定的组织结构;(3)一定的共同生活的准则;(4)集体成员之间平等、心理相容的氛围。

12. ABCD 【解析】本题考查建立学生档案的环节。班主任在全面了解学生的基础上,对掌握的材料进行分析处理,并将整理结果分类存放起来,即建立学生的档案。建立学生档案一般分四个环节:收集—整理—鉴定—保管。

三、判断题

1. × 【解析】本题考查班级非正式组织。班级中的非正式组织对于班级既可以发挥积极作用,也可以起消极作用。它的产生是不可避免的,问题在于如何利用非正式组织的特点,尽可能使其对班级的活动开展发挥有益的作用,防止产生不良影响。

2. √ 【解析】本题考查《中小学班主任工作规定》。根据《中小学班主任工作规定》,班主任是中小学的重要岗位,从事班主任工作是中小学教师的重要职责。教师担任班主任期间应将班主任工作作为主业。题干表述正确。

3. √ 【解析】在现代学校教育中,班级活动完全是一种培养人的实践活动,满足学生发展的需要既是班级活动的**出发点**,又是班级活动的**最终归宿**。

4. × 【解析】本题考查班级管理的原则。班级管理的自主参与原则指班级成员参与管理,发挥其主体作用。班级的各种组织机构的干部成员都应该由学生民主选举产生,并授予他们进行管理的权力,不能随便干预。当他们遇到困难时,要帮助解决,但不要代替。这也就是我们通常所说的**"班干部能做的班主任不做,学生能做的班干部不做"**。全员激励原则指激励全班每个学生,充分发挥他们的智力、体力等各方面的潜能,实现个体目标和班级总目标。

5. × 【解析】本题考查班级管理的实质。班级管理的实质就是让学生的潜能得到尽可能的开发。班级民主管理的实质是在班级管理的全过程中,调动学生自我教育的力量,发挥每一个学生的主人翁精神,使人人都积极主动地参与班级事务,让每个学生都成为班级的主人。

6. × 【解析】本题考查班主任的个别教育工作。班主任做好个别教育工作,包括做好**先进生**的教育工作、**中等生**的教育工作和**后进生**的教育工作。题干表述片面。

7. × 【解析】班级管理的对象是班级中的各种管理资源,而主要对象是学生。

8. √ 【解析】班主任是班集体的组织者和领导者,是学校领导进行教导工作的得力助手,他对一个班的学生工作全面负责,组织学生的活动,协调各方面对学生的要求,对一个班集体的发展起主导作用。

9. × 【解析】班主任选拔班干部不能以学生的成绩作为选拔标准,选拔班干部时要综合考虑以下因素:一是德才兼备、全面发展;二是关心集体,有一定的组织管理能力;三是情商发展比较好,在学生中有一定的影响力、感召力和凝聚力;四是有较强的自制力,能严于律己、以身作则和率先垂范。

10. √ 【解析】本题考查班主任的意义。班主任是学生班级的直接组织者、教育者和领导者,是学生健康成长的引路人,是联系班级与各任课教师的纽带,是沟通学校、家庭和社会的桥梁,是学校思想政治工作的骨干力量。题干说法正确。

四、案例选择题

1. BD 【解析】本题考查班主任工作的相关内容。A项:班主任的领导方式包括:专制型、放任型和民主型三种,其中,专制型的领导方式属于支配性指导。教师无视学生的个别差异,以僵硬的对策为基础,只给予统一强制的指导,或一味地斥责、威胁。高老师为了管理班级,安排班长用笔记本专门记录全班同学的不良表现,并在每次班会上专门拿出时间当众宣读"黑名单",以示警告。这体现了高老师在班级管理中处于支配性地位,对于学生的不良表现一味地斥责,高老师采取的是专制型的领导方式。故A项错误。

B项:我国传统的学生观将学生看作是被动的受体、教师塑造与控制的对象,学生在教育中处于边缘位置,对学生的教育是规范、预设的。高老师所采取的专制型的领导方式,就受到传统学生观的影响。故B项正确。

C项:针对学生的不良行为,教师要采取相应措施帮助学生矫正,而不是单单进行记录。故C项错误。

D项:根据《中华人民共和国教育法》第四十三条规定,参加教育教学计划安排的各种活动属于学生权利,而非学生义务。故学生可以自主选择是否参加运动会,教师不能强制要求学生参加或不参加。故D项正确。

E项:定期宣读具有不良行为的学生名单侵犯了学生的人格尊严权,不利于矫正学生的不良行为。故E项错误。

综上所述,本题选BD两项。

2. ADE 【解析】本题考查班主任的工作。A项:一个班级要有效地实现教育任务与目标,单靠班主任一个人的力量是不够的,有经验的班主任善于调动各方面的教育力量,充分发挥其在各种教育力量中的纽带作用。班主任应重视发挥科任教师在班级管理中的作用。故A项正确。

B项:在课堂教学和班级管理中,教师不能采取过于强硬的手段。案例中的高老师一贯采用的强硬专制的管理方式,并未收到很好的教学效果。故B项错误。

C项:一般认为,我国现在的中小学的全面发展教育主要包括德育、智育、体育、美育、劳动技术教育。"五育"中的每一组成部分都有其相对独立性,有其特定的任务、内容和功能,对其他各育起着影响、促进的作用,各育不能相互代替。在教学中,我们应该处理好智育与其他各育的关系,既不能放松智育,也不能只局限于智育。故C项错误。

D项:无论采取什么方法处理学生的问题行为,教师首先一定要明确问题行为,找出行为产生的原因,然后针对症结做出有效处理。故D项正确。

E项:学生享有人格尊严权,学校和教师在纠正学生的错误行为时必须尊重学生的人格尊严。故E项正确。

综上所述,本题选ADE三项。

答案速查

1~5	CCABA	6~10	ABBBB	11~15	BDDBA	16~18	CDC
1~5	AD ABCD CD ACD ABC			1~6	×√√√√×		

一、单项选择题

1. C 【解析】本题考查班集体的形成与培养。"没有规矩,不成方圆"意为:做任何事都要有一定的规矩、规则,否则就无法成功。班集体的正常秩序是维持和控制学生在校生活的基本条件,是教师开展工作的重要保证。建立健全必要的班级规则就是为班级"立规矩",建立正常的班集体秩序,以保证教师顺利开展工作。

2. C 【解析】本题考查班级管理模式。班主任的班级管理模式主要分为三类:强制型、民主型和放任型。其中,民主型模式最大的特点是师生关系融洽,有利于学生充分发挥各自才能,展示自我特质。班主任在管理上完全采用民主的方法,各种制度、决策都通过投票产生。题干中的王老师让学生参与制定班规,与学生商量重要决策,这体现了王老师在班级管理中采用民主的方法,故王老师的班级管理模式属于民主型。

3. A 【解析】本题考查班级组织的形成。班级组织的形成要经历三个发展阶段:(1)个人属性之间的矛盾阶段;(2)团体要求与个人属性之间的矛盾阶段;(3)团体要求架构内的矛盾阶段。个人属性之间的矛盾阶段的特征是:班级建立之初,学生的注意力主要集中于了解班主任和任课教师,建立与同学的稳定关系。因此,学生还不能公然地反对班主任和任课教师,班级中的主要问题是同学之间的矛盾。

4. B 【解析】本题考查班级管理的核心工作。班集体是学生学习、生活和成长的重要场所,班级管理是以班集体为基础展开的。因此,建设和培养良好的班集体是班级管理的核心工作,也是班主任工作成果的体现。

5. A 【解析】本题考查班级活动的类型。班级活动的类型是多种多样的,根据班级活动的目标和功能,可以分为以下几种类型:思想道德引领类班级活动、学习提高类班级活动、个性发展类班级活动、社会适应类班级活动。其中,思想道德引领类班级活动主要是**帮助学生形成积极健康的精神风貌**,包括良好的道德品质、积极的思想情感、健康的心理素质,如爱国主义教育活动、清明祭扫活动、主题演讲等。由题干中的"提升学生的爱国情怀"可知,这类班级活动属于思想道德引领类班级活动。

6. A 【解析】本题考查班集体的培养。正确的班集体舆论是一种巨大的教育力量,对班集体每个成员都有约束、激励的作用,是教育集体成员的重要手段。在班集体的培养过程中,班主任应注意培养正确的班集体舆论。马卡连柯的话强调在教育过程中要重视集体舆论的教育力量。因此,在教育过程中要充分发挥班集体的教育功能,使之成为真正的教育力量。

7. B 【解析】在班主任的地位和作用中,班主任最重要的角色是**学生的精神关怀者**。"精神关怀"更深刻、更准确地反映了班主任教育劳动的意蕴,体现了班主任以人为本的教育理念,表达了班主任对学生的情感和态度。因此,精神关怀应当成为班主任工作的核心内容。

8. B 【解析】班主任教育工作的重点应放在日常的班级活动上,这会产生一种真正强有力的、持久的、潜移默化的影响。

9. B 【解析】本题考查班级的功能。班级组织既具有社会化功能,又具有个体化功能。班级的个体化功能主要表现在:(1)促进发展的功能;(2)满足需求的功能;(3)诊断功能;(4)矫正功能。小强入学后改正了自己的缺点,体现了班级的个体化功能中的矫正功能。

10. B 【解析】本题考查班级管理。班级管理是班主任的日常工作内容,是班级工作的基础,有利于学生良好的行为习惯的养成。

11. B 【解析】本题考查班主任了解研究学生的方法——谈话法。谈话法是班主任了解和研究学生经常采用的方法。按照谈话的手段,可将谈话方式分为:商讨式谈话、点拨式谈话、触动式谈话、谈心式谈话、突击式谈话、渐进式谈话。

(1)商讨式谈话。这种谈话是指班主任以商讨问题的方式与学生谈话,适用于性格倔强、脾气暴躁、感情容易冲动的学生。

(2)点拨式谈话。这种谈话是指采用暗示的手段,或采用名言、警句、格言、成语等加以提示,意在帮助学生明白某些道理。

(3)触动式谈话。这种谈话是指以严肃的态度、激烈的语调、尖锐的语言给学生以较大的心灵触动,促其深入思考和改变。

(4)**谈心式谈话**。这种谈话是指以诚恳的态度、亲切的语言与学生在良好的气氛中交流内心的真实思想。

(5)突击式谈话。这种谈话是指班主任因时、因地、因人进行个别谈话,主要适用于自我防卫心理比较强的学生。

(6)渐进式谈话。这种谈话是指班主任有目的、有步骤、有层次地安排谈话,它适用于内向、孤僻、有自卑心理的学生。

题干中的班主任刘老师采用的谈话方式是谈心式。B项正确。

12. D 【解析】本题考查班主任工作的意义。班主任工作的意义包括:(1)班主任是班级的组织者、领导者;(2)班主任是学生成长的教育者;(3)班主任是联系各任课教师的纽带;(4)班主任是沟通学校与家长、社区的桥梁。故ABC三项说法正确,D项说法错误。

13. D 【解析】在班集体发展趋于成熟并和谐发展的阶段,集体开始成为真正的教育手段。集体本身作为主体,向每个成员提出自己的奋斗目标和要求,并团结全体成员为达到共同的目标而进行有组织的顽强努力。

14. B 【解析】本题考查班级管理的原则。班级管理的适度性原则是指把握班级管理的度,班级管理不能太松也不能太紧,避免"放则乱、紧则呆"的局面。B项正确。效率性原则强调合理有效地使用人力、物力和时间等资源,使有限的资源发挥最大的效能,取得最佳的班级管理效率。实效性原则强调及时发现班级中的各种问题,提高教育教学质量。规范性原则强调班级管理要按照一定的规则、规范开展,要遵循一定的步骤有理有据地开展。

15. A 【解析】后进生的意志力比较薄弱、自尊心比较强,学习积极性又不高,所以转化后进生首先要帮助他们树立自信心。

16. C 【解析】班集体的特征包括:(1)班集体是一个规范化的社会组织。(2)班集体是一个学生的文化心理共同体。(3)班集体是一个特殊的学生主体。同时,班集体在教育者的影响下,具有自我规划、自我教育、自我管理、自我纠错的能力,是一个发展中的具有自我教育能力的集体主体。C项认识错误。

17. D 【解析】根据班级活动的目标和功能,班级活动可以分为以下类型:(1)思想道德引领类班级活动,如爱国主义教育活动、清明祭扫活动、主题演讲等;(2)学习提高类班级活动;(3)个性发展类班级活动,如作文竞赛、诗歌创作和朗诵比赛、歌咏比赛等;(4)社会适应类班级活动。以"厉害了,我的国"为主题的诗歌创作活动既属于思想道德引领类班级活动,又属于个性发展类班级活动。

18. C 【解析】本题考查班级管理的特性。班级管理的特性主要表现为对象的特殊性、不可预测性、及时性以及针对性等方面。

A项,班级管理的及时性是指对于班级中发生的事情,教师应该在第一时间进行处理,以免事件波及更广,造成不必要的麻烦。A项不符合题意。

B项,班级管理对象具有很大的特殊性,主要表现在:班级管理的对象年龄一般是六七岁到十七八岁的学生,这个年龄阶段的学生身心还处于不成熟时期,具有发展的可能性和可塑性,还不具备"独立"生活的能力;班级管理的内容不仅包括学习方面,还包括身体发展、个人品质等方面。B项不符合题意。

C项,班级管理的不可预测性是指班级内发生的事情往往不会让人事先预料,教学活动被人打断是一件常出现的事情。因此,这就需要教师具有随机应变的能力。例如,上课的时候学生经常会以个性化的方式引起老师的注意,在同学面前出风头。故题干所述表明班级管理具有不可预测性,答案选C项。

D项,班级管理必须具有极强的针对性。不同的班级,其成员的组成、班级结构的形成、班级纪律、班级氛围都有所不同,因此班级管理者的工作重心也就有所不同。班级管理应该针对班级管理中的具体事务,能反映班级学生发展的实际要求和实际发展的可能性。D项不符合题意。

二、多项选择题

1. AD 【解析】本题考查班主任的相关内容。1951年我国颁布了《关于改革学制的决定》,规定从**1952年起**,在中小学设立"班主任",取代"级任导师",负责全班学生的思想教育、政治工作、道德行为、生活管理、课外活动等。至此,我国班主任制正式确立。故A项错误。

班主任要扮演好班级管理的设计师角色。首先,要树立以生为本的理念;其次,要确立科学的系统化的管理;最后,进行个性化班级文化建设。故B项正确。

调查法是班主任了解学生的方法之一,即通过对学生本人或知情者的调查访问,从侧面间接地了解学生,包括问卷、座谈等。故C项正确。

《中小学班主任工作规定》指出,班主任应该经常与任课教师和其他教职员工沟通,主动与学生家长、学生所在社区联系,努力形成教育合力。故D项错误。

2. ABCD 【解析】本题考查班级管理的有效性的内涵。班级管理的有效性是指教师和学生根据一定的价值目标,以最低的消耗,恰当而有效地处置班级中的人、事、物、时、地等各个方面,构建良好的班级氛围,促进学生健康地成长,全面达成教育目标的高效能的班级。班级管理的有效性是实现学校管理整体效益的基础,班级管理的效能直接表现为班级学生的健康成长和班级组织的高度成熟,具体而言主要包含:强大的内聚力、良好的执行力、充分的竞争力和积极的影响力。故本题选ABCD四项。(具体内容参看谌启标、王晞等编著的《班级管理与班主任工作》)

3. CD 【解析】本题考查班集体的核心队伍的组成。形成班集体核心,主要是选拔和培养**学生干部和积极分子**的问题,这是班集体建设的重要内容之一。

4. ACD 【解析】本题考查班主任工作的原则。班主任工作应遵循以下基本原则:学生主体原则、因材施教原则、集体教育原则、民主公正原则、严慈相济原则、以身作则原则。B项排除。

5. ABC 【解析】本题考查操行评定的目的。操行评定的目的包括:(1)教育学生奋发向上,肯定其优点,找出其缺点,指出其努力的方向;(2)帮助家长全面了解子女在学校的情况,以便与老师密切配合,共同教育学生;(3)帮助班主任总结工作经验,找出问题,改进工作。

三、判断题

1. × 【解析】本题考查班主任与科任教师的职责。关注教学质量和学生品德的发展是科任教师和班主任共同的职责。

2. √ 【解析】班级组织中师生之间是一种直接的、面对面的互动。班级组织的健康发展在很大程度上取决于班主任和教师对班级成员的认知和理解程度。

3. √ 【解析】本题考查活动交往常规管理。班主任要认真组织好学生的校外活动,如,夏令营活动、社区服务活动、生产实习活动、公益劳动、社会调查、勤工俭学活动等等。在组织校外活动的过程中,要真正从锻炼、教育学生出发,抓落实,抓实效,不搞形式主义。

4. √ 【解析】为有效履行职责、取得教育实效,当代学校教育中的班主任必须实行由管理者角色向指导者角色的重心转移。

5. √ 【解析】本题考查班级的特点。班级的特点包括:(1)班级是以育人为己任的教育组织。(2)班级是一个以学习为中心的组织。对于学生来说,第一使命是学习,首要的身份是"学习者"。而班级是典型的学习型组织。(3)班级是一个不成熟但不断成长的组织。(4)班级是一个社会性的组织。题干所述为班级的特点之一,表述正确。

6. × 【解析】本题考查班主任的角色。班主任的角色更多地应是合作者和合作指导者,而非管理者。合作者和合作指导者是指基于学生个体的身心状态和发展需要,基于班级群体的实际与可能,在思想意识、价值观念和行为方式上给予个体或群体以适当的指点、引导,以求不断达成教育目标,包括对学生个体或群体所进行的学习合作指导、生活合作指导、交往合作指导、人格合作指导、发展性合作指导等。也正因为如此,班主任时常被人冠以"班级导师"之名。

第九章　课外、校外教育与三结合教育

基础训练

答案速查

1~5	CBDAC	6~10	BADBD	11~15	CBBAB	16~18	ABC
1~5	ABD ACD ACD ABC ACD			1~6	×√√×√√		

一、单项选择题

1. C　【解析】本题考查课外、校外教育活动的内容。文学艺术活动主要是培养学生对文艺的爱好和发展学生文艺方面的才能。学生摄影小组举办的摄影作品大赛主要是培养学生摄影方面的爱好和才能，属于文学艺术活动。

2. B　【解析】本题考查课外活动的内容。课外活动的内容主要有：(1)社会实践活动；(2)学科活动；(3)科技活动；(4)文学艺术活动；(5)体育活动；(6)社会公益活动；(7)课外阅读活动；(8)游戏活动；(9)主题活动。B项是从活动的规模角度划分的，属于课外活动的组织形式。

3. D　【解析】本题考查教师与家长的关系。教师要了解、教育学生必须取得家长的积极配合。故A项说法正确。教师与家长沟通合作的方法：(1)尊重是教师与家长沟通合作的前提。(2)帮助家长树立起对孩子教育的信心。教师必须避免告状式的家校联系，不能在家长面前一味地数落孩子的不是。(3)加强教师与家长之间的沟通。故BC两项说法正确，D项说法不正确。

4. A　【解析】“科学思维”体现了课外、校外活动在发展学生智力方面的作用。

5. C　【解析】课外活动的自主性是指，课外活动可以由学生自己组织、设计和动手。可以说，课外活动是学生自己的活动，学生是课外活动的主体。题干所述体现了课外活动的自主性特点。

易错提示：考生易混淆课外活动的“自愿性”和“自主性”。考生可从以下角度进行理解和区分：自愿性强调“非强迫性”，参加与否由学生自己决定；自主性强调活动过程中的“学生主体，教师辅助”。

6. B　【解析】本题考查课外、校外活动的组织形式。课外、校外活动的组织形式主要有群众性活动、小组活动和个人活动(个别活动)。其中，**小组活动是课外、校外活动的基本组织形式**。

7. A　【解析】本题考查“三结合”教育。“三结合”的教育一般是指**学校教育、家庭教育和社会教育三结合**。

8. D　【解析】课外活动是在课堂教学活动之外，对学生进行多方面教育的有效形式，也是对课堂教学活动局限性的弥补手段。

9. B　【解析】本题考查社会教育的内涵。社会教育主要是指学校、家庭环境以外的社区、文化团体和组织等给予儿童和青少年的影响。它主要通过以下途径和形式来影响儿童和青少年的身心发展：(1)社区对学生的影响；(2)各种校外机构的影响；(3)报刊、广播、电影、电视、戏剧等大众传播媒介的影响。张贴公益广告属于借助大众传播媒介进行教育，这种教育活动属于社会教育。

10. D　【解析】在三结合教育中，**学校教育占主导地位**，家庭教育是学校教育的基础和补充，有不可替代的教育作用。D项说法错误。

11. C　【解析】本题考查课外活动的内容。科技活动是以让学生学习和了解科技知识为目的的课外活动。例如：举办科技讲座，参观游览，成立无线电小组、航模小组、园艺小组等，开展小发明、小创造、小制作、小实验、小论文等“五小活动”。因此，以“小发明、小创造”为主题的兴趣活动属于课外活动中的科技活动。

12. B　【解析】家庭教育具有先导性，一个人最早接受的教育是家庭教育。因此家庭教育相对于其他教育形式来说，**开始得最早**。家庭教育具有终身性，在人的一生中，享受时间最长的教育就是家庭教育，而学校教育和社会教育无论时间长短，都只是一种阶段性的教育。因此，本题选B项。

13. B　【解析】课外活动是学生自己的活动，**学生**是课外活动的主体。

14. A　【解析】个人活动是学生在教师指导下，根据个人爱好、特长独立进行的活动。题干描述的是个人活动的概念。

15. B　【解析】家长会议是我国目前学校、家庭和社会联系的较为普遍的重要形式，每年每学期学校或社会教育机构都要召开家长会议。

16. A　【解析】本题考查课外活动与课堂教学的关系。从课外活动与课堂教学的联系看，它们的目的是一致的，都是为了实现全面发展的教育目的，完成学校的教育任务。故A项正确。

17. B　【解析】课外活动的自主性是指课外活动可以由学生自己组织、设计和动手。可以说，课外活动是学生自己的活动，学生是课外活动的主体。题干中，“提倡学生自由管理、自行设计、自由发展”体现了课外活动的自主性特点。

18. C　【解析】**家庭教育是一种稳定的、持久性的教育**。在正常情况下，家长是不变的，家庭相对于其他社会组织有很强的稳定性、持久性。因此，我国父母对子女的教育影响具有典型的连续性和永久性，家庭教育的连续性往往表现为一个家庭的家风，家风的好坏往往要延续几代人，甚至十几代人，因此，社会发展中经常会出现“杏林世家”“梨园之家”“教育世家”等现象。

二、多项选择题

1. ABD　【解析】本题考查课外、校外教育的概念。课外、校外教育是指在课程计划和学科课程标准以外，利用课余时间，对学生施行的各种有目的、有计划、有组织的教育活动。

2. ACD　【解析】本题考查群众性活动的形式。群众性活动带有普及性质，可以吸收大批学生参加，有一定声势，适合青少年特点，能激发学生的学习热情，有利于活动的开展。群众性活动包括：集会活动，竞赛活动，参观、访问、游览和调查，文体活动，墙报和黑板报，社会公益劳动。B项属于小组活动。

3. ACD　【解析】学校可以通过**与家庭相互访问、建立通讯联系、定时举行家长会、组织家长委员会、举办家长学校**等途径加强与家庭之间的联系。

4. ABC　【解析】课外活动的组织形式有**群众性活动、小组活动和个别活动**。

5. ACD　【解析】实施课外活动的基本要求包括：(1)要有明确的目的性、计划性；(2)活动内容要丰富多彩，形式要多样化，要富有吸引力；(3)注意发挥学生集体和个人的主动性、独立性和创造性，并与教师指导相结合；(4)要考虑学生的兴趣爱好和特长，符合学生的年龄特征；(5)课堂教学与课外活动互相配合、互相促进；(6)因地、因校制宜。B项错误。

三、判断题

1. ×　【解析】本题考查家庭教育的特点。针对性是家庭教育的特点之一，所谓针对性，是指教育工作能从实际出发，有的放矢，而不是想当然，不是一般化的说教。相对来说，家庭教育的针对性更强。人们常说：**“知子莫若父，知女莫若母。”**子女自幼随父母生活，长期相处，父母能够全面细致地了解、熟知子女。故“知子莫若父，知女莫若母”体现了家庭教育的针对性，题干说法错误。

2. √　【解析】本题考查课外教育的内涵。课外教育指学校在课堂教学任务以外有目的、有计划、有组织地对学生进行的多种多样的教育活动，是学生课余生活的良好形式。这里的课堂教学包括课程计划中计入总课时的必修课和选修课。因此，选修课不属于课外教育。

3. √ 【解析】课堂教学是面对全体学生进行的，而课外活动则具有自愿性、自主性、灵活性等特点，能够比较充分地照顾到每个学生的兴趣和爱好，故课外活动更有利于因材施教原则的实施。

4. × 【解析】家庭教育的优势和家长的教育力量常常是其他任何教育形式都难以具备的。学校生活必须和家庭生活紧密联系，发挥家庭生活的教育优势。

5. √ 【解析】课堂教学与课外活动互相配合、互相促进。

6. √ 【解析】本题考查家庭教育的特点。家庭教育具有先导性。一个人最早接受的教育是家庭教育，第一批教育者是家长。家长的政治态度、对问题的看法，甚至思想作风、爱好特长，都直接或间接地影响着学生。家庭这种先入为主的教育对他们以后的德、智、体等方面的发展影响极大，甚至影响他们的未来。

四、案例选择题

ABCD 【解析】实施课外活动的基本要求：(1)要有明确的目的性、计划性；(2)活动内容要丰富多彩，形式要多样化，要富有吸引力；(3)注意发挥学生集体和个人的主动性、独立性和创造性，并与教师指导相结合；(4)要考虑学生的兴趣爱好和特长，符合学生的年龄特征；(5)课堂教学与课外活动互相配合、互相促进；(6)因地、因校制宜。案例中的小学开展的课外活动有明确的目的，即发展学生的特长和创造性。A项正确。针对低、中、高年级设置不同的活动主题，这些活动既符合学生的年龄特点，也有利于锻炼学生动手、动脑的能力，还唤起了学生的创作欲望，充分发挥了学生的积极性。B、D项正确。组织“折纸、纸编”制作、“手抄报”设计、“劳动智慧星”小发明创造等不同的活动就体现了课外活动的丰富多彩、新颖有趣。C项正确。

答案速查

1～5	ABCBD	6～10	AABDD	11～13	AAC
1～3	AD AB AD				

一、单项选择题

1. A 【解析】本题考查学校对家庭教育的指导。学校对家庭教育的指导大致可以有以下几类：(1)**一般性指导**，指的是向家长宣传国家教育政策法规，普及教育学和心理学知识，提出家庭教育的一般要求和建议。(2)针对性指导，针对当前学校教育或家庭教育中存在的问题进行分析，找出原因，分别提出学校教育或家庭教育应采取的教育措施，以及实施的途径和方法。(3)分类指导，针对不同年龄、不同类型的学生以及不同类型的家庭进行分别要求、分类指导。(4)个别指导，针对每个学生的家庭情况进行个别深入细致的指导，帮助分析学生情况，制定教育措施，总结经验教训。根据题干表述可知，星火学校对家庭教育的指导属于一般性指导。

2. B 【解析】本题考查教育活动的类型。家庭教育有广义和狭义之分。广义的家庭教育应当是家庭成员之间的一种影响。狭义的家庭教育是指在家庭生活中，由父母或其他年长者对其子女与年幼者实施的教育和影响。爷爷和小明共同观看电视节目发生在家庭中，产生的教育活动属于家庭教育。

3. C 【解析】本题考查课外科学技术活动。科技活动是课外、校外教育的主要内容之一，是以让学生学习和了解科技知识为目的的课外、校外活动。C项中的天文奇观知识普及讲座有助于学生了解天文知识，树立科学意识，这种活动属于科技活动。A属于文学艺术活动，B项，围棋属于体育活动，D项属于主题活动。

4. B 【解析】本题考查学校生活与家庭生活的最大差别。学校生活是学生生活的主要部分，是一种规范的生活。**学校生活与家庭生活的最大差别就是强制性。**

5. D 【解析】本题考查家庭教育。老师针对小明经常迟到这一问题进行家访，体现了学校教育与家庭教育的结合。在这一过程中学校教育占主导地位，家庭教育是学校教育的补充。

6. A 【解析】教师在与家长沟通时，要尊重家长。题干中的家长是针对教师对学生的处理方式来表达自己的意见的，所以教师约该家长面谈时，首先要让家长充分表达自己的观点和情绪。

7. A 【解析】个人活动的主要内容有：阅读各种书籍、写读书心得、记日记、进行某种观察或小实验等。所以，学生进行课外阅读最适合的形式是**个人活动**。

8. B 【解析】本题考查家庭教育的局限性。家庭教育有其优势，有其有利的因素或条件，这是显而易见的。但同时也必须看到，家庭教育同其他任何事物一样，也有一定的局限性。因此，家庭教育要与学校教育、社会教育相结合，形成教育合力，共同促进孩子的成长。题干的说法从侧面反映了家庭教育的局限性。

9. D 【解析】本题考查课外活动的内容。文体活动是深受学生欢迎的课外活动，包括文娱活动和体育活动两方面。文娱活动如文艺演出、诗歌朗诵等，可以丰富学生的精神生活，培养他们的生活情趣，使他们获得欣赏美、创造美的能力。体育活动主要是各种形式的身体锻炼活动，如运动会、各类球赛等。题干中的书法大赛就属于文体活动。

10. D 【解析】课外活动应开展得生动活泼、富有趣味，以吸引学生自觉自愿地参加到各项活动中去。故实施课外活动最基本的要求是充分考虑到参加活动学生的兴趣爱好和特长，符合他们的年龄特征。

11. A 【解析】本题考查课外活动的意义。课外活动是**因材施教、发展学生个性特长**的广阔天地。与课堂教学相比，课外活动更有利于发展学生的个性。

12. A 【解析】家庭教育具有先导性的特点，家庭的生活环境和家长的言行举止，从小就对孩子产生了深远影响。故题干的描述体现的是家庭教育的先导性特点。

13. C 【解析】《学记》指出：“大学之教也，时教必有正业，退息必有居学。”意为：大学的教育活动，按时令进行，各有正式课业；休息的时候，也有课外作业。故选C项。

二、多项选择题

1. AD 【解析】并不是所有的学校教育都能对人的发展起主导作用，学校教育的主导作用能否实现，实现的程度如何，取决于学校教育内外方方面面的条件。从学校教育内部来讲，首先，取决于学校教育的目的性、系统性、选择性、专门性和基础性的实现程度；其次，取决于教师的专业化水平，取决于教师能否敬职爱业、能否充分发挥主动性和创造性；再次，取决于教育过程中教师能否尊重学生身心发展的规律和充分调动并发挥学生的主观能动性。从学校教育外部来讲，首先，取决于社会影响与学校教育影响一致性的程度；其次，取决于家庭教育与学校教育的配合程度。A、D项属于学校教育外部因素。

2. AB 【解析】本题考查课外活动的相关内容。选修课程是针对必修课程的不足之处提出来的，是为发展学生的兴趣、爱好和个性特长而开设的课程。选修课程属于课堂教学，不属于课外活动。C项错误。综合实践活动是基于学生的直接经验，密切联系学生自身生活和社会生活，体现对知识的综合运用的课程形态。这是一门以学生的经验与生活为核心的实践性课程。综合实践活动是国家义务教育和普通高中课程方案规定的必修课程，与学科课程并列设置，是基础教育课程体系的重要组成部分。课外活动不等于综合实践活动。D项表述错误。

3. AD 【解析】本题考查实现有效家访的途径。实现有效家访的途径包括：(1)确定家访对象，明确家访目标；(2)做好访前准备；(3)切实把握家访时机；(4)家访时的谈话要讲究艺术性；(5)做好家访记录，及时反馈。故A、D项说法正确。

第十章　教育研究

基础训练

答案速查

1~5	CBAAD	6~10	BBABA	11~15	DACAB	16~18	BBB
1~5	CD BCD ABD ABD ABCD			1~4	×√√×		

一、单项选择题

1. C 【解析】本题考查教师专业发展和自我成长的核心因素。**自我反思是教师专业发展和自我成长的核心因素**，是开展校本研究的基础和前提。

2. B 【解析】教师提高教学研究技能的途径有三种：(1)阅读，即教师自己阅读有关教学理论和教学研究方法的论著；(2)合作，即与大学或研究机构的教学研究专家合作进行实验研究；(3)行动研究，即教师针对实际问题自己思考解决问题的办法。

3. A 【解析】本题考查行动研究法的概念。行动研究是指**实际工作者(如教师)基于解决实际问题的需要**，与专家、学者及本单位的成员共同合作，将实际问题作为研究的主题，进行系统的研究，以解决实际问题的一种研究方法。题干所述符合行动研究法的概念，故答案选A项。

4. A 【解析】本题考查校本研究的基本要素。同伴互助的实质是教师作为专业人员之间的交往、互动与合作，其基本形式有三种：对话、协作、帮助。教师相互听课、研讨问题，体现的是校本研究倡导的同伴互助。

5. D 【解析】个案研究法的任务是揭示研究对象形成、变化的特点和规律，以及影响个案发展变化的各种因素，并提出相应的对策。题干中，"搜索特定个体的有关资料，研究其发展变化过程"表明这种研究方法是个案研究法。

6. B 【解析】行动研究的特点可以概括为"为教育行动而研究""在教育行动中研究""由教育行动者研究"。

7. B 【解析】**选择和确定研究课题**是进行教育研究的第一步，并且是关键性的一步。

8. A 【解析】本题考查校本教研的基本要素。校本研究的基本要素包括：(1)**自我反思**；(2)**同伴互助**；(3)**专业引领**。所以，A项不属于校本教研的基本要素。

9. B 【解析】本题考查教育研究方法。调查研究法是在教育理论指导下，通过运用观察、列表、问卷、访谈、个案研究及测验等方式，收集教育问题的资料，从而对教育的现状做出科学分析，并提出具体工作建议的一整套实践活动。

10. A 【解析】选题的要求之一是问题表述必须具体明确。即选定的研究问题一定要具体、适度，研究范围要明确界定，宜小不宜大，所含的研究问题要明晰，不能太笼统。

11. D 【解析】本题考查教育研究方法。叙事研究是抓住人类经验的故事性特征进行研究并用故事的形式呈现研究结果的一种研究方式。它所关注的是在一定的场景和实践中所发生的故事，以及主人公是如何思考、筹划、应对、感受、理解这些故事的。即教育主体叙述教育教学中的真实情境的过程，是通过讲述教育故事，体悟教育真谛的一种研究方法。题干中，李老师通过记录自己的教育教学过程和事例，对自己的教学实践进行反思和改进的方法属于叙事研究法。

12. A 【解析】一次文献包括专著、论文、调查报告、档案材料等以作者本人的实践为依据而创作的原始文献。

方法技巧：考生在区分一次文献、二次文献、三次文献时可抓住这三种文献的关键特征来识记。例如：一次文献强调作者原创，内容更具体；二次文献多具有检索功能；三次文献的综合性、浓缩性更高。

13. C 【解析】本题考查观察法的分类。根据对观察的环境条件是否进行控制和改变，可以将观察分为自然情境中的观察和实验室中的观察。自然情境观察包括自然行为的偶然现象观察和系统的现象观察。实验室观察是研究者根据研究的目的，在对观察对象发生的环境和条件加以控制或改变的条件下进行的观察。

14. A 【解析】调查研究法是在教育理论指导下，通过运用观察、列表、问卷、访谈、个案研究及测验等方式，收集教育问题的资料，从而对教育的现状做出科学分析，并提出具体工作建议的一整套实践活动。因此，想了解学生家长对小学生参加劳动所持的态度，最适宜采用调查研究法，通过问卷、访谈等方式收集资料以对家长的态度作出科学分析。

15. B 【解析】校本研究是以校为本的教学研究的简称，校本研究的研究主体是教师。

16. B 【解析】行动研究的优点包括：(1)灵活，能适时做出反馈与调整；(2)能将理论研究与实践问题结合起来；(3)对解决实际问题有效。对行动研究的批评包括：(1)研究过程松散、随意，缺乏系统性，影响研究的可靠性；(2)研究样本受具体情境的限制，缺少控制，影响研究的代表性。个案研究常常会遇到伦理道德问题，对研究人员的语言技能、洞察力有较高要求。

17. B 【解析】结构性观察即事先经过设计，规定好观察项目，选定观察对象，采用观察工具，在观察中填写观察量表等进行的观察。

18. B 【解析】质性研究法是基于经验和直觉的研究方法，以研究者本人作为研究工具，凭借研究者自身的洞察力，在与研究对象的互动中理解和解释其行为和意义建构。题干所述为质性研究法的内涵。

二、多项选择题

1. CD 【解析】本题考查文献的分类。按文献的处理、加工程度分，文献可分为一次文献、二次文献、三次文献。其中一次文献包括**专著、论文、调查报告、档案材料**等以作者本人的实践为依据而创作的原始文献；二次文献是对原始文献加工、整理，使之系统化、条理化的检索性文献。一般包括题录、书目、索引、提要和文摘等；三次文献是在利用二次文献的基础上对某个范围内的一次文献进行广泛深入的分析研究之后，综合浓缩而成的参考性文献，包括动态综述、专题述评、数据手册、年度百科大全以及专题研究报告等。因此，A项属于参考性文献，即三次文献。B项属于检索性文献，即二次文献。C、D项属于原始文献，即一次文献。

2. BCD 【解析】本题考查校本教研的基本特征。校本教研的基本特征是以校为本，其基本内涵为：(1)为了学校。一切为了学校的发展，为了学校教育能力和教育精神的建设，为了学校文化的提升。(2)在学校中。学校的发展只能在学校中进行，只有植根于学校的生活、贯穿于教学的过程，并被所有教师所认同、所追求的改革才能沉淀为学校的血肉、传统和文化。(3)基于学校。学校发展的主体力量是校长和教师。

3. ABD 【解析】本题考查教育研究的基本性质。教育研究的基本性质有：文化性、价值性和主体性。

4. ABD 【解析】依据调查的对象，可将教育调查分为全面调查、重点调查、抽样调查和个案调查。

5. ABCD 【解析】本题考查二次文献。二次文献是对原始文献加工、整理，使之系统化、条理化的检索性文献。一般包括**题录、书目、索引、提要和文摘**等。

三、判断题

1. × 【解析】本题考查行动研究的基本过程。行动研究的基本过程大致分为循序渐进的四个环节，即计划、行动、考察和反思。故题干说法错误。

易错提示：题干中行动研究的四个环节的名称是正确的，但排列顺序错误。行动研究的四个环节是循序渐进的，顺序不能颠倒。

2. √ 【解析】调查研究方案设计的原则之一为整体性原则。即调查某一问题必须获得与调查问题有关的各方面材料，调查面尽可能宽些，调查内容尽可能体现全面性与代表性。

3. √ 【解析】叙事研究是抓住人类经验的故事性特征进行研究并用故事的形式呈现研究结果的一种研究方式。

4. × 【解析】个案研究法是当今教育研究中运用广泛的**定性研究方法**，也是描述性研究和实地调查的一种具体方法。题干表述错误。

四、案例选择题

AB 【解析】江老师的行动研究基于解决实际问题的需要，符合行动研究的要求，A项正确；通过思维导图的运用，学生的写作水平提高了，B项正确。

答案速查

1～5	BDCDC	6～10	ABCAD	11～14	DCBA
1～4	AC ABCE ABCD AC				

一、单项选择题

1. B 【解析】本题考查教育研究方法。个案研究是以单个的个体或者是更大的系统或组织为研究对象，对其进行详尽、系统的描述和研究，以期帮助人们发现和解决问题，或者促进现存理论的进一步发展的一种社会科学研究方法体系。

2. D 【解析】本题考查教育研究方法。调查研究法是在教育理论指导下，通过运用观察、列表、问卷、访谈、个案研究及测验等方式，收集教育问题的资料，从而对教育的现状做出科学分析，并提出具体工作建议的一整套实践活动。调查研究法是**了解教育情况、研究教育问题**的基本方法。所以，研究学校课后延时服务过程中存在的问题最适宜用调查法。

3. C 【解析】本题考查教育叙事研究的概念。教育叙事研究是研究者通过描述个体教育生活，搜集和讲述个体教育故事，在解构和重构教育叙事材料过程中对个体行为和经验建构获得解释性理解的一种活动。

4. D 【解析】在众多的问题中要确定研究课题，要把握作为课题应具有的几个特点：(1)实践性。即所选课题一定是针对自己教学实践改进的需要。(2)可行性。这个问题尽管很需要，但自己要能研究，应考虑多种主客观条件，要难度适中，量力而行，从细微处着手。(3)科学性。即所选问题不能是“伪问题”。不能提出“如何让差生抄作业”这样的课题，因为这些问题的研究，既不符合教育规律，也不符合学生身心发展的要求。

5. C 【解析】本题考查教育科研选题的注意事项。教育科研的选题要注意三点：(1)“立足”要高；(2)“射点”要准；(3)“切口”要小，就是说，撰写文章要大处着眼，小处着手，遵照“宁凿一口井，不挖一条沟”的原则，选题不宜过大、过泛，做到小题目写大文章。故选C项。

6. A 【解析】本题考查问卷调查的步骤。问卷调查就是以问卷为工具所实施的调查。问卷调查的主要步骤包括：(1)确定研究目标；(2)选择调查对象(样本)；(3)设计问卷；(4)预先测试问卷；(5)提前与调查对象联系；(6)发放问卷；(7)跟踪调查不回复问卷者；(8)分析问卷的数据资料。所以，使用问卷调查法的第一个步骤是**确定研究目标**。(具体内容参看项贤明主编的《教育学原理》)

7. B 【解析】学校教育科研的基本程序是：选定课题—申请立项—专家论证—批准立项—制订方案—分析研究—撰写报告—申请结题—专家鉴定—成果评奖—成果推广。

8. C 【解析】可行性原则要求研究者根据实际具备和经过努力能够具备的条件来选择研究问题，充分估计完成问题所需的主观、客观条件。张老师的选题过于宏大和宽泛，不易实施和取得研究成果。

9. A 【解析】本题考查抽样调查的方法。如果总体中每个个体被抽到的机会是均等的，并且在抽取一个个体后总体的成分不变，那么，抽得的这些个体就能很好地反映总体的情况，基于这种想法去抽取个体的方法称为简单随机抽样。

10. D 【解析】本题考查教育研究方法。基础研究是指研究者希望自己的发现能合乎自己或专门研究领域学者的兴趣而进行的理论研究，其**目的在于揭示普遍规律而促进理论的建树与发展**。行动研究是一种由实际工作者在现实情境中自主进行的反思性探索，并**以解决工作情境中特定的实际问题为主要目的**，强调**研究与活动的一体化**，使实际工作者从工作过程中学习、思考、尝试和解决问题。实验研究法是根据研究目的，运用一定的人为手段，主动干预或控制研究对象的发生、发展过程，通过观察、测量、比较等方式探索、**验证所研究现象因果关系**的研究方法。应用研究(或称“开发研究”)是指研究者**利用已有的研究成果，为实际问题的解决提供可行的方案和实践方法**。故题干所述属于开发研究。

11. D 【解析】本题考查历史研究的内涵。历史研究涉及对过去发生事件的了解和解释。历史研究的目的在于通过对以往事件的原因、结果或趋向的研究，帮助解释目前事件和预测未来事件。

12. C 【解析】本题考查历史研究法的运用要求。历史研究法即研究者通过对人类历史上丰富的教育实践和教育思想的考察，从中获取教益，认识教育现象及其发展的规律性以指导现实的教育工作。运用历史研究法需要注意：(1)要以马克思主义理论为指导，唯物地、发展地、具体全面地考察研究对象，以求做出科学的结论和评价；(2)要有全局观念并注意抓主要事实材料；(3)要重视研究对象发展的时间顺序和空间变换。题干所述是历史研究法的基本要求。

13. B 【解析】制订研究计划要做好的工作是：(1)确定研究类型和方法；(2)选择研究对象；(3)分析研究变量；(4)形成研究方案。题干中的张老师已经选择了研究对象，确定了自变量和因变量，并开始思考研究方法。这说明张老师的课题研究处于制订计划环节。

14. A 【解析】教育行动研究的过程包括选择和确定研究课题、分析所要研究的问题、拟定解决问题的可能方案与策略、实践尝试行动策略、反馈与评价行动结果、归纳总结等几个环节，其中，实践尝试行动策略是教育行动研究最关键、最核心的环节。在行动中，既尝试可能方案与策略对于解决问题的有效性，也尝试通过问题的解决改善教育教学的可能性。

二、多项选择题

1. AC 【解析】本题考查观察研究法的类型。观察研究法是指人们有目的、有计划地通过感官和辅助仪器，对处于自然状态下的客观事物进行系统考察，从而获取经验事实的一种科学研究方法。根据观察的情境条件，可分为自然观察法和实验观察法。根据观察时是否借助仪器设备，可分为直接观察法和间接观察法。直接观察是凭借人的感官，在现场直接对观察对象进行感知和描述，因此直观具体。间接观察是利用一定的仪器或其他技术手段作为中介对观察对象进行考察，这类观察突破了直接观察受人的主观能力的局限，扩展了观察的深度和广度。研究人员进入学校，随堂听课，属于自然情境中的观察、直接观察。

2. ABCE 【解析】本题考查教师从事教育研究的意义。教师从事教育研究的意义在于：(1)教师的教育研究有利于解决教育教学实际问题；(2)教师的教育研究可以使课程、教学与教师真正融为一体；(3)教师的教育研究也是教育科学发展的需要；(4)教师的教育研究可以促进教师持续的专业成长与发展。D项不属于教师从事教育研究的意义，可以排除。

3. ABCD 【解析】本题考查行动研究相关知识。在行动研究的"问题"阶段,教师发现问题、确定课题可以从以下几个方面考虑:一是教育实践中面临的问题;二是理论学习受到的启发;三是他人成功经验的启示;四是通过社会调查发现问题。

4. AC 【解析】访谈调查法的类型:(1)按照研究者对访谈结构的控制程度划分,可分为结构式访谈、无结构式访谈和半结构式访谈;(2)按照受访者的人数划分,可分为个别访谈和集体访谈;(3)按照正式程度划分,可分为正式访谈和非正式访谈;(4)根据访谈双方接触方式划分,可分为直接访谈和间接访谈;(5)根据访谈的次数划分,可分为一次性访谈和多次访谈。

第二部分　心理学

第一章　心理学概述

答案速查

1～5	BADDA	6～11	ACCCCC
1～4	AD ABC ABC BCD	1～7	√×√××√×

一、单项选择题

1. B 【解析】本题考查心理学流派的主张。A项,认知心理学主张把心理活动看作信息加工系统,由感官收集信息,经过分析、存储、转换,然后加以利用。故与题干不符。B项,格式塔心理学反对构造主义只强调分析的方法,而认为人的每一种经验都是一个整体,整体决定其内在的部分,整体先于部分,整体大于部分之和,不能简单地用其组成部分来说明。故与题干相符。C项,人本主义心理学着重于人格方面的研究,认为人的本质是善良的,人有自由意志,有自我实现的需要。故与题干不符。D项,机能主义心理学主张研究意识,但是该主张不把意识看成是个别心理元素的集合,而是看成一种持续不断、川流不息的过程。故与题干不符。

2. A 【解析】本题考查反射的分类。反射的分类及其特点如下:

分类		特点
无条件反射		先天的,即无意识的本能行为
条件反射	第一信号系统	用**具体事物**作为条件刺激;人和动物共有
	第二信号系统	用**语词**作为条件刺激;人类特有

题干中强调小狗听见主人叫它名字后的表现,狗属于动物,故题干所述属于第一信号系统。

易错提示:考生在做题时应注意,第二信号系统的条件反射是人类独有的。动物听到人的呼唤后做出反应,并不是因为理解语言的意义而产生反应,而是将这种语言作为一种物理性条件刺激,故属于第一信号系统的条件反射。

3. D 【解析】本题考查西方主要的心理学流派及其代表人物。斯金纳是行为主义心理学的代表人物,冯特是构造主义心理学的代表人物,杜威、安吉尔是机能主义心理学的代表人物,故D项搭配正确。

4. D 【解析】心理对客观现实的反映具有主观性,因为对客观现实的反映必须通过主体来完成。由于个体在兴趣需要、知识经验、个性特点等方面不同,对客观事物的反映也必然呈现出个体差异。不同的人,对同一客观现实在会有不同的反映,正所谓"仁者见仁,智者见智"。题干中两名同学对同样半瓶水的反映不同,这体现了心理对客观现实的反映具有主观性。

5. A 【解析】草履虫是单细胞动物,没有神经系统,所以不存在反射活动,其趋利避害反应属于应激行为。

6. A 【解析】**冯特**于**1879年**在德国莱比锡大学建立了世界上第一个心理学实验室,用自然科学的方法研究各种最基本的心理现象。这一行动使心理学开始从哲学中脱离出来,成为一门独立的科学,它标志着科学心理学的诞生。

7. C 【解析】本题考查大脑两半球的功能。大脑**左半球**是**抽象逻辑思维和言语中枢**的优势半球,它主要负责言语、阅读、书写、运算和推理等。大脑**右半球**是**形象思维和高度空间知觉**的优势半球,它主要处理的信息是知觉物体的空间关系、情绪情感、欣赏音乐和艺术等。故A、B、D三项属于大脑右半球的功能,C项属于大脑左半球的功能。

8. C 【解析】额叶在组织有目的、有方向的活动中,有使活动服从于坚定意图和动机的作用;顶叶主要是调节机体的触压觉、温度觉、痛觉和内脏感觉等;枕叶是视觉中枢;颞叶主要对听觉刺激进行加工。因此,听觉中枢位于大脑皮层的颞叶。

方法技巧:解决此类题目的重点在于记忆大脑的功能分区。考生可根据口诀来进行记忆,即"额顶枕颞;动感视听"。

9. C 【解析】本题考查心理学产生的历史背景。1879年,德国著名心理学家冯特在德国莱比锡大学创建了世界上第一个心理学实验室,开始对心理现象进行系统的实验研究。在心理学史上,人们把这一事件看作是心理学脱离哲学,走上独立发展道路的标志,也意味着科学心理学的诞生,冯特因此被称为"心理学之父(科学心理学之父)"。

10. C 【解析】周围神经系统由12对脑神经和31对脊神经组成,其功能是把各感觉器官的神经冲动(信息)传给中枢,再把中枢的神经冲动(信息)传给有关的器官。

11. C 【解析】心理学是研究心理现象及其发生发展规律的科学,心理现象又称心理活动。

二、多项选择题

1. AD 【解析】中枢神经系统包括脑和脊髓。

2. ABC 【解析】认知过程包括感觉、知觉、记忆、想象、思维等。

方法技巧:考生在记忆认知过程时,可以使用口诀:感知寄相思。"感"代表感觉,"知"代表知觉,"寄"代表记忆,"相"代表"想象","思"代表思维。

3. ABC 【解析】本题考查心理过程的结构。心理过程是心理活动的一种动态过程,是人脑对客观现实的反映过程。它包括认知过程、情绪情感过程和意志过程三个方面。

4. BCD 【解析】个性心理特征包括个体的气质、性格、能力等。

三、判断题

1. √ 【解析】本题考查西方主要的心理学流派的地位。西方心理学的"**第一势力**"是**行为主义心理学**,西方心理学的"**第二势力**"是**精神分析心理学**,西方心理学的"**第三势力**"是**人本主义心理学**。

2. × 【解析】本题考查注意与心理过程的关系。注意是伴随各种心理过程存在的特殊的心理状态。因此,注意不是一种独立的心理现象。

3. √ 【解析】用语词作为条件刺激而建立的条件反射系统叫作第二信号系统。故"谈梅生津"属于第二信号系统的条件反射。

4. × 【解析】需要、兴趣、情感、意志的形成属于心理发展。

5. × 【解析】负诱导是由兴奋过程引起或加强抑制过程。我们聚精会神地读书时,对周围发生的事情"视而不见、听而不闻",这是因为读书的兴奋性较强,诱发出抑制过程,使落在该神经部位的事物产生模糊的意识。

6. √ 【解析】心理学思想的发展长期寓于西方哲学中，哲学是科学心理学产生的渊源。心理学思想在哲学母体中孕育了两千多年，直到冯特在德国莱比锡大学创建了世界上第一个心理学实验室，心理学才摆脱哲学成为一门独立的学科。

7. × 【解析】本题考查西方主要心理学流派的地位。精神分析心理学重视对异常行为的分析和无意识的研究，是西方心理学的“第二势力”。西方心理学的“第一势力”是行为主义心理学。所以，题干说法错误。

四、填空题

1. 客观现实

2. 心理是脑的机能，是对客观现实的反映

3. 神经元（神经细胞）

答案速查

1～8	BDCABBAC	1～2	AD ABC	1～2	×√

一、单项选择题

1. B 【解析】本题考查个性心理倾向性。个性心理倾向性是关于人的行为活动动力方面的心理特征，包括需要、动机、兴趣、理想、信念、世界观、自我意识等。在这些个性心理倾向性中，需要是基础，对其他成分起调节支配作用；信念、世界观居最高层次，决定着一个人总的思想倾向，制约着一个人的思想倾向和整个心理面貌。

2. D 【解析】在整个心理活动中，心理状态是处于联系心理过程和个性心理特征的中间过渡阶段。

3. C 【解析】**个性心理倾向性是推动人进行活动的动力系统**，是个性结构中最活跃的因素。它决定着人对周围世界的认识和态度的选择和趋向，决定人追求什么。

4. A 【解析】本题考查个体脑的发展。出生时婴儿大脑的大小是成人的四分之一左右。出生后，大脑主要是皮层继续增长，在6个月时，大脑会达到成人大脑体积的一半，2岁时，为成人的四分之三，4岁孩子的大脑就已经非常接近于成人的了。伴随着大脑体积的增长，大脑皮层突触的增长速度也很快，4岁左右的儿童，其大脑皮层各区的突触密度已经达到顶峰，约为成人的150%，而且在整个儿童期内，突触的密度都保持在高于成人的水平上，到了青春期，突触的数目才开始减少，青少年大脑皮层的突触密度逐渐接近于成人的水平。

5. B 【解析】现代心理学的诞生和发展有两个重要的历史渊源：一是受到近代**哲学思潮**的影响，特别是唯理论和经验论的影响。近代哲学为西方现代心理学的诞生提供了理论基础。二是受到**实验生理学**的影响，现代心理学的实验方法直接来源于实验生理学。

6. B 【解析】心理状态包括注意、灵感、激情、心境、犹豫等。故答案选B项。

7. A 【解析】本题考查认知过程的内涵。认知过程是人们获得知识或应用知识的过程，或对信息进行加工的过程，是人的最基本的心理过程。

8. C 【解析】认知过程的核心是思维。

二、多项选择题

1. AD 【解析】用具体事物作为条件刺激而建立的条件反射系统叫作第一信号系统，是人和动物共有的；用语词作为条件刺激而建立的条件反射系统叫作第二信号系统，是人类特有的。故A、D两项属于第一信号系统，B项属于第二信号系统，而C项属于本能行为。

2. ABC 【解析】心理学的基本任务主要有：(1)**描述和测量**人的心理；(2)**理解和说明**人的心理；(3)**预测和控制**人的心理。

三、判断题

1. × 【解析】**弗洛伊德**认为人的**性本能**是最基本的自然本能，它是推动人发展的潜在的、无意识的、最根本的动因。

2. √ 【解析】幼儿大脑皮质活动过程的特点是兴奋过程强于抑制过程，即兴奋过程占优势，表现为容易激动，控制自己的能力较差。

第二章　认知过程

一、单项选择题

答案速查

1～5	CCBAC	6～10	ABCDA	11～15	CABAA	16～20	CCAAA
21～25	AABCA	26～30	DACBC	31～35	BAAAA	36～40	BCDBB
41～45	BAAAA	46～50	BBCBD	51～55	CACBA	56～60	DDDCC
61～65	CADCC	66～70	ABCAB	71～75	BBABA	76～80	CDACC

1. C 【解析】本题考查小学生方位知觉的发展。刚入学的儿童在对字形的感知中，注意形状而不注意方位，因此他们常把b与d、p与q相混淆。这是小学生方位知觉发展不完善的表现。

2. C 【解析】本题考查系列位置效应的内涵。系列位置效应就是指接近开头和末尾的记忆材料的记忆效果好于中间部分的记忆效果的趋势。根据题干描述可知，背诵首句和末句更容易的现象体现了系列位置效应。背景效应也称上下文效应，是指周围物体、事件或信息对机体如何对刺激做出反应尤其是在知觉和认知方面的影响作用，如言语的上下文所形成的环境对阅读或听说的影响。教师期望效应也叫罗森塔尔效应或皮格马利翁效应，即教师的期望或明或暗地传递给学生，会使学生按照教师所期望的方向来塑造自己的行为。蔡加尼克效应是指人们对于未完成任务的记忆比已经完成任务的记忆保持得更好的现象。A、B、D三项排除。

3. B 【解析】本题考查引起无意注意的条件。引起无意注意的客观条件，即刺激物本身的特点。主要包括：(1)刺激物的强度，强烈的刺激容易引起人的无意注意；(2)刺激物之间显著的对比关系，对比强烈的刺激物容易引起人的无意注意；(3)刺激物的活动和变化，刺激物的活动或变化容易引起人的无意注意；(4)刺激物的新异性，新异的刺激容易成为注意的对象。教师突然放低声音或停止说话这是通过声音的变化来引起幼儿的注意。

4. A 【解析】本题考查常见的社会知觉偏差。常见的几种社会知觉偏差为：

类别	内涵	典例
首因效应（最初效应）	最初获得的信息影响更大	第一印象
近因效应（最近效应）	新近获得的信息影响更大	多年不见的朋友，在自己脑海中印象最深的其实就是临别时的情景
投射效应	由己推人	“以小人之心，度君子之腹”
晕轮效应（光环效应）	根据个体的某种特征，对他的其他特征做相似判断	学生认为外表有魅力的老师教学能力强

"新官上任三把火"是指官员新上任,总要装腔作势,以显威风。或指官员刚上任时,常要做几件事以表现自己的才干和改革时政的决心,过后也就一切如旧。"开门红"比喻工作、事业一开始就取得好的成绩、获得成功,一般是指新一年的开始。"下马威"原指官吏初到任时向下属显示威风,后泛指一开始就向对方显示自己的威力。这三个词语均强调"一开始",即"最初"的重要性,故题干所述体现的是社会知觉偏差中的首因效应。

5. C 【解析】本题考查想象的类型。**梦是无意想象(不随意想象)的一种特殊形式**。

6. A 【解析】本题考查感觉的规律。在刺激作用停止后暂时保留的感觉现象称为感觉后效,即感觉后像。在各种感觉中,视觉的后效很显著,又称视觉后像。视觉后像包括正后像和负后像。注视发光的灯泡几秒钟,再闭上眼睛,就会感到眼前有一个同灯泡差不多的光源出现在黑暗的背景里,这时出现的就是正后像。正后像出现以后,如果我们把视线转向白色的背景,就会感到在明亮的背景上有黑色的斑点,因为此时出现的后像和刺激在品质上是相反的,所以是负后像。故题干所述现象为感觉后效中的视觉后像。

7. B 【解析】本题考查知觉的规律。知觉的恒常性是指**客观事物本身不变**,但知觉条件在一定范围内发生变化时,人的知觉映像仍相对不变。知觉恒常性包括颜色恒常性、亮度恒常性、形状恒常性、大小恒常性和声音恒常性。例如,不管是在户外的阳光下还是在室内的灯光下,同一朵花的颜色看起来似乎有些不同,但是我们仍然认为花的颜色没有变化,这是颜色恒常性。

8. C 【解析】本题考查观察的品质。观察的品质有:(1)观察的目的性。观察的目的性是指善于组织知觉活动达到预期观察目的的品质。(2)观察的客观性。观察的客观性是指善于实事求是地去知觉事物的品质。(3)观察的精细性。观察的精细性是指在观察中善于区分出事物细微而重要的特征的品质。(4)观察的敏锐性。观察的敏锐性是指善于迅速发现事物重要特征的品质。故答案选C项。

9. D 【解析】独白言语,是个人独自进行的,与叙述思想、情感相联系的,较长而连贯的言语。如报告、演讲就是典型的独白言语。

10. A 【解析】本题考查感觉后像的内涵。在刺激作用停止后暂时保留的感觉现象称为感觉后效,即感觉后像。在各种感觉中,视觉的后效很显著,又称视觉后像。视觉后像有正后像和负后像两种,题干所述属于典型的负后像现象。

11. C 【解析】本题考查注意的品质。注意的分配是指人在进行两种或多种活动时能**把注意指向不同对象**的现象。题干中,有些演员能够自拉自唱,或者边说话边打快板,这均属于同时进行两种活动,故体现了注意的分配。

12. A 【解析】本题考查识记的分类。根据识记有无目的性,可分为无意识记和有意识记。根据识记时对材料是否理解,可以把识记分为机械识记和意义识记。因此,排除C、D两项。**机械识记**是指在材料本身无内在联系或不理解其意义的情况下,按照材料的顺序,通过**机械重复**方式而进行的识记。如对无意义音节、地名、人名、历史年代等的识记。**意义识记**是在对材料内容理解的基础上,通过材料的**内在联系**而进行的识记。因此,本题选A项。

13. B 【解析】本题考查遗忘的相关知识。有意义的材料比无意义的材料遗忘得慢,即没有重要意义的材料遗忘较快,故①说法正确;一般情况下,学习者对于熟悉的情景材料遗忘较慢,故②说法正确;在学习程度相等的情况下,识记材料越多遗忘越快,故③说法错误;**过度学习达到50%**,即学习的熟练程度达到150%时,学习的效果最好,故④说法正确。因此,答案选B项。

14. A 【解析】本题考查想象的种类。再造想象是**依据词语或符号的描述、示意**,在头脑中形成与之相应的新形象的过程。因此,在阅读鲁迅先生的《孔乙己》时,读者根据书中的描述在脑海中浮现出人物形象的过程属于再造想象。

15. A 【解析】本题考查过度学习的应用。过度学习是指学习达到恰能背诵之后再继续学习。过度学习达到50%,即学习的熟练程度达到150%时,学习的效果最好。题干中小红达到恰能背诵的时间是10分钟,那么她再学习5分钟(过度学习达到50%),效果最佳。故A项正确。

16. C 【解析】本题考查思维的发展。根据思维的内容凭借物、任务的性质、发展水平以及解决问题的方式,思维可以分为直观动作思维、具体形象思维和抽象逻辑思维。直观动作思维是以实际动作为支柱的思维过程。例如,幼儿骑着小椅子学开车。从个体思维发展过程来看,直观动作思维是最先产生的一种思维形式。

17. C 【解析】本题考查注意的分类。根据有无目的和意志努力,注意可以分为无意注意、有意注意和有意后注意三种。有意后注意也叫随意后注意,是指**有预定目的,但不需要意志努力**的注意。题干中强调"给社区写了很多副春联,一个上午也不觉得疲倦",这体现的就是有意后注意。

18. A 【解析】本题考查中学生的思维特点。初中生思维的片面性主要表现在其思想的偏激与极端,不能全面、辩证地分析问题、解决问题。思维的片面性会使初中生在思考、分析问题时极易钻牛角尖,经常陷入思想的死潭而不能自拔。

19. A 【解析】本题考查再认的内涵。再认是指人们对感知过、思考过或体验过的事物,当它再度呈现时,仍能认识的心理过程。选择题考查的就是对识记材料的再认能力。

20. A 【解析】本题考查注意的品质。注意的稳定性,是指注意保持在某一对象或某一活动上的时间长短特性。注意的稳定性可区分为狭义的注意稳定性和广义的注意稳定性。其中,广义的注意稳定性是指注意保持在同一活动上的时间。广义的注意稳定性并不意味着注意总是指向同一对象,而是指注意的对象和行动有所变化,但注意的总方向和总任务不变。例如,上课时学生既要听教师讲课,又要记笔记,还要看实验演示或幻灯片等。但所有这些行为都服从于听课这一总任务,因此,他们的注意是稳定的。因此,答案选A项。

21. A 【解析】**流畅性是指在限定时间内产生观念数量的多少**。在短时间内产生的观念越多,流畅性越大。题干中强调短时间内产生观念的数量多,故体现了思维的流畅性发展较好。

22. A 【解析】本题考查想象的种类。无意想象又称不随意想象,是没有预定目的,不由自主产生的想象。看到天上的白云,人们不由自主地将其想象成羊、棉花,这种想象属于无意想象。有意想象又称随意想象,是指有预定目的、自觉进行的想象。根据创造程度的不同,有意想象又可分为再造想象、创造想象和幻想。故B、C、D三项可排除,答案选A项。

23. B 【解析】时间错觉是在某种情况下对同样长短的时间觉得有快有慢。参加紧张而有趣的活动觉得时间过得快,从事枯燥乏味的活动觉得时间过得很慢。时间错觉主要是由态度、情绪的干扰造成的。"欢娱嫌夜短,寂寞恨更长"就是对同一段时间的长短估计不同,即产生了时间错觉。

24. C 【解析】本题考查想象的加工方式。想象的加工方式包括黏合、夸张、拟人化和典型化等。A项:黏合是指把两种或两种以上客观事物的属性、元素、特征或部分结合在一起而形成新形象的过程。如孙悟空的形象。B项:夸张是指改变客观事物的正常特点,对某些特点加以夸大和强调,使其增大、缩小、数量加多、色彩加浓等。如"千手观音"的形象。C项:拟人化是指把人类的特性、特点加在外界事物上,使之人格化的过程。如"雷公""电母"等形象。D项:典型化是指根据一类事物共同的、典型的特征创造新形象的过程。如鲁迅小说中的人物模特儿,往往嘴在浙江,脸在北京,衣服在山西,是一个拼凑起来的角色。因此,"雷公""电母""风神"等人物形象属于想象中的拟人化加工方式。

25. A 【解析】本题考查记忆的分类。根据记忆的内容和经验的对象，可将记忆分为以下几种：

记忆类型	内涵
形象记忆	以我们感知过的事物形象为内容的记忆
情景记忆	以亲身经历的、发生在一定时间和地点的事件(情景)为内容的记忆
语义记忆(语词逻辑记忆)	个体以语词所概括的事物的关系以及事物本身的意义和性质为内容的记忆
情绪记忆	个体以曾经体验过的情绪或情感为内容的记忆
动作记忆(运动记忆)	以做过的运动或动作为内容的记忆

因此，题干中学生对数学公式、物理定律和化学方程式的记忆，属于语词逻辑记忆。

26. D 【解析】具体化是指人脑把经过抽象概括后的一般特征和规律推广到同类的具体事物中去的思维过程。题干中，丁丁用学到的物理知识**解决生活中的实际问题**，这体现了思维的具体化过程。

27. A 【解析】短时间内注意周期性地不随意跳跃现象称为注意的起伏(或注意的动摇)，它是由于人的感受性不能长时间地保持固定的状态，而是间歇性地加强和减弱造成的。因此，题干所述现象是注意的起伏。只要我们的注意没有离开当前的对象，注意的起伏就不会产生消极的作用，这实际上反映了注意的稳定性。

28. C 【解析】本题考查注意的品质。注意不稳定表现为注意的分散，也叫分心。**注意的分散**是指注意离开了当前应当完成的任务而**被无关的事物所吸引**。题干中强调学生被一些无关刺激吸引，故属于注意的分散。

29. B 【解析】本题考查遗忘的原因。记忆痕迹衰退说(消退说)认为，遗忘是记忆痕迹得不到强化而逐渐衰弱，以致最后消退的结果。题干中强调小路对不再学习的科目的知识发生了遗忘，即记忆痕迹未得到强化，这符合记忆痕迹衰退说的内涵。

30. C 【解析】学生的空间想象力存在明显的年龄特征，其中初中二年级和初中三年级是空间想象力发展的加速期或关键期。

31. B 【解析】从信息加工的角度来看，记忆过程是对输入信息的编码、储存和提取的过程。

32. A 【解析】本题考查明适应的内涵。明适应是指照明开始或由暗处转入亮处时视觉感受性下降的过程。

33. A 【解析】本题考查注意的品质。注意广度的大小主要取决于一个人已有的经验和知识。经验愈多，知识愈广，就愈善于组织所感知的对象，把它们联系成一个整体来感知。

34. A 【解析】本题考查知觉的规律。知觉的选择性是指当面对众多的客体时，知觉系统会自动地将刺激分为对象和背景，并把知觉对象优先地从背景中区分出来。教师把"燥"和"躁"二字的偏旁部分标成红色，这有助于学生优先将其偏旁作为知觉对象，从而达到帮助学生区分二字的目的。知觉的恒常性强调知觉映像的相对不变；知觉的理解性强调已有知识经验的作用；知觉的整体性强调部分与整体的关系，故B、C、D三项不符合题意。

35. A 【解析】感受性的高低是用感觉阈限的大小来度量的。感受性与感觉阈限在数值上成反比关系，感受性高，则感觉阈限低；感受性低，则感觉阈限高。所以，A项说法正确。

36. B 【解析】本题考查想象的种类。再造想象是依据词语或符号的描述、示意在头脑中形成与之相应的新形象的过程。题干中学生阅读时根据诗句的描述在头脑中形成相应的形象，这种现象属于再造想象。

37. C 【解析】本题考查思维的种类。抽象思维是**以词为中介**来反映现实的思维过程，也叫词的思维或逻辑思维。例如，学生证明某一命题、定理时，要运用数字符号和概念来进行推导和求证。因此，运用数学知识求证某一定理的思维活动属于抽象思维。

38. D 【解析】本题考查知觉的基本特性。知觉的恒常性是指客观事物本身不变，但知觉条件在一定范围内发生变化时，人的知觉映像仍相对不变。知觉恒常性受各种因素的影响，其中视觉线索有重要的作用。视觉线索是指环境中的各种参照物给人们提供的物体距离、方位和照明条件的信息。这些信息对维持知觉的恒常性有重要的意义。如果在实验中设法消除环境中的视觉线索，恒常性就会受到破坏。黑板上画的大小提供了错误的视觉线索，导致小朋友们产生了错觉，选择D项。

39. B 【解析】再认是指人们对感知过、思考过或体验过的事物，当它再度呈现时，仍能认识的心理过程。例如：好友重逢，一眼就认出了对方；旧地重游，处处有熟悉之感。再认是记忆的初级表现形式，是比回忆较为容易和简单的一种恢复经验的形式。

40. B 【解析】想象的加工方式包括：

形式	内涵	典例
黏合	把两种或两种以上客观事物的属性、特征等结合在一起	孙悟空的形象
夸张与强调	对某些客观事物的特点进行**夸大和强调**，使其增大、缩小或数量加多等	"千手观音"的形象
拟人化	把人类的特性、特点加在外界事物上，使之人格化的过程	"雷公""电母"的形象
典型化	根据一类事物共同的、典型的特征创造新形象的过程	鲁迅小说中的人物形象

因此，题干中运用的加工方式为典型化。

41. B 【解析】本题考查记忆的基本过程。记忆是一个复杂的心理过程，它是由识记、保持和再现(再认或回忆)三个相互联系的基本环节组成。其中，保持是对识记内容的一种强化过程，使它能更好地成为人们的经验，是对知识经验的储存和巩固。

42. A 【解析】本题考查思维的种类。聚合思维，也叫求同思维、集中思维、辐合思维、会聚思维，是指人们解决问题时，思路集中到一个方向，从而形成唯一的、确定的答案。因此，题干所述为求同思维的概念，答案选A项。

B项，发散思维，也叫求异思维、分散思维、辐射思维，是指人们解决问题时，思路朝着各种可能的方向扩散，从而求得多种答案。干扰选项，排除。

C项，再造性思维也称常规性思维或习惯性思维，是指人们运用已获得的知识经验，按现成的方案和程序，用惯常的方法、固定的模式来解决问题的思维方式。干扰选项，排除。

D项，创造性思维是指以新颖、独特的方式来解决问题的思维方式。干扰选项，排除。

43. A 【解析】刚刚能引起感觉的**最小刺激强度**叫绝对感觉阈限。根据题干中的关键点"刚刚能够引起人们感觉的最小刺激量"可知，答案选A项。

易错提示：考生易混淆感觉阈限与感受性的概念，考生应牢牢把握题干的问法，如果问强度或者量，则选择感觉阈限；如果问能力，则选择感受性。

44. A 【解析】干扰说可用前摄抑制和倒摄抑制来说明。前摄抑制是先学习的材料对识记和回忆后学习材料的干扰作用。倒摄抑制是后学习的材料对保持和回忆先学习的材料的干扰作用。回忆高尔基的《海燕》时，头脑中浮现出课文的第一段和结尾部分，中间部分却模糊不清，这是因为课文的开始部分只受倒摄抑制的影响，不受前摄抑制的影响；结尾部分只受前摄抑制的影响，不受倒摄抑制的影响；中间部分则受两种抑制的影响，因而最容易遗忘。

45. A 【解析】知觉的整体性是指人根据自己的知识经验把直接作用于感官的客观事物的多种属性整合为统一整体的过程。把具有相似特征的人误认为是自己的朋友，是因为重要部分(如面部特征)影响了对人的整体知觉，因此，这体现了知觉的整体性。

46. B 【解析】本题考查注意的基本特征。注意的稳定性是指注意保持在某一对象或某一活动上的时间长短特性。题干没有体现，C、D两项排除。注意广度指在同一时间内一个人能够清楚地觉察或认识客体的数量，也叫注意范围。

注意广度也表明知觉的范围。在同一时间内注意广度越大，知觉的对象就越多，注意广度越小，知觉的对象也越少。题干中的小兰比小宇在同一时间内知觉的对象更多，故小兰注意的广度更好。

47. B 【解析】本题考查想象的种类。无意想象又称不随意想象，是没有预定目的、不由自主产生的想象。有意想象又称随意想象，是指有预定目的、自觉进行的想象，是意识活动的一种形式。题干中强调老师引导学生进行想象，这种想象是有目的的，故属于有意想象。

48. C 【解析】不同感觉的相互影响是指任何一种感受器的感受性，都会因同时或继时发生作用的其他感受器的影响而有所变化。轻音乐可以加深学生对文章内容的理解与感悟，这体现了不同感觉的相互影响。

49. B 【解析】在引起无意注意的因素中，刺激物之间的对比关系表现为：刺激物之间的强度、形状、大小、颜色或持续时间等方面的差别特别显著，特别突出，就容易引起人的无意注意。

50. D 【解析】形象记忆是以我们**感知过的事物形象**为内容的记忆。题干中强调对各种民俗服装样式的记忆，这正是对事物形象的记忆。

51. C 【解析】在没有月光的夜晚，我们仰视天空时，有时会发现一个细小而发亮的东西在天空**游动**。我们会误认为它是一架飞机，其实这是由星星引起的自主运动(游动效应)。

52. A 【解析】观察是人的一种**有目的、有计划、持久的知觉活动**，是知觉的高级形式。故A项说法正确，B、C、D三项说法错误。

53. C 【解析】本题考查社会知觉常出现的几种偏差。首因效应(最初效应)指在总体印象形成上，最初获得的信息比后来获得的信息影响更大的现象。首因效应是第一印象作用的机制。

54. B 【解析】无意注意也称不随意注意，是没有预定目的、无需意志努力、不由自主地对一定事物所发生的注意。题干中，学生因老师朗读的声音变大而不自觉地被吸引过来，这表明老师的朗读引起了学生的无意注意。

55. A 【解析】本题考查注意的功能。注意有选择功能、保持功能和调节监督功能。其中，注意可以提高活动的效率，这体现在它的调节和监督功能。注意集中的情况下，错误减少，准确性和速度提高。另外，注意的分配和转移保证活动的顺利进行，并适应变化多端的环境。

56. D 【解析】思维的敏捷性是指思维活动迅速正确，能**当机立断**。思维的敏捷性与轻率迥然不同，它不仅要求思维速度快，而且要求思维的正确性高。神探狄仁杰在破案过程中突出表现了自己思维的敏捷性。

57. D 【解析】本题考查感受性。感受性是指感觉器官对适宜刺激的感觉能力。感受性不仅能因一时的条件变化而变化，而且能在实践活动中不断地提高和发展，甚至可以达到十分完善的程度。许多事实说明，人的感觉能力经过专门的训练可以达到惊人的程度。例如，一个非常有经验的染布工人，可以分辨四十多种不同的黑色，而一般人只能分辨三四种。一个有经验的药工，对药草的辨别能力要比一般人强几十倍。有些有某种生理缺陷的人，如盲人通过训练可利用触觉区别物体和"阅读"盲文等。A项属于感觉适应；B项属于感觉对比；C项属于联觉；D项表明人的感觉能力能在实践活动中不断地提高和发展，符合题意，故选D项。

58. D 【解析】运动后效，即在注视向一个方向运动的物体之后，如果将注视点转向静止的物体，那么会看到静止的物体似乎向相反的方向运动。例如，当我们注视瀑布一会儿后，将视线移至旁边的悬崖，悬崖看起来像是在往上运动。

方法技巧：似动知觉的种类是易混点也是常考点，考生需要把握各自的关键词。动景运动：两(多)静相继呈现，看起来是连续运动。诱导运动：一动一静同时呈现，看起来像是静的在运动。自主运动：一个静止的物体看久了像是在运动。运动后效：一动一静相继呈现，静的向相反的方向运动。

59. C 【解析】思维的灵活性是指能灵活地思考问题。它表现为能从**不同角度、运用不同方法**思考问题，在条件发生变化时，能随机应变，及时地改变原有计划、方案，寻找新的解决问题的途径。因此，题干中的做法可以培养学生思维的灵活性。

60. C 【解析】本题考查知觉的概念。知觉是在感觉的基础上产生的，它是人脑对直接作用于感觉器官的客观事物的整体属性的反映。而感觉是人脑对直接作用于感觉器官的客观事物的个别属性的反映。

61. C 【解析】抽象逻辑思维是以词为中介来反映现实的思维过程，也叫词的思维或逻辑思维。

62. A 【解析】本题考查知觉的规律。知觉的整体性是指人根据自己的知识经验把直接作用于感官的客观事物的多种属性整合为统一整体的过程。知觉是在知识经验的基础上对感觉信息的整合过程，知觉的整体性就是人把事物各部分属性综合起来，从而能够整体地把握该事物。题干中的学生将不完整的几何图形补充完整，体现了知觉的整体性。

63. D 【解析】感觉对比是指同一感受器接受不同的刺激，而使感受性发生变化的现象。形近字的相异部分用不同颜色的粉笔写出来，体现的就是感觉对比。

64. C 【解析】本题考查动机性遗忘的概念。动机性遗忘是由一定动机引起的**主动性遗忘**，是个体自我防御的一种手段，具有主动性和人为性的特点。根据弗洛伊德的观点，动机性遗忘不是有关经验或体验从记忆中完全消失，或者以某些过失行为隐晦地表现出来或出现在梦境中，而是有意识或无意识**压抑**过去某些**不愉快**的经验所致。

65. C 【解析】程序性记忆是指对**如何做事情**的记忆，包括对知觉技能、认知技能和运动技能的记忆。题干中，学生对于如何骑自行车的记忆属于对运动技能的记忆，故属于程序性记忆。

66. A 【解析】根据结论是否有明确的思考步骤和思维过程中意识的清晰程度和逻辑性，思维可分为分析思维和直觉思维。根据思维的内容凭借物、任务的性质、发展水平以及解决问题的方式，可以分为直观动作思维、具体形象思维和抽象逻辑思维。根据思维的指向性，可分为聚合思维和发散思维。根据思维过程中是以日常经验还是以理论为指导来划分，可分为经验思维和理论思维。故A项符合题意。

67. B 【解析】本题考查小学生想象的发展。儿童入学以后，想象的现实性逐渐提高，主要表现在：(1)想象所反映的形象越发接近现实事物。(2)从热衷完全脱离现实的神话虚构，逐渐转向对现实生活的幻想。在小学儿童对文艺作品的喜爱方面，低年级儿童对童话、神话信以为真，爱听童话故事、神话故事，爱看动画片。随着教学活动的发展和思维水平的提高，三年级以后的儿童，就逐渐过渡到以现实为主的阶段。他们的兴趣逐步从童话故事转移到英雄模范故事、侦探小说、反特影片等题材上。因此，题干所述体现了想象现实性的发展。

68. C 【解析】本题考查记忆的概念。记忆是人的心理过程在时间上的持续。因为记忆的存在，人的心理活动的过去和现在才得以联结，人的心理活动才可能成为一个延续的、发展的、统一的整体。

69. A 【解析】内隐记忆是指在**不需要意识参与或不需要有意回忆**的情况下，个体的已有经验自动对当前任务产生影响而表现出来的记忆。题干中是识记过的内容再次出现时，个体自动对单词进行了再认，这是内隐记忆起了作用。

70. B 【解析】想象的加工方式包括黏合、夸张、拟人化和典型化等。其中，夸张是指改变客观事物的正常特点，对某些特点加以夸大和强调，使其增大、缩小、数量加多、色彩加浓等。

71. B 【解析】本题考查表象的作用。表象的作用包括：(1)表象是知识的重要表征形式。(2)表象为概念的形成提供了感性基础。(3)表象促进问题解决。例如，小学低年级学生在解决数的运算问题时，很大程度上要有表象的参与；中学生在解决几何问题时，也需要表象的支持。(4)表象促进语言理解。

72. B 【解析】本题考查感觉的规律。由于刺激对感受器的持续作用而使感受性发生变化的现象叫感觉适应。适应现象表现在所有感觉中，如听觉适应、视觉适应、嗅觉适应等。题干所述属于听觉适应的典例。故答案案选B项。

73. A 【解析】注意的广度也称注意的范围，是指在同一时间内，人们能够清楚地知觉出的对象的数目。"一目十行""一目一行"反映出小明和小华在注意广度上存在差异。

74. B 【解析】本题考查思维的品质。思维的敏捷性是指思维活动迅速正确,能当机立断。思维的敏捷性与轻率迥然不同,它不仅要求思维速度快,而且要求思维的正确性高。本题强调学生在规定时间内写出汉字的多少,说明学生思维的速度快,敏捷性好。因此,答案选B项。

75. A 【解析】本题考查注意的分类。**无意注意**也称不随意注意,是没有预定目的、**无需意志努力**、不由自主地对一定事物所发生的注意。题干中的老师和学生不由自主地被推门而入的学生所吸引,故体现的注意类型是无意注意。

76. C 【解析】系统化是指人脑把具有相同本质特征的事物归纳到一定类别系统中去的思维过程,如学生掌握了数的概念,在掌握整数、分数、小数等知识之后,可以概括归纳为有理数。

77. D 【解析】本题考查思维的一般过程。概括是人脑把事物间共同的、本质的特征抽象出来加以综合的过程。例如,人们把那些"有羽毛的动物"统称为鸟类,这是概括的过程。故答案选D项。

78. A 【解析】本题考查想象的加工方式。黏合是把客观事物中从未结合过的属性、特征、部分在头脑中结合在一起形成新的形象。故题干所述为想象加工方式中的黏合。

79. C 【解析】投射效应指与人交往时把自己具有的某些不讨人喜欢、不为人接受的观念、性格、态度或欲望转移到别人身上,认为别人也是如此,以掩盖自己不受人欢迎的特征。

80. C 【解析】本题考查记忆的分类。根据记忆的内容和经验的对象,可将记忆分为形象记忆、情景记忆、语义记忆、情绪记忆和动作记忆。其中,形象记忆是以我们感知过的事物形象为内容的记忆;情景记忆是以亲身经历的、发生在一定时间和地点的事件(情景)为内容的记忆;情绪记忆是个体以曾经体验过的情绪或情感为内容的记忆;动作记忆是以做过的运动或动作为内容的记忆。题干中强调个体自身经历的创伤事件重新出现在记忆中,这体现了情景记忆。

答案速查

81~85	DABAB	86~90	DDBCA	91~95	ABDBA	96~100	BCBCD
101~105	DCCCC	106~110	ACABA	111~115	DCACA	116~120	DBCAA
121~125	BCCCD	126~130	ACCCB	131~135	DAACA	136~140	CBBAA
141~145	DBCCB	146~150	DBBDC	151~155	CCBDC	156~160	DACBD
161~165	BABAB	166~170	DACCA	171~175	BBDBD	176~178	ABC

81. D 【解析】回忆是**过去经历过的事物不在面前**,人们在头脑中把它重新呈现出来的过程。故题干所述属于回忆这一心理活动的典型事例。

方法技巧:考生在做题时应注意区分再认和回忆,可根据以下例子来帮助做题:一般开卷考试与客观题的解答属于再认,闭卷考试中的主观题运用的是回忆。能回忆的,一般都能再认;能再认的,不一定能回忆。回忆是比再认更为复杂的一种恢复经验的形式。

82. A 【解析】本题考查注意的品质。注意的起伏是指短时间内注意周期性地不随意跳跃现象,它是由于人的感受性不能长时间地保持固定的状态,而是间歇性地加强和减弱造成的。根据题干描述可知,手表指针的声音强度没有发生变化,但由于人注意的起伏导致声音听起来一会儿强一会儿弱。因此这属于注意的起伏现象。

83. B 【解析】嗅觉适应是指嗅觉刺激持续作用于嗅觉感受器一定时间后,所引起的嗅觉**感受性降低**的现象。故嗅觉的适应表现为感受性的降低,如"入芝兰之室,久而不闻其香"。

84. A 【解析】本题考查影响识记效果的因素。提高有意识记效果的主要方法是明确记忆的目的和任务,故A项正确,D项错误。一般来说,要达到同样的识记水平,材料越多,识记所用的平均时间和次数就越多,呈现出材料数量与识记效率呈负相关的趋势。故B项错误。有意识记是一种需要一定意志努力的过程,故C项错误。

85. B 【解析】本题考查注意的相关知识。注意的转移是根据新的任务,主动地把注意从一个对象转移到另一个对象或由一种活动转移到另一种活动的现象。所以注意的转移是有意识的行为,故A项说法错误。有意后注意是在有意注意的基础上,经过学习、训练或培养个人对事物的直接兴趣达到的。有意后注意是一种更高级的注意,在活动进行中不容易感到疲倦,这对完成长期性和连续性的工作有重要意义。因此,有意后注意应该在课堂上出现,以帮助学生更好的学习,故C项说法错误。有意注意也称随意注意,是有预先目的、必要时需要意志努力、主动地对一定事物所发生的注意。因此,有意注意是有一定目的的,故D项说法错误。注意具有选择、保持、调节与监督三大功能,但注意最重要的功能是调节与监督功能。因此,本题答案选B项。

86. D 【解析】分析是指在头脑中把事物或对象分解成各个部分或各个属性。题干中将汉字分解为音、形、义三个方面进行学习,这是典型的分析过程。

87. D 【解析】本题考查遗忘的理论。常见的遗忘理论的观点有:

学说	主要观点	典例
消退说(痕迹衰退说)	记忆痕迹**得不到强化**而逐渐衰退	用进废退
干扰说	在学习和回忆之间受到其他刺激的干扰	前摄抑制;倒摄抑制
压抑说(动机说)	情绪或动机的压抑作用	考试时因情绪紧张而遗忘
提取失败说	编码不准确,失去了**检索线索或线索错误**	"舌尖现象""话到嘴边现象"

题干中强调遗忘是由消退造成的,故答案选D项。

88. B 【解析】灵活性是指摒弃以往的习惯思维方法而开创不同方向的能力,也叫思维的变通性。题干中学生回答问题的角度比较多,体现了其思维的灵活性。

89. C 【解析】后学习的材料对保持和回忆先学习的材料的干扰作用,称为倒摄抑制。A项体现的是倒摄抑制和前摄抑制的共同影响,B项体现的是早上没有受到前摄抑制的影响,晚上没有受到倒摄抑制的影响。C项体现了倒摄抑制的影响。D项是生理因素方面的影响。故答案选C项。

易错提示:考生易混淆前摄抑制与倒摄抑制。考生在做题时,需牢记:前影响后,叫做前摄抑制;后影响前,叫做倒摄抑制。

90. A 【解析】暂时性遗忘(假性遗忘)是指已经转入长时记忆的内容暂时不能被提取,但在适宜的条件下还可能恢复。根据题干描述可知,小明对于知识点的遗忘是暂时的,只是由于考试紧张没有想起来,交卷后记忆又恢复了。因此属于暂时性遗忘。

91. A 【解析】记忆的敏捷性是记忆的速度和效率特征。能够在**较短的时间内记住较多的东西**,就是记忆敏捷性良好的表现。记忆的持久性是记忆的保持特征。记忆的准确性是记忆的正确和精确特征。记忆的准备性是记忆的提取和应用特征。故题干所述现象体现的是记忆的敏捷性。

92. B 【解析】有意注意也称随意注意,是有预先目的、必要时需要意志努力、主动地对一定事物所发生的注意。题干中,小明为了在期末考试中取得好成绩便积极克服困难,把注意力维持在学习上。因此,这种注意属于有意注意。

93. D 【解析】本题考查记忆的分类。形象记忆是指以我们感知过的事物形象为内容的记忆。题干中强调小董对见过的新老师外貌特征的记忆,故属于形象记忆。

94. B 【解析】本题考查艾宾浩斯遗忘曲线。对人类记忆和遗忘现象首次进行系统实验研究的人是德国心理学家艾宾浩斯。C项说法正确。他采用自然科学的方法对记忆进行了实验研究。A项说法正确。他把无意义音节作为记忆材料,采取的具体研究方法是重学法,也叫节省法。通过实验研究,艾宾浩斯揭示了遗忘变量与时间变量之间的关系,证明遗忘是时间的函数,并据此绘制出了表示遗忘速度的遗忘曲线,揭示了遗忘规律:遗忘进程是不均衡的,遗忘在学习之后立即开始,而且**最初进展很快,以后逐渐缓慢**,到了相当时间几乎不再遗忘,即先快后慢,先多后少。B项说法错误,D项说法正确。

95. A 【解析】明明知道某件事,但就是不能回忆出来的现象称为“舌尖现象”或“话到嘴边现象”。舌尖现象可以用提取失败说来解释。从信息加工的观点看,遗忘是一时难以提取出需要的信息,遗忘之所以发生是因为编码不准确,失去了检索线索或线索错误。一旦有了正确的线索,经过搜寻,所需要的信息就能提取出来,这就是遗忘的提取失败理论。

96. B 【解析】本题考查感觉适应。明适应是指照明开始或由暗处转入亮处时视觉感受性下降的过程。例如,在明亮的白天,刚从电影院走出,开始感觉强光刺眼,眼睛发眩,难以将眼睛睁开,但很快就能看清眼前的一切。

97. C 【解析】本题考查感觉的相互作用的规律。**一种感觉兼有另一种感觉**的心理现象叫联觉。题干中的小晶听到小刀刮玻璃的声音时,就会觉得很冷,浑身不舒服,这是听觉兼有温度觉的心理现象。

98. B 【解析】本题考查创造性思维的特征。创造性思维以发散思维为核心,发散思维具有以下几个特征:(1)**流畅性**,指在限定时间内产生观念数量的多少。(2)**灵活性(变通性)**,指摒弃以往的习惯思维方法而开创不同方向的能力。(3)**独创性(独特性)**,指产生不同寻常的反应和不落常规的能力,以及重新定义或按新的方式对所见所闻加以组织的能力。因此,题干所述内容体现了创造性思维的灵活性。

易错提示:考生易混淆创造性思维的特征。在做题时应注意下列关键词:流畅性强调数量多;灵活性强调范围广;独创性强调观念新。

99. C 【解析】感觉是一种最简单的心理现象,是认识的起点。

100. D 【解析】对两个同类的刺激物,只有达到一定的差异强度才能引起人们的差异感觉。刚刚能引起差别感觉的刺激物间的最小差异量叫差别阈限,又称最小可觉差。题干中的10分贝是刺激量的差异,故属于差别感觉阈限。

101. D 【解析】思维的批判性是指既善于批判地评价他人的思想和成果,吸取别人的长处、优点和思想的精华,摒弃别人的短处、缺点和思想的糟粕,又善于严格而精细地思考问题,冷静而客观地评价和自觉地控制自己的思维活动,不易受自己的情绪和偏爱的影响。

102. C 【解析】晕轮效应是指当我们认为某人具有某种特征时,就会对他的其他特征做相似判断,也称光环效应。C项“情人眼里出西施”正是一种一好百好的现象,故反映了晕轮效应。

103. C 【解析】本题考查记忆的类型。根据记忆的内容和经验的对象,可将记忆分为形象记忆、情景记忆、语义记忆、情绪记忆和动作记忆。其中,语义记忆又称语词逻辑记忆,是指人们对各种有组织的知识的记忆。它是以语词所概括的逻辑思维结果为内容的记忆,如字词、符号、概念、公式、规则、思想观点等。如对哥伦布发现美洲这个事实的记忆就是语义记忆。

104. C 【解析】本题考查记忆规律在教学中的应用。艾宾浩斯遗忘曲线表明,**遗忘在学习之后立即开始**。因此,对于新学习的材料,为了防止遗忘,必须“趁热打铁”,及时进行复习。

105. C 【解析】本题考查回忆的种类。无意回忆是指没有预定目的,也不需要任何意志努力的回忆,如触景生情或偶然想起了一件往事。有意回忆是指有回忆任务、并做一定的意志努力、自觉追忆以往经验的回忆。直接回忆是指由当前事物直接唤起旧经验的重现,如对熟记的外语单词的回忆。间接回忆是指通过一系列中间环节或中介性的联想才能达到要回忆的旧经验,如根据一些提示和推断回想起钥匙所遗落的地方。触景生情是由当前事物直接唤起旧经验的重现。因此,“触景生情”属于无意回忆和直接回忆。

106. A 【解析】综合是在人脑中把事物或对象的个别部分或属性**联合为一体**。例如:构想把一个人过去与现在的经历联系起来编成一个短剧;儿童把几个积木块搭成一个小房子等。

107. C 【解析】注意是心理活动或意识对一定对象的指向和集中。注意的指向性是指心理活动有选择地反映一定的对象,而**离开其余的对象**。注意的指向性表现出人的心理活动具有选择性。人的心理活动离不开注意,如果对事物不加注意,就会产生“心不使焉,则白黑在前而目不见,雷鼓在侧而耳不闻”的现象。

108. A 【解析】本题考查思维的特点。思维的间接性是指思维能对感官所不能直接把握的或不在眼前的事物,借助于某些**媒介物**与头脑加工来进行反映。“一声短笛斜阳外,知有渔舟泊柳阴”是指通过短笛声就可判断有渔舟在“柳阴”处停靠,这反映了人的思维具有间接性。

109. B 【解析】本题考查表象的内涵。表象是事物不在面前时,人们在头脑中出现的关于事物的形象。题干中的学生在老师读到“傣家竹楼”时,在头脑中呈现出“傣家竹楼”的形象,该形象即表象。

110. A 【解析】本题考查识记的定义。识记是指把所需信息输入头脑的过程,也就是**反复认识**某种事物并在头脑中留下印象的过程。故题干所述符合识记的定义。

111. D 【解析】本题考查注意的基本特征。注意的稳定性,是指注意保持在某一对象或某一活动上的时间长短特性。持续时间愈长,注意就愈稳定。题干中甲同学一节课内集中注意力的时间比乙同学长,故甲同学注意的稳定性比乙同学好。

112. C 【解析】人们感知过的事物、体验过的情绪情感、做过的活动及动作等都可能在头脑中留下痕迹,以后还会再认或回忆出来,这就是记忆现象。

113. A 【解析】思维的深刻性是思维的抽象逻辑性的表现。集中表现为善于深刻地思考问题,抓住事物的规律和本质,预见事物的发展进程,揭示客观事物内含的多样性规定的深入层次。(具体内容参见王耘、叶忠根、林崇德主编的《小学生心理学》)

114. C 【解析】陈述性记忆是指对有关事实和事件的记忆,如知识和生活常识。它可以通过语言传授而一次性获得,它的提取往往需要意识的参与。

115. A 【解析】直觉思维是**未经逐步分析**就迅速对问题答案做出合理的猜测、设想或突然领悟的思维。直觉思维具有敏捷性、直接性、简缩性、突然性(突发性)、猜测性的特点,故题干中小明的思维属于直觉思维。

116. D 【解析】整个小学时期,小学生的思维由以具体形象思维为主要形式过渡到以抽象逻辑思维为主要形式,但是思维仍带有很大的具体性。

117. B 【解析】程序性记忆是指对如何做事情的记忆,包括对知觉技能、认知技能和运动技能的记忆。题干中强调的是游泳时如何换气的记忆,故属于程序性记忆。

118. C 【解析】本题考查记忆的种类。情绪记忆是个体以曾经体验过的情绪或情感为内容的记忆。它是个体将过去经历过的情绪和情感体验保存在记忆中,并且在一定条件下,这种情绪和情感被重新体验到的过程。故“良言一句三冬暖,恶语伤人六月寒”体现的是情绪记忆。

119. A 【解析】本题考查想象的功能。想象的功能主要包括预见功能、补充功能、替代功能和调节功能。其中,预见功能是指想象能预见活动的结果,指导活动进行的方向。雕塑师开工前已经在脑海中勾勒出作品的形象,预见了活动的结果,这体现了想象的预见功能。

120. A 【解析】本题考查创造性思维的特征。独创性又称独特性,是指产生**不同寻常**的反应和**不落常规**的能力,以及重新定义或按新的方式对所见所闻加以组织的能力。题干中强调小明的观点与众不同,故体现了创造性思维的独创性。因此,答案选A项。灵活性是指摒弃以往的习惯思维方法而开创不同方向的能力,也叫思维的变通性;流畅性是指在限定时间内产生观念数量的多少。故B、C两项都不符合题意。D项不属于创造性思维的特征,可排除。

121. B 【解析】本题考查知觉的概念。知觉是在感觉的基础上产生的,它是人脑对直接作用于感觉器官的客观事物的整体属性的反映。题干中通过感知茉莉花的整体属性得知看到的是茉莉花,这是知觉的心理过程。

122. C 【解析】本题考查注意的品质。注意的广度也称注意的范围,是指在同一时间内,人们能够清楚地知觉出的对象的数目。题干中,李峰能关注到整个黑板上的大部分内容,这表明他注意的范围广,即注意的广度这一品质较好。

123. C 【解析】内部言语是一种伴随着思维活动产生的不出声的言语,它是和逻辑思维、独立思考、自觉行动有更多联系的一种高级的语言形态。它是对自己所要说、所要做的思想活动本身进行分析与综合,其主要特点是隐蔽性、与思维的相关性和简约性。学习越复杂,思维越复杂,就越需要复杂的内部言语活动。

124. C 【解析】本题考查遗忘理论。压抑说认为,遗忘是由情绪或动机的压抑作用引起的,如果压抑被解除,记忆就能恢复。该理论是弗洛伊德在给病人催眠时发现的。他认为个体之所以无法回忆,是因为该记忆使病人感到痛苦而被人为地压抑到潜意识中。由于情绪紧张而引起的遗忘(考试时经常发生)就属于这种类型。

125. D 【解析】本题考查思维的种类。发散思维,也叫求异思维、分散思维、辐射思维,是指人们解决问题时,思路朝着各种可能的方向扩散,从而求得多种答案。题干中的学生列出的曲别针的用途是各种各样的,这体现了同学们具有发散思维。

126. A 【解析】一般来说,注意的外部表现有以下三个方面。(1)**适应性动作出现**。最明显的适应性动作就是个体能够跟随组织者的思路,配合做各种运算或操作等,这也说明个体正处于积极的有意注意状态。所以,C、D项不属于注意分散的外部表现。(2)**无关动作的停止**。当人们集中注意时,就会高度关注当前的活动对象,一些与活动本身无关或起干扰作用的动作会相应减少甚至停止。因此,一个认真听讲的学生不会总是东张西望,交头接耳,或者玩一些与活动不相干的东西。所以,A项属于注意分散的外部表现。(3)**呼吸运动的变化**。人在集中注意时,呼吸会变得轻微而缓慢。所以,B项不属于注意分散的外部表现。

127. C 【解析】本题考查注意的分类。有意后注意也叫随意后注意,是有预定目的,但不需要意志努力的注意。它是在有意注意的基础上,经过学习、训练或培养个人对事物的直接兴趣达到的。在有意注意阶段,主体从事一项活动需要意志努力,但随着活动的深入,个体由于兴趣的提高或操作的熟练,不用意志努力就能够在这项活动上保持注意。根据题干描述可知,小陈刚开始学习物理时,只是出于完成学习任务的目的,后来他对物理产生了兴趣,可以自然而然地将注意力集中在物理学习上,这种注意属于有意后注意。

128. C 【解析】本题考查知觉的基本特性。知觉的理解性是指人**以知识经验为基础**对感知的事物加工处理,并用语词加以概括赋予说明的加工过程。"外行看热闹,内行看门道"的意思是内行人看事情主要看方法、看本质,外行人看事情只能看看外表、看看热闹。比喻知识经验的不同影响人们对事物的理解。这体现了知觉的理解性。

129. C 【解析】本题考查感觉的相互作用规律。感觉对比是同一感受器接受不同的刺激,而使感受性发生变化的现象。感觉对比分为两种:同时对比和继时对比。其中,**刺激物先后作用于同一感受器**会产生继时对比现象。例如:吃过糖之后吃橘子,会觉得橘子特别酸。故题干所述属于典型的继时对比现象。

130. B 【解析】本题考查小学生记忆发展的特点。小学生记忆发展的特点有:(1)从无意记忆为主转变为有意记忆为主;(2)从机械记忆为主向意义记忆为主过渡;(3)从具体形象记忆向抽象逻辑记忆的方向发展。故答案选B项。

131. D 【解析】概念形成是指个体通过反复接触大量同一类事物或现象的共同特征或共同属性,并通过肯定(正例)或否定(反例)的例子加以证实的过程。题干中的幼儿通过反复接触大量的桌子从而形成了"桌子"的概念,这属于概念形成的过程。

132. A 【解析】本题考查知觉的特征。知觉的选择性是指当面对众多的客体时,知觉系统会自动地将刺激分为对象和背景,并把知觉对象优先地从背景中区分出来。题干中猎人和樵夫面对山中的众多事物时,只优先知觉出自己关心的对象,这体现了知觉的选择性。

133. A 【解析】本题考查思维的特点。思维的特点为:间接性和概括性。其中,概括性包含两层意思:(1)把同一类事物的共同特征和本质特征抽取出来加以概括。例如,把枣树、苹果树、梨树等依据其根、茎、叶、果的共性称为"果树"等。(2)将多次感知到的事物之间的联系和关系加以概括,得出有关事物之间的内在联系的结论。

134. C 【解析】本题考查艾宾浩斯遗忘规律。遗忘是有规律的,即遗忘的进程是不均衡的,其趋势是**先快后慢、先多后少,呈负加速**。

135. A 【解析】本题考查创造性思维的特征。灵活性是指摒弃以往的习惯思维方法而开创不同方向的能力,也叫思维的变通性。故A项体现了创造性思维的灵活性特征。B项体现了创造性思维的流畅性特征。C项"不落窠臼"比喻不落俗套,有独创风格(多指文章、作品),故体现了创造性思维的独创性特征。D项不属于创造性思维的特征。因此,本题答案选A项。

136. C 【解析】本题考查注意的品质。注意的稳定性,是指注意保持在某一对象或某一活动上的时间长短特性。持续时间愈长,注意就愈稳定。根据题干中的"时间长短"可以判断出答案选C项。

137. B 【解析】本题考查注意的品质。**注意的分配**是指人在进行**两种或多种活动**时能把注意指向不同对象的现象。题干中的画家张璪在作画时可以"双管齐下",这是在同时从事两种活动,故体现的是注意的分配。

138. B 【解析】小学生思维发展的基本特征为从具体形象思维为主逐步向抽象逻辑思维为主过渡。在从具体形象思维为主逐渐向抽象逻辑思维为主的过渡中出现"飞跃"或"质变"。一般认为,这个关键年龄出现在小学四年级(约10~11岁)。

139. A 【解析】随着年级的升高,小学生注意的广度在不断发展。一年级学生在阅读时,常常是一个字一个字地念,注意的范围很有限。四年级之后,他们的知识经验积累多了,思维发展了,阅读的技巧形成了,一次就能看到整个的句子;再往后,同时能注意到句和句之间的联系,注意的广度就发展了。

140. A 【解析】本题考查创造性思维的核心。发散思维是创造性思维的核心。

141. D 【解析】由于刺激对感受器的持续作用而使感受性发生变化的现象叫感觉适应。适应现象表现在许多感觉中。刚戴上近视眼镜的时候,总觉得鼻梁上多了一件东西而不好受,时间长了就感觉不到了,这是触压觉的适应。

142. B 【解析】本题考查遗忘的理论。动机遗忘理论认为,有些信息可能对我们自己很重要,所以被记住了;而有些信息可能会引起我们的痛苦或不快,因而不大可能被记住。因此,题干中的学生在自己的座右铭中说要"遗忘消极与不快",这其中的"遗忘"最有可能用动机遗忘理论来解释。

143. C 【解析】注意的稳定性,是指注意保持在某一对象或某一活动上的时间长短特性。持续时间愈长,注意就愈稳定。题干所述体现了小易的注意较稳定,小旺的注意不稳定。

144. C 【解析】本题考查注意的定义。注意是心理活动或意识对一定对象的**指向和集中**,是心理过程的动力特征之一。

145. B 【解析】学龄儿童获得概念的主要形式是概念同化。

146. D 【解析】注意的转移是根据新的任务,主动地把注意从一个对象转移到另一个对象或由一种活动转移到另一种活动的现象。根据题干描述可知,学生需要把注意从写作业这一活动转移到班会活动上,故属于注意的转移。

147. B 【解析】思维的批判性是指既善于批判地评价他人的思想和成果,吸取别人的长处、优点和思想的精华,摒弃别人的短处、缺点和思想的糟粕,又善于严格而精细地思考问题,冷静而客观地评价和自觉地控制自己的思维活动,不易受自己的情绪和偏爱的影响。"自以为是"说明不能客观地评价自己,即思维缺乏批判性。

148. B 【解析】想象的补充功能是指借助想象可以弥补人们认识活动的时空局限，超越个体狭隘的经验范围，获得更多的知识。"思接千载，视通万里""精骛八极，心游万仞"主要说明了思想可以纵横驰骋，不受时空的限制，因此体现了想象的补充功能。

149. D 【解析】注意的分配是指人在进行两种或多种活动时能把注意指向不同对象的现象。题干中的学生不能把注意同时指向手和脚，故体现了该学生注意的分配能力差。

150. C 【解析】本题考查前摄抑制的相关内容。前摄抑制是指先学习的材料对识记和回忆后学习材料的干扰作用。题干中强调先学习的汉语拼音对后学习的英语发音的干扰作用，故体现了前摄抑制的内涵。

151. C 【解析】保持的相反过程是遗忘，防止遗忘的最根本的方法就是复习。

152. C 【解析】本题考查概念形成的过程。概念形成是指个体通过反复接触大量同一类事物或现象的共同特征或共同属性，并通过肯定（正例）或否定（反例）的例子加以证实的过程。题干中王老师给学生提供了许多能反映某概念特征的不同事例，并引导学生发现这些事例的共同特征，这是概念形成的过程。

153. B 【解析】注意的保持功能指使注意对象的映像或内容保持在意识中，得到清晰、准确的反映。

154. D 【解析】诱导运动是指由于一个物体的运动使其相邻的静止的物体产生运动的错觉现象。故题干所述现象为诱导运动。

155. C 【解析】从信息加工的观点看，遗忘是一时难以提取出需要的信息，遗忘之所以发生是因为编码不准确，失去了检索线索或线索错误。一旦有了正确的线索，经过搜寻，所需要的信息就能提取出来，这就是遗忘的提取失败理论。琪琪在背诵语文课文的时候卡壳了，妈妈给予她一个线索，她立即就能想起来剩余的信息。这体现了提取失败理论。

156. D 【解析】本题考查识记的分类。机械识记是根据材料的外在联系，采取多次重复的方式所进行的识记，即平时所说的死记硬背。意义识记是在理解的基础上，依据材料的内在联系，并运用已有的知识经验而进行的识记，有人也称之为理解记忆或逻辑记忆。根据题干描述可知，小学生在家长的要求下重复背诵古诗词，这属于机械识记。故答案选D项。无意识记是事先没有预定目的，也不需要运用任何有助于识记的方法和意志努力，自然而然地识记。题干中小学生的记忆明显属于有意识记，故可排除A项。

157. A 【解析】经验思维是以日常经验为依据，判断生产、生活中的问题的思维。题干中的谚语就属于一种经验思维。

158. C 【解析】本题考查思维的种类。聚合思维，也叫求同思维、集中思维、辐合思维、会聚思维，是指人们解决问题时，思路集中到一个方向，从而形成唯一的、确定的答案。工作、学习、生活中，很多问题都要运用聚合思维来解决。例如，学生考试时选择正确选项、用理论证明某个观点；警察根据搜集到的证据寻找案件真相；医生根据病人的各种症状下诊断；科学家根据多种因素的共同作用发现规律等。

159. B 【解析】本题考查注意的基本特征。注意的转移是根据新的任务，主动地把注意从一个对象转移到另一个对象或由一种活动转移到另一种活动的现象。题干中的小军在上完语文课后，能很快为接下来的美术课做好准备，这说明小军能主动地将注意从一个对象转移到另一个对象，故体现了注意的转移的内涵。

160. D 【解析】注意的分散是指注意离开了当前应当完成的任务而被无关的事物所吸引。题干所述属于注意的分散。

161. B 【解析】本题考查思维的种类。具体形象思维（形象思维）是以直观形象和表象为支柱的思维过程。表象是思维的材料，思维过程往往表现为对表象的概括、加工和操作。题干中的一年级小学生在计算时，需借助头脑中的小棒等实物表象才能进行计算，这说明他的思维是以直观形象和表象为支柱的，故其思维类型是形象思维。

162. A 【解析】本题考查记忆的分类。情绪记忆是个体以曾经体验过的情绪或情感为内容的记忆。它是个体将过去经历过的情绪情感体验保存在记忆中，并且在一定条件下，这种情绪情感被重新体验到的过程。题干中强调小丽听到自行车铃声就会回忆起当时的害怕情绪，故这种记忆属于情绪记忆。

163. B 【解析】本题考查遗忘的种类。根据遗忘的时间，遗忘可分为暂时性遗忘与永久性遗忘。暂时性遗忘是指遗忘的发生是暂时的，以后还能重新回忆的遗忘现象。例如，学生在考试时由于疲劳或紧张，使得原先很熟悉的题目却不知从何答起，待考试过后又想起来，这就是暂时性遗忘。永久性遗忘是指不经过重新学习，记忆的内容就不能恢复的遗忘。例如，学生考试中因没有复习到而答不出、想不起来的问题，即永久性遗忘。因此，题干中的遗忘种类为永久性遗忘。

164. A 【解析】本题考查注意的相关知识。注意是心理活动或意识对一定对象的指向和集中。题干中小可的注意能迅速集中在书本上，而小瑞则一直走神，这反映了两人注意能力的差异。

165. B 【解析】从以机械记忆为主向以意义记忆为主过渡，是小学生记忆质的发展的特点。佳佳以前反复诵读诗句进行记忆，这体现的是机械记忆；后来佳佳可以根据老师解释的诗句含义进行记忆，这体现的是意义记忆。所以，答案选B项。

166. D 【解析】注意的保持功能是指使注意对象的映像或内容维持在意识中，得到清晰、准确的反映。题干中的王红一直将自己的注意保持在天文望远镜的视野里，最终等到了自己要观察的小行星，这主要体现了注意的保持功能。

167. A 【解析】有时对已有材料与知识进行思考时，甚至可以不受某种固定的逻辑规律的约束而直接去领悟研究对象的本质性规律。这种直接领悟研究对象本质的思维方式，称为直觉思维。故本题答案选A项。（具体内容参见朱宝荣编著的《现代心理学方法论研究》）

168. C 【解析】本题考查注意的分类。有意后注意也叫随意后注意，是指有预定目的，但不需要意志努力的注意。它是在有意注意的基础上，经过学习、训练或培养个人对事物的直接兴趣达到的。题干中亮亮开车的技术由很不熟练到非常熟练，是在有意注意的基础上经过训练达到的。因此，这时亮亮的注意属于有意后注意。

169. C 【解析】感觉对比是同一感受器接受不同的刺激，而使感受性发生变化的现象。感觉对比可分为两种：同时对比和继时对比。其中，几个刺激物同时作用于同一感受器会产生同时对比现象。题干所述是同时对比的典型实例。

170. A 【解析】本题考查似动知觉的主要形式。动景运动，是指当两个刺激（如光点、直线、图形等）按一定空间间隔和时距相继呈现时，我们就会看到从一个刺激物向另一个刺激物的连续运动。1833年，J.A.F.普拉托设计和制造了第一个动景器，在一个圆盘分成的各个扇形平面上，依次画上各不相同但又相互联系着的舞姿，当圆盘旋转时，人们即可看到连续运动，这就是根据动景运动发生的原理提出和制作的。

171. B 【解析】本题考查思维的类型。直观动作思维是以实际动作为支柱的思维过程。例如，3岁前的幼儿的思维就属于直观动作思维，他们的思维活动离不开触摸、摆弄物体的活动。因此，幼儿利用掰手指来数数的思维就属于直观动作思维。

172. B 【解析】本题考查表象、想象与记忆的相关知识。记忆表象是指感知过的事物不在面前时，人们在头脑中出现的关于事物的形象。例如，人重新回忆过去经历过事物的时候头脑中所出现的形象就是记忆表象。故题干中的学生在头脑中回忆科技馆里的奇思妙想属于记忆表象。故答案选B项。想象是人脑对已储存的表象进行加工改造，形成新形象的心理过程。题干中只强调学生对过去事物的回忆，并没有进行加工改造的过程，故不属于想象。排除A、C两项。再认是指人们对感知过、思考过或体验过的事物，当它再度呈现时，仍能认识的心理过程。题干中,科技馆中的事物没有再次出现,只是在学生的头脑中呈现,故不属于记忆再认,排除D项。

173. D 【解析】本题考查思维的品质。思维的灵活性是指能灵活地思考问题。它表现为能从不同角度、运用不同方法思考问题;在条件发生变化时,能随机应变,及时改变原有计划、方案,寻找新的解决问题的途径。神机妙算的意思是惊人的机智,巧妙的计谋;诡计多端的意思是欺诈的计谋层出不穷。这体现了思维的灵活性。

174. B 【解析】本题考查感觉记忆及其特点。当客观刺激停止作用后,感觉信息会在一个极短的时间内保存下来,这种记忆叫瞬时记忆(感觉记忆),是记忆系统的开始阶段。瞬时记忆中只有能够引起个体注意并被及时识别的信息,才有机会被转入短时记忆。题干中的晓亮在步行街上漫无目的地闲逛,说明街道上的信息并没有引起他的注意。

175. D 【解析】本题考查记忆的种类。根据信息加工与存储的内容不同,可将记忆分为陈述性记忆和程序性记忆。(1)陈述性记忆是指对有关事实和事件的记忆。(2)程序性记忆是指如何做事情的记忆,包括对知觉技能、认知技能和运动技能的记忆。例如,在学习游泳之前,我们可能读过一些有关的书籍,记住了某些动作要领,这种记忆就是陈述性记忆;以后我们经过不断练习,把知识变成游泳技能,真正学会了游泳,这时的记忆就是程序性记忆。因此,题干中对游泳技能的掌握属于程序性记忆。

176. A 【解析】不同感觉的相互影响是指任何一种感受器的感受性,都会因同时或继时发生作用的其他感受器的影响而有所变化。对某一感受器的微弱刺激能提高其他感受器的感受性,而强烈刺激则降低其他感受器的感受性。故题干所述属于不同感觉的相互影响。

177. B 【解析】在感知同一事物时,注意很难长时间地保持固定不变。短时间内注意周期性地不随意跳跃现象称为注意的起伏(或注意的动摇),它是由于人的感受性不能长时间地保持固定的状态,而是间歇性地加强和减弱造成的。题干中的运动员因起跑信号与预备信号的间隔时间太长而受到影响,这是因为注意的动摇。

178. C 【解析】与成人的注意力相比,小学生的注意力不稳定,容易分散,分配能力不强,注意的范围较小,转移品质较差。

答案速查

1~5	ABCD ABD ACD ABC BCDE	6~10	ABC ABCD BD ABCD AB
11~15	ACD ABD ACD ABD ABC	16~20	AC ABCD BD CD ABC
21~24	ABD AC ABCD ACD	1~5	×××××
6~10	×√×××	11~15	××√×√
16~20	××××√	21~25	√√×√×
26~30	×××××		

二、多项选择题

1. ABCD 【解析】本题考查似动知觉。似动知觉是指在一定的时间和空间条件下,人们在静止的物体间看到了运动,或者在没有连续位移的地方看到了连续的运动。似动知觉包括动景运动、诱导运动(诱发运动)、自主运动、运动后效等。

2. ABD 【解析】本题考查感觉的规律。暗适应是指照明停止或由亮处转入暗处时视觉感受性提高的过程。与暗适应相反,明适应是指照明开始或由暗处转入亮处时视觉感受性下降的过程。故A项表述错误。与暗适应相比,明适应的时间比较短,大约在一分钟内即可完成。故B项表述错误。每一种感觉都是在适宜刺激作用于特定的感受器时产生的,刺激强度太弱或太强都不会产生感觉。故C项表述正确。知觉的恒常性是指客观事物本身不变,但知觉条件在一定范围内发生变化时,人的知觉映像仍相对不变。D项中,煤炭在晚上看起来比白天更黑,但仍把其知觉为一种煤炭,这正是由于知觉的恒常性。故D项表述错误。

3. ACD 【解析】本题考查注意的相关知识。A项,有意注意也称随意注意,是有预定目的、必要时需要意志努力、主动地对一定事物所发生的注意。它受人的意识的调节和控制,是人类所特有的一种注意。学生自习时专心致志,表明其注意是有预定目的、需要意志努力的。故选项A说法正确。B项,注意的广度也称注意的范围,是指在同一时间内,人们能够清楚地知觉出的对象的数目。"一目十行"指的就是注意的范围。阅读时"一目十行"表明注意的广度品质较好。故选项B说法错误。C项,注意的分配是指人在进行两种或多种活动时能把注意指向不同对象的现象。生活中大量的"一心二用"现象,如学生在课堂上边听课边记笔记,就属于注意的分配。开车时眼观六路、耳听八方既体现了注意的分配能力强,又体现了注意的广度品质好。故选项C说法正确。D项,运用无意注意的规律组织教学主要包括以下几个方面:(1)创造良好的教学环境。(2)注重讲演、板书技巧和教具的使用。在讲课过程中,教师应该音量适中,语音、语调做到抑扬顿挫,遇到重点、难点还要加强语气,伴以适当的手势和表情。声音太大、语调平淡,容易使学生疲劳;声音过小,学生听不到或听不清,就很容易分心。另外可以配合使用板书和教具。(3)注重教学内容的组织和教学形式的多样化。故选项D说法正确。

4. ABC 【解析】本题考查常见的社会知觉偏差。晕轮效应是指当我们认为某人具有某种特征时,就会对他的其他特征做相似判断。故A项正确。首因效应是指在总体印象形成上最初获得的信息比后来获得的信息影响更大的现象。故B项正确。投射效应是指由于个体具有某种特性,因而推断他人也有与自己相同特性的心理现象。故C项正确。近因效应是指在总体印象形成上,新近获得的信息比原来获得的信息影响更大的现象,如多年不见的朋友,在自己脑海中的印象最深的其实就是临别时的情景,所以D项的表述属于近因效应。故D项错误。

5. BCDE 【解析】本题考查运用注意规律组织教学的相关内容。小学生注意的稳定性虽有一定的发展,但抗干扰性差,容易分心,教师应灵活运用注意规律来组织教学:(1)善于运用无意注意的规律,如保持教室周围环境的安静,教室内的布置要简朴,教师讲课时要突出重点,内容重要处要加强语气、适当重复,语言要抑扬顿挫,采用多样化的教法等。(2)着重培养学生的有意注意,例如,在开始讲授一门新课时说明这门课的目的、任务和意义。(3)善于运用两种注意相互转换的规律,如适当运用直观材料或趣味性的谈话,让学生对新课发生兴趣,产生无意注意。

6. ABC 【解析】本题考查注意规律在教学中的应用。A项老师突然中断讲课,是利用刺激物的活动和变化引起学生的无意注意。B项老师用彩色粉笔突出重点,是利用刺激物之间显著的对比关系引起学生的无意注意。间接兴趣,特别是稳定的间接兴趣,是引起和保持有意注意的重要条件。学生的间接兴趣越稳定,就越能对活动的对象产生有意注意。C项正确。如果只让学生凭借无意注意来学习,则不利于他们克服学习过程中的困难。D项错误。

7. ABCD 【解析】引起无意注意的客观条件包括:(1)刺激物的强度;(2)刺激物之间显著的对比关系;(3)刺激物的活动和变化;(4)刺激物的新异性。

8. BD 【解析】无意注意可以由刺激物本身的特点引起,刺激物本身的特点既可以成为顺利完成教学任务的因素,又可以成为造成学生学习分心的因素。在安静的教室门口,使劲咳嗽会分散学生的注意力,因此,A项中的做法不正确;用彩色粉笔装饰黑板边缘亦会分散学生的注意力,因此,C项中的做法不正确。

9. ABCD 【解析】本题考查知觉的基本特征。知觉的基本特征包括:(1)知觉的选择性;(2)知觉的理解性;(3)知觉的整体性;(4)知觉的恒常性。

10. AB 【解析】本题考查思维的种类。根据思维探索目标的方向不同,可将思维分为聚合思维和发散思维。

11. ACD 【解析】本题考查对发散思维的理解。发散思维,也叫求异思维、分散思维、辐射思维,是指人们解决问题时,思路朝着各种可能的方向扩散,从而求得多种答案。"一物多用""一事多写""一题多解"都是需要思维向外扩散,符合发散思维的定义。因此,答案选A、C、D三项。B项先入为主的意思是指先听进去的话或先获得的印象可能在头脑中占有主导地位,以后再遇到不同的意见时,不容易接受,这不符合发散思维的定义,故排除。

12. ABD 【解析】书面言语是一个人借助文字来表达自己的思想或借助阅读来接受别人言语的影响的言语,具有言语的随意性、展开性和计划性等特点。

13. ACD 【解析】由于刺激对感受器的持续作用而使感受性发生变化的现象叫感觉适应。感觉适应可以引起感受性的提高,也可以引起感受性的降低。例如,视觉适应中的暗适应可以引起感受性的提高,明适应可以引起感受性的下降。故B项说法错误。答案选A、C、D三项。

14. ABD 【解析】发展学生的意义记忆能力,可以考虑下列几个因素:(1)帮助学生很好地理解教材;(2)对高年级学生要教会他们良好的记忆方法;(3)考虑延缓重现的作用;(4)适当训练机械记忆能力,学生学习基本上是要求意义记忆,但也需要一定程度的机械记忆作为辅助。

15. ABC 【解析】本题考查思维的基本形式。思维的基本形式有:**概念、判断、推理**。

16. AC 【解析】本题考查适应性运动的表现。适应性运动指人在注意状态下,感觉器官一般是朝向注意对象的。例如:人在观察某个物体时,把视线集中在该物体上,即所谓"举目凝视";注意听一个声音时,把耳朵转向声音的方向,即所谓"侧耳倾听";当沉浸于思考或想象时,眼睛常常是"呆视着",好像看着远方一样,对周围对象的感知就变得模糊起来。

17. ABCD 【解析】本题考查依据记忆规律合理安排和组织教学的具体措施。依据记忆规律合理安排和组织教学的具体措施包括:(1)合理安排教学。具体要求为:①学校在排课时应尽可能避免把性质相近的课程排在一起,这样能减少材料相似性引起的前摄抑制、倒摄抑制对记忆的干扰;②教师要保证学生的课间休息;③教师应控制每堂课的信息投入量。(2)向学生提出具体的识记任务。(3)使学生处于良好的情绪和注意状态。(4)充分利用无意识记的规律组织教学。(5)使学生理解所学内容并把它系统化。(6)培养学生良好的记忆品质,提高其记忆能力。

18. BD 【解析】本题考查记忆规律。系列位置效应就是指接近开头和末尾的记忆材料的记忆效果好于中间部分的记忆效果的趋势。A项正确。早晨学习效果一般较好,因为这个阶段学习不受前摄抑制干扰。B项错误。根据艾宾浩斯遗忘曲线,记忆的最初阶段遗忘的速度快,随后逐渐变慢。艾宾浩斯认为保持和遗忘是时间的函数。C项正确。过度学习达到50%,即学习的熟练程度达到150%时,学习的效果最好。D项错误。

19. CD 【解析】本题考查记忆的分类。根据**信息加工处理和储存**方式的不同,可将记忆分为陈述性记忆和程序性记忆;根据记忆时**意识参与的程度**,可将记忆分为外显记忆和内隐记忆。

20. ABC 【解析】幻想是创造想象的一种特殊形式,与一般的创造想象相比具有下述两个特征:(1)幻想体现了个人的愿望,是个人向往的形象;(2)幻想常是创造性活动的准备阶段。幻想可分为科学幻想、理想、空想三种形式。

21. ABD 【解析】本题考查心理过程的相关知识。鹤立鸡群,原意是指野鹤站在普通的鸡中,显得十分高大。鹤与鸡的**差异较大**,二者之间具有显著的**视觉对比**,因此容易引起个体的**无意注意**。同时,这一现象也容易引起注意的**优先选择**,即反映了注意的选择性。故答案选A、B、D三项。兴趣是人对事物的一种认识倾向,伴随着积极的情绪体验,对个体活动,特别是对个体的认知活动有巨大的推动作用。题干中描述的"鹤立鸡群",并没有体现出兴趣的概念,故不选。

22. AC 【解析】本题考查艾宾浩斯遗忘曲线。艾宾浩斯遗忘曲线规律:遗忘是在学习之后立即开始。遗忘是有规律的,即遗忘的进程是不均衡的,其趋势是先快后慢、先多后少、呈负加速,且到一定的程度后几乎不再遗忘。

23. ABCD 【解析】心理学家对遗忘的原因有不同的看法,归纳起来有下述五种:(1)消退说(衰退说);(2)干扰说;(3)压抑说(动机说);(4)提取失败说;(5)同化说(认知结构说)。

24. ACD 【解析】本题考查注意的品质。注意的品质包括注意的广度、注意的稳定性、注意的分配、注意的转移等。注意的分散是与注意的稳定性相反的情况。

三、判断题

1. × 【解析】童年期儿童思维正处于具体形象思维向抽象逻辑思维过渡的阶段。到小学中、高年级,儿童的抽象逻辑思维能力逐渐增强,到童年晚期,思维逐渐接近于少年期的抽象逻辑推理的形式了。故题干说法错误。

2. × 【解析】本题考查想象的分类。创造想象是指不依据现成的描述而独立地创造出新形象的过程。再造想象是依据词语或符号的描述、示意在头脑中形成与之相应的新形象的过程。

3. × 【解析】本题考查想象的类型。根据创造程度的不同,有意想象可以分为再造想象和创造想象。幻想是创造想象的一种特殊形式。幻想是一种与生活愿望相结合并**指向于未来**的想象。

4. × 【解析】本题考查注意的品质。注意的品质包括注意的稳定性、广度、分配和转移。其中注意的分配是指人在进行两种或多种活动时能把注意指向不同对象的现象。注意的广度也称注意的范围,是指在同一时间内,人们能够清楚地知觉出的对象的数目。

5. × 【解析】记忆过程包括识记、保持、再现(再认或回忆)三个环节。识记过程属于记忆过程的一个环节。

6. × 【解析】实验证明:过度学习达到50%,即学习的熟练程度达到150%时,学习的效果最好;超过150%时,效果并不递增,很可能引起厌倦、疲劳而成为无效劳动。

7. √ 【解析】本题考查直觉思维的相关知识。直觉思维的成效取决于人对事物的洞察力和理解力,并与思维者知识经验的丰富程度有密切的关系。因此,知识经验丰富的人在其领域内有较高的直觉思维水平。

8. × 【解析】本题考查记忆的过程。记忆的储存指将已经编码的信息留存在记忆中,以备后用。记忆的编码指个体在加工信息时,将外在刺激的物理性特征(如声音、形状、颜色等)转换成另一种抽象的形式,以便在记忆中储存并供以后使用的心理表征。

9. × 【解析】晕轮效应是指当我们认为某人具有某种特征时,就会对他的其他特征做相似判断。故"一俊遮百丑""一坏百坏"等观点体现了晕轮效应。

10. × 【解析】错觉是指在特定条件下对事物**必然会产生**的某种固有倾向的歪曲知觉,是对客观事物不正确的知觉,是知觉的一种特殊情况。只要具备了错觉产生的条件,错觉就会产生,通过主观努力是无法克服的。

11. × 【解析】本题考查遗忘的相关理论。干扰说认为,遗忘是因为在学习和回忆之间受到其他刺激的干扰。同化说又称认知结构说,认为遗忘是知识的组织和认知结构简化的过程。

12. × 【解析】能够在较短的时间内记住较多的东西是记忆敏捷性良好的表现。

13. √ 【解析】记忆由三个环节构成:(1)识记是记忆过程的第一个基本环节,是个体获得知识经验的过程;(2)保持是记忆过程的第二个环节,是指已获得的知识经验在人脑中巩固的过程;(3)再认或回忆是记忆过程的第三个环节,识记材料、保持材料都是为了在必要时能再认或回忆材料。

14. × 【解析】本题考查识记的基本条件。机械识记的基本条件是重复地感知材料,意义识记的基本条件是理解。故题干表述错误。

15. √ 【解析】本题考查前摄抑制和倒摄抑制与迁移的关系。前摄抑制是先学习的材料对识记和回忆后学习材料的干扰作用。后学习的材料对保持和回忆先学习的材料的干扰作用,称为倒摄抑制。顺向负迁移是指已掌握的知识、技能对新学习的知识、技能的消极影响。逆向负迁移是指新学习的知识、技能对已掌握的知识、技能的消极影响。因此,前摄抑制属于顺向负迁移,倒摄抑制属于逆向负迁移。故题干说法正确。

16. × 【解析】创造性思维是指用独特新颖的方法解决问题的思维过程。创造性思维既是发散思维和聚合思维的统一，也是形象思维和抽象思维的统一，它只是更多地表现在发散思维上，并不完全等同于发散思维。故题干表述错误。

17. × 【解析】本题考查培养创造性思维能力的措施。**推测与假设训练**的主要目的是发展学生的想象力和对事物的敏感性，并促使学生深入思考，灵活应对。例如，让学生听一段无结局的故事，鼓励他们去猜测可能的结局；或读文章的标题，去猜测文中的具体内容。故题干说法错误。

18. × 【解析】本题考查幻想的相关知识。幻想是一种与生活愿望相结合并指向于未来的想象。幻想可分为以下三种形式：(1)科学幻想，是科学预见的一种形式，是创造想象的准备阶段和发展的推动力，是具有进步意义和有实现可能的积极幻想。(2)理想，是符合事物发展规律、有实现可能的积极幻想；(3)空想，是与客观现实相违背的消极幻想，根本不可能实现。因此，幻想中只有空想是消极的。故题干说法错误。

19. × 【解析】一个正常的成年人，在实际工作和生活中，常将直观动作思维、具体形象思维和抽象逻辑思维三种思维方式结合起来解决问题。因此题干中的说法是错误的。

20. √ 【解析】相对于大多数学习而言，分散复习的效果优于集中复习，因为**分散复习可以降低疲劳感**，可以减少前摄抑制和倒摄抑制的影响。

21. √ 【解析】小学低年级学生以机械识记为主，也就是说，小学低年级学生经常采用机械识记的方法来学习。到了三、四年级，从机械识记占主导地位向意义识记占主导地位发展。

22. √ 【解析】记忆恢复是指识记某种材料，经过一段时间后测得的保持量大于识记后即时测得的保持量的现象。记忆恢复现象常常在下列情况中出现：儿童比成人更普遍；学习难度大的材料比学习容易的材料更容易出现；学习得不够熟练的材料比熟练的材料更易发生。

23. × 【解析】有意注意也称随意注意，是有预先目的、必要时需要意志努力、主动地对一定事物所发生的注意。有意注意是一种积极主动、服从于当前活动任务需要的注意，属于注意的高级形式。阅读时适当地做笔记是需要一定意志努力的过程，故属于有意注意。

24. √ 【解析】本题考查过度学习的相关知识。过度学习对于那些必须能长期准确回忆而且又没有什么意义的操练信息最为有用，典型的例子即背乘法口诀表和化学元素周期表最适宜用"过度复习"法。故题干所述正确。

25. × 【解析】错觉是指在特定条件下对事物**必然会产生**的某种固有倾向的歪曲知觉，是对客观事物**不正确的知觉**，是知觉的一种特殊情况。而幻觉是指没有相应的客观刺激时所出现的知觉体验。

26. × 【解析】本题考查感觉阈限。差别阈限，又称最小可觉差，是指刚刚能引起差别感觉的刺激物间的最小差异量。差别感受性是指能够感受刺激之间这一最小差异量的能力。宠物狗能够分辨主人和陌生人脚步声的差异，说明该宠物狗的差别感觉阈限很低，差别感受性很高。

27. × 【解析】表象是事物不在面前时，人们在头脑中出现的关于事物的形象。"想起母亲的笑脸"是一种视觉表象。

28. × 【解析】本题有意后注意的特点。有意后注意是指有自觉目的，但不需要意志努力的注意，是在有意注意的基础上发展起来的。有意后注意在形式上类似于无意注意，而在性质上类似于有意注意，是人的一种更为高级的特殊的注意形态。题干说的是有意注意，故表述错误。

29. × 【解析】直觉思维是指对一个问题未经逐步分析，仅依据内因的感知迅速地对问题答案做出**判断、猜想、设想**，或者在对疑难百思不得其解时，突然对问题有"灵感"和"顿悟"，甚至对未来事物的结果有"预感""预言"等。故题干所述属于直觉思维。

30. × 【解析】识记和保持是再认或回忆的前提，再认或回忆是识记和保持的结果，并能进一步巩固和加强识记和保持的内容。

四、填空题

1. 具体化
2. 分析与综合
3. 运动知觉
4. 具体形象思维
5. 表象

整合提升

答案速查

1 ~ 5	CAACD	6 ~ 10	DAAAB	11 ~ 15	DABDA
1 ~ 4	CD AD BC ABCD	1 ~ 5	×√××√×		

一、单项选择题

1. C 【解析】本题考查联想的运用。对比联想是指由一种经验想到与之**相反性质或特点**的另一种经验。两种事物在性质、大小、外观等方面存在相反的特点，人们在回忆起一种事物时会从反面想到另一种事物。在学习和记忆中运用对比联想可以提高学习效率和促进记忆。因此，题干中的做法就是为了加强学生的对比联想，促进学生对知识的记忆。故C项符合题意。

2. A 【解析】本题考查记忆周期。根据艾宾浩斯的实验研究，第一个记忆周期是5分钟，第二个记忆周期是30分钟，第三个记忆周期是12小时。

3. A 【解析】本题考查不同能力发展早晚的差异。心理学研究表明，在一般能力上，感知方面的能力发展最早，下降也较早；其次是记忆，然后是思维能力，故选A项。

4. C 【解析】深度知觉也叫"立体知觉"或"距离知觉"，指对**物体远近距离**或三维特性的知觉。题干所述是根据遮挡判断出物体的远近，这属于深度知觉。

5. D 【解析】本题考查注意的生理机制。注意就其发生来说是有机体的朝向反射。朝向反射是由情境的新异性所引起的一种复杂反射。当新异性刺激出现时，有机体便会产生一种相应运动，将感受器朝向新异刺激，以便能更好地感知这一刺激。刺激物一旦失去新异性，或者个体对该刺激已经习惯化，朝向反射就不会发生。

6. D 【解析】本题考查初中生思维发展的特点。初中生的抽象思维开始占主导地位，但他们的抽象思维在很大程度上还属于"经验型"，即在他们的抽象思维中具体形象的成分仍然起着重要作用。

7. A 【解析】记忆的信息加工一般都须经过编码、储存和提取三个环节，其中编码是最关键的加工环节。编码形式愈恰当，信息愈能储存持久，提取也就愈容易。因此，**编码是信息加工的关键**。

8. A 【解析】直观动作思维是以实际动作作为支柱的思维过程。思维活动往往是在实际操作中，借助触摸、摆弄物体而产生和进行的。成人也有动作思维，是在经验的基础上，第二信号系统的调节下实现的。例如，技术工人在对一台机器进行维修时，一边检查一边思考故障的原因，直至发现问题、排除故障为止，这一过程中动作思维占据主要地位。

9. A 【解析】注意的转移是根据新的任务，主动地把注意从一个对象转移到另一个对象或由一种活动转移到另一种活动的现象。"万事开头难"的原因之一就是已经开始一件新工作了，但注意还没有转移，这是"分心"的另一种表现。

10. B 【解析】本题考查概念的种类。根据概念反映事物属性的数量及其相互关系，可分为合取概念、析取概念和关系概念。合取概念指根据一类事物中单个或多个相同属性形成的概念。这些属性在概念中必须同时存在。例如，

"毛笔"这个概念必须有两个属性,即"用毛制作的"和"写字的工具"。故答案选B项。析取概念指根据不同的标准,由单个或多个属性的结合形成的概念。例如,"好孩子"这个概念,可以结合各种属性,如"热爱集体、拾金不昧"是好孩子,"热爱劳动、肯为大家做事"也可称为好孩子。关系概念指不是根据事物的特征和属性,而是根据事物之间的相互关系形成的概念。例如,高低、上下、左右、大小等都是根据事物之间的相对关系形成的概念。

11. D 【解析】生活中大量的"一心二用"现象,都属于注意的分配。但**注意的分配是有条件的**:(1)在同时进行的两种活动中,必须有一种活动是已经熟练的;(2)同时进行的几种活动都已熟练;(3)几种不同的活动已成为一套统一的组织。

12. A 【解析】小学低年级儿童观察事物凌乱、不系统,即观察缺乏顺序性。

13. B 【解析】儿童概括水平的发展,大体经历以下三级水平。第一级,直观形象水平的概括。处在这一水平的儿童只能对事物的形象、外部特征或属性进行概括,小学低年级儿童的概括主要处在直观形象水平上。第二级,形象抽象水平的概括。中年级儿童的概括中,已经有了比较丰富的表象,表象的内容也更为精确而富有概括性。小学中年级儿童的概括主要属于形象抽象水平。第三级,初步的本质抽象水平的概括。这一水平的儿童能对事物的本质属性、内在联系进行初步的概括。小学高年级儿童的概括开始以本质抽象为主。

14. D 【解析】谢夫林等人提出双加工理论,该理论认为,人类的认知加工分为:自动化加工和受意识控制的加工。双加工理论可以解释很多注意的现象。我们通常能够同时做好几件事,如可以一边骑自行车一边欣赏路边的风景,或是一边看电视一边织毛衣等。在同时进行的活动中,其中**一项或多项已变成自动化的过程**(如维持自行车平衡和织毛衣),不需要个体再消耗认知资源,因此个体可以将注意集中在其他的(看风景或看电视)认知过程上。

15. A 【解析】小学低年级儿童的无意注意占优势,有意注意还处在发展初期,水平很低,自觉控制注意的能力差,基本上是被动的,容易被其他刺激吸引。所以,A项说法正确。随着年龄的增长和大脑的不断成熟,加上教学的要求和训练,小学生不断地有意识地调节、控制自己的行为,他们的有意注意逐渐发展起来。到了四、五年级,小学生的有意注意基本上占据主导地位,他们逐渐能根据一定的目的独立地组织自己的注意,从而使有意注意由被动状态逐步发展到主动状态。所以,B、C、D三项说法错误。

二、多项选择题

1. CD 【解析】本题考查概念的种类。根据概念反映事物属性的数量及其相互关系,可分为合取概念、析取概念和关系概念。

种类	概念	典例
合取概念	根据一类事物中单个或多个相同属性形成的概念,它们在概念中必须同时存在,缺一不可	毛笔
析取概念	根据不同的标准,结合单个或多个属性所形成的概念	好学生
关系概念	根据事物之间的**相互关系**形成的概念	高低、上下、左右、大小等

故C、D两项符合题意。

2. AD 【解析】内隐记忆与外显记忆之间有许多不同之处,具体体现在以下几个方面:(1)加工深度。对刺激项目的加工深度并不影响被试的内隐记忆效果,却对外显记忆有非常明显的影响。故A项错误。(2)保持时间不同。内隐记忆能够保持较长的时间。故B项正确,D项错误。(3)记忆负荷量的变化。(4)呈现方式的改变。(5)干扰因素。外显记忆很容易受到其他无关信息的干扰,内隐记忆不易受到干扰。故C项正确。故本题选A、D两项。

3. BC 【解析】本题考查知觉的加工方式。自下而上加工是指由外部事物开始的信息加工,强调感官接受的信息决定其在知觉中的地位。一般是从构成知觉基础的较小知觉单元到较大的知觉单元,经过一系列连续阶段的加工而达到对感觉信息的解释。例如,在看英文单词时,先确认字母的各种特征,如垂直线、水平线、斜线等,然后把这些特征加以结合来确认字母,然后再结合起来形成单词。这种从较低水平的加工到较高水平的加工又称为数据驱动加工。自上而下加工是指人在知觉时,运用自己已有的知识经验以及概念来加工当前信息的过程。例如,去车站接一位不认识的客人,此时对来人的期待,会影响对这位客人的识别和确认。由于是知识经验引导下的知觉加工,是一种较高水平加工制约较低水平加工的过程,因此又称为概念驱动加工。因此,题干中对未曾见过的大学教授的形象的设想,体现了知觉的自上而下加工,也即概念驱动加工。

4. ABCD 【解析】影响注意稳定性的因素有:(1)是否有明确的任务;(2)是否进行积极的思维活动;(3)注意的对象是否内容丰富;(4)活动的方式是否多样化;(5)个体的情绪和身体状况等。

三、判断题

1. × 【解析】本题考查学生记忆的发展。对于具体形象记忆的认识,有些人容易产生误解,以为具体形象记忆与词的抽象记忆相比,是一种处于较早阶段和较低水平的记忆,甚至认为抽象记忆出现以后,具体形象记忆就没有意义了。事实上,在学习过程中,具体形象记忆和词的抽象记忆都是必要的,在教学中,两者都具有重要的作用。感性认识和理性认识是不可分的,教师的任务在于:一方面使学生掌握充分的、具体的实际材料;另一方面从具体的实际材料出发,不断发展儿童的词的抽象记忆,从而使感性认识提高到理性认识。故题干说法错误。

2. √ 【解析】我国心理学界多数人认为:思维无论从个体发展还是从种系发展来看,大致上经历四个阶段:即动作思维(直觉行动思维)—形象思维—形式思维—辩证思维。

3. × 【解析】提取诱发遗忘的一般范式包括学习阶段、提取练习阶段、**干扰阶段**和回忆阶段。

4. √ 【解析】我国心理学家丁祖荫曾对儿童图画观察能力的发展进行了研究,结果发现,儿童观察能力的发展可分为四个阶段。(1)认识"个别对象"阶段:儿童只看到图画中的各个对象,或各个对象的一个方面,看不到对象之间的相互联系。(2)认识"空间联系"阶段:儿童看到了各对象之间能够直接感知的空间联系。(3)认识"因果联系"阶段:儿童认识到了对象之间不能直接感知的因果联系。(4)认识"对象总体"阶段:儿童能从意义上完整地认识整幅图画的内容,依据图画中所有事物的全部联系,完整地把握对象的总体,理解图画主题。

5. × 【解析】本题考查首因效应和近因效应的影响因素。个性特点影响近因效应或首因效应的发生。一般心理上开放、灵活的人容易受近因效应的影响;而心理上保持高度一致、具有稳定倾向的人,容易受首因效应的影响。

四、案例选择题

1. BCD 【解析】本题考查人脑对表象加工改造的基本方式。人脑对表象的加工、改造有五种基本方式:拼合、联合、夸张、典型化和猜想,故选BCD三项。

2. BC 【解析】本题考查推理的分类。类比推理是根据两个对象在某些属性上相同或相似,通过比较而推断出它们在其他属性上也相同的推理过程,是一种特殊到特殊的推理。材料中是由其他运算律推论至分配律的,是由特殊到特殊的推理,选择C项。归纳推理是由具体事物归纳出一般规律的推理过程,即从特殊到一般的推理过程,题干中的学生通过观察比较,从两个算式中归纳出了乘法分配律,这是对归纳推理的运用,选择B项。演绎推理是从一般到特殊或具体的推理过程,排除A项。综合推理是从多个信息条件出发,经过辨识不同类型信息,提炼和分析复杂数据,在评估相关数据基础上推出结论的过程。综合推理属于演绎推理,其结论是必然成立的。排除D项。

第三章　情绪情感和意志过程

答案速查

1~5	CDCAA	6~10	ACDBB	11~15	DDDAA	16~20	BCBCB
21~25	ACDBB	26~30	BBACA	31~35	DABBD	36~40	CCCBC
1~7	ACE AD AD ABD BC AC ABCD			1~8	××√×√××√		

一、单项选择题

1. C 【解析】本题考查意志的品质。意志的坚持性(坚韧性)是指一个人在行动中**坚持决定,百折不挠**地克服重重困难去达到行动目的的品质。坚持是对行动目的的坚持,人应该培养自己意志的坚持性,克服动摇性和执拗性。"有志者立长志,无志者常立志"的意思是:有志向的人会树立一个长远的目标,并持之以恒地努力去实现目标;没有志向的人经常给自己树立目标,但却不思进取、不积极追求目标。这句话强调了坚持的重要性。

2. D 【解析】本题考查情绪的种类。激情是一种爆发式的、猛烈而时间短暂的情绪状态。例如,狂喜、暴怒、恐惧、绝望、剧烈的悲痛等,都是激情的表现。题干中的欣喜若狂、手舞足蹈属于激情。心境是一种微弱的、持续时间较长的,带有弥漫性的情绪状态。应激是出乎意料的紧迫情况所引起的急速而高度紧张的情绪状态。故排除A、C两项。B项不属于情绪状态。

3. C 【解析】本题考查自我防御机制。文饰作用指通过无意识地用一种似乎有理的解释或实际上站不住脚的理由来为其难以接受的情感、行为或动机辩护以使其可以接受,其实是在掩盖其错误或失败,以保持内心的安宁。题干中,小静因为起晚了没能参加准备已久的竞赛,用"塞翁失马,焉知非福"和"可以好好休息几天了"来为这一难以接受的结果做辩护,来掩盖错误,保持内心安宁,这属于文饰。

4. A 【解析】本题考查动机斗争的种类。双趋冲突是指从自己同时都很喜爱的两个事物中仅择其一的心理状态,如鱼与熊掌不可兼得。

方法技巧:考生易混淆动机斗争的种类。在考试时通常可以根据题意,运用关键词组进行区分。双趋冲突:表述中含有"既想……又想……,但不可兼得"的含义;双避冲突:表述中含有"既怕……又怕……"的含义;趋避冲突:表述中含有"既想……又怕……"的含义;多重趋避冲突:表述中的冲突因素为两个以上。

5. A 【解析】本题考查动机斗争的种类。A项趋避冲突,是指对同一目的**兼具好恶**的矛盾心理。题干中的小李因用人单位的工资高想去,但又因公司要求经常出差而不想去,故体现了趋避冲突。A项符合题意。

B项双趋冲突,是指从自己同时都很喜爱的两个事物中仅择其一的心理状态。题干未体现,故排除。

C项双避冲突,是指从希望回避的两种事物中必取其一的心理状态。题干未体现,故排除。

D项多重趋避冲突,是指对含有吸引与排斥两种力量的多种目标予以选择时所发生的冲突。题干未体现,故排除。

6. A 【解析】本题考查情感的分类。道德感是根据一定的道德标准评价人的思想、意图和言行时所产生的主观体验。它表现在对待国家、集体、工作、事业、学习以及人与人之间的关系等各个方面,如爱国主义情感、集体主义情感、责任感、事业心、荣誉感、自尊心等。因此,小华在为老人让座后产生的自豪感属于道德感。

7. C 【解析】本题考查情绪、情感的种类。情绪、情感的种类及概念如下:

划分依据	种类	概念
依据情绪发生的强度、持续性和紧张度的不同	激情	**爆发式**的、猛烈而时间短暂的情绪状态
	心境	微弱的、持续时间较长的,带有**弥漫性**的情绪状态
	应激	出乎意料的**紧迫情况**所引起的急速而高度紧张的情绪状态
从情感的社会内容角度	道德感	根据一定的**道德标准**评价人的思想、意图和言行时所产生的主观体验
	美感	人们根据一定的**审美标准**对自然或社会现象及其在艺术上的表现予以评价时所产生的情感体验
	理智感	人认识事物和**探求真理**的需要是否得到满足而产生的主观体验

因此,"喜者见之则喜"属于心境,故A项表述错误;暴怒时肌肉紧张、面红耳赤属于激情,故B项表述错误;在进行认知活动时有新发现的喜悦感符合理智感的内涵,故C项表述正确;"先天下之忧而忧,后天下之乐而乐"属于道德感,故D项表述错误。

8. D 【解析】本题考查积极适应挫折的方法和技术。积极适应挫折的方法和技术有:(1)理智的压抑。(2)升华。升华泛指心理欲望从社会不可接受的方向转向社会可接受的方向的过程。当一个人意识到自己的某种欲望无法为自己接受,且与社会规范、伦理道德相悖时,为求得心理平衡,将其净化、提高,成为一种高尚的追求。(3)补偿。(4)幽默。(5)合理宣泄。(6)认知重组。

9. B 【解析】本题考查情绪的分类。依据情绪发生的强度、持续性和紧张度的不同,可以把情绪状态划分为激情、心境、应激三种。其中,心境是一种微弱的、持续时间较长的、带有弥漫性的情绪状态。心境一经产生就不只表现在某一特定对象上,而是在相当长的一段时间内,使人的整个心理活动都染上某种情绪色彩,影响人的整个行为表现,成为情绪生活的背景。根据题干描述可知,莉莉在最近一段时间闷闷不乐,故属于一种心境。

10. B 【解析】本题考查情感的种类。理智感是人认识事物和探求真理的需要是否得到满足而产生的主观体验。如发现问题的惊奇感、问题解决的喜悦感、为真理献身的自豪感、问题不解的苦闷感等。

11. D 【解析】本题考查情绪调节的方法。当个体产生不良情绪时,可以通过合理的宣泄调节情绪,防止不良情绪的累积。宣泄的途径有倾诉、哭泣、剧烈地活动等。故题干中的"跑步、大声喊叫、痛哭"等方式属于合理宣泄的途径,这有助于缓解心理压力。

12. D 【解析】意志的坚韧性是一个人在行动中坚持决定,百折不挠地克服重重困难去达到行动目的的品质。与坚韧性相反的意志品质是动摇性和执拗性。有动摇性的人或缺乏坚定的行动目的,对既定目的持怀疑态度,或对实现目的缺乏信心和决心。

13. D 【解析】本题考查情绪的功能。情绪的动机功能是指,情绪能够激励人的活动,提高人的活动效率。适度的情绪兴奋,可以使身心处于活动的最佳状态,推动人们有效地完成任务。研究表明,**适度的紧张和焦虑**能促使人积极地思考和解决问题。同时,情绪对于生理内驱力也具有放大信号的作用,成为驱使人们行为的强大动力。

14. A 【解析】道德感是根据一定的道德标准评价人的思想、意图和言行时所产生的主观体验。它表现在对待国家、集体、工作、事业、学习以及人与人之间的关系等各个方面,如爱国主义情感、集体主义情感、责任感、事业心、荣誉感、自尊心等。

15. A 【解析】升华是一种最积极的富有建设性的防御机制。因为它可以把社会所不能接受的性欲或攻击性冲动所伴有的力比多能量转向更高级的、社会所能接受的目标或渠道,进行各种创造性的活动。"化悲痛为力量"是升华作用的表现。

16. B 【解析】少年期是身心发展的半幼稚、半成熟期，其意志品质有以下几个特点:(1)自觉性品质虽有所提高，但由于认识的局限性，因此自觉性和幼稚性仍处在错综矛盾的状态，还不善于正确鉴别意志品质的良莠优劣。故D项错误。(2)果断性品质有所发展，反应快，行动快，不喜欢把时间花费在怀疑和犹豫不决上。他们的意志行动中，轻率和优柔寡断都有表现，但轻率比优柔寡断更为突出。故A项错误。(3)自制能力也有所增强，但是他们的自制能力还有限，抗拒诱惑的能力，控制情绪冲动的能力还欠缺。故B项正确。(4)意志品质的坚持性、恒心、毅力还很不成熟，容易虎头蛇尾、见异思迁。故C项错误。

17. C 【解析】本题考查意志的品质。意志的自觉性是指一个人清晰地意识到自己行动的目的和意义，并且能够主动地支配自己的行动，使之符合既定目的的意志品质。题干中的学生放学后能自己**主动去做作业**，即他能主动支配自己的行动以达到既定目的，说明其意志的自觉性较好。

易错提示: 考生容易混淆意志的自觉性与自制性。考生在做题时需注意:自觉性强调无人看管、主动自觉地完成某项任务;自制性强调抵抗诱惑、约束自己的言行。

18. B 【解析】本题考查意志的品质。意志的果断性是一种**善于辨明是非、抓住时机**、迅速而合理地采取决定并执行决定的意志品质。缺乏果断性的人会表现出优柔寡断、犹豫不决，面对问题时会举棋不定、疑虑重重。

19. C 【解析】当人受到不良刺激而产生消极情绪时，应让不良情绪充分得以宣泄，通过合理的宣泄来减轻心理负担，恢复心理平静。宣泄法有眼泪缓解法、运动缓解法、倾诉、模拟宣泄等。张亮通过运动来调节不良情绪，故属于合理宣泄法。

20. B 【解析】补偿是指通过新的满足来弥补原有欲望达不到的痛苦。题干中某学生学习成绩差却经常购买各种名牌消费品来获得心理上的满足，这是采用了补偿这一心理防御方式。

21. A 【解析】本题考查情绪和情感的功能。情绪的**信号功能**体现在个体将自己的愿望、要求、观点、态度通过一定的情感表达方式传递给别人并加以影响。这种功能是**通过表情实现**的。它是非言语沟通的重要组成部分，在人与人之间的信息交流中具有信号意义。例如:点头微笑表示赞赏;摇头皱眉表示否定。故题干所述说明情绪、情感具有信号功能。

22. C 【解析】本题考查自我防御机制。A项升华是一种最积极的富有建设性的防御机制。因为它可以把社会所不能接受的性欲或攻击性冲动所伴有的力必多能量转向更高级的、社会所能接受的目标或渠道，进行各种创造性的活动。B项否认是指对某种痛苦的现实无意识地加以否定，因为不承认似乎就不会痛苦。C项补偿也称补偿作用，指个体追求的目标受挫或因某种缺陷自卑时，便改以其他能够获得成功的活动方式来代替，借以弥补因失败和缺陷而丧失自尊与自信的痛苦。D项合理化又称文饰作用，指通过无意识地用一种似乎有理的解释或实际上站不住脚的理由来为其难以接受的情感、行为或动机辩护，以使其可以接受。题干中的小于因为有身高方面的缺陷，在别人取笑他时，用自己学习方面的成功弥补因身高方面的缺陷而丧失自尊与自信的痛苦，因此小于的回答体现了补偿的心理防御机制。

23. D 【解析】本题考查意志的品质。意志的自制性是一个人善于控制和支配自己的情绪，约束自己言行的品质。具有良好自制性的人，一方面善于控制自己去执行所采取的决定，具有较强的组织性和纪律性;另一方面又善于控制自己的困惑、恐惧、慌张、厌倦和懒惰等消极情绪，表现出较强的忍耐性。与自制性相反的意志品质是任性和怯懦。任性的人更多以自我为中心，易冲动，意气用事，自我约束能力较差，不能有效地调节自己的言论和行动，行为更多地由情绪所控制，更不容易控制自己的情绪。怯懦的人胆小怕事，缺乏自制力，不能有效调节自己的行为，特别是在遇到困难或情况突变时惊慌失措、畏缩不前，不能有效实施意志行为。任性和怯懦都是意志薄弱的表现。因此，题干中的张志同学爱冲动，意气用事表明其缺乏意志的自制性。

24. B 【解析】本题考查情绪的外部表现。情绪和情感的外部表现，通常称为表情。它是情绪和情感状态发生时身体各部分的动作量化形式，包括面部表情、姿态(体态)表情和语调表情。“手舞足蹈”“捧腹大笑”“手足无措”属于体态表情。

25. B 【解析】心境是一种微弱的、持续时间较长的，带有弥漫性的情绪状态。心境一经产生就不只表现在某一特定对象上，而是在相当长的一段时间内，使人的整个心理活动都染上某种情绪色彩，影响人的整个行为表现，成为情绪生活的背景。“人逢喜事精神爽”说的就是心境。

26. B 【解析】情绪和情感的动机功能是指情绪和情感是动机的源泉之一，是动机系统的一个基本成分。它能够激励人的活动，提高人的活动效率。适度的情绪兴奋，可以使身心处于活动的最佳状态，推动人们有效地完成任务。

27. B 【解析】在袁老师中途接手的班级中，有相当一部分学生在自身承受范围内的体育活动中叫苦叫累，这体现出该班学生意志薄弱。因此，袁老师应该在全班进行意志品质的培养。

28. A 【解析】意志是指人自觉地确定目的，有意识地根据目的、动机调节支配行动，努力克服困难，实现目标的心理过程。故“头悬梁，锥刺股”体现的心理过程是意志。

29. C 【解析】美感是人们根据一定的审美标准对自然或社会现象及其在艺术上的表现予以评价时所产生的情感体验。因此，小雪在看到自己喜欢的绘画作品时产生的情感属于美感。

30. A 【解析】本题考查意志的品质。意志的品质包括意志的自觉性、意志的果断性、意志的自制性和意志的坚韧性。其中，意志的坚韧性是指在实现预定目的的行动中，坚持不懈、不达目的誓不罢休的心理品质。(具体内容参见张积家编著的《普通心理学》)

31. D 【解析】酸葡萄心理，**即把得不到的东西说成是不好的**。这样做是掩盖其错误或失败，以保持内心的安宁。

32. A 【解析】意志是指人自觉地确定目的，有意识地根据目的、动机调节支配行动，努力克服困难，实现目标的心理过程。自觉地确立行动目的，是意志的首要特征。

33. B 【解析】投射是指由于个体具有某种特性，因而推断他人也有与自己相同特性的心理现象。题干中晓华喜欢帮助有困难的人，并认为其他人与自己一样，这是一种典型的投射现象。

34. B 【解析】否认是指对某种痛苦的现实**无意识地加以否定**。例如，“掩耳盗铃”“眼不见为净”。

35. D 【解析】移置是无意识地将指向某一对象的情绪、意图或幻想转移到另一个对象或替代的象征物上，以减轻精神负担取得心理安宁。例如，一个孩子被妈妈打后，满腔愤怒，转而踢倒身边的板凳，把对妈妈的怒气转移到身边的物体上。这时虽然客体变了，但其冲动的性质及其目的仍然未改变。

36. C 【解析】理智感是人认识事物和探求真理的需要是否得到满足而产生的主观体验。例如:人们在探索真理时会产生求知欲;了解和认识未知事物时有兴趣和好奇心;在解决疑难问题时会出现迟疑、惊讶和焦躁;问题解决后会产生强烈的喜悦和快慰;在坚持自己看法时有强烈的热情;由于认识或行为违背了事实而感到羞愧等。这些都属于理智感的范畴。

37. C 【解析】本题考查自我防御机制。退回到前面的发展阶段是退行，是指一个人遇到困难的时候放弃已学到的比较成熟的应对技巧和方式，而使用原先比较幼稚的方式去应付困难和满足自己的欲望。故题干所述符合退行的概念。

38. C 【解析】应激是出乎意料的紧迫情况所引起的急速而高度紧张的情绪状态。当人们遇到突然出现的事件或意外发生危险时，为了应付瞬息万变的紧急情况，就得果断地采取决定，迅速地做出反应。应激正是在这种情境中产生的内心体验。

39. B 【解析】人类的情绪和情感可以互相传递和感受，具有感染性。这种易感性，具体体现为“共鸣”和“移情”作用。移情是个人将自己的内心感受赋予他人或物，“忧者见之则忧，喜者见之则喜”正是移情的表现。

40. C 【解析】青少年对自身情绪的控制能力有了明显的进步,在情绪表现上逐渐失去了那种毫无掩饰的单纯和率真,能够根据场合的要求隐藏自己的情绪。故题干所述反映了青少年的情绪具有掩饰性。

二、多项选择题

1. ACE 【解析】本题考查意志行动的特征。意志行动的特征为:(1)意志行动是人特有的自觉确定目的的行动。(2)意志对活动有调节支配作用,使人的行动能按设定好的目的去改造世界。(3)克服内部和外部的困难是意志行动最重要的特征。(4)意志行动以随意动作为基础。故只有背课文、计算数学题符合意志行动的特征。

2. AD 【解析】本题考查意志的品质。与自觉性相反的意志品质是受暗示性(盲从)和独断性。故选AD两项。优柔寡断是与果断性相反的意志品质,任性是与自制性相反的意志品质,故排除BC两项。

3. AD 【解析】本题考查情绪的分类。激情是一种爆发式的、猛烈而时间短暂的情绪状态。例如,狂喜、暴怒、恐惧、绝望、剧烈的悲痛等,都是激情的表现。欢呼雀跃、义愤填膺属于激情的表现,故A、D两项符合题意。B、C两项高兴和担忧的持续时间都较长,属于心境的表现,故排除。

4. ABD 【解析】本题考查不良的意志品质。与意志的**自觉性**相反的意志品质是**受暗示性(盲从)和独断性**。易受暗示的人容易人云亦云,独断性的人容易一意孤行。与意志的**果断性**相反的意志品质是**优柔寡断和草率武断**。优柔寡断的人遇事犹豫不决,患得患失,顾虑重重。因此,A、B、D三项都属于不良的意志品质。C项,"审时度势"意为了解时势的特点,估计情况的变化。而善于审时度势的人则具有良好的意志品质。

5. BC 【解析】本题考查情感的分类。情感是同人的社会性需要相联系的态度体验。从情感的社会内容角度来看,人类的情感有道德感、美感和理智感三种形式。其中,道德感是指根据一定的道德标准评价人的思想、意图和言行时所产生的主观体验。道德感包括:爱国主义情感、集体主义情感、责任感、事业心、荣誉感、自尊心等。故本题答案为B、C两项。

6. AC 【解析】本题考查与意志品质相反的不良品质。意志的自制性是指一个人善于控制和支配自己的情绪,约束自己言行的品质。与自制性相反的意志品质为任性和怯懦。故答案选A、C两项。B项优柔寡断是与果断性相反的意志品质;D项动摇性是与坚韧性(坚持性)相反的意志品质。

7. ABCD 【解析】本题考查情绪情感的功能。情绪和情感的功能有:(1)适应功能;(2)动机功能;(3)组织功能;(4)信号功能;(5)健康功能;(6)感染功能。

三、判断题

1. × 【解析】本题考查情绪和情感的特点。情绪具有情境性和动摇性,情感具有稳定性和深刻性。故题干说法错误。

2. × 【解析】本题考查道德情感的内容。道德情感的内容主要包括爱国主义情感、集体主义情感、义务感、责任感、事业感、自尊感和羞耻感,其中,义务感、责任感和羞耻感对于儿童和青少年尤为重要。

3. √ 【解析】情感与认识过程的关系表现为:一方面,情感总是伴随着一定的认识过程而产生,即所谓的"触景生情"。另一方面,情感不是认识过程的消极产物,它可以**反作用**于人的认识过程,成为认识过程的**动力或者阻力**。

4. × 【解析】情绪的信号功能体现在个体将自己的愿望、要求、观点、态度通过一定的情感表达方式传递给别人并加以影响。这种功能是通过表情实现的。因此,婴儿通过微笑、哭闹获得成人的关注,体现的是情绪的信号功能。

5. √ 【解析】本题考查情绪和情感的性质。情绪和情感是人对客观事物的态度体验及相应的行为反应。人的情绪情感不是无缘无故凭空产生的,而是由一定的刺激引起的。客观事物是人的情绪情感产生的客观来源,但并不是所有的客观事物都能引起人的情感体验。

6. × 【解析】本题考查动机斗争的类型。双趋冲突即从自己同时都很喜爱的两个事物中仅择其一的心理状态。李哲既想看足球赛,又想看演唱会,但因为时间冲突,只能选择其一,故他面临的是双趋冲突。

7. × 【解析】意志的坚韧性(坚持性)是一个人在行动中坚持决定,百折不挠地克服重重困难去达到行动目的的品质。故题干所述为意志的坚韧性的内涵。

8. √ 【解析】本题考查情绪和情感的定义。情绪和情感是人对客观事物的态度体验及相应的行为反应。认知是情绪和情感产生的基础,需要是引发情绪和情感的中介。那些满足人们需要的事物和对象,能引起各种肯定的态度,使人产生满意、愉快的情绪体验。不同的态度体验反映着客观事物与人的需要之间的不同关系。

四、填空题

1. 道德感 理智感　　2. 需要 面部表情

整合提升

答案速查

1～7	BAADCDB	1～2	ABC BCD	1～2	√×

一、单项选择题

1. B 【解析】本题考查调节不良情绪的方法。**自我暗示**,从心理学角度讲,就是个人通过语言、形象、想象等方式,对自身施加影响的心理过程。因此,当我们在生活中遇到情绪问题时,我们应当充分利用语言的作用,用**内部语言**或书面语言对自身进行暗示,缓解不良情绪,保持心理平衡。故B项符合题意。

2. A 【解析】本题考查小学生情感的发展。小学儿童的情感内容不断丰富,主要表现在:(1)多样化的活动丰富了小学儿童的情绪、情感。(2)小学儿童的情感进一步分化。由于知识经验的积累,小学儿童的情感分化逐渐精细。以笑为例,小学儿童除了会微笑、大笑外,还会羞涩地笑、嘲笑、冷笑、苦笑、狂笑等。

3. A 【解析】本题考查情绪的主观性。情绪和情感作为人对客观事物的态度体验,具有主观性。一方面,个人所产生的情绪和情感只有当事人自己才能体验到,个人对每一种情绪和情感,如快乐或悲哀等,也有不同的体验形式。另一方面,由于人对客观事物的态度不同,因此,不同的人对同一事物可以有不同的体验。

4. D 【解析】本题考查情绪理论。阿诺德和拉扎勒斯的认知—评价情绪理论认为,人的认知过程会左右对情绪的解释和反应。当人把知觉对象评估为有益时,就会产生趋近的体验和生理变化的模式;当人把知觉对象评估为有害时,则会产生回避的体验和生理变化的模式;当人把知觉对象评估为与己无关时,就会产生漠然的体验而予以忽视。但在不同情境下,知觉对象尽管相同,但人的情绪反应模式则可能不同。例如,在森林中看见一只老虎与在动物园里看到笼子里的老虎就会有截然不同的情绪反应,这是由于大脑皮层对情境评估上的差异所致,也是个体根据过去的经验以及当时个人的感受的结果。

5. C 【解析】情绪与情感的关系表现为:(1)情绪是情感的基础,情感离不开情绪。(2)对人类而言,情绪离不开情感,是情感的具体表现。**情绪是情感的外在表现,情感是情绪的本质内容**。故C项说法错误。

6. D 【解析】对挫折情境的**重新认识与评价**,称为认知改组(认知重组)。例如,高考落榜是考生产生挫折的情境,如果考生改变对高考落榜严重性的认识,认识到上大学并非唯一的成才之路,或者通过自修下一年再考也不迟,这样就可以减轻挫折感。故题干中对待挫折的方式是认知重组。

7. B 【解析】控制和修正策略是一种积极的策略,它是通过改变情境中的各种不利情绪事件来实现的,情绪调节者试图通过控制情境来控制情绪的过程和结果。就好比你在众人面前演讲会紧张,你的朋友就会来安慰你:"不用紧张,把台下的人当成胡萝卜和大白菜就好。"这就是把造成你情绪波动的"情绪事件"转化,以达到不再紧张的目的。

二、多项选择题

1. ABC 【解析】本题考查情绪的维度。情绪的维度是指情绪所固有的某些特征，如情绪的动力性、激动性、强度和紧张度等。(具体参见彭聃龄主编的《普通心理学》)

2. BCD 【解析】情绪的性质包括：(1)情绪为刺激所引起；(2)情绪是主观意识经验；(3)情绪状态不容易控制；(4)情绪与动机关系密切。故A项说法错误，B、C、D三项说法正确。

三、判断题

1. √ 【解析】本题考查情绪的功能。情绪的适应功能是指情绪是有机体适应生存和发展的一种重要方式。婴儿出生时，还不具备独立的维持生存的能力，此时情绪是婴儿在掌握语言之前适应生存的重要心理工具。他们依赖情绪来传递信息，与成人进行交流，得到成人的抚养，饿了、渴了就哭，吃饱了、舒服了就会笑，成人也正是通过婴儿的情绪反应，及时为婴儿提供各种生活条件。

2. × 【解析】情绪和情感有积极与消极之分，积极的情绪情感对人的言行起积极作用，消极的情绪情感对人的言行起消极作用，故本题说法错误。

第四章 个性心理

基 础 训 练

答案速查

1～5	ADBBC	6～10	ACCBA	11～15	ADBAA	16～20	DDDCD
21～25	ACDAA	26～30	ACDBD	31～35	DAAAC	36～40	BDBCD
41～45	CACBD	46～50	DBDAD	51～54	BBCA		
1～5	ACD BD BCD ABD ABD			6～10	BCD ABCD ABCD BC BCDE		
11～14	ACD ABCD ABC ACD			1～5	×√√×√		
6～11	××√×××						

一、单项选择题

1. A 【解析】本题考查斯腾伯格的三元智力理论。美国耶鲁大学的心理学家斯腾伯格提出了智力的三元理论。该理论包括智力成分亚理论、智力情境亚理论和智力经验亚理论。其中，智力成分亚理论认为，智力包括三种成分及相应的三种过程，即元成分、操作成分和知识获得成分。在智力成分中，元成分起着核心作用，它决定人们解决问题时所使用的策略。

2. D 【解析】本题考查智力因素与非智力因素。智力是人的一种综合认识能力，包括注意力、观察力、记忆力、想象力和思维力等因素。非智力因素则包含了除智力以外的所有的其他心理因素，如兴趣、情感、意志和性格等。D项属于智力因素。

3. B 【解析】本题考查加德纳的多元智力理论。言语智力是说话、阅读、书写的能力，表现为个人能够顺利而高效地利用语言描述事件、表达思想并与人交流的能力，以及对声音、韵律、单词的意义和语言不同功能的敏感能力。

4. B 【解析】效度是评价一个测验优劣的最为重要的指标，故本题答案选B项。

5. C 【解析】本题考查比率智商的计算方法。斯坦福—比纳(比奈)量表用智龄和实际年龄的比率代表的智商，称作比率智商。比率智商的计算公式为：智商(IQ)=智龄(MA)÷实龄(CA)×100。将题干中的智龄13岁(即13×12个月)，实龄10周岁零10个月(即10×12+10个月)代入公式：智商IQ=[13×12/(10×12+10)]×100=120。

6. A 【解析】本题考查性格的结构。性格的结构分为态度特征、意志特征、理智特征、情绪特征。其中，性格的态度特征是指个体对自己、他人、集体、社会以及对工作、劳动、学习的态度特征。例如，诚实或虚伪、谦虚或骄傲、勤劳或懒惰等。性格的意志特征是指个体自觉地确定目标，调节支配行为，从而达到目标的性格特征。例如，勇敢或怯懦、果断或优柔寡断等。故A项符合题意。

7. C 【解析】本题考查气质的类型。黏液质类型的人稳重迟缓，具体表现为：安静稳重，交际适度；反应缓慢，沉默寡言；善于克制自己，情绪不易外露；注意稳定但又难于转移；善于忍耐，沉着坚定；不善空谈，埋头苦干。故答案选C项。(具体内容参见谭顶良主编的《高等教育心理学》)

8. C 【解析】性格的意志特征是指个体自觉地**确定目标，调节支配行为**，从而达到目标的性格特征。虽然小江基础不好，但他遇到困难时总能勇往直前，这体现了其性格的意志特征。

易错提示：考生易混淆性格的特征。在做题时，考生可根据题干中的关键词来进行判断，如出现“谦虚或自负”“粗心或细心”等词则对应态度特征；出现“顽强拼搏”“当机立断”等词则对应意志特征；出现关于情绪的词语对应情绪特征；出现关于认知的词对应理智特征。

9. B 【解析】动机的指向功能是指在动机的作用下，人的行为将指向某一目标。题干中，不同的学生学习的目标指向不同，这体现了动机的指向功能。

方法技巧：动机的功能可以通过各自的关键词进行区分。动机的激活功能强调从无到有、从静止到活动；动机的指向功能强调动机作用下人的行为所指向的目标和对象；动机的维持和调节功能强调被激发后的活动能否持续下去。

10. A 【解析】具有胆汁质气质类型的人，精力旺盛、热情直率、意志坚强，脾气躁、不稳重、好挑衅；勇敢、乐于助人，思维敏捷，但准确性差。他们心理活动的明显特点是兴奋性高、不均衡，带有迅速而突发的色彩。因此，丽丽的气质类型最有可能属于胆汁质。

11. A 【解析】本题考查动机的功能。动机的激活功能是指动机具有**发动行为**的作用，能推动个体产生某种活动，使个体由静止状态转向活动状态。题干中“为了获得优秀的成绩而努力，为了取得他人的赞扬而勤奋工作，为了摆脱孤独而结交朋友”都体现了动机对个体行为的发动作用，即动机的激活功能。

12. D 【解析】本题考查马斯洛的需要层次理论。在马斯洛的需要层次理论中，**自我实现的需要是最高层次的需要**。

13. B 【解析】本题考查性格的概念。性格是指人的较稳定的态度与习惯化了的行为方式相结合而形成的人格特征。它是一个人的心理面貌本质属性的独特结合，是人与人相互区别的主要方面。

14. A 【解析】美国心理学家霍华德·加德纳认为，人类的心理能力至少应该包括语言智能、逻辑—数学智能、空间智能、肢体—动觉智能、音乐智能、人际智能、内省智能以及自然观察智能八种不同的智力。其中，人际智能指善于察觉并区分他人的情绪、动机、意向及感觉，具有有效与人交往的能力。(具体内容参见柳海民主编的《教育学》)

15. A 【解析】本题考查马斯洛的需要层次理论。**生理需要**是人对食物、水分、空气、睡眠、性等的需要。它是人的所有需要中**最基本、最原始**，也是最强有力的需要，是其他一切需要产生的基础。

16. D 【解析】本题考查加德纳的多元智力理论。加德纳认为，人的智力结构中存在着七种相对独立的智力，这七种智力在每个人身上的组合方式是多种多样的，每个人在不同领域的智力发展水平是不同步的。加德纳所提出的七种智力是：言语智力、逻辑—数理(数学)智力、视觉—空间智力、音乐智力、运动智力、人际智力(也即社交智力)、自知智力。其中，逻辑—数学智力是指数字运算与逻辑思考的能力以及科学分析的能力。侦探、律师、工程师、科学家、数学家的逻辑—数学智力较高。

17. D 【解析】本题考查智力测验的标准。区分度是指测验题目对不同水平的答题者反应的**区分程度和鉴别能力**。高水平的学生在测验项目上能得高分,而低水平的学生只能得低分,说明该测验可以很好地区分不同水平的答题者的能力,故该测验的区分度高。

18. D 【解析】多元智力理论是由美国心理学家加德纳提出来的。智力三维结构模型是美国心理学家吉尔福特提出的;智力因素说是一系列智力理论的统称;智力的PASS模型理论是由戴斯等人提出的。

19. C 【解析】能力是**直接影响人的活动效率**,促使活动顺利完成的个性心理特征。能力是掌握知识与技能的前提。能力的高低会影响到知识掌握的深浅、难易和技能水平的高低。故题干所述体现了个人能力的差异。

20. D 【解析】常见的气质类型有:

气质类型	特征	代表人物
胆汁质	精力旺盛、粗枝大叶、表里如一、刚强、易感情用事	张飞、李逵
多血质	反应迅速、有朝气、活泼好动、动作敏捷、情绪不稳定	王熙凤
黏液质	稳重,但灵活性不足;踏实,但有些死板;沉着冷静,但缺乏生气	林冲
抑郁质	敏锐、稳重、体验深刻、外表温柔、怯懦、孤独、行动缓慢	林黛玉

根据题干中"敏感""孤僻""多愁善感"等关键词可知,小雨的气质类型属于抑郁质。

21. A 【解析】本题考查马斯洛的需要层次理论。归属与爱的需要,也称社交需要,是指每个人都有被他人或群体接纳、爱护、关注、鼓励及支持的需要。根据题干描述可知,学生怕老师,说明其被关心和爱护的需要没有得到满足,即缺少归属与爱的需要的满足。

22. C 【解析】测验的效度(有效性),是指一个测验工具希望测到某种行为特征的有效性与准确程度。在本题中,算数试卷希望测到的是学生对算数知识的掌握程度,但却因有生字而没有达到此目的。因此,该试卷的有效性差。

23. D 【解析】社会性需要是人类特有的需要,如交往需要、成就需要、权利需要等。这些需要反映了人类社会的要求,对维系人类社会生活、推动社会进步有重要的作用。故D项成长需要不属于社会性需要。

24. A 【解析】本题考查加德纳的多元智力理论。多元智力理论的种类及其典型人群如下表所示:

智力维度	界定	典型人群
言语智力	说话、阅读、书写的能力	作家、演说家
逻辑—数学智力	数字运算、逻辑思考、科学分析的能力	数学家
视觉—空间智力	认识环境、辨别方向的能力	画家、建筑师
音乐智力	对声音的辨识与韵律表达的能力	作曲家、歌手
运动智力	支配肢体以完成精密作业的能力	运动员、外科医生
人际智力(社交智力)	**与人交往并和睦相处的能力**	**教师、心理咨询师**
自知智力(内省智力)	认识自己并选择自己生活方向的能力	哲学家、心理学家

根据题干描述可知,班主任善于观察,能够充分了**解学生的想法和目的**,说明其人际智力较高,故答案选A项。

方法技巧:关于加德纳提出的智力种类,考生可通过下列口诀帮助记忆:语(言语智力)、数(逻辑—数学智力)、自(自知智力);音(音乐智力)、体(运动智力)、美(视觉—空间智力);还有一堂是社会(社交智力)。

25. A 【解析】本题考查马斯洛的需要层次理论。马斯洛认为,自我实现的需要是指实现个人的理想、抱负、充分发挥自己的潜能,希望完成和自己能力相称的工作,越来越成为自己所期望的人物的需要。

26. A 【解析】本题考查性格的结构。性格的态度特征是指个体对自己、他人、集体、社会以及对工作、劳动、学习的态度特征。例如,谦虚或自负、利他或利己、粗心或细心、创造或墨守成规等。

27. C 【解析】本题考查智力测验的标准。**效度**是指一个测验工具希望测到某种行为特征的**有效性与准确程度**。教师招聘考试的目的是测出考生所具备的教师素养和专业水平,如果本次招聘考试能够很好地测出考生所具备的教师素养和专业水平,则表明该考试具备很好的效度。

易错提示:考生易混淆良好测验的标准。在做题时,考生应注意抓住各自的关键词来做题。如信度强调"一致性""可靠性";效度强调"有效性";难度强调"难易程度";区分度强调"辨别力"。

28. D 【解析】本题考查加德纳的多元智力理论。美国心理学家加德纳提出了多元智力理论,他认为人的智力结构中存在着七种相对独立的智力。根据该理论可知,①数学运算与逻辑思考的能力属于逻辑—数学智力;②有效地理解别人及其关系以及与人交往的能力属于社交智力;③感知音调、旋律、节奏的能力属于音乐智力;④独处、反思的能力属于内省智力。因此,这四项都属于加德纳的多元智力的范围。

29. B 【解析】本题考查气质的类型。气质类型与高级神经活动类型的关系表现为:

气质类型	高级神经活动类型	高级神经活动过程
胆汁质	不可遏制型(兴奋型)	强、不平衡
多血质	活泼型(灵活型)	强、平衡、灵活
黏液质	安静型(不灵活型)	**强、平衡、不灵活**
抑郁质	弱型(抑制型)	弱

故答案选B项。

30. D 【解析】本题考查气质的特点。气质是依赖人的生理素质或身体特点的人格特征。气质是一种稳定的心理特征,即我们平时说的脾气、禀性。现代心理学一般认为,气质是不依活动目的和内容为转移的、典型的、稳定的心理活动的动力特点。"江山易改,禀性难移"是指人的禀性难以改变,这说明了气质的稳定性。

31. D 【解析】一般能力是指在不同种类活动中表现出来的能力,如观察力、记忆力、想象力、抽象概括能力等。特殊能力又称特殊才能或专门能力,是指个体为完成某种专门活动所必需的能力,它是在特殊的专门领域内必需的能力。数学能力、音乐能力、绘画能力、体育能力、写作能力等都属于特殊能力。

32. A 【解析】兴趣是人对事物的一种认识倾向,伴随着积极的情绪体验,对个体活动,特别是对个体的认知活动有巨大的推动作用。

33. A 【解析】信度是指一个测验量表的可靠程度(或可信程度)。它以**反复测验**时能否提供**相同的结果**来说明。题干所述是为了保证评分的信度。

34. A 【解析】区分度是指题目对不同水平的答题者反应的区分程度和鉴别能力。难度过高或者过低都不利于将不同水平的学生区分开,中等难度的题目区分度较好。因此教师自编测验时,要想提高测验的区分度,最重要的是控制好试题的难度。

35. C 【解析】本题考查马斯洛的需要层次理论。A项:马斯洛认为,需要的层次越低,它的力量越强,潜力越大。故A项说法正确。B、C两项:(1)低级需要,即直接关系到个体的生存的需要,也叫缺失需要,包括生理需要、安全需要、归属与爱的需要和尊重需要。(2)高级需要,也叫成长需要,包括求知需要、审美需要和自我实现的需要。故B项说法正确,C项说法错误。D项:按照马斯洛的需要层次理论,个体成长发展的内在力量是动机,而动机是由多种不同性质的需要(有机体内部的一种不平衡状态)引发的。故D项说法正确。

36. B 【解析】**最早的智力测验**是由法国心理学家比纳和西蒙于**1905年**编制的,称为比纳—西蒙智力量表。

37. D 【解析】明尼苏达测验属于典型的人格测验。

38. B 【解析】本题考查智力的核心成分。智力也即智能,是使人能顺利完成某种活动所必需的各种认知能力的有机结合,它包括观察力、记忆力、注意力、想象力和思维力等成分,并**以思维力为核心**。

39. C 【解析】本题考查气质的类型。黏液质气质类型的特点是稳重、踏实、有毅力、有耐心、不灵活、死板、缺乏生气。小张喜欢长久坚持性的运动,说明其有毅力,故其气质特征最有可能是黏液质。

40. D 【解析】"宝剑锋从磨砺出,梅花香自苦寒来",字面意思是宝剑的锐利刀锋是从不断的磨砺中得到的,捱过寒冷冬季的梅花更加的幽香。寓意是要想拥有珍贵品质或美好才华是需要不断的努力,并克服一定的困难的。因此,说明了性格会受个人努力的影响。

41. C 【解析】本题考查比率智商。斯坦福—比纳量表用智商代表智力水平,它所反映的是智龄和实足年龄的关系。智商(IQ)=智龄(MA)÷实龄(CA)×100,即10(智龄)÷8(实龄)×100=125,所以该学生的智商是125。

42. A 【解析】美国心理学家卡特尔根据因素分析的结果,按心智能力功能上的差异,将人的智力分为流体智力和晶体智力两种不同的形态。其中,流体智力是一种以生理为基础的认知能力,它受先天遗传因素的影响较大,主要表现为对新奇事物的快速辨认、记忆、理解等。流体智力需要较少的专业知识,包括理解复杂关系和解决问题的能力,如在处理数字系列、空间视觉感和图形矩阵项目时所需的能力。

43. C 【解析】美国心理学家吉尔福特提出了智力的三维结构论。

44. B 【解析】遗传素质是能力发展的生物前提,环境是能力发展的外部条件,社会实践是能力发展的中介,主体的积极活动是能力发展的动力。

45. D 【解析】自我实现的需要是最高层次的需要。所谓"自我实现",即追求自我理想的实现,是充分发挥个人潜能、才能的心理需要,也是一种创造和自我价值得到体现的需要。某学生决心将个人理想与中国梦结合,努力学习,报效祖国。这是一种充分发挥个人潜能、才能,实现自我理想的心理需要,故属于自我实现的需要。

46. D 【解析】归属与爱的需要,也称社交需要,是指每个人都有**被他人或群体接纳、爱护、关注、鼓励及支持**的需要。温馨的家庭氛围和良好的同伴关系满足了儿童的归属与爱的需要。

47. B 【解析】根据巴甫洛夫的研究可知,强、平衡、不灵活的高级神经活动过程对应的气质类型为黏液质。而黏液质的人稳重,但灵活性不足;踏实,但有些死板;沉着冷静,但缺乏生气。故B项符合题意。

48. D 【解析】晶体智力是以学得的经验为基础的认知能力。它受后天经验的影响较大,主要表现为运用已有知识和技能去吸收新知识和解决新问题的能力。根据题干所述,答案选D项。

49. A 【解析】本题考查加德纳的多元智力理论。言语智力是指听、说、读、写的能力,表现为个人能够顺利而高效地利用语言描述事件、表达思想并与人交流的能力。这种智力在记者、编辑、作家、演说家和政治领袖等人身上有比较突出的表现。因此,答案选A项。

50. D 【解析】本题考查兴趣的分类。从兴趣的广度来看,兴趣可以分为中心兴趣和广阔兴趣两种。中心兴趣是对某一方面的事物或活动有极浓厚而稳定的兴趣。广阔兴趣是对多方面的事物或活动表现出兴趣。因此答案选D项。直接兴趣是由认识事物本身的需要引起的。间接兴趣是由认识事物的目的和结果所引起的。

51. B 【解析】加德纳的多元智力理论认为,空间智力是指能以三维空间的方式思考,准确地感觉视觉空间,并把所知觉到的表现出来,对色彩、线条、形状及空间关系敏锐。

52. B 【解析】本题考查流体智力与年龄的关系。一般人在20岁以后,流体智力的发展达到顶峰,30岁以后随着年龄的增长而降低。晶体智力随着年龄的增长而升高。

53. C 【解析】长期以来,学校教育偏重于培养学生的言语智力和逻辑—数学智力,而忽视了对学生其他智力的开发和培养。根据多元智力理论,我们必须认识到学生智力的**多样性、广泛性和差异性**,把培养学生的多种能力放在同等重要的地位。加德纳指出,过去在西方流行的智商测验和传统教育单纯依靠用纸笔的标准化考试来区分儿童智力的高低、考查学校教育的效果、甚至预言他们未来的成就和贡献,这种做法是片面的。它实际上过分强调了语言智力和逻辑—数理智力。

54. A 【解析】本题考查信度的内涵。信度是指一个测验量表的可靠程度(或可信程度),它以反复测验时能否提供相同的结果来说明。题干中强调小辉**两次测验得到的分数大致相等**,故表明这两次测验的信度较高。因此,答案选A项。

二、多项选择题

1. ACD 【解析】本题考查气质的体液说。多血质的高级神经活动的特点是强、平衡而且灵活。具有这种气质类型的人感受性低而耐受性高,属于敏捷好动的类型,具有活泼好动、反应迅速、情绪发生快而多变、兴趣容易转移等特征。多血质的人容易适应环境的变化,性情活泼热情,善于人际交往,在群体中精神愉快,相处自然,能机智地摆脱困境;在学习和工作上肯动脑,主意多,不安于机械、刻板、循规蹈矩,常表现出较强的工作能力和办事效果;对外界事物兴趣广泛,但注意力容易分散,兴趣多变,容易失于浮躁,见异思迁。故选ACD三项。善于忍耐属于黏液质的特点,故排除B项。

2. BD 【解析】本题考查卡特尔的智力形态论。晶体智力以学得的经验为基础,受后天经验的影响较大,会随着年龄的增长而升高,与教育、文化有关。故本题答案为B、D两项。A、C两项属于流体智力的特点。

3. BCD 【解析】本题考查吉尔福特的智力三维结构论。美国心理学家吉尔福特提出了智力的三维结构论。他认为,智力是一个由不同方式对不同信息进行加工的各种能力的综合系统,是一个包括内容、操作和成果的三维结构。

4. ABD 【解析】斯腾伯格从信息加工的角度提出了关于智力的三元智力理论。三元智力理论认为,智力有三个相互关联的方面——分析能力、创造能力和实践能力,每个方面都对应着不同的亚理论,分别是:成分亚理论、经验亚理论、情境亚理论。

5. ABD 【解析】多元智力理论对我国当前教学改革的启示如下:积极乐观的学生观;科学的智力观;因材施教的教学观;多样化人才观和成才观。加德纳的多元智力理论,指出学生智力的多样性、广泛性和差异性,把培养学生的多种能力放在同等重要的地位。因此智力不是以语言能力和逻辑—数理能力为核心的。故C项错误。

6. BCD 【解析】本题考查能力与知识、技能的关系。知识、技能的掌握和能力的发展是不同步的。知识多了,能力并不一定就高。A项说法错误。能力直接影响人们掌握和运用知识技能的快慢、深浅、难易和巩固程度。B项说法正确。能力与知识、技能紧密相连,相辅相成。C项说法正确。能力是在掌握知识和技能的过程中形成和发展起来的,掌握系统的知识和技能有利于能力的增长和发挥。D项说法正确。

7. ABCD 【解析】气质是表现在心理活动的强度、速度、灵活性与指向性等方面的一种稳定的心理特征,即我们平时所说的**脾气、秉性**。

8. ABCD 【解析】在培养学生的学习兴趣方面,我国许多优秀教师已积累了大量宝贵经验,概括起来主要有以下几个方面:(1)明确每节课的具体目的和知识的意义;(2)开展丰富多彩的课外活动,有计划地扩大学生的知识领域;(3)通过诱导帮助学生在学习中获得成功;(4)把学生其他原有的兴趣迁移到学习上来。

9. BC 【解析】本题考查性格的类型。依据个人心理活动的倾向性,可把人的性格分为外倾型与内倾型;依据一个人独立或顺从的程度,可把人的性格分为独立型和顺从型。

10. BCDE 【解析】本题考查加德纳的多元智力理论。视觉—空间智力,是指认识环境、辨别方向的能力。这种智力在画家、雕刻家、建筑师、航海家、飞行员等职业身上有比较突出的表现。故答案选B、C、D、E四项。

11. ACD 【解析】操作是指智力活动的反应方式,包括认知、记忆、发散思维、辐合思维和评价五种。

12. ABCD 【解析】本题考查性格与气质的关系。A项,气质受生理影响大,性格受社会影响大。因此,气质是先天的,性格是后天的。故A项说法正确。

B项,气质无所谓好坏,性格有优劣之分。故B项说法正确。

C项,不同气质类型的人可以形成相同的性格,相同气质类型的人也可以形成不同的性格。故C项说法正确。

D项,气质影响性格的形成和发展,以及形成的速度。故D项说法正确。

13. ABC 【解析】马斯洛将需要由低到高依次分为:(1)生理需要;(2)安全需要;(3)归属与爱的需要;(4)尊重需要;(5)求知需要;(6)审美需要;(7)自我实现的需要。其中,前四种需要被称为**缺失需要**,它们是个体生存所必需的,必须得到一定程度的满足。但是这些需要**一旦满足**,由此产生的动机就会**趋于消失**。后三种需要是成长需要。因此,答案选A、B、C三项。

14. ACD 【解析】本题考查能力的类型。根据能力的功能不同,可分为认知能力、操作能力和社交能力。

三、判断题

1. × 【解析】本题考查信度与效度的关系。信度是效度的必要条件,但不是充分条件。信度低,效度不可能高。信度高,效度未必高。效度低,信度很可能高。效度高,信度也必然高。故题干说法错误。

2. √ 【解析】本题考查性格。性格是人格中具有核心意义的心理特征。在人格中,性格是最重要、最显著的心理特征。(具体内容参见桂世全主编的《心理学》)

3. √ 【解析】本题考查气质与性格的关系。气质仅使人的行为带有某种动力特征,无所谓好坏;同时,每一种气质类型都有其积极的方面,也都有其消极的方面,无法比较好坏。性格是在后天社会环境中逐渐形成的,有好坏、优劣之分,能最直接地反映出一个人的道德风貌。故题干表述正确。

4. × 【解析】效度是指一个测验工具希望测到某种行为特征的有效性与准确程度。故题干所述体现了效度的内涵。

5. √ 【解析】本题考查加德纳的多元智力理论。多元智力理论是由美国心理学家加德纳提出来的。加德纳认为,人的智力结构中存在着七种相对独立的智力,这七种智力在每个人身上的组合方式是多种多样的,每个人在不同领域的智力发展水平是不同步的。有人可能在某一两个方面是天才,而在其余方面却是蠢材;有人可能每种智力都很一般,但如果他所拥有的各种智力被巧妙地结合在一起,则可能在解决某些问题时会显得很出色。这正体现了题干中"人生天地间,各自有禀赋"的说法,故题干说法正确。

6. × 【解析】本题考查能力与知识、技能的关系。能力与知识、技能既有联系又有区别。能力是掌握知识与技能的前提;能力是在掌握知识和技能的过程中形成和发展起来的,掌握系统的知识和技能有利于能力的增长和发挥。故题干说法错误。

7. × 【解析】由于性格结构具有完整性的特点,所以了解一个人的某一种特征,就可能推测出其他有关的特征。故题干中的说法太绝对了。

8. √ 【解析】性格与气质相互渗透,彼此制约,二者相互影响。性格对气质有一定的制约作用,可以**掩蔽和改造**气质,**指导气质**的发展,使它服从于生活实践的要求。

9. × 【解析】本题考查兴趣的品质。**兴趣的广度**,是指兴趣的范围大小,即兴趣**广泛与否**;兴趣的倾向性,是指个体对什么发生兴趣。题干中果果能歌善舞,琴棋书画无所不通,这体现的是兴趣的广度。

10. × 【解析】性格的意志特征是指个体自觉地确定目标,调节支配行为,从而达到目标的性格特征;性格的理智特征是指个体在感知、记忆、想象、思维等认知过程中表现出来的认知特点和风格。故题干说法有误。

11. × 【解析】胆汁质以精力旺盛、粗枝大叶、表里如一、刚强、易感情用事为特征,代表人物有张飞、李逵等。

四、填空题

1. 态度　　2. 指向

3. 晶体　　4. 比纳—西蒙智力量表

5. 多元智力

五、案例选择题

1. C 【解析】抑郁质的人以敏锐、稳重、体验深刻、外表温柔、怯懦、孤独、行动缓慢为特征。根据案例描述可知,小佳的气质类型偏重于抑郁质。

2. BD 【解析】对抑郁质的学生,应采取委婉暗示的方式,对其多关心、爱护,不宜在公开场合下指责,**不宜过于严厉的批评**,培养他们亲切、友好、善于交往、富有自信的精神,培养其敏感、机智、认真、细致、高自尊的优点。故A项说法错误。气质无好坏之分,教师应根据学生的气质特征,有针对性地进行教育,而非力图改变其气质类型。故C项说法错误。

3. C 【解析】归属与爱的需要,也称社交的需要,是指每个人都有被他人或群体接纳、爱护、关注、鼓励及支持的需要。由于小明父母工作的原因,使得小明频繁地换学校,不断地去适应新的环境,对新环境的陌生、不熟悉感会使小明缺乏爱与归属感。

4. ABCD 【解析】高级需要对低级需要具有调节作用,所以小明应该转变心态,把精力放到学习知识、提高技能上来。虽然由于父母工作的需要,环境时常发生变化,但小明可以通过提高自己的环境适应能力,建立对这种生活的适应感。每到一个新环境中,结交新的朋友,开始新的生活,享受这种生活方式。在学习上,无论学习环境如何变化,必须稳打稳抓,快速融入不同学校的教学环境中,并且要有信心,打开心扉接纳更多的新朋友,相信知识是能够改变命运的。此外,还可以发展自己多方面的兴趣爱好,待人热情,建立良好的同学关系,最终得到大家的认同和赞许。

整合提升

答案速查

1~6	BBABCA	1~3	ACD AB ABCD	1~2	√√

一、单项选择题

1. B 【解析】需要一般都具有以下几个特征:(1)对象性;(2)动力性;(3)社会性。其中需要的动力性表现为,需要是人从事各种活动的基本动力,是人的一切积极性的源泉。人的各种活动,从饮食、学习工作,到创造发明,都是由于需要的推动。

2. B 【解析】本题考查需要的相关知识。需要是有机体感到某种缺乏或不平衡状态而力求获得满足的心理倾向。需要具有对象性、动力性和社会性等特征。A项水属于需要的对象;C项寻求水源和D项喝水属于行为表现;B项饥渴属于个体内部的不平衡状态,故属于需要。

3. A 【解析】本题考查性格的结构。性格的态度特征是指个体对自己、他人、集体、社会以及对工作、劳动、学习的态度。人对现实的态度是多种多样的,它由以下几方面构成:(1)对社会、对集体、对他人的态度特征。积极的特征表现为:爱祖国,关心社会,热爱集体,具有社会责任感与义务感,乐于助人,待人诚恳,正直等。消极的特征表现为:不关心社会与集体,甚至没有社会公德,为人冷漠、自私、虚伪等。(2)表现为对学习、劳动和工作的态度特征。积极的特征表现为:认真细心,勤劳节俭,富于首创精神。消极的特征表现为:马虎粗心,拈轻怕重,奢侈浪费,因循守旧等。(3)对自己的态度特征。积极特征表现为:严于律己,谦虚谨慎,自强自尊,勇于自我批评。消极特征表现为:放任自己,骄傲自大,自负或自卑,自以为是等。

4. B 【解析】效度通常用效度系数来表示，智力测验的效度系数通常在0.3～0.6之间。

5. C 【解析】瑞文智力测验是一种非语言式的智力测验，不受知识经验、民族习惯等因素的影响，可用于不同年龄、不同性别、不同语种间的跨文化研究。因此，对中国儿童和国外儿童智力发展差异的研究，最理想的智力测验工具是瑞文智力测验。

6. A 【解析】意志型的人行动目标明确，积极主动，勇敢、坚定、果断，自制力强，不容易受外界因素干扰，但有的人会表现出固执、任性或轻率、鲁莽。

二、多项选择题

1. ACD 【解析】本题考查元认知的训练方法。元认知的训练可以提高儿童的智力发展水平，其训练的方法主要有以下三种：(1)自我提问法；(2)相互提问法；(3)知识传授法。

2. AB 【解析】本题考查多元智能理论的教育理念。多元智能理论的智力观认为，多元智能中的各种智力不是以整合的方式存在的，而是相对独立的，各自有着不同的发展规律并使用不同的符号系统。故A项说法正确。多元智能理论的人才观认为，每个学生都有一种或数种优势智能，只要教育得法，每个学生都能成为某方面的人才，都可能获得某方面的专长。故B项说法正确。多元智能理论的教学观认为，由于不同的智力领域都有自己独特的发展过程和所依托的不同符号系统，因而不同的教学内容需要运用**不同的教学技术**，以适应不同的智力特点。故C项说法错误。多元智能理论主张从单一的纸笔测验走向**多种多样的作品评价**，从重视结果评价走向基于情景化(专题作业、作品集)的过程评价。故D项说法错误。

3. ABCD 【解析】在马斯洛看来，导致绝大多数人不能自我实现的主要原因是：(1)自我实现是很微弱的似本能需要，容易被压抑、控制、更改和消失；(2)许多人不敢正视关于他们自己自我实现所需要的那种知识，对那种知识缺乏自知，使自己处于不确定的状态；(3)文化环境用强加于人身上的规范，阻滞一个人的自我实现；(4)自我实现者是由成长性需要而不是匮乏性需要推进的，其发展和持续成长依赖于自己的潜力。

三、判断题

1. √ 【解析】本题考查内容效度的定义。内容效度指的是测验题目对有关内容或行为取样的适用性，从而确定测验是否是所欲测量的行为领域的代表性取样。由于这种测验的效度主要与测验内容有关，所以称为内容效度。

2. √ 【解析】测验的难度与信度没有直接对应关系，但是当测验太难或太易时，分数的范围就会缩小，从而降低信度。只有当测验难度水平可以使测验分数的分布范围最大时，测验的信度才会最高，通常这个难度水平为0.50。

第三部分　教育心理学

第一章　教育心理学概述

基础训练

答案速查

1～5	BBBDD	6～10	CDDAA	11～13	BAC
1～5	ABCD ABCDE BCDE AB ACE			1～3	√√√

一、单项选择题

1. B 【解析】本题考查学习与教学的因素。学习与教学的因素包括学生、教师、教学内容、教学媒体和教学环境。其中，教学媒体是教学内容的载体，是教学内容的表现形式，是师生之间传递信息的工具。

2. B 【解析】本题考查教育心理学初创阶段的内容。教育心理学初创时期为20世纪20年代以前。1903年，美国心理学家桑代克出版了《教育心理学》，这是西方第一本以"教育心理学"命名的著作。这本书奠定了教育心理学发展的基础，西方教育心理学的名称和体系由此确立，桑代克也因此被称为"教育心理学之父"。因此选择B项。A项，杜威的教育改革实验属于教育学的研究范畴，不属于教育心理学。C项，20世纪60年代初，布鲁纳发起的课程改革运动促使美国教育心理学转向对教育过程、学生心理、教材、教法和教学手段改进的探讨。D项，从1957年至1977年苏联教育家赞科夫以"教学与发展"为课题，通过近二十年的小学教学改革实验，出版了《教学与发展》一书。

3. B 【解析】本题考查我国教育心理学的发展。1924年，廖世承编写了我国第一本《教育心理学》教科书。

方法技巧：考生在做此类试题时，可采用口诀来进行记忆。即裴赫首提出，乌申俄奠基，房东岳翻译，廖世承主编。中国第一廖和房，西方第一桑代克，世界第一卡普捷。

4. D 【解析】本题考查教育心理学的研究内容。教育心理学的具体研究范畴是围绕学与教相互作用的过程展开的。学与教的相互作用过程是一个系统过程，该系统包含学生、教师、教学内容、教学媒体和教学环境五种要素，由学习过程、教学过程和评价/反思过程这三种活动过程交织在一起组成。其中，教学过程指教师把知识技能以有效的方法传授给学生并引导学生建构自己的知识的过程。学与教实际上是对同一过程的不同理解，要知道教师该如何教，首先就要理解学生该怎样学，故学习心理是教育心理学的核心。

5. D 【解析】本题考查西方教育心理学的诞生事件。1903年，美国心理学家桑代克出版了《教育心理学》一书，这是西方第一本以"教育心理学"命名的著作。故答案选D项。

6. C 【解析】20世纪60年代初，**布鲁纳**发起的课程改革运动促使美国教育心理学转向对教育过程、学生心理、教材、教法和教学手段改进的探讨。故答案选C项。

7. D 【解析】测验法是指用一套预先经过标准化的问题(量表)来测量某种心理品质的方法。故答案选D项。

A项，观察法是指在教育过程中，研究者通过感官或借助于一定的科学仪器，有目的、有计划地考察和描述个体某种心理活动的表现或行为变化，从而收集相关的研究资料的方法。

B项，实验法是指创设一定的情境，对某些变量进行操纵或控制以揭示教育、心理现象的原因和发展规律的研究方法，这种研究的基本目的是揭示变量之间的因果关系。

C项，教育经验总结法是教育心理学一个重要的研究方法，它是依据教育实践所提供的事实，按照科学研究的程序，分析和概括教育现象，揭示其内在联系和规律，使之上升为教育理论的一种教育科研方法。

8. D 【解析】观察法的主要优点是：(1)可以观察到被试在自然状态下的行为表现，所获结果比较真实；(2)可以真实地观察到行为的发生、发展，能够把握当时的全面情况、特殊的气氛和情境。观察法的缺点是收集资料**颇费时间**，故D项说法错误。

9. A 【解析】本题考查教育心理学的研究原则。教育性原则是指在教育心理学的研究过程中，所采用的研究手段与方法应能促进被试心理的**良性发展**，这是所有关于人的心理学研究中都应遵从的一个基本伦理道德原则。

10. A 【解析】20世纪60年代掀起了一股人本主义思潮，罗杰斯提出了"以学生为中心"的主张，认为教师只是一个"方便学习的人"。故答案选A项。

11. B 【解析】教育性原则是指在教育心理学的研究过程中，所采用的研究手段与方法应能促进**被试心理的良性发展**，这是所有关于人的心理学研究中都应遵从的一个基本伦理道德原则。根据题干描述可知，华生为了研究儿童的恐惧心理,直接对儿童进行实验,使得儿童对白兔及其他白色的东西产生了畏惧心理,这不符合基本伦理道德,违反了教育心理学研究的教育性原则。

12. A 【解析】调查法是通过各种途径间接了解被试心理活动的一种研究方法。在教育心理学研究中,常用的调查方法有问卷法、访谈法等。题干中的老师采用问卷、谈话、座谈等方式收集资料,典型地运用了调查法,故答案选A项。

13. C 【解析】观察法是指在教育过程中,研究者通过感官或借助于一定的科学仪器,有目的、有计划地考察和描述个体某种心理活动的表现或行为变化,从而收集相关的研究资料的方法。题干中强调对学生在日常学习活动中进步情况的了解,因此应当采用观察法。

二、多项选择题

1. ABCD 【解析】本题考查教育心理学的作用。教育心理学对教育实践具有描述、解释、预测和控制的作用。具体来说包括以下几个方面:(1)帮助教师准确地了解问题;(2)为实际教学提供科学的理论指导;(3)帮助教师预测并干预学生的行为;(4)帮助教师结合实际教学进行教育研究。

2. ABCDE 【解析】教育心理学采用的研究方法有:(1)实验法;(2)观察法;(3)调查法;(4)个案法;(5)测验法;(6)教育经验总结法;(7)产品分析法(作品分析法)。

3. BCDE 【解析】教育心理学的发展史,就是心理学与教育学相结合并逐步形成一门独立的心理学分支的历史,大致经历了以下四个时期:(1)初创时期(20世纪20年代以前);(2)发展时期(20世纪20年代至50年代末);(3)成熟时期(20世纪60年代至70年代末);(4)完善时期(20世纪80年代以后)。

4. AB 【解析】学生这一要素主要从两方面影响学与教的过程:一方面,**群体差异**,包括年龄、性别和社会文化差异等;另一方面,**个体差异**,包括先前知识基础、学习方式、智力水平、兴趣和需要等差异。

5. ACE 【解析】教育心理学是一门研究教育教学情境中学与教的基本心理规律的科学。它拥有自身独特的研究课题,即如何学、如何教以及学与教之间的相互作用。

三、判断题

1. √ 【解析】本题考查学习与教学的要素。学与教的相互作用过程是一个系统过程,该系统包含学生、教师、教学内容、教学媒体和教学环境五种要素,由学习过程、教学过程和评价/反思过程这三种活动过程交织在一起组成。

2. √ 【解析】本题考查教育心理学的研究对象。从学科范畴来看,教育心理学既是心理学的一个分支学科,又是以教育学与心理学结合而产生的**交叉学科**。它拥有自身独特的研究课题,即如何学、如何教以及学与教之间的相互作用。

3. √ 【解析】教育心理学的研究对象是学校教育、教学情境中人(主体)的心理。

四、填空题

1. 实验室　现场(自然)　　　2. 教学过程

整合提升

1～3	BBD	1～4	ACD ABCD ABD BC	1～2	×√

一、单项选择题

1. B 【解析】本题考查教育心理学的研究方法。实验室实验是在实验室内借助于各种专门仪器设备进行教育心理实验的方法。自然实验是在自然情境下,由实验者创设或改变一些条件,以引起学生某些心理活动的变化从而进行研究的方法。根据题干中"按照研究目的控制某些条件"可知,此研究方法属于实验法。同时题干中强调"**在教学过程中**",因此,此方法是自然实验法而非实验室实验法。从自然实验的基本设计形式来看,分为单组实验设计、等组实验设计和循环实验设计,故C、D两项不符合题意,答案选B项。

方法技巧:考生在遇到关于实验室实验和自然实验方面的试题时,可根据关键词进行区分。实验室实验强调的是"实验室内""借助各种专门仪器设备";而自然实验强调的是"自然情境"。

2. B 【解析】教育心理学的研究方法分为实证研究方法和描述研究方法。其中,实证研究分为相关研究和因果研究。相关研究主要用于探讨变量之间的相互关系,其最常用的方法是测验法,故A项说法正确。测验法的主要优点是能对心理进行定量化的分析,可以同时分析多个变量之间的相关程度,故C、D两项说法正确。其缺点是难以从中推出因果性的结论,因此答案选B项。(具体内容参见莫雷主编的《教育心理学》)

3. D 【解析】教育学探讨的是教育的本质、目的、任务、原理、原则、内容、方法、组织形式、制度等,即教育中的宏观方面;而教育心理学探讨的是教育过程中**师生互动时的心理现象**,即教育中的微观方面。

二、多项选择题

1. ACD 【解析】本题考查教育心理学的研究对象。教育心理学的研究对象是学校教育、教学情境中人(主体)的心理。(1)从研究层面来看,可以从三个层面对教与学的主体的心理进行研究:①客观描述主体心理活动的现象;②揭示主体心理活动的运行机制和规律;③为促进主体(尤其是学生)有效掌握知识技能、发展能力及主体的心理健康全面发展创造条件和提供方法指导。(2)从研究领域来看,学校教与学情境中的心理现象主要指教师如何教和学生如何学的基本心理规律,主要包括:基本理论、学习心理、教学心理、德育心理和教育社会心理。故答案选A、C、D三项。

2. ABCD 【解析】教育心理学诞生的心理学背景包括:(1)教育心理化运动;(2)心理测量运动;(3)儿童研究运动;(4)冯特的科学心理学;(5)艾宾浩斯的记忆研究;(6)动物心理研究。

3. ABD 【解析】本题考查桑代克的《教育心理学》的相关内容。1903年,美国心理学家桑代克出版了《教育心理学》,这是西方第一本以"教育心理学"命名的著作。1913～1914年,此书又发展成三大卷《教育心理大纲》。桑代克将教育心理学分为三部分:第一部分讲人类的本性;第二部分讲学习心理;第三部分讲个别差异及其原因。故本题答案选A、B、D三项。

方法技巧:考生在做此类试题时,可以通过记忆口诀"个别人类爱学习"来识记,即个别(个别差异及其原因)人类(人类的本性)爱学习(学习心理)。

4. BC 【解析】1974年,维特罗克在《美国心理学家》杂志上发表了《作为生成过程的学习》一文,正式提出了他的生成学习理论。教育心理学的发展时期处于20世纪20年代至50年代末,成熟时期处于20世纪60年代至70年代末。因此,维特罗克的生成学习理论处于教育心理学的成熟时期,故A项不选。格式塔学派的完形理论源于德国,故D项不选。

三、判断题

1. × 【解析】连续记录法,是指在一段较长的时间内,研究者持续不断地、详细地把观察对象在自然状态下的行为表现记录下来的一种记录方法,它比日记描述法在内容上更全面,在时间上更长久,在记录上更详细。要求研究者根据观察的目的确定观察的地点和时间,记录要直观、全面、详细,不做主观推断、解释和评价。

2. √ 【解析】教育心理学是一门基础研究和应用研究并重的学科。教育心理学作为心理学的分支学科具有较强的**理论性**,作为指导教育实践活动的学科又具有极为鲜明的**实践性和应用性**。

第二章　心理发展及个别差异

基础训练

答案速查

1~5	DBCDA	6~10	DDBBA	11~15	BACCC	16~20	CCBCC
21~25	DBCDD	26~30	DABDA	31~35	DBDBD	36~40	ADBBC
41~45	BDBAB	46~50	BCDAB	51~55	DCAAB	56~58	DDD
1~5	ABCD ABE BCD ABCD ABCD			6~11	ACD ABD ABD ACD ABD ABC		
1~5	√√√××			6~10	√√√√×		
11~15	√√×√×			16~21	×√√×√√		

一、单项选择题

1. D 【解析】本题考查埃里克森的人格发展阶段理论。自我同一性对角色混乱(12~18岁)阶段的发展任务是培养自我同一性。自我同一性是指个体组织自己的动机、能力、信仰及活动经验而形成的有关自我的一致性形象。这一阶段的核心问题是自我意识的确立和自我角色的形成。青少年对周围世界有了新的观察与新的思考方法,他们经常考虑自己到底是怎样的一个人,他们从别人对自己的态度中,从自己扮演的各种社会角色中,逐渐认清了自己。题干中该同学能够认清"我是谁",说明他的人格发展处于自我同一性对角色混乱阶段。

2. B 【解析】本题考查弗洛伊德的人格理论。弗洛伊德的人格理论认为,人格是由本我、自我和超我三个部分构成的。其中,自我是人与外部世界的媒介,它适应环境中的一些条件和限制,代表人的学习、训练和经验。故选B项。

3. C 【解析】本题考查最近发展区的内涵。最近发展区是儿童在有指导的情况下,借助成人的帮助所能达到的解决问题的水平与独自解决问题所达到的水平之间的差异,实际上是两个邻近发展阶段间的过渡状态。C项强调小贾**在化学老师的帮助下**掌握了推断题的解题技巧,符合最近发展区的内涵。故选C项。

4. D 【解析】本题考查皮亚杰的认知发展理论。皮亚杰认为,儿童的发展既不是先天结构的展开,也不完全取决于环境的影响,儿童的发展受四个因素的共同影响:成熟、自然经验、社会经验、平衡化。故选D项。

5. A 【解析】本题考查认知风格的差异。场依存型的学生对客观事物的判断常以外部线索为依据,其态度和自我认知易受周围环境或背景(尤其是权威人士)的影响,往往不易独立地对事物做出判断,而是人云亦云,从他人处获得标准;行为常以社会为定向,社会敏感性强,爱好社交活动;偏爱人文、社会科学和社会工作。根据题干中的"与人有联系""社会工作"可知,这类人的认知风格属于场依存型。与题干表述一致,当选。

6. D 【解析】本题考查埃里克森的心理社会发展阶段论。A项主动感对内疚感,本阶段的发展任务是培养主动性。这一阶段儿童的活动范围逐渐超出家庭的圈子,儿童开始追求出于自我利益和动机的活动。B项勤奋感对自卑感,本阶段的发展任务是培养勤奋感,体验能力的实现。C项信任对怀疑(基本的信任感对基本的不信任感),本阶段的发展任务是发展对周围世界,尤其是对社会环境的基本态度,培养信任感。D项自主对羞怯(自主感对羞耻感),本阶段的发展任务是培养自主性。儿童开始表现出自我控制的需要与倾向,渴望自主并试图自己做一些事情(比如吃饭、穿衣、大小便)。题干中的小冲选择自己来吃饭不让妈妈喂,表现出自我控制的需要。故小冲最有可能处在自主对羞怯的发展阶段。

7. D 【解析】本题考查学生的认知方式(认知风格)差异。冲动型的学生在解决认知任务时,总是急于给出问题的答案,而不习惯对解决问题的各种可能性进行全面思考,有时问题还未弄清楚就开始解答。这种类型的学生认知问题的速度虽然很快,但错误率高。题干中的小轩经常没有弄清题意便抢先回答,故其认知风格属于冲动型。

8. B 【解析】本题考查心理发展的特点。心理发展的定向性与顺序性表现为:在正常条件下,心理的发展总是具有一定的方向性和先后顺序。例如,在各种心理机能中,感知觉的发展最早,然后是运动机能、情绪、动机和社会交往能力的发展,而抽象思维的出现和发展最迟。故选B项。

9. B 【解析】本题考查玛西亚自我同一性理论的四种状态。玛西亚根据探索和承诺的程度高低划分出四种同一性状态,以此描述四种同一性结果。具有高探索和高承诺特征的个体,称为同一性获得者或同一性达成者,这类个体已经经历了各种探索,仔细考虑过各种选择,做出了确定的选择,并对特定的目标、信仰和价值观做出了坚定、积极的承诺;具有高探索和低承诺特征的个体,称为同一性延缓者,这类个体正处于探索的过程中,收集信息、尝试各种活动,希望发现引导他们生活的目标和价值,积极地探索各种选择,但还没有对特定的目标、价值观和意识形态等做出有意识的投入;具有**低探索**和高承诺特征的个体,称为同一性早闭者或过早自认者,这类个体没有体验过明确的探索,但却对一定的目标和价值作出了承诺,这种投入往往是**基于父母或权威人物**等重要他人的期望或建议,他们不加思考地接受了别人预先为他们准备好的同一性;具有低探索和低承诺特征的个体,称为同一性弥散者或同一性扩散者或同一性混淆者或同一性迷乱者,这类个体没有仔细思考或探索过各种同一性问题,从来不去探索各种选择,也不去尝试做出努力,缺乏对自己的了解,没有方向感,没有确定自己的目标和价值观,也未对特定目标价值或社会角色做出清晰的承诺。因此,本题选B项。

10. A 【解析】本题考查家庭教养方式。放纵型教养方式的父母对孩子充满了爱与期待,积极地投入孩子的养育中,但是却忘记了孩子社会化的任务。他们很少对孩子提出要求或施加任何控制,允许孩子想做什么就做什么。故选A项。

11. B 【解析】本题考查埃里克森的人格发展阶段理论。处于勤奋感对自卑感阶段的儿童开始进入学校学习,开始体会到持之以恒的能力与成功之间的关系,开始形成一种成功感。而且随着社交范围的扩大,**同伴的相互作用**变得越来越重要。故这一阶段小果面临的发展危机主要是勤奋感对自卑感。因此,答案选B项。

12. A 【解析】本题考查皮亚杰的认知发展阶段理论。皮亚杰认为儿童的认知是在已有图式的基础上,通过同化、顺应和平衡等机制,不断从低级向高级发展的一个建构过程。其中图式是指人在认识周围世界的过程中,形成自己独特的认知结构,是认知结构的起点与核心。

13. C 【解析】本题考查弗洛伊德的人格"三我"结构。人格由本我、自我和超我三部分构成。其中,超我位于人格结构的最高层,是道德化了的自我,由社会规范、伦理道德、价值观念内化而来,其形成是社会化的结果。超我遵循道德原则,它具有三个作用:(1)抑制本我的冲动;(2)对自我进行监控;(3)追求完善的境界。题干中小楠没有受批评还是感到内疚,正是超我在道德层面对自我进行监控的结果,故选C项。

14. C 【解析】本题考查埃里克森的人格发展阶段理论。勤奋感对自卑感阶段的特征为儿童发展出面对不同任务时的胜任感,尤其在学习上;否则,儿童会认为自己没有能力,不可能成功。

15. C 【解析】本题考查自我意识的成分。一般认为,自我意识包括三种成分:(1)自我认识(认识成分),即个体对自己的心理特点、人格特征、能力及自身社会价值的自我了解与自我评价。(2)自我体验(情感成分),如自尊、自爱、自豪、自卑及自暴自弃等。(3)自我监控(意志成分),即对自己的意志控制,如自我检查、自我监督、自我调节、自我追求等。题干中强调花花很好地控制住了自己的情绪,故体现了自我意识中的自我调节。

16. C 【解析】本题考查学生的学习风格差异。学习风格是学习者在探究、解决其学习任务时所表现出来的典型的、一贯的、独具个人特色的学习策略和学习倾向。题干所述体现了不同学生各具特色的学习风格,故选C项。

17. C 【解析】本题考查沉思型学生的课堂表现。在课堂学习中,**沉思型**的学生多表现得**小心谨慎**。对老师提出的问题,他们倾向于充分思考,在没有足够把握之前,不会轻易回答。因此,这类学生不像冲动型学生那样,愿意积极举手发言,和大家分享自己的想法。对此,教师要多创造发言的机会,鼓励他们在课堂上勇敢地表现自己,锻炼胆量的同时提高口语表达能力。

18. B 【解析】本题考查场依存型的特点。场依存型的优势在于:善于把握整体,善于学习系统化、条理化的材料,喜欢与同伴在一起讨论或进行**协作学习**,注意环境的要求,很容易适应环境,受大家的欢迎,受外在动机的支配。故答案选B项。

19. C 【解析】本题考查维果斯基的**内化学说**。维果斯基内化学说的基础是他的"**工具理论**"。他认为,人类的精神生产工具或"心理工具"就是各种符号。运用符号就可使心理活动得到根本改造,这种改造不仅存在于人类发展的过程中,而且也存在于个体发展的过程中。学生早年还不能使用语言这个工具来组织自己的心理活动,心理活动的形式是直接的、不随意的、低级的、自然的。学生只有掌握语言这个工具,心理活动才能转化为间接的、随意的、高级的、社会历史的。故本题答案选C项。

20. C 【解析】本题考查埃里克森的心理发展阶段理论。学龄期(6~12岁)儿童的发展任务是培养勤奋感。在这个时期,多数儿童已进入学校,第一次接受社会赋予他们并期望他们完成的任务。他们追求任务完成时获得的成就感及由此带来的长辈的认可和赞许。如果儿童在学习、游戏等活动中不断取得成就并受到成人的奖励,儿童将以成功、嘉奖为荣,养成乐观进取和勤奋的性格;反之,如果由于学习方法不当或努力不够而多次遭受挫折或其成就受到漠视,儿童容易形成自卑感。故答案选C项。

21. D 【解析】本题考查不同认知方式的教学方法。场依存型的学生对客观事物的判断常以外部线索为依据,其态度和自我认知易受周围环境或背景(尤其是权威人士)的影响,往往不易独立地对事物做出判断,而是人云亦云,从他人处获得标准;在学习上易受暗示且欠主动,由外在动机支配;他们更需要反馈信息,适合结构严密的教学。因此,教师在教学过程中,对于认知风格属于场依存型的学生,应采用给学生提供一些**明确的指导和讲解**的教学方法。故答案选D项。A、B、C三项属于认知风格为场独立型学生的教学方法。

22. B 【解析】本题考查皮亚杰的认知发展理论。顺应是指当有机体不能利用原有图式接受和解释新刺激时,其认知结构发生改变来适应刺激的影响。题干中小军通过改变自己的认知结构来适应新的刺激,故他的认知过程属于顺应。

易错提示:考生易混淆同化和顺应的概念,在做这类题目时,可根据关键词进行区分。同化:补充、完善认知结构(量变)。顺应:改变认知结构(质变)。

23. C 【解析】A项"天才儿童"体现了智力发展水平的差异;B项"大器晚成"体现了智力表现早晚的差异;C项"多愁善感"描写的是一个人的情绪状态;D项"过目不忘"体现了智力类型差异。因此,A、B、D三项属于个体能力差异,C项属于情绪状态。故答案选C项。

24. D 【解析】本题考查同化的内涵。同化是指儿童把新的刺激物纳入已有图式中的认知过程。同化是图式发生量变的过程,它不能引起图式的质变,但影响图式的生长。

25. D 【解析】本题考查场独立型与场依存型学生的学习偏好。一般说来,场依存型学生对人文学科和社会学科更感兴趣,偏好合作学习;而场独立型学生在理科与自然科学方面更擅长,偏向于自主学习。故答案选D项。

26. D 【解析】本题考查皮亚杰的认知发展理论。皮亚杰认为影响认知发展的因素主要有四类,即成熟、物理环境、社会环境和平衡化。其中,**具有自我调节作用的平衡化**过程在认知发展中起**关键作用**。所谓平衡化,是指一种动态的认知过程,目的是要达到更高水平的平衡状态。故D项说法正确。

A项,具体运算阶段的儿童能够运用逻辑思维解决具体问题,但必须依赖于实物和直观形象的支持才能进行逻辑推理和运用逻辑思维解决问题,不能够进行纯符号运算,因此此阶段孩子不能更多地接受抽象思维训练,故A项说法错误。

B项,前运算阶段儿童的思维具有自我中心性的特征,无法从多个维度对事物进行判断,故B项说法错误。

C项,根据皮亚杰的观点,认知发展是通过不平衡来促进的。因此,教师要在教学过程中经常制造一些使学生产生认知不平衡的问题,以促使他们的认知发展。换言之,教师的主要任务是通过提问来引起学生认知的不平衡,并提供有关的学习材料或活动材料,促进学生的认知发展,这些材料**可适当超过学生的发展水平**,故C项说法错误。

27. A 【解析】奥地利生态学家劳伦兹在发现幼禽的印刻现象时提出了"关键期"的概念。在关键期中,个体对某种刺激特别敏感,通过适宜环境的影响,某种行为习得比较容易,心理发展的速度也比较快。过了这一时期,同样的刺激对个体的影响变得很小或没有。

28. B 【解析】一个人的某种人格特点一旦形成,就相对稳定下来了,要想改变它是比较困难的事情。"三岁看大,七岁看老"体现的就是人格的稳定性。

29. D 【解析】差异性是指任何一个正常学生的心理发展总要经历一些共同的基本阶段,但发展的速度、最终达到的水平,以及发展的优势领域等方面往往又千差万别。两个少年一个抽象逻辑思维发展较好,一个还离不开具体形象的支持,这体现了个体认知发展的差异性。

30. A 【解析】本题考查自我意识的发展阶段。自我意识的结构主要有以下三个:(1)生理自我;(2)心理自我;(3)社会自我。其中,生理自我指对自己身高、体重、容貌、身材、性别等方面的认识以及生理病痛、温饱饥饿、劳累疲乏的认识和体验。如果一个人对自己的生理自我不能接纳,嫌自己个子矮、不漂亮、身材差,往往容易表现出自卑,缺乏自信。题干中小丽的表现就属于对自己的生理自我不能接纳,故答案选A项。

31. D 【解析】自我体验是自我意识在情感上的表现,是伴随自我认识而产生的内心体验。自尊心、自信心是自我体验的具体内容。题干中的学生因受到表扬而感到开心,这是该学生的自我意识在情感上的表现,故反映的是学生自我意识中的自我体验。

32. B 【解析】本题考查心理发展的阶段。少年期又称学龄中期,大致相当于初中阶段,是个体从童年期向青年期过渡的时期,具有半成熟、半幼稚的特点。在这一时期,学生处于生理发育的第二个高峰期。整个少年期充满独立性和依赖性、自觉性和幼稚性错综的矛盾。这一时期也被称为"心理断乳期"或"危险期"。

33. D 【解析】成熟是指随着年龄增长自然而然出现的个体身心的成长变化。个体心理的发生与发展,必须以生理发育、变化、成熟为物质基础。个体生理的发展变化,例如,人脑机能的生长、发育和成熟,是心理发展的生理基础。

34. B 【解析】本题考查顺应的内涵。顺应是指当有机体不能利用原有图式接受和解释新刺激时,其认知结构发生改变来适应刺激的影响。因此,同化引起图式的量变,顺应引起图式的质变。题干中强调将原有算术图式发展为代数图式,这是产生了**新的图式**,发生的是认知结构的**质变**。因此,该过程为顺应。

35. D 【解析】本题考查皮亚杰的认知发展阶段理论。形式运算阶段,是儿童思维发展趋于成熟的阶段。本阶段儿童思维的特征如下:(1)命题之间的关系;(2)假设—演绎推理;(3)类比推理;(4)抽象逻辑思维;(5)可逆与补偿;(6)反思能力;(7)思维的灵活性;(8)形式运算思维的逐渐发展。故题干中的"这个阶段"是指形式运算阶段。

方法技巧:皮亚杰的认知发展阶段理论是考试重点,考生可根据下列表格进行记忆:

阶段	年龄	特点
感知运动阶段	0~2岁	简单的动作方面的发展
前运算阶段	2~7岁	表象、符号方面的发展
具体运算阶段	7~11岁	能够借助实物和直观形象解决问题
形式运算阶段	11岁~成人	抽象逻辑思维方面的发展

36. A 【解析】处于感知运动阶段的婴儿主要有以下几个方面的特征:(1)感觉和动作的分化。(2)"客体永久性"(即知道某人或某物虽然现在看不见但仍然是存在的)的形成。(3)问题解决能力开始得到发展。(4)延迟模仿的产生。在感知运动阶段的后期,完整清晰的客体永久性已经形成。因此,本题答案选A项。

37. D 【解析】心理发展的不平衡性一方面表现出个体不同系统在发展的速度、发展的起止时间与达到成熟时期的不同进程;另一方面也表现出同一机能特性在发展的不同时期有不同的发展速率。题干所述体现了心理发展不平衡性的第二个方面。

38. B 【解析】美国精神分析学家埃里克森认为,人格发展是一个逐渐形成的过程,必须经历八个顺序不变的阶段。其中,四到五岁的儿童处在主动感对内疚感阶段,这一阶段的发展任务是培养主动性。在这一阶段,由于身体活动能力和语言的发展,儿童有可能把活动范围扩展到家庭之外。儿童喜欢尝试探索环境,承担并学习掌握新的任务。

39. B 【解析】"人心不同,各如其面。"这句俗语为人格的独特性做了最好的诠释。一个人的人格是在遗传、成熟、环境、教育等先后天因素的交互作用下形成的。不同的遗传、生存及教育环境,形成了各自独特的心理特点。

40. C 【解析】人格是构成一个人思想、情感及行为的特有模式,这个独特模式包含了一个人区别于他人的稳定而统一的心理品质,即人格是决定个体的外显行为和内隐行为,并使其与他人的行为有稳定区别的**综合心理特征**。

41. B 【解析】本题考查智力落后的内涵。低常儿童是指智力发展明显低于同龄儿童平均水平并有适应性行为障碍的儿童,又称智力落后儿童。IQ低于70为智力落后,他们在人口中大约占2.7%。

42. D 【解析】本题考查埃里克森的人格发展阶段理论。小学低年级阶段儿童正处于埃里克森人格发展阶段的第四阶段(6~12岁),这一阶段的冲突是勤奋感对自卑感,发展任务是培养勤奋感。故答案选D项。

43. B 【解析】本题考查自我体验的内容。自我体验是自我意识在情感上的表现,是伴随自我认识而产生的内心体验,自尊心、自信心等是自我体验的具体内容,其中,自尊是自我体验中最主要的成分。

44. A 【解析】本题考查家庭教养方式。专制型父母对儿童严厉、粗暴,缺少温情。他们滥用权力,要求儿童**绝对服从**,却很少对儿童说明为什么要这么做。为使儿童服从,他们常常运用惩罚和剥夺爱的策略。故题干所述属于专制型父母的教养方式。B项,放纵型父母对儿童高度接纳和肯定,允许儿童自由表达思想和感情,但很少提出控制和要求,偶尔对儿童提出纪律要求却不能坚持下去。C项,忽视型父母对儿童缺少关注与爱,很少提出要求与控制。对儿童的要求缺乏回应,让儿童感到受到了忽视与冷落,情感需求得不到满足。D项,权威型父母对孩子的态度是积极肯定和接纳的,对儿童有明确的要求。他们对儿童的控制是建立在理性的基础上的,在向儿童提出要求或命令时,通常会向儿童解释这样做的理由,同时也能倾听儿童的心声,考虑儿童的需要。

45. B 【解析】处于前运算阶段的儿童的思维特征主要表现在以下八个方面:(1)早期的信号功能。(2)自我中心性(中心化)。(3)不可逆运算。(4)不能够推断事实。(5)泛灵论。(6)不合逻辑的推理。(7)不能理顺整体和部分的关系。(8)认知活动具有具体性,还不能进行抽象的思维运算。题干所述为不可逆运算的表现。

46. B 【解析】认知发展处于前运算阶段的儿童,其思维具有泛灵论的特点,即将人类的特征赋予无生命的物体,他们会认为任何物体都是有生命的。

47. C 【解析】学习准备,又可称为学习的"准备状态"或学习的"准备性",指的是学习者在从事新的学习时,其身心发展水平对新的学习的适应性,即学生在学习新知识时,那些促进或妨碍学习的个人生理、心理发展的水平和特点。

48. D 【解析】初中生的思维开始从具体运算阶段向形式运算阶段过渡,所以,形式运算阶段的**抽象思维能力**才是培养的重点。因此,教师在教学中应加强对学生抽象思维能力的培养。

49. A 【解析】认知方式也称认知风格,是指人们在认知活动中所偏爱的信息加工方式。

50. B 【解析】本题考查认知方式的类型。辐合型认知方式是指在解决问题的过程中常表现出辐合思维的特征,表现为搜集或综合信息与知识,运用逻辑规律缩小解答范围,直到找到最合适的唯一正确解答。

51. D 【解析】维果斯基强调社会文化在认知发展中的作用。为此,维果斯基创立了"文化—历史"发展理论。维果斯基认为,必须区分两种心理机能:一种是靠生物进化获得的低级心理机能;另一种是文化历史发展的结果,即以精神工具为中介的高级心理机能。人的高级心理机能是在同周围人的交往中产生和发展起来的,受到人类文化历史的制约。(具体内容参见张大均主编的《教育心理学》)

52. C 【解析】本题考查埃里克森的心理社会发展阶段论。美国精神分析学家埃里克森认为,人格发展是一个逐渐形成的过程,必须经历八个顺序不变的阶段。其中,**主动感对内疚感阶段**(4~5岁)的发展任务是**培养主动性**。这一阶段儿童的活动范围逐渐超出家庭的圈子,儿童开始追求出于自我利益和动机的活动。他们想象自己正在扮演成年人的角色,并因自己能从事成年人的角色和胜任这些活动而体验到一种愉快的情绪。例如,当父母做饭时,儿童递过一把勺子,他便认为自己是在从事一项重要的活动,发挥了重要的作用。故本题选择C项。

53. A 【解析】本题考查皮亚杰的认知发展理论。同化是指在有机体面对一个新的刺激情境时,把刺激整合到已有的图式或认知结构中。题干中的小朱将新见到的"白天鹅"整合到自己已有的图式"鸭子"中,故属于同化的过程。故答案选A项。

54. A 【解析】本题考查埃里克森的心理社会发展阶段论。根据埃里克森的心理社会发展阶段理论可知,**婴儿期**(0~1.5岁)的发展任务是发展对周围世界,尤其是对社会环境的基本态度,培养**信任感**。如果此阶段的发展危机得以解决,儿童则获得信任感,相反则充满怀疑。根据题干所述,不同人对待世界的信任感不同,这是婴儿期的发展差异造成的。

55. B 【解析】学习风格是学习者在探究、解决其学习任务时所表现出来的典型的、一贯的、独具个人特色的学习策略和学习倾向。"我喜欢晚上做作业"即体现了学习者的一种学习风格。

56. D 【解析】本题考查智商的划分界限。根据推孟对智力百分比的统计,IQ在110~119的人为优秀(中上或聪明),IQ在90~109的人为中等智商,IQ在80~89的人为中下(迟钝)智商。据此判断,此人的智力处于中等范围。

57. D 【解析】智力的群体差异是指不同群体之间的智力差异,包括智力的年龄差异、性别差异、种族差异等。

易错提示:考生易混淆群体差异与个体差异的表现。考生在做题时,可根据二者的关键词进行区分。智力的个体差异主要表现在类型、发展水平、表现早晚的差异,即"泪(类型)水晚"。智力的群体差异主要表现在性别、年龄、种族的差异。

58. D 【解析】在心理发展过程中,当某些代表新特征的量累积到一定程度时,就会取代旧特征而处于主导地位,这表现为阶段性的间断现象。

二、多项选择题

1. ABCD 【解析】本题考查最近发展区的相关知识。教学应着眼于学生的最近发展区,为学生提供有适当难度的内容,让学生"跳一跳,够得着",故A项正确。"最近发展区"的教学为学生提供了发展的可能性,教和学的相互作用刺激了发展,社会和教育对发展起主导作用。基于这个意义,维果斯基认为教学"创造着"学生的发展。他主张教学应当走在儿童现有发展水平的前面,教学可以促进发展。故BC两项正确。由于儿童的现有水平和儿童可能达到的发展水平之间的差异是不断变化的,因此,需要在一个动态评估环境中测查最近发展区,故D项正确。因此,答案选ABCD四项。

2. ABE 【解析】本题考查皮亚杰的认知发展阶段理论。具体运算阶段的儿童能够运用逻辑思维解决具体问题,但必须依赖于实物和直观形象的支持才能进行逻辑推理和运用逻辑思维解决问题,不能够进行纯符号运算。这一阶段儿童的思维具有以下特征:去自我中心性、可逆性、守恒、分类、序列化。

3. BCD 【解析】身体状态的剧变、内心世界的发现、自我意识的觉醒、独立精神的加强是少年期表现出的总体性的阶段特征。

4. ABCD 【解析】本题考查皮亚杰的认知发展阶段理论。皮亚杰提出了认知发展的阶段理论，将个体的认知发展分为以下四个阶段：(1)感知运动阶段(0～2岁)；(2)前运算阶段(2～7岁)；(3)具体运算阶段(7～11岁)；(4)形式运算阶段(11岁～成人)。

5. ABCD 【解析】本题考查维果斯基的最近发展区理论。维果斯基关于儿童发展的观点如下：(1)最近发展区即儿童现有心理机能的发展水平(儿童实际的发展水平)与在成人的指导和帮助下所达到的解决问题的水平(儿童潜在的发展水平)两者之间的距离。(2)应该以发展的眼光来看待儿童，将儿童看成一个动态发展的个体，承认每个儿童都有发展的可能性。(3)教育应该超前发展，创造“最近发展区”，推动或加速儿童内部的发展过程。(4)教育者要了解儿童的现状，将其作为促进儿童发展的基础。(5)每个儿童都有自己的“最近发展区”，因此，教育者要为不同的儿童创设不同的“最近发展区”，因材施教。故A、B、C、D四项说法均正确。

6. ACD 【解析】根据埃里克森的心理社会发展理论，人格发展是一个逐渐形成的过程，必须经历八个顺序不变的阶段，其中前五个阶段属于儿童成长和接受教育的时期。前五个阶段为：(1)基本的信任感对基本的不信任感(0～1.5岁)；(2)自主感对羞耻感与怀疑(2～3岁)；(3)主动感对内疚感(4～5岁)；(4)勤奋感对自卑感(6～11岁)；(5)自我同一性对角色混乱(12～18岁)。

7. ABD 【解析】本题考查自我意识的结构。一般认为，自我意识包括三种成分：自我认识、自我体验、自我控制。

8. ABD 【解析】弗洛伊德将人格结构分成三个层次：本我、自我和超我。

9. ACD 【解析】自我意识包括三种成分：(1)自我认识；(2)自我体验；(3)自我监控。故A项表述正确。个体自我意识的发展经历了从生理自我到社会自我，再到心理自我的过程。故B项表述错误。生理自我在3岁左右基本成熟。故C项表述正确。青春期是自我意识发展的第二个飞跃期。在个体进入青春期以前，曾出现过一次自我意识发展的飞跃期，其年龄大约在1至3岁。故D项表述正确。

10. ABD 【解析】前运算阶段儿童的自我中心主义表现为只会从自己的立场与观点去认识事物，而不能从客观的、他人的立场和观点去认识事物，也不能将自己的观点与别人的观点相协调，如当自己的汤是热的时，就认为别人的汤也是热的，即认为“自己想的就是别人想的，别人的感受和自己的感受是一样的”，这种认识上的自我中心与利己主义不同。故C项说法错误。

11. ABC 【解析】本题考查关键期的内容。**关键期不是绝对的，错过关键期之后，经过补偿性学习仍有可能得到发展，只是难度要大些**。故D项错误。

A项，所谓关键期，就是指人的某种身心潜能在人的某一年龄段有一个最好的发展时期。研究认为，关键期既包括有机体需要刺激的时期，也包括有机体对某种刺激最敏感的时期。因此，关键期也叫敏感期、最佳期。A项正确。

B项，在关键期内，对个体某一方面进行训练可以获得最佳成效，并能充分发挥个体在这一方面的潜力。错过了关键期，训练的效果就会降低，甚至永远无法补偿。B项正确。

C项，4～5岁是学习书面语言的关键期，C项正确。

三、判断题

1. √ 【解析】本题考查埃里克森的人格发展阶段理论。埃里克森认为，人格发展是一个逐渐形成的过程，必须经历八个顺序不变的阶段，这八个阶段分别是：(1)基本的信任感对基本的不信任感(0～1.5岁)；(2)自主感对羞耻感(1.5～3岁)；(3)主动感对内疚感(3～6岁)；(4)勤奋感对自卑感(6～12岁)；(5)自我同一性对角色混乱(12～18岁)；(6)亲密感对孤独感(成年早期)；(7)繁殖感对停滞感(成年中期)；(8)自我整合对绝望感(成年晚期)。中学生年龄在12～18岁，正处于自我同一性对角色混乱阶段，该阶段的任务是培养自我同一性以避免角色混乱，故题干说法正确。

2. √ 【解析】本题考查皮亚杰的认知发展阶段理论。具体运算阶段(7～11岁)相当于小学阶段。这个阶段的儿童最突出的成就就是获得守恒概念。守恒即儿童认识到客体在外形上发生了变化，但特有的属性不变。

3. √ 【解析】本题考查埃里克森的心理社会发展阶段论。处于学龄期(6～12岁)这一阶段的儿童，都应在学校接受教育。学校是训练儿童适应社会、掌握今后生活所必需的知识和技能的地方。如果他们能顺利地完成学习课程，他们就会获得勤奋感，这使他们在今后的独立生活和承担工作任务时充满信心。反之，就会产生自卑感。因此，对于这一阶段的儿童，教师应积极训练儿童适应社会，掌握今后生活所必需的知识和技能。

4. × 【解析】本题考查皮亚杰的认知发展阶段理论。皮亚杰认为，儿童的心理发展是一个连续的过程，这个过程具有阶段性，可以分为感知运动、前运算、具体运算和形式运算四个阶段。同时，每两个阶段之间都不是截然分开的，而是有着一定的交叉和重叠。他认为四个阶段的**顺序是不变的**，因为每个阶段都是下一个阶段的必要条件，前一个阶段的认知图式是后一阶段的基础。所有的儿童都要依次经历这四个发展阶段，不能跨越，也不能颠倒。但是，由于环境、文化、教育等差异，这些阶段可能加速或推迟。因此，题干说法错误。

5. × 【解析】本题考查心理发展的概念。心理发展是指个体从出生、成熟、衰老直至死亡的整个生命进程中所发生的一系列心理变化。

6. √ 【解析】本题考查皮亚杰的认知发展阶段理论。皮亚杰提出，在儿童思维发展的所有特征中最重要的是可逆性。

7. √ 【解析】本题考查埃里克森的心理社会发展阶段论。埃里克森认为，个体发展是持续一生的，而不是在成年早期就结束了。在心理发展的每个阶段，个体都会面临着一个需要解决的心理社会问题，该问题引起个体心理发展的矛盾与危机。如果个体能顺利解决每一阶段所面临的矛盾与危机，就会对个体的心理发展产生积极影响；相反，则会产生消极影响。

8. √ 【解析】图式是指有组织的知识结构，是对范畴的规律性作出编码的一种形式。这些规律性既可以是知觉性的，也可以是命题性的。故本题说法正确。(具体内容参见朱文彬，赵淑文编著的《高等教育心理学》)

9. √ 【解析】中学生与同伴群体的交往使他们能够进行人际关系和交流的探索，并发展人际敏感性，奠定他们今后社会交往的基础，促进他们的社会化和人格的发展。随着年龄的增长，同伴的影响越来越强，在某种程度上甚至超过父母的影响。

10. × 【解析】本题考查影响人格的因素。科学发展到现在的水平，人们一般都承认人格是在**遗传与环境的交互作用**下逐渐发展形成的。遗传决定了人格发展的可能性，环境决定了人格发展的现实性。因此，人格既受先天禀赋的影响，又受社会文化的影响。故题干说法错误。

11. √ 【解析】本题考查学习风格的影响。学习风格同认知风格一样主要影响学生的学习方式，并不影响个人的智力水平。

12. √ 【解析】本题考查特殊儿童的概念。广义的特殊儿童是指一切**偏离常态**的儿童，既包括智力超常和才能非凡的儿童，也包括各种身心障碍的儿童。

13. × 【解析】根据埃里克森的心理发展阶段理论，繁殖感对停滞感阶段的主要任务是获得繁殖感，体验关怀的实现。这里指的是**广义上的繁殖**，不仅包括繁衍后代，而且包括人的生产能力和创造能力等基本能力或特征的繁衍。

14. √ 【解析】本题考查智力的性别差异。智力的性别差异表现在：(1)男女智力的总体水平大致相等，但男性智力分布的离散程度比女性大；(2)男女的智力结构存在差异，各自具有自己的优势领域。

15. × 【解析】本题考查皮亚杰的认知发展阶段理论。认知发展处于**形式运算阶段**的儿童，其思维是以**命题形式**进行的。故题干说法错误。

16. × 【解析】在小学阶段，学习成为主导活动，所以，题干说法不正确。

17. √ 【解析】根据皮亚杰的认知发展阶段理论，两到三岁的儿童处于前运算阶段，这个时期儿童的思维具有自我中心性，儿童认为别人眼中的世界和他所看到的一样，以为世界是为他而存在的，一切都围绕着他转。**他还不能从他人的角度考虑**问题。所以，教会两到三岁的孩子有意识地谦让玩具几乎是不可能的。

18. √ 【解析】自卑的人热衷于与人比较,他们对自己有很高的期待,但无法接受追求成功过程中的失败,因为他们对自己缺乏客观、清醒的认识,无法悦纳自己。

19. × 【解析】心理发展的不平衡性即心理的发展可以因进行的速度、到达的时间和最终达到的高度而表现出多样化的发展模式。一方面表现出个体不同系统在发展的速度、发展的起止时间与到达成熟时期的不同进程;另一方面也表现出同一机能特性在发展的不同时期有不同的发展速率。题干所述说明儿童心理的发展具有不平衡性。

20. √ 【解析】本题考查皮亚杰的认知发展阶段理论。皮亚杰认为,平衡化是心理发展的决定因素。平衡化具有自我调节的作用,通过调节同化和顺应的关系,使个体的认知不断发展。

21. √ 【解析】场依存型的学生对客观事物的判断常以外部线索为依据,其态度和自我认知易受周围环境或背景(尤其是权威人士)的影响,往往不易独立地对事物做出判断,而是人云亦云,从他人处获得标准;行为常以社会为定向。题干所述符合场依存型者的特征。

四、填空题

1. 四　　2. 顺应

3. 三山实验

五、案例选择题

1. ABCD 【解析】根据案例描述可知,小松和小刚的认知风格不一样。小松属于场依存型认知风格,他易受暗示,学习欠主动,由外在动机支配,更喜欢结构严密的教学。小刚属于场独立型认知风格,他独立自觉学习,由内在动机支配,更喜欢结构不严密的教学。持深层加工方式的学习者通常是为了学习而学习,会对自己的学习进行自我管理和调节,不大关注别人如何评价自己的表现。小刚因为学习本身很有意思而学习,会对自己的学习进行自我管理和调节。因此,他在学习中加工信息的方式是深层加工。故A、B、C、D四项说法正确,而E项在案例中没有体现。

2. ACE 【解析】根据场独立型的含义可知,小刚属于场独立型认知风格。场独立型的学生对客观事物的判断常以自己的内部线索(经验、价值观)为依据,不易受到周围环境因素的影响和干扰,倾向于对事物的独立判断;更喜欢自然科学类。所以,A、C项说法正确,B、D项说法错误。视觉—言语学习方式是指学习者偏爱以视觉形式和书面语言形式呈现信息,而且他们从这种形式呈现的信息中学得最好,倾向于独立安静地学习。小刚喜欢安静地看书并独自做读书笔记,故他的学习方式属于视觉—言语学习方式。所以,E项说法正确。

3. ABC 【解析】14岁正处于青春期,这一时期也被称为"心理断乳期"或"危险期"。

4. AC 【解析】从"有了自己的主见""运动鞋想买阿迪达斯,妈妈却非要买耐克的"等语句中,反映了青少年自我意识的发展;从"欣喜若狂、垂头丧气、难以启齿和希望倾诉"等词中,反映了青少年情绪情感的发展。

5. BC 【解析】青少年的情绪表现充分体现出半成熟、半幼稚的矛盾性特点。随着青少年心理能力的发展和生活经验的丰富,其情绪的感受和表现形式不再像以往那么单一了,但还远不如成人的情绪体验那么稳定,表现出明确的两极性。**两极性**主要表现在以下三个方面:(1)强烈、狂暴性与温和、细腻性共存;(2)可变性和固执性共存;(3)**内向性和表现性共存**。

整合提升

答案速查

1~5	BBDBB	6~10	BABDD	11~13	ADB
1~5	ACD ABCD BCD ACD CD			1~4	××× √

一、单项选择题

1. B 【解析】本题考查心理发展的一般规律。心理发展是一个不断由量变到质变的发展过程。当某一种心理活动在发展变化之中而又未出现新质变时,它就正处于一种量变的积累过程。这种心理变化在**未达到新质变而进行着的孕育更新的质的量变**,就表现为心理发展的连续性。实际上,每一种心理过程、心理特征的发展,都以先前的状况为基础,都是对先前心理活动的继承与发展。例如,个体整个思维的发展是连续的过程。不同年龄阶段的儿童思维状况既有上一年龄阶段的思维的"影子",又向下一年龄阶段的思维发展特点趋近。具体来说,学前儿童的思维继承着婴儿动作思维的特点,但形象思维也开始发展起来;小学中、低年级儿童的思维以形象思维为主,但又开始发展抽象思维;小学高年级儿童的抽象思维更进一步发展,但仍保留着具体形象思维的特点。

2. B 【解析】本题考查学生的认知方式差异。场依存型的学生对客观事物的判断常以外部线索为依据,其态度和自我认知易受周围环境或背景(尤其是权威人士)的影响,往往不易独立地对事物做出判断,而是人云亦云,从他人处获得标准;行为常以社会为定向,社会敏感性强,爱好社交活动。场独立型的学生对客观事物的判断常以自己的内部线索(经验、价值观)为依据,不易受到周围环境因素的影响和干扰,倾向于对事物的独立判断;行为常是非社会定向的,社会敏感性差,不善于社交,关心抽象的概念和理论,喜欢独处。题干中小青第二次画得比第一次好,是因为第二次有"精确的椭圆轮廓"作为参考,说明小青是以外部线索为依据,其认知风格属于场依存型;小明两次画得同样好,并没有受到"精确的椭圆轮廓"的影响,说明小明是以自己的内部线索为依据,其认知风格属于场独立型。故选B项。

3. D 【解析】本题考查皮亚杰的认知发展阶段理论。根据皮亚杰的认知发展阶段理论可知,形式运算阶段的主要思维特点是:在头脑中可以把事物的形式和内容分开,可以离开具体事物,根据假设来进行逻辑推演。此阶段的个体能够将一个复杂的问题拆解成相对的独立的成分,从而找到合适的解决方案。例如,在做旅行计划时,可以同时考虑到速度、距离和时间之间的关系。题干中晓东能够根据速度、距离、时间之间的关系安排出发时间,说明其处于形式运算阶段。

4. B 【解析】本题考查塞尔曼的观点采择能力发展理论。塞尔曼认为,儿童观点采择能力的发展可分为以下五个阶段:阶段0叫作自我中心的观点采择,在这个阶段,儿童不能区分自己对事件的解释和他们认为是真实的或正确的事情;阶段1称为社会信息的观点采择(6~8岁),儿童开始意识到别人有不同的理解和观点;阶段2为自我反省的观点采择(8~10岁),这时儿童意识到,每个人都知道别人有自己的思想和情感,不仅知道别人有不同的观点,而且能够意识到别人的观点;阶段3叫作相互的观点采择阶段(10~12岁),儿童能从第三者、旁观者、父母或共同的朋友的角度来看待两个人的相互作用;阶段4是社会和传统体系的观点采择(12~15岁以上),儿童认识到存在着一种综合的观点网络,如某一地区的或者某一宗教的观点,个体了解到为了顺利地同他人交往和理解他人,每个人都要考虑社会体系的共同观点。故答案选B项。

5. B 【解析】本题考查维果茨基的理论。维果茨基认为,儿童的自言自语是儿童和自己的一种交流,是借以指导自己行为的特殊方式,随着儿童的成熟,这种自言自语逐渐发展为耳语、口唇动作、内部语言和思维,从而完成内化过程。在内化过程中,语言发展中的自我中心言语起着至关重要的作用,自我中心语言的出现表明儿童的符号系统已经开始内化。故本题选B项。

6. B 【解析】本题考查教师的态度对学生人格的影响。教师的态度对学生人格的影响表现在:

教师的态度	学生的人格特点
专制的	情绪紧张,冷淡,攻击性强,自制力弱
放任的	**无组织纪律性,无团体目标**
民主的	情绪稳定,态度积极友好,有领导能力

题干中的张老师对学生实行“放养”式管理，这种放任的态度会使学生形成无组织纪律性，无团体目标的人格特点。故本题答案选B项。

7. A 【解析】本题考查幼儿游戏的发展。皮亚杰着力从认知发展的角度考察儿童游戏心理的发展过程。皮亚杰认为游戏的发展水平与儿童的认知发展相适应，在智力发展的不同阶段，游戏的类型不同。(1)练习游戏(0～2岁)，对应感知运动阶段;(2)象征游戏(2～7岁)，对应前运算阶段;(3)规则游戏(7～11、12岁)，对应具体运算阶段。

8. B 【解析】本题考查认知方式差异。同时性认知风格的特点是:在解决问题时，学习者善于采用发散性思维，从多个视角对问题进行全面思考，考虑多种假设，兼顾到解决问题的各种可能性，能同时把握事物的全部信息，并从各组成部分的关系中发现事物的整体联系。题干中，小魏做数学应用题时善于采用发散性思维，能从多个视角对问题进行全面思考，这正是运用同时性加工的方式来解决问题，故答案选B项。

A项，继时性认知风格的特点是:在解决问题时，学习者往往采取按部就班的分析程序，一步接一步、一环扣一环地对信息进行加工。每一步只考虑一种假设或一种属性，提出的假设在时间上有明显的先后顺序，第一个假设成立后再检验下一个假设，直到问题解决。

C项，表层加工指记忆学习内容的表面信息，不将它们与更大的概念框架联结起来。

D项，深层加工指深刻理解所学内容，将所学内容与更大的概念框架联结起来，以获取内容的深层意义。

9. D 【解析】本题考查不同认知类型的学生解决问题的方式。**系列型**的学生解决问题时，倾向于按照问题的逻辑顺序，**一步一步**地解决子问题，只有在学习过程快结束时，才对所学的内容形成一种比较完整的看法。故D项符合题意。

A项，反思型(沉思型)学生通常比较谨慎，不急于回答问题，而是倾向于事先评估各种替代答案，然后给予较有把握的回答;一般出错较少;在信息加工策略方面关注细节，追求精确化答案，但速度比较慢。故A项不符合题意。

B项，冲动型学生具有迅速确认问题答案的欲望，往往能很快形成自己的看法，不用全面掌握事件线索，仅凭几个线索就能作出直觉的跳跃性推论;一般出错相对较多;抗诱惑力较差;擅长整体思考。故B项不符合题意。

C项，**整体型**的学生解决问题时视野比较宽，能**全面**地审视问题，倾向于对问题有关的各个子问题进行全面的考虑，而不是一碰到问题就立即着手一步一步地解决。故C项不符合题意。

10. D 【解析】小学生的自我概念是从比较具体的外部特征的描述向比较抽象的心理术语的描述发展的。虽然小学高年级学生开始能用心理词汇来描述自己，但也是**以具体形式来看待自己**，把自己这些特征视为绝对的和不可变更的。例如，8~11岁的孩子说自己是善良的，是因为他们把东西分给了同伴或帮助了其他人，因此自己是“善良的”，但他们还不太理解自己的人格特征在不同场合可能会有所不同。

11. A 【解析】由于中学生心理上的成人感及幼稚性并存，所以，表现出种种心理冲突和矛盾，具有明显的**不平衡性**。主要表现在:反抗性与依赖性、闭锁性与开放性、勇敢与怯懦、高傲与自卑、否定童年与眷恋童年等。其中，反抗性与依赖性表现在:青春期少年产生了强烈的成人感，进而产生了强烈的独立意识。他们对一切都不顺从，不愿听取父母、长辈的意见，常处于一种与成人相抵触的情绪状态中。但是，青少年的内心并没有完全摆脱对父母的依赖，只是依赖的方式较之过去有所变化。童年时，对父母的依赖更多的是在情感和生活上;青春期时，对父母的依赖则表现为希望从父母那里得到精神上的理解、支持和保护。题干中强调学生不愿听取父母的意见，却又希望从父母那里得到精神上的理解。因此这体现了其心理的反抗性和依赖性并存。

12. D 【解析】学习者在感觉通道偏好上存在三种典型类型:(1)视觉型学习者。这类学习者对于视觉刺激较为敏感，习惯于通过视觉接受学习材料，如景色、相貌、书籍、图片等。他们适合于自己看书和做笔记进行学习，而不适合于教师的讲授和灌输。(2)听觉型学习者。这类学习者较为偏重听觉刺激，他们对于语言、声响和音乐的接受力和理解力较强，甚至喜欢一边学习，一边戴着耳机听音乐。当学习外语时，他们喜欢多听多说，而不太关心具体单词的拼写或者句型结构。由此可知题干中的小文属于听觉型学习者。(3)动觉型学习者。这类学习者喜欢接触和操作物体，对于自己能够动手参与的认知活动更感兴趣。

13. B 【解析】进入少年期，学生个性结构的主要变化在于自我意识有了质的飞跃。这个时期突出地表现为一种强烈的独立倾向，他们极力想争得在社会生活中**独立自主的地位**。青少年男女身体的迅速发育与成熟所引起的自我感觉及社会对他们的评价，使他们感到自己是个大人了，与儿时的“我”不同了，产生了“成人感”，并努力以“成人式”的义务感与责任心去学习知识技能，去与别人交往，因而出现了前所未有的独立性。

二、多项选择题

1. ACD 【解析】本题考查影响人格形成和发展的因素。人格的形成与发展离不开先天遗传与后天环境的关系与作用。心理学家们认为，人格是在遗传与环境的交互作用下逐渐形成并发展的。其中，环境因素主要指家庭、学校和社会对一个人个性形成的影响。(具体参见李美华主编的《心理学与生活》)

2. ABCD 【解析】本题考查自我意识的调节作用。自我意识的调节作用表现为:启动或制止行为;心理活动的转移;心理过程的加速或减速;积极性的加强或减弱;动机的协调;根据所拟订的计划监督检查行动;动作的协调一致等。(具体参看樊豫陇、张艺主编的《心理学》)

3. BCD 【解析】本题考查学习的准备状态的有关内容。**学习准备状态就是促进或阻碍学习的个人特点的综合**，一般包括三个方面，即个体的生理发展状态、能力发展状态和学习动机状态。(具体内容参见冯忠良主编的《教育心理学》)

4. ACD 【解析】自我评价能力是自我意识发展的主要成分和主要标志。小学生的自我评价能力进一步发展起来，具体表现在:(1)从顺从别人的评价发展到有一定独立见解的评价，评价的独立性随着年级的升高而提高;(2)从比较笼统的评价发展到对自己的某个方面或多个方面的优缺点进行评价;(3)开始具有对内心品质评价的倾向;(4)自我评价的抽象概括性有了提高;(5)自我评价的稳定性有了一定的发展。

5. CD 【解析】本题考查学生发展的一般规律。学生发展过程中，其生理和心理的成熟是不一致的，一般来说性机能是生理成熟的标志，心理成熟的标志则主要是指**独立思考的能力、较稳定的自我意识和个性**的形成。故答案选C、D两项。

三、判断题

1. × 【解析】本题考查乔姆斯基的语言获得理论。乔姆斯基认为，决定儿童语言获得的因素不是经验和学习，而是先天遗传的语言能力，这个理论被称作“先天语言能力说”。故题干说法错误。

2. × 【解析】人格的整体性是指构成人格的各种心理成分不是相互独立的，也不是机械地联合在一起，而是**错综复杂地相互联系、交互作用**，形成一个完整的功能系统，构成了个体的整个心理面貌。

3. × 【解析】根据埃里克森的新精神分析品德理论，在勤奋—自卑阶段，对儿童影响最大的已经不是父母，而是同伴或邻居，尤其是学校中的教师。

4. √ 【解析】本题考查不同类型的认知风格。学生对信息加工的深度存在两种方式，一种是深层加工，另一种是表层加工。使用深层加工的学习者会把学习活动看作理解概念意义的手段;使用表层加工的学习者只会关注记忆材料，不会去理解它们。所以，深层加工有利于侧重理解的考试，表层加工有利于侧重事实学习和记忆的考试。

第三章　学习理论

基础训练

答案速查

1~5	DABBD	6~10	BCDBB	11~15	CDDBB	16~20	AACAD
21~25	BDACA	26~30	CADDD	31~35	CBBBD	36~40	DDBAC
41~45	BDDCD	46~50	AAACA	51~55	DCDCD	56~60	DADBA
61~65	BAACA	66~68	DDC	1~5	AB ABC ACD AB ABCD		
6~10	BCDE ABD BD ABCD BCD			11~15	BD BCD AB AD ABCD		
16~17	BCD CD			1~5	√××××		
6~10	×√×√×			11~15	√×××√		
16~21	×√×√××			22~27	√×√√×√		

一、单项选择题

1. D 【解析】本题考查负强化的应用。负强化也称消极强化，是通过消除或中止厌恶、不愉快刺激来增强反应频率。正确回答问题就可以不抄试卷属于消除厌恶刺激，这属于负强化。故选D项。A项属于惩罚，B、C两项属于正强化，故排除。

2. A 【解析】本题考查学习理论。桑代克的联结—试误学习理论的教育意义之一是在学习过程中，教师应该允许学生犯错误，并鼓励学生多尝试，从错误中学习，这样获得的知识才会更牢固。桑代克的联结—试误学习理论属于行为主义学习理论的一种，行为主义学习理论又称联结学习理论。因此，答案选A项。

3. B 【解析】本题考查桑代克提出的学习的原则。学习的原则包括准备律、练习律和效果律。其中，练习律是指刺激与反应之间的联结会由于重复或练习而加强，不重复或练习，联结的力量就会减弱。故题干中汤老师在讲解知识后让学生当堂练习的做法依据的是练习律。准备律是指联结的加强或削弱取决于学习者的心理准备和心理调节状态。效果律是指刺激和反应之间的联结可因导致满意的结果而加强，也可因导致烦恼的结果而减弱。故A、C两项不符合题意。D项为无关选项，排除。

4. B 【解析】本题考查经典性条件反射与操作性条件反射的比较。在操作性条件作用中，行为发生在刺激之前。在经典性条件作用中，行为发生在刺激之后。题干中的学生自发产生积极的行为后被肯定（即**先有行为，后有刺激**），最终形成良好的行为习惯，操作性条件反射理论能很好地解释这一现象。

易错提示：考生易混淆经典性条件作用和操作性条件作用的内容，因此可根据下表对比记忆：

比较范畴	经典性条件作用	操作性条件作用
主要代表人物	巴甫洛夫	斯金纳
行为	无意的、情绪的、生理的	有意的
顺序	行为发生在刺激之后	行为发生在刺激之前
学习的发生	中性刺激与无条件刺激的匹配	行为后果影响随后的行为

5. D 【解析】本题考查先行组织者的实质。"先行组织者"即先于某个学习任务本身呈现的引导性学习材料。先行组织者的抽象、概括和综合水平高于学习任务，并与认知结构中的原有观念及新的学习任务相关联。

6. B 【解析】本题考查观察学习的效应。抑制效应指观察者看到他人的不良（或良好）行为受到社会谴责，观察者会暂时抑制受到谴责的不良（或良好）行为。题干中强调其他学生看到小鸥答错问题后被老师批评了，都减少了举手回答问题的次数，这符合抑制效应的内涵。故选B项。

7. C 【解析】本题考查泛化的内涵。某种特定条件刺激的反应形成后，与之不同但**类似的刺激**也能引发这一条件反应，这属于刺激的泛化。故题干所述属于刺激的泛化。A项，刺激分化指只对条件刺激做出条件反应，而对其他相似刺激不做反应。B项，由条件刺激（铃声）引起的反射（唾液分泌），称为条件反射。D项，面对一种刺激或情境，某行为得到了加强，结果在面对该刺激或情境时另一行为随之也变得更可能发生，即行为发生了反应泛化。

易错提示：考生易混淆泛化与分化。在做题时，考生可以抓住关键词来对二者进行区分。泛化：对事物相似性的反应（分不清）；分化：对事物差异性的反应（分得清）。

8. D 【解析】强化是采用适当的强化物而使机体反应频率、强度和速度增加的过程。题干中强调李老师对进步的学生给予奖励，这属于正强化的运用，所以属于行为主义学习理论。

9. B 【解析】发现学习是指给学生提供有关的学习材料，让学生通过探索、操作和思考，**自行发现知识**、理解概念和原理的教学方法。

10. B 【解析】布鲁纳主张发现学习；斯金纳认为学习就是形成操作性条件反射的过程，故B项说法错误。

11. C 【解析】本题考查先行组织者的内涵。先行组织者策略的主要功能是在学生学习新内容之前，在新知识之间架设起"桥梁"，即使新知识与原有知识清晰地联系起来，为学习新知识提供**认知框架或固着点**。

12. D 【解析】本题考查加涅关于学习的水平分类。根据学习情境由简单到复杂、学习水平由低到高的顺序，加涅把学习分为八类：

水平	关键词
信号学习	刺激—强化—反应
刺激—反应学习	情境—反应—强化
连锁学习	形成一系列刺激—反应动作的联结
言语联结学习	一系列的言语单位的联结
辨别学习	识别多种刺激的异同并对之做出不同的反应
概念学习	刺激进行分类时，学会对一类刺激做出同样的反应，也就是对事物的抽象特征的反应
规则学习（原理学习）	**学习两个或两个以上概念之间的关系**
解决问题学习	高级规则学习

本题强调学生学习重力和重力加速度两个概念之间的关系，故这种学习属于规则学习。

13. D 【解析】加涅认为学习过程可分为八个阶段：(1)动机阶段；(2)了解（领会）阶段；(3)获得阶段；(4)保持阶段；(5)回忆阶段；(6)概括阶段；(7)操作阶段；(8)反馈阶段。其中，动机阶段是学习的最初阶段。

14. B 【解析】本题考查自我强化的概念。**自我强化**是学习者根据一定的评价标准进行**自我评价**和**自我监督**，来强化相应的学习行为。根据题干描述可知，即使没有受到外部惩罚，该学生也会感到心里难受，并在后续学习中加倍努力。这体现了学生的自我评价和自我监督，故答案选B项。A项：替代强化是指观察者因看到榜样的行为被强化而受到强化。C、D两项：奖赏的结果主要包括替代奖赏、外部奖赏、观察者内部的自我奖赏等。题干中并没有体现奖赏的强化方式，故C、D两项不符合题意。

15. B 【解析】本题考查布鲁纳教学的最终目标。布鲁纳认为，教学的目的在于理解学科的基本结构。由于布鲁纳强调学习的主动性和认知结构的重要性，所以他主张教学的最终目标是促进学生对学科结构的一般理解。A项，学习的实质在于主动形成认知结构，故A项不符合题意，答案选B项。

16. A 【解析】本题考查桑代克的联结—试误学习理论。在猫的迷笼学习实验的基础上，桑代克后来还用狗、小鸡、猴子等做过实验，结果发现所有这些动物的行为表现都很相似。初次进入迷笼时，它们的活动都不是根据对笼子性质的理解，而是依照某种一般的冲动行事。随着错误反应的逐渐减少，正确反应的逐渐巩固，最终形成了稳定的刺激—反应联结。因此，桑代克认为，学习即联结，学习即试误。

17. A 【解析】先行组织者是**先于**某个学习任务本身呈现的**引导性学习材料**。其抽象、概括和综合水平高于学习任务，并与认知结构中的原有观念及新的学习任务相关联。故本题答案选A项。

18. C 【解析】A项中先喝完药才可以吃糖运用了普雷马克原理，即利用高频活动作为低频活动的有效强化物；B项中小花回答问题后受到表扬，于是回答问题的次数增加，这属于正强化；D项中小黄做了坏事后被关禁闭属于惩罚。A、B、D三项均属于操作性条件作用。故答案选C项。

19. A 【解析】潜伏学习是指动物在**没有强化的条件下学习也会发生**，只不过结果不太明显，是"潜伏"的。

20. D 【解析】本题考查罗杰斯提出的教学模式。学生中心模式又称为非指导性教学模式。在这个模式中，罗杰斯强调：(1)以学生为本；(2)让学生自发地学习；(3)排除对学习者自身的威胁；(4)给学生安全感。

21. B 【解析】本题考查布鲁纳的学习观。美国著名的认知教育心理学家**布鲁纳**认为，**学习的实质在于主动形成认知结构**。故B项说法正确。A项，认知学派的代表人物苛勒认为，学习的实质在于形成新的完形。故A项不符合题意。C项，建构主义者认为，学习的过程就是建构自己知识的过程。故C项不符合题意。D项，行为主义学派的代表人物桑代克认为，学习的实质在于形成刺激与反应之间的联结。故D项不符合题意。

22. D 【解析】罗杰斯认为，学生学习主要有两种类型，即认知学习和经验学习；学习方式也主要有两种，即无意义学习和有意义学习。

23. A 【解析】本题考查有意义学习的条件。有意义学习的条件包括客观条件和主观条件。其中，客观条件是指受学习材料本身性质的影响。有意义学习的材料本身必须合乎这种非人为的和实质性的标准，即具有逻辑意义。A项属于客观条件，故选A项。

24. C 【解析】本题考查建构主义学习理论。建构主义认为，知识的意义就在于学习者的**主动建构性**，知识无法通过直接的传递而实现。故本题答案选C项。

25. A 【解析】建构主义学习理论认为学生是**意义的主动建构者**，而不是外部刺激的被动接受者和被灌输的对象。

26. C 【解析】本题考查社会学习理论对强化的分类。替代强化是指观察者因看到榜样的行为被强化而受到强化。老师表扬小明积极发言的榜样行为，其他同学受此鼓励而踊跃发言属于替代强化。故本题选C项。

27. A 【解析】信号学习是指学习对某种信号做出某种反应，其过程为：刺激—强化—反应，如巴甫洛夫的经典性条件作用。

28. D 【解析】本题考查加涅关于学习的划分。刺激—反应学习是指学会对某一情境中的刺激做出某种反应，以获得某种结果，即先有情境，做出反应动作，然后得到强化。桑代克认为，猫是在经过多次尝试错误之后，在刺激环境和正确行为之间形成了联结，从而掌握了开门的方法。在刺激环境下，如何做出适当反应达到逃脱目的，就是"刺激—反应"的联结，而联结的形成就是学习。故题干所述属于刺激—反应学习。

29. D 【解析】本题考查学习的内涵。理解一项活动是不是学习需要重点理解两个方面：一是学习的定义，二是学习的"五非原则"。学习强调由练习或反复经验引发行为或行为潜能的持久的变化；学习的"五非原则"主要指非本能、非成熟、非疲劳、非药物、非病。在膝跳反射和暗适应过程中发生的行为改变，无需经过练习，故A、C两项不属于学习。B项中动作变形由疲劳导致，故不属于学习。故答案选D项。

30. D 【解析】本题考查布鲁纳的学习理论。布鲁纳提出了发现教学法。发现教学，又称启发式教学，指让学生通过自身的学习活动而发现有关概念或抽象原理的一种教学策略。A项，斯金纳提出了程序教学法；B项，罗杰斯提出了非指导性教学模式；C项，布卢姆提出了掌握学习模式。故本题答案选D项。

31. C 【解析】按学习结果，心理学家加涅将学习分为五种类型，分别为智慧技能、认知策略、言语信息、动作技能和态度。

32. B 【解析】本题考查加涅的学习水平分类。连锁学习是指学习联合两个或两个以上的刺激—反应动作，以形成一系列刺激—反应动作联结。故学习体操动作属于连锁学习。

33. B 【解析】本题考查加涅对学习的分类。规则或原理学习是指学习两个或两个以上概念之间的关系，例如各种**规律、定理**的学习。故B项属于规则学习。而A项属于概念学习，C项属于辨别学习，D项属于解决问题学习。

34. B 【解析】本题考查学习的分类。按学习时的意识水平，可将学习分为内隐学习和外显学习。内隐学习是指机体在与环境接触的过程中不知不觉地获得了一些经验并因之改变其事后某些行为的学习。外显学习是有意识的、明确需要付出心理努力并需按照规则做出反应的学习。故选B项。

35. D 【解析】本题考查先行组织者策略的运用。奥苏贝尔提出了"先行组织者"的概念，即先于某个学习任务本身呈现的引导性学习材料。先行组织者的抽象、概括和综合水平高于学习任务，并与认知结构中的原有观念及新的学习任务相关联。题干中"三角形"的概念等级高于"等腰三角形"，并且二者存在一定的关联。因此，题干中的做法符合先行组织者策略。

36. D 【解析】本题考查桑代克的学习的原则。效果律是指刺激和反应之间的联结可因导致满意的结果而加强，也可因导致烦恼的结果而减弱。即如果一个动作跟随情境中一个满意的变化，在类似的情境中这个动作重复的可能性将增加；但是，如果跟随的是一个不满意的变化，这个行为重复的可能性将减少。题干中阳阳因满意的结果(数学成绩好)而增强了对数学学习的积极性，这符合效果律的内涵。

37. D 【解析】苛勒等人通过著名的黑猩猩实验，对学习的实质及原因做出了解释，提出了完形—顿悟学习理论。

方法技巧：考生在区分不同学习理论的实验研究时，可采用口诀进行记忆：巴甫洛夫的狗(狗进食实验)，桑代克的猫(饿猫迷笼实验)。斯金纳的鸽子(鸽子拉杆取食实验)，班杜拉的宝宝(波比娃娃实验)。苛勒的猩猩抓香蕉(黑猩猩取香蕉实验)，托尔曼的白鼠走迷宫(白鼠走迷宫实验)。

38. B 【解析】罗杰斯认为，有意义学习是一种涉及学习者是完整的人，使个体的行为、态度、个性以及在未来选择行动方针时发生重大变化的学习，是一种与学习者各种经验融合在一起的、使个体全身心地投入其中的学习。因此，强调知识与个人经验、兴趣的关系。奥苏贝尔认为，有意义学习的本质就是以符号为代表的新观念与学习者认知结构中原有的适当观念建立起非人为的和实质性的联系的过程，是原有观念对新观念加以同化的过程。因此，强调新旧知识之间存在的联系。故答案选B项。

易错提示：考生易混淆罗杰斯的有意义学习与奥苏贝尔的有意义学习。前者属于知情统一的范畴，不局限于知识的简单积累，而是渗入到个人行为之中，是智与德融为一体的人格教育和价值观的熏陶。后者属于认知的范畴，关注的是新知识如何纳入已有的知识系统。

39. A 【解析】本题考查不同派别的学习理论观点。桑代克是行为主义学习理论的代表人物。他认为，学习的进程是一种渐进的、盲目的、**尝试错误**的过程。故题干中的观点属于行为主义学习理论的观点。B项，认知主义学习理论认为，有机体获得经验的过程(学习过程)是通过积极主动的内部信息加工活动形成新的认知结构的过程。C项，人本主义学习理论认为,学习是人固有能量的自我实现过程,强调人的尊严和价值,强调无条件积极关注在个体成长过程中的重要作用。D项,建构主义学习理论认为,知识是在主客体相互作用的活动中建构起来的,强调学习的主动建构性、社会互动性和情境性。因此,本题答案选A项。

40. C 【解析】本题考查桑代克的学习定律。效果律是指刺激和反应之间的联结可因导致满意的结果而加强,也可因导致烦恼的结果而减弱。王老师在学生每次出错时鼓励学生,让学生感受到学习的乐趣。说明刺激和反应之间的联结产生了满意的结果,因此班级学习氛围日益浓厚。因此,这体现的是桑代克学习定律中的效果律。

41. B 【解析】本题考查加涅的学习结果分类。按学习结果,心理学家加涅将学习分为五种类型:

分类	内涵
智慧技能	解决"怎么做"的问题
认知策略	调控自己的注意、学习、记忆和思维等内部心理过程的技能
言语信息	解决"是什么"的问题
动作技能	运动技能
态度	**影响个人对人、事、物采取行动的内部状态**

题干中强调学生观看电影后,对医生产生了敬佩之情,这属于态度的学习。

42. D 【解析】按学习结果,心理学家加涅将学习分为五种类型:(1)智慧技能;(2)认知策略;(3)言语信息;(4)动作技能;(5)态度。这五项内容分属于三个领域:前三项内容属于认知领域;第四项内容属于动作技能领域;第五项内容属于情感领域。

方法技巧:考生在做此类试题时,可采用口诀进行记忆。"知情动,三领域。认知领域有三宝,言语智慧有策略;情态动作皆结果"与加涅的三种领域和五种类型一一对应。

43. D 【解析】本题考查强化的类型。变化比率强化指**两次强化之间的反应次数是变化的**。根据题中"得到强化之前的反应数量是变化的、不可预期的"的描述可知,题中的强化程序是变化比率强化。A项,固定时距强化指间隔一定时间给予强化,如每隔5分钟强化1次。B项,固定比率强化指每间隔一定次数给予强化,如每隔5次强化1次。C项,变化时距强化指强化的时间间隔是变化的。

44. C 【解析】本题考查建构主义的观点。建构主义非常强调学习者本身**已有的经验结构**,认为学习者在学习新信息、解决新问题时往往可以基于相关的经验,依靠其认知能力形成对问题的解释。因此,建构主义强调学生不是空着脑袋走进教室的。

45. D 【解析】本题考查人本主义学派的观点。以马斯洛为首的一些心理学家组建了美国人本主义心理学会,该学会的几项工作原则是:(1)心理学首要的研究对象是具有经验的人;(2)人本主义心理学家研究关心的是个人的**创造性和自我实现**;(3)研究对个人和社会有意义的问题;(4)人的尊严和价值的提高应成为心理学的主要工作范围。故答案选D项。

46. A 【解析】本题考查班杜拉的观察学习理论。班杜拉认为,人类的大部分行为是通过观察习得的。所谓观察学习,是学习者通过观察榜样的行为,获得示范行为的象征性表象,并做出相应行为的过程。"其身正,不令而行;其身不正,虽令不从"强调的是榜样的作用,这可以用班杜拉提出的观察学习理论来解释。

47. A 【解析】本题考查自我效能感的影响因素。影响自我效能感的因素包括:(1)个人自身行为的**成败经验(直接经验)**。这一效能信息源对自我效能感的影响最大。一般来说,成功经验会提高效能期望,反复的失败会降低效能感。(2)替代经验。(3)言语暗示。(4)情绪唤醒。故A项正确。

48. A 【解析】本题考查建构主义的教学观。建构主义教学理论主张学生应参与课程的设计与编制,主张课程既要基于学科,又要**超越**学科,面向真实世界,使教学始于课堂,走出课堂,融于社会。

49. C 【解析】概念学习是指对刺激进行分类时,学会对一类刺激做出同样的反应。题干所述为概念学习的典例。

50. A 【解析】本题考查加涅提出的学习过程八阶段理论。加涅提出了学习过程的八个阶段,包括动机、了解(领会)、获得(习得)、保持、回忆、概括、操作、反馈。其中,动机阶段强调激发学习者的学习动机;领会阶段强调注意和选择性知觉;习得阶段强调所学的信息进入短时记忆,并编码和储存;保持阶段强调已编码的信息进入长时记忆储存。题干中的物理老师通过新颖的引入和提出问题的方式使学生形成学习期望,这属于学习动机的激发,故选A项。

51. D 【解析】本题考查奥苏贝尔关于学习的分类。有意义学习是指符号所代表的新知识与学习者认知结构中已有的适当观念建立起非人为的和实质性的联系。该生将乘法口诀"三三得九"所代表的新知识与认知结构中"3个3相加之和得9"的观念建立起了非人为的和实质性的联系,属于有意义学习。

52. C 【解析】本题考查建构主义学习理论。建构主义更愿意把教师看成是学生学习的**帮助者、合作者**。建构主义认为教学不是由教师到学生的简单的转移和传递,而是在师生的共同活动中,教师通过提供帮助和支持,引导学生从原有的知识经验中"**生长**"出新的知识经验。故本题为建构主义学派的观点。

53. D 【解析】加涅将学习过程分为动机阶段、领会阶段、获得阶段、保持阶段、回忆阶段、概括阶段、作业(操作)阶段和反馈阶段等八个阶段。其中,保持阶段是学生习得的信息经过复述、强化后,以语义编码的形式进入长时记忆的贮存阶段。

54. C 【解析】本题考查建构主义倡导的学习方式。目前建构主义理论在实际教育中已得到了日益广泛的应用,形成了一些可促进学生心理发展的具体教学技术。其中比较成熟的主要包括探究式学习、支架式教学和随机通达教学等。建构主义学习理论主张知识建构而非知识传输的学习目标,强调知识和学习的情境本质和社会本质,进而倡导自主学习、探究学习、合作学习和情境学习的学习方式,认为教学是学习环境的创设。综上所述,建构主义学习理论倡导的学习方式不包括个别化学习。

55. D 【解析】本题考查不同的学习理论观点。苛勒是认知学派的代表人物,他通过著名的黑猩猩实验,提出了完形—顿悟学习理论。故答案选D项。而A、B、C三项属于行为主义学习理论。

56. D 【解析】托尔曼主张将行为主义S-R公式改为S-O-R公式,O代表机体的内部变化。

方法技巧:考生可采用口诀记忆托尔曼符号学习理论的内容。"拖(托尔曼)延(延迟学习)症有目的,认知地图是关键,SOR潜伏学(潜伏学习)"。

57. A 【解析】本题考查奥苏贝尔的学习分类。A项记乘法表属于机械的接受学习;B、C、D三项均属于发现学习。故本题答案选A项。

58. D 【解析】本题考查消退的内涵。消退是指条件刺激形成以后,如果**得不到强化**,条件反应会逐渐减弱,直至消失的现象。题干中赵老师对扮鬼脸的学生,故意不理会,这是通过无强化的方法来降低学生扮鬼脸的频率。故赵老师的做法属于消退。

59. B 【解析】强化是采用适当的强化物而使机体反应频率、强度和速度增加的过程。实验中食物作为强化物,使小白鼠按压杠杆的行为增加,这是强化的过程。

60. A 【解析】本题考查布鲁纳的学习观。布鲁纳认为,学习知识的最佳方式是发现学习。所谓发现学习是指学生利用教材或教师提供的条件,自己独立思考,自行发现知识,掌握原理和规律。故答案选A项。

61. B 【解析】本题考查不同学习理论的代表人物。布鲁纳是美国著名的认知教育心理学家,他主张学习的目的在于以发现学习的方式,使学科的基本结构转变为学生头脑中的认知结构。因此,他的理论常被称为认知—结构教学论或认知—发现学习说。故B项符合题意。A项,奥苏贝尔提出了有意义接受学习理论,也叫认知同化论;C项,加涅提出了信息加工学习理论;D项,桑代克提出了联结—试误说。

62. A 【解析】本题考查人本主义的学习观。罗杰斯认为,学习过程应始终**以人为本**,明确学生是学习活动的主体,必须重视学习者的意愿、情感、需要、价值观等,应坚信学习者是可以自己教育自己,发展自己的潜能,最终达到自我实现。

63. A 【解析】班杜拉提出了直接强化、替代强化和自我强化的概念。**直接强化**是指通过**外部因素**对学习行为予以强化,如奖励与惩罚便是学习中常用的两种强化形式。

64. C 【解析】人类学习与学生学习之间是一般与特殊的关系,学生的学习既与人类的学习有共同之处,又有其自身的特点。在学习内容方面,以系统学习人类的间接知识经验为主,具有**间接性**。题干中强调学生主要是接受前人的经验,而非亲身探索,因此,这体现了学生学习的间接性。

65. A 【解析】学习是个体在特定情境下由于练习或反复经验而产生的行为或行为潜能的相对持久的变化。

66. D 【解析】本题考查加涅对学习结果的分类。动作技能是指通过练习获得的、按一定规则协调自身运动的能力。动作技能不仅仅指完成某种规定动作,而且指这些动作组织起来构成流畅、合规则和准确的整体行为。例如,绘画、唱歌、舞蹈、打球、竞走、溜冰、跨栏等。题干强调学生学会了"8"字形溜冰,这属于动作技能的学习,故本题答案选D项。

67. D 【解析】本题考查负惩罚的内涵。负惩罚又称为移除性惩罚,是通过取消愉快刺激来降低反应频率。小萌的班主任通过取消小萌观看学校文艺汇演的资格来降低小萌在课上睡觉的频率,这是运用了负惩罚。

68. C 【解析】本题考查有意义学习的本质。有意义学习的本质就是以符号为代表的新观念与学习者认知结构中原有的适当观念建立起**非人为的**和**实质性的**联系的过程,是原有观念对新观念加以同化的过程。故题干所述体现了有意义学习的本质。

二、多项选择题

1. AB 【解析】本题考查建构主义学习观。建构主义在学习观上强调学习的主动建构性、社会互动性和情境性三方面。

2. ABC 【解析】本题考查学习的内涵。学习是个体在特定情境下由于练习或反复经验而产生的行为或行为潜能的相对持久的变化。值得注意的是,并非所有的行为变化都是由于学习产生的,如生理成熟、疲劳、药物等因素亦可引起行为的变化。D项中的行为属于本能行为,故不属于学习。A、B、C三项均属于由于练习或经验而产生的学习结果。B项中若强调吃到酸梅流口水则不属于学习。

3. ACD 【解析】本题考查建构主义的教学模式。建构主义倡导的教学模式主要有:(1)随机通达教学(随机进入教学);(2)支架式教学;(3)抛锚式教学(情境式教学模式);(4)自上而下的教学;(5)交互式教学等。B项属于行为主义倡导的教学模式。故答案选A、C、D三项。

4. AB 【解析】发现学习是教师启发学生独立发现事物意义的学习。发现学习的时间较长,模式不固定。

5. ABCD 【解析】班杜拉把观察学习的过程分为注意、保持、复现和动机四个子过程。

6. BCDE 【解析】学生学习的特点有:(1)学生的学习以间接经验的掌握为主线;(2)学生的学习具有较强的计划性、目的性和组织性;(3)学生的学习具有一定程度的被动性。

7. ABD 【解析】本题考查加涅关于学习结果的分类。按学习结果,加涅将学习分为五种类型:智慧技能、认知策略、言语信息、动作技能和态度。所谓认知策略,是学习者借以调节他们自己的注意、感知、记忆和思维等内部心理过程的技能。认知策略的习得使学习者学会了如何学习。例如,知道如何"根据地图方位来回忆中国省级行政区的名称"。

因此,题干所述属于认知策略的学习。故答案选A、B、D三项。

8. BD 【解析】本题考查强化的类型。**学校中的强化既可以是外部强化,也可以是内部强化**。外部强化是由教师施予学生身上的强化手段,而内部强化则是学生自我强化。正强化也称积极强化,是通过呈现想要的愉快刺激来增强反应频率。题干强调老师奖励学生一张"点赞卡",因此,这种强化既属于外部强化,也属于正强化。

9. ABCD 【解析】按学习结果,心理学家加涅将学习分为五种类型:(1)智慧技能;(2)认知策略;(3)言语信息;(4)动作技能;(5)态度。

10. BCD 【解析】本题考查布鲁纳的认知—发现学习理论。布鲁纳认为学习包括三种几乎同时发生的过程,这三种过程是:新知识的获得、知识的转化、知识的评价。

方法技巧:考生在做此类试题时,可采用口诀进行记忆。"布鲁纳得花甲"对应布鲁纳提出的学习的三个过程,即获得、转化和评价。

11. BD 【解析】奥苏贝尔从两个维度对学习做了区分:从学生学习的方式上,将学习分为接受学习与发现学习;从学习内容与学习者认知结构的关系上,又将学习分为有意义学习和机械学习。尝试解决"走迷宫"问题,是经过对迷宫的多次尝试错误,最终发现出口,因此这既属于机械学习又属于发现学习,故本题答案选B、D两项。

12. BCD 【解析】本题考查学习的内涵。学习是个体在特定情境下由于练习或反复经验而产生的行为或行为潜能的相对持久的变化。但并非所有的行为变化都是由学习产生的,如生理成熟、疲劳、药物等因素亦可引起行为的变化。A项,视觉适应是一种生理变化,故不属于学习现象。B项,图式改变说明认知结构发生了改变,即发生了学习,故B项属于学习现象。C项,条件反射是后天经过学习才能得到的反射,因此C项属于学习现象。D项,习惯化:同样的刺激反复地呈现,就会使原先出现的定向反射完全消失;去习惯化:在个体已对某种刺激形成习惯后,又出现一个新刺激,这时个体又产生了反射行为,表明个体能将新刺激与旧刺激加以区别。故D项属于学习。

13. AB 【解析】本题考查采用强化时的注意事项。在采用强化时,需要遵循以下一些行为原则:(1)经过强化的行为趋向于重复发生。(2)要依照强化对象的不同采用不同的强化措施。C项表述错误。(3)小步子前进,分阶段设立目标,并对目标予以明确规定和表述。A项表述正确。(4)及时反馈。B项表述正确。(5)正强化比负强化更有效。D项表述错误。

14. AD 【解析】本题考查斯金纳的操作性条件作用理论。强化是采用适当的强化物而使机体反应频率、强度和速度增加的过程,可分为正强化和负强化。正强化也称积极强化,是通过呈现想要的愉快刺激来增强反应频率;负强化也称消极强化,是通过消除或中止厌恶、不愉快刺激来增强反应频率。题干中"口头表扬"是呈现愉快刺激,属于正强化,A项正确。强化还可分为内部强化和外部强化。内部强化是指在行为发生后,行为施行者本身的需要得到了满足,此后行为的主体又为了这种满足而延续了这个行为。外部强化是指在一个行为发生后由外界对行为主体施予奖励,使其因该行为而获得精神或物质上的奖赏。题干中"口头表扬"是由外界对行为主体施予奖励,属于外部强化,B项错误。强化还可分为原始强化和条件强化。原始强化满足人和动物的基本生理需要,原始强化物有食物、水等;条件强化是指任何一个中性刺激与原始强化反复联合获得了自身的强化性质,条件强化物有赞赏、鼓励、表扬等。题干中"口头表扬"属于条件强化,C项错误,D项正确。故选AD两项。

15. ABCD 【解析】本题考查促进意义学习的条件。人本主义心理学家提出了促进意义学习的基本条件:(1)强调以学生为中心,突出学习者在教学过程中的中心地位;(2)让学生觉察到学习的内容与自我的关系;(3)让学生身处一个和谐、融洽、被人关爱和理解的氛围,并且将这种气氛由教师逐步扩大到学生之间;(4)强调要注重从做中学。

16. BCD 【解析】程序教学所遵循的主要原则有:(1)小步子原则;(2)积极反应原则;(3)自定步调原则;(4)及时反馈原则;(5)低错误率原则。

17. CD 【解析】负强化也称消极强化，是通过消除或中止厌恶、不愉快刺激来增强反应频率。依据刺激是呈现还是移除，惩罚可以分为呈现性惩罚（正惩罚）和移除性惩罚（负惩罚）。呈现性惩罚为呈现厌恶刺激，移除性惩罚为取消愉快刺激，二者的目的都在于降低反应频率。故A、B两项说法错误，C项说法正确。根据上述概念可知，惩罚使不良行为的发生概率降低，负强化使良好行为的发生概率增高。故D项说法正确。

三、判断题

1. √ 【解析】本题考查顿悟的概念。德国格式塔学派的心理学家认为，学习不是简单的直线式的联结，而是一种"顿悟"，是新的信息与原有的知识产生联系，突然领悟，并在头脑中产生新的意义。

2. × 【解析】本题考查班杜拉的社会学习理论。班杜拉认为，学习的实质是观察学习。他以儿童的社会行为习得为研究对象，形成了其关于学习的基本思路，即观察学习是人的学习最重要的形式。故题干表述错误。

3. × 【解析】本题考查学习的分类。奥苏贝尔从两个维度对学习做了区分：从学生学习的方式上，将学习分为接受学习与发现学习；从学习内容与学习者认知结构的关系上，又将学习分为有意义学习和机械学习。故题干表述错误。

4. × 【解析】**抛锚式教学**要求建立在有感染力的真实事件或真实问题的基础上，所以有时也被称为"实例式教学"或"基于问题的教学"或"情境性教学"。

5. × 【解析】负强化也称消极强化，是通过消除或中止厌恶、不愉快刺激来增强反应频率。故题干所述做法属于负强化。

6. × 【解析】本题考查奥苏贝尔的学习理论。奥苏贝尔主张有意义接受学习理论，而布鲁纳主张认知一发现学习理论。故本题说法错误。

7. √ 【解析】罗杰斯十分重视教学过程中的师生关系，认为促进学习的关键不在于教师的教学技能、课程设计、教学设备资源等，而是在于教师和学生的关系。

8. × 【解析】消退是一种无强化的过程，其作用在于降低某种反应在将来发生的概率，以达到消除某种行为的目的。

9. √ 【解析】替代性学习是通过观察别人而进行的学习。在学习过程中学习者没有外显的行为。人类的大部分学习是替代性学习。

10. × 【解析】概念学习是指对刺激进行分类时，学会对一类刺激做出同样的反应，也就是对事物的抽象特征的反应。辨别学习是指学会识别多种刺激的异同并对之做出不同的反应。题干所述是辨别学习。

11. √ 【解析】班杜拉认为，学习是个体通过对他人的行为及其强化结果的观察，从而获得某些新的行为反应或已有的行为反应得到修正的过程。"上行下效、耳濡目染"正是观察学习的体现。

12. × 【解析】刺激泛化和刺激分化是互补的过程。泛化是对事物的相似性的反应，分化则是对事物的差异的反应。

13. × 【解析】本题考查效果律。桑代克认为，学习要遵循三条重要的原则：准备律、练习律、效果律；效果律是指刺激和反应之间的联结可因导致满意的结果而加强，也可因导致烦恼的结果而减弱，奖励是影响学习的主要因素。效果律是由桑代克提出的，不是斯金纳，故本题错误。

14. × 【解析】本题考查机械学习和有意义学习的效果。心理学家对关于有意义学习和机械学习的效果，做过对比实验，结果都表明以理解为基础的有意义学习在掌握材料的全面性、准确性、巩固性以及速度等方面均比机械学习好。

15. √ 【解析】本题考查班杜拉的观察学习理论。班杜拉认为，学习是个体通过对他人的行为及其强化结果的观察，从而获得某些新的行为反应或已有的行为反应得到修正的过程。班杜拉的实验证明，榜样在观察学习过程中起到非常重要的作用。故利用观察学习理论，可以用来解释"榜样学习"的教育效应。

16. × 【解析】加涅的**刺激一反应学习**是指学会对某一情境中的刺激做出某种反应，以获得某种结果。例如，斯金纳的**操作性条件反射**。因此，题干表述错误。

17. √ 【解析】托尔曼等人设计了一个有关方位学习的复杂迷宫，训练三组白鼠走迷宫，揭示了"潜伏学习"的存在。

18. × 【解析】信息加工的认知主义更多地把教师看成是学生学习的指导者、设计者，而建构主义更愿意把教师看成是学生学习的**帮助者、合作者**。

19. √ 【解析】接受学习可分为机械的接受学习和有意义的接受学习。因此，接受学习不一定是有意义学习。

易错提示：考生易混淆不同学习类型之间的关系。因此，考生应注意：接受学习≠机械学习，接受学习≠被动学习，发现学习≠有意义学习。

20. × 【解析】学习准备律逐渐发展为今天的学习动机，而效果律逐渐演化为强化理论。

21. × 【解析】根据学习情境由简单到复杂、学习水平由低到高的顺序，心理学家加涅把学习分为八类，依次是：(1)信号学习；(2)刺激一反应学习；(3)连锁学习；(4)言语联结学习；(5)辨别学习；(6)概念学习；(7)规则或原理学习；(8)解决问题学习（高级规则的学习）。故最高层次的学习是解决问题学习。

方法技巧：考生在做此类试题时，可以采用口诀进行记忆。"信刺反锁，言别概念，原理解决"由低到高与加涅提出的学习水平一一对应。

22. √ 【解析】本题考查惩罚的应用。惩罚并不能使行为发生永久性的改变，它只能暂时抑制行为，而不能根除行为。惩罚的运用必须慎重，惩罚一种不良行为应与强化一种良好行为结合起来，方能取得预期的效果，即指出正确的行为方式，在学生做出正确的行为后给予强化。因为惩罚只能让学生明白什么不能做，但不能让学生知道什么能做和应该怎么做。故题干说法正确。

23. × 【解析】有意义学习的条件：(1)客观条件，是指受学习材料本身性质的影响。有意义学习的材料本身必须合乎这种非人为的和实质性的标准，即具有逻辑意义。(2)主观条件，是指受学习者自身因素的影响。主要表现在：①学习者必须具有有意义学习的心向；②学习者认知结构中必须具有适当的知识，以便与新知识进行联系；③学习者必须积极主动地使这种具有潜在意义的新知识与认知结构中有关的旧知识发生相互作用。所以，学习材料的逻辑意义不能确保产生有意义学习。

24. √ 【解析】行为主义学习理论的核心观点认为，学习过程是有机体在一定条件下形成刺激与反应的联系，从而获得新经验的过程。由于行为主义强调刺激一反应的联结，因此，也属于联结派学习理论。联结学习理论认为，一切学习都是通过条件作用，在刺激和反应之间建立直接联结的过程。

25. √ 【解析】本题考查班杜拉的社会学习理论。替代强化是指观察者因看到榜样的行为被强化而受到强化。因此，当学生观察到暴力行为没有受到惩罚，甚至还伴随着满意的结果时，该生受到了替代强化。此时，其攻击性行为因榜样行为被强化而受到强化，故其攻击性行为将增加，本题说法正确。

26. × 【解析】本题考查认知学习理论的观点。认知倾向的心理学家重在研究学习者处理环境刺激的内部过程和机制，而不是外显的刺激与反应。他们一般强调，学习是**内在心理结构**的形成、丰富或改组的过程。故本题说法错误。

27. √ 【解析】在对学生的行为进行奖励时，应注意**避免外部奖励对内部兴趣的破坏**。在很多情况下，维持行为的强化物是活动本身带来的快乐，这时再给予外部的奖励，就会使学生活动的目的逐渐变为获得外部奖励。

四、填空题

1. 自我强化　　2. 分化
3. 先行组织者　　4. 学生与环境
5. 斯金纳　　6. 知识的学习

五、案例选择题

1. D 【解析】本题考查建构主义学习理论。建构主义认为，学习过程不是知识由教师向学生的传递过程，而是学生主动建构自己知识的过程。学习者不是被动的信息吸收者，相反，他要主动地建构信息的意义。学习的主动建构性是指学生能够主动地对已有知识经验进行综合、重组和改造，从而用以解释新信息，并最终建构属于个人意义的知识内容。D项正确。

2. C 【解析】本题考查建构主义学习理论。建构主义认为，学习者不是被动的信息吸收者。A项正确。建构主义认为，每一个学习者不但有着不同于他人的知识背景，而且每个人看待问题与选择信息的视角也不可能完全相同，这就决定了每个人的建构都是一个独特的信息加工过程。这强调了学生经验世界的差异性和丰富性。B项正确。建构主义认为，知识并不能精确地概括世界的法则，而是需要针对具体情境进行再创造。C项错误。建构主义学习理论认为"情境""协作""会话""意义建构"是学习环境中的四大要素。D项正确。故本题选C项。

整合提升

答案速查

1～5	DABBD	6～10	ADCAC	11～15	BDCDB	16～20	ACDBC
21～27	ABDBDAC			1～7	BC ABC ABD AB ABC ACD BCD		
1～6	√×√√√√						

一、单项选择题

1. D 【解析】本题考查加涅的学习水平分类。连锁学习是指学习联合两个或两个以上的刺激—反应动作，以形成一系列刺激—反应动作的联结。概念学习是指对刺激进行分类时，学会对一类刺激做出同样的反应，也就是对事物的抽象特征的反应。规则或原理学习是指学习两个或两个以上概念之间的关系。解决问题的学习(高级规则的学习)是指在各种情况下，使用所学原理或规则去解决问题。题干中，用掌握的"行程问题"的解题方法去解决"行程问题"中的"相遇问题""追赶问题"，这属于典型的解决问题的学习。故答案选D项。

2. A 【解析】本题考查加涅的学习结果分类。智慧技能指运用符号或概念与环境交互作用的能力。智慧技能最典型的形式是规则，当学习者已经习得一条规则时，就会表现出受规则支配的行为。故选A项。

3. B 【解析】本题考查班杜拉对观察学习的分类。班杜拉根据观察者观察学习的不同水平，把观察学习划分为三种类型：(1)直接的观察学习，即学习者对示范行为简单的模仿；(2)抽象性的观察学习，学习者从示范者的行为中获得一定的行为**规则或原理**；(3)创造性观察学习，学习者从不同示范行为中抽取出不同的行为特点，并形成了一种新的行为方式。小丽从小明的行为中获得了"大方勇敢的孩子被人喜欢"的行为规则，故属于抽象性的观察学习。

4. B 【解析】本题考查操作性条件反射与经典性条件反射的区别。操作性条件反射与经典性条件反射的区别在于：

区别	操作性条件反射	经典性条件反射
无条件刺激是否明确	无条件刺激不明确	无条件刺激很明确
强化是与刺激有关，还是与反应有关	强化与反应有关，并且出现在反应之后；反应—刺激的过程	强化与刺激有关，并且出现在反应之前；刺激—反应的过程
反应方式不同	通过主动操作来达到一定的目的，反应是在学习过程中形成的	被动地接受刺激，反应是先天固有的

因此，A、C、D三项属于操作性条件反射与经典性条件反射的区别，答案选B项。

5. D 【解析】本题考查经典性条件作用理论的主要规律。类化又称为概括化、泛化，指的是一种条件反射建立之后，个体可能不仅对条件刺激做出相应的行为反应，而且对与条件刺激相似的其他刺激也做出相应的行为反应。我们在实际的行为学习中举一反三、触类旁通、闻一知十都是类化的表现。

6. A 【解析】罗杰斯的理论是以个体的自我为核心展开的，因此被称为自我论。所谓自我或自我概念是指个人经验中一切有关自己的知觉、认识和感受。

7. D 【解析】本题考查斯金纳的操作性条件作用理论。消退是指条件刺激形成以后，如果得不到强化，条件反应会逐渐减弱，直至消失的现象。题干中老师第二天、第三天没有对童童已经建立的"哭闹—哄睡"条件反射进行强化，说明其运用的是消退。正强化是通过呈现愉快刺激来增加反应频率。负强化是通过取消厌恶刺激来增加反应频率。惩罚是指当有机体做出某种反应以后，呈现一个厌恶刺激，以消除或抑制此反应的过程。A、B、C三项不符合题意。

8. C 【解析】变比强化是指每两次强化的间隔反应次数是变化不定的，如老虎机、钓鱼、彩票等都属于变比强化。故答案选C项。

9. A 【解析】本题考查程序教学的相关知识。斯金纳提出了直线式程序教学的模式。他首先把教学内容分成一组连续的小单元，在学生进入一个新的单元学习前，必须先回答一些关于前一个单元的问题。如果回答错了，程序或者向学生提供一些暗示，或者直接告知正确答案，只有经历了这一关，且学生真正了解了与前一单元相关的问题的正确答案后，才可能进入新的学习单元。程序教学作为组织和提供信息的一种特殊方法，在操作中将预先安排的教材分成许多小的单元，并按照严格的逻辑顺序编制程序，将教学信息转换成一系列的问题与答案，从而引导学生一步一步地达到预期的目标。因此，题干中的教学组织形式的理论依据是程序教学。

10. C 【解析】在人类身上可以建立多级的条件作用。测验失败引起学生条件性的紧张或焦虑等情绪反应，就经历了一个高级条件作用的形成过程。测验失败一开始也许只是一个**中性事件，但逐渐与家长或老师的批评联系起来**，而批评本身是引起学生焦虑的条件刺激，久而久之，测验失败会引起焦虑。再进一步，与测验情境有关的线索也可能成为条件刺激，例如，当学生走进考场时，或者老师宣布即将举行考试时，学生感到非常焦虑。

11. B 【解析】加州大学的维特罗克提出了生成学习理论，较好地说明了学习的建构过程，即学习是学习者主动地建构内部心理表征的过程。

12. D 【解析】认知主义认为学习是人们通过感觉、知觉得到的，是由人脑主体的主观组织作用而实现的，并提出学习是依靠顿悟，而不是依靠尝试错误来实现的观点。故题干所述属于认知主义学习理论的观点。

13. C 【解析】本题考查认知理论的学习观点。认知理论的代表人物布鲁纳认为，知识结构是在认知过程中经过积极的组织构成的。知识学习的认知过程主要是思维过程，正是思维在学习过程中的概念化或类型化的活动，才使人们弄懂了所觉察到的大堆杂乱的事实。因此，这属于认知理论的观点。

14. D 【解析】本题考查建构主义学习观。建构主义学习理论认为，学习是学习者建构自己知识的过程，学习者不是被动的信息接受者，而是信息意义的主动建构者，他要对外部信息进行主动的选择与加工，主动建构信息的意义。信息的意义并不是由信息本身决定的，外部信息本身没有意义，意义是学习者通过新旧知识经验之间反复的、双向的相互作用过程而建构成的。题干所述属于建构主义学习观的内容。

15. B 【解析】智慧技能指运用符号或概念与环境交互作用的能力。智慧技能又可分为五个小类：辨别学习、具体概念学习、定义性概念学习、规则学习、高级规则学习。其中，高级规则是由若干简单规则组合而成的新规则。题干所述为智慧技能中的高级规则学习。

16. A 【解析】本题考查布鲁纳的认知结构教学理论。布鲁纳提出了认知结构教学理论，其理论的基本主张为以下几个方面。(1)理智发展的教学目标。布鲁纳认为，发展学生的智力应是教学的主要目的。(2)动机—结构—序列—强化原则。布鲁纳提出了相应的四条教学原则:①动机原则。教师要利用儿童与生俱来的好奇心和学习愿望,激发学生参与探究活动,以促进儿童智慧的发展。②结构原则。既要选择适当的知识结构,又要选择适合于学生认知结构的教学方式,使知识结构与学生头脑中的认知结构相匹配,促进学生学习。③序列原则。根据学生的发展水平、动机状态、知识背景等现状,选择最佳顺序呈现教学内容。④强化原则。恰当提供强化,以便让学生适时知道自己学习的结果。(3)学科知识结构。布鲁纳认为,应让学生学习学科的基本结构。所谓学科的基本结构是指某一知识领域内的基本概念、原理和定律等。(4)发现学习法。布鲁纳极力倡导使用发现学习法,强调学习过程,强调直觉思维,强调内在动机,强调信息提取。故①②④⑤中的说法属于布鲁纳的理论观点,答案选A项。而③⑥中的说法属于人本主义的观点。

17. C 【解析】本题考查智慧技能的分类。智慧技能是指运用符号所代表的知识办事的能力。加涅把智慧技能分为四种类型,它们由低级到高级依次是:(1)辨别能力,察觉事物之间的不同特征的能力,如辨别己、已和巳这三个汉字的不同点;(2)获得与应用概念的能力,认识一类事物的共同本质特征并利用本质特征进行判断的能力,如形成数概念并应用数概念计数;(3)习得与应用规则(原理、公式、定理等)的能力,如应用公式$S=\pi r^2$,求半径为某一长度的圆面积;(4)习得与应用高级规则的能力(问题解决学习)。根据题干中小吴对不同形近字的辨别可知,C项符合题意。

18. D 【解析】有意义学习包含四个要素:(1)学习是学习者自我参与的过程,整个人都要参与到学习之中,既包括认知参与,也包括情感参与,即参与性;(2)学习是学习者自我发起的,内在动力在学习中起主要作用,即自发性;(3)学习是渗透性的,它会使学生的行为、态度以及个性等都发生变化,即渗透性;(4)学习的结果由学习者自我评价,他们知道自己想学什么和学到了什么。故答案选D项。

19. B 【解析】根据加涅的信息加工学习理论,在领会这一学习阶段,相对应的心理过程为注意和选择性知觉。根据题干所述,答案选B项。

20. C 【解析】联结学习理论认为,一切学习都是通过条件作用,在刺激和反应之间建立直接联结的过程。强化在刺激—反应联结的建立中起着重要作用。在刺激—反应联结之中,个体学到的是习惯,而习惯是**反复练习与强化**的结果。习惯一旦形成,只要原来的或类似的刺激情境出现,习得的习惯性反应就会自动出现。

21. A 【解析】罗杰斯认为,有意义学习是指所学的知识能够引起变化、**全面渗入人格和人的行动之中**的学习。学习不局限于知识的简单积累,而是渗入到个人的行为之中,渗入到他为了未来而选择的一系列活动之中。例如,当一个儿童触碰到一个取暖器时,他就可以学到"烫"这个词的意义,同时也学会了以后对所有的取暖器都要当心,迅速学到的这些内容和意义都会长期保留在儿童的记忆中。

22. B 【解析】本题考查布鲁纳的认知—发现学习理论的相关知识。学科的基本结构,是指学科的基本概念、基本原理及其基本态度和方法。注重基本结构、原理、概念的教学有以下作用:(1)可以使学科更容易理解。基本原理弄懂了,特殊问题就能迎刃而解。(2)使科学知识更易于记忆。只有有结构、有系统地储存知识,才有助于提取知识。(3)可以促进迁移。领会基本的原理和观念,有助于迁移。(4)可以缩小高级知识和初级知识之间的间隙。由于充分理解了某知识领域的结构,高深的概念可以适当地教给年龄较小的学生,以缩小高级知识和初级知识之间的间隙。因此,答案选B项。

23. D 【解析】本题考查接受学习的概念。接受学习是指人类个体经验的获得是来源于学习活动中主体对他人经验的接受,把别人发现的经验经过掌握、占有或吸收,转化为自己的经验,这种学习又叫掌握学习。(具体内容参见蒋晓虹主编的《教育心理学》)

24. B 【解析】本题考查班杜拉对榜样的分类。班杜拉认为榜样有三种形式:(1)活的榜样,指具体的活生生的人;(2)符号榜样,指通过语言或影视图像而呈现的榜样;(3)诫例性榜样,即以语言描绘或形象化方式表现某个带有典型特点的榜样,以告诫儿童学习或借鉴某个榜样的行为方式。

25. D 【解析】替代强化是指观察者因看到榜样的行为被强化而受到强化,它是一种间接的强化方式。它出现在观察学习的动机过程中。

26. A 【解析】班杜拉提出了社会学习理论,他认为,观察学习是人的学习最重要的形式。学习是个体通过对他人的行为及其强化结果的观察,从而获得某些新的行为反应或已有的行为反应得到修正的过程。题干中,网络游戏的血腥暴力画面使得学生发生观察学习,因此,其暴力意识和行为有了参照及模仿的机会,这与社会学习理论的观点一致。

27. C 【解析】移除性惩罚是指取消某一愉快刺激以降低某一反应频率。李老师用禁止"出去玩"来减少学生"不写作业行为"的发生,故属于移除性惩罚。

二、多项选择题

1. BC 【解析】本题考查观察学习的特点。观察学习有其明显的特点:(1)观察学习并不依赖于直接强化;(2)观察学习不一定具有外显的行为反应,人们可以通过观察他人的示范行为,在自己尚未表现行为时就已经学到了如何去做,这样就可能避免许多不必要的错误和危险的结果;(3)观察学习具有认知性。因此,本题选B、C两项。

2. ABC 【解析】本题考查建构主义的教师观。**教师要成为学生建构意义的帮助者**,就要求教师在教学中从以下三个方面发挥主导作用:(1)激发学生的学习兴趣,帮助学生形成学习动机。(2)通过创设符合教学内容要求的情境和提示新旧知识之间联系的线索,帮助学生建构当前所学知识的意义。(3)为了使意义建构更有效,教师应在可能的条件下组织合作学习(开展讨论与交流),并对合作学习过程进行引导使之朝有利于意义建构的方向发展。引导的方法包括:提出适当的问题以引起学生的思考和讨论;在讨论中设法把问题一步步引向深入以加深学生对所学内容的理解;要启发、诱导学生自己去发现规律、自己去纠正和补充错误的或片面的认识,切忌直接对学生进行灌输。故A、B、C三项做法恰当,D项做法不恰当。

3. ABD 【解析】先行组织者教学模式的第一阶段是"先行组织者"的呈现,包括阐明课程目的、呈现"组织者"、鉴别限定性特征、举例、提供前后关系、重复、唤起学习者的知识和经验的意识;第二阶段是学习任务和材料的呈现,包括明确组织、安排学习的逻辑顺序、明确材料、保持注意、呈现材料;第三阶段是认知结构的加强,包括运用综合贯通原则、促进积极主动的接受学习、引起对学科内容的评析态度、阐明学科内容。故C项属于第二阶段的任务。

4. AB 【解析】加涅指出,智慧技能的四个亚类之间存在层次关系,即高级规则学习以简单规则学习为先决条件;规则学习以概念学习为先决条件;**概念学习以知觉辨别为先决条件**。所以,A、B两项说法正确,C、D两项说法错误。

5. ABC 【解析】本题考查有意义的自由学习的主要表现。罗杰斯提出的"有意义的自由学习"冲击了传统教育理论,推动了教育改革运动的发展,主要表现在:(1)突出情感在教学活动中的地位和作用,形成了一种以知情协调活动为主线、以情感作为教学活动的基本动力的新教学模式;(2)以学生的"自我"完善为核心,强调人际关系在教学过程中的重要性,认为课程内容、教学方法、教学手段等都维系于课堂人际关系的形成和发展;(3)把教学活动的重心从教师引向学生,把学生的思想、情感、体验和行为看作教学的主体,从而促进了个别化教学运动的发展。故选ABC三项。D项是马斯洛的观点,排除。

6. ACD 【解析】奥苏贝尔认为学习者接受知识的心理过程表现为:首先在认知结构中能找到能同化新知识的有关观念;然后找到新知识与起固着点作用的观念的相同点;最后找到新旧知识的不同点,使新概念与原有概念之间有清晰的区别,并在积极的思维活动中融会贯通,使知识不断系统化。

7. BCD 【解析】罗杰斯的以自由为基础的自由学习原则，概括起来有以下几点：(1)**人性本善，且人人皆有学习潜力**。(2)教材有意义且符合学生的目的才会产生学习。(3)在较少压力的教育情境下才能有效学习。(4)主动自发全心投入的学习才会产生良好效果。(5)自评学习结果可养成学生的独立思维能力与创造力。(6)重视知识外的生活能力学习以适应变动的社会。(7)突出学习者在教学中的地位。(8)涉及改变对自己看法的学习是有威胁的，因此往往受到抵制。(9)强调从做中学习。故A项说法错误。

三、判断题

1. √ 【解析】本题考查抛锚式教学。抛锚式教学的主要目的是使学生在一个完整、真实的问题背景中产生学习的需要，并通过镶嵌式教学以及学习共同体中成员间的互动、交流，即合作学习，凭借自己的主动学习、生成学习，亲身体验从识别目标到提出和达到目标的全过程，故本题正确。

2. × 【解析】本题考查学生学习的特点。学生学习的根本特点，在于它是接受前人经验，是一种接受学习。学生的学习不是创造、发明知识，而是再现、继承知识。人类知识的过程是对未知的阶段、领域进行探索的过程，而学生的学习过程是通过教学过程把人类总结的经验接收下来，而**不是向未知领域的进军**。题干说法错误。

3. √ 【解析】根据强化物的来源，可将强化物分为一级强化物和二级强化物。一级强化物包括所有在没有任何学习发生的情况下也起强化作用的刺激，如食物和水等满足生理基本需要的东西。二级强化物包括那些在开始时不起强化作用，但后来作为**与一级强化物或其他强化物配对的结果而起强化作用**的刺激，如斯金纳箱里的灯光。斯金纳认为，对于人类来说，二级强化物包括对大量行为起强化作用的许多刺激，诸如特权、社会地位、权力、财富、名声等，这些大多是由社会文化决定的，它们构成了决定人类行为的极有力的二级强化物。

4. √ 【解析】学习时主体自身必须发生某种变化，这些变化使学习者获得了新的行为模式。例如，儿童学习走路，就是一种新的行为模式的习得过程。所以有人认为，学习是一个新的行为模式形成的过程。

5. √ 【解析】苛勒通过黑猩猩实验，认为人或动物能采取迂回的道路或其他间接的方法适应情境，这种行为可称为智慧行为。因此，题干表述正确。

6. √ 【解析】本题考查辨别学习的相关知识。辨别学习实质上是一种知觉学习，即作出知觉的分化。辨别学习关注的往往是客体的明显特征，学生要根据这些特征作出不同的反应。辨别包括**简单辨别**和**多重辨别**，例如，对物体的形状、大小和颜色等分别作出反应，就属于简单辨别；而把容易混淆的单词放在一起让学生辨认，则是多重辨别的例子。故本题说法正确。

四、案例选择题

1. CD 【解析】人本主义心理学一方面反对行为主义把人看作是动物或机器；另一方面也批评认知心理学虽然重视人类的认知结构，但却忽视人类情感、态度、价值等对学习的影响，认为心理学应该探讨完整的人，强调人的价值，强调人有发展的潜能，而且有发挥潜能的内在倾向，即自我实现倾向。所以题干中的做法违背了人本主义学习理论。建构主义教学观注重学生认知和情感领域共同、并行发展，引导学生产生积极的情感体验。建构主义学习理论认为，建构主义的核心关键词是“建构”和“互动”，强调个体对于现实的理解和假设，强调个体对于社会情境的参与和重构。所以题干中的做法违背了建构主义学习理论。

2. AC 【解析】少年期又称学龄中期，大致相当于初中阶段，是个体从童年期向青年期过渡的时期，具有半成熟、半幼稚的特点。这一时期也被称为“心理断乳期”或“危险期”。

3. AD 【解析】智力差异包括智力水平的差异、智力类型的差异等。案例中学生家长不考虑学生的智力差异就给孩子报了大量的补习班，不利于学生智力的发展。A项符合题意。人格差异主要表现在气质、性格、自我调控系统方面。案例中没有相关表述，B项排除。性别差异主要指男女之间的差异，案例中没有相关表述，C项排除。兴趣是人对事物的一种认识倾向，伴随着积极的情绪体验。不同的人兴趣不同。家长没有考虑到学生的兴趣就给孩子报了大量的补习班。故D项符合题意。

4. ABD 【解析】对于叛逆的孩子要因材施教，循循善诱，一味地批评无法达到理想的教育效果，故C项错误。

5. D 【解析】罗杰斯认为，促进学生学习的关键不在于教师的教学技巧，而在于特定的心理氛围。它包括：(1)真实或真诚；(2)尊重、关注和接纳；(3)移情性理解。良好的师生关系对教学具有促进作用。因此，题干中的校长最可能支持罗杰斯的学习理论。

第四章　学习心理

基础训练

一、单项选择题

答案速查

1～5	CCAAB	6～10	CCCCD	11～15	BCAAB	16～20	CCDAC
21～25	CBCAD	26～30	ACDAA	31～35	DBCCC	36～40	DCBBB
41～45	BDCCC	46～50	BCBBD	51～55	DDDCB	56～60	DBCBC
61～65	BCBAC	66～70	DCAAA	71～75	ABACB	76～80	CCBBB

1. C 【解析】本题考查变式的相关知识。变式是变换使用不同形式的直观材料或事例说明事物的属性，使本质属性保持不变而非本质属性或有或无，以便突出本质属性。例如，在讲惯性时，不仅要列举固体的惯性现象，也要列举液体和气体的惯性现象，这样学生才会形成“一切物体均有惯性”的正确观念，而不至于认为只有固体才有惯性。故选C项。

2. C 【解析】本题考查学习动机的分类。远景的间接性学习动机是指由于了解活动的社会意义、活动结果的社会价值而引起的对某种活动的动机，这种学习动机既具有一定的社会性和理想色彩，又与个人的志向、世界观相联系，具有较强的稳定性和持久性，能在相当长的时间内起作用。周恩来总理在了解读书的社会意义和社会价值后，立下“为中华之崛起而读书”的志向，这一学习动机具有社会性，并与自身的志向相关联，且稳定、持久，故属于远景的间接性学习动机。

3. A 【解析】本题考查品德的心理结构。道德认知是指对于行为规范及其意义的认识，是人的认识过程在道德上的表现。题干中强调多多认为乱扔垃圾是不好的行为，这属于道德认知。故选A项。B项，道德意志是个体自觉地调节道德行为，克服困难，以实现预定道德目标的心理过程。C项，道德情感是人的道德需要是否得到实现而所引起的一种内心体验，也就是人在心理上所产生的对某种道德义务的爱憎、喜恶等情感体验。D项，道德行为是道德形成的最终环节，是指个体在一定的道德意识支配下表现出来的对他人和社会的有道德意义的活动。

4. A 【解析】本题考查一般迁移的概念。一般迁移也称非特殊迁移、普遍迁移，是指一种学习中所习得的一般原理、原则和态度对另一种具体内容学习的影响，即原理、原则和态度的具体应用。故选A项。B项，具体迁移也称特殊迁移，是指学习迁移发生时，学习者原有的经验组成要素及其结构没有变化，只是将一种学习中习得的经验要素重新组合并移用到另一种学习之中。C项，垂直迁移也称纵向迁移，是指先行学习内容与后续学习内容是不同水平的学习活动之间产生的影响。D项，水平迁移也叫横向迁移、侧向迁移，是指先行学习内容与后继学习内容在难度、复杂程度和概括层次上属于同一水平的学习活动之间产生的影响。

5. B 【解析】本题考查知识的表征。知识的表征是指信息在人脑中的存储和呈现方式，它是个体知识学习的关键。不同的知识类型在头脑中具有不同的表征方式。陈述性知识主要以命题和命题网络的形式进行表征，线性排序、表象和图式也是其重要形式；程序性知识则主要以产生式和产生式系统进行表征。故选B项。

6. C 【解析】本题考查习得性无助感。习得性无助感指由于连续的失败体验而导致个体产生的对行为结果感到无力控制、无能为力的心理状态。题干中的学生考试总是失败，然后就觉得自己没有办法成功了，这种现象被塞里格曼称为习得性无助。

7. C 【解析】本题考查感知规律的内容。感知规律有强度律、差异律、活动律、组合律四种。强度律是指作为知识的物质载体的直观对象（实物、模像或言语）必须达到一定强度才能被学习者清晰地感知；差异律是指对象和背景的差异越大，对象从背景中区分开来就越容易；活动律是指活动的对象比静止的对象容易感知；组合律是指空间上接近、时间上连续、形状上相同、颜色上一致的事物，易于构成一个整体被人们清晰地感知。教师上课时的走动和手势是通过活动使学生更容易感知教学内容，符合活动律。故选C项。

易错提示：在做感知规律的相关题目时，考生可以结合以下例子进行区分：

规律	要点	实例
强度律	达到一定强度	教师讲课要声音洪亮
差异律	存在对比差异	教师讲到重点内容时声音突然变大
活动律	在活动中传递知识	采用活动性教具
组合律	组织合理	教师讲课应有间隔和停顿

8. C 【解析】本题考查学习策略的分类。精加工策略是指把新信息与头脑中的旧信息联系起来从而增加新信息意义的深层加工策略。它常被描述成一种理解记忆的策略，其要旨在于建立信息间的联系。记忆术是常见的精加工策略之一，主要包括：形象联想法、谐音联想法、首字连词法、位置记忆法、缩简和编歌诀等方法。其中，编歌诀法就是利用编制歌谣口诀的方式来帮助记忆的方法。题干中的张老师采用歌谣口诀法教学生学习，属于编歌诀法，故这种学习策略属于精加工策略。

9. C 【解析】本题考查短时记忆的特点。短时记忆的容量有限，一般是5～9个项目，平均值为7。米勒提出短时记忆的容量是以组块来计算的。所谓组块是指将若干小单位联合成大单位的信息加工，也指这样组成的单位。他认为，组块能大大提高短时记忆的容量。因此，为了使短时记忆包含更多的信息，可以采用组块的方式进行记忆。

10. D 【解析】本题考查奥苏贝尔的学习动机理论。奥苏贝尔认为学校情境中的成就动机主要由三个方面组成，即认知内驱力、自我提高内驱力和附属内驱力。他认为，认知内驱力、自我提高内驱力和附属内驱力在动机结构中所占的比重并不是一成不变的，通常是随着年龄、性别、个性特征、社会地位和文化背景等因素的变化而变化。故提出该观点的心理学家是奥苏贝尔。A项，布鲁纳提出了认知—结构学习论；B项，斯金纳提出了操作性条件反射理论；C项，苛勒提出了学习的完形—顿悟说。

11. B 【解析】本题考查科尔伯格的道德发展阶段理论。处于相对功利取向阶段的儿童的道德价值来自对自己要求的满足，偶尔也来自对他人需要的满足。在进行道德评价时，他们开始从不同角度将行为与需要联系起来，但具有较强的自我中心性，认为符合自己需要的行为就是正确的。他们会认为，海因茨应该去偷药，谁让那个药剂师那么坏，便宜一点就不行吗。故选B项。

12. C 【解析】本题考查迁移的分类。根据迁移的性质和结果，迁移可分为正迁移、负迁移和零迁移。其中，正迁移强调促进作用，负迁移强调阻碍作用。题干中只强调"产生影响"，并没有明确指出是促进作用还是阻碍作用，故排除A、B两项。根据迁移发生的方向，迁移可分为顺向迁移和逆向迁移。顺向迁移是指先前学习对后继学习产生的影响；逆向迁移是指后继学习对先前学习产生的影响。题干中强调先学习的概念对以后学习的影响，故属于顺向迁移。因此，答案选C项。

13. A 【解析】本题考查学习策略的种类。迈克卡等人将学习策略区分为三种，并对它们之间的层次关系进行了分析。他们认为，学习策略可分为认知策略、元认知策略和资源管理策略三种。其中，认知策略又包括复述策略、精加工策略和组织策略。组织策略是指将经过精加工提炼出来的知识点加以构造，形成更高水平的知识结构的信息加工策略。组织策略主要有两种：一种是归类策略，用于概念、语词、规则等知识的归类整理；另一种是纲要策略，主要用于对学习材料结构的把握。此外，还有利用表格等组织策略，例如一览表、双向表。故选A项。

14. A 【解析】本题考查常用的记忆术。形象联想法是通过人为联想，使无意义的、难记的材料和头脑中的鲜明、奇特的形象相结合，从而提高记忆效果。想象的形象越鲜明、具体越好，形象越夸张、奇特越好，形象之间的逻辑联系越紧密越好。题干中"把PULL后面两个L看成是两个钩，用来拉东西"，运用的就是形象联想法。故选A项。B项，谐音联想法是通过谐音线索，运用视觉表象，假借意义进行人为联想。C项，位置记忆法是通过与熟悉的地点顺序相联系来记忆一些名称或者客体顺序的方法。D项，关键词法是将新词或概念和与之相似的声音线索词，通过视觉表象联系起来。

15. B 【解析】本题考查皮亚杰的道德发展阶段理论。皮亚杰通过大量研究，发现并总结出了儿童道德认知发展的总规律，即儿童道德的发展经历从他律到自律的转化发展过程。他认为，10岁是儿童从他律道德向自律道德转化的分水岭，**10岁前**儿童对道德行为的思维判断主要依据他人设定的外在标准，也就是**他律道德**；**10岁以后**儿童对道德行为的思维判断大多依据自己的内在标准，也就是**自律道德**。

16. C 【解析】本题考查迁移的种类。顺向迁移是指先前学习对后继学习产生的影响；逆向迁移是指后继学习对先前学习产生的影响。题干中强调后阅读的小说对已学词句的影响，故属于逆向迁移。正迁移也叫"助长性迁移"，是指一种学习对另一种学习的促进作用；负迁移也叫"抑制性迁移"，是指一种学习对另一种学习产生阻碍作用。题干中强调"加深理解"，故属于正迁移。综上所述，本题答案选C项。

17. C 【解析】本题考查练习成绩的起伏现象。动作技能的形成不是一帆风顺、直线上升的。在其形成过程中，练习的成绩时而上升，时而下降，有峰有谷，呈现明显的波浪式，这就是练习成绩的**起伏现象**。故选C项。A项，**高原现象**是指学生在学习过程中出现一段时间的学习成绩和学习效率停滞不前，甚至学过的知识感觉模糊的现象。B项，反馈指在学习与练习过程中信息的返回传递。

18. D 【解析】本题考查知识的分类。程序性知识即操作性知识，是一种经过学习后自动化了的关于行为步骤的知识，表现为在信息转换活动中进行具体操作。因此，D项中"根据已知条件，求∠C的度数"属于程序性知识。陈述性知识也叫描述性知识，是个人能用言语进行直接陈述的知识，主要用于区别和辨别事物，是回答"是什么"和"为什么"的知识，故A、B、C三项属于陈述性知识。

19. A 【解析】本题考查迁移理论的相关内容。A项，形式训练说是最早的关于迁移的理论，以官能心理学为基础，代表人物主要有德国的沃尔夫。形式训练说认为心理官能只有通过训练才能得以发展，迁移就是心理官能得到训练而发展的结果，迁移是无条件的、自发的。故本题答案选A项。B项，相同要素说认为只有当两个机能的因素中有相同要素时，一个机能的变化才会改变另一个机能的习得。两种情境中的刺激相似，反应也相似时，迁移才会发生。两种情境中相同要素越多，迁移的量也就越大。C项，概括化理论也称经验类化说，由美国心理学家贾德提出。

他认为先前的学习之所以能迁移到后来的学习中,是因为在先前学习中获得了一般原理,这种一般原理可以部分或全部地运用于后续的学习中。D项,关系理论,认为迁移是学习者突然发现两个学习经验之间关系的结果,是对情境中各种关系的理解和顿悟,而非由于具有共同成分或原理自动产生。

20. C 【解析】本题考查习得性无助感与成败归因的关系。一个总是失败并把失败归因于内部的、稳定的和不可控的因素(即能力低)的学生会形成一种习得性无助的自我感觉。

21. C 【解析】本题考查酝酿效应的内涵。当一个人长期致力于某一问题解决而又百思不得其解的时候,如果他暂时停下对这个问题的思考去做别的事情,几小时、几天或几周之后,他可能会忽然想到解决的办法,这就是酝酿效应。题干中强调搁置一段时间后突然产生灵感,故属于酝酿效应。A项,高原现象是指学生在学习过程中出现一段时间的学习成绩和学习效率停滞不前,甚至学过的知识感觉模糊的现象。不符合题意,排除。B项,定势(即心向)是指重复先前的操作所引起的一种心理准备状态。不符合题意,排除。D项,人们把某种功能赋予某物体的倾向称为功能固着。不符合题意,排除。

22. B 【解析】本题考查问题解决的过程。问题解决的过程一般可分为发现问题、理解问题、提出假设和检验假设四个阶段。其中,**提出假设**是问题解决的**关键阶段**。

23. C 【解析】本题考查影响学习迁移的因素。共同因素是学习迁移产生的客观必要条件。故选C项。

24. A 【解析】本题考查操作技能的形成阶段。菲茨和波斯纳将操作技能的形成分为三个阶段:认知阶段、联结阶段和自动化阶段。其中,认知阶段指学生尝试理解操作技能的任务及这一任务提出的要求,了解需要做哪些动作、各动作的顺序怎样、从何处可以得到反馈等。此时,学生要选出原来已经掌握的部分技能,并按规定的程序将它们组合起来。这一阶段主要是理解学习任务,并形成目标意象和目标期望。题干中,谢老师参照说明书进行尝试,并在头脑中形成画面,这说明他处于动作技能形成的认知阶段。

25. D 【解析】本题考查韦纳的成败归因理论。根据成败归因理论可知,所有可控制因素都是内在因素,如努力程度。故D项说法正确。稳定性因素并不都是内在因素,如工作难度属于外在因素。故A项说法错误。内在因素并不都是稳定性因素,如努力程度和身心状况属于不稳定性因素。故B项说法错误。内在因素并不都是可控因素,如能力和身心状况属于不可控因素。

方法技巧:关于成败归因理论中的六种归因方式,考生可用以下口诀帮助记忆:浑(环境)身(身心)力(努力)气(运气)不稳,内在两力(能力+努力)身心,只有努力可控。

26. A 【解析】水平迁移也叫横向迁移,是指先行学习内容与后继学习内容在难度、复杂程度和概括层次上属于同一水平的学习活动之间产生的影响。题干所述是水平迁移的典型事例。

27. C 【解析】操作技能的特点有:(1)具有客观性(物质性);(2)具有外显性;(3)具有展开性。因此答案选C项。

28. D 【解析】在联系形成阶段,练习者把组成新动作技能的动作整体逐一进行分解,并试图发现它们是如何构成的,最后尝试性地完成所学新技能中的各个动作。经过练习,逐步掌握了一系列的局部动作,并逐渐从个别动作转向整体动作的组织与协调。但此阶段各动作之间依然结合得不够紧密,因此在动作转换和交替之际,经常会出现短暂的停顿现象。在本题中,乐乐运球动作和上篮动作之间尚未形成紧密的联系,因此容易出错,这表明其篮球技能处于联系形成阶段。

29. A 【解析】动作技能的形成一般要经历四个主要阶段:认知阶段、分解阶段、联系定位阶段和自动化阶段。其中,认知阶段是动作技能形成的开始阶段。从传授者的角度看,主要是讲解与示范;从学习者的角度看,主要是理解学习任务,形成目标表象和目标期望。(具体内容参见郭德俊主编的《小学儿童教育心理学》)

30. A 【解析】本题考查奥苏贝尔对知识学习的分类。奥苏贝尔根据新知识与原有认知结构的关系,将知识学习分为下位学习、上位学习和并列结合学习。A项,下位学习是一种把新的观念归属于认知结构中原有观念的某一部分的学习,"百灵鸟"可以归属于"鸟"这一概念中,与题意相符。B项,上位学习是掌握一个比认知结构中原有概念的概括和包容程度更高的概念或命题的学习,与题意不符。根据知识本身的存在形式和复杂程度,知识学习可分为表征学习(符号学习)、概念学习和命题学习。C项,表征学习是指学习单个符号或一组符号的意义,与题意不符。D项,命题学习是指获得由几个概念构成的命题的复合意义,与题意不符。

31. D 【解析】在良心或原则的定向阶段,个体不仅遵循规定的社会法则,而且遵循自己凭逻辑的连贯性和普遍性所选择的原则。因此,这一阶段的学生反对偷药的理由是不能实现自己的道德准则。

32. B 【解析】本题考查科尔伯格品德发展阶段的理论。习俗水平包括以下两个阶段:(1)好孩子的道德定向阶段。(2)维护权威或秩序的道德定向阶段。其中,维护权威或秩序的道德定向阶段的儿童的道德价值是以服从权威为导向,包括服从社会规范,遵守公共秩序,尊重法律的权威,以法制观念判断是非、知法守法。题干中的孩子认为违反交通规则的行为,扰乱了社会秩序,即没有遵守公共秩序,因此这个孩子的道德发展水平处于习俗水平。

33. C 【解析】陈述性知识也叫描述性知识,是个人能用言语进行直接陈述的知识,主要用于**区别和辨别**事物。陈述性知识是回答事物"是什么""为什么"等问题的言语信息方面的知识。

34. C 【解析】精加工策略是指把新信息与头脑中的旧信息联系起来从而增加新信息意义的深层加工策略。它常被描述成一种理解记忆的策略,其要旨在于建立信息间的联系。题干所述运用了精加工策略中的形象联想法。

35. C 【解析】本题考查练习曲线的相关知识。虽然不同的学习者的练习曲线存在差异,但也具有共同点,表现在:(1)开始进步快;(2)中间有一个明显的、暂时的停顿期,即高原期;(3)后期进步较慢;(4)总趋势是进步的,但有时出现暂时的退步。本题为选非题,故选C项。

36. D 【解析】学业求助包括两个方面:(1)学习工具的利用;(2)社会性人力资源(他人支持)的利用,如善于利用老师的帮助以及同学间的合作与讨论来加深对学习内容的理解。因此,合作学习体现了社会性人力资源(他人支持)的利用,故属于资源管理策略。

37. C 【解析】本题考查科尔伯格的道德发展阶段理论。根据科尔伯格的道德发展阶段理论可知,道德发展处于遵守法规取向阶段的儿童的道德价值是以服从权威为导向的,包括服从社会规范,遵守公共秩序,尊重法律的权威,以法制观念判断是非、知法守法。他们认为准则和法律是维护社会秩序的,因此,应当遵循权威和有关规范去行动。题干中的小琪让丽丽不要在上课的时候吃东西,不要违反规定,即让丽丽按照有关规范去行动,这说明小琪的道德发展处于遵守法规取向阶段。故C项符合题意。

38. B 【解析】认知内驱力指向学习任务本身(为了获得知识),满足这种动机的奖励(知识的实际获得)是由学习本身提供的。因此题干中描述的学习动机为认知内驱力。

39. B 【解析】本题考查自我效能感的影响因素。自我效能感的影响因素有:(1)个人自身行为的成败经验。(2)替代经验。个体的许多效能期望是来源于对他人的观察,如果看到一个与自己一样或不如自己的人成功,自己的效能感就会提高。(3)言语暗示(言语说服)。(4)情绪唤醒。

40. B 【解析】本题考查问题解决的过程。画图、列表、写方程式等都是常用的表征问题的方式。因此,题干中的做法是为了很好地完成对问题的心理表征。

41. B 【解析】手段—目的分析法是将需要达到的问题的目标状态分成若干个子目标,通过实现一系列的子目标而最终达到总目标。题干中将学期报告分解成一个个小任务逐步完成,这种方法就属于问题解决方法中的手段—目的分析法。

42. D 【解析】位置记忆法,就是学习者在头脑中创建一幅熟悉的场景,在这个场景中确定一条明确的路线,在这条路线上确定一些特定的点，然后将所要记的项目全都视觉化，并按顺序把这条路线上的各个点联系起来，回忆时，按这条路线上的各个点提取所记的项目。

43. C 【解析】依靠言语劝说形成的自我效能感不易持久，一旦面临令人困惑或难以处理的情境时，会迅速消失。

44. C 【解析】本题考查学习策略的种类。A项：做笔记属于精加工策略；B项：列提纲属于组织策略；C项：设置学习目标属于元认知策略中的计划策略；D项：统筹安排学习时间属于资源管理策略。故答案选C项。

45. C 【解析】本题考查操作技能的形成阶段。冯忠良提出操作技能形成的四阶段模型，包括操作定向、操作模仿、操作整合、操作熟练四个阶段。其中，操作整合即把模仿阶段习得的动作固定下来，并使各动作成分相互结合，成为定型的、一体化的动作。整合是技能形成过程中的关键环节，是从模仿到熟练的一个过渡阶段。故答案选C项。

46. B 【解析】本题考查记忆术。语义联想是指通过联想，将新材料与头脑中的旧知识联系在一起，赋予新材料以更多的意义。题干中强调教师引导学生思考新公式是如何从以前的公式推导出来的，即将新材料和头脑中的旧知识联系起来，这属于语义联想法。故选B项。A项，关键词法就是将新词或概念与相似的声音线索词，通过视觉表象联系起来。C项，视觉联想是通过心理想象帮助人们对有联系的事物进行记忆。D项，位置记忆法是通过与熟悉的地点顺序相联系来记忆一些名称或者客体顺序的方法。

47. C 【解析】算法策略是指将**所有可能**的针对问题解决的方法都**一一列举**出来并进行尝试，直到最终从根本上解决问题。题干中采用逐个尝试的方法找回手机密码就属于算法策略。

48. B 【解析】本题考查科尔伯格的道德发展阶段理论。根据科尔伯格的道德发展阶段理论可知，普遍原则的道德定向阶段是道德发展的最高阶段。

49. B 【解析】本题考查科尔伯格的道德发展阶段理论。处于好孩子的道德定向阶段(寻求认可取向阶段)的儿童的价值是以人际关系的和谐为导向，顺从传统的要求，符合大众的意见，谋求大家的称赞。在进行道德评价时，总是考虑到社会对一个"好孩子"的期望和要求，并总是按照这种要求去展开思维。题干中，欢欢喜欢老师夸自己是个踏实的"好学生"，这符合寻求认可取向阶段的表现。故选B项。

50. D 【解析】本题考查皮亚杰的道德认知发展阶段理论。皮亚杰通过大量研究，发现并总结出了儿童道德认知发展的总规律，即儿童道德的发展经历**从他律到自律**的转化发展过程。

51. D 【解析】自我提高内驱力是指个体因自己的胜任或工作能力而赢得相应地位的需要。题干中小明努力学习的动机是成为大学教授，这是为了赢得相应的社会地位。因此，小明的学习动机是自我提高内驱力。

方法技巧：在做此类题目时，考生应注意把握题干关键词，如追求知识乐趣的为认知内驱力，追求他人赞赏的为附属内驱力，追求地位的为自我提高内驱力。

52. D 【解析】知识是指主体通过与环境相互作用而获得的信息及其组织。

53. D 【解析】本题考查动作技能形成的标志。**动作技能形成的标志是达到熟练操作**。所谓熟练操作指动作已达到较高速度、准确、流畅、灵活自如，且对动作组成成分很少或不必有意识注意的状态。

54. C 【解析】本题考查韦纳的成败归因理论。根据题干描述可知，学生将考试成功归因于自己学习能力强。根据韦纳的成败归因理论可知，能力属于内部、稳定和不可控的因素，故答案选C项。

55. B 【解析】本题考查成就动机理论。力求成功者的目的是获取成就，即通过各种活动努力提高自尊心和获得心理上的满足，成功概率为50%的任务是他们最有可能选择的。

56. D 【解析】本题考查皮亚杰的道德发展理论。皮亚杰把儿童的品德发展划分为以下四个阶段：(1)自我中心阶段(前道德阶段)；(2)权威阶段(他律道德阶段或道德实在论阶段)；(3)可逆性阶段(自律或合作道德阶段)；(4)公正阶段。其中，自我中心阶段是从儿童能够接受外界的准则开始的。例如，儿童在打弹珠游戏中总是自己玩自己的，按照自己的想象去执行规则。这是因为儿童还不能把自己同外在环境区别开来，而把外在环境看作是他自身的延伸。规则对于他来说，还不具有约束力。题干中，丽丽不遵守事先说好的游戏规则，按照自己的想象去执行规则，这说明游戏规则对于她来说，还不具有约束力。因此，丽丽的品德发展处于自我中心阶段。故答案选D项。

57. B 【解析】态度的认知成分是指个体对态度对象所具有的带有评价意义的观念和信念。

58. C 【解析】本题考查学习迁移的种类。一般迁移也称非特殊迁移、普遍迁移，是指一种学习中所习得的**一般原理、原则和态度**对另一种具体内容学习的影响，即原理、原则和态度的具体应用。题干中，运用在语文学习中掌握的阅读规律、写作技巧，可以有效地促进英语阅读能力和写作能力的提高，这是对原理的具体运用，故体现了一般迁移。

59. B 【解析】本题考查元认知的相关内容。研究表明，元认知训练的主要内容是教会学生如何根据自己的特点、材料的特点、学习任务与要求，灵活地制订相应的计划，采取适当的有效策略，并在学习活动中积极地进行监控、反馈、调节，及时地修正策略和过程，以便尽快和有效地达到目标。这实质上就是设法让学生学会如何学习。因此，学会如何学习的实质是学会在适当的条件下使用适当的策略。

60. C 【解析】本题考查皮亚杰的道德发展阶段理论。皮亚杰把儿童品德的发展划分为自我中心阶段、权威阶段(他律道德阶段)、可逆性阶段(自律阶段)和公正阶段这四个阶段。他律是指早期儿童的道德判断只注意行为的客观效果，不关心主观动机，是受自身以外的价值标准所支配的道德判断，具有客体性；自律则是指儿童自己的主观价值、主观标准所支配的道德判断，具有主体性。小丽面对该不该砸碎车窗救出婴儿的问题时，选择砸碎车窗，认为为了救人砸坏车窗没有错。这说明她处于自律阶段，对事情的判断依靠自己的**内在标准**。

61. B 【解析】感性概括即直觉概括，它是在直观的基础上自发进行的一种低级的概括形式。例如，有的学生由于经常看到主语在句子的开端部位，因而就认为主语就是句子开端部位的那个词；有的学生看到锐角、直角、钝角等图形中都有两条交叉的线，就认为角是由两条交叉的线组成。

62. C 【解析】本题考查知识学习的分类。根据知识本身的存在形式和复杂程度，知识学习可分为符号学习、概念学习和命题学习。符号学习又称表征学习，是指学习单个符号或一组符号的意义，主要包括：

类型	举例
词汇学习	如汉字、英语单词的学习
非语言符号的学习	如实物、图像、图表、图形等的学习
事实性知识的学习	如历史课中历史事件和历史人物的学习；地理课中地形地貌和地理位置的学习

故答案选C项。

63. B 【解析】学生不良行为的矫正要经历醒悟阶段、转变阶段和自新阶段三个过程。

64. A 【解析】本题考查学习策略的类型。组织策略是指将经过精加工提炼出来的知识点加以构造，形成更高水平的知识结构的信息加工策略。组织策略包括归类策略、纲要策略。题干中指出用绘制表格图形的方法帮助学生建立知识结构，故运用了组织策略。

65. C 【解析】知识的理解主要指学生运用已有的经验、知识去认识事物的种种联系、关系，直至认识其本质、规律的一种逐步深入的思维活动。它是学生掌握知识过程的中心环节。

66. D 【解析】本题考查创造性活动的心理过程。创造性活动主要由**准备、酝酿、明朗和验证**四个阶段构成。

A项，准备阶段是创造过程的基础阶段，包括积累知识、提出问题、调查研究、收集资料、分析别人的经验和数据等。

B项，酝酿阶段是创造过程的潜伏阶段。经过长期系统的准备之后，围绕既定的方向和目标，个人在某一方面的知识经验已经有了相当的积累，但一时理不清头绪，甚至好像走进了死胡同。在这种情况下，需要冷静下来客观地分析遇到的问题,甚至可将它暂时搁置起来。这种表面的中断并不意味着思考停止,人在潜意识中还会积极地、断断续续地对它进行探索。在这个阶段,各种观点、想法和意见在潜意识中活动,各种主意和观点有可能产生不同寻常的结合。

C项,明朗阶段又称"啊哈"阶段,是创造过程的顿悟阶段。经过长期酝酿,随着创造活动的深入,主体突然被特定情境下的某一特定启发唤醒,思想豁然开朗,一种新观念油然而生。

D项,验证阶段是反思和检验解决方法是否正确的阶段。只有通过反思、验证,才有可能证实创造成果的价值。有时可能会全部否定,推倒重来;有时可做局部修正,进一步完善。任何创造过程不受挫折,不经反复,不做修改,一举就能获得圆满成功的可能性是非常小的。这个阶段是最耗费情感、最花时间和精力的阶段,因为此时人们会感到最不确信、最不安全。"这个主意是否具有新颖性?""别人会怎样想?"这是自我批判、自我探究的阶段,也就是爱迪生所说的"创造就是1%的灵感加上99%的勤奋"。故本题答案选D项。

67. C 【解析】本题考查模像直观的概念。模像直观指观察与教材相关的模型与图像(如图片、图表、幻灯片、电影、录像、电视等),形成感知表象。A项,实物直观指在感知实际事物的基础上提供感性材料的直观教学方式;B项,言语直观指在生动形象的言语作用下唤起学生头脑中的表象,以提供感性材料的直观方式;D项为干扰选项。故答案选C项。

68. A 【解析】本题考查知识学习的类型。题干中原先学习的"菠菜""萝卜"和"洋葱"等概念属于新学习的"蔬菜"这一概念,即新学习的知识在包容和概括水平上高于原有观念,故属于上位学习。

69. A 【解析】本题考查操作技能中的关键环节。"见"指观察别人执行动作技能,相当于示范;"学"则指观察后的模仿和练习。"学者难"强调的是"学",即练习的重要性。

70. A 【解析】知识的应用,是指把学到的知识应用于作业和解决有关问题的过程,是抽象知识具体化的过程。

71. A 【解析】命题学习是指获得由几个概念构成的命题的复合意义,实际上是学习表示若干概念之间关系的判断。题干所述体现了命题学习的内涵。

72. B 【解析】本题考查奥苏贝尔的学习动机分类。认知内驱力是指要求了解、理解和掌握知识以及解决问题的需要。题干中强调激发学生的学习兴趣和好奇心,这体现的是认知内驱力。自我提高内驱力是指个体因自己的胜任或工作能力而赢得相应地位的需要。附属内驱力是指个体为了获得长者们(如家长、教师)的赞许或认可而表现出把工作、学习做好的一种需要。故C、D两项不符合题意。A项为无关选项,排除。

73. A 【解析】物质活动是指运用实物进行活动,物质化活动是指运用实物的模型、图片、言语、示意图等进行活动。故题干所述应属于物质化活动。

易错提示:做此类试题时,考生应注意两点:物质活动→实物;物质化活动→实物的模型、图片等(非实物)。

74. C 【解析】本题考查学习动机的分类。根据动机产生的诱因来源,可以把学习动机分为内部学习动机和外部学习动机。其中内部学习动机是指诱因来自学习者本身的内在因素,即学生因对活动本身发生兴趣而产生的动机。故C项符合题意。外部学习动机是指诱因来自学习者外部的某种因素,即在学习活动以外由外部的诱因激发出来的学习动机。故A、B、D三项属于外部学习动机。故本题选C项。

75. B 【解析】本题考查加里培林的心智技能形成理论。加里培林认为心智技能的形成分为活动的定向阶段、物质活动和物质化活动阶段、出声的外部言语阶段、无声的外部言语阶段和内部言语阶段五个阶段。其中无声的外部言语阶段是指以词的声音表象、动觉表象为支柱而进行智力活动的阶段。题干中智慧活动的完成只看到嘴动,听不到声音,即通过声音表象进行智力活动,属于无声的外部言语阶段。答案选B项。

76. C 【解析】水平迁移也叫横向迁移,是指先行学习内容与后继学习内容在难度、复杂程度和概括层次上属于同一水平的学习活动之间产生的影响。故C项符合题意。

77. C 【解析】原型内化,即智力活动的实践模式(原型)向头脑内部转化,由物质的、外显的、展开的形式变成观念的、内潜的、简缩的形式的过程。

78. B 【解析】根据科尔伯格的道德发展阶段理论可知,在好孩子的道德定向阶段中,儿童的价值是以人际关系的和谐为导向的,顺从传统的要求,符合大众的意见,谋求大家的称赞。在进行道德评价时,总是考虑到社会对一个"好孩子"的期望和要求,并总是按照这种要求去展开思维。林浩为了得到父母的表扬而积极主动地帮助他人,由此可知他正处于习俗水平中的好孩子的道德定向阶段。C、D两项属于皮亚杰的道德发展阶段理论的划分,故排除。

79. B 【解析】从完整的问题解决过程来看,发现问题是其首要环节。

80. B 【解析】**命题是知识的最小单元**,它既可以陈述简单的事实,也可以陈述一般规则、原理、定律、公式等。

答案速查

81~85	BDDBB	86~90	CCBAB	91~95	DBDBA	96~100	BDCCD
101~105	CADAC	106~110	DBACC	111~115	BDCBA	116~120	BCDBB
121~125	DDBDD	126~130	DBBAA	131~135	CDBBC	136~140	DAABD
141~145	DBBCB	146~150	DCCDA	151~155	DBCBB	156~160	ACBBC

81. B 【解析】动作技能的培养方法有:(1)了解动作技能形成的特征;(2)理解任务的性质和情境;(3)示范与讲解;(4)练习与反馈。而加强学生的言语表达训练属于心智技能的培养方法,故B项不符合题意。

82. D 【解析】自我提高内驱力是指个体因自己的胜任或工作能力而赢得相应地位的需要。自我提高内驱力并非直接指向学习任务本身,而是把成就看作赢得地位与自尊心的根源,属于外部动机。题干中的学生通过努力学习考取心仪的学校,这涉及社会地位的变化,故属于自我提高内驱力。

83. D 【解析】本题考查影响问题解决的因素。思维定势(即心向)是指重复先前的操作所引起的一种心理准备状态。在定势的影响下,人们会以某种习惯的方式对刺激情境做出反应。题干中拿破仑拿到国际象棋之后,只用其下棋,这属于思维定势。

84. B 【解析】本题考查影响品德学习的一般条件。影响品德学习的一般条件包括:(1)外部条件。①家庭教养方式;②社会风气;③同伴群体。(2)内部条件。①认知失调;②态度定势;③道德认知。其中,态度定势是指个体由于过去的经验,对所面临的人或事可能会具有某种肯定或否定、趋向或回避、喜好或厌恶等内心倾向性,这种事先的心理准备或态度定势常常支配着人对事物的预料与评价,进而影响着是否接受有关的信息和接受的量。

85. B 【解析】皮亚杰将儿童的道德发展划分为以下四个阶段:(1)自我中心阶段(2~5岁);(2)权威阶段(6~8岁);(3)可逆性阶段(8~10岁);(4)公正阶段(10~12岁)。

86. C 【解析】本题考查学习动机的分类。按学习动机起作用时间的长短,可分为近景性学习动机和远景性学习动机。近景性学习动机是指由活动的直接结果所引起的对某种活动的动机,它是与学习活动直接相连的,来源于对学习内容或学习结果的兴趣。远景性学习动机是指由于了解活动的社会意义、活动结果的社会价值而引起的对某种活动的动机,它是与学习的社会意义和个人的前途相连的。题干中大家期末复习以避免期末考试挂科,是由于活动直接结果引起的近景性动机,选择C项。

87. C 【解析】操作整合过程中视觉控制不起主导作用,逐步让位于**动觉控制**,肌肉运动的感觉变得较清晰、准确,并成为动作执行的主要调节器。故C项描述不正确。

88. B 【解析】学习策略是学习者制订的学习计划,由规则和技能构成。

89. A 【解析】本题考查迁移的分类。水平迁移也叫横向迁移，是指先行学习内容与后继学习内容在难度、复杂程度和概括层次上属于同一水平的学习活动之间产生的影响。垂直迁移也称纵向迁移，是指先行学习内容与后续学习内容是不同水平的学习活动之间产生的影响。电子琴和钢琴属于同一水平，故题干所述属于水平迁移，B项排除。顺向迁移强调先前学习对后继学习的影响，逆向迁移强调后继学习对先前学习的影响，故题干所述属于顺向迁移，C项排除。正迁移强调促进作用，负迁移强调阻碍作用，故题干所述属于正迁移，D项排除。

90. B 【解析】陈述性知识是个人能用言语进行直接陈述的知识，主要用于区别和辨别事物。间接经验，即他人的认识成果，主要是指人类在长期认识过程中积累并整理而成的书本知识。鸦片战争的相关知识对学生来说既是陈述性知识，也是一种间接经验。

91. D 【解析】学业求助策略属于资源管理策略的一种，是指当学生在学习上遇到困难时，向他人请求帮助的行为。故小李采用的学习策略属于资源管理策略。

92. B 【解析】本题考查学习策略的分类。常用的复述策略有及时复习、分散复习、过度学习、运用有意识记和无意识记、排除相互干扰、**运用多种感官协同记忆**、整体识记与部分识记相结合、复习形式多样化、画线等。故题干中小王调动多种感官去理解课文，正是运用了复述策略。

93. D 【解析】本题考查资源管理策略。资源管理策略包括：时间管理策略、环境管理策略、努力管理策略、学业求助策略。时间管理策略包括：统筹安排学习时间、高效利用最佳时间、灵活利用零碎时间。题干中小菲每天早起半小时属于运用时间管理策略，故其运用了资源管理策略。

94. B 【解析】本题考查知识的分类。陈述性知识也叫描述性知识，是个人能用言语进行直接陈述的知识，主要用于区别和辨别事物。数学规则符合该定义，是陈述性知识，排除C、D两项。程序性知识即操作性知识，是一种经过学习后自动化了的关于行为步骤的知识，表现为在信息转换活动中进行具体操作。解答方程的过程符合该定义，排除A项，选择B项。

95. A 【解析】道德认知(道德认识)是指对于行为规范及其意义的认识，是人的认识过程在道德上的表现。题干中，小赵把冒险当作勇敢，说明其缺乏正确的道德认识，因此做出违反纪律的事情。

96. B 【解析】本题考查影响自我效能感的因素。影响自我效能感的因素包括：(1)个人自身行为的成败经验；(2)替代经验；(3)言语暗示；(4)情绪唤醒。故答案选B项。

97. D 【解析】本题考查迁移的分类。重组性迁移指重新组合原有认知系统中某些构成要素或成分，调整各成分间的关系或建立新的联系，从而应用于新情境。在重组过程中，基本经验成分不变，但各成分间的结合关系发生了变化，即进行了调整或重新组合。题干中各动作成分的重新组合，重新排列体现了重组性迁移。

98. C 【解析】下位学习又称类属学习，是一种把新的观念归属于认知结构中原有观念的某一部分，并使之相互联系的过程。原有观念在包容和概括水平上高于新学习的知识。题干所述是下位学习的典型事例。

99. C 【解析】概括化理论认为产生迁移的关键是学习者在两种活动中概括出它们之间的共同原理。

100. D 【解析】本题考查自我效能感的影响因素。自我效能感的影响因素有：(1)个人自身行为的成败经验。这一效能信息源对自我效能感的影响最大。一般来说，成功经验会提高效能期望，反复的失败会降低效能感。(2)替代经验。个体的许多效能期望是来源于对他人的观察，如果看到一个与自己一样或不如自己的人成功，自己的效能感就会提高。(3)言语暗示。他人的言语暗示能提高自己的效能感，但缺乏经验基础的言语暗示效果是不牢固的。(4)情绪唤醒。高水平的情绪唤醒使成绩降低而影响自我效能，只有当人们不为厌恶刺激所困扰时，更可能期望成功。A项和C项属于通过增加学生的直接经验提高其自我效能感；B项属于增加替代经验从而提高自我效能感；D项学生处于高水平的情绪唤醒，会降低学生的自我效能感。本题为选非题，故选D项。

101. C 【解析】马斯洛认为人的基本需要**由低到高**依次排列，只有低一级的需要得到基本满足之后，才会进入更高一级的需要。故C项说法错误。

102. A 【解析】直觉的道德情感，即由于对某种具体的道德情境的直觉感知而迅速发生的情感体验。由于题干中的学生乱扔垃圾被老师看到后，马上感到非常不好意思，因此这种情感体验最有可能属于直觉的道德情感。

103. D 【解析】本题考查高创造性者的个性特征。高创造性者一般具有以下个性特征：(1)具有幽默感；(2)有抱负和强烈的动机；(3)能够容忍模糊与错误；(4)喜欢幻想；(5)具有强烈的好奇心；(6)具有独立性，很少考虑自己在他人心目中的形象。

104. A 【解析】本题考查操作技能的形成阶段。操作定向就是了解操作活动的结构与要求，在头脑中建立起操作活动的定向映像的过程。题干中小学生学写新字时，先听教师的讲解，再观察教师的书写示范，这是在头脑中建立起操作活动的定向映像的过程。所以，这时的技能学习阶段处于操作定向阶段。

易错提示：考生易混淆操作技能的四个阶段，可根据以下关键词进行区分：

阶段	关键词
操作定向	建立定向映像
操作模仿	外显的实际动作
操作整合	获得完整的动觉映像
操作熟练	高度的程序化、自动化和完善化

105. C 【解析】本题考查操作技能形成的关键环节。**练习是形成各种操作技能所不可缺少的关键环节**，也是操作技能形成的基本途径。

106. D 【解析】本题考查知识的分类。程序性知识也叫操作性知识，是个体难以清楚陈述、只能借助于某种作业形式间接推测其存在的知识，它主要用来解决做什么和怎么做的问题。

107. B 【解析】概括化理论也称经验类化说，由美国心理学家贾德提出，其主要观点是，一个人只要对自己的经验进行了概括，就可以完成从一个情境到另一个情境的迁移。他认为先前的学习之所以能迁移到后来的学习中，是因为在先前学习中获得了一般原理，这种一般原理可以部分或全部地运用于后续的学习中。故B项符合题意。而A项属于形式训练说的观点，C项属于相同要素说的观点，D项属于关系转换说的观点。

108. A 【解析】本题考查学习策略的训练原则。特定性原则是指学习策略一定要适合于学习目标和学生的类型。同样的策略，不同的学生使用起来的效果是不一样的。教师要针对学生的年龄、已有的知识水平以及学习动机类型，帮助学生选择学习策略或改善对其学习不利的学习策略。故本题答案选A项。

109. C 【解析】本题考查学习策略的类型。学习的元认知策略是指个体为实现最佳的认知效果而对自己的认知活动所进行的调节和控制。元认知策略包括计划策略、监控策略和调节策略三种。其中，计划策略是指根据认知活动的特定目标，在认知活动开始之前计划完成任务所涉及的各种活动、预计结果、选择策略，设想解决问题的方法，并预估其有效性等。题干中小李制订学习计划属于元认知策略中的计划策略。

110. C 【解析】本题考查耶克斯—多德森定律。"耶克斯—多德森定律"表明，动机不足或过分强烈都会影响学习效果。一般来讲，最佳水平为中等强度的动机。因此，某学生由于太想考取好成绩，而答不出自己十分熟悉的问题是因为其动机程度过高，处于过度焦虑和紧张的状态，干扰了记忆和思维过程。故答案选C项。

111. B 【解析】本题考查知识直观的类型。实物直观指在感知实际事物的基础上提供感性材料的直观教学方式。因此，李老师带领学生到植物园实地参观，运用的就是实物直观。

112. D 【解析】本题考查冯忠良的四阶段模型。操作熟练阶段的动作具有以下特点:(1)动作品质方面,动作具有高度的灵活性、稳定性和准确性,在各种变化的条件下都能顺利完成动作;(2)动作结构方面,各个动作之间的干扰消失,衔接连贯、流畅,高度协调,多余动作消失;(3)动作控制方面,动觉控制增强,不需要视觉的专门控制和有意识的活动,视觉注意范围扩大,能准确地觉察到外界环境的变化并调整动作方式;(4)动作效能方面,心理消耗和体力消耗降至最低,表现在紧张感、疲劳感减少,动作具有轻快感。故选D项。

113. C 【解析】本题考查具体迁移的含义。具体迁移也称特殊迁移,是指学习迁移发生时,学习者原有的经验组成要素及其结构没有变化,只是将一种学习中习得的经验要素**重新组合**并移用到另一种学习之中。因此,学习了"火"字对学习"燚"字的影响属于具体迁移。

114. B 【解析】科尔伯格认为大多数青少年和成人的道德推理处于维护权威或秩序的道德定向阶段,此阶段属于习俗水平。

115. A 【解析】派生类属学习是指新观念是认知结构中原有观念的特例或例证,新知识只是旧知识的派生物。因此,题干中先学习"四边形"的概念,再学习"平行四边形"的概念就属于派生类属学习。

116. B 【解析】内控型的人认为自己可以控制周围的环境,无论成功还是失败,都是由于自己的能力或努力等内部因素造成的,他们乐于对自己的行为负责。因此,答案选B项。

117. C 【解析】本题考查品德发展的价值内化理论。价值内化理论提出品德的形成发展包括依从、认同与内化三个阶段。内化阶段是认同阶段的进一步发展,是道德观念内化成为人生信念的阶段。此阶段中,个体在思想观点上与他人的思想观点一致,将自己所认同的思想和自己原有的观点、信念融为一体,构成一个完整的价值体系。

118. D 【解析】长时记忆中的信息以意义编码为主。意义编码有两种形式:表象编码和语义编码,它们又被称为信息的双重编码。其中,**语义编码是长时记忆最主要的编码方式**。

119. B 【解析】本题考查科尔伯格的品德发展阶段理论。习俗水平包括以下两个阶段:(1)好孩子的道德定向阶段(寻求认可取向阶段或人际关系与补同的定向);(2)维护权威或秩序的道德定向阶段(遵守法规取向阶段或秩序和法规定向)。其中,好孩子的道德定向阶段的儿童的价值是以人际关系的和谐为导向,顺从传统的要求,符合大众的意见,谋求大家的称赞。在进行道德评价时,总是考虑到社会对一个"好孩子"的期望和要求,并总是按照这种要求去展开思维。题干中的小明认为道德就是要做别人喜欢的事,即按照人们所认为的"好孩子"的要求去做,属于习俗水平的好孩子的道德定向阶段,故本题选B项。

120. B 【解析】正迁移也叫"助长性迁移",是指一种学习对另一种学习的促进作用;负迁移也叫"抑制性迁移",是指一种学习对另一种学习产生阻碍作用。故A项说法错误。学习迁移也称训练迁移,是指一种学习对另一种学习的影响,或习得的经验对完成其他活动的影响。因此,必须至少有两种或两种以上的学习,才能产生迁移,故B项说法正确。顺向迁移是指先前学习对后继学习产生的影响,故C项说法错误。自迁移是指个体所学的经验影响着相同情境中任务的操作,故D项说法错误。

121. D 【解析】本题考查自我效能感的内涵。自我效能感由班杜拉首次提出,是指人对自己能否成功从事某一成就行为的主观判断。D项中王同学觉得自己可以完成这项工作,因此其自我效能感较高,故答案选D项。

122. D 【解析】陈述性知识也叫描述性知识,是个人能用言语进行直接陈述的知识,主要用于区别和辨别事物。回答A、B、C三项时所用的知识属于陈述性知识,而回答D项时所用的知识属于程序性知识。

123. B 【解析】本题考查皮亚杰的道德发展阶段理论。皮亚杰把儿童的品德发展划分为四个阶段:(1)自我中心阶段;(2)权威阶段(他律道德阶段或道德实在论阶段);(3)可逆性阶段(自律或合作道德阶段);(4)公正阶段。其中,处于权威阶段的儿童判断行为为好坏的根据是后果的严重性,而不看主观动机。此阶段的儿童年龄大约为6~8岁,处于小学阶段,故选B项。

124. D 【解析】本题考查学习策略的分类。元认知策略是指学生对自己整个学习过程的有效监视及控制的策略,包括计划策略、监控策略、调节策略。题干中学生提前制订计划,根据目标安排学习进程,及时总结不足并进行针对性的改进,分别体现了计划策略、监控策略和调节策略。

125. D 【解析】反馈在操作技能学习过程中的作用是非常关键的,只有通过反馈,学习者才知道自己的动作是否合乎要求。其中,准确的结果反馈可以引导学生矫正错误动作、强化正确动作,并鼓励学生努力改善其操作,作用尤为明显。

126. D 【解析】对问题解决起启发作用的事物叫原型。

127. B 【解析】本题考查学习策略的种类。认知策略包括复述策略、精加工策略(精细加工策略)和组织策略三种。其中,精加工策略是指把新信息与头脑中的旧信息联系起来从而增加新信息意义的深层加工策略。做笔记策略是使用较为普遍的精加工策略。

128. B 【解析】本题考查学习策略的分类。精加工策略是指把新信息与头脑中的旧信息联系起来从而增加新信息意义的深层加工策略。它常被描述成一种理解记忆的策略,其要旨在于建立信息间的联系。在复杂知识学习里,精加工策略包括释义、写概要、创造类比、用自己的话写出注释、解释、自问自答等技术。故孙老师使用的教学策略是精加工策略。

129. A 【解析】本题考查学习动机的种类。内部学习动机是指诱因来自学习者本身的内在因素,即学生因对活动本身发生兴趣而产生的动机。外部学习动机是指诱因来自学习者外部的某种因素,即在学习活动以外由外部的诱因激发出来的学习动机。红红对画画感兴趣而努力学习画画,这属于内部动机;梦梦为了得到英语老师的夸奖而努力学习英语,这属于外部动机。因此,答案选A项。

130. A 【解析】理解问题即明确问题,就是把握问题的性质和关键信息,摒弃无关因素,并在头脑中形成有关问题的初步印象,即形成问题的表征。因此,题干中的学生读题干的过程属于理解问题阶段。

131. C 【解析】学习迁移也称训练迁移,是指一种学习对另一种学习的影响,或习得的经验对完成其他活动的影响。C项中都是对画画能力的运用,故没有发生学习迁移现象。

132. D 【解析】态度的功能有:(1)过滤功能;(2)调节功能;(3)价值表现功能;(4)适应功能。其中,态度的适应功能是指,人的态度是在对外部环境的适应过程中逐渐形成的,反过来又起着**适应外部环境**的作用。如儿童在交往活动中学会了什么样的态度是会被同伴集体所接受的,那么反过来,这种态度又会让儿童去适应不同类型的集体的交往活动。

133. B 【解析】促进迁移的有效教学应从以下几方面考虑:(1)改革教材内容,促进迁移。具体措施包括精选教材,提高对概念和原理的理解水平;合理编排教学内容,突出知识的组织特点。(2)合理编排教学方式,促进迁移。(3)教授学习策略,提高学生的迁移意识。(4)改进对学生的评价。

134. B 【解析】本题考查影响学习迁移的因素。所谓学习定势,就是习得的学习方法的态度倾向。一个学生的学习迁移,往往受他的学习意图或学习倾向的影响,这就是学习定势的作用。

135. C 【解析】当问题的初始状态可以引发出许多途径,而其中只有很少一些途径能达到目标时,逆推法是有用的。

136. D 【解析】品德具有以下特征:(1)以某种道德意识或道德观念为基础;(2)与道德行为为密切联系,离开了道德行为就无法表现和判断个人的道德;(3)具有稳定的倾向性和特征。

137. A 【解析】本题考查迁移的种类。迁移的类型有：

划分依据	类型
迁移的性质和结果	正迁移、负迁移和零迁移
迁移内容的抽象和概括水平不同	横向迁移和纵向迁移
迁移内容的不同	普遍迁移和特殊迁移
迁移发生的方向	顺向迁移和逆向迁移

故本题答案选A项。

138. A 【解析】本题考查陈述性知识的内涵。A项陈述性知识是关于“是什么”的知识。“知识就是力量”是对知识“是什么”的表述，属于陈述性知识。B项程序性知识是关于“怎么做”的知识。C项系统性知识是关于长期存在并为社会环境提供某些独特社会功能与价值的社会系统及其运行的相关知识。D项策略性知识指能帮助学习者提高学习效果和效率，是关于认识、解决问题的思想和方法方面的知识。因此，答案选A项。

易错提示：考生易混淆陈述性知识、程序性知识和策略性知识的应用。考生在做题时应注意区分这三种知识的内涵：

种类	举例
陈述性知识	“是什么”，如命题、定义等知识
程序性知识	“怎么做”，如操作步骤的知识
策略性知识	“怎么办”，如解决问题的一般方法和技巧

139. B 【解析】本题考查成败归因理论。在课堂教育中，教师除了传授知识和技能外，还应帮助学生树立这样的信念：恰当的努力可以导致成功。每一位教师都应让学生知道，学习是一件艰苦的事，只局限于自己的聪明而不付出努力是不可能学好的；如果一味认为自己笨，无论如何也学不好，更会过早地丧失学习的信心和兴趣，因此，教师应该帮助学生形成内部但可控的归因，即努力归因。

140. D 【解析】本题考查技能的特点。技能是一种活动方式，是由一系列动作及其执行方式构成的，属于动作经验。技能是控制动作执行的工具，要解决的问题是动作能否做出来，会不会做，熟练不熟练。技能的学习要以程序性知识的掌握为前提。

141. D 【解析】当新知识扩展、修饰或限定学生已有的旧知识，并使其精确化时，便产生了相关类属学习。例如，学生已有“挂国旗是爱国行动”这一命题，现在要学习“保护能源是爱国行动”这个新命题，新命题因类属于旧命题而获得意义，原有概念的内涵被加深或扩展。故题干所述属于相关类属学习。

142. B 【解析】本题考查认知策略的类型。对于比较复杂的课文学习，精加工策略有说出大意、总结、建立类比、用自己的话做笔记、解释、提问以及回答问题等。因此，题干中的小张老师要求学生分段、概括段落大意、写出自己的阅读感悟是运用了精加工策略。

143. B 【解析】形式训练说认为，**训练和改进心理官能**是教学的重要目标，教育的任务就是要改善学生的各种官能，而改善以后的官能就能够自动地迁移到其他学习中去，一种官能的改进也能增强其他的官能。因此，题干所述符合形式训练说的观点。

144. C 【解析】本题考查早期迁移理论的经典实验。托尔曼根据“**白鼠走迷宫**”实验提出了符号学习理论，故C项不属于早期关于迁移理论研究的实验。早期关于迁移理论研究的实验包括：(1)相同要素说。桑代克所做的“**形状知觉**”实验，是相同要素说的经典实验。(2)概括化理论。贾德在1908年所做的“**水下击靶**”实验，是概括化理论的经典实验。(3)关系理论。苛勒所做的“**小鸡觅食**”实验是支持关系转换说的经典实验。

145. B 【解析】心智技能也称为智力技能、认知技能，是通过学习而形成的合乎法则的心智活动方式。故提问是主要依靠心智技能完成的任务。

146. D 【解析】本题考查知识学习的分类。并列结合学习又称组合学习，是在新命题与认知结构中原有的命题既非下位关系又非上位关系，而是一种并列的关系时产生的。“脊椎动物”与“无脊椎动物”两者既非上位关系又非下位关系，故属于并列结合学习。

147. C 【解析】本题考查皮亚杰的道德发展阶段理论。皮亚杰把儿童的品德发展划分为以下四个阶段：(1)自我中心阶段(前道德阶段)；(2)权威阶段(他律道德阶段或道德实在论阶段)；(3)可逆性阶段(自律或合作道德阶段)；(4)公正阶段。其中，权威阶段的儿童服从外部规则，接受权威指定的规范，把人们规定的准则看作是固定的、不可变更的，而且只根据行为后果来判断对错。看待行为有绝对化的倾向；赞成严厉的惩罚，并认为受惩罚的行为本身就说明是坏的，还把道德法则与自然规律相混淆，认为不端的行为会受到自然力量的惩罚。题干中的小霞把妈妈和老师说的话当作权威，服从外部规则。因此，小霞最有可能处于权威阶段。

148. C 【解析】低路迁移是指以一种**自发的或自动的**方式所形成的技能的迁移。这种迁移是通过在各种情境中的练习获得的，其发生几乎是不需要或很少需要意识、思维的参与。小刘可以驾驶不同类型的汽车，这是低路迁移的典型事例。

149. D 【解析】本题考查耶克斯—多德森定律的有关内容。“耶克斯—多德森定律”表明，动机不足或过分强烈都会影响学习效果。(1)动机的最佳水平随着任务性质的不同而不同。在比较容易的任务中，行为效果(工作效率)随着动机的提高而上升；随着任务难度的增加，动机的最佳水平有逐渐下降的趋势。(2)一般来讲，最佳水平为中等强度的动机。(3)动机水平与行为效果呈倒U型曲线。

150. A 【解析】重组性迁移指重新组合原有认知系统中某些构成要素或成分，调整各成分间的关系或建立新的联系，从而应用于新情境。题干所述是重组性迁移的典型事例。

151. D 【解析】形式训练说认为训练和改进心理官能是教学的重要目标，教育的任务就是要改善学生的各种官能，而改善以后的官能就能够自动地迁移到其他学习中去，一种官能的改进也能增强其他的官能。因此，题干中老师的观点主要受形式训练说的影响。

152. B 【解析】奥苏贝尔的认知结构迁移理论认为，原有认知结构的特征直接决定了迁移的可能性及迁移的程度。

153. C 【解析】本题考查态度与品德的培养。品德培养的方法有以下几种：有效的说服、树立良好的榜样、利用群体约定、价值辨析、给予适当的奖励和惩罚。利用群体约定是指教师可以利用集体讨论后做出的集体约定，来改变学生的态度。王老师在班会上与学生达成“不乱扔垃圾”的共识，并要求大家互相监督属于群体约定。故选C项。

154. B 【解析】人们把某种功能赋予某物体的倾向称为功能固着。在功能固着的影响下，人们不易摆脱事物用途的固有观念。题干中的学生正是受功能固着的影响，从而直接影响了问题解决的灵活性。

155. B 【解析】成就动机也就是成就需要、对成功的主观期望概率以及取得成就的诱因价值三者乘积的函数，如果用T来表示追求成功的倾向，那它由以下三个因素决定：(1)对成就的需要(成功的动机)Ms；(2)在该项任务上将会成功的可能性Ps；(3)成功的诱因价值Is。如果想要提高成就动机，可以从这三个影响因素着手。故B项不属于影响成就动机的因素。

156. A 【解析】中学生品德发展的显著特点之一是道德信念、理想在道德动机中占据相当地位。中学阶段是道德信念形成的重要时期。

157. C 【解析】**定势**对解决问题既有**积极作用**，又有**消极作用**。

158. B 【解析】差异律指对象和背景的差异越大,对象从背景中区分开来就越容易。红花和绿草差异明显,故体现了差异律。

159. B 【解析】我国儿童、青少年道德情感发展的一般趋势为:(1)我国儿童、青少年道德情感的发展从小学二年级到初中二年级呈现逐步上升趋势,但不是等速的,而是不均衡的。(2)道德情感的不同范畴的发展不是同步的。(3)城市和乡村的中小学生道德情感发展的总趋势是一致的,而城市学生的发展水平,在各范畴中均高于乡村学生,差异显著。(4)不同性别的中小学生的道德情感的发展趋势基本一致,在各范畴发展水平的比较中除爱国主义情感范畴外,其他各范畴均显示女生高于男生。(5)道德情感的发展并不是在一个维度上展开的,而是在多水平、多层次之间既相互矛盾又相互制约着的发展。故B项说法不正确。

160. C 【解析】德维克等人提出了成就目标理论。该理论认为,不同个体对自己的能力有不同的看法,这种对能力的潜在认识会直接影响到个体对成就目标的选择。故答案选C项。

答案速查

161~165	BDACC	166~170	BDDAD	171~175	ABDDB	176~180	BBCBC
181~185	ABAAD	186~190	ADCDB	191~195	BACAD	196~200	CADAC
201~205	CBCCC	206~210	BDCAA	211~215	BCBCC	216~220	AADAD
221~225	AAABC	226~230	CDCBA	231~235	ADCDC	236~240	AABDB

161. B 【解析】学习策略的过程性是规定学习时做什么不做什么、先做什么后做什么、用什么方式做、做到什么程度等诸方面的问题。

162. D 【解析】本题考查知识的分类。程序性知识即操作性知识,是一种经过学习后自动化了的关于行为步骤的知识,表现为在信息转换活动中进行具体操作。**程序性知识**是关于事物"**做什么**"和"**怎么做**"的知识。因此,题干中李老师给学生讲授解一元二次方程的具体过程和操作步骤属于程序性知识。

163. A 【解析】本题考查阿特金森的成就动机理论。根据阿特金森的成就动机理论,由于追求成功动机和避免失败动机在活动中同时起作用,所以实际上的成就动机等于两者之差。因此,单有高希望成功倾向不能保证高成就行为,因为若避免失败倾向也很高的话,成就动机的值不会高。最佳方法是**高希望成功倾向与低避免失败倾向的结合**。故本题答案选A项。

164. C 【解析】本题考查归因理论。根据维纳的归因理论,努力属于内在、不稳定、可控的因素。题干中的叶老师引导学生将成功归因于努力,即归因为内部的、不稳定因素。故答案选C项。

165. C 【解析】本题考查加里培林的心智技能(智慧技能)形成理论。加里培林认为心智技能的形成分为五个阶段:(1)活动的定向阶段;(2)物质活动和物质化活动阶段;(3)出声的外部言语活动阶段;(4)无声的外部言语活动阶段;(5)内部言语活动阶段。其中,出声的外部言语活动阶段,是指不直接依赖于实物而借助出声言语进行活动的阶段。题干中的某学生掌握进位加法的运算技能后,不再需要借助于小棍、手指等工具,就可以口算出答案,这说明该学生处在出声的外部言语活动阶段。

166. B 【解析】本题考查态度的结构。态度的结构由认知、情感和行为三种成分构成。(1)态度的认知成分是指个体对态度对象所具有的带有评价意义的观念和信念。(2)态度的情感成分是指伴随态度的认知成分而产生的情绪或情感体验,是态度的核心成分。(3)态度的行为成分是指准备对某对象做出某种反应的意向或意图。故选B项。

167. D 【解析】本题考查资源管理策略的内容。资源管理策略包括时间管理策略、环境管理策略、努力管理策略、学业求助策略。其中,时间管理策略是指在时间管理上,应做到:(1)统筹安排学习时间;(2)高效利用最佳时间;

(3)灵活利用零碎时间。因此,本题中林林的这种安排属于资源管理策略中的时间管理策略。

168. D 【解析】本题考查学习策略的种类。画线属于典型的复述策略。

169. A 【解析】美国心理学家韦纳把人经历过事情的成败归结为六种原因,即能力、努力程度、工作难度、运气、身心状况、外界环境。又把上述六项因素按各自的性质,分别归入三个维度:内部归因和外部归因、稳定性归因和非稳定性归因、可控制归因和不可控制归因。题干中小贺将自己取得班级第一名归因于运气,这一因素是不稳定的、外部的和不可控的。

170. D 【解析】本题考查并列结合学习的含义。并列结合学习又称组合学习,是在新命题与认知结构中原有的命题既非下位关系又非上位关系,而是一种**并列的关系**时产生的。例如,学习质量与能量、遗传与变异、需求与价格等概念之间的关系就属于并列结合学习。

171. A 【解析】本题考查感知规律的内容。强度律是指作为知识的物质载体的直观对象(实物、模像或言语)必须达到一定强度,才能为学习者清晰地感知。例如,教师讲课时应声音洪亮。故本题答案选A项。

172. B 【解析】概括化理论也称经验类化说,由美国心理学家贾德提出。他认为先前的学习之所以能迁移到后来的学习中,是因为在先前学习中获得了一般原理,这种一般原理可以部分或全部地运用于后续的学习中。对原理了解、概括得越好,迁移效果也越好。题干中强调将在一元一次方程的解法中获得的规则运用到一元一次不等式的问题解决中,故属于经验类化说的观点。

173. D 【解析】本题考查学生问题解决能力的培养措施。学生问题解决能力的培养措施包括:(1)培养学生主动质疑和解决问题的内在动机;(2)问题的难度要适当;(3)帮助学生正确表征问题;(4)帮助学生养成分析问题和对问题归类的习惯;(5)提高学生知识储备的数量和质量,指导学生善于从记忆中提取信息;(6)训练学生陈述自己的假设及其步骤,鼓励自我评价和反思;(7)教授与训练解决问题的方法和策略;(8)提供多种练习机会;(9)训练逻辑思维能力,提高思维水平。D项,学生只配合不多思考,不利于学生问题解决能力的培养。本题为选非题,故选D项。

174. D 【解析】小华中考失利后觉得自己能力不行,考不上大学,这体现了个人自身行为的成败经验对自我效能感的影响。

175. B 【解析】一般而言,学生的成就动机来源于三种需要:(1)认知需要;(2)学生自我提高的需要;(3)学习过程派生的附属需要。故答案选B项。

176. B 【解析】本题考查品德的心理结构。"亲其师,信其道"的意思是:一个人只有在亲近、尊敬自己的师长时,才会相信、学习师长所传授的知识和道理。道德情感是人的道德需要是否得到实现及其所引起的一种内心体验,也就是人在心理上所产生的对某种道德义务的爱憎、喜恶等情感体验。因此,"亲其师,信其道"表明了道德情感的作用。

177. B 【解析】了解学生是创设问题情境的核心。

178. C 【解析】学业求助策略指当学生在学习上遇到困难时,向他人请求帮助的行为。学业求助包括两个方面:(1)学习工具的利用,如善于利用参考资料、工具书、图书馆、电脑等;(2)社会性人力资源的利用,如善于利用老师的帮助以及同学间的合作与讨论来加深对学习内容的理解。所以,小乐善于使用的学习策略是学业求助策略。

179. B 【解析】本题考查学习策略的种类。精加工策略是指把新信息与头脑中的旧信息联系起来从而增加新信息意义的深层加工策略。创造故事将所要记忆的信息编在一起,是用头脑中已有的信息将要记忆的信息联系起来,属于精加工策略。

180. C 【解析】本题考查迁移的种类。负迁移也叫"抑制性迁移",是指一种学习对另一种学习产生阻碍作用。题干中强调学习了分数乘法后对分数加减法计算的干扰作用。故答案选C项。

181. A 【解析】短时记忆的容量一般是7±2个组块，即5～9个项目，平均值为7。

182. B 【解析】本题考查学习策略的类型。组织策略是指将经过精加工提炼出来的知识点加以构造，形成更高水平的知识结构的信息加工策略。组织策略主要有两种：归类策略和纲要策略。其中，纲要策略包括主题纲要法和符号纲要法。符号纲要法是采用图解的方式体现知识的结构，即作关系图。题干中强调使用思维导图的方式来帮助记忆，属于组织策略中的纲要策略。故选B项。

183. A 【解析】本题考查功能固着的内涵。人们把某种功能赋予某物体的倾向称为功能固着。在功能固着的影响下，人们不易摆脱事物用途的固有观念，从而直接影响问题解决的灵活性。题干中人们对筷子的固有观念使得他们在看到用筷子演奏的大提琴表演后深感震惊，因此答案选A项。

184. A 【解析】本题考查奥苏贝尔对学习动机的划分。根据学校情境中的学业成就动机的不同，奥苏贝尔等人把学习动机分为以下三种：

分类	内涵
认知内驱力（内部动机）	要求了解、理解和掌握知识以及解决问题的需要
自我提高内驱力（外部动机）	个体因自己的胜任或工作能力而赢得相应地位的需要
附属内驱力（外部动机）	个体为了获得长者们的赞许或认可而把工作、学习做好的一种需要

题干中，小吴努力学习是为了获得家长的夸奖，因此其学习动机属于附属内驱力。

185. D 【解析】内部言语活动阶段是智力活动完成的最后阶段。在这一阶段中，学生凭借简化了的内部言语，似乎不需要多少意识的参与就能"自动化"地进行智力活动。这一阶段的特点是简缩和自动化。因此，题干中的学生不需默念凭借关键词进行自动化的操作，说明该学生处于内部言语活动阶段。

易错提示：考生易混淆加里培林的心智技能形成的五个阶段，可根据以下关键词进行区分。活动定向：了解。物质或物质化：借助实物或模像。出声的外部语言：出声。无声的外部语言：默念。内部言语活动：不需要念出来。

186. A 【解析】概念学习是指掌握概念的一般意义，其实质是掌握一类事物的共同的本质属性和关键特征。题干所述体现了概念学习的内涵。

187. D 【解析】根据迁移过程中所需的内在心理机制的不同，迁移可分为同化性迁移、顺应性迁移和重组性迁移。

188. C 【解析】本题考查迁移的类型。负迁移也叫"抑制性迁移"，是指一种学习对另一种学习的阻碍作用。粤语的发音会对普通话的发音产生抑制作用，即产生负迁移，因此说粤语的人很难说好普通话。

189. D 【解析】有效进行知识概括的方法有：(1)配合运用正例和反例；(2)正确运用变式；(3)科学地进行比较；(4)启发学生进行自觉概括。故答案选D项。

190. B 【解析】习俗水平包括两个阶段：(1)好孩子的道德定向阶段。(2)维护权威或秩序的道德定向阶段（遵守秩序和法规定向阶段）。故答案选B项。

191. B 【解析】本题考查学习动机的激发措施。激发学生学习动机的措施之一是对学生进行竞争教育，适当开展学习竞争。竞争可以极大地激发学生的好胜心和求成需要，增强学生的学习兴趣和克服困难的毅力，所以多数人在竞争情况下学习和工作的效率会有很大的提高。而且，通过竞争还可获得对自己能力比较实际的估计，较好地发现自己的不足和尚未显示出来的潜力，这也可以起到促进动机、提高成绩的作用。根据题干描述可知，杨老师将学生分成小组进行评选，此措施属于开展竞赛评比。

192. A 【解析】奥苏贝尔概括的获得新知识意义的三种同化模式包括：下位学习（类属学习）、上位学习（总括学习）和并列结合学习。

193. C 【解析】本题考查班杜拉的自我效能感理论。班杜拉认为，期待包括结果期待和效能期待。结果期待是指人对自己的某一行为会导致某一结果的推测。效能期待是指人对自己能够进行某一行为的能力的推测或判断，它意味着人是否确信自己能够成功地进行带来某一结果的行为。根据题干描述可知，小明认为只要自己坚持练习，就能取得好成绩，这属于对自己的某一行为会导致某一结果的推测，故属于结果期待。

194. A 【解析】本题考查熟练操作的特征。动作技能（操作技能）形成的标志是达到熟练操作。所谓熟练操作指动作已达到较高速度、准确、流畅、灵活自如，且对动作组成成分很少或不必有意识注意的状态。研究表明，熟练操作具有以下主要特征：(1)意识调控减弱，动作自动化；(2)能利用细微线索；(3)动觉反馈作用加强；(4)形成运动程序的记忆图式；(5)在不利条件下能维持正常操作水平。故A项不属于熟练操作的特征。

195. D 【解析】自我效能感是指人对自己能否成功从事某一成就行为的主观判断。

196. C 【解析】本题考查心智技能的形成阶段。原型内化，即智力活动的实践模式（原型）向头脑内部转化，由物质的、外显的、展开的形式变成观念的、内潜的、简缩的形式的过程。谢某能在头脑中直接默算出计算题的答案，这说明谢某已将计算的步骤转入头脑内部，故谢某处于心智技能形成的原型内化阶段。

易错提示：考生易混淆冯忠良的心智技能形成理论。可通过以下关键词进行区分：原型定向强调了解原型的活动结构；原型操作强调以外显的操作方式付诸实施；原型内化强调向头脑内部转化，达到活动方式的定型化、简缩化和自动化。

197. A 【解析】用类比的方法将陌生的概念转化为自己熟悉的知识的学习策略是精加工策略。

198. D 【解析】本题考查加里培林的智力技能形成阶段。加里培林把智力技能的形成过程分为以下五个阶段：(1)活动的定向阶段。这是个准备阶段，就是要了解、熟悉活动任务，使学生知道做什么和怎么做，从而在头脑里建立起活动的定向映象。(2)物质活动或物质化活动阶段。即借助于实物或实物的模型、图表、标本等进行学习。物质活动是指运用实物而言。儿童学数数最先总是用实物，数实物，就是运用实物的物质活动。(3)出声的外部言语活动阶段。这一阶段是外部的物质与物质化活动向智力活动转化的开始，此时智力活动已经摆脱了实物或实物的替代物，而代之以外部言语为支持物。例如，小学生的朗读、口算就属于这个阶段的智力技能的表现。(4)无声的外部言语活动阶段。该阶段的特点是智力活动以不出声的外部言语来进行。例如，小学生的默读、心算。(5)内部言语活动阶段。这是智力技能形成的最后阶段。其主要特点是智力技能活动的简化、压缩和自动化。因此，能够"默读"的学生处于无声的外部言语活动阶段。

199. A 【解析】本题考查学习策略的训练原则。主体性原则是指任何学习策略的使用，都有赖于学生主动性和能动性的充分发挥。主体性原则既是学习策略训练的目的，又是必要的方法和途径，如果学生处于一种被动状态，学习目标、过程和方法都由他人包办代替，学习的效果也由他人评价，那么也就无从谈起学会学习了。因此，在培训中要向学生阐明策略教学的目的和原理，使其领会。同时，教他们何时、何地、为何使用策略，而且还要给学生充分的运用学习策略的机会，并指导其分析和反思策略使用的过程与效果，以帮助他们进行有效的监控。故本题答案选A项。

200. C 【解析】问题解决的认知性是指问题解决活动是通过内在的心理加工实现的，整个活动的过程依赖于一系列认知操作的进行。自动化的操作如走路、穿衣等基本上没有重要的认知成分参与，因而，不属于问题解决的范畴。

201. C 【解析】操作熟练是操作技能形成的高级阶段，是技能形成的一个重要阶段，也是操作技能转化为能力的关键环节。

202. B 【解析】本题考查知识学习的类型。下位学习又称类属学习，是一种把新的观念归属于认知结构中原有观念的某一部分，并使之相互联系的过程。原有观念在包容和概括水平上高于新学习的知识。题干中先学习的杠杆的力臂原理在包容和概括水平上高于再学习的等臂原理(定滑轮),故这种学习属于下位学习。

203. C 【解析】本题考查道德意志的内涵。道德意志是个体自觉地调节道德行为,克服困难,以实现预定道德目标的心理过程。根据题干描述可知,学生张亮在改正坏习惯时难以自觉调节自身行为,因此老师应该加强其道德意志的培养。

204. C 【解析】本题考查品德的心理结构。品德的心理结构包括四种相辅相成的基本心理成分:道德认知、道德情感、道德意志和道德行为。道德情感是人的道德需要是否得到实现及其所引起的一种内心体验,也就是人在心理上所产生的对某种道德义务的爱憎、喜恶等情感体验。道德情感是品德的心理结构中最具动力色彩的成分。

205. C 【解析】本题考查科尔伯格的品德发展阶段理论。科尔伯格将道德判断分为三个水平(前习俗水平、习俗水平、后习俗水平),每一水平包含两个阶段。其中,习俗水平包括好孩子的道德定向阶段(人际协调定向)和维护权威或秩序的道德定向阶段(遵守法规取向阶段或秩序和法规定向)。处于人际协调定向阶段的儿童以人际关系的和谐为导向,顺从传统的要求,符合大众的意见,谋求大家的称赞。在进行道德评价时,总是考虑到社会对一个"好孩子"的期望和要求,并总是按照这种要求去展开思维。他们认为好的行为就是帮助别人、使别人愉快、受他人赞赏的行为。

206. B 【解析】本题考查学习迁移理论。桑代克等人认为,迁移是非常具体的、有条件的,需要有共同的要素。只有当两个机能的因素中有相同要素时,一个机能的变化才会改变另一个机能的习得。平行四边形与矩形共同要素多,训练对平行四边形的面积进行估算,有助于对矩形的面积估算可以用相同要素说解释。

207. D 【解析】手段—目的分析法是一种不断减少当前状态与目标状态之间的差别而逐步前进的策略,是一种常用的解题策略,对解决复杂问题有重要的应用价值。

208. C 【解析】道德观念是人们对道德活动中所产生的各种关系以及如何处理这些关系的行为准则认识的反映,其形成是一个由低到高、由浅入深的渐进过程,主要涉及两个因素:了解道德规范和进行道德评价。故题干所述是道德观念的内涵。

209. A 【解析】本题考查知识学习的类型。符号学习又称表征学习,是指学习单个符号或一组符号的意义。符号学习的心理机制是符号和它们所代表的事物或观念在学习者认知结构中**建立相应的等值关系**。因此,题干中儿童将"猫"这个词在头脑中与猫的形象建立起相应的等值关系属于表征学习。B项,概念学习是指掌握概念的一般意义,其实质是掌握一类事物的共同的本质属性和关键特征。不符合题意,故不选。C项,命题学习是指获得由几个概念构成的命题的复合意义,实际上是学习表示若干概念之间关系的判断。不符合题意,故不选。D项,有意义学习的本质就是以符号为代表的新观念与学习者认知结构中原有的适当观念建立起非人为的和实质性的联系的过程。不符合题意,故不选。

210. A 【解析】本题考查影响问题解决因素的实验研究。(1)问题情境。经典的实验有解决九点连线和火柴排图问题。(2)思维定势。经典实验是卢钦斯的量杯实验。(3)**功能固着**。经典实验有**邓克尔的"盒子—蜡烛问题"实验**和梅尔的"摆荡结绳"实验。(4)酝酿效应。经典实验是"经济项链问题"实验。因此,答案选A项。

211. B 【解析】本题考查直观方式的类型。在实际的教学过程中,主要有三种直观方式:实物直观、模像直观和言语直观。A项,实物直观指在感知实际事物的基础上提供感性材料的直观教学方式。B项,模像直观指观察与教材相关的模型与图像(如图片、图表、幻灯片、电影、录像、电视等),形成感知表象。模型、图像都是对客观事物的简化、抽象或夸张。C项,言语直观指在生动形象的言语作用下唤起学生头脑中的表象,以提供感性材料的直观方式。题干中,教师用"大量碎纸片"作为"雪花"的模像,通过抛撒大量碎纸片引导学生体会下雪场景,这体现了模像直观。故选B项。

212. C 【解析】可逆性阶段(自律或合作道德阶段)的儿童既不简单地服从权威,也不机械地遵守规则,他们已不把准则看成是不可改变的,而把它看作是同伴间共同约定的。儿童已经意识到一种同伴间的社会关系,应相互尊重。准则对他们来说已具有一种保证他们相互行动、互惠的可逆特征。因此,题干所述儿童处于自律道德阶段。

213. B 【解析】理解问题即明确问题,就是把握问题的性质和关键信息,摒弃无关因素,并在头脑中形成有关问题的初步印象,即形成问题的表征;通俗来讲就是要看清题意,必要时可以画示意图。

214. C 【解析】策略性知识是关于如何学习和如何思维的知识,即个体运用陈述性知识和程序性知识去学习、记忆、解决问题的**一般方法和技巧**。例如,学习时如何有效记忆,写作时如何拟定提纲,解决问题时如何明确思维方向等。

215. C 【解析】本题考查学习策略。精细加工策略是指把新信息与头脑中的旧信息联系起来从而增加新信息意义的深层加工策略。C项中,"词义"是学生已经知道的东西,"单词"是要学习的东西,英语老师将二者联系起来帮助学习属于精细加工策略。复述策略是指在工作记忆中为了保持信息,运用内部语言在大脑中重现学习材料或刺激,以便将注意力维持在学习材料上的方法。A、D项属于复述策略。组织策略是指将经过精加工提炼出来的知识点加以构造,形成更高水平的知识结构的信息加工策略。B项"画示意图"属于组织策略。故选C项。

216. A 【解析】本题考查学习策略的内容。缩简就是将识记材料的每条内容简化成一个关键性的字,然后变成自己所熟悉的事物从而将材料与过去经验联系起来。题干中的学生使用"艰苦事,敢考虑"来记忆井冈山精神的内容,这种学习策略就是记忆术中的缩简法。

217. A 【解析】依从,即表面上接受规范,按照规范的要求来行动,但对规范的必要性或根据缺乏认识,甚至有抵触情绪。它是规范内化的初级阶段,是态度与品德建立的开端。故题干所述体现了态度形成过程中的依从现象。

易错提示:考生易混淆态度与品德的形成阶段,考生应注意:依从阶段强调表面遵守,即阳奉阴违;认同阶段强调与他人保持一致;内化阶段强调已完善自己的价值体系。

218. D 【解析】所谓变式,就是变换使用不同形式的直观材料或事例说明事物的属性,使本质属性保持不变而非本质属性或有或无,以便突出本质属性,即为了**分化概念**。

219. A 【解析】认知策略是学习者信息加工的方法和技术。其基本功能有两个方面:一是对信息进行有效的加工与整理,二是对信息进行分门别类的系统储存。

220. D 【解析】本题考查原型启发的内涵。对问题解决起启发作用的事物叫原型。原型启发是指从其他事物上发现解决问题的途径和方法。科学家发明出蝇眼透镜正是受到苍蝇这一原型的启发,故答案选D项。

221. A 【解析】短时记忆的特点有:(1)时间很短;(2)容量有限;(3)意识清晰;(4)操作性强;(5)易受干扰。而A项属于瞬时记忆的特点。

222. A 【解析】本题考查影响问题解决的因素。影响问题解决的因素包括问题情境与知识表征的方式、定势与功能固着、原型启发、已有知识经验、情绪与动机、迁移。其中,思维定势是指用以往解决类似问题的方式来解决新问题的倾向。

223. A 【解析】本题考查问题解决的过程。问题解决的过程一般可分为发现问题、理解问题、提出假设和检验假设四个阶段。理解问题就是把握问题的性质和关键信息,摒弃无关因素,并在头脑中形成有关问题的初步印象,即形成问题的表征。认知心理学将理解问题看作是在头脑中形成问题空间的过程。问题空间是个体对一个问题所达到的全部认识状态,包括问题的起始状态、目标状态以及由前者过渡到后者的各中间状态和有关的操作。不同的人所构造的问题空间也可能不同,同一个人,在问题解决之前也可能改变或重构问题空间。故本题选A项。

224. B 【解析】精加工策略是指把新信息与头脑中的旧信息联系起来从而增加新信息意义的深层加工策略。对于比工策略。

225. C 【解析】道德行为的培养方法包括:(1)群体约定;(2)道德自律。其中,道德自律强调道德教育理应是学生主体"自己塑造自己""自己构建自己"的活动,而不是被动地"被塑造"或"被模造"的活动。在本题中,"吾日三省吾身"的意思是我每天多次反省自己,这启发我们在培养道德行为的方法中,道德自律具有重要作用。

226. C 【解析】操作活动的每个动作必须切实执行,不能合并、省略,在结构上具有展开性。心智活动不像操作活动那样必须将每一个动作实际做出,是高度省略和简化的。故C项说法错误。

227. D 【解析】本题考查问题解决的过程。检验假设就是通过一定的方法来确定假设是否合乎实际、是否符合科学原理。题干中王伟根据物理课上所学的知识,推测灯灭可能是因为保险丝断了,并通过检查闸盒里的保险丝来验证自己的推测是否正确,这属于检验假设阶段。

228. C 【解析】本题考查学习迁移理论。不同的迁移理论观点表现在:

迁移理论	观点
形式训练说	心理官能只有通过训练才能得以发展,迁移就是心理官能得到训练而发展的结果,迁移是无条件的、自发的
相同要素说	迁移是非常具体的、有条件的,需要有共同的要素。两种情境中的相同要素越多,迁移的量也就越大
经验类化说(概括化理论)	一个人只要对自己的经验进行了概括,就可以完成从一个情境到另一个情境的迁移。对原理了解、概括得越好,迁移效果也越好
三维迁移理论	强调如何通过"刺激"与"反应"的相似度来影响迁移的效果

故答案选C项。

229. B 【解析】"耶克斯—多德森定律"表明,动机的最佳水平随任务性质的不同而不同。在比较容易的任务中,行为效果(工作效率)随着动机的提高而上升;随着任务难度的增加,动机的最佳水平有逐渐下降的趋势。

230. A 【解析】本题考查品德的结构。道德信念是指在一定的道德观念、道德情感、道德意志的基础上,构成人们行为的内在动机和性格的有机部分的思想和观点。**道德信念是道德认识转化为道德行为的中介和关键要素**。

231. A 【解析】动作结构的简缩性是指心智活动不像操作活动那样必须将每一个动作实际做出,也不像外部言语那样必须把每个字词一一说出,而是不完全的、片断的,是**高度省略和简化的**。

232. D 【解析】本题考查学习动机的类型。内部学习动机是指诱因来自学习者本身的内在因素,即学生因对活动本身发生兴趣而产生的动机。A项,"万般皆下品,唯有读书高"这句话的意思是社会上的行业都是低俗、低贱的,只有读书进入仕途才是正道。这强调读书是为了进入仕途,属于外部动机,故排除。B项,"为中华之崛起而读书"强调学习的目的是为了中华的崛起,属于外部动机,故排除。C项,"书中自有黄金屋,书中自有颜如玉"强调读书能得到财富和美女,属于外部动机,故排除。D项,"读书是一种乐趣"强调对读书本身发生兴趣,属于内部动机。因此,答案选D项。

233. C 【解析】本题考查变式的内涵。变式,就是变换使用不同形式的直观材料或事例说明事物的属性,使本质属性保持不变而非本质属性或有或无,以便突出本质属性。故本题答案选C项。

234. D 【解析】本题考查品德的心理结构。品德的心理结构包括四种相辅相成的基本心理成分:道德认知、道德情感、道德意志和道德行为。道德行为是道德形成的最终环节,是指个体在一定的道德意识支配下表现出来的对他人和社会的有道德意义的活动。它是个体道德认知的外在表现,是实现道德动机的手段。道德行为是衡量道德品质的重要标志。

235. C 【解析】本题考查激发学生学习动机的措施。根据题干描述可知,本题解题的关键句为"班主任利用游戏与学习的关系,希望把小刚的注意力从游戏引到学习上"。因此,激发小刚学习动机的最佳做法是促进学生动机的迁移,故答案选C项。

236. A 【解析】复述策略是指在工作记忆中为了保持信息,运用内部语言在大脑中重现学习材料或刺激,以便将注意力维持在学习材料上的方法。题干中的学生对古诗的回忆和默写就属于复述策略。

237. A 【解析】人们通过练习掌握动作技能,一般经过以下三个阶段:(1)动作的认知和定向阶段。在本阶段,动作尚忙乱紧张,呆板而不协调,并出现多余动作,也难以觉察自己动作的全部情况,因此自己不易发现错误。(2)动作的联系阶段。(3)动作的协调和完善阶段或自动化阶段。故答案选A项。

238. B 【解析】符号学习又称表征学习,是指学习单个符号或一组符号的意义。**词汇学习是符号学习的主要内容**。

239. D 【解析】本题考查知识学习的类型。根据知识本身的存在形式和复杂程度,知识学习可分为符号学习、概念学习和命题学习。B项,符号学习又称表征学习,是指学习单个符号或一组符号的意义。A项,符号学习的主要内容是词汇学习。C项,概念学习是指掌握概念的一般意义,其实质是掌握一类事物的共同的本质属性和关键特征。D项,命题学习是指获得由几个概念构成的命题的复合意义,实际上是学习表示若干概念之间关系的判断。只有了解直角三角形和三角形的概念之后,才能掌握这个命题的意义。故选D项。

240. B 【解析】桑代克等人提出的相同要素说认为,只有当学习情境和迁移情境存在共同成分时,一种学习才能影响到另一种学习,即产生学习迁移。两种情境中的相同要素越多,迁移的量也就越大。

答案速查

241~245	BDCBB	246~250	CCDDB	251~255	CADDC	256~260	CBDBC
261~265	DABAB	266~270	DACCA	271~275	BBDAC	276~280	DCDDB
281~285	DBCBC	286~290	BCCBB	291~295	DADAB	296~300	CDBBC
301~305	BBDAA	306~310	DCDCD	311~315	BBBDA	316~318	DAB

241. B 【解析】在实际活动中,态度的三种成分所占的比重不同,当个体参与比较具体的社会环境时,态度的情感成分起很大的作用。

242. D 【解析】本题考查问题的分类。按照问题的组织程度把问题分为结构良好问题和结构不良问题。学习者在学科学习中遇到的绝大多数问题都是结构良好问题。例如,"从北京出发乘火车到香港,最好的路线应该怎么走?"其初始状态、目标状态和操作都是具体明确的。另外,诸如让学生进行加减乘除的运算,在考试中进行单选,或者是解决一个复杂的物理问题等,都是结构良好问题,因为学生可以根据给定信息和目标,选择明确的解决方案来达到问题解决的目的。故A、B、C三项属于结构良好问题。结构不良问题并不是指这个问题本身有什么错误或是不恰当,而是指它没有明确的结构或解决途径。例如:"修电脑",其初始状态不明确,要先检查电脑的故障出在哪儿;"用Photoshop做一朵漂亮的玫瑰花",其目标状态不明确,什么样的玫瑰花才算"漂亮"。故D项评价某年轻教师课堂教学效果属于结构不良的问题。

243. C 【解析】对社会规范的认同,是指学习者在认识、情感和行为上与规范趋于一致,自愿对规范遵从的现象。认同分偶像认同和价值认同。偶像认同是指因对某人或某团体的崇拜、仰慕等趋同心理而产生的遵从现象。**价值认同是指出于对规范本身的意义和必要性的认识而产生的对规范的遵从现象**。题干所述为对尊老爱幼这一价值观的认同,故属于价值认同。

244. B 【解析】知识学习的作用主要是:(1)知识的学习和掌握是学校教学的主要任务之一;(2)知识的学习和掌握是学生各种技能形成和能力发展的重要基础;(3)知识的学习是创造性产生的必要前提;(4)知识的学习和掌握是学生的态度和品德形成的因素之一。

245. B 【解析】本题考查学习动机的分类。认知内驱力是指要求了解、理解和掌握知识以及解决问题的需要。一般来说,这种内驱力大多是从好奇倾向中派生出来的。本题中学生因非常喜欢数学而认真上数学课,故其学习动机属于认知内驱力。

246. C 【解析】定势(即心向)是指重复先前的操作所引起的一种心理准备状态。在定势的影响下,人们会以某种习惯的方式对刺激情境做出反应。穆丽丽在铁比棉花重的心理定势下,很容易认为一斤铁比一斤棉花重。

247. C 【解析】本题考查知识学习的类型。符号学习又称表征学习,是指学习单个符号或一组符号的意义。符号学习的心理机制是符号和它们所代表的事物或观念在学习者认知结构中建立相应的等值关系。学生认识了国家禁毒委员会的禁毒标志的意义,这属于符号学习。

248. D 【解析】行为主义心理学家用强化来解释学习的发生。如果学生因学习而得到强化(如得到好成绩、教师和家长的赞扬等),他们就会有较强的学习动机;如果学生的学习没有得到强化(如没得到好分数或赞扬等),就会缺乏学习动机。因此,题干所述观点体现了强化理论。

249. D 【解析】自我效能感由班杜拉首次提出,是指人对自己能否成功从事某一成就行为的主观判断。"艺高人胆大"是说当有了顶尖的技艺,可以凭借高超的技艺在江湖上行走,就可以无往而不胜了,这体现的是对自己能力的肯定。因此,"艺高人胆大"体现了个体具有较高的自我效能感。

250. B 【解析】学习方法是学习策略的知识和技能基础,是学习策略的一个重要组成部分,而不是学习策略的全部。因此,不能把二者完全等同。所以,B项说法错误。

251. C 【解析】学校教育中,迁移主要发生在认知领域,涉及陈述性知识之间的迁移、自动化基本技能之间的迁移以及认知策略的迁移,这三类迁移的机制及其影响因素各不相同,教师应当依据这些影响因素主动探索促进学生积极迁移的教学方式。

252. A 【解析】问题解决可以划分为四个阶段:(1)理解和表征问题阶段;(2)寻求答案阶段;(3)执行计划或尝试某种解答阶段;(4)评价结果阶段。因此,答案选A项。

253. D 【解析】班杜拉提出了社会学习品德理论。他认为,观察学习是儿童学习的主要形式,儿童大部分的道德行为都是通过观察学习而获得和改变的。因此,班杜拉的研究重点是儿童的道德行为。

254. D 【解析】本题考查迁移理论。贾德在1908年所做的"水下击靶"实验,是概括化理论的经典实验。概括化理论也称经验类化说,故答案选D项。

255. C 【解析】本题考查问题解决的概念。问题解决是指为了从问题的初始状态到达目标状态,而采取一系列具有目标指向性的认知操作的过程。C项"用一个词造句"符合问题解决的定义,故选C项。A项"回忆一个人的名字"属于记忆;B项"幻想自己是科学家"属于想象;D项"荡秋千"属于动作技能。

256. C 【解析】本题考查学习动机的含义。学习动机是直接推动学习行为的原因和内部动力。

257. B 【解析】通过原型操作,学生不仅有了程序性知识,而且通过实际操作获得了完备的动觉映像,这就为原型内化奠定了基础。

258. D 【解析】学习策略的训练原则包括:主体性原则、内化性原则、特定性原则、生成性原则、有效监控原则和个人效能感原则。其中,个人效能感原则是指学生在执行某一任务时对自己胜任能力的判断和自信程度。王老师给那些学习态度端正、成绩却不高的学生出一些简单的试题,目的是增加其成功体验,帮他们树立自信心,提高个人效能感,这遵循了个人效能感原则。

259. B 【解析】功能固着是指人们把某种功能赋予某物体的倾向。题干中的学生可以把老虎钳当作锤子用,也可以用缝制衣服的棉线去裁纸,这说明学生不仅看到了物体的某种惯常的功能,还看到了该物体的其他功能,从而克服了功能固着的限制。

260. C 【解析】在学生的学习活动中,常常需要进行某些外部的学习操作,并对此做出适当的监控,表现出外显性特点。因此,题干中老师的表现说明了学习策略的外显性。

261. D 【解析】道德认知(道德认识)是指对于行为规范及其意义的认识,是人的认识过程在道德上的表现。根据题干中描述的"增强青少年对形形色色的信息的鉴别能力"可知,需要加强学生对不良信息的认识。故答案选D项。

262. A 【解析】本题考查科尔伯格的道德发展阶段论。道德发展处于前习俗水平中服从与惩罚的道德定向阶段的儿童,其道德价值来自对外力的屈从或对惩罚的逃避。题干中,小明因为"被抓住会挨打"所以认为偷东西是不对的,这体现了对惩罚的逃避,因此,其道德认知发展处于前习俗水平。

263. B 【解析】本题考查自我价值论。自我价值理论是美国教育心理学家卡文顿提出的。自我价值理论将学生的学习动机划分为:高驱低避型、低驱高避型、高驱高避型和低驱低避型。其中,高驱高避型又称为"过度努力者"。这类学生通常学习努力、聪明能干,对于大部分没有挑战性的作业和功课,他们会自己提出更高的要求和目标,以赢得老师额外的奖励。表面看他们很好,但事实上他们受着紧张、冲突的严重困扰。为了成功同时又要掩饰自己的努力,他们中就出现了一种"隐讳努力"的现象。他们在同学中尽量表现得贪玩、不在乎考试,但私下里却偷偷努力,拼命学习。这样,成功时,他们的成绩更有价值,更能说明他们的能力过人;即使失败,也可以为自己的失利找到很好的理由,不会被认为无能。故选B项。

264. A 【解析】B、C、D三项均属于激发学生学习动机的教学策略。

265. B 【解析】在影响学习动机的形成因素中,成熟与年龄特点这一因素表现为:年幼儿童的动机主要是生理性动机,随着年龄的增长,社会性动机及其作用也日益增长。

266. D 【解析】根据反映活动的形式不同,可以将知识分为陈述性知识和程序性知识。

267. A 【解析】本题考查韦纳的成败归因理论。心理学家韦纳把人经历过事情的成败归结为六种原因,即能力、努力程度、工作难度、运气、身心状况、外界环境。又把上述六项因素按各自的性质,分别归入三个维度:内部归因和外部归因、稳定性归因和非稳定性归因、可控制归因和不可控制归因。能力是内部、不可控和稳定的因素。题干所述是将失败归因于能力,会产生"我太笨了"的观念,故本题选A项。

268. C 【解析】本题考查知识的感知。言语直观也叫语言直观,指在生动形象的言语作用下唤起学生头脑中的表象,以提供感性材料的直观方式。教师运用语言向学生描述"推碾子磨豆子"的具体形象使用的直观手段属于语言直观。

269. C 【解析】本题考查动作技能的分类。动作技能可按其执行过程中,外部情境是否变化而分成封闭的动作技能和开放的动作技能。封闭的动作技能是指外部情境在本质上相同的情况下,动作能始终如一地维持。像写字、打字等动作属于封闭的动作技能。开放的动作技能是指所进行的动作随着外部情境的变化而作相应变化的技能。像打乒乓球时的接发球、抽杀等动作,篮球比赛中的运球、传球、投篮等动作都属于这类动作技能。

270. A 【解析】学习兴趣是学习动机中最活跃的成分。

271. B 【解析】个人将成功归因于能力和努力等内部因素时,他会感到骄傲、满意、信心十足,而将成功归因于任务容易和运气好等外部原因时,产生的满意感则较少。

272. B 【解析】正迁移也叫"助长性迁移",是指一种学习对另一种学习的促进作用。因此,通过玩游戏可以帮助孩子学习数学中的十进制属于一种正迁移。

273. D 【解析】到了儿童后期和少年期,来自同伴、集体的赞许和认可逐渐替代了对长者的依附。在这期间,赢得同伴的赞许就成为一个强有力的动机因素。因此,小学后期、初中时期学生的学习动机主要是获得同学赞赏。

274. A 【解析】远景的间接性学习动机是指由于了解活动的社会意义、活动结果的社会价值而引起的对某种活动的动机,它是与学习的社会意义和个人的前途相连的。

275. C 【解析】形象联想法是通过人为联想,使无意义的、难记的材料和头脑中的鲜明奇特的形象相结合,从而提高记忆效果。例如,小学生记汉语拼音时就常利用具体的事物,"m"像两个小门洞,"n"像一个小门洞。

276. D 【解析】许多研究表明,如果滥用外部奖励,不仅不能促进学习,而且可能破坏学生的内在动机。故A项说法错误。教师对学生的肯定性评价具有积极的强化作用,能鼓励学生产生再接再厉、积极向上的心态,赞扬、奖励一般比批评、惩罚更具有激励作用。故B项说法错误,D项说法正确。奖励必须充分考虑学生的个别差异,从而有的放矢,对症下药。故C项说法错误。

277. C 【解析】本题考查心智技能的形成阶段。冯忠良将心智技能的形成分为原型定向、原型操作和原型内化三个阶段。其中原型操作是依据智力技能的实践模式,把学生在头脑中已建立起来的活动程序计划以外显的操作方式付诸实施,获得完备的动觉映像的过程。

278. D 【解析】"两位亲人掉入水中,应该先救哪个?"这一问题不管回答哪一个都会陷入两难境地,这正是延伸自心理学家科尔伯格提出的道德两难故事。

279. D 【解析】逆向迁移是指后继学习对先前学习产生的影响。因此,后学习的英语语法对先学习的中文语法的影响属于逆向迁移。

280. B 【解析】学习动机的两个基本成分是**学习需要与学习期待**,两者相互作用形成学习的动机系统。

281. D 【解析】奥苏贝尔在有意义接受学习理论的基础上提出了认知结构迁移理论,认为一切有意义的学习都是在原有认知结构的基础上产生的,不受原有认知结构影响的有意义学习是不存在的。因此,题干中依据的迁移理论是认知结构迁移论。

282. B 【解析】根据班杜拉的社会学习理论可知,榜样在观察学习过程中起着非常重要的作用。因此,树立良好的榜样(榜样示范法),是培养学生良好品德的重要方法。

283. C 【解析】言语直观是指在生动形象的言语作用下唤起学生头脑中的表象,以提供感性材料的直观方式。

284. B 【解析】本题考查态度与品德学习的一般过程。态度与品德的形成是一个从外到内的转化过程,是社会规范的接受和内化,大致经历三个阶段:(1)社会规范的依从。即表面上接受规范,按照规范的要求来行动,但对规范的必要性或根据缺乏认识,甚至有抵触情绪。(2)社会规范的认同。即在思想、情感、态度和行为上主动接受规范,从而试图与之保持一致。认同实质上就是对榜样的模仿,其出发点就是试图与榜样一致,包括偶像认同或价值认同。(3)内化。即在思想观点上与社会规范及其价值一致,将自己所认同的思想和自己原有的观点、信念融为一体,构成一个完整的价值体系。题干中的学生一旦认定了某个偶像,就会模仿并追随偶像的行为,因此属于认同阶段。

285. C 【解析】本题考查迁移的种类。正迁移也叫"助长性迁移",是指一种学习对另一种学习的促进作用。故A项不符合题意。顺向迁移是指先前学习对后继学习产生的影响。故B项不符合题意。近迁移即把所学的经验迁移到与原初的学习情境比较相似的情境中,如校内某些学科之间的迁移,或同一学科内的学习之间的迁移。故C项符合题意。水平迁移也叫横向迁移,是指先行学习内容与后继学习内容在难度、复杂程度和概括层次上属于同一水平的学习活动之间产生的影响。故D项不符合题意。

286. B 【解析】本题考查技能的种类。心智技能也称为智力技能、认知技能,是通过学习而形成的合乎法则的心智活动方式。阅读技能、写作技能、运算技能、解题技能等都是常见的心智技能。

287. C 【解析】本题考查知识学习的类型。并列结合学习又称组合学习,是在新命题与认知结构中原有的命题既非下位关系又非上位关系,而是一种**并列**的关系时产生的。题干中,钠、镁、铝等元素与铜、铁、锌等元素的概念处于同一水平,因此属于并列结合学习。

288. C 【解析】本题考查变式的应用。变式,就是变换使用不同形式的直观材料或事例说明事物的属性,使本质属性保持不变而非本质属性或有或无,以便突出本质属性。简言之,变式就是指概念或规则的肯定例证在无关特征方面的变化。例如,在生物学中介绍"果实"的概念时,不要只选择可食用的果实(如苹果、西红柿、花生等),还要选择一些不可食用的果实(如橡树籽、棉籽等),这样才有利于学生看到一切果实都有"种子"这一关键属性,而舍弃"可食性"等无关特征。故本题选C项。

289. B 【解析】本题考查学习策略。根据生物钟安排学习活动是指根据时间安排学习活动,运用了时间管理策略,属于学习策略中的资源管理策略。故本题选B项。

290. B 【解析】直观是理解科学知识的**起点**,是学生由不知到知的**开端**,是知识获得的**首要环节**。

291. D 【解析】提出假设就是提出解决问题的可能途径与方案,选择恰当的解决问题的操作步骤。因此,"想出两种以上可能的计算方法"属于问题解决的提出假设阶段。

292. A 【解析】符号学习又称表征学习,是指学习单个符号或一组符号的意义。符号学习包含的内容有:(1)词汇学习。(2)非语言符号(如实物、图像、图表、图形等)的学习。(3)事实性知识的学习,即学习一组符号(语言或非语言)所表示的某一具体事实。例如,历史课中历史事件和历史人物的学习,地理课中地形地貌和地理位置的学习,均属于事实性知识的学习。

293. D 【解析】原型内化是智力活动的实践模式(原型)向头脑内部转化,由物质的、外显的、展开的形式变成观念的、内潜的、简缩的形式的过程。它又分为三个小阶段,即出声的外部言语阶段、不出声的外部言语阶段和内部言语阶段。

294. A 【解析】上位学习又称总括学习,是在学生掌握一个比认知结构中原有概念的概括和包容程度更高的概念或命题时产生的。题干所述为上位学习的典型事例。

295. B 【解析】父母专制,孩子凡事需经父母的同意,养成了听话顺从的习惯,这是不利于创造力发展的家庭因素之一。

296. C 【解析】本题考查操作技能的形成。操作技能的形成分为操作定向、操作模仿、操作整合和操作熟练四个阶段。其中操作熟练是操作技能掌握的高级阶段。这一阶段,通过动作练习形成的活动方式对各种变化的条件具有高度的适应性,动作的执行达到高度的程序化、自动化和完善化。

297. D 【解析】产生"高原现象"的原因之一是心理和生理上的疲劳,而分散练习可以避免长时间练习所产生的疲劳或厌烦情绪,效果较佳,因此D项中的做法错误。

298. B 【解析】本题考查态度的结构。态度的结构包括认知成分、情感成分和行为成分。态度的情感成分是指伴随着态度的认知成分而产生的情绪或情感体验,是态度的核心成分。

299. B 【解析】操作熟练阶段的动作具有以下特点:(1)动作品质方面,动作具有高度的灵活性、稳定性和准确性,所以A项错误;(2)动作结构方面,各个动作之间的干扰消失,衔接连贯、流畅,高度协调,多余动作消失,所以B项正确;(3)动作控制方面,动觉控制增强,不需要视觉的专门控制和有意识的活动,所以C项错误;(4)动作效能方面,心理消耗和体力消耗降至最低，所以D项错误。

300. C 【解析】本题考查影响问题解决的因素。对问题解决起启发作用的事物叫原型。原型启发是指从其他事物上发现解决问题的途径和方法。受面包发酵后产生多孔变得松软的启发，制造出泡沫橡胶，这种解决问题的过程与方法属于原型启发，故选C项。

301. B 【解析】本题考查记忆的分类。瞬时记忆中只有能够引起个体注意并被及时识别的信息，才有机会被转入短时记忆。故A项说法正确。长时记忆的信息保持时间长久，在1分钟以上，直至保持终生。故C项说法正确。瞬时记忆的容量较大；短时记忆的容量有限，一般是7±2个组块；长时记忆的容量无限。故D项说法正确。**长时记忆是信息经过充分加工**，在头脑中长久保持的记忆。故B项说法错误。

302. B 【解析】本题考查对学习迁移概念的理解。学习迁移也称训练迁移，是指一种学习对另一种学习的影响，或习得的经验对完成其他活动的影响。平时所说的“举一反三”“触类旁通”等就是典型的迁移形式。

303. D 【解析】儿童在家庭中养成的爱劳动的行为习惯也会在学校中表现出来，这属于行为规范迁移的典型事例。

304. A 【解析】本题考查成败归因理论。根据成败归因理论可知，学生将成败归因于努力比归因于能力会产生更强烈的情绪体验。当学生倾向于做努力归因时，取得成功时会认为是自己努力的结果，并会鼓励自己继续努力，期望下一次获得更大的成功；遭遇失败时会认为是自己不努力或努力不够造成的不良后果，认为自己今后只要努力，也一定可以获得成功。所以，教师引导小明同学做努力归因，将能获得最佳的教学效果。

305. A 【解析】学习动机的两个基本成分是学习需要与学习期待，两者相互作用形成学习的动机系统。其中，学习需要是个体从事学习活动的**最根本动力**，如果没有这种自身产生的动力，个体的学习活动就不可能发生。所以说，学习需要在学习动机结构中占主导地位。

306. D 【解析】本题考查学习策略。精细加工策略是指把新信息与头脑中的旧信息联系起来从而增加新信息意义的深层加工策略。包括记忆术、做笔记、生成性学习等。学生通过“大鱼取两边，小鱼取中间”的口诀进行记忆的方法属于记忆术中的编歌诀。因此，这种学习策略属于精细加工策略。

307. C 【解析】本题考查操作技能的含义。操作技能又叫运动技能、动作技能，是通过学习而形成的合乎法则的操作活动方式。故吹拉弹唱属于操作技能。

308. D 【解析】处于社会契约的道德定向阶段的人以法制观念为导向，有强烈的责任心和义务感。因此，答案选D项。

309. C 【解析】小明将自己成绩的好坏归因于老师而不是自己，这说明小明是外部归因类型的人。

310. D 【解析】在自动化阶段，各个动作相互协调似乎是**自动流出来的**，无需特殊的注意和纠正。在该阶段，只要有一个启动信号，练习者就能迅速准确地按照程序连贯完成整个动作系列。

311. B 【解析】题干中黑格尔的话表明，品德是由个人的道德行为来显示的，但是偶尔或一时的道德行为并不足以说明一个人已具备了某种品德。只有一个人具有某种稳定的道德观念，并在它的支配下一贯地出现某些道德行为时，我们才能说他具有某一品德。这表明了品德具有稳定性。

312. B 【解析】美国社会心理学家罗特提出了控制点理论，将人划分为“内控型”和“外控型”。外控型的人认为成败皆由外部力量控制，比如机遇、命运、无法抗拒的规则或制度等，人无法控制周围的环境，正如俗话所说“谋事在人，成事在天”。内控型的人认为成败是由自身的内部因素决定的，把行为的原因归结为自己的能力或努力。因此，题干中的说法在心理学上称为控制点。

313. B 【解析】所谓知识领会，是指了解传输知识的媒体的含义，懂得词所标志的事物的情形、性质，对事物获得间接认识的过程。知识的领会从整体上来说，主要是通过对教材的直观与概括这样两个认识环节实现的。

314. D 【解析】高路迁移是有意识地将某种情境中学到的抽象知识应用于另一种情境中的迁移。学生在一种学习情境中抽取出了一种规则、原理、范例、图式，然后运用于新的情境，这便是高路迁移。

315. A 【解析】本题考查耶克斯—多德森定律。耶克斯—多德森定律认为，教师在教学时，要根据学习任务的不同难度，恰当控制学生学习动机的激起程度。在学习较容易、较简单的课题时，应尽量使学生集中注意力，使学生尽量紧张一点；而在学习较复杂、较困难的课题时，则应尽量创造轻松自由的课堂气氛，在学生遇到困难或出现问题时，要尽量心平气和地慢慢引导，以免学生过度紧张和焦虑。从这个角度来看，平日在学生中流传的“大考大玩、小考小玩、不考不玩”的俏皮话，在一定程度上是有积极意义的。

316. D 【解析】高中生的伦理道德的发展具有成熟性，可以比较自觉地运用一定的道德观念、原则、信念来调节自己的行为。

317. A 【解析】知识的表征方式能影响问题的解决。以九点连线图问题为例，实验时要求人们用一笔连续画四条直线把图中的九个点连在一起。人们常常不能成功地解决这一问题，其原因在于，9个点在知觉上组成了方形，人们总是试图在这个方形的轮廓中连线，这种问题的表征方式阻碍了问题的解决，如果在实验中告诉被试，连线时可以突破方形的限制，被试的成绩就会得到很大的提高。

318. B 【解析】操作模仿阶段学习者动作的**稳定性、准确性、灵活性较差**，各动作要素之间的协调性较差，并且会互相干扰，个体动作主要依靠视觉控制，动觉控制水平较低，完成某一操作的效能也较低。因此，答案选B项。

二、多项选择题

答案速查

1 ~ 5	BCD ABC ABCD ABCD CD	6 ~ 10	BC ABD ABD BC ABD
11 ~ 15	ABC AC ACD ABC ACD	16 ~ 20	ABCD BD ABCD ABCE AB
21 ~ 25	AC AD BC ABCD BCD	26 ~ 30	ABCD ACDE BCD ABD AD
31 ~ 35	ABCD BCD ABC ABC BCD	36 ~ 40	ABCD BCD CD ABCD ABD
41 ~ 45	ABCD ABCD ABCD BCE ABD	46 ~ 50	ABCD ABD ABD ABCD ABCD
51 ~ 55	BCD AC ABCE ABC ACDE	56 ~ 60	AC AC CDE BCD AB
61 ~ 65	BC ABD ABC ABCD AB	66 ~ 70	AC ACD CD ABCD BD
71 ~ 75	ACD BC BC ABCD ABCD	76 ~ 79	AB ABC ABC ABCD

1. BCD 【解析】本题考查认知结构迁移理论。奥苏贝尔在有意义接受学习理论的基础上提出了认知结构迁移理论，认为可利用性、可辨别性和稳定性(包括清晰性)是影响迁移的三个关键认知结构变量。

2. ABC 【解析】本题考查元认知策略的类型。元认知策略包括计划策略、监控策略和调节策略。其中，调节策略是指在学习过程中根据对认知活动监视的结果，找出认知偏差，及时调整策略或修正目标。在学习活动结束时，评价认知结果，采取相应的补救措施，修正错误，总结经验教训等。例如：当学习者意识到他不理解课文的某一部分时，他就会退回去读困难的段落；在阅读困难或不熟的材料时放慢速度；复习不懂的课程材料；测验时跳过某个难题先做简单的题目等。故选ABC三项。D项属于监控策略，故排除。

3. ABCD 【解析】本题考查皮亚杰的道德发展阶段理论。皮亚杰认为，5 ~ 8岁的儿童对道德行为的判断多半是根据别人设定的外在标准，处于他律道德阶段。这一阶段的道德认知具有以下几个特点：(1)儿童认为规则是不变的，不理解规则是由人创造的；(2)评定是非时，总是抱极端的态度，非好即坏，非善即恶；(3)判断行为好坏的根据是后果的严重性，而不看主观动机；(4)把惩罚看作是天意和报应，认为惩罚的目的是使过失者经受跟他所犯的错误相一致的遭遇，而不是把惩罚看作是改变人的行为的一种手段。故选A、B、C、D四项。

4. ABCD 【解析】本题考查创造性的培养。创造性个性的塑造的措施包括:(1)保护好奇心;(2)解除个体对答错问题的恐惧心理;(3)鼓励独立性和创新精神;(4)重视非逻辑思维(直觉思维)能力;(5)给学生提供具有创造性的榜样。故答案选A、B、C、D四项。

5. CD 【解析】本题考查成就动机理论。阿特金森把个体的成就动机分为两类:力求成功的动机和避免失败的动机。故答案选C、D两项。

6. BC 【解析】本题考查操作技能和心智技能的含义。操作技能又叫运动技能、动作技能,是通过学习而形成的合乎法则的操作活动方式。心智技能也称为智力技能、认知技能,是通过学习而形成的合乎法则的心智活动方式。阅读技能、写作技能、运算技能、解题技能等都是常见的心智技能。所以,B、C两项属于心智技能;A、D两项属于操作技能。

7. ABD 【解析】本题考查复述策略的类型。复述策略可以分为识记过程中的复述策略和保持过程中的复述策略。(1)**识记过程中的复述策略**包括:①利用随意识记和有意识记;②排除相互干扰;③多种感官参与;④整体识记和分段识记;⑤反复阅读与尝试背诵相结合;⑥过度学习。(2)**保持过程中的复述策略**包括:①及时复习;②分散复习和集中复习;③复习形式多样化;④画线。故答案选A、B、D三项。

8. ABD 【解析】本题考查品德的心理结构。品德的三因素构成说认为,品德的心理结构包括道德认识、道德情感和道德行为三个成分。(具体内容参见卢家楣、伍新春、桑标主编的《现代心理学 基础理论及其教育应用》)

9. BC 【解析】维纳提出的理论是成败归因理论,故B项对应错误;阿特金森提出的理论是成就动机理论,故C项对应错误。

10. ABD 【解析】本题考查学习迁移理论。早期的学习迁移理论包括:形式训练说、相同要素说(共同要素说)、概括化理论(经验类化说)、关系理论(关系转换说)。故答案选A、B、D三项。C项,多元智力理论属于智力结构理论,故不选。

11. ABC 【解析】本题考查元认知的组成成分。董奇认为,元认知由元认知知识、元认知体验和元认知控制(监控)三部分构成。

12. AC 【解析】本题考查精加工策略的内容。精加工策略是指把新信息与头脑中的旧信息联系起来从而增加新信息意义的深层加工策略。常见的精加工策略有:(1)记忆术;(2)做笔记;(3)提问;(4)生成性学习;(5)运用背景知识,联系客观实际。其中,关键词法属于记忆术的一种。因此,答案选A、C两项。B项列提纲属于组织策略,D项画线属于复述策略,故不选。

13. ACD 【解析】元认知策略大致可分为以下三种:计划策略、监控策略、调节策略。复述策略和组织策略属于认知策略。故答案选A、C、D三项。

14. ABC 【解析】瞬时记忆的特点包括:(1)时间极短。感觉记忆的信息贮存时间极短,大约为0.25~2秒。(2)容量较大。一般来说,凡是进入感觉通道的信息都能被登记。(3)形象鲜明。(4)信息原始,记忆痕迹容易衰退。

15. ACD 【解析】本题考查自我效能感的功能。班杜拉等人经研究指出,自我效能感具有下述功能:(1)决定人们对活动的选择及对该活动的坚持性;(2)影响人们在困难面前的态度;(3)影响新行为的获得和习得行为的表现;(4)影响活动时的情绪。故答案选A、C、D三项。

16. ABCD 【解析】本题考查技能的作用。技能的学习及其掌握对于学生来说具有特别重要的意义。(1)技能的掌握是进行学习活动、提高学习效率的必要条件。(2)技能的形成有助于对有关知识的掌握。(3)技能的形成也有利于智力、能力的发展。故本题答案全选。

17. BD 【解析】无结构的问题是指已知条件与要达到的目标都比较含糊,问题情境不明确,各种影响因素不确定,不易找出解答线索的问题。此类问题在实际中经常遇到,也容易使人感到困惑,如"怎样造就天才儿童?怎样培养学生的创新意识?"这些都是重要但又无确切的、唯一正确的答案的问题。故答案选B、D两项。

18. ABCD 【解析】按学习动机产生的**诱因来源**,可分为内部学习动机和外部学习动机;按学习动机的**社会意义**,可分为高尚的学习动机和低级的学习动机;按学习动机**起作用时间的长短**,可分为直接的近景性学习动机和间接的远景性学习动机;按学习动机**在活动中起作用的大小**,可分为主导性学习动机和辅助性学习动机。

19. ABCE 【解析】每一个问题都必然包含四种成分:(1)目的;(2)障碍;(3)个体已有的知识;(4)方法。(具体内容参见姜智主编的《教育心理学》)

20. AB 【解析】本题考查科尔伯格品德发展阶段理论。习俗水平包括好孩子的道德定向阶段和维护权威或秩序的道德定向阶段。

21. AC 【解析】创造性的研究表明,创造性与智力并非成简单的线性关系,二者既有独立性,又在某种条件下具有相关性。其基本关系表现为:(1)低智力不可能具有高创造性;(2)高智力可能有高创造性,也可能有低创造性;(3)低创造性者的智力水平可能高,也可能低;(4)高创造性者必须有高于一般水平的智力。

22. AD 【解析】根据迁移内容的抽象和概括水平不同,迁移可分为水平迁移和垂直迁移。根据迁移发生的方向,可分为顺向迁移和逆向迁移。因此,答案选A、D两项。

23. BC 【解析】本题考查耶克斯—多德森定律。动机的最佳水平随着任务性质的不同而不同。在比较容易的任务中,行为效果(工作效率)随着动机的提高而上升;随着任务难度的增加,动机的最佳水平有逐渐下降的趋势。故BC两项符合题意。

24. ABCD 【解析】本题考查心智技能的培养要求。心智技能的培养要求有:(1)确立合理的智力活动原型。(2)教师利用示范和讲解,并有效进行分阶段练习。为提高分阶段练习的成效,在培养工作方面,必须充分依据心智技能的形成规律,采取有效的措施,包括:①激发学习的积极性和主动性;②注意原型的完备性、独立性和概括性;③适应培养阶段的特征,正确使用言语;④注意学生的个别差异,充分考虑学生所面临的主客观条件;⑤科学地进行练习。(3)知识影响技能的形成。(4)注重培养学生认真思考的习惯和独立思考的能力。

25. BCD 【解析】韦纳归因理论的维度包括控制点、稳定性、可控性三个维度。

26. ABCD 【解析】皮亚杰把儿童品德的发展划分为以下四个阶段:(1)自我中心阶段(2~5岁);(2)权威阶段(他律道德阶段或道德实在论阶段)(6~8岁);(3)可逆性阶段(自律或合作道德阶段)(8~10岁);(4)公正阶段(10~12岁)。

27. ACDE 【解析】本题考查操作技能的培训要求。操作技能的培训要求包括:(1)准确的示范与讲解;(2)必要而适当的练习;(3)充分而有效的反馈;(4)建立稳定清晰的动觉。B项属于心智技能的培养要求。

28. BCD 【解析】能否发现问题取决于三个因素:主体活动的积极性、主体的知识经验和主体的求知欲望。

29. ABD 【解析】本题考查奥苏贝尔关于学习动机的分类。根据学校情境中的学业成就动机的不同,奥苏贝尔等人把动机分为认知内驱力、自我提高内驱力和附属内驱力三个方面。他认为,尽管随着学生年龄的增长,这三种成分在学生身上的比重会有所改变,但学生所有的指向学业的行为都可以从这三方面的内驱力加以解释。故答案选A、B、D三项。

30. AD 【解析】教师根据学生学习进步与努力程度的状况,强调内部、稳定和可控制的因素,即努力对成功的影响,更有利于激发学生的学习动机。故答案选A、D两项。

31. ABCD 【解析】运用记忆规律,促进知识保持的措施包括:(1)明确记忆目的,增强学习的主动性;(2)理解学习材料的意义;(3)对材料进行精细加工,促进对知识的理解;(4)运用组块化学习策略,合理组织学习材料;(5)运用多重信息编码方式,提高信息加工处理的质量;(6)有效运用记忆术;(7)适当过度学习;(8)重视复习方法(如间隔复习、及时复习等),防止知识遗忘。

32. BCD 【解析】本题考查学习动机的功能。学习动机具有以下几个功能:(1)激活(激发)功能。(2)指向功能。(3)维持和调节功能(强化功能)。

33. ABC 【解析】本题考查态度的结构。态度的结构包括认知成分、情感成分和行为成分。(1)态度的认知成分是指个体对态度对象所具有的带有评价意义的观念和信念。(2)态度的情感成分是指伴随着态度的认知成分而产生的情绪或情感体验,是态度的核心成分。(3)态度的行为成分是指准备对某对象做出某种反应的意向或意图。题干中学生认为"学习是一件快乐的事"为认知成分;"喜欢学习"为情感成分;"愿意为学习安排时间"为行为成分。

34. ABC 【解析】附属内驱力是一个人为了保持长者们(如家长、教师等)的赞许或认可而表现出来的把工作做好的一种需要。它具有这样三个条件:(1)学生与长者在感情上具有**依附性**;(2)学生从长者方面所博得的赞许或认可中将获得一种**派生的地位**;(3)享受到这种派生地位乐趣的人,会有意识地使自己的行为符合长者的标准和期望,借以获得并保持**长者的赞许**,这种赞许往往使一个人的地位更确定、更巩固。

35. BCD 【解析】本题考查提高学生知识储备的数量和质量的方法。提高学生知识储备的数量和质量,指导学生善于从记忆中提取信息,可以从以下几方面入手:(1)帮助学生牢固地记忆知识。(2)提供多种变式,促进知识的概括。(3)重视知识间的联系,建立网络化结构。故答案选B、C、D三项。

36. ABCD 【解析】本题考查创设问题情境的原则。创设问题情境的原则有:(1)问题要小而精;(2)与学生实际生活经验相关;(3)要有适当的难度;(4)要富有启发性。

37. BCD 【解析】本题考查成败归因理论。良好的归因模式有助于激发学生的学习动机,形成对下次成功的高期待;不良的归因模式不仅不利于学习动机的激发,还会因为学生总把失败归因于自己的能力差而产生习得性无助,即认为无论自己怎样努力,也不可能取得成功,因此便采取逃避努力、放弃学习的无助行为,使学习越来越差。故B、C两项正确,A项错误。此外,积极的自我概念也是激发学生的学习动机,形成良好的归因模式的一个重要因素。比如,自我概念水平较高的学生往往把成功归因于个人的能力和努力程度,把失败归因于努力不够;而自我概念水平低的学生,对自己学习能力的否定评价会导致对成败适应不良的归因,如把失败归因于自己的能力差,因而看不到自己的潜力,常常对学习丧失信心,不愿接受挑战性学习任务,甚至拒绝再付出努力。故D项正确,E项错误。(具体内容参见张淑芳,王琨主编的《教育心理学》)

38. CD 【解析】本题考查品德的相关知识。**道德**是依赖于整个社会的存在而存在的一种**社会现象**,**品德**是依赖于某一个体的存在而存在的一种个体**心理现象**。故A项说法正确,C项说法错误。品德是社会道德准则在个人思想与行动中的体现,是个性中具有道德评价意义的核心部分。故B项说法正确,D项说法错误。品德的心理结构包括四种相辅相成的基本心理成分:道德认知、道德情感、道德意志和道德行为,简称知、情、意、行。故E项说法正确。

39. ABCD 【解析】本题考查迁移的影响因素。影响迁移的主要因素有:(1)**相似性**;(2)原有认知结构;(3)学习的心向与定势。除前面所涉及的影响迁移的一些基本因素外,诸如年龄、智力、学习者的态度、教学指导、外界的提示与帮助等都在不同程度上影响着迁移的产生。

40. ABD 【解析】品德与道德的区别主要表现为:(1)研究的范畴不同;(2)影响因素不同;(3)性质不同。

41. ABCD 【解析】本题考查自我效能感的影响因素。班杜拉提出影响自我效能感的因素主要有:个人自身行为的成败经验(直接经验)、替代经验、言语劝说(言语暗示)、情绪唤醒。

42. ABCD 【解析】态度具有对象性。态度不是无缘无故产生的,必定有刺激物激起,这个刺激物就是态度的对象。它可以是人、事物,也可以是价值、观念、制度、规范。

43. ABCD 【解析】(1)强度律,指作为知识的物质载体的直观对象(实物、模像或言语)必须达到一定强度,才能为学习者清晰地感知。因此,在直观过程中,教师应突出那些强度低但较重要的要素,使它们充分地展示在学生面前。(2)差异律,指对象和背景的差异越大,对象从背景中区分开来就越容易。在物质载体层次上,应通过合理的板书设计、教材编排等方面恰当地加大对象和背景的差异。(3)活动律,指活动的对象较之静止的对象容易感知。为此,应注意使知识以活动的形象呈现在学生面前。(4)组合律,指空间上接近、时间上连续、形状上相同、颜色上一致的事物,易于构成一个整体为人们所清晰地感知。因此,教材编排应分段分节,教师讲课应有间隔和停顿。因此,答案选A、B、C、D四项。

44. BCE 【解析】本题考查影响态度与品德学习的一般条件。影响态度与品德学习的一般条件包括:(1)外部条件,家庭教养方式、社会风气、同伴群体;(2)内部条件,认知失调、态度定势、道德认知。

方法技巧:关于影响态度与品德学习的条件,考生可采用以下口诀帮助记忆:外家社群,内认定德。

45. ABD 【解析】本题考查激发学习动机的措施。在学校教育情境中,激发外部学习动机的常用措施有以下几种:(1)设置明确、具体、适当的学习目标;(2)及时反馈学习结果;(3)进行积极的评价。在学校教育活动中,激发和维持学生内部学习动机的措施主要有:(1)创设问题情境;(2)竞赛与合作;(3)学习动机的迁移。故答案选A、B、D三项。(具体内容参见张大均主编的《教育心理学》)

易错提示:考生易混淆激发与培养内、外部学习动机的措施,对于该知识点考生应灵活掌握,不同专业书籍划分标准不同,应根据选项具体判断。

46. ABCD 【解析】本题考查影响问题解决的因素。影响问题解决的因素有问题的特征、定势与功能固着、原型启发、已有知识经验、情绪与动机、智力水平等。

47. ABD 【解析】本题考查程序性知识的内涵。安德森从信息加工角度,根据知识的不同表征形式,将知识分为陈述性知识和程序性知识。程序性知识是关于事物"做什么"和"怎么做"的知识,包括各种动作技能、心智技能等。语文中的句子规则,数学、物理、化学中的大部分知识,体育中的动作技能等都属于程序性知识。ABD三项属于程序性知识。陈述性知识是关于"是什么"的知识。数学、物理中的基本事实、概念、命题、原理等,化学中的元素符号、分子式、化学反应方程式,体育中的动作要领,历史、地理中的人物、事件、地点、时间等,都属于陈述性知识。CE两项属于陈述性知识。

48. ABD 【解析】本题考查学生不良行为的原因。学生不良行为的原因如下。(1)客观方面,学生不良行为产生的原因来自家庭、学校和社会环境三个方面:①家庭教育失误;②学校教育不当;③社会文化的不良影响。(2)主观方面:①缺乏正确的道德观念和道德信念;②消极的情绪体验;③道德意志薄弱;④不良行为习惯的支配;⑤性格上的缺陷等。C项是道德意志薄弱的表现,是主观原因,排除。故选ABD三项。

49. ABCD 【解析】本题考查问题解决的特征。虽然不同的问题有不同的解决方式,但是问题解决都有其共同的基本特征:(1)问题情境性;(2)目标指向性;(3)操作序列性;(4)认知操作性。故本题答案全选。

50. ABCD 【解析】常用的复述策略有:(1)在复述的时间上,采用及时复习、分散复习;(2)在复述的次数上,强调过度学习;(3)在复述的方法上,包括运用有意识记和无意识记、排除相互干扰、运用多种感官协同记忆、集中复习与分散复习相结合、复习形式多样化、反复阅读与尝试背诵相结合、画线等。

51. BCD 【解析】本题考查学习动机的分类。根据动机产生的诱因来源,可以把学习动机分为外部学习动机和内部学习动机。外部学习动机是指诱因来自学习者外部的某种因素而产生的动机,即在学习活动以外由外部的诱因激发出来的学习动机。内部学习动机是指诱因来自学习者本身的内在因素而产生的动机,即学生因对活动本身发生兴趣而产生的动机。B、C、D三项中学生希望获得的表扬、好成绩、尊重都属于外部诱因,这些外部诱因激励学生努力学习,因此属于外部学习动机。A项中学生因喜爱数学而认真学习属于内部学习动机。故答案选B、C、D三项。

52. AC 【解析】技能的特点有:(1)技能是学习得来的,不是本能行为;(2)技能是一种活动方式,不同于知识;(3)技能是合乎法则的活动方式,不同于一般的随意活动。

53. ABCE 【解析】本题考查态度与品德的培养方法。态度与品德的培养有以下几种方法:(1)有效的说服;(2)树立良好的榜样;(3)利用群体约定;(4)价值辨析;(5)给予适当的奖励和惩罚。

方法技巧:关于培养态度与品德的方法,考生可采用以下口诀帮助记忆:嫁(价值辨析)给(给予奖励和惩罚)有(有效的说服)理(利用群体约定)数(树立榜样)。

54. ABC 【解析】安德森根据知识的不同表征形式,将知识分为陈述性知识和程序性知识。陈述性知识也叫描述性知识,是个人能用言语进行直接陈述的知识,主要用于区别和辨别事物。陈述性知识是关于事物及其关系的知识,或者说是关于"是什么"的知识,它包括事实、规则、发生的事件、个人的态度等。故A、B、C三项属于陈述性知识。程序性知识即操作性知识,是一种经过学习后自动化了的关于行为步骤的知识,表现为在信息转换活动中进行具体操作。故D项属于程序性知识。

55. ACDE 【解析】问题解决包括以下四个阶段:(1)发现问题;(2)理解问题;(3)提出假设;(4)检验假设。

56. AC 【解析】本题考查迁移的种类。正迁移是指一种学习对另一种学习的促进作用;负迁移是指一种学习对另一种学习产生阻碍作用。顺向迁移是指先前学习对后继学习产生的影响;逆向迁移是指后继学习对先前学习产生的影响。垂直迁移是指先行学习内容与后续学习内容是不同水平的学习活动之间产生的影响。题干中先学习的平行四边形的知识对之后学习梯形知识很有帮助,这是先前学习对后继学习产生的促进作用,因此这既属于正迁移,又属于顺向迁移。梯形是只有一组对边平行的四边形,而平行四边形是两组对边平行的四边形。因此,梯形和平行四边形都属于四边形,二者是属于同一水平的学习,故不属于垂直迁移。因此答案选A、C两项。

易错提示:考生容易混淆顺向迁移与正迁移、逆向迁移与负迁移的应用。考生在做题时应注意:顺向迁移是前对后的影响,逆向迁移是后对前的影响;正迁移强调促进作用,负迁移强调阻碍作用。它们是不同的迁移种类。

57. AC 【解析】外部学习动机是指诱因来自学习者外部的某种因素,即在学习活动以外由外部的诱因激发出来的学习动机。把学习看成是猎取个人名利的手段,是低级的学习动机。题干中小军学习的动机是为了获得奖励,因此既属于外部学习动机又属于低级的学习动机。

58. CDE 【解析】我国教育心理学家冯忠良提出了心智技能的形成需经过原型定向、原型操作、原型内化三个阶段。美国认知心理学家安德森认为,心智技能的形成需经过三个阶段,即认知阶段、联结阶段和自动化阶段。因此,答案选C、D、E三项。

59. BCD 【解析】原有认知结构对迁移的影响表现在以下三个方面:(1)学习者是否拥有相应的背景知识,这是迁移产生的基本前提条件;(2)原有的认知结构的概括水平对迁移起到至关重要的作用;(3)学习者是否具有相应的认知技能或策略以及对认知活动进行调节、控制的元认知策略对迁移的产生有重要影响。

60. AB 【解析】本题考查影响知识理解的因素。影响知识理解的客观因素有:(1)学习材料的内容;(2)学习材料的形式;(3)教师言语的提示和指导。主观因素有:(1)原有的知识经验背景;(2)学生的能力水平;(3)主动理解的意识与方法。故答案选A、B两项。

61. BC 【解析】A项中归因为运气,D项中归因为任务难度,运气和任务难度都属于外在的归因因素。B项归因为能力,C项归因为身心状况,能力和身心状况都属于内在的归因因素。

62. ABD 【解析】问题解决中常用的策略有算法和启发式策略。常用的启发式策略有手段—目的分析法、逆向搜索法(逆向推理法)、爬山法等。

63. ABC 【解析】本题考查心智技能的特点。心智技能的特点有:(1)动作对象的观念性;(2)动作执行的内潜性;(3)动作结构的简缩性。故本题选ABC三项。

64. ABCD 【解析】要想创设问题情境,首先要求教师熟悉教材,掌握教材的结构,了解新旧知识之间的内在联系;此外要求教师充分了解学生已有的认知结构状态,使新的学习内容与学生已有水平构成一个适当的跨度。这样,才能创设问题情境。问题情境创设的方式多种多样,并应贯穿在教学过程的始终。

65. AB 【解析】本题考查组织策略。组织策略指整合所学新知识之间、新旧知识之间的内在联系,形成新的知识结构的策略。主要的组织策略有列提纲、做图表、利用表格等。故A、B两项属于组织策略。

66. AC 【解析】本题考查迁移的种类。根据迁移内容的抽象和概括水平不同,可分为水平迁移和垂直迁移。水平迁移也叫横向迁移,是指先行学习内容与后继学习内容在难度、复杂程度和概括层次上属于同一水平的学习活动之间产生的影响。正面发球和正面扣球在难度、复杂程度和概括层次上属于同一水平的学习活动,故属于横向迁移。根据迁移的性质和结果,可分为正迁移、负迁移和零迁移。正迁移也叫"助长性迁移",是指一种学习对另一种学习的促进作用。学习正面上手发球促进学习正面扣球的技能,故属于正迁移。

67. ACD 【解析】有效的说服方式包括有效地利用正反论据;以理服人,以情动人;考虑原有态度观点,逐步提高要求。

68. CD 【解析】长时记忆中的信息以意义编码为主。意义编码有两种形式:表象编码和语义编码,它们又被称为信息的双重编码。

69. ABCD 【解析】皮亚杰认为,10岁是儿童从他律道德向自律道德转化的分水岭,10岁前儿童对道德行为的思维判断主要依据他人设定的外在标准,也就是他律道德;10岁以后儿童对道德行为的思维判断大多依据自己的内在标准,也就是自律道德。处于他律道德阶段的儿童服从权威,机械地遵守规则,认为规则是不可改变的;处于自律道德阶段的儿童认为判断一个行为不仅要看后果,也要看意向。

70. BD 【解析】根据学校情境中的学业成就动机的不同,奥苏贝尔等人把动机分为认知内驱力、自我提高内驱力和附属内驱力三个方面。D项表述正确。自我提高内驱力是指个体因自己的胜任或工作能力而赢得相应地位的需要。自我提高内驱力并非直接指向学习任务本身,而是把成就看作赢得地位与自尊心的根源,故属于外部动机。A项表述错误。认知内驱力、自我提高内驱力和附属内驱力(交往内驱力)在动机结构中所占的比重并非一成不变,通常是随着年龄、性别、个性特征、社会地位和文化背景等因素的变化而变化。C项表述错误。在儿童早期,附属内驱力最为突出。B项表述正确。

71. ACD 【解析】学习策略的训练原则有:(1)主体性原则;(2)内化性原则;(3)特定性原则;(4)生成性原则;(5)有效监控原则;(6)个人效能感原则。

72. BC 【解析】本题考查自我价值理论。卡文顿提出了自我价值理论,该理论以成就动机理论和成败归因理论为基础,从学习动机的负面着眼,企图探讨"有些学生为什么不肯努力学习"的问题。卡文顿根据学生追求成功和避免失败的倾向,将学生分为四类。(1)高趋高避者,又称过度努力者。他们兼具了成功定向者和避免失败者的特点。一方面对自我能力的评价较高,另一方面这一评价又不稳定,极易受到失败经历的动摇。B项正确。(2)高趋低避者,又称成功定向者。C项正确。(3)低趋低避者,又称失败接受者。(4)低趋高避者,又称避免失败者。因此本题选B、C两项。

73. BC 【解析】本题考查知识学习的类型。奥苏贝尔根据新知识与原有认知结构的关系,将知识学习分为下位学习、上位学习和并列结合学习。其中上位学习又称总括学习,即通过综合归纳获得意义的学习,是在学生掌握一个比认知结构中原有概念的概括和包容程度更高的概念或命题时产生的。上位学习遵循从具体到一般的归纳概括过程。例如,为了让学生掌握"面积"的概念,教师以桌面、地面、墙面、操场为例证,并比较其大小,最后得出"面积就是平面图形或物体表面的大小"的定义,就属于上位学习。故B、C两项属于上位学习。

74. ABCD 【解析】品德心理结构的特征有:(1)品德心理结构的统一性与差异性;(2)品德心理结构各成分具有层次性;(3)品德心理结构各成分发展的顺序性和连续性;(4)品德心理结构的稳定性与可变性;(5)品德心理结构发展的多端性。

75. ABCD 【解析】影响创造性发展的因素有:(1)生理基础;(2)知识经验;(3)社会文化和教育观念;(4)个人心态、人格特征和认知习惯。

76. AB 【解析】交互式教学模式是指教师和学生轮流承担教的角色的课堂教学组织形式。交互式教学的中心是小组讨论,一般由教师和一组学生(大约6人)一起进行。所以,A、B项说法符合题意。交互式教学旨在教学生四种策略:总结、提问、析疑和预测。指导教学模式由激发、讲演、练习、反馈和迁移等环节构成。所以,C项说法不符合题意。合作学习模式是指学生两两配对进行学习的方式,几乎能运用在阅读、数学问题解决和写作等所有的学习任务上。所以,D项说法不符合题意。

77. ABC 【解析】本题考查正迁移的应用。正迁移也叫"助长性迁移",是指一种学习对另一种学习的促进作用。A、B、C三个选项中都体现了一种学习对另一种学习的积极影响,因此属于正迁移。D项中由于汉语字母与英语字母较为相似,因此在学习发音时容易混淆,故二者之间易产生负迁移。

78. ABC 【解析】本题考查道德情感的表现形式。道德情感从表现形式上看,主要包括三种:(1)直觉的道德情感;(2)想象的道德情感;(3)伦理的道德情感。

79. ABCD 【解析】有效的学习策略教学的条件主要表现为:(1)原有知识背景;(2)自我效能感;(3)元认知发展水平;(4)练习情境的相似与变化;(5)有一套外显的可操作的技术。

三、判断题

答案速查

1~5	×√√√√	6~10	×√×××
11~15	×√×××	16~20	√√√√×
21~25	×√×××	26~30	×××××
31~35	√√√√×	36~40	√√√×√
41~45	√×××√	46~50	×√×××
51~55	××√××	56~60	√××√√
61~65	×√√××	66~70	×××√√

1. × 【解析】本题考查结果期待和效能期待的概念。期待包括结果期待和效能期待。结果期待是指人对自己的某一行为会导致某一结果的推测。效能期待是指人对自己能够进行某一行为的能力的推测或判断,它意味着人是否确信自己能够成功地进行带来某一结果的行为。

2. √ 【解析】本题考查自我效能感的影响因素。个人自身行为的成败经验,这一效能信息源对自我效能感的影响最大。一般来说,先前成功的经验会提高自我效能感,多次的失败经验会降低自我效能感。故题干表述正确。

3. √ 【解析】本题考查科尔伯格的道德发展阶段理论。科尔伯格将道德判断分为三个水平,每一水平包含两个阶段,六个阶段依照由低到高的层次发展。其中,前习俗水平包括服从与惩罚的道德定向阶段和相对功利的道德定向阶段。处于相对功利的道德定向阶段的儿童的道德价值来自对自己要求的满足,偶尔也来自对他人需要的满足。在进行道德评价时,儿童开始从不同角度将行为与需要联系起来,但具有较强的自我中心性,认为符合自己需要的行为就是正确的。故题干所述符合前习俗水平中的相对功利的道德定向阶段的表现。

4. √ 【解析】本题考查学习动机的分类。认知内驱力是指要求了解、理解和掌握知识以及解决问题的需要。在有意义学习中,认知内驱力是最重要而且稳定的动机。

5. √ 【解析】本题考查习得性无助感。一个总是失败并把失败归因于内部的、稳定的和不可控的因素(即能力低)的学生会形成一种习得性无助的自我感觉。故题干说法正确。

6. × 【解析】本题考查耶克斯—多德森定律。"耶克斯—多德森定律"表明,动机不足或过分强烈都会影响学习效果。(1)动机的最佳水平随着任务性质的不同而不同。在比较容易的任务中,行为效果(工作效率)随着动机的提高而上升;随着任务难度的增加,动机的最佳水平有逐渐下降的趋势。(2)一般来讲,最佳水平为中等强度的动机。(3)动机水平与行为效果呈倒U型曲线。故题干说法错误。

7. √ 【解析】有些个体在多次的失败后出现习得性无助,自我效能感逐渐降低,对自己的能力转持怀疑和不确定的态度,开始倾向于制定较低的任务目标以避免失败的体验。

8. × 【解析】技能是人在获得知识的基础上,运用某种活动方式,例如,动作方式或智力活动方式(如感知、记忆、思维活动和肌肉运动等)构成技能形成与发展的必要环节,所以技能是**心理活动方式**的范畴。

9. × 【解析】品德又称道德品质,是个体依据一定的社会道德准则规范自己行动时所表现出来的稳定的心理倾向和特征。**道德行为是衡量道德品质的重要标志**。题干中小红有了相应的道德认识,但并未表现出相应的道德行为,因此不能表明其已经形成相应的道德品质。

10. × 【解析】创造性并不是少数人独有的,而是人类普遍存在的一种潜能,是每个人都有的一种心理品质。

11. × 【解析】本题考查迁移的类型。根据迁移内容的不同,迁移可分为一般迁移和具体迁移。一般迁移也称非特殊迁移、普遍迁移,是指一种学习中所习得的一般原理、原则和态度对另一种具体内容学习的影响;具体迁移也称特殊迁移,是指学习迁移发生时,学习者原有的经验组成要素及其结构没有变化,只是将一种学习中习得的经验要素重新组合并移用到另一种学习之中。题干中强调学习金属的热胀冷缩原理后,对学习金属一般特征的影响,故属于一般迁移。

12. √ 【解析】本题考查对表扬的要求。表扬是一种特殊类型的反馈,教师表扬学生应采取慎重态度,并非所有表扬都能强化学生的学习或行为。一般来说,被表扬的行为越具体,效果越好;**对依赖性强、易焦虑学生的表扬效果要好于对自信学生的表扬效果**。

13. × 【解析】本题考查态度与品德的形成阶段。态度与品德的形成是一个从外到内的转化过程,是社会规范的接受和内化过程,大致经历以下三个阶段:依从、认同和内化。其中,在**内化阶段**,个体的行为具有高度的自觉性和主动性,并具有坚定性,表现为"**富贵不能淫,贫贱不能移,威武不能屈**"。故题干说法错误。

14. × 【解析】在感觉记忆中,信息主要以图像的形式存储。

15. × 【解析】本题考查程序性知识的类型。按程序性知识的性质和特点,可以把程序性知识分为智慧技能、动作技能和认知策略三类。

16. √ 【解析】间接经验(替代经验)对自我效能感的形成有重要影响,当学生看到与自己水平相仿的示范者取得了成功,就会增强自我效能感,认为自己也能完成同样的任务。题干所述说明了间接经验对自我效能感的积极影响。

17. √ 【解析】本题考查安德森的心智技能形成理论。著名认知心理学家安德森认为,心智技能(智慧技能或智力技能)的形成需经过三个阶段,即认知阶段、联结阶段和自动化阶段。

18. √ 【解析】程序性知识学习的一般过程是从陈述性知识转化为自动化的技能的过程,它主要由陈述性阶段、程序化阶段、自动化阶段三个阶段构成。因此,程序性知识的学习首先要经过陈述性知识学习的阶段,即必须知道"是什么"和"为什么"。

19. √ 【解析】品德发展的实质就是个体与环境相互作用,将社会规范、道德准则逐渐内化,主动构建相对稳定的行为判断准则的过程。

20. × 【解析】本题考查附属内驱力的发展。中小学生的附属内驱力的发展存在变化趋势。附属内驱力有着比较明显的年龄特征,在小学阶段,附属内驱力是小学生学习动机的主要成分。随着学生年龄的增长和独立性的增强,附属内驱力不仅在强度上有所减弱,而且在附属对象上也从家长和教师转移到同伴身上。故题干说法错误。

21. × 【解析】在问题解决者的思维活动处于积极但又不过于紧张的状态时,才最容易产生原型启发。

22. √ 【解析】自上而下的迁移也叫原则迁移,即上位的较高层次的经验影响下位的较低层次的经验的学习。平行四边形的概念层次高于菱形,故属于自上而下的迁移。

23. × 【解析】相同要素说强调迁移中**共同要素**的重要性,而概括化理论则强调对原理的概括。故题干中的说法错误。

24. × 【解析】本题考查品德发展的阶段理论。皮亚杰采用"对偶故事法"对儿童道德判断的发展进行研究;科尔伯格采用"道德两难故事法"进行研究,最典型的就是用"海因茨偷药"的故事,让儿童对道德两难问题做出判断。

25. × 【解析】内部学习动机是指诱因来自学习者本身的内在因素,即学生因对活动本身发生兴趣而产生的动机。外部学习动机是指诱因来自学习者外部的某种因素,即在学习活动以外由外部的诱因激发出来的学习动机。奖励学生当课代表属于外部诱因,故该老师激发的是学生的外部学习动机。

26. × 【解析】本题考查技能的掌握。知识的掌握是技能形成的前提,技能的形成一般都需要经过由陈述性知识向程序性知识转化的过程。在技能形成之初,学习者接受他人指导,了解操作过程,保存运动图式,模仿活动方式,乃至力求完成动作时,首先存留在头脑中的信息基本都是陈述性知识。因此,技能的掌握与陈述性知识有关。

27. × 【解析】本题考查迁移的概念。学习迁移也称训练迁移,是指一种学习对另一种学习的影响,或习得的经验对完成其他活动的影响。根据迁移的概念可知,迁移对学习可能有积极影响,也可能有消极影响,故题干说法错误。

28. × 【解析】一般而言,并列结合学习比较困难,必须认真比较新旧知识之间的联系与区别才能掌握。

29. × 【解析】经由原则的演绎、推广和应用,而确认某特殊事例隶属于该原则之内的学习属于垂直迁移中自上而下的迁移,类似于奥苏贝尔说的下位学习。

30. × 【解析】学业求助策略指当学生在学习上遇到困难时,向他人请求帮助的行为。学业求助不是自身能力缺乏的标志,而是获取知识、增长能力的一种途径,是一种重要的学习策略。

31. √ 【解析】知识的表征是指信息在人脑中的存储和呈现方式,它是个体知识学习的关键。故题干说法正确。

32. √ 【解析】学习策略的教学必须结合学科知识。研究认为,学习策略知识不是孤立的,不能脱离专门知识。专门领域的基础知识是有效利用策略的前提条件。

33. √ 【解析】科尔伯格将道德判断分为前习俗、习俗、后习俗三个水平,每一水平包含两个阶段,这六个阶段依照由低到高的层次发展。

34. √ 【解析】本题考查高原现象的内涵。在练习的中期有一个明显的、暂时的停顿期,即高原期。通常把学生在学习过程中出现一段时间的学习成绩和学习效率停滞不前,甚至学过的知识感觉模糊的现象,称为"高原现象"。故题干所述体现了高原现象的内涵。

35. × 【解析】在物质活动或物质化活动阶段,学生借助于实物或实物的模型、图表、标本等进行学习。例如,小学生学习加法时,利用小石子、小棍、手指来完成计算活动。因此,题干中的说法是错误的。

36. √ 【解析】本题考查元认知策略的内容。学习的元认知策略是指学生对自己整个学习过程的有效监视及控制的策略,大致可分为:计划策略、监控策略、调节策略。其中,调节策略是指在学习过程中根据对认知活动监视的结果,找出认知偏差,及时调整策略或修正目标。例如:测验时跳过某个难题先做简单的题目等。因此,题干中运用了元认知策略中的调节策略。

37. √ 【解析】迁移理论中的经验整合说是我国心理学家冯忠良教授在吸收前人研究成果的基础上,创造性地提出的一种学习迁移理论。他认为,学习迁移的**实质就是新旧经验的整合**。整合是通过概括,使新旧经验相互作用,从而形成在结构上一体化、系统化,在功能上能稳定调节活动的一个完整的心理系统。整合通过同化、顺应和重组三种基本途径实现。

38. √ 【解析】连续的动作技能需要对外部情景进行不断地调节,而且完成的动作序列较长。因此,骑自行车、开汽车、跳舞、弹琴、滑冰等活动属于连续的动作技能。

39. × 【解析】本题考查影响学生问题解决的因素。定势(即心向)是指重复先前的操作所引起的一种心理准备状态。在定势的影响下,人们会以某种习惯的方式对刺激情境做出反应。定势对解决问题有积极作用,也有消极作用。因此,题干所述是定势对问题解决的影响。

40. √ 【解析】动机的强度是影响问题解决的因素之一。思维是从问题开始的,但是,只有具有解决问题的需要和动机时,人们才可能以进取的态度寻求解决问题的方法和步骤。对问题持漠然的态度,既不能发现问题也不能解决问题。

41. √ 【解析】本题考查学习动机的分类。按学习动机在活动中起作用的大小,可把学习动机分为主导性学习动机和辅助性学习动机。有的动机在学习活动中起着**主要的支配作用**,称为主导性学习动机;有的动机起次要的辅助作用,叫作辅助性学习动机。例如,学生努力学习是为了在考试中得到高分,那么得到高分就是他的主导性动机。

42. × 【解析】本题考查维纳的归因理论。根据维纳的归因理论,将成功归于能力,有助于增强个体的自我效能,进而有利于以后的学习;如果将失败归于努力,会有利于维持学生的自信心,并能激发他投入以后的学习中去,以改变其目前境况。因此,学生将考试结果不好归因于自己不够努力,不会降低自我效能感。

43. × 【解析】儿童在自我中心阶段,由于受认识的局限和思维发展水平的影响,还不理解成人或周围环境对他们的要求,往往是**我行我素**。

44. × 【解析】练习是形成各种动作技能不可缺少的关键环节。但在组织练习时,应适当安排练习的次数和时间。因此,题干说法有误。

45. √ 【解析】本题考查心智技能的内涵。心智技能又称智慧技能或智力技能,它是一种借助于内部言语在头脑中进行的智力活动方式,它是按照合理、完善的程序组织起来的。故题干所述体现了心智技能的内涵。

46. × 【解析】本题考查学习动机的分类。远景的间接性学习动机是指由于了解活动的社会意义、活动结果的社会价值而引起的对某种活动的动机,它是与学习的社会意义和个人的前途相连的。例如,大学生意识到自己的历史使命,为不辜负父母的期望,为争取自己在班集体中的地位和荣誉等都属于间接性的动机。故题干说法错误。

47. √ 【解析】没有任何一种单一的策略能够适用于所有的教学,任何一种学习策略都有自己的优缺点。因此,学习策略训练必须要结合学习内容和学生实际。

48. × 【解析】本题考查创造力的影响因素。创造性(创造力)与智力并非成简单的线性关系,二者既有独立性,又在某种条件下具有相关性,在整体上呈正相关趋势。高智商是高创造性的必要条件,但不是充分条件。题干说法错误。

49. × 【解析】学生品行不良产生的原因是在主客观因素的相互影响下形成的。

50. × 【解析】本题考查动作技能学习的方式。练习是形成各种动作技能所不可缺少的关键环节,通过应用不同形式的练习,可以使个体掌握某种技能。一般来说,随着练习次数的增多,动作的精确性、速度、协调性等会逐步提高。但在组织练习时要注意方式方法,避免机械地重复练习。因此,题干中的说法是不正确的。

51. × 【解析】记忆中的前摄抑制和倒摄抑制就是一种负迁移现象。

52. × 【解析】本题考查顺向迁移与逆向迁移的含义。顺向迁移是指先前学习对后继学习产生的影响,逆向迁移是指后继学习对先前学习产生的影响。故题干说法错误。

53. √ 【解析】技能有高级、低级之分,但没有好坏之别。习惯则不同,它根据对个人和社会的意义有好坏之分。

54. × 【解析】学习方法是学习策略的知识和技能基础,是学习策略的一个重要组成部分,而不是学习策略的全部。因此,不能把二者完全等同。

55. × 【解析】心理学研究表明,适度的焦虑有利于学习效率的提高,而过高或过低的焦虑却不利于学习效率的提高。

56. √ 【解析】本题考查态度与品德学习的一般过程。认同,即在思想、情感、态度和行为上主动接受规范,从而试图与之保持一致。认同实质上就是对榜样的模仿,其出发点就是试图与榜样一致。

57. × 【解析】外部学习动机是指诱因来自学习者外部的某种因素而产生的动机,即在学习活动以外由外部的诱因激发出来的学习动机。为当"三好学生"而学习,是一种外部学习动机。

58. × 【解析】根据迁移发生的方向,可以将迁移分为顺向迁移和逆向迁移。根据迁移的路径,可以把迁移分为高路迁移和低路迁移。高路迁移是有意识地将某种情境中学到的抽象知识应用于另一种情境中的迁移。因此,学生在一种学习情境中抽取出了一种规则、原理、范例、图式,然后运用于新的情境,这便是高路迁移。

59. √ 【解析】当学生尚未表现出对学习有适当的兴趣或动机之前,没有必要推迟学习活动。教学的最好办法是,把重点放在学习的认知方面而不是动机方面,致力于有效地教他们掌握有关知识,让他们获得成功的体验。学生尝到了学习的乐趣,就有可能产生或者增强其学习动机。

60. √ 【解析】凡是先前的学习同后来的学习之间有着相同或相似的地方,就能产生相互迁移的作用;而且它们之间相同或相似的因素越多,迁移就越容易发生。

61. × 【解析】并列结合学习又称组合学习,是在新命题与认知结构中原有的命题既非下位关系又非上位关系,而是一种并列的关系时产生的。在并列结合学习中,新学习的关系虽不能类属于原有的关系之中,也不能概括原有的关系,但它们之间仍然具有某些共同的关键特征。根据这种共同特征,新关系与已知关系并列结合,新关系便获得了意义。学习中的"举一反三""触类旁通"就是并列结合学习的原理。

62. √ 【解析】原有认知结构的概括水平对迁移起到至关重要的作用。一般而言,经验的概括水平越高,迁移的可能性越大,效果越好;反之,经验的概括水平越低,迁移的范围越小,效果也越差。

63. √ 【解析】本题考查韦纳的成败归因理论。根据归因理论,学生将成败归因于努力比归因于能力会产生更强烈的情绪体验。努力而成功,体验到愉快;不努力而失败,体验到羞愧;努力而失败,也应受到鼓励。

64. × 【解析】问题解决的策略包括算法式和启发式,启发式策略主要包括手段—目的分析法、爬山法、逆向搜索法等。其中,逆向搜索法常用于几何证明题中。

65. × 【解析】学习期待是个体对学习活动所要达到目标的**主观估计**。

66. × 【解析】程序性知识的形成是以掌握陈述性知识为必要条件的。

67. × 【解析】迁移是学习的一种普遍现象,广泛存在于各种知识、技能、行为规范与态度的学习中。

68. × 【解析】复述策略的主要作用是维持注意于目前的学习材料中,并将学习材料保持在**短时记忆**中。

69. √ 【解析】本题考查外部动机的概念。外部学习动机是指诱因来自学习者外部的某种因素,即在学习活动以外由外部的诱因激发出来的学习动机。

70. √ 【解析】本题考查概念学习的相关知识。概念学习以表征学习为前提,又为命题学习奠定基础,因此,它是有意义学习的核心。故本题说法正确。

四、填空题

1. 原型内化　　2. 避免失败者

3. 启发法　　4. 品德

5. 意志　　6. 认知内驱力

7. 谐音联想法　　8. 内化

9. 个性

五、案例选择题

1. D 【解析】本题考查高原现象的内涵。通常把学生在学习过程中出现一段时间的学习成绩和学习效率停滞不前,甚至学过的知识感觉模糊的现象,称为"高原现象"。题干中,洋洋在备战中考时遇到了"瓶颈",感觉力不从心,这符合高原现象的内涵。

2. D 【解析】本题考查高原现象的应对措施。高原现象的应对措施有:(1)放松心情,劳逸结合;(2)科学备考,引导学生改进学习方法;(3)确立信心,尝试多种减压方法;(4)齐心协力,营造宽松和谐的家庭氛围。本题为选非题,故D项符合题意。

3. A 【解析】小贺把自己最近几次考试成绩不理想的原因归结于自己根本不是学习的料即能力低,这属于内部的、稳定的和不可控的因素。

4. C 【解析】一个总是失败并把失败归因于内部的、稳定的和不可控的因素(即能力低)的学生会形成一种习得性无助的自我感觉。案例中小贺的表现正是出现了习得性无助的现象。

5. D 【解析】对习得性无助行为有效解决的策略有:(1)积极评价学生,培养学生自控信念;(2)创设良好环境,营造和谐师生关系;(3)引导正确归因,进行有效训练;(4)保证爱的持续,允许有差异的发展。故D项说法错误。

6. CD 【解析】本题考查概括化理论。概括化理论也称经验类化说,由美国心理学家贾德提出,其主要观点是,一个人只要对自己的经验进行了概括,就可以完成从一个情境到另一个情境的迁移。他认为先前的学习之所以能迁移到后来的学习中,是因为在先前学习中获得了一般原理,这种一般原理可以部分或全部地运用于后续的学习中。对原理了解、概括得越好,迁移效果也越好。故C、D两项正确。A项属于形式训练说的观点。B项属于共同要素说的观点。

7. ABD 【解析】本题考查概括化理论的应用。概括化理论强调对一般原理的概括。A、B、D三项均属于提高学生对一般原理的理解和概括能力的措施,故符合概括化理论。C项的内容在概括化理论中没有体现,故不符合。

8. C 【解析】沉思型学生在碰到问题时倾向于深思熟虑,用充足的时间考虑、审视问题,权衡各种问题解决的方法,然后从中选择一个满足多种条件的最佳方案,因而错误较少。因此,李同学的学习方式属于沉思型。

9. B 【解析】监视策略(监控策略)是指在认知过程中,根据认知目标及时检测认知过程,寻找两者之间的差异,并对学习过程及时进行调整,以期顺利实现有效学习的策略。监控策略包括阅读时对注意加以跟踪和对材料进行自我提问、考试时监视自己的速度和时间等。李同学在考试时会根据考试时间调整自己的做题速度,这属于元认知策略中的监视策略。

答案速查

1~5	CBBCA	6~10	ABDAA	11~15	DCAAA	16~20	BCBCA
21~26	AADAAD	27~33	BBBCADB	1~5	ABC ACD BCD ABC ACD		
6~10	ACD ABD AB ABD AB			11~13	ACD ABC AC		
1~5	×××√×			6~11	√×××√×		

一、单项选择题

1. C 【解析】本题考查知识保持的方法。运用记忆规律,促进知识保持的方法包括:(1)深度加工材料。深度加工是指通过对要学习的新材料增加相关的信息来达到对新材料的理解和记忆的方法,如对材料补充细节、举出例子、做出推论,或使之与其他观念形成联想。(2)有效运用记忆术。(3)进行组块化编码。(4)适当过度学习。(5)合理进行复习。题干中的王老师讲解孟德尔的杂交实验(要学习的新材料)时,举出单眼皮和双眼皮的例子(相关的信息),加深学生对新材料的理解,这种促进知识保持的方法是深度加工。(具体内容参见王晓戎主编的《教育心理学》)

2. B 【解析】本题考查培养学习动机的方式。教育心理学研究表明,新的学习需要可以通过两条途径来形成:(1)**直接发生途径**,即因原有学习需要不断得到满足而直接产生新的更稳定更分化的学习需要;(2)**间接转化途径**,即新的学习需要由原来满足某种需要的手段或工具转化而来。因此,题干中教师培养学生学习动机的方式属于直接发生途径。

3. B 【解析】本题考查问题的分类。根据内容特性,可将问题分为概念性问题、经验性问题和价值问题。概念性问题内容涉及学术性概念,如长方体的表面积与体积之间存在什么关系。经验性问题涉及生活经验,如在冰面上行走时如何防滑。价值问题涉及伦理道德、是非判断,如初中生该不该早恋。根据概括水平,可将问题分为概括性问题和特殊性问题。其中,特殊性问题指向特殊的个体或现象,不具有广泛的概括性,如小学生张某的学习积极性如何。因此,本题选B项。

4. C 【解析】本题考查学习策略。监控策略是指在认知过程中,根据认知目标及时检测认知过程,寻找两者之间的差异,并对学习过程及时进行调整,以期顺利实现有效学习的策略。它具体包括领会监控、策略监控和注意监控。其中,领会监控主要是指调控学习过程的元认知策略,包括警觉自己在理解方面的问题、监视自己的速度与时间、审视目标是否达到、对材料自我提问等。题干中晓晓在阅读课文时的自我提问是在警觉自己在理解方面的问题以及对材料进行自我提问,故属于监控策略中的领会监控。

5. A 【解析】学习中所谓的"举一反三""触类旁通",就是知识的系统化在理解中的表现。

6. A 【解析】移情是个体在对事物进行判断前,将自己置于别人的位置,考虑他人的心理反应,理解他人的态度和情感能力。在道德培养过程中,移情是最具有动力特征的因素。一般认为,移情是亲社会行为(如助人、合作、分享等)的动机基础,能激发和促进亲社会行为的发展。对学生进行移情训练,是培养良好态度和品德的一种方法。

7. B 【解析】对学生进行品德培养,一般是从提高道德认识入手,沿着情、意、行的顺序进行。但在实际教育活动中,根据不同的教育环境与学生年龄特点,也可以选择知、情、意、行中任一个因素作为教育的开端,这是品德教育的多端性的表现。故A项表述正确。**品德形成的一般过程**是依从、认同和内化。**改变品德不良行为**的过程有醒悟、转变和自新。故B项表述错误。认知失调是品德形成和改变的先决条件。故C项表述正确。随着受教育程度的提高,个体的道德认知能力与判断能力都有所提高。故D项表述正确。

8. D 【解析】本题考查学生产生不良行为的家庭因素。如果学生的不良行为主要原因来自家庭的话,那么家庭环境中的不良因素的消极影响大致有以下两个方面:

不同方面	具体表现
家庭结构不良因素的消极影响	(1)家庭自然结构的破坏,如缺父、少母以及父母离异等情况; (2)家庭关系结构的破坏; (3)家庭意识不良; (4)家长不良性格的影响

续表

不同方面	具体表现
家庭教育功能不良的消极影响	(1)家庭教育条件与水平较差; (2)错误的家教态度与方式方法; (3)有的家长重智轻德,忽视子女的身心健康; (4)家教态度不一致,要求不一致,致使孩子无所适从; (5)有的家长对子女宽严失度,方法不当

因此,答案选D项。

9. A 【解析】本题考查概念学习的方式。正例给出了概念外延范围,传递的信息最有利于概括,为了便于学生从例子中概括出共同的特征,还包括了许多的无关因素,但是这些无关因素能防止学生出现概括不足的情况,把属于这个概念本身的成员排除在外。反例与概念本身非常相关,只是少了一个或者几个关键特征,这就防止出现过度概括的情况,把不属于概念本身的成员包含进来。因此,为防止学生出现概括不全面的情况,教师应向学生呈现正例。故本题答案选A项。

10. A 【解析】本题考查操作技能的教学方法。动作示范在技能训练过程中往往被认为是不可缺少的重要环节,主要是因为它可以更好地帮助练习者感受一些具有外部特征(如速度、角度、形态等)的操作行为。示范时需注意:(1)应该力求使学习者有更多的感觉通道的参与。(2)示范多寡取决于所学技能的性质。(3)示范动作要准确。(4)示范与讲解相结合。(5)根据操作活动特点,采取多种示范方式相结合。综上,操作技能的教学方法一般宜采用示范与讲解相结合的方法,故选A项。

11. D 【解析】程序性知识是关于"怎样做"的知识,是用于具体情境的算法或一套操作步骤。程序性知识的本质是一套控制个人行为的操作程序,包括外显的身体活动和内在的思维活动。如"怎么做的加法运算""怎么游泳"。安德森认为对此类问题的回答所涉及的知识就是程序性知识,这类知识是用来办事的程序,技能就是一种办事的程序,安德森从信息加工的角度认为技能的实质就是程序性知识。因此,A项说法正确。

陈述性知识与程序性知识的区别表现为:

区别	陈述性知识	程序性知识
从基本结构看	是符号所代表的概念、命题与原理表征的意义,掌握陈述性知识的关键是理解符号所表征的意义	是对陈述性知识的应用,其基本结构是动作或产生式,形成程序性知识的关键是对操作方法的熟练掌握
从输入输出看	相对静态的,容易用言语表达清楚	相对动态的,不太容易用言语表达清楚
从意识控制程度看	意识控制程度较高,激活速度较慢,往往是有意识的搜寻过程	意识控制程度较低,激活速度较快
从学习速度看	学习速度较快,能在短时期内突飞猛进或积累,但遗忘也较快	学习速度较慢,需要大量的练习才会达到熟能生巧的程度。程序性知识一般属于过度学习,因而保持比陈述性知识牢固
从记忆储存看	储存呈现非独立的网络性,其迁移具有叠加扩充的特性	储存呈现独立的模块性,其迁移具有序列转移的特性
从测量角度看	通过口头或书面"陈述"或"告诉"的方式测量	只能通过观察行为,是否能做、会做什么的方式测量

因此,B、C两项说法正确,D项说法错误。

12. C 【解析】勒温认为，当人的目的与环境之间出现某种不平衡或"紧张"时，便会引起各种心理需要。这种心理需要的状态便会使人做出某种行动以恢复平衡或降低紧张感。勒温把自己对行为的解释概括为一个公式：B=F(P,E)，这里B指行为，F指函数，P表示人，E表示环境。勒温的这一公式被称为预期一价值理论。按照这一理论，人的行为取决于他在某一特定的情景中预期将会发生什么，以及他对此事结果的价值或重要性的认识。

13. A 【解析】奥苏贝尔提出的问题解决模式分为四个阶段：第一阶段是呈现问题情境命题。第二阶段是明确问题目标与已知条件。第三阶段是填补空隙过程，此乃**问题解决过程的核心**。第四阶段是解答之后的检验。

14. A 【解析】皮连生根据学习的信息加工模型，将学习策略分类如下：(1)促进选择性注意的策略，如自我提问、做读书笔记、记听课笔记等；(2)促进短时记忆的策略，如复述、记笔记、将输入的信息形成组块等；(3)促进新信息内在联系的策略，如分析学习材料的内在逻辑结构和组织结构，多问几个为什么等；(4)促进新旧知识联系的策略，如列表比较新旧知识的异同，把新知识应用于解释新的例子等；(5)促进新知识长期保存的策略，如记忆术、双重编码、提高加工水平等。因此，只有A项说法正确。

15. A 【解析】本题考查反馈的分类。反馈分为固有的反馈和增补的反馈两种。固有的反馈有时也称为内反馈，是练习者不依赖外来帮助自己获得的反馈。增补的反馈是由教师、教练或某种自动化的记录装置提供给练习者的反馈信息，通常是在练习者得不到固有反馈信息时给予的，是对固有反馈的增加和补充。如在练习舞蹈动作时，教练会对学生的动作进行一些评点和指导，这里学生接受的信息就属于增补的反馈。

16. B 【解析】道德情感具有激发、引导道德认识的作用。一方面，道德情感对道德认识有一种激发作用。它促使一个人积极接受某种道德教育，努力掌握有关的道德知识，并推动道德知识转化为道德信念，同时也成为道德信念必不可少的因素。另一方面，道德情感对道德认识有一种引导作用。个体接受某种道德概念或准则之前总带有某种倾向性，这种倾向性促使个体乐于接受某种道德概念或准则，而拒绝另一些道德概念或准则，或者乐于接受某人的教育，而不愿接受其他人的教育。

17. C 【解析】本题考查归因训练。归因训练的过程一般分为四个阶段：(1)了解学生的归因倾向；(2)创设情境，让学生在活动中取得成败体验，特别是要让学生体验到努力就能取得成功；(3)让学生对自己的成败进行归因；(4)引导学生进行积极归因，即增强学生对下一次活动成功的期待，引起良性的情绪体验，并由此对下一次成就行为产生有积极影响的归因方式。

18. B 【解析】本题考查陈述性知识的内涵。信息加工心理学家大多同意将人类习得的知识分为两大类：一类为陈述性知识，另一类为程序性知识。陈述性知识大致与我们传统上讲的知识概念(即狭义的知识)相当。因此，题干中谈到的"知识"与陈述性知识大致相当。

19. C 【解析】本题考查儿童道德行为的发展。低年级儿童的道德行为是一种依附性很强的受"家长和教师权威"影响的行为，这种行为习惯具有不稳定性。随着小学生独立性和自觉性水平的提高，三、四年级儿童就会因为破坏了原有的道德行为习惯而导致行为习惯水平下降，如果能够及时纠正，到高年级时，儿童的道德行为习惯就具有一定的自觉性和稳定性，显而易见，整个小学阶段，尤其是**小学中年级是培养道德行为习惯的最关键时期**。(具体内容参见杨韶刚编著的《道德教育心理学》)

20. A 【解析】本题考查学习迁移理论。建构主义认为，所谓学习迁移，实际上就是认知结构在新条件下的重新建构。建构性的学习旨在使学生形成对知识的深刻理解。由于知识意义的理解主要反映在对知识的应用上，因此，对知识的理解取决于学习时的使用情境。要使学生达到对知识深刻理解的目的，就要把知识置于真实的、复杂的情境中，通过知识的应用来达到对知识的深层理解，从而使学习能适应不同的问题情境，在实际生活中能得到广泛的迁移。这样，学习迁移就是在新的情境中应用知识，在新条件下对知识的进一步学习，对知识的深入理解。题干中的小明在数学计算测验中成绩优秀，但在购物时却不能正确地计算金额，这体现的是知识学习情境和应用对迁移的影响，故可用建构主义迁移理论来解释。

21. A 【解析】本题考查学业求助策略的相关知识。学业求助策略的求助方式有两种：执行性求助和工具性求助。

求助形式	特点	目的
执行性求助	他人"替"自己解决困难	只想要答案或者希望尽快完成任务，自己不做任何尝试就放弃了获得成就的能力，选择了依赖而非独立掌握
工具性求助(适应性求助)	他人提供思路和工具	为了独立地学习，借助他人的力量以达到自己解决问题或者实现目标的目的

因此，工具性求助策略的学生，在自己能够解决问题的时候会拒绝他人的帮助，能够自觉选择和控制别人对他的帮助。故B、C、D三项说法正确，A项说法错误。

22. A 【解析】本题考查早期的迁移理论。桑代克的共同要素说对学习迁移的研究和实际教学起到了积极的作用，即便在今天对有些迁移的研究也有直接的启发作用。但桑代克的理论只看到学习情境对学习迁移的影响，完全忽略了主体因素对学习迁移的影响，只从一种维度讨论学习之间的影响问题，并试图从中发现影响迁移的原因，把学习迁移引导到一种狭义的圈子里；并且在看到情境中相同要素的积极迁移的同时，忽略了也可能产生消极的作用，即一种学习也可能对另一种学习产生干扰作用。故答案选A项。

23. D 【解析】5R笔记法，又叫康奈尔笔记法，是用产生这种笔记法的大学校名命名的。这一方法几乎适用于一切讲授或阅读课，特别是对于听课记笔记，5R笔记法应是最佳首选。这种方法是记与学、思考与运用相结合的有效方法。它的步骤包括记录(Record)、简化(Reduce)、背诵(Recite)、思考(Reflect)和复习(Review)五步。

24. A 【解析】本题考查高原现象的内涵。高原现象并不具有普遍性，也不能表明动作技能的掌握已临近学生的身心发展极限，相反它就像是黎明前的黑夜。王国维的《人间词话》的第二境界就相当于高原阶段。可见，高原现象并不是不能再进步的代名词，只要突破这一关，学习者获得的将是一笔巨大的财富，而且创造性的成果也往往发生在高原期之后。

25. A 【解析】人的短时记忆容量有限，所以在动作技能学习的初期，教师的示范不宜过快，避免短时间内因新信息量过多而超载。

26. D 【解析】本题考查培养创造性的教学方法。培养创造性的教学方法有：(1)局部改变法。(2)棋盘法。(3)清单法。(4)比拟法。其中，比拟法是一种从类似事物的启发中得到问题解决的方法。类似事物是原型，从原型的启发中，推陈出新，解决难题。如相传鲁班就是从丝茅草割破皮肤的启示中，发明了木匠用的锯子。

27. B 【解析】篇幅短小或内在联系密切的材料，适于采用整体识记，故A项表述错误。阅读时集中注意、考试时掌控自己的速度和时间等是元认知策略中的监控策略，故C项表述错误。向他人请求帮助是学业求助策略，故D项表述错误。因此答案选B项。

28. B 【解析】激发内部动机，就需要学习任务富于变化和有趣，能够引起学生的好奇心。一方面，教师可以变化教学任务，以此来吸引学生的注意力。另一方面，教师可以采用各种能吸引学生兴趣的学习材料。这是因为学生往往将注意力集中于那些对他们来说有趣的任务上。要使学习任务更有趣，一般从以下两点着手：课本内容和教育软件。在这里着重说一下课本内容。一般来说，课本内容应包含学生容易识别的特征，例如在性别、年龄、宗教、种族和职业方面与读者相似的特征；课本内容也应从学生的认知需求出发，安排他们认为重要的生活事件，以及一些令人感兴趣的轶事和例子。因此，题干中邓老师的做法是为了增强学习本身的趣味性，激发学生内部学习动机。

29. B 【解析】科尔伯格将道德判断分为三个水平，每一水平包含两个阶段，六个阶段依照由低到高的层次发展。社会环境和教育并不能改变儿童道德发展各个阶段出现的先后顺序。

30. C 【解析】安德森提出的产生式迁移理论认为，产生式法则是认知的基本成分。其基本思想是：前后两项学习任务之间产生迁移的原因是两项任务之间产生式的重叠，重叠越多，迁移量越大。两项任务之间的迁移，是随其共有的产生式的多少而变化的。产生式是决定迁移的一种相同要素。相同要素说是以桑代克为代表的学者提出的，他们认为迁移是非常具体的、有条件的，需要有相同的要素。这两个理论都强调迁移需要有相同要素，但产生式迁移理论的相同要素更偏向于认知成分。因此，安德森的产生式迁移理论是相同要素说的现代翻版。

31. A 【解析】动作技能的形成是通过练习从而逐步地掌握某种动作方式的过程。一般分为三个阶段：(1)认知阶段。在学习一种新的动作技能的初期，学习者通过指导者的言语讲解或观察别人的动作示范，或从每个局部动作的外部线索，试图理解任务及其要求。这一阶段的学习也称知觉学习，其主要任务是**领会技能的基本要求**。所以，A项符合题意。(2)联系形成阶段。即适当的刺激及反应形成联系，用加涅的话说就是必须建立动作连锁。这一阶段的主要特点是技能的局部动作被综合成更大的单位，最后形成一个连续技能的整体。所以，B、C项是联系形成阶段的内容。(3)自动化阶段。技能学习进入这一阶段，一长串的动作系列已联合成为一个有机的整体并已固定下来。本阶段意识的调节作用已大大降低，肌肉运动感觉作用占主导地位，视觉对动作的控制进一步减弱。所以，D项属于自动化阶段的内容。

32. D 【解析】根据学习策略所起的作用，可将学习策略分为基础策略和支持策略。

33. B 【解析】在中学生品德发展的特征中，中学生的品德心理自我意识明显化，则A项说法错误；品德结构的组织形式完善化，则B项说法正确；初中阶段品德发展具有波动性，高中阶段品德发展趋向成熟，则C项说法错误；道德行为习惯逐步巩固，则D项说法错误。

二、多项选择题

1. ABC 【解析】本题考查成就动机理论。成就动机理论的主要代表人物是阿特金森。成就动机是指个体努力克服障碍，施展才能，力求又快又好地解决某一问题的愿望或趋势。通过成就动机研究得出的个体行为差异的结果发现，高成就动机者一般具有下列特征：(1)视中等难度的任务为挑战，并全力以赴地获取成功；(2)对达到的目标明确，并抱有成功的期望；(3)精力充沛，探新求异，具有开拓精神；(4)选择工作伙伴以高能力为条件，而不是以交往的亲疏关系为前提。故本题选A、B、C三项。

2. ACD 【解析】本题考查动作技能形成的阶段。从时间上看，动作技能特别是复杂动作技能的形成是一个连续不断的过程，但为了更好地对这一过程进行研究，可以按照表现特点将其分为三个阶段：(1)动作认知与定向阶段，也称作泛化阶段；(2)动作联系与形成阶段，也称为分化阶段；(3)动作协调与完善阶段，也叫作自动化阶段。

3. BCD 【解析】本题考查影响态度与品德形成的条件。研究表明，学生的态度和品德特征与家庭的教养方式有密切关系。民主、信任、宽容的家庭教养方式有助于儿童良好态度和品德的形成与发展。家长对待子女过分严格或放任，则孩子更容易产生不良的、敌对的行为。因此，答案选B、C、D三项。

4. ABC 【解析】由于心智技能是按一定的阶段逐步形成的，因此，在培训方面只有分阶段进行练习，才能获得良好的教学效果。为提高分阶段练习的成效，在培养工作方面，必须充分依据心智技能的形成规律，采取有效的措施，包括：(1)激发学习的积极性和主动性；(2)注意原型的完备性、独立性和概括性；(3)适应培养阶段的特征，正确使用言语；(4)注意学生的个别差异；(5)科学地进行练习。建立稳定清晰的动觉是操作技能的培训要求。

5. ACD 【解析】维特罗克提出，为了促进学生把当前内容的不同部分联系起来，教学中可以采取如下策略：(1)加题目；(2)列小标题；(3)提问题；(4)说明目的；(5)总结或摘要；(6)画关系图或列表。

6. ACD 【解析】学习动机的主要理论可分为：(1)学习动机的强化理论；(2)学习动机的人本理论；(3)学习动机的社会认知理论。其中，学习动机的社会认知理论包括成就动机理论、归因理论、自我效能感理论、自我价值理论、成就目标理论、自我决定理论。故答案选A、C、D三项，而B项需要层次理论属于学习动机的人本理论。(具体内容参见刘儒德主编的《发展与教育心理学》)

7. ABD 【解析】本题考查自我决定理论。自我决定论形成了四种分支理论：基本心理需要理论、认知评价理论、有机整合理论和因果定向理论。研究者们总结出了三种基本的心理需要：自主需要、胜任需要和归属需要。

8. AB 【解析】C项中归因于运气时，如果失败了，则不利于学生的学习；D项中归因于他人的帮助(外在、不稳定的因素)也不利于维持学生的学习动机。

9. ABD 【解析】追求成功的倾向(Ts)由三种因素组成，即成就需要或追求成功的动机(Ms)、获得成功的可能性或概率(Ps)以及成功的诱因值(Is)。

10. AB 【解析】持有能力实体观的学生倾向于建立成绩目标，从而避免被人看不起；持有能力增长观的学生更多设置掌握模式，从而提升自我能力。具有学习目标的人容易形成掌握模式，具有成绩目标的人容易形成无助模式。因此，A、B两项说法正确。

11. ACD 【解析】创造性的培养措施包括：(1)培养创造性认知能力。(2)注重创造性个性的塑造。包括保护好奇心；解除个体对答错问题的恐惧心理；鼓励独立性和创新精神；重视非逻辑思维能力；给学生提供具有创造性的榜样。(3)创设有利的社会环境。包括创设宽松的心理环境；给学生留有充分选择的余地；改革考试制度与考试内容。(4)培养创造型的教师队伍。在本题中，数学老师赞许小乐提出与自己不同的解题思路和方法，并总是耐心地听他分析。这说明数学老师给学生创建了一个能支持或容忍标新立异者或偏离常规思维者的宽松的心理环境，解除了学生对答错问题的恐惧心理，鼓励学生的创新精神。所以，A、C项符合题意。数学老师也鼓励同学们大胆进行猜测，这体现的是数学老师重视非逻辑思维能力。所以，D项符合题意。B项在题干中没有体现，故答案选A、C、D三项。

12. ABC 【解析】根据认知心理学家的研究，学习策略主要有如下五类：(1)复述策略；(2)同化策略；(3)组织策略；(4)元认知策略；(5)情感动力策略。情感动力策略是指保持警觉但是放松，以克服考试焦虑。这五类学习策略中的每一种都能影响编码过程中的认知加工。例如，复述主要被用来进行信息的选择和获取，而组织和同化则主要被用来建构和整合。所以，A、B项说法正确。元认知策略包括计划策略、监控策略和调节策略。自我检查属于元认知策略中的监控策略，故C项说法正确。根据情感动力策略的概念可知，克服考试焦虑属于情感动力策略。所以，D项说法错误。

13. AC 【解析】外部奖赏会在一定程度上维持一部分学生的学习动机，但外部奖赏运用不当，也很可能会引起意想不到的负面效果，可能会使部分成绩较差的学生没有成就感。故答案选A、C两项。

三、判断题

1. × 【解析】关于创造性与人格特征的关系，沃勒奇和科根于1965年做了研究。研究中共有四组被试：甲组为高创造性与高智力组；乙组为高创造性与低智力组；丙组为低创造性与高智力组；丁组为低创造性与低智力组。研究表明：甲组儿童适应良好；乙组儿童常有冲突和不适应感；丙组儿童是学业成就的强有力的获得者；丁组儿童被许多防御机制所困扰。因此，高创造性的学生并不都是适应良好的学生。

2. × 【解析】本题考查影响态度与品德学习的一般条件。影响态度与品德学习的一般条件包括两方面。(1)外部条件：①家庭教养方式；②社会风气；③学校环境；④同伴群体。(2)内部条件：①认知失调；②态度定势；③道德认知。其中，认知失调是态度改变的必要条件，但不是充分条件。故题干说法错误。(具体内容参见皮连生主编的《教育心理学(第4版)》)

3. × 【解析】本题考查形式训练说。形式训练说主张迁移要经历一个“形式训练”的过程才能产生，认为心理官能只有通过训练才得以发展，而迁移训练就是心理官能得到训练后发展的结果。进行官能训练时，关键不在于训练的内容，而在于**训练的形式**。因为内容经常容易忘记，其作用是暂时的，但形式是永久的。

4. √ 【解析】移情是个体在对事物进行判断和决策之前，将自己放在他人位置上，考虑他人的心理反应，理解他人的态度和情感的能力。在品德培育过程中，移情是**最具动力特征**的因素。

5. × 【解析】精加工过程是对所呈现的信息进行添加、补充的活动。精加工的结果是生成了新知识中没有明确呈现出来的内容。因此，学生阅读课文时能读出"言外之意"，说明他在运用精加工策略。

6. √ 【解析】根据认知加工理论的观点，对知识加工得越精细、越充分，识记的效果就越好。因此，如果在保持的过程中反复记忆，则能加深建立起来的认知结构，使知识保持得越长久，再认和重现的效果也会越好。

7. × 【解析】本题考查促进学习迁移的教学内容。具有广泛迁移价值的材料，是指学科的基本概念、基本原理、基本法则、基本方法、基本态度等。故题干说法错误。

8. × 【解析】动机对行为效果的影响不仅取决于动机的强弱，还与个人的行为质量有关。因为动机的产生必须以行为为中介，必须在行为中才能表现出来。学习动机只有通过学习行为才能发挥作用，影响学习效果。一个动机很弱的学生当然不会有高质量的学习行为的发生，当然也不会获得很好的学习效果。但是，一个学习动机很强或达到最佳动机水平的学生，也不一定能表现出高质量的学习行为，从而获得好的学习效果。

9. × 【解析】现代道德心理学的大量研究证明了以下两个观点。第一，儿童道德的发展所经历的一系列阶段，形成了一个与成熟有关，但**不是由成熟决定**的固定的发展顺序。第二，儿童道德发展的过程也是一个从不自觉到自觉、从单纯受外部环境的支配到受行为主体自我控制的过程。

10. √ 【解析】顺向迁移是指先前学习对后继学习产生的影响。故顺向迁移有助于新知识的理解和掌握。逆向迁移是指后继学习对先前学习产生的影响。故逆向迁移有助于对已有知识的巩固和完善，但在教学中，逆向迁移的应用远不如顺向迁移充分。

11. × 【解析】学习动机与学习目的之间具有复杂的关系。学习动机与学习目的之间**并不都是一一相对应的**，通常一个学习动机不限于一个学习目的，而一个学习目的也可以受多个学习动机所支配。

第五章　教学心理

基础训练

答案速查

1~5	CACBC	6~10	DABDB	11~15	ADDCD	16~20	BBAAD
21~25	DBBCA	26~30	ACDDB	31~35	ADAAB	36~40	BDBAC
41~46	BDBBCC	47~52	AAAACB	1~5	ABC ABCD ACD ABCD ABCD		
6~10	ABCE ABCDE CD ACD ABC			11~13	AB ACD ABD		
1~5	√×√×√			6~10	√√××√		

一、单项选择题

1. C 【解析】本题考查标准参照测验与常模参照测验的比较。常模参照测验适用于调查性测验，故A项正确。常模参照测验侧重于测量个体之间的成绩差异，故B项正确。常模参照测验的最终成绩的评定由特定团体的相对标准决定，而标准参照测验的最终成绩的评定由绝对标准决定，故C项错误。常模参照测验所选题目具有较大的区分度，能拉开学生分数的差距，故D项正确。

2. A 【解析】本题考查课堂纪律的类型。根据形成途径，课堂纪律一般可分为以下四类：(1)教师促成的纪律；(2)集体促成的纪律；(3)自我促成的纪律；(4)任务促成的纪律。其中，教师促成的纪律，是指在教师的操纵、组织、安排、规定和维护的基础上形成的纪律。它通过教师的指导、监督以及奖惩得以实现。这种纪律的实现，还必须与教师对学生的体贴，如同情、理解、调解、协助、支持和容纳学生的意见等相互配合，才能使学生逐渐接受或内化，使纪律成为学生自己的要求。题干所述属于教师促成的纪律，故选A项。

3. C 【解析】本题考查掌握学习理论的相关知识。掌握学习代表着一种非常乐观的教学方法，它假设只要给足够的学习时间和相应的教学，大多数学生都能够学会学校里的科目。

4. B 【解析】本题考查布卢姆的教学目标分类。理解(领会)，即领悟所学材料的意义，但并不一定将其与其他事物相联系，代表最低水平的理解；可使用的描述动词有解释、辨别、概括等。例如，通过阅读不同诗歌，辨别现实主义与自然主义各自的特征。故题干所述属于领会水平。

5. C 【解析】根据题干描述可知，李老师在家庭遭遇重大变故后回归课堂，但是自身的情绪没有调整好，造成课堂气氛比较压抑，这体现了教师的情绪状态对课堂气氛的影响。

6. D 【解析】本题考查课堂问题行为的矫正。由于一般问题行为大都是一些暂时性的干扰，教师在处理这些行为时，通常只需要运用简单的非言语线索进行暗示，就可以得到既制止问题行为又不影响课堂教学进程的双重效果。例如，如果两个学生正在交头接耳，那么教师就可以用眼睛看着这两个学生或其中的一个，或走到他们身边轻轻敲一下课桌，或突然停下咳嗽一两声，这样通常都能引起他们的注意，从而终止其问题行为。题干中教师提高讲课的音量是通过非言语线索来处理课堂纪律问题。

7. A 【解析】本题考查布卢姆的教学目标分类。美国教育心理学家布卢姆及其同事将教学目标分为认知、情感和动作技能三个领域，每一领域的目标又从低级到高级分成若干层次。其中，认知领域的教学目标分为知识、领会(理解)、运用(应用)、分析、综合、评价六级。知识(又称知道)是指先前学习过的材料的记忆，包括具体事实、方法、过程、理论等的回忆。因此，"知道具体事实""知道方法与过程"属于认知领域教学目标中的知识。

8. B 【解析】常模参照评价以学生团体测验的平均成绩即常模为参照点，比较分析某一学生的学业成绩在团体中的相对位置。它采用相对的观点解释学生的学业成就，着重于学生之间的比较。故题中所述的评价方式是常模参照评价。

9. D 【解析】直接教学尤其适用于教授那些学生必须掌握的、有良好结构的信息或技能，它是以教师为中心的教授策略。所以，答案选D项。

10. B 【解析】本题考查布卢姆的教学目标分类。美国教育心理学家布卢姆将教学目标分为认知、情感和动作技能三个领域，每一领域的目标又从低级到高级分成若干层次。其中，认知领域的教学目标分为知识(认知)、领会(理解)、运用(应用)、分析、综合、评价六级。理解水平是指，在知识记忆的基础上掌握知识，能抓住事物的实质，把握材料的主题和意义。理解水平的教学目标又分为转换、解释、推断。题干中的学生能用光学知识理解和解释海市蜃楼，这属于理解水平目标中的解释。

11. A 【解析】美国教育心理学家**布卢姆**将教学目标分为**认知、情感和动作技能**三个领域。

12. D 【解析】本题考查群体凝聚力的概念。群体凝聚力是指群体对成员的吸引力和成员之间的相互吸引力。故D项符合题意。

13. D 【解析】课堂情境结构包括班级规模的控制、课堂常规的建立和学生座位的分配。

14. C 【解析】课堂气氛是指在课堂上占优势地位的态度和情感的综合状态。它具有独特性,不同的课堂往往有不同的气氛,即使是同一课堂,也会形成不同教师的气氛区。

15. D 【解析】本题考查学生座位的分配。研究发现,分配学生座位时教师主要关心的是减少课堂混乱。其实,分配学生座位时,最值得教师关注的应该是对人际关系的影响。

16. B 【解析】一般来说,群体间竞争的效果取决于群体内的合作,有利于集体主义的培养,在学校教育中通常得到推崇。

17. B 【解析】本题考查教师的领导方式。在专制型领导方式下,教师对学生要求严格,学生学习被动。一旦教师离开教室,学生的学习就明显松弛。因此,题干所述是在专制型领导方式下学生的典型反应。

18. A 【解析】非正式群体可以分为:积极型、中间型、消极型和破坏型。各类型的特征及其相应的对待方式如下表所示:

类型	特征	对待方式
积极型	对学校正式群体、组织的发展有促进作用	应加以保护和利用,对其核心人物可以适当授权,不仅让他组织他的团体开展一些有意义的公开活动,还可以让他成为班委会或学校正式组织的成员
中间型	与组织若即若离,其活动与班集体或学校组织目标,有时一致,有时不一致,一般既没有什么积极作用,也没有什么消极作用	要采用教育和引导的方法
消极型	属于偏离学校组织或班集体的非正式学生群体,其活动与校组织、班集体的目标不一致,对班集体、校组织会产生消极影响,但行为后果较轻,虽有违纪,但无违法	应采取改造的办法。主要是从改造他们的思想、认识入手,通过加强思想教育来改造他们的行为
破坏型	属于反学校组织或班集体的非正式学生群体,其活动后果较严重,不仅违纪,而且具有违法性质,如学生盗窃团伙、流氓团伙等	(1)对于破坏型的非正式群体:重在预防,要注意防止消极型非正式群体向破坏型非正式群体转化;(2)对破坏型非正式群体成员:学校仍然要以教育为主,特别是对情节较轻,出于好奇、受人引诱而做了错事的学生成员,不应推给公安机关了事,而要力争通过学校教育使其向好的方面转变

因此,答案选A项。

19. A 【解析】标准化成就测验是指在心理与教育测量原理指导下,由专家或学者编制的适用于大规模范围内评定个体学业成就水平的测验。

20. D 【解析】情感领域的教学目标分为接受、反应、形成价值观念、组织价值观念系统、价值体系个性化五级。因此,价值观念的组织属于情感领域的教育目标。

21. D 【解析】品行方面的问题行为,是指那些直接指向环境和他人的不良行为,如攻击性行为、破坏性行为、不服从行为等。人格方面的问题行为,是与学生的个性关联在一起的不良行为,如孤僻退缩、焦虑抑郁等。因此,答案选D项。

22. B 【解析】维持功能是课堂管理的基本功能,故答案选B项。

23. B 【解析】本题考查教学策略的特征。操作性指任何教学策略都是针对教学目标的每一具体要求而制定的,具有与之相对应的方法、技术和实施程序,它要转化为教师与学生的具体行动。故选B项。指向性指教学策略的产生就是为了解决现实的教学问题,掌握特定的教学内容,达到预定的教学目标,收到预期的教学效果。排除A项。综合性指教学策略包括教学活动的元认知过程、教学活动的调控过程和教学方法的执行过程。这三个过程是相互关联的一个整体,彼此之间相互作用,每一个过程依据其他两个过程而作相应的规定和变化。排除C项。灵活性指教学策略不是"万金油"式的"教学处方",不存在一个能包揽一切的大而全的教学策略。同一策略可以解决不同的问题,不同的策略也可以解决相同的问题。排除D项。

24. C 【解析】教师采用专制的态度,易导致学生的紧张情绪、冷淡、攻击性和不能自制。故采用专制的领导方式不能促进良好课堂气氛的营造。

25. A 【解析】本题考查预防不良行为的措施。科宁总结了可以很好地预防问题的四个方面:明察秋毫、一心多用、关注整体和转换管理。其中,明察秋毫是指教师要让学生知道,他注意到了课堂里发生的每一件事,甚至没漏下任何一件。"明察"的教师会尽量避免被少数几个学生吸引或只与他们交流,他们老是扫视教室,与学生保持目光接触,有些老师甚至在黑板上做板书时都知道谁在搞小动作,脑后仿佛长有一双眼睛似的。因此,答案选A项。

26. A 【解析】影响课堂管理的因素包括:(1)教师的领导风格;(2)班级规模;(3)班级的性质;(4)对教师的期望。其中,**教师的领导风格对课堂管理有直接的影响。**

27. C 【解析】本题考查布卢姆的教学目标分类。综合目标是指将所学的零碎知识整合为知识体系,强调的是**创造能力**,需要产生新的模式或结构。题干中的老师给学生布置了写英语短文的课后作业,这需要学生将所学知识化零为整,创造出新的内容。因此,教师的作业属于综合目标。

易错提示:考生易混淆布卢姆认知领域的教学目标分类,可通过以下表格进行区分:

学习水平	认知动词	例子
知识	知道、背诵	回忆杜甫的诗"烽火连三月"
领会	解释、说明	用自己的话表述"烽火连三月"
运用	应用、操作	学习了加减法之后,到模拟商店自由购物
分析	区分、说明	区分新闻报道中的事实、观点
综合	创造、设计	给定一些事实材料,写出一篇报道
评价	评定、评价	评定两篇有关某一事件的报道,哪一篇较为真实可信

28. D 【解析】本题考查课堂纪律的类型。集体促成的纪律即在集体舆论和集体压力的作用下形成的群体行为规范。从儿童入学开始,同辈人的集体在促进儿童社会化方面就开始发挥重要的作用。随着年龄的增长,学生受同伴群体的影响会越来越大,开始以同辈群体的集体要求和价值判断作为自己的行为准则,以"别人也都这么干"为理由而做某件事情。根据题干中的关键词"别人也都这么干"可知,这属于集体促成的纪律。而自我促成的纪律强调自律;任务促成的纪律强调具体任务对学生行为提出的具体要求;教师促成的纪律强调教师的指导帮助。

29. D 【解析】对学习内容达到掌握的程度,通常意味着完成**80%~90%**的评价项目。

30. B 【解析】本题考查课堂气氛的类型。根据师生相互作用的方式不同,可以将课堂气氛划分为:

类型	特征
积极的课堂气氛	纪律良好,精神饱满,注意力集中,气氛热烈
消极的课堂气氛	纪律问题较多,无精打采,注意力分散,情绪压抑
一般型课堂气氛	教学能正常进行,教学效果一般
对抗的课堂气氛	纪律问题严重,注意力指向无关对象,基本上处于失控状态

因此,题中所述的课堂气氛属于消极型。

31. A 【解析】设计教学目标的时候必须要以**学生的实际**作为首要依据。

32. D 【解析】课堂气氛是指在课堂上占优势地位的态度和情感的综合状态。

33. A 【解析】个别化教学指让学生以自己的水平和速度进行学习的一种教学模式。

34. A 【解析】本题考查群体对个体的作用。社会干扰也叫社会抑制,是指当他人在场或与他人一起从事某项工作时,个体行为效率下降的现象。题干中当老师在身边的时候,学生做题效率降低,属于典型的社会抑制。

35. B 【解析】本题考查课堂纪律的种类。根据形成途径,课堂纪律一般可分为四类:(1)教师促成的纪律。教师促成的纪律即在教师的指导帮助下形成的班级行为规范。(2)集体促成的纪律。集体促成的纪律即在集体舆论和集体压力的作用下形成的群体行为规范。(3)任务促成的纪律。任务促成的纪律即某一具体任务对学生行为提出的具体要求。(4)自我促成的纪律。自我促成的纪律简单说就是自律,它是在个体自觉努力下由外部纪律内化而成的个体内部约束力。小敏因受到集体压力(上课前大家都在翻看课本)的影响而认为自己也需要提前翻看课本,这属于集体促成的纪律。故答案选B项。

36. B 【解析】合作学习小组成员人数以**5人左右**为宜。一般说来,最为有效的小组人数是4~6个成员。

37. D 【解析】标准化成就测验的特点是客观性、计划性、可比性。

38. B 【解析】影响群体与个人行为发展变化的力量的总和就是群体动力。

39. A 【解析】非正式群体是人们在活动中自发形成的,未经任何权力机构承认或批准而形成的群体。非正式群体的存在是基于人们社会交往的需要。

40. C 【解析】对抗型课堂气氛的特征是:课堂纪律问题严重,师生关系紧张;学生随心所欲,各行其是;注意力指向无关对象;教师无法正常上课,时常被学生打断或不得不停下来维持课堂纪律,基本上是一种失控的课堂状态。因此,题干所述为对抗型课堂气氛。

41. B 【解析】本题考查教学设计的步骤。教学设计一般包括以下10个步骤:(1)确定教学目标;(2)进行教学分析;(3)确定起点行为;(4)编写教学的具体目标;(5)设计标准参照试题;(6)开发教学策略;(7)开发与选择教学材料;(8)设计与实施形成性评价;(9)进行教学调整;(10)设计与实施总结性评价。其中,确定起点行为,即明确在教学之前学生必须先具有何种知识或技能。题干中的学校在新学期之前对入学学生进行摸底考试,正是为了确定学生对知识或技能的掌握程度,故属于确定起点行为的程序。

42. D 【解析】在群体中,人们有时会感到自己被湮没在群体之中,于是个人意识和理解评价感丧失,个体的自我认同被群体的行动与目标认同所取代,个体难以意识到自己的价值与行为,自制力变得极低,结果导致人们加入到重复的、冲动的、情绪化的,有时甚至是破坏性的行动中去,这种现象叫作去个性化。在多人"起哄"的时候,平时文雅的学生也会表现的粗鲁无礼,这是去个性化的表现。

43. B 【解析】竞争是指个体或群体充分实现自身的潜能,力争按优胜标准使自己的成绩超过对手的过程。良性竞争不但不会影响学生间的人际关系,而且还会提高学习和工作的效率。

44. B 【解析】问题行为指不能遵守公认的正常行为规范和道德标准,不能正常与人交往和参与学习的行为。

45. C 【解析】本题考查课堂管理的功能。课堂管理的功能主要体现在维持功能、促进功能、发展功能三个方面。发展功能是指课堂管理本身可以教给学生一些行为准则,促进学生**从他律走向自律**,帮助学生获得自我管理能力,使学生逐步走向成熟。维持功能(基本功能)是指课堂管理能够在课堂教学中,持久地维持良好的学习环境,有效地排除各种干扰因素,使学生充分地参与到学习活动中。因此,答案选C项。

46. C 【解析】本题考查课堂管理的内涵。课堂管理就是指教师通过协调课堂内的各种人际关系而有效地实现预定教学目标的过程。故题干所述反映了王老师的课堂管理能力。

47. A 【解析】在群体压力下,也有学生会出现反从众。他们发现群体多数人的意见与自己不一致时,或者保持独立性,或者反其道而行之。因为他们的个性独立,不易受人暗示,也可能是他们具有逆反心理,表现反从众。反从众有可能蔑视群体规范,削弱群体凝聚力,导致群体涣散。但是群体内的反从众者也可以使群体集思广益,使群体更具活力和创新精神。故B、C、D三项皆属于反从众现象,A项则属于从众现象。

48. A 【解析】建立和谐的课堂人际关系有利于创设良好的课堂气氛。故答案选A项,而B、C、D三项中的做法均不正确。

49. A 【解析】本题考查布卢姆的教学目标分类。根据布卢姆的认知领域的目标分类可知,综合是指将所学的零碎知识整合为知识系统。"综合"强调学生的创造能力,常常需要产生新的模式或新的结构。例如:给定一些事实材料,学生能写出一篇报道;请学生设计出科学实验的程序。故答案选A项。而B项处于"分析"水平;C项处于"应用"水平;D项处于"领会"水平。

50. A 【解析】班级的大小是影响课堂管理的一个重要因素。这主要基于以下几个原因:(1)班级的大小会影响成员间的情感联系。班级越大,情感纽带的力量就越弱。(2)班内的学生越多,学生间的个别差异就越大,课堂管理所遇到的阻力也可能越大。(3)班级的大小也会影响交往模式。**班级越大,成员间相互交往的频率就越低,对课堂管理技能的要求也就越高。**(4)班级越大,内部越容易形成各种非正式小群体,而这些小群体又会影响课堂教学目标的实现。因此,A项说法错误,B、C、D三项说法正确。

51. C 【解析】本题考查直接教学的内涵。直接教学是以学习成绩为中心,在教师指导下使用结构化的有序材料的课堂教学策略。在直接教学中,教师向学生清楚地说明教学目标,在充足而连续的教学时间里给学生呈现教学内容,监控学生的表现,及时向学生提供学习方面的反馈。

52. B 【解析】课堂问题行为是一种**普遍行为**。课堂问题行为普遍存在,不管是优秀生还是学困生都有可能产生问题行为。所以,B项说法错误。

二、多项选择题

1. ABC 【解析】本题考查布卢姆的教学目标分类。美国教育心理学家布卢姆将教学目标分为认知、情感和动作技能三个领域,每一领域的目标又从低级到高级分成若干层次。其中,认知领域的教学目标分为知识、领会、运用(应用)、分析、综合、评价六级。故选ABC三项。

2. ABCD 【解析】本题考查课堂纪律的种类。根据形成途径,课堂纪律一般可分为以下四类:(1)教师促成的纪律;(2)集体促成的纪律;(3)任务促成的纪律;(4)自我促成的纪律。

3. ACD 【解析】课堂管理的目标有:(1)争取更多的时间用于学习;(2)争取使更多的学生投入学习;(3)帮助学生自我管理。

4. ABCD 【解析】本题考查引导与帮助学生进行合作的措施。在引导与帮助学生进行合作方面,教师有必要特别注意以下几点:(1)激发学生的合作动机。(2)指导学生学会合作技巧,养成社会交往的能力。(3)保证小组每个成员都积极参与集体学习。

5. ABCD 【解析】教学设计的依据有:(1)**理论依据**,包括现代教学理论、学习理论与传播理论、系统的原理和方法。(2)**现实依据**,包括教学的实际需要、教师的教学经验、学生的需要和特点。

6. ABCE 【解析】影响课堂管理的因素有:(1)教师的领导风格;(2)班级规模;(3)班级的性质;(4)对教师的期望。

7. ABCDE 【解析】合作学习在设计与实施上必须具备以下五个特征:(1)分工合作;(2)密切配合;(3)各自尽力;(4)社会互动;(5)团体过程。

8. CD 【解析】本题考查课堂问题行为的处理。在处理日常课堂行为问题时,最为重要的就是要以最少干预为原则,就是要用最简短的干预纠正学生的行为,教师要尽量做到既有效处理问题,又无须打断上课。处理典型纪律问题的策略有:(1)预防;(2)非言语线索;(3)表扬与不良行为相反的行为;(4)表扬其他学生;(5)言语提示;(6)反复提示;(7)应用后果。这些策略是根据中断上课的程度排列的,前面的策略中断程度最小,后面的策略中断程度最大。A项的做法是无效处理,不利于教学。B项的做法会打断教学,影响其他学生学习,不利于教学。C、D两项的做法有利于教学。故选C、D两项。

9. ACD 【解析】本题考查人际关系需要。舒茨认为每个人都有三种最基本的人际关系需要:(1)情感的需要;(2)包容的需要;(3)支配的需要。

10. ABC 【解析】本题考查凝聚力高的班级群体具有的特点。凝聚力高的班级群体比起凝聚力低的班级群体具有如下特点:(1)凝聚力高的班级群体,其成员的沟通和交往,比凝聚力低的班级群体更为频繁。(2)凝聚力高的班级群体成员进行较多正面的、友善的言语及非言语的沟通。(3)凝聚力高的班级群体使其成员产生较强的归属感,所以在集体活动中出席率较高。(4)凝聚力高的班级群体成员较愿意承担更多推动班级发展的责任和义务。(5)凝聚力越高的班级群体,其成员就越遵循群体的规范和目标。由此可以看出,班级群体凝聚力的高低直接影响班级建设,影响班级群体的行为和班级群体功能的发挥。

11. AB 【解析】小学生的人际交往逐渐丰富起来,与同伴的交往也明显增多,但与父母仍保持着亲密的关系,父母、家庭仍是他们安全的"避风港"。小学老师对小学生的关心帮助更加具体而细致,也更为严格和具有权威性,小学生与教师的关系是其人际关系中的一种重要关系,师生关系并不是异常紧张的。故答案选A、B两项。

12. ACD 【解析】对于积极型的非正式群体,应该支持和保护;对于中间型的非正式群体,要持慎重态度,积极引导,联络感情,加强班级目标导向;对于消极型的非正式群体,要教育、争取、引导和改造;对于破坏型的非正式群体,则要依据校规和法律,给予必要的制裁。

13. ABD 【解析】本题考查课堂气氛。我国学者根据学生在课堂上表现出来的注意状态、情感状态、意志状态、定势状态与思维状态,将课堂气氛分为以下三种类型。积极的课堂气氛是恬静与活跃、热烈而深沉、宽松与严谨的有机统一。消极的课堂气氛通常是紧张拘谨、心不在焉、反应迟钝。对抗的课堂气氛是失控的气氛,学生过度兴奋、各行其是、随便插嘴、故意捣乱。教师对学生的期望是影响课堂气氛的因素之一。故A、B、D三项正确。良好的课堂纪律是课堂教学得以顺利进行的重要保障条件。故C项错误。

三、判断题

1. √ 【解析】本题考查群体规范的内容。群体规范是约束群体内成员的行为准则,包括成文的正式规范和不成文的非正式规范。正式规范是有目的、有计划的教育的结果。非正式规范的形成则是成员约定俗成的结果,受模仿、暗示和顺从等心理因素的制约。群体规范会形成群体压力,对学生的心理和行为产生极大的影响,还可能导致从众现象的发生。群体规范使学生保持认知、情感和行为上的一致,并为学生的课堂行为划定方向和范围,成为引导学生行为的指南。课堂中的从众现象的发生一般认为是群体规范的结果。

2. × 【解析】本题考查非正式群体。非正式群体对学生个体和正式群体既有积极影响,也有消极影响。

3. √ 【解析】本题考查可供选择的教学策略。以学生为中心的教学策略包括发现教学、情境教学、合作学习等,故本题说法正确。

4. × 【解析】课堂教学管理的意义可以归纳为以下几个方面:(1)有利于提高教学质量;(2)有利于减少或清除学生的课堂问题行为;(3)有利于促进课堂教学的持续性生长。

5. √ 【解析】课堂管理是指教师创建和维持一个有序的学习环境的策略。从促进学生的学习的意义上,有效的课堂管理应该是提高学生的参与度,减少破坏性行为,增加有效教学时间,并最终提高学生学业成就。

6. √ 【解析】教学设计的方法包括:(1)教学设计要从"为什么学"入手,确定学生的学习需要和教学的目的;(2)根据教学目的,进一步确定通过哪些具体的教学内容和教学目标才能达到教学目的,从而满足学生的学习需要,即确定"学什么";(3)要实现具体的教学目标,使学生掌握需要的教学内容,应采用什么策略,即"如何学";(4)要对教学的效果进行全面的评价,根据评价的结果对以上各环节进行修改,以确保促进学生的学习,获得成功的教学。

7. √ 【解析】竞争有可能使一部分学生过度紧张和焦虑,容易忽视活动的内在价值和创造性,使学生的注意力过多地集中在赢得他人的赞许方面,从而忽视学习活动本身所带来的认知乐趣。

8. × 【解析】他人在场可能会提高工作效率,也有可能会降低工作效率。如社会助长与社会抑制现象。

9. × 【解析】设计具体而明确的教学目标是教学设计中最先要考虑的问题。

10. √ 【解析】教学目标的功能有:(1)导向功能;(2)激励功能;(3)评价功能;(4)聚合功能。

四、填空题

1. 课堂情境　　2. 情感领域

答案速查

1~5	DAAAD	6~10	DDCBB	11~15	DBDCD	16~18	DDA
1~5	ABC ABC AB BC ABD			1~4	√√×√		

一、单项选择题

1. D 【解析】本题考查课堂问题行为的分类。奎伊等人将课堂行为分为人格型、行为型和情绪型3种类型。(1)人格型问题行为带有神经质特征,常常表现为退缩行为,如不能开玩笑、扭捏、缺乏信心、容易慌乱、做白日梦、缺乏兴趣、神经过敏等;(2)行为型问题行为主要具有对抗性、攻击性或破坏性等特征,例如交头接耳、注意分散、不服从、不合作、过度活动、无耐心、吵嚷起哄等;(3)情绪型问题行为主要是由于学生过度焦虑、紧张和情绪多变而导致社会障碍的问题行为,如心事重重、情绪紧张、容易慌乱、胆小怕事、不敢举手发言等。故选D项。

2. A 【解析】本题考查课堂管理模式。团体警觉是指在讲授和讨论期间,教师用来维持所有学生注意力的提问策略。例如,在叫某个学生回答问题之前,先提出问题:"已知三角形ABC的边BC、AC的长度以及角C的大小,我们还能知道这个三角形的哪些方面……(停顿)……马文辉?"这种策略可以让全班同学都进行思考。如果说"马文辉,已知三角形ABC……"其效果将大相径庭,因为只有马文辉保持警觉。因此,题干中的赵老师采用的课堂管理模式是团体警觉。

3. A 【解析】本题考查教学设计的基本内容。教学设计的基本内容包括:教学目标设计、教学内容设计、教学时间设计、教学措施设计和教学评价设计。其中,教学内容设计是教师认真分析教材、合理选择和组织教学内容以及合理安排教学内容的表达或呈现的过程。它是教学设计最关键的环节,是教学设计的主体部分,其质量高低直接影响教学活动的成败。故选A项。

4. A 【解析】本题考查合作学习的要素。约翰逊兄弟认为,有五个要素是合作学习不可缺少的:积极的相互依赖、面对面的促进性相互作用、个人责任、社交技能、小组自加工(小组自评),其中,社交技能是小组合作是否有效的关键所在。

5. D 【解析】根据事实性知识教学的一般模型及事实性知识学习的具体规律,我们可以提出一些事实性知识教学策略设计的建议:(1)确定要记忆的事实性知识。(2)创设学习和应用事实性知识的情境。(3)呈现事实性知识。(4)提示学生回忆原有相关知识。(5)提供记忆指导。如某教师为了让学生记住“蚯蚓”的字形,就采用精加工的方法对学生进行记忆指导:“蚯蚓是一种虫子,所以两个字都是虫字旁。蚯字的半边是个‘丘’而不是‘兵’,是因为蚯蚓没有脚,所以下面没有两点。”(6)安排间隔复习。(7)在事实性知识教学的整个过程中将认知因素和动机因素融合起来。

6. D 【解析】本题考查教学策略的含义。教学策略包括教学活动的元认知过程、教学活动的调控过程和教学方法的执行过程。教学活动的元认知过程是教师对教学过程中的因素、教学进程的反思性认知。教学活动的调控过程是指教师根据教学的进程及其变化而对教学过程的反馈、调节活动。教学方法的执行过程是指教师在教学过程中采取的师生相互作用方式、方法与手段的展开过程。故正确答案为D项。

7. D 【解析】课堂类型有以下几种:(1)无法应对型;(2)贿赂学生型;(3)铁腕手段型;(4)与学生合作型。其中,在与学生合作型的课堂中,学生们在学习时常常会产生互动,但他们发出的声响是有效参与学习活动的和谐之音,而不是疯来疯去打闹的噪声或者说是争吵声。当学生们发出的声音变得有些烦人时,老师的一个简单提醒就可以解决问题。

8. C 【解析】本题考查计算机辅助教学的基本模式。计算机辅助教学的基本模式包括:操作与练习、对话、模拟、游戏、问题求解等。其中,操作与练习的教学目标不是向学生传授新知识,而是让学生通过做大量的习题以达到巩固所学知识和形成熟练技能的目的。

9. B 【解析】本题考查课堂问题行为的类型。根据学生行为表现的倾向,将课堂问题行为分为:

类型	表现
外向性问题行为	包括:相互争吵、挑衅推撞等攻击性行为;交头接耳、高声喧哗等扰乱秩序的行为;作滑稽表演、口出怪调等故意惹人注意的行为;以及故意顶撞班干部或教师、破坏课堂规则的盲目反抗权威的行为
内向性问题行为	包括:在课堂上心不在焉、胡思乱想、做白日梦、发呆等注意力涣散行为;害怕提问、抑郁孤僻、不与同学交往等退缩行为;胡涂乱写、抄袭作业等不负责任的行为;迟到、早退、逃学等抗拒行为

因此,题干所述符合内向性问题行为的表现。

10. B 【解析】有研究认为,教师的职业生涯大约经历了以下五个阶段:

教龄(年)	阶段	主体特征
1~3	初为人师	“适应”和“发现”
4~6	稳定期	—
7~18	试验期/重新评价期	“激进主义”/“自我怀疑”
19~30	平静期和保守期	“关系疏远”
31~40	退出教职	“平静”或“伤感”

因此,答案选B项。

11. D 【解析】非正式群体是学生自发形成或组织起来的群体。它包括因志趣相投、感情融洽,或因邻居、亲友、老同学等关系以及其他需要而形成的学生群体。非正式群体的特点是:大都自愿组合,三五成群,人数不等,一般偏小;成员性情相近,志趣相投,有共同的需要;由较有威信与能力者领头;活动由大家商量确定或由领头人根据大家需要而定,易调动成员的积极性;交往与活动频繁,有活力。即B、C项属于非正式群体的特点。非正式群体是学生进行学习、娱乐、生活和交往所必需的,可以弥补正式集体活动的不足。每个学生在集体活动之余,都需要过一些非正式的小群体生活。这不仅是个人的需要,而且使班集体生活充满友谊与欢乐。因此,A项属于非正式群体的积极作用。当然,**非正式群体也有盲目消极的一面**。例如,有的过分热衷于小群体活动而不关心班集体,不愿负担班级工作、参加集体活动;有的具有排他性,在班上闹不团结;有的则迷恋于吃喝玩乐,甚至恶作剧、违法乱纪。因此,D项属于非正式群体的盲目消极作用。

12. B 【解析】关于发问策略的建议有:(1)问题要清晰,措辞要精练、具体明了,一次只提一个问题,是保证问题清晰的最基本要求;(2)保证高认知水平问题的适当比例,针对目前课堂低认知水平问题比例较高的实际,应提高高认知水平问题的比例;(3)与学业有关问题的发问频率应维持在较高水平,把学生的注意组织在与学业内容有关的问题上;(4)依照具体目的,合理安排低认知水平问题和高认知水平问题的次序。

13. D 【解析】本题考查课堂规则形成的方法。课堂规则形成的方法是多种多样的,归纳起来主要有以下几种:(1)自然形成法。将原已存在并适宜于多数学生的常规加以具体化,如对多数学生“上课时进出课堂都要说明理由”“课堂发言要先举手”等自然的良好行为加以强化,经由师生共同讨论,便可成为大家共同遵守的课堂规则。这种方式简单易行,也较容易建立。(2)引导制定法。将原本不存在或没有引起注意的常规引申为课堂规则,让大家共同遵守。这又可分为三种方式:一是先由学校或教师设计某种规则,再经由学生讨论后形成课堂规则的“自上而下法”;二是先由学生自己发动,建议设立某种规则再经由教师许可而成为课堂规则的“自下而上法”;三是由师生在课堂活动实践的基础上,针对某种不良行为,共同讨论制定课堂规则的“上下交融法”。(3)参照制定法。教师或学生发现其他班级的课堂有某种良好的行为规范,而这一行为规范又正好是本班课堂所缺少或不足的,于是便参照修改,使之适宜于本班课堂活动,从而制定出类似的课堂规则,以养成学生的良好行为。(4)移植替代法。将其他课堂中好的规则直接移植过来,作为要求学生遵从的课堂规则,或用来替代原来不合理的规则。题干中强调老师引导学生提出想法,并通过师生共同讨论的方法引申为课堂规则,故属于引导制定法,答案选D项。

14. C 【解析】本题考查学生产生课堂不良行为的原因。课堂不良行为最常见的强化物一般有两种:一是获得老师或同伴的注意,二是逃避不愉快的状态或活动。因此,家长的言语刺激不属于学生产生课堂不良行为的主要原因。

15. D 【解析】教学活动设计涵盖:(1)教学目标的多重性,不仅是知识,而且还有技能与情感态度价值观;(2)教学资源的构建性,要求根据教材提供的资源和建议,重新组织课程资源;(3)教学过程的生成性,即要考虑到教学过程中有创新的成分、不可预见的成分;(4)教学内容的开放性,提倡求疑、创新。

16. D 【解析】本题考查教学设计的特点。教学设计具有统整性、指导性、预演性、操作性、创造性、易控性、凸显性等特点。其中,凸显性强调教师在设计教学方案时,可以有目的、有重点地突出某一种或某几种教学要素,以达到特定的教学目标。如教师可以在教学方案中突出某一教学方法的运用、某一部分教学内容的讲述、某一种新教学环境的设计,从而使教学活动重点突出,特色鲜明,富有层次感。

17. D 【解析】本题考查学生成长记录袋的基本成分。学生成长记录袋的基本成分是**学生作品**,同时包括学生对完成作品过程的描述或记录,以及学生本人、教师、同伴和家长对作品的评价。

18. A 【解析】本题考查课堂管理的阶段。布罗菲和伊伏特逊划分了课堂管理的四个阶段。(1)幼儿园和小学低年级阶段。在这一阶段要直接教课堂规则和程序,只有儿童掌握了基本的规则和程序之后,才可能进行学习活动。(2)小学中年级阶段。在这一阶段,教师要花较多的时间监控和维持管理系统。(3)小学高年级和初中阶段。这一阶段管理的关键是如何建设性地处理这些混乱,如何激励那些不再关心教师观点的学生以及对社会生活更感兴趣的学生。(4)高中阶段。这一阶段的主要任务是管理课程、使学业材料适应学生的兴趣和能力、帮助学生较多地管理自己的学习。

二、多项选择题

1. ABC 【解析】本题考查小组合作学习的基本要素。小组合作学习的基本要素包括以下几个方面:(1)组间同质,组内异质;(2)设立小组目标;(3)实施小组评价与奖励的机制;(4)个人责任的明确;(5)均等的成功机会。

2. ABC 【解析】权威型管理模式认为整个课堂是由教师负责的,故A项说法正确。放任型管理模式强调学生的个人自由和个人选择,旨在发展学生的自治,让学生自己做决定,对其行为负责,故B项说法正确。行为矫正管理模式认为无论是良好行为还是不良行为,都是通过学习获得的,故C项说法正确。群体过程管理模式(集体过程管理模式)是一种建立在社会心理学和群体动力学原则基础上的课堂管理模式,它强调**课堂群体的作用**,故D项说法错误。

3. AB 【解析】学生同辈群体之间的交往既存在为完成学习任务而进行的正式交往,又存在各种非正式交往。例如,班干部与普通学生为完成老师规定的任务而进行的互动、学生之间根据教师的倡议而进行的互帮互助和学习竞赛,这些都属于学生之间的正式交往。故A、B两项说法正确。学生之间较多地表现为非正式交往,学生之间的**非正式交往不是等距离进行的**,而是相互之间有所选择的。故C项说法不正确。根据非正式小群体所追求的目标和遵循的规范,可将班级中的小群体分为四种类型:亲社会型、中性型、偏集体型、反集体型。亲社会型、中性型的小群体对学生的个性发展具有积极意义,偏集体型、反集体型的小群体对学生积极个性的形成和发展起着消极作用。故D项说法不正确。

4. BC 【解析】群体规范会使群体成员产生惰性,这是群体规范消极的一面。群体规范是一种多数人的意见,要求成员行为趋于一致,它约束人的行为,就是为了把人的行为限制在一个中等水平上,既不能积极,也不能落后。在规范的限制下,人们往往把一些创造性行为看作是越轨的、不符合社会要求的行为,这些行为往往受到打击和排斥,因而不利于群体成员积极性和创造性的发挥。

5. ABD 【解析】本题考查课堂问题行为处理的基本策略。根据课堂问题行为发生的不同时机,教师可以采取不同的处理策略。在问题出现之前要有防范意识,问题出现时要及时纠正,问题发生后要及时补救,并采取有效措施防止问题行为的再次出现。教师对学生课堂问题行为处理可以采取以下措施:(1)积极防范;(2)行为矫正;(3)必要的惩戒。负向强化可能造成学生的恐惧不安,甚至是师生关系变坏。故C项不选。

三、判断题

1. √ 【解析】本题考查教学评价。档案袋评价法是一种综合评价方法,是指将学生在学校及课外活动中的各类表现归档,然后根据这些资料,用一种具体明确的、完整定义的程序进行评价。

2. √ 【解析】本题考查课堂气氛的相关知识。课堂气氛是课堂管理的核心因素,也是课堂活动中的着眼点。故本题说法正确。

3. × 【解析】一般来说,群体间竞争的效果取决于**群体内**的合作。如果群体内各个成员能够合作共事,会增加该群体的竞争力。反之,群体内部竞争激烈,就会削弱该群体的竞争力。

4. √ 【解析】课堂是教师的主阵地,课堂教学是实施教育的主要方式,教师的核心工作就是进行有效的课堂教学。

第六章 心理健康教育与教师职业心理

基础训练

答案速查

1~5	BBABD	6~10	BCDAB	11~15	ACABD	16~20	DDADB
21~25	BCABB	26~30	BCCCB	31~35	CBCBC	36~40	BDBDA

41~45	CBBCA	46~52	CCBCCCB	1~5	ABCD ABCD CD BCD ABD
6~10	ABC AB ACD BCD ABC			11~15	ABCD ABC ABD ABD BCD
16~19	ABCD BCD ABC ACD			1~5	×√××√
6~10	√×××√			11~15	√×√√×
16~19	√√√√				

一、单项选择题

1. B 【解析】本题考查教师成长的历程。福勒和布朗根据教师的需要和不同时期所关注的焦点问题,把教师的成长划分为关注生存、关注情境和关注学生三个阶段。其中,处于关注情境阶段的教师关心的是如何教好每一堂课,以及班级大小、时间压力和备课材料是否充分等与教学情境有关的问题,如"内容是否充分得当""如何呈现教学信息""如何掌握教学时间"等。故题干所述符合处于关注情境阶段的教师的表现。

方法技巧:对于教师成长的不同阶段,考生应重点掌握三个词:生存、情境和学生。在关注生存阶段,教师主要关注个人关系、人际处理的相关问题;在关注情境阶段,教师主要关注教学情境的相关问题;在关注学生阶段,教师注重因材施教,关注学生的个体差异。

2. B 【解析】本题考查学校心理健康教育的途径。心理健康教育的途径有:(1)心理健康教育活动课;(2)学科渗透;(3)班主任工作;(4)学校心理咨询与心理辅导;(5)家庭教育;(6)环境教育;(7)社会磨砺;(8)其他途径(少先队、板报、校报、广播等)。根据选项描述可知,只有B项是在体育学科教学中进行心理健康教育,故B项符合题意。

3. A 【解析】本题考查教师的教学能力。教学监控能力是指教师为了保证教学达到预期的目的而在教学的全过程中,将教学活动本身作为意识对象,不断对其进行积极主动的计划、检查、评价、反馈、控制和调节的能力。教师在教学过程的不同教学阶段,其教学监控能力有多种表现形式,包括课前计划与准备、课堂反馈与调节、课后反思与评价。根据题干所述,周老师具备较强的教学监控能力。

4. B 【解析】本题考查中小学生常见的心理问题。焦虑症是以与客观威胁不相适应的焦虑反应为特征的神经症。学生中常见的焦虑反应是考试焦虑。考试焦虑是一种复杂的情绪现象,是在一定的应试情境下,受个体认知评价能力、人格倾向与其他身心因素制约,以担忧为基本特征,以防御或逃避为行为方式,通过一定程度的情绪反应所表现出来的心理状态。其表现是:随着考试临近,心情极度紧张;考试时注意力不集中,知觉范围变窄,思维刻板,出现慌乱,无法发挥正常水平。因此,答案选B项。

5. D 【解析】本题考查行为改变的基本方法。强化法用来培养新的适应行为。根据学习原理,一个行为发生后,如果紧跟着一个强化刺激,这个行为就会再一次发生。根据题干所述,学生主动出现举手回答问题的行为后,教师就给予表扬、鼓励,此时教师的表扬和鼓励是一个强化刺激,促进了学生行为的下一次发生,因此学生逐渐养成了勇于举手回答问题的行为方式。故题干中教师采用的方法是强化法。

6. B 【解析】本题考查行为演练的基本方法。系统脱敏是指当某些人对某事物、某环境产生敏感反应(害怕、焦虑、不安)时,我们可以在当事人身上发展起一种不相容的反应,使其对本来可引起敏感反应的事物,不再发生敏感反应。例如,一个学生过分害怕猫,我们可以让他先看猫的照片,谈论猫;再让他远远观看关在笼中的猫,然后让他靠近笼中的猫;最后让他摸猫、抱起猫,消除对猫的惧怕反应。郑老师通过一系列的任务,让小礼逐步摆脱对公开发言的敏感(害怕)反应,这是对系统脱敏法的使用。

7. C 【解析】教师威信是指教师的人格、能力、学识上使学生感到尊敬和信服的精神感召力量。教师威信的高低是以他们在学生心目中的地位、他们的教育活动对学生心理产生的影响来衡量的,那些受学生尊重的教师才有威信。

8. D 【解析】本题考查法贝的职业倦怠类型。美国心理学家法贝将职业倦怠分为三种表现形式:(1)**精疲力竭型**。这类教师在高压力下的表现是放弃努力，以减少对工作的投入来求得心理平衡。这类教师的职业倦怠一旦出现，要想恢复就很困难，因为这些症状会得到自我强化。(2)**狂热型**。这类教师有着极强的成功信念，能狂热地投入工作，但理想与现实之间的巨大反差，使他们的这种热情通常坚持不了太长时间，整个信念系统突然塌陷，最终屈服于精力耗竭。(3)**低挑战型**。对于这类教师而言，工作本身缺乏刺激，他们觉得以自己的能力来做当前的工作是大材小用，因而厌倦工作。他们在工作一段时间后，就开始对工作敷衍塞责，并考虑更换其他工作。根据题意，选择D项。

9. A 【**解析**】评估性会谈是心理咨询与辅导的基本方法。教师通过评估性会谈既可以了解学生的心理与行为，也可以对学生的认知、情绪、态度施加影响。

10. B 【**解析**】心理健康教育的专门性活动有：心理健康选修课、个体心理咨询、团体辅导。

11. A 【**解析**】布鲁巴奇等人认为教学反思的方法主要有：(1)反思日记；(2)详细描述；(3)交流讨论；(4)行动研究。

12. C 【**解析**】学校心理辅导的一般目标可归纳为两个方面：学会调适和寻求发展。

13. A 【**解析**】本题考查健康的内涵。世界卫生组织指出，健康应包括生理(躯体)、心理、社会适应和道德健康等。故A项符合题意。

14. B 【**解析**】教师期望效应分为自我应验效应和维持性期望效应。其中，维持性期望效应是指老师认为学生将**维持以前的发展模式**。其问题在于，如果老师认可这种模式，将很难注意和利用学生潜在能力的发展。例如，老师对差生和优等生的不同期望，使得他很难关注差生的进步，甚至对其进步持怀疑态度，认定他在别人的帮助下甚至作弊得到好成绩。这种期望维持甚至增大了优等生和差生的差距。题干中老师因为小李以前成绩不好，所以对小李的进步持怀疑态度，打击了小李的自信心，使小李的成绩更差了，这体现的是维持性期望效应。

15. D 【**解析**】良好的认知能力和性格特征是教师获得威信所必需的心理品质。

16. D 【**解析**】自我控制法是让当事人自己运用学习原理，进行自我分析、自我监督、自我强化、自我惩罚，以改善自身行为。

17. D 【**解析**】人际交往心理辅导就是运用心理辅导的理论、方法，帮助、引导、训练学生人际交往活动，使学生明确人际交往的目的、原则，掌握人际交往的一些技巧，形成正确的人际交往的观念、态度，提高人际交往能力，引导学生学会交往，促进学生社会性发展和人格健康。题干中的小英主要是与同学交往不融洽，因此应从交往心理的方面对其进行辅导。

18. A 【**解析**】学校恐惧症是指学生一进入学校就不由自主地产生一种严重的焦虑和恐惧感。

19. D 【**解析**】儿童厌学症的主要表现是**对学习不感兴趣，讨厌学习**。

20. B 【**解析**】教师职业心理特征包括：(1)教师的认知特征；(2)教师的人格特征；(3)教师的行为特征。

21. B 【**解析**】玛勒斯等人认为职业倦怠主要表现为三个方面：(1)情绪耗竭，指个体情绪情感处于极度的疲劳状态，工作热情完全丧失；(2)去人性化，即刻意在自身和工作对象间保持距离，对工作对象和环境采取冷漠和忽视的态度；(3)个人成就感低，表现为消极地评价自己，贬低工作的意义和价值。故该教师表现出的职业倦怠特征为去人性化。

22. C 【**解析**】本题考查教师期望效应(罗森塔尔效应)的内涵。**教师期望效应**也叫**罗森塔尔效应**或**皮格马利翁效应**，即教师的期望或明或暗地传递给学生，会使学生按照教师所期望的方向来塑造自己的行为。故C项符合题意。

23. A 【**解析**】本题考查中小学生常见的心理问题。恐怖症(恐惧症)是对特定的无实际危害的事物与场景的非理性的惧怕。恐怖症有单纯恐怖症、学校恐怖症、社交恐怖症等。其中，社交恐怖症主要表现为：害怕在社交场合讲话，担心自己因双手发抖、脸红、声音颤抖、口吃而暴露自己的焦虑，觉得自己说话不自然，因而不敢抬头，不敢正视对方的眼睛。故本题选A项。

24. B 【**解析**】对教师课时计划的分析表明，与新教师相比，专家型教师的课时计划简洁、灵活、以学生为中心，并具有预见性。

25. B 【**解析**】艾利斯认为，人的情绪是由他的思想决定的，合理的观念导致健康的情绪，不合理的观念导致负向的、不稳定的情绪。他提出了一个解释人的行为的ABC理论。A：个体遇到的主要事实、行为、事件。B：个体对A的信念、观点。C：事件造成的情绪结果。情绪反应C是由B(信念)直接决定的。因此，丹丹和平平的不同表现是由其不同的信念决定的。

26. B 【**解析**】学习障碍是指这样一个异质群体，这些人在获取和利用聆听、说话、阅读、书写、推理和数学能力方面，表现出显著的困难，这些异常起因于个人的内在因素，一般认为是中枢神经系统功能失调。

27. C 【**解析**】本题考查影响行为改变的方法。系统脱敏是指当某些人对某事物、某环境产生敏感反应(害怕、焦虑、不安)时，我们可以在当事人身上发展起一种不相容的反应，使其对本来可引起敏感反应的事物，不再发生敏感反应。例如，一个学生过分害怕猫，我们可以让他先看猫的照片，谈论猫；再让他远远观看关在笼中的猫，让他靠近笼中的猫；最后让他摸猫、抱起猫，消除对猫的惧怕反应。

28. C 【**解析**】在课后评价时，专家型教师和新手型教师**关注的焦点不同**。新手型教师的课后评价要比专家型教师更多地关注课堂中发生的细节；而专家型教师则更多地谈论学生对新教材的理解情况和课堂中值得注意的活动，很少谈论课堂管理问题和自己的教学是否成功。

29. C 【**解析**】本题考查伯利纳的教师成长五阶段论。伯利纳等人认为从新教师成长为专家水平教师一般要经历以下五个阶段：新手水平、高级新手水平、胜任水平、熟练水平和专家水平。其中，胜任水平是教师发展的基本目标。处于这一阶段的教师与新手教师、高级新手教师有两个明显的区别：一是他们能有意识地选择教学内容，确定教学重点、难点并制订教学计划，他们已经知道采用何种教学方法进行教学可以取得更好的教学效果；二是在讲课时，他们能很好地把握重点与非重点、难点与非难点，并让学生较轻松地掌握重点和难点。故C项符合题意。

30. B 【**解析**】本题考查艾利斯的ABC理论。艾利斯认为，人们持有的不合理信念总结起来有三个特征：绝对化要求、过分概括化和糟糕至极。(1)绝对化要求，是指个体以自己的意愿为出发点，以极端的要求衡量一切事物。例如，学生要求“我必须每次都考第一名”“他们都应该对我好”等。(2)概括化要求，这是一种以偏概全的不合理的思维方式，它包括对自己和对他人的不合理评价。例如：一次考试成绩不理想便认为自己不行，从而导致自卑、指责、情绪消沉；别人一次约会迟到，就认为这人不守时，不值得信任，导致责备他人甚至愤怒等情绪。(3)糟糕至极，表现为一旦遇到什么挫折，就产生一种非常糟糕、甚至是灾难性的预期的非理性信念，从而陷入悲观、抑郁的情绪中而不能自拔。故B项属于“绝对化要求”，答案选B项。

31. C 【**解析**】教学效能感一般指教师对自己**影响学生行为和学习结果的能力**的一种主观判断。这种判断会影响教师对学生的期待和指导，从而影响教师的工作效率。王老师认为只要自己努力教学，就能提高学生的学习效果，这正体现了王老师具有较高的教学效能感。

32. B 【**解析**】肯定性训练也称自信训练、果敢训练，其目的是促进个人在人际关系中公开表达自己真实的情感和观点，维护自己的权益也尊重别人的权益，发展人的自我肯定行为。实际生活中，许多学生表现出的是不肯定的行为。例如：谈话时眼睛不敢看对方，不敢提出合理要求，不敢拒绝别人的无理要求，不敢表示自己的不满情绪；与同学发生矛盾时不敢正面解决问题，而是找老师等。对于这类学生，教师采用的最好方法是肯定性训练。

33. C 【**解析**】焦虑症是以与客观威胁不相适应的焦虑反应为特征的神经症。焦虑对人的心理健康具有两面性，适当的焦虑可以促进人的心理健康。故A项说法错误。心理健康是人类生存、发展的基础，是一个随着时代的推移，在社会和文化因素影响下不断演变的概念。即使在今天，对于心理健康还很难做出明确的界定。故B项说法错误。

心理健康的状态不是固定不变的，而是动态变化的过程。随着人的成长、经验的积累、环境的改变，心理健康状况也会有所改变。故D项说法错误。心理健康与不健康不是泾渭分明的对立面，而是一种连续状态。从良好的心理健康状态到严重的心理疾病之间有一个广阔的过渡带。故C项说法正确。

34. B 【解析】教学效能感可分为两个部分：一般教学效能感和个人教学效能感。前者指教师对教与学的关系、教育在学生身心发展中的作用等问题的一般看法和判断；后者指教师认为自己能够有效地影响学生，相信自己具有教好学生的能力。A项属于一般教学效能感，C、D两项属于个人教学效能感，B项表述的是教师的专业知识。故答案选B项。

35. C 【解析】在课堂教学中，教师是否具有一定的**教学监控能力**，是检验其能否发挥主导作用、实现教学目标、提高教学效果的**重要标志**。

36. B 【解析】学校心理辅导的一般目标可归纳为两个方面：**学会调适**和**寻求发展**。学会调适是基本目标，以此为主要目标的心理辅导可称为调适性辅导；寻求发展是高级目标，以此为主要目标的心理辅导可称为发展性辅导。

37. D 【解析】心理健康的个体能够充分发挥自己的最大潜能，妥善处理和适应人与人之间、人与社会环境之间的相互关系。它至少包括两层含义：一是无心理疾病；二是有一种积极发展的心理状态。

38. B 【解析】职业倦怠是个体在长期的职业压力下，缺乏应对资源和应对能力而产生的身心耗竭状态。故题干所述属于教师心理问题中的职业倦怠。

39. D 【解析】本题考查教师的职业心理特征。教学操作能力是指教师在教学中使用策略的水平，其水平高低主要看他们是如何引导学生掌握知识、积极思考、运用多种策略解决问题的。在本题中，邓老师采用"先行组织者"策略进行教学，以提高学生的学习效果，故体现了邓老师的教学操作能力。

40. A 【解析】**学校**是学生心理健康教育的主要场所。

41. C 【解析】本题考查教师角色的形成阶段。教师角色的信念是指教师在角色扮演中，将职业角色的社会要求转化为个体需要，坚信自己对教师职业的正确认识，并将其作为规范自己行为的指南，形成职业的自尊心和自豪感。

42. B 【解析】本题考查教师成长的历程。福勒和布朗根据教师的需要和不同时期所关注的焦点问题，把教师的成长划分为关注生存、关注情境和关注学生三个阶段。其中，关注学生阶段是指教师将考虑学生的个别差异，认识到不同发展水平的学生有不同的需要，根据学生的差异采取适当的教学，促进学生发展。故选B项。

43. B 【解析】行为塑造是指通过不断强化逐渐趋近目标的反应，来形成某种较复杂的行为。故题干所述体现了行为塑造法的内涵。

44. C 【解析】本题考查学生心理辅导的相关内容。学校心理辅导的一般目标可归纳为两个方面：学会调适和寻求发展。学会调适是基本目标，寻求发展是高级目标。故A项正确。

心理辅导既有预防功能，又有发展功能。预防功能是初级功能，发展功能则是高级功能，而两者的有机结合才能更好达到心理辅导的目的。故B项正确。

心理辅导应以发展的眼光看待学生的心理状况，教育活动必须立足于促进学生的心理发展，而不仅仅限于心理健康的一般问题。故C项错误。

心理辅导应面向包括正常学生在内的全体学生，而不是像心理咨询、心理治疗那样，只是针对少数有心理障碍或心理疾病的学生。故D项正确。

45. A 【解析】本题考查强迫症的表现。强迫观念指当事人身不由己地思考他不想考虑的事情。强迫行为指当事人反复去做他不希望执行的动作，如果不这样想、不这样做，他就会感到极端焦虑。强迫洗手、强迫计数、反复检查(门是否上锁)、强迫性仪式动作是生活中常见的强迫症状。因此，题干中的小明反复检查书包的行为属于强迫行为。

46. C 【解析】抑郁症的表现有：(1)情绪消极、悲伤、颓废、淡漠，失去满足感和生活的乐趣；(2)消极的认知倾向，低自尊、无能感，对未来没有期望；(3)动机缺失，被动，缺少热情；(4)肢体疲劳、失眠、食欲不振等。由此可判断，小东的表现具有抑郁倾向。

47. C 【解析】本题考查教师成长阶段理论。**能否自觉关注学生**是衡量一个教师是否成熟的重要标志之一。

48. B 【解析】严格要求自己和勇于批评与自我批评是教师威信形成的**精神动力**；具备良好的教育教学意识和心理结构是教师获得威信的**基本条件**；加强教师的仪表、言语、表情、举止、生活作风和习惯的整饰对威信的获得有重要影响；保持与学生良好的交往和沟通是教师威信形成的有效途径。

49. C 【解析】本题考查抑郁症的特征。抑郁症是以**持久的心境低落**为特征的神经症。

50. C 【解析】教师职业角色的形成主要经历角色认知、角色认同、角色信念三个阶段。其中，教师角色的认同是指个体亲身体验并接受教师角色所承担的社会职责，用以控制和衡量自己的行为。

51. C 【解析】学校咨询与辅导一般可分为缺陷矫正、早期干预、问题预防与发展指导。问题预防就是指在可能的问题发生之前，主动开展各种形式的工作，提高学生应付将来问题的能力。故题干所述是问题预防的典型事例。

52. B 【解析】开展徒步活动属于通过课外活动的形式对学生进行心理辅导。

二、多项选择题

1. ABCD 【解析】本题考查教师专业发展的方法。促进教师专业发展的方法有：(1)观摩和分析优秀教师的教学活动；(2)开展微格教学；(3)进行专门训练；(4)进行教学反思(反思教学经验)。

2. ABCD 【解析】本题考查建立教师威信的途径。建立教师威信的途径有：(1)培养自身良好的道德品质。良好的道德品质是教师获得威信的基本条件。(2)培养良好的认知能力和性格特征。良好的认知能力和性格特征是教师获得威信所必需的心理品质。(3)注重良好仪表、风度和行为习惯的养成。(4)给学生以良好的第一印象。(5)做学生的朋友与知己。故A、B、C三项入选。师生平等交往对教师威信的获得也有重要影响。故D项入选。

3. CD 【解析】焦虑是指一个人的动机性行为遇到实际的或臆想的挫折而产生的消极不安的情绪体验状态。学习中的焦虑与学习的成功和失败、学习评定的体验紧密相关。焦虑与学习之间的关系是复杂的，它对学习**既有促进作用，也有抑制作用**。焦虑存在水平上的差异，分为正常焦虑、低度焦虑和高度焦虑。其中，高度焦虑会使学生经常处于比较过度的紧张状态，影响学生的学习活动。故C、D两项说法正确。

4. BCD 【解析】学校面向全体学生制订心理健康教育计划，体现了心理健康教育的全体性原则。学校的心理健康教育工作激发了学生的积极性和主动性，并且学生对此工作评价很高，这体现了心理健康教育的主体性原则。在进行心理健康教育时将心理教育工作与德智体美劳相结合，这体现了心理健康教育的整合性原则。

5. ABD 【解析】学校心理健康教育的任务有：(1)积极引导，满足需要；(2)适时辅导，正面强化；(3)及时发现，有效调节。

6. ABC 【解析】本题考查学校心理健康教育的途径。在学校开展心理健康教育有以下途径：(1)开设心理健康教育的有关课程和心理辅导的活动课。(2)在学科教学中渗透心理健康教育的内容。(3)结合班级、团队活动开展心理健康教育。(4)个别心理辅导或咨询。(5)小组辅导。故答案选A、B、C三项。D项开展活动的主体不是学校，故排除。

7. AB 【解析】**行为改变的基本方法**有：(1)强化法；(2)代币奖励法；(3)行为契约法；(4)行为塑造法；(5)示范法；(6)处罚法；(7)自我控制法。系统脱敏法和自信训练法属于**行为演练的基本方法**。故答案选A、B两项。

8. ACD 【解析】根据我们对学习困难学生的界定，提出了以下三条标准：(1)智力标准。学习困难的儿童主要是指某些智力正常或接近正常的儿童，这个标准主要是为了排除弱智和低能儿童。(2)学业不良标准。(3)学习过程表现异常。

9. BCD 【解析】教师威信主要包括人格威信、学识威信和情感威信三个方面的内容。

10. ABC 【解析】活动性原则、情境性原则和主体性原则是心理素质教育应该遵循的主要原则。

11. ABCD 【解析】本题考查心理健康的表现。世界卫生组织认为,心理健康是一种良好的、持续的心理状态与过程,表现为个体具有生命的活力,积极的内心体验,良好的社会适应能力,能够有效地发挥个人的身心潜力以及作为社会一员的积极的社会功能。

12. ABC 【解析】玛勒斯等人认为职业倦怠主要表现为三个方面:情绪耗竭、去人性化、个人成就感低。

13. ABD 【解析】教师的教学能力分为:教学认知能力、教学操作能力和教学监控能力。

14. ABD 【解析】本题考查教师职业角色的形成阶段。教师职业角色的形成是一个连续的过程,通过教学实践,从新手型教师逐渐成长为一个胜任教学工作的熟手型教师,其职业角色的形成主要经历以下三个阶段:(1)教师角色的认知;(2)教师角色的认同;(3)教师角色的信念。

15. BCD 【解析】专家型教师与新手型教师的差异主要表现在:课时计划的差异、课堂教学过程的差异、课后评价的差异和其他差异。

16. ABCD 【解析】教师期望效应的发生,既取决于教师自身的因素,也取决于学生的人格特征、原有认知水平、归因风格和自我意识等心理因素。

17. BCD 【解析】本题考查不合理信念的特征。不合理信念的三个基本特征为:(1)绝对化要求。指人们以自己的意愿为出发点,对某一事物怀有认为其必定会发生或不会发生的信念,它通常与"必须""应该"这类字眼连在一起,如:"我必须获得成功""别人必须很好地对待我"等。(2)过分概括化。这是一种以偏概全、以一概十的不合理思维方式的表现。过分概括化的一个方面是人们对自身的不合理的评价。如面对失败的结果时,往往会认为自己"一无是处""一钱不值",是"废物"等。过分概括化的另一个方面是对他人的不合理评价,即别人稍有差错就认为他很坏、一无是处等,这会导致一味地责备他人,以致产生敌意和愤怒等情绪。(3)糟糕至极。这是一种认为如果一件不好的事发生了,将是非常可怕、非常糟糕,甚至是一场灾难的想法。A项属于合理信念,排除;B、C、D三项属于糟糕至极和过分概括化,故选B、C、D三项。

18. ABC 【解析】本题考查考试焦虑症的治疗方法。A项:考试焦虑症必要时可以用心理治疗配合抗焦虑药物的方法来处理。故A项做法正确。B项:系统脱敏法是治疗考试焦虑症的方法之一。故B项做法正确。C项:学业压力和考试焦虑会形成恶性循环,令考试焦虑症越来越严重。为避免考试焦虑加重,可合理减轻学生的学业压力。故C项做法正确。D项:考试焦虑症形成的原因是多方面的,如应试教育体制、家长过高的期望、学生的心态等。因此,缓解考试焦虑症并不只是处理好学生的心态和观念就可以了。故D项做法错误。因此,答案选A、B、C三项。

19. ACD 【解析】根据国内外的研究和实践,人的心理健康水平大致可划分为三个等级:(1)一般常态心理;(2)轻度失调心理;(3)严重病态心理。

三、判断题

1. × 【解析】本题考查教师的教学能力。申继亮等人采用内隐理论的研究范式,对教师的教学能力进行了系列研究,把教师的教学能力分成教学认知能力、教学操作能力和教学监控能力三个方面。在这个教学能力结构中,教学认知能力是基础,教学操作能力是教学能力的集中体现,而教学监控能力是关键。故教师课堂教学能力的集中体现是教学操作能力。

2. √ 【解析】本题考查教师期望效应。教师期望效应也叫罗森塔尔效应或皮格马利翁效应,即教师的期望或明或暗地传递给学生,会使学生按照教师所期望的方向来塑造自己的行为。教师保持对学生的期望能引导学生良好的行为。故题干说法正确。

3. × 【解析】本题考查心理健康的内涵。心理健康是一种良好的、持续的心理状态与过程,表现为个体具有生命的活力,积极的内心体验,良好的社会适应能力,能够有效地发挥个人的身心潜力以及作为社会一员的积极的社会功能。心理不健康与有不健康的心理和行为不能等同。心理不健康是指一种持续的不良状态。偶尔出现一些不健康的心理和行为并不等于心理不健康,更不等于已患心理疾病。故心理健康的个体也会产生消极情绪,题干说法错误。

4. × 【解析】本题考查教师成长公式。美国教育心理学家**波斯纳**提出了教师成长公式:**经验+反思=成长**。

5. √ 【解析】本题考查网络成瘾的内涵。网络成瘾又称网络依赖,是指不健康的、病态的、强迫性的过度使用互联网的行为。

6. √ 【解析】教学效能感高的教师对学生的成就寄予较高的期望,他们对自己的教育能力信心十足,相信自己能教好每一个学生。

7. × 【解析】专家型教师与新手型教师的主要区别不在于知识量的多少,而在于知识表征方式的不同。

8. × 【解析】心理健康教育的总目标是:提高全体学生的心理素质,培养他们积极乐观、健康向上的心理品质,充分开发他们的心理潜能,促进学生身心和谐可持续发展,为他们健康成长和幸福生活奠定基础。故题干说法错误。

9. × 【解析】本题考查理性—情绪疗法。艾利斯提出了解释人的行为的ABC理论。其中,A是指个体遇到的主要事实、行为、事件;B是指个体对A的信念、观点;C是指事件造成的情绪结果。因此,题干说法错误。

10. √ 【解析】教师职业心理素质指教师职业所要求的、在教师专业发展过程中形成的、在教育教学工作中培养并表现出来的、直接影响教育教学效果的相对稳定的心理品质。

11. √ 【解析】多动症是小学生中最为常见的一种以注意力缺陷和活动过度为主要特征的行为障碍综合征。故题干所述体现了多动症的内涵。

12. × 【解析】本题考查教师的教师威信。教师威信是指教师在教育教学活动中表现出的学识水平、思想意识和人格特质等在学生心目中引起的佩服、尊重等情感反应。教师威信能对学生终身发展产生影响,它不是依靠棍棒、体罚和严酷的纪律树立的,而是依靠教师的人格品质建构的。

13. √ 【解析】研究发现,教师对学生思想的认可与学生成绩有正相关的趋势,尽管教师的表扬次数与学生的成绩之间未发现明确的关系,但教师的批评或不赞成与学生的成绩之间却存在着负相关。

14. √ 【解析】处罚法和强化法这两种方法的作用不同:**处罚法能消除不良行为,强化法能培养新的适应行为**。在消除不良行为的时候应该同时培养新的适应行为,所以两者结合使用效果会更好。

15. × 【解析】教学反思是指教师以自己的教学活动为意识对象,对自己的教育理念、教学行为、决策以及由此所产生的结果进行认真地自我审视、评价、反馈、控制、调节、分析的过程。因此,教学反思不单单是回顾一节课的教学过程。

16. √ 【解析】教师成长与发展的途径有:(1)观摩和分析优秀教师的教学活动;(2)开展微格教学;(3)进行专门训练;(4)进行教学反思。因此,教学反思是教师成长的有效途径之一。

17. √ 【解析】本题考查强迫症的表现。小明同学一遍一遍地数课文中的人物数目属于常见的**强迫性计数**行为。这是强迫症的表现之一。

18. √ 【解析】教师威信实质上反映了一种**良好的师生关系**,是教师成功地扮演教育者角色、顺利完成教育使命的重要条件。

19. √ 【解析】世界卫生组织指出,健康应包括生理、心理、社会适应和道德健康等。但实质上,社会适应和道德健康都可归于心理健康的范畴,即我们可以将健康归结为生理健康和心理健康。"没有查出病"指的是生理健康,"没有查出病就是健康"实质上忽视了人的心理健康。

四、填空题

1. 关注生存　　　　　　　　　　2. 健康的心理

五、案例选择题

1. B 【解析】本题考查学生的心理问题。案例中的小强由于口吃而不怎么和同学交流，说明其因为自身的缺陷而存在自卑心理；在讲台公开朗读课文时，他的口吃更是遭到了其他同学的哄笑，这更加重了他的自卑心理。因此，答案选B项。

2. D 【解析】本题考查教师的处理方式。A项不符合教师教学的语言规范；B、C两项可能会加深小强的自卑心理。

3. ABCD 【解析】缓解教师职业倦怠的做法有以下几方面：(1)提高教师的社会地位和经济地位，维护教师的合法权益。(2)给教师合理的角色定位。(3)改善学校管理方式。(4)教师要提高自身的抗压能力，保持良好心态。

整合提升

答案速查

1~5	ACBBC	6~10	BABBA	11~15	BACBA	16~20	DCDDA
21~24	ACAD			1~5	ABCDE ABC BCD ACD ABC		
6~10	BCD ACD ABCD ABC ABD			1~3	×√√		

一、单项选择题

1. A 【解析】本题考查中小学生常见的心理问题。广泛性焦虑障碍的症状主要有：(1)坐立不安或感到紧张。(2)容易疲倦。(3)思想难以集中或头脑一下子变得空白。(4)易激惹。(5)肌肉紧张。(6)睡眠障碍(难以入睡或常醒转，或辗转不安地令人不满意的睡眠)。故结合题干可知，小燕的一系列表现表明其最有可能存在焦虑障碍。

2. C 【解析】本题考查专家型教师和新手型教师的区别。专家型教师具有丰富的教学策略，并能灵活运用。新手型教师缺乏或者不会运用教学策略。在提问策略与反馈策略上：(1)专家型教师比新手型教师提的问题更多，学生获得反馈的机会也多，学习更加精确的机会也越多。(2)在学生正确回答后，专家型教师比新手型教师更多地再提另外一个问题，这样可促使学生进一步思考。(3)对于学生错误的回答，专家型教师较新手型教师更易针对学生提出另一个问题，或者是给出指导性反馈。(4)专家型教师比新手型教师在学生自发的讨论中更可能提出反馈。题干所述体现了专家型教师和新手型教师在策略应用方面的差异。故选C项。

3. B 【解析】本题考查移情的内涵。移情是指来访者将咨询师当成自己生命中曾经有过的那个重要人物，将自己对那个人的情感投射到咨询师身上。因此，题干中小学生把辅导老师当成自己的父母以获得情感上的满足，这是移情的表现。A项，共情的核心是感同身受，泛指心理咨询师能够准确体察、把握来访者的内心感受，故不选。

4. B 【解析】本题考查教师期望效应的特点。教师期望效应的特点主要有：(1)暗示性；(2)层次性；(3)情感性；(4)激励性。其中，层次性具体表现在以下几个方面：

(1)年龄层次，指对于一个学生群体来说，教师对不同年龄的学生就可能持有不同的期望。

(2)基础层次，指即使在同一年龄层次中的学生，由于学生的性格、能力、行为表现等方面各有差异，教师也会对他们进行分类或分群，这种划分的依据就是基于学生群体的共同基础，如共同的兴趣爱好、知识基础、生活背景、个性特征、行为表现等，教师根据自己的判断，对同一年龄组的学生进行不同的期望，而且在同一期望层次中也存在对于各个不同学生的个性化的期望。这就是说，教师期望与学生已有的发展基础密切相关。

(3)时间层次，指教师不仅对不同年龄组、同一年龄组的学生有着不同的期望层次，即使对同一个学生的不同时期也存在不同的期望。这种期望层次与学生的能力发展的序列密切相关。

故题干所述体现了教师期望效应的层次性特点，答案选B项。

5. C 【解析】微格教学又称微型教学，是指以少数的学生为对象，在较短的时间内(5~20分钟)，尝试做小型的课堂教学，并把这种教学过程摄制成录像，课后再进行分析。**这是训练新教师、提高其教学水平的一条重要途径。**

6. B 【解析】本题考查心理健康的判断依据。目前学术界关于心理健康的判断依据主要有以下几类：(1)临床模式；(2)统计常模；(3)社会常模；(4)生活适应；(5)心理成熟；(6)主观感受。其中，持统计常模这一依据的人假定，人的各项心理特质的测量值在人群中接近正态分布。当一个人的心理特质的测量值接近总体平均数时，就认为他的心理是正常的、健康的；若一个人心理特质的测量值偏离总体均值，就认为他的心理是异常的、不健康的。根据题干描述可知，小丽有几项心理特征的测量值偏离总体平均数，心理老师根据此标准判断其心理是否健康。因此，心理老师判断小丽的心理是否健康的标准是统计常模，故本题答案选B项。

7. A 【解析】本题考查团体辅导的技术。根据团体辅导进行的过程，团体辅导的技术主要分为组成技术、起始技术、过程技术、结束技术和追踪技术五大类。过程技术可以分为反应技术、互动技术和行动技术三大类。其中，反应技术主要有：(1)倾听；(2)澄清；(3)释义；(4)情感反应；(5)总结。其中，**倾听是最基本的反应技术**，是每个团体辅导者必须掌握的基本技能。故答案选择A项。

8. B 【解析】本题考查中学生常见的心理问题。中学生常见的心理问题有：(1)烦恼过度。过度的苦恼与情绪烦闷不利于学生的身心健康。烦恼的产生既有主观上的原因，也有客观上的原因。不符合题意。

(2)过分急躁。所谓过分急躁是指学生情绪高涨，因兴奋紧张过度而出现的心理异常。发生急躁过度时，初中生心态失常，动作失误，**多余动作增加**，甚至伴随**意念飘忽**、**行为冲动**、**定向困难**等现象，处于不能自主的状态。符合题意。

(3)情感倒错。所谓情感倒错是指学生的认识过程和情感活动之间丧失协调而产生的颠倒现象，易在青春期人群中诱发。不符合题意。

(4)情感脆弱。所谓情感脆弱是指在外界轻微刺激影响下，产生较强烈而又无法克制的情感反应，它是初中生较容易产生的情绪情感异常，属于情感反应过敏。不符合题意。

9. B 【解析】从表面上看，教师的一般智力水平似乎同教学的成功高度相关，但事实表明，如果从学生在学习成绩上的进步、从校长和监督人员的评定来看，教学的有效性同教师的智力水平只有微小的相关。A项错误。对教师的日常观察和优秀教师的经验都表明，在具备一定的知识和能力之后，能对教育和教学工作产生重要影响的是教师的工作态度。B项正确。研究发现，如果教师能安排多样的活动和材料，那么学生的捣乱行为就会少一些，而且学生的注意力会提高。C项错误。教师要及时掌握学生的学习状况和课堂中出现的问题，并能据此调整自己的教学节奏和教学行为。D项错误。

10. A 【解析】高度整合型教师的特点是：自控、有条理和目的性，所以B、C、D三项属于高度整合型教师的特点。A项是胆怯型教师的特点，除此之外，胆怯型教师还具有过于胆怯和焦虑的特点。

11. B 【解析】教师职业心理素质具有以下特点：(1)教师的职业心理素质是多维度而非单一维度的结构，包括多个相互关联的要素；(2)教师职业心理素质处于动态发展之中；(3)教师心理素质的形成具有个别化、阶段性特点；(4)教师的心理素质具有可培养的特点。

12. A 【解析】同辈群体的功能有：(1)保护功能，同辈群体可使学生个体少受或免受成人世界的伤害，表现为同辈群体为学生提供了一种**平等互助**的社会环境；(2)发展功能，同辈群体对学生的社会能力的发展具有促进作用，同辈群体有助于发展学生表达自我的能力、展现自我的能力、相互沟通的能力、竞争与合作的能力。题干中当学生出现苦闷情绪时,主要向同伴求助,这是因为同伴为学生提供了一个平等互助的社会环境。故答案选A项。

13. C 【解析】本题考查教学反思。教学反思是指教师以自己的教学活动为意识对象,对自己的教育理念、教学行为、决策以及由此所产生的结果进行认真地自我审视、评价、反馈、控制、调节、分析的过程。教学反思技能的训练方法包括撰写反思日记、征询学生的反馈意见、观摩教学、课堂实录、合作讨论、文献检索、案例分析、行动研究等。其中,征询学生的反馈意见指教师在授课之后,深入到学生中去,对授课对象进行访谈,了解学生对教学内容的掌握、对教学效果的评价。通过特定的问题与学生进行沟通和交流,找出一些实际存在的问题,把握学生的学习程度,了解学生的知识结构,制定出相应的教学预案。因此,题干所述说明周老师的教学反思能力较好。

14. B 【解析】对倔强的学生适合采用认知调整的方法;对好动的学生适合采用行为矫正的方法;对敏感的学生适合采用情绪疏导的方法;对自我放弃的学生适合采用谈话沟通的方法。

15. A 【解析】贯彻心理健康教育的系统性原则,要做到:树立学生全面发展的观点,教育活动要时刻关注学生身心素质的全面提高;对学生心理问题的分析,要从整体、全局、多方面的角度进行,把内外因、主客观、家庭社会学校和个人诸因素综合起来;对学生心理问题的教育与辅导要采用综合模式,不局限于某一种方法和技术。

16. D 【解析】建立心理档案是开展学校心理健康教育的具体方法。为学生建立心理档案是件严肃的工作,要求建档人员必须经过专门训练,有较高的专业技术知识和职业道德,对建档对象要有高度负责的精神和态度,遵循心理诊断和心理测量的有关原则(如心理档案不许扩散,不许滥用,不得侵犯个人隐私权,更不得作为学生品行评定的依据)。故A、B、C三项说法正确。学生心理健康档案要严格保密。非专职心理辅导人员不得查看学生的心理档案。所以D项说法错误。

17. C 【解析】本题考查心理辅导的方法。移置法是指通过目标转移而使求询者忘却失败的痛苦并重新调整奋斗目标。一个人当某一奋斗目标遭到失败,其心理上受到了严重伤害而产生了一些消极行为,如能将其奋斗目标加以转移可改变其痛苦的状态。题干中的老师让学生转移目标,减轻挫败感,因此运用了移置法。

18. D 【解析】学校心理健康教育的主要功能有发展性功能、预防性功能和补救性功能。其中,补救性功能是指针对已经产生的现实问题,提供具体的个别心理咨询和辅导,帮助求助者排除心理困扰,使他们重新自信地面对生活。

19. D 【解析】本题考查心理素质专题训练的过程。心理素质专题训练过程一般由判断鉴别、策略训练、反思体验三个彼此衔接的基本环节构成。(1)判断鉴别。判断鉴别强调情境化、生活化,即鉴别一定要把学生置于具体、生动的情境之中,鉴别的内容一定要和学生的生活紧密联系。(2)策略训练。策略训练就是针对主题和在判断鉴别中所发现的问题,提出若干解决该问题的具体而有效的方法和技巧,通过组织学生参与讨论和操作活动来感受、理解,进而选择。故答案选D项。(3)反思体验。反思体验就是对训练中的心理感受、情感体验、行为变化、活动过程及效果等进行反思、强化、内化,强化训练效果,促进自我认知与评价。(具体内容参见张大均主编的《教育心理学》)

20. A 【解析】本题考查学校心理咨询的分类。根据咨询内容的不同,学校心理咨询可分为心理发展咨询、心理适应咨询和心理障碍咨询三类。其中心理发展咨询的目的是为了更好地认识自己,充分发挥潜能,提高学习与生活的质量。

21. A 【解析】本题考查心理健康教育的原则。心理健康教育应特别重视贯彻以下几个重要的原则。(1)教育性原则。(2)针对性原则。(3)尊重性原则。(4)发展性原则。(5)主体性原则。(6)整体性原则。(7)全体性原则。(8)活动性原则。其中,发展性原则是指教师要以发展的眼光来看待学生,不仅要善于发现学生身上出现的问题,更要把握学生的过去,很好地**预测**学生将来可能出现的问题。学生的心理健康问题有一个发展的过程,教育者只有对学生做动态的分析,比较过去与现在才能预测未来,这样才能弄清学生心理健康问题的来龙去脉,从而更深刻地了解学生。根据题干描述,本题选择A项。(具体内容参见叶一舵主编的《中小学心理健康教育教程》)

22. C 【解析】教学监控能力的提高及培训技术有:(1)自我认知指导技术;(2)角色改变技术;(3)归因训练技术;(4)教学策略提高技术;(5)教学反馈技术;(6)现场指导技术。其中,教学反馈技术的目的在于使教师对自己教学的各环节有一个准确而客观的认识。

23. A 【解析】教师担当心理辅导人员这个角色在帮助学生适应生活,减轻、消除心理压力和矛盾,获得心理健康等方面起着十分重要的作用。题干中萧老师帮助学生的情绪时刻处于良好状态,这扮演的正是心理健康调节者的角色。

24. D 【解析】研究表明,工作发展的条件和学校的客观条件对一般教学效能感具有明显影响;工作发展的条件、学校风气和师生关系对教师的个人教学效能感具有明显的影响。所以,A、B两项说法错误。教师的教学效能感对学生的学习成就有很强的预测力。所以,C项说法错误。教师的主观因素是影响教学效能感的关键,其中最重要的是教师的价值观和自我概念。所以,D项说法正确。

二、多项选择题

1. ABCDE 【解析】本题考查学校心理健康教育的基本任务。中小学校心理健康教育的基本任务有:(1)促进和维护学生心理健康。(2)开发智力,促进能力发展。(3)提高德性修养,培养良好品德。(4)培养主体意识,形成完善人格。(5)养成良好行为习惯,提高社会适应能力。故选ABCDE五项。

2. ABC 【解析】本题考查教师心理健康的标准。教师心理健康是教师心理素质的一个重要反映和指标,它既包括一般心理健康标准的共性,同时也体现教师职业的特殊性,因此,应包括:(1)对教师角色的认同;(2)良好的人际关系;(3)善于调控情绪;(4)健全的人格;(5)教育的独创性。

3. BCD 【解析】本题考查心理辅导时的人际关系特点。在进行心理辅导时,不论采用何种方法,都必须以建立良好的辅导关系为前提。辅导教师与受辅导学生之间要建立起一种新型的、建设性的、具有辅导与治疗功能的人际关系,其主要特点是:积极关注、尊重、真诚、同感。A项,倾听是建立良好辅导关系的手段,不符合题意。

4. ACD 【解析】研究表明,那些具有A型人格、低自尊或外控的教师容易产生职业倦怠。

5. ABC 【解析】本题考查中小学生常见的发展性心理问题。中小学生常见的发展性心理问题有:(1)入学适应不良问题。入学适应不良主要表现为:产生情绪障碍,出现焦虑、恐惧、抑郁、孤独等不良情绪;自我评价下降,产生自卑心理;注意力不集中、学习兴趣丧失,学习成绩不良;出现行为问题,经常违反校规校纪,出现攻击或退缩行为等。(2)与学习有关的心理问题。包括学习疲劳、学业不良、考试焦虑和厌学。(3)人际关系失调问题。包括错误的人际认知、不良的人格特点、人际交往技能的缺乏。因此,A、C两项属于与学习有关的心理问题;B项属于人际关系失调问题。答案选A、B、C三项。

6. BCD 【解析】学校中常见的心理健康教育工作模式为发展型模式、教育型模式、文化模式。

7. ACD 【解析】本题考查新手型教师的特点。在教学策略上,新手型教师**非常重视课前准备**,课堂控制能力有待提高。故A项符合,B项不符合。

在工作动机方面,由于新手型教师更加**注重周围人对自己的评价**,所以新手型教师的工作动机在成就目标上是以成绩目标为主,更关心的是能否向他人证明自己的能力,解决生存问题是其关注的焦点。故C项符合。

在人格特征方面,除了教师的个体差异以外,新手型教师具有的一般人格特征是:**热情、外向、朝气蓬勃**。故D项符合。

8. ABCD 【解析】阿西顿曾认为,优秀教师具有较强的自我效能感,表现在优秀教师有个人成就感,认为从事的教学活动很有价值、对学生有正向的期望,并认为教师对学生的学习应负有责任。

9. ABC 【解析】心理测试可以是普测,也可以是心理咨询时的个别测试;测试的目的可以是科研(了解学生的普遍情况，掌握学生心理特点等）、筛查和预防（发现可能存在的心理问题，为进一步采取相应措施做准备）、宣传（通过大型的测试及反馈活动，引发学生对自身心理状况的关注，了解学校心理健康教育工作机构的运作情况）等。故D项说法错误。

10. ABD 【解析】本题考查青春期常见的消极心理表现。青春期常见的消极心理表现有：(1)烦恼；(2)孤独；(3)压抑；(4)偏激。

三、判断题

1. × 【解析】反思日记是教师将自己的课堂实践的某些方面，连同自己的体会和感受诉诸笔端，是实现自我监控最直接、最简易的方式。

2. √ 【解析】罗杰斯认为，心理治疗的目的就在于帮助病人或患者创造一种有关他自己的更好的概念，使他能自由地实现他的自我，即实现他自己的潜能，成为功能完善者。

3. √ 【解析】健康模式的心理评估旨在了解个体健康状态下的心智能力及自我实现的倾向，关注的是人的潜能和价值实现的程度、心理素质改善的程度，这在学校心理健康教育中应受到高度重视。

第四部分　教育政策法规

第一章　教育法律基础

基础训练

答案速查

1~5	BDBAD	6~10	ADCBB	11~15	CABCC	16~20	BCDBA
21~25	CDADB	26~31	DBDAAD	1~5	ABCD CD AB BC ABCD		
6~8	ABCD ABC ABCD			1~8	√××××√×√		

一、单项选择题

1. B 【解析】本题考查教育法规体系的纵向结构。A项：教育基本法律是由全国人民代表大会制定，调整教育内部、外部相互关系的基本法律准则，如《中华人民共和国教育法》。B项：教育单行法律一般是由全国人民代表大会常务委员会制定的，规定教育领域某一方面具体问题的规范性文件，其效力低于《中华人民共和国宪法》和教育基本法，如《中华人民共和国义务教育法》《中华人民共和国教师法》《中华人民共和国职业教育法》《中华人民共和国高等教育法》等。故答案选B项。C项：教育行政法规是行政法规的形式之一，是由最高国家行政机关（国务院）依据《中华人民共和国宪法》和教育法律制定的关于教育行政管理的规范性文件，其效力低于《中华人民共和国宪法》和教育法律，高于地方性法规和教育规章。如《教师资格条例》等。D项：教育规章是中央和地方有关国家行政机关依照法定权限和程序制定颁布的有关教育的规范性文件，有的称为教育行政规章，包括部门教育规章和地方政府教育规章。

2. D 【解析】平权型教育法律关系是两个具有平等法律地位的教育关系主体之间产生的教育法律关系，通常被视为教育民事法律关系。这类教育法律关系与一般民事法律关系一样，具有横向平等的特征，但又不能完全等同于一般民事法律关系，而是有一些明显的教育特征。

3. B 【解析】教育法律关系的构成要素有**主体**、**客体**和**内容**，三者相互制约、缺一不可，其中任何一个要素的改变，都会导致原有法律关系的变更。

4. A 【解析】本题考查法律制裁的方式。法律制裁主要有行政制裁、民事制裁和刑事制裁三种方式。其中行政制裁可分为行政处分和行政处罚两种方式。行政处分是国家机关、企业事业单位按照行政隶属关系，给予犯有轻微违法违纪失职行为、尚不够刑事处分的所属人员的一种惩罚措施。行政处分的种类有：警告、记过、记大过、降级、撤职、开除等。

5. D 【解析】本题考查教师与学生之间的法律关系。教师与学生之间的法律关系包括：(1)教育和被教育的关系；(2)管理和被管理的关系；(3)保护和被保护的关系；(4)互相尊重的平等关系。不涉及“控制与被控制的关系”，故D项当选。

6. A 【解析】教育基本法律是由全国人民代表大会制定，调整教育内部、外部相互关系的基本法律准则。它对整个教育全局起宏观调控作用，或称为**“教育宪法”“教育母法”**。

7. D 【解析】法律的实施，是指法律在实践过程中的具体运用和实行。因此，国家机关及其工作人员以及社会团体和广大公民在自己的实际活动中使法律规范得到实现指的是法律的实施。

8. C 【解析】本题考查教育法规的制定机关。**教育行政法规**是行政法规的形式之一，是由最高国家行政机关(**国务院**)依据《中华人民共和国宪法》和教育法律制定的关于教育行政管理的规范性文件。教育行政法规的名称一般有三种：条例、规定、办法或细则，如《教师资格条例》等。故答案选C项。

9. B 【解析】根据我国《宪法》的规定，国务院有权规定行政措施，制定行政法规，发布决定和命令。因此，国务院有权规定和发布教育行政法规。

10. B 【解析】本题考查教育法律责任的分类。根据违法主体的法律地位、违法行为的性质和危害程度的不同，教育法律责任主要可分为：行政法律责任、民事法律责任和刑事法律责任三种。在特定情况下还可以追究违宪责任。其中，民事法律责任是指由于实施民事违法行为所导致的赔偿或补偿的法律责任，简称民事责任。民事责任的特点表现为：(1)民事责任基于民事违法行为而产生。(2)民事责任主要是财产责任。(3)一定条件下，民事责任可以由当事人协商解决。违法者一般应主动承担，拒不履行时，才由受害人请求人民法院裁决。(4)民事责任既有个人责任，也有连带责任或由相关人负替代责任。

11. C 【解析】《中华人民共和国教育法》的这一条规定，表明我国任何公民都平等地享有教育法律规定的受教育权，这体现了我国《教育法》的平等性原则。

12. A 【解析】本题考查教师申诉的程序。教师申诉的程序包括**提出、受理和处理**三个环节，故答案选A项。

13. B 【解析】义务性规范指“行为准则”要素中规定的教育法律关系主体必须为一定行为或不为某种行为的法律规范。义务性规范在文字表述形式上通常采用“必须”“应当”“义务”“禁止”“不准”“不得”等字样。

14. C 【解析】法的渊源理论通常把法的渊源分为正式意义上的和非正式意义上的两种。正式意义上的法的渊源，主要是指以规范性法律文件形式表现出来的成文法，如立法机关或立法主体制定的宪法、法律、法规、规章和条约等。非正式意义上的法的渊源，主要是指具有法的意义的观念和其他有关准则，如正义和公平等观念，政策、道德和习惯等准则，还有权威性法学著作等。所以，C项属于正式意义上的法的渊源。A、B、D项属于非正式意义上的法的渊源。

15. C 【解析】教育法律关系是教育法律规范在调整人们有关教育活动的行为过程中形成的**权利和义务关系**，是一种特殊的社会关系。

16. B 【解析】教师申诉制度，是指教师在其合法权益受到侵犯时，依照法律、法规的规定，向主管的行政机关申诉理由，请求处理的制度。

17. C 【解析】教育行政执法的主体是国家各级教育行政机关以及法律授权的单位。

18. D 【解析】本题考查教育行政救济的途径。教育法律救济的途径主要通过三种方式来实现：(1)诉讼方式(司法救济方式)。包括民事诉讼、行政诉讼和刑事诉讼。凡符合民事诉讼法、刑事诉讼法、行政诉讼法受案范围的，都可以通过诉讼的途径获得法律救济。(2)行政方式(行政救济方式)。包括行政申诉、行政复议、行政赔偿。行政申诉包括教育行政人员的一般申诉、教师申诉、学生申诉等。(3)其他方式。主要指通过教育组织内部或机构以及其他民间渠道来实施法律救济。如仲裁和调节等。

19. B 【解析】《中华人民共和国教育法》第四十三条规定了受教育者申诉的范围，保障了受教育者的合法权益，明确提出了实行学生申诉制度。

20. A 【解析】教育法律责任主要可分为行政法律责任、民事法律责任和刑事法律责任三种，其中最重要的是行政法律责任。

21. C 【解析】教育法律关系中最重要的法律主体是**学生与教师**。

22. D 【解析】法律的规范作用可以分为指引、评价、预测、强制和教育五种作用。A项排除。B项预测作用指人们可依据法律规范预知当事人将如何行为及行为的法律后果，从而对自己的行为作出合理安排。C项强制作用指法律运用国家强制力制裁、惩罚违法行为。这是对违法行为所发挥的作用。D项指引作用指法律为人们提供了一定的行为模式，对个体行为提供了指引作用。题干所述体现了法律的指引作用。

23. A 【解析】教育行政复议是指教育行政相对人(如学校、教师)认为教育行政机关做出的具体行政行为侵犯其合法权益，向做出该行为的机关的上一级教育行政机关或该机关所属的本级人民政府提出申请，受理申请的行政机关对发生争议的具体行政行为进行复查并做出决定的活动。故题干所述体现了教育行政复议制度的内涵。

24. D 【解析】本题考查教育法律救济的特征。教育法律救济的特征体现在：(1)是宪法公平、正义的立法精神的体现；(2)纠纷的存在是教育法律救济的基础；(3)损害的发生是教育法律救济的前提；(4)补救受害者的合法权益是教育法律救济的根本目的；(5)法律救济具有权利性；(6)具有补救与监督双重作用。

25. B 【解析】在整个教育法律体系中，《中华人民共和国教育法》处于“**母法**”和“**根本大法**”的地位。

26. D 【解析】教育法规的教育作用主要体现在两个方面：(1)国家把人们对教育的普遍要求凝结为稳定的教育行为规范，并向人们灌输这些规范，使其内化为人们的教育思想意识，并借助于人们的教育行为而使其得以传播；(2)通过教育法规的实施从正负两方面对人们产生教育作用。

27. B 【解析】本题考查法律救济手段。王老师没收学生李正的手机，且拒不归还，这侵犯了李正的财产权。根据受教育者的权利可知，对学校、教师侵犯其人身权、财产权等合法权益的情况，学生有提出**申诉**或者依法提起**诉讼**的权利。故本题答案选B项。

28. D 【解析】在教师申诉的程序中，教育行政部门应当在接到申诉书的次日起30日内，作出处理。

29. A 【解析】教育法律关系的发生以教育法律规范的存在为前提，只有适用教育法律规范调整的教育关系才能转化成教育法律关系。

30. A 【解析】教育单行法律一般是由全国人民代表大会常务委员会制定的，规定教育领域某一方面具体问题的规范性文件，其效力低于《中华人民共和国宪法》和教育基本法。例如，《中华人民共和国教师法》《中华人民共和国职业教育法》《中华人民共和国高等教育法》等。《中华人民共和国教育法》是我国的教育基本法。

31. D 【解析】本题考查教育法规的效力。教育法规的效力主要有以下四种：(1)形式效力；(2)时间效力；(3)地域效力(空间效力)；(4)对人的效力。其中，教育法规对人的效力是指教育法规对什么人有约束力。这里的“人”指法律关系主体，包括自然人和法人，也包括国际组织和国家。《中学生日常行为规范》《小学生守则》只适用于中、小学生，《中等专业学校教师职务试行条例》只适用于中等专业学校的教师。这体现的是教育法规实施的对人的效力。

二、多项选择题

1. ABCD 【解析】本题考查教育法律责任的归责要件。教育法律关系主体只有具备以下四个教育法律责任的归责要件，才被认定为教育法律责任主体，并要承担相应的法律后果：**有损害事实、损害行为必须违法、行为人主观有过错、违法行为与损害事实之间具有因果关系。**

2. CD 【解析】本题考查教育法律规范的类别。教育法律规范的类别有：

分类标准	种类	概念
要求人们行为的性质	义务性规范	教育法律关系主体必须为一定行为或不为某种行为
	授权性规范	教育法律关系主体有权做出或不做出某种行为
表现的强制性程度	强制性规范	法律关系参加者必须做出或禁止做出一定行为的规范
	任意性规范	法律关系参加者可以做出一定行为的规范

题干中强调学校、教师可以对学生家长提供家庭教育指导，这属于有权做出和可以做出的行为，没有要求必须做出该行为，因此属于授权性规范和任意性规范。

3. AB 【解析】教师申诉制度的特征有：(1)教师申诉制度是一项法定申诉制度。(2)教师申诉制度是一项专门性的权利救济制度。教师是履行教育教学职责的专业人员，这使得教师申诉制度与一般的信访工作相比有其独特的一面。(3)教师申诉制度是非诉讼意义上的行政申诉制度。因此，A、B两项说法正确，C、D、E三项说法错误。

4. BC 【解析】本题考查教育法的渊源。地方性教育法规是地方国家权力机关制定的规范性文件的专称。由省、自治区、直辖市以及省级人民政府所在地的市和经国务院批准的较大的市的人民代表大会及其常务委员会制定。故B、C两项属于地方性教育法规。

5. ABCD 【解析】法律救济的渠道有四种：行政渠道、司法渠道、仲裁渠道和调解渠道。

6. ABCD 【解析】教育法规的功能包括：(1)规范功能；(2)标准功能；(3)预示功能；(4)强制功能。

7. ABC 【解析】本题考查教育法律基础知识。学校作为法人的主要特点有：(1)公益性；(2)民事活动范围的有限性；(3)财产权的受限性。故答案选A、B、C三项。

8. ABCD 【解析】教育法作为一般社会规范和法律所具有的特点有：(1)教育法具有国家意志性。(2)教育法具有强制性，这是教育法的本质特征。(3)教育法具有规范性。(4)教育法具有普遍性。一方面，在国家权力所及的范围内，教育法律具有普遍的约束力；另一方面，教育法律面前人人平等，不存在适用对象的例外。

三、判断题

1. √ 【解析】本题考查教育法规的体系结构。教育单行法律一般是由全国人民代表大会常务委员会制定的，规定教育领域某一方面具体问题的规范性文件，其效力低于《中华人民共和国宪法》和教育基本法，如《中华人民共和国义务教育法》《中华人民共和国教师法》《中华人民共和国职业教育法》《中华人民共和国高等教育法》等。故题干表述正确。

2. × 【解析】本题考查行政处分的内涵。行政处分是国家机关、企业事业单位按照行政隶属关系，给予犯有轻微违法违纪失职行为、尚不够刑事处分的所属人员的一种惩罚措施。故题干说法错误。

3. × 【解析】本题考查教育法律救济的特征。教育法律救济的特征包括：(1)是宪法公平、正义的立法精神的体现；(2)纠纷的存在是教育法律救济的基础；(3)侵权损害事实的存在是实施法律救济活动的前提；(4)补救受害者的合法权益是教育法律救济的根本目的;(5)法律救济具有权利性;(6)具有补救与监督双重作用。因此,纠纷只是法律救济的基础,故本题说法错误。

4. × 【解析】本题考查教育法律规范的种类。根据法律规范的基本职能,法律规范可以分为调整性规范和保障性规范两大类。调整性规范在此是指设立以一定教育权利和义务关系为内容的教育法律关系模式的规范。其主要作用是确立一定的教育关系秩序,使之按照实现一定教育目标的轨道运行。如《教育法》中规定教育制度的规范,明确教育主体权利和义务的规范都是调整性规范。保障性规范是指规定法律责任措施和保护权利措施的规范。从实施角度来看,保障性规范是调整性规范受到相应主体遵守的保证。如《教育法》中对违法责任做出规定的规范,就是保障性规范。因此,题干说法错误。

5. × 【解析】地方性法规是地方国家权力机关制定的规范性文件的专称。由省、自治区、直辖市以及省级人民政府所在地的市和经国务院批准的较大的市的人民代表大会及其常务委员会制定。

6. √ 【解析】教育行政执法的特征:(1)教育行政执法是一种具有国家意志性的活动;(2)教育行政执法是一种具有法律性的活动;(3)教育行政执法是一种具有强制性的活动;(4)教育行政执法是一种具有单方权威性的活动;(5)教育行政执法具有主动性特征;(6)教育行政执法具有执法主体多元性的特征。

7. × 【解析】教育法律关系的客体是指教育法律关系主体的权利与义务所指向的对象。故题干说法错误。

8. √ 【解析】有损害事实是指行为人有侵害教育管理、教学秩序及从事教育教学活动的公民、法人和其他组织合法权益的客观事实存在。这是构成教育法律责任的前提条件。

答案速查

1~5	ADBAD	6~8	DDA
1~2	ABCD AD	1~6	√××√√√

一、单项选择题

1. A 【解析】行政职权的优益权是指为了确保行政职权的有效行使,法律、法规在赋予行政主体以行政职权的同时,授予行政主体及其工作人员以职务上或物质上的优惠条件。因此,题干所述属于行政职权的优益权。

2. D 【解析】根据教育法律关系主体是否完全特定化进行划分,教育法律关系可以分为绝对教育法律关系和相对教育法律关系。绝对教育法律关系指存在特定的权利主体,没有特定的义务主体的教育法律关系。相对教育法律关系指存在于特定的权利主体和特定的义务主体之间的教育法律关系。在题干当中,权利主体和义务主体都是具体的,且明确规定了不同主体所享有的权利与履行的义务。故属于相对教育法律关系。

3. B 【解析】行政处罚可分为四类:第一类属于申诫罚(声誉罚),是最轻微的处罚,如警告;第二类是财产罚,主要是罚款、没收违法所得;第三类是行为罚,是限制或剥夺违法者某种行为能力的一种惩罚,如责令停止招生、吊销办学许可证等;第四类是人身罚,是限制或剥夺违法者人身自由的处罚,是最严厉的一种处罚。因此,题干所述属于教育行政处罚中的行为罚。

4. A 【解析】教师认为当地人民政府的有关行政部门侵犯其根据《中华人民共和国教师法》规定享有的合法权益的,可以提出申诉。其他企业、事业单位或个人侵犯教师合法权益的,不列入教师申诉的范围。

5. D 【解析】本题考查教育行政赔偿的特征。教育行政赔偿是指教育行政机关及其工作人员在执行职务过程中,违法行使职权侵犯了公民、法人或其他组织的合法权益,造成了损害,依照我国《国家赔偿法》由国家给予的赔偿。教育行政赔偿的特征包括:(1)侵权主体为教育行政机关及其公务员;(2)侵权损害发生在执行职务的过程中;(3)侵权行为源于教育行政机关及其公务员的违法行政;(4)教育行政赔偿主体是国家;(5)教育行政赔偿是一种法律责任。故A、B、C三项正确,D项错误。

6. D 【解析】教育法区别于其他社会规范和法律的特点有:(1)教育法律关系成立的单向性;(2)教育强制措施的柔软性;(3)教育行政管理方式的指导性;(4)教育法规具体内容的广泛性。

7. D 【解析】**公正准确**是教育司法活动的**灵魂和生命**。

8. A 【解析】本题考查公民受教育权的时间起点。受教育权作为一项基本人权,是一个人生而有之、终身享有的权利,始于出生,贯穿于婴幼儿、青少年、中年、老年各个时期,直至死亡。

二、多项选择题

1. ABCD 【解析】本题考查教育行政处罚的种类。《教育行政处罚暂行实施办法》第三章中对教育行政处罚的种类作出了明确的规定,共包括以下十项:(1)警告;(2)罚款;(3)没收违法所得,没收违法颁发、印制的学历证书、学位证书及其他学业证书;(4)撤销违法举办的学校和其他教育机构;(5)取消颁发学历、学位和其他学业证书的资格;(6)撤销教师资格;(7)停考,停止申请认定资格;(8)责令停止招生;(9)吊销办学许可证;(10)法律、法规规定的其他教育行政处罚。故本题答案全选。

2. AD 【解析】教育法规执行的原则有:(1)国家教育法规优先于地方教育法规的原则;(2)总的教育法规优先于单项教育法规的原则;(3)后定教育法规优先于先定教育法规的原则;(4)特别教育法规优先于一般教育法规的原则。

三、判断题

1. √ 【解析】题干所述是国家主权原则和法制统一原则的要求,是教育法规效力性原则的体现。

2. × 【解析】本题考查法律的分类。根据法的创制和表达的形式不同可以划分为成文法和不成文法。成文法,又叫制定法,是指国家机关制定和公布的,以文字符号形式表现出来的法律。习惯法是指国家虽然认可其具有法律效力,但未以文字符号形式表现出来的法律。法律制定的结果是规范性法律文件。在一个**成文法**国家中,法律的制定主要是通过立法活动来实现的,法律的表现形态是制定法。

3. × 【解析】教育法是调整教育活动中各种法律性社会关系的行为规则。在教育活动中会发生许多社会关系,它们可以在教育者之间、教育者与受教育者之间、受教育者之间、教育者与社会之间、受教育者与社会之间表现出来。但这些社会关系,并不是在所有的情况下都要由教育法来调整,只有当教育活动中的某种社会关系以法规范的时候,才使这些社会关系成为教育法所调整的范畴,教育法才为这些社会关系的调整确定行为规范。

4. √ 【解析】教育法规定的法律责任是一种行政法律责任。作为一种行政法律责任,教育法规定的责任有以下一些基本特征:(1)承担主体具有多重性;(2)法律责任的承担具有相互性;(3)行政法律责任的追究机关及追究程序具有多元性。

5. √ 【解析】本题考查教育的基本权利与非基本权利。所谓基本权利,即人权,是人的发展的必要的、最低的权利,是满足人们政治、经济、思想等方面的最低的、基本的需要的权利。非基本权利是人们生存和发展的比较高级的权利,是满足人们政治、经济、思想等方面比较高级的需要的权利。在现代教育体制中,受教育权依然是人的基本权利,但受高层次教育是人的非基本权利。故本题说法正确。(具体内容参见郭元祥主编的《教育的立场》)

6. √ 【解析】本题考查教育法规的体系结构。地方性教育法规是地方国家权力机关制定的规范性文件的专称。由省、自治区、直辖市以及省级人民政府所在地的市和经国务院批准的较大的市的人民代表大会及其常务委员会制定。地方性教育法规只在该行政区域内有效,不得同宪法、法律、行政法规相抵触,其名称通常有条例、办法、规定、规则、实施细则等。因此,题干说法正确。

第二章　依法执教与教师违法(侵权)行为预防

基础训练

答案速查

1~5	DCCBA	6~10	CACBA	11~17	BDCDCBC
1~2	ABC ABDE			1~2	√ ×

一、单项选择题

1. D 【解析】本题考查教师的违法(侵权)行为。个人的财产所有权是指公民对个人所有的财产依法进行占有、使用、收益和处分的权利。学生的合法财产受法律保护,教师不得侵占、破坏或非法扣押、没收等。学生对教师侵犯其财产权的行为可依法申诉或提起诉讼。教师侵犯学生财产权的表现形式有:损坏学生财物、非法没收学生物品、乱罚款、乱摊派、推销商品等。题干中教师因为学生没有完成作业而对学生进行罚款,这侵犯了学生的财产权。

2. C 【解析】本题考查教师违法(侵权)行为的类型。隐私包括个人私生活、个人日记、照片、储蓄及财产状况、生活习惯及通信秘密等。隐私权是指公民生活中不愿为他人公开或知悉的个人秘密的不可侵犯的人身权利。学校和教师侵犯学生隐私的表现形式有:故意隐匿、毁弃或者非法开拆学生信件,披露、宣扬学生自身及家庭成员的资料,提供学生成绩的方式不适当等。题干中一些学校或教师私自检查学生的电子邮件、日记等信息的行为侵犯了学生的隐私权。

3. C 【解析】C项中的教师丙收取学生家长赠送的购物卡,这违反了"廉洁从教"的要求,也违反了依法执教的要求。

4. B 【解析】根据有关规定,只要是自己独立完成的,体现了自己的思想、情感、构思和表达方式的,属于文学、艺术和科学领域内并能以某种有形形式复制的智力成果都是著作权法所称的作品。著作权人对其作品享有发表权,任何人不得未经许可发表其作品。中小学生的作文也是受我国《著作权法》保护的文字作品。因此,题干中老师的做法侵犯了学生的著作权。

5. A 【解析】本题考查教师违法(侵权)行为。受教育权是学生最基本的权利。学生的受教育权包括**受完法定年限教育权、学习权和公正评价权**。公正评价权是指学生在教育教学过程中,享有教师、学校对自己的学业成绩、道德品质等进行公正评价,并客观真实地记录在学生成绩档案中,在毕业时获得相应的学业成绩证明和毕业证书的权利。张老师因要求小周参加自己的培训班被拒绝,就在期末操行评定上给了小周差评,这侵犯了小周的**公正评价权**,故选择A项。

6. C 【解析】本题考查教师的违法(侵权)行为。侵犯学生人格尊严权利的主要表现有:(1)讽刺、挖苦学生;(2)故意侮辱、随意谩骂学生;(3)不给学生以合理的解释权和辩护权;(4)以记档案威胁学生等。因此,题干中教师辱骂兵兵的行为侵犯了兵兵的人格尊严权。

7. A 【解析】本题考查受教育权在学生权利中的地位。**受教育权是学生最基本的权利。**

易错提示:考生易混淆公民和学生的最基本的权利。考生在做题时,可根据关键词进行区分。公民最基本的权利是人身权;学生最基本的权利是受教育权。

8. C 【解析】人身自由是公民的一项基本权利,包括身体行动自由和表达的自由。侵害学生人身自由的表现形式有:非法拘禁和限制学生、非法搜查学生、非法限制学生表达自由的权利等。店主在没有任何证据的情况下对小北进行了非法搜身,侵犯了其人身自由权。

9. B 【解析】本题考查教师违法(侵权)行为的主要类型。常见的侵犯学生受教育权的表现形式主要有:(1)侵犯学生受教育机会的平等权。(2)侵犯学生的入学权。(3)侵犯学生参加考试的权利。(4)随意开除学生。此外,还有侵犯学生上课学习的权利、侵犯学生受教育的选择权、侵犯学生升学复学方面的同等权利、以侵犯姓名权的手段侵犯学生的受教育权、延误学生录取通知书的发放等。题干中教师罚王某去教室外补作业的行为侵犯了其上课学习的权利,即侵犯了王某的受教育权。

10. A 【解析】人身权是公民享有的最基本、最重要的权利。

11. B 【解析】人身自由是公民的一项基本权利,包括身体行动自由和表达的自由。侵害学生人身自由的表现形式有:非法拘禁和限制学生、非法搜查学生、非法限制学生表达自由的权利等。故题干中王老师的行为侵犯了小刚的人身自由权。

12. D 【解析】本题考查学校的违法侵权行为。隐私权是指公民生活中不愿为他人公开或知悉的个人秘密的不可侵犯的人身权利。侵犯学生隐私的表现形式有:故意隐匿、毁弃或者非法开拆学生信件,披露、宣扬学生自身及家庭成员的资料,提供学生成绩的方式不适当等。题干中学校擅自将吴同学的照片及学习成绩进行宣传,这侵犯了吴同学的隐私权。

13. C 【解析】本题考查依法执教的内涵。依法执教就是要求教师在教育教学活动中,按照教育法律、法规使自己的教育教学活动法制化和规范化。故本题答案选C项。

14. D 【解析】D项中造成学生轻度受伤,教师无需承担刑事法律责任,故D项说法错误。

15. C 【解析】不作为侵权行为是指行为人以一定的不作为致人损害的行为。如果教师没有积极履行保护职责或阻止有害学生的行为即构成不作为侵权。对学生身体状况关照不力是教师不作为侵权行为的表现形式之一,即学生有特异体质或特定疾病,不宜参加某种教育教学活动,教师应当知道或已经知道,但未予以必要注意。

16. B 【解析】本题考查教师违法(侵权)行为。人身自由是公民的一项基本权利,包括身体行动自由和表达的自由。侵害学生人身自由的表现形式有:非法拘禁和限制学生、非法搜查学生、非法限制学生表达自由的权利等。教师将学生关在办公室反省,禁止学生参加课外活动属于侵犯学生人身自由权的行为。

17. C 【解析】本题考查教师违法(侵权)行为的类型。荣誉是一个人受到外部给予的光荣称誉,每个学生在学校应有平等的机会获得。班主任取消小伟的奖学金资格的行为,侵犯了小伟的荣誉权。

二、多项选择题

1. ABC 【解析】本题考查教师的违法(侵权)行为。在学校教育中,学生的健康权受到侵害,主要是由体罚或变相体罚、教育教学设施设备不安全以及学校、教师的不作为侵权等造成的。人格尊严权主要指学校和教师必须尊重学生的人格尊严,严禁对学生实施体罚、变相体罚或其他侮辱人格尊严的行为。题干中的老师罚小军抄写课文十遍,属于变相体罚,故侵犯了小军的健康权和人格尊严权。因此A、B两项符合题意。小军需要利用午休和课间抄写课文,并且放学后还要继续抄写,一定程度上侵犯了小军的休息权。C项符合题意。

2. ABDE 【解析】侵犯学生人格尊严权的主要表现有:(1)讽刺、挖苦学生;(2)故意侮辱、随意谩骂学生;(3)不给学生以合理的解释权和辩护权;(4)以记档案威胁学生等。

三、判断题

1. √ 【解析】本题考查不作为违法侵权的表现形式。**不作为侵权**行为,是指行为人以一定的**不作为致人损害**的行为。学校和教师不作为侵权行为的表现形式有:(1)对学生身体状况关照不力;(2)教师对生病或受伤学生救护不力;

(3)在履行职责中违反工作要求、操作规程;(4)学校活动组织失职;(5)饮食安全事故;(6)未及时向学生监护人履行告知义务。故本题说法正确。

2. × 【解析】在履行教师职责、实施教育教学活动中,中小学教师实施的侵权行为若是执行职务的行为,那么学校必须承担因此而导致的损害后果。如果是教师的个人行为导致他人权利受损,则学校不必承担责任,须由教师本人承担。

答案速查

1~2	AC	1~2	√×

一、单项选择题

1. A 【解析】本题考查教师违法(侵权)行为的主要类型。题干中刘老师非法收缴学生手机的行为,侵犯了学生的财产权,故①说法错误,③说法正确。题干中刘老师指责小李"道德败坏,思想堕落"的言语,侵犯了学生的人格尊严权,故②说法正确。题干中刘老师未经学生同意翻看其短信并向全班同学宣读,这一行为侵犯了学生的隐私权,故⑤说法正确。作为老师不能以违法的方式对待学生的违纪行为,故④说法正确。刘老师的处理方法侵犯了学生的权利,存在不妥之处,故⑥说法错误。因此,A项中均为不正确的说法,故答案选A项。

2. C 【解析】坚持依法执教原则的具体要求有:(1)依法执教,做奉公守法的模范;(2)模范执行国家的政策法令;(3)自觉遵守社会主义纪律;(4)廉洁自律,抵制不良社会风气的侵蚀。

二、判断题

1. √ 【解析】本题考查保障未成年人的合法权益的内涵。保障未成年人的合法权益就是国家、社会、学校、家庭依法保护未成年人的权利和利益,防止和制止侵害未成年人合法权益的行为的发生,并对已被侵害的未成年人的权益予以救助和回复。

2. × 【解析】不作为侵权行为是指行为人以一定的不作为致人损害的行为。因此,教师在校园内没有积极履行保护职责或阻止有害学生的行为即构成不作为侵权行为。如果教师在校外没有积极履行保护职责或阻止有害学生的行为,由于这在教师的职务范围之外,故是一种不道德行为。

第三章　现行主要的教育法律法规

基础训练

答案速查

1~5	DACBA	6~10	DADDD	11~15	BCABC	16~20	DBADD
21~25	CBDAC	26~30	CBDBC	31~35	ACDBD	36~40	DBCAB
41~45	CBBCC	46~50	CABBB	51~55	CCBCB	56~60	ADAAD
61~65	CBBBC	66~70	DDBAA	71~75	BDDCA	76~80	ABABA
81~85	CAABB			1~5	BCD BCD ACD ABD ABCD		
6~10	AB ACD ABC AB ABC			11~15	AB ABC ABCD ACD BCD		
16~20	ACD ABC ACD ABCDE ABD			21~26	BCD ABCD ACD AB AD ABDE		
1~5	×√×√√			6~10	√×√√√		
11~15	√××√√			16~20	×√√××		
21~25	×√√√√			26~30	×√×××		
31~35	√√√××			36~40	×××√×		
41~45	×××√√			46~52	××√××√×		

一、单项选择题

1. D 【解析】本题考查《中华人民共和国教师法》。《中华人民共和国教师法》第一次从法律角度确认了教师职业的专业地位。

2. A 【解析】本题考查《中华人民共和国义务教育法》。根据《中华人民共和国义务教育法》第五十三条规定,县级以上人民政府或者其教育行政部门有下列情形之一的,由上级人民政府或者其教育行政部门责令限期改正、通报批评;情节严重的,对直接负责的主管人员和其他直接责任人员依法给予行政处分:(1)将学校分为重点学校和非重点学校的;(2)改变或者变相改变公办学校性质的。县级人民政府教育行政部门或者乡镇人民政府未采取措施组织适龄儿童、少年入学或者防止辍学的,依照前款规定追究法律责任。

3. C 【解析】本题考查教师的义务。根据《中华人民共和国教师》第八条规定,教师应当履行下列义务:(1)遵守宪法、法律和职业道德,为人师表;(2)贯彻国家的教育方针,遵守规章制度,执行学校的教学计划,履行教师聘约,完成教育教学工作任务;(3)对学生进行宪法所确定的基本原则的教育和爱国主义、民族团结的教育,法制教育以及思想品德、文化、科学技术教育,组织、带领学生开展有益的社会活动;(4)关心、爱护全体学生,尊重学生人格,促进学生在品德、智力、体质等方面全面发展;(5)制止有害于学生的行为或者其他侵犯学生合法权益的行为,批评和抵制有害于学生健康成长的现象;(6)不断提高思想政治觉悟和教育教学业务水平。ABD三项属于教师的义务,C项属于教师的权利。

4. B 【解析】本题考查《中华人民共和国未成年人保护法》。根据《中华人民共和国未成年人保护法》第四条规定,保护未成年人,应当坚持最有利于未成年人的原则。处理涉及未成年人事项,应当符合下列要求:(1)给予未成年人特殊、优先保护;(2)尊重未成年人人格尊严;(3)保护未成年人隐私权和个人信息;(4)适应未成年人身心健康发展的规律和特点;(5)听取未成年人的意见;(6)保护与教育相结合。

5. A 【解析】本题考查相关的教育法律法规。《中华人民共和国教师法》于1993年10月31日经第八届全国人民代表大会常务委员会第四次会议通过,自**1994年1月1日**起施行。故A项说法错误。

B项,根据《教师资格条例》第十九条规定可知,有下列情形之一的,由县级以上人民政府教育行政部门撤销其教师资格:(1)弄虚作假、骗取教师资格的;(2)品行不良、侮辱学生,影响恶劣的。故B项说法正确。

C项,《中华人民共和国义务教育法》是教育法律之一,是关于教育的单行法,也是我国历史上第一部关于基础教育的法律。故C项说法正确。

D项,根据《中华人民共和国教育法》第十九条规定,国家实行九年制义务教育制度。故D项说法正确。

6. D 【解析】本题考查《教师资格条例》。根据《教师资格条例》第十九条规定,有下列情形之一的,由县级以上人民政府教育行政部门撤销其教师资格:(1)弄虚作假、骗取教师资格的;(2)品行不良、侮辱学生,影响恶劣的。被撤销教师资格的,自撤销之日起5年内不得重新申请认定教师资格,其教师资格证书由县级以上人民政府教育行政部门收缴。

7. A 【解析】本题考查《中华人民共和国义务教育法》的相关条文。根据《中华人民共和国义务教育法》第二十七条规定，对违反学校管理制度的学生，学校应当予以**批评教育，不得开除**。A项说法错误。

根据《中华人民共和国义务教育法》第三十六条规定，学校应当把德育放在首位，寓德育于教育教学之中，开展与学生年龄相适应的社会实践活动，形成学校、家庭、社会相互配合的思想道德教育体系，促进学生养成良好的思想品德和行为习惯。B项说法正确。

根据《中华人民共和国义务教育法》第三十九条规定，国家实行教科书审定制度。教科书的审定办法由国务院教育行政部门规定。未经审定的教科书，不得出版、选用。C项说法正确。

根据《中华人民共和国义务教育法》第四十三条规定，特殊教育学校（班）学生人均公用经费标准应当高于普通学校学生人均公用经费标准。D项说法正确。

8. D 【解析】本题考查《中华人民共和国教师法》。我国**首次以法律形式明确规定**"国家实行教师资格制度"的文件是《中华人民共和国教师法》。

9. D 【解析】本题考查《中华人民共和国教育法》。根据《中华人民共和国教育法》第十四条规定，国务院和地方各级人民政府根据**分级管理、分工负责**的原则，领导和管理教育工作。故本题答案选D项。

10. D 【解析】本题考查《中华人民共和国教师法》。根据《中华人民共和国教师法》第三十七条规定可知，教师有下列情形之一的，由所在学校、其他教育机构或者教育行政部门给予行政处分或者解聘：(1)故意不完成教育教学任务给教育教学工作造成损失的；(2)体罚学生，经教育不改的；(3)品行不良、侮辱学生，影响恶劣的。教师有前款第(2)项、第(3)项所列情形之一，情节严重，构成犯罪的，依法追究刑事责任。

11. B 【解析】本题考查《中华人民共和国教师法》。根据《中华人民共和国教师法》第二十五条规定，教师的平均工资水平应当不低于或者高于国家公务员的平均工资水平，并逐步提高。建立正常晋级增薪制度，具体办法由国务院规定。

12. C 【解析】本题考查《中华人民共和国教师法》。根据《中华人民共和国教师法》第一条规定，为了保障教师的合法权益，建设具有良好思想品德修养和业务素质的教师队伍，促进社会主义教育事业的发展，制定本法。

13. A 【解析】本题考查《教师资格条例》。根据《教师资格条例》第十九条规定，有下列情形之一的，由县级以上人民政府教育行政部门撤销其教师资格：(1)弄虚作假、骗取教师资格的；(2)品行不良、侮辱学生，影响恶劣的。故本题选A项。

14. B 【解析】本题考查对《中华人民共和国义务教育法》的解读。题干中强调缩小学校之间、班级之间的差距，这是促进教育公平的体现，因此最终有利于我国实现教育公平。故答案选B项；A、C、D三项的描述均不符合题意，可排除。

15. C 【解析】本题考查《中华人民共和国义务教育法》。《中华人民共和国义务教育法》第五十八条规定，适龄儿童、少年的父母或者其他法定监护人无正当理由未依照本法规定送适龄儿童、少年入学接受义务教育的，由当地乡镇人民政府或者县级人民政府教育行政部门给予批评教育，责令限期改正。题干中的小刚父母无正当理由未依照《中华人民共和国义务教育法》有关规定送适龄的小刚入学接受义务教育，应当由当地乡镇人民政府或者县级人民政府教育行政部门给予批评教育，责令限期改正。

16. D 【解析】本题考查《中华人民共和国教育法》。根据《中华人民共和国教育法》第四十四条规定，受教育者应当履行下列义务：(1)遵守法律、法规；(2)遵守学生行为规范，尊敬师长，养成良好的思想品德和行为习惯；(3)努力学习，完成规定的学习任务；(4)遵守所在学校或者其他教育机构的管理制度。D项属于受教育者享有的权利，故答案选D项。

17. B 【解析】本题考查《中华人民共和国义务教育法》。根据《中华人民共和国义务教育法》第七条规定，义务教育实行国务院领导，省、自治区、直辖市人民政府统筹规划实施，县级人民政府为主管理的体制。县级以上人民政府教育行政部门具体负责义务教育实施工作；县级以上人民政府其他有关部门在各自的职责范围内负责义务教育实施工作。

18. A 【解析】本题考查《中华人民共和国义务教育法》。根据《中华人民共和国义务教育法》第四十四条规定，各级人民政府对家庭经济困难的适龄儿童、少年免费提供教科书并补助寄宿生生活费。

19. D 【解析】本题考查《中华人民共和国教师法》。根据《中华人民共和国教师法》第三十九条规定，教师对学校或者其他教育机构侵犯其合法权益的，或者对学校或者其他教育机构作出的处理不服的，可以向教育行政部门提出申诉，教育行政部门应当在接到申诉的三十日内，作出处理。

20. D 【解析】本题考查《中华人民共和国教师法》。根据《中华人民共和国教师法》第七条规定可知，教师享有按时获取工资报酬，享受国家规定的福利待遇以及寒暑假期的带薪休假的权利。

21. C 【解析】根据《中华人民共和国义务教育法》第三十二条规定，县级人民政府教育行政部门应当均衡配置本行政区域内学校师资力量，组织校长、教师的培训和流动，加强对薄弱学校的建设。

22. B 【解析】根据《中华人民共和国教育法》第四十三条规定，受教育者享有下列权利：(1)参加教育教学计划安排的各种活动，使用教育教学设施、设备、图书资料；(2)按照国家有关规定获得奖学金、贷学金、助学金；(3)在学业成绩和品行上获得公正评价，完成规定的学业后获得相应的学业证书、学位证书；(4)对学校给予的处分不服向有关部门提出申诉，对学校、教师侵犯其人身权、财产权等合法权益，提出申诉或者依法提起诉讼；(5)法律、法规规定的其他权利。故B项属于学生享有的权利，而A、C、D三项是学生应当履行的义务。

23. D 【解析】本题考查《中华人民共和国教育法》。根据《中华人民共和国教育法》第七十二条规定，结伙斗殴、寻衅滋事，扰乱学校及其他教育机构教育教学秩序或者破坏校舍、场地及其他财产的，由公安机关给予治安管理处罚；构成犯罪的，依法追究刑事责任。

24. A 【解析】在教师资格认定过程中，因为学校的过错行为而产生的法律后果应由学校承担。

25. C 【解析】本题考查《中华人民共和国教育法》。根据《中华人民共和国教育法》第三十六条规定，学校及其他教育机构中的管理人员，实行教育职员制度。学校及其他教育机构中的教学辅助人员和其他专业技术人员，实行专业技术职务聘任制度。故C项表述错误。

A项，根据《中华人民共和国教育法》第五十九条规定，国家采取优惠措施，鼓励和扶持学校在不影响正常教育教学的前提下开展勤工俭学和社会服务，兴办校办产业。故A项说法正确。

B项，根据《中华人民共和国教育法》第六十一条规定，国家财政性教育经费、社会组织和个人对教育的捐赠，必须用于教育，不得挪用、克扣。故B项说法正确。

D项，根据《中华人民共和国教育法》第二十六条规定可知，以财政性经费、捐赠资产举办或者参与举办的学校及其他教育机构不得设立为营利性组织。故D项说法正确。

26. C 【解析】本题考查《学生伤害事故处理办法》。根据《学生伤害事故处理办法》第九条规定可知，学校组织学生参加教育教学活动或者校外活动，未对学生进行相应的安全教育，并未在可预见的范围内采取必要的安全措施而造成的学生伤害事故，学校应当依法承担相应的责任。

27. B 【解析】本题考查《中华人民共和国教育法》。根据《中华人民共和国教育法》第七十三条规定，明知校舍或者教育教学设施有危险，而不采取措施，造成人员伤亡或者重大财产损失的，对直接负责的主管人员和其他直接责任人员，依法追究**刑事责任**。

28. D 【解析】本题考查《学生伤害事故处理办法》。《学生伤害事故处理办法》第三条规定，学生伤害事故应当遵循依法、客观公正、合理适当的原则，及时、妥善地处理。

29. B 【解析】本题考查《中华人民共和国教师法》。根据《中华人民共和国教师法》第十四条规定，受到剥夺政治权利或者故意犯罪受到有期徒刑以上刑事处罚的，不能取得教师资格；已经取得教师资格的，丧失教师资格。因此张平终身不能取得教师资格证。

30. C 【解析】本题考查《中华人民共和国教师法》的相关规定。根据《中华人民共和国教师法》第二条规定，本法适用于在各级各类学校和其他教育机构中专门从事教育教学工作的教师。故C项说法不正确。

A项：根据《中华人民共和国教师法》第八条规定可知，"制止有害于学生的行为或者其他侵犯学生合法权益的行为，批评和抵制有害于学生健康成长的现象"是教师应当履行的义务。A项说法正确。

B项：根据《中华人民共和国教师法》第二十五条规定，教师的平均工资水平应当不低于或者高于国家公务员的平均工资水平，并逐步提高。建立正常晋级增薪制度，具体办法由国务院规定。B项说法正确。

D项：根据《中华人民共和国教师法》第十五条规定，各级师范学校毕业生，应当按照国家有关规定从事教育教学工作。国家鼓励非师范高等学校毕业生到中小学或者职业学校任教。D项说法正确。

31. A 【解析】根据《中华人民共和国教师法》第十条规定，国家实行教师资格制度。中国公民凡遵守宪法和法律，热爱教育事业，具有良好的思想品德，具备本法规定的学历或者经国家教师资格考试合格，有教育教学能力，经认定合格的，可以取得教师资格。

32. C 【解析】本题考查《中华人民共和国教育法》。根据《中华人民共和国教育法》第二十九条规定，学校及其他教育机构行使下列权利：(1)按照章程自主管理；(2)组织实施教育教学活动；(3)招收学生或者其他受教育者；(4)对受教育者进行学籍管理，实施奖励或者处分；(5)对受教育者颁发相应的学业证书；(6)聘任教师及其他职工，实施奖励或者处分；(7)管理、使用本单位的设施和经费；(8)拒绝任何组织和个人对教育教学活动的非法干涉；(9)法律、法规规定的其他权利。国家保护学校及其他教育机构的合法权益不受侵犯。C项属于学校及其他教育机构应当履行的义务。

33. D 【解析】本题考查《中华人民共和国义务教育法》。根据《中华人民共和国义务教育法》第三十五条规定，学校和教师按照确定的教育教学内容和课程设置开展教育教学活动，保证达到国家规定的**基本质量要求**。

34. B 【解析】本题考查《中华人民共和国教育法》。根据《中华人民共和国教育法》第六条规定，教育应当坚持**立德树人**，对受教育者加强社会主义核心价值观教育，增强受教育者的社会责任感、创新精神和实践能力。

35. D 【解析】本题考查《中华人民共和国未成年人保护法》。根据《中华人民共和国未成年人保护法》第六十三条规定，除下列情形外，任何组织或者个人不得开拆、查阅未成年人的信件、日记、电子邮件或者其他网络通讯内容：(1)无民事行为能力未成年人的父母或者其他监护人代未成年人开拆、查阅；(2)因国家安全或者追查刑事犯罪依法进行检查；(3)紧急情况下为了保护未成年人本人的人身安全。故D项违反了《中华人民共和国未成年人保护法》的规定。

36. D 【解析】根据我国《教育法》第十七条规定，国家实行学前教育、初等教育、中等教育、高等教育的学校教育制度。

37. B 【解析】本题考查法律法规知识。到2008年年底，我国不仅实现了义务教育的全面普及，而且实现了义务教育的全面免费，这是我国普及义务教育的伟大成就。但我国的义务教育也存在发展不平衡的问题，促进义务教育均衡发展已经成为我国现阶段教育改革和发展的重大任务。在完全普及九年义务教育以后，普及高中阶段教育就成为教育发展的重要趋势。故B项说法正确，D项说法错误。

A项：根据《中华人民共和国义务教育法》第二条规定可知，义务教育是国家统一实施的所有适龄儿童、少年必须接受的教育，是国家必须予以保障的公益性事业。故A项说法错误。

C项：根据《中华人民共和国教师法》第二十五条规定可知，教师的平均工资水平应当**不低于或者高于**国家公务员的平均工资水平，并逐步提高。故C项说法错误。

38. C 【解析】本题考查《中华人民共和国预防未成年人犯罪法》。根据《中华人民共和国预防未成年人犯罪法》第三十九条规定，未成年人的父母或者其他监护人、学校、居民委员会、村民委员会发现有人教唆、胁迫、引诱未成年人实施严重不良行为的，应当立即向公安机关报告。根据第三十八条规定可知，"吸食、注射毒品，或者向他人提供毒品"属于严重不良行为。根据题干中的描述可知不良青年正在蛊惑小君吸食毒品，因此其父母发现这一行为后应当立即向公安机关报告。

39. A 【解析】本题考查《中华人民共和国教育法》的内容。根据《中华人民共和国教育法》第三十一条规定，学校的教学及其他行政管理，由校长负责。故选A项。

40. B 【解析】本题考查《中华人民共和国未成年人保护法》。根据《中华人民共和国未成年人保护法》第三十九条规定，对实施欺凌的未成年学生，学校应当根据欺凌行为的性质和程度，依法加强管教。

41. C 【解析】本题考查《中华人民共和国义务教育法》。根据我国《义务教育法》第二条规定，义务教育是国家统一实施的所有适龄儿童、少年必须接受的教育，是国家必须予以保障的**公益性**事业。

42. B 【解析】根据《中华人民共和国教育法》第八十条规定，任何组织或者个人在国家教育考试中有下列行为之一，有违法所得的，由公安机关没收违法所得，并处违法所得一倍以上五倍以下罚款；情节严重的，处五日以上十五日以下拘留；构成犯罪的，依法追究刑事责任；属于国家机关工作人员的，还应当依法给予处分：(1)组织作弊的；(2)通过提供考试作弊器材等方式为作弊提供帮助或者便利的；(3)代替他人参加考试的；(4)在考试结束前泄露、传播考试试题或者答案的；(5)其他扰乱考试秩序的行为。

43. B 【解析】本题考查《学生伤害事故处理办法》。根据《学生伤害事故处理办法》第十条规定可知，学生或者其监护人知道学生有特异体质，或者患有特定疾病，但**未告知学校**造成学生伤害事故的，学生或者未成年学生监护人应当依法承担相应的责任。题干中的小蒋隐瞒自己的病史，没有告知学校，因此其发生的伤害事故应由其监护人承担责任。

44. C 【解析】本题考查《中华人民共和国未成年人保护法》。根据《中华人民共和国未成年人保护法》第二条规定，本法所称未成年人是指未满十八周岁的公民。第五十八条规定，学校、幼儿园周边不得设置营业性娱乐场所、酒吧、互联网上网服务营业场所等不适宜未成年人活动的场所。营业性歌舞娱乐场所、酒吧、互联网上网服务营业场所等不适宜未成年人活动场所的经营者，不得允许未成年人进入。题干中的小强属于未成年人，因此，网吧应不允许小强进入。

45. C 【解析】根据《中华人民共和国教师法》第三条规定，教师是履行教育教学职责的**专业人员**，承担教书育人，培养社会主义事业建设者和接班人、提高民族素质的使命。

46. C 【解析】根据《中华人民共和国教师法》第六条规定，每年**九月十日**为教师节。

47. A 【解析】本题考查《学生伤害事故处理办法》。根据《学生伤害事故处理办法》第二十一条规定，对经调解达成的协议，一方当事人不履行或者反悔的，双方可以依法提起诉讼。

48. B 【解析】本题考查《中华人民共和国义务教育法》。根据《中华人民共和国义务教育法》第十一条规定，凡年**满六周岁**的儿童，其父母或者其他法定监护人应当送其入学接受并完成义务教育；条件不具备的地区的儿童，可以推迟到七周岁。故B项错误。

A、D两项：根据《中华人民共和国义务教育法》第十二条规定可知，适龄儿童、少年免试入学。地方各级人民政府应当保障适龄儿童、少年在户籍所在地学校就近入学。县级人民政府教育行政部门对本行政区域内的军人子女接受义务教育予以保障。故A、D两项正确。

C项：根据《中华人民共和国义务教育法》第十三条规定可知，县级人民政府教育行政部门和乡镇人民政府组织和督促适龄儿童、少年入学，帮助解决适龄儿童、少年接受义务教育的困难，采取措施防止适龄儿童、少年辍学。故C项正确。

49. B 【解析】根据《中华人民共和国义务教育法》第三十九条规定，国家实行教科书审定制度。教科书的审定办法由**国务院教育行政部门**规定。

50. B 【解析】本题考查《教师资格条例》。根据《教师资格条例》第二十条规定，参加教师资格考试有作弊行为的，其考试成绩作废，**3年内**不得再次参加教师资格考试。

51. C 【解析】《中华人民共和国教育法》是自新中国成立以来我国制定的第一部教育基本法，这是我国教育史上具有里程碑意义的大事。它的颁行，标志着我国开始进入全面依法治教的新时期。

52. C 【解析】根据《中华人民共和国义务教育法》第二十九条规定，教师在教育教学中应当**平等对待学生**，关注学生的个体差异，因材施教，促进学生的充分发展。

53. B 【解析】根据《中华人民共和国教育法》第二十七条规定，设立学校及其他教育机构，必须具备下列基本条件：(1)有组织机构和章程；(2)有合格的教师；(3)有符合规定标准的教学场所及设施、设备等；(4)有必备的办学资金和稳定的经费来源。

方法技巧：考生在做此类试题时，可采用口诀来进行记忆，即有钱、有地、有人、有制度。

54. C 【解析】本题考查《学生伤害事故处理办法》。根据《学生伤害事故处理办法》第十三条规定，下列情形下发生的造成学生人身损害后果的事故，学校行为并无不当的，不承担事故责任；事故责任应当按有关法律法规或者其他有关规定认定：(1)在学生自行上学、放学、返校、离校途中发生的；(2)在学生自行外出或者擅自离校期间发生的；(3)在放学后、节假日或者假期等学校工作时间以外，学生自行滞留学校或者自行到校发生的；(4)其他在学校管理职责范围外发生的。题干中的刘某是在放学途中发生的学生伤害事故，学校行为并无不当，不承担法律责任。

55. B 【解析】《中华人民共和国教育法》于1995年3月18日经第八届全国人民代表大会第三次会议通过，自1995年9月1日起施行。

56. A 【解析】根据《中华人民共和国义务教育法》第一条规定，为了保障适龄儿童、少年接受义务教育的权利，保证义务教育的实施，提高全民族素质，根据宪法和教育法，制定本法。

57. D 【解析】根据《中华人民共和国义务教育法》第三十四条规定，教育教学工作应当符合教育规律和学生身心发展特点，面向全体学生，教书育人，将德育、智育、体育、美育等有机统一在教育教学活动中，注重培养学生独立思考能力、创新能力和实践能力，促进学生全面发展。

58. A 【解析】本题考查《教师资格条例》。根据《教师资格条例》第十八条规定，依照教师法第十四条的规定丧失教师资格的，不能重新取得教师资格，其教师资格证书由县级以上人民政府教育行政部门收缴。根据《中华人民共和国教师法》第十四条规定，受到剥夺政治权利或者故意犯罪受到有期徒刑以上刑事处罚的，不能取得教师资格；已经取得教师资格的，丧失教师资格。综上所述，答案选A项。

59. A 【解析】本题考查《中华人民共和国教师法》的颁布日期。《中华人民共和国教师法》于1993年10月31日经第八届全国人民代表大会常务委员会第四次会议通过，自1994年1月1日起施行。因此，《中华人民共和国教师法》颁布于1993年。

60. D 【解析】根据《中华人民共和国义务教育法》第二十一条规定，对未完成义务教育的未成年犯和被采取强制性教育措施的未成年人应当进行义务教育，所需经费由**人民政府**予以保障。

61. C 【解析】本题考查《学生伤害事故处理办法》。根据《学生伤害事故处理办法》第十条规定可知，学生或者其监护人知道学生有特异体质，或者患有特定疾病，但未告知学校造成学生伤害事故的，学生或者未成年学生监护人应当依法承担相应的责任。C项中小美及其家长未告知学校其患有心脏病的情况，因此学校不承担责任。

62. B 【解析】根据《中华人民共和国教师法》第二十六条规定，中小学教师和职业学校教师享受**教龄津贴**和其他津贴，具体办法由国务院教育行政部门会同有关部门制定。

63. B 【解析】根据《中华人民共和国教育法》第二十九条和第三十条规定可知，A、C、D项属于学校及其他教育机构应当履行的义务；B项属于学校及其他教育机构享有的权利。

64. B 【解析】根据《中华人民共和国教师法》第三十八条规定，地方人民政府对违反本法规定，拖欠教师工资或者侵犯教师其他合法权益的，应当**责令其限期改正**。

65. C 【解析】根据《教师资格条例》第十六条规定，教育行政部门或者受委托的高等学校在接到公民的教师资格认定申请后，应当对申请人的条件进行审查；对符合认定条件的，应当在受理期限终止之日起30日内颁发相应的教师资格证书。

66. D 【解析】本题考查《中华人民共和国义务教育法》。根据《中华人民共和国义务教育法》第十四条规定，禁止用人单位招用应当接受义务教育的适龄儿童、少年。根据国家有关规定经批准招收适龄儿童、少年进行文艺、体育等专业训练的社会组织，应当保证所招收的适龄儿童、少年接受义务教育；自行实施义务教育的，应当经县级人民政府教育行政部门批准。

67. D 【解析】本题考查《中华人民共和国教师法》。根据《中华人民共和国教师法》第四条规定，各级人民政府应当采取措施，加强教师的思想政治教育和业务培训，改善教师的工作条件和生活条件，保障教师的合法权益，**提高教师的社会地位**。

68. B 【解析】本题考查《中华人民共和国教育法》(2015年修正)。《中华人民共和国教育法》(2015年修正)第五条明确规定了我国的教育方针，即"教育必须为社会主义现代化建设服务、为人民服务，必须与生产劳动和社会实践相结合，培养德、智、体、美等方面全面发展的社会主义建设者和接班人。"该教育方针也进一步规定了我国教育的社会主义性质。故本题答案选B项。

69. A 【解析】本题考查《中华人民共和国教育法》。根据《中华人民共和国教育法》第七十六条规定，学校或者其他教育机构违反国家有关规定招收学生的，由教育行政部门或者其他有关行政部门责令退回招收的学生，退还所收费用；对学校、其他教育机构给予警告，可以处违法所得五倍以下罚款；情节严重的，责令停止相关招生资格一年以上三年以下，直至撤销招生资格、吊销办学许可证；对直接负责的主管人员和其他直接责任人员，依法给予处分；构成犯罪的，依法追究刑事责任。故题干所述行政行为的法律依据是《中华人民共和国教育法》。

70. A 【解析】本题考查《中华人民共和国义务教育法》。根据《中华人民共和国义务教育法》第十二条规定，适龄儿童、少年免试入学。地方各级人民政府应当保障适龄儿童、少年在户籍所在地学校就近入学。故A项说法错误，应该是就近免试入学而不是择优免试入学。第十四条规定，禁止用人单位招用应当接受义务教育的适龄儿童、少年。根据国家有关规定经批准招收适龄儿童、少年进行文艺、体育等专业训练的社会组织，应当保证所招收的适龄儿童、少年接受义务教育；自行实施义务教育的，应当经县级人民政府教育行政部门批准。故B项说法正确。第十五条规定，县级以上地方人民政府根据本行政区域内居住的适龄儿童、少年的数量和分布状况等因素，按照国家有关规定，制定、调整学校设置规划。新建居民区需要设置学校的，应当与居民区的建设同步进行。故C项说法正确。第二十六条规定，学校实行校长负责制。校长应当符合国家规定的任职条件。校长由县级人民政府教育行政部门依法聘任。故D项说法正确。

71. B 【解析】本题考查《学生伤害事故处理办法》。根据《学生伤害事故处理办法》第十三条规定可知，在学生自行上学、放学、返校、离校途中发生的造成学生人身损害后果的事故，学校行为并无不当的，不承担事故责任。题干所述事故是在放学途中发生的，因此，学校不承担事故责任。根据《学生伤害事故处理办法》第二十八条规定，未成年学生对学生伤害事故负有责任的，由其监护人依法承担相应的赔偿责任。题干中的小明属于未成年人，故小明的监护人需要承担事故相应的赔偿责任。

72. D 【解析】本题考查《中华人民共和国义务教育法》。《中华人民共和国义务教育法》第三十八条规定，教科书根据**国家教育方针和课程标准**编写，内容力求精简，精选必备的基础知识、基本技能，经济实用，保证质量。

73. D 【解析】本题考查《中华人民共和国教师法》。根据《中华人民共和国教师法》第七条规定，教师享有"进行教育教学活动，开展教育教学改革和实验"的权利。教育教学权是教师为履行教育教学职责而必须具备的最基本的权利。

74. C 【解析】根据《中华人民共和国教师法》第七条规定，教师享有民主管理权，即对学校教育教学、管理工作和教育行政部门的工作提出意见和建议，通过教职工代表大会或者其他形式，参与学校的民主管理。故题干中的教师行使的权利是民主管理权。

75. A 【解析】本题考查《中华人民共和国教育法》。根据《中华人民共和国教育法》第七十八条规定，学校及其他教育机构违反国家有关规定向受教育者收取费用的，由教育行政部门或者其他有关行政部门责令退还所收费用。

76. A 【解析】本题考查我国《义务教育法》。根据《中华人民共和国义务教育法》第十一条规定，适龄儿童、少年因身体状况需要延缓入学或者休学的，其父母或者其他法定监护人应当提出申请，由当地乡镇人民政府或者县级人民政府教育行政部门批准。

77. B 【解析】本题考查《中华人民共和国义务教育法》。根据《中华人民共和国义务教育法》第二条规定，国家实行**九年义务教育制度**。

78. A 【解析】根据《中华人民共和国未成年人保护法》(2012年修正)第五十四条规定，对违法犯罪的未成年人，实行教育、感化、挽救的方针，坚持教育为主、惩罚为辅的原则。

79. B 【解析】本题考查《学生伤害事故处理办法》。根据《学生伤害事故处理办法》第二十八条规定，**未成年学生对学生伤害事故负有责任的，由其监护人依法承担相应的赔偿责任**。本题中事故发生的时间属于课间自由活动时间，老师不存在管理过失，小黄的手是在小陈关门时夹伤的，因此班主任应当告知双方家长，并主张小陈的家长负担医药费。

80. A 【解析】本题考查学生伤害事故的责任归属。根据《学生伤害事故处理办法》第十三条规定可知，在放学后、节假日或者假期等学校工作时间以外，学生自行滞留学校或者自行到校发生的学生伤害事故，学校行为并无不当的，不承担事故责任。题干中的学生是在学校放假期间，擅自翻越学校围墙摔倒在地造成的伤害，学校行为并无不当，故不承担责任。

81. C 【解析】根据《中华人民共和国义务教育法》第四十二条规定，国务院和地方各级人民政府用于实施义务教育财政拨款的增长比例应当**高于**财政经常性收入的增长比例，保证按照在校学生人数平均的义务教育费用逐步增长，保证教职工工资和学生人均公用经费逐步增长。

82. A 【解析】根据《中华人民共和国义务教育法》第十九条规定，普通学校应当接收具有接受普通教育能力的残疾适龄儿童、少年随班就读，并为其学习、康复提供帮助。故A项中的做法符合我国《义务教育法》中的相关规定，故答案选A项。

83. A 【解析】本题考查《学生伤害事故处理办法》。根据《学生伤害事故处理办法》第十六条规定，发生学生伤害事故，情形严重的，学校应当及时向主管教育行政部门及有关部门报告；属于重大伤亡事故的，教育行政部门应当按照有关规定及时向同级人民政府和上一级教育行政部门报告。

84. B 【解析】本题考查我国《义务教育法》的立法宗旨。《中华人民共和国义务教育法》第一条规定，为了保障适龄儿童、少年接受义务教育的权利，保证义务教育的实施，**提高全民族素质**，根据宪法和教育法，制定本法。

85. B 【解析】本题考查《学生伤害事故处理办法》。根据《学生伤害事故处理办法》第二条规定，在学校实施的教育教学活动或者学校组织的校外活动中，以及在学校负有管理责任的校舍、场地、其他教育教学设施、生活设施内发生的，造成在校学生人身损害后果的事故的处理，适用本办法。因此，学生自行组织的校外活动不属于《学生伤害事故处理办法》的适用范围。

二、多项选择题

1. BCD 【解析】本题考查《中华人民共和国义务教育法》。根据《中华人民共和国义务教育法》第三十六条规定，学校应当把德育放在首位，寓德育于教育教学之中，开展与学生年龄相适应的社会实践活动，形成学校、家庭、社会相互配合的思想道德教育体系，促进学生养成良好的思想品德和行为习惯。

2. BCD 【解析】本题考查《学生伤害事故处理办法》。根据《学生伤害事故处理办法》第十八条规定，发生学生伤害事故，学校与受伤害学生或者学生家长可以通过协商方式解决；双方自愿，可以书面请求主管教育行政部门进行调解。成年学生或者未成年学生的监护人也可以依法直接提起诉讼。

3. ACD 【解析】本题考查《中华人民共和国未成年人保护法》的内容。根据《中华人民共和国未成年人保护法》第三条规定，国家保障未成年人的生存权、发展权、受保护权、参与权等权利。故选ACD三项。未成年人指未满十八周岁的公民，年满十八周岁的公民才有选举权，排除B项。

4. ABD 【解析】本题考查《中华人民共和国义务教育法》。根据《中华人民共和国义务教育法》第八条规定，人民政府教育督导机构对义务教育工作执行法律法规情况、教育教学质量以及义务教育均衡发展状况等进行督导，督导报告向社会公布。

5. ABCD 【解析】根据《中华人民共和国义务教育法》第二十四条规定，学校应当建立、健全安全制度和应急机制，对学生进行安全教育，加强管理，及时消除隐患，预防发生事故。县级以上地方人民政府定期对学校校舍安全进行检查；对需要维修、改造的，及时予以维修、改造。

6. AB 【解析】本题考查《中华人民共和国义务教育法》。根据《中华人民共和国义务教育法》第三十八条规定，教科书根据国家教育方针和课程标准编写，内容力求精简，精选必备的基础知识、基本技能，经济实用，保证质量。国家机关工作人员和教科书审查人员，不得参与或者变相参与教科书的编写工作。教育行政部门是国家行政机关，故教育行政部门工作人员不能参与义务教育教科书的编写工作。故排除CDE三项。教科书编写队伍主要包括学科专家、课程专家、教科书编写专家、优秀的教研员和中小学优秀教师等，故AB两项符合题意。

7. ACD 【解析】根据《中华人民共和国教育法》第二十一条规定，国家实行国家教育考试制度。国家教育考试由国务院教育行政部门确定种类，并由国家批准的实施教育考试的机构承办。

8. ABC 【解析】本题考查《中华人民共和国未成年人保护法》。《中华人民共和国未成年人保护法》第五十八条规定，学校、幼儿园周边不得设置营业性娱乐场所、酒吧、互联网上网服务营业场所等不适宜未成年人活动的场所。营业性歌舞娱乐场所、酒吧、互联网上网服务营业场所等不适宜未成年人活动场所的经营者，不得允许未成年人进入。故A、B、C三项属于不允许或不适宜未成年人进入的场所。

9. AB 【解析】本题考查《中华人民共和国义务教育法》。根据《中华人民共和国义务教育法》第四十七条规定，国务院和县级以上地方人民政府根据实际需要，设立专项资金，扶持**农村地区、民族地区**实施义务教育。

10. ABC 【解析】根据《中华人民共和国义务教育法》第三条规定，义务教育必须贯彻国家的教育方针，实施素质教育，提高教育质量，使适龄儿童、少年在品德、智力、体质等方面全面发展，为培养有理想、有道德、有文化、有纪律的社会主义建设者和接班人奠定基础。

11. AB 【解析】本题考查《中华人民共和国教育法》。根据《中华人民共和国教育法》第二十六条规定可知，以财政性经费、捐赠资产举办或者参与举办的学校及其他教育机构不得设立为营利性组织。

12. ABC 【解析】根据我国《教师法》第十条规定，国家实行教师资格制度。中国公民凡遵守宪法和法律，热爱教育事业，具有良好的思想品德，具备本法规定的学历或者经国家教师资格考试合格，有教育教学能力，经认定合格的，可以取得教师资格。

13. ABCD 【解析】本题考查《中华人民共和国教师法》。根据《中华人民共和国教师法》第三十七条规定，教师有下列情形之一的，由所在学校、其他教育机构或者教育行政部门给予行政处分或者解聘：(1)故意不完成教育教学任务给教育教学工作造成损失的；(2)体罚学生，经教育不改的；(3)品行不良、侮辱学生，影响恶劣的。教师有前款第(2)项、第(3)项所列情形之一，情节严重，构成犯罪的，依法追究刑事责任。

14. ACD 【解析】本题考查《中华人民共和国义务教育法》。根据《中华人民共和国义务教育法》第五十九条规定，有下列情形之一的，依照有关法律、行政法规的规定予以处罚：(1)胁迫或者诱骗应当接受义务教育的适龄儿童、少年失学、辍学的；(2)非法招用应当接受义务教育的适龄儿童、少年的；(3)出版未经依法审定的教科书的。故A、C、D三项说法符合题意。根据《中华人民共和国义务教育法》第四十一条规定，国家鼓励教科书循环使用。故B项不符合题意。因此，答案选A、C、D三项。

15. BCD 【解析】本题考查《中华人民共和国教育法》。根据《中华人民共和国教育法》第五十一条规定可知，广播、电视台(站)应当开设教育节目，促进受教育者**思想品德、文化和科学技术**素质的提高。

16. ACD 【解析】根据《中华人民共和国教育法》第三十七条规定，受教育者在入学、升学、就业等方面依法享有平等权利。

17. ABC 【解析】本题考查《中华人民共和国义务教育法》。根据我国《义务教育法》第三十条规定，国家建立统一的义务教育教师职务制度。教师职务分为初级职务、中级职务和高级职务。

18. ACD 【解析】本题考查学生伤害事故的有关内容。按照学生被侵害权利的不同，学生伤害事故包括以下三种类型：(1)死亡(生命权被侵害)；(2)患病(健康权被侵害)；(3)伤残(身体权被侵害)。

19. ABCDE 【解析】本题考查我国教育的基本原则。根据我国《教育法》的规定，我国教育的基本原则可以概括为以下几个方面：(1)对受教育者进行政治思想道德教育的原则；(2)继承和吸收优秀文化成果的原则；(3)教育公益性原则；(4)教育与宗教相分离原则；(5)受教育机会平等原则；(6)帮助特殊地区和保护弱势群体的原则；(7)建立和完善终身教育体系原则；(8)鼓励教育科学研究原则；(9)推广普通话原则；(10)奖励突出贡献原则。

20. ABD 【解析】根据《中华人民共和国教师法》第三十五条规定，侮辱、殴打教师的，**根据不同情况，分别给予行政处分或者行政处罚**；造成损害的，责令赔偿损失；情节严重，构成犯罪的，依法追究刑事责任。

21. BCD 【解析】本题考查《中华人民共和国教育法》。2021年修正的《中华人民共和国教育法》第七条规定，教育应当继承和弘扬中华优秀传统文化、革命文化、社会主义先进文化，吸收人类文明发展的一切优秀成果。

22. ABCD 【解析】本题考查《中华人民共和国义务教育法》。A项：根据《中华人民共和国义务教育法》第二条规定，国家实行九年义务教育制度。义务教育是国家统一实施的所有适龄儿童、少年必须接受的教育，是国家必须予以保障的公益性事业。实施义务教育，**不收学费、杂费**。国家建立义务教育经费保障机制，保证义务教育制度实施。故A项正确。

B项：根据《中华人民共和国义务教育法》第十二条规定可知，适龄儿童、少年**免试入学**。地方各级人民政府应当保障适龄儿童、少年在户籍所在地学校就近入学。故B项正确。

C项：根据《中华人民共和国义务教育法》第三十九条规定，国家实行教科书审定制度。教科书的审定办法由国务院教育行政部门规定。**未经审定的教科书，不得出版、选用**。故C项正确。

D项：根据《中华人民共和国义务教育法》第二十二条规定，县级以上人民政府及其教育行政部门应当促进学校均衡发展，缩小学校之间办学条件的差距，不得将学校分为重点学校和非重点学校。学校**不得分设重点班和非重点班**。故D项正确。

23. ACD 【解析】本题考查《中华人民共和国教育法》。根据《中华人民共和国教育法》第六十七条规定，教育对外交流与合作坚持独立自主、平等互利、相互尊重的原则，不得违反中国法律，不得损害国家主权、安全和社会公共利益。

24. AB 【解析】本题考查《中华人民共和国未成年人保护法》。根据《中华人民共和国未成年人保护法》第十六条规定，未成年人的父母或者其他监护人应当履行下列监护职责：(1)为未成年人提供生活、健康、安全等方面的保障；(2)关注未成年人的生理、心理状况和情感需求；(3)教育和引导未成年人遵纪守法、勤俭节约，养成良好的思想品德和行为习惯；(4)对未成年人进行安全教育，提高未成年人的自我保护意识和能力；(5)尊重未成年人受教育的权利，保障适龄未成年人依法接受并完成义务教育；(6)保障未成年人休息、娱乐和体育锻炼的时间，引导未成年人进行有益身心健康的活动；(7)妥善管理和保护未成年人的财产；(8)依法代理未成年人实施民事法律行为；(9)预防和制止未成年人的不良行为和违法犯罪行为，并进行合理管教；(10)其他应当履行的监护职责。故选AB两项。

25. AD 【解析】根据《中华人民共和国义务教育法》第五十六条规定，学校违反国家规定收取费用的，由县级人民政府教育行政部门责令退还所收费用；对直接负责的主管人员和其他直接责任人员依法给予处分。

26. ABDE 【解析】本题考查《学生伤害事故处理办法》的相关规定。根据《学生伤害事故处理办法》第五条规定，学校应当对在校学生进行必要的安全教育和自护自救教育；应当按照规定，建立健全安全制度，采取相应的管理措施，预防和消除教育教学环境中存在的安全隐患；当发生伤害事故时，应当及时采取措施救助受伤害学生。学校对学生进行安全教育、管理和保护，应当针对学生年龄、认知能力和法律行为能力的不同，采用相应的内容和预防措施。故A、B、D、E四项当选。我国现行的法律没有规定学校是未成年学生的法定或指定监护人，故学校的法定职责中不包含对未成年学生的监护职责。C项不符合题意。

三、判断题

1. × 【解析】本题考查《学生伤害事故处理办法》。根据《学生伤害事故处理办法》第十四条规定，因学校教师或者其他工作人员与其职务无关的个人行为，或者因学生、教师及其他个人故意实施的违法犯罪行为，造成学生人身损害的，由致害人依法承担相应的责任。

2. √ 【解析】本题考查《中华人民共和国教育法》。根据《中华人民共和国教育法》第八条规定，教育活动必须符合国家和社会公共利益。国家实行**教育与宗教相分离**。任何组织和个人不得利用宗教进行妨碍国家教育制度的活动。

3. × 【解析】本题考查《中华人民共和国教育法》。根据《中华人民共和国教育法》第十四条规定，中等及中等以下教育在国务院领导下，由地方人民政府管理。

4. √ 【解析】本题考查《中华人民共和国教师法》。根据《中华人民共和国教师法》第二十四条规定，教师考核结果是受聘任教、晋升工资、实施奖惩的依据。

5. √ 【解析】本题考查《中华人民共和国义务教育法》。根据《中华人民共和国义务教育法》第三十七条规定，学校应当保证学生的课外活动时间，组织开展文化娱乐等课外活动。社会公共文化体育设施应当为学校开展课外活动提供便利。

6. √ 【解析】根据《中华人民共和国教育法》第四十九条规定，学校及其他教育机构在**不影响正常教育教学活动**的前提下，应当积极参加当地的社会公益活动。

7. × 【解析】本题考查《中华人民共和国教师法》。根据《中华人民共和国教师法》第二十六条规定，中小学教师和职业学校教师享受教龄津贴和其他津贴，具体办法由**国务院教育行政部门**会同有关部门制定。

8. √ 【解析】根据《中华人民共和国义务教育法》第六十二条规定，社会组织或者个人依法举办的民办学校实施义务教育的，依照民办教育促进法有关规定执行；民办教育促进法未作规定的，适用本法。

9. √ 【解析】根据《中华人民共和国教师法》第三十三条规定，教师在教育教学、培养人才、科学研究、教学改革、学校建设、社会服务、勤工俭学等方面成绩优异的，由所在**学校**予以表彰、奖励。

10. √ 【解析】本题考查《学生伤害事故处理办法》。根据《学生伤害事故处理办法》第十二条规定可知，学生有特异体质、特定疾病或者异常心理状态，学校不知道或者难于知道造成的学生伤害事故，学校已履行了相应职责，行为并无不当的，无法律责任。由于题干中的张某对海鲜严重过敏，其父母也没有告知学校，故张某发生的伤害事故，学校依法不用承担相应责任。

11. √ 【解析】本题考查《中华人民共和国未成年人保护法》。根据《中华人民共和国未成年人保护法》第二十一条规定，未成年人的父母或者其他监护人不得使**未满十六周岁**的未成年人脱离监护单独生活。

12. × 【解析】根据《中华人民共和国教师法》第二十七条规定，地方各级人民政府对教师以及具有中专以上学历的毕业生到少数民族地区和边远贫困地区从事教育教学工作的，应当予以补贴。

13. × 【解析】本题考查《中华人民共和国义务教育法》的相关规定。根据《中华人民共和国义务教育法》第二条规定，义务教育是国家统一实施的所有适龄儿童、少年必须接受的教育，是国家必须予以保障的公益性事业。第五条规定，各级人民政府及其有关部门应当履行本法规定的各项职责，保障适龄儿童、少年接受义务教育的权利。适龄儿童、少年的父母或者其他法定监护人应当依法保证其按时入学接受并完成义务教育。第五十八条规定，适龄儿童、少年的父母或者其他法定监护人无正当理由未依照本法规定送适龄儿童、少年入学接受义务教育的，由当地乡镇人民政府或者县级人民政府教育行政部门给予批评教育，责令限期改正。故题干表述错误。

14. √ 【解析】根据《中华人民共和国教育法》第二条规定，在中华人民共和国境内的各级各类教育，适用本法。根据《中华人民共和国教育法》第八十四条规定，军事学校教育由中央军事委员会根据本法的原则规定。宗教学校教育由国务院另行规定。综上所述，本题说法正确。

15. √ 【解析】根据《中华人民共和国未成年人保护法》第六十三条规定，任何组织或者个人不得隐匿、毁弃、非法删除未成年人的信件、日记、电子邮件或者其他网络通讯内容。故题干所述正确。

16. × 【解析】本题考查《中华人民共和国教师法》。根据《中华人民共和国教师法》第十五条规定，各级师范学校毕业生，应当按照国家有关规定从事教育教学工作。国家**鼓励**非师范高等学校毕业生到中小学或者职业学校任教。

17. √ 【解析】本题考查《中华人民共和国教育法》(2015年修正)的相关规定。根据《中华人民共和国教育法》(2015年修正)第七条规定，教育应当继承和弘扬中华民族优秀的历史文化传统，吸收人类文明发展的一切优秀成果。

18. √ 【解析】本题考查《中华人民共和国教育法》。《中华人民共和国教育法》第十一条规定，国家支持、鼓励和组织教育科学研究，推广教育科学研究成果，促进教育质量提高。

19. × 【解析】本题考查教师的权利。**教育教学权**是教师为履行教育教学职责必须具备的最基本权利。

20. × 【解析】根据我国《教师资格条例》第十六条规定，教师资格证书在全国范围内适用。

21. × 【解析】根据《中华人民共和国义务教育法》第二十二条规定，县级以上人民政府及其教育行政部门不得以任何名义改变或者变相改变公办学校的性质。

22. √ 【解析】本题考查《中华人民共和国未成年人保护法》。根据《中华人民共和国未成年人保护法》第二条规定，本法所称未成年人是指未满十八周岁的公民。

23. √ 【解析】根据《中华人民共和国教育法》第四十一条规定，从业人员有依法接受职业培训和继续教育的权利和义务。

24. √ 【解析】根据《中华人民共和国教育法》第三十五条规定，国家实行教师资格、职务、聘任制度，通过考核、奖励、培养和培训，提高教师素质，加强教师队伍建设。

25. √ 【解析】本题考查《中华人民共和国未成年人保护法》的内容。根据《中华人民共和国未成年人保护法》第七十五条规定，网络游戏服务提供者不得在每日二十二时至次日八时向未成年人提供网络游戏服务。故本题正确。

26. × 【解析】本题考查《中华人民共和国未成年人保护法》。《中华人民共和国未成年人保护法》第三十三条规定，幼儿园、校外培训机构不得对学龄前未成年人进行小学课程教育。故题干说法错误。

27. √ 【解析】根据我国《教师法》第十七条规定，学校和其他教育机构应当逐步实行教师聘任制。教师的聘任应当遵循双方地位平等的原则，由学校和教师签订聘任合同，明确规定双方的权利、义务和责任。实施教师聘任制的步骤、办法由国务院教育行政部门规定。

28. × 【解析】王老师对学生的体罚较为严重，已构成犯罪，根据《中华人民共和国教师法》第三十七条规定可知，应依法追究王老师的刑事责任，不能免除。

29. × 【解析】本题考查《中华人民共和国教师法》。根据《中华人民共和国教师法》第十一条规定可知，取得初级中学教师、初级职业学校文化、专业课教师资格，应当具备**高等师范专科学校或者其他大学专科毕业及其以上学历**。因此，题干说法有误。

30. × 【解析】根据《中华人民共和国教师法》第十七条规定，教师的聘任应当遵循双方地位平等的原则，**由学校和教师签订聘任合同**，明确规定双方的权利、义务和责任。

31. √ 【解析】根据我国《教育法》第十八条规定，国家制定学前教育标准，加快普及学前教育，构建覆盖城乡，特别是农村的学前教育公共服务体系。各级人民政府应当采取措施，为适龄儿童接受学前教育提供条件和支持。

32. √ 【解析】根据《中华人民共和国教师法》第七条规定可知，教师享有"对学校教育教学、管理工作和教育行政部门的工作提出意见和建议，通过教职工代表大会或者其他形式，参与学校的民主管理"的权利。

33. √ 【解析】根据《中华人民共和国教育法》第六十一条规定，国家财政性教育经费、社会组织和个人对教育的捐赠，必须用于教育，不得挪用、克扣。

34. × 【解析】根据《中华人民共和国义务教育法》第四十四条规定，义务教育经费投入实行国务院和地方各级人民政府根据职责共同负担，省、自治区、直辖市人民政府负责统筹落实的体制。农村义务教育所需经费，由**各级人民政府**根据国务院的规定分项目、按比例分担。

35. × 【解析】根据《学生伤害事故处理办法》第十八条规定，发生学生伤害事故，学校与受伤害学生或者学生家长**可以通过协商方式解决**；双方自愿，可以书面请求主管教育行政部门进行调解。成年学生或者未成年学生的监护人也可以依法直接提起诉讼。

36. × 【解析】本题考查《中华人民共和国预防未成年人犯罪法》。根据《中华人民共和国预防未成年人犯罪法》第五十八条规定，刑满释放和接受社区矫正的未成年人，在复学、升学、就业等方面依法享有与其他未成年人同等的权利，任何单位和个人不得歧视。因此，题干描述错误。

37. × 【解析】本题考查《中华人民共和国义务教育法》。根据《中华人民共和国义务教育法》第二十四条规定，学校不得聘用曾经因故意犯罪被依法剥夺政治权利或者其他不适合从事义务教育工作的人担任工作人员。

38. × 【解析】根据我国《教师法》第九条规定，为保障教师完成教育教学任务，**各级人民政府、教育行政部门、有关部门、学校和其他教育机构**应当履行下列职责：(1)提供符合国家安全标准的教育教学设施和设备；(2)提供必需的图书、资料及其他教育教学用品；(3)对教师在教育教学、科学研究中的创造性工作给以鼓励和帮助；(4)支持教师制止有害于学生的行为或者其他侵犯学生合法权益的行为。

39. √ 【解析】本题考查《中华人民共和国未成年人保护法》。根据《中华人民共和国未成年人保护法》第一百一十三条规定，对违法犯罪的未成年人，实行教育、感化、挽救的方针，坚持教育为主、惩罚为辅的原则。故本题说法正确。

40. × 【解析】学生伤害事故必须是在学校负有教育管理职责的时间和空间范围内发生的伤害事故，学生在学校负有教育管理职责的校园内外和由学校提供并管理的校舍、场地和设施内的活动中造成的人身损害，就属于学生伤害事故；在学校管理职责范围之外发生的伤害事故则不属于学生伤害事故。所以，不能用校园围墙的界限来区分学生伤害是否为学校责任，而要从学校负有教育管理的职责来区分。

41. × 【解析】根据《中华人民共和国义务教育法》第三十六条规定，学校应当把德育放在首位，寓德育于教育教学之中，开展与学生年龄相适应的社会实践活动，形成学校、家庭、社会相互配合的思想道德教育体系，促进学生养成良好的思想品德和行为习惯。

42. × 【解析】根据《中华人民共和国教育法》第五十一条规定，图书馆、博物馆、科技馆、文化馆、美术馆、体育馆(场)等社会公共文化体育设施，以及历史文化古迹和革命纪念馆(地)，应当对教师、学生**实行优待**，为受教育者接受教育提供便利。

43. × 【解析】本题考查《中华人民共和国义务教育法》。根据《中华人民共和国义务教育法》第十九条规定，普通学校应当接收具有接受普通教育能力的残疾适龄儿童、少年随班就读，并为其学习、康复提供帮助。

44. √ 【解析】本题考查《中华人民共和国教育法》(2015年修正)。根据《中华人民共和国教育法》(2015年修正)第四条规定，教育是社会主义现代化建设的基础，**国家保障教育事业优先发展**。

45. √ 【解析】根据《中华人民共和国教师法》第八条规定可知，制止有害于学生的行为或者其他侵犯学生合法权益的行为，批评和抵制有害于学生健康成长的现象是教师应当履行的义务之一。

46. × 【解析】根据我国《教师法》第二十三条规定，考核应当客观、公正、准确，充分听取教师本人、其他教师以及学生的意见。

47. × 【解析】本题考查《中华人民共和国未成年人保护法》。根据《中华人民共和国未成年人保护法》第六十一条规定，任何组织或者个人**不得招用未满十六周岁未成年人**，国家另有规定的除外。故题干说法错误。

48. √ 【解析】本题考查《中华人民共和国教师法》。根据《中华人民共和国教师法》第三十条规定，教师退休或者退职后，享受国家规定的退休或者退职待遇。

49. × 【解析】根据《中华人民共和国教师法》第二十条规定，国家机关、企业事业单位和其他社会组织应当为教师的社会调查和社会实践提供方便，给予协助。

50. × 【解析】聘任教师担任一定的职务一般任期为三至五年。

51. √ 【解析】本题考查《中华人民共和国未成年人保护法》的内容。根据《中华人民共和国未成年人保护法》第五十八条规定，游艺娱乐场所设置的电子游戏设备，除国家法定节假日外，不得向未成年人提供。故本题正确。

52. × 【解析】根据《中华人民共和国教师法》第二十二条规定，学校或者其他教育机构应当对教师的**政治思想、业务水平、工作态度和工作成绩**进行考核。

四、填空题

1. 教职工代表大会　　2. 心理
3. 特殊　　4. 强制性(义务性)　普及性(普遍性、统一性)　免费性(公益性)
5. 权利和义务　　6. 试用
7. 1995　　8. 开除
9.《中华人民共和国教师法》　　10. 立德树人
11. 宪法

整合提升

答案速查

1～5	CCCBA	6～10	CCCCD	1～5	BC ABD ABCE ABCDE BD
6～12	BCD CD ABC ABCD ACD BCD ABCD			1～2	×√

一、单项选择题

1. C 【解析】本题考查《中华人民共和国教育法》。根据《中华人民共和国教育法》第十六条规定，国务院和县级以上地方各级人民政府应当向本级人民代表大会或者其常务委员会报告教育工作和教育经费预算、决算情况，接受监督。

2. C 【解析】本题考查教育政策知识。根据《中华人民共和国义务教育法》第十一条规定，凡年满六周岁的儿童，其父母或者其他法定监护人应当送其入学接受并完成义务教育；条件不具备的地区的儿童，可以推迟到七周岁。C项中可可不满六周岁，不能入学。故C项符合题意。

A项：我国《教育法》第三十条规定，学校及其他教育机构应当履行的义务之一是以适当方式为受教育者及其监护人了解受教育者的学业成绩及其他有关情况提供便利。故A项中的做法错误。

B项：我国《义务教育法》第三十九条规定，国家实行教科书审定制度。教科书的审定办法由国务院教育行政部门规定。未经审定的教科书，不得出版、选用。故B项中的做法错误。

D项：根据我国《教育法》第七十九条规定可知，考生在国家教育考试中携带或者使用考试作弊器材、资料的，由组织考试的教育考试机构工作人员在考试现场采取必要措施予以制止并终止其继续参加考试。故D项中的做法错误。

3. C 【解析】本题考查《中华人民共和国教师法》的相关规定。根据《中华人民共和国教师法》第六条规定，每年九月十日为教师节。根据第十一条规定，取得小学教师资格，应当具备中等师范学校毕业及其以上学历。根据第十三条规定，中小学教师资格由县级以上地方人民政府教育行政部门认定。故①、③正确，②错误，故答案选择C项。

4. B 【解析】本题考查《中华人民共和国未成年人保护法》。根据《中华人民共和国未成年人保护法》第八十六条规定，各级人民政府应当保障具有接受普通教育能力、能适应校园生活的残疾未成年人就近在普通学校、幼儿园接受教育；保障不具有接受普通教育能力的残疾未成年人在特殊教育学校、幼儿园接受学前教育、义务教育和职业教育。根据题意，题干中的小霞不具有接受普通教育的能力。故本题选B项。

5. A 【解析】本题考查《学生伤害事故处理办法》。根据《学生伤害事故处理办法》第十四条规定，因学校教师或者其他工作人员与**其职务无关的个人行为**，或者因学生、教师及其他个人故意实施的违法犯罪行为，造成学生人身损害的，由**致害人依法承担**相应的责任。题干中的李老师是本次事件的主要责任人，因此应由李老师承担法律责任。

6. C 【解析】义务教育的强制性是义务教育的最本质特征。C项表述错误。德国是颁布义务教育法令最早的国家，也是世界上最早普及义务教育的国家。A项表述正确。1982年12月，第五届全国人民代表大会第五次会议通过的《中华人民共和国宪法》规定“国家举办各种学校，普及初等义务教育”。这是建国以来首次以法律形式确定在我国普及初等义务教育。B项表述正确。根据《中华人民共和国义务教育法》第四十条规定，教科书价格由省、自治区、直辖市人民政府价格行政部门会同同级出版主管部门按照微利原则确定。故D项表述正确。

7. C 【解析】本题考查《学生伤害事故处理办法》。根据《学生伤害事故处理办法》第十二条规定可知，在对抗性或者具有风险性的体育竞赛活动中发生意外伤害的，学校已履行了相应职责，行为并无不当的，无法律责任。因此，C项说法错误。

A项：根据《学生伤害事故处理办法》第二十八条规定，未成年学生对学生伤害事故负有责任的，由其监护人依法承担相应的赔偿责任。因此，A项说法正确。

B项：根据《学生伤害事故处理办法》第十四条规定，因学校教师或者其他工作人员与其职务无关的个人行为，或者因学生、教师及其他个人故意实施的违法犯罪行为，造成学生人身损害的，由致害人依法承担相应的责任。因此，B项说法正确。

D项：根据《学生伤害事故处理办法》第十一条规定，学校安排学生参加活动，因提供场地、设备、交通工具、食品及其他消费与服务的经营者，或者学校以外的活动组织者的过错造成的学生伤害事故，有过错的当事人应当依法承担相应的责任。因此，D项说法正确。

8. C 【解析】学生伤害事故的责任，应当根据相关当事人的**行为与损害后果之间的因果关系**依法确定。

9. C 【解析】根据《教师资格条例》第十四条规定，认定教师资格，应当由本人提出申请。教育行政部门和受委托的高等学校每年春季、秋季各受理一次教师资格认定申请。C项说法正确。申请人普通话水平一般应达到**二级乙等**以上标准，A项说法错误。申请人如果因**故意犯罪**受到有期徒刑以上刑事处罚的，不能取得教师资格，B项说法错误。申请教师资格**必须是中国公民**，D项说法错误。

10. D 【解析】1986年，《中华人民共和国义务教育法》正式颁布实施。故D项说法错误。

二、多项选择题

1. BC 【解析】本题考查获得教师资格证的相关内容。根据《教师资格条例》第八条规定，不具备教师法规定的教师资格学历的公民，申请获得教师资格，应当通过国家举办的或者认可的教师资格考试。故A项不符合题意。根据《中华人民共和国教师法》第十四条规定，受到剥夺政治权利或者故意犯罪受到有期徒刑以上刑事处罚的，不能取得教师资格；已经取得教师资格的，丧失教师资格。故B、C两项符合题意。根据《中华人民共和国教师法》第十一条规定，取得教师资格应当具备的相应学历是：(1)取得幼儿园教师资格，应当具备幼儿师范学校毕业及其以上学历；(2)取得小学教师资格，应当具备中等师范学校毕业及其以上学历；(3)取得初级中学教师、初级职业学校文化、专业课教师资格，应当具备高等师范专科学校或者其他大学专科毕业及其以上学历；(4)取得高级中学教师资格和中等专业学校、技工学校、职业高中文化课、专业课教师资格，应当具备高等师范院校本科或者其他大学本科毕业及其以上学历；取得中等专业学校、技工学校和职业高中学生实习指导教师资格应当具备的学历，由国务院教育行政部门规定；(5)取得高等学校教师资格，应当具备研究生或者大学本科毕业学历；(6)取得成人教育教师资格，应当按照成人教育的层次、类别，分别具备高等、中等学校毕业及其以上学历。故师范类高校毕业生可以获得教师资格证。故D项不符合题意。综上所述，答案选B、C两项。

2. ABD 【解析】本题考查《中华人民共和国未成年人保护法》。《中华人民共和国未成年人保护法》第五十九条规定，任何人不得在学校、幼儿园和其他未成年人集中活动的公共场所吸烟、饮酒。A项当选。第六十一条规定，招用已满十六周岁未成年人的单位和个人应当执行国家在工种、劳动时间、劳动强度和保护措施等方面的规定，不得安排其从事过重、有毒、有害等危害未成年人身心健康的劳动或者危险作业。在饭店打工不属于过重、有毒、有害的劳动或者危险作业。C项没有违反相关规定。第六十三条规定，除下列情形外，任何组织或者个人不得开拆、查阅未成年人的信件、日记、电子邮件或者其他网络通讯内容：(1)无民事行为能力未成年人的父母或者其他监护人代未成年人开拆、查阅；(2)因国家安全或者追查刑事犯罪依法进行检查；(3)紧急情况下为了保护未成年人本人的人身安全。D项中的情形不符合上述三条，故违反了相关规定。D项当选。第一百零八条规定，被撤销监护人资格的父母或者其他监护人应当依法继续负担抚养费用。B项当选。答案选A、B、D三项。

3. ABCE 【解析】根据《中华人民共和国教育法》第四十三条规定，受教育者享有按照国家有关规定获得奖学金、贷学金、助学金的权利。故学校将学生的奖学金用于校园绿化建设不符合《中华人民共和国教育法》的相关规定。

4. ABCDE 【解析】统一性是贯穿始终的一个理念。在法规中，从始至终强调在全国范围内实行统一的义务教育，这个统一包括要制定统一的义务教育阶段教科书设置标准、教学标准、经费标准、建设标准、学生公用经费的标准等。

5. BD 【解析】根据《学生伤害事故处理办法》的规定可知，学校对未成年学生**不承担监护职责**，但法律有规定的或者学校依法接受委托承担相应监护职责的情形除外。故A项说法错误。学生有特异体质或者特定疾病，不宜参加某种教育教学活动，学校知道或者应当知道，但未予以必要的注意的，学校应当承担相应责任；但是学生或者其监护人知道学生有特异体质，或者患有特定疾病，但未告知学校的，应当由学生或者未成年学生监护人承担事故责任。因此，C项说法不准确。

6. BCD 【解析】学校事故作为一种侵权行为，应具有如下特征：(1)学校或教师侵害学生的合法权益；(2)侵害行为的侵害对象是学生的人身权；(3)必须是学校或者教师基于过错而实施的行为。

7. CD 【解析】本题考查教师聘任制度的相关内容。根据《中华人民共和国教师法》第十七条规定，教师的聘任应当遵循双方地位平等的原则，由学校和教师签订聘任合同，明确规定双方的权利、义务和责任。故聘任是双方的法律行为，确立的是双方的法律关系；聘任双方在平等地位上签订的聘任合同具有法律效力，对聘任双方都有约束力。另外，根据聘任合同领取相应的工资，职务工资应反映教师的工作业绩、教育教学水平，体现按劳分配的原则。因此，A、B两项说法错误，C、D两项说法正确。

8. ABC 【解析】本题考查监护人的监护职责。监护人的监护职责包括：(1)保护被监护人的身体健康，照顾被监护人的生活。(2)管理和保护被监护人的财产，代理被监护人的民事活动，在被监护人合法权益受到侵害或与人发生争执时，代理其进行诉讼。(3)对被监护人进行管理和教育，对被监护人损害他人合法权益的行为，依法承担民事责任。

9. ABCD 【解析】本题考查《中华人民共和国义务教育法》。根据《中华人民共和国义务教育法》第四条规定，凡具有中华人民共和国国籍的适龄儿童、少年，不分性别、民族、种族、家庭财产状况、宗教信仰等，依法享有平等接受义务教育的权利，并履行接受义务教育的义务。根据第十一条规定，凡年满六周岁的儿童，其父母或者其他法定监护人应当送其入学接受并完成义务教育；条件不具备的地区的儿童，可以推迟到七周岁。故A、B、C三项符合题意。第十九条规定，县级以上地方人民政府根据需要设置相应的实施特殊教育的学校(班)，对视力残疾、听力语言残疾和智力残疾的适龄儿童、少年实施义务教育。特殊教育学校(班)应当具备适应残疾儿童、少年学习、康复、生活特点的场所和设施。故D项符合题意。

10. ACD 【解析】根据《中华人民共和国教师法》第九条规定，为保障教师完成教育教学任务，各级人民政府、教育行政部门、有关部门、学校和其他教育机构应当履行下列职责：(1)提供符合国家安全标准的教育教学设施和设备；(2)提供必需的图书、资料及其他教育教学用品；(3)对教师在教育教学、科学研究中的创造性工作给以鼓励和帮助；(4)支持教师制止有害于学生的行为或者其他侵犯学生合法权益的行为。

11. BCD 【解析】根据《中华人民共和国教师法》第三十三条规定，教师在教育教学、培养人才、科学研究、教学改革、学校建设、社会服务、勤工俭学等方面成绩优异的，由所在学校予以表彰、奖励。所以，A项说法错误。对教师进行表彰是贯穿整个教学过程的，并非只能在教师节进行。所以，E项说法错误。

12. ABCD 【解析】《中华人民共和国教育法》规定我国的教育基本制度包括：(1)学校教育制度；(2)义务教育制度；(3)职业教育制度和继续教育制度；(4)国家教育考试制度；(5)学业证书制度和学位制度；(6)教育督导制度和教育评估制度等。

三、判断题

1. × 【解析】根据《学生伤害事故处理办法》第十六条规定，发生学生伤害事故，情形严重的，学校**应当及时**向主管教育行政部门及有关部门报告；属于重大伤亡事故的，教育行政部门应当按照有关规定及时向同级人民政府和上一级教育行政部门报告。

2. √ 【解析】过错责任是指以过错作为归责的构成要件和归责的最终要件，同时以过错作为确定行为人责任范围的重要依据。在教育领域存在着许多未成年的学生，因此也要考虑未成年人监护人的责任范围。

第四章　教育热点及政策

基础训练

答案速查

1～5	ADBBB	6～10	CCACA	11～15	CBBAC	16～20	AABAC
21～25	DDADB	26～33	BAADDBDA	1～5	ABC ABCD ABCDE BCD ABD		
6～10	ABC BC ABD ABCD ABD			11～15	ABD ABD ABC BCD ABCD		
1～7	√√√√×××						

一、单项选择题

1. A 【解析】本题考查《关于加强和改进新时代师德师风建设的意见》。《关于加强和改进新时代师德师风建设的意见》中指出，把师德师风作为评价教师队伍素质的第一标准。

2. D 【解析】本题考查习近平总书记关于教育工作的论述。习近平主持召开中央全面深化改革委员会第二十二次会议时强调，要把思想政治工作紧紧抓在手上，深入开展社会主义核心价值观教育，抓好学生德育工作，把弘扬革命传统、传承红色基因深刻融入到学校教育中来，厚植爱党、爱国、爱人民、爱社会主义的情感，努力培养德智体美劳全面发展的社会主义建设者和接班人。

3. B 【解析】本题考查《中小学教师违反职业道德行为处理办法》。根据《中小学教师违反职业道德行为处理办法》第三条规定，处分包括警告、记过、降低岗位等级或撤职、开除。警告期限为6个月，记过期限为12个月，降低岗位等级或撤职期限为24个月。是中共党员的，同时给予党纪处分。

4. B 【解析】本题考查《义务教育课程方案和课程标准(2022年版)》。《义务教育课程方案和课程标准(2022年版)》以习近平新时代中国特色社会主义思想为指导，全面贯彻党的教育方针，遵循教育教学规律，落实**立德树人**根本任务，发展素质教育。

5. B 【解析】本题考查《关于进一步减轻义务教育阶段学生作业负担和校外培训负担的意见》。《关于进一步减轻义务教育阶段学生作业负担和校外培训负担的意见》中强调分类明确作业总量。学校要确保小学一、二年级不布置家庭书面作业，可在校内适当安排巩固练习；小学三至六年级书面作业平均完成时间不超过60分钟，初中书面作业平均完成时间不超过90分钟。

6. C 【解析】本题考查《未成年人学校保护规定》。根据《未成年人学校保护规定》第二十四条规定，学校应当采取必要措施预防并制止教职工以及其他进入校园的人员实施以下行为：(1)与学生发生恋爱关系、性关系；(2)抚摸、故意触碰学生身体特定部位等猥亵行为；(3)对学生作出调戏、挑逗或者具有性暗示的言行；(4)向学生展示传播包含色情、淫秽内容的信息、书刊、影片、音像、图片或者其他淫秽物品；(5)持有包含淫秽、色情内容的视听、图文资料；(6)其他构成性骚扰、性侵害的违法犯罪行为。根据第六十条规定，教职工实施第二十四条第二款禁止行为的，应当依法予以开除或者解聘；有教师资格的，由主管教育行政部门撤销教师资格，纳入从业禁止人员名单；涉嫌犯罪的，移送有关部门依法追究责任。故①③④说法正确。

7. C 【解析】本题考查时事政治。2014年9月9日，习近平在同北京师范大学师生代表座谈时的讲话中提到："**正确理想信念**是教书育人、播种未来的指路明灯。不能想象一个没有正确理想信念的人能够成为好老师。"

8. A 【解析】本题考查《关于大力推进幼儿园与小学科学衔接的指导意见》。《关于大力推进幼儿园与小学科学衔接的指导意见》中的"坚持双向衔接"原则要求：强化衔接意识，幼儿园与小学协同合作，科学做好入学准备和入学适应，促进儿童顺利过渡。

9. C 【解析】本题考查习近平总书记在全国教育大会上的讲话。习近平总书记在全国教育大会上强调：**加强党对教育工作的全面领导**，是办好教育的根本保证。

10. A 【解析】本题考查习近平关于教育工作的论述。2019年3月18日，习近平在北京主持召开学校思想政治理论课教师座谈会并发表重要讲话。习近平强调，**思想政治理论课**是落实立德树人根本任务的关键课程。青少年阶段是人生的"拔节孕穗期"，最需要精心引导和栽培。我们办中国特色社会主义教育，就是要理直气壮开好思政课，用新时代中国特色社会主义思想铸魂育人。

11. C 【解析】本题考查《中华人民共和国国民经济和社会发展第十四个五年规划和2035年远景目标纲要》。《中华人民共和国国民经济和社会发展第十四个五年规划和2035年远景目标纲要》中提出，推进高等教育分类管理和高等学校综合改革，构建更加多元的高等教育体系，高等教育毛入学率提高到60%。

12. B 【解析】本题考查《新时代基础教育强师计划》。《新时代基础教育强师计划》在目标任务中提出：到2025年，建成一批国家师范教育基地，形成一批可复制可推广的教师队伍建设改革经验，培养一批硕士层次中小学教师和教育领军人才。

13. B 【解析】本题考查《未成年人学校保护规定》。根据《未成年人学校保护规定》第七条规定，学校应当落实安全管理职责，保护学生在校期间人身安全。学校不得组织、安排学生从事抢险救灾、参与危险性工作，不得安排学生参加商业性活动及其他不宜学生参加的活动。

14. A 【解析】本题考查《中小学教育惩戒规则(试行)》。根据《中小学教育惩戒规则(试行)》第六条规定，学校应当利用入学教育、班会以及其他适当方式，向学生和家长宣传讲解校规校纪。未经公布的校规校纪不得施行。故选A项。

15. C 【解析】本题考查《中共中央 国务院关于全面加强新时代大中小学劳动教育的意见》。《中共中央 国务院关于全面加强新时代大中小学劳动教育的意见》指出，**初中**要注重围绕增加劳动知识、技能，加强家政学习，开展社区服务，适当参加生产劳动，使学生初步养成认真负责、吃苦耐劳的品质和职业意识。

16. A 【解析】本题考查《中共中央 国务院关于全面深化新时代教师队伍建设改革的意见》。《中共中央 国务院关于全面深化新时代教师队伍建设改革的意见》提出的基本原则之一是突出师德，要求把提高教师思想政治素质和职业道德水平摆在首要位置，把社会主义核心价值观贯穿教书育人全过程，突出全员全方位全过程师德养成，推动教师成为先进思想文化的传播者、党执政的坚定支持者、学生健康成长的指导者。

17. A 【解析】本题考查《中国学生发展核心素养》。《中国学生发展核心素养》以科学性、时代性和民族性为基本原则，以培养"全面发展的人"为核心，分为文化基础、自主发展、社会参与三个方面。综合表现为人文底蕴、科学精神、学会学习、健康生活、责任担当、实践创新六大素养，具体细化为人文积淀、国家认同、批判质疑等18个基本要点。

18. B 【解析】本题考查《中国教育现代化2035》的相关内容。《中国教育现代化2035》提出，2035年主要发展目标是：建成服务全民终身学习的现代教育体系、普及有质量的学前教育、实现优质均衡的义务教育、**全面普及高中阶段教育**、职业教育服务能力显著提升、高等教育竞争力明显提升、残疾儿童少年享有适合的教育、形成全社会共同参与的教育治理新格局。

19. A 【解析】本题考查《义务教育质量评价指南》。《义务教育质量评价指南》在坚持正确方向原则中要求，践行为党育人、为国育才使命，坚持正确政绩观和科学教育质量观，促进义务教育公平发展和质量提升。B项，坚持以评促建原则要求，坚持实事求是、客观公正，强化过程性评价和发展性评价，有效发挥引导、诊断、改进、激励功能，促进义务教育优质均衡发展。C项，坚持育人为本原则要求，面向全体学生，注重综合素质评价，促进全面培养，引导办好每所学校、教好每名学生。D项，坚持问题导向原则要求，完善评价内容，突出评价重点，改进评价方法，统筹整合评价，着力克服"唯分数、唯升学"倾向，促进形成良好教育生态。

20. C 【解析】本题考查教育政策知识。《中共中央 国务院关于全面加强新时代大中小学劳动教育的意见》指出，劳动教育的基本原则包括把握育人导向、遵循教育规律、体现时代特征、强化综合实施、坚持因地制宜。其中，把握育人导向是指，坚持党的领导，围绕培养担当民族复兴大任的时代新人，着力提升学生综合素质，促进学生全面发展、健康成长。把准劳动教育价值取向，引导学生树立正确的劳动观，崇尚劳动、尊重劳动，增强对劳动人民的感情，报效国家，奉献社会。故题干所述属于劳动教育的基本原则。

21. D 【解析】本题考查《中小学教育惩戒规则(试行)》的内容解读。《规则》首次对教育惩戒的概念进行了定义，规定教育惩戒是"学校、教师基于教育目的，对违规违纪学生进行管理、训导或者以规定方式予以矫治，促使学生引以为戒、认识和改正错误的教育行为"，明确教育惩戒不是惩罚，而是**教育的一种方式**，强调了教育惩戒的育人属性，是学校、教师行使教育权、管理权、评价权的具体方式。根据题意，选择D项。

22. D 【解析】本题考查《新时代中小学教师职业行为十项准则》。根据《新时代中小学教师职业行为十项准则》可知，"坚持言行雅正"的准则包括：为人师表，以身作则，举止文明，作风正派，自重自爱；不得与学生发生任何不正当关系，严禁任何形式的猥亵、性骚扰行为。故答案选D项。A项属于"关心爱护学生"的准则；B项属于"自觉爱国守法"的准则；C项属于"潜心教书育人"的准则。

23. A 【解析】《中共中央 国务院关于全面深化新时代教师队伍建设改革的意见》在战略意义中强调，**教师**承担着传播知识、传播思想、传播真理的历史使命，肩负着塑造灵魂、塑造生命、塑造人的时代重任，是教育发展的第一资源，是国家富强、民族振兴、人民幸福的重要基石。

24. D 【解析】本题考查《教育行政处罚暂行实施办法》。根据《教育行政处罚暂行实施办法》第四条规定，实施教育行政处罚的机关，除法律、法规另有规定的外，必须是县级以上人民政府的教育行政部门。

25. B 【解析】本题考查《新时代中小学教师职业行为十项准则》。《新时代中小学教师职业行为十项准则》中的"潜心教书育人"包括：落实立德树人根本任务，遵循教育规律和学生成长规律，因材施教，教学相长；不得违反教学纪律，敷衍教学，或擅自从事影响教育教学本职工作的兼职兼薪行为。

26. B 【解析】《中国教育现代化2035》是我国第一个以教育现代化为主题的中长期战略规划，是新时代推进教育现代化、建设教育强国的纲领性文件。

27. A 【解析】本题考查《中共中央 国务院关于深化教育教学改革全面提高义务教育质量的意见》的相关内容。根据《中共中央 国务院关于深化教育教学改革全面提高义务教育质量的意见》的规定，依法保障教师权益和待遇。制定实施细则，明确教师教育惩戒权。依法依规妥善处理涉及学校和教师的矛盾纠纷，坚决维护教师合法权益。故答案选A项。

28. A 【解析】本题考查《中共中央 国务院关于全面加强新时代大中小学劳动教育的意见》的内容。《中共中央 国务院关于全面加强新时代大中小学劳动教育的意见》指出，根据各学段特点，在大中小学设立劳动教育必修课程，系统加强劳动教育。中小学劳动教育课每周不少于**1课时**，学校要对学生每天课外校外劳动时间作出规定。

29. D 【解析】中共中央、国务院印发的《关于全面深化新时代教师队伍建设改革的意见》，确立公办中小学教师作为国家公职人员特殊的法律地位。

30. D 【解析】本题考查《中小学教师违反职业道德行为处理办法》(2018年修订)。《中小学教师违反职业道德行为处理办法》(2018年修订)第三条规定，本办法所称处理包括处分和其他处理。处分包括**警告、记过、降低岗位等级或撤职、开除**。故D项不属于处分，答案选D项。

31. B 【解析】本题考查《中华人民共和国职业教育法》。根据《中华人民共和国职业教育法》第十五条规定，职业学校教育分为中等职业学校教育、高等职业学校教育。故选B项。

32. D 【解析】本题考查《小学教师专业标准(试行)》。《小学教师专业标准(试行)》中，专业知识包括：(1)小学生发展知识；(2)学科知识；(3)教育教学知识；(4)通识性知识。其中，小学生发展知识的基本要求有：①了解关于小学生生存、发展和保护的有关法律法规及政策规定。②了解不同年龄及有特殊需要的小学生身心发展特点和规律，掌握保护和促进小学生身心健康发展的策略与方法。③了解不同年龄小学生学习的特点，掌握小学生良好行为习惯养成的知识。④了解幼小和小初衔接阶段小学生的心理特点，掌握帮助小学生顺利过渡的方法。⑤了解对小学生进行青春期和性健康教育的知识和方法。⑥了解小学生安全防护的知识，掌握针对小学生可能出现的各种侵犯与伤害行为的预防与应对方法。故答案选D项。

33. A 【解析】本题考查《中华人民共和国家庭教育促进法》。根据《中华人民共和国家庭教育促进法》第二十五条规定，省级以上人民政府应当组织有关部门统筹建设家庭教育信息化共享服务平台，开设公益性网上家长学校和网络课程，开通服务热线，提供线上家庭教育指导服务。故选A项。

二、多项选择题

1. ABC 【解析】本题考查《深化新时代教育评价改革总体方案》。《深化新时代教育评价改革总体方案》指出，新时代教育评价改革要遵循的主要原则包括：坚持立德树人、坚持问题导向、坚持科学有效、坚持统筹兼顾、坚持中国特色。

2. ABCD 【解析】本题考查《中小学教育惩戒规则(试行)》。根据《中小学教育惩戒规则(试行)》第九条规定，学生违反校规校纪，情节较重或者经当场教育惩戒拒不改正的，学校可以实施以下教育惩戒，并应当及时告知家长：(1)由学校德育工作负责人予以训导；(2)承担校内公益服务任务；(3)安排接受专门的校规校纪、行为规则教育；(4)暂停或者限制学生参加游览、校外集体活动以及其他外出集体活动；(5)学校校规校纪规定的其他适当措施。

3. ABCDE 【解析】本题考查《关于深化教育教学改革全面提高义务教育质量的意见》。《关于深化教育教学改革全面提高义务教育质量的意见》中提出坚持"五育"并举，全面发展素质教育的具体措施有：(1)突出德育实效；(2)提升智育水平；(3)强化体育锻炼；(4)增强美育熏陶；(5)加强劳动教育。

4. BCD 【解析】本题考查《关于加强和改进新时代师德师风建设的意见》。《关于加强和改进新时代师德师风建设的意见》中提出要坚持尊重规律。遵循教育规律、教师成长发展规律和师德师风建设规律，注重高位引领与底线要求结合、严管与厚爱并重,不断激发教师内生动力。因此,答案选B、C、D三项。

5. ABD 【解析】本题考查《新时代中小学教师职业行为十项准则》。《新时代中小学教师职业行为十项准则》的基本内容有:坚定政治方向、自觉爱国守法、传播优秀文化、潜心教书育人、关心爱护学生、加强安全防范、坚持言行雅正、秉持公平诚信、坚守廉洁自律和规范从教行为。故答案选A、B、D三项。

6. ABC 【解析】本题考查《关于加强和改进新时代师德师风建设的意见》。《关于加强和改进新时代师德师风建设的意见》指出,要将师德师风建设要求贯穿教师管理全过程。严格考核评价,落实师德第一标准。将师德考核摆在教师考核的首要位置,坚持多主体多元评价,以事实为依据,定性与定量相结合,提高评价的科学性和实效性,全面客观评价教师的师德表现。

7. BC 【解析】本题考查《中国学生发展核心素养》。根据《中国学生发展核心素养》可知,实践创新主要是学生在日常活动、问题解决、适应挑战等方面所形成的实践能力、创新意识和行为表现。具体包括**劳动意识**、**问题解决**、**技术应用**等基本要点。故答案选B、C两项。A项属于学会学习的核心要点,D项属于健康生活的核心要点。

8. ABD 【解析】本题考查《未成年人学校保护规定》。根据《未成年人学校保护规定》第七条规定,学校应当落实安全管理职责,保护学生在校期间人身安全。学校不得组织、安排学生从事抢险救灾、参与危险性工作,不得安排学生参加商业性活动及其他不宜学生参加的活动。故A项入选。根据第十四条规定,学校不得采用毁坏财物的方式对学生进行教育管理,对学生携带进入校园的违法违规物品,按规定予以暂扣的,应当统一管理,并依照有关规定予以处理。故B项入选。根据第十条规定,学校在奖励、资助、申请贫困救助等工作中,不得泄露学生个人及其家庭隐私;学生的考试成绩、名次等学业信息,学校应当便利学生本人和家长知晓,但不得公开,不得宣传升学情况;除因法定事由,不得查阅学生的信件、日记、电子邮件或者其他网络通讯内容。故C项不选。根据第十一条规定,学校应当尊重和保护学生的受教育权利,保障学生平等使用教育教学设施设备、参加教育教学计划安排的各种活动,并在学业成绩和品行上获得公正评价。故D项入选。综上所述,答案选ABD三项。

9. ABCD 【解析】本题考查习近平总书记关于教育的重要论述。2014年9月9日,习近平在同北京师范大学师生代表座谈时指出,自古以来,中华民族就有尊师重教、崇智尚学的优良传统,正所谓"国将兴,必贵师而重傅;贵师而重傅,则法度存。"……新中国成立65年来,党和国家高度重视教育事业,建成了世界最大规模的教育体系,保障了亿万人民群众受教育的权利,极大提高了全民族素质,有力推动了经济社会发展。这是因为,当今世界的综合国力竞争,说到底是人才竞争,人才越来越成为推动经济社会发展的战略性资源,教育的基础性、先导性、全局性地位和作用更加突显。故本题全选。

10. ABD 【解析】本题考查习近平关于教育工作的论述。2018年9月10日,习近平在全国教育大会上的讲话中指出:"思想政治工作是学校各项工作的生命线,各级党委、各级教育主管部门、学校党组织都必须紧紧抓在手上。"切实加强思想政治工作,必须将其贯穿教育教学全过程,实现全员育人、全程育人、全方位育人。

11. ABD 【解析】本题考查《新时代基础教育强师计划》。《新时代基础教育强师计划》要求遵循教师成长发展规律,以高素质教师人才培养为引领,以高水平教师教育体系建设为支撑,以提升教师**思想政治素质**、**师德师风水平和教育教学能力**为重点,筑基提质、补短扶弱、做优建强、全面提高教师培养培训质量,整体提升中小学教师队伍教书育人能力素质,促进教师数量、素质、结构协调发展,为构建高质量教育体系奠定坚实的师资基础。

12. ABD 【解析】本题考查《中国教育现代化2035》。《中国教育现代化2035》提出了推进教育现代化的八大基本理念:更加注重以德为先,更加注重全面发展,更加注重面向人人,更加注重终身学习,更加注重因材施教,更加注重知行合一,更加注重融合发展,更加注重共建共享。故答案选A、B、D三项。

13. ABC 【解析】本题考查时政知识。2014年9月9日,习近平同北京师范大学师生代表座谈时的讲话指出:教师重要,就在于教师的工作是塑造灵魂、塑造生命、塑造人的工作。一个人遇到好老师是人生的幸运,一个学校拥有好老师是学校的光荣,一个民族源源不断涌现出一批又一批好老师则是民族的希望。

14. BCD 【解析】本题考查《中共中央 国务院关于深化教育教学改革全面提高义务教育质量的意见》的内容。《意见》对"促进信息技术与教育教学融合应用"做出的规定为:推进"教育+互联网"发展,按照服务教师教学、服务学生学习、服务学校管理的要求,建立覆盖义务教育各年级各学科的数字教育资源体系;加快数字校园建设,积极探索基于互联网的教学;免费为农村和边远贫困地区学校提供优质学习资源,加快缩小城乡教育差距;加强信息化终端设备及软件管理,建立数字化教学资源进校园审核监管机制。

15. ABCD 【解析】本题考查《中小学教育惩戒规则(试行)》。根据《中小学教育惩戒规则(试行)》第十二条规定,教师在教育教学管理、实施教育惩戒过程中,不得有下列行为:(1)以击打、刺扎等方式直接造成身体痛苦的体罚;(2)超过正常限度的罚站、反复抄写,强制做不适的动作或者姿势,以及刻意孤立等间接伤害身体、心理的变相体罚;(3)辱骂或者以歧视性、侮辱性的言行侵犯学生人格尊严;(4)因个人或者少数人违规违纪行为而惩罚全体学生;(5)因学业成绩而教育惩戒学生;(6)因个人情绪、好恶实施或者选择性实施教育惩戒;(7)指派学生对其他学生实施教育惩戒;(8)其他侵害学生权利的。

三、判断题

1. √ 【解析】本题考查《深化新时代教育评价改革总体方案》。《深化新时代教育评价改革总体方案》中提出,为深入贯彻落实习近平总书记关于教育的重要论述和全国教育大会精神,完善立德树人体制机制,扭转不科学的教育评价导向,坚决克服唯分数、唯升学、唯文凭、唯论文、唯帽子的顽瘴痼疾,提高教育治理能力和水平,加快推进教育现代化、建设教育强国、办好人民满意的教育。

2. √ 【解析】本题考查《中小学教育惩戒规则(试行)》。根据《中小学教育惩戒规则(试行)》第十一条规定,学生扰乱课堂或者教育教学秩序,影响他人或者可能对自己及他人造成伤害的,教师可以采取必要措施,将学生带离教室或者教学现场,并予以教育管理。

3. √ 【解析】本题考查《关于防治中小学生欺凌和暴力的指导意见》。《关于防治中小学生欺凌和暴力的指导意见》中指出,**校长**是学校防治学生欺凌和暴力的**第一责任人**,**分管法治教育副校长和班主任是直接责任人**。

4. √ 【解析】本题考查《中小学教育惩戒规则(试行)》。根据《中小学教育惩戒规则(试行)》第五条规定可知,教师可以组织学生、家长以民主讨论形式共同制定班规或者班级公约,报学校备案后施行。

5. × 【解析】本题考查《中共中央 国务院关于全面深化新时代教师队伍建设改革的意见》。《中共中央 国务院关于全面深化新时代教师队伍建设改革的意见》在新时代教师队伍建设的目标任务中指出:到2035年,教师综合素质、专业化水平和创新能力大幅提升,培养造就数以百万计的骨干教师、数以十万计的卓越教师、数以万计的教育家型教师。故题干说法错误。

6. × 【解析】本题考查教育政策知识。《中共中央 国务院关于全面加强新时代大中小学劳动教育的意见》指出,大中小学每学年设立劳动周,可在学年内或寒暑假自主安排,以**集体劳动**为主。

7. × 【解析】本题考查《中小学教育惩戒规则(试行)》。根据《中小学教育惩戒规则(试行)》第十条规定,小学高年级、初中和高中阶段的学生违规违纪情节严重或者影响恶劣的,学校可以实施以下教育惩戒,并应当事先告知家长:(1)给予**不超过**一周的停课或者停学,要求家长在家进行教育、管教;(2)由法治副校长或者法治辅导员予以训诫;(3)安排专门的课程或者教育场所,由社会工作者或者其他专业人员进行心理辅导、行为干预。故本题说法错误。

整合提升

答案速查

1~7	BCDBCBB	1~3	CD ABC ABD	1~3	√√√

一、单项选择题

1. B 【解析】本题考查时政热点。新修订的《中华人民共和国体育法》由十三届全国人大常委会第三十五次会议修订通过，将于2023年1月1日起实施。新《体育法》明确规定"要保障学生在校期间每天参加不少于一小时体育锻炼"，并规定学校应将校内课外体育活动纳入教学计划。

2. C 【解析】本题考查时政知识。教育是国之大计，党之大计。在这其中，有一个数字，显得格外重要，那就是"4%"。自2012年以来，国家财政性教育经费支出占GDP比例连续10年保持在4%以上，这有力保障和推动了我国教育发展总体水平迈入世界中上行列。

3. D 【解析】本题考查《学校卫生工作条例》。根据《学校卫生工作条例》第二条规定，学校卫生工作的主要任务是：监测学生健康状况；对学生进行健康教育，培养学生良好的卫生习惯；改善学校卫生环境和教学卫生条件；加强对**传染病**、**学生常见病**的预防和治疗。

4. B 【解析】本题考查《中共中央 国务院关于深化教育教学改革全面提高义务教育质量的意见》。《意见》中提出的主要任务有：(1)坚持立德树人，着力培养担当民族复兴大任的时代新人。(2)坚持"五育"并举，全面发展素质教育。(3)强化课堂主阵地作用，切实提高课堂教学质量。(4)按照"四有好老师"标准，建设高素质专业化教师队伍。(5)深化关键领域改革，为提高教育质量创造条件。(6)加强组织领导，开创新时代义务教育改革发展新局面。因此，答案选B项。

5. C 【解析】本题考查《学校教职工代表大会规定》。根据《学校教职工代表大会规定》第十一条规定，教职工代表大会代表以教师为主体，教师代表不得低于代表总数的60%，并应当根据学校实际，保证一定比例的青年教师和女教师代表。民族地区的学校和民族学校，少数民族代表应当占有一定比例。教职工代表大会代表接受选举单位教职工的监督。

6. B 【解析】本题考查《关于进一步加强学校体育工作的若干意见》。《关于进一步加强学校体育工作的若干意见》中规定，要实施好体育课程和课外体育活动。各地要规范办学行为，减轻学生课业负担，切实保证中小学生**每天一小时**校园体育活动，严禁挤占体育课和学生校园体育活动时间。

7. B 【解析】本题考查《中学教师专业标准(试行)》。根据《中学教师专业标准(试行)》可知，在教师专业能力领域中，教学实施包括有效调控教学过程，合理处理课堂偶发事件。

二、多项选择题

1. CD 【解析】本题考查中小学教师专业标准的基本内容。"尊重学生个体差异""善于自我调节情绪"属于"专业理念与师德"中提出的基本要求，故AB两项排除；"有效调控教学过程""妥善应对突发事件"属于"专业能力"中提出的基本要求，故选CD两项。

2. ABC 【解析】本题考查《学校体育工作条例》的相关规定。根据《学校体育工作条例》第十七条规定，体育教师应当热爱学校体育工作，具有良好的思想品德、文化素养，掌握体育教育的理论和教学方法。故A项正确。根据第十八条规定，学校应当在各级教育行政部门核定的教师总编制数内，按照教学计划中体育课授课时数所占的比例和开展课余体育活动的需要配备体育教师。除普通小学外，学校应当根据学校女生数量配备一定比例的女体育教师。承担培养优秀体育后备人才训练任务的学校，体育教师的配备应当相应增加。故B项正确。根据第十九条规定，各级教育行政部门和学校应当有计划地安排体育教师进修培训。对体育教师的职务聘任、工资待遇应当与其他任课教师同等对待。按照国家有关规定，有关部门应当妥善解决体育教师的工作服装和粮食定量。体育教师组织课间操(早操)、课外体育活动和课余训练、体育竞赛应当计算工作量。故C项正确，D项错误。

3. ABD 【解析】国务院于2018年1月印发的《关于全面深化新时代教师队伍建设改革的意见》中提出，教师队伍建设的基本原则包括：(1)确保方向；(2)强化保障；(3)突出师德；(4)深化改革；(5)分类施策。

三、判断题

1. √ 【解析】本题考查"双减"的含义。"双减"是指要有效减轻义务教育阶段学生过重作业负担和校外培训负担。

2. √ 【解析】本题考查《中华人民共和国突发事件应对法》。根据《中华人民共和国突发事件应对法》第三十条规定，各级各类学校应当把应急知识教育纳入教学内容，对学生进行应急知识教育，培养学生的安全意识和自救与互救能力。

3. √ 【解析】2018年1月20日，中共中央、国务院颁布了《关于全面深化新时代教师队伍建设改革的意见》，这是新中国成立以来，党中央出台的第一个专门面向教师队伍建设的里程碑式政策文件。

第五部分　新课程改革

基础训练

答案速查

1~5	DCCAB	6~10	ADBCC	11~15	BABAC	16~20	BDDDA
21~25	CABBC	26~30	BACBB	31~34	CDDB		
1~5	ABCD BCD ABCD ACD ABD			6~10	ABC AD ABD ABD ABC		
11~12	BCD ABC			1~5	×××√×		
6~11	××××√×						

一、单项选择题

1. D 【解析】本题考查新课程结构的特征。新课程结构的选择性是针对地方、学校与学生的差异而提出的，它要求学校课程要以充分的灵活性适应于地方社会发展的现实需要，以显著的特色性适应于学校的办学宗旨和方向，以选择性适应于学生的个性发展。

2. C 【解析】本题考查新课程改革的核心理念。贯穿于第八次课程改革的核心理念是：为了中华民族的复兴，为了每位学生的发展。"为了每位学生的发展"包含着三层含义：(1)**以人(学生)的发展为本**。以学生的发展为本是新课程改革的精神内核。(2)倡导全人教育。(3)追求学生个性化发展。故选C项。

3. C 【解析】本题考查综合实践活动的内容。《基础教育课程改革纲要(试行)》规定从小学至高中设置综合实践活动并作为必修课程，其内容主要包括：信息技术教育、研究性学习、社区服务与社会实践以及劳动与技术教育。C项符合题意。

4. A 【解析】本题考查教育改革的核心内容。课程在学校教育中处于核心地位,教育的目标、价值主要通过课程来体现和实施,因此,**课程改革是教育改革的核心内容**。故选A项。

5. B 【解析】本题考查新课程改革倡导的课程评价。新课程改革的具体目标之一是建立与素质教育理念相一致的评价与考试制度。改变课程评价过分强调甄别与选拔的功能,发挥评价促进学生发展、教师提高和改进教学实践的功能。新课程倡导**"立足过程,促进发展"**的课程评价,这不仅仅是评价体系的变革,更重要的是评价理念、评价方法与手段以及评价实施过程的转变。故B项正确。

6. A 【解析】本题考查新课程改革的评价观。新课程改革倡导建立**促进学生全面发展的评价体系**。评价不仅要关注学生的学业成绩,而且要发现和发展学生多方面的潜能,了解学生发展中的需求,帮助学生认识自我,建立自信。发挥评价的教育功能,促进学生在原有水平上的发展。

7. D 【解析】本题考查综合实践活动的特征。综合实践活动充分尊重学生的兴趣、爱好,为学生的自主性的充分发挥开辟了广阔的空间。综合实践活动的主题、活动方式、活动过程,都是学生在教师的指导下,从他们的现实生活情境中自主确定和设计的,具有鲜明的自主性。

8. B 【解析】本题考查现代学习方式的首要特征。现代学习方式的基本特征包括:(1)主动性。**主动性是现代学习方式的首要特征**,它对应于传统学习方式的被动性。(2)独立性。**独立性是现代学习方式的核心特征**,它对应于传统学习方式的依赖性。(3)独特性。(4)体验性。**体验性是现代学习方式的突出特征**。(5)问题性。故选B项。

9. C 【解析】本题考查新课程改革对学生能力的培养。题干中,"敢于大胆地演说、表演节目、回答问题"体现了新课程改革要注意培养学生的表达能力。故本题选C项。

10. C 【解析】本题考查综合实践活动的特点。综合实践活动的特点包括:(1)整体性(综合性);(2)实践性;(3)开放性;(4)生成性;(5)自主性。其中,自主性是指综合实践活动充分尊重学生的兴趣、爱好,为学生自主性的充分发挥开辟了广阔的空间。学生自己选择学习的目标、内容、方式及指导教师,自己决定活动结果呈现的形式,指导教师只对其进行必要的指导,不包揽学生的工作。根据题干所述,这体现了综合实践活动的自主性。故本题选C项。

11. B 【解析】本题考查研究性学习的概念。研究性学习是指学生在教师指导下,从学习生活和社会生活中选择和确定研究专题,主动获得知识、应用知识、解决问题的学习活动。题干所述符合研究性学习的概念,故本题答案选择B项。

12. A 【解析】本题考查新课改基础教育要求的对象范围。新课程基础教育的要求是对所有处于基础教育阶段的学生在某方面或某领域的基本素质要求,也就是每个学生要达到的基本素质要求。

13. B 【解析】本题考查新课程改革的核心任务。**学习方式转变是新课程改革的显著特征和核心任务**。

14. A 【解析】本题考查新课程改革的具体目标。新课程改革要求改变课程内容"繁、难、偏、旧"和过于注重书本知识的现状,加强课程内容与学生生活以及现代社会和科技发展的联系,关注学生的学习兴趣和经验,精选终身学习必备的基础知识和技能。

15. C 【解析】本题考查我国的第八次课程改革。2001年开始的新课程改革是中华人民共和国成立以来的第八次规模较大的课程改革。

16. B 【解析】本题考查教学改革的首要任务。**确立新的教育观念**,是教学改革的首要任务。新课程要求改革旧的教育观念,真正确立起与新课程相适应的、体现素质教育精神的教育观念。

17. D 【解析】题干中的李老师"占用体育课给学生补习语文",不利于学生全面和谐发展,违背了新课改的均衡性原则。

18. D 【解析】本题考查新课改中教育观念转变的内容。新课程改革中,教育观念的转变包括教育功能观、学生观、教师观、教学观以及评价观的转变。

19. D 【解析】本题考查新课程所倡导的学习方式。新课程提倡自主、合作、探究的学习方式,改变过去那种单纯接受式的以教师为中心、以课堂为中心和以书本为中心的学习方式。

20. A 【解析】本题考查新课程的教学观。新课程的教学观包括:(1)全面发展的教学观。(2)交往与互动的教学观——教学不只是教师教、学生学的过程,更是师生交往、积极互动、共同发展的过程。其中,对教师而言,交往意味着教师角色定位的转换:教师由教学中的主角转向"**平等中的首席**",由传统的知识传授者转向现代学生发展的促进者。(3)开放与生成的教学观——教学不只是课程传递和执行的过程,更是课程创生与开发的过程。故本题选A项。

21. C 【解析】独立性是现代学习方式的核心特征,它对应于传统学习方式的依赖性。

22. A 【解析】基础教育课程改革要以邓小平同志关于"教育要面向现代化,面向世界,面向未来"和江泽民同志"三个代表"重要思想为指导,全面贯彻党的教育方针,全面推进素质教育。

23. B 【解析】本题考查综合实践活动课程的实施学段。《中小学综合实践活动课程指导纲要》在课程性质方面指出,综合实践活动是国家义务教育和普通高中课程方案规定的必修课程,与学科课程并列设置,是基础教育课程体系的重要组成部分。该课程由地方统筹管理和指导,具体内容以学校开发为主,自**小学一年级至高中三年级**全面实施。

24. B 【解析】探究性学习的过程:问题阶段—计划阶段—研究阶段—解释阶段—反思阶段。

25. C 【解析】本题考查新课程改革倡导的评价体系。《基础教育课程改革纲要(试行)》指出,建立促进教师不断提高的评价体系,以强调教师对自己教学行为的分析与反思,建立以教师自评为主,校长、教师、学生、家长共同参与的评价制度,使教师从多渠道获得信息,不断提高教学水平。

26. B 【解析】从"知"到"好"再到"乐",这是一个情绪和情感不断递进的过程,故题干内容体现了关注学生的情感生活和情感体验。

27. A 【解析】课程改革的焦点是协调国家和学生发展需要之间的关系。

28. C 【解析】本题考查新课程改革中教师教学行为的变化。新课程改革中教师教学行为的变化表现在:(1)在对待师生关系上,新课程强调尊重、赞赏;(2)在对待教学关系上,新课程强调帮助、引导;(3)在对待自我上,新课程强调反思;(4)在对待与其他教育者的关系上,新课程强调合作。C项表述正确。

29. B 【解析】本题考查新课程倡导的教师角色。新课程倡导民主、开放、科学的课程理念,同时确立了国家、地方、学校三级课程管理政策,这就要求课程与教学相互整合,教师必须在课程改革中发挥主体作用。教师不仅仅是课程的实施者,更应该成为课程的开发者和建设者。题干中的这种认识忽视了教师的这一角色,故选B项。

30. B 【解析】新课程倡导的学习方式有自主学习、探究学习、合作学习。其中合作学习是指学生以小组为单位进行学习的方式。采用小组式学习模式,体现了新课程提出的合作学习。

31. C 【解析】本题考查新课程倡导的教师角色。新课程倡导的教师角色有:(1)从教师与学生的关系看,教师是**学生学习的促进者**;(2)从教学与研究的关系看,教师是**教育教学的研究者**;(3)从教学与课程的关系看,教师是**课程的开发者和建设者**;(4)从学校与社区的关系看,教师是**社区型开放的教师**。C项表述正确。

32. D 【解析】新课程改革的六项具体目标包括转变课程功能、优化课程结构、更新课程内容、转变学习方式、改革考试评价、深化课程管理体系改革六个方面。D项不属于新课程改革的具体目标。

33. D 【解析】邓小平提出教育要面向现代化、面向世界、面向未来,从中我们可以看出课程改革实质上是关于课程现代化的问题。

34. B 【解析】本题考查新课程倡导的教师角色。从教师与学生的关系看,教师是学生学习的促进者。这是教师**最明显、最直接、最富时代性的角色特征**,是教师角色中的核心特征。

二、多项选择题

1. ABCD 【解析】本题考查现代学习方式的基本特征。现代学习方式的基本特征包括:(1)主动性;(2)独立性;(3)独特性;(4)体验性;(5)问题性。

2. BCD 【解析】本题考查新课程倡导的教学观。新课程倡导的教学观包括:(1)全面发展的教学观。①教学重结论更要重过程;②教学关注学科更要关注人。(2)交往与互动的教学观——教学不只是教师教学生学的过程,更是师生交往、积极互动、共同发展的过程。(3)开放与生成的教学观——教学不只是课程传递和执行的过程,更是课程创生与开发的过程。A项表述错误。

3. ABCD 【解析】本题考查基础教育课程改革的具体目标。基础教育课程改革的具体目标包括:(1)实现课程功能的转变。改变课程过于注重知识传授的倾向,强调形成积极主动的学习态度,使获得基础知识与基本技能的过程同时成为学生学会学习和形成正确价值观的过程。(2)体现课程结构的均衡性、综合性和选择性。(3)密切课程内容与生活和时代的联系。改变课程内容"繁、难、偏、旧"和过于注重书本知识的现状,加强课程内容与学生生活以及现代社会和科技发展的联系,关注学生的学习兴趣和经验,精选终身学习必备的基础知识和技能。(4)改善学生的学习方式。(5)建立与素质教育理念相一致的评价与考试制度。改变课程评价过分强调甄别与选拔的功能,发挥评价促进学生发展、教师提高和改进教学实践的功能。(6)实行三级课程管理制度。改变课程管理过于集中的状况,实行国家、地方、学校三级课程管理,增强课程对地方、学校及学生的适应性。

4. ACD 【解析】本题考查新课程倡导的学习方式。新课程倡导的学习方式包括**自主学习、探究学习、合作学习**。故选A、C、D。

5. ABD 【解析】自主学习的特点:(1)自主学习是一种主动学习,是相对于"被动学习""他主学习"而言的;(2)自主学习是一种独立学习;(3)自主学习也是一种元认知监控的学习。

6. ABC 【解析】本题考查新课程对学生能力的培养。新课程在培养学生能力方面倡导:学生主动参与、乐于探究、勤于动手,培养学生收集和处理信息的能力、获取新知识的能力、分析和解决问题的能力以及交流与合作的能力。

7. AD 【解析】本题考查课程改革的出发点。贯穿于第八次课程改革的核心理念是:为了中华民族的复兴,为了每位学生的发展。这一基本的价值取向即"学生发展为本"的课程价值观,预示着我国基础教育课程体系的价值转型。"以人为本""以学生的发展为本"是课程改革的出发点。为实现这一出发点,教师在教学中要做到关注每一个学生。

8. ABD 【解析】基础教育课程改革的发展趋势主要有:(1)以学生发展为本、促进学生全面发展与培养个性相结合;(2)稳定并加强基础教育(课程的社会化、生活化和能力化,加强实践性,由"双基"到"四基");(3)加强道德教育和人文教育,促进课程科学性与人文性融合;(4)加强课程综合化;(5)课程与现代信息技术相结合,加强课程个性化和多样化;(6)课程法制化。

9. ABD 【解析】本题考查当代世界各国课程改革的共同发展趋势。当代世界课程改革的共同发展趋势包括:(1)重视课程内容的现代化、综合化;(2)重视基础学科和知识的结构化;(3)重视能力的培养;(4)重视个别差异。

10. ABC 【解析】本题考查"为了每位学生的发展"的基本含义。课程改革既要满足社会发展的需要,又要满足儿童发展的需要。"为了每位学生的发展"的基本含义如下:(1)关注学生作为"整体的人"的发展;(2)统整学生的生活世界和科学世界;(3)寻求学生主体对知识的建构。D项排除。

11. BCD 【解析】本题考查现代教学观的演变趋势。现代教学观的演变趋势表现为六个方面:(1)从重视教师的教向重视学生的学转变;(2)从重视知识传授向重视能力培养转变;(3)从重视教法向重视学法转变;(4)从重视认知向重视发展转变;(5)从重视结果向重视过程转变;(6)从重视继承向重视创新转变。A项说法不正确。

12. ABC 【解析】本题考查新课程结构的特点。新课程在重建课程结构时,强调**综合性**,加强**选择性**,并确保**均衡性**,倡导一种和谐发展的教育。

三、判断题

1. × 【解析】本题考查新课程改革倡导的学生观。新课程强调以人为本,关注人是新课程的核心理念——"一切为了每一位学生的发展"在教学中的具体体现。故这里的"人"指的是学生。

2. × 【解析】本题考查贯彻"以人为本"教育理念的要求。贯彻"以人为本"的教育理念,首先应该做到尊重学生人格,关注个体差异。

3. × 【解析】本题考查新课程改革的核心目标。新课程改革在《基础教育课程改革纲要(试行)》中首先确立了课程改革的核心目标即**课程功能的转变**。

4. √ 【解析】基础教育课程改革倡导改变课程内容"繁、难、偏、旧"和过于注重书本知识的现状,加强课程内容与学生生活以及现代社会和科技发展的联系,关注学生的学习兴趣和经验,精选终身学习必备的基础知识和技能。

5. × 【解析】自主学习关注学习者的主体性和能动性,是学生自主而不受他人支配的学习方式。教师则应该成为学生学习的引路人,是学生自主学习、自主发展的组织者、指导者、参与者、研究者、服务者,是教学全程的管理者,是学生成长的引路人。

6. × 【解析】新课程改革从单纯注重传授知识转变为引导学生学会学习、学会合作、学会生存、学会做人,这是**实现课程功能的转变**。

7. × 【解析】接受学习有其自身的优点,新课程改革要求改变课程实施过程中过于强调接受学习的现状,但不是要抛弃接受学习。

8. × 【解析】"研究性学习"既是一种学习方式,也是一种课程形态。

9. × 【解析】本题考查新课程改革的核心理念。贯穿于第八次课程改革的核心理念是:为了中华民族的复兴,为了每位学生的发展。新课程改革倡导以学生为本,而不是以学生的学习成绩为本。

10. √ 【解析】本题考查新课程改革倡导的师生关系。新课程倡导教学不只是教师教学生学的过程,更是师生交往、积极互动、共同发展的过程。传统的"师道尊严"的师生关系,在管理上表现为"以教师为中心"的专制型的师生关系,这种关系的基础是等级主义,其必然结果是导致学生的被动性和消极态度,造成师生关系紧张。

11. × 【解析】本题考查新课程改革的理念。新一轮的课程改革要求全面贯彻党的教育方针,全面推进素质教育。但并不是对传统教学的彻底改变,例如仍保留着传统教学的班级授课的形式。

四、填空题

1. 生活的完整性
2. 交往、互动
3. 合作模式

整合提升

答案速查

1~5	ACDAB	6~9	BACD	1~5	AD ABCD BCD BCD ABCD
6~9	ABD ABD ABD ABCD			1~5	×××√√
6~9	×√×√				

一、单项选择题

1. A 【解析】本题考查教师的角色。随着信息社会的飞速发展,学生获取知识的途径多元化,教师不再是学生的唯一知识源。教师不能简单地把知识传授作为自己的主要任务和目的,而应成为学生学习的激发者、辅导者,各种能力和积极个性的培养者，把教学的重心放在如何育人和促进学生“学习”上，帮助学生构建自己的知识体系。教师应该是学生学习的指导者和促进者，而不仅是知识的传授者。

2. C 【解析】本题考查第八次课程改革的价值追求。第八次课程改革的价值追求表现在：(1)教育公平。这意味着课程必须谋求**所有适龄儿童**平等享受高质量的基础教育。(2)国际理解。这意味着我国的课程体系必须追求国际性与民族性的内在统一，必须追求多样文化的教育价值观。(3)回归生活世界。回归生活世界的课程在内容上意味着要突破狭隘的科学世界的约束，因此，除了科学以外，艺术、道德、个人世界、自由的日常交往都是重要的课程资源。(4)关爱自然。(5)个性发展。这意味着课程必须尊重每一位学生个性发展的完整性、独立性、具体性、特殊性。因此，课程应创设有助于个性发展的社会情境。故C项不属于第八次课程改革的价值追求。

3. D 【解析】在新课程背景下，课程评价是思想品德教学的一个重要环节。它对教学起着重要的导向和质量监控作用，直接影响着课程培养目标的实现和教学的顺利进行。

4. A 【解析】综合实践活动课程实施大致包括活动导入、活动展开、活动总结三个阶段。故A项不属于综合实践活动课程的实施过程。

5. B 【解析】本题考查新课程改革。新课程改革要求改变课程评价过分强调甄别与选拔的功能，发挥评价促进学生发展、教师提高和改进教学实践的功能。新课程倡导“立足过程，促进发展”的课程评价，这不仅仅是评价体系的变革，更重要的是评价理念、评价方法与手段以及评价实施过程的转变。B项重视学生对知识掌握和考试成绩是传统的课程评价思路。

6. B 【解析】本题考查综合实践活动课程的相关内容。《基础教育课程改革纲要(试行)》提出从小学至高中设置综合实践活动并作为**必修课程**。B项表述错误。

A项：综合实践活动是基于学生的直接经验，密切联系学生自身生活和社会生活，体现对知识的综合运用的课程形态。这是一门以学生的经验与生活为核心的实践性课程。A项表述正确。

C项：综合实践活动作为我国新一轮基础教育课程改革的新领域，划分为国家的指定领域和非指定领域。C项表述正确。

D项：综合实践活动的内容主要包括：信息技术教育、研究性学习、社区服务与社会实践、劳动与技术教育。这四个领域并非综合实践活动内容的全部，而是国家为了帮助学校更好地落实综合实践活动而特别指定的几个领域。D项表述正确。

7. A 【解析】本题考查“以学论教”的评价观。新课程提倡“以学论教”，主要从学生的情绪状态、注意状态、参与状态、交往状态、思维状态、生成状态六个方面进行评价。(1)**情绪状态**：学生是否具有浓厚的兴趣，对学习具有好奇心与求知欲；能否长时间保持兴趣，能否自我调节和控制学习情绪；学习过程是否愉悦，学习愿望是否不断得以增强。(2)注意状态：学生是否始终关注讨论的主要问题，并能保持较长的注意力；学生的目光是否始终追随发言者(教师或学生)的一举一动；学生的倾听是否全神贯注，回答是否具有针对性。(3)参与状态：学生是否全员参与学习活动；是否积极主动地投入思考并踊跃发言，兴致勃勃地参与讨论和发言，是否自觉地进行练习。(4)交往状态：看整个课堂气氛是否民主、和谐、活跃；学生在学习过程中是否友好分工与合作；能否虚心听取他人的意见，尊重他人的发言；遇到困难时学生能否主动与他人交流、合作，共同解决问题。(5)思维状态：学生是否围绕讨论的问题积极思考、踊跃发言，学生回答问题的语言是否流畅、有条理，是否善于用自己的语言阐述自己的观点；学生是否敢于质疑，提出有价值的问题并展开争论；学生的回答或见解是否有自己的思考或创意。(6)生成状态：学生是否掌握应学的知识，是否全面完成了学习目标，学生的学习能力、实践能力和创新能力是否得到增强，是否有满足、成功和喜悦等积极的心理体验，是否对未来的学习充满了信心。所以，题干所述属于从学生情绪状态方面的评价。

8. C 【解析】本题考查课程结构的特点。课程结构的选择性包括三个基本内涵，其中之一是课程结构要适应地区间经济文化的差异，必须具有一定的**变通性**。我国幅员辽阔，从地理位置和经济发展看，可分为沿海发达地区、中部地区、西部欠发达地区三大区域，各区域的经济发展需要有着不同文化知识结构的人才，因此应当允许各地区根据本地经济发展的现实需要选择相应的课程，以适应这种区域经济差异。从文化角度看，我国是多民族国家，不同民族对本民族的文化有强烈的认同感和归属感，课程结构应适应不同民族的文化认同需要，如民族文化课程、地域文化课程等。由此看来，国家层面的课程结构需要具有充分的变通性，以有利于不同地区根据自身的需要做出选择。

9. D 【解析】A、B、C三项属于探究式学习的18条原则的内容。D项，探究式学习的评价应以形成性评价为主。探究式学习的评价，旨在通过评价促进学生探究水平的不断发展和提高。形成性评价是过程评价，因而，探究式学习的评价应以形成性评价为主。D项说法错误。

二、多项选择题

1. AD 【解析】本题考查新课程改革的基本理念。新课程改革要以《基础教育课程改革纲要(试行)》等文件为基本依据，把“以学生发展为本，以创新精神和实践能力培养为重点”作为课程发展的基本理念。

2. ABCD 【解析】本题考查新课程倡导的学习方式。新课程提倡自主、探究、合作的学习方式。自主学习关注学习者的主体性和能动性，是学生自主而不受他人支配的学习方式；探究学习是一种以问题为依托的学习，是学生通过主动探究解决问题的过程；合作学习是指学生以小组为单位进行学习的方式。A项关注的是学生的情绪和情感体验(激发学习兴趣，主动探究)，体现了自主、探究式学习；B、C、D项均提倡合作学习。所以，选项均体现了新课程倡导的学习方式。

3. BCD 【解析】本题考查新课改中课程内容综合化的体现。课程体系在整体上谋求走向综合化，具体表现为：首先，从小学三年级至高中设置非学科的“综合实践活动”课程，其所坚持的基本理念之一就是教育与实践相结合，对不同学科的知识综合以及知能综合、智德美综合有重要意义。其次，新课程还设置了许多“综合性学科”，着意推进课程的综合化，对旧有的课程结构进行改造。再次，各分科课程都在尝试综合化的改革，强调科学知识同生活世界的交汇，理性认识同感性经验的融合，知识学习与知识运用的结合。A项属于“增强课程内容的生活化”的表现。(具体内容参见王道俊、郭文安主编的《教育学(第6版)》)

4. BCD 【解析】本题考查“新课改”的观点。新课改倡导的学习方式为：自主学习、探究学习、合作学习。B项说法正确。新课程把教学过程看成是师生交往、积极互动、共同发展的过程。C项说法正确。新课改强调教师是学生成长的促进者。新课程背景下，学生的学习方式正由传统的接受式学习向自主性、创造性学习转变，这就要求教师必须从传授知识的角色向教育促进者转变。D项说法正确。A项属于传统教学的观点，不选。

5. ABCD 【解析】可以组织学生合作学习的情况主要有：(1)在教学内容的重点和难点处；(2)在教学内容的易混淆处；(3)在思维的交锋处；(4)在思维的发散处；(5)在规律的探索处。

6. ABD 【解析】本题考查教学反思。在对待自我上，新课程强调反思。依据教学进程，教学反思分为教学前、教学中、教学后三个阶段。A项属于教师教学前的反思，B项属于教师教学中的反思，D项属于教师教学后的反思。C项描述的是教师帮助学生进行反思，不属于教师的教学反思。

7. ABD 【解析】本题考查新课程改革的相关知识。针对我国基础教育课程存在的主要问题，新课程改革努力在以下方面取得重要进展：(1)明确区分义务教育与非义务教育，建立合理的课程结构，更新课程内容。(2)突出学生的发展，科学制定课程标准。(3)加强新时期学生思想品德教育的针对性和时效性。主要通过三方面来实现：**①加强德育课程建设；②各门课程渗透德育；③设置综合实践活动为必修课**。(4)以创新精神和实践能力的培养为重点，建立新的教学方式,促进学习方式的变革。(5)建立促进学生发展、教师提高的评价体系。(6)制定国家、地方、学校三级课程管理政策,提高课程的适应性,满足不同地方、学校和学生的需要。故A、B、D三项符合题意。

8. ABD 【解析】本题考查教师的促进者角色的特征。教师作为"促进者",其角色的特点包括:(1)积极地旁观;(2)给学生心理上的支持,创造良好的学习气氛;(3)注重培养学生的自律能力。

9. ABCD 【解析】本题考查新课程改革倡导的师生关系。新课程改革要求建立一种"对话·互动"式的新型师生关系。在教学中有效地运用"对话·互动",必须做到以下几点:(1)教师要转变角色和行为,与学生建立新型的民主、平等的师生关系;(2)要创设一定的"情境"和引出一定的"话题";(3)教师要学会一些引导"对话·互动"的策略和技巧。所以A、B、C、D四项都正确。

三、判断题

1. × 【解析】本题考查新课程倡导的课程评价。新课程强调评价不是为了"选拔适合教育的儿童",而是如何发挥评价的激励作用,关注学生成长与进步的状况,并通过分析指导,提出改进计划来促进学生的发展。

2. × 【解析】本题考查新课程倡导的教师角色。新课程倡导民主、开放、科学的课程理念,同时确立了国家、地方、学校三级课程管理政策,这就要求课程与教学相互整合,教师必须在课程改革中发挥主体作用。教师不仅是课程实施的执行者,更应成为课程的开发者和建设者。因此,一线教师不仅负责课程改革与开发的落实,更应成为课程的开发者和建设者。

3. × 【解析】新课程强调将学生学习的过程转化为形成正确价值观的过程,其价值观是指**学科、知识、个人、社会价值有机结合**。

4. √ 【解析】本题考查当代教学的新观念。当代教学观的变革趋势之一是**从重视知识传授向重视能力培养转变**,它是指教学的主要任务不再只是知识的传授而是学生能力的培养,着重培养学生学习、掌握和更新知识的能力,即"授人以渔"。而素质教育又是以培养创新精神和实践能力为重点的教育。因此,从"应试教育"转向"素质教育"就体现了该趋势。

5. √ 【解析】本题考查基础教育课程改革的相关知识。新课程改革实现了学习方式的多样化,这对教师的教学方式提出了新的要求。有人说,学生学习方式的改变是对未来教师最大的挑战。

6. × 【解析】本题考查新课改背景下课程的内涵。新课程改革背景下,课程不只是"文本课程"(教学计划、教学大纲、教科书等文件),更是"**体验课程**"(被教师与学生实实在在地体验到、感受到、领悟到、思考到的课程)。题干说法错误。

7. √ 【解析】探究性学习的载体是"问题","问题"是探究性学习的核心。

8. × 【解析】以研究者的心态置身于教学情境之中,以研究者的眼光审视和分析教学理论与教学实践中的各种问题,对自身的行为进行反思是教师**由"教书匠"转变为"教育家"的主要条件**。

9. √ 【解析】自主学习关注学习者的主体性和能动性,是学生自主而不受他人支配的学习方式。学习的"自主性"具体表现为"自立""自为""自律"三个特性。

四、案例选择题

ACD 【解析】案例中,肖老师改变往日讲授的方式,让学生通过观察、记录、交流的方式进行学习,体现了对自主学习和探究学习的运用,说明肖老师注重学习方式的转变,故A项正确。学生边观察边记录,并纷纷发表自己的看法,进行小组探究,最后由肖老师进行总结,说明肖老师注重促进学生个体对知识的建构,故C项正确。在交流成果时,肖老师发现小彤欲言又止,便鼓励她发表自己的看法,并对她的回答进行肯定性评价,说明肖老师注重通过鼓励来帮助学生建立自信,故D项正确。B项材料未体现。

第六部分 教师职业道德

基础训练

答案速查

1~5	DBBBC	6~10	DCBAB	11~15	ABAAB	16~20	DCBBB
21~25	CACAD	26~30	CCDCC	31~35	DCBCA	36~40	CADCB
41~45	BAADB	46~48	BAB	1~5	ABCDE BCD ABC ACD ABC		
6~10	CDE ABCD ABCD ACD AC			11~13	BCD ABCD ABD		
1~5	√√√×√			6~10	×××√√		
11~15	√√√××						

一、单项选择题

1. D 【解析】本题考查2008年修订的《中小学教师职业道德规范》。2008年修订的《中小学教师职业道德规范》中关于"关爱学生"方面所规定的具体职业行为要求有以下几点:(1)关心爱护全体学生,尊重学生人格,平等公正对待学生;(2)对学生严慈相济,做学生的良师益友;(3)保护学生安全,关心学生健康,维护学生权益;(4)不讽刺、挖苦、歧视学生,**不体罚或变相体罚学生**。故选D项。

2. B 【解析】本题考查教师职业道德的特征。教师职业道德的特征包括:(1)高度的自觉性。(2)**明显的示范性**。教师的职业性质、活动特点决定了教师的一举一动、一言一行、待人处世的态度乃至气质、性格不仅会对学生产生深刻的影响,还会通过学生对家庭和社会起着潜移默化的作用。(3)强烈的时代性。

3. B 【解析】本题考查2008年修订的《中小学教师职业道德规范》。2008年修订的《中小学教师职业道德规范》中关于"为人师表"方面所规定的具体职业行为要求有:(1)坚守高尚情操,知荣明耻;(2)严于律己,以身作则;(3)衣着得体,语言规范,举止文明;(4)关心集体,团结协作,尊重同事,尊重家长;(5)作风正派,廉洁奉公;(6)自觉抵制有偿家教,不利用职务之便谋取私利。A、C、D三项属于"为人师表"的要求,不选。B项属于"关爱学生"方面的要求,当选。

4. B 【解析】本题考查师德的灵魂。**关爱学生是师德的灵魂**,是教师处理其与学生的关系时所应遵循的原则要求。

5. C 【解析】本题考查2008年修订的《中小学教师职业道德规范》。2008年修订的《中小学教师职业道德规范》中,爱国守法是教师职业的基本要求,爱岗敬业是教师职业的**本质要求**,关爱学生是师德的灵魂,教书育人是教师的天职,为人师表是教师职业的内在要求,终身学习是教师专业发展的不竭动力。因此,C项符合题意。

6. D 【解析】本题考查教师职业道德的主要范畴。教师职业道德的主要范畴中,教师义务的内容主要有:(1)不断提高思想政治觉悟和教育教学业务水平;(2)尽职尽责,教书育人;(3)创设一个良好的内部教育环境。所以,教师不断提高自己的政治思想觉悟,属于教师义务的内容。

7. C 【解析】本题考查教师职业道德修养的方法。教师职业道德修养的方法包括:(1)加强学习;(2)勤于实践磨炼,增强情感体验;(3)树立榜样,虚心向他人学习;(4)确立可行目标,坚持不懈努力;(5)学会反思;(6)努力做到"慎独"。其中,"慎独"是指在没有外界监督、独自一人的情况下,也能自觉遵守道德规则,不做任何对国家、对社会、对他人不道德的事情。作为教师职业道德的修养方法,"慎独"可以通过自我约束、自我监督,更好地培养、锻炼坚定的职业道德情感、意志和信念,养成良好的职业道德行为习惯。故选C项。

8. B 【解析】本题考查《中小学教师职业道德规范》(2008年修订)。为人师表的师德规范要求教师衣着得体,语言规范,举止文明。题干这句话是对教师着装方面的要求,体现了“为人师表”的教师职业道德规范的要求。

9. A 【解析】本题考查教师职业道德的特点。“良心活”说明教师已经将教师职业道德行为准则内化为自己行事的原则,体现了教师职业道德的自觉性。

10. B 【解析】本题考查《中小学教师职业道德规范》(2008年修订)。2008年修订的《中小学教师职业道德规范》中的“教书育人”要求教师**不以分数作为评价学生的唯一标准**。题干教师的做法恰恰违反了这一要求,故本题选B项。

11. A 【解析】教师职业道德的范畴主要包括:教师义务、教师良心、教师公正、教师荣誉、教师幸福、教师人格等。

12. B 【解析】教师的职责是既要教学生有关具体事物的知识,又要让学生知晓立身处世的品德,是教书与育人的统一。题干中的“教员”体现的是教书,“教育者”“生活的导师”“道德的引路人”体现的是育人。所以,题干所述反映了教师职业道德教书和育人要求的一致性特点。

13. A 【解析】本题考查教师人格修养的策略。教师人格修养有两个问题:一是修养的策略问题,二是修养的尺度问题。在策略上,要采取**“取法乎上”**的策略;在尺度上,要确立教师人格修养的审美尺度。A项正确。

14. A 【解析】本题考查2008年修订的《中小学教师职业道德规范》的特点。2008年修订的《中小学教师职业道德规范》的特点有:(1)坚持“以人为本”;(2)坚持继承与创新相结合;(3)坚持广泛性与先进性相结合;(4)倡导性要求与禁行性规定相结合;(5)他律与自律相结合。题干中,新规范的内容明显强调了教育以育人为本、以学生为主体的理念,坚持了“以人为本”的基本原则。

15. B 【解析】2008年修订的《中小学教师职业道德规范》的主要内容有六条,即**爱国守法、爱岗敬业、关爱学生、教书育人、为人师表、终身学习**。

16. D 【解析】本题考查教师职业道德修养的途径与方法。教师良好的师德修养不是与生俱来的,必须是在科学理论的指导下,经过长期的社会实践,不断完善自身的结果。提高师德修养,必须学会掌握正确的途径与方法。教师的师德修养,只有在实践中才能得到不断的充实、提高和完善。

17. C 【解析】本题考查教师职业道德修养的根本途径。**实践**不仅是教师职业道德修养的根本途径,也是师德修养的动力和目的,还是检验教师职业道德修养成效的根本尺度。

18. B 【解析】本题考查教师职业道德的基本要素。职业理想就是指人们对于未来工作类别的选择以及在工作上达到何种成就的向往和追求。题干所述符合职业理想的概念。

19. B 【解析】本题考查教师职业道德的特点。教师职业道德的特点包括:(1)教师职业道德的教育专门性(适用的针对性)。(2)教师职业道德要求的双重性。(3)教师职业道德内容的全面性。在古今教育发展的长河中,教师职业道德的内容越来越丰富,涉及教师职业劳动的各个方面,充分体现了教师职业道德内容的全面性。(4)教师职业道德功能的多样性。(5)教师职业道德境界的高层次性。(6)教师职业道德意识的自觉性。(7)教师职业道德行为的典范性和示范性。(8)教师职业道德影响的广泛性和深远性。故选B项。

20. B 【解析】本题考查教师职业态度的概念。教师职业态度,是指教师对自身职业劳动的看法和采取的行为,简而言之,就是指教育劳动态度或教师劳动态度。

21. C 【解析】本题考查2008年修订的《中小学教师职业道德规范》的内容。“爱岗敬业”的教师职业道德规范要求教师:(1)对工作高度负责;(2)认真备课上课;(3)认真批改作业;(4)认真辅导学生;(5)不得敷衍塞责。题干所述符合“爱岗敬业”的师德规范的要求,所以答案选C项。

22. A 【解析】本题考查教师良心。从教师个体职业良心形成的角度看,教师的职业良心首先会受到**社会生活和群体的影响**。教师良心作为一种精神动力,是一种内在的道德信念,对教师的道德活动和道德行为具有重要的指导、自我监督和评价作用。

23. C 【解析】本题考查教师职业道德规范的历史发展。改革开放以来,我国于1985年、1991年、1997年先后三次颁布和修订了《中小学教师职业道德规范》。2008年9月,教育部、中国教科文卫体工会全国委员会联合发布了重新修订的《中小学教师职业道德规范》。

24. A 【解析】本题考查教师职业道德的特点。行为的典范性是指教师的品德和行为对学生的思想品德的形成与行为具有榜样作用。教师职业道德的典范性是由教师劳动的示范性决定的。**教师要以身作则、为人师表,这是教师职业道德区别于其他职业道德的显著标志**。所以题干所述体现了教师职业道德的行为的典范性。

25. D 【解析】本题考查教师职业道德情感。教师职业道德情感包括:(1)职业正义感;(2)职业责任感;(3)职业义务感;(4)职业良心感;(5)职业荣誉感;(6)职业幸福感。其中,职业幸福感是教师从事职业活动最强大的精神动力和根本目的。

26. C 【解析】本题考查教师职业道德的特点。教师职业道德的教育专门性(适用的针对性)表现为教师职业道德对教育善恶的专门体现和专门要求,这是教师职业道德的一个基本特点。

27. C 【解析】本题考查新时期教师职业道德的特点。新时期教师职业道德的特点包括:(1)从教师的社会责任来看,教师职业道德具有全局性;(2)从教师的社会地位来看,教师职业道德具有超前性;(3)从教师职业及个人素质看,教师职业道德具有导向性;(4)从教师的人格评价来看,教师职业道德具有超越一般职业道德的示范性。

28. D 【解析】2008年修订的《中小学教师职业道德规范》中的为人师表要求之一是自觉抵制有偿家教,不利用职务之便谋取私利。题干中薛某参加商业活动并收取回扣的做法违背了这一要求。

29. C 【解析】教师职业道德的价值蕴含包括教育价值、文化价值和伦理价值,不包括经济价值。故选C项。

30. C 【解析】本题考查2008年修订的《中小学教师职业道德规范》的内容。在2008年修订的《中小学教师职业道德规范》中,**终身学习是教师专业发展的不竭动力**。

31. D 【解析】本题考查教师职业纪律的概念。教师职业纪律就是教师在从事教育劳动过程中应遵守的规章、条例、守则等。故D项正确。

32. C 【解析】教书育人是对教师基本职责的高度概括。在教育发展史上,中外教育家都重视教学活动中的政治与思想道德教育,将其看成教师的基本职责。

33. B 【解析】本题考查教师职业道德修养的内容。是否具备**坚强的职业道德意志**是衡量教师职业道德素质高低的重要标志。

34. C 【解析】本题考查教师职业道德的地位。教师职业道德是一般社会道德在教师职业中的特殊体现,在全社会道德体系中处于核心和主干地位。

35. A 【解析】本题考查《中小学教师职业道德规范》(1997年修订)。依法执教是调整教师劳动与法律制度之间关系的教师职业道德规范,是教师完成本职工作的前提基础,是国家和社会对教师提出的道德要求。

36. C 【解析】本题考查教师职业道德的概念。教师职业道德是教师在从事教育劳动时所应遵循的行为规范和必备的品德的总和,是调节教师与他人、与社会等的关系时所必须遵守的基本道德规范和行为准则,以及在此基础上所表现出来的道德观念、情操和品质。故选C项。

37. A 【解析】“慎独”就是指在没有外界监督、独自一人的情况下,也能自觉遵守道德规则,不做任何对国家、对社会、对他人不道德的事情。

38. D 【解析】确立坚定的教师职业道德信念,是师德修养的核心问题。教师职业道德信念是教师对职业理想、职业人格、职业原则、职业规范的坚定不移的信仰,是深刻的师德认识、炽热的师德情感和顽强的师德意志的统一,是把师德认识转变为师德行为的中间媒介和内驱力,并使师德行为表现出明确性和一贯性。许多优秀的边远地区教师,不怕条件艰苦,不计个人得失,坚定不移地战斗在教育岗位上,其中一个重要原因,就是他们具有献身教育的坚定信念。

39. C 【解析】本题考查2008年修订的《中小学教师职业道德规范》的内容。"为人师表"的师德规范要求教师自觉抵制有偿家教,不利用职务之便谋取私利。题干中的物理老师利用职务之便进行有偿补课,违反了"为人师表"的师德规范的这一要求。

40. B 【解析】题干中加里宁的话语表明教师应树立终身学习的理念,不断补充自己的知识储备,以便更好地教育学生。

41. B 【解析】本题考查教师职业道德评价的原则。教师职业道德评价应遵循的原则有方向性原则、客观性原则、科学性原则、教育性原则和民主性原则。故选B项。

42. A 【解析】**教师职业道德修养的最终目的是要养成良好的职业道德行为习惯**,使教师在没有任何人监督的条件下也能长期自觉地按照职业道德原则和规范办事,积极主动地选择善良的职业道德行为,避免和杜绝邪恶的道德行为。

43. A 【解析】本题考查教师职业道德的作用。教师职业道德具有调节作用、教育作用、导向作用、促进作用。其中,对教育过程的**调节作用**是教师职业道德最基本、最重要的作用。

44. D 【解析】2008年修订的《中小学教师职业道德规范》对"爱岗敬业"的具体要求有:忠诚于人民教育事业,志存高远,勤恳敬业,甘为人梯,乐于奉献。对工作高度负责,认真备课上课,认真批改作业,认真辅导学生。不得敷衍塞责。D项属于师德规范中"终身学习"所规定的具体职业行为要求。

45. B 【解析】本题考查教师职业道德的基本原则。忠于人民教育事业是我国教师职业道德的基本原则。它是我国教育社会主义性质的必然要求,是教师处理个人利益和社会整体利益关系时所必须遵循的根本指导原则,是衡量教育工作者个人行为和品质的最高道德标准。

46. B 【解析】本题考查教师义务的相关内容。教师在履行教育义务的活动中,**最主要、最基本的道德责任**是正反两个方面。正面:教书育人;反面:"不要误人子弟"。教师应当对此有清醒的认识。

47. A 【解析】教师职业道德境界的高层次性是指社会和他人对教师职业道德要求总是在整个社会道德体系中处于较高水平和较高层次。教师职业道德的高层次性是由教师教书育人的目的和任务决定的。教师承担教书育人的责任,肩负重要的使命。

48. B 【解析】《中小学教师职业道德规范(2008年修订)》中"爱岗敬业"的教师职业道德规范要求教师对工作高度负责,认真备课上课,认真批改作业,认真辅导学生,不得敷衍塞责。题干中的数学教师将两次测量中出现的10倍的差距简单地归结为测量工具的误差,这种做法是对教学工作的不负责,违背了"爱岗敬业"的要求。

二、多项选择题

1. ABCDE 【解析】本题考查教师职业道德的构成。教师职业道德包括教师职业理想、教师职业责任、教师职业态度、教师职业纪律、教师职业技能、教师职业良心、教师职业作风、教师职业荣誉等构成要素。

2. BCD 【解析】本题考查师德的核心内容。一般认为,**爱岗敬业、教书育人和为人师表是师德的核心内容**,关爱学生是最基本内容。

3. ABC 【解析】本题考查2008年修订的《中小学教师职业道德规范》中"教书育人"的要求。2008年修订的《中小学教师职业道德规范》中,"教书育人"要求教师遵循教育规律,实施素质教育;循循善诱,诲人不倦,因材施教;培养学生良好品行,激发学生创新精神,促进学生全面发展;不以分数作为评价学生的唯一标准。D项做法违背了"不以分数作为评价学生的唯一标准"的要求。

4. ACD 【解析】本题考查教师职业道德修养的基本原则。教师职业道德修养的基本原则有:(1)坚持知和行的统一;(2)坚持动机和效果的统一;(3)坚持自律和他律相结合;(4)坚持个人和社会相结合;(5)坚持继承和创新相结合。B项排除。

5. ABC 【解析】本题考查2008年修订的《中小学教师职业道德规范》中的"关爱学生"。2008年修订的《中小学教师职业道德规范》中关于"关爱学生"方面所规定的具体职业行为要求有:(1)关心爱护全体学生,尊重学生人格,平等公正对待学生;(2)对学生严慈相济,做学生的良师益友;(3)保护学生安全,关心学生健康,维护学生权益;(4)不讽刺、挖苦,歧视学生,不体罚或变相体罚学生。D项是爱岗敬业的要求。

6. CDE 【解析】准确把握和理解教师幸福的含义,应从四个方面着眼:(1)教师幸福更多体现在**精神层面**;(2)教师幸福具有**给予性和被给予性**;(3)教师幸福具有**集体性**;(4)教师幸福具有**无限性**。

7. ABCD 【解析】本题考查教书育人的意义。教书育人的意义有:(1)教书育人是教育方针和培养目标对教师行为的根本要求;(2)教书育人是建设精神文明的需要;(3)教书育人是实施素质教育的需要;(4)教书育人概括了教师最根本的社会职责,标志着教师这一职业与其他职业在道德要求方面的根本区别。

8. ABCD 【解析】本题考查《中小学教师职业道德规范》(2008年修订)中的爱国守法。《中小学教师职业道德规范》(2008年修订)中关于"爱国守法"方面所规定的具体职业行为要求有以下几点:(1)全面贯彻国家教育方针;(2)自觉遵守教育法律法规,依法履行教师职责权利;(3)不得有违背党和国家方针政策的言行。

9. ACD 【解析】李老师利用休息时间到个别学生家里家访,体现了其对工作高度负责,凸显了爱岗敬业精神;平时与家长保持电话联系,让家长及时了解学生的情况,给家长讲些教育学生的知识,体现了其尊重家长,符合为人师表的要求;到个别学生家里家访,通过家校联系来更好地教育学生,符合关爱学生的要求。

10. AC 【解析】本题考查教师职业道德的功能。教师职业道德对教师工作具有促进功能。教师职业道德相对于学校的规章制度、教育计划、教学大纲等,能够更灵活、更有效,时时处处地指导、调节与监督教师的教育行为。教师职业道德对教师教育行为的调节主要是通过**社会舆论**和**内心信念**两种形式来实现的。

11. BCD 【解析】加强教师职业道德修养的意义:(1)有利于做好教育工作;(2)有利于教师道德品质的完善;(3)有利于弘扬社会主义风尚。

12. ABCD 【解析】本题考查师德情感的内容。教师的职业道德情感(师德情感)主要包括正义感、自豪感、荣誉感和幸福感等。教师的正义感要求教师以公正不倚的态度来对待学生和处理好各种人际关系。自豪感是教师因本职工作的伟大而感到光荣的一种道德情感。荣誉感是教师为社会作出贡献而受到社会肯定和鼓励,从而意识到自己的社会价值并感到由衷喜悦和自我安慰。幸福感是教师在教育实践活动中,由于感受和理解到目标和理想的实现而得到精神上的愉快和满足。

13. ABD 【解析】本题考查教师职业道德的特点。教师职业道德的特点体现在:(1)教师职业道德的教育专门性(适用的针对性);(2)教师职业道德要求的双重性;(3)教师职业道德内容的全面性;(4)教师职业道德功能的多样性;(5)教师职业道德境界的高层次性;(6)教师职业道德意识的自觉性;(7)教师职业道德行为的典范性和示范性;(8)教师职业道德影响的广泛性和深远性。故本题选择ABD。

三、判断题

1. √ 【解析】本题考查教师职业道德的价值蕴含。教师职业道德的发展,不仅仅是提出一定的职业道德规范或根据社会及教育的实际变化更新教师职业道德,同时总是伴随着对这些规范的理论解释,它反映着教育对自身文明和社会文明的系统思考和追寻,体现出浓郁而又独特的文化意蕴,进而使教师职业道德不仅呈现出一种独特的规范存在,也体现出一种独特的文化存在。所以题干表述正确。

2.√ 【解析】本题考查《中小学教师职业道德规范(2008年修订)》中的“终身学习”。《中小学教师职业道德规范(2008年修订)》中关于“终身学习”方面所规定的要求有:崇尚科学精神,树立终身学习理念,拓宽知识视野,更新知识结构;潜心钻研业务,勇于探索创新,不断提高专业素养和教育教学水平。故题干说法正确。

3.√ 【解析】本题考查2008年修订的《中小学教师职业道德规范》。2008年修订的《中小学教师职业道德规范》中关于“爱岗敬业”方面所规定的具体职业行为要求包括:对工作高度负责,认真备课上课,认真批改作业,认真辅导学生,不得敷衍塞责。故题干表述正确。

4.× 【解析】本题考查教师职业道德的内在要求。**为人师表是教师职业的内在要求**,是教师在处理其与自己的关系时应遵循的原则要求。关爱学生是师德的灵魂。

5.√ 【解析】教师荣誉是教师道德行为的调节器,对教师道德行为、品质的取向具有导向和制约作用。

6.× 【解析】本题考查教师职业道德的特点。**教师要以身作则、为人师表,这是教师职业道德区别于其他职业道德的显著标志**。爱岗敬业是对所有职业的要求。

7.× 【解析】热爱学生是教育学生的感情基础,**是教师职业道德高低的试金石**。

8.× 【解析】本题考查教师职业道德的功能。教师职业道德的基本功能包括认识功能和实践功能。其中,教师职业道德的实践功能集中表现在教育功能、调节功能和社会促进功能等。调节功能是教师职业道德最基本、最主要的功能,它不仅指向教育过程,也指向教师本身。社会促进功能表现为教师职业道德直接或间接地影响社会风气,对社会主义精神文明建设起着促进作用。

9.√ 【解析】教师职业道德建设是一件牵动千家万户的大事说明教师职业道德的影响具有广泛性,教师职业道德建设是一件影响千秋万代的大事说明教师职业道德的影响具有深远性。

10.√ 【解析】本题考查教师职业道德修养的最高层次。**教师职业道德修养的最高层次是“慎独”**,作为崇高的教师职业道德境界,“慎独”标志着一个教师的职业道德修养已达到高度自觉的程度。

11.√ 【解析】教师是人类灵魂的工程师,在塑造年青一代的品格中起着关键性作用。教师的核心是师德,师德是教师的灵魂。如果教师的师德出现问题,那么他便失去了“灵魂”。关爱学生是师德的灵魂,是教师处理其与学生的关系时所应遵循的原则要求。

12.√ 【解析】本题考查教师公正相关知识。教师公正是教育公正的核心内容,教育公正不仅包括教师公正,而且也包括教育的制度性公正。

13.√ 【解析】师德对教师行为的有效调节或评价,常常以外在的规范而起作用,教师职业道德内含着教育行为的“应当”或“不应当”,这些道德要求既是规范教师工作行为的准则,也是社会、学校和教师自己对教师工作进行评价或判断的标准之一。

14.× 【解析】本题考查教师职业道德的特点。**“师也者,教之以事而喻诸德者也”**的意思是:教师的职责是既要教学生有关具体事物的知识,又要让学生知晓立身处世的品德。这体现了教师职业道德的要求的双重性特点。

15.× 【解析】教师职业道德影响具有广泛性,它不仅影响在校学生,而且会通过学生和家长进而影响整个社会。对教师而言,并不是仅仅在课堂教学中遵守教师职业道德的要求就可以了。

四、填空题

1. 自我意识　　2. 公平合理

3. 终身学习　　4. 爱国守法　爱岗敬业　关爱学生　教书育人　为人师表　终身学习

5. 爱与责任　　6. 教书育人

7. 为人师表

整合提升

答案速查

1~5	CACBD	6~10	CDCAB	11~15	CBDDB	16~20	CDCDC
21~25	DDBDC	26~28	BDD	1~5	CD ABCD ABCD ABC ABCD		
6~9	CD ACD ACD ABCDE			1~5	×√×√√		
6~10	√√√√√			11~16	×××√×√		

一、单项选择题

1.C 【解析】本题考查教师职业道德修养的方法。教师职业道德修养的主要方法包括:(1)加强学习。加强学习,是师德修养的必要途径。要学习马列主义、毛泽东思想和中国特色社会主义理论体系,树立正确的世界观和人生观。(2)勤于实践磨炼,增强情感体验。教育实践是正确师德观念的认识来源,只有在教育实践活动中,才能正确认识教育活动中的各种利益和道德关系,才能修养良好的师德品质。(3)树立榜样,虚心向他人学习。学习先进教师的优秀品质,主要有两个途径:一是多读教育界名人的传记和模范教师的先进事迹;二是学习身边的模范教师。(4)确立可行目标,坚持不懈努力。教师职业道德修养同人们认识和改造世界的其他活动一样,有着明确的目标作为指导。(5)学会反思。师德修养是教师自身素养的重要组成部分,是教师自我锻炼、自我陶冶、自我教育、逐步完善的过程。(6)努力做到“慎独”。所以ABD三项都有助于提升教师职业道德修养。C项做法不能提升教师职业道德修养。

2.A 【解析】本题考查《中小学教师职业道德规范(2008年修订)》。“关爱学生”的师德规范要求教师:(1)关心爱护全体学生,尊重学生人格,平等公正对待学生;(2)对学生严慈相济,做学生的良师益友;(3)保护学生安全,关心学生健康,维护学生权益;(4)不讽刺、挖苦、歧视学生,不体罚或变相体罚学生。题干中的教师对学生公开批评的行为不仅没有做到爱护学生、尊重学生人格,更有讽刺挖苦学生之嫌,故违背了师德规范中“关爱学生”的要求。

3.C 【解析】本题考查教师职业道德。题干中“以身立教”的意思是用自身的行为去感染他人,体现了以身作则、为人师表的重要性。C项正确。

4.B 【解析】本题考查2008年修订的《中小学教师职业道德规范》。2008年修订的《中小学教师职业道德规范》中,终身学习要求教师崇尚科学精神,树立终身学习理念,拓宽知识视野,更新知识结构;潜心钻研业务,勇于探索创新,不断提高专业素养和教育教学水平。加里宁的话表明教师要不断学习,补充自己的知识、力量和精力,才能“留下来东西”,才能持续不断地奉献自己。这体现了教师职业道德规范中的终身学习。

5.D 【解析】本题考查教师职业道德规范。关爱学生的教师职业道德规范要求教师关心爱护全体学生,尊重学生人格,平等公正对待学生。林老师关心爱护小舒,从不把他当智障学生对待,遵循了关爱学生的教师职业道德规范。教书育人的教师职业道德规范要求教师培养学生良好品行,激发学生创新精神,促进学生全面发展。林老师随机地渗透了帮助他人、与他人友好合作等情感教育,有助于培养学生的良好品行;鼓励小舒参加广播操比赛、队列比赛、英语比赛等,有助于小舒的全面发展。这一做法遵循了教书育人的教师职业道德规范。

6.C 【解析】本题考查教师的职业道德情感。教师的职业道德情感的内容中,教师的正义感是伸张正义、维护学生合法权益的重要因素,它要求教师以公正不倚的态度来对待学生和处理好各种人际关系。

7.D 【解析】教师对自己从事的教育工作及其社会意义有明确而深刻的认识,并表现出较高的热情和兴趣,较强的责任心和职责意识等是教师职业道德的高度的自觉性的体现。

8.C 【解析】教师职业道德调节比其他职业道德更具自觉性,C项说法错误。

9. A 【解析】师德的伦理价值是由教师职业劳动的特殊性决定的。从劳动对象角度看，学校教育是以向师性和模仿性强的未成年人为对象的。没有伦理道德参与的教育过程，就不能成为真正的教育过程。师德是教育伦理价值的集中体现，因为与其他的职业道德相比，师德具有特殊价值——**伦理道德价值**。对于德性持有者而言，师德凸显的是价值理性。

10. B 【解析】本题考查教师的职业道德修养。教师的职业道德修养主要包括职业道德理想、知识、情感、意志、信念和行为习惯六个方面。其中，职业道德意志是人们在履行职业道德责任和义务的过程中，所表现出来的克服困难和障碍的能力和毅力。它是职业道德行为持之以恒的重要精神力量，也是职业道德观念内化为人们职业道德品质的重要因素。"一生清贫，坚守三尺讲台"体现了教师克服清贫、坚守岗位的毅力，突出体现了教师坚强的职业道德意志。

11. C 【解析】本题考查《中小学教师职业道德规范》(2008年修订)。2008年修订的《中小学教师职业道德规范》中关于"教书育人"方面所规定的具体职业行为要求有：(1)遵循教育规律，实施素质教育；(2)循循善诱，诲人不倦，因材施教；(3)培养学生良好品行，激发学生创新精神，促进学生全面发展；(4)不以分数作为评价学生的唯一标准。题干中的教师在教学中只关注学生的学习成绩，忽略了学生良好品行的培养，没有实施素质教育，不关注学生的全面发展。故该教师的说法违背了"教书育人"的师德规范。

12. B 【解析】本题考查教师职业道德的基本原则。教师职业道德基本原则包括：(1)集体主义原则；(2)教育人道主义原则；(3)教书育人原则；(4)乐教勤业原则；(5)教育民主原则；(6)教育公正原则；(7)人格示范原则；(8)依法执教原则。其中，教育民主原则是指在教育教学过程中教师要以平等友善的态度对待学生、尊重学生、引导学生，激励学生发展。坚持教育民主原则的具体要求包括：①教师要尊重每个学生的兴趣、爱好、个性和人格；②教师要以平等、宽容、博爱、友善和引导的心态对待学生；③教师要营造一种使学生能平等交流、主动参与、自由探索、大胆创新的民主氛围。张老师以平等和宽容的心态对待学生，尊重学生的兴趣与需求、观点与看法，遵循了教育民主原则的要求。

13. D 【解析】本题考查教师的职业道德情感。职业义务感是教师在履行自己职业责任的过程中产生的一种使命感。

14. D 【解析】本题考查教师职业道德内化的层次。教师职业道德内化的层次包括：(1)接受和遵守师德规范——师德内化的初级层次。(2)将师德升华为自身的道德信念——师德内化的中级层次。(3)具备自主的道德信仰并充当师德的推行者、捍卫者——师德内化的高级层次。这种师德内化是建立在对道德原则的本质理解和坚信不疑基础上的，是近乎完美的师德内化。故选D项。

15. B 【解析】本题考查教师职业道德规范体系。教师职业道德基本原则、规范、范畴相互作用、相互影响、相辅相成，共同构成教师职业道德规范体系。在这一规范体系中，由于基本原则是对教师教育活动中道德现象的高度概括，是社会道德原则的阶级本质在教师职业活动中的集中体现，是教师处理个人利益和社会整体利益的根本准则，因此它在教师职业道德规范体系中居于首要地位，起着主导作用，成为教师职业道德规范体系的总纲和精髓，统帅着教师职业道德规范体系，贯穿教师职业道德发展过程的始终。

16. C 【解析】本题考查《中小学教师职业道德规范》(1997年修订)。**严谨治学**是关系到能否教育好学生，培养好人才的大问题，是衡量教师职业道德水准高低的一个基本尺度。

17. D 【解析】陶行知提出第一流的教授必须具有两种要素："一有真知灼见；二肯说真话，敢驳假话，不说狂话。"

18. C 【解析】题干"他对人的态度，能为人师表，在于他有高度的道德水平"体现了教师职业道德具有独特的示范性。

19. D 【解析】中小学教师必须养成的八个职业道德习惯是：(1)热情主动——教师走向成功必备的第一心态；(2)端庄大方——教师形象塑造的基本要求；(3)规范得体——教师礼仪修养的基本要求；(4)宽容公正——教师对待学生的核心原则；(5)沟通合作——教师与家长真诚交流的基本原则；(6)双赢思维——教师之间协作的首要原则；(7)关注细节——教师课堂教学必须养成的重要习惯；(8)不断更新——教师走向终身发展的基本原则。D项不属于中小学教师必须养成的职业道德习惯。

20. C 【解析】2008年修订的《中小学教师职业道德规范》具有以下特点：(1)坚持"以人为本"；(2)坚持继承与创新相结合；(3)坚持广泛性与先进性相结合；(4)倡导性要求与禁行性规定相结合；(5)他律与自律相结合。

21. D 【解析】本题考查教师职业道德规范。题干引文的意思是用自身行动教育人，别人就会服从；用语言来教育人，别人就会争辩是非。意指身教重于言教。从教师职业道德规范角度讲，这强调了为人师表的重要性。

22. D 【解析】教师职业道德评价标准主要有善恶标准、职责标准和素质标准。在进行教师职业道德评价时，必然涉及善与恶这一对基本范畴。教师职业道德评价是对教师个体的职业道德行为及其品质的职业道德价值衡量和判定，而职业道德价值却又常常借助于善恶范畴来体现，所以善恶就成了教师职业道德评价的**一般标准**。

23. B 【解析】本题考查2008年修订的《中小学教师职业道德规范》的内容。2008年修订的《中小学教师职业道德规范》中关于"终身学习"方面所规定的具体职业行为要求之一是：崇尚科学精神，树立终身学习理念，拓宽知识视野，更新知识结构。题干引文的意思是：没有一件事不应该学习，没有一个时刻不应该学习，没有一个地方不应该学习。好学者事事、时时、处处都应该学习。这句话体现了教师要树立终身学习理念。故本题选B项。

24. D 【解析】本题考查2008年修订的《中小学教师职业道德规范》。2008年修订的《中小学教师职业道德规范》中的"教书育人"要求教师必须遵循教育规律，实施素质教育，培养学生良好品行，激发学生创新精神，促进学生的全面发展。题干中杜老师在传授知识的同时培养学生热爱祖国、积极探索、献身事业的精神，这表明杜老师做到了"教书育人"。

25. C 【解析】本题考查教师职业道德基本原则。教书育人原则从通俗的意义上讲，就是教育者既要向受教育者传授科学文化知识，又要培养受教育者的思想品德。《师说》中的"师者，所以传道受业解惑也"的意思是：教师，是传授道理、教授学业、解释疑难问题的人。《礼记》中的"师也者，教之以事而喻诸德者也"的意思是：教师的职责是既要教学生有关具体事物的知识，又要让学生知晓立身处世的品德。这两句话都体现了教师职业道德的教书育人原则。

26. B 【解析】本题考查2008年修订的《中小学教师职业道德规范》。"为人师表"的师德规范要求教师严于律己，以身作则，作风正派，廉洁奉公，不利用职务之便谋取私利。因此，题干中班主任在家长会上帮商家推广"心算"教材的做法违背了"为人师表"的师德规范。故选B项。

27. D 【解析】职业责任感是教师在职业道德活动中形成的对他人或社会应负责任的内心体验和道德情感，它既是**职业道德行为的出发点**，又是**激励教师实现某种职业道德目标的动力**。

28. D 【解析】本题考查教师职业道德修养的基本原则。教师职业道德修养要坚持自律和他律相结合原则。自律是指自我控制，是教师依靠发自内心的信念对自己教育行为的选择和调节。他律是指凭借外部奖惩以及各种制度规范等手段对教师的教育行为进行的调节和控制。自律和他律的关系，实质上就是内因和外因的关系。教师职业道德的养成既要用外在因素进行约束，又必须发挥主观能动性，以自律为主，做到自律和他律的结合。

二、多项选择题

1. CD 【解析】本题考查乐教勤业的教师职业道德基本原则。乐教勤业原则是指教师乐于从事教育事业，勤奋努力地从事教育工作。坚持乐教勤业原则的具体要求包括：(1)热爱教育工作，把教育工作当成崇高的事业来追求；(2)勤业精业，勇于探索。故本题选C、D两项。A项体现了集体主义原则，B项体现了教育人道主义原则。

2. ABCD 【解析】本题考查教师职业道德评价的基本要求。教师职业道德评价的基本要求包括：(1)坚持评价的实践性，努力实现动机与效果的统一；(2)坚持评价的客观性，努力实现目的和手段的统一；(3)坚持评价的主体性，努力增强教师自身责任感;(4)坚持评价的动态性、发展性,努力实现教师自我道德的完善。

3. ABCD 【解析】教师本身具有高尚的道德、信念、情感意志和行为,对学生的世界观、人生观、审美观的形成和完善,起着潜移默化的塑造作用。这就要求教师必须树立远大的理想,具有诚实正直的品质、勤奋好学的作风和礼貌待人的素养。以身立教,为人师表,平等地对待学生是教师重要品德,也是邓小平同志对教师职业道德提出的具体要求。

4. ABC 【解析】本题考查教师良心的意义。教师的职业良心对教育行为的调控作用表现在教育过程的各个环节中。在教育工作开始之前,教师的良心会行使对准备采取的教育行为的**"预审权"**。教师的良心会问教师自己:"这样的行为合适吗?""这样的行为有益于学生吗?""学生会受到伤害吗?"等等。在实际教育过程中,教师的良心则会努力行使**"监察权"**,它会提问:"预期的行为有应有的效果吗?"如果没有,良心会引导教师采取措施上的调整。教育活动结束之后,良心会行使**"鉴定权"**。教师良心对特定教育行为或褒或贬,教师也就或者自豪,或者忏悔。教师良心因此就成为教师职业道德和职业技能水平提高的最好的导师或学校。所以,答案选ABC三项,D项属于教师良心行使"监察权"的疑问。

5. ABCD 【解析】本题考查教师职业道德修养的特点。教师职业道德修养的特点包括内省性、自主性、实践性和持恒性。

6. CD 【解析】根据2008年修订的《中小学教师职业道德规范》,教师要为人师表,自觉抵制有偿家教,因此C项做法不恰当;赵老师很久没学习,也不重视自身的学习,违背了终身学习的教师职业道德规范,因此D项做法不恰当。

7. ACD 【解析】本题考查教师职业道德修养的概念。师德修养是教师为了培养高尚的师德所进行的**自我锻炼、自我教育、自我陶冶**的功夫及其所达到的师德水平和精神境界。(具体内容参看钱焕琦主编的《高等学校教师职业道德概论》)

8. ACD 【解析】本题考查师德修养的基本特点。师德具有鲜明的时代性。伴随社会、经济、文化发展及教育思想的转变,师德内涵不断融入具有鲜明时代特色的思想、观念、道德意识等内容,烙印上深刻的时代印迹。

9. ABCDE 【解析】本题考查师德的特征。师德一方面基于社会客观存在,具有显在性、统一性和强制性特征;另一方面师德又是已内化到教师个体心理品质结构中、实际制约教师个体教育教学行为的心理品质,具有隐涵性、个体性和自觉性特征。师道内化为师德,师德外化为教师操行。

三、判断题

1. × 【解析】本题考查教师公正。教师公正是教师职业道德修养水平的重要标志,其内容包括一视同仁、爱无差等。所以教师不能偏爱优秀学生。

2. √ 【解析】本题考查教师职业道德的相关内容。教师的根本任务是教书育人,教师职业道德的一切内容都是围绕这一根本问题产生的,都是与这一根本问题相联系的。

3. × 【解析】职业道德行为是衡量人们职业道德品质好坏、道德水平高低的客观依据。

4. √ 【解析】本题考查师德相关知识。教师承担着教书育人、提高民族素质的神圣职业使命,除须遵纪守法外,还必须遵守专门的职业道德,尤其是作为教师为人师表的职业道德。"师德"是高于一般社会公众道德水准的职业道德。

5. √ 【解析】教师职业道德作为教师的行为规范,在本质上表现为教师职业行为中的向善和"应当"的价值取向。

6. √ 【解析】教师在教育实践中要不断地选择自己的行为,教育实践活动的深入和发展,会提出许多新的问题,教师总是面临新的选择考验,教师道德修养也就不能停留在一个水平上,而是永无止境的。

7. √ 【解析】师德是教师职业的内在要求:(1)师德是教师职业区别于其他职业的根本标志;(2)师德是教师职业行为的精神基础;(3)师德是教师职业人生发展的内在动力。

8. √ 【解析】教师职业道德是职业道德的一种表现形式,它是在教师职业劳动产生之后才逐渐形成的。

9. √ 【解析】本题考查教师职业道德相关知识。教师应具备以下高尚的师德:(1)热爱教育事业,富有献身精神和人文精神。教师的献身精神来源于教师高尚的职业理想与坚定的职业信念,发自内心地愿把自己的全部心血灌注在培养下一代身上。它是一种真挚、深沉而持久的感情,容不得半点虚假。(2)热爱学生,诲人不倦。(3)热爱集体,团结协作。(4)严于律己,为人师表。

10. √ 【解析】本题考查教师职业道德基本原则的内容。教育人道主义,乃是现代教育的重要特征,是现代教育区别于维护人的依赖关系的封建教育的标志之一。不讲人道主义的教育是不尊重人权、不提高人的价值的教育,是封建教育,是维护人的依赖关系的教育。

11. × 【解析】本题考查教师职业道德的基本原则。教育人道主义原则就是教师在教育劳动过程中,应当从社会主义人道主义原则出发,尊重人、关心人、爱护人,协调自己与他人之间的关系,并以人道主义的言行影响、培养学生。为人师表原则是指教师用自己的言行做出榜样,成为学生效仿的楷模。

12. × 【解析】本题考查教师职业道德修养的相关内容。教师职业道德修养是将教师职业道德要求转化为自己的信念并付诸行动的活动,简单来说,是一种自我锻炼、自我改造、自我陶冶、自我教育的过程。在具体的修养方法上,教师既要借鉴传统的知行合一、自省慎独、好礼守节的道德修养方法,又要做到学习与实践、他律与自律、品质锻炼与仪表修饰三结合,以便更好地履行教书育人的使命。所以,教师职业道德修养与仪表修饰有关。题干表述错误。

13. × 【解析】本题考查2008年修订的《中小学教师职业道德规范》的内容。2008年修订的《中小学教师职业道德规范》中的"爱岗敬业"要求教师:忠诚于人民教育事业,志存高远,勤恳敬业,甘为人梯,乐于奉献。对工作高度负责,认真备课上课,认真批改作业,认真辅导学生。不得敷衍塞责。陶行知先生曾说:"在教师手里操着幼年人的命运,便是操着民族和人类的命运。"只有当教师把教育作为一项事业、作为自己的人生追求时,才可能默默奉献、甘为人梯,这是教育工作的核心价值所在。因此,陶行知的话是要求教师要爱岗敬业。

14. √ 【解析】本题考查教师职业道德的特点。教师职业道德具有强烈的责任性,这是教师自觉、积极职业态度形成的基础,是教师教育、教学和自身发展的重要精神动力。教师职业道德是教师献身教育工作的根本动力,它通过影响教师人际关系而调节、规范教师的行为和思想,从而对教师的教育教学工作起着导向、动力和保证作用。

15. × 【解析】团结协作是社会主义的集体主义原则在教师职业道德上的具体体现。

16. √ 【解析】本题考查教师职业道德评价最根本的指导思想。社会主义方向性是我们开展教师职业道德评价的最根本的指导思想和工作原则。因为我们是社会主义国家,我国的教育是社会主义教育,我们的教师职业道德建设和评价必须坚持社会主义方向。

四、案例选择题

1. B 【解析】本题考查《中小学教师职业道德规范(2008年修订)》。《中小学教师职业道德规范(2008年修订)》中关于"爱岗敬业"方面所规定的具体职业行为要求有:对工作高度负责;认真备课上课;认真批改作业;认真辅导学生;不得敷衍塞责。案例中张老师脚伤还没有痊愈,就回到了学校,为了方便与学生进行课堂交流与互动,坚持"跪着"上课等都表明张老师对工作高度负责、不敷衍塞责,这符合"爱岗敬业"的教师职业道德规范。

2. BD 【解析】本题考查材料分析能力。由题干中"坐着上课,无法看到所有学生,不方便与学生进行课堂交流和互动"可知,张老师"跪着"上课主要是为了增强课堂效果、保证教学质量,关注全班同学、重视师生互动。故选BD两项。

3. ABC 【解析】本题考查理想师生关系的基本特征。理想的师生关系是师生主体间关系的优化,从其发生、发展的过程及其结果来看,具有三个基本特征:(1)尊师爱生,相互配合;(2)民主平等,和谐亲密;(3)共享共创,教学相长。故选ABC三项。

4. C 【解析】本题考查时政知识。2021年2月17日，张桂梅获得“感动中国2020年度人物”荣誉；2021年2月25日，中共中央总书记、国家主席、中央军委主席习近平在北京市人民大会堂授予张桂梅“全国脱贫攻坚楷模”荣誉称号。故选C项。A项，邓家军被评为“2018年度最美教师”；B项，叶嘉莹被评为“感动中国2020年度人物”；D项，支月英被评为“感动中国2016年度人物”。

第七部分　教育教学技能

答案速查

1~5	BBCCC	6~10	CCBCC	11~15	CACAB	16~20	BCCAC
1~3	ABCD ABCE AB			1~3	√√×		

一、单项选择题

1. B 【解析】**教学过程是整个教案的核心和主体。**

2. B 【解析】本题考查教案的类别。记叙式教案是主要用文字形式将备课的结果表达出来的教案，信息容量较大，表达细致，编制简单，是**最基本、最常用的教案形式。**

3. C 【解析】本题考查板书的表现形式。A项，表格式板书是将教学内容中同一类概念、事物或事件的不同侧面分项目整理、归纳，并以表格的形式表现出来。

B项，语词式板书是指教师从讲授内容中选择或概括一些关键性的词语，随着教学的进展依次书写到黑板上的板书形式。

C项，**要点式板书**是指根据讲授内容，在黑板上只列出标题、要点和层次。这种板书形式，能清楚地反映出授课内容的逻辑思路和层次，便于学生把握教学的主要观点。C项符合题意，故答案选C项。

D项，线条式板书是根据教学内容的发展过程、情节起伏或逻辑思路，选择关键性词语，用线条、箭头等连接起来构成的一幅流程图。

4. C 【解析】纲要式板书是**最常见**的一种板书形式，**几乎适用于所有学科。**

5. C 【解析】本题考查教学反馈的作用。教学反馈是完成教学进程的重要环节，是强化和调控目标检测的重要手段，具有**激励、调控、媒介和预测的作用。**

6. C 【解析】本题考查课堂导入的类型。直观导入是指在讲授新知识前，教师有目的地让学生观察挂图、实物模型、图表、幻灯、投影、视频等，以激发学生的学习兴趣，提出有关问题，使学生在观察分析中自然过渡到新知识的学习。题干中的老师利用图片导入，激发学生兴趣，运用了直观导入的方法。因此本题选C。

7. C 【解析】本题考查课堂导入的相关知识。课堂导入的主要目的是把新旧知识联结起来，引出新知识，使学生更好地学习新知识。因此，教师一定要把握好导入的“度”。课堂导入应尽量做到简练省时，力争用最少的话语、最短的时间导入新课，引出新的教学内容。一般而言，导入的时间**以3~5分钟为宜**。C项说法错误。

8. B 【解析】辅助板书的特点是能反映教学内容中有关诠释性、延伸性信息，能提示有关零散的知识。辅助性板书是对基本板书的具体补充或辅助说明，一般随教学进程的发展随写随擦或择要保留。

9. C 【解析】直观导入指教师借助实物、标本、挂图等直观教具，以及投影、录像等媒体或示范性实验，对与教学内容相关的信息进行演示，并引导学生通过观察产生疑问，进行思考，从而自然进入新课学习的一种导入方法。题干中李老师利用多媒体向学生展示泸定桥的相关照片，这属于直观导入。

10. C 【解析】开门见山即针对教学内容特点，直接揭示学习目标。

11. C 【解析】经验导入是以学生原有的生活经验为出发点，教师通过生动而富有感染力的讲解、谈话或提问引起回忆，从而引导学生发现问题的导入方法。

12. A 【解析】记忆型提问要求学生回忆或再现所学知识。题干中教师的问题考查的是学生的记忆性知识，学生回忆所学知识后回答老师的问题即可，这种提问类型属于记忆型提问。

13. C 【解析】本题考查课堂导入的类型。情境导入是指教师运用满怀激情的朗读、演讲或者通过音乐、动画、录像等创设有趣的学习情境，感染学生，引起学生丰富的想象和联想，使其情不自禁地进入学习情境的一种导入方法。

14. A 【解析】**归纳总结式结课是中小学最常见的结课方式。**

15. B 【解析】教案编写要遵循明确性原则，即教学的具体细节都要明明白白地写出来，以便教师上课时做到心中有数，有的放矢。故选B项。

16. B 【解析】本题考查课堂导入的类型。游戏导入是指教师精心设计一些知识性、趣味性强的游戏，使学生在游戏中进入学习情境的导入方法。题干所述的“击鼓传花”是一种游戏，故教师采用了游戏导入。

17. C 【解析】说教材，就是说“教什么”，它是说课的基础内容。

18. C 【解析】说课是说课者运用一定的理论，将自己教学系统设计的思路、依据或者教学后的反思，借助口头语言和其他辅助手段，简约地与同行、教学研究人员以及教育部门有关领导进行交流、探讨，以改进说课者的教学设计、提高教学质量、促进教师成长发展的一种教学研究活动和方式。因此学生不属于说课对象。

19. A 【解析】研讨性说课是指以教研组或年级组为单位，以集体备课为主要形式对说课本身进行探索性研讨的说课。这种类型的说课，一般是为突破教学难点，探讨教学热点问题，寻找解决问题的方法而进行的说课。

20. C 【解析】本题考查教学技能中的核心技能。教学技能是教师在课堂教学过程中，运用与教学有关的知识和经验，促进学生学习的教学行为方式。**课堂教学技能是整个教学技能的核心。**

二、多项选择题

1. ABCD 【解析】本题考查提问行为的组成。提问行为由**发问、候答、叫答和理答**四个环节组成。

2. ABCE 【解析】本题考查课堂教学导入的目的。课堂导入的好坏对教学成败起着至关重要的作用：(1)有效的课堂导入能够牢牢吸引学生的注意力，使学生迅速进入课堂角色；(2)可以强烈地激发学生的学习兴趣和求知欲，使学生迅速做好学习新知识的心理准备，并产生学习期待；(3)能够使学生明确学习目标，建立新旧知识之间的联系，营造和谐的课堂氛围等。所以，A、B、C、E项都属于课堂教学导入的目的。

3. AB 【解析】题干中老师运用口头语言，从中外古典名著导入今天的学习内容《卖火柴的小女孩》，在这个教学片段中，老师运用讲授与导入的课堂教学技能。

三、判断题

1. √ 【解析】课堂导入应尽量做到简练省时，力争用最少的话语、最短的时间导入新课，引出新的教学内容。一般而言，导入的时间以3~5分钟为宜。

2. √ 【解析】本题考查教学目标的表述要求。正确表述教学目标是实现教学目标的基础和前提。一个完整的教学目标表述由四个部分组成：明确教学对象、表达学习结果的行为、表现行为的条件和学习程度。

3. × 【解析】说课的特点之一是理论性。理论阐释在说课中占有突出的地位，是整个说课的灵魂所在。说课不仅要说出教什么、怎么教，而且要说出为什么要教这些、为什么要这样教。

整合提升

答案速查

1～5	BDDDB	6～10	CCDAA	11～15	BABDB
1～6	AC ABD ABD ACD ABD ABD			1～6	××√×√×

一、单项选择题

1. B 【解析】本题考查课堂导入的类型。衔接导入法是指根据知识之间的逻辑联系，找准新旧知识的联结点，以旧引新或温故知新。复习导入、练习导入均可归入此类。

2. D 【解析】本题考查教师的教学技能。板书技能是课堂教学中基本的教学技能之一，是教师利用黑板以凝练的文字语言和图表等形式，传递教学信息的行为方式，以帮助学生更好地理解与掌握教学内容。

3. D 【解析】本题考查提问的类型。根据布卢姆认知领域的教学目标分类，提问可被分为对应的六种类型：识记型、理解型、应用型、分析型、综合型、评价型。简单来说，识记型(记忆型)提问要求学生能够回忆信息；理解型提问要求学生能够转述或重新组织读过或讲过的知识；应用型提问要求学生能够将所学知识运用于新的环境之中；分析型提问要求学生能够将一个问题分成几部分，并能在各个部分之间建立联系；综合型提问要求学生能够将各个部分的知识加以整合，构建出对一个问题的独特新颖的回答；**评价型提问**要求学生能够按照一定的标准对不同方法、思想、人物或产品的价值做出判断。题干中，教师要求学生根据自己所选择的证据，对哪种国家的生活水平更高做出判断，属于评价型提问。

4. D 【解析】本题考查导入的类型。释题导入是教师从分析课题入手导入新课的方式。直接导入是指教师上课伊始直接阐明本节课的学习内容、目标和要求的导入方法。设疑导入是根据课堂要讲授的内容，设计有关的问题向学生提出，以引起学生急于知道的好奇心和求知欲。复习导入是在复习旧知识的基础上，引入新课。依据题干描述，语文老师采用的导课方式是复习导入。

5. B 【解析】逆问，即倒问。教师不从教学内容的正面提出问题，而是从反面提出假设，让学生通过对照比较，自己得出结论。这种提问如"平地起波澜"，具有刺激性和挑战性，可促使学生深入思考，训练学生的逆向思维。题干中的语文老师从教学内容的反面提出假设，让学生思考回答。这种提问方式属于逆问式提问。

6. C 【解析】本题考查课堂导入的类型。悬念导入是指教师在教学导入的过程中设置悬念，引起和激发学生对将要学习的知识产生强烈兴趣的导入方法。悬念导入利用上课头几分钟的最佳时机，通过设疑、制造悬念，吸引学生的注意力，把问题导入到新课之中。题干中王老师用"他们之间会发生什么样的故事呢"设疑，吸引了学生的注意力，使用的是悬念导入。

7. C 【解析】本题考查编写教案的一般要求。编写教案时要以教学大纲和教材为依据，做到目的明确，要求适当。在组织教材、选用教学方法、设计教学方案时，要从学生实际出发、循序渐进，不能任意提高教学要求，要避免由于过分追求叙述的严谨而影响学生对基本内容的理解，形成教学难点。教学难点并不是越多越好。C项说法正确，A、D项说法错误。编写教案要处理好教与学的关系。教学过程是在教师指导下，学生将所学内容纳入自己的认知结构的过程。因而编写教案并不是知识的罗列，而是设计好教法与学法、处理好教与学的关系。B项说法错误。

8. D 【解析】本题考查课堂提问的类型。A项，直问指教师在教学中直截了当地提出问题，学生可直接作答，不必拐弯抹角——"问在此而意在此"。

B项，复问即并行提问，在同一时间内同时提问几个学生，优点是可以让更多的学生经受锻炼，但不易掌握。

C项，顺问又叫正问，即正面提问，教师根据教学内容从正面提出问题，学生在解答问题的过程中获得知识、发展智能。

D项，曲问即**"问在此而意在彼"**。教师的本意是解决甲问题，却不直接问，而是提出乙问题，乙问题的解决以甲问题的解决为前提，学生只要回答了乙问题，甲问题也就"不答而解"了。题干中，教师的本意是考查学生对"年且九十"中"且"的含义的理解，却没有直接提问，而是通过提问"愚公年龄多大了"来间接考查，这种提问属于曲问。

9. A 【解析】提纲式是将讲述内容进行概括，提炼出要点，按逻辑层次加以编排，体现出论点、论据之间的内在联系，构成反映讲授内容的提纲。

10. A 【解析】板书的时机一般分先讲后书，先书后讲，边讲边书。如果要巧妙引入新课，使学生在不知不觉中获得新知，往往采取先讲后书，总结后再出示课题，收到画龙点睛之效。

11. B 【解析】本题考查教学强化的类型。语言强化是指教师通过语言对学生的行为及其结果给予肯定，从而使学生的行为向着教师所希望的方向发展的强化。教师通过口头表扬强化小明回答问题的表现，属于语言强化。

12. A 【解析】据研究，人们对处于不同位置内容的观察频度是不同的。对位于左上的内容的观察频度最高，其次是左下，右下最低。所以，如果系统板书不多，则应放在中间偏左的位置；如果系统板书较多，则应根据板书各部分的重要程度，依次安排在**左上、左下、右上、右下**的位置上。所以，答案选A项。

13. B 【解析】课堂板演是教学过程不可缺少的环节，把这一环节留给学生，让学生板演有利于发挥学生的主体作用，树立学生自主意识，激发学生学习的兴趣，调动学习积极性。

14. D 【解析】本题考查导入的方法。多媒体导入指在教学导入环节，教师借助多媒体技术的方式，调动学生学习热情。常见的多媒体导入法有音乐导入、视频导入等。题干中，李老师通过播放歌曲导入新课，这种导入方式属于多媒体导入法中的音乐导入。

15. B 【解析】本题考查板书的形式。中小学常用的板书，一般包括板书、板演、板画三种形式。板书是指教师写在黑板上的文字，它是各学科的教学经常用到的一种板书形式。板演是教师在黑板上推导公式、演算例题、书写方程式等，是自然科学教学中常用的一种板书形式。板画是教师在黑板上描画的各种图形、符号、表格等，它是地理、美术、生物、数学、物理、化学等学科常用的一种板书形式。题干中教师在黑板上演算例题、推导公式，这种板书类型属于板演。

二、多项选择题

1. AC 【解析】板书要有明确的目的性，要根据不同的教学目标设计不同的板书，故B项正确；板书的时机一般分先讲后书，先书后讲，边讲边书。**对难度较大的概念、公式等一般适宜先书后讲**，故D项正确。A、C项属于有些教师在板书的运用上存在的错误倾向。

2. ABD 【解析】本题考查教师体态语的运用。教师在运用体态语时，应尊重学生的人格，保护学生的自尊心。不能使用蔑视甚至敌视性的体态语，用手指戳学生的做法会损伤学生的自尊心和自信心，不利于学生的身心健康发展，也影响教师在学生心目中的形象。所以，答案选ABD项。

3. ABD 【解析】提问过程的介入阶段即在学生回答问题有困难、不能作答或回答不完全时，教师应适时介入，以不同的方式鼓励、引导、启发、帮助学生回答问题。教师的行为主要考虑以下五个方面：(1)核查：核对查问学生是否明白问题的意思；(2)催促：鼓励学生尽快作出回答或完成教学指示；(3)提示：提示问题的要点、关键或答案的结构，帮助学生作出完整的回答；(4)重复：在学生没听清题意时，原样重复所提问题；(5)重述：在学生对题意不理解时，教师用不同词句重述问题或重新表述一次问题。C项错误。

4. ACD 【解析】本题考查课堂教学板书的特点。板书设计是教师在教学过程中运用文字符号、绘图、列表等形式和手段集中反映教材内容、有效提高教学质量的一种教学行为，是整个课堂教学的有机组成部分，是教师应当具备的教学基本功之一。好的板书设计具有以下特点:目的性、概括性、准确性、条理性、直观性、启发性、统一性、示范性、艺术性。

5. ABD 【解析】本题考查理答。理答要与学生的回答具有一致性,表现在:教师评价的分寸要和学生回答问题的质量相一致。对于回答正确的学生,教师可以通过表扬、重复或扩展予以肯定。理答还应是具体的、明确的,教师理答要避免笼统的赞赏、大而无当的表扬或简单的批评、定性的斥责。故A项和D项说法正确。当学生回答错误时候,教师可以通过追问、探问或反问的形式予以纠错,故B项正确。当学生不回答时,要给予积极的鼓励,比如"大胆点,说错了也没关系"等类似的话,不能不予理睬。故C项说法错误。

6. ABD 【解析】本题考查课堂提问的要求。课堂提问的基本要求包括:(1)合理地设计问题。设计的问题要难易适中、深浅适度,符合学生的认知水平和个性特点,提出的问题最好位于学生思维的"最近发展区"。(2)面向全体学生提问。面向全体学生提问要做到面向全体学生发问和面向不同层次的学生提问。(3)目的明确,把握好时机。(4)提问的语言要准确,具有启发性。(5)提问的态度要温和自然。(6)及时进行评价和总结。A、B、D项说法正确。

三、判断题

1. × 【解析】互问型提问是指由学生提出问题,学生回答问题。曲问型提问即针对某一教学内容,教师不直接提问,而是拐上一两个弯,绕道迂回,问在此而意在彼,使学生开动脑筋,通过一番思考、探究才能回答。刘老师间接提问学生"战士"与"壮士"的区别,这种提问形式是曲问型提问。

2. × 【解析】板书是课堂教学的重要辅助手段,教师可以根据实际情况灵活运用,题干的说法过于绝对。

3. √ 【解析】本题考查基本板书。基本板书也叫作系统板书、主板书。其特点是能体现教学目的与教学内容内在联系的重点、难点和关键点,能够表现教学中心内容的基本事实、基本思想。它构成了整个课堂板书的骨架,一般保留于课堂教学的全过程。

4. × 【解析】本题考查教学目标正确的表述应该具有的特征。教学目标是教师期望引起学生知识结构和行为的变化,因此,教学目标的表述必须是**外显**的而不能是内隐的。

5. √ 【解析】图文式板书用图形或线条来表示一定的教学内容及教学思路,更具体、直观、形象生动,从而引发学生的兴趣,引起学生的联想。

6. × 【解析】教学板书的造型是指板书形式的安排,是体现板书形式美、外在美的主要手段,它要求板书图示的排列和组合在准确体现内容的前提下,力求生动活泼,给人形式上的美感。故题干表述错误。

四、案例选择题

1. B 【解析】本题考查课堂导入的方法。在运用"联系旧知,提示新课"的导入方法时,一般来说,新知识是在旧知识基础上发展与延伸的,学生是从旧知识中起步迈向新知识的掌握的。教师要从已有的知识出发,抓住新旧知识的联系,精心设计,导入新课。这样,可以使学生感到旧知识不旧,新知识不难,建立起新旧知识的联系,明确学习的思路,增强学习的信心。依据教学案例,学生能回答什么是"发展",说明学生已经学过"发展"的概念,体现了该教师这一阶段是在联系旧知;教师运用了一系列提问,最后又明确点明"今天我们这节课所要学习的知识就是解决这些问题的……"体现了该教师是在提示新课。故该教师使用的课堂导入的方法是联系旧知,提示新课。

2. D 【解析】本题考查教学导入的原则。教学导入需要遵循的原则包括:(1)导入要合情入理;(2)导入要因课制宜;(3)导入要简洁明快;(4)导入要灵活多变;(5)导入要有艺术性。D项不属于教学导入需要遵循的原则。

3. A 【解析】本题考查教学讲授原则。教学讲授的原则主要有启发性原则、精讲原则、生动易懂原则以及针对学生原则等。其中,启发性原则强调教师在讲授时的主导作用,绝不是代替学生去寻找答案,而是启发引导学生自己去思考与探索。启发性讲授的核心是调动学生学习的积极性、主动性,引导学生独立思考,发展思维能力。案例中教师的做法即贯彻了教学讲授的启发性原则。